명대철학사

명대철학사

초판 1쇄 인쇄 2016년 11월 3일
초판 1쇄 발행 2016년 11월 7일
저   자 장쉬예즈(張學智)
발 행 인 김승일
펴 낸 곳 경지출판사
출판등록 제2015-000026호

판매 및 공급처 / 도서출판 징검다리/경기도 파주시 산남로 85-8
Tel : 031-957-3890~1 **Fax** : 031-957-3889
E-mail : zinggumdari@hanmail.net

ISBN 979-11-86819-33-3   03100

명대철학사

장쉬예즈(張學智) 저

김승일 · 김창희 옮김

Korea Wisdom China
경지출판사
景智出版社

머리말

명나라는 중국역사에서 아주 특별한 시기였다. 명나라 조정의 영향력은 나날이 쇠락해 졌고 말기에 이르렀을 때에는 그 상황이 매우 암담하였다. 그러나 명나라는 전반적으로 사회의 근대화가 폭 넓고 신속하게 진행되었던 시기이기도 했다. 생산기술의 진보, 공상 업의 발전, 도시규모의 확대, 시민계층의 부단한 증가와 더불어, 시민생활은 사회가 주목하는 주요대상으로 자리 잡게 되었다. 명나라의 과거시험제도는 매우 전형적이었다. 과거제도의 영향 하에 이학(理學)이 사회생활의 곳곳에 일으킨 영향력은 그 깊이나 범위로 봤을 때, 모두 역사적으로 유례가 없었다. 불교와 도교는 유학의 강대한 세력에 의지하면서 스스로를 발전시켰다. 내부적으로 불교, 도교 그리고 이교(異敎)의 통합 추세는 더욱 강력해졌다. 이 모든 것들은 명나라 철학의 형태에 영향을 끼쳤고 명나라 철학은 전대와 다른 독특한 면모를 드러냈다.

명나라 학술의 주류는 이학(理學)이었다. 명나라 이학의 특징은 이기론(理气论)의 퇴색이었다. 이 시기에 사상가들은 학술의 중점을 심성론(心性论)에 두기 시작했다. 심성에 관한 문제는 사람의 본질, 사람과 우주의 관계에 대한 철학자들의 근본적인 이해를 대표한다. 특히 불교, 도교, 유교가 서로 흡수, 충돌, 융합하면서 심성문제의 중요성과 심각성이 더 강조되었다. 이 시기에 경학(經學)과 이학이 갈라지게 되었다. 새로운 방법과 새로운 사회 수요가 확립되기 전에 경학은 계속 발전하기 힘들었다. 하지만 의리학(义理学)은 과거제도의 든든한 지지가 있기 때문에 계속 활발히 발전해나갈 수 있었다. 의리학의 혁신과 발전의 관건은 심성의 체험에 있었다. 심성론은 한 사상가의 근본적인 식견을 가장 잘 체현해낼 수 있었다. 사상방법으로 볼 때, 이기론(理氣論)은 묘사대상을 마음 밖에 존재하는 계통에 두고 주객이분(主客二分)의 방법을 사용하였다. 그리고 객체 자체의 규율과 객체 각 부분 사이의 관계를 중요하게 생각하지 않았다. 그러나 심성론은 그렇지 않았다. 심성론이 지향(指向)하는 것은 주체와 객체 사이의 관계였다. 이학이 말하는 "심"은 이지, 직감, 체험, 각해 등의 종합체로서 주체세계와 객체세계는 하나로 긴밀히 연결되어 있었다. "성"이란 이지적으로 획득한 외재적인 원칙이 아니라 천일합일이라는 좌표에서 자아의 설정이었다. 이학은 우주의 본질, 우주에서 인간의 지위, 사람과 사람의 관계에 대한 이학자들의 근본적인 견해를 대표했다. 이러한 문제에 대한 견해는 우주만상의 의미론과 가치론에 대한 파악으로서 단순한 이지적인 분석으로는 효과를 볼 수 없다. 이지는 사유의 중요한 부분이다. 그러나 이학, 특히 심성을 중심으로 하는 명나라 이학을 이지만 가지고 분석할 수는 없는 일이다.

이 책에서 사용한 방법은 다음과 같다. 우선 원시자료를 전면적으로 탐독한 기초 위에서 연구하고 서술하고자 하는 사상가의 문제 영역을 확정하였다. 그 다음에는 이 문제영역과 연관이 있는 모든 개념을 찾아냈다. 그리고 논리와 역사 통일의 원칙에 근거하여 중심 범주를 근본으로 개념과 범주에 관한 틀(框架)을 세웠다. 그 다음 그 틀 안에 존재하는 논리적 관계를 찾아냈다. 그리고 논리적인 순서를 따라 그 내용을 서술하였다. 이 과정에서 가장 중요한 것은 주요한 개념의 형성 및 개념 사이의 관계에 대한 설명이었다. 한 사상가가 해결하려고 했었던 문제를 확정짓는 일은 가장 힘든 일이다. 송명시기의 사상가들의 저서는 계통적이지 않고 앞뒤가 일치하지 않았다. 그들의 중심개념은 강학 어록과 학술을 논하는 편지 속에 분산되어 있었으며 산만하고 단편적으로 논증되었다. 그리하여 반드시 수많은 재료들을 일일이 정리하고 분석해야만 했다. 문제영역이 확정된 다음에는 그들이 사용했던 개념을 분석해야 했다. 명나라 사상가들은 대부분 이전의 개념을 그대로 계승해서 사용했다. 사실 일부 중요한 사상가의 중심 범주는 이미 《명유학안》에서 확정해주었다. 힘든 것은 동일한 단어(語詞)가 나타내는 다른 뜻을 구분하

는 일이다. 이 책은 여기에 관한 일을 많이 했다. 철학자의 사상맥락을 제대로 표현해내려면 그가 사용했던 개념과 중심사상을 제대로 이해해야 한다. 근래에 한 철학자의 관점을 논리적인 틀에 맞춰 배열하는 방법에 대한 의혹의 목소리가 나날이 높아지고 있다. 그러나 사상가의 관점이 계통적이고 논리적이라면 그의 사상을 일정한 틀에 맞추어 배열할 수 있다고 생각한다. 한 사상가의 관점을 생동적이고 분명하게 설명하려면 그의 관점을 그대로 나열할 것이 아니라, 그의 관점을 나의 연구대상으로 간주하고 내 생각에 근거하여 그것들을 다시 조합해야 한다. 연구자는 옛것을 억지로 개조하는 사람이 아니라 충분한 재료를 기초로 사상가의 관점이 형성된 과정을 다시 재현해내는 사람이다. 연구대상의 관점이 엄밀하지 못하다 해도 연구를 통해 연관되는 점을 찾아내야 한다. 이러한 연관되는 점을 찾아내고 표현해내는 것이 연구자의 임무이다. 진인각(陳寅恪) 선생은 옛 사람들의 사상을 연구하는 일은 고대 그림과 조각 작품을 감상하는 일과 같다고 말했다. 연구자는 침식된 부분을 복원하고 뚜렷하지 않은 부분을 명확하게 만들어야 한다. 이러한 보수과정은 연구자가 이미 사라진 사상체계를 파악하는 능력에 달렸다.

　체험은 이러한 목적을 이루는 중요한 방법이다. 체험은 중국철학 특히 이학을 연구하는 중요한 방법에 속한다. 이학자들은 대부분 기상과 경지를 강조하였다. 이러한 내용은 그들의 학술을 구성하는 중요한 내용들이다. 그들의 경지와 기상은 문자로 체현될 때도 있고, 문자 밖에서 체현될 때도 있으며, 사상내용에 관한 것도 있고 풍격과 특징에 관한 것도 있다. 중국사상가, 특히 이학자들의 기상과 경지를 제대로 파악해야만 그들을 제대로 이해했다고 할 수 있다. 그들의 기상과 경지는 체험을 통해서만 알 수 있는 것들이다. 체험은 연구대상과 같은 입장에 서서 동정과 이해의 감정으로 그들을 해독하는 것이다. 철학은 의리의 표현일 뿐만 아니라 감정의 해소이기도 하다. 그러나 이러한 감정의 해소는 문학처럼 직접 표현되지는 않는다.

　이 책의 주요한 임무는 연구대상의 사상을 제시하는 일이다. 철학은 사회생활을 총괄적이고 굴곡적으로 반영해낼 수 있다. 그러나 철학 자체는 또 종합적인 사유 활동이기도 하다. 종합이란 대상을 사변적이고 직각(直覺)적이며 체험적으로 파악하는 것을 말한다. 철학의 사유 활동은 자족적이다. 철학자, 특히 중국의 철학자와 현실 정치는 긴밀히 관련되어 있다. 그러나 중국철학자들 대부분은 자기의 철학사상으로 현실정치를 비판하거나 풍자하지 않았다. 중국의 사상가들은 관리와 학자의 신분을 다 가지고 있기 때문에 그들에게는 자신의 정치의견을 표현할 수 있는 통로가 따로 있었다. 그 외에 명나라의 많은 사상가들은 계속 주해를 다는 방식으로 자신의 사상을 표명했다. 주해를 다는 것은 순수한 이론적인 활동이다. 이 책에서 논술한 내용들은 대부분이 순수한 철학내용들이다. 주요 사상가를 제외하고 그러한 사상이 나타나게 된 사회생활의 환경에 대해서 특별히 언급하지는 않았다. 대신 사상 자체의 논리적인 구조에 많은 주의를 기울였다. 그렇게 한 원인은 그들의 관점을 더 뚜렷하고 일관적으로 표현해내기 위해서였다.

　이 책에는 불교와 도교의 철학, 천주교가 중국에 전해졌을 때의 상황에 대해 상세하게 논술한 부분이 있다. 예전에는 유종주(劉宗周)까지 명나라의 사상가에 포함시키고, 불교, 도교에 관한 내용을 불교사, 도교사에 포함시켰다. 천주교에 대해서는 전혀 언급하지 않았다. 이 책의 목적은 명나라의 중요한 철학자의 사상내용을 논술하는 것이다. 불교, 도교, 천주교는 명나라철학에서 없어서는 안 되는 중요한 사상내용들이다. 이 책에서는 불교, 도교, 천주교를 중국종교사의 일부분이 아닌 중국철학사의 일부분으로 간주하였고, 종교적인 내용이 아닌 일반적인 철학내용을 선택하였다. 예를 들면 불교에 관한 내용에서 유교와 불교의 관계, 성(性)과 상(相)의 관계, 선종과 정토종의 관계와 같이 중국철학발전에 관계되는 일반적인 문제를 선택하여 논술을 진행하였다. 도교에 관한 내용도 이와 마찬가지이나, 주로 명나라의 도교에서 성명(性命), 도기(道氣) 및 정신수양, 신체수련과 같은 철학문제에 대해서만 논하였다. 천주교에 관한 내용에서는 주로 중국과 서방문화의 충돌이 일어난 근거 등에 대해 논술했다.

일반적으로 황종희, 방이지, 왕부지를 명나라와 청나라가 교체되는 시기에 살았던 사상가라고 모호하게 이야기하는 경우가 많다. 아예 그들을 청나라 철학사에 포함시켜 저술한 책들도 있다. 그러나 이 책은 그들을 명나라 철학사에 포함시켜 논술했다. 시간적으로 볼 때 이자성이 북경에 쳐들어와 명나라가 망하기 전에 위에서 언급하였던 사상가들의 사상은 이미 형성되어 있었다. 남명정권은 약 20여 년간 지속되었는데 이 기간에 이들 몇몇 사상가들이 왕성하게 창작활동을 했다. 그들은 전란과 망국의 아픔을 겪으면서 중국문화를 계승해나가려는 생각을 가지게 되었고, 이러한 사상은 그들의 저서에 고스란히 반영되었다. 그들은 모두 명나라시기의 사상을 계승하였다. 예를 들면 황종희의 스승인 유종주는 명나라 말기의 대유였다. 유종주는 명나라 유학을 종합하고 그 당시의 학풍을 바로잡는데 많은 노력을 기울였다. 《명유학안》은 황종희의 철학사상을 가장 잘 반영해낸 저서라고 할 수 있다. 황종희는 《명유학안》에서 스승인 유종주의 관점을 계승하여 각 사상가들을 평가하였다. 그가 강조했던 선천과 후천 그리고 본체공부와 같은 문제는 모두 전형적인 명나라의 문제였다. 그리하여 황종희를 명나라에 포함시키고 유종주 다음으로 소개하는 것은 아주 자연스럽고 합리적이라 생각한다. 방이지도 마찬가지다. 방이지의 중요한 저서인 《동서균(東西均)》은 남명(南明) 영력(永曆) 6년에 완성되었다. 그의 사상근원은 어릴 때 집안의 어른들에게서 배웠던 역학에 있다. 이것 역시 명나라 학술의 계승이다. 왕부지의 주요 저서는 모두 그가 상서초당(湘西草堂)에 은거해있을 때 완성한 것들이다. 그는 유가학설에 새로운 국면을 열어주는 것을 자신의 책임으로 생각했다. 이들은 모두 명나라의 멸망으로부터 자극을 받았고, 그들의 공통된 염원은 문화를 바로잡고 학술을 새롭게 발전시키는 것이었다. 그렇기 때문에 이러한 문제들을 명나라의 학술과 문화 배경에 포함시켜 연구하는 것이 가장 합당하다. 청나라가 세워지고 통치가 기본적으로 공고해지자 청 정부는 한족 지식인들을 끌어 모아 그들을 학술활동에 적극적으로 참여시켰다. 그러면서 지식인들도 심리적으로 이족(異族)이 통치하는 새로운 정부를 받아들이기 시작했고, 명나라를 회복하려는 마음을 접게 되었다. 청나라의 학문은 이때부터가 진짜 시작이다. 그리하여 이 책에서는 황종희, 방이지, 왕부지 등 몇몇 사상가들을 명나라 철학사에 포함시켰다.

　사실 완전한 명나라 철학사에는 명나라 경학(經學)의 방법론에 관한 문제도 포함되어야 한다. 그러나 명나라 경학의 발전 루트를 찾아내고, 그 방법론의 변화과정을 제대로 정리해내는 일은 매우 힘이 드는 일이다. 따라서 이 책에서는 이 부분의 내용을 생략해 버렸다.

지은이

목 차

16

제 **1** 장
조단(曹端)과
명나라 이학(理學)의 흥기

1. 태극이기(太極理氣)

2. 성(誠)과 성명(性命)

3. 성경(誠敬)과 인

| 제1장 |
조단(曹端)과 명나라 이학(理學)의 흥기

명나라 초기의 이학은 주희(朱熹)의 학설을 의거로 했다. "학자들은 품성을 높이려면 예절을 중시해야 하고 학문을 쌓으려면 사물의 이치를 깨쳐야 한다"는 주희의 말을 강령으로 삼았지만, 치중하는 것이 다름에 따라 치지(致知)와 궁행(躬行) 두 개의 학파로 나뉘었다. 전자는 격물치지(格物致知)와 박학다식(博學多識)을 강조했고, 후자는 행동이 공손하고 마음이 성실하며 품성 있는 성품을 강조했다. 이러한 것들은 모두 주희의 학술범주를 벗어나지 못한 것으로서 이론적인 성과가 그리 크다고는 할 수 없다. 《명사 · 유림전》에는 다음과 같은 내용이 있다. "명나라 초기의 많은 학자들은 모두 주자의 영향을 받은 제자들이나 그 후손이었다. 그리하여 그들은 스승의 관점을 잘 계승하고 그 법도를 그대로 지켜나갔다." 명나라 초기의 유명한 학자로는 송렴(宋濂), 류기(刘基), 왕의(王禕), 방효유(方孝孺) 등이 있다. 이들 대다수는 원나라의 학술구조를 그대로 계승한 모두 글재주가 뛰어난 학자들이었다. 조단은 일생동안 심리학에만 전심하여 높은 업적을 이룩하였다. 그는 자신의 뒤를 이은 이학 대가인 설선(薛瑄), 호거인(胡居仁)에게 좋은 본보기가 되었다.

조단(1376-1434)의 자는 정부(正夫)이고, 호는 월천(月川)이다. 중국 하남성 민지(渑池)사람이다. 영락시기에 거인이 되었고, 산서성 곽주(霍州), 포주(蒲州)의 학정(学正)으로 임명받았다. 그는 곽주에서 여생을 마감하였다. 전해지는 바에 따르면, 조단은 평생 동안 윤회, 화복, 무술, 풍수 등 미신과 방술(方术)을 믿지 않았다고 한다. 그의 아버지가 장생불로를 믿자 조단은 《야행촉(夜行烛)》을 써서 그를 말렸고, 다른 사람들에게는 도가의 재초(斋醮)의식을 추천했다고 한다. 그는 특히 유서를 읽고 유가예절을 행하는 사자(士子)들에게 그렇게 했다. 그는 《월천집(月川集)》, 《태극도설술해(太极图说述解)》, 《통서술해(通说述解)》 등의 저서를 남겼다.

1. 태극이기(太極理氣)

태극은 주희 철학의 최고 범주에 속한다. 주희 이전에 많은 학자들은 기(氣)로써 태극을 해석하였다. 주돈이(朱敦頤)의 《태극도설(太极图说)》에서 태극은 하늘과 땅이 갈라지기 전에 통일되었던 기(氣)를 가리킨다고 말했다. 주희는 태극과 이(理)를 동일시하면서 '이'가 있으면 '기'가 존재한다고 믿었다. 이(理)는 논리적 측면에서는 '기'에 앞서고, '기'가 존재하고 운동하는 근거가 된다.

조단은 태극에 관한 주희의 관점을 계승하여 태극은 이(理)라고 주장했다. 그는 주희의 《태극도설해》를 기초로 《태극도설술해(太极图说述解)》를 썼다. 그 서문에서 개종명의(開宗名義)를 다음과 같이 말했다. "태극(太極)은 이(理)의 다른 이름일 뿐이다. 천도(天道)의 기(氣)는 실제로 이(理)가 행하는 바이며, 이학(理學)의 근원은 실제로 하늘이 낸 바이다. 이런 까닭으로 황하에서 그림(圖)이 나온 것은 하늘이 희(羲)에게 준 까닭이며, 낙수에서 서(書)가 나옴은 하늘이 우(禹)에게 하사한 까닭이다. 희(羲)는 그림을 그려서 《역(易)》을 지어 팔괘(八卦)를 여기에 그렸다. 우는 글씨를 써서 《범(範)》을 밝혔고 구주(九疇)를 여기에 서술하였다. 성심(聖心)은 하나의 천리(天理)일 뿐이며, 성작(聖作)은 하나의 무위(無爲)일 뿐이다.(《태극도설술해(太極圖說述解)》)"

태극은 이(理)고 하늘과 땅에 존재하는 모든 물질이 운행하는 근거이다. 태극지설은 하도낙서(河圖洛書)를 근원으로 한다. 복희(伏羲)는 하도에 근거하여 팔괘를 그렸고, 대우(大禹)는 낙서(낙서, 중국 夏나라의 禹王이 홍수를 다스릴 때, 洛水강에서 나온 거북이 등에 씌어 있었다는 45개의 점을 말하는데, 八卦의 법이 이에 의해 만들어졌다고 함 ― 역자 주)에 근거하여 《홍범》을 창작하였다. 주역과 《홍범》에 포함된 이치는 모두 하늘이 사람에게 내린 계시이다. 그리하여 성인의 생각은 모두 하늘의 이치를 따른 것이다. 여기서 조단은 "하도낙서"는 하늘의 계시를 따른 것이라는 전통적인 관점을 계승하였다. 하지만 그 중심사상은 태극은 이(理)이고 천지만물의 근원이며, 태극에 포함된 이치는 천지만물의 법칙이라는 데 있다. 조단은 이 관점을 아주 간결하게 개괄한 적이 있다. "천지만물이 형성되기 전에 태극지론은 이미 존재하였고, 천지만물이 형성된 후에 태극은 구체적인 '이'로서 사물들 사이에 존재하였다. 다만 표현의 흔적을 발견하지 못했을 뿐이다." 이 해석에서 우리는 조단이 주희의 "이일분수(理一分殊)"의 관점을 받아들였다는 것을 알 수 있다. 조단은 《역전》에 나오는 "역에 태극이 있다"는 말에서 태극은 바로 자신을 가리키고, "태극이 양의(兩儀: 하늘과 땅)를 낳는다"는 말에서 태극은 양의로 표현되고, 사상, 팔괘, 64괘를 형성하는 것은 모두 태극이라고 해석했다. 여기서 형성한다는 것은 없는 데로부터 생성된다는 뜻이 아니라 전제, 근거 등 논리상의 의존관계를 뜻한다.

조곤은 모두 이(理)로써 태극을 말했는데, 그는 '기'로써 태극을 해석하는 학자들에 대해 다음과 같이 불만스러워 했다. "공자(孔子) 이후로 태극(太極)을 논의하는 사람들은 모두 기(氣)를 가지고 말한다. 노자(老子)가 "도(道)는 일(一)을 낳은 이후, 곧 이(二)를 낳는다"고 하였다. 장자(莊子)가 "도는 태극의 앞에 있다"고 한 것은 '일(一)'이라 말하기도 하고 '태극'이라 말한 것으로 모두 천지인(天地人) 3가지를 지은 자를 가리키며, 기형(氣形)은 이미 갖추어졌으나 혼돈하여 아직 판별되지 않을 때의 이름이다. 도는 일(一)의 어미가 되어 태극 앞에 있다고 하나 도가, 즉 태극이라는 것을 알지 못함이니, 태극은 곧 도이다. 통행(通行)을 가지고 말한다면 '도'라 하고 극치(極致)를 가지고 말한다면 '극(極)'이라 하며, 섞이지 않는 것으로 말한다면 '일(一)'이라고 한다. 대저 어찌 두 가지(도와 태극)만 있겠는가? 《열자(列子)》의 '혼륜(渾淪)'이란 말과 《한지(漢志)》에서의 '함삼위일(函三爲一)'의 설이 가리키는 바는 모두 같다. 미주자(微周子)가 천재부전(千載不傳)의 비밀을 열었는데, 누가 태극이 이(理)가 되고 기(氣)가 아님을 알겠는가? (《태극도설술해(太極圖說述解)》)"

송나라 이전에는 '태극'을 이(理)로 해석하곤 했다. 정현(鄭玄)의 《주역주(周易注)》에서는 태극을 "순화, 미분의 기체"라고 해석했다. 위서(緯書) 《하도괄지상(河圖括地象)》에서는 "역(易)에 태극이 있는데, 이것이 양의(兩儀)를 낳는다. 양의가 갈라지기 전에 그 기는 혼돈한다"고 말했다. 《한서 · 율역지(律歷志)》에서도 "태극이 원기이고 세 가지가 하나로 합쳐 진다"고 했다. 진(晉)나라의 한강백(韓康伯)은 《계사(系辭)》에 주를 달 때, 왕필(王弼)의 '유생어무(有生於無)' 즉 유는 무에서 생겼다는 설법을 그대로 본떠 '역유태극(易有

太極), 시생양의(是生兩儀)'를 "유라는 것은 반드시 무에서 시작되기 때문에 태극이 양의를 낳는다. 태극이라는 것은 칭할 수 없는 것을 칭한 것이고, 얻을 수 없는 바를 명명한 것으로서, 유의 극한 바를 취하여 태극이라 한다"고 했다. 태극을 유로, 양의를 무로 해석했던 것. 당대의 공영달(孔穎達)은 《주역정의》에서 태극을 천지가 나누어지기 전의 원기로 해석하였다. 그는 "태극이라 함은 천지가 나누어지기 전에 원기가 혼합되어 있는 상태로서 이 원기는 바로 태초(太初)이고 태일(太一)이다. 원기가 나뉘면서 천지가 형성되었다. 그리하여 태극이 양의를 낳았다고 할 수 있다"고 말했다. 주돈이(周敦頤)는 《태극도설》의 첫 구절에서 "무극이 태극"이라고 했는데 무극을 무로, 태극을 음양이 나뉘지 않는 원기로 보고 있다. 주희는 《태극도설》에 주를 달 때 "무극이 태극"이라는 것을 "형(形)은 없고 이(理)는 있다"고 해석했다. 조단은 주희의 견해를 본떠 태극은 이(理)라고 해석했다. 그는 역대 주소가(注疏家)들이 태극을 '기'로 해석한 것을 반박했다. 그는 특히 노자의 "도에서 일(一)이 생긴다"는 주장에 반대했는데, 노자가 이렇게 말한 것은 태극이라는 이 최고 범주 외에 다른 능생자(能生者)를 만들어낸 것이라고 지적했다. 조단은 《장자》의 "생천생지(生天生地), 신귀신제(神鬼神帝)와 태극보다 더 위에 있어도 높은 척 하지 않고, 태극보다 더 아래에 있어도 깊은 척 하지 않는다"는 관점에 반대한다고 했다. 조단은 태극이 바로 '도'이고, '도'는 절대 태극의 위에 있지 않는다고 했다. 그는 도(道), 일(一), 태극(太極)은 이름은 다르지만 같은 뜻을 의미하기 때문에 '도'로 인해 태극이 형성되었다고 말할 수 없다고 했다. 조단은 태극을 제일 잘 이해한 사람은 주희라고 했다. 그러나 주희의 《태극도설해》와 《주자어류(朱子语类)》에는 서로 모순되는 관점이 있다. 이럴 경우에는 《태극도설해》의 관점을 근거로 삼아야 한다. 왜냐하면 《주자어류》에는 확정할 수 없는 관점이 많이 기록되었거나, 주희가 죽은 뒤에 나온 책으로서 주희의 저서라 할 수 없기 때문이다. 일부 이학자들은 《주자어류》의 관점으로 《태극도설해》 중의 관점을 부정하는 것으로 이것은 "좋은 옥을 버리고 돌멩이를 남겨두는 것"과도 같다고 했다. 여기서 우리는 조단이 태극은 이(理)고 태극은 우주의 마지막 근거라는 주희의 관점을 고수하였다는 것을 알 수 있다. 그의 《태극도설술해》와 《통서술해》는 모두 이것을 원칙으로 했다.

태극이 움직이거나 정지한 상태에서 조단은 주희의 《태극도설술해》와 《주자어류》 중 태극의 동정(動靜)문제에 대한 설명이 다른 점을 다음과 같이 지적했다. "주자(周子, 주돈이)가 이르기를 '태극이 움직여서[動] 양(陽)을 낳고 고요하여[靜] 음(陰)을 낳는다'고 하였으니, 음양의 생성은 태극의 동정(動靜)에 말미암음이며, 주자(朱子, 주희)의 해석은 극도로 명료하게 준비되었다. 그가 말하기를 '태극이 있으면 한 번 움직이고 한 번 고요해져 양의(兩儀)로 나누어지며, 음양(陰陽)이 있으면 한 번 변하고 한 번 합해져서 오행(五行)이 갖추어 진다'고 하였으니, 더욱 다를 것이 없다. 《어록(語錄)》에 보게 되면 도리어 '태극은 스스로 동정(動靜)을 만나지 않으며 음양의 동정을 타고 움직이고 고요할 뿐이다'고 하였으니, 마침내는 '이(理)가 기(氣)를 타는 것이 오히려 사람이 말을 타는 것과 같다. 말이 한 번 나가고 한 번 들어오면 사람도 역시 말과 더불어 한 번 나가고 한 번 들어온다'고 말하였으니, 비유컨대 기가 한 번 움직이고 한 번 고요하면 이 역시 기와 더불어 한 번 움직이고 한 번 고요하다. 만약 그렇다면 사람이 죽은 사람이 되면 만물의 영장이라 여기기에 부족하고 이(理)가 죽은 이(理)가 되면 만화(萬化)의 근원이라 여기기에 부족하다. 이(理)가 어찌 높여질 수 있으며, 사람이 어찌 귀하게 될 수 있겠는가? 지금 사람을 살리고 말을 타게 하려면 그 출입(出入)의 행지(行止)가 빠르기도 하고 늦기도 해야 하는데, 한결같이 사람이 어떻게 하느냐에 말미암을 뿐이다. 이(理)를 살리는 것 역시 그러하다.(《변려(辨戾)》《태극도설술해(太極圖說述解)》 3쪽)"

　태극 혹은 이의 동정에 대한 주희의 관점은 의미의 맥락에 따라 다르다. 표면적으로 보았을 때 이러한 관점들에는 모순되는 부분이 존재하는 것 같지만, 주희의 태극이기(太極理氣) 이론을 총괄적으로 살펴보면 그 관점이 모두 일관되었다는 걸 알 수 있다. 주희의 종합적인 견해는 다음과 같다. 이(理) 혹은 태극은 형이상의 존재로서 동정이 없으나, 형이하의 존재인 '기'에는 동정이 있다. '이'에 동정이 있다는 것에는 두 가지 뜻이 포함되는데, 하나는 태극 혹은 '이'에 동과 정에 관한 이치가 내포되었다는 것이다. 동정에 관한 이치는 '기'의 움직임의 근거이다. 다른 하나는 '기'의 위에 있는 '이'가 '기'의 움직임에 따라 움직인다는 것이다. 주희는 다음과 같이 말했다. "이에 동정이 있기 때문에 기도 동정할 수 있다. 만약 이에 동정이 없다면 기는 무엇을 근거로 동정할 것인가."(《주자문집》 56권, 《답정자상십사》) "태극은 이이고 형이상자(形而上者)이다. 음양은 기이고 형이하자(形而下者)이다. 그러나 이는 형체가 없고 기는 흔적이 있다. 기에 동정이 있는데 어찌 이에 동정이 없을 수 있겠는가?"(《주자어록》 5권) 앞의 것은 첫 번째 뜻을 말한 것이고, 뒤의 것은 두 번째 뜻을 말한 것이다. 주희에게는 이런 관점들이 아주 많았다. 그가 말한 '기'의 동정은 공중에 실제로 존재하는 운동이고, 그가 말한 태극, '이'의 동정은 '기'의 동정을 초래하는 형상(形上)의 근거였다. 동정의 개념은 같지만 구체적인 의미는 다르다. 조단이 발견한 《어류》와 《태극도설해》에 존재하는 표면적인 모순은 주희가 주돈이의 원 뜻을 바꾸어 해석한 것이다. 그리하여 다른 뜻으로 이해될 가능성이 더 많아지게 되었다. 예로, 주돈이가 말하는 태극은 혼돈이 나누어지기 전에 음양이기가 나누어지지 않은 존재이다. 그는 태극이 동하면 양이 생기고, 정하면 음이 생기고, 혼돈이 나누어지기 전, 기에 음양이기가 나누어 질 수 있는 가능성이 존재한다고 했다. 그러나 주희는 태극을 만물이 운행하는 총체적인 근거로 생각했다. 태극의 동(动)은 우주 자체가 활동하는 것이고 태극의 정(静)은 이러한 활동을 구체적인 사물로 표현한 것이다. 그리하여 주희는 "그것이 움직이면 성이 통하고 그것을 지속적으로 이어나가는 것이 선이다. 만물은 이것을 근거로 생겨난다. 그것이 정하면 성이 회복되고 그것을 이룬 것이 성이다. 만물은 각자 자신의 본성을 바르게 한다"고 말했다.(《태극도설해》) 여기서 말하는 태극은 성(诚)이고 우주의 본체이지 구체적인 사물에 표현되는 '이'가 아니다. 태극의 동정에 관한 주희의 이러한 설명은 본체론이지 우주론이 아니다. 그러나 주돈이의 "무극이 태극이다. 태극의 동에 의해 양이 생기고 동이 극에 달하면 정이 생긴다. 태극의 정에 의해 음이 생겼고, 정이 극에 달하면 다시 동이 생긴다. 동과 정은 서로를 근본으로 한다. 음양이 갈리면서 양의가 생겨났다"는 관점은 우주생성론에 속한다. 주희는 주돈이의 《태극도설》을 이용해 "이는 기의 근본"이라는 자신의 학설을 내놓았다. 조단은 주돈이에 대한 주희의 해석이 원래의 뜻에 부합된다고 보고 있다. 사실 조단은 이 둘의 차이점을 발견해 내지 못했다. 조단은 "태극이 있기에 동과 정이 있고 양의가 나누어졌다. 그리고 음과 양이 변하고 합해지면서 오행이 생겨났다"는 주희의 관점과 "태극의 동에 의해 양이 생기고 정에 의해 음이 생겼다"는 관점은 일치한다고 생각했다. 사실 조단은 이 두 관점의 다른 점을 발견해 내지 못했다. 주희의 관점은 태극에 동정의 '이'가 포함되었기에 음양이기가 미분의 혼돈상태에서 분리될 수 있었다는 뜻이었다. 이것은 주돈이의 음양미분(陰陽未分)의 '기'가 음양이기로 나누어졌다는 관점과는 다른 것이었다.

주희는 '이'와 '기'의 관계를 사람이 말을 타는 것에 비유했지만, 조단은 주희의 이런 비유로 '이'가 '기'를 지배하고 통제한다는 관점을 확실하게 나타낼 수는 없다고 했다. 이것은 정확한 생각이다. 왜냐하면 주희의 이런 비유는 앞에서 말했던 '이'가 구체적인 사물에 표현되면 그 물체와 함께 존재하고 함께 동정한다는 뜻이다. 그러나 태극에는 원래 동정하는 '이'가 존재하고 '기'는 이런 '이'를 통해 동정하지만, 태극은 '기'의 동정에 따라 동정할 수 없다는 뜻을 표현해내지는 못했다. 사실 뒤의 내용이 더욱 중요하다. '이'의 근거와 법칙은 '이'에 관한 주희의 설법 중에서 가장 기본적이고 명확한 것이다. 그러나 이 비유는 주희의 이런 관점을 제대로 나타내지 못했다. 조단이 이런 문제를 제기한데는 심각한 의미가 포함되어 있었다. 그의 목적은 이는 형이상적 근거이고 형이하적인 동정의 소이연(所以然)이며, 이는 절대적이고 능동적(형이하자적인 이동이 아님)이며 구체사물을 주재, 통솔, 지배하는 기능을 갖고 있다는 걸 강조하기 위해서였다. 이 문제는 조단의 머릿속에서 오랫동안 맴돌았다. 그 관계가 중대하기에 조단은 이 문제를 구별하기 위해 이를 '변려(辨戾)'라고 하고, 자신이 "나이가 많기에 절충할게 없고, 나와 뜻이 같은 여러 군자들에게 이르노라"(《辨戾》, 《태극도설해》 3쪽)고 말했다. 태극동정에 관한 조단의 사상은 주희의 《태극도설해》와 기본적으로 같다. 그가 《주자어류》와 《태극도설해》와 일치하지 않는 부분을 제기한 목적은 '이'의 절대적이고 능동적인 성질을 강조하기 위해서였다. 그는 《태극도설술해》에서 기본상 주희의 관점을 사용하였고, 일부 해설은 아예 주희의 해설을 그대로 사용하였다. 조단과 주희의 사상에서 서로 다른 점을 강조하는 것은 적절치 않다.

2. 성(誠)과 성명(性命)

성(誠)은 중국철학의 아주 중요한 범주이다. 선진(先秦)시기의 중요한 서적인 《맹자》와 《중용》에서는 성에 대해 상세하게 토론을 진행했다. 주돈이는 《통서》에서 성을 근본적인 위치에 놓고 성은 성인이 성인이라 불릴 수 있는 본질적인 특징이며, 성은 우주의 본체이고 만물이 시작되는 근원이라고 했다. 성은 절대적인 선이다. 왜냐하면 성은 만물이 시작되고 생존하는 근거이기 때문이다. 성이라는 범주에 대한 주돈이의 관점은 이후 많은 이학자들의 근거로 되었다. 조단은 《통서(通書)》를 해석(述解)하면서 성(誠)을 이(理)로 해야 한다면서, 다음과 같이 말했다. "성(誠)이란 실리(實理, 실제에 맞는 이치)이고 망령됨이 없는 것을 일컬으며, 하늘이 부여한 바이고 사물이 받은 바른 이치[正理]

이다. 사람들이 모두 이것을 소유하고 있지만 그러나 기(氣)가 그것을 품고 구속하며, 사물이 그것을 가리고자 하지만 습속(習俗)이 이를 유혹하여 그것을 온전하게 할 수 없게 하는 것이 많다. 성인(聖人)을 성인된 사람으로 여기는 까닭은 다른 것이 없고 그 오직 그것을 온전하게 할 수 있는 것뿐이다. 성(誠)은 곧 이른바 태극(太極)이다.(《통서술해(通書述解)》 3쪽)"

주돈이는 《중용》과 《역전》에 근거하여 성을 우주의 본체로 생각했다. 조단은 정이(程頤)와 주희의 관점에 근거하여 성이 이라고 했다. 이러한 전환은 우주 본체의 풍부한 정의와 의미를 뺀 것이라고 할 수 있다. 예를 들면 대화유행(大化流行)의 과정, 대화유행의 작은 덕은 쉼 없이 계속되는 것이고, 큰 덕은 두텁게 교화한다는 자유정신, 만물은 같이 자라도 서로 상처 입히지 않는다는 정신, 천지만물의 넘치는 생기 등이 빠졌다. 그리고 우주 본체의 운행법칙, 우주만유의 구체적인 규율과 같은 정의와 의미만 남았다. 조단은 본체에 대한 착안점을 전체적인 '도'가 아닌 구체적인 사물의 '이'에 두었다. 그리하여 그는 "성사립(诚斯立)"을 "실리(实理)는 립(立)이기 때문에 각자 한 개 물체의 주(主)가 된다. 연이 날고 물고기가 뛰어오르며 불이 위에 물이 아래에 있듯이 이는 한번 정해지면 변하지 않는다"고 해석했다. 그 뜻인 즉 '성'이 곧 '이'라는 것을 강조하기 위해서였다. 그는 성은 곧 만물의 필연성이라고 생각했는데, 정이와 육구연의 우주 본체에 대한 해석 중에 생기가 넘치고, 만물은 같이 자라도 서로 상처 입히지 않는다는 것과 같이 풍부하고 느슨한 생각을 배제해 버렸다. "원형은 성지통(诚之通)이고 이정(利贞)은 성지복(诚之复)이다"라는 말의 해석에서도 조단은 마찬가지였다. "통(通)은 실리가 나타나자마자 사물에 부여되는 것으로서 이것은 선의 계승이다. 복(複)은 만물이 각자 얻은 것을 감춘 것인데 이것은 성(性)의 성(誠)이다"(《통서술해》 4쪽)라고 한 것은 '성'이 '이'라는 걸 말하기 위함이다. '성'의 통복(通复)은 '이'가 부여한 산물이고 만물은 '이'를 얻음으로써 성(性)을 형성하였다는 뜻이다. "하늘이 사람에게 부여한 운명은 심원하기 그지없다"라는 우주 본체에 관한 풍부한 내용은 어렴풋하게 모습을 감추었다. 그가 말하는 '이'는 광대하고 풍부한 정신이 줄어들고 대신 엄정하고 청렴한 모습을 나타내고 있다.

조단은 '성'을 '이'라고 보는데, 그의 중요한 개념인 '성'과 '명' 또한 '이'를 근거로 전개된다. 그는 주돈의의 《통서》 중에 "건도변화(乾道變化), 각정성명(各正性命)"에 대해 다음과 같이 말했다. "하늘이 부여한 바를 명(命)이라 하고 사물이 받은 바를 성(性)이라 함은 건도(乾道)의 변화를 말하며, 만물(萬物)이 각기 그 부여받은 바의 정리(正理)를 받은 것이 마치 오행(五行)의 생성을 말할 때 각기 그 성에 의지한 것과 같다.《통서술해(通書述解)》3쪽)"

여기서 성명(性命)에 대한 해석은 주희의 것을 받아들였음이 선명하다. 명(命)은 우주의 본체로서 개체의 역정으로 표현된다. 우주 본체는 발출자(发出者)이고 개체는 품수자(稟受者)이다. 발출은 필연적이고 규율에 부합되는 과정이다. 우주는 의지가 없기에 구체적인 사물을 주재하고 지배할 수 없다. '명'이라 하는 것은 천도가 자연 운행할 때의 무목적에서 표현되는 합목적성이다. 진순(陈淳)은 "성은 존명(尊命), 태명과 같은 명령이다. 그럼 하늘은 말을 할 수 없는데 어떻게 명령을 내릴까? 우주는 항상 끊임없이 규칙적으로 변화하는데 '기'가 이 물체에 닿으면 이런 물체가 생기고, '기'가 저런 물체에 닿으면 그런 기체(氣體)가 생긴다. 이는 명령을 내리는 것과도 같다."《북계자이(北溪字义)》1쪽) 진순의 이 말은 주희의 견해를 전달한 것이다. 위에 나온 조단의 견해도 모두 주희로부터 온 것이다. '명'의 구체적인 의미에 대해 조단은 《통서》를 해석할 때, 이성명(理性命)이라는 장절에서 조금 더 발전을 시켰다. 사실 이 장절에는 원래 "이성명"이라는 세 글자가 없었다. 조단은 "궐창궐미, 비령불형(厥彰厥微, 匪灵匪莹)"은 '이'를 말한 것이고, "강선강악, 유역여지, 중언지의(剛善剛惡, 柔亦如之, 中焉止矣)"는 '성'을 말한 것이며, "이기오행, 화생만물(二气五行, 化生万物)"은 '명'을 말한 것이라고 했다. 그는 "이기오행(二氣五行), 화생만물(化生萬物), 오수이실(五殊二實), 이본칙일(二本則一), 시만위일(是万爲一), 일실만분(一實万分), 만일각정(万一各正), 대소유정(大小有定)"에 대해 다음과 같이 말했다. "이기오행(二氣五行)은 하늘이 만물에 맡겨 생성하게 한 것이다. 그 말(末)로부터 본(本)으로 연결되면 오행의 이(異)는 이기(二氣)의 실체를 근본으로 한다. 이기의 실체는 또한 이(理)의 극(極)을 근본으로 한다. 이는 만물을 합해서 말한 것으로 하나의 태극이 될 뿐이다. 그 본에서부터 말까지 간다면 이(理)의 실체는 하나가 되고 만물이 그것을 나누어 체(體)로 여긴 것이다. 그러나 이를 분(分)이라 하는데, 베어내고 조각내는 것이 아니라 다만 마치 달이 모든 냇물에 비추는 것과 같다.《통서술해(通書述解)》28쪽)"

조단이 이해한 '명'은 사실은 태극이 만물로 표현되고, 만물이 태극으로 귀결되는 과정이다. 이 과정은 '기'의 운행과정이고 '이'가 열리고 닫히는 과정이다. 당연히 이런 열고 닫힘은 '이' 자체의 동정이 아니다. 왜냐하면 '이'는 형이상자로서 동정을 초월한 것이기 때문이다. '이'의 열고 닫힘은 '기'의 운행과정에 나타나는 조리, 규범, 경계이다. 만물의 화생은 이 물체의 형식으로부터 저 물체의 형식으로 전환되는 과정이다. 이 과정을 구성하는 실체를 여러 가지 단계로 나눌 수 있는데 '기'에서 '질'로, '질'에서 '물'로 전환된다. 이 구성 과정이 바로 '명'이다. '명'은 만물이 자신이 갖고 있는 본성의 필연성과 외적인 조건의 공동 작용 하에 나타나는 부득이함이고, 또 어째서 그러한지를 모르는 것과 같은 상황을 가리킨다. '기'로 보았을 때 조단이 말한 '명'은 우주대화유행(宇宙大化流行)의 과정이고, 이로 보았을 때 태극이 만물의 '이'로 표현되는데, 만물의 '이'는 태극과 같이 '일(一)'에서 '만(萬)'으로, 다시 '만'에서 '일'로 돌아오는 과정을 되풀이 한다. 이 과정은 주체가 진리를 관찰하는 방법이기도 하다. 시각이 다름에 따라 진리를 관찰하는 다른 방법이 있고, 이런 착안점의 변화는 학문의 축적, 천지만물의 근본법칙에 대한 이해, "성", "태극" 등 우주 본체의 범주를 나타내는 각해(觉解)와 깨달음을 통해 얻어진다. 각해, 깨달음의 정도와 단계는 진리를 관찰하는 방법의 정밀도를 결정한다. '명'이 '기'의 위에 있다는 조단의 관점은 주희의 관점을 계승한 것이다. 한 개의 '이'는 만물에 의해 나누어지지만, 이런 나눔은 형이하학의 시공에서 분할되는 게 아니고, "여러 조각으로 나뉘는 것"도 아니라, 형이상의 것으로서 우주의 근본에 관한 이와 구체적인 사물에 관한 '이'의 비교와 전환이다. 그리하여 "달이 만천을 똑 같게 비추는"것과 같다. "만일각정(万一各正)"은 하나의 '이'와 만물의 '이'를 '하나'로 볼 수도 있고 '만'으로도 볼 수도 있다는 뜻이다. 동시에 '일'과 '만'의 자유로운 변화는 주체의 시각이 다르고 주체가 진리를 관찰하는 방법이 다르기 때문이다. 전반적인 우주는 대화유행과정에서의 다양성과 단순성의 통일이다.

　조단의 논성(论性)은 장재(张载), 정이, 주희의 견해를 계승한 것으로서 천지의 '성'뿐만 아니라 기질의 '성'도 이야기했다. 이 점은 주돈이와 다르다. 주돈이는 기질로부터 '성'을 논하였다. 주돈이가 말하는 '성'은 사람의 기질의 강, 유, 선, 악이다. 주돈의는 "성자(性者), 강유선악(剛柔善惡), 중이의의(中而已矣)"(《통서 · 사제(師第)7》)에 대한 주석에서 정이(程頤)와 주희의 "성즉리(性卽理)"의 뜻을 가미했다. 그는 다음과 같이 말했다. "이것이 이른바 성(性)이며, 기품(氣稟)으로 말한 것이다. 태극의 수는 1에서 2로, 강하고 부드러우며, 1에서 4는 강하고 착하며 강하고 악하며 부드럽고 착하며 부드럽고 악하다. 마침내 거기에 1을 더하면 '중(中)'이 되어 오행(五行)이라 한다. 염계(濂溪, 주돈이)가 말한 성(性)은 단지 이 5가지일 뿐이다. 그 또한 스스로 인의예지(仁義禮智)의 성을 말한 때가 있었다. 만약 기품(氣稟)의 성을 논한다면 5가지를 벗어나지 않았다. 그러나 기품의 성은 단지 그 사단(四端)의 성이지 별도로 한 종류의 성을 가지고 있는 것은 아니다. 이른바 강유선악중(剛柔善惡中)이란 천하의 성 가운데 진실로 이 5가지를 벗어나지 않은 것이다. 그러나 이것을 세밀하게 헤아려보면 극도로 다양한 모양이고 천반만종(千般萬種)이라서 살피고 궁구할 수는 없지만, 다만 이 5가지를 떼어놓지 못할 뿐이다.(《통서술해(通書述解)》 28쪽)"

조단은 주돈이가 인, 의, 예, 지의 '성'을 말하였을 뿐만 아니라, 강, 유, 선, 악의 '성'도 말했다고 했다. 그러나 앞에 것은 천지의 '성'이고 뒤에 것은 기질의 '성'이라는 것은 명백하게 설명하지 않았다. 그는 주돈이의 '성'이라는 개념을 해석할 때 "성은 이를 확립한 자를 말한다. 성인이 성스러운 것은 이 실리를 따르기 때문이다. 소위 태극을 말한다. 오상인 인, 의, 예, 지, 신은 성인의 성이기도 하다."(《통서술해》 4쪽) 주돈이는 "성은 오상의 근본이다"라는 명제를 제기하였지만, 오상이 인물의 '성'이라는 건 명확하게 말하지 않았다. 그러나 조단은 오상을 인성이라고 명확히 해석했다. 그는 주희사상으로 주돈이의 사상을 보완했던 것이다. 더 주목해야 할 점은 주돈이는 강, 유, 선, 악으로 '성'을 말했는데, '중'은 기질이 변화한 뒤의 강, 유 양극의 알맞음 혹은 도달한 경지를 가리킨다. 조단은 중을 한 개의 성으로 보고 인, 의, 예, 지, 신, 즉 오상과 서로 연결시켰다.

조단은 기품(气稟)의 '성'과 사단의 '성', 기질의 '성'과 천지의 '성', 이 양자는 서로 완전히 분리되는 것이 아니다. 양자는 동일한 '기'의 다른 표현이라고 했다. 천지의 '성'은 '기'의 '이'가 가려지지 않아 생겨난 것이다. 기질의 '성'은 기품의 외적인 표현이다. 그는 다음과 같이 말했다. "성(性)은 단지 이(理)일 뿐이지만 그러나 그 하늘의 형상[天象]과 땅의 바탕[地質]이 없다면 이 이(理)는 편안하게 머무를 곳이 없게 되며, 다만 기(氣)의 청명(淸明)을 얻게 되면 가려져 굳게 되지 못한다. 이 이(理)가 순리대로 발현하여 나올 때에 폐고(蔽固, 방해)가 적은 것이라면 발현하여 나온 천리(天理)가 이기고 폐고가 많은 것이라면 사욕(私欲)이 이기지만, 문득 본원(本原)의 성(性)을 얻고 보면 선(善)하지 않음이 없을 것이다. 다만 기질(氣質)이 혼탁하게 되면 막혀버리게 될 뿐이다. 배워서 이를 반복하면 천지의 성이 존재한다. 그러므로 성이 필요한 것을 이야기할 때 아울러 기질이 바야흐로 갖추어진다. 이 성은 곧 기질의 성을 말하며, 네 가지 중에 강악유악(剛惡柔惡)을 버리거나 피하고 다시 강유(剛柔) 두 선(善) 중에 그에 합당한 것을 선택하여 주(主)로 삼는 것이다.(《통서술해(通書述解)》11쪽)"

기질의 변화는 천지의 '성'으로 되돌아가야 한다는 것은 장재, 정호, 정이, 주희의 설법에서 온 것이다. 오직 강악(剛惡), 유악(柔惡)을 버리고 강선(剛善), 유선(柔善)을 선택해야 한다는 것은 주돈이의 관점에서 온 것이다. 조단의 성론(性論)은 장재, 정호, 정이, 주희가 천지의 '성'과 기질의 '성'을 나눈 이분법을 따랐고, 주돈이의 관점을 보충적으로 사용하였다. 천지의 '성'에 관해서는 장재, 정이, 주희의 관점으로 주돈이의 천지의 '성' 관점을 강조하고 결점을 부각시키지 않았다. 기질의 '성'에 관해서는 주돈이의 강유지설(剛柔之说)로 장재, 주희의 관점을 보충했고 그들이 상세하게 논증하지 못한 결점을 미봉했다. 그러나 종합적으로 보았을 때 예전의 이론을 많이 계승했고 창의적인 내용이 부족했다고 할 수 있다. 착실한 실천을 중요시하고, 이론의 발휘를 가볍게 보는 경향이 선명했던 것이다.

3. 성경(诚敬)과 인(仁)

조단의 공부론(功夫论)은 도덕의 본체에 대한 깊은 이해와 구체적인 사물에 대한 성찰과 극치(克治)를 통해 직접 심지(心地)에 공을 들였다. 그는 격물치지에 대해 많이 얘기하지는 않았는데 이는 주희가 격물치지에 근거한 수양의 방법과 구별된다. 직접 마음에 공을 들여야 한다는 걸 강조하였기 때문에, 조단은 '성'을 가장 중요한 자리에 놓았다. 그는 마음이 성실한 것은 몸과 도의가 하나로 된 것으로서 도의에는 본체와 작용이 있다고 했다. 그는 도의의 본체는 천지(天地)의 이(理)이고 도의의 작용은 그 시의적절한 행동을 하게 해주는 것이며, 사람이 존귀한 것은 사람 자체가 도의의 구체적인 체현이기 때문이라고 했다. 그는 다음과 같이 말했다. "도의(道義)라는 것은 체용(體用)을 겸하여서 말한 것이다. 도(道)라고 함은 천지를 궁구하는 것으로 고금을 통해서 다만 하나의 도의일 뿐이다. 때를 따라 일을 따라 마땅한 곳에 거쳐하며, 이른바 천지의 상경(常經)이요 고금의 통의(通義)이다. 사람이 되어 몸에 도의가 있으면 귀하고 또 선하다.(《통서술해

(通書述解)》31쪽)"

　'성'과 '이'가 하나로 되는 것이 조단의 수양 목표인데, 이를 이루는 길은 경(敬)에 있다고 했다. 그는 말했다. "우리들이 일을 할 때 이일 저일에 하나의 경(敬)자를 떼어놓지 않으면 큰 실수가 없을 것이다. 하나의 성(誠)은 만위(萬僞)를 소멸시키기에 충분하고 하나의 경(敬)은 천사(千邪)를 대적하기에 충분하니, 이른바 큰 곳에 먼저 서려는 사람에게는 이보다 중요한 것이 없다. 배우는 자는 반드시 몸을 법도(法度) 중에 두어야 하며, 조금도 방사(放肆)해서는 안 되기 때문에 그러므로 "예악(禮樂)은 잠시라도 몸을 떠나서는 안 된다"고 말하였다.(《(어록(語錄)》,《명유학안(明儒學案)》1065쪽)"

　조단은 성인(聖人) 능력의 특징을 '근(勤)'이라고 했는데 이 '근'이 뜻하는 것은 바로 '경'이라고 그는 말했다. "성인(聖人)이 성인된 까닭은 다만 조심하고 부지런히 힘쓰는 마음일 뿐이며, 잠시라도 홀연히 감히 스스로 안일해서는 안 된다. 이(理)에는 정해진 곳이 없으니, 오직 오랫동안 존속하는데 힘쓸 뿐이다. 마음은 본래 사물을 살게 하니, 오직 부지런하기만 하면 죽지 않는다. 보통의 사람들은 조심하고 부지런히 힘쓸 수 없기 때문에 사람의 욕심은 방자하고 천리(天理)는 망하며, 몸이 비록 존재하나 마음은 이미 죽었으니, 어찌 크게 슬퍼하지 않을 수 있겠는가!(《명유학안(明儒學案)》1066쪽)"

　이학자 중에서 주돈이는 '주정(主靜)'이 수양의 근본적인 공부라고 제시했다. 정호와 정이는 정(靜)이라는 글자가 소극적이고 낡은 해석에 빠지기 쉽다 하여 정(靜)을 경(敬)으로 바꾸었다. 주희는 "정이의 관점을 계승해 경하면 자연히 정이 될 수 있다. 그러므로 정이 아닌 경을 사용해야 한다"고 했다.(《주자어록》 96) 경은 이후에 유학자들이 모두 따르는 방법이 되었다. 조단은 주돈이의 공부(功夫)입문에서 첫째로 중요한 것은 돈오(頓悟), 즉 문득 깨달음에 이르는 경지이고, 정이가 강조하는 '경'은 점수(漸修), 즉 점진적인 수행단계를 말한다고 했다. 그는 《통서》의 "일위요(一爲要), 일자(一者), 무욕야(無欲也)"를 해석하면서 다음과 같이 말했다. " '일(一)'자는 성현(聖賢)의 중요 덕목으로 일(一)은 곧 태극(太極)이고 순수하여 섞이지 않은 것을 말하고 단지 순수한 모습의 천리(天理)일 뿐이며, 한 점의 사욕(私欲)도 없다. 또한 사욕이 없으니, 문득 스스로 존재함도 깨닫는다. 주자(周子, 주돈이)는 다만 일(一)이란 무욕(無欲)이라고 말했을 뿐인데도 이 화두가 높아서 잡자기 도달하기 어렵다. 보통사람이 어떻게 문득 무욕(無欲)을 얻을 수 있겠는가? 그러므로 이천(伊川, 정이)은 다만 하나의 경(敬)자만을 말했을 뿐이며, 남을 가르칠 때에도 다만 경(敬)자만으로 요약하여 거의 공부할 곳을 확실히 정할 수 있었다.(《명유학안(明儒學案)》26쪽)"

일(一)은 곧 태극이다. 태극은 이(理)의 전부이고 '이'의 전부는 '성'으로서 잡스럽지 않고 순수하다. 욕(欲)과 태극이 하나가 되려면 반드시 마음에 사욕이 없어야 하고, 온 마음으로 태극과 하나가 되어야 한다. 이게 바로 돈오이다. '경'은 점진적인 수행단계로서 일상 실천에서 마음을 성찰하고 다스려 정신 상태를 점차적으로 제고하여 최종적으로 이(理)와 일(一)의 통일을 이루어내야 한다. 여기서 그는 주돈이와 정이의 수양방법이 다르다고 생각했다. 그는 주돈이는 '돈오'에 가깝고, 정이는 '점수'에 가깝다고 생각했다. 이런 견해는 일부 현대학자들이 송명이학의 파계를 나눈 것과 일치하다. 그러나 이에 대해 조단은 더 많은 논술을 전개하지는 않았다.

조단은 《통서》를 주석할 때, '인'이라는 이 중요한 개념을 진보적으로 풀이했다. 주돈이는 유학자의 최고의 추구는 "공안지락(孔顔之乐)"이라고 했다. 조단은 이에 대한 발휘를 다음과 같이 말했다. "천지간에 지극히 부(富)하고 지극히 귀(貴)하고 아낄만하고 구할 만 한 것은 인(仁)일 뿐이다. 인(仁)이란 천지생물(天地生物)의 마음이고 사람이 살아 있는 사람으로서 받은 것이다. 한 마음의 전덕(全德)과 만선(萬善)의 총명(總名)이 된다. 몸(體)은 곧 천지의 몸이고 용(用)은 곧 천지의 용이다. 그것이 존재하면 통(通)하고 그것에 충만히 거하면 몸이 편안하다. 지금 바르게 살펴보면 공안(孔顔, 공자와 안회)의 악(樂)이라고 말하는 것은 인(仁)이다. 이 악(樂)이 그 인(仁)이 아니라 해도 인(仁) 중에는 스스로 그 악(樂)만이 있을 뿐이다. 또 공자(孔子)는 인(仁)을 편안하게 여기니 악은 그 중에 있고 안자(顔子)는 인(仁)을 어기지 아니하였으나 그 악을 고치지 않았다. 안인(安仁)이란 천연스럽게 스스로 가지고 있는 인(仁)이며, 악(樂)이 그 중에 있는 것으로 천연히 스스로 가지고 있는 악이다. 인을 어기지 않는 것은 인을 지키는 것이며, 악을 고치지 않는 것은 악을 지키는 것이다.(《통서술해(通書述解)》30쪽)"

조단은 정호, 정이, 주희의 견해를 계승했다. 조단은 '인'은 천지가 만물을 낳는 마음이라고 주장했다. 즉, 천지만물에 의해 표현된 생생지리(生生之理)라는 뜻이다. 사람이 인(仁)한 것은 천지가 만물을 낳는 마음을 받았기 때문이다. '인'은 인, 의, 예, 지 사덕 중 하나의 덕일 뿐만 아니라 완전한 덕으로서 인에는 인의예지가 포함된다. 그리하여 인의예지를 인의 다른 표현이라고 할 수 있다. 인은 천지만물의 본체이고 애(愛)는 인의 작용이다. 인을 마음에 새기면 자신과 다른 이에게 두루 영향을 줄 수 있고, 인이 몸에 배면 자기 마음이 안정해질 수 있다고 했다. 주돈이는 정호와 정이에게 "공안지락"을 가르쳤는데, 그는 공안지락은 정신적인 경지인데 이런 경지에 도달하면 심령이 자연히 유쾌해진다고 했다. 그러나 이런 정신적인 쾌락을 추구하기 위해 정신수양을 하는 것이 아니고, 낙(乐)은 정신수양의 자연적인 결과로서 실용적인 목적이 아니라고 했다. 공자는 "어진 사람은 근심이 없고, 지혜로운 사람은 미혹되지 않으며, 용감한 사람은 두려움이 없다"고 했다. 인덕이 있는 사람은 그 즐거움을 발견할 수 있다. 정신 경지가 다름에 따라 인을 느끼는 방식이 다르다. 공자는 인은 사람이 본래부터 갖고 있는 것으로 인을 따르고 인을 정신 만족의 전부로 생각해야 한다고 했다. 안회(顔回)는 인은 추구해야 하는 것으로서 이를 얻고 나면 인을 도덕표준으로 삼고 이를 어기지 말아야 한다고 했다. 이 두 가지 경지는 인에 대한 체험방식이 다르다.

송나라 이학자들 중에서 특히 정호, 정이가 인에 대해 많이 논술했다. 정이는 《식인편(识仁篇)》에서 송나라 이학자들이 정신수양을 하는 기본방향을 제기했다. 주희는 《인설(仁说)》에서 정호, 정이의 주장을 설명하였고 이를 더욱 완벽하게 만들었다. 조단은 인을 천지간에서 제일 귀하고 사랑스럽다고 했다. 인을 최고의 가치로 보는 것에서 그가 정호, 정이, 주희의 기본수양방향을 계승했다는 걸 알 수 있다. 그러나 그는 인을 추구하는 방법에서 주희가 주장하는 격물궁리(格物穷理)를 버리고 체증인체(体证仁体), 거경함양(居敬涵养)을 근본으로 삼았다. 그의 학설에서 명나라 초기의 유학자들의 일반적인 상황을 알 수 있다.

명나라 초에 주희의 학설이 통치적 지위를 차지하였는데, 학자들은 일반적으로 주학(朱學)의 사상과 수양방법을 계승하곤 했다. 그러나 수백 년 동안의 발전과정을 거치면서 이학의 구성에 큰 변화가 생겼다. 주희가 격물궁리에 치우쳤던 걸 조금 바로잡고 주경함양(主敬涵養)의 내용을 강화했다. 그리하여 명나라 초의 유학은 이기심성(利己心性)에 관한 이론에서 큰 발전을 이룩하지는 못했지만, 독실궁행(篤实躬行)을 중히 여겼기 때문에, 주로 심(心)에 대한 연구에 많은 정력을 쏟았다. 이는 송원시기의 유학자들이 하지 못한 것들이다. 그러나 이로 인해 송나라 유학자들이 중요시 했던 견문의 지식과 덕성의 지식의 보좌관계, 지식이성과 도덕이성을 똑같이 중요시 하던 학풍은 사라지게 되었다. 이후에 왕양명이 명나라 초의 주학에서 벗어나 자기만의 새로운 구성을 만들면서 이러한 국면이 조금 바뀌게 되었다.

조단의 학설은 정호, 정이, 주희의 이론 중에서 가장 안정적이고 편향되지 않은 것으로부터 착수하였다. 그리하여 그의 학설은 변화가 적고 정연했다. 그의 가장 중요한 저서는 《서명(西銘)》, 《태극도설》, 《통서(通書)》에 대한 서술과 해석인데, 그 의도는 주돈이, 장재, 주희의 주장을 찬양하기 위해서였다. 그는 일생동안 독실(篤實)과 궁행(躬行)을 추구하였기에 저서를 많이 남기지는 못했다. 위의 세 권은 모두가 그의 대표작이다. 《사고전서제요(四庫全書提要)》에서는 "명나라에 진정한 유학자로는 조단 및 호거인(胡居仁), 설선(薛宣)이 최고다. 그러나 조단이 호거인, 설선에게 길을 열어주었다"고 평가했다. 조단은 자신의 호를 "월천(月川)"이라 했는데 이는 우주근본의 이(理), 만물이 각자 가지고 있는 이(理), 심중의 이(理)의 관계에 대한 조단의 주장이 "사람마다 태극이 있고 물체마다 태극이 있다"라는 주희의 견해에서 벗어나지 못했다는 걸 말해준다. 그는 이를 월천시로 표현해냈다. "하늘에 떠있는 달 하나가 만리 산천을 비추네. 산천에는 모두 달이 동그랗게 되는 걸 볼 수 있다네. 하천이 말라 땅이 되어도 하늘에는 여전히 달 하나가 걸려있네" 그러나 "사심이 입도를 할 수 있는 길(一以事心爲入道之路)"이라 한 것은 조단이 주희가 주장하는 격물궁리(格物窮理)를 버리고 함양을 높이려면 예절을 중요시해야 한다는 이론으로 마음을 다스렸다는 걸 말한다. 이러한 평론들은 조단이 능력진로의 특징을 잡아냈고, 간접적으로는 명나라 초 유학자들이 가지고 있는 종지(宗旨)의 추세도 지적해냈는데 매우 식견이 있는 견해였다고 할 수 있다.

제 2 장
설선(薛瑄)의 하동지학(河東之學)과
명의 관중(關中)학자

명나라 초기 조단 다음으로 설선이라는 사람이 있었다. 설선의 학설은 정주(程朱) 저서를 세밀하게 읽고 고심하게 연구해서 얻어낸 것이다. 그의 특색은 정주학설을 몸소 행하고 실천하는 것으로서 이론적인 발전과 창조는 많지 않았다. 그가 창립한 하동학파는 '달어성천(達于性天)'을 취지로 몸소 행하고 실천하는 것이 그 특징이다. 제자들이 중국의 산동, 하남, 관중 일대에 많이 있었고, 특히 북방에서 영향력이 컸다. 그의 제자인 여남(呂柟)은 명나라의 관중 학자들 중에서 특히 유명했는데 관학(關學)이 명나라에서 흥기하는데 중요한 작용을 했다.

설선(1389-1464)의 자는 덕온(德溫)이고 호는 경헌(敬軒)이며, 산서 하진(河津)사람이다. 어릴 때 아버지를 따라 글공부를 했다. 이후 위희문(魏希文)과 범여주(范汝舟)에게서 이학을 배웠는데 그 뒤로 낡은 학문을 모두 버렸다. 영락 시대 때, 진사에 급제했고 선덕 초년에 감찰어사로 임명되어 호북과 호남의 은광을 관할하였다. 공가(公暇) 때에는 《성리대전(性理大全)》을 필사하면서 느끼는 바가 있으면, 곧바로 찰기(札記, 메모)를 적곤 했다. 정통연간 중기에는 산동성 제학첨사(提學僉事)로 있다가 후에 대리사소경(大理寺少卿)에 임명되었다. 그 당시 권력을 쥐고 있던 환관 왕진(王振)의 뜻을 거역하는 바람에 옥에 갇혀 사형을 판결 받았다가 풀려났다. 경태연간 초에 남경 대리사소경을 제수 받았다. 영종이 복벽한 후에 예부우시랑(礼部右侍郎) 겸 한림학사를 제수 받고 조정에 들어갔다. 그때 조길상(曹吉祥), 석형(石亨) 등과 함께 일했다. 그 뒤에는 치사(致仕, 사직)를 청했다. 집에서 지내는 8년 동안 그는 학문을 가르치고 저술을 하면서 시간을 보내다가 76세에 세상을 떠났다. 그는 "76년간 아무 일도 없었는데, 이 맘 이제야 성(性)과 천(天)이 통함을 깨달았네"라는 시구를 남겼다. 오늘 사람들은 그의 저서를 정리해《설선전집》으로 묶었다. 그중에서 제일 중요한 철학저서는《독서록》이다.

1. 무극(無極)이 태극, 이일분수(理一分殊)

설선의 학설은 실천을 위주로 하지만 실천공부를 함에 있어서 모두 도(道), 성(性), 천(天) 등 이학의 근본적인 범주를 근거로 했다. 그리하여 도덕의 본체, 태극이기(太極理氣)를 논한 것이 비교적 많다. 이 점은 주희의 관점을 계승한 것이라고 할 수 있다. 그는 도덕의 본체(道體)를 논하면서 말했다. "기(氣)가 유행(流行)하게 되니, 일찍이 사이가 단절된 적이 없으며, 도체(道體)는 한 순간의 멈춤도 없음을 볼 수 있다. 체용(體用)은 근원이 하나이고 아주 작은 사물을 드러내어 밝히는 데는 틈이 없으며, 동정(動靜)에는 끝이 없고 음양(陰陽)에는 시작이 없으며, 큰 것은 밖에 없고 작은 것은 안에 없다. 도(道)라는 것을 누가 알 수 있을지 모르겠다.(《독서록(讀書錄)》권5)"

설선은 도는 기화유행(氣化流行)의 총체로서 '기'의 조리(條理)를 '이'라 생각했다. 음양은 서로를 근거로 끊임없이 순환한다고 했다. 도덕의 본체는 하도 커서 그 끝을 알 수 없고 구체적인 사물은 하도 작아서 속을 알 수 없으며, 체용(體用), 현미(顯微), 동정(動靜), 음양(陰陽) 등은 각자 '이'를 따르는데, '도'는 총체적으로 방대하고 끊임없이 변동하는 특징을 나타낸다. 설선의 사상 혹은 어구들은 모두 정호, 정이 혹은 주희의 관점에서 온 것이지만, 그 자신만의 깊은 깨달음이 있기도 했다.

도덕의 본체는 우주의 대화유행(大化流行)으로서 '이'도 있고 '기'도 있다. '이'와 '기' 양자 중에서 설선은 '이'와 '태극'을 더 중히 여겼다. 이것은 주희의 관점을 계승한 것으로 볼 수 있다. 그는 말했다. "큰 것을 말하면 천하에 실을 수 없고 작은 것을 말하면 천하에 쪼갤 수가 없으니, 곧 태극(太極)이다. 태극은 곧 성(性)이며, 곧 천하에는 성을 벗어난 사물이 없어 성이 있지 않은 곳이 없다. 큰 근본이란 태극의 전체이며, 도에 도달하는 것은 태극의 유행(流行)함이다.(《독서록(讀書錄)》권2)"

설선은 이학 특히 주희의 사상을 이용해《중용》을 해설하였다. 태극이 우주의 근본적인 '이'이고, 태극은 무한한 표현형식을 가지고 있다. 따라서 태극의 크기는 논할 수가 없다. 태극은 구체적인 사물의 '성'으로 표현되는데, "천하에는 성 이외의 물질이 존재하지 않으며" 물이 없으면 '이'가 없고 물이 없으면 '성'이 없다. '대본(大本)'은 태극의 총체이고, '달도(達道)'는 태극이 구체적인 사물의 '이'로 표현되는 것을 말한다. 이는 '기'를 통솔하고 '기'를 따라 유행한다. 여기서 '유행'이란 태극 자신의 동정이 아니다. 태극은 "청결하고 광활한 세계"로서 태극은 동정의 성질을 갖고 있지 않다. 태극의 유행은 '이'가 '기'의 운동의 근거이고, '조리'라는 말이다. 이는 운동하는 '기'와 함께 존재한다. '무극', '태극'에 대한 설선의 해석도 주희의 견해를 계승한 것이다. "무극(無極)이면서 태극(太極)이라 함은 두 개로 존재하고 있는 것이 아니어서, 소리도 없고 냄새도 없는 것으로 말하면 무극이라 하고 지극한 이치에 이르는 것으로 말하면 태극이라 한다. 무성무취하고 지극한 이치만 존재할 뿐이니, 그러므로 '무극'이면서 '태극'이라고 말한다.(《독서록(讀書錄)》권1)"

설선은 무극은 태극 이전의 다른 단계가 아니고 무극으로 태극을 형용할 수 있다고 생각했다. 무극과 태극은 두 개의 존재가 아니다. 무극은 태극에 방소(方所, 방위)가 없고 징조가 없다는 걸 뜻한다. 태극은 '이'이다. 무극은 태극이고, 주희가 말한 "형태가 없어도 이는 존재한다"는 뜻이다. 설선은 태극과 여러 가지 '이'의 관계에 주의를 기울였다. 그는 주희의 '이일분수(理一分殊)'와 《중용》에 나오는 "작은 덕은 시냇물처럼 자연스럽게 흐르고(小德川流), 큰 덕은 만물의 두터운 변화를 이끈다(大德敦化)"는 말과 연계시켜 "통체일태극(統體一太極)은 모든 사물의 공통된 근거로서의 태극이며, 각구일태극(各具一太極)은 개개 사물에 내재하는 개별화된 태극이다. 통체라는 것은 큰 덕이고, 각구라는 것은 작은 덕이다"라고 말했다.(《독서록》1권) "통체일태극"은 우주의 근본적인 '이'이고 "각구일태극"은 구체사물의 '이'이다. 태극은 천지만물의 근본적인 '이'일 뿐만 아니라 물체가 각자 가지고 있는 분수(分殊)의 '이'이다. 대덕돈화는 '도'의 관점으로부터 이야기한 것이고, "대전(大全)"의 관점에서 이야기한 것이다. 작은 '덕'은 시냇물처럼 자연스럽게 흐른다는 것은 구체적인 사물을 놓고 말한 것이다. 《중용》중의 "대덕은 돈화하고 소덕은 천류와 같다"라는 관점은 유교 형이상학의 중요한 근거 중 하나이다. 《중용》은 만물은 같이 자라도 서로 해를 입히지 않고 '도'는 병행해도 서로 위배되지 않는다는 것을 "하늘이기에 크다"의 근거로 삼았다. 그 중요한 의미는 만물이 함께 하루를 형성하고 하늘에서 만물의 작용과 지위가 평등하다는 것이다. 즉 하늘의 운행은 작은 것이든 큰 것이든 버릴게 없고, 큰 것은 계속 커지고 작은 것은 계속 작아지는 것이고, 천도는 운행 중에 만물로 표현되고 만물은 각자의 본성과 운행에 근거해 함께 천도를 구성한다는 것이다. 그 가운데에서 지배적인 위치에 있는 물체는 없다. 이는 만물이 일부러 그렇게 한 것은 아니고 자발적이고 자동적으로 형성된 것으로서 생기가 넘쳐흐르기 때문이라는 것이다. 이는 유가 천도관의 중요한 의리(义理)이고 유가사상의 근본적인 품덕인 '인'의 형상학적 근거이다. 설선은 '이일분수'와 천도의 운행을 연결시켰는데, '이'는 그가 주희의 '이일분수'의 사상을 계승하였고, 이 뿐만 아니라 도덕의 본체에 대해서도 이야기하려 한다는 걸 알 수 있다. 그는 주희가 강조한 만리(万理)는 일리(一理)가 나누어진 표현이라는 데에서 더 나아가 '천도(天道)'는 열리고 닫히며 생기를 띤다고 주장했다. 명나라 이학은 개체의 체험을 중요시한다. 때문에 자연히 '오목불이(於穆不已)'한 천도(天道) 중에서 개체생명에 많이 주목하는 경향이 생기게 되었다.

설선의 이기선후(理氣先后), 이기동정론(理氣動靜論) 또한 기본상 주희의 관점을 계승한 것이다. 그는 다음과 같이 말했다. "천지만물(天地萬物)이 혼합되어 일단(一團)의 이기(理氣)가 되었다.(《독서록(讀書錄)》권4)" "사방상하(四方上下)와 왕고래금(往古來今)은 실제로 이(理)이고 실제로 기(氣)이며, 털끝만큼의 빈틈도 없고 한순간의 간격도 끊어짐이 없다.(《명유학안(明儒學案)》122쪽)" "이기(理氣) 사이에는 발현을 용납하지 않는데, 어떻게 누가 먼저하고 누가 나중에 하고를 나눌 수 있겠는가?라고 했다.(《독서록(讀書錄)》권3)

그는 '이기'는 선후를 나눌 수 없으며, '기'가 없는 '이'가 없고, '이'가 없는 '기' 또한 없다고 주장했다. 그러나 '이기'관계에 대해 그는 일원론에 국한하지 않았다. 그는 주희가 논리적으로 '이'를 전후로 나눈 관점을 버렸다. 특히 주희가 '이'의 주재(主宰)와 통솔적인 성질을 강조하기 위해 사용한 절대적이고 험한 언어들을 버렸다. 예를 들면 "천지만물이 있기 전에 이미 '이'가 있었다", "산하대지가 다 꺼져도 '이'는 남아있을 것이다"(《주자어록》1권)와 같은 설법이었다. 설선은 이러한 언어들이 '기' 외에 '이'가 따로 존재하고, '이'가 단독으로 존재할 수 있다는 결론은 유발할 수 있다고 생각했다. 설선은 단지 '이기'는 선후를 나눌 수 없다고 다음과 같이 말했다. "이(理)는 단지 기(氣) 속에 있어 결코 앞뒤로 나눌 수 없으며, 마치 태극(太極)이 동(動)하여 양(陽)을 낳은 것 같이 동(動)하기 전에는 곧 정(靜)이고 정(靜)은 곧 기(氣)이니, 어찌 이가 먼저이고 기가 나중이라 말할 수 있겠는가?(《명유학안(明儒學案)》188쪽)" "어느 것이 처음인가? 기(氣)의 쉼이 처음이다. 처음의 앞은 끝이 되고 끝의 앞은 다시 처음이 되니, 그 어느 것이 끝이 되고 어느 것이 처음이 되는지를 알 수가 없다. 대개 반드시 시작할 수 있고 끝낼 수 있는 사람은 그 사이에 머물지만 마침내는 시작하지도 끝내지도 못한다"고 했던 것이다.(《독서록(讀書錄)》권3)

'이'와 '기'에는 선후관계가 없고, '이'는 '기'가 운동하는 원인이고 근거이다. 후자에 대해 그는 분명하게 말했다. "이와 기는 선후를 따질 수 없지만 기가 그러한 것은 이가 그렇게 만들었기 때문이다."(《독서록》4권) '이'는 '기'의 '소이연'이지만, '소이연'은 '기' 이외에 '이'가 따로 존재한다는 말은 아니다. 그리고 '기'와 '이'의 관계에 선후의 논리적인 관계가 존재한다는 말이 아니었다. 그는 주희가 형이상, 형이하로 '이'와 '기'의 전후를 구분하는 것을 반대하였고, 형이상의 것이 반드시 먼저라고 인정하지도 않았다. 그는 '이'와 '기'는 헤어질 수 없고, 혼합될 수 없는 것이라고 강조했다. 여기서 설선이 주희가 올바르고 밝은 것만 말하고 더 깊이 논증하지 않는 것을 반대했다는 걸 알 수 있다.

설선은 '이'와 '기'의 관계를 햇빛과 새에 비유하였는데, 그는 '이'는 '기'를 타고 움직이고 '기' 이외에 '이'가 따로 존재하는 게 아니며 '이'가 '기'보다 먼저라 할 수 없다는 뜻이라고 다음과 같이 말했다. "이(理)는 햇빛과 같고 기(氣)는 나는 새와 같아서 이가 기의 기운을 타고 움직이므로 마치 햇빛이 새 등에 실려 나는 것과 같다. 새가 날고 해가 비치어 비록 그 등을 떠나지 않아도 실제로는 더불어 같이 가게 되어 사이가 끊어지는 곳이 있었던 적이 없다. 역시 오히려 기(氣)가 움직이나 이(理)는 그것과 더불어 잠시라도 떠난 적이 없으며, 실제로 그것과 더불어 모두 다 같이 있으면 조금이라도 소멸된 때가 있은 적이 없다. 기(氣)는 모이고 흩어짐이 있으나 이(理)는 모이고 흩어짐이 없으니, 이것에서도 불 수 있다"고 했던 것이다.(《명유학안(明儒學案)》119쪽)

이 말을 좀 더 해석하면 운동할 수 있는 것은 '기'이고 '기' 가운데 '이'가 존재하며, '이'는 구체적인 사물을 따라 운동한다는 뜻이다. 그러나 '이'는 우주 근본 지리의 표현일 뿐이고, 구체적인 사물의 생멸에 따라 생멸하지 않는다는 것으로, 일반이 구체로 분리되는 게 아니지만 일반은 구체를 떠날 수 없다는 것이다. 이게 바로 그가 말한 "이는 햇빛과 같은데 크고 작은 물질은 모두 햇빛을 나누어 가질 수 있다. 물질이 있어야 햇빛이 물질을 비출 수 있고 물질이 없다면 햇빛은 아무 것도 비출 수 없다"는 것이다.(《명가유학》119쪽) 주희는 '이'와 '기'의 관계를 사람이 말을 타는 것에 비유했는데, 이는 구체적인 사물에 반영되는 '이'는 이 사물과 떨어질 수 없고 함께 동정한다는 걸 강조하기 위해서였다. 설선이 '이'와 '기'의 관계를 햇빛과 새에 비유한 것은 구체적인 사물에 반영되는 '이'와 우주의 근본지리(根本之理)는 '이일분수'의 관계로서 우주의 근본 지리는 구체적인 사물의 운동에 따라 운동하지 않는다는 걸 강조하기 위해서였다. 어떤 비유든지 모두 완벽하지는 않다. 특히 구체적인 두 가지 물질에 형이상, 형이하의 성질이 같지 않는 철학적 존재를 비유하였는데, 여기에는 사시이비(似是而非)의 위험이 존재한다. 그리하여 후인들은 설선의 비유를 적절치 않다고 비판하였다. 황종희는 설선이 '기'와 '이'를 햇빛과 새에 비유한데 대해 "될 수 없는 비유"라고 비판했다. 햇빛과 새의 비유는 사실은 주희의 말에서 온 것이다. 즉 "그 기가 여기에 기대여 움직이는 것 같은데, 이 기가 모이니 이 또한 존재한다"고 했.(《주자어록》4권) 주희가 했던 이 말에 담긴 뜻이 설선의 비유에 반영되었던 것이다. 주희는 '기'가 흩어지고 모이지 않았을 때에는 '이'만 존재하는데, '기'가 있을 때의 '이'와 '기'가 없을 때의 '이'는 '이일분수'의 관계라고 했다. 이는 "크고 작은 물질은 모두 햇빛을 나누어 가질 수 있다. 물질이 있어야 햇빛이 물질을 비출 수 있고, 물질이 없다면 햇빛은 아무 것도 비출 수 없다"라는 말이 나타내는 뜻과 같은 것이다.

《독서록》을 보면 설선이 '이'와 '기'의 선후동정에 대한 문제를 중점적으로 다룬 것이 아니라 정밀하고 자세한 심성에 대해 체험하고 수양하는 공부에 대해 변론하는데 치중하였다는 것을 알 수 있다. 이것은 명나라 학자들이 주목하는 점이기도 하다. 학자들은 '이기'를 심성의 근거로 제시하였다. 뿐만 아니라 '이'와 '기'의 선후관계, 동정에 관한 문제는 주희의 연구를 끝으로 더는 진행될 수 있는 내용이 남지 않게 되었다. 왕정상(王廷相) 등과 같은 사람들처럼 이기관계를 다시 정의하고 이를 과학으로 실증할 수 있는 문제로 보지 않는 한 더 이상 이론적으로 탐색할 수 있는 공간이 남지 않게 되었다. 이는 명나라 초기 조단, 설선 등 학자들이 송나라 이학의 정신을 계승하는 방향, 이기를 도덕의 본체로, 이기를 태극음양 등 경계론(境界論)의 일부분으로 생각하는 것과 많이 다르다고 하겠다.

2. 지성(知性)과 복성(復性)

　　인성과 물성에 관한 문제에 대해 송나라 이학자들은 많은 논술을 진행했다. 설선은 주돈이, 정호, 정이, 장재와 주희의 성론(性论)을 종합하고 서술했다. 설선이 말하는 성(性)에는 여러 가지 단계가 존재한다. 제일 높은 단계의 성은 바로 태극이다. 그는 "장재는 성은 만물의 한 근원이라고 했다. 주돈이는 무극이 태극이라고 했다."(《독서록》 5권) 장재가 "만물의 근원"이 '성'이라고 한 것은 우주의 근본은 '이(理)'로서, 이 '이'는 구체적인 사물 '이'의 공동의 근원이라고 했다. 장재가 말한 '기'는 많이 운동하는 중에 나타나는 '조리'를 가리킨다고 했다. 예로 "천지 기의 모임과 흩어짐에는 여러 가지 방식이 있다. 그러나 '이'라고 하는 것은 언제나 본성에 따라 변화하지 맘대로 변화하는 것이 아니다."(《정몽 · 태화(正蒙 · 太和)》) 장재는 천지만물의 근본의 '이'를 '성'이라는 글자로 표현했다. 그러나 설선은 이와 달랐다. 설선이 말한 '성'은 구체적인 사물의 성질을 가리킨다. 그는 정호, 정이가 "성이 곧 '이'이다"라고 한 것에 관점을 두었다. 설선은 "정호와 정이는 '성이 곧 이다'라고 했다. 따라서 온 세상에 있는 것이 모두 '이'이고, '성'이다. 이게 바로 합내외지도(合內外之道)이다"라고 했다.(《독서록》 5권) 성질은 외재적이고 감지할 수 있는 것이다. 그러나 '이'는 내재적이고 추론을 통해 얻어지는 것이다. '이'는 '성'의 내재적 근거이고 '성'은 '이'의 외재적 표현으로서 양자는 동일한 것이다. 그리하여 '성'이 곧 '이'라고 했던 것이다. '성'과 '이'의 동일함은 곧 합내외지도(合內外之道)라고 그는 말했던 것이다. "성(性)은 비단 마음(心)에서 구비된 것만이 옳은 것이 아니라, 이목구비(耳目口鼻)와 수족(手足)이 동정(動靜)하는 이치(理)가 모두 옳다. 비단 이목구비와 수족이 동정하는 것만 옳은 것이 아니고 무릇 천지만물(天地萬物)의 이치가 모두 옳다. 그러므로 '천하에는 성(性) 밖의 사물이 없고 성은 존재하지 않음이 없다'고 말한다"고 했다.(《독서록(讀書錄)》 권5)

　　즉, '성'이 곧 '이'라는 말이다. 여기서의 '이'는 천지만물에 존재한다. 그리하여 천하에는 '성' 이외의 물질이 존재하지 않는다고 했던 것이다. 중국 고대철학에서 '성'과 '이'는 모두 같은 지식론의 범주에 속할 뿐만 아니라, 같은 도덕수양의 범주에 속한다. 지식론 범주에서의 '성리'는 구체 사물의 성질, 규율을 말하는데, 이런 범주에 있는 성리는 지식으로 장악할 수 있다. 도덕수양 범주에 속하는 성리는 천지만물의 필연성, 합목적성을 대표하는데 이런 범주에 속하는 성리는 체인(體認, 마음속으로 깊이 인식하는 것–역자 주)으로 이해해야 하고, 이런 성리는 천도의 법칙과 하나가 되는 경지와 도량을 대표한다는 것이다. 도덕수양의 범주는 지식론 범주의 파생, 전환 혹은 반영이다. 설선은 장재, 정호, 정이의 "성은 만물의 한 근원이다", "천하에는 성 이외의 물질이 존재하지 않는다", "성이 곧 이다" 등의 명제를 더욱 널리 발휘하게 하였는데, 주로 도덕수양, 경지의 체인 등 방면에서 얻은 소감을 표현하였다.

인성방면에서 설선은 주희의 관점을 많이 받아들였다. 설선은 주희의 성론은 맹자와 정호, 정이, 장재의 인성학술을 종합하고 발전시킨 것이라고 생각했다. 그는 "맹자는 성선을 주장했는데 이는 그전의 성현들이 미처 발견하지 못한 것이다. 정호와 정이가 '성즉리'라는 관점, 장재가 기질의 '성'을 논한 것은 모두 맹자가 미처 발견하지 못한 것들이다. 주희는 장재, 정호, 정이의 성론을 한데 종합해 놓았을 뿐이다."(《독서록》 5권) 이는 맹자의 성선설(性善说)은 전무후무한 것이고, 정호, 정이 그리고 장재의 학설은 맹자가 미처 발견하지 못한 것들을 보충했다는 말이다. 주희는 이전 성현들의 관점을 집대성하여 성론을 더 완벽하게 만들었다. 주희의 성론설은 "천지의 성"과 "기질의 성"은 분리될 수 없다고 주장하였는데, "천지의 성"은 정이의 "성이 곧 이"라는 관점에서 온 것이고, "기질의 성"은 장재의 관점에서 직접 따온 것이다. 설선은 주희의 인성론에 동의하면서 이를 좀 더 발전시켰다. 설선은 인성 중에서 선단(善端)은 "천지의 이(理)"를 계승한 것이라고 했다. 또한 그는 맹자의 성선론(性善论)은 사실 이와 같은 이치라고 했다. 그는 다음과 같이 말했다. "《역(易)》에 이르기를 '이를 생겨나게 한 것이 선(善)이다'고 하였다. 이 선(善)자는 실제로 이(理)를 가리키는 말이다. 맹자(孟子)가 성선(性善)을 말할 때, 이 선자는 허언(虛言)의 성이며 선함은 있으나 악함은 없다. 그러나 맹자가 성선을 말함은 실제로 '이를 이어나가는 것이 선이다(계지자선[繼之者善])'에서부터 온 것으로, '계지자선'으로 인한 것이니, 그러므로 성에는 선함은 있으나 악함은 없다"고 했던 것이다.(《독서록(讀書錄)》 권5)

그는 맹자가 성선론에서 이 선은 우주지리에서 온 것이라고 명백히 밝히지 않았기에 이는 근거가 없는 말이라고 주장했다. 이 말은 추상적인 가설일 뿐이다. 그리하여 그는 맹자의 성선론의 시초를 찾아냈는데, "천지의 이"를 계승하여 '성'이 형성되었기에 선과 악이 존재한다고 했다. 설선은 자신의 《역전(易传)》에다 정호와 정이의 학설들을 이용하여 맹자가 명확히 해설하지 못한 부분을 채웠고, 성선론을 우주법과 연계시켜 성선론을 위해 형이상학적인 근거를 찾아냈다고 했다. 이 맥락을 따라 생각해보면 맹자, 《역전》, 정이와 정호, 주희의 사상은 일관된다는 것을 알 수 있다. 그들은 모두 천리는 본래 선하기 때문에 선하지 않은 인성이 없다는 관점과 "성이 곧 이"라는 관점을 준수했다고 할 수 있다.

　설선은 장재, 정호, 정이와 주희의 관점에 근거하여 "천명의 성"과 "기질의 성"을 발전시켰다. 그는 "사람의 마음은 식색(食色)의 성이고 도심(道心)은 천명의 성이다"라고 했다.(《독서록》 5권) 엄격하게 말하면 이는 주희의 관점과 같지 않다. 왜냐하면 주희는 도심(道心), 인심(人心)은 모두 마음의 범주에 속하고 "천지의 성"과 "기질의 성"은 '성'의 범주에 속한다고 생각했는데 이 양자에 대한 주희의 논술은 서로 뒤섞이지 않았다. 설선의 생각은 명확했다. 그는 "천명의 성"은 정호, 정이가 "성이 곧 이다"라고 했던 성이고, "기질의 성"은 장재가 말했던 "공취의 성(攻取之性)"으로서 양자는 서로 뒤섞이지 않는다고 했다. 정자(程子, 정이)가 말했다. "성(性)은 곧 이(理)이며, 이(理)는 곧 요순(堯舜)에서부터 길손에 이르기까지 하나다." 이는 본연지성(本然之性)을 논한 것이었다. 또 말했다. "재능은 기(氣)에서 주었고 기에는 청탁(淸濁)이 있어 그 깨끗함을 받는 사람은 현명하게 되고 그 흐림을 받는 사람은 어리석게 된다." 이는 '기질지성(氣質之性)'을 논한 것이다.(《독서록(讀書錄)》 권5)"

　"천지의 성"의 내용은 '이'라 하는데 대해 이학자들은 같은 의견을 갖고 있다. 그러나 "기질의 성"의 내용이 무엇인가에 대해서는 저마다 견해가 다르다. 주돈이는 기질의 강한 것과 부드러운 것으로 성을 말했는데, "천지의 성", "기질의 성"과 같은 이름은 없다. 정호와 정이는 "극본궁원(极本穷源)의 성"으로 "천명의 성"을 말했고, "생지위성(生之谓性)"으로 기품(气禀)을 말했다. 장재는 "천지의 성"과 "기질의 성"은 서로 상대적이라고 명확하게 제시했다. 장재가 말한 "기질의 성"은 사실은 기품의 청탁이다. 주희는 장재, 정호, 정이의 관점을 종합해 천명이 사람에게 부여한 것은 "천지의 성"이라 명명했는데 그 내용은 '이'였다. 그는 "천지의 성"이 기품에 나타나는 것을 "기질의 성"이라고 명명했다. 기품의 편(偏)은 악의 근원이다. 설선은 주희의 이 사상을 계승하여 "천명의 성"과 기질이 불리불잡(不離不雜)한다는 것으로써 '성'을 설명했다. 즉 "가령 기질 중에서 인의예지(仁義禮智)가 기질에 섞이지 않은 것을 가리켜 말한다면 이를 천지(天地)의 성(性)이라 말하며, 인의예지로써 기질을 섞었다고 말한다면 본래 기질성(氣質)의 성(性)이라 말하며 둘이 있는 것은 아니다"라고 했다.(《독서록(讀書錄)》권5)

"천지의 성"은 사람마다 다 같다. 하지만 "기질의 성"은 저마다 다르다. 주희의 "이일분수"로 해석한다면 사람마다 같은 것이 이일(理一)이고 다른 것이 분수(分殊)이다. 그는 "이일분수"를 "천리는 본래 같은데 음양의 움직임에 의해 들쑥날쑥해졌다고 했다. 인성도 본래 같은데 사람의 마음에 의해 선과 악이 있게 되었다"고 했다.(《독서록》5권)

설선은 '성'이라는 글자로 이(理), 도(道), 덕(德), 성(誠), 명(命), 충(忠), 서(恕) 등 우주의 근본법칙과 도덕수양의 근본목표를 대표하는 범주를 표시했는데, 이로 인해 유학자들은 우주의 근본지리(根本之理)를 더 잘 이해할 수 있게 되었다. 그는 말했다. "인의예지(仁義禮智)는 곧 성이니, 네 가지 이외에 별도로 하나의 이(理)가 있어 성(性)이 되었다는 것은 아니다. 덕(德)은 곧 이 도(道)를 행하여 마음에 얻은 것이지 성 이외에 별도로 하나의 이가 있어 덕이 된 것은 아니다. 성(誠)은 단지 성(性)의 진실에 망령됨이 없을 뿐이지 성 이외에 별도로 하나의 이(理)가 있어 성(誠)이 된 것이 아니다. 명(命)은 곧 성에서 나온 것이지, 성 이외에 별도로 하나의 이가 있어 명이 된 것이 아니다. 충(忠)은 곧 마음에 성(性)을 다한 것이지 성 이외에 별도로 하나의 이가 있어 충이 된 것이 아니다. 서(恕)는 곧 이 성이 남을 헤아려준 것이지 성 이외에 별도로 하나의 이가 있어 성이 된 것이다. 그런즉 성이란 것은 만 가지 이치[萬理]의 근본이다. 이(理)의 이름은 비록 만 가지 다양함이 있지만 실제로는 하나의 성에 지나지 않는다.(《독서록(讀書錄)》권5)"

여기서 '성'이라는 글자는 우주의 근본법칙을 가리키는데, 본체론과 도덕이라는 이중의 의미를 가진다. 도, 덕, 성 등 개념은 '성'의 또 다른 표현이다. 설선은 도덕이성의 보편성과 표현형식의 다양성으로 천도(성, 이, 성[誠] 등)과 인사(충, 서, 인, 의, 례, 지 등)를 관통시키고 주로 천도를 이야기한 《중용》, 《역전》과 인륜일용(人倫日用)을 이야기한 《논어》, 《맹자》 등과 일관시켰다. 이는 설선이 실천적인 유학자이기는 하지만 유가의 형이상학의 경지에 대해서 그래도 일정한 이해가 있다는 걸 표명했다고 볼 수 있다. 이는 체인(體認)을 통해 이해한다는 점에서 사단의 마음만 중요시하고 본체의 경지까지 끌어올리지 못하던 유학자들과는 다른 것이다.

설선은 "이일분수"로 "천지의 성"과 "기실의 성"의 다른 점을 이야기했다. 뿐만 아니라 주희의 미발(未發)은 '성'이고 이발(已發)은 '정(情)'이라는 관점을 인정했다. 또한 이 학설과 주돈이의 "성무위, 기선악(誠無爲, 幾善惡, 성에는 행위가 없으나 움직이려는 그 찰나에 선과 악이 나누어지는 것이다)"을 연결시켰던 것이다. 그는 말했다. "넓고 확 트여 크게 공정한 것이 성(性)이고 사물이 와서 순응하는 것이 정(情)이다. 성이란 정의 체(體)이고 정이란 성의 용(用)이니, 이 성에 안팎이 없는 까닭이다.(《독서록(讀書錄)》권5)" "성의 본체는 사물에 감응되지 않았을 때 뒤섞인 것이 선(善)인데, 사물에 감응되어 움직임이 있는 초에 이르면 선(善)도 있고 불선(不善)도 있으니, 주자(周子, 주돈이)가 말한 기(幾)이다.(《독서록(讀書錄)》권5)"

"성정체용의 이발과 미발은 서로 일관되는 것으로서 '성'은 미발이고 '정'은 이발이며, '성'은 '체'이고 '정'은 '용'이다." 주희는 중화신설(中和新說)부터 이 관점을 평생 동안 고수했다. 설선은 이 관점도 받아들였다. 곧 설선도 '성'을 본체로 보고 사물을 느끼고 마음이 동하는 것은 '성'의 작용이고, 사물을 느끼지 못했을 때 일성(一性)이 혼연(渾然)하게 된다고 생각했다. 사물을 느끼고 감정이 동한 것은 '성'이 '정'으로 표현된 것이고, 이때 선과 악이 처음으로 생겨난다. 선과 악이 처음으로 생겨나는 것은 주돈이가 말했던 '기(几)'이다. 심체(心體)의 각도에서 보면 미발일 때는 확연대공(廓然大公)이고, 이발일 때는 물래순응(物來順応)이다. 확연대공 시에 성체가 나타나고, 물래순응일 때 '정'으로 표현된다. 이러한 관점은 모두 주희에게서 계승해 온 것들이다. 그러나 설선의 서술이 더 분명하고 간결하다.

설선은 "천지의 성"과 "기질의 성"의 "불리불잡"으로 출발해 기질을 변화시켜 본성으로 돌아가는 것이야말로 수양의 기본 절차라고 생각했다. 그는 말했다. "학문을 하는데 있어 중요한 것은 기질을 변화시키는 데 있으며, 그렇지 않으면 강설(講說)일 뿐이다. 학문을 하는데 있어 단지 성을 알고 성을 돌이키는 것이 중요할 뿐이며, 주자가 말한 '그 성이 있는 바를 알아서 그것을 온전하게 한다'는 것이다.(《독서록(讀書錄)》권5)"

지성(知性)은 우선 먼저 "지천명의 성"과 "기질의 성"을 구별하는 점이다. 이 구별하는 점에 대해 알려면 기질을 변화시켜 본성으로 돌아와야 한다. 설선은 기질의 변화에 대해 내놓은 주장이 비교적 많은데 그 기본내용은 모두 장재의 견해를 의거로 한다. 그는 말했다. "장자(張子, 장재)가 말하였다. '형체가 이루어진 다음에 기질의 성을 갖추게 되는 것이니, 선한 성품으로 그것을 돌이키면 하늘과 땅의 성이 존재하게 된다. 그러므로 기질의 성은 군자가 성이라 여기지 않는다.' 이는 기질의 혼탁을 말한 것으로, 천지의 성이

가려지게 되기 때문에 그러므로 기질의 성이 된다. 선한 성품으로 돌이키고 혼탁을 변화시키면 천지의 성은 다시 밝아지고, 만약 기질이 본래 맑으면 천지의 성이 스스로 존재하여 애초부터 그것을 돌이키려는 공부를 기다릴 필요가 없다.(《독서록(讀書錄)》권5)"

기질이 혼탁하면 이를 가리기가 힘들고 따라서 기질을 되돌려 놓기도 힘들다. 그러나 기질이 맑으면 "천지지성"이 투명하게 잘 나타나기 때문에 기질을 되돌려놓을 준비를 할 필요도 없다. 때문에 어두운 건 맑게, 혼탁한 건 투명하게 기질을 변화시켜야 한다. 기질이 '성'을 가리고 방해하는 작용이 아주 강하기 때문에 꼭 기질을 깨끗하게 다스려야 한다. 설선은 말했다. "기(氣)는 강하고 이(理)는 약하니, 그런 까닭에 어두움, 밝음, 선, 악이 모두 기가 행하는 바에 따르므로 이(理)가 제어할 수 있는 것이 아니다. 혹 이(理)에게 때가 있어 발현(發現)하기에 이르러도 수시로 되풀이하며 기가 가려져서 끝내 오랫동안 개통(開通)할 수 없다. 이른바 배우고자 하는 사람은 바로 이 아름답지 못한 기질을 변화시키고자 이(理)로 하여금 항상 발현하고 유행하게 할 뿐이다. 그러나 백배의 공부를 더하지 않으면 역시 이를 수 없다.(《독서록(讀書錄)》권5)"

"기가 강하고 이가 약하다"는 것은 사람의 본능적인 욕망이 천부적인 도덕의식보다 더 강하다는 걸 의미하는데, '기'는 '이'가 자신을 통제하는데 대해 자연적으로 반항하게 된다. '이'가 욕(欲)을 통제할 수 있는가 하는 것은 도덕의 주체가 수양을 통해 얻은 억제능력이 이러한 반항을 꺾을 수 있는가에 달렸다. 설선은 "인욕을 제거하고, 천리를 보존한다"는 이학의 수양방법을 계승하였다. 그는 도덕적인 이성과 사람의 본능적인 욕망의 충돌 및 이 충돌을 이겨내는 것을 도덕수양의 기본내용으로 삼았다. 그러나 그가 이후에 "인간의 욕망에서 추측해낸 것이 세상의 일반적인 이치다"라는 주장을 내놓았다. 그는 천리와 인욕의 충돌을 조정해야 하고 사람의 자연적인 본능에 충실해야 한다고 강조했다. 이는 완전히 다른 두 주장이다. 설선은 성실하고 항상 자신의 언행에 주의하는 학자이자 관리였다. 그러나 그는 여전히 이학의 궁행파의 형상에서 벗어나지 못했다. 그는 주로 인욕을 제거하고 천리를 보존하는 수양방법을 주장했다. 이 점을 놓고 볼 때, 선인들이 설선의 수양공부를 "본성으로의 복귀를 종지로 삼았다"(《명유학안·하동학안(明儒學案·河东學案)》)고 개괄한 것에는 일리가 있다고 하겠다. 설선은 임종 전에 "76년간 아무 일도 없었는데, 이제야 성(性)과 천(天)이 통함을 깨달았네"라는 시를 남겼는데 여기서 본성에로의 복귀가 그의 마지막 귀결점이었다는 것을 알 수 있다.

3. 격물(格物)과 거경(居敬)

설선이 말하는 수양의 종지는 기질을 변화시켜 본성으로 복귀하는 것인데, 기질을 변화시키는 것은 구체적인 수양공부를 통해 실현할 수 있다. 그가 말하는 수양공부에서 제일 중요한 것은 격물과 거경이었다. 거경과 궁리(窮理)는 정호, 정이, 주희가 사람을 가르침에 있어서 제일 중요한 항목이다. 학자들은 정이의 "함양을 높이려면 예절을 중요시해야 하고, 학문을 쌓으려면 사물의 이치를 깨쳐야 한다"라는 관점을 법도로 삼았다. 설선은 격물을 수양공부의 첫 단계로 삼았는데 그가 말한 격물에는 많은 내용이 포함된다. 정이, 주희가 "궁리는 다종다양하다"라고 하면서 열거했던 항목들보다 더 많고 세밀하다. 그는 말했다. "격물(格物)이 포함하는 것은 매우 넓어 한 몸으로 이를 말한다면, 귀·눈·입·코·몸·마음이 모두 물(物)이다. 예컨대, 귀로는 마땅히 총명의 이치에 이르러야 하고 눈은 마땅히 밝음의 이치에 이르러야 하며, 입과 코 그리고 사지로는 마땅히 지숙(止肅)하고 공중(恭重)한 이치에 이르러야 하며, 몸과 마음은 마땅히 동정성정(動靜性情)의 이치에 이르러야만 한다. 헤아려 보건대 천지만물에 이르는 것이 모두 그러하다. 천지는 마땅히 건순(健順)의 이치에 이르러야 하며, 인륜(人倫)은 충효(忠孝)·인경(仁敬)·지신(智信)의 이치에 이르러야 하며, 귀신은 마땅히 굴신(屈伸)·변화(變化)에 이르러야만 한다. 초목(草木)·조수(鳥獸)·곤충(昆蟲)에 이르러서는 마땅히 각기 구비한 이치에 이르러야만 한다. 또 헤아려 보건대 성현의 서(書)와 육예(六藝)의 문장, 역대의 정치에 이르러서는 모두가 이른바 물(物)이다. 그러나 천하의 사물이 많으니, 어찌 두루 이르러 다 알 수 있겠는가? 오직 그 접촉한 것만으로 인하여 힘을 헤아리고 차례를 따라서 그것에 이르며, 성기지 않고 대략적으로 하고 촘촘하지 않고 좁게 하며 마음을 깨끗이 하고 뜻을 정성스럽게 하여서 천천히 그 극(極)을 살펴야 한다.(《독서록(讀書錄)》 권2)"

설선은 격물이 활동의 한가지로서 여기에 포함되는 내용을 밝혔을 뿐만 아니라 격물이 응당 실현해야 할 결과까지 밝혔다. 그가 말한 격물에는 포함하지 않는 것이 없을 정도였는데 처음에는 사물마다 각자의 이를 존재한다고 했다가 나중에는 만물에 하나의 이가 존재했다고 했다. 주희가 "사물의 표면현상, 내부연계 그리고 크고 작은 이치들을 철저히 이해하고 자신의 인식능력을 남김없이 발휘하여 철저히 이해하였을 때" 도달할 수 있는 경지가 바로 여기였다. 만물이 각자의 이를 가지고 있다는 것을 알고 있는 것이 '물격(物格)'이고, 만 가지 이도 결국에는 한 개라는 것을 알고 있는 것은 '지지(知至)'이다. 이러한 경지에 도달했다는 것은 우주의 본성과 태극천리를 알고 있다는 뜻이다. 때문에 그는 "격물지지해야 태극을 알 수 있다", "지지는 성의 한 원리이다", "지지란 지성(知性)과 지천(知天)이다"(《독서록》 2권)라는 말을 했다. 이는 "분수지리(分殊之理)"에서 "이일지리(理一之理)"로의 비약하는 과정이고 구체적인 지식에서 논리와 심미를 논하는 단계로 상승했다는 의미이다. 이는 체득을 통해 얻어졌고 구체적인 형상을 초월한 단계이고 흉금이다. 마음 자체를 놓고 말할 때 마음의 체용이 극치(極致)와 통투(通透)가 하나가 된 체험에 도달했다는 뜻이다.

설선의 격물설은 기본상 주희의 관점을 계승했지만 이 둘을 비교했을 때 설선은 주희보다 우주의 근본 지리에 대한 깊은 이해를 더 많이 강조했다. 주희는 실증과 지식에 무한한 흥취를 느끼는 학자로서 그가 말한 격물의 최종적인 목표는 천리를 밝히는 것이었다. 그러나 그가 제일 많이 이야기한 것은 최후의 획득이 아니라 구체적이고 실증적인 인지과정이었다. 이는 그와 동일한 시기에 살았던 육구연(陆九渊)과 이후의 왕양명이 그를 비판하는 내용이기도 하다. 그 자신도 "도문학(道问學)에 대한 내용이 조금 많다"는 말을 했다. 주희의 사상 중 상당수가 실증지식에 대한 내용이다. 설선은 실천적인 유학자로서 심신의 수양을 강조했다. 그는 실증지식에 대한 주희의 많은 논술을 모두 생략하였는데, 그의 독서 찰기(메모)에는 실증지식에 대한 논술 혹은 설명이 극히 적었다. 봉사(奉祀)였던 주희는 얼마 안 되는 봉록을 받으면서 많은 정력을 책을 쓰고 강의를 하는데 쏟았다. 관리였던 설선은 주희와 같은 학자와는 분명히 다른 점이 있었다. 이는 명나라 유학자들은 심성의 체험에 대해 특별한 흥취를 느끼고 있었던 것과도 중요한 연관이 있다. 명나라 초년의 이학과 송나라의 이학은 형태상에서도 많이 다르다. 송나라의 이학은 심성의 체험을 중요시했고, 격물궁리는 심성의 수양을 가리킨다. 때문에 주희의 격물설이 실증지식을 중요시 하는 편향을 바로잡는 것은 왕양명 때부터 시작된 것은 아니라고 할 수 있다. 일찍이 명나라 초기에 유학자들은 우여곡절 속에서 이에 대한 연구를 시작했었다. 이 점은 설선이 '경(敬)'에 대한 견해에서 잘 드러난다.

'경'은 정호, 정이, 주희가 주장하는 수양 공부의 기본내용이었다. 정호와 정이는 주돈이가 받았던 도가의 영향을 제거하려고 경(敬)을 정(靜)으로 바꾸어버렸다. 주희는 '경'

에 대한 정호, 정이의 사상을 "정(靜)일 때는 함양이고, 동(动)일 때는 성찰이다"라고 구체화했다. 이는 그의 이발미발, 중화, 성정 등의 견해와 서로 대응된다. 설선은 주희의 '경'이 수양의 기초라고 한 사상을 계승하였다. 설선은 "옛날부터 학문의 요법은 모두 '경'에 불과하다. '경'하면 마음에 주장이 있고 모든 일을 할 수 있다"라고 했다.(《독서록》 5권) '경'의 주요한 내용은 마음의 주장이다. 이는 천리에 관한 주장으로서 이는 '실(實)'이다. 천리에 관한 주장이 있으면 바깥 세계의 사물에 도용되지 않을 수 있다. 이는 '허(虛)'다. 그는 정호(程顥)와 정이(程頤)가 주장한 주경허실(主敬虛實)의 논술을 비교하면서 다음과 같이 말했다. "정명도(程明道, 정호)가 말하였다. '중(中)에 주(主)가 있으면 실(實)하여 외환(外患)이 들어올 수 없다.' 이 실(實)자는 주경(主敬)을 가리키는 말이다. 주경하면 천리가 존재하고 마음이 실하여 외환이 스스로 들어올 수 없다. 이천(伊川, 정이)이 말하였다. '중(中)에 주(主)가 있으면 허(虛)하고 허하면 외사(外邪)가 들어올 수 없다.' 이 '중(中)에 있는 주(主)'는 곧 주경의 주이니, 주경하면 이(理)가 비록 실하나 심체(心體)는 항상 허하며, 허하면 외사가 들어올 수 없다.(《독서록(讀書錄)》 권5)"

정호가 말한 '실'과 정이가 말한 '허'는 모두 주경(主敬)이다. 설선의 주경은 오직 공경만을 고수해야 한다는 뜻이 아니라, '의(义)'와 서로 의지해야 한다는 뜻이다. 그리하여 설선은 자주 '경'과 '의'를 동시에 설명하곤 했다. 그는 "경이라는 글자는 《서(书)》에서부터 사용되기 시작했는데, 공자는 《곤(坤)》의 육이(六二)를 해석할 때 '경'과 '의'에 대해 특히 상세하게 서술했으며 학문의 요점은 이 범위를 벗어나지 않는다"고 말했다.(《독서록》 5권) 여기서 그는 옛 설법을 계승했다. 그는 "십익(十翼)"이 공자의 저서가 맞는지는 확실하지 않지만, 《곤(坤)》의 육이(六二)와 《상사(象辭)》에서 말하는 "직이방(直以方)"은 '경'과 '의'가 서로 돕는다는 뜻을 나타낸다고 말했다. '직'은 곧 '경'이고 '방'은 곧 '의(義)'이다. 직이방은 곧 '경'과 '의'가 서로 돕는다는 뜻이다.

설선은 "거경구리(居敬究理)"를 말하면서 양자는 서로 발명(發明)의 뜻이 더욱 많다고 했다. 다음과 같이 말했다. "거경(居敬)으로 근본을 세우고 궁리(窮理)로 작용에 도달한다. 거경에 힘이 있으면 궁리는 더욱 정밀하며, 궁리에 이득이 있으면 거경은 더욱 견고해진다. 거경에는 한결같으나 궁리하지 않으면 메마르고 적막함의 병을 얻게 되며, 궁리에는 한결같으나 거경하지 않으면 분요(紛擾)의 근심을 갖게 된다.(《독서록(讀書錄)》 권5)"

여기서 '거경'은 일종의 심리상태이고, 정신적인 방향의 확립이다. '궁리'는 오랫동안의 사고를 거쳐 얻어진 '의리(义理)'였다. 전자는 후자의 준비이고, 후자는 전자의 보강이다. 그리하여 설선은 "몸과 마음을 다잡는 것은 '거경'이고 오랫동안 의리에 대해 사고하는 것은 '궁리'이고, 양자는 서로 돕는 관계로서 어느 하나가 없어도 안 된다"라고 했다. (《독서록》 5권) 그러나 설선은 이 두 가지 가운데서 주경을 더 중요시했다. 그는 말했다. "정자(程子, 정이)가 공경(恭敬)을 논함에 '총명예지(聰明叡智)는 모두 여기에서 나왔다'고 말하였다. 대개 사람들이 공경할 수 있다면 마음은 숙연하고 용모는 단정하여 밝게 보고 슬기롭게 들어 마침내 많은 이치의 미묘함을 궁구할 수 있다. 공경하지 아니하면 지기(志氣)는 어둡고 없어지며 사체(四體)가 방사(放肆)되니 비록 조잡한 일이라도 오히려 아득하여 살필 수가 없는데 하물며 면밀하고 미세한 일이랴! 이로써 '거경(居敬)'과 '궁리(窮理)' 두 가지를 아는 자는 한쪽이라도 버릴 수 없으며, 거경은 또한 궁리의 근본이다."《독서록(讀書錄)》 권5)

그는 또한 다음과 같이 말했다. "옛말에 이르기를 '경(敬)이란 덕(德)이 모여 이루어진 것이다'고 하였는데, 이 말은 가장 깊이 체인해야 한다. 대개 도는 신묘하여 헤아릴 수 없고 일정한 곳에 머무르지 않으며, 오직 공경해야만 이 이(理)를 모아서 늘 보존할 수 있다. 가령 마음에서 공경하면 마음 위에서 덕이 모이게 되고 용모에서 공경하면 용모에서 덕이 모인다. 이목구비(耳目口鼻)의 종류에 이르러서도 모두가 그렇지 않은 것이 없다. 혹 공경하지 않음이 있다면 심군(心君, 한 몸의 주인)은 방일(放逸)하고 천덕(天德)은 없어지며, 백체(百體)가 느슨하고 풀어지고 만물도 곧 폐하여진다. 비록 사람의 형체를 지니고 있다고 말하지만 그 실상은 외로이 혈기를 가진 몸으로, 사물과 다름이 없다. 이 '경(敬)'이란 한 글자는 곧 덕을 모으는 근본이자 천형(踐形, 타고난 형체와 용모의 모든 능력과 가능성을 다 실현하는 것)과 진성(盡性)의 요체가 될 것이다.(《독서록(讀書錄)》 권5)"

그러나 설선은 수양공부가 완성된 후에 '거경'과 '궁리'는 같은 것이 되거나 공부의 두 개 방면이 된다고 생각했다. 그는 '경'이 덕을 쌓는 기본이라는데 대해 깊이 이해하고 있었다. 설선은 실천적인 유학자로서 '경'이라는 글자로 심신을 정돈하고 자신을 엄격하게 단속했다. 그는 "매일 밤잠에 들기 전에 꼭 하루에 있었던 일들을 되새겨보곤 한다. 잘했다고 생각하면 편안히 잠에 들고, 틀렸다고 생각되면 잠을 설치면서 틀린 곳을 바로잡곤 한다. 처음에는 열심히 하다가 나중에 나태해질까 두려워 글로 남겨 스스로에게 주의를 준다." "매일 잠자기 전에 마음속으로 '주인님, 계십니까?'라고 묻곤 한다. 저녁이 되면 꼭 '오늘 하루 한 일이 옳은 일인가 틀린 일인가?' 하고 자아반성을 하곤 한다."(《독서록》 5권) 그야말로 하루 종일 근면 성실하게 일하면서 매순간에 주의를 기울이곤 했던 것이다.

4. 설선과 명대의 관중(關中)학자들

관학(关学)은 송나라 이학의 중요한 부분이다. 관학의 창시자였던 장재는 "천인성명(天人性命)"을 깊이 연구하였는데, 그의 연구는 '궁행'과 '예교'를 특징으로 했다. 장재가 죽은 뒤 그의 제자들도 뿔뿔이 흩어졌고 관학 역시 점차 쇠퇴하기 시작했다. 몇몇 제자가 낙양에 가서 정호, 정이한테서 학문을 배웠다. 북송에서 명나라 중기에 이르기까지 관학은 비록 사라지지는 않았지만 유력한 인물이 전혀 나오지 못했다. 명나라 성화(成化), 정덕(正德) 이후에 왕서(王恕), 설경지(薛敬之), 여남(吕柟) 등이 관중에서 조금은 이름을 날렸다. 그들은 장재만큼 명성을 떨치지는 못했지만 그래도 쇠락해가던 관학에 큰 힘이 되었다. 설명해야 할 것은 송나라 장재의 관학은 그 제자들의 학풍과 매우 비슷하다는 점이었다. 스승이 제자에게 학문을 가르치고 학설을 전승하여 학파를 이루었다. 그러나 관중의 학자들은 모두 중국 섬서(陝西) 사람들이고, 그들이 벼슬을 하거나 학문을 연구한 곳은 모두 관중이 아니었다. 게다가 그들은 학술적인 종지나 학풍이 비슷하지도 않고 스승과 제자의 관계도 아니었다. 이를 관학이라고 부를 수 없기에 "관중학자"라고 부르게 되었던 것이다. 왕성(王盛)이 쓴 《설문청공서원기(薛文淸公書院記)》를 보면 설선의 제자 및 그를 따랐던 유학자(游學子)들 중 관중사람이 아주 많았지만 학문으로 이름을 날린 사람은 하나도 없다고 했다.

《명유학안(明儒學案)》에 기록된 관중학자 중에서 하동지학을 전파할 수 있는 학자로서 장정(張鼎)을 손꼽을 수 있다. 장정은 섬서 함녕(咸寧) 사람으로 명나라 성화 연간에 진사가 되어 나중에 호부우시랑(戶部右侍郎)까지 임명됐다. 그는 어릴 때 아버지를 따라 포주(蒲州)에 가게 되었는데 거기서 설선의 제자가 되어 평생 스승의 학문을 각수(恪守,

정성껏 지킴 – 역자 주)하게 되었다. 설선이 죽은 뒤 장정은 스승을 위해 그의 문장을 모으고 교정하여 《문집》을 묶어냈다. 장정 이후에 단견(段堅), 장걸(張傑), 주소천(周小泉), 설경지(薛敬之) 등이 있었는데 이들 모두는 학문적으로 어느 정도 성과를 이루었다. 이후의 학자들 중에서 제일 이름 있는 사람은 여남(呂柟)이었다. 여남은 자가 중목(仲木)이고, 호가 경야(涇野)이며 섬서 고릉(高陵) 사람이다. 정덕 연간에 진사가 되었고 한림수찬(翰林修撰), 국자제주(國子祭酒) 등의 관직을 맡았다. 여남은 남경에서 9년을 지내면서 담약수(湛若水), 추수익(鄒守益)과 함께 강의를 했는데, "전국에 수많은 학자들이 여기로 모여들었고 강의를 듣는 사람이 몇 천 명에 달했다"고 했다.(《관학편(關學編)》 4권) 《명유학안》에도 여남에 대한 기록이 있다. "강의를 함에 있어서 여남은 왕양명과 똑같이 이름을 날렸다. 이 시기에 독실하고 자애(自愛)할 줄 아는 학자들은 대부분이 여남의 제자들이었다."(《명유학안 · 사설(師說)》) 여남은 아주 많은 저서를 저술했는데 그중에서 제일 유명한 것이 바로 《경야자내편(涇野子·內篇)》이다. 이 책은 그의 강의와 어록을 모두 한데 모아놓은 것으로서 그의 철학사상을 집중적으로 반영해 주고 있다.

여남의 학문은 주로 주자학을 위주로 하는데 장재가 천리(踐履)를 중요시 했던 특징을 계승했다. 그는 학자들과 학문을 배우는 방법에 대해 논의한 적이 있는데, 사물에 대하여 깊이 연구하여 지식을 넓히고 지식을 광범위하게 학습하며, 예(禮)로써 자신을 단속해야 한다고 주장했다. 그는 왕양명이 주장한 "치양지"(致良知, 사람이 본래 가진 도덕적 판단력을 실천하는 것 –역자 주)를 반대했다. 그는 "치양지"라는 세 글자가 너무 총괄적이라고 생각하면서 응당 주희의 위학(爲學)에 따라야 한다고 주장했다. 격물궁리는 공부의 첫 단계로서 학문을 많이 쌓아야 생각이 참될 수 있다는 것이다. 그러나 격물의 내용에 대한 여남의 생각은 주희와 같지 않았다. 그는 주희가 말한 격물은 내용이 너무 광범하기 때문에 학자들이 격물만 중요시하고 성의(誠意)를 홀시할 수 있다고 지적했다. 그는 그렇게 되면 지식만 강조하게 되어 제때에 심신의 수양을 쌓을 수 없게 된다고 생각했다. 여남은 격물의 물은 반드시 심신의 수양에 근거해야 한다고 강조했다. 그는 예악(禮樂)을 갈고 닦는 과정에서 도를 깨쳐야 한다고 했다. 그는 "성인들의 언행을 하나하나 몸에 새겨 넣고 자신의 몸을 성현들의 지체와 해골로 변신시켜야 한다. 따라서 몸이 예악(禮樂)의 규율과 한데 어우러져야 부모님의 우리를 낳아준 뜻을 저버리지 않을 수 있다"고 했다.(《명유학안》 151쪽) 여기서 "궁행예교" 즉 천리(踐履)를 중요시하는 장재의 영향을 받았다는 것을 알 수 있다.

여남은 '신독(愼獨)', 즉 자기 홀로 있을 때에도 이치에 어긋나는 일을 하지 않는 것을 특히 중히 여겼다. 그는 '신독'이란 남은 알지 못하고 자신만 아는 것으로서 꾸미고 포장하고 가짜를 만드는 것은 절대 용납될 수 없으며, '신독'은 심지공부를 하는 가장 중요한 방법이라고 했다. '신독'에는 주희의 "정(靜)일 때는 함양이고 동(动)일 때는 성찰이다"라는 두 개 공부가 포함되어 있었다. 《어록》에서 경계와 두려움 그리고 '신독'을 '존천리(存天理)'와 '알인욕(遏人慾)' 두 개로 나누어 볼 때 "두려워해야 할까요? 두려워하지 말아야 할까요?"라고 물었다. 그러자 선생은 이렇게 대답했다. "이는 공부일 따름이다. 《역(易)》에서 말한 것처럼 악한 마음을 버리고 선한 마음을 가지는 것은 스스로에게 맡겨야 한다. 홀로 있는 것은 사물과 접촉하지 않을 때이다. 그러나 일을 처리하고 사물과 접촉할 때에도 홀로 있을 때가 있는데, 이럴 경우에 다른 사람이 당신이 뭘 하는지 어찌 알 수 있겠는가? 이것은 스스로만 알 수 있는 법이다. 여기에 관해 열심히 공부를 해야 한다."(《명유학안》 149쪽) '존천리'는 정(靜)일 때의 함양이고, '알인욕'은 동(动)일 때의 성찰이다. 그러나 '신독'은 공부로서 이 두 개 방면의 내용을 모두 포함하고 있다. 사람의 욕망을 막았을 때가 바로 천리이다. '신독'은 가슴 깊은 곳에 대한 공부인 것이다.

지행(知行)에 관한 문제에 대해 여남은 지식과 행위 중 어느 한쪽을 소홀히 해서는 안 되고, 먼저 배운 다음 이를 행동에 옮겨야 한다고 주장했다. 그는 송명 유학자들의 수양 방법은 지식에 더 치중한다고 지적했다. 그는 다음과 같이 말했다. "사람의 지행(知行)은 스스로 순서가 있어 반드시 지를 먼저하고 행을 나중에 하며, 한쪽으로 치우쳐서는 안 된다. 전설에 이르기를 '사물(事物)을 아는 일은 그리 어렵지 않다'고 하였고 성현들 역시 일찍이 지(知)로써 행(行)한 적이 없었다. 주자(周子, 주돈이)가 사람들을 가르치며 '정(靜)'이라 하기도 하고 '성(性)'이라 하기도 하였고 정자(程子)는 사람들을 가르치매 '경(敬)'을 말하였고 장자(張子, 장재)는 예(禮)로 사람들을 가르쳤으니, 여러 성인들은 선하지 않음이 없었다. 다만 역시 각기 하나의 단서만을 잡을 뿐이다.(《명유학안(明儒學案)》 142쪽)"

여기서 도덕수양에 관한 지식과 행위를 말하긴 했지만 이는 이론상에서 지식과 행위의 관계를 토론한 것은 아니었다. 그러나 선지후행(先知後行), 지행병진(知行並進)이라는 그의 관점은 아주 명확했다. 여기서 선후는 구체적인 지식과 행위에 관한 순서를 가리키는 것으로 가치상의 주된 것과 부차적인 것, 중요한 것과 중요하지 않은 것을 의미하지는 않는다. 명나라의 철학은 주로 심성의 체험을 이야기했다. 그리하여 지행과 같이 추상적인 이론은 중시를 받지 못했다. 그리하여 여남도 이에 대해 가볍게 언급만 했다. 지행병진의 견해는 덕성지지(德性之知)와 견문지지(聞見之知)의 관계에 대한 그의 생각과 맞물린다. 그는 덕성지지가 견문에서 생겨난 게 아니라는 장재의 관점을 반대했다. 그는 덕성지지와 견문지지는 서로 함께 보조하는 관계라고 했다. 그의 학생이 "장재는 왜 '견문에 얽매이지 말라'고 했을까요?"라고 묻자 "지식의 근본은 착하다. 다만 사람들의 사욕에 가려졌을 뿐이다. 반드시 견문에 의거하고 스승과 친구들의 교육을 받은 뒤에야 일을 이룰 수 있다. 비록 복희와 같이 태어날 때부터 모든 것을 아는 성인들도 있기는 하지만 그래도 열심히 연구하고 학습해야 한다. …… 덕성과 견문은 서로 상통하는 것으로서 본래부터 등급이 없다"라고 답했다.(《명유학안》 140쪽) 이는 지식은 도덕수양을 보조하는 것으로서 지식의 작용은 마음에 본래부터 존재하는 덕성과 양지(良知)를 깨우는 것이다. 양자는 근본적으로 동일한 존재이다. 이는 여남이 장재가 덕성지지를 중요시하는 잘못을 바로잡은 것으로 볼 수 있다. 총체적으로 여남은 주자학을 고수한 학자이다. 그는 장재의 관학을 그대로 계승하였을 뿐 새로운 성과는 별로 이룩하지 못했다. 그의 제자는 주로 남방에 있기 때문에 어쩔 수 없이 양명학의 영향을 받게 되었다.

하동지학은 학풍이 평이하고 소박하다. 그러나 소박함속에 뛰어난 것들도 존재한다. 왕문(王門) 후학의 일부 학자들은 새로운 것만 추구하고 잘난 체를 하면서 하동지학을 '미견성(未見性)'이라고 비웃었다. 동림학자인 고반룡(高攀龍)은 "설문청, 여남의 어록에는 깊은 깨달음은 없다. 그리하여 후인들이 이들을 비웃고 있지만 이게 바로 그들이 순수한 점이다"(《회어(會語)》)라고 했고, 《고자유서(高子遺書)》 5권) 황종희(黃宗羲)도 "하동지학은 진실하고 꾸밈이 없다. 그들은 송나라 학자들의 만든 규율을 어김없이 지켜왔다. 그리하여 오랫동안 전해져 내려와도 그 의론방법만 보아도 곧 하동지학임을 알 수 있다. 그러나 왕양명이 직접 가르쳤던 제자들은 대부분 스승의 가르침을 벗어나 다른 주장을 펼쳤다"고 했다.(《명유학안》 109쪽) 이들은 왕문 후학들과 달리 하동지학의 평이하고 소박함을 찬양하였던 것이다.

제 **3** 장
오여필(吳與弼)의 자치역행(自治力行)과 호거인(胡居仁)의 주경(主敬)

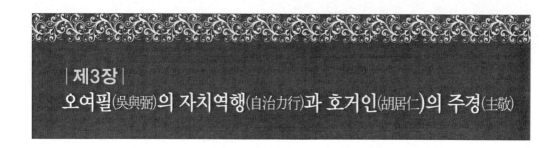

|제3장|
오여필(吳與弼)의 자치역행(自治力行)과 호거인(胡居仁)의 주경(主敬)

명대 이전 이학의 대표인물로는 조단, 설선 다음으로 오여필이 있었다. 오여필의 특징은 궁행실천을 강조한 것인데 특히 이미 생긴 마음을 성찰하고 다스리는 걸 중요시했다. 호거인(胡居仁)과 진헌장(陳獻章)은 오여필의 제자이다. 호거인은 강서에서 주희학의 중요한 계승자로서 그는 주경지학을 주장했다. 진헌장(陳獻章)의 강문지학(江門之學)은 주희학이 심학(心學)으로 바뀌는 중요한 전환점이었다.

1. 오여필(吳與弼)의 자치역행

오여필(1391~1469)의 자는 자부(子傅)이고 호는 강재(康齋)이다. 강서 숭인(崇仁) 사람이다. 청년시기에 양부에게서 이학을 배웠다. 《이락연원록(伊洛淵源錄)》을 읽은 뒤에 학문에 뜻을 두고 과거공부를 포기했다. 오경사서와 유가학자들의 어록을 읽고 스스로 밭을 갈며 제자들에게 학문을 강의했다. 만년에 추천을 받아 경사로 불려가 유덕(諭德)이라는 관직을 하사받았지만 이를 고사했다. 그는 영종(英宗)에게 《진언십사(陳言十事)》를 올린 적이 있다. 집으로 돌아온 뒤 계속 강의를 하면서 고향에서 생을 마감했다. 저서로《강재집(康齋集)》이 있는데 주로 그의 독서기록이다.

오여필의 학문은 이미 생긴 마음을 성찰하고 다스리는 걸 중요시 했는데, 철학의 형이상학에 관해서는 큰 역할을 하지 못했다. 그는 일생동안 "자신의 말과 행동이 법도에 어긋나지 않게 하기 위해 힘쓰고, 항상 조용한 곳에서 스스로를 징계하곤 했다." 이후의 학자들은 그의 묘사가 좀 지나치다고 평했다.(《사고전서총목제요 · 강재집제요(四庫全書總目提要 · 康齋集提要)》)", "그는 열심히 노력하였다. 그의 성과는 매일 오경에 자고 땀을 비가 오듯이 흘리면서 얻어낸 것들이다.(《명유학안 · 사설(明儒學案 · 師說)》)" 그의 독서찰기의 《일록(日錄)》에는 "꿈에 공자를 만났다", "꿈에 주희를 만났다"라는 내용이 여러 번 나오는데, 여기서 그가 깨달음을 얻음에 있어 얼마나 간절했는지 알 수 있다.

오여필의 학문에서 가장 뚜렷한 특징은 송나라 유학자들의 "존천리(存天理) 알인욕(遏人慾)"[1] 으로 자신을 훈계하고 다스렸다는 점이다. 오여필은 늘 이렇게 말했다. "밤마다 자신을 엄격하게 점검해보는데도 시간이 모자란데 어찌 남을 단속할 시간이 있겠는가? 남을 자꾸 나무라다보면 자신을 단속하는데 소홀해질 수 있다. 이는 절대 안 되는 일이다.(《강재집》 11권)" 오여필의 독서찰기 중에서 많은 비중을 차지하는 것은 책에 나오는 이치에 대한 해석이 아니다. 그는 마음속에서 자신의 욕념과 박투를 벌인 것을 독서찰기에 많이 기술했다. 예를 들면 다음과 같다. "병든 몸이 쇠하고 무기력해 집안일에 서로 얽혔지만 성현들의 책에 마음을 오로지하거나 뜻을 이룰 수 없으니, 중심은 더욱 비루하고 거짓되어 그 지(知)에 이르지 못하고 외모는 더욱 사납고 교만하니 어찌 실행하는데 힘을 쏟을 수 있겠는가! 세월이 물과 같이 흐르니, 어찌 아픔과 슬픔을 이기겠는가? 어찌할꼬 어찌할꼬! 여러 날 집안일을 도울 때 어버이를 염려하여 그만두지 못하여 글의 길이 잠깐 끊어져 마음속의 생각이 비루하고 인색하니 심히 부끄럽다. 내가 성현(聖賢)과 같이 할 수 없는 까닭은 구구한 이해(利害)의 사이에서 동요를 벗어날 수 없기 때문이며, 이치를 살펴도 정밀하지 못하고 몸소 행함이 성숙되지 못한 까닭이다.(《강재집(康齋集)》 권11)"

즉, 자신을 점검하고 성찰과 단속을 하는 과정에서 점차 기질을 변화시키는 것이 오여필이 학문을 연구한 방향이라고 할 수 있다. 그래서 오여필의 학문은 '상달(上達)'이 아니라 '하학(下學)'이었다. 본체론이 아니라 수양 공부론이었다. 여기서 명나라 초기 유학의 특징을 엿볼 수 있는데 그건 바로 공부론을 유난히 중요시 했다는 점이다. 송나라의 많은 이학 학자들은 본체론을 중요시했다. 주돈이, 장재, 정이, 정호, 소옹(邵雍), 주희, 육

---

1) 존천리, 알인욕 : 천리를 보존하고(항상 참나 상태로 깨어 있으면서) 욕심을 막는다(에고의 욕심에 휘둘리지 않는다)
존천리, 알인욕 : 천리를 보존하고(항상 참나 상태로 깨어 있으면서) 욕심을 막는다(에고의 욕심에 휘둘리지 않는다)

구연, 양간 등의 학자들은 모두 본체론에 대해 논술한 적이 있을 뿐만 아니라, 본체론을 공부론의 근거로 삼았다. 명나라 전기의 학자들, 특히 설선과 오여필은 본체론에 대해 많은 견해를 내놓지 않았다. 그들은 선현들이 본체론에 대해 이미 충분한 견해를 내놓았기에 더는 연구할 내용이 없다고 생각했다. 때문에 후대의 유학자들은 선대 유학자들이 설정해놓은 수양방법을 따라 실행하면 된다고 주장했다. 궁행천리(躬行踐履)는 명나라 전기의 유학자들이 많이 신봉하는 방향이었다. 종합적으로 송나라 이학자들은 고명하고 특출한 학자들이 많았다. 그들의 학문은 체계가 방대하고 내용이 주도면밀하고 완벽했다. 그들은 경지가 높고 공부를 착실하게 했다. 명나라 전기의 유학자들은 많지가 않고, 의젓하거나 여유로운 기세가 없었다. 극히 자율적이고 깊이 체험하고 굳건하게 실천하는 점은 그래도 훌륭하다고 할 수 있다. 그러나 그들은 이론의 내용이 깊지 못하고 뛰어난 지식을 갖춘 학자가 없으며 독실천리(篤實踐履)의 길만 고집했다. 황종희는 "하동지학은 진실하고 꾸밈이 없다. 그들은 송나라 학자들이 만든 규율을 어김없이 지켜왔다.(《명유학안》 109쪽)"고 말했다. 양명학은 옛것에 얽매이지 않고 용감히 새로운 것을 창조하는 학파였다. 그리하여 황종희의 이 견해에는 그럴만한 근거가 있었던 것이다.

오여필에게도 독서궁리(讀書窮理)를 주장하는 견해가 있다. 예를 들면 "책을 읽고 이치를 궁구하면서 경(敬)과 서(恕)를 오가다보니 저도 모르게 욕심을 누르고 예의범절을 따르는 경지에 오르게 되었다"《독서록》을 읽은 뒤에 정신을 다잡고 심신을 단속할 수 있게 되었다. 한시라도 자신이 방종해지는 것이 미안하여 분발해서 앞으로 나가야 하겠다는 생각에 두려워지기도 했다(《강재집》 11권)"고 한 것이 그것이다. 주희에게 있어서 독서는 격물의 한 방법에 속한다. 격물은 명리(明理)를 위함이다. 그러나 오여필은 독서를 통해 자신의 기질에 존재하는 약점을 바로잡으려 했다. 그는 독서를 통해 이리저리 흔들리는 마음을 다잡고 자신의 행동을 단속하려고 했다. 그는 말했다. "빈곤 중에 사물이 분주함에 이를 때, 부스럼병까지 겹쳐 당시에 분함과 조급함이 있음을 면하지 못할 때, 천천히 의관을 정제하고 책을 읽으니 곧 의사통장(意思通暢)을 깨달았다. 마음은 살아있는 사물이고 함양하여 익숙하지 않으면 동요함을 면하지 못한다. 단지 항상 책 위에서 안돈(安頓)할 뿐, 거의 외물(外物)에게 이기지 못한다. 일에 감응한 후에 즉시 마땅히 책을 읽어 이 마음으로 하여금 잠깐이라도 침착하지 못하거나 덜렁거리지 못하게 해야 한다.(이상 《강재집(康齋集)》 권11)" 그는 독서를 통해 행복을 느끼는 옛사람들의 경지를 동경했다. 즉 "남헌은 《맹자》를 읽은 뒤 기분이 아주 좋아졌다고 한다. 맑고 투명한 평단지기(平旦之氣)가 하나도 어지럽혀지지 않았고, 낮에는 녹음이 우거지고 훈풍이 서서히 불어온다. 산림은 고요하고 천지는 광활하며 세월은 길다. 소옹이 '마음이 평온해야 백일을 알 수 있고 눈이 사물을 분별하는 힘이 있어야 청천을 알아볼 수 있다. 이는 실제로 경험할 수 있다.'(《강재집》 11권)"라 했던 것이다. 그는 자신에게 매일 해야 할 공부를 규정해놓았다. "오늘 응당 해야 할 일은 다음과 같다. 아침에 일어나면 머리를 빗고 세수를 해야 한다. 가묘에 인사를 올리고 난 뒤 옷매무새를 바로하고 단정하게 앉아 성현들이 쓴 책을 읽어야 한다. 마음을 다잡고 외부사물에 정신을 팔지 말아야 한다. 저녁이 되어 피곤할 때 잠자리에 든다. 이 외의 일에 대해서는 고려할 필요가 없다." 그는 시 두 구절을 좌우명으로 삶으며 자신을 격려했다. "빈곤은 가을에 흐르는 물 같이 맑고 조용하며, 안정된 마음은 봄바람과 같이 평화롭도다.(《강재집》 11권)"

오여필은 자신의 기질이 강직하고 성급하다는 걸 알고 있었다. 그리하여 그는 참는 방법을 연습하곤 했다. 그의 독서찰기에는 강직하고 성급한 자신을 경계하는 내용이 아주 많다. 오여필은 십여 년간의 노력을 통해 자신의 강직하고 성급한 단점을 극복해나갔다. 그러나 마음을 너무 과도하고 엄격하게 다잡고 관리하다보니 오히려 해소할 수가 없게 되었다. 그리하여 '미발' 중의 함양에로 전환하기 시작했다. 그리하여 독서궁리를 함양으로 삼고 빨리 효과가 나타나길 바라지 않으니 점차 '미발(未發)'과 '이발(已發)'[2]이 하나로 합쳐지게 되었다.

오여필은 평생을 청빈하게 살았다. 그는 장재의 "부부귀빈천, 용옥우성(富玉汝成, 庸玉汝成)"처럼 가난과 병을 개의치 말아야 한다고 자신을 훈계하였다. 예를 들면 다음과 같았다. "맑은 창가에서 붓과 벼루를 가까이하고 맑고 깨끗한 마음 내려놓으니, 한 몸을 잊어버림이 이와 같이 군색하였다. 어젯밤 빈곤과 질병이 번갈아드는 가운데 오로지 책 한 권도 얻을 수 없어 마음의 중심이 편안하지 못함을 면하지 못했다. 이를 곰곰이 생해보면 반드시 공부하고 있어야 하는데 마음속의 태연함을 가르치고 한결같은 기분으로 분수를 따르고 학문에 정진하는 것이 바야흐로 옳다. 그렇지 않으면 말만 한 것에 지

---

2) 미발과 이발 : 성리학의 심성론에서 사람의 마음을 발하지 않았을 때(未發)와 이미 발한 때(已發)로 나누어 각각 성(性)·정(情)으로 설명하는 개념

나지 않는다. 밤중에 앉아서 한 몸과 한 가정을 생각하며, 진실로 평안을 얻고 깊이 다행
스럽게 여기나 비록 가난함이 몹시 심해도 역시 분수에 따를 뿐이었다. 부자(夫子, 공자)
가 말하기를 '명(命)을 알지 못하면 군자가 될 수 없다'고 하였다. 잠을 잘 때도 집안을 생
각하고 군색함을 헤아림이 심하여 그 부분을 견디지 못하였으며, 반복해서 그것을 생각
해도 그 방법을 얻을 수 없었다. 매일 늦게까지 자리에서 일어나지도 않고 오랫동안 방
법을 찾았으나 역시 별도로 교묘한 방법이 없어 단지 분수에 따르고 아껴 쓰고 가난하여
도 평안히 지낼 뿐이었다. 맹세코 비록 추위에 굶어죽을지언정 감히 초심(初心)을 바꾸
지 않고 이에 기쁜 마음으로 일어났다. 또 깨달아 만약 무르익는 것을 필요로 하면 반드
시 이 속을 따라 지나갔다. 빈곤 가운데서도 전인(纏人)을 섬겼고 비록 법이 이와 같을지
라도 그러나 열심히 하지 않을 수 없어 한편으로는 곤경에 처하였으나 한편으로는 학문
을 강해하였다.(이상《강재집(康齋集)》권11)"

　　오여필의 문집에는 자신의 단점을 극복하고 가난한 삶 가운데서도 편안한 마음으로 도
를 즐기는 것에 관한 내용이 많이 기록되어 있다. 오여필의 학문은 마음을 다스리는 공
부와 청렴하고 강직하며 지조의 굳음을 중요시한다는 것이 그 특징이었다. 그와 한 시대
를 살았던 장곤(章袞)은 "《일록》에 기록된 내용은 모두 한 사람의 이야기인데 모두 자기
스스로 자기의 일을 기록하였다(《명유학안》 16쪽)"고 말했다. 《사고제요》에서는 "주희와
육구연의 장점을 모두 취했고 자기 스스로 열심히 해서 자립했다"고 평가했다. 오여필이
열심히 해서 자립한데 대해서는 더 말할 필요가 없다. 그는 주희와 육구연의 장점을 취
해 직접 심지상(心地上)의 공부에 사용했는데, 격물궁리, 활연관통(豁然貫通)에 근거하
지 않은 것은 육구연의 발명본심(發明本心)에 가깝다. 독서를 기질을 변화시키는 방법으
로 생각하고, "정(靜)일 때는 함양이고, 동(动)일 때는 성찰이다"라고 한 것은 주희의 방
법에 가깝다. 하지만 이에 대해 오여필은 깊은 논술을 전개하지는 않았다. 종합적으로
오여필은 주학에 좀 더 치우쳤다고 할 수 있다.

　　오여필의 학술은 깊이가 깊지 못하고 이론적인 성과도 별로 없다. 그러나 그의 제자인
호거인(胡居仁)의 여간지학(餘干之學)은 주희의 학설을 많이 발전시켰다. 진헌장은 명나
라 학술의 전환과정에서 가장 중요한 인물이다. 이 두 사람은 모두 오여필의 제자였다.
황종희는 "모든 사물은 모두 간단한 것으로부터 복잡해지기 마련이다. 또한 물이 모여야
얼음 층을 이룰 수 있다. 따라서 강재(康齋)가 없다면 이후의 흥성도 없었을 것이다.《명

유학안·숭인학안일(明儒學案·崇仁學案一)》"라고 말했다. 우리는 이 말에서 오여필의 학술적 위치를 알 수 있다. 그 본인은 학술적으로 별로 큰 성과를 이룩하지 못했지만, 호거인의 "여간지학"과 진헌장의 "강문지학"의 연원으로서, 그는 명나라 철학의 발전사에서 아주 중요한 역할을 담당했던 인물이었던 것이다.

2. 호거인의 주경(主敬)

호거인(1434~1484)의 자는 숙심(叔心)이고, 호는 경재(敬齋)이며, 강서 여간(余干) 사람이다. 청년시절에 오여필에게서 학문을 배우며 과거시험은 보지 않았다. 매계산(梅溪山)에 집을 만들고 책을 쓰고 강의를 하였다. 강절(江浙), 복건 등지를 두루 돌아다니면서 학문을 닦았다. 백록동서원(白鹿洞書院)의 초청을 받고 강의를 했다. 문하제자가 아주 많았다. 중요한 저서로는 독서찰기인 《거업록(居業錄)》 및 그가 죽은 뒤에 여우(余佑)가 수집해서 묶어놓은 시문집 《호경재집(胡敬齋集)》 세 권이 있다.

오여필의 학문은 전문적으로 심념상(心念上)의 성찰과 극치(克制)에 전념하면서 시시각각 자신을 다잡고 잠시라도 규범에서 벗어나는 행동을 하지 못하게 했다. 그러다보니 학문이 어쩔 수 없이 협소하고 절박할 수밖에 없었다. 호거인은 오여필과 다른 점이 두 가지가 있다. 첫째는 심지미발(心之未發)의 함양을 더 중요시했고, 둘째는 의리(義理)에 대한 파악을 중요시했다. 그의 학술규모(범위)는 스승보다 더 컸다.

호거인은 주희의 주경궁리(主敬窮理)를 높이 평가했다. 그는 이를 주학의 기본과 입문의 공부로 삼았다. 주경과 궁리 중에서 호거인은 주경을 더 중요시했다. 그는 주경은 공자학의 정수라고 생각했다. 맹자의 "구방심(求放心)"은 입문의 기초가 너무 높아 학자들이 어떻게 해야 할지 모를 수 있고, 공자의 주경 방법을 따르면 자연히 흐트러진 마음을 다시 불러 모을 수 있게 될 것이라 했다. 경이라는 글자는 공자와 맹자의 모든 공부 요령이 함축되어 있었다. 그는 "공자는 말은 참되고 미덥게 하고, 행동은 돈독하고 공손히 하라고 강조했다. 마음을 놓으면 자연히 모여지고 덕행도 쌓을 수 있는 법이다.(《거업록》 2권)" 호거인은 주돈이를 대유학자라고 존경했다. 그러나 그가 주장하는 "주경"의 공부 방법에 대해서는 결점이 존재한다고 생각했다. 주경설은 학자들이 마음을 잡고 정좌해야 한다고 가르치는데 이는 이학(易學)으로 변할 가능성이 있고, 주경의 수양방법은 정에 가까운데 이는 건강하고 활동적이며 생기발랄한 유가의 학풍과 많이 달랐다. 조용한 심성을 배우고 가꾸는 것은 의리로 함영(涵泳, 자맥질)을 하는 덕성과는 같지 않다. 그리하여 그는 '정'을 반대하고 '정'을 '경'으로 바꿔야 한다고 주장했다. '경'이란 곧 정이가 말한 "움직일 때에도 안정해 지고, 고요한 때에도 또한 안정해 지는 것"을 말한다. '정'은 오로지 '기'만 안정시킬 수 있고 '경'은 '동정'을 모두 안정시킬 수 있다고 했다.

호거인은 주희의 "정(靜)일 때는 함양이고 동(動)일 때는 성찰이다"라는 수양방법을 계승하였다. 그는 '정'과 '동'은 '체용'의 관계로서, '정'은 '미발'이고 '체'이며, '동'은 '이발'이고 '용'이고, '체'와 '용'은 한 근원이라고 생각했다. 그는 "정은 체이고 동은 용이다. 정은 '주'이고 동은 '객'이다. 그리하여 주경이라 하는 것은 체립(體立) 그리고 용행(用行)이다 (《거업록》 3권)"라고 했다. 그는 '경'에는 '동'과 '정', '양성'과 '수심'이 포함되는데 '경'하면 마음이 혼란스럽고 조망하지 않을 수 있고 동정을 통제할 수 있다. 호거인은 '정'과 '경'을 아주 주의해서 분별했다. 그는 '정'은 '미발'로서 "마음이 아직 싹트지 않았고, 사물이 아직 다가오지 않은 상태이나, '정'하다고 해서 조존(操存)을 버려야 하는 것은 아니며, '경'은 동정을 관통한다"고 했다.

주경과 존리의 관계에서 호경인은 경의협지(敬義夾持)를 주장했다. 그는 정이와 주희의 "함양을 높이려면 예절을 중요시해야 하고, 학문을 쌓으려면 사물의 이치를 깨쳐야 한다"라는 주장을 계승하여 양자가 서로 촉진하고 보완해야 한다고 주장했다. '경'이 모든 걸 일관했을 때, 사물의 이치를 완전히 깨치기 전에는 존양, 즉 우선은 본심을 잃지 않은 착한 성품을 길러야 한다면서, 이러한 존양은 자기의 마음을 정화시키고 자신의 의견을 길러 '사물의 이(理)'를 더 잘 인식하기 위함이라 했다. '사물의 이'를 인식한 뒤에도 계속 예절을 중요시하여 함양을 높여야 한다면서, 이때의 함양은 이(理)로 마음을 윤택하게 하여 모종의 정신경지에 도달하기 위함이라 했다. 주경이 모든 걸 일관했을 때, "끊임없이 사물의 이치를 깨쳐야 본심을 잃지 않고 착한 성품을 기를 수 있다.(《거업록》 2권)"고 했다.

이외에도 호거인은 '이'로써 마음을 윤택하게 하면 마음이 유쾌해질 수 있다고 생각했다. 맹자는 "이의(理義)로 내 마음을 기쁘게 하는 것은 가축이 내 입을 즐겁게 해주는 것과 같다"고 했다. 그는 주경은 자신에 대한 속박이지만, 이러한 속박은 모종의 신념의 추동 하에, 모종의 이치의 설득 하에 이루어진 것으로서 마음을 기쁘게 할 수 있다고 생각했다. 이러한 기쁨은 도덕감과 미감(美感)이 하나로 합쳐진 것이다. 그는 "사람이 경의 자세를 유지한다고 해도 꼭 의리로 마음을 관개해야 한다. 그래야 마음이 유쾌해질 수 있다. 그러지 않으면 고집스럽게 고수하는 게 될 수 있다.(《거업록》 2권)"고 했다. 이러한 기쁨에는 두 가지 작용이 있다. 첫째는 사람으로 하여금 도덕행위를 일종의 향수로 간주하게 하여 더 높은 경지를 추구하게 할 수 있다는 것이고, 둘째는 도덕행위가 가져다주는 고상함과 존엄감은 도덕행위가 기계적이지 않으며 자발적이고 심미적인 활동으로 만들 수 있다. 도덕행위는 자신을 엄격하게 단속하는 것으로서 그 과정에 고통을 느낄 수도 있다. 그러나 이는 이성이 감성을 극복하고 이지(理智)가 도덕행위의 의미에 대해 각해한 것으로서 그 과정에 미감이 산생될 수 있었다. 오여필의 학문은 "매일 오경에 자고 땀을 비 오듯 흘리면서 얻어낸 것들이다." 오여필은 궁리를 중요시 하지 않았는데 궁리가 없는 집의(集義)는 '고집스러운 고수'라고 할 수 있다. 호거인은 오여필과 달랐다. 호거인은 경서(敬恕)를 주도로 의리를 배양으로 경의협지(敬義夾持)하였다. 그는 오여필보다 좀 더 여유 있고 침착했으며 점차 도를 깨쳐가고 있는 징조를 나타냈다.

여기서 우리는 송나라 유학자들 가운데서 정이, 주희 학파와 명나라 전기에 정주(程朱)를 숭앙하는 학자들의 다른 점을 발견해낼 수 있다. 정주는 격물궁리를 아주 중요시하면서 이를 도덕의 경지를 높임에 있어서 반드시 거쳐야 할 과정으로 간주하였다. 그리하여 하학(下學) 중에서 상달을 추구하고, 사물지리에서도 천리를 추구하였다. 또한 "사물의 겉과 속의 정밀한 것과 거친 것을 모두 알고 자기 마음의 작용에 대해 모두 알고 있는 상태에서, 상하지간, 천지지간에 모두 똑같은 걸 추구했다"고 했다. 도덕의 증진은 사물의 이치를 탐색하는 것과 갈라놓을 수 없다. 명나라 전기의 유학자들은 많게는 도덕의 높고 엄숙함에 착안점을 두었다. 도덕은 지식과 필연적으로 연관되는 것이 아니고, 도덕의 경지는 의지를 단련한 성과이며, 반드시 엄격한 도덕선택과 선과 악의 투쟁 가운데서 배양시켜야 한다. 그들은 격물치지를 거치지 않고 직접 "성의정심(誠意正心)"에 도달할 수 있다고 생각했다. 그들한테는 여유로움이 없고 너그럽지 못하고 절박해보였다. 방효유, 조단 특히 오여필의 학술에서 이러한 특징을 엿볼 수가 있다. 호거인도 "청빈한 생활을 하고 자신을 엄격하게 단속했는데", 이런 수양방법은 '경' 밖에 속했다. 그러나 그는 정주가 의리로 덕성을 함양하는 방법으로, 오여필의 너그럽지 못하고 절박한 결점을 미봉했다고 하여 호거인이 이룬 성과는 스승보다 더 넓고 크다고 하겠다.

호거인의 주경에는 많은 내용이 포함된다. '경'의 한 가지 작용은 바로 마음을 정명(精明)하게 만드는 것이다. 마음이 정명한 것은 마음이 혼란스럽지 않게 한 곳에 집중시킨다는 말이다. 그는 "마음이 정명한 것은 경의 작용이다. 마음을 한곳에 집중해야 정명해질 수 있다. 마음이 두 곳, 세 곳에 흩어지면 혼란스러워질 수 있다.(《거업록》 1권)"고 했다. 호거인은 조용하게 앉아서 희로애락의 기상을 살피는 걸 반대했다. 그는 미발은 자연히 볼 수 없는 것들이고, 체험할 수 있는 것은 모두 이발이라고 생각했다. 이발에서 미발을 발견하고 이발지화(已發之和)에서 미발지중(未發之中)을 추리해낼 수가 있다. 정(靜)일 때는 함양할 수밖에 없다. 그는 주희의 "정(靜)일 때는 함양이고 동(动)일 때는 성찰이다"라는 주장에 따랐다. 그는 조용히 앉아 미발의 기상을 관찰하는 것을 반대했을 뿐만 아니라, '정'일 때 공부를 하지 않는 것도 반대했다. 그는 '정'일 때 공부를 하지 않으면 도교나 불교의 길로 빠질 가능성이 있다. 함양은 곧 정일 때의 공부이다. 그는 《역전(易傳)》에 나오는 "천하에 걱정할 일이 어디 있는가?"라는 말을 구실로 삼고 정(靜) 가운데서 공부를 방기하는 걸 반대했다. 그는 마음이 곧으면 행동이 꼭 반듯할 것이라고 주장하면서, 천하에 마음이 곧은데 행동이 반듯하지 못한 사람은 존재하지 않는다고 생각했다.

호거인이 생각하는 마음이 곧고 행동이 반듯한 것은 내적으로 성정을 함양하고 외적으로 용모를 단정하게 하는 걸 가리켰다. 그는 "용모, 말하는 것은 기운 위에서 하는 공부인데, 이것이 곧 실학(實學)이다. 단정하고 정숙하며 엄격하고 위엄이 있으며 공경하고 삼가니, 이것이 경(敬)의 입두처(入頭處)이다.(이상 《거업록(居業錄)》 권2)" "그 마음이 숙연하니 천리(天理)는 곧 존재한다.(《거업록(居業錄)》 권3)"라고 했다.

'경'에 관한 내용도 모두 정이, 주희의 관점을 계승한 것이다. 주희는 수양은 반드시 외모를 정돈하는 것으로부터 시작해야 한다고 강조했다. 동시에 외모를 정돈하는 동작도 마음을 공손하게 만들 수 있고, 거만한 마음이 생기지 못하게 할 수 있다. 그리하여 주희는 "의관을 바르게 입고, 보는 것을 고상하게 하는 것이 우선이다"라는 것을 가르침으로 "고개를 들고 눈은 앞을 똑바로 보고 발걸음은 무겁게 하고 손을 단정하게 모아야 한다……"는 등 일련의 규범을 제정했다. 호거인의 경에는 단정하고 정연해야 한다는 내용이 포함되어 있다. 그는 소위 성현이란 속으로 두려움을 극복하고 겉으로 단정하고 깔끔한 외모를 가꾸는 사람이라고 했다. 그 자신도 일상생활에서 "기물의 작은 부분까지도 세밀하고 정확하게 구분하면서 평생 흐트러짐이 없이 생활했다.(《명유학안》 29쪽)"고 했고, 지경(持敬)을 하려면 반드시 엄격해야 한다고 했다.

주경은 호거인의 사상 중에서 가장 중요한 부분이다. 그는 자신의 서원에 경재라는 이름을 달았다. 여기서 우리는 그가 추구하는 공부의 방향을 알 수 있다. 그의 주경은 주로 정이의 "움직일 때에도 안정해 지고, 고요한 때에도 안정해 지는 것"이라는 주장과 주희의 성경존심(誠敬存心)의 학설을 흡수했다. 주희가 말한 '경'은 내용이 아주 풍부한데, 그 요지는 주로 경외하고 신중하며 한결같고 일처리를 신중하게 하며 마음이 항상 맑고 공손하며 단정해야 한다는 것 등이다. 호거인이 말한 '경'의 내용은 주희의 것과 비슷하다. 다만 자신의 체험에 따라 치중점이 같지 않았을 뿐이다.

3. 호거인의 이기심성(理氣心性)에 관한 여러 가지 학설

호거인이 말한 '이'는 바로 사물이 반드시 그러하고 마땅히 그러해야 하는 규율과 준칙이었다. 유학자들은 일을 처리하고 용무를 볼 때 반드시 이것을 준수해야 하고, 절대 자신의 사적인 의사를 여기에 보태서는 안 된다고 했다. 그는 "모든 사물에는 그 '당연지리(當然之理)'가 존재하는데 여기에 자신의 감정을 보태지 말아야 한다.(《거업록》 4권)"고 했다. 호거인은 주희의 이일분수의 학설도 중요시 했다. 그러나 주희는 이일분수를 우주의 "근본지리(根本之理)"와 구체적인 사물지리(事物之理)의 관계를 설명하는데 사용했다. 그러나 호거인에게 있어서 이일분수는 격물궁리를 쌓는 공부이고 의리가 점차 원숙해진 뒤의 관법이었다. 이러한 관법은 사람으로 하여금 다른 의식 하에서 다른 처리 방법을 선택하게 할 수 있었다. "이일(理一)"의 일(一)은 바로 약(約)이다. 분수의 다(多)는 바로 박(博)이다. 박(博)은 개체에 착안하고 약(約)은 총체에 착안한다. 전체를 파악해야만 각 부분을 깊이 있게 인식할 수 있다. 그러나 부분에 대해 깊이 이해해야만 총체적 의미를 더 잘 파악할 수 있다고 했다. 즉 "하나의 근본이지만 만 가지가 다르고 만 가지가 다르나 근본은 하나이다. 배우는 자들은 모름지기 만수(萬殊) 위에서 일일이 연구하고 그런 다음 한 근본에서 만난다. 만약 만수위에서 체찰(體察)하지 않으면 한 근본을 직접 탐구하려고 하여도 이단(異端)에 들어가지 않은 자가 없었다.(《거업록(居業錄)》권1)"
"사람이 의리관통(義理貫通)한 곳에 이르면 밖의 일이 저절로 중요하게 되는데……범사에는 반드시 이(理)가 있는 법이니, 애초에는 한 가지 일, 한 가지 이(理)로 하지만 궁리(窮理)함이 많으면 한 가지로 모여지게 된다. 하나이게 되면 잡은 바가 더욱 오그라들며, 일을 제어할 때에는 반드시 총령(總領)을 이끌어야 그 조목을 다스릴 수 있으며, 그 기회에 적중하여 후회하거나 주저함이 없어야 한다.(《거업록(居業錄)》권2)"고 했던 것이다.

호거인은 박과 약의 회통(會通)을 강조했는데 회통(會通) 속에서 관건적 요소를 파악해야 하고, 이일분수를 하나의 방법으로 생각했다. 즉 "그 요점을 제시하고 조목을 정리해야 한다"는 것은 분석과 종합이 서로 발명하고 서로 촉진한다는 것이며, "요점을 제시"하는 중점은 함양에 있고, "조목을 정리"하는 중점은 궁리에 있으며, 함양으로 궁리를 통솔하고 궁리와 함양을 증진시켜야 한다고 했다. 종합적으로 이것은 여전히 정이, 주희가 주장하는 주경궁리의 방법이었던 것이다.

'이'와 '기'의 관계에 대해 호거인은 '이'가 있어야 '기'가 존재하고 '기'는 '이'로부터 파생된 것이라는 관점을 반대했다. 그는 '이'와 '기'는 선후를 나눌 수 없다는 점을 주장했다. 즉, " '이런 이(理)가 있으면 이런 기(氣)도 있게 되고, 기는 곧 이(理)가 행하는 바다'라고 함은 반설(反說)이다. 이런 기가 있으면 이런 이가 있게 되어 이는 곧 기가 행하는 바다. '하늘을 세우는 도(道)를 음(陰)과 양(陽)이라'고 하는데, 음양은 기이고 이(理)는 그 속에 있다. '땅을 세우는 도를 유(柔)와 강(剛)이라'고 하는데, 강유는 질(質)이고 기로 인하여 이가 이루어진다. '사람을 세우는 도는 인(仁)과 의(義)라'고 하는데, 인의는 예(禮)고 기질(氣質) 속에서 갖추어진다. (《거업록(居業錄)》권3)"고 했던 것이다.

"이러한 '기'가 있기에 이러한 '이'가 존재한다"라는 것은 호거인이 "이(理)가 있으면 기(氣)가 있다"라는 주희의 관점을 명확히 반대하는 주장이었다. 음양, 강유는 모두 '기'의 범주에 속하는데 '이'는 '기'속에 존재하고 '기' 때문에 '이'가 이루어질 수 있다고 한 것은 모두 주희가 강조하는 것과 반대되는 의견이었다. 그러나 호거인에게는 이선기후(理先氣后)의 견해가 있었다. 그는 "이가 먼저고 후에 기가 생겨났으며, 기가 있기에 상(象)과 수(數)가 있게 되었다. 그리하여 이기상수(理氣象數)는 모두 길흉을 알 수 있다. 이 넷은 본래 하나다(《거업록》5권)"라고 해다. "이기상수"가 본래 하나라는 것은 송나라의 이학자들이 모두 인정하는 관점이었다. 다만 치중하는 점이 달랐을 뿐인데, "이가 먼저고 후에 기가 생겨났다"는 말은 상술한 '이'는 '기'속에 존재한다는 관점과 모순이 존재한다는 점이다.

호거인은 또 '기'는 항상 존재하고 항상 진실적이지만 '기'에는 "허실"이 있다고 주장했다. "이(理)를 가지고 논의해 본다면 이 이(理)는 유행(流行)하여 쉬지 않고 이 성(性)은 품부(稟賦)하여 정함이 있으니, 어찌 공설(空說)이라고 말할 수 있겠는가? 기(氣)를 가지고 논의해 본다면, 취산허실(聚散虛實)이 같지 않음이 있어 모이면 있게 되고 흩어지면 없게 된다. 이와 같다면 모임에는 모이는 이치가 있고 흩어짐에는 흩어지는 이치가 있으니, 역시 말할 수 없는 것이 없다. 기(氣) 중에 형체가 있는 것은 실(實)이 되고 형체가 없는 것은 허(虛)가 되는데, 이(理)와 같다면 실(實)하지 아니함이 없다.(《거업록(居業錄)》권3)"

'이'는 모두가 진실하다고 한 것은 정호, 정이의 "천하에는 이보다 더 진실한 게 없다"라는 관점을 계승한 것이다. 그러나 '기'에 허실이 존재하는가에 대해서 호거인은 다른 생각을 가지고 있었다. 그는 이런 말을 한 적이 있다. "천지간에 '기'가 없는 곳이 없다. 그리하여 장재는 '허무가 곧 '기'라고 여겼다." 그는 또 이런 말을 한 적이 있다. "횡거(장재)는 '기'가 태허에서 모였다 흩어졌다 하는 것은 얼음이 물이 되었다가 다시 어는 것과 같다고 했는데, 나는 그렇게 생각하지 않는다. 기는 모여 있을 때 형체가 나타나고 흩어지면 사라진다. 얼음이 녹은 물을 어찌 얼음이 얼기 전의 물이라 할 수 있는가?(《거업록》 6권)"라고 했다. 여기에 존재하는 모순을 어떻게 합리적으로 해석해야 할 것인가? 주희 또한 시간과 장소, 대상, 논술의 중점이 다름에 따라 '이기'에 대해 다른 견해를 가지게 되었다. 호거인의 '이기관'에 존재하는 모순도 이와 마찬가지였다. 종합적으로 호거인의 '이기관'은 정이, 정호의 기본논점을 벗어나지는 않았지만, 그러나 그의 논술에는 계통성과 일관성이 부족하다고 하겠다.

심성론 방면에서 호거인은 심통성정(心統性情)을 주장했다. '성'에 관한 규정에서 호거인은 '성'이 곧 '이'라고 주장하였다. 이는 정이, 정호, 주희의 사상을 계승한 것이다. 한 가지 선명한 차이점은 정이, 정호, 주희는 물성(物性)에 관한 내용을 많이 이야기했고, 호거인은 인성에 대해 많이 이야기했다는 점이다. 주희가 말한 '성'은 천지의 "공공지리(公共之理)"가 사람한테 나타난다고 표현했으니, 곧 "이는 천지간의 공공지리로서 '이'를 얻게 되면 곧 나의 소유가 되는 법이다"가 그것이다. 따라서 주희는 인성과 물성은 모두 중요하게 생각했음을 알 수 있다. 그는 "공공지리"가 인물한테 나타나는 다른 표현에 대해 상세하게 논술했는데, 이는 주희의 "이는 같고 기는 다르다"라는 관점을 말해주는 것이었다. 그러나 호거인은 인성을 많이 얘기했고 물성에 대한 내용은 극히 적었다.

호거인도 송나라 유학자들이 "천지지성(天地之性)"과 "기질지성(氣質之性)"을 이분하는 관점을 계승했다. 그는 사람의 선(善)은 "천지지성"에서 온 것이고 악은 "기질지성"에서 온 것이라고 주장했다. "천리에는 선이 있고 악이 없다. 악은 과하거나 모자라서 생긴 것이다. 인성은 선도 있고 악도 있다. 악은 기품(氣稟)과 물욕 때문에 생겨난다.(《거업록》 1권)"고 보았던 것이다. 도덕을 수양하려면 반드시 기품에 의한 물욕을 성찰하고 극치(克治)해야 한다. 그래서 "천지지성"을 어지럽히지 말아야 한다. 성찰과 극치는 곧 경(敬)의 내용이다. 호거인의 인성론은 그가 주장하는 주경의 종지와 일치했던 것이다.

호거인은 오여필과 마찬가지로 도덕 천리(踐履)를 중요시했지만, 의론 상에서는 별로 크게 발휘하지는 못했다. 두 사람은 모두 책을 저술하는데 그다지 힘을 기울이지 않았다. 그들이 남긴 저서는 독서찰기에 불과했다. 호거인은 오여필처럼 엄격하고 급박하지 않았다. 그러나 그는 이치를 정밀하게 분석하지 못했는데, 그의 이기론에는 의견이 일치하지 않는 부분도 많이 존재한다. 이는 그가 정주의 학술을 제대로 계승하지 못했고, 이를 깊이 이해하지 못한 나머지 정확하게 발휘하지 못했다는 것을 설명해 준다. 그리하여 그는 결국에는 성실하고 똑 바른 군자가 되었을 뿐 이론적으로는 깊은 조예를 이룩하지 못했던 것이다. 이는 명나라 전기 유학자들의 학문연구 중점이 '이기'에서 점차 "심성체험"으로 전환되어 갔음을 의미한다. 진헌장, 왕양명의 학술적 흥기도 여기서부터 시작되었던 것이다.

4. 호거인의 불교와 도교에 대한 비평

명나라 초기의 유학자들 중 불교를 믿는 사람이 특히 많았다. 호거인은 책을 읽는 과정에서 불교서적에 나오는 많은 의리(義理)가 유가학설과 모순된다는 사실을 발견했다. 그는 그 당시에 많은 학자들이 불리(佛理)로 유가의 저서들을 해석하는데 매우 불만을 가지고 있었다. 그리하여 그는 불교와 도교를 비평하였는데, 사회후과(社會後果)가 아닌 이론과 내용에 중점을 두었다. 그 관점은 대부분이 정주의 관점으로서 새로움이 부족했다. 그러나 그는 동시대 학자들 중에서 보기 드물게 불리에 대해 강도 높은 비판을 했다. 그는 동문인 진헌장의 학설이 선(禪)과 비슷하다고 비난하기도 했다.

불교에 대해 호거인은 "작용이 성"이라는 이론을 그 비판의 중점에 두었다. 도가에 대해서는 "허무를 근본"으로 하는 것을 중점적으로 비판했다.

호거인은 유교와 불교, 도교가 가장 크게 구별되는 점을 제시했다. 유교는 이를 천지간에서 가장 중요하고 본질적인 것으로 간주했다. 그러나 불교와 도교는 천지만물의 본질을 공(空)이라 주장했다. 호거인은 "유가학자들은 수양을 통해 이치를 얻었지만, 불교, 도교 학자들은 정신 하나 밖에 얻지 못한다"(《거업록》 7권)"고 했다. 여기서 그가 말한 정신은 사람의 영명(靈明)을 가리키는데 이는 운동을 지각할 수 있는 본체를 말하는 것이었다. 그는 유가에서 말하는 '이'는 우주만물과 사람의 마음에 존재한다고 주장했다. 사람 마음에 있는 '이'가 곧 '성'이다. '성'은 우주의 '근본지리'가 사람에게 부여한 것으로서 사람마다 '성'을 갖고 있고, 사람마다 영명을 지각할 수 있지만 그 내용이 모두 같지 않다고 했다. 그는 "유가학자들은 정기(正氣)를 얻었기에 이를 천지무간(天地無間)이라 할 수 있다. 도교, 불교 학자들은 사기(私氣)를 얻었기에 이를 역천배리(逆天背理)라고 할 수 있다.(《거업록》 7권)"고 했다. 여기서의 '정기'란 곧 '이'와 하나가 되는 것을 말한다. '이'와 하나가 되려면 입세(入世)하여 도덕을 수양해야 하고, 군생을 이롭게 해야 하나 도교와 불교는 개인의 수양과 해탈만 도모하고, 세간의 삼강오륜을 논하지 않아야 한다. 그러기에 '이'는 개체의 사사(私事)라 할 수 있다. 유가는 존심(存心)을 논하고 도교, 불교도 존심을 논한다. 도교, 불교에서 말하는 존심은 무일물(無一物)의 공심(空心)으로서, 이는 "부모님이 우리를 낳기 전의 본래 모습"을 말한다고 했다. 그러나 유가에서 말하는 존심은 성리로서 "천지가 나한테 부여한 것"이고, 존심의 방법에서 유가는 주경과 존양성찰(存養省察)에 근거하지만, 그러나 불교와 도교가 말하는 마음은 공허하고 적멸(寂滅)한 마음으로서 "인륜과 세상일에 관심이 없다"고 호거인은 말했던 것이다. "선가존심(禪家存心)에는 두세 가지가 있는데, 하나는 무심(無心)을 중요하게 여겨 그 심을 공허하게 하는 것이고, 하나는 그 심을 제어하는 것이고, 하나는 그 심을 관조(觀照)하는 것이다. 유가(儒家)에서는 안으로는 성경(誠敬)을 존속시키고 밖으로는 의리(義理)를 다하여 마음을 존속시킨다. 그러므로 유자(儒者)의 심은 존재하며 만리(萬里)가 삼연(森然)히 구비(具備)되어 있다. 선가(禪家)에는 심이 존재하나 적멸(寂滅)에는 이(理)가 없다. 유자에는 심이 존재하고 주인(主)이 있으며, 선가에는 심이 존재하나 주인이 없다. 유가에는 심이 존재하여 살아있으나, 이교(異敎)에는 심이 존재하나 죽어있다. 그런즉 선가에는 그 심을 존재시킬 수 있는 게 아니며, 마침내 그 심을 공허하게 하고 그 심을 죽이며 그 심을 제어하며 그 심을 우롱하게 된다.(《거업록(居業錄)》 권6)"고 했다.

호거인은 불교이론상의 잘못은 "작용하는 것은 성(性)"이라는 한 마디로 개괄할 수 있다고 했다. "불가(佛家)에서는 정식(情識)을 이(理)라고 잘못 인식하였기 때문에 이 성(性)을 작용시키게 된 까닭이다. 특히 신식(神識)이 기(氣)의 영령(英靈)이라는 것을 알지 못하고 묘(妙)가 이(理)라는 까닭이다. 곧 신식을 이(理)로 여기는 것은 불가능하다. 성(性)은 내 몸의 이(理)이고 작용(作用)은 내 몸의 기(氣)이다. 기를 이로 인식함은 형이하자(形而下者)를 형이상자(形而上者)로 만드는 것이다.(《거업록(居業錄)》 권7)"

호기인의 불교에 대한 비판은 송나라 유학자들이 불교를 배척하는 주요한 관점을 계승한 것이다. 황종희는 이에 대해 매우 부정적이었다. 그는 호거인의 유학을 지키려는 마음은 매우 높게 평가했지만, 그가 불교와 도교를 비평하는 이론적 근거에는 요점이 없다고 평했다. 황종희는 석씨를 석씨라고 한 것은 공적을 본체로 했기 때문이 아니라 유행을 본체로 했기 때문이라고 주장했다. 그는 "석씨는 유행하는 체의 변화가 예측이 어렵다고 생각했다. 그리하여 운동지각을 '성'이라 하고 작용으로부터 '성'을 찾으려고 했다." 그들이 얻은 생성되지도 소멸되지도 않는 것이 바로 그 지극히 변한다는 것으로, 충충이 제거하고 하나의 법도 남기지 않으면 천지만물의 변화는 곧 나의 변화이며 변화하는 가운데 불변하는 것은 따로 운운할 것도 없다고 했다.(《명유학안》 30쪽) 이 말의 뜻은 불교, 특히 선종은 변화를 예측하기 어려운 유행을 본체로 하는데 모든 것은 생멸의 과정에 놓여있고, 그중에서 생성되지도 소멸되지도 않는 것이 바로 생명불식(生命不息)의 현실이라는 것으로서, 유행변화가 곧 성이라는 것이다. 만물은 모두 변하고 변하지 않는 것이 없기 때문에 만물은 공무자성(空無自性)인데, 이는 "충충이 제거하고 하나의 법도 남기지 않는다"는 뜻이었다. 만물은 모두 변화하고 우주에는 영원한 것이 존재하지 않기 때문에 유가에서 말하는 "요(堯) 때문에 존재하지도 않고, 걸(桀) 때문에 멸망하지도 않는다"라는 건 존재하지 않는데, 이는 만고의 진리라 했다. 황종희가 말한 "변화하는 가운데 불변하는 것"은 이를 가리키는 것이었다. 불교가 이론적으로 부족한 것은 바로 만물이 모두 변한다는 것을 인정한 것이었지만, 이는 불변한다는 것을 인정하지 않았다는 점이다. 불교는 이러한 유행을 '성'으로 하였는데, 즉 "작용으로부터 성을 찾으려고 했다"는 것이 그것이다. 그러나 호거인은 이에 대해 언급한 적이 없었다.

호거인에 대한 황종희의 비평을 어떻게 보아야 할 것인가? 나는 불교에 대한 두 사람의 비평에 모두 합당한 부분이 있다고 본다. 호거인은 불교의 일반 이론과 각 파가 고수하는 '공(空)', 삼법인(三法印) 중의 "열반적정(涅槃寂靜)"에 근거하였기 때문에, 주로 불교가 주장하는 '공'에 '이'가 없다는 것을 중점적으로 비판했다. 황종희는 선종에서 유행하는 체(體), 삼법인 중의 "제행무상(諸行無常)"에 근거하여 유행(流行) 중에 주재(主宰)가 없다는 걸 중점적으로 비판했다. 황종희의 이 논점은 명나라의 학술을 종합한 것으로서, 특히 왕문 후학의 제자인 태주(泰州)와 용계(龍溪)가 선천적인 양지(良知)만 따르고 유행 중의 주재를 모르는 잘못된 관점을 바로잡았는데, 이는 호거인과 아주 많이 다른 것이다.

호거인이 도교에 대한 비평은 주로 동정(動靜)에는 일정한 방법이 없고, 생기 있는 마음을 죽은 물체에 얽매이게 했다는 것, 또한 모든 '이'를 갖추어 만 가지 일에 대응할 수 있는 영명을 무정(無情)하고 '성'과 '이'가 없는 공허한 것으로 보았다는데 있다. 그는 마음이란 있다고 할 수도 있고, 없다고 할 수도 있다고 생각했다. "주경(主敬)에 의(意)가 있음은 심(心)을 가지고 말한 것이다. 그 없는 바의 일을 행함은 이(理)를 가지고 말한 것이다. 심에는 존재하는 바에 주인이 있어 그러므로 의(意)가 있다. 그 이(理)가 당연함을 쫓으므로 그러므로 무사(無事)다. 이는 중(中)에는 일찍이 있은 적이 없음이 있고 중에는 일찍이 없은 적이 없음이 없었으니, 심과 이는 하나이다. 《거업록(居業錄)》 권3"

호거인은 도가의 조식법(調息法)을 비평했다. 그는 도가에서 마음을 다스리는 방법은 사실은 육체를 키워 욕념이 안 생기게 마음을 강제로 잡는 것이라고 생각했다. 그는 다음과 같이 말했다. "코끝이 하얗게 보이면 이를 복식 호흡하여 병을 물리치면 되는데 이를 존심(存心)으로 한다면 전적으로 옳지 못하다. 대개 몸 지극히 가까운 곳에 있는 하나의 사물을 취하여서 그 심에 연결하고 반대로 보면 안이 보이는 것과 같이 역시 이 법이며, 불가에서도 여러 개의 구슬을 사용하는데 역시 이 법으로 그 마음을 제어하여 마음대로 움직이지 못하게 하였다. 오호라! 심의 신령은 충분히 많은 이(理)를 갖추었고 만사에 응하였으며, 공경으로써 그것을 존속시킬 수 없으며, 한 작은 사물에도 제어되어 그것을 쓸모없는 곳에 두니 슬프도다!(《거업록(居業錄)》 권7)"

호거인은 유가의 주경(主敬)은 존심(存心), 양심(養心)의 가장 좋은 방법으로서 '주경' '집의(集義)'를 하면 정기(靜氣)를 빌리거나 조식법을 사용하지 않아도 자연히 양심을 그대로 간직할 수 있다고 지적했다. 이러한 방법으로 양심을 지킨다면 오히려 마음을 해칠 수 있다는 것이다. 그는 주희에게 영향을 준 《조식잠(調息箴)》에 대해서도 비평했다. "사람들은 주자의 조식잠을 따르면 양심을 보존할 수 있다고 생각하는데 이는 기를 다스릴 뿐이다. 공경하고 차분한 마음상태가 있어야 양심을 보존할 수 있다. 어찌 호흡을 고르게 한다고 해서 양심을 보존할 수 있겠는가? 이런 방법으로 마음을 보존한다면 오히려 더 역효과가 날 것이다."(《거업록》 7권)

호거인은 도가의 '무위(無爲)', '무사(無思)', '무적비도(無適非道)' 등에 대한 논지도 비판했다. 이러한 비평 중 그가 이들 개념의 해석에 대한 주장은 다음과 같다. "배움이 한번 어긋나면 곧 이교(異敎)에 들어가 성현(聖賢)의 뜻으로 잘못 인식하는 것이 심히 많다. 이는 무위(無爲)를 말하며 사사로운 뜻이 조작됨이 없어 저는 마침내 참 허정무위(虛靜無爲)가 되는 것이다. 이는 심허(心虛)를 말한 것으로 이 마음에는 주인이 있어 밖에서 사악한 것이 들어오지 못하기에 그러므로 어둡거나 막힘이 없어 저는 마침내 진공무물(眞空無物)이라 여겨진다. 이를 무사(無思)라고 말하며, 적연부동(寂然不動)한 가운데 만가지 이(理)가 모두 갖추어져 저는 마침내 참 무사(無思)로 여겨진다. 이를 무적(無適)이라 말하나 도(道)는 아니며, 이 도리(道理)는 머무를 곳도 없고 갈 곳도 없어 마땅히 조존(操存)하고 성찰(省察)하는 바, 엎어지고 구르는 급한 순간[造次顚沛]에도 떨어질 수 없으니, 나는 마침내 그 적합한 바에 따라 평범하게 되어 이 도가 아닌 것이 없다. 그러므로 임의로 미처 날뛰고 제멋대로 하니 원하지 않았다.(《거업록(居業錄)》 권7)"

여기서 호거인은 유가, 불교, 노자의 일부 중요한 관점상의 구별 방법에 대해 아주 정확하게 해석했다. 이러한 구별 점은 명나라 전기의 유가학자들이 '이단'을 비평한 주요한 논점이기도 했다.

호거인은 '유'와 '무'라는 이 근본적인 문제에 대해 이론적인 모순이 존재한다고 주장했다. 예로써 노자가 말한 '도'의 내용에는 '무'가 없지만 그는 "아득하고 깜깜하지만 그중에 오묘함이 있고, 어슴푸레하고 흐릿하지만 그 안에 만물이 있다"고 말했다. 불교에서 진성(眞性은 불생불멸하다는 주장과 '윤회'와 '공'에 대한 주장은 모두 이러한 정황이 존재하는 것이다. 그리하여 "석로(釋老)의 학문에는 앞뒤가 맞지 않는 착오가 존재한다"고 했다. 호거인은 노자의 유무문제의 기본관점에 대해서 이러한 관점은 '이기'를 분별하는 것과는 다른 차원이라고 했다. "이(理)를 가지고 논의한다면 이 이(理)의 유행이 식지 아니하고 이 성(性)의 품부(稟賦)함이 정해져 있으니, 어찌 공설(空說)이라 말할 수 있겠는가? 기(氣)를 가지고 논의한다면 취산허실(聚散虛實)이 다름이 있어 모이면 있게 되고 흩어지면 없게 된다. 이(理)와 같은 것이라면 취(모임)에는 모임의 이치가 있고 흩어짐에는 흩어지는 이치가 있으니, 또한 '무(無)'라고 말할 수 없다. 기(氣) 가운데 형체(形體)가 있는 것은 실(實)이 되고 형체가 없는 것은 허(虛)가 되는데, 이(理)와 같다면 실(實)하지 않음이 없다.(《거업록(居業錄)》 권7)"

노자가 "유는 무에서 나온다"라고 한 것에 대해, 호거인은 이는 존재하지 않는 절대적인 허무를 세계의 본원으로 여긴 것이라고 지적했다. 그는 천지가 기화(氣化)되는 과정에는 틈이 없고 멈춤과 중단도 없으며 공무(空無)일 때가 없다고 했으며, "천지의 기화에는 한시도 멈출 때가 없고 인물의 인생도 조금의 부족함도 없다. 현재 천하에 인재가 없는 것은 성학을 배우지 않기 때문이다.(《거업록》 6권)"라고 했다. 석로는 공무(空無)를 본체로 하였기 때문에 그 학설에도 본체가 없다는 것이었다.

호거인은 유가 도통을 수호하는 입장에서 유가, 도가, 불교를 아주 엄격하게 구분했다. 그 과정에 그는 이기심성에 관한 여러 가지 기본관점을 논했다. 그러나 이러한 논술은 모두 정주의 범위를 벗어나지 못했다. 오여필과 비교했을 때 호거인은 범위가 비교적 크고 기상 또한 여유롭고 침착하였다. 오여필은 자기 마음속의 세밀한 부분에 대해 성찰하고 단속했다. 그가 이처럼 독실하게 공부를 하기는 했으나 편협하고 촉박한 결점이 있었다. 종합적으로 볼 때, 명나라 전기의 학자들은 학술범위가 모두 넓지 못했다. 황종희가 명나라의 학자들은 선대 유학자들의 학설을 습숙했지만, 이를 더 깊이 있게 발전시키지는 못했다. 그리하여 "이 사람도 주학을 따르고 저 사람도 주학을 따르게 되었다"(《명유학안》 179쪽)고 한 말에는 어느 정도 일리가 있다고 할 수 있다. 그러나 이를 심학(心學)이라는 학파의 견해로 볼 수는 없다고 본다.

제 **4** 장

진헌장(陳獻章)과 심학(心學)의 시작

|제4장|
진헌장(陳獻章)과 심학(心學)의 시작

전헌장은 명나라 철학 발전과정에서 아주 중요한 인물이다. 그는 자득지학(自得之學)으로 위로는 육상산(陸象山)의 학풍을 계승하고 아래로는 왕양명 학술의 시작을 열게 한 사람이다. 그는 정주이학이 심학으로 넘어가는 전환점이기도 했다.

진헌장(1428~1500)의 자는 공포(公浦)이고, 호는 석재(石齋)이며, 광동 신회(新會) 백사리(白沙里) 사람이다. 그의 학술을 강문지학(江門之學)이라고 부른다. 진헌장은 정통(正統) 12년(1447)에 거인에 합격했고, 이듬해의 회시(會試)에서 을방(乙榜)에 합격해 국자감(國子監)에 들어가 공부하게 되었다. 이후에 회시에 두 번 참가했지만 모두 낙방했다. 27살 때 오여필에게서 학문을 배우고 반년 뒤에 집으로 돌아왔다. 그 뒤로 외부출입을 하지 않으며 공부를 해서 자득의 종지를 깨우치게 되었다. 성화(成化) 2년(1466)에 다시 태학에 가서 공부를 하였다. 시를 잘 써서 제주(祭酒) 형양(邢讓)의 눈에 들게 되어 점차 이름을 날리게 되었다. 성화 18년(1482)에 팽소(彭紹), 주영(朱英)의 추천을 받아 도읍으로 불려 들어가 서이부(試吏部)에 임명되었지만 구실을 대고 임직하지 않았다. 그는 부모님이 돌아가시는 날까지 봉양하겠다고 상서를 올렸고, 황제는 그에게 한림원검토(翰林院檢討)라는 관직을 내렸다. 이후에 여러 번 추천을 받았으나 계속 거절했다. 그의 저서를 《진헌장집(陳獻章集)》으로 엮어놓았다.

1. 자득지학(自得之學)

진헌장은 호여필에게서 학문을 배웠지만, 그의 학술종지는 오여필과 많이 달랐다. 그의 학문 중 중요한 부분은 모두 자기 스스로 습득해낸 것들이었다. 그는 학문을 하게 된 이유에 대해 다음과 같이 자술했다. "나의 재주는 보통 사람들에게 미치지 못하며, 나이 27세에 비로소 분발하여 강서성의 오빙군(吳聘君, 吳與弼 1391~1469)의 학문을 좇았다. 그는 옛 성현들이 가르침을 준 것은 대개 읽어보지 않은 것이 없었으나, 입문에 들어가는 것을 알지 못했다. 백사(白沙)의 귀향에 비유하여 문을 닫고 나가지 않았으며, 오로지 힘을 사용하는 방법으로써 구하였다. 이미 스승과 친구의 지도와 인도는 없으나, 오직 날마다 서책(書册)에 기대어 그것을 찾으며, 자는 것과 먹는 것을 잊고 이와 같이 한 지 여러 해를 하였으나 끝내 얻을 수 없었다. 이른바 '얻지 못했음'은 나의 이 심(心)과 이 이(理)가 한 데로 모이거나 꼭 맞는 곳에 있지 않다는 것을 말한다. 이에 저 번거로움을 버리고 나의 약속을 구하는 데는 오직 정좌(靜坐)만 있었다. 오래 지난 연후에 나의 이 마음의 몸(體)이 은연(隱然) 중에 드러남을 보며, 항상 사물을 소유하고 있는 것 같아 매일 사용하는 중에 여러 가지로 응수(應酬)하고 내가 하고자 하는 바를 좇으니 말에게 재갈을 물려 부리는 것과 같았다. 몸으로는 물리(物理)를 인식하고 여러 성훈(聖訓)을 상고해보면, 각각 두서(頭緖)와 내력(來歷)이 있어 물이 원위(源委, 처음과 끝)를 갖고 있는 것과 같다. 이에 의혹을 풀은 듯 스스로 믿어 말하였다. '성인이 될 수 있는 공효가 아마도 여기에 있었단 말인가?'((《복조제학첨헌(復趙提學僉憲)》,《진헌장집(陳獻章集)》145쪽)"

진헌장의 학문은 오여필과 완전히 달랐다. 오여필은 주희의 "정(靜)일 때는 함양이고 동(动)일 때는 성찰"을 공부의 방향으로 삼았다. 그의 독서찰기에는 성실하고 엄격하고 신중하며 조심스러운 언어로 가득 차있다. 그는 오경에 잠을 자고 땀과 눈물을 흘리면서 학문을 닦았는데 그 기상이 매우 제한적이었다. 그는 정주의 "함양을 높이려면 예절을 중시해야 하고 학문을 쌓으려면 사물의 이치를 깨쳐야 한다"는 공부 방법에서 "함양을 높이려면 예절을 중시해야 한다"는 데에 치중했다. 황종희는 그를 "직접 몸으로 경험하고 말을 많이 하지 않았다. 일을 하거나 잠을 잘 때도 한시도 잊지 않았기에 점차 몸에 습관이 되게 되었다. 심원한 말들은 절대 언급하지 않았다(《명유학안 · 숭인학안일》)"라고 평가했다. 이는 오여필의 수양공부의 특징을 보여주는 말이다. 그의 제자 중에는 독실하게 실천한 사람은 많지만, 고명하고 탁월한 사람은 별로 없었다. 진헌장은 성격이 소탈하고 규칙이나 법도에 얽매이는 걸 싫어했다. 그는 오여필의 성현의 학문과 청빈하게 자립하며 욕심을 내지 않는다는 정신은 계승했지만 두 사람은 재능과 천성이 다르기 때문에 공부의 방법도 완전히 같지 않았다.

진헌장은 시인이었다. 그는 오여필의 제자로 들어가기 전에 시 방면에서 조예가 아주 깊었다. 오여필의 문하에 들어가 갑자기 극기와 성찰, 치지격물의 학문을 배우면서부터 그의 시적 재능이 제약을 받게 되었다. 속박에서 벗어나기 위해 자유스럽고 얽매이지 않는 학문을 추구했다. 간단한 것으로 복잡한 것을 통제하는 그의 시적 사유는 오여필의 빈곤한 생활을 하고 도덕의 연마를 중요시하는 사상형태와는 맞지 않는다고 생각했다. 그는 백사로 돌아온 뒤 자신에게 맞는 수양방법을 탐구하기 시작했다. 『연보(年譜)』에는 다음과 같이 기록하고 있다. "임천(臨川)에서부터 돌아올 때 발이 성시(城市)에 이르지 못하였다. 주영시(朱英時)가 참의(參議)가 되었을 때 오두막을 지어 만나기를 요구하였으나 피하여 만나지 못하였다. 문을 닫고 서적을 읽으면서 고금의 전적(典籍)을 더욱 탐구하였고 밤새도록 잠을 자지 않았으며, 조금 피곤하면 물로 발을 씻었다. 그렇게 하기를 오래하여 마침내 탄식하며 말하였다. '무릇 배움이란 스스로 얻는 것이 귀하다. 스스로 이를 얻고 연후에 그것을 서적으로써 배움을 넓혀야 한다.' 마침내 대(臺)를 쌓고 이름하여 '춘양(春陽)'이라 하고 그 속에 정좌(靜坐)하여 발로 문지방을 나가지 않은 지가 여러 해였다.(《진헌장집(陳獻章集》 807쪽)"

진헌장은 주자학에서 자신의 재질에 적합한 방법을 찾지 못했다. 그중에서 가장 큰 모순은 경사(經史)에 널리 통한 것과 개성의 체험이 서로 화합을 이룰 수 없다는 것이었다. 우주 인생을 시적으로 관찰하고 체득하려는 시인의 요구는 도덕적으로 자제하고 스스로를 독려하는 것과 연계될 수 없었다.

경외(敬畏)하던 것에서 부터 자유스럽고 얽매이지 않는 걸 추구하는 것은 진헌장의 학문변화 중에서 제일 주목할 만한 것이었다고 할 수 있다. 경외와 자유는 송명이학에서 수양의 유형과 개성의 특징을 뜻하는 범주에 속하는데, 수양의 방법을 결정하는 중요한 근거이다. 유가는 경외와 자유의 통일을 요구한다. 그러나 학문이 얕은 사람은 공부가 성숙되지 못했기에 찌꺼기가 아직 가시지 않았기에 양자의 통일을 이루기가 어렵다.

진헌장은 강서에서 돌아온 뒤 "몇 년 간 두문불출하였는데 가족들도 그를 만나기 어려웠다.(《진헌장집》 883쪽)"고 했다. 그는 고서에서 자득의 길을 찾았지만 아무런 수확도 얻지 못했다. 그리하여 그는 복잡한 것을 버리고 간단한 것을 선택했다. 그는 정좌(靜坐)에 전념했는데 정(靜)에서 단서를 찾게 되었다. 이런 단서는 사실상 선량한 의지가 구체적인 행동을 통제하고 지도할 수 있다는 원칙의 통일이었다. 이러한 통일은 초급형태로서 몽롱하고 쉽게 소실될 수가 있기에 이를 단서라고 불렀다. 정(靜)에서 자득을 얻을 수 있다는 것은 정일 때, 모든 인연을 내려놓고 마음이 깨끗해질 수 있다는 것이다. 평소에 복잡한 마음에 어지럽혀진 심지가 깨끗해지고 혼자 생각하고 혼자 체득하고 축적하였던 것들이 점점 모습을 드러내기 시작한다. 진헌장이 말하는 정(靜)은 유가학자들이 움직임 속에서 고요함을 찾는다는 말이지, 불교와 노자의 항상 고요해야 한다는 말은 아니다. '양(養)'이라는 것도 움직임 속에서 고요함을 찾으면서 단서가 나타나도록 이끌어내는 과정이다. 단서 중의 선량한 의지는 하늘이 부여한 것으로서 구체적인 행위를 통솔하고 지도하는 원칙은 평상시의 체험에서 얻어낸 일종의 응집되고 신비한 상태가 마음에 드러난 것이다. 이는 진헌장이 "고요함 속에서 단서를 이끌어내다"라는 말에 포함된 내용이다. 그는 성인이 되는 기본이 바로 선량한 의지와 행위의 원칙을 응집한 것이라고 생각하고 자신감을 확 잃게 되었다. 그는 맹자의 '사단(四端)', 육구연의 '본심' 및 정주의 '천리'를 합병하고 융합하였다. 고요함 가운데서 단서를 찾는 것은 바로 이런 합병과 융합의 초기의 시작 상태이다. 이러한 상태는 자각적으로 나타나는 것으로서 순수한 이성적 사고와는 다른 것이었다. 이러한 상태의 확충은 목전 그리고 구체적인 공간에서 얻은 체험과 이치를 공간의 제한이 없고 시시각각 드러나는 의지와 경향에 합병시켜 이를 후자의 내적인 의미가 되게 하는 것이었다. 그리하여 이러한 단서를 알게 되면 사방상하(四方上下), 고금왕래를 관통하고 규합시킬 수 있다고 했다. 관통하고 규합시킨다는 것은 연상을 통해 역사와 우주만물에 대한 체험과 이러한 종류의 단서를 합병하고 관통시킨다는 것을 말했다. 진헌장의 수양방법에는 일정한 신비성이 있기는 하나 수양실천과정에서 체험할 수 없는 건 아니었다.

이러한 걸 깨친 후 진헌장의 학문은 근본적인 전환을 맞이하게 되었다. 그는 고요함 속에서 이끌어낸 단서를 합병하여 외재적 사물을 체험할 수 있는 경험과 이치로 환원시켜서 격물, 치지 등 활동을 대체했다. 이 점은 왕양명과 아주 많이 다른 점이다. 왕양명의 "치양지"(致良知)는 마음속에 나타난 선단(善端)을 밖으로 향하는 격물과 결합시켜 양지가 격물을 통솔하여 부단히 깊고 넓게 확충하게 했다. "치양지"의 매 단계는 모두 양지의 내용이 부단히 풍부해지고 명확해지며 성체(추상적인 유)에서 심체(구체적인 유)로 변하는 과정이다. 양지의 극치에 이른다는 것은 심체가 확대되고 고명해지고 행위가 실제의 극치에 도달한 것을 말한다. 이러한 발전은 격물의 성실한 행동으로 얻어진 것이지 신비한 내성(內省)을 통해서 얻어진 것이 아니다. 이는 왕양명과 진헌장의 제일 큰 차이점이라 할 수 있다. 왕양명은 진헌장처럼 신비한 체험과 환상 속에서 이를 크게 생각하기보다는 실제체험과정에서 이를 풍부하게 채워야 한다고 생각했다. 그리하여 왕양명은 진헌장을 자기 이론의 선구자로 보지 않았다. 황종희는 왕양명이 진헌장을 언급하지 않는 걸 책망했다. 그러나 왕양명의 일생을 살펴보면 이는 별로 이상해할만한 일은 아니었다. 진헌장은 '정'을 주장하지만 왕양명은 '동'과 '정'의 합일을 주장했다. 진헌장의 학문은 추상적이지만 왕양명의 학문은 아주 실제적이었다. 이 점에 대해 나흠순(羅欽順)은 아주 날카롭게 비판한 적이 있다. "그(진헌장을 가리킴)의 제자들은 스승이 신의 경지에 도달한걸 보고 '도'가 여기에 있다고 생각했었다. 그러나 학문이 너무 깊어 도무지 그와 같은 경지에 도달할 수도 없고 이를 연구할 수도 없었다. 여기에 바로 문제점이 있다.(《명유학안》 79쪽)"고 했다. 이는 핵심을 찌른 비판이라고 할 수 있다.

2. 심(心)과 도구(道俱)의 경지

진헌장은 '도'는 세계의 본체이고, '도'와 천지만물은 본체와 표현의 관계라고 생각했다. "도(道)는 지극히 크고 천지(天地)도 역시 지극히 크며, 천지와 도는 서로 대등하다고 할 수 있을 것 같다. 그러나 천지로써 도를 본다면 도는 천지의 근본이 되고, 도로써 천지를 본다면 천지라는 것은 큰 창고의 한 톨의 조(粟)이고 넓고 큰 바다의 하나의 낚시일 뿐이니, 일찍이 발(足)과 도는 대등하였으리라! 천지의 큼은 도와 대등할 수는 없기 때문에 그러므로 지극히 큰 것은 도일뿐이다.(《논전배언수시헌면진시금옥(論前輩言銖7視軒冕塵視金玉)》, 《진헌장집(陳獻章集》 54쪽)"

진헌장은 존재 방면에서 말했을 때, '도'는 우주만물의 전체이고 내용으로 봤을 때에는 모든 '이(理)'의 근원이라고 생각했다. 천지는 구체적인 하늘과 땅을 가리킨다. 경험의 시각에서 보았을 때 천지는 제일 큰 것이다. 그러나 천지는 경험과정의 구체적인 사물로서 범위가 있기 마련이다. 범위가 있으면 당연히 끝이 존재한다. 그러나 '도'는 이성적인 설정으로서 구체적인 사물이 아니다. 그리하여 도는 무한대로 커질 수 있다. 그러나 이는 사유와 논리상의 무한대이다. '도'는 천지의 근본인데 여기서의 본은 바로 근원, 본원을 가리킨다. '도'는 '체'이고 천지만물은 '용'이라고 말할 수 있는데, '도'와 천지만물은 본체와 표현의 관계이다.

진헌장에게 있어서 '도'는 '이'의 근원으로서 규정성이 있다. 이러한 규정성은 바로 '성(誠)'이다. '성'은 구체적인 사물들이 본성의 필연성에 근거하여 나타나는 규율과 목적에 맞는 성질이다. 구체적인 사물의 운행규율은 묘사가 가능하다. 그러나 '도'의 운행은 묘사가 불가능하다. 구체적인 규정성은 '성(誠)'으로만 표현해낼 수 있다고 했다. "무릇 천지의 큼과 만물의 풍부함은 무엇이 그렇게 만든 것일까? 하나의 성(誠)이 행하는 것이다. 대개 이 성이 있으면 여기에는 이 사물이 있고 법칙에 이 사물이 있으면 반드시 이 성이 있다.(《무후론(無后論)》, 《진헌장집(陳獻章集) 57쪽)"

천지만물의 운동은 그렇게 할 수밖에 없는 '이(理)'가 존재하기 마련이다. 이 이치가 바로 '성(誠)'이다. 어떠한 '성'이 있으면 어떠한 물체가 있게 되는데, '성'은 사물이 형성되고 운동하는 근거이다. 구체적인 사물은 구체적인 '성'이 있고 '도'에도 '도'의 '성'이 있다. '도'의 '성'은 사람의 마음속에서 표현되는 성과 동일하다. 그는 "성은 사람의 어느 부위에 존재할까? 성은 사람의 심이(心耳)에 존재한다. 마음에 있는 것도 이 '성'이고 천지에 존재하는 것도 이 '성'이다.(《천후론(天地論)》, 《진헌장집》 57쪽)" 진헌장의 이 사상은 육구연과 아주 비슷하다. 육구연은 다음과 같이 말했다. "천지의 사이를 뜨게 하는 것은 하나의 이(理)일 뿐이다.(《육구연집(陸九淵集)》 161쪽)" "심(心)은 하나의 심이고 이(理)는 하나의 이이다. 지극히 하나(一)로 귀결됨이 마땅하며, 정의(精義)는 둘이 없으니 이 심과 이 이는 실제로 이(二)가 있다는 것을 수용하지 못한다.(《육구연집(陸九淵集)》 4쪽)" "만물(萬物)이 방촌(方寸)지간에 삼연(森然)하여 마음을 채워 발동하고 우주를 가득 채우니, 이 이(理)가 아님이 없다.(《육구연집(陸九淵集)》 423쪽)"

마음 고유의 도덕의식과 천지만물의 '이'가 표현해내는 도덕성은 동일한 것이다. '지당(至當)', '정일(精一)'은 이러한 논리이기도 하고 물리(物理)이기도 한데 한두 가지가 통일된 원리와 법칙이다. 육구연의 "내부도 이 '이'이고 외부도 이 '이'이다"라는 말을 진헌장은 "내부도 이 '성'이고 외부도 이 '성'이다"라고 했다. "천지의 성"과 "내 마음의 성"은 동일한 것이다. 이 '성'이란 어떤 내용일까? 진헌장은 이에 대해 명확하게 얘기하지는 않았지만 추측해볼 수 있다. 진헌장이 말한 '성'은 사람의 마음을 포함한 천지만물의 다른 규칙가운데서 나타나는 동일한 도덕원리이다. 이 원리는 천지만물을 다스리고 천지만물을 관통한다. 그는 일(一)이지만 천지만물에 다(多)로 반영된다. 이는 이일분수(理一分殊)의 원리이다. 실증의 각도에서 보았을 때 천지만물이 나타내는 것은 형상일 뿐이다. 사람은 구체적인 형상에 대한 감각을 체험할 수 있다. 이학자들이 말하는 '이일(理一)'은 주체가 구체적인 사물이 나타내는 규율에 대해 "논리적으로 투사"한 결과이다. 실증론자들은 이런 투사를 반대하고 배척한다. 그러나 이는 도덕적 경지를 최종적인 추구로 생각하는 이학자들에게 없어서는 안 되는 것이다. 사물의 형상만 보았을 경우에 이는 주체의 도덕수양에 어떤 작용을 일으킬 수 있는가? 이학자들이 필요로 하고 수용하는 것들은 바로 이러한 논리적인 투사를 거친 물건의 각해(覺解)이다. 예를 들어 초목들이 번성하게 자라는데서 이학자들은 '인', '생기'를 볼 수 있었다. 물리는 이학자들에게 있어서 외적인 것이다. 외적인 물리를 다스리는 것은 '완물상지(玩物喪志)'이다. 정이, 정호의 철학은 근본적으로 이러한 투사의 의미를 뚜렷하게 돌출시키고 이를 사물이 본래 가지고 있는 필연적이고 신성한 원칙이라고 말했다. 소년 왕양명이 대나무를 바라보면서 아무런 이치도 깨닫지 못한 것은 그가 그 당시에 이러한 각해를 이해할 수도 수용할 수도 없었기 때문이다.

　명나라의 심학이 송나라의 심학을 초월한 가장 중요한 부분은 바로 이러한 즉심즉물(卽心卽物)의 이치를 이원론에서 일원론으로 변화시켰고, "내부도 이 '이'이고 외부도 이 '이'이다"라는 것을 "심외무물(心外無物), 심외무리(心外無理)"로 발전시켰다는 것이다. 진헌장은 이 발전과정의 중간고리라고 할 수 있다. 육구연은 우주지리의 독립성을 인정하지만, 그는 "우주의 이"와 내 마음은 동일하다고 생각했다. 즉, "우주는 곧 내 마음이고, 내 마음이 곧 우주"로서 양자는 동일한 것이다. 그는 '사단', '본심'을 출발점으로 하지만, 사단과 본심의 이치는 우주만물의 이치라고 생각한다. 진헌장은 육구연의 '심즉리'가 왕양명의 "심외무물"로 발전하는 과도 단계이다.

　진헌장의 철학 중심은 정주의 격물치지의 번잡하고 어려운 방법을 내심의 체험으로 변화시키는 것이다. 그리하여 그는 쉽고 간단한 것을 강조하고 자득(自得)을 강조했다. 그는 다음과 같이 말했다. "배우는 자는 진실로 책에서만 구할 뿐만 아니라 마음에서 구하고 동정(動靜)과 유무(有無)의 기미를 살피며, 치양(致養)은 나에게 있는 것으로 듣고 보는 것으로 그것을 어지럽게 하지 말아야 하고 이목(耳目)과 지리(支離)의 용(用)을 버리고 허원(虛圓)과 헤아리지 못하는 신(神)을 온전히 하니, 한 번 책을 열면 그것을 다 얻을 수 있다. 얻는 것은 책이 아니라 자아(自我)를 얻는 것이다.(《도학전서(道學傳序)》,《진헌장집(陳獻章集》 20쪽)"

진헌장의 학술 주지(主旨)를 자득과 자오(自悟)로 귀납시킬 수 있다. 이러한 자득과 자오는 마음속의 것이기 때문에 그는 전주(傳注: 즉 경전을 해석한 문자)를 다는 것을 반대하고 문자로 논의하는 걸 반대했다. 그는 "학문을 배우는 것이 자신을 위한 일인지 남을 위한 일인지 논쟁하지 말아야 한다. 이것이 첫발을 내딛는 것이다.(《명유학안》 88쪽)"라고 했다. 학문을 배우는 것이 자신을 위한 일인지 남을 위한 일인지 지에 대한 논쟁은 유가학자들이 사람을 가르치는 첫 단계라는 말이다. 그러나 진헌장은 여기서 학문을 배우는 것이 자신을 위한 일이라고 강조한데는 아주 독특한 의도가 있다. 선배 유학자들이 말한 "나를 위함"은 학문을 배워 도덕수양을 위해 복무해야 하고, 학문은 공명과 부귀를 얻는 수단이 아니라는 뜻이 있다는 것에 대해, 진헌장이 말한 자기를 위함은 수양방법에서 선인들의 학문을 제대로 이해하지 못한 채 이를 무턱대고 계승하여 근거 없는 논술을 벌여서는 안 된다는 것이다. 그는 자득을 중히 여겼기 때문에 의문을 가지는 걸 중요하게 생각했다. 진헌장은 의문을 가지는 것을 학문이 진보하는 중요한 조건이라고 생각했다. "의심이란 각오(覺悟 도리를 깨달음)의 기미이다. 한 번 깨닫고 한 번 길게 나아가니, 더욱이 별다른 방법이 없다. 이는 곧 과급(科級, 등급)이다. 배움에서 귀한 것은 의심을 알아야 하는데, 조금 의심하면 조금 나아가고 크게 의심하면 크게 나아간다.(《여장정실(與張廷實》,《진헌장집(陳獻章集》 165쪽)"

여기서 말하는 의문은 내용에서 선인들과는 달랐다. 선배학자들이 명물제도(名物制度)의 고정, 자의(字義)의 훈고(訓詁), 문구의 해석 등에 의문을 가졌다면, 진헌장이 말하는 의문은 우리가 자주 듣고 볼 수 있어 친숙한 이치들이 자신의 심신수양에 유리한가 하는 것이었다.

진헌장의 학문에서 자득은 모두 "고요함속에서 단서가 나타나도록 이끌어낸 것"이다.

이는 그의 수양방법의 기점으로서 그는 "학문을 배우려면 반드시 고요함 속에서 단서를 이끌어내야 한다. 그래야 의견을 논할 수 있다.(《명유학안》 84쪽)"고 했다. 그러나 이는 그의 학문의 기점과 관건일 뿐 전부는 아니었다. 단서를 이끌어냈다고 해서 모든 일이 끝나는 게 아니라 경지를 확충하여 천지문물이 이 경지 속에서 마음과 하나가 되는 각해에 대한 공부가 남아 있었던 것이다. 진헌장에게 있어서 단서를 이끌어내는 것은 아주 자연적인 드러남이다. 그러나 이러한 드러남은 '희미하고', "물건이 있는 듯한 것"으로서 명확하고 견고하지 못하다. 그렇기 때문에 본연에서 자각으로, 희미하던 데서 선명한 데로의 변화과정이 필요하다. 단서는 도덕감의 맹아로서 이 또한 광대하고 견고한 정신에 너지로 발전해야 한다. 다년간의 체험을 통해 진헌장은 마음속의 이치와 우주만물이 하나로 융합되는 경지에 이르렀다. "종일 쉽 없이 부지런히 힘쓰는 것은 단지 이것을 수습할 뿐이다. 이 이(理)는 간섭함이 지극히 커서 안팎도 없고 종시(終始)도 없고 한 곳에 도달하지 못함도 없고 한 번 쉬면서 운행하지 않음도 없다. 이것을 모으면 천지에 내가 서고, 만물화생에서 내가 나오고 우주(宇宙)는 나에게 있게 된다. 이것을 얻어서 손에 들어오도록 잡으면 다시 무슨 일이 있겠는가? 왕고래금(往古來今), 사방상하(四方上下), 즉 (우주에서) 모두 한꺼번에 뚫어서 매어 한꺼번에 수습하니, 때에 따라 곳에 따라 가득차서 막히지 않음이 없다. 가지각색마다 그 본래 온 것을 믿는데, 어찌 너의 다리를 수고하고 손을 물리치는데 사용하겠는가? 기우제를 지내는 제단[舞雩]에 둘씩 셋씩 바로 잊지도 말고 조장해서도 안 되다는 사이에 있었다. 증점(曾点, 증삼의 부)의 작은 살아갈 방도는 맹자 한 사람의 타병출래(打幷出來)를 입었으니, 곧 모두가 연비어약(鳶飛魚躍, 솔개가 날고 물고기가 뛴다는 뜻)한다는 것이다. 만약 맹자의 공부 없이 갑자기 증점의 식견과 취미를 말해주었더라면 하나의 꿈같은 이야기가 되었을 것이다. 마음속으로 깨달아 알게 되자, 비록 요순(堯舜)의 사업(事業)이라도 다만 한 점의 뜬구름이 눈을 지나가는 것과 같으니, 무슨 일을 추겨 세우겠습니까? 이 이치(理)는 상하를 포괄하며 시종(始終)을 관통하여 하나가 되게 하니, 모두가 분별이 없고 다 담지 못하는 까닭이다. 이 이후로부터 다시 분수처(分殊處)가 있으니, 요점을 합하여 이해해야 한다.(《진헌장집(陳獻章集)》 217쪽)"

여기서 진헌장은 자기 학술의 근본 주지를 드러냈다. 그것이 바로 "심과 이일(理一)"이다. "매일 자강불식하는 것은 이를 정리하기 위해서이다"라는 말은 고요함 속에서 단서를 이끌어낸 뒤에 단서가 사라지지 않게 잘 지키고 관리해야 한다는 뜻이다. 그 다음 이를 확충해야 한다. 이 단서를 확충하는 과정은 우주만물을 각해하는 과정이다. 그 이치와 물건 그리고 마음이 하나가 되면 마음이 닿는 곳에 '이'가 있고 물건이 존재하는 곳에 마음이 있게 된다. 이 때 주체와 객체는 하나로 명합(冥合)하여 내외와 시종이 없게 된다. 마음과 물체의 통일은 주체가 느낄 수 있는 유일한 드러남이다. 이러한 느낌이 있다면 천지와 내가 하나가 되고 물과 내가 하나가 된 경지에 이를 수 있다. 체험과 각해에 근거해 경지에 도달할 수 있다. 각해는 곧 '회(會)'이다. 이 시각의 나는 나의 윤리도덕과 감정을 외물에 가한 것이 아니다. 나는 구분이 없고 인식의 나와 윤리 도덕의 나는 떼어놓을 수 없는 하나가 되고, 나와 우주만물은 직감 속에서 하나로 통일되었다. 이때 사방상하와 고금왕래가 한꺼번에 나타나는데, 이러한 물건들은 마음과 이치에 의해 해석되고 귀납된 것이다. 이러한 각해와 경지가 있다면 주체는 다른 수양방법을 찾을 필요 없이 그 경지가 유행하고 충색(充塞)되게 놓아두면 된다. 이게 바로 "각양각색의 물건들은 자기의 본래에 맡겨야 하느니, 어찌 당신의 발과 손을 힘들게 할 필요가 있겠는가"라는 것이고, "잊지는 말되 조장도 하지 말아라"라는 것이다. 공자의 "욕기무우(浴沂舞雩)"와 《중용》에 나오는 "연비어약(鳶飛魚躍)"은 바로 이러한 경지를 묘사한 것이다. 이러한 경지에서 마음과 '도'가 하나가 되었을 때 생기는 즐거움은 유일한 것으로서 "요순의 성취"도 이와 비길 수 없다는 것이다. 이러한 경지는 오여필이 주장하는 항상 신중하고 조심하며 얇은 얼음 위를 걷듯 속박 받는 상태에서 바랄 수 있는 것이 아니다. 또한 주희가 주장하는 오랫동안 노력하여 어느 시기에 활연관통(豁然貫通)하여 얻을 수 있는 기쁨과도 같지 않은 것이다. 주희의 활연관통도 심과 이일이기(理一理氣)는 하지만 주희는 이지(리知)의 관통에 더 치우쳤으며 마음과 물체의 통일은 아니었다. 이지의 관통에서 얻을 수 있는 것은 지혜를 얻은 기쁨이다. 그러나 진헌장의 이러한 경지는 이지, 정감, 심미가 하나로 통일되어 구별할 수 없는 경지이다. 이러한 경지에서 진선미가 합일된 숭고한 느낌을 받을 수 있다. 황종희는 "멀리서 보면 증점(曾點) 같고, 가까이에서 보면 요부(堯夫)와 같으니라(《명유학안》 79쪽)"고 한 것은 바로 이러한 경지를 가리킨다. 이러한 경지의 가르침이 있어야 구체적인 물체를 잘 이해할 수 있다. 그러나 이는 진헌장에게 있어서 중요한 게 아니었다. 그가 가장 중요시했던 것은 바로 "심과 이일" 경지의 획득이었다.

진헌장의 이 편지는 성화 7년(1471)에 쓴 것으로서 그 당시 그의 나이는 14세였다. 그의 제자인 장우(張詡)의 서술에 의하면 그는 "깊은 수림 속에서 큰 소리로 노래를 하거나 외딴섬에서 외롭게 소리를 내어 울거나 배를 타고 강의 끝에 나가 물결소리를 들으면서 낚시를 했다. 바로 이렇게 형해(形骸)를 희생하고 이목(耳目)을 포기하며 심지(心智)를 제거하였다. 오랜 시간이 지나서야 비로소 얻는 것이 있었다. 그리하여 끝내는 스스로 신심을 가지고 스스로 만족할 수 있게 되었다"(장후(張詡),《백사선생묘표(白沙先生墓表)》,《진헌장집》883쪽) 이 시기의 진헌장은 명랑하고 고명하였는데 체험을 통해 만물을 이해함에 있어서 그는 마음과 도의 동반 그리고 활발하고 발랄한 부분을 강조했다. 유종주(劉宗周)는 진헌장에 대해 아래와 같은 긍정적인 평가를 한 적이 있다. "선생의 학종(學宗)은 자연스러워 요컨대 자득(自得)으로 귀결된다. 이른바 '득(得)'이라는 물음에 이르러 말하기를 '고요함 중에 단아(端雅)함이 양출(養出)된다'고 하였다. 예전에는 그가 전적[典冊]에서 구하였으나 여러 해 동안 얻지 못하다가 하루아침에 정좌(靜坐)하여서 그것을 얻었는데, 옛 사람들의 말씀에 '자득(自得)'한 것과 비슷하였다. 맹자가 '군자가 도로써 사물을 깊이 추구하는 것은 그것을 스스로 체득하고자 하기 때문이다'고 말하였는데, 그것을 자연히 얻는 방법을 듣지 못했다. 정좌(靜坐) 그 한 번의 기회로 깊이 연구하지 않고 그것을 신속하게 취할 수 없단 말인가? '고요함 중에 단아(端雅)함이 양출(養出)된다'는 과연 무엇인지 알지 못한단 말인가? '단아'라고 이른 것은 마음으로는 얻어서 헤아릴 수 있으나 입으로는 얻어서 말할 수 없으니, 필경 정혼(精魂)을 떠나지 않는 것이 여기에 가깝다. 지금 선생의 증명하는 학문의 여러 말씀을 생각해보면 대부분의 설(說)이 일단(一段)은 자연스런 공부(功夫)이고 고상하고 묘한 부분은 모여드는 것을 허용하지 않으니, 끝내 정혼이 우롱하는 곳이다. 대개 선생의 지식과 취미는 주렴계(周濂溪)에 가까우나 궁리(窮理)가 미치지 못하고 학술은 소강절(邵康節)과 비슷하나 수용함은 크게 부족하다. 이를 바탕으로 한 성문(聖門)은 빨리 하고자하면 도달하지 못하고 작은 이익을 보려 하면 큰 일이 이루어지지 않는 병폐를 면하기 어려웠다.(《명유학안(明儒學案)·사설(師說)》)"

　　유종주는 이 평가에서 진헌장의 "고요함속에서 단서를 이끌어내야 한다"고 하는 근본종지에 대해 이야기했다. 그는 수양도덕에는 반드시 깊고 두터운 축적의 단계가 있어야 하는데, 많이 축적하면 자연히 뛰어난 견해를 가질 수 있다. 진헌장은 이러한 축적단계를 거치지 않았는데, 그가 말한 "자득"은 모두 명랑하고 고명한 자질과 "심과 이일"을 이해하고, 마음과 도가 동반된 고묘한 경지에 도달했다. 이러한 경지는 신비한 명상을 통해 얻어진 것으로서 마음으로 느껴야지 말로 표현해낼 수 없다는 것이다. 이는 스스로 체험한 것으로서 모든 사람에게 알맞은 공부는 아니었다. 그리하여 아무리 고묘하게 말해도 이는 자신의 신비한 체험을 과시하는 것 밖에 안 되므로, 반드시 깊은 궁리공부를 거쳐야 배운 것들이 자연스럽게 드러날 수 있다고 했다.

유종주는 진헌장의 학문종지의 근본적인 추세로부터 착안하였기에 이는 상당히 이치가 있는 평론이라 할 수 있다. 진헌장은 시인으로서 일반적인 이학자들과는 많이 달랐다. 그의 지각, 체득 능력은 그들보다 많이 강했다. 예술적 경지와 경지에 대한 체득 또한 매우 깊었다. 그의 체득은 그의 개인 수양에서 얻어진 것으로 이 또한 그의 장점이었다. 그는 천박한 견해로 자신과 남을 속이지는 않았다. 또한 단서를 이끌어낸 뒤에 모든 사람의 이치를 체득하고, 성현들의 유훈을 생각하며, 일상생활에서 수시로 체득하고, 광대하고 고명하지만 일상생활을 떠나지 않았던 것이다. 진헌장은 이에 대해 상세하게 발휘하지는 않았으나, 이는 그의 학술의 주요내용이었다. 유종주는 명대학술을 종합하는 입장에서 양명후학, 특히 태주용계(兌州龍溪) 학파가 "치양지"(致良知)의 실제공부를 포기하고 선천적이고 고유한 마음을 그대로 드러내면 결국에는 난폭하고 자기 마음대로 하는 문제점이 생길 수 있다고 따끔하게 경고했다. 그리하여 실제적인 공부를 하지 않고 본연을 말하거나 수정과 집합을 거치지 않는 순수한 것, 그대로 내버려두는 이 종지에 대해서도 비판을 가했던 것이다. 유종주는 진헌장이 고요함 속에서 단서를 이끄는 것은 깊은 학문을 통해 얻어진 것이 아니기 때문에 자의적이고 경솔한 문제점이 존재한다고 생각한 것이 분명했다. 진헌장에 대한 황종희의 평가에서 그가 스승의 이런 영향을 많이 받았다는 걸 알 수 있다. 진헌장과 동문이기는 하나 정신과 기질 상에서 전혀 같지 않은 호거인(胡居仁)도 이와 비슷한 평가를 내렸다.

3. 의리의 융액(義理融液), 조존의 쇄락(操存灑落)

만약 조금 넓은 의미에서 진헌장의 공부론을 말하면 아래와 같은 몇 가지가 포함된다. '정(靜)'은 고요함 속에서 단서를 이끌어낸다는 말이다. '허(虛)'는 겸허한 마음으로 이 단서를 보호해야 한다는 말이다. 의리의 융액(融液), 조존의 쇄락은 융통성 있는 견해와 소탈한 처신을 말한다. 그중에서 세 번째 내용이 제일 중요한데 그의 사상과 취지를 제일 잘 드러내었다.

황종희는 진헌장의 학문은 "허를 기본으로 하고 정을 문호(門戶)로 한다"(《명유학안·백사학안상(明儒學案·白沙學案上)》)고 말했다. '허'라는 개념에는 두 가지 내용이 포함된다. 하나는 "허이무(虛而無)", 다른 하나는 "허이실(虛而實)"이다. "허이무"는 모든 인연을 내려놓아 심경이 공령(空靈)하여 모든 감수, 정감, 지식들이 '무'의 지배를 따르게 된다. 이러한 '허'는 도교에서 말하는 '허'와 비슷하다. "허이실"은 형태는 없으나 실제로 존재하는 것인데, 예를 들면 형이상의 '도'와 같은 것들이다. '허'는 그 형체가 없고 '실'은 그 용도가 있다는 말이다. 진헌장이 말하는 '허'는 바로 이 두 번째 '허(虛)'이다. 그는 다음과 같이 말했다.

"무릇 도는 무(無)에 이르러서 움직이고 가까운데 이르러서 신비로워지기 때문에 그러므로 감추어진 후에 발현하고 나타나서 이에 존재한다. …… 무릇 동(動)이란 이미 형성된 것이고 형성된 것은 이미 실체다. 그것이 아직 형성되지 않은 것이라면 허(虛)일 뿐이다. 그 근본이 허함은 허한 곳에 이르러서 근본을 세워야 한다.(《복장동백내한(復張東白內翰)》,《진헌장집(陳獻章集)》131쪽)"

'도'에는 형체와 방소(方所)가 없지만 곳곳에서 '도'의 용도를 찾아볼 수 있고, '도'는 사람과 멀리 떨어지지 않는다. 형체가 없다는 것으로부터 말할 때, '도'는 '장(藏)' 또는 '허(虛)'이다. 현실적인 작용으로부터 말할 때 '도'는 근(近)과 형(形)이다. '동(動)'은 '도'의 현상으로서 형체가 있고 경험할 수 있는 것이다. 그러나 '도' 자체는 경험할 수 없는 것이다. 볼 수 없는 것은 볼 수 있는 것의 본체이다. '치허(致虛)', 즉 "텅 빈 상태에 이른다"는 것은 공부를 통해 사람의 마음과 '도'의 이런 형식적인 '허무'가 시시각각 용도를 발휘하고 있는 성질이 하나가 되게 하는 것이다. 이는 곧 "'치허' 때문에 근본을 수립할 수 있다"는 말이다. 진헌장은 "무소착(無所着)의 마음으로 세상을 살아가야 한다"고 했다.(《명유학안》84쪽) "무소착"의 마음은 선종의 "불착상(不著相)", "그 무엇에도 머물지 않으면 그런 마음이 생긴다"와 비슷한 것 같지만, 그 실질은 선종과 많이 다르다. 선종이 말한 '심무(心無)', 유가에서 말한 '성', '사단', '양지' 등의 내용과 선종이 말하는 '성'은 모두 마음의 형식적인 용도이다. 진헌장은 본체는 '유(有)'고 표현형식은 '무(無)'라고 했다. 그리하여 진헌장이 말하는 공부에는 이런 방면의 내용은 포함되지 않는다. 예를 들면, "사람의 마음에는 아무 것도 남기지 말아야 한다. 하나만 남겨도 방애가 될 수 있다. ……이는 성현의 마음으로서 아무 것도 없이 텅 비었다. 느낌이 있으면 반응이 있을 것이고 느낌이 없으면 아무 반응도 없다. 성현의 마음만 그런 것이 아니라 사람의 마음은 본래 다 똑 같다", "천지의 기상과 혼연일체를 이루는 그러한 경지에 이르러야 비로소 성취를 이루었다고 할 수 있다"(《명유학안》 84쪽)라는 말들은 모두 공부의 '허(虛)'로 본체의 '유(有)'를 나타낸 것들이다. 진헌장의 이러한 의견 때문에 그 당시에 많은 사람들은 그가 불교를 따른다고 비웃기도 했다. 그러나 진헌장은 전혀 개의치 않았다. 예를 들면 그가 조요(趙瑤)에게 보낸 편지 속에서 말한 것과 같다. "석가(釋迦)가 사람들을 가르칠 때에 '정좌(靜坐)'를 말하였는데, 나 역시 '정좌'를 말한다. '성성(惺惺, 깨어있는 마음)'을 말하였는데, 나 역시 성성을 말한다. 조식(調息)은 수식(數息)에 가까우니 정력(定力)은 선정(禪定)과 같음이 있어 이른바 '선학(禪學)에서 흐른다'는 것이니, 이런 종류가 아닐까?"(《복조제학첨헌(復趙提學僉憲)》,《진헌장집(陳獻章集)》 147쪽)

그는 자신의 수양공부와 '주경', '일위요(一為要)'와 같다고 생각했다. 선학인지 아닌지는 깊게 토론할 가치가 없다는 것이었다.

이후에 많은 학자들은 진헌장의 학문은 선학이 아니라고 주장했다. 청나라 진세택(陳世澤)은 《중각백사전집후서(重刻白沙全集后敘)》에서 이런 말을 한 적이 있다. "말하였다. '세상에서는 공께서 선학(禪學)을 한다 하는데 맞습니까?' 진세택이 말하였다. '아니요, 선가(禪家)는 윤상(倫常, 삼강오륜)이라는 것을 알지 못합니다. 공과 같이 연비어약(鳶飛魚躍)의 이치로 인륜과 일용(日用)의 사이에 나타납니다. 효우(孝友)도 공과 같고 군(君) 역시 듣는데 익숙하니, 선(禪)이 이와 같을 수 있습니까?라고 말하였다' 선(禪)이 아니고서 어찌 정허(靜虛)를 말하겠습니까? 진세택이 말하였다. "공의 정허는 어찌 선의 정좌이겠습니까? 선(禪)은 적멸(寂滅)을 주로 하니, 정(靜)은 있으나 동(動)이 없는 것입니다. 선은 공(空)을 주로 하니, 공허(空虛)는 실체가 없는 것입니다. 공은 학문을 위해 반드시 이른바 허명정일(虛明精一)을 얻는 것을 근본으로 해야 한다고 말하였는데, 공의 정(靜)은 곧 정일(靜一)의 정이지 정적(靜寂)의 정이 아님을 알 수 있고 공의 허는 곧 허명(虛明)의 허이지 허무(虛無)의 허가 아님을 알 수 있습니다. 석가의 말은 우리 유가(儒

家)와 같은 것 같으나 다르고 털끝만큼의 하늘과 땅은 귀하게도 정(精)을 택했습니다. 공은 일찍이 이것을 말하였는데, 군자들은 어찌 그것을 평심(平心)으로 살피지 않은 것입니까?《진헌장집(陳獻章集) 914쪽)"

청나라 굴대균(屈大均)도 같은 의견을 내놓았다. "백사(白沙, 진헌장)는 염계(廉溪, 주돈이)에 근본을 두고 염계는 정(靜)을 위주로 하였고 백사는 허(虛)에 치중하였으며, 그 뜻은 진실로 다르지 않다. 주자(朱子)는 정(靜)을 말하지 않고 공경[敬]을 말하였으며, 대개 근심하는 사람이 선(禪)에 흘러들어가지만 그러나 오직 공경한 후에야 정(精)할 수 있다. 공경이란 주정(主靜)의 요인이다. 대개 우리 유가들은 정(靜)을 말하지만 선학(禪學)과는 말은 같고 뜻은 다르다. 우리 유가들은 무욕(無欲)으로써 정(靜)하기 때문에 그러므로 성(誠)하고 경(敬)한다. 선은 무사(無事)로써 정(靜)하기 때문에 그러므로 적멸(寂滅)에 빠져 윤상(倫常, 삼강오륜)을 버리니 살피지 않을 수 없다.《진문공집서(陳文恭集序)》,《진헌장집(陳獻章集) 921쪽)"

두 사람이 진헌장의 학문이 선학이 아니라고 주장한데는 두 가지 근거가 있다. 첫째, 진헌장이 말하는 '정'은 유가의 '성선'을 전제로 한다. 그러나 선종은 '수공적(守空寂)'을 주장한다. 진헌장이 말한 '정허(靜虛)'는 공부이지 본체가 아니다. 그러나 선종이 말하는 '정'은 마음에 아무런 생각도 없는데 이것은 마치 말라 죽은 고목나무와 불씨가 없는 재와 같다. 진헌장이 말하는 '정'은 아름답고 활발한 마음이 활동을 멈춰야 한다는 말이 아니라, 모든 사물에 사사로운 마음이 없이 공평해야 하고 감정을 따라야 한다는 말이다. 그러나 선종이 말하는 '정'은 일체의 마음활동을 철저히 금지하여 '정(定)'의 상태에 도달해야 한다는 말이다. 둘째, 진헌장이 말하는 '정'은 기초공부로서 번잡한 마음을 가라앉힐 수 있다. 성숙되고 원만한 공부는 정이(程頤)가 말한 "동할 때 마음도 동하고, 정할 때도 마음이 정(定)하는 것"이다. 고요함 속에서 이끌어낸 단서는 일상의 실천에서 보호하고 양육해야 한다. 그리하여 그는 "동정무방(動靜無方)"을 제창하기도 했다. 선종이 말하는 '정'은 입문 및 '도'를 깨닫는데 일관되게 적용되는 공부이다. 공안(公案), 기봉(機鋒) 등은 모두 후학의 방법을 이어받은 것으로서, '정(靜)'에 이르는 간단한 법문(法門)일 뿐이다. 황종희는 유교와 불교가 수양 공부에서 비슷할 수밖에 없는 원인에 대해 설명하면서 진헌장을 변호해주었다. 황종희는 유가에는 이론과 실천 이 두 개의 내용이 포함돼야 한다고 생각했다. 이론방면에서는 응당 자연과 사람의 상호관계, 심성의 미세함을 깊이 있게 연구해야 한다. 사실 송나라 이전의 유학자들은 심성의 발휘에 대하여 깊은 연구를 하지 못했다. 그러나 불교와 도교에서는 수행의 필요에 의해 심성의 아주 깊은 곳까지 탐구하였다. 이학은 본래 불교와 도교의 사상성과 특히 수양방법을 흡수하여 이루어진 것이다. 그리하여 불교와 도교의 요소는 이학의 내재적인 유기성분인 것이다. 그리하여 심성과 수양에 연관되는 내용만 나오면 자연히 불교와 도교의 격식(窠臼)에 빠지게 되는 것은 별로 이상한 일도 아니다. 다른 한 방면으로 유학은 이론과 실천을 같이 중요시하는 발전과정을 거쳐야 자신을 더욱 충실히 하고 확대시킬 수 있다. 그래야 이론탐색에 적응하여 더 깊고 더 넓은 단계로 발전하는 수요를 만족시킬 수 있다. 그리하여 진헌장의 "거친 곳에서부터 세밀한 곳으로"의 주장은 심성의 정교함으로 되돌아온 것으로서, 이는 그가 유학을 발전시킨 것이라고 할 수 있다. 여기서 선학인지 아닌지는 깊게 토론할 가치가 없다.

진헌장의 공부론(功夫論)에서 가장 중요한 것은 "의리융액, 조존쇄락"의 통일이다. 그는 이는 유가 공부의 최상승(最上乘)이고 가장 도달하기 어려운 것이라고 생각했다. 그는 "의리의 융액과 조존의 쇄락은 쉽게 말할 수 있는 게 아니다(《복장동백내함(複張東白內翰)》, 《진헌장집》 131쪽)"라고 말했다. 의리의 융액에는 획득과 응용 두 가지의 내용이 포함된다. 특히 원숙하게 응용하는 것이 쉽지 않다. 의리를 획득하는 가장 보편적인 방법은 바로 격물치지이다. 그러나 주체의 학식, 격물치지의 목적과 지향 등의 원인 때문에 그 결과도 많이 다르다. 학식을 축적하는 것은 몸으로 깨닫는 필요조건이다. 학식을 많이 쌓을수록 동일한 사물에서 몸으로 느낄 수 있는 의의와 가치가 더 많아질 수 있고, 기타 이치와 더 쉽게 융합되고 관통될 수 있다. 진헌장이 말한 의리융액이 강조한 것은 얻을 수 있는 의리의 수량과 심도가 아니라 여러 가지 의리의 융석(融釋), 변통, 통합되는 능력이다. 이러한 능력은 책에서만 획득할 수 있는 게 아니다. 더 중요한 것은 사실을 몸으로 느끼는 것이다. 그리하여 의리융액은 도덕의 실천을 위주로 하고 지식의 축적은 그 다음으로 중요하다. 진헌장은 이런 말을 한 적이 있다. "심지는 넓어야 하고 견식은 뛰어나야 하며 규모는 크고 심원해야 하고 천리는 독실해야 한다."(《명유학안》 84쪽) 여기서 학자에 대한 그의 요구를 엿볼 수 있다. 이는 의리융액에 대한 그의 설명이기도 하다.

의리가 융액을 실천하려면 반드시 견해의 응고와 경직을 타파해야 한다. 진헌장이 다음과 같이 말했다. "사람이 천지와 동체(同體)이고 사시(四時)로 운행하며 백물(百物)이 화생한다. 만약 한 곳에 머무르기만 한다면 어찌 조화(造化)의 주(主)가 될 수 있겠는가? 옛날의 훌륭한 학자는 항상 이 마음으로 하여금 무물(無物) 밖에 있게 하여 곧 운용하고 변하게 하였을 뿐이다. 배우는 자는 자연을 으뜸으로 여겨야 뜻을 이해할 수 있다.(《(여담민택(與湛民澤)》 7, 《진헌장집(陳獻章集)》 192쪽)"

진헌장이 공부론상에서 불체(不滯)한 부분은 그의 천도관념(天道觀念)의 자연과 서로 통일된다. 마음이 구체적인 대상에 얽매이지 않는 것은 의리융액의 첫 번째 조건이다. 마음을 너무 엄격하게 방비하지 말아야 한다. 그러나 강령이나 질서가 없어서 산만해서도 안 된다. 그는 "마음을 다스림에 있어서 이를 너무 심하게 다짐해서는 안 된다. 그러지 않으면 원초의 체단(體段)을 잃을 수 있다. 그러나 너무 느슨하게 놓아주어도 안 된다. 그러지 않으면 범람할 수 있다"고 했다.(《명유학안》 88쪽)

그는 또 기상을 양성해야 한다고 강조했다. 그는 좋은 기상은 의리융액의 전제라고 생각했다. 그는 사람들에게 기상을 깨달아야 한다고 가르쳤다. "학자라면 우선 기상을 이회(理會)해야 한다. 기상이 좋을 때에는 모든 일이 뜻대로 되는데 이 말을 잘 음미해 보아야 한다. 언어의 동정은 곧 기상의 목적(地頭)을 이해하는 것이다. 급한 것을 늦추고 격렬한 것을 평온하게 바꾸어야 한다"고 했다.(《여나일봉》(與羅一峰), 《진헌장집》 159쪽) 그 외에 의리융액은 향원(鄕願), 즉 겉으로는 선량한 척하면서 지역 사람들을 괴롭히는 위선자가 되라고 가르치는 것이 아니라 예절과 절제를 제창해야 한다고 진헌장은 말했다. "예(禮)를 버리고 속세를 버리거나 명절을 무너뜨리는 일을 가르치는 것은 현자(賢者)는 행하지 않는다. 삼가 이런 마음에 일체의 일을 더욱 넓혀 방도(放倒, 마음을 놓아 정신이 몽롱함)에 이르지 않게 해야 한다. 명절(名節)은 도(道)의 울타리이며, 울타리가 지켜지지 않은데 그 속에서 독존(獨存)할 수 있는 사람은 아직 없다.(《여채집(與崔楫)》 7, 《진헌장집(陳獻章集)》 236쪽)"

절개가 있고 명예와 절의를 중히 여기는 것은 구체적인 운용과정에서 다른 정황에 근거하여 적당히 변통해야 한다. 의리를 일상생활의 천리(踐履)에 융화시켜 모든 일들이 의리에 맞고 목전의 형세와 충돌하지 말게 해야 한다. 의리의 융액은 경(經)과 권(權)의 합일로 표현된다.

진헌장의 공부론에서 가장 특색 있고 그의 학문의 주지를 대표할 수 있는 것은 '조존'

과 '쇄락'에 관한 논술이다. 조존은 수양공부에서 자주 언급하여 놓치지 않는 것이고, 쇄락은 어떠한 원칙에 얽매이지 않는 것으로서 어떠한 효과를 추구하지 않고 자연적인 그대로를 추구하는 것이다. '자연'은 쇄락의 가장 중요한 표현이다. 진헌장의 학문은 자연을 종지(宗旨)로 하는데 자연의 쾌락은 최고의 쾌락이다. 그는 "자연에서 오는 낙이야말로 진짜 낙이다"라고 했다.(《여담민택(與湛民澤)》,《진헌장집》193쪽) 유학자들의 도덕수양은 자각에서 온다. '낙'은 도덕수양의 자연적인 결과이다. 오여필이 학문과 수양을 쌓기 위해 고심하면서 "매일 오경에 잠을 자고 땀과 눈물을 흘리면서 학문을 닦았다"고 하는데 여기에도 그만의 쾌락이 존재했던 것이다. 그러나 진헌장이 말하는 자연의 낙은 이와는 다르다. 진헌장이 말하는 낙은 도덕이 감관욕망을 전승하여 주체가 자신의 숭고함을 발견하고 느끼는 기쁨이 아니다. 진헌장이 말하는 낙은 바로 주체의 의지와 행위가 우주의 규율에 자연스럽게 적응하는 것을 말하는데, 이는 강제적이 아닌 자연적인 일치이다. 주체는 이 과정에서 어떠한 경지에 도달해야 얻을 수 있는 기쁨을 느낄 수 있다. 오여필을 떠나 다시 고향에 돌아온 진헌장은 20여 년이라는 긴 시간을 고심하면서 연구하고 배우면서 이런 자연의 쾌락을 깨닫게 되었다. 그는 이러한 경지에 도달한 느낌에 대해 말한 적이 있다. "우주(宇宙) 안에서는 더욱이 무슨 일이 있을까? 하늘은 스스로 하늘을 믿고 땅은 스스로 땅을 믿으며, 나는 스스로 나를 믿는다. 스스로 움직이고 스스로 고요하며, 스스로 닫고 스스로 열며, 스스로 뭉치고 스스로 흩어진다. 갑은 을에게 베풀어 줄 것을 묻지 아니하고 을은 갑에게 줄 것을 기대하지 않는다. 소는 스스로 소가 되고 말은 스스로 말이 된다. 여기에서 감(感)하고 저기에서 응(應)하며 가까운 곳에서 발동하고 먼 곳에서 나타난다. 그러므로 이를 얻는 자에게는 천지가 순응함을 주고 일월이 밝음을 주고 귀신이 복을 주고 만민(萬民)이 성(誠)을 주고 백세(百世)는 명예를 주니, 한 사물이라도 그 사이에 간사한 것이 없다. 아 크도다!《여하시구(與何時矩)》,《진헌장집(陳獻章集)》242쪽)"

우주만물은 모두 자족한다. 자족하는 본성을 가진 이러한 사물에 대해서는 순응할 수밖에 없다. 하나가 증가되거나 감소되어도 사물 자체의 자족을 파괴할 수 있다. 자족하는 사물에 영향을 주려고 한다면 오히려 긁어 부스럼을 만들 수 있다. 우주간의 사물은 모두 사진의 성질을 갖고 있기에 끊임없이 운동하고 전체적인 조화를 이룬다. 이러한 것들을 이해하고 정신적으로 이와 하나가 되는 것은 곧 최고의 경지이다. 이는 순자가 말한 "하늘 땅과 더불어 한 축이 되다", 《중용》에 나오는 "천지의 화육(化育)에 참여하는 것"과는 다르다. 천지의 화육에 참여하는 것은 우주만물의 실제를 보는 것으로서 이는 모두 주체의 개조대상이다. 이러한 대상들을 이해하려면 실증적 지식이 필요하고, 주체와 그들은 외재적인 관계이다. 그러나 진헌장이 여기서 말한 것은 일종의 경지로서 이러한 경지에 있는 사물은 모두 모종의 정신각해의 상징물이다. 그들은 모두 가치가 있고 사람이 느낄 수 있는 경상(景象)이다. 그들은 주체에 의지하고 주체와 그들은 내재적인 관계이다. 이는 곧 진헌장이 말한 "하나로 되어 분간할 수 없다"는 것이다. "천지여순, 일월여명(天地與順, 日月與明)", 즉 주체와 천지, 일월이 하나가 되고 천지, 일월은 주체 각해의 상징이다. 주체의 생각은 곧 이러한 상징으로 나타난다. 이때 주체는 만물위에 군림하는 것 같은 느낌을 받을 수 있다. 이러한 경지에 도달하면 주체는 그야말로 "참으로 의미 있다"고 감탄할 수 있다. 진헌장은 이러한 경지의 획득에 대해 찬사를 금치 않았다. 그는 "사람은 깨달음이 있어야 내가 크고 물체가 작으며, 물체는 끝이 있으나 나는 끝이 없다는 걸 이해할 수 있다"라고 했다.(여하시구(與何時矩), 《진헌장집》243쪽) 이러한 경지가 있다면 주체와 물체는 서로 엎치락뒤치락 하면서도 서로 의존하지 않는 독립적인 관계가 되게 된다. 엎치락뒤치락 한다는 것은 주체가 물체에 융합되어 물체를 따라 운동하며 방애를 받지 않는다는 뜻이다.

진헌장은 이러한 각해에서 출발해 자연스러운 것을 제창하고 복잡한 것을 반대했다. 그는 "복잡한 것을 배우면 도를 깨칠 기회가 없다"고 했다.(《여임유》(與林友), 《진헌장집》269쪽) 주체가 해야 할 일은 바로 객체와 자연스럽게 결합되는 것이다. 이러한 결합은 이성적이거나 점진적이지 않고 직각적이다. 이러한 경지에서 스스로를 잊고 경지와 일체를 이룰 수 있다. 경지와 내가 하나가 되면 곳곳에 내가 있고, 곳곳에 내가 있으면 내가 크고 물체가 작게 된다. 그리하여 "물체를 이겨야 할 필요가 없게 되고 물체가 나에게 영향을 줄 수도 없게 된다." 이는 맹자가 말했던 호연지기(浩然之氣)와 비슷한데, 이는 도덕경지 중의 역량감(力量感)이다. 진헌장은 이를 유학자들이 학문의 취지로 삼아야 한다고 생각했다. 그는 "이러한 이치를 아는 사람의 학문을 선학(善學)이라 할 수 있다. 이러한 이치를 모르는 사람은 학문을 배워도 아무 소용이 없다"고 했다.(《여임유》(與林友), 《진헌장집》269쪽) 그는 자연은 우주와 생명 모두에 대한 체험이라고 생각했다. 자연적인 그대로를 추구해야 우주만물의 규칙에 부합되고 "의리융액"을 실현할 수 있지,

사사로운 의견은 아무 작용도 할 수 없다. 그는 "자기 뜻대로 하면 일을 그르치고 사사로운 감정을 없애야 일이 풀린다"고 했다.(《인술론》(仁術論), 《진헌장집》 71쪽) 여기서 뜻이란 자연에 부합되지 않고 의식적으로 조작한 사적인 의견이다. 즉, 사적인 감정이 생기면 교착상태에 빠지고 속박 받을 수 있으며, 마음은 텅 비어 있으면서도 변화무쌍하여 예측하기 힘든 주체이므로, 물체의 변화에 순응할 수 있고 자연규율과 일체를 이룰 수 있다고 했다. 그는 "천도(天道)는 무심에서 도달하는 것이다"라는 말로 "의리융액"과 "조존쇄락"의 통일을 제시했던 것이다.

진헌장의 학설은 '허'를 문호로 하고 '정'을 근본으로 한다. 그러나 '허'와 '정' 이외에 아무 내용도 없는 것은 아니다. 그는 '심'과 "이일", "조존쇄락"과 "의리융액"의 통일을 추구했다. 이것이야 말로 그가 추구한 학문의 전부였다. "고요함 속에서 단서(端倪, 실마리)를 이끌어내다"라는 말로써 진헌장이 추구했던 공부론의 전모를 개괄할 수는 없는 것이다.

4. 진헌장과 시학(詩學)

진헌장의 학문은 자연을 종지로 하고 자득(自得)을 강조했으며 전주(傳注)를 다는 것을 반대했다. 그러나 그는 유독 시에는 큰 애착을 보였다. 그의 제자인 담약수(湛若水)는 "백사선생은 저서를 남기지 않았다. 그는 저서 대신 자신의 주장을 시로써 표현해냈다. 그는 시를 통해 자기의 주장을 드러냈다."(《시교해원서(試敎解原序)》, 《진헌장집》 699쪽) 그의 족인(族人)인 진염종(陳炎宗)도 이런 말을 한 적이 있다. "백사선생은 학문으로 천하에 이름을 날렸지만 저서를 남기지는 않았다. 그는 유독 시를 쓰는 걸 좋아했다. 시는 곧 선생의 심법(心法)이고 선생이 제자들을 교육한 내용이기도 하다."(《중각백사전집후서(重刻白沙全集后敘)》, 《진헌장집》 700쪽) 진헌장은 총 2,000여수에 달하는 시를 남겼는데, 그가 살아있을 때 일부의 시가 널리 전해졌다. 그의 시에는 사언시, 오언고시, 칠언고시, 오언율시, 칠언율시 및 배율, 절구 등이 있다. 그중에서 오언시가 제일 유명하다. 명나라의 문사왕(文士王) 세정(世禎)은 진헌장의 시문을 다음과 같이 평가했다. "공보(公甫)의 시는 창작방법, 문체 그리고 의미에 일정한 규격이 없다. 그러나 그의 시는 이러한 것들을 초월한 묘한 부분이 있다."(《사고전서총목제요 · 백사집제요(四庫全書總目提要 · 白沙 集提要)》,《진헌장집》918쪽) 황순(黃淳)은 "선생의 학문은 곧 심학이다. 심학에 관한 그의 학문은 주로 시문에 표현되었다. 이를 잘 읽어보아야 그의 흉금과 염락(濂洛)에 대한 조예가 깊다는 걸 알 수 있다. 그러지 않으면 이는 그저 조박(糟粕, 옛사람이 다 밝혀서 지금은 의의가 없다는 말 ─ 역자 주)일 뿐이다."(《중각백사자서(重刻白沙子序)》,《진헌장집》903쪽) 이러한 평론은 모두 진헌장의 시학에 대한 정확한 평가였다.

진헌장의 시는 많지만 시를 평론한 건 많지 않다. 시에 대한 평론은《차왕반산운시발(次王半山韻詩跋)》이 제일 상세했다. 그 속에서 그는 다음과 같이 말했다. "시를 짓는 데는 마땅히 품위가 있고 기운참[雅健]이 제일이고 속(俗)자와 약(弱)자를 꺼려하였다. 나는 일찍이 자미(子美, 두보)와 후산(後山, 진사도) 등의 시를 아끼고 본 적이 있는데, 대개 그 우아하고 기운이 넘침이 좋았다. 만약 도리(道理)를 논할 때, 사람의 깊고 얕음을 따르나 다만 모름지기 필하(筆下)에서 정신(精神)을 발득(發得)하여 한 번 읊고 세 번 감탄(一唱三嘆)할 수 있으며, 듣는 자가 곧 스스로 고무(鼓舞)되어야 바야흐로 도달한 것이다. (시를 지음에) 모름지기 장차 도리(道理)는 자기 성정상(性情上)에서 발현해 나와서 분분한 의론으로는 지을 수 없고 시(詩)의 본체(本體)를 떠났으니, 곧 송두건(宋頭巾)이다. 대개 이와 같다. 중간의 구격(句格)과 성율(聲律)은 다시 평일(平日)의 습기(習氣)를 일일이 세척하여 환연(煥然)히 일신(一新)하였다. 이른바 "예전의 생각을 씻어버려야 새로운 뜻이 온다"는 시를 지을 때 역시 바르게 사용할 수 있다.(《진헌장집(陳獻章集)》72쪽)"

여기서 우리는 진헌장이 시의 창작에서 기개(氣槪)를 가장 중히 여긴다는 점을 알 수 있다. 즉, 사람의 기개와 같은 시의 기개를 말한다. 진헌장의 시는 아건(雅健)한 기개를 자랑한다. 그의 시의 의경(意境)은 모두 힘 있고 청아했지, 의기소침하고 비천하지 않았다. 설령 병상에서 창작했거나 누워서 우연히 창작한 시라고 해도 수경(瘦硬)하고 명랑했다. 진헌장의 제자인 장후(張詡)는《행상(行狀)》에서 "그는 키가 8척이고 눈빛이 별처럼 반짝였다. 얼굴 오른쪽에는 검은 사마귀 7개가 북두칠성과 같은 형태를 하고 있다. 그의 말투는 또렷하고 부드러웠는데 중주(中州)의 방언을 썼다. 그는 항상 머리에 네모난 산건(山巾)을 쓰고 있었는데 그 모습이 마치 산에 살고 있는 신선 같았다."(《진헌장집》868쪽) 진헌장은 잠시 경사(京師)에 공부하러 갔다 온 것 외에는 평생을 시골에서 은거하며 살았다. 그는 술과 시로 벗을 삼고 관료생활을 멀리했다. 그의 시 풍격은 상당히 깨끗하고 산뜻했다. 그는 시에서 속자(俗字)의 사용을 피하지 않았다. 그러나 그렇다고 해서 시의 풍격이 저속해지지는 않았다. 오히려 속자를 조금 사용함에 따라 시의 풍격이 자연스러웠다. 그는 문구를 다듬기를 좋아했는데 이는 두보(杜甫)와 비슷했다. 진헌장의 시는 절벽에 서 있는 소나무, 시냇가에서 자라는 수죽, 시골늙은이의 여장(藜杖)처럼 전혀 화려하지 않았다. 진헌장은 고상함을 뜻하는 '아(雅)'를 중시 했는데 '아'는 힘 있는 걸 뜻하는 '건(健)'을 통해 표현되었다. 예술적 경지는 우아하고 시는 모두 건강했다. 아(雅)와 건(健)은 그의 시에서 하나로 통일되었다. 진헌장은 자연을 귀하게 생각했는데 자연에도 '아'와 '건' 두 개의 내용이 포함되어 있었다. 의리(義理)의 융액(融液, 녹아 액체가 됨-역자 주)은 '아', 조존(操存, 마음을 보존하는 것-역자 주)의 쇄락은 '건'이라고 할 수 있다. 일반적으로 '아'와 '건'은 미학의 두 개 범주로서 상반되는 풍격을 나타내기 쉽다. '아'는 격조가 고결하고 학자의 풍격이 다분하다. '건'은 군마가 초원을 질풍과 같이 내달리는 기개가 넘친다. 진헌장의 심학이 가지고 있는 특유의 미학을 아건(雅健)으로 개괄할 수 있다. 오직 '아'만 중요시 하고 '건'을 경시하거나 자연만 중시하고 조존을 잃어버리는 것은 모두 진헌장이 주장하는 학문의 종지에 어긋나는 것이다.

진헌장은 이치는 반드시 성정(性情)으로 발전해야 한다고 생각했다. 그는 시를 통해 이치를 가르치는 방법을 절대적으로 반대하지는 않았다. 그러나 그는 이치는 반드시 형상적인 정감을 통해 전해져야지 직접 의리를 말하는 것은 안 된다고 생각했다. 그는 의리를 직접 얘기하는 것은 송나라 사람들이 파놓은 함정에 빠진다고 생각했다. 그는 다음과 같이 말했다. "대개 시를 논함에 마땅히 성정(性情)을 논의해야 하고 성정을 논의할 때는 먼저 풍운(風韻)을 논의해야 하는데, 풍운이 없으면 시도 없다. 지금의 시를 말하는 사람들은 이것과 다르며, 편장(編章)이 이루어지면 즉시 시(詩)라고 하는데 심히 가소롭다. 정성(情性)이 좋아지면 풍운도 스스로 좋아진다. 성정이 진실되지 못하면 역시 억지로 말하기도 어렵다.(《여왕제거(與王提擧)》, 《진헌장집(陳獻章集)》203쪽)"

진헌장은 시의 본체는 바로 성정이라고 생각했다. 시의 최대장점은 바로 성정을 표현할 수 있고 형상에 정감과 의미를 부여할 수 있다는 점이다. 시의 미적 감각은 바로 사람을 예술적인 경지로 인도하여 시를 읽은 사람과 시를 쓴 사람 사이에 공명을 일으킨다는 것이다. 이치도 사람을 감동시키고 듣는 사람의 공명을 일으킬 수 있다. 그러나 이는 형상이나 예술적인 경지를 통해서 이루어지는 게 아니다. 의논을 잘하고 의리를 통해 성정을 표현하는 것은 송시(宋詩)의 예술적 감화력이 당시보다 못한 중요한 원인 중의 하나였다. 진헌장은 "송두건(宋頭巾)"을 비판했다. "그는 두보의 시를 훌륭하다고 칭찬하였다. 왜냐 하면 두보가 자신이 말하고자 하는 이치를 시에서 예술적인 형상을 통해 표현했기 때문이다." 그러나 그는 이치를 언급하지 않는 것이 좋다고 생각했다. 진헌장은 두보의 시가 아주 훌륭하기는 하나 최고는 아니라고 생각했다. 그는 두보의 시는 도원명의 시보다 못하다고 지적했다. 그는 시 두 구절을 통해 자신의 생각을 표현하기도 했다. "두보의 시는 아름답기는 하나, 도원명의 시처럼 담백한 맛이 없다."(《시이공수근(示李孔修近詩), 《진헌장집》 765쪽) 여기서 진헌장이 추구하는 미의 취향을 엿볼 수 있다. 또한 시인 진헌장의 학문에 있어서 지(知), 정(情), 의(意)는 모두 통일된 것이다. 이러한 통일은 자연적이고 흔적을 남기지 않는 형식으로 표현된다. 이는 진헌장의 시가 추구하는 예술적 특색이기도 하다. 그의 "출처어묵(出處語默), 즉 상황에 따라서 나서느냐 물러서느냐, 말하느냐 말하지 않느냐 하는 것은 모두 자연을 따르는 것과 관계있다", "자연의 낙이야말로 진정한 낙이다"라는 주장은 시에서 고의적으로 안배해 놓은 흔적을 찾아 볼 수 없다. 뿐만 아니라 의리의 형상도 고의적으로 안배해놓은 흔적이 없다. 다시 말해서 시구 자체에 고의적인 안배의 흔적이 없고, 모두 마음에서 자연적으로 흘러나온 감정들뿐이다. 그는 감상하기를 다음과 같이 했다. "옛날 문자를 좋아하는 사람들은 모두 안배(安排)의 흔적이 보이지 않고 한결같이 구설(口說)에서 나온 말을 믿는 것 같아 자연히 묘하다. 그 사이 체제(體制)는 한결같지 않지만 그러나 자연히 안배하지 않는 데에 근본을 둔 사람은 문득 깨닫는 것을 좋아한다.(《여장정실(與張廷實), 《진헌장집(陳獻章集)》 163쪽)" "시(詩)의 기교는 시의 쇠퇴함이다. 말(言)은 심(心)의 소리이다. ……소리가 한결같지 아니하니 정(情)이 변한다. 대개 나의 정(情)이 넘쳐 나오니 한 쪽만 고집해서는 안 된다. 남의 도움과 헐뜯음에 뜻이 있어 《자허(子虛)》,《장양(長楊)》이며, 장식이 교묘하고 과장이 풍부하여 사람의 귀와 눈을 아름답게 함이 배우 같다고 여기니 시의 교훈이 아니다.(《인진자시집서(認眞子詩集序), 《진헌장집(陳獻章集)》 5쪽)"

그의 시에 대한 평론은 심미와 예술의 최고 경지에 이르렀고 기교가 아주 뛰어나다. 이는 그가 추구하는 자연의 종지가 시의 미학에서 표현된 풍격이었다.

진헌장은 시에 의리를 담는 걸 반대하고 인위적인 형상을 창조해 어떠한 이치를 전달하는 것도 반대했다. 그의 대제자인 담약수는 이러한 관점에 반기를 들었다. 담약수는 성정이 진헌장보다 신중하였다. 그는 진헌장이 자연적인 것만 중히 여기고 인위적인 것을 경시하였기에 정은 넘치나 이(理)가 부족하다고 생각했다. 그는 이러한 잘못을 바로잡으려고 했다. 그는 진헌장이 창작한 고체시 160여 수를 선택해 하나하나 해석을 진행하고 이를 《백사자고시교해(白沙子古詩敎解)》라고 이름을 달았다. 《화양귀산차일부재득운(和楊龜山此日不再得韻)》, 《시담우(示湛雨)》, 《가좌언증첨헌왕악용서창(可左言贈僉憲王樂用瑞昌)》, 《제오북린채방권(題吳北麟采芳卷)》등 담약수가 선택한 시들은 모두 그의 스승의 이학사상을 대표할 만한 것들이다. 그가 이렇게 한 것은 진헌장은 유교지 도교가 아니며, 더욱이 선종이 아니라는 걸 증명하기 위해서였다. 진헌장은 수양을 쌓고 덕행을 높이기 위해서 시를 썼다. 그리하여 그의 시에는 교화의 뜻이 많이 담겨있었다. 그러나 그는 해설 중에 의리가 없는 설교를 의리가 있는 설교로 바꾸어 말했다. 이는 진헌장의 시학에 위배되는 것이었다. 이러한 해설들은 담약수의 학문방향을 나타냈을 뿐 이는 진헌장과는 전혀 상관이 없는 일들이었다.

5. 진헌장의 제자들

진헌장은 일생동안 은거하였다. 남해의 편벽한 지방에 살았기에 중년에 이름을 좀 날리긴 했으나 많은 제자를 두지는 못했다. 그의 제자 중에서 담약수, 임광(林光), 장후(張詡), 이승기(李承箕), 하흠(賀欽) 등이 비교적 이름이 있었다. 담약수는 학문이 아주 깊었는데 진헌장이 직접 지정한 강문학파(江門學派)의 전수자이다. 그의 학문은 주육(朱陸)에 귀결되는데 그의 학문의 범위는 백사(白沙)를 뛰어넘었다. 본서에서는 따로 한 장절을 마련해 전적으로 이에 대해 논술하였다. 장(張), 임(林), 이(李), 하(賀)는 모두 진헌장의 입실제자이다. 동년배 가운데서 장후, 임광이 제일 걸출했다. 그러나 두 사람의 학문의 연구방향에는 큰 차이가 존재했다.

장후의 자는 정실(廷實)이고, 호는 동소(東所)이다. 광동 해남 사람이고 성화 때, 진사가 되었다. 관직은 남경통정사좌참의(南京通政司左參議)까지 올랐다. 장후의 학문에 대해서 진헌장은 다음과 같이 명확하게 개괄했다. "정실(廷實, 장후)의 학문은 자연을 으뜸으로 삼고서 자기를 잊는 것을 중요하게 여겼고 무욕(無欲)을 지상(至上)으로 삼았으며, 곧 마음으로 묘한 것을 관찰하면서 성인(聖人)의 용(用)으로 삼았다. 그가 천지를 살핌에 해와 달이 어둡고 밝았으며, 산천(山川)이 흐르고 우뚝 솟으니 사시(四時)가 운행하고 만물이 화생하여서 재아(在我)의 극치가 아님이 없고 생각이 그 추기(樞機)를 장악하고 그 함수(銜綏)를 바르게 하였으며, 매일 사용하는 사물 중에서 행하고 그것들과 무궁(無窮)하였다.(《송장진사정실환경서(送張進士廷實還京序)》,《진헌장집(陳獻章集)》12쪽)"

　"자연위종(自然爲宗)", "망기위대(忘記爲大)", "무욕위지(無欲爲至)"는 장후의 공부론(功夫論)이다. 그는 진헌장의 관점을 많이 계승했다. "즉심관묘(即心觀妙)", "만물무비재아(萬物無非在我)"는 그의 본체론이다. "사물의 관건을 파악하여 그 의미를 살펴야 한다"는 것이 그의 방법론이다. 여기에는 스승에게서 배운 것도 있고 자기 스스로 터득한 것도 있다. "즉심관묘"란 외부물체를 볼 때, 미적인 깨달음만 있을 뿐 이지적인 감각은 없다는 말이다. 미적인 깨달음은 물체를 자기 마음속의 어떤 정감과 기분의 상징적인 사물로 보았다는 것인데, 이러한 상징물은 주(主)이도 하고 객(客)이기도 하며 심(心)이기도 하고 물(物)이기도 한 존재라고 보았다. 또한 외부물체의 규율과 규칙을 내 마음속에 원래부터 존재하던 이(理)의 계합(契合)으로 보고 외부물체의 이치를 깊이 연구하지는 않았다. 그리하여 장후는 자기의 학문을 "경지와 마음의 깨달음, 이(理)와 마음의 이해"라고 종합했다. 그는 자서에서 다음과 같이 말했다. "내가 젊었을 때, 선군(先君)을 좇아 임천(臨川)을 환유(宦游, 벼슬을 얻기 위해 분주함)할 때, 둑을 따라 버드나무를 심었는데, 조연모우(朝烟暮雨) 사이에서 나부끼는 거리를 걸으니 천태만상(千態萬象)이라서 열 그루를 헤아릴 수 있었다. 둑의 물은 작은 물결과 큰 풍랑이 풍력의 강약에 따라 변화하며 10장(丈)을 헤아릴 수 있었다. 앵무새와 제비가 노래하고 읊조리고, 물고기와 새우의 잠약(潛躍), 구름과 노을의 출몰, 일일이 다 형용할 수 없다. 곧 경(境)과 심(心)을 얻었지만 어리석게도 그 악(樂)의 소이를 알지 못한다. 조금 성장하여서 옛사람의 「유당춘수만(柳塘春水漫)」 및 「양유풍래면상취(楊柳風來面上吹)」의 구절을 읽고 마음과 구(句)를 얻었고 또한 어리둥절하여 그 묘한 우거함을 알지 못하였다. 요 몇 해 사이에 몸을 잘 조리하여 병이 낫는 여유가 있어 오로지 조용하게 지내다가 이(理)와 심(心)의 만남은 반드시 경(境)의 눈앞에 있는 것이 아니고, 정(情)과 신(神)의 융합은 반드시 시(詩)의 출구(出口)는 아니다. 이른바 지락(至樂)과 지묘(至妙)라는 것은 모두 임시로 밖에서 구하여 얻는 것이 아니다.(《유당기(柳塘記)》,《명유학안(明儒學案》96쪽)"

어릴 때 버들이 우거진 호숫가를 거닐다가 눈앞의 경치와 자신의 기분이 꼭 들어맞아 미적 감각을 느끼게 되었다. 이러한 미적 감각은 자연적이고 몽롱한 것으로서 도대체 무엇 때문에 기쁨을 느끼는지는 알 수가 없다. 나중에 예전에 읽었던 시구가 생각났고 그 시구가 묘사한 내용과 눈앞의 정경이 한데 어우러지게 되었다. 눈앞의 정경이 완전히 시에서 묘사한 정경으로 둔갑했다. 이는 곧 "마음과 구절에서 얻은 깨달음"이다. 그러나 이러한 미적 감각이 마음에서 온 것인지 시의 예술적 경지에서 온 것인지는 알 수가 없다. 그러나 이후에 책을 많이 읽고 체험을 많이 함에 따라 무엇에 집중하면 심체(心體)가 나타나고, 이러한 심체는 이일(理一)과 정(情), 신(神)과 경지의 합일이라는 걸 깨닫게 되었다. 이러한 합일은 경지의 유발이 없어도 자연스럽게 나타나기 마련이다. 장후의 이러한 경험은 3개의 절차로 나눌 수 있다. 첫째, 눈앞의 실경(實景)은 생각의 매체이다. 둘째, 실경이 없다면 반드시 시구에 나오는 예술적 경지를 통해 이를 유발시켜야 한다. 이 두 단계는 주와 객, 심과 경이 분리되었거나 몽롱하게 합일된 단계이다. 셋째, 숙성을 거쳐 정(情)과 경(景)이 합일된 경지가 자연스럽게 나타난다. 이 단계는 심과 이일, 정과 경이 합일된 상태이다. "자연위종"이 말하는 경지는 바로 이러한 예술적 경지이다. 이는 자연에서 즉시 촉발된 것으로 고의적인 안배는 필요 없는 것이다. "망기위대(忘記爲大)"는 '정'과 '경'의 융합, '이'와 '심'의 이해를 말했다. 이러한 경지에 도달하면 자신의 존재를 완전히 망각할 수 있다. 주체가 객체를 동화시키는 것이 아니라 내외가 합일이 되어 주가 곧 객이고, 마음이 곧 물체인 정경이 눈앞에 나타나게 된다는 것이다. 이 시기에는 자아의식이나 사적인 생각이 전혀 없다. 이것이 곧 "무욕위지(無欲爲至)"라는 것인데, 곧 "사물의 관건을 파악하고 그 의미를 살펴 이것이 모든 사물에 적용된다"라고 하는 것으로, 이러한 예술화, 형상화가 된 예술적 경지를 근거로 하고, 이러한 경지를 추구해야 한다는 말이었다. 유가에서 일상에서 실천하고 도처에서 체인해야 한다는 주장은 모두 이러한 예술적 경지를 소유한 기초 위에서 진행되어야 한다고 했다. 장후의 학문의 귀착점은 그가 묘사했던 진헌장이 만년에 도를 깨우치는 예술적 경지와 일치했다. 즉, "깊은 수림 속에서 큰 소리로 노래를 하거나 외딴섬에서 외롭게 소리 내어 울거나, 배를 타고 강의 끝에 나가 물결소리를 들으면 낚시를 했다. 바로 이렇게 형해를 희생하고 이목을 포기하며 심지를 제거하였던 것이다. 이처럼 오랜 시간이 지나서야 비로소 얻는 게 있었다면서, 끝내는 스스로 신심을 가지고 스스로 만족할 수 있게 되었다"고 했던 것이다.(장후, 《백사선생묘표(白沙先生墓表)》,《진헌장집》883쪽)

장후는 예술적 경지의 깨우침에만 몰두하였기에 그의 학문은 동문인 담약수, 임광으로부터 비판을 받게 되었다. 담약수는 장후의 학문은 "뛰어난 부분이 있고 포부도 크다. 그러나 그의 학문에는 모자라는 것이 너무 많다."(《백사자고시교해》,《진헌장집》767쪽) 임광은 그가 구체적인 사물에 관한 치지와 궁리를 빼먹었다고 지적했다. 임학의 학문은 주희의 영향을 많이 받아 그의 뜻을 깊게 쌓아 많은 깨우침을 얻어야 한다는 방법을 따랐다. 그는 다음과 같이 말했다. "지금의 자책(自策)은 궁색하지 않은 것으로써 그들을 구하고 화유(和裕)로써 그들을 진휼하고 비축한 성경(聖經)으로써 그들을 널리 윤택하게 하였다. 마음에 지니고 있지 않음은 차라리 이른 밤에 누워서 이리저리 뒤척거리다가 조용히 궁구하니, 감히 그 분분한 주설(注說)이 뒤섞여 순수하지 못하고 지루하여 섭렵하지 못하였다. 하나의 일이 구차하지 않고 하나의 생각이 소홀하지 않고 티끌이 쌓이고 물방울이 쌓이고 낮엔 생각하고 밤에 재촉하니, 역시 부지런히 힘쓴다.(《봉진석재선생서(奉陳石齋先生書)》,《남천빙얼전집(南川氷蘗全集》 권4)" "우리의 학문은 털끝만큼의 사이에는 정밀하고 섬세한 강구(講求)에 염증을 느끼지 않았다. 그 중요한 것을 구하여 얻으면 권도는 매일 밝아지고 그런 후에 스스로 믿고 미혹되지 않음에 빠르게 이를 수 있다. 아직 얻지 못했다면 존속시키고 기르고 오래 동안 쌓아서 장차 사모하여 그리워한다는 케케묵은 말을 기다리지 말고 스스로 약속하면 조종할 수 있다.(《답하시구서(答何時榘書)》,《남천빙얼전집(南川氷蘗全集》 권4)"

도를 깨우침에 있어 임광은 장후와 많이 달랐다. 임광은 의리를 깊이 연구하면 오랜 축적을 거쳐 큰 깨우침을 얻을 수 있다고 생각했다. 자기 마음과 비교할 표준과 근거를 얻기 위해 의리를 세밀하게 연구하였다. 그는 '축적'과 '존양'을 특별히 강조했다. 임광은 진헌장의 제자이긴 하나 그의 학문은 여전히 구학을 많이 따랐다.

전헌장의 학문은 대부분이 시인으로서의 깨우침이었다. 이는 왕양명의 여러 가지 학술로부터 탐색하고 실천하면서 "치양지"를 얻는 과정과는 많이 달랐다. 시인의 체험과 깨달음이기 때문에, 그는 '심'과 '도', '정'과 '경지'를 모두 추구하게 되었다. 때문에 엄격하게 보면 진헌장의 학문을 심학이라 할 수 없는 것이다. 이는 기껏해야 심학의 맹아상태일 뿐이다. 심학은 왕양명이 "치양지"의 학설을 완성하면서 강대해지고 전 중국에 널리 퍼지게 되었던 것이다.

제 **5** 장

담약수(湛若水)의 수처체인천리 (隨處體認天理) 및 그 학문의 전래

담약수(湛若水)의 수처체인천리(隨處體認天理) 및 그 학문의 전래

진헌장은 명나라 심학의 개창자로서 그는 명나라 전기의 정주학자, 특히 오여필과 호거인 등이 주장하는 구근(拘謹, 지나치게 조심스러워 하는 것, 신중 − 역자 주), 인습 (因襲, 예전의 풍습을 그대로 따르는 것, 계승 −역자 주)을 반대하고 자연과 자득(自得) 을 제창했다. 그러나 전통학자들은 진헌장의 시인치학(詩人治學)의 본체는 너무 심오하 고 공부론도 너무 공허하다고 생각했다. 진헌장의 제자인 담약수는 스승의 부족한 점을 채우기 위해 도처에서 체인할 수 있는 천리지설(天理之說)을 주장해 강문지학이 실지(實 地)로 다시 되돌아오게 하였다.

담약수의 초명은 노(露)이고, 자는 민택(民澤)이다. 선조의 존함을 피하기 위해 이름 을 우(雨)라고 고쳤다가 나중에 약수로 정했다. 자는 원명(元明)이고 광동(廣東) 증성(增 城) 사람이다. 증성의 감천(甘泉)에 살았기에 학자들은 그를 감천 선생이라고 불렀다. 홍 치(弘治) 6년에 회시(會試)에서 떨어지자, 그 이듬해에 강문에 가서 진헌장을 스승으로 모시게 되었다. 담약수는 진헌장이 친히 임명한 강문지학의 후계자이다. 일생 동안 다녀 간 곳곳마다 서원을 지어 진헌장을 추모했다. 홍치 18년에 진사가 되어 한림원(翰林院) 의 서길사(庶吉士)로 임명되었다. 관직이 남경 예부(禮部), 이부(吏部), 병부상서(兵部尙 書), 남경국자제주(南京國子祭酒)에 까지 도달했었다. 나이가 75세 되던 해에 사직하고 은거하여 20여 년간 학문을 강의하면서 수많은 제자를 두었다. 저서에는 《감천문집(甘泉 文集)》, 《춘추정전(春秋正傳)》, 《성학격물통(聖學格物通)》 등이 있다.

1. 심체물부유(心體物不遺)

　　담약수의 학문은 스승의 "천지는 내가 만들고 천만변화는 나 때문에 일어나고 우주는 내가 지배한다"는 사상을 계승하여 심(心)과 물(物)의 합일을 주장했다. 담약수는 천지만물을 심물합일(心物合一)로 보았다. 그는 다음과 같이 말했다. "인심(人心)과 천지만물(天地萬物)은 체(體)가 되고 심(心)은 물(物)을 몸으로 하지만 남아있지 않다. 심체(心體)가 광대하다는 것을 인지하면 물(物)은 벗어날 수 없다.(《여양명홍려(與陽明鴻臚)》, 《감천문집(甘泉文集)》 권7, 1쪽)" "심이라 하여 남아있지 않았다는 것은 천지만물을 체(體)로 한 것이다.(《심성도설(心性圖說)》, 《감천문집(甘泉文集)》 권21, 1쪽)"

　　즉, 눈으로 볼 수 있고 몸이 닿을 수 있는 물체는 모두 심물합일(心物合一)로서 물은 마음의 밖에서 마음이 느낄 수 있기를 기다리는 개체가 아니라 마음이 곧 물체이고 주체가 곧 객체이다. 이는 왕양명이 주체의 의식은 행위의 가장 근본적인 요소라는 각도에서 출발해 얻은 "마음 밖에 물체가 없고, 마음 밖에 이가 존재하지 않으며, 마음 밖에 일(事)이 없다"는 주장과는 다른 것이다. 담약수가 말하는 마음은 만물을 체인하고 이와 일체를 이루는 것을 말한다. 심체에는 포함된 내용이 아주 광범한데 천지만물이 모두 여기에 속한다. 이러한 마음은 인식형태와 경계(境界)형태의 두 마음이 하나로 귀일된 것이다. 심물합일(心物合一)을 인식과 경지의 합일의 파생물이라 볼 수 있다.

　　담약수의 심물합일(心物合一)은 정주(程朱)와 육구연, 왕양명의 본체론을 한데 섞어 놓은 것이다. 정주학파의 강령은 "도덕수준을 높이려면 예절을 중요시해야 하고 학문을 쌓으려면 사물의 이치를 깨쳐야 한다"는 것인데, 치지(致知)는 격물(格物)에 있다는 것이다. 즉, 물(物)이란 주체 이외의 객체로서, 물체의 이치를 파헤쳐 이를 마음속에 새기면 도덕 수준을 높일 수 있다는 말이다. 육구연은 마음의 "본체"는 "본심"이라고 주장했는데, 그는 구방심(求放心), 즉 달아난 마음을 찾아오는 것을 공부하였다. 육구연의 근본 명제는 '심즉리'였다. 마음속에는 원래부터 천리가 존재하는데 이 천리는 우주의 논리법칙과 똑 같다는 말이다. 왕양명은 "마음 밖의 이(理)가 없고 마음 밖의 물(物)이 없다"라고 주장했는데, 그가 말한 "물(物)"은 곧 일(事)이다. 마음 밖의 '물'이 없다는 것은 주체의 모든 행동 속에는 도덕 의지가 관철되어 있고, 주체의 도덕 의지는 모든 도덕행위가 성립할 수 있는 선결 조건이라고 하였다. 담약수는 정주가 주장하는 마음과 물체의 관계는 외재적인 것이기 때문에 "마음과 이를 두 개로 가르게 되는" 문제점이 존재한다고 제시했다. 왕양명은 마음으로 물체를 대신하였다. 그는 자신이 이 두 개 파벌의 문제점을 극복하였다고 생각했다. "심체에는 천지만물이 포함된다. 천지에는 안과 밖의 구분이 없다. 그리하여 마음에도 안과 밖의 구분이 없다"고 한 본체론은 정주(程朱)와 육왕(陸王)의 주장을 융합시킨 것이다.

담약수의 본체론에는 이기심성(利己心性)의 여러 가지의 개념이 들어있다.

첫째, 기(氣)이다. 담약수는 심물합일(心物合一)을 주장하는데 그는 물체의 구성원소를 유추해낼 수 있다고 보았으며, 이 원소가 바로 '기'라고 했다. 담약수는 다음과 같이 말했다. " 우주(宇宙)가 혼연(渾然)함은 그 기(氣)가 같다.(《심성도설(心性圖說)》, 《감천문집(甘泉文集)》 권21, 1쪽)" "상하사방(上下四方)의 우(宇)와 고금왕래(古今往來)의 주(宙), 우주 사이에는 단지 하나의 기(氣)가 충색(充塞)하고 유행(流行)하여 도(道)와 더불어 체(體)가 되니, 어찌 있지 않음이 있겠는가? 어찌 텅 비었다고 하는가? 비록 천지가 패괴(弊壞)하고 사람과 사물이 소진(消盡)한다 해도 이 기(氣)와 이 도(道)는 역시 없어진 적이 없으니, 텅 빈 적도 없다.(《기양명(寄陽明)》, 《감천문집(甘泉文集)》 권7, 3쪽)"

여기서 '기'는 천지만물을 구성하는 근원이다. 근원과 본체는 서로 구별되는데 본원은 만물의 최종적인 귀속을 가리킨다. 이러한 귀속은 사변(思辨)적으로 유추해낸 것이다. 담약수는 만물의 구성을 유추해낼 때 '기'를 지향했다. 심물합일(心物合一)을 주장하는 자신의 본체론을 논술 할 때에는 물체를 지향하였다. 이는 서로 다른 두 개의 층면이다. 전자는 논리적인 유추이고 후자는 경험에서 나온 직감이다. 담약수는 물질의 본연에 대한 문제에서 기일원론(氣一元論)을 주장했다. 그러나 본체론에서는 심물합일(心物合一)을 주장했다. 이는 모순되지는 않는다. 왜냐하면 전자는 실연(實然)적인 과학문제이고, 후자는 가치적인 의의문제이기 때문이다.

둘째, 성(性)이다. 담약수가 말하는 '성'은 주로 "인성"을 가리키는데, "인성"의 내용은 곧 '인(仁)'을 가리켰다. 그리하여 그는 이를 생리(生理)라고 부르기도 했다. 담약수는 다음과 같이 말했다. "성(性)이란 천지만물의 한 체(體)라는 것이다. …… 성이란 심의 생리(生理)이며, 심과 성은 둘이 아니다. 이를 곡식에 비유하면 생의(生意)를 갖추었으나 미발(未發)이며, 미발한 까닭에 혼연(渾然)하여 볼 수가 없다.(《심성도설(心性圖說)》, 《감천문집(甘泉文集)》 권21, 2쪽)" "심은 생리를 갖추었기 때문에 그러므로 성이라 한다. 성이 사물에 접촉하여 발현하기 때문에 그러므로 정(情)이라 하며, 발현하여 중정(中正)하기 때문에 진정(眞情)이라 한다. 그렇지 않다면 거짓이다. 성이란 것은 심과 더불어 생(生)을 갖추고 그 무늬는 심을 좇고 생을 좇으므로 이에 심의 생리이다.《복정계범진사(復鄭啓範進士)》,《감천문집(甘泉文集)》권7, 20쪽)"

　담약수는 정주의 '성즉리'로 성을 말하지 않고《역전》에 나오는 "천지에서 제일 큰 덕을 생(生)이라고 한다"라는 말과 맹자의 "측은한 감정의 시작이 곧 인이다"라는 말, 진헌장의 "이 마음을 이해하면 그 물체가 은연중에 나타난 것 같은 느낌을 받을 수 있다"라는 말로 성을 해석했다. '성즉리'는 '성'에 대한 규정이 형식적이라면, 담여수가 말하는 '성'은 자연내용에 착안점을 두었다. 그는 '성'은 곧 만물 중에 체현되는 '생기'라고 주장했다. '성'에 대한 이러한 정의는 담약수의 공부론과 밀접한 관계가 있다. 그의 공부론은 도처에서 천리를 체험하는 것인데, 이러한 천리는 곧 "내 마음의 본체이다." "내 마음 본체"의 주요 내용은 '생기'와 '인'이다. 이러한 생리에 피해가 생기지 않게 하는 것이 곧 '중정(中正)'이고 '천리'였다. 담약수도 성즉리를 말하지만 그가 말하는 '성'은 '마음의 생리', '생기', '인'이었다. '성'은 마음의 생리이고 심성과 동일한 내용이다. 담약수는 '성'에 대한 논술은 '성'의 형식이 아닌 내용에 중점을 두었다. 천지간의 발랄한 생기에 대한 진헌장의 시적 이해는 담약수 성론의 주요한 근원이다. 그의 성론은 정·주·육·왕의 학문을 종합하고 형식적인 '성즉리'를 심학의 내용에 포함시켰다.

　셋째, 이(理)이다. 담약수의 철학 가운데서 '이'는 비교적 모호한 개념이다. '이'는 담약수가 정·주와 육·왕 두 파벌을 섞어 놓으려 했기 때문이다. 이에 대한 담약수의 규정은 일부는 정주파벌의 내용이고 일부는 육왕파의 내용이다. 예를 들면 그는 다음과 같이 말했다. "심(心)과 사(事)가 응한 연후에 천리(天理)가 드러난다. 천리는 밖에 있는 것이 아니며, 특히 사(事)로 인하여 오고 느낌에 따라 응할 뿐이다. 그러므로 사물(事物)이 오게 되고 이를 체득한 것이 심(心)이 된다. 심이 중정(中正)을 얻으면 곧 천리이다.《답섭문울시어(答聶文蔚侍御)》,《감천문집(甘泉文集)》권7, 29쪽)" " '심이 중정을 구하면 곧 천리가 된다'는 진실로 옳다. 그러나 역시 천리를 통달할 수 있어야 중정이라 할 수 있다. 그러나 천리를 통달하지 않은 사람이 이를 가졌으니, 석가(釋迦)가 '응당 머무르는 바 없이 그 마음을 낸다'고 한 것이 이것이다. 어찌 일찍이 천리를 통달할 수 있었겠는가? 내가 말한 천리란 마음으로 체득하여 인식하니, 곧 심학(心學)이다. 사(事)가 있고 없음은 원래 이 마음이다. 사가 없을 때 만물은 일체가 되고 사가 있을 때 사물은 각기 사물의 본성에 맡기니, 모두 천리가 충색(充塞)하여 유행(流行)함이지 사실은 일사(一事)도 없다. 《신천문변록(新泉問辨錄)》, 《감천문집(甘泉文集)》 권8, 15쪽)"

이에 대한 담약수의 논술을 통해 그가 주장하는 '이'에는 아래와 같은 몇 가지 의미가 포함된다는 것을 알 수 있다. 우선 '이'는 사물에 대한 반응이 그 규칙과 표준에 부합되는 걸 말하는데, 여기서 담약수는 '이'가 사물 가운데 있다고 주장했다. 그는 '이'와 '기'가 분리되고, '이'가 사물 밖에 존재한다는 설법을 모두 적극으로 피했다. 다음으로 담약수는 사물의 중정(中正)한 부분이 바로 '이'라고 생각했다. "중정"이란 사물의 운행이 시간과 지역의 상황에 부합되는 걸 말한다. 시간과 지역의 상황은 수시로 변화하고 이 또한 쉽게 변한다. 나흠순(羅欽順)은 담약수의 이런 관점을 비판했는데 만약 '기' 가운데 바른 것을 '이'라고 한다면 바라지 않는 것은 '이'가 아니라고 주장했다. 이렇게 되면 '기'가 있으나 '이'가 없을 때가 존재하게 되는데 '이'는 담약수가 '이'와 '기'는 일체라는 전제에 대해 어긋난다. 셋째, '이'에는 내용이 있다. '이'의 내용은 곧 '성'이다. '이'는 곧 사람의 생리이다. '이'는 두 번째 내용과 통일되는 것이다. 마음의 생리는 '이'가 곧고 올바른데서 표현된다.

담약수에게 있어서 '이'는 형식이고 '성'은 내용이라 할 수 있는데, 이(중정)는 '성'이 뚜렷하게 드러날 수 있는 필요조건이기도 하다. 담약수는 사물 이외에, 이상에 있는 텅 빈 '이'를 반대하였다. 뿐만 아니라 규범이 없는 종횡(縱橫)의 '기'를 반대하였다. 이에 대한 그의 규정에서 그가 정주와 육왕을 융합시키려는 의도를 엿볼 수가 있다.

넷째, 심(心). 담약수가 말하는 '심'에는 주로 두 개 의미가 있다. 하나는 경계적 의미의 '심'이고 다른 하나는 논리적 의미의 '심'이다. 수양의 극치에 도달하려면 이 두 개가 하나로 융합되어야 한다. 경계적 의미의 마음은 우주의 총체에 착안점을 두었고, 이때 자세히 관찰할 수 있는 것은 한데 융화된 우주 전체이다. 논리적 의미의 마음은 개개의 사물에 착안점을 두었기에 이때 체득할 수 있는 것은 윤리의 영향을 받은 논리적인 의의를 가진 구체적인 사물이다. 심성론을 해석한 중요한 저서인 《심성도설》에서 그는 다음과 같이 말했다. " 마음[心]이란 천지만물의 바깥[外]을 아우르고 대저 천지만물의 가운데[中]를 관통하는 것이다. 가운데와 바깥은 둘이 아니다. 천지는 안팎이 없고 마음도 역시 안팎이 없으며, 이를 극진하게 말했을 뿐이다.(《감천문집(甘泉文集)》 권21, 2쪽)"

천지간에 존재하는 모든 사물은 모두 '마음'에 포함되어 있고, 모두 마음의 체득이 삼투된 것들이다. 이러한 포함과 삼투는 이지적인 분석을 거치지 않고 직감적으로 실현되었다. 삼투되고 포함된 사물은 자기의 이상적이고 생기가 넘치는 상태를 선택하였기에 반드시 중정하기 마련이다. 이 중정은 곧 사물의 '이'이고 사물의 '성'이다. 그리하여 담약수는 "마음에는 천지만물 이외의 것들도 포함된다"고 했다. 이 말은 우주에는 심물합일(心物合一)을 이룬 중정체(中正體)들이 무수하게 많고 도처에서 천리를 체득할 수 있다는 말이다. 어디에서든지 할 수 있는 체득이 심물합일을 이룬 중정체에 체현된 것이 바로 "성리"이고, 체득을 당한 객체는 주체의 참여가 없는 순 개체가 아니라는 것이었다.

만약 마음에 천지만물을 포함시켰다는 것이 경계적 의의를 중요시 하는 것이었다면, 마음이 천지만물에 관통되었다는 것은 논리적 의의를 중요시 했다는 것이다. 담약수의 《심성도(心性圖)》에는 상중하 세 개의 범위가 있다. 상부에 있는 범위에서 마음의 상태는 시경(始敬)이다. 이 시기의 마음은 미발상태로서 마음의 고유한 성이 자연스럽게 나타난다. 이 시기는 본연의 마음과 성이 하나를 이룬다. 중간에 있는 범위에서 마음은 만물과 감응이 일어나는데 미발(未發)상태가 타파되어 이발(已發)상태로 되었고, '성'은 '정'으로 표현된다. 그러나 '경(敬)'이 있기에 '정'은 이발지화(已發之和)로 표현되고, '성'의 생기는 '사단(四端)의 정'으로 구체화된다. 아래에 있는 범위에서 마음의 상태는 '종경(終敬)'이다. 또한 중간 동그라미의 이발지정(已發之情)이 참여하였기에 이 때 체득할 수 있는 것은 심물합일을 이룬 천지만물이다. 이 시기의 마음에 관통된 것과 마음에 포함된 것들하나의 일체를 이룬다. 이는 앞의 두 범위보다 더 경계가 높다. 이는 도처에서 체인(體認)할 수 있는 천리 즉 체인이 구체적인 사물에 표현되는 천지지심(天地之心)이다.

《심성도》와 이에 대한 담약수의 해석에서, 담약수의 본체론이 확실히 그의 스승인 진헌장과 많이 다르다는 것을 알 수 있다. 진헌장은 경계에 대해 많이 이야기하였다. 그러나 담약수는 경계에 대해 얘기를 하긴 했으나 경계를 구체화시켰다. 진헌장은 고요함 속에서 단서를 이끌어낸 뒤의 직감적이고 혼융(渾融)된 경상(境象)이다. 담약수는 경계가 있을 뿐만 아니라 구체적인 사물을 체인한 천지지심도 있었다. 진헌장의 심학은 간단하고 혼융하였다. 그리하여 사람들은 그를 "살아있는 맹자"라고 부르기도 했다. 담약수의 정주학은 아주 치밀했는데, 여전히 "미발이발", "격물치지" 등의 방법을 사용했다. 그러나 그 귀착점은 여전히 '경(敬)'으로서 만물에 체현된 천지지심을 체인하는 것이다. 담약수가 진헌장의 시인적인 경계를 이학자의 구체적인 천리로 바꾸려고 했다. 그리하여 그의 학문은 스승보다 좀 더 깊다고 할 수 있다.

2. 수처체인천리(隨處體認天理)

이기심성에 대한 담약수의 논술은 최종적으로 그의 "수처체인천리"에 귀착된다. 그의 수많은 어록이나 서신은 모두 이 근본적인 종지(宗旨)를 중심으로 한다.

담약수가 말하는 천리는 내 마음속 중정(中正)의 본체이다. 그는 심물합일을 주장하기에 이 중정의 본체는 주이기도 하고 객이기도 하다. 주희가 말하는 "궁리"는 구체적인 지식활동에서 시작되고 충분히 축적하고 깨달음을 얻게 되면 그것이 가치와 의의를 지니고 있는 천리임을 알 수 있다. 담약수가 말하는 격물은 "천지만물 이외의 것을 포함시키고, 천지만물 가운데 있는 것을 훤히 꿰뚫어" 사람들에게 모두 공개된 가치물이다. 이는 주희가 말한 오늘에 하나, 내일에 하나씩 연구할 수 있는 실연(實然)적인 객관물체가 아니었다. 담약수가 말하는 "궁리"는 가치전환을 거쳐 마음속의 이상적인 가치가 구체적인 사물에 투사되는 것을 말한다. 이 때 이는 내 마음속 중정(中正)의 본체이지 객관적인 물리가 아니다. 그리하여 "수처체인천리"는 천리 이외의 것을 말하는 게 아님을 알 수 있다. 담약수는 다음과 같이 말했다. "수처체인(隨處體認)을 외부에서 구하는 것은 그릇된 것이다. 대개 마음과 사태[事]는 응한 연후에 천리(天理)가 드러나므로 천리는 외부에 있는 것이 아니다. 특히 사(事)로 인하여 오고, 느낌에 따라 응할 뿐이다. 그러므로 사물(事物)이 오게 되고 이를 체(로)득한 것이 심(心)이 된다. 심이 중정(中正)을 얻으면 곧 천리이다. 사람과 천지만물은 한 몸이고 우주 안에도 곧 사람과 두 물(物)이 아니다. 그러므로 우주 안에는 일물일사(一物一事)가 없고 사람과 합일된 것도 적다.(《답섭문울시어(答聶文蔚侍御)》,《감천문집(甘泉文集)》권7, 제29)"

"사람과 천지만물이 일체를 이루는 것"은 앞에서 말한 심물합일의 뜻이다. "천리"라는 것은 물체의 원리와 법칙이 아니라 사람이 물체에 반응할 때 마음이 얻을 수 있는 "중정"의 상태이다. 그리하여 천리는 마음을 떠나 존재하지 않는다. "수처체인천리", 즉 모든 사물에 대한 반응은 모두 마음이 "중정"을 얻고 자각적으로 이러한 "중정"을 느낄 수 있다는 뜻이다. 그리하여 담약수는 공부의 지향은 "격물궁리"와 "확연관통"이 아니라고 말했던 것이다. 그의 격물은 "수처체인천리"였다. 즉 "격(格)이란 이르는 것이며, 곧 '격우문조(格于文祖)'·'유묘격(有苗格)'의 격이며, 물(物)이란 천리(天理)이며, 즉 '언유물(言有物)', '순명서물(舜明庶物)'의 물(物)은 곧 도(道)이다. 격(格)은 깊은 경지에 도달한다는 의미이다. 격물(格物)이라는 것은 곧 도를 만드는 것이다.(《답양명(答陽明)》, 《감천문집(甘泉文集)》권7, 제19)"

여기서 말하는 '도달'은 시작할 때의 '가다'가 아니라 행위가 결속되었을 때의 '달'이다. 물체도 객관적인 외물이 아니라 만물에 체현되는 천리이다. 그리하여 격물은 곧 조도(造道)이다. 담약수의 "수처체인천리"는 정주의 "즉물이궁기리(卽物而窮其理)", 왕양명의 "정념두(正念頭)"와 다른 것이다. 정주의 "즉물이궁기리(卽物而窮其理)"는 조금 외적인 곳에 치우치고, 왕양명의 "정념두"는 내적인 곳에 치우친다. 담약수는 자신의 "수처체인천리"야말로 외적, 내적으로 치우치지 않고, 구체적인 사물의 이치를 연구하는데 심하게 빠지지도 않고 국가와 천하에 관련되는 일에 무관심하지도 않게 된다고 생각했다. "수처체인천리"는 담약수가 이학과 심학을 융합시킨 것이다.

담약수는 수처체인천리는 정이, 정호 및 이통(李侗)의 영향을 많이 받았다. 그는 진헌장에게 보내는 편지에서 이렇게 말했다. "한번은 홀연히 지혜가 열려 도를 깨달으니, 정자(程子)가 말한 '나의 학문이 비록 받은 바가 있지만 천리(天理) 두 자는 도리어 집에서부터 마음속으로 깊이 인정하여[體認] 나온 것이다'. 이연평(李延平, 1093~1163)은 "조용히 앉아서 마음을 맑게 하여 천리를 체인(體認)하였다"고 하였다. 나는 천리 두 자를 천성천현(千聖千賢)의 대두뇌처(大頭腦處)로 요순(堯舜)이래 공맹(孔孟)에 이르기까지 중(中)이라고 하고 극(極)이라고 하고 인의예지(仁義禮智)라고 말하였으니, 천언만어(千言萬語)가 모두 이미 개괄적으로 내재해 있다. 만약 수처체인(隨處體認)하여 진실로 견득(見得)할 수 있다면 언제나 잊지 않고 생각하며 실천하니, 이 체(體)가 아닌 것이 없고 사람을 함양하는데 있어 몸이 이것을 소유할 뿐이다.(《상백사선생계략(上白沙先生啓略)》, 《감천문집(甘泉文集)》권17, 12쪽)"

그러나 담약수가 정이, 정호, 이통에게서 배운 것은 형식뿐이었다. 그는 "체인천리(體認天理)"라는 말을 취하였다. 어떻게 체인하고 무엇을 체인하는지에 대해 담약수는 정이, 정호, 이통과 다른 관점을 갖고 있다. 이 말에서 주의해야 할 것은 천리를 체인한 뒤에 도덕 함양의 공부를 극도로 중히 여겼다는 점이다. 그는 왕양명의 의문에 해답할 때, 이런 뜻을 내비쳤다. "격물(格物)이라는 것은 곧 조도(造道)이다. 지행(知行)이 병진(竝進)하고 학문(學問) 사변(思辨)이 실행됨은 모두가 조도(造道)인 까닭이다. 독서하고 사우(師友)와 친하고 수응(酬應, 남의 요구에 응함)하며, 때에 따라 곳에 따라 모두 천리(天理)를 구하여 체인(體認)하고 그것을 함양(涵養)하니, 조도(造道)의 공(功)이 아닌 게 없다. 진실로 바르게 닦는 공부(功夫)는 모두 격물(格物) 위에서 작용한다. 가정, 국가, 천하가 모두 즉시 이를 확충하면 두 단계의 공부는 없게 된다. 이는 곧 이른바 지지선(止至善)이다. 일찍이 지지선하면 덕을 밝히고 백성을 새롭게 하는 것을 모두 깨닫게 되는 것이니, 이것이다. 《답양명(答陽明)》, 《감천문집(甘泉文集)》 권7, 19쪽)"

이는 주희가 주장하는 함양과는 다른 것이었다. 주희의 격물은 활동이고 과정이었다. 담약수의 격물은 곧 '물격', "지극한 선에 다다르게 하는 일인 지지선(止至善)"이었다. 그는 주로 결과, 즉 "천리의 획득"을 나타냈다. 그리하여 주희의 함양은 격물궁리를 통해 얻은 물리를 음미, 함영(涵泳), 체인, 귀납하는 등의 정신적인 활동을 통해 천리와 가치물로 전환시키는 과정이었다. '수처체인(隨處體認)', '격물'에서 얻은 성리(性理)를 오랫동안 양성하고 확충하여 이로써 자기(自己)의 몸을 닦고 집안일을 잘 다스리며 나라를 잘 다스리는 것이 바로 담약수의 함양 방법이었다. 이게 바로 그가 했던 "맹자는 도(道)로 학문을 더 깊이 닦았다. 즉, 이는 격물치지를 말한다. 자득(自得)은 곧 지지(知至)를 말한다. 거안(居安), 자심(資深), 봉원(逢源)은 수신제가, 치국평천하를 가리킨다"라는 말에 내포된 의미이다.

담약수는 함양을 중히 여겼다. 함양 공부는 반드시 '경'에 힘써야 한다. 그리하여 '경'이라는 글자는 감천(甘泉)철학 가운데서 아주 중요한 지위를 차지하였던 것이다. 그는 다음과 같이 말했다. "함양(涵養)은 모름지기 경(敬)을 사용하고 배움에 나아감은 치지(致知)에 있어서 마치 수레의 두 바퀴와 같다. 한 작은 생각에서부터 강습(講習)을 일삼을 때까지 함양과 치지는 일시에 함께 도달하니, 마침내 선학(善學)이 되었다.《답진유준(答陳惟浚)》, 《감천문집(甘泉文集)》 권7, 9쪽)" "우리들에게 절실하게 필요한 것은 다만 일을 맡아 처리할 때, 정성을 다하고 열심히 노력해야하는 것뿐이며, 스스로 독처(獨處)하면서 독서하고 교제하는데 이르기까지 이 뜻이 아닌 게 없고 일이관지(一以貫之)와 내와 상하(內外上下)도 이 이치가 아닌 것 없으니, 다시 무슨 일이 있겠는가?《답서왈인(答徐

曰人》,《감천문집(甘泉文集)》권7, 3쪽)" "일을 맡아 처리할 때는 정성을 다하는 것이 가장 절실하게 필요한 것이며, 상하를 훤하게 꿰뚫어 한 가지 일이 해결되니 모든 일이 해결된다. 치지(致知)와 함양(涵養)은 이것이 그 처지이다.(《답정첨형제(答鄭瞻兄弟)》,《감천문집(甘泉文集)》권7, 20쪽)"

'경'은 담약수의 공부론 전체를 관통하는데, 그의 《심성도설》에는 '시경(始敬)', '종경(終敬)'이 있고, 마음의 이발, 미발 상태는 모두 '경'이다. '경'을 하지 않으면 마음속의 "중정"을 보존하기가 힘들며, 또한 "수처체인천리"의 종지로 관철시킬 수 없게 된다고 했다. 그러나 담약수가 말하는 '경'은 명나라 초기의 유학인 호거인, 오여필이 주장하는 긍긍업업(兢兢業業), 상제불방(常提不放)과는 다른 것이다. 담약수의 '경'은 격물에서 얻은 이에 대한 보호와 보육 그리고 이를 발전시키는 것을 중점으로 했다. 그리고 '물망물조(勿忘勿助)'의 표현 상태를 요구했던 것이다. 그는 다음과 같이 말했다. "이르기를 '경(敬)이란 마음이 이곳에 있으나 그것을 놓지 않는 것을 이름이니' 이는 아마 미진한 듯하다. 정자(程子, 정이)가 이르기를, 주일(主一)을 경(敬)이라 한다. 주일이란 마음의 중심이 하나의 사물에 있지 않은 까닭에 '하나'라고 말한다. 만약 하나의 사물만 있다면 둘이다. 잊지도 말고 조정하지도 말라[勿忘勿助]의 사이는 곧 하나이다. 지금 이르기를, '마음은 일(事)에 있으나 놓지 않음'은 물망이라 말해도 좋으며, 아마도 이 일에 막히지 않을 수 없다면 돕지 않을 수 없는 것이니, 이를 경이라 할 수 있을까?(《답섭문울시어(答聶文陳蔚侍御)》,《감천문집(甘泉文集)》권7, 29쪽)"

이는 호거인 등이 주장하는 것처럼 마음을 너무 심하게 잡으면 오히려 '조장(助長)'의 문제점이 생길 수 있다는 말이다. 또한 강우(江右: 지금의 강서를 가리킴)의 섭표(聶豹), 나홍선(羅洪先) 등이 주장한 '귀적(歸寂)', '주경(主敬)', "마음을 놓지 않는다"와 같은 것들은 경위는 있으나 쇄락(灑落)이 없는 문제점이 생길 수 있다고 생각했다. 담약수가 주장하는 '경'은 곧 '주일(主一)', 즉 마음을 한 곳에 모으는 것이었다. 그는 주일(主一)을 아래와 같이 해석했다. "이르는 바 주일(主一)이란 하나의 중(中)에 집중하는 것으로 주일은 천리(天理)에 집중하는 설(說)과 서로 비슷하다. 그러나 주일에는 곧 일물(一物)도 없다. 만약 중(中)에 집중하고 천리에 집중한다면 또한 중과 천리가 많아지게 되니, 곧 둘이다. 다만 주일이라고만 한다면, 중과 천리는 스스로 그 가운데에 있다. (《답정섭각조(答鄭聶恪昭)》,《감천문집(甘泉文集)》권7, 제21)'

그는 섭표와 나홍선이 주장하는 귀적(歸寂, 승려의 죽음)을 비판했다. 그 뿐만 아니라 왕양명의 "주일은 하나의 천리에만 집중하는 것이다"라는 주장을 비난하기도 했다. 담약수는 진헌장이 주장하는 '자연'의 영향을 받아 비록 천리의 체인을 주장하기는 하나 체인할 수 있는 것은 마음속의 '중정'이라고 생각했다. 공부가 쇄락할수록 본체가 더 잘 드러난다. 또한 공부가 공령(空靈)할수록 본체가 더 풍부하다. 이는 집의(集義)와 '물망물조'를 강조하는 맹자의 수양방법에 대한 계승이기도 했다.

　　담약수는 심·성·정의 관계로 물망물조를 해석하기도 했다. "무릇 지허(至虛)라는 것은 심(心)이지 성(性)의 체(體)는 아니다. 성에는 허실(虛實)이 없고 심히 영휘(靈輝)하다고 말한다. 심(心)에는 생리(生理)가 갖추어져 있는데, 그러므로 이를 성(性)이라 말한다. 성은 사물에 접촉하여 발현하는데 그러므로 이를 정(情)이라 한다. 발현하여 중정(中正)하고 그러므로 이를 진정(眞情)이라 말하는데, 부정하면 거짓이다. 도(道)라는 것은 중정의 이(理)이며, 그 정(情)이 인륜(人倫)에 발현하여 날마다 사용되어 그 중정을 잃지 않으므로 도이다. 물망(勿忘)·물조(勿助)는 그 사이에 중정이 머물러 있다. 이 정(正)이 정을 버리고 성으로 돌아가는 도이다. 《복정계범(復鄭啓范)》, 《감천문집(甘泉文集)》 권7, 21쪽)"

　　마음은 허령(虛靈)의 본체이고, '성'은 '심'의 생리이며, '정'은 '성'의 표현이고, '도'는 '중정'의 이치이다. 망조(忘助)하면 '중정'을 잃게 된다. 그리하여 "물망물조"는 도를 얻는 전제라는 것이었다. 담약수는 '물망물조'로써 '경'을 해석했다. "잊지도 말고 조정하지도 말라(勿忘勿助)는 단지 하나의 '경(敬)'자라 말할 뿐이다. 망조(忘助)는 심의 본체가 아니고 이는 심이 가장 정밀(精密)한 점을 배우므로 추호도 사람의 힘을 허용하지 않는다. 그러므로 선사(先師)들이 또한 '자연'의 설(說)을 발표하였으니, 지극하다. …… 잊지도 말고 조정하지도 말라의 사이에는 단지 중정이 머물러 있을 뿐이다. 배우는 자는 하수(下手)이니 반드시 자연을 이해하는 공부를 해야 되며, 그것이 성인이 익숙하게 한 후의 일이 됨을 의심해서는 안 되며, 잠시 다른 것을 위해 구해야 한다. 대개 성학(聖學)은 하나의 길거리[路頭]일 뿐이며, 다시 별도의 길거리는 없다.(《답섭문울시어(答聶文蔚侍御)》, 《감천문집(甘泉文集)》 권7, 31쪽)"

　　경은 담약수의 사상 가운데서 여러 가지 의미를 갖고 있다. 그러나 그는 집의(集義)와 물망물조를 강조했다. 그는 맹자의 마음에 생리가 있다는 것과 진헌장이 주장하는 자연의 종지를 결합시켜 "수처체인천리"와 '물망물조'를 주장했다. 담약수는 명나라의 유가학자 가운데서 비교적 공평하고 치우침이 없는 학자라고 할 수 있다.

담약수의 "수처체인천리"는 동정과 지행을 가르지 않고 모든 곳에서 천리를 귀결점으로 하였다. 그는 다음과 같이 말했다. "천리(天理)를 체인(體認)하고 처소를 따른다고 한다면 동(動)·정(靜)·심(心)·사(事)는 모두 이를 다 따른다. 만약 일을 따른다고 하면서 밖으로 쫓아다니는 병이 있음을 두려워한다면 공자가 말한 바, '일상생활에는 공순함[居處恭]'으로 일이 없을 때, 체인한 것이다. 말한 바, '일을 처리할 때는 정성을 다하고[執事敬] 사람과 어울릴 때는 충실함[與人忠]'으로 일하다가 동정(動靜)이 일치할 때 체인한 것이다. 체인의 공부는 동정의 현은(顯隱)을 꿰뚫으니, 곧 이것이 일단(一段)의 공부(功夫)이다. (《어록(語錄)》, 《명유학안(明儒學案)》 904쪽)"

담약수는 자신의 공부는 "지행합일"이라고 했다. 마음이 천리를 체인하면 "중정지리(中正之理)"의 관념을 얻을 수 있고, 일에서 천리를 체인하면 "중정지리"의 행위를 얻을 수 있다고 했으니, 전자는 '지'고 후자는 '행'이라 했다. 즉, 전자는 "일상생활에서의 공손"이고, 후자는 "일을 함에 있어서의 공손"이라는 것이었다. 체인공부는 모든 곳에 관통되어, 천리를 체인한 후, 천리에 맞게 행동하는 것은 지행합일의 응당한 이치라고 했다.

담약수는 정이, 이통이 계승한 정좌법을 반대했다. 그것은 천리를 체인함에 있어 동정과 지행을 구분하지 않았기 때문이었다. 그는 다음과 같이 말했다. "정좌(靜坐)는 정문(程門)에서 전수(傳授)하였는데, 이천(伊川, 정이)은 어떤 사람의 정좌하는 것 보고 곧 선학(善學)이라고 감탄하였지만 그러나 이는 상리(常理)가 아니었다. 해가 가고 달이 오고 추웠다 더웠다함은 모두가 자연상리(自然常理)로 유행하는 것이지, 어찌 동정난이(動靜難易)가 분리되었겠는가? 만약 천리를 살펴보지 않으면 다른 입관입정(入關入定)을 따르는 것이니, 3년 9년은 천리와 무슨 상관이 있겠는가! 만약 천리를 드러나게 한다면 밭을 갈고 우물을 파고 백관과 만물이 무기와 갑옷으로 무장한 백만의 무리에 단지 자연스럽게 천리가 유행할 뿐이다. (《어록(語錄)》, 《명유학안(明儒學案)》 904쪽)"

정좌할 때에 마음을 비우고 잡념을 버리며 모든 사유와 의지활동을 정지해야 한다. 이렇게 하면 체인도 끊어지기에 이를 제창할 수가 없다. 우주만물은 항상 생기를 띠고 항상 쉴 새 없이 운행하고 있다. 사람 마음속의 '중정'도 그러하다. '수처체인'의 공부 또한 마찬가지인데 자연의 유행과정에서 '중정'의 도를 얻을 수 있다. 왕양명은 초학자들에게 정좌를 하면서 마음속의 잡념을 깨끗이 버리라고 요구했다. 그 다음 그들에게 성찰과 극치를 가르쳤다. 담약수는 자연의 유행 가운데서 직접 체인해야 한다고 주장했다.

3. 담약수와 왕양명의 변론

담약수와 학술적으로 가장 친밀한 관계를 가지고 있는 사람들은 스승인 진헌장, 담문(湛門)의 제자들, 그리고 친구인 왕양명이다. 왕양명과 담약수는 아주 오랜 친구로서 두 사람은 "만나자마자 친한 친구가 되었고, 함께 성학(聖學)을 진흥시켰다." 그러나 담약수와 왕양명은 학술적으로 아주 많이 다르다. 이 두 사람은 그 당시 학계에 이름이 있는 맹주로서 서로 우열을 가릴 수가 없을 정도였다. 두 사람은 여러 번 서신을 주고받으면서 치열한 변론을 진행했다. 이러한 변론에 대해 이해할 경우에 두 학파의 학술종지를 이해하는데 큰 도움이 될 수 있다. 또한 명나라 중기의 학자들이 관심을 갖고 있던 주요한 문제에 대한 이해를 통해 두 학파의 제자들에게 변화가 생긴 중요한 부분을 엿볼 수 있다. 담약수와 왕양명의 변론은 주로 세 가지 문제에 집중되었다. 즉, 본체론 상의 내외에 관한 문제, 공부론 상의 격물에 관한 문제, 체인천리의 방법상의 '물망물조'에 관한 문제 등이다.

첫째, 내외에 관한 문제. 왕양명은 "'치양지"(致良知)'를 근본 종지로 하였는데 "치양지"에는 '본체공부(本體功夫)'가 포함되었고, 내외 동정의 '지행(知行)'이 포함된다. 왕양명 "치양지"는 마음의 공부를 하는 것이라고 주장했는데, 이는 정이, 주희가 구체적인 사물에서 그 정리(定理)를 구하는 공부방법과는 반대된다. 또한 그 당시에 선비들 사이에서 유행했던 사장(辭章), 암송(記誦), "겉에 보이는 것을 잘해야 한다" 등과도 정반대이다. 용장오도(龍場悟道)를 거친 후 이러한 기본 방향에는 변화가 생기지 않았다. 그는 "밖의 것을 추구하는 것"을 반대했다. 왕양명과 담약수는 오랜 친구이기는 하나, 그는 담약수가 주장하는 도처에서 천리를 체인한다는 주장의 종지는 "밖의 것을 추구"하는 것이라 했고, 도처에서 천리를 체인한다는 것은 갖가지 사물에서 정리를 추구하는 것으로서 즉물궁리(卽物窮理)라는 낡은 학문의 영향에서 벗어나지 못한 것이라고 주장했다. 그러나 담약수는 왕양명의 격물지물(格物卽物)에 대한 해석은 잘못 된 것이라고 했다. 그는 왕양명에게 편지를 써서 이에 대해 설명을 했다. "『대학(大學)』의 격물(格物)의 의미를 대면하여 설유하면, 물(物)로써 심의(心意)가 드러나게 됩니다. 형(兄)의 뜻은 단지 사람을 두려워하여 마음을 버리고 그것을 외부에서 구하였기에, 그러므로 이런 설(說)이 있는 것이다. 못나고 어리석은 제가 생각하기에는 인심은 천지만물과 더불어 체(體)가 되고 심은 물을 체로하나 남지는 않습니다. 심의 체가 광대하다고 인식한다면 물은 외부에 있을 수 없습니다. 그러므로 격물이 외부에 있는 것이 아니므로 격지치지(格之致之)의 심 또한 외부에 있는 것이 아닙니다. 사물에 있어서 만약 심의(心意)의 착견(着見)으로 여긴다면, 아마도 외부에 있는 사물의 병을 면하지 못할 것입니다.(《여양명(與陽明)》,《감천문집(甘泉文集)》권7, 1쪽)"

담약수는 여기서 왕양명이 도처에서 천리를 체인해야 한다는 것을 밖의 것을 추구한다고 해석한 것은 천리와 체인 등에 관한 자신의 뜻을 오해한 것이라고 지적했다. 그가 말한 '물'은 외재적인 것이 아니라, 마음의 각해, 배양, 규범의 작용을 거친 물체라고 했고, 이런 물은 심물합일을 이룬 것으로서 물은 마음 밖에 있지 않으며, 격물은 천리를 체인하는 것이라 했다. 그러나 이런 천리는 마음속의 '중정지체'이지 외재적인 '사물지리'가 아니므로 격물활동 또한 외재적인 것이 아니라 했다. 그는 섭표에게 보내는 편지에서 자신에 대한 왕양명의 비평에 대해 반박했다. "혹 수처체인(隨處體認)을 의심한다면, 아마도 그것을 외부에서 구하는 것이어서, 특히 이 뜻이 나타나지 않을 것이다. ……대개 심과 일(事)이 응한 연후에야 천리가 드러나므로 천리는 외부에 있는 것이 아니다. 특별히 일로 인하여 옴은 느낌에 따라 응할 뿐이다. 그러므로 사물(事物)이 오면 이를 몸으로 삼는 것이 심이다. 심이 중정(中正)을 얻으면 천리이다. 사람이 천지만물과 일체이면 우주 안, 즉 사람과 두 물체가 있는 것이 아니다. (《답섭문울시어(答聶文蔚侍御)》,《감천문집(甘泉文集)》권7, 29쪽)"

도처에서 천리(天理)를 체인한다는 것은 사물에 대한 마음의 반응이다. 천리는 사물 고유의 천리가 아니다. 천리는 사물에 대한 사람의 반응이 구체적인 시공 속에서 사물의 응연(應然)에 부합되어야 한다는 뜻이다. 그러나 이러한 응연(應然)과 마음의 본체는 동일하다. 즉 "마음의 중정은 곧 천리이다." 우주 내의 사물은 모두 마음과 물체의 합일을 이루었다. 천리는 사람 마음속의 '중정'이기 때문에 외재적인 존재가 아니다. 담약수는 자신과 왕양명의 분기가 생긴 관건적인 문제를 명확하게 지적해냈다. "내가 양명(陽明)

의 설(說)과 합하지 않는 것은 그 까닭이 있다. 대개 양명과 나는 마음[心]을 보는 것이 같지 않다. 내가 말하는 마음이란 만물을 체(體)로 하지만 남아있지 않은 것이기에, 그러므로 안팎이 없다. 양명이 말하는 마음이란 가슴 속을 가리켜 말한 것이다.(《답양소묵(答楊少黙)》,《감천문집(甘泉文集)》권7, 24쪽)"

여기서 담약수는 왕양명이 말하는 마음을 오로지 인지할 수 있고 체험 할 수 있는 영명(靈明)으로 생각했다. 그러나 이러한 관점은 마음과 양지에 대한 왕양명의 뜻을 제대로 개괄해내지 못했다. 이에 대한 내용은 여기서 더 말하지 않고 다음 장에서 상세하게 서술하도록 하자. 그러나 담약수는 마음은 "만물을 체인하고 흔적을 남기지 않는 것"이라는 말은 자신이 생각하는 세계만물을 확실하게 표출했다고 주장했다. 이런 것들은 '즉심즉물(即心即物)'로서 심물(心物)합일을 이루었다. 이러한 합일은 칸트 식의 논리분석을 거친 결과가 아니라 중국식의 직감으로 체인한 결과이다. 담약수와 같은 명나라 중기의 대부분 이학자들은 우주본체론을 '즉심즉물'로 이해했다. 여기에 실증경향이 특별히 강한 소수 사상가들은 제외된다. 그들은 정태적이고 주객 이분의 관점으로 세계를 보는 패턴을 넘어 그것을 사람과 친밀한 관계가 있고, 자신의 각해와 이상을 기탁할 수 있으며, 세계를 개조하는 과정에서 얻은 물질의 성과와 정신의 성과가 융합된 대상세계로 보았다.

둘째, 격물에 관한 문제. 이 문제는 위의 문제와 밀접하게 연관된다. 왕양명의 격물은 정확하지 않은 생각을 고치는 것이다. 담약수의 격물은 도처에서 천리를 체인(體認)하는 것이다. 담약수는 왕양명의 '정념두(正念頭)'로 격물을 해석하면 다음과 같은 4가지 모순이 존재한다고 주장했다. 첫째, 격물이 곧 '정념두'라는 것은 《대학》에 나오는 '성의(誠意)', '정심(正心)'이 가리키는 뜻과 중복된다. 둘째, 격물을 '정념두'라고 하는 것은 위의 문장에 나오는 '지지능득(知止能得)'과 아래 문장에 나오는 수신의 학설로 격물치지를 얘기하는 것과 연관되지 않는다. 셋째, 격물이 "정념두"면 옳고 그름의 표준이 있기 마련이다. 그러나 '정념두'에는 표준이 없고 뜻도 완벽하지 못하다. 넷째, 격물을 '지'와 '행'이 병진하는 것이 공부인데, 만약 '정념두'만 있다면 '지'만 있고 '행'이 없게 된다. 이것은 성인들이 예로부터 주장해온 "지행불리(知行不離)"의 전통에 맞지 않는다. 담약수는 "도처에서 천리를 체인하는" 것으로 격물을 바로 잡으면 이러한 모순을 피할 수 있다고 생각했다. 그는 자신이 주장하는 격물의 뜻을 아래와 같이 표명했다. "내가 격물(格物)을 훈육하는 까닭은 그 이치(理)에 도달했기 때문이다. 그 이치에 도달했다고 말한 것은 체(體)를 천리로 인식한 것이다. 체를 천리로 인식했다고 말한 것은 지행(知行)을 겸하고 내외(內外)를 합하여 말한 것이다. 천리에는 안팎이 없고 구함도 곧 안팎이 없다.(《답양명논격물(答陽明論格物)》,《감천문집(甘泉文集)》권7, 제24)"

담약수의 이러한 질책에 왕양명은 일일이 답변했다. 그러나 주의해야 할 점은 왕양명은 자신과 담약수의 학설이 서로 엇갈리기는 하나 이는 융통될 수 없는 게 아니라고 생각했다. 그는 두 사람의 관점이 다른 것은 사상방법상에 근원이 있다고 지적했다. "곳에 따라 천리를 체인함[隨處體認天理]은 진실이지 거짓된 말(誣語)은 아니고 비설(鄙說)은 애초에 역시 이와 같았습니다. 노형의 명의의 발단처(命意發端處)를 깊이 탐구하였지만 도리어 조금도 도움이 되지 못한 것 같았는데, 그러나 역시 끝내 길은 다르지만 돌아갈 곳은 같았습니다. 수제치평(修齊治平)은 모두 이름이 있는 격물이나, 다만 이와 같이 한 마디 한 마디 해명하고자 하였으나 역시 깨달은 이야기가 너무 많았습니다.(《답갑천(答甘泉)》,《왕양명전집(王陽明全集)》181쪽)"

천리를 체인하는 것은 자신과 담약수 모두의 추구라는 것이 왕양명의 생각이다. 그는 자신이 용장(龍場)에서 도를 깨치기 전에 자신도 이를 수양공부의 최종목표라고 생각했었다고 말했다. 그러나 자신의 심학의 입장을 확립한 뒤에는 이를 밖의 것을 추구하는 것으로 보게 되었다고 했다. 담약수가 천리를 체인하려는 동기는 좋으나, 그 아무 곳이라 하는 것은 사사물물(事事物物)에서 정리(定理, 진리라고 인정된 명제-역자 주)를 추구하는 구학(舊學)의 수렁에 빠진 거나 다름이 없다고 했다. 그러나 왕양명은 외부에서 이를 추구하는 것과 자신의 "치양지"는 방법은 달라도 결과는 같다고 했다. 여기서 왕양명이 심학의 입장에서 이학과 심학을 통일시키려는 의도를 엿볼 수 있다. 또한 여기서 왕양명이 천리를 체인하는 총 목표를 위해 각기 다른 공부 방법을 용인하였음을 알 수 있다.

왕양명의 사유방법은 주로 종합이다. 그리하여 "수신제가, 치국평천하를 격물이라고 명명할 수 있다." 그는 도덕이성의 배양을 구체적인 사물에 관철시키는 것을 모든 활동의 총 강령으로 생각했다. 그의 성숙된 학설은 "치양지"를 종지로 한다. "치양지"는 긍정적인 올바른 의념(意念, 관념)인데 구체적인 사물에 이런 올바른 의념을 추치(推致, 추진하여 이루는 것-역자 주)해주어야 한다. 격물은 부정적인 올바른 생각인데 그 틀린 점을 바로잡아 주어야 한다. 능근취비(能近取譬, 자기 주위의 사실로 미뤄 남을 입장을 고려하는 것-역자 주)와 성찰극치(省察克治, 악을 하나하나 점검하여 뿌리째 뽑아내는 것-역자 주)는 모두 그가 강조하였던 것이다. 왕양명의 공부 가운데서 격물, 치지, 성의, 정심 심지어 수신제가, 치국평천하는 모두 통일된 것으로서 서로가 서로를 포용할 수 있는 것이다. 그리하여 격물치지의 성정(誠正)이 다르다고 하여 다른 공부의 명목을 만들고 조목을 나누지 말아야 하는 것이다. 이는 혼용하고 세밀하며 광대하고 정밀한 왕양명의 학술풍격을 반영한 것이다. 담약수의 학술은 넓지는 않으나 심학 쪽으로 많이 치우쳤다. '도처', '격물' 등 학설은 왕양명이 보기에 매우 분산적이었다. 담약수는 이학, 심학을 융합시키려 하였다. 그리하여 두 학파의 결점을 피할 수 있었다고 볼 수 있는 "도처에서 천리를 체인한다"라는 관점에 낡은 학문의 흔적이 남게 되된 것이다. 그리하여 낡은 학문에서 완전히 벗어난 왕양명으로부터 낡은 학문에서 철저히 벗어나지 못했다는 평을 듣게 되었다. 사실은 이 두 사람이 변론에서 이기려는 목적 때문에 일부러 혹은 무의식간에 서로를 오해하게 된 것이 분명하다고 하겠다.

셋째, 물망물조(勿忘勿助, 잊지도 말고, 자라는 것을 돕지도 말라-역자 주). '물망물조'는 담약수가 천리를 체인하는 전제였다. 그리하여 그의 저서 곳곳에서 이에 대한 해석을 찾아볼 수 있으니, 예를 들면 다음과 같은 것이다. "잊지도 말고 조장하지도 말라(勿忘勿助)는 마음 가운데의 바른 곳이며, 이 시절에 천리가 스스로 드러나고 천지만물의 일체(一體)도 스스로 드러난다. 무릇 동정(動靜)이 모두 정해지니, 망조(忘助)는 모두 없어 본체는 자연히 도(道)와 합해지고 성(聖)을 이루어 천덕왕도(天德王道)가 갖추어진다. 천리는 마음에 있고 구하면 얻을 수 있다. 공자가 이르기를 "내가 인(仁)하고자 하면 곧장 인은 온다"고 하였다. 다만 구하는 데에는 방법이 있는데, 물망물조가 이것이다. ……단지 망조(忘助)가 아닐 때에는 곧 첨감(添感)을 얻지 못하여 천리가 스스로 드러나는 것이지 어렵거나 쉬운 문제가 있는 것이 아니다.(이상, 《어록(語錄)》, 《명유학안(明儒學案)》 906~910쪽)"

그러나 왕양명의 학술체계는 "치양지"를 근본종지로 한다. '물망물조'는 구체적 수양 중의 심리상태만 언급하였기에 이는 지엽적인 문제라 할 수 있다. 그리하여 왕양명은 이를 위주로 하지 않았다. 그는 다음과 같이 말했다. "저는 이곳에서 학문을 강해(講解)하지만 단지 '반드시 일을 계속해야 한다'라는 말만하고 '잊지도 말고 조장하지도 말라'에 대해서는 말하지 않습니다. 그런데 '반드시 일을 계속해야 한다'는 것은 단지 때때로 의를 모으는 것입니다. 만약 때때로 반드시 일을 계속해야 하는 공부를 하다가 혹 잠깐 중단될 때가 생기면 이것이 문득 잊어버린다는 것이니, 곧 반드시 잊지 말아야 하는 것입니다. 때때로 일을 계속해야 하는 공부를 하다가 효과를 빨리 보고자 할 때가 있으면 이것이 문득 조장한다는 것이니, 곧 반드시 '조장하지 말아야 하는 것입니다.' 공부란 전적으로 반드시 일을 계속해야 하는 위에서 노력하는 것이고 잊지도 말고 조장하지도 말라는 것은 단지 그 사이에서 경각심을 가지도록 일깨워주는 것일 뿐입니다. 이와 같이 공부가 원래 중단됨이 없다면 곧 잊지 말라고 다시 말할 필요가 없습니다. 원래 효과를 빨리 보고자 한다면 곧 조장하지 말라고 다시 말할 필요가 없습니다. 이 사이에서 공부란 얼마나 명백하고 간단하고 쉬운 일이며, 얼마나 시원스러운 것입니까? 지금 오히려 '반드시 일을 계속해야 한다'는 위에 공부를 하지 않고 헛되이 '잊지도 말고 조장하지도 말라'는 것만 지키는 것이니, 이는 바로 밥을 지을 때에 가마솥에 물과 쌀을 넣지 않고 오로지 나무에 불만 지피는 것과 같으니, 결국 무엇을 끓일 수 있을지 모릅니다. 저는 불의 세기와 시간이 조정되기 전에 가마솥이 먼저 파열되어 버릴까 염려스럽습니다. 요사이 일종의 오로지 잊지도 말고 조장하지도 말라는 위에서 공부하는 사람들의 그 잘못된 버릇이 바로 이와 같은 것입니다. 하루 종일 헛되이 잊지도 말라는 것에 매달리고 또 헛되이 다시 조장하지도 말라는 것에 매달리는데다 워낙 광범위하여 실제로는 손을 댈 방법이 전혀 없습니다. 결국 공부도 단지 헛되이 고요함을 지키는 데에만 빠져 배움에 멍청이가 되어 버림으로써 비로소 아주 사소한 일에도 바로 우왕좌왕 하면서 다시는 계획을 주도적으로 처리를 하지 못합니다.(《전습록(傳習錄) 중·답섭문울(答聶文蔚)》,《왕양명 전집(王陽明全集)》 83쪽)"

　왕양명의 "치양지"에는 집의, 격물, 성의, 정심 등의 공부가 포함된다. "치양지"는 반드시 생기는 일로서 '물망물조'는 반드시 생기는 일에 대한 보조적인 설명이다. 그러나 담약수는 "물망물조"를 근본 공부로 삼았기에 왕양명의 비판에 별로 개의치 않는 태도를 보였다. 그는 왕양명에게 누누이 반박의견을 내놓았다. "왕양명은 매번 잊지도 말고 조장하지도 말라는 설(說)을 바로잡으려고 하였으나 의심스러운 것이 많았다.(《어록(語錄)》,《명유학안(明儒學案)》 909쪽)" "오직 반드시 계속해서 일을 해야 하는 것을 구하며 잊지도 말고 조장하지도 말라는 것을 헛되게 여기는 까닭에 양명은 이 설을 가까이하고 있었다. 그러나 물정(勿正)·물망(勿忘)·물조(勿助)를 알지 못하여 계속해서 일을 해야 하는 공부를 했다. 잊지도 말고 조장하지도 말라는 것을 버리면 계속 일을 해야 하는 것이 없어지고 천리도 소멸된다. 뜻하지 않게 이 공은 총명하지만 이 아주 신묘한 것을 알지 못하였고 이 광경(光景)을 보지 못하여 유감(遺憾)이 없을 수 없으니, 애석하고 애석하도다!(《어록(語錄)》, 《명유학안(明儒學案)》903쪽)"

왕양명과 담약수가 '물망물조'에 대해 펼친 변론을 살펴보면, 왕양명은 장기간의 실천활동 가운데서 "양지(良知, 사람이 나면서부터 지니고 있는 지능과 지혜)"를 체득해냈다는 것을 알 수 있다. '양지'는 모든 것을 포함한 정체(整體)로서 이를 정신활동 자체로 볼 수 있다. 여기에는 이지(理智), 의지(意志), 정감(情感) 및 자신의 정신활동에 대한 통제와 조절이 포함된다. '양지'는 도덕성의 핍박 하에 원래부터 존재하던 정감을 시시각각으로 나타나게 한다. 그리하여 이를 "반드시 생기는 일"이라고 한다. '양지'는 그 조절기능의 영향을 받아 주의력이 때때로 중단되기도 하기에, 생기는 일이 안락하고 편안한 심리상태에서 진행될 수 있게끔 보장해주어야 한다. 그는 중정이 아닌 자연의 중정을 요구하고, 도처가 아닌 가는 곳마다 모두 진실하기를 요구한다. 이는 양지 활동의 화경(化境)이라 할 수 있다. 이 화경으로 담약수의 '물망물조'를 관찰하면 거기에 불필요한 부분이 존재하고 통일체를 이루지 못했다는 걸 알 수 있다. 그러나 '물망물조'는 담약수가 마음의 중정지체(中正之體)를 체인하는 전제로서 담약수의 의리 맥락에서 없어서는 안 될 존재이다. 왕양명과 담약수는 모두 자기 입장에서 상대방을 비판하였기에 서로를 감복시킬 수가 없었던 것이다.

황종희는 《명유학안·감천학안(甘泉學案)》에서 담약수는 낡은 학문의 구속을 받았다고 했다. 황종희는 심학의 입장에서 낡은 학문을 비판했던 것이다. 공정한 입장에서 보았을 때 낡은 학문이라고 해서 모두 옳지 않는 건 아니다. 황종희는 담약수의 "도처에서 천리를 체인한다"라는 주장은 감정에서 나오는 체인이라고 비판했다. 그러나 이러한 비평도 완전히 옳지는 않다. 담약수는 비록 감정과 이발(已發) 상에서 '중정의 본체'를 체인하기는 했으나, 그의 체인한 '중정지리'는 더하지도 덜하지도 않았으며 아주 적절한 성질을 갖고 있었다. 또한 적체(寂體)의 '미발지중(未發之中)'과도 일치했다. 적감(寂感)과 체용은 근원이 같기에 감정에서 나오는 체인이라고 해서 틀렸다고는 할 수 없는 것이었다.

4. 담약수의 학전(學傳)

담약수는 일생동한 평탄한 벼슬길을 걸었는데 업무를 보고 남는 시간에는 학생들에게 강의를 하였다. 전 중국 곳곳에 그의 발길이 닿지 않는 곳이 없었는데 90세 고령에도 남악을 유람할 정도였다. 그는 제자들이 왕양명처럼 많지는 않았지만 영향이 비교적 컸다. 《명유학안》에서는 "왕, 담 두 학파는 각기 자기만의 종지를 갖고 있었다. 담씨 문인들은 왕씨처럼 번성하지는 않았지만 그 당시 담약수에게 학문을 배우고 있는 학생들 중 왕양명에게 학문을 배우고 졸업한 사람들도 있었다. 또한 왕양명의 제자들 중에 담약수에게 학문을 배우고 졸업한 사람들도 있었다. 주희와 육구연도 이들처럼 서로 같은 제자를 두었다. 이 두 학파는 후인들이 아주 많은데, 자신을 담씨 학파라고 일컫는 사람들이 지금까지도 아주 많다. 원래의 종지를 그대로 유지해나가지는 못하더라도 그 뿌리는 사라지지 않은 것이다."(《명유학안》 876쪽) 이는 그 당시 상황에 대한 실록이라 할 수 있다.

담약수의 제자 가운데서 여회(呂懷), 하천(何遷), 홍원(洪垣), 당추(唐樞) 네 사람이 제일 유명하다.

1) 여회의 자는 여덕(汝德)이고, 호는 건석(巾石)이며, 가정(嘉靖) 때 진사가 되었다. 관직은 남경태복시(南京太僕寺) 소경(少卿)까지 지냈다. 저서에는 《율려고의(律呂古義)》, 《역고(歷考)》 등이 있다.

여회는 담약수의 천리가 곧 내 마음속 중정의 본체라는 학문을 계승하였고, '물망물조'와 "도처에서 체인하는 것"을 종지로 삼았다. 그는 다음과 같이 말했다. "보지도 아니하고 듣지도 아니하니, 곧 내 마음은 본래 중정(中正)의 체(體)이며, 생명이 없다면 생명이 아닌 것이 없고 존재가 없다면 존재가 아닌 것이 없다. 진실로 털끝만큼의 인력(人力)이라도 있으면 곧 이 의도는 반드시 나를 견고하게 하고 생존(生存)의 이치는 살아 숨 쉬게 된다. 그러므로 군자는 두려움을 경계하고 항상 마음이 깨어있도록 하는데, 곧 생존의 법이다.(《답척남산(答戚南山)》,《명유학안(明儒學案)》 제913)" "천명(天命)의 중(中)은 두루 통하지 않음이 없는데, 이는 내 마음의 본체이다. 이 마음은 같고 이 이치도 같으니, 그 두루 통함도 역시 같지 않음이 없다. 신리(神理)가 유행하는데, 어찌 풍성하고 인색하며 후하고 박함이 있겠는가? 오직 그것이 유행하여 이미 형성되었으니, 이에 두 기(氣)가 나누어지고 오행(五行)도 나누어져 서로 뒤섞여서 엉클어져 가지런하지 않으나 이(理)의 신(神)은 다 그렇지 않은 것이 있다. 음양오행(陰陽五行)이 그 처음으로 돌아가면 중(中)이 되고 중(中)하면 마음이 보존되고 마음이 보존되면 본체가 훤히 드러나 가려지는 것이 없다.(《여장도림(與蔣道林)》,《명유학안(明儒學案)》914쪽)"

사실 여회는 '중정지체'는 하나만 존재하는데 그게 바로 성리라고 생각했다. 이는 천지 사이와 사람의 마음에 모두 존재하는데 이 둘은 동일한 것이다. 사람들은 이를 늘리거나 줄일 수 없다. 만물의 운행은 모두 그 규율에 부합되어야 한다. 사람이 일을 해서 좋은 점을 얻은 것은 그 "중정"을 실현하였기 때문이다. 이는 담약수와 동일한 사상으로서 이학과 심학을 융합하려는 경향이 있었다. 그는 또 다음과 같이 말했다. "성(性)은 마음에 묶여있어 본래 병이 없었는데, 몸이 있음으로 말미암아 이에 기질(氣質)이 있게 되었고 기질이 있으므로 이에 병이 있게 되었고 병이 있으므로 이에 수양이 있게 되었으니, 이런 까닭으로 격치성정(格致誠正)하며 몸을 닦는 까닭이 되었고 두려움을 경계하고 홀로 있는 것을 삼가도록 하는 것이 도를 닦는 이유가 되었다. 몸이 활동하여 도를 세운다면 정(靜)은 허(虛)하고 동(動)은 곧을 것이며, 천리를 얻어서 지선(至善)이 보존될 것이다.(《여장도림(與蔣道林)》,《명유학안(明儒學案)》914쪽)"

여기서 심, 성, 정의 관계를 논술한 것은 모두 낡은 학문을 계승한 것이다. 여회의 특징은 변화의 기질을 중요시한 것이다. 그의 학문은 모두 기질의 변화와 관계된다. 왕양명의 "치양지"와 담약수의 "도처에서 천리를 체인한다"는 학문의 공부도 모두 기질의 변화에 관계된 것이다. 기질의 변화로부터 착수했을 때에는 왕양명과 담약수의 종지는 완전히 같다. 그러나 기타 문제로부터 착수 했을 때에는 저마다의 의견이 다르다. 그는 다음과 같이 말했다. "천리(天理)와 양지(良知)는 본래 종지(宗旨)가 같은데 원인을 알아서 발을 붙이면 천 길 만 길(千蹊萬徑)로 모두 나라로 들어올 수 있다. 다만 의견을 드러내 보이면 오직 두 선생의 설이 상통하지 않을 수 없으니, 옛 사람들의 일천 대문과 일만 가호가 어찌 따를 수 있겠는가? 지금 즉시 양지와 천리 밖에서 익혀서 다시 한 쪽을 세워서 얻어야 한다. 그러나 작용하지 않으면 이와 같다. 그러므로 다만 중(中)에서 나온 하나의 융통하는 추요(樞要)는 단지 기질(氣質)을 변화시키는 데에 있을 뿐이다. 학문은 이러한 것 위에 발을 붙이지 아니하고 설격치(說格致)·설계구(說戒懼)·설구인집의(說求仁集

義)와 무릇 "치양지"(致良知) · 체인천리(體認天理)에 근거하니, 이를 요약하면 정신을 허롱(虛弄)하게 할 뿐이며, 공부(功夫) 모두 결말이 없게 될 것이다.(《답섭덕화(答葉德和)》, 《명유학안(明儒學案)》 918쪽)"

왕양명과 담약수의 공부의 주요부분이 기질 변화라는 것은 맞는 말이다. 그러나 왕양명과 담약수는 기질의 변화를 인정하는 전제하에서 각기 다른 의견을 내놓았다. 특히 왕양명은 평생 동안 끊임없이 공부에 정진하였기에 공부 방법에 많은 변화가 일어났다. 변화기질이라는 단어로서는 그의 학문을 개괄할 수가 없다. 맹자 이후의 유학자들은 모두 변화기질을 공부 방법의 강령으로 삼는다. 장재(張載), 정 · 주, 육 · 왕은 모두 이를 어긴 적이 없다. 이것을 자신의 스승과 왕양명의 다른 점이라고 제시하는 것은 사실적이지 못하다. 기질변화에 대한 여회의 학문은 그 스승의 종지에서 벗어나지 않았다. '경'은 담약수의 《심성도설》 전체를 관통하고 있다. 《답양명론격물서(答陽明論格物書)》에서 또한 다음과 같이 말했다. "치지(致至)라고 이르는 사람은 대개 이것이 실체(實體)이고 천리(天理)이고 지선(至善)이고 물(物)임을 알고 있으며, 곧 나의 양지양능(良知良能)이고 외부에서 구할 틈이 없다. 다만 사람이 기(氣)의 습성에 가려졌기에 그러므로 태어났으나 어리석고 장성하였으나 배우지 않아 어리석다. 그러므로 학문, 사변(思辨), 독행(篤行) 등 여러 교훈이 그 어리석은 것을 깨뜨리고 가려진 것을 제거하고 양지양능한 것을 조심하여 발현시켰을 뿐, 가미한 것이 없다. 그러므로 그 털끝만큼의 인력(人力)도 사용함이 없었다.(《명유학안(明儒學案)》 887쪽)"

이 또한 변화기질을 제창한 것이다. 여회의 학설은 스승의 일부를 계승한 것이라 할 수 있다. 스승의 학문을 전부 계승하고 그 의의를 정성껏 지키는 제자가 있는가 하면 스승의 학문을 조금 계승하고 이를 확대, 발전시킨 제자도 있으며 스승의 학문 일부를 계승하여 이를 융화시킨 제자도 있다.

2) 하천의 자는 익지(益之)이고, 호는 길양(吉陽)이다. 관직은 남경형부시랑(刑部侍郎)까지 했다. 경사령지지회(京師靈濟之會)를 회복할 것을 제창했다. 하천은 "지지(知止)"를 주장했다. 그는 다음과 같이 말했다. "도(道)에는 본말(本末)이 있고 배움에는 선후(先後)가 있는데, 《대학》에서 사람을 교육함은 '지지(知止)'를 먼저하고 뒤에 안정 · 고요 · 평안 · 헤아림[定靜安慮]을 하는 것은 이로 말미암음이다. 지(止)를 알고 뒤에 안정 · 고

요·평안·헤아림을 할 수 있는 사람은 격물(格物)로써 치지(致知)한다. 이를 안정·고요·평안·헤아림을 한 이후에 얻을 수 있는 자는 물격(物格)한 이후에 지지(知至)한다. 이런 까닭으로 지(止)의 의미를 알면 비록 고명지사(高明之士)라 하더라도 이를 버리고 지름길로 달려가는 사람은 없을 것이다.(《증윤수호자서(贈淪守胡子序)》,《명유학안(明儒學案)》924쪽)"

하천이 주장하는 '지지'는 곧 《대학》의 "지어지선(止於至善: 지극히 선한 경지에 이르러 움직이지 않는다는 뜻)"인데 '지(止)'는 본체이고 '지(知)'는 공부이다. 그는 "지지"를 아래와 같이 해석했다. "지(止)란 이 마음이 감응(感應)한 틀이며, 그 밝음은 생각할 겨를이 없고 그 법칙은 혼란스러울 수 없고 선(善)하기도 하고 선하지 않기도 하니 이른바 지선(至善)이다. 여기에(그것에) 지(止)하지 않은 바가 있으면 그것을 혼란스럽다고 생각하니, 그 본래의 체(體)가 아니다. 이런 까닭으로 성인(聖人)은 자주 그것을 지적하나 그 지(知)로써 그것에 미치려고 한다. 그 본래 지(止)가 아님이 없는 체(體)를 믿고 그 지가 아닌 연유가 있음을 연구하면 곧 응감(應感)의 사이에 유행(流行)의 주(主)를 살펴서 이른바 생각하지 않아도 밝고 법칙이 있어 혼란스러울 것이 없는 것으로 하여금 의젓하게 깨끗하게 씻어버리는 여유를 보이고 엄숙하게 모인 땅에 세운다면 이는 곧 지의 뜻을 아는 것이다.(《증윤수호자서(贈淪守胡子序)》,《명유학안(明儒學案)》925쪽)"

'지(止)'는 공부가 원숙해졌을 때를 말하는데, 그리하여 외물(外物)에 대한 마음의 반응 또한 논리에 부합되기 마련이다. 생각지도 않았던 얻음이 있게 되고 그 변화를 예측할 수 없다는 게 그 표현이다. '지(知)'는 이 본체와의 통일을 요구한다. 이렇게 하려면 첫째, "여기에 도달 할 수 없는 본체가 없다고 믿어야 하는데" 이것은 육구연이 주장하는 "선립기대(先立其大)"와 같은 것이다. 둘째, 여기에 도달할 수 없는 이유를 찾아야 한다. 이는 육구연의 학문에 대한 사변(思辨)을 통해 본심을 속이고 있는 것들을 제거하여 "제장응취(齊庄凝聚)의 여지를 세우려는 것"으로, 이것이 '지지'의 뜻이다. 하천의 지지는 왕양명 후학학파의 문제점을 바로잡으려는데 있다. 이는 황관(黃綰)의 간지(艮止)와 대략 비슷하다. "이후로 한 번 전한 것이 백번 와전되었고 스승의 마음은 곧 성스러워 배울 힘을 빌리지 않고 안으로는 적막함에 달리는 모습을 보지만 밖으로는 몸소 실천함을 잃고 도망가 없어졌다. 뒤에 살아도 살피지 않았고 드디어 언행(言行)은 반드시 마음을 뿌리로 하지 않는다고 말하고 성인의 학문은 작용에 도달하기에 부족하여 이로 말미암아 이를 경계(두둑)로 계승하였다. 대저 양지(良知)를 치(致)라 함은 대개 반드시 그 영석원신(靈晰圓神)이 자연에서 나온다는 것을 들어 황홀하게 깨끗하게 모이는 여유에서 깨끗하게 정해졌다. 그러나 매일 앞에 서서 참석한 모습을 보며 뒤에 긴 여유로 기르고 녹아서 융합하는 방향으로 나가니, 그 정미한 중용(中庸)으로 하여금 모두 재주를 다하여 장차 마치려 할 때에 몇 개가 혼합되었다.(《용강적고서(龍岡摘稿序)》,《명유학안(明儒學案)》 925쪽)"

여기서 하천은 양지를 깨끗하고 맑게 만들도록 노력하여, 양지가 시시각각 중요시 여겨지도록 천리에 알맞게 해야 한다고 특별히 강조했다. 이는 강우의 섭표, 나홍선 등이 강조하는 양지를 단속하고 한데 모으는 공부와 같은 맥락이다.

하천의 지지는 담약수의 "도처에서 천리를 체인하다"라는 학문을 흡수하여 좀 더 제련을 진행한 결과이다. 담약수는 "격물은 곧 지극한 선에 다다르는 일이다"라고 했다.(《명유학안》884쪽) 담약수가 말하는 체인은 곧 '지(止)'이고 '달(達)'이다. "천리를 체인한다는 것"은 곧 천리에 도달한다는 것이다. 이것은 감천이 주장하는 "격은 곧 조예", "격물은 곧 조도(造道)"의 뜻이다. 그리하여 하천의 '지지'는 담약수의 주장과 가장 근접하다고 할 수 있다. 이런 점에서 하천은 여회보다 스승의 학문을 더 많이 계승하였다고 하겠다.

3) 홍원의 자는 준지(峻之)이고, 호는 각산(覺山)이다. 가경 때 진사가 되었고, 관직은 온주 지부(知府)까지 했었다. 홍원은 담약수에게서 학문을 오랫동안 배웠는데, 스승으로부터 깊은 사랑을 받았다. 홍원은 스승의 "도처에서 천리를 체인하다"라는 종지를 계승받았다. 그러나 홍원은 "천리를 체인함에 있어 근본에 대한 체인을 벗어나서는 안 된다"고 주장했다.(《이학문언(理學聞言),《명유학안》934쪽) 홍원은 학자들이 "도처에서 천리를 체인한다"는 것을 오해해 정주가 주장하는 즉물궁리(即物窮理)의 낡은 길로 빠져들까 봐서 근본에 대한 체인을 벗어나서는 안 된다는 주장을 내놓았다. 그 뜻은 "도처에서 체인한다는 것"은 본심에 있는 '이'를 체인하는 것으로서 이 '이(理)'는 천지만물의 '이(理)'와 통일된다는 말이다. 근본을 벗어나서는 안 된다는 것은 외재적인 공리가 아닌 덕성의 수양에 힘써야 한다는 뜻이다. 공리에 관심을 두기 시작하면 곧바로 근본을 벗어날 수 있다고 본 것이다. 그리하여 홍원은 미처 감지하기 전에 먼저 중정을 추구해야지 이발 이후에 정당(停當)을 추구해서는 안 된다고 주장했다. "홍원(洪垣)의 생각은 계구사적(戒懼事迹)의 공부를 쉽게 여기고 계구염려(戒懼念慮)의 공부를 어렵게 여기며, 계구염려의

공부를 쉽게 여기거나 계구본체(戒懼本體)의 공부를 어렵게 여긴다는 것이다. 대저 본체를 경계하고 두려워하는 사람은 지(志)의 주재(主宰)가 아니면 할 수 없다. 지금 사람들은 단지 의리상에서 학문을 논할 뿐, 하공부(下工夫)와 상논학(上論學)을 합하지 않는데 있지 않으며, 단지 학문상에서 병통(病痛)을 논할 뿐, 기지진절(己志眞切)상에서 병통을 논하지 않고 있다. 또한 지금의 학자라는 사람들을 살펴보면, 단지 의기작위(意氣作爲)상에서 지를 논할 뿐, 천행건건주재(天行乾乾主宰) 상에서 지를 논하는 것이 아니다. 이런 까닭에 끝내는 아직 모이는 곳이 없다.(《명유학안(明儒學案)》939쪽)"

　여기서 그는 '강설(講說)'과 '이발'이 아닌 '본체'와 '미발'의 공부에 힘써야 하고 공리가 아닌 도덕수양의 확립에 뜻을 세워야 한다고 강조했다. 이게 바로 근본을 벗어나지 않는 체인이라고 했다. 홍원은 "뜻을 가지는 데로부터 시작해 통기(通幾: 철학)에 도달해야 한다"고 주장했다. 즉, 본체와 미발의 공부에 힘을 쓰면 본체의 선(善)에서 의념(意念)이 유출되어 나올 수 있다는 말이다. 그는 다음과 같이 말했다. "단지 주재(主宰)만을 보고 체단(體段, 체계)을 논하지 않았으며, 단지 치허(致虛)만을 구하고 착력(着力, 힘을 들임)을 논하지 않았다. 자신을 되돌아보아 마음속에 조금도 부끄러울 것이 없으니, 지(志)에는 악함이 없다. 지(志)란 주재(主宰)이다. 강건(剛健)하고 순수(純粹)하면 한 몸의 움직임과 고요함, 숨는 일과 나타나는 일을 통하여 운용된다. 대개 감응하기 전에는 달리 말할 수 없으나, 오직 하나의 진지(眞志)만 존재하고 있을 뿐이다. 그러므로 비인(鄙人)들은 일찍이 지(志)란 기선(幾先, 사물이 일어나려는 직전에 그것을 알고서 그 일을 착수하는 것)에 있고 공부는 기시(幾時)에 있다고 한다. 지는 호학문을 좋아하는 것에 따라 지니게 되고 기(幾)는 학문을 좋아하는 것에 따라 얻게 된다. 지가 아니면 기는 신묘하지도 않고 그림자가 미응지선(未應之先)에서 미발지중(未發之中)을 세우며, 응사(應事)를 주로 하고 이에 응하여도 마음이 없는듯하면 영향이 아니라 곧 허견(虛見)이다.(《명유학案(明儒學案)》941쪽)"

　뜻을 가지면 '정(正)'을 주재할 수 있다. '정'을 주재하여 '기(幾)' 위에 발휘하면 모두 '정'이 된다. 그러나 홍원은 "지(志)는 기가 먼저이고 공(功)은 기일 때 존재한다"고 말했다. 이 말은 목적의 지향(指向)은 본체에 있고 공부는 이발에만 사용할 수 있다는 뜻이다. 그리하여 본체는 소리도 냄새도 없고 공부할 것도 없다고 하면서 반드시 이발의 공부에 힘써야 한다고 했다. 이발의 공부에 힘쓰는 것은 본체와 미발을 순수하게 만들기 위해서라는 것이었다.

그리하여 홍원은 "천성정심(先天正心)의 학문"을 반대하였다. 그는 미발 가운데서 일을 처리하고 단련을 해야 얻는 것이 있고 순전히 자연만 믿고 단련의 공부를 하지 않으면 난폭하고 제멋대로 하는 결과를 초래하게 된다고 생각했다. 그는 《답안균서(答顏鈞書)》에서 자연 그대로의 것을 추구하는 태주(泰州)학파를 반대했다. "지금 이르기를 "성(性)은 명주(明珠)와 같아 원래는 티끌이 섞여지지 않으니, 무엇을 보고 들음이 있으며 무엇을 경계하고 두려워하게 하겠는가? 그러므로 마침내 평상시에는 단지 솔성(率性)만이 행할 뿐이다. 이른바 도(道)란 것을 과연 성도(性道)의 근본이 됨을 알지 못했단 말인가? …… 만약 다만 자연에만 맡긴다고 한다면 곧 이른바 도(道)라고 하는 것을 아마도 끝내 백성들이 날마다 사용하면서도 알지 못하는 데에 이른다. 이 설(說)에 대해 이러쿵저러쿵 이야기하는 사람은 솔성도 자연도 말하는 것이 아니다. 신독정일(愼獨精一)하고 불용의견(不容意見)이 자연스러운 것이니, 자연의 지극함이다.(《명유학안(明儒學案)》 940쪽)"

홍원은 자연 그대로의 것을 반대했다. 그는 신독(愼獨), 정일(精一)과 같은 공부 방법을 더해야 한다고 주장했다. 그는 왕양명과 담약수의 조화를 주장했다. 그는 왕·담의 학문에는 같은 부분도 있고 다른 부분도 있다고 제기했다. 왕양명의 "치양지"와 담약수의 "도처에서 천리를 체인한다"는 주장은 모두 '공리'의 마음이 생겨나기 전에 이를 소멸하는 것으로서 천리를 귀착점으로 하면 내성외왕(內聖外王)할 수 있다는 것이다. 이는 두 학문의 같은 부분이다. 왕양명은 양지를 독지(獨知)로 하는데 이렇게 하면 "치양지"와 지행이 합일하여 공부가 헛되지 않게 된다는 것이다. 그러나 왕양명은 "아무것도 알지 못하면 임금님이 정하신 대로 살아간다"라는 말을 한 적이 있다. 후학은 간단한 것을 추구하기 때문에 이러한 무심의 '지'를 진정한 '지'로 생각하고 무심의 '지'에 포함된 천리를 연구하지 않고 자연 그대로 내버려둔다고 했다. 담약수의 도처에서 천리를 체인한다는 주장은 왕양명 후학의 잘못을 바로잡았다. "감천공(甘泉公)이 몰래 이를 두려워하여 요순(堯舜)의 수수(授受)·집중(執中)·심법(心法)을 크게 인용하여 정성껏 중정(中正)의 말로 보충하였기 때문에, 그러므로 그가 말하기를 "독자(獨者)란 본체(本體)요 전체(全體)이다. 다만 독지(獨知)의 지(知)만 지(知)가 되는 것이 아니고 독지의 이(理)도 지가 되는 것이다"라고 하였으니, 비로소 지(知)에는 곧 물(物)이 있고 물에는 내외가 없으며, 물에서 체를 알지만 끊임이 없으니, 이를 이(理)라고 말한다.(《답서존재(答徐存齋)》,《명유학안(明儒學案)》제940)"

홍원은 담약수가 보충한 내용은 곧 '이'인데 이는 왕양명의 후학인 자연 그대로의 것을 주장하는 학파에게 필요한 것이라고 지적했다. 지식은 반드시 '이'의 주재를 받아야 한다. "천리를 체인한다는 것"은 곧 이 '이'를 체인해야 한다는 말이다. 그러나 감천 후학은 감천이 "도처에서 체인"을 얘기하였기에 그 '이'가 마음이 아닌 사물에 있다고 생각했다. 그리하여 사물에서 정리를 추구하였다. 홍원은 왕양명의 제자들이 감천의 제자보다 더 잘못이 많다고 생각했다. 그는 그들의 잘못에 그나마 일정한 규칙이 존재하지만 조금만 잘못해도 방탕해질 수 있다고 지적했다. 홍원은 왕양명과 담약수의 학문은 모두 심학에 속하고, 차이점을 버리고 공통점만 보았을 때에는 두 학파 모두 진(眞)을 종지로 삼는다는 것을 알 수 있다고 생각했다. 홍원은 자신과 같은 시기의 왕·담 제자들의 학술에 존재하는 문제점을 발견해냈다. 그는 또 태주후학과도 일정한 교제가 있었다. 그리하여 그가 두 학파의 잘못을 들추어내고 비판하는 것은 당연한 일이었다.

4) 당추의 자는 유중(惟中)이고, 호는 일암(一庵)이다. 가경 때에 진사가 되어 형부주사(刑部主事)에 올랐다. 집권자를 탄핵해야 한다는 상서를 올려 관직에서 쫓겨나게 되었다. 그리하여 벼슬을 그만두고 사십여 년 간 책을 쓰면서 지냈다. 젊은 시절에 왕양명을 존경했지만 그를 만나지는 못했다. 후에 감천의 입실제자가 되었다. "진심을 구하는 것(討眞心)"을 종지로 하였는데 감천의 "도처에서 천리를 체인한다"는 종지의 영향을 받았을 뿐만 아니라, 이는 "치양지"와도 비슷하다. 당추(唐樞)가 그의 "토진심(討眞心)"을 해석하면서 다음과 같이 말했다. "진심(眞心)은 사람이 실제로 지니고 있는 마음이고 실제로 지니고 있는 마음은 곧 천지에 살아있는 사람의 근본으로 고금에 걸쳐 변하지 않고 하나의 사물도 붙여 두지 아니하니, 이를 "중(中)이란 천하의 대본(大本)이라"고 말한다. 사람들 가운데 누가 이런 마음이 없겠는가? 단지 정(情)에 따라 사물을 쫓음으로 인하여 마음이 생길 뿐이지 천지 대중(大中)의 본심(本心)은 아니어서 사물(事物)의 주인이 되게 할 수는 없다. 반드시 정실하고 상세하게 찾고 토론하여 그 진실을 분별하고서 사용해야 한다. 외부에서 구하여 지원하지 않고 역시 현묘무영(玄妙無影)에 매이지 않고 자연히 천칙(天則)을 들어 생각하고 변화를 이룰 수 있도록 논의한다.(《진심도설(眞心圖說)》,《명유학안(明儒學案)》957쪽)"

당추의 "진심을 구하는 것"은 왕·담 두 학파의 종지를 혼합해 놓은 것이다. '진심'은 왕양명의 양지에서 취한 것이고 '구하다'는 담약수의 도처에서 체인하다는 데에서 취한 것이다. 당추는 "나의 진심은 곧 양지이다"라고 명확하게 말했다. 그러나 양지는 물체에 숨어있고 본심을 잃을 수도 있기에 "구하는" 공부가 필요하다. 그러나 구하는 공부는 양지가 은폐했던 것을 벗어버리는 것일 뿐 외부의 이로 마음의 영명을 채우는 것이 아니다. "정밀하게 살피고 찾는 것"은 마음에 생긴 의념이 진짜인지 분별하고 이와 중정 본체의 합일을 추구하는 것이다. 그리하여 "구하는 것"은 곧 담약수의 "체인"이다. 당추는 다음과 같이 말했다. " 심(心)은 하나인데 어찌 진실을 가실과 더불어 말할 수 있겠는가? 심은 그 마음의 체(體)를 얻는 것이 진실하며, 말미암은 바가 있어야 움직인 즉시 병에 걸리면 가실이 된다. 체가 병들면 작용함에 반드시 부당하지만, 그러나 그 중(中)을 좇아 오관백해(五官百骸)에 명령을 하면 그것은 처음부터 마음을 위한 것이 아님이 없다.(《진심도설(眞心圖說)》,《명유학안(明儒學案)》95쪽)"

진심은 양지이고 "마음이 획득한 마음의 본체"는 곧 왕양명의 "치양지", 담약수의 도처에서 천리를 체인하는 것이다. 당추의 "진심을 구하는 것"은 왕, 담 두 학파의 종지를 하나로 섞어놓은 것으로서 왕, 담 후학에 존재하는 폐단을 바로 잡으려는 의도도 있었다. 황종희는 당추에 대한 평론에서 "그가 말한 진심은 우정(虞廷)이 말한 도심(道心)이다. 구한다는 것은 학4문을 사고하는 공부를 말한다. 이는 곧 우정이 말한 정일(精一)이다. 일부 학자들은 우매하여 '도처에서 천리를 체인하는 것'으로 자신을 단속하지 못하고, 또 어떤 학자들은 영명(靈明)하지 못해 "치양지"를 얻지 못하게 된다. 따라서 진심을 구해야 한다는 말을 하지 않으면 안 된다."(명유학안·감천학안사(甘泉學案四))고 했다.

당추의 학설에는 새로운 부분이 적다. 그러나 중요한 것은 허부원(許孚遠)을 거쳐 유종주에까지 이어졌다는 점이다. 유종주는 왕학과 주자학을 조화(調和)시켰는데 이기심성에 대한 많은 주장들은 당추와 담약수의 학설에서 그 근거를 찾아볼 수 있다. 허부원의 다른 한 제자인 풍종오(馮從吾)는 《관학편》이란 책을 썼는데, 그는 장재의 관학전통을 회복하려고 했다.

5) 허부원의 자는 맹중(孟仲)이고, 호는 경암(敬菴)이며, 절강(浙江) 덕청(德淸)사람이다. 가경 때 진사가 되어 남경공부주사(南京工部主事)에 올랐다. 허부원은 청년 시기부터 당추를 따라 학문을 배웠는데 학문은 극기(克己)를 중시했다. 태주문하의 주여등(周

汝登), 양복소(楊複所) 등과 함께 강의를 한 적이 있으나 종지는 서로 같지 않다. 허부원이 유종주에게 끼친 영향에는 다음과 같은 몇 가지가 있다.

첫째, 무선무악(無善無惡)은 성이 아닌 마음을 말한 것이다. 허부원은 호직(胡直)과 서신을 주고받으면서 성에 대해 토론을 벌인 적이 있다. 그 속에서 다음과 같이 말했다. "무릇 솔성(率性)이라고 함은 하늘에서부터 받은 것으로 형기(形氣)에서 분리되지 않은 것이라 말한다. 그리고 심(心)이라고 함은 영(靈)과 기(氣)가 합쳐진 것을 말하는 것이다. 성은 단지 하나의 천명(天命)의 본체(本體)일 뿐으로, 그러므로 제칙(帝則)이 되고 명명(明命)이 되고 명덕(明德)이 되고 지선(至善)이 되고 중(中)이 되고 인(仁)이 되니, 여러 가지 모두가 성(性)의 별명(別名)이다. 이것은 아직 심의 영각(靈覺) 밖에 있은 적이 없으며, 영각은 그것을 다하기에 부족한 것 같다. 심(心)이라는 것은 허(虛)한데 이르러 신령스러워지고 천성(天性)은 보존되지만 형기(形氣)가 섞이는 것을 면하지 못하기 때문에 그러므로 우정(虞廷)이 이를 분별하여 이르기를 '인심(人心) 도심(道心)'이라 하였다. 이후의 유학자들도 역시 매번 칭하여 이르기를 '진심망심(眞心妄心)·공심사심(公心私心)'이라고 하였다. 그것을 '도심·진심·공심'이라 말했다면 성(性)을 따라 움직인 것이므로 심은 곧 성이다. 그것을 '인심·망심·사심'이라 말했다면 형기(形氣)에 섞여서 나온 것으로 심은 성이라 말할 수 없다. 군자의 학문은 능(能)이 그 심을 보존하니 곧 능이 그 성을 회복한다. 대개 심(心)은 도(道)로 돌아가고 이 사람은 하늘로 돌아가니, 곧 영각(靈覺)이고 천칙(天則)으로 어찌 두 종류가 있겠는가?(《여호려산론심성(與胡廬山論心性)》, 《명유학안(明儒學案)》983쪽)"

허부원(許孚遠)은 마음에는 하나의 영각(靈覺)이 있다고 생각했다. 마음의 본체는 성이고 성과 마음은 떨어질 수도 혼합될 수도 없다. 허부원은 "무선무악심지체(無善無惡心之體)"라는 설을 반대했다. 만약 성이 무선무악이라면 성과 마음이 같게 되고 이는 불교에서 지각운동으로 성을 논하는 것과 다를 바 없다고 했다.

허부원의 이러한 견해는 유종주에게 직접적인 영향을 미쳤다. 유종주는 양명후학이 《전습록(傳習錄)》에 대한 이해가 일치하지 않다는 걸 감안하여, 《전습록》에서 양명의 깊은 의미를 대표할 수 있는 내용들을 선택해 자신이 평어를 달았고 이를 《양면전신록(陽明傳信錄)》이라고 했다. 그는 발문에서 "무선무악심지체(無善無惡心之體)"의 잘못을 바로잡았는데 이는 곧 허부원의 뜻이기도 했다. 허부원은 위로 당추로부터 학문을 계승하였기에 왕, 담 두 학파의 학문을 조화시키고 더 나아가 정주와 육왕 두 학파의 학문을 융합시키려는 생각을 가지게 되었다. 이 점 또한 유종주에게 영향을 끼쳤다.

둘째, 마음이 곧 기다. 당추는 담약수의 학문을 계승하였기에 천지만물을 구성한 실체는 기라고 생각했다. 그는 심·성·이·도를 모두 기로 설명했다. "천지간에는 단지 하나의 기(氣)가 있을 뿐인데, 기가 그 평평함을 얻으면 허(虛)라 하고 평평함이 그 질서를 나타내면 이(理)라 하고 이(理)가 그 베품을 마땅히 하면 도(道)라 하고 능(能)이 그 베품을 주(主)로 하면 심이라 하고 능(能)이 그 밝음을 발현하면 성이라 하니, 다섯 가지가 모두 천(天)이다.(《명주여왕동야담(明州與王同野談)》,《명유학안(明儒學案)》962쪽)"

'허'는 '기'의 평균상태이고, '기'의 평균상태에서 나타나는 운행규율이 곧 '이'라고 했다. '기'의 운행에는 모두 지켜야 할 '이'가 있는데 그게 곧 '도'이다. '기'의 유행의 주재는 마음이고, '기'의 운행에 더도 덜도 아닌 근거가 되는 것이 곧 '성'이다. 이러한 것들의 근본은 모두 천연적인 것으로서 모두 '기'로 명명되었다. 그리하여 '기'가 근본이고, "성심이도"를 모두 '기'와 연관 지어 마음이 곧 '기'라고 말할 수 있다. 그리하여 그는 "마음은 기가 유행하는 근본이다. 기는 마음의 명령에 복종해야 한다.(《논진심(論眞心)》, 명유학안 959쪽》)고 말했다. '이'는 마음이 '기'의 주재자이고 마음은 '기'를 떠날 수 없다는 뜻이다. 위의 인용문에서는 우주 내의 '기'를 말했고 이번 인용문에서는 사람 몸 안의 '기'를 말했다. 전자에 나오는 마음은 비유적인 것으로서 우주의 '기'가 유행하는 과정의 주재자를 가리킨다. 후자는 사람의 관능(官能)을 가리킨다. 그러나 당추는 우주 내의 '기'와 사람 몸 안의 '기'는 법칙이 일치하다고 주장했다. 허부원은 마음과 '기'의 관계로 사람이 수양을 말하기 시작했는데, 이를 심기가 발하고자 하는 중에 나타난다고 보았다. 유종주는 "이는 기의 이일뿐이지 기보다 먼저가 아니고 기의 밖에 존재하지도 않는다. 이를 알면 마음이 곧 사람 마음의 본심이라는 것을 알 수 있다. 의리의 성은 곧 기질의 본성이다"라고 했다.(《어록(語錄)》,《명유학안》1521쪽) 그는 이를 근본 종지로 인의예지(仁義禮智)는 곧 심기의 희노애락이라고 주장했다. 마음이 곧 기라는 것은 유종주의 가장 중요한 학설 중 하나로서 이는 황종희에 영향을 주기도 했다.

셋째, 의는 종이다. 당추는 진심을 구하는 것을 중지로 했는데 진심은 곧 성이다. 당추는 "만물은 모두 나를 위해 마련된 것이고, 마음으로 물리를 관리하고 통솔하는데 정성스레 관리하니 도가 아주 광명하다"고 말했다.(《진심도설》,《명유학안》959쪽) 여기서 관리와 통솔은 허부원이 말하는 '의'다. 허부원이 성의학설을 설립한 것은 양명후학이 주재를 포기하고 마음을 다잡지 않고 마음 내키는 대로 하는 폐단을 바로잡기 위해서다. 허부원은 《여이동야서(與李同野書)》에서 '무의(毋意)'를 반대한다는 의견을 명확히 밝혔다. "노장(老丈)은 무의(毋意)를 종지로 삼는다. 사람마다 무의(毋意)의 학문으로 말미암아 이른바 조급하게 서두르면 이루지 못한다는 것이 아닌가? 《대학(大學)》에서 그 마음을 바르게 하려고 한 사람은 먼저 그 뜻을 진실하게 해야 한다. 이른바 그 뜻을 진실하게 한다는 것은 단지 스스로 기만함을 없애고 스스로 흡족함을 구하는데 있을 뿐이다. 이것이 하학(下學)의 공부이다. …… 무릇 우리가 평상시 가슴 속 생각이 시원하고 깨끗할 때와 감응하여 순조롭게 나아갈 때를 깨달으면 바로 성의(誠意)의 실마리가 된다. 반드시 존양(存養)하고 확충(擴充)해야 한다. 만약 무의(毋意)의 견해를 갖게 된다면 정신(精神)은 곧 흩어져 어지럽게 사라진다.(《명유학안(明儒學案)》 981쪽)"

허부원은 '의'를 마음의 소존(所存)으로 생각하지는 않았지만 성의의 단예(端倪)를 존양하고 확충하는 걸 중시했다. 이는 유종주가 '의'를 마음의 소발(所發)이 아닌 "소존"으로 생각하게 된 기초이다. 유종주는 '의'와 천도의 운행법칙을 독립적으로 연결시켜 '의'라는 글자에 형이상학의 근거를 부여했다. 또한 '의'를 중심으로 학설을 전개하여 철학내용을 확대시켰다. 담약수의 영향을 받았는데 내적인 의리를 계승하고 발전시킨 사실은 아주 명확하다.

제 **6** 장
왕양명의 양지(良知)

왕양명은 명나라 심학의 대표적인 인물로서 송명 이학자들 가운데서 후세에 가장 큰 영향을 준 대사상가에 속한다.

왕양명(1479-1529)의 이름은 수인(守仁)이고, 자는 백안(伯安)이며, 절강 여요(餘姚) 사람이다. 월성(越城) 밖의 양명동천(陽明洞天)에 집을 지내고 있었기에 자호(自號)를 양천자(陽天子)라고 했으며 학자들은 그를 양명선생이라고 불렀다. 그는 《양명전서(陽明全書)》 38권을 세상에 남겼다. 왕양명은 전기적 색채가 다분한 인생을 살았다. 그의 삶은 기타 과거출신의 사람들과는 많이 달랐다. 그의 학설은 그의 평생 경력과 밀접하게 연관되는데, 이를 그의 영웅호걸 같은 인격의 체현과 개괄이라고 할 수 있다.

1. 도덕의 부각

왕양명은 홍치, 정덕, 가경 연간에 활동했는데 이 시기는 명나라가 심각한 내우외환을 겪고 있던 시기였다. 서북의 오이라트(瓦剌), 타타르(韃靼)가 변경을 자꾸 침범하여 전쟁이 끊이지 않았다. 각지의 번왕들이 호시탐탐 중앙정권을 노리고 있어 반란이 끊이지 않았다. 황제, 환관, 공신들이 농토를 점하고 지주들이 농민들의 땅을 약탈하였으며, 토지점유 현상이 나날이 심각해지자 토지를 잃은 농민들이 끊임없이 폭동을 일으켰다. 거기에 황제가 주색에 빠져 관리들이 정권을 독차지하고 당파싸움이 끊이지 않는 등등 정치도 혼미했다. 이러한 것들은 명조의 통치에 큰 영향을 끼쳤다.

다른 한편으로는 명나라 중기 이후부터 상품경제가 비교적 크게 발전하여 시민계층이 서서히 성장해나가기 시작했다. 공리주의의 사조가 점차 강대해짐에 따라 사람의 마음에 대한 이학의 작용력이 점점 약해져 갔다. 정주학설은 과거제도시험에 응시하는 도구로 전락하였다. 그 결과 사회적으로 사대부들의 경쟁이 약화되고 도덕이 몰락하는 국면이 나타났다. 왕양명은 그 당시의 사회상황을 아래와 같이 묘사했다. "성학(聖學, 공자의 학문)은 이미 멀어지고 패도의 술책이 오랫동안 깊이 전파되어 비록 현명하고 지혜로운 사람이라 할지라도 모두 거기에 물들지 않을 수 없었다. 그래서 그것을 익히고 밝히고 손질하여 세상에 선양하고 부흥시키고자 하였지만, 겨우 패도의 울타리만 더하여 주는데 족하였고 성학(聖學)의 문장(門墻, 높고 깊은 경지)은 마침내 다시는 볼 수 없었다. 이에 훈고학(訓詁學)이 있어 그것을 전하는 것을 명예로 여겼으며, 외고 읽기만을 하는 학문에서는 그것을 말로 표현하는 것을 박학한 것으로 여겼으며, 문장과 시가(詩歌)을 주로 하는 학문에서는 화려하게 꾸미는 것을 아름답게 여겼다. 이러한 것들이 분분이 일어나 천하에 자리를 차지한데다가 또한 몇 가(家)였는지 알지 못하였으며, 수 천 수 만 갈래로 나누어져 가야할 바를 알지 못하였다. 당시의 유학자들은 마치 백희(百戱)의 공연장에 들어간 것 같이 떠들고 뛰고 달리고 싸우고 웃기고 뽐내고 하면서 사면에서 다투어 나타났다가 동에 번쩍 서에 번쩍하며 분주히 움직여 눈과 귀는 어지럽고 정신은 멍해질 정도였다. 그 속에서 밤낮으로 놀고 쉬면서 광병에 걸려 본심을 잃은 사람같이 가업(家業)이 돌아가는 바를 스스로 알지 못하였다. 당시의 군주들도 역시 모두 그러한 잡설에 혼미하고 전도(顚倒)해져 종신토록 쓸모없는 허문(虛文)에 종사하며, 스스로 말해야 할 바를 알지 못했다. 간혹 그 중에도 공허하고 황당하며 조리가 없고 막힌 것을 깨닫고 의연히 떨치고 일어나서 행사의 실체를 나타내 보이고자 하는 자들은 최선을 다하지만 역시 부강(富强)·공리(功利)·오패(五覇)의 사업을 하는데 그치고 말았다. 성인의 학문은 나날이 멀어지고 어두워졌으며, 공리(功利)의 악습은 갈수록 타락하였다. 그간에는 비록 불가와 도가(道家)에 현혹된 적도 있었으나 불가와 도가의 학설도 끝내는 역시 공리의 마음을 이길 수가 없었다. 비록 또 여러 유학자들의 학설을 절충한 적도 있으나, 여러 유학자들의 논리도 마침내는 공리의 견해를 깨뜨릴 수가 없었다. 대개 지금에 이르러, 공(功)을 이롭게 하는 독소가 사람의 마음 속 깊이 스며들어 악습을 형성한지 몇 천 년이나 되었다.《전습록(傳習錄)》중"

왕양명의 이 말은 그 당시의 사회조류와 사인(士人)들의 풍습을 묘사한 것으로, 이는 그의 학설이 흥기하게 된 배경이기도 하다. 또한 그가 "발본색원론(拔本塞源論)"에서 뽑으려고 했던 뿌리와 없애려고 했던 근원이기도 했다.

왕양명은 소년 시절에 호탕하고 어느 것에나 구애받지 않는 성격으로 아주 독특한 사상취향을 드러냈다. 《소보(少譜)》에 의하면 양명이 11살 때, 훈장에게 "어떤 일이 '제일등(第一等)'이라고 할 수 있는 일입니까?"라는 질문을 했다. 그러자 훈장은 "공부를 해서 과거에 급제하는 일이다"라고 대답해 주었다. 그러자 양명은 "과거급제가 아니라 공부를 그리하여 성현이 되는 것이 '제일등'이 되는 것이라 할 수 있지 않겠습니까?"라고 이의제기를 했다고 한다. 어릴 때부터 왕양명은 공부하여 벼슬길에 오르는 일을 중요하게 생각하지 않았다. 그는 도덕수양을 거쳐 성현의 영역에 도달하는 새로운 길을 찾으려고 했던 것이다.

왕양명이 17세 되던 해에 아내를 맞이하러 강서(江西) 영취(迎娶)에 갔다가 오여필(吳與弼)의 제자인 루양(婁諒)을 알게 되었다. 루양은 그에게 정주의 격물지학을 알려주면서 성현이 되려면 이를 배워야 한다고 했다. 양명은 그의 말에 따라 송유의 격물지학을 착실히 배웠다. 그러나 그는 정주의 격물지설에 여러 가지 모순이 존재한다는 것을 발견했다. "선유(先儒)들은 격물(格物)을 천하의 만물을 궁구하는 것이라고 해석하였는데, 천하의 만물을 다 궁구할 수 있겠는가? 또 한 포기의 풀과 한 그루의 나무도 역시 모두 이(理)를 지니고 있다고 하였으니, 지금 어떻게 궁구할 수 있겠는가? 설령 풀과 나무를 궁구해 왔다하더라도 어떻게 되돌려서 자신의 뜻을 성실하게 할 수 있겠는가?(《전습록(傳習錄)》하)"

왕양명이 보기에 성인이 성스러운 이유는 그 마음이 순수하여 천리와 같고 그 의가 성실하기 때문이라고 보았다. 그러나 격물에서 얻은 이치는 모두 구체적인 사물의 이치로서 이는 성의(誠意)의 직접적인 근거가 될 수 없었다. 정주의 공부 방법은 "함양은 경으로 해야 하고(涵養須用敬), 학문이 나아갈 바는 치지(致知)에 있다"는 것이었다. 그는 먼저 격물궁리를 한 다음 '경(敬)'의 공부를 통해 궁리를 해야 한다고 주장했다. 정주는 도덕수양에 필요한 천리와 격물에서 얻은 물리는 근본적으로 동일한 것이었다. 그러나 물리(物理)가 "천리(天理)"로 변화하는 데는 아직도 일정한 식도(識度)가 필요했다. 이러한 식도는 천연적으로 갖고 태어나는 게 아니라 후천적인 배양이 필요했다. 이러한 식도를 얻기 전에 물리와 천리는 서로 분리되어 있었다. 왕양명은 정주학설에서 이러한 문제점을 발견했던 것이다. "신본(新本, 주희의 《대학장구(大學章句)》를 가리킴)에서는 먼저 사물의 이치를 궁구하여 바로 잡으려 한다면 곧 아득하고 막연하여 전혀 종잡을 수 없게 될 것이니, 반드시 '경(敬)'이란 글자를 사용해야 비로소 자신의 몸과 마음으로 끌어 올릴 수 있지만 그러나 결국은 근원이 없다. 만약 '경(敬)'자를 추가 사용해야 한다면 어찌하여 공자 문하에서 가장 요긴한 그 글자를 빠뜨리고 천여 년 뒤에 다른 사람이 그것을 보충하도록 기다리겠는가? 바로 성의(誠意)를 위주로 한다고 말한다면 곧 '경'자를 보낼 필요가 없다. 성의(誠意)를 끌어내어 말하고 있는 까닭에 바로 학문의 근본(大頭腦處)인 것이다.(《전습록(傳習錄)》상)"

왕양명은 '경'은 《대학》공부의 본유적인 것으로서 이 본유적인 '경'이 곧 "성의"라고 했다. "성의"를 목적으로 격물을 해야 도덕수양을 구체화시킬 수 있다는 것이었다. 그러지 않으면 격물을 통해 얻은 것들은 구체사물의 이치일 뿐, 자기의 심신수양과는 아무런 관계도 없다고 했다. 왕양명은 "성의를 중심으로 격물치지를 하는 공부를 해야 한다. 그래야만 공부에 귀착점이 생긴다"고 반복적으로 강조했다. 그는 주희가 "마음과 이를 두 개로 나누어야 한다"는 주장에 대해 여러 번 비판의 의견을 내놓았다. 그는 《대학》의 "지지선(止至善)", 《중용》의 "하늘과 땅의 조화를 도울 수 있다(贊天地之化育)"는 "성의"가 "지지"에 도달하게 하는 최고의 경지라고 했다. 이러한 경지는 "성명양진(诚明兩进)"이 아니라 "성이 곧 명이고, 명이 곧 성이다"라는 것이었다. 도덕성을 통령(統領)으로 하고 지식이성을 보익(輔翼)으로 하는 것이 왕양명 심학의 기본강령이었던 것이다.

도덕과 지식의 관계에 대한 왕양명의 관점에는 아주 심각한 사상이 내포되어 있다. 그는 도덕을 지식으로 귀결시킬 수 없다고 생각했는데, 도덕은 의지의 활동이고 지식은 이지의 활동이라는 것으로, 도덕의 증진은 의지의 배양단련에 관계되고, 지식의 제고는 이지능력의 진보와 경험의 축적에 관계된다고 했다. 양자를 비교했을 때 도덕을 제고시키는 일이 좀 더 어렵다고 했는데, 왜냐하면 도덕을 제고시키려면 사람의 근성 속에 자리 잡고 있는 것들과 격렬한 싸움을 펼쳐야 하기 때문이라고 했다. 즉, 지식과 재능의 크기는 도덕수준의 높고 낮음을 결정지을 수 없다고 하면서, 왕양명은 도덕과 지식의 차이점을 명확하게 끄집어냈던 것이다. 그가 이렇게 하는 의도는 사람들이 서로 지식과 재능을 비교하면서 도덕수양을 포기하는 병폐를 바로잡으려는데 있었다. 그는 다음과 같이 말했다. "후세에는 성인을 만드는 근본이 천리(天理)보다 순수하다는 것을 알지 못하고 도리어 오로지 지식(知識)과 재능(才能) 위에서 성인이 될 것을 추구하였는데, 성인은 모르는 것이 없고 못하는 것이 없다고 여겼다. 나는 모름지기 장차 성인의 허다한 지식과 재능을 전부 이해해야 비로소 얻을 수 있다고 생각했기 때문에 그러므로 천리에 대한 공부에 힘쓰지 않는다. 다만 쓸데없이 정력을 낭비하여 책에 대해서만 연구하며 사물의 명칭 상에서 고증하고 형적(形迹) 상에서 비교하고 헤아렸다. 지식이 더욱 넓어질수록 인욕(人欲)이 더욱 불어나며, 재력(才力)이 더욱 많을수록 천리는 더욱 가려진다.(《전습록(傳習錄)》 상)"

왕양명이 새 학설을 창립한 목적은 도덕수양의 길에서 벗어난 사람들을 다시 성인지학의 길로 인도하기 위해서였다. 그는 "성인지학은 곧 심학이다"라고 생각했다. 심학은 곧 심신에 대한 공부로서 모든 인격소질과 정신경계의 제고를 귀결점으로 했다. 심학의 정수(精髓)는 "십육자심전(16字心傳)"에 있다. 즉, "인심유위, 도심유미, 유정유일, 윤집궐중(人心惟危, 道心惟微, 惟精惟一, 允執厥中)"이 그것이었다. 이 "십육자심전"은 모든 이학자들이 숭앙하는 것으로서 주희는 이 "십육자심전"에 《중용》의 모든 정의(精義)가 들어있다고 평가했다. 그러나 왕양명은 주희는 비록 이를 유일한 준칙으로 삼았지만 그 구체적인 해석과 실행방법에 치우친 폐단이 존재한다고 주장했다. 그 주요 표현으로는 인심과 도심을 이심(二心)으로 나누고, 유정(惟精)과 유일(惟一)을 두 개의 일(事)로 나누어 생각하는 점이라고 했다. 그는 다음과 같이 말했다. "마음은 하나이고 인위적 심인 것이 섞여 있지 않는 것을 '도심'이라 하고 인위적인 마음이 섞여있는 것을 '인심'이라 하며, 인심이 그 바른 것을 얻은 것이 곧 도심이고 도심이 그 바른 것을 잃은 것이 곧 인심이며, 애초부터 두 마음이 있었던 것은 아니다. 지금은 "도심을 위주로 하고 인심은 명을 들으니 이는 두 마음이다. 천리와 인욕은 나란히 설 수 없는데, 어찌 천리가 주인이 되고 인욕이 또 좇아서 명을 듣겠는가!《전습록(傳習錄)》 상)"

그는 인심과 도심을 이심으로 나누면 도덕의 본체를 보지 못하고 성학공부(聖學功夫)를 두 부분으로 나누어 보는 폐단이 생길 수 있으므로 유정유일(惟精惟一)에 대해 왕양명은 선인들과 많이 다른 해석을 내놓았다. 즉, "유정과 유일은 두 개의 일이 아니고, 유정은 박(博)이고 유일은 약(約)이다. 유정은 공부이고 유일은 두뇌"이다. 유정은 반드시 유일에서 실현되어야 하고 유일에는 반드시 유정의 공부가 있어야 한다. 그리하여 언제

어디서나 이 천리를 학습해야 한다"고 했다. 앙양명의 학문은 '두뇌(頭腦)'를 강조했는데 이 두뇌란 곧 도덕이고, 이 도덕은 모든 것들의 통령(統領)이라고 했다.《전습록(傳習錄)》에는 이렇게 기록되어 있다. "설간이 질문을 하였다. '오로지 함양(涵養)만 하고 강구(講求)에 힘쓰지 아니하고 장차 욕망을 이(理)로 인식하려고 하는데 어찌합니까?' 선생이 대답하였다. '사람은 모름지기 학문을 알아야 하는데 강구 역시 단지 함양만 할 뿐이며 강구하지 않음은 단지 함양의 뜻이 간절하지 않을 뿐이다." 말하였다. "어찌해야 학문을 안다고 말할 수 있습니까?' 대답하였다. '또 무엇 때문에 배우고 무엇을 배워야 하는 지를 말해 보거라.' 말하였다. '일찍이 선생님의 가르침을 들은 적이 있는데, 학문이란 천리를 보존하는 방법을 배우는 것이라 하였습니다. 심의 본체는 곧 천리입니다. 체(體)가 천리를 인식함은 단지 스스로의 심지(心地)에는 사사로운 뜻이 없어야 합니다.' 대답하였다. '이와 같다면 단지 모름지기 사사로운 뜻을 버리고 이기는 것이 곧 옳은 것일 뿐인데, 또 '천리'와 '사욕'이 분명하지 않은데 무엇을 걱정하느냐?' 말하였다. '바로 이러한 사사로운 뜻이 참되지 않을까 인식하는 것이 두렵습니다.' 대답하였다. '모두가 뜻이 절박하지 않기 때문이다. 뜻이 절박하면 눈으로 보고 귀로 듣는 것이 모두 이 '천리'에 있게 될 것인데, 어찌 참된 도리를 인식하지 못함이 있겠느냐! 시비를 분별하는 마음은 사람들이 모두 가지고 있고 밖에서 구할 필요가 없는 것이며, 강구(講求)도 역시 다만 자신 마음에서 본 바를 체득한 것이지 마음 밖에서 달리 본 바를 이룬 것이 아니다.'(《전습록(傳習錄)》상)"

함양은 덕이고 강구(講求)는 지이다. 강구는 함양을 위해서이다. 왕양명의 모든 학문은 인격의 배양과 정신경지의 제고를 목표로 한다. 그리하여 양명의 생각하는 성인은 우선적으로 덕이 있어야 한다. "성인은 모르는 게 없다고 하지만 사실 그는 천리만 알고 있을 뿐이다. 성인은 못하는 게 없다고 하지만 그는 천리를 할 수 있을 뿐이다."(《전습록》하) 그는 《대학》,《중용》의 모든 공부를 하나로 개괄했는데 그게 바로 성의이다. 도덕배양과 지식탐구의 관계에서 왕양명은 도덕의 배양을 선무로 한다. 그는 제자들에게 효심과 효도를 실행하는 구체지식에 관해 설명해주는 과정에서 도덕과 지식의 관계에 대한 자신의 근본입장을 표명했다. "어찌하여 강구(講求)하지 않는 것이냐? 단지 두뇌만 있을 뿐이며, 단지 이 마음을 좇아 인욕(人欲)을 제거하고 천리를 보존하도록 강구해야만 한다. 가령 겨울에 따뜻하게 해 드리는 일을 강구하는 것과 같이 또한 단지 이 마음의 효성을 다하여 조금이라도 인욕 사이에 섞이는 것을 조심해야만 한다. 여름에 시원하게 해드리는 일을 강구함에 있어서도 오직 마음의 효성을 다하여 조금이라도 인욕사이에 섞이는 것을 조심해야 한다. 오직 이런 마음을 얻어 강구할 뿐이다. 이 마음에 만약 인욕이 없다면 순수한 천리(天理)이고 이는 효친(孝親)의 마음을 참되게 하여 겨울에는 자연히 부모님의 추위를 생각하고, 즉시 스스로 따뜻하게 해 드릴 도리를 구해야만 한다. 여름에는 자연히 부모님의 더위를 생각하고, 즉시 스스로 시원하게 해 드릴 도리를 다해야 하는데, 이러한 것은 모두 진심으로 효성을 다하는 마음이 발휘될 수 있는 조건이다. 오히려 이러한 진심으로 효성을 다하는 마음이 있어야 그런 후에 이러한 조건도 발휘되는 것이다.(《전습록(傳習錄)》 상)"

왕양명은 언제 어디서나 도덕이 제일 중요하고 도덕이 모든 구체적 지식의 근원이라는 것을 강조했다. 도덕은 통령이고 지식은 보익(輔翼)이다. 도덕수양은 지식의 탐구를 이끌어낼 수 있다. 도덕수양을 잘 하면 자연히 지식을 얻을 수 있다. 때론 지식이 부족하거나 결핍해도 도덕의 마음이 주체가 필요한 지식을 장악할 수 있게 인도해줄 수 있다. 왕양명은 도덕에 아주 큰 능동성을 부여하였다. 도덕의 주체야말로 진정한 주체이고 그는 가치목표에 주동적으로 다가가고 목표를 주동적으로 창조하고 실현할 수 있는 이러한 능력을 소유하고 있다는 것이다. 지식의 주체는 피동적이다. 이는 점차 지식을 높여 줄 수 있는 공능만 소유하고 있고, 그 지향은 가치 이성의 통솔 아래에서만 적극적인 의의를 가지게 된다. 그리하여 왕양명은 도덕이성의 가치이성에 대한 우월성을 강조하면서 도덕배양을 제일 중요한 위치에 놓아야 한다고 주장했다.

왕양명이 도덕의 주체가 가치목표에 주동적으로 다가갈 수 있다고 생각하고 능동적으로 지식수단을 창조하여 이 목표에 도달할 수 있다는 것은 그의 공부론의 특징과 갈라놓을 수 없다. 왕양명의 공부론의 특징은 우선은 지행합일이다. 지행합일에 대한 내용은 뒤에서 상세하게 논술하기로 하고 여기서는 우선 지행합일이 도덕배양과 지식제고에 일으키는 작용에 대해 얘기하려고 한다. 왕양명의 도덕수양의 기점은 심지본체(心智本體)이다. 심지본체는 곧 사람이 태어날 때부터 소유하고 있는 선의 맹아이다. 이는 맹자가 제기한 사단과 육구연이 말한 본심이기도 하다. 왕양명의 공부는 선단을 주동적으로 확충하고 이를 모든 관념과 행위에 작용하게 그리하여 이러한 관념과 행위가 선량한 의지의 규범을 받게 한다. 모든 관념과 행위는 가치 목표와 지식 수단이 공동으로 작용한 결과이다. 그리하여 매 한가지 일을 완성할 때마다 덕성의 제고와 지식의 증장(增長)을 동시에 실현할 수 있다. 덕성의 배양과 지식의 증장은 모두 무한하다. 왕양명은 구체적인 사물을 이탈하여 지성단련과 덕성배양을 포기하는 것을 반대했다. 그리하여 그는 반드시 사실을 "치양지"하고 성의를 격물해야 한다는 등등을 강조했다. 그가 단순한 도덕배양을 강조한다고 해도 그것은 병에 걸렸을 때, 약을 먹고 수시로 입교(立敎)해야 한다는 것일 뿐이다. 왕양명은 지식이성의 단련을 특별히 강조하지 않았다. 때로는 도덕이성의 주체지위, 통솔지위를 돌출시키기 위해 사장(辭章)을 통째로 외우고 사치와 호화로움을 서로 비교하며 다투는 시대의 풍조를 비판하고 심지어 지식을 폄하하기도 했다. 그러나 도덕배양이라는 이 큰 목표 하에 지식의 증장을 이끌고 지식으로 가치목표의 실현을 보장하는 내용은 그의 철학 가운데서 은연중에 내표된 것들이다. 그리하여 왕양명은 "도문학(道問學)"과 "존덕성(尊德性)"을 동일한 것으로 보았다. 도문학하면 존덕성할 수 있고, 넓고 큰 것에 이르면 자연히 작은 것 까지 다 할 수 있으며, 유정하면 곧 유일할 수 있고 박문(博文)하면 약리(約禮)할 수 있으며 명덕친민(明德親民)하면 지지선(止至善)할 수 있다. 이는 주희가 하나를 둘로 나누어서 보는 잘못을 수정한 것이라 할 수 있다. 그리하여 그는 주희의 사상을 "조리가 없고", "두뇌가 없다"고 비꼬기도 했다.

왕양명이 도덕 이성을 강조한 원인은 그 당시의 도덕의 소멸, 선비들의 앞다투어 세속의 영리를 다투어 쫓고 심신과 성명을 중시하지 않는 이러한 국면을 해결하기 위함이다. 직접적인 목적은 사회를 개량하고 사회기풍을 바로잡는 것이다. 그러나 그 당시의 사회 이론의 수요를 만족시킨 철학자로서, 철학혁명을 일으킨 한 파벌의 지도자로서 그가 세상을 구원하는 방법에는 그 당시의 사람들을 동요시키고 후세 사람들에 영향을 끼친 철학 내용이 포함되어 있다.

우선, 왕양명은 전통권위에 나타나는 이론용기(理論勇氣)를 반대했다. 이는 역대 철학자들 중에서 가장 돌출한 특징이다. 그 당시에 사람들은 이미 형성된 학술을 공부하였는데 왕양명은 다방면의 실천 활동을 통해 사람들이 오랫동안 계승하고 배워온 권위적인 학설에 모순이 있다는 사실을 발견해냈고 새로운 학설을 창립해냈다. 이는 그 당시의 학술계를 경악시키고 크게 진동시켰다. 왕양명의 초기 제자인 서애(徐愛)는 이런 말을 한 적이 있다. "서애(徐愛)는 구설(舊說)이 사라짐으로 인하여 비로소 선생의 가르침을 들었는데, 실제로 크게 놀라 정하지 못하고 들어갈 곳으로 들어가지 못하였다. 그 후에 들은 지 이미 오래되었고 점차 자신을 돌이켜 실천하고 있음을 알고 그런 다음에 선생의 학문이 공문(孔門)에서 정통으로 전해져 온 것을 믿고 이 모든 지름길과 오솔길, 강어귀의 배편을 모두 버렸다.(《전습록(傳習錄)》상)"

《전습록》의 대다수 내용은 낡은 학문을 숙련되게 학습한 학생들과 편지를 주고받으며 자신의 새 학설을 설명하고 해석한 것들이다. 편지에는 대부분이 이러한 유형의 변론이 많다. 그중에는 그를 위학이라고 공격하는 학생들도 있었다. 왕양명은 이에 태연하게 대응하면서 자신의 학술에 확고한 믿음을 가졌다. 그가 세상 사람들의 비난을 감당하면서 주자학이 통일한 천하에서 새로운 학설을 제기한 것은 "부득이하게 그럴 수밖에 없는 현상들이 존재하기 때문이지 남들이 이를 믿는지를 염두에 두지는 않았다."(《전습록》중) 그는 세상을 구하려는 자신의 깊은 생각을 다음과 같이 자술했다. "매번 백성들이 도탄에 빠져 죽어가는 모습을 생각할 때마다 그들을 위하여 슬퍼하고 마음을 아파하며 그 자신의 불초(不肖)함을 잊고 이 마음으로 그들에게 보답할 것을 생각하였지만, 역시 스스로 그의 도량은 알지 못한 것이다. 천하의 사람들이 이와 같음을 보고 마침내 서로 비웃으며 저주하고 배척하면서 미친병이 들어 마음을 상하게 하는 사람이라 여겼다. 오호라, 이 어찌 구휼할 수 있었겠는가!(《전습록(傳習錄)》중)"

그의 노력과 인격적 매력, 학술적 역량의 영향 하에 양명학술은 각지에 전파되어 중국 대부분 지역을 장악하고 사회적 조류를 이루고 천하를 휩쓸었다. 이는 이학에 새로운 활력을 불어넣었고 새로운 내용을 더해주었다.

둘째, 왕양명이 제창하고 몸소 체험하고 실천한 것은 내성(內聖)으로 외왕(外王)을 이끄는 노선이다. 왕양명은 자기의 일생을 통해 내성과 외왕을 해석했고 일생의 발전과정을 통해 우리들한테 내서왕왕의 인격을 배양하는 과정을 제시해주었다. 내성외왕은 유가의 이상적인 인격의 극치이다. 역사적으로 유학자들이 도덕 문장과 경세제민(經世濟民)의 업적에서 이러한 업적을 이룬 사람들이 많지는 않다. 왕양명은 이에 거의 근접했다. 그는 중국 역사에서 내성외왕을 실천한 많지 않는 호걸중의 한 사람이다. 유종주는 왕양명의 학술특징을 "즉심즉행, 즉심즉물, 즉동즉정, 즉체즉용, 즉공부즉본체, 즉하즉상, 무지불이(即知即行, 即心即物, 即動即靜, 即體即用, 即功夫即本體, 即上即下, 無不之一.)"라 했다.(《명유학안·사설》) "무지불이(無不之一)"는 양명의 내성외왕의 인격을 만들어준 근본 인소이다. 그는 수양의 중점을 내성에 두었는데 내성으로 외왕을 이끌어냈다. 그의 가장 근본적인 이론은 즉심즉물, 즉지즉행이다. 즉심즉물은 그로 하여금 모든 구체적인 개념과 구체적인 행위를 도덕수양과 연관 짓고 구체적인 행위 과정에 도덕이성과 지식이성을 하나로 결합시켜 지식활동을 인격의 완벽화에 유용한 자양(資養)으로 변화시켰다. 즉지즉행은 인격을 완벽화하는 활동이 현실적인 결과가 있는 개인의 마음속의 것이기도 하고 사회군체의 것이기도 한 활동이 될 수 있게 보장했다. 그는 다음과 같이 말했다. "학문은 인욕(人欲)을 제거하고 천리(天理)를 보존하는 것을 배우는 것이다. 인욕을 제거하고 천리를 보존하는데 종사한다면, 스스로 먼저 깨달은 것을 알리고 여러 옛 교훈들을 고려하고, 스스로 많은 문변(問辨)·사색(思索)·존성(存省)·극치(克治)하는 공부를 하게 된다. 그러나 이 마음의 인욕을 버리려고 내 마음의 천리를 보존시키려는데 지나지 않을 뿐이다. 일(一)이란 천리(天理)이며, 주일(主一)은 천리 위에 있는 일심(一心)이다. 만약 주일만 안다면 일(一) 곧 이(理)를 알지 못하고 일이 있을 때는 바로 사물을 쫓고 일이 없을 때는 바로 공(空)을 잡는다. 오직 일이 있고 일이 없을 때만이 일심은 모두 천리 위에 있는 용공(用功)이고 거경(居敬)도 역시, 즉 궁리(窮理)인 까닭이다. 가령 궁리가 오로지 하나라는 점에서 말하면 곧 거경이라 말하며, 가령 거경을 정밀한 관점에서 말하면 곧 궁리라고 말한다. 도리어 거경(居敬)할 때 별도로 마음의 궁리가 있거나 궁리 때 별도로 마음의 거경이 있는 것이 아니며, 이름은 비록 같지 아니하나 공부는 단지 한 가지 일일 뿐이다.(《전습록(傳習錄)》상)"

이 '한가지 사건'은 내성외왕의 통일이다. 이는 곧 즉심즉물, 즉지즉행이다. 도덕과 지식이 평행 발전하는 것이 아니라 도덕이 지식을 이끌고 있다. 그는 의지가 지식보다 더 우월하다고 생각했고 의지에 주동적으로 의지를 획득하여 자신의 가치목표를 완성시키는 능동성을 부여해주었다.

왕양명의 일생은 곧 내성외왕의 인격에 대한 해석이다. 왕양명은 다방면의 학문과 수양을 갖추었고 심각하고 복잡하며 심지어 생사와 유관되는 체험을 여러 번 겪기도 했다. 이는 그의 풍부한 지식과 출중한 인생지혜의 기초이다. 왕양명의 집안은 세세대대 관직을 맡았던 벼슬집안이었다. 왕양명은 어려서부터 시에 재능이 있었고 과거에 급제한 뒤 전칠자(前七子)였던 이몽양, 하경명 등과 함께 문학방면에서 활약을 펼쳤었다. 그러나 후에 "유한한 정신을 쓸모가 없는 문학"에 쏟기 싫어서 문학을 포기했다. 그러나 그의 시문은 이미 상당한 수준에 도달했다. 그는 어려서 아버지를 따라 북경에서 지낼 때에 거용관(居庸關)을 유람하였는데 변방에 사는 호인(胡人) 아이들과 함께 말을 타고 활을 쏘며 방어기술을 익혔다. 저녁을 먹은 뒤에는 핵심적으로 진법을 연마하곤 했다. 그는 병서를 즐겨 읽었는데 처음 관직을 맡았을 때에 군대의 법을 감독하고 팔진도(八陣圖)를 훈련했다. 이는 후에 신호(宸濠)를 잡고 서남변경에 일어난 소수민족의 폭동을 평정하는 등 그의 군사활동을 위해 풍부한 경험과 재능의 바탕이 되었다. 그는 불교에 관심을 가졌고 도를 닦는 사람한테서 양생하는 방법을 배우고 양명동(陽明洞)에 집을 짓고 살면서 도인술(導引術)을 배웠다. 심지어 신혼첫날밤에 도를 닦는 사람과 함께 정좌를 하느라 합방하는 일을 잊어버리기도 했다. 이는 그가 도교의 사상 자료를 광범하게 이용하여 이론을 창조하는데 기초를 마련해주었다. 소년시절에 왕양명은 친히 정주학의 "격물"을 실천하면서 격죽(格竹)을 체험하였다. 이후의 이론탐색과 실천 체구(體究)에서 주희의 학문에 모순이 존재한다는 사실을 발견해냈다. 유명한 용장오도(龍場悟道)는 왕양명이 유배지에서 "성현의 도는 나의 본성에 이미 갖추어져 있으므로, 외부사물을 탐구하는 것을 진리에 이르는 길로 삼는 것은 오류이다"라는 사실을 깨닫게 되었다. 이는 생사의 고난을 겪는 과정에 얻은 큰 수확이었다. 왕양명은 전기적 색채가 다분한 인물로서 다방면의 학문과 수양을 갖추었고 많은 체험을 하였기에 많은 방면에서 재능을 발휘할 수 있었다. 이는 그가 도덕이성과 지식이성을 결합시키고 도덕으로 지식을 이끄는 공부 방법에 확고한 신념을 제공하기도 했다. 주희는 평생 동안 학술연구 사업에만 종사했는데 그의 짧은 벼슬생애는 왕양명처럼 격동적이지 못했다. 그의 학술방법은 학자식이다. 왕양명은 일생동안 벼슬과 학문의 연구를 병행하였는데 그의 인생은 아주 굴곡적이었으나 학문을 연구하는 길은 아주 평탄했다. 주희의 전형적인 학자적 생활과 비교했을 때에 왕양명의 학술은 매우 평민적이다. 모든 도덕경지와 지식수준에 있는 사람들은 언제든지 작은 일부터 실천해나갈 수 있다. 그의 "치극(致極)양지"에는 명확한 표준이 없다. 그는 "치양지"의 과정을 강조한다. 그는 자신의 학술을 "높은 벼슬에 있는 사람에서부터 시정잡배들에 이르는 모든 사람들이 이를 할 할 수 있다", "땔나무를 파는 사람도 실천할 수 있다"고 말했다. 황종희도 "양명학이 모든 사람이 양지를 얻을 수 있다고 하면서 모든 이들에게 성인이 되는 길이 생기게 되었다"고 하였다.(《명유학안 · 요강학안(要講學案)》) 내성외왕은 사람마다 할 수 있는 것으로서 사람마다 자신의 내성외왕을 갖고 있다. 왕양명은 자신의 시범을 통해 이학의 수련 범위를 학자에서 평민까지 확대시켰다.

내성으로 외왕을 이끄는 왕양명의 방법은 도덕과 과학의 관계에 관한 새로운 생각을 불러일으킬 수 있다.

옛날부터 철학자들은 도덕과 지식의 관계에 대해 다른 견해를 가지고 있었다. 지식으로 도덕을 대체하기도 했는데 고대 그리스의 철학자인 소크라테스는 "지식이 곧 미덕이다"라는 명언을 남기기도 했다. 헤라클레이토스는 사람이 도덕적인 생활을 하려면 반드시 로고스에 따라 행동해야 한다고 생각했다. 혹은 지식과 도덕을 완전히 다른 두 개의 분야로 생각하기도 했다. 노자는 "학문을 하면 나날이 늘어나고, 도를 닦으면 나날이 줄어든다(爲學日益, 爲道日損)", "모른다는 것을 아는 것이 상(上)이고, 모르면서 아는 체하는 것이 병(病)이다"라는 말을 하였다. 이는 도덕과 지식을 두 개로 나누어 보고 도덕과 지식의 제고를 서로 상관없거나 심지어 서로 반대되는 내용으로 간주했다. 경험론의 논리학자들은 모든 논리관념과 논리원칙은 경험에서 나오고 어떤 의미에서도 천부적인 관념이라는 것은 존재하지 않는다는 점은 인정한다. 그러나 그들은 도덕과 지식이 함께 발전한다고 생각하지 않는다. 왕양명의 "치양지"에 내포된 도독과 지식의 관계는 선명한 중국 철학적 색채를 띠고 있다. 그의 즉심즉리, 즉지즉행은 모든 관념과 행위를 도덕과 지식의 결합체로 보고 모든 일에서 이중결과 즉 도덕의 증진과 지식의 제고를 실현해야 한다고 했다. 그는 온청정성(溫淸定省)과 같은 일상 활동을 모두 효(孝)의 표현으로 보았다. 예로 효심이 없는 것은 마치 장난을 치는 것처럼 아무런 도덕적 가치도 없는 것이다. 그리하여 이러한 활동을 어떻게 변화시켜야 하는가 하는 문제가 생겨나게 되었다. 이에 대한 왕양명의 관점은 다음과 같다. "이 마음에 인욕이 없이 순수한 천리라면 이는 성실한 효심이다. 추울 때에 자연히 부모님이 추위를 탈까봐 걱정되기 마련이므로 자연히 부모님을 따뜻하게 섬겨야 한다. 더울 때는 부모님이 더위를 탈까봐 걱정되어 부모님을 시원하게 해드려야 한다. 이는 모두 효성의 마음에서 나오는 것들이다." 우선, 동기가 정확해야 자연히 좋은 결과가 생길 수 있다. 여기서 왕양명은 동기와 효과가 불일치할 수 있다는 가능성에 대해 모르는 것은 아니다. 그는 이론의 방식으로 문제를 극단까지 몰고 간 다음 합리적인 해석을 내놓은 것이 아니다. 왕양명은 실천을 제창한다. 그는 일반적인 활동에서 도덕과 지식을 병행하는 공부를 해야 한다고 사람들에게 요구하고 있다. 그는 자기의 일생으로 학설을 시험해보았다.

이러한 도덕과 지식을 합일시켜야 한다는 치사(致思)경향은 왕양명부터 시작된 것은 아니다. 이는 중국 전반 도덕문화에서 오랫동안 전해져 내려온 전통이다. 왕양명은 통치지위에 처한 주희와 대항하기 위해 이를 특별히 부각시켰다. 이러한 부각은 두 개의 결과를 초래했다. 하나는 도덕의식이 결여된 그 당시의 사회기풍을 바로잡고, 다른 하나는 중국학술에서 가뜩이나 박약한 과학적 인소를 말살해버리고 범도덕주의의 경향을 더 강화시켰다. 송나라와 비교했을 때에 명나라에서 실증과학은 이성과 가치가 서로 혼잡해 있던 국면에서 벗어나 점차 소수인들의 전문적인 학문으로 자리를 잡게 되었다. 그러나 가치를 천술(闡述)하는 이학은 점차 마음의 정밀한 부분으로 발전해나갔다. 이것으로 왜 명나라 이학이 점점 심성의 체험을 중요시하게 되었고 이기에 대한 학설이 이차적인 지위로 물러나게 되었는지 설명할 수 있다. 실증과학과 이학의 점진적 분리는 양명학이 주자학에 대한 반동(反動)이 형태상에서 나타난 변화이다. 도덕이성을 강조하는 능동성은 오히려 도덕이 사람의 마음을 억압시킬 수 없게 만들었다. 시민계층의 기세가 높아지면서 공리사상을 억제할 수 없게 되어 양명학이 대대적으로 정합되었다. 결국 그가 원하던 것과 완전히 다른 결과를 초래하게 되었다.

2. 심외무리(心外無理)

1) 심외무리 — 격물 도덕이성이 지식이성보다 우월하고 도덕이성은 통령이고 지식이성은 보익이라는 사로가 확립된 후, 왕양명이 제기한 첫 명제는 곧 "심외무리"이다. 심외무리는 직접 육구연한테서 계승한 것이 아니다. 그는 주희학에 서로 통하지 않는 문제가 존재한다는 것을 느끼고 또 여러 번의 인생 변고를 당한 뒤 혼자서 이를 깨닫게 되었다. 용장오도는 왕양명의 일생에서 가장 절실하고 가장 의미 있는 변화로서 그는 도덕의지가 생사와 환난에 대한 거대한 작용력을 발견해냈다. 이는 용장오도의 직접적인 결과이다. 그는 "성현의 도는 나의 본성에 이미 갖추어져 있으므로, 외부사물을 탐구하는 것을 진리에 이르는 길로 삼는 것은 오류이다"라고 했다.(《연보(年譜)》,《왕양명전집》) 1,228쪽) 소년시절에 격죽(格竹)에 실패한 왕양명은 주희의 격물궁리에 의심을 가지기 시작했다. 용장에서의 간고한 생활과 동심인성(動心忍性)은 마침 그에게 기회를 마련해주었다. 그는 격죽에서 얻지 못한 것들을 한 번에 깨닫게 되었다. "심외무리"의 중심사상

은 마음은 사람의 주재이고 마음에서 가장 중요한 것은 도덕이성이다. 사람에게 제일 중요한 것은 마음이고 마음은 사람의 힘과 지혜가 존재하는 근거이다. 그리하여 그는 마음의 주재 작용을 여러 번 강조하였다. "마음(心)이란 사람의 주재(主宰)로 눈에는 비록 보이나 보이는 것은 마음 때문이며, 귀에는 비록 들리나 들리는 것은 마음 때문이며, 입과 사지(四肢)가 비록 움직인다고 말하나 움직인다고 말하는 것은 마음 때문이다.(《전습록(傳習錄)》하)" "요컨대 '예가 아니면 보지 말라'를 듣고 말하고 움직일 때 어찌 너의 이목구비(耳目口鼻)와 사지(四肢)가 스스로 보고 듣고 말하고 움직이지 않겠는가? 모름지기 너의 마음으로 말미암은 것이다. 이러한 보고 듣고 말하고 움직이는 것이 모두 너의 마음이다. 네 마음이 보는 것은 눈을 통해 나타난 것이며, 네 마음이 들은 것은 귀를 통해 나타난 것이며, 네 마음의 말은 입을 통해 나타난 것이며, 네 마음의 움직임은 사지(四肢)를 통해 나타난 것이며, 만약 너의 마음이 없다면 곧 이목구비(耳目口鼻)도 없다.(《전습록(傳習錄)》상)"

마음의 주재(主宰)는 지식이성을 가리키는 것이 아니다. 지식이성은 마음의 영명한 지각작용이다. 왕양명은 마음의 지각작용을 승인하지 않았다. 심외무리가 강조하는 것은 도덕이성의 주재 작용이다. 즉, 보덕의성에 의한 행동이 아닌 것은 도덕의의를 갖고 있지 않다. 《전습록》에는 이렇게 쓰여 있다. "서애가 물었다. '지선(至善)은 단지 마음에서 구할 뿐이며, 천하 사리(事理)에 다할 수 없는 일이 있을까 두렵습니다.' 선생이 대답하였다. '마음[心]은 곧 이치[理]인데, 천하에 또 마음 밖의 일이 있고 마음 밖의 이치가 있는가?' 서애가 말하였다. '부모를 섬기는 효(孝), 임금을 섬기는 충(忠), 친구와 사귀는 신(信), 백성을 다스리는 인(仁) 같은 것에는 그 사이에 많은 이치가 존재하고 있으니 아마도 역시 살피지 않을 수 없습니다.' 선생이 탄식하며 대답하였다. '이 설(說)을 폐함이 오래되었는데, 어찌 한결같이 깨달을 수 있는 바를 말하는가? 지금 잠시 질문한 것에 따라 이를 말하겠다. 또 어버이를 섬기는 것 같이 어버이를 떠나서는 효의 이치를 구할 수 없고, 임금을 섬김에 임금을 떠나서 충의 이치를 구할 수 있는가? 친구를 사귀고 백성을 다스림은 친구와 백성을 떠나서는 마음과 인(仁)의 이치를 구할 수 없을 것이다. 모두 단지 이 마음이 있을 뿐이다. 마음은 곧 이치[理]이다. 이 마음은 사욕(私欲)의 가림이 없는 곧 천리이며, 모름지기 외면(外面)에 일분(一分)을 더할 수 없다. 이 순수한 천리의 마음으로 이를 드러내어 어버이를 섬기는 것이 곧 효(孝)이며, 이를 드러내어 임금을 섬김이 곧 충(忠)이며, 이를 드러내어 친구를 사귀고 백성을 다스림이 곧 신(信)과 인(仁)이다. 오직 이 마음만이 있을 뿐이니, 인욕을 버리고 천리를 보존하는 용공(用功)이 곧 이것이다'.《전습록(傳習錄)》하)"

어버이를 섬기고 임금을 섬기며 친구를 사귀고 백성을 다스림에 있어서 그 가치는 모두 마음에서 나온다. 도덕이성의 참여가 없는 사항에는 도덕의의가 없다. 이는 연극을 하는 배우가 극중 인물의 도덕 감정을 갖고 있지 않는 것과 같다. 극중의 도덕사항에는 도덕가치가 없다.

도덕이성은 주재 작용의 근본이기 때문에 격물, 치지, 성의, 정심에 대한 왕양명의 해석은 전통적인 해석과 전혀 같지 않다. 특히 주희의 해석과 많이 다르다. 그의 해석은 이러하다. "몸의 주재는 마음이고 마음의 발생은 곧 의(意)이다. 의의 본체는 지(知)이고 의의 소재(所在)는 곧 물(物)이다."(전습록 상) 이러한 정의는 전통적인 해석의 순서와 정반대이다. 전통적인 순서는 격지성정이지만 왕양명의 순서는 심의지물이다. 이 정반대로 되는 순서에서 우리는 주희의 학설에 있어서 왕양명의 학설은 한차례의 혁명과도 같다는 걸 알 수 있다. 이 혁명의 결과는 아주 특별하다. 명나라학술의 변천과정에서 이를 관찰해낼 수 있다.

그 특이함은 마음의 의의의 부동함에 있다. 전통적인 관념에서 마음의 작용은 주로 지각작용인데 마음은 주로 응사접물(應事接物)에서 얻은 감각을 인지, 찰식(察識), 용수(容受) 그리고 정리하는 작용을 한다. 주희는 마음의 주요한 작용은 시청언동(視聽言動), 지각운용을 규범, 지도하는 작용이 있다고 주장한다. 그러나 왕양명이 말하는 "마음"은 주로 도덕이성을 말한다. 주희는 천명지성을 도덕의 근원으로 보고 지식의 누적과 활연관통은 천명지성이 마음의 층면에까지 투과하여 주체가 스스로 느끼게 된 자극물이라고 생각했다. 왕양명은 성이 도덕의 근원이라고 인정하기는 한다. 그러나 그는 "심이 곧 성"이고 심과 성은 시시각각 서로 통하며 도덕이성은 직접 마음에 나타난다고 생각한다. 만약 사욕이 이를 막지만 않는다면 성체가 시시각각 드러나 마음이 이를 느낄 수 있게 한다. 그러나 주희에게 있어 마음으로 성을 나타내는 것은 격물치지 다음의 일이다. 왕양명은 마음과 성이 시시각각 서로 통한다고 주장했다. 마음에 대한 견해와는 다르게 왕양명은 의를 "마음이 밖으로 나타난 것이고", 지(知)는 "의(意)의 본체"이고, 물은 "의가 있는 곳"이다. 여기서 '의'는 곧 의념이다. 의념은 마음에서부터 생겨나는 것이다. 지는 곧 의의 본질이다. 여기서 지는 양지가 아니라 일반적인 심리활동이다. "의의 본체는 곧 지이다"라고 하는 것은 의념의 본질이 심리활동이라는 말이다. 후인들이 왕양명의 철학에서 가장 많이 질의하고 공격을 가하는 부분이 바로 "마음"과 "물" 이 두 개의 개념이다. 왕양명은 "물"을 "뜻이 있는 곳"이라고 했다. "만약 의(意)가 어버이를 섬기는데 있으면 곧 어버이를 섬기는 것이 곧 일물(一物)이며, 뜻이 임금을 섬김에 있으면 곧 임금을 섬기는 것이 곧 일물이며, 뜻이 백성을 어질게 하고 사물을 사랑하는데 있으면 곧 백성을 어질게 하고 사물을 섬기는 것이 곧 일물이며, 뜻이 보고 듣고 말하고 움직이는 것이 곧 일물이다.(《전습록(傳習錄)》 상)"

여기서 왕양명이 물이라고 하는 것은 주체 이외의 "객관외물"이 아니다. "객관외물"은 지식이성의 대상으로서 이는 왕양명에게 그렇게 중요하지 않다. 왕양명이 말하는 물은 "사(事)"인데, 즉 도덕이성을 포함하고 특정적인 목표와 행위 수단이 있는 "사"이다. 그는 다음과 같이 말했다. "의(意)가 사용되는 곳에는 반드시 그 물(物)이 있고 물은 곧 사(事)다. 만약 의를 어버이를 섬기는데 사용한다면 곧 어버이를 섬기는 것이 일물이 되며, 의를 백성을 다스리는데 사용하면 곧 백성을 다스리는 것이 일물이 되며, 의를 책을 읽는데 사용하면 곧 책을 읽는 것이 일물이 된다. 의를 소송을 듣는데 사용하면 즉 소송을 듣는 것이 일물이 된다. 무릇 의가 사용되는 곳에는 무물(無物)을 가지고 있는 자 없으니, 이 의가 있으면 곧 이 물이 있고 이 의가 없으면 곧 이 물이 없다.(《전습록(傳習錄)》 상)"

도덕이성을 포함하고 있는 '사'에는 주체의 선택, 판단, 체험, 평가가 있을 수 있고 도덕이성과 관계가 발생할 수 있다. 왕양명은 전통적인 격물론이 심신성명과 아무 관련을 짓지 않은 것을 반대했다. 이러한 결점을 미봉하기 위해 그는 사를 물로 간주했다. 사를 물로 보았기에 격물의 해석에 큰 변화가 생기게 되었다. "격물(格物)은 맹자(孟子)가 '대인은 군심(君心)에 이른다[格]'고 한 격(格)과 같은데, 이는 그 심(心)의 부정(不正)을 버리고 그 본체(本體)의 정(正)을 온전히 하기 때문이다. 다만, 의(意)가 소재한 곳을 생각하면 곧 바르지 못한 것을 버리고 바른 것을 온전하게 해야 하며, 곧 때도 없이 장소도 없이 천리(天理)를 보존하는 것이 아니니, 곧 궁리(窮理)이다. 천리는 곧 명덕(明德)이고 궁리는 곧 명덕을 밝히는 것이다.(《전습록(傳習錄)》 상)"

이러한 격물은 곧 "정념두(正念頭)"이다. 정념두는 곧 성의이고 정심이며 명명덕이고 지어지선(止於至善)이다. 그리하여 "심외무물, 심외무사, 심외무의, 심위무선"이다.(《여왕순보(與王純甫)》, 《왕양명전집》 156쪽) 왕양명은 《대학》에 나오는 삼강령팔조목(三綱領八條目)을 한 개 일로 통일시켰다. 왕양명은 이러한 해석은 마음과 이를 통일시킨 것으로서 주희가 마음과 이를 나누어 보는 잘못을 바로잡는 관건적인 변화라고 해석했다. "주자(朱子)가 이른바 격물(格物)이라고 하는 것은 곧 사물에 접촉하여 이치를 궁구하는 것이다. 사물에 접촉하여 이(理)를 궁구함은 모든 사물[事事物物] 위에 나아가 이른바 정리(定理)를 구하는 것이며, 이로써 내 마음으로 모든 사물 가운데에서 이(理)를 구하면 심(心)과 이(理)를 쪼개어 둘이 되었다. 모든 사물은 모두 그 이(理)를 얻는 것이 격물이며, 이것이 심과 이가 합하여 하나가 되는 것이다.(《전습록(傳習錄)》 상)"

격물에 대한 왕양명의 정의는 도덕의 보편성을 돌출시키려는 의도가 있다. 그는 모든 일을 도덕을 증강시키는 매개로 보았다.

2) 심지본체 — 심즉성 심즉리, 마음 외에 이가 존재하지 않는다는 말의 다른 중요한 의미는 곧 도덕행위의 근원이 되는 선은 맹아상태로 사람이 선천적으로 마음에 갖고 태어난 것이다. 선천적으로 갖고 태어난 것은 선즉리, 그리하여 '심즉리'이다. 왕양명이 용장오도를 거쳐 도덕이성의 최장 지위를 확정한 후 또다시 도덕이성의 근원을 발견해냈다. 이는 고전의 실증을 거친 것들이다. 맹자의 사단설, 육구연의 본심설은 왕양명이 여러 번 숙독하여 마음에 훤히 꿰뚫고 있는 내용들이다. 그러나 이러한 것들은 선인들의 낡은 학설을 계승하였을 뿐 자신의 체험을 거치지 않은 것들이다. 용장오도를 거친 후 그는 심즉리를 반복해서 강조하였고 이를 도덕이성의 근원으로 간주하기 시작했다. 용장오도를 거치기 전에 왕양명은 격물을 통해 얻은 물리로 마음의 영명을 보충한 후에 함양을 통해 이를 천리로 전환하는 방법을 사용했다. 그러나 용장오도를 거친 후 왕양명은 마음속에 본래부터 존재하는 이를 이용하여 물리를 귀약(歸約), 화해(化解)시켰다. 왕양명은 "성은 마음의 본체이고 하늘은 성의 원인이며 진심(盡心)하는 것은 곧 진성(盡性)이다."(《전습록》 하) 그러나 여기서 성은 완전하고 성숙되고 광대한 형식으로 마음속에 존재하는 것이 아니다. 이는 아주 미약한 맹아상태이다. 이게 바로 심지본체이고 양지이다. 《전습록》에는 이렇게 기록되어 있다. "유건(惟乾)이 물었다. '지(知)가 어찌하여 심의 본체입니까?' 선생이 대답하였다. '지(知)는 이(理)의 신령한 곳으로, 그 주재하는 점에서

말하면 곧 마음이라 하고 천성적으로 타고난 점에서 말하면 성이라 한다. 어린아이도 부모를 사랑할 줄 알고 형을 공경할 줄 아니, 오직 이것은 신령할 뿐이다. 능력이 사욕(私欲)에 가로막히지 않고 전부 발휘된다면 곧 완전한 본체로서 천지의 덕과 합일된다.'(《전습록(傳習錄)》상)"

왕양명의 다른 말은 이렇게 해석할 수도 있다. "성(性)은 하나일 뿐이며, 스스로 형체인 것을 하늘(天)이라 하고 주재하는 자를 제(帝)라 하고 유행(流行)하는 것을 명(命)이라 하고 사람에게 부여한 것을 성(性)이라 하고 몸에서 주인 노릇을 하는 것을 심(心)이라 한다. 부모를 예우하는 것을 곧 효(孝)라 하고 군주를 예우하는 것을 곧 충(忠)이라 한다. 이 이후로부터 무궁(無窮)에 이르니, 오직 하나의 성(性)일 뿐이다.(《전습록(傳習錄)》상)"

왕양명의 '심즉리'는 마음을 우주라는 큰 체계 속에 넣고 인식한 것이다. 그는 이러한 계통에는 오직 하나의 성만 존재하는데 이 성이 곧 우주의 법칙이라고 주장했다. 성은 형형색색의 구체적인 사물로 나타나는데 이게 바로 하늘이다. 하늘은 무수한 구체사물의 집합지이다. 만물은 다양하나 이를 통괄하는 종지가 존재한다. 만물을 주재하는 걸 제(帝)라고 한다. 만물은 모두 자신의 본성의 필연성에 근거하여 운동하는데 한시도 쉴 때가 없고 다다를 수 없는 곳이 없다. 이는 우연중의 필연으로서 명이라고 한다. 이러한 본성의 필연성은 끊임없이 변화하고 영원히 불변한다. 사람에게 부여된 것은 사람의 성이고 이는 구체적으로 인의예지로 표현된다. 우주의 근본법칙은 우주만물의 주재로서 이를 제(帝)라고 한다. 사람의 몸의 주재는 마음이다. 마음의 주재 작용은 성, 의지, 정감 등을 통해 공제하고 사람의 사상과 행위를 주관한다. 우주의 근본법칙은 혼일(渾一)적이다. 천, 제, 성, 명, 심은 모두 다른 측면에서 이를 이해한 것이다. 그리하여 왕양명은 '심즉리', "심즉성", "심즉도", "심즉천" 등등 명제를 제기했다. 이는 "사람은 천지만물의 마음이다", "천지만물과 내 마음은 일체이다" 등 관념의 사상적인 기초이다. 또한 이는 왕양명이 자신의 학술이 간단하고 직접적이라고 생각한 근거이기도 하다. 마음이 곧 이라고 했으니 자연히 양지는 우주의 근본법칙의 맹아상태이다. 마음속의 양지를 모든 사물에 확충시키면 도덕이성, 지식이성을 확장하고 제고시킬 수 있다. 이는 간단하고 모든 사람들이 실행 가능한 방법이다. 황종희가 말한 "왕양명이 사람은 누구나 양지(良知)를 가질 수 있다고 하면서부터 사람마다 성인이 될 수 있는 방법을 알게 되었다"고 했다. 그는 왕양명이 유학의 후인들이 마음의 본체를 무시하는 잘못을 바로 잡아주었기에 사람들이 자기 마음에 존재하는 도덕이성에 근거해 성현의 공부를 할 수 있게 되었다고 높이 평가하였다.

왕양명의 '심즉리'에는 이러한 사상도 포함된다. 하늘이 부여해준 도덕의식은 곧 성(誠)이고 지선(至善)이며 미발지중(未發之中)이다. 그는 다음과 같이 말했다. "양지(良知)는 단지 하나의 천리(天理)가 자연히 밝게 발현한 곳일 뿐이며, 단지 하나의 진성측달(眞誠惻怛, 진정으로 남을 불쌍히 여기는 마음)이니, 곧 그 본체이다. 그러므로 양지의 진성측달에 이르러서 어버이를 섬기는 것이 곧 효(孝)이고 양지의 진성측달에 이르러서 형을 따르는 것이 곧 제(弟)이고 양지의 진성측달에 이르러서 군주를 섬기는 것이 충(忠)이다. 오직 하나의 양지일 뿐이고 하나의 진성측달일 뿐이다.(《전습록(傳習錄)》 하)"

성은 공능성, 묘사성의 개념으로서 사물을 묘사할 때 그 본성에 근거하여야 하고, 이러한 성신을 운행시킬 수밖에 없는 성질에 근거해야 한다. 예를 들어 《중용》에서는 "성은 하늘의 이치이다"라고 말했다. 그러나 이학자들은 성을 본성의 개념으로, 만물에 대한 주체의 각해를 체현해낸 가치성 개념으로 전변시켰다. 왕양명에게 있어 본심은 곧 성이다. 그러나 그에게는 양지가 성이라고 생각하는 경향이 있다. 왜냐하면 마음은 형이상과 형이하의 혼합이고 본체와 표현을 통일시킨 개념이기 때문이다. 직접 심즉성과 심즉리, 마음은 진심과 측달이라고 표현하면 왕양명이 주장하는 마음이 기를 움직이고, 칠정에 넘치는 등 현실 상태를 배제할 수 없게 된다. 그리하여 심즉리를 말할 때에 응당 분산과 제한을 해야 한다. 왕양명은 양지를 본심, 즉 오염을 받지 않은 마음의 대명사로 생각했다. 이 본심은 동시에 미발지중이기도 하다. 그는 다음과 같이 말했다. "인성(人性)은 모두 선(善)하고 중화(中和)는 사람마다 원래 가지고 있는 것이니, 어찌 없다고 말할 수 있겠는가? 다만 보통 사람의 마음이 이미 어둡고 피폐해졌다면 그 본체는 비록 역시 때때로 발견된다 하여도 끝내는 잠시 맑다가 잠시 소멸되니, 전체대용(全體大用, 온전한 본체와 큰 쓰임)이 아니다. 중도가 아닌 것이 없으니 그런 뒤에 대본(大本)이라 말하며, 화합하지 않는 것이 없으니 그런 뒤에 달도(達道)라 말한다. 오직 천하가 지극히 정성스러우니 그런 뒤에 천하의 대본을 세울 수 있다.(《전습록(傳習錄)》 상)"

왕양명은 미발지중을 본래부터 갖고 있던 것이라 생각했다. 즉, 이론상에서 사람이 태날 때부터 갖고 있던 마음은 바른 것이라고 승인했다. 왕용계(王龍溪)는 이 점을 계승하여 선천정심(先天正心)의 학문을 발휘했다. 그는 이러한 선천정심에 악의 마음이 섞이지 않게 잘 보호하고 이러한 본체를 깨닫는 게 바로 공부라고 주장했다. 이 점에 대해서는 왕용계에 대해 얘기할 때 상세히 서술하도록 하겠다. 왕양명은 중화는 사람마다 고유한 것이기는 하나 이는 마음의 이상적인 상태일 뿐이다. 현실적으로 사람의 마음은 어쩔 수 없이 기병의 영향을 받게 되기 마련이다. 물욕이 생기는 것을 방지하려면 존천리하여 사람의 욕망을 제거하는 공부를 그리하여야 한다. 그래야 본래 갖고 있던 바른 마음을 보존할 수 있다. 이는 왕양명의 조기 사상을 관통하는 주장으로서 아주 중요한 지위를 차지한다. 그는 다음과 같이 말했다. "미발지중(未發之中, 아직 발현하지 않은 상태)에는 보통 사람이 갖추고 있다고 말할 수 없다. 대개 체용(體用)은 근원이 하나인데 이 체가 있으면 곧 이 용이 있다. 미발지중에 있음은 곧 발현하여 중절지화(中節之和, 잘 조화되어 발현한 상태)에 있게 된다. 지금 사람들에게는 발현하여 중절지화가 있을 수 없고 모름지기 다른 미발지중 역시 온전하게 얻을 수 없다는 것을 알고 있다.(《전습록(傳習錄)》상)"

일반 사람은 미발지중할 수 없기에 천리를 보존하고 욕망을 버리는 공부를 해야 한다. 그러나 사람은 태어날 때부터 선을 갖고 있지만 물욕에 가리여 나타나지 않을 뿐이다. 그리하여 인욕을 버리면 천리가 저절로 나타나게 된다. 때문에 천리를 보존하고 인욕을 버리는 것은 사실 인욕을 버리는 공부이다. "인심(人心)은 천연(天淵)이다. 심(心)의 본체는 갖추어지지 않은 바가 없으며, 원래는 한 개의 천(天)이나, 다만 사욕(私欲)으로 장애가 되면 천의 본체는 상실될 뿐이다. 심의 이(理)는 다 궁구할 수 없으며, 원래는 하나의 연(淵)이나 다만 사욕으로 막히면 연의 본체는 상실될 뿐이다. 만약 지금 "치양지"(致良知)를 마음으로 생각하여 장차 이 장애와 막힘이 일제히 다 사라진다면 본체는 이미 회복되었으니, 곧 천연(天淵)이다.(《전습록(傳習錄)》하)"

천리를 보존하고 인욕을 버리는 것은 송명이학의 중요한 대요이다. 심학은 특히 이를 강조한다. 왕양명의 저서 곳곳에서 "천리를 보존하고 인욕을 버려야 한다"는 것과 "성찰극치"를 찾아 볼 수 있다. 왕양명의 공보론에는 한 가지 특징이 있다. 그는 독서, 정좌가 아닌 사실에서, 행위에서 천리를 보존하고 인욕을 버려야 한다고 강조했다. 그리하여 왕양명은 특별히 지행통일의 학설을 제창한다. 이 학설은 왕양명의 전반 공부의 정신적 기둥이고 그의 인격 특징이기도 하다. 그는 도덕으로 지식을 이끄는 방침은 지행합일에서 충실하고 관철되어야 한다고 한다.

3. 지행합일(知行合一)

　　지행합일은 왕양명이 비교적 일찍이 제기한 학설이다. 왕양명이 용장에 있을 때, 제학부사(提學副使) 석서는 왕양명을 귀양서원에 모셔놓고 지행합일을 강의하게 했다. 이는 그 당시에 사람들이 배우고 있던 지선행후(知先行後)의 학설과 현저한 차이가 있었기에 이를 믿는 학자들이 많지 않았다. 다음 해에 이어서 학생들에게 정좌하면서 자기 마음의 본체를 느껴야 한다고 가르쳤다. 그러면서 그는 후회의 감정을 내비치기도 했다. "귀양에서 지행합일을 가르칠 때 반대가 너무 심해 어떻게 해야 할지 몰랐었다. 그러나 지금은 학생들을 승사(僧寺)에 정좌하여 자기 스스로 마음의 본체를 느끼게 하곤 한다."(《년보》, 《왕양명전집》 1, 230쪽) 지행합일에 관한 상세한 논술은 《전습록》에 나오는 서애(徐愛)의 질문에 답하는 부분에서 찾아 볼 수 있다. "나는(서애) 아직도 선생님의 지행합일의 가르침을 이해하지 못하여 황종현(黃宗賢)·고유현(顧惟賢)과도 상호 토론을 해 보았지만 분별할 수 없어 선생님께 여쭈어 보았다. 선생님께서 말씀하시길 '어느 부분을 이해하지 못하는지 말하여 보라'고 하셨다. 내가 다시 아뢰었다. 지금 우리가 어버이에게는 효도를 해야 하고 형에게는 공손해야 한다는 것을 알고 있지만 도리어 효도나 공손을 다하지 못하니 '지'와 '행'은 분명 다른 것 같습니다. 선생님께서 말씀하셨다. '이는 이미 사욕에 의해 절단된 것이며, '지행(知行)'의 본체가 아니다. 아직 알면서도 행하지 않은 사람은 없는데, 알면서도 행하지 않는다면 다만 알지 못할 뿐이다.' 성현들이 사람들에게 '지'와 '행'을 가르친 것은 바로 그 본체를 회복하기 위한 것이었지 지금과 같은 상태로 머물러 있어도 된다는 것을 말하려는 것이 아니었다. 그러므로 『대학』에서는 사람들에게 참된 '지'와 '행'을 가리켜 보여주고 있는데, '아름다운 색깔을 좋아하듯이 나쁜 냄새를 싫어하듯이 하라'고 말하고 있는 것이다. 아름다운 색깔을 보는 것은 '지'에 속하고 아름다운 색깔을 좋아하는 것은 '행'에 속한다고 하는데, 단지 그 아름다운 색깔을 보았을 때에 이미 저절로 좋아하게 되는 것이지 보고 난 뒤에 또다시 결심을 하고 좋아하는 것이 아니다. 듣건대 나쁜 냄새를 맡은 것은 '지'에 속하고 나쁜 냄새를 싫어하는 것은 '행'에 속한다고 하는데, 단지 그 나쁜 냄새를 맡았을 때에 이미 저절로 싫어하게 된다고 들은 것이지 맡고 난 뒤에 달리 결심을 하고 그것을 싫어한다고 들은 것은 아니다. …… 마찬가지로 어떤 사람이 효도를 알고 있다거나 공손을 안다면 반드시 그 사람들은 이미 효도나 공손을 행한 사람들이다. 바야흐로 그런 사람은 효도를 알고 공손을 안다고 말할 수 있다. 단지 효도나 공손에 대한 말을 듣고서 깨닫게 된다면 곧 효도나 공손을 안다고 말할 수 없을 것이다. 또 예컨대 아픔을 아는 것도 반드시 먼저 자신이 스스로 아파 보아야 바야흐로 아픔을 알게 되고 추위를 아는 것도 반드시 먼저 자신이 추위를 겪어봐야 되고 굶주림을 아는 것도 반드시 자신이 스스로 굶주려보아야 되는 것이다. '지'와 '행'을 어찌 분리할 수 있겠는가? 이것이 곧 '지'와 '행'의 본체로서 사심에 의해 가로막힌 적이 없다. 성인들은 사람들에게 반드시 '지행합일'해야만 바야흐로 그것을 안다고 말할 수 있고 그렇지 않으면 다만 일찍이 알지 못하는 것이라고 가르쳤던 것이다. 이것이야말로 가장 중요하고 근본적인 공부가 아니겠는가? 그런데도 지금 억지로 '지'와 '행'을 둘로 나누어 보아야 한다는 것은 무슨 의미이며, 내가 그것을 하나로 보아야 한다는 것은 무슨 의미인가? 만약 그러한 이론의 근본을 알지 못하고 '지'와 '행'을 둘로 나누거나 하나라고 말하는 것이 무슨 소용이 있겠는가? 내가 여쭈었다. '옛사람들은 지와 행을 별개의 것으로 보고 사람들에게 지행을 둘로 나누어서 말해야만 확실히 알기 때문에 그렇게 나누어 말한 것이 아니겠습니까?' 선생님께서 말씀하셨다. '이는 도리어 옛사람들이 말한 핵심을 잃은 것이다. 내가 전에도 말했지만 지는 행의 주의(主意)이고 행은 지의 실천이다. 지는 행의 시작이고 행은 지의 완성이다. 만약 어떤 시간을 깨달았을 때에 다만 하나의 지만 말해도 이미 저절로 행이 존재하고 다만 하나의 행만 말해도 이미 저절로 지가 존재하고 있다. 옛사람들이 이미 하나의 지도 말하고 행도 말한 것은 다만 세상에 한(두) 종류의 사람이 있기 때문이다. 즉, 첫 번째 부류는 멍청하게 멋대로 행동하면서 사유와 성찰을 전혀 이해하지 못하는데, 다만 어두운 길을 다니며 주책없이 행동해서 그런 것이니 반드시 지를 말해 주어야 비로소 올바른 행을 얻을 수 있다. 두 번째 부류는 막연히 헛된 생각에 젖어 착실하게 몸소 실행하지 않으려는 사람들인데, 다만 사색만 해서 그런 것이니 반드시 행을 말해 주어야 비로소 참된 지를 얻을 수 있다. 이는 옛 사람들이 편향을 바로잡고 잘못을 고치기 위해 하는 수 없이 한 말이었다. 만약 그 의미를 안다면 지와 행 중 하나만 이야기해도 충분한 것이다. 요즘 사람들은 도리어 지와 행을 두 가지로 나누어진 것으로 간주하고 반드시 먼저 안 연후에야 '행'할 수 있다는 것이다. 나는 지금 지에 대한 공부를 하고 익히고 토론하여 참된 지를 얻은 다음에 행에 대한 공부를 해야 한다고 생각하고 있다. 그러므로 결국은 평생토록 행하지도 못하고 역시 결국은 평생 동안 알지도 못하는 것이다. 이는 작은 잘못이 아니며 하루 사이에 그렇게 된 것도 아니다. 내가 지금 말하는 지행합일은 바로 이 잘못을 고치기 위한 방책이다. 또한 터무니없이 지어낸 이야기도 아니다. 지와 행의 본체가 원래 이와 같은 것이다. 지금 만약 종지(宗旨)를 이해하지 못한다면 곧 한가지라고 말한들 역시 무슨 일에 도움이 되겠는가? 다만 쓸데없는 이야기일 뿐이다.'"

여기서 왕양명은 지행합일의 진정한 의미와 그가 지행합일을 주장하는 깊은 뜻에 대해 설명했다. 왕양명 이전에 사람들이 가장 많이 토론했던 문제는 지행의 선후관계, 지행의 경중관계, 지와 행의 관계 등 문제였다. 많은 학자들은 지가 먼저고 행이 후이며, 지보다 행이 더 중요하며, 지와 행은 서로 양하고 상호 발한다고(交養互發) 믿었다. 왕양명은 이러한 문제를 생략하고 얘기하지 않았다. 왕양명의 철학에서 지행은 동일한 활동의 두 개 방면에 속한다. 예를 들어 차의 두 개 바퀴, 새의 두 날개와 같이 완전히 분리될 수 없다. 지에는 논리적으로 행이 포함되어있고 행에도 논리적으로 지가 포함되어있다. 왕양명은 한 개 행위에는 반드시 두 개의 요소가 포함되어야 한다고 생각했는데 하나는 이성 및 행위에 대한 이성의 지도이고, 다른 하나는 이성의 지도를 받는 현실적인 행동이다. 현실의 모든 활동은 이성과 행위의 합일이다. 현실의 활동에서 이성이 지도하는 것은 지이고 실제적인 행동은 행에 속한다. 행위의 방향은 이성의 의지를 나타내고 행위의 공졸(工拙)은 이성의 정추를 나타낸다. 지는 행위의 의향, 추리, 결단으로 표현되고 행은 특정적인 시간과 공간에서 이성의 지령에 대한 현실적인 행동으로 표현된다. 이게 바로 왕양명이 "앎의 진정한 독실처(篤實處)가 곧 행(行)이요, 행의 명각정찰처(明覺精察處)가 곧 앎이다"(《전습록》중)라고 했던 말이다. 현실에서 일반적으로 창의적인 것은 지에서 나오고 행을 통해 실행된다. 이를 지에서 시작되고 행에서 완성된다고 할 수도 있다. 그리하여 왕양명은 "지는 행의 시작이고 행은 지의 성과이다"라고 말했다.(《전습록》중) 왕양명은 실천자의 입장에서 일반 활동의 요소와 역할에 근거하여 입론하였다. 그는 지행의 근원에 관한 문제를 탐구하지 않았다. 왜냐하면 지행의 근원에 관한 문제는 닭의 알이 먼저냐 닭이 먼저냐 하는 문제와 같이 순환논증을 거쳐야 하는 문제이기 때문이다. 그는 지행의 경중, 선후에 관한 문제에 대해서도 토론하지 않았다. 그것은 지행합일에는 이러한 문제가 근본적으로 존재할 수 없기 때문이다. 그는 재와 행을 동일한 활동의 두 개 방면으로 보았는데 여기서 그가 문제를 사고하는 방식이 선인들보다 한발 더 발전하였음을 알 수 있다. 그는 지와 행을 독립적인 존재로 보지 않고 이를 통일체에 포함시켰는데 이 통일체가 바로 사람의 실제 활동이다. 사람의 실제 활동은 본래부터 지와 행을 나눌 수 없다. 지와 행을 나누어 토론한 것은 사람들이 추상적으로 사변한 결과이다. 왕양명은 고립시킬 수 없는 부분을 다시 원래대로 복귀시켜 지와 행이 서로 연계, 심투, 포함되게 하였다. 그리하여 왕양명은 "군자의 학문이 어찌 행동을 떠나고 논설을 폐지할 수 있겠는가? 행동이든 논설이든 모두 지행통일이 되어야 한다. 절대 범속한 사람들처럼 공리공담을 지로 생각하고 지와 행을 두 개 나누어 보아서는 안 된다"고 했다(《전습록》 중)

그 외에 왕양명의 철학의 본질은 논리철학이다. 그가 말한 지행은 주로 도덕명제와 도덕행위이다. 그가 지행통일을 논증하는 명제에서 실례로 든 것들은 대부분이 도덕방면의 내용이다. 예를 들면 효친의 활동, 충군의 활동 등이다. 도덕활동으로 놓고 말 할 때에 지행합일이 강조하는 것은 도덕활동이 반드시 도덕이성이 참여하고 명령을 내리는 활동이어야 한다. 도덕행위가 선한 것은 그 행위가 도덕이성의 자각에서 비롯되었기 때문이다. 자각적이 아닌 뜻밖의 것과 이성의 주재를 잃고 정황에 따라 어쩔 수 없이 한 행위의 효과가 어떻지는 아무런 도덕적 의미가 없다.

다음, 왕양명의 지행합일에서 지행은 동일한 활동의 두 가지 방면이다. 이를 극단적으로 말하면 모든 일은 지행합일이고, 모든 사람과 행위는 지행합일을 하려고 해도 할 수 없다는 뜻이다. 그러나 왕양명이 강조한 것은 지행본체이다. "알면 반드시 행할 수 있다"는 곧 지행본체로서 알면서 행동할 수 없는 것은 지행본체가 사욕에 의해 단절되었기 때문이다. 어리벙벙한 행동을 하면서 지를 모르는 자, 지를 아주 많이 알고 있으나 행동에 옮기지 않는 자는 모두 지행본체를 상실한 자들이다. 그리하여 반드시 사욕을 버리고 지행합일의 본체를 회복해야 한다. 왕양명의 목적은 그 당시의 선비들의 알지만 행동에 옮기지 않는 기풍을 바로 잡으려는데 있다. "오늘 날, 사람들은 지행을 두 개로 나누어 생각하고 반드시 먼저 알아야 행할 수 있다고 생각하고 있다. 지금 강의를 하고 토론을 통해 지의 공부를 하면서 진짜 방법을 알 때까지 기다렸다 행의 공부를 하고 있다. 이렇게 하면 평생 행동할 수 없고 평생 지를 알 수도 없다."(《전습록》상) 왕양명의 이 말은 분명히 지선행후를 말한다. 그는 도덕행동을 응당 행위로 표현되어야 한다고 생각했다. 도덕활동과 인지활동의 다른 점은 인지활동을 순수한 지로 볼 수 있고 이를 반드시 행동에 옮기지 않아도 된다는 것이다. 그러나 도덕활동은 반드시 행동에 옮겨야 한다. 이에 대해 왕양명은 이런 말을 한 적이 있다. 이는 "한 사람이 부모에 대한 효도와 형제에 대한 우애에 대해 안다고 하면 우리는 그가 이미 효제(孝悌)를 실행하였다는 걸 알 수 있다⋯⋯. 헌데 만약 그 사람이 효제를 행동이 아닌 입으로만 언급했다면 그가 효제를 알고만 있다고 할 수 있다"라는 왕양명의 말과 같다. 왕양명이 지행본체를 제기한 의도는 알지만 이를 행동에 옮기지 않는 잘못을 바로 잡으려는데 있다. 주희에 대한 그의 많은 비평은 지행본체에서 시작된 것이다. 그는 주희가 말하는 지는 주로 지식활동이고 이러한 지식은 대부분이 책에 나오는 지식들이라고 주장하면서 "힘을 모두 책에 쏟아 붓고" 밖에 나가 현실적인 도덕활동을 행하지 않았다고 비판했다.

왕양명이 지행합일을 제기한데는 그 당시에 선비들의 가장 나쁜 기풍이었던 허위와 속임수를 바로 잡기 위한 의도도 있다. 《산동향시록(山東鄕試錄)》에는 그 당시 선비들의 기풍을 아래와 다음과 같이 묘사했다. "대개 지금 풍속의 근심은 유통(流通)에 힘쓰고 충신(忠信)을 박하게 하며, 진취(進取)를 귀하게 여기고 청렴결백함을 천하게 여기며, 영리하고 교활함을 중요하게 여기고 소박하고 정직함을 가볍게 여기며, 문법(文法)을 논의하고 도의(道義)를 간략하게 하며, 형적(形迹)을 논의하고 심술(心術)을 남기며, 화동(和同, 두 사람 사이가 벌어졌다가 다시 뜻이 서로 맞게 됨)을 숭상하고 견개(狷介, 옳다고 여기는 것을 굳게 지키고 절개가 굳어 굴종하지 않음)를 비루하게 여기는 데에 있다. 이 같은 것은 음란한 데에 빠지고 오염에 익숙한 것이 이미 하루가 아니니, 천하 사람들은 진실로 이미 그 사이에서 서로 잊고 깨닫지 못한다.(《왕양명전집(王陽明全集)》권22 부록, 866쪽)"

그는 친구에게 보내는 짧은 격려의 말에서도 이렇게 말했다. "그 후세에 미치어 공리(功利)의 학설은 날로 점차 왕성하여 다시는 명덕(明德)과 친민(親民)의 실체가 있음을 알지 못한다. 선비들은 모두 교문(巧文)과 박사(博詞)를 거짓으로 꾸미며, 거짓으로 서로 꾀하고 이권으로 서로 삐걱거리며, 겉으로는 갓과 의복을 입은 관리이지만 속으로는 짐승인데도 오히려 혹 스스로 성현(聖賢)의 학(學)에 종사하는 것으로 여기기도 한다. 이와 같으니, 삼대(三代)를 끌어 당겨 회복하려고 하지만 오호라! 어렵도다! 나는 이 두려움 때문에 지행합일(知行合一)의 설을 들어 치지격물(致知格物)의 오류를 고치며, 인심을 바르게 하고 사설(邪說)을 종식시켜 선성(先聖)의 학문을 구명(求明)할 것을 생각하고 있다.(《서림사훈권(書林思訓卷)》,《왕양명전집(王陽明全集)》282쪽)"

왕양명이 지행합일을 제기하고 정주의 격물설을 바로 고치려 한 것은 모두 사회기풍을 바로 잡고 즉지즉행과 소박하고 성경(誠敬)한 본체를 회복하기 위함이다. 그는 특별히 "진지(真知)"를 강조하였다. 그는 "진지는 곧 행할 수 있는 것이다. 행할 수 없는 것은 진지라 할 수 없다"(《전습록》중)라고 특별히 강조했다. 진지에는 두 개 내용이 포함된다. 하나는 알면 반드시 행해야 한다는 것이다. 이러한 행위의 내적 요구는 지에 본래부터 내포되었던 의(義)이고 지의 논리적인 내함이다. 일단 두려움과 게으름이 생기면 진지가 가려질 수 있다. 진지를 가리고 있는 것들을 제거해야 행동을 행할 수 있다. 다른 하나는 진지를 알면 어떻게 행해야 하는지 알 수 있다는 점이다. 이는 진지 중의 도덕이성이 지식이성, 행동수단에 대한 자연적인 요구이다. 위의 문장에서 이미 논술했듯이 도덕이성은 지식이성이 자각적으로 지식을 탐구하게 독촉하고 자동적으로 행위수단을 완벽하게 할 수 있는 능동적인 힘을 갖고 있다. 이는 왕양명 심학의 한 특징이다. 이는 또한 왕양명이 중국철학이 논리로 지식을 통솔하는 특징을 심각하게 체인하고 발휘한 것이다. 그의 진지는 목적과 수단을 통일시하였다. 진지의 공부에 힘을 쓰면 행위의 합리성은 자연히 그 속에 존재하게 된다. 한 제자가 그에게 "선유에서는 한 그루의 나무와 한 포기의 풀에도 모두 이가 존재하기에 반드시 열심히 고찰하고 연구해야 한다고 했는데 이는 무엇 때문입니까?"라고 질문했다. 왕양명은 이에 다음과 같이 대답했다. "나에게는 그럴 시간이 없다. 너도 먼저 자기의 성정을 이해해야 한다. 반드시 사람의 성에 대해 잘 요해를 해야 사물의 성을 요해할 수 있는 법이다."(《전습록》 상) 이는 학문의 제일 요의는 자신의 심체를 아는 것이라는 뜻이다. 심체를 아는 것은 진지이다. 자기의 성을 알아야만 물건의 성도 알 수 있다. 덕성이 출중하고 지성이 명달한 것은 한 마음의 두 가지 방면이다.

왕양명이 말하는 진지는 지, 정, 의 삼자의 유기결합이라고 할 수 있다. 삼자 가운데서 의지는 심체의 맑음을 요구하고 선한 동기를 선택할 것을 요구한다. 또한 이성이 여기에 동기를 실현할 수 있는 수단을 제공하고 행위가 끝난 다음 이에 평가를 진행해줄 것을 요구한다. 이성은 의지의 공제 하에 판단과 추리를 통해 행위의 가장 좋은 효과를 추구한다. 정감은 의지의 평가를 받아들이고 만족 혹은 불안하다는 결과로 주체 심리의 평형수요를 완성한다. 여기서 진지가 요구하는 심체의 맑음은 전제조건이다. 맑음은 곧 정

(精)을 말한다. 왕양명은 "정하면 명(明)하고 정하면 일(一)하다. 정하면 신(神)하고 정하면 성(誠)하다"라고 말했다. 정해야 지, 정, 의 이 삼자가 충분히 효능을 발휘할 수 있다.

왕양명은 알지만 행동에 옮기지 않는 성실하지 않은 학습기풍을 없애고 세풍을 바로 잡으려는 목적에서 출발해 "일념의 발동처가 곧 행이다"라는 관점을 제기했다. 《전습록》에서 그의 제자가 지행합일의 의미를 묻자 그는 이렇게 대답했다. "우선 내 의견의 종지에 대해 알아야 한다. 오늘날의 학문은 지와 행을 두 개로 나누어 본다. 그리하여 선하지 않은 일념이 발동되어도 이를 행하지 않았음으로 이를 제지하지 않는다. 내가 지행합일을 말하는 것은 바로 사람들에게 일념의 발동처가 곧 행이라는 것을 알게 하기 위해서이다. 발동처에 선하지 않는 의념이 있으면 이를 철저하게 소멸해야 한다. 절대 마음에 선하지 않은 생각이 남지 않게 해야 한다. 이게 바로 내가 내놓은 의견의 종지이다."(《전습록》상) 상술한 내용은 곧 즉지즉행, 지행은 동일한 공부의 두 가지 방면이라는 뜻인데, 이는 지행합일에 대한 정확한 해석이다. "일념의 발동처가 곧 행이다"라고 제기한 본의는 행위상의 위선거악(爲善去惡)을 중시하고 의념상의 위선거악을 홀시하는 잘못을 바로잡으려는데 있다. 왕양명은 선종의 전고를 인용해 악을 없애는 것은 고양이가 쥐를 잡는 것처럼 정신을 집중하고 과단성이 있어야 한다고 한다. 그래야 나쁜 생각이 생기자마자 다음으로 이를 흔적 없이 소멸해버릴 수 있다. 일념의 발동이 곧 행이라는 관점은 이 점을 강조하는 것으로서 이를 지행합일의 정확한 해석으로 볼 수는 없다. 그러나 왕양명의 "심외무리, 심외무물"이라는 관점을 아주 높은 단계까지 끌어올리면 "일념의 발동이 곧 행이다"라는 관점을 얻어낼 수 있다. 왜냐하면 왕양명은 "마음이 있는 곳에 물이 있다"고 주장하기 때문이다. 일념의 발동이 곧 행이라는 것은 의념단계에서의 성찰극치를 강조한다. 이는 현실의 행위를 올바르게 고치는 것보다 더 힘들기 때문에 거듭 강조해야 한다. 이는 그의 격물, 즉 "정념두", 성의의 사상과 일치하다. 그러나 "지행합일"의 중점은 지와 행이 두 개의 공부라는 것을 강조하고 선지후행과 평생 모르고 행하지 않는 잘못을 바로 잡으려는데 있다. "진지는 곧 행할 수 있는 것이다. 행할 수 없는 것은 진지라 할 수 없다"와 "일념의 발동처가 곧 행이다"라는 것은 모두 왕양명의 학설에 원래 존재하던 의리이다. 그중에서 전자를 위주로 한다.

지행합일은 왕양명이 용장오도를 거친 후 제기한 구호이다. 왕양명은 여기에 포함된 의리를 자주 언급했지만 이 구호는 많이 사용하지 않았다. 노년에 친구들과 변론할 때에 이를 언급한 적이 있다. 중년의 어록과 서신에서는 많이 찾아 볼 수 없다. 50세 때 "치양지"의 종지를 밝힌 후부터 지행합일은 "치양지"의 중요한 내함으로서 "치양지"에 포함되었다. 유종주는 "선생의 학문에서 가장 중요한 것은 인욕을 제거하고 천리를 간직하는 내용이다. 지행합일은 "치양지"의 주요한 내용으로서 천백번 언급되기는 했으나 "치양지"는 세 글자의 전주(轉注)일 뿐이었다."(《양명전신록(陽明傳信錄)》서, 《명유학안》 184쪽) 황종희도 이런 말을 한 적이 있다. "선생의 깨우침은 사물에서 얻은 것이다. 그리하여 치라는 글자는 곧 행이다. 궁리를 얻으려면 지에서 깨우침을 얻을 수밖에 없다."(《명유학안 · 요강학안7》) 지행합일은 왕양명이 도덕으로 지식을 이끌고 실천가운데서 인격수양을 완성하고 내성외왕의 학문을 얻는 중요한 이론이다. 왕양명 본인의 일생은 그의 사상에 대한 설명이기도 하다. 그의 학문의 사공(事功)은 지행합일에서 온 것이고 그의 유가학자적 기상도 지행합일에서 온 것이다. 후에 왕부지(王夫之)가 왕양명이 "지를 행으로 보았다"고 비판했는데 이는 그가 왕양명의 이러한 특징에 대해 잘 알지 못했기 때문이다. 혹은 그가 이 말을 한 데에는 다른 뜻이 있을지도 모른다.

왕양명은 "치양지"의 학설을 제기한 후부터 지행합일에 대해 더는 언급하지 않았다. 이 시기의 학자들도 왕양명을 얘기할 때 "치양지"와 사구교(四句敎)를 많이 언급했다. 지행합일에 대한 내용에 대해서는 전혀 계승이 이루어지지 않았다. 그러나 20세기 중엽에 이르러 중국현대철학의 학파인 "신심학(新心學)"에 의해 지행합일은 새롭게 발휘되게 되었다. 신심학의 대표인물인 하린(賀麟)은 지행합일이 동일한 활동의 두 가지 방면이라는 사상을 접수하고 여기에 신헤겔주의의 절대정신인 즉지즉행과 스피노자의 심신평행론을 새롭게 추가하여 지행문제를 현대 철학적으로 해석하였다.

우선, 하린은 두 개의 지행합일설을 제기했다. 즉, "가치의 지행합일"과 "자연의 지행합일"이다. 자연의 지행합일에서 지는 모든 의식활동을 가리키고 행은 모든 생리활동을 가리킨다. 지는 정신적이고 행은 물질적이다. 지행은 동일한 과정의 두 가지 방면으로서 모든 활동은 의식활동과 물리활동의 결합이다. 그러나 지와 행의 현현(顯現) 정도에는 차등이 존재한다. 독서와 같은 활동은 의식의 활동이다. 운동과 같은 활동은 생리의 활동이다. 전자에서 지는 드러나고 행은 은폐된다. 후자에서 행은 드러나고 지는 은폐된다. 그러나 양자는 모두 지(의식)과 행(물리)의 동등한 두 가지 방면이다. 하린이 말한 지행합일에는 지와 행이 동시에 발생하고 지행평행, 지행이 동일한 물리, 즉 동일한 심리활동의 두 가지 방면이라는 등 여러 가지 의미를 내포한다. 그는 이러한 지행합일을 "자연의 지행합일"이라고 불렀다. 왜냐하면 "일단 사람에게 의식활동(지)이 있다면 몸의 동행을 절대 취소할 수 없기 때문이다. 무릇 의식이 있다면 지행합일이 꼭 있게 된다."(《오십년래의 중국철학(五十年來的中國哲學)》136쪽) "가치의 지행합일"의 뜻은 지행합일이 응당 그러해야 하는 이상을 말한다. 이는 인위적인 노력을 거쳐야 도달할 수 있는 것으로 원래부터 있는 사실이 아니다. 가치의 지행합일에서의 지와 행은 송명이학에서 말하는 '지'와 "행"의 의미와 조금 비슷하다. 가치의 지행합일은 우선 먼저 상식에 근거해 지행을 두 개 일로 나눈 다음 다시 갖은 노력을 통해 이들의 합일을 추구해야 한다. 하린은 가치의 합일이든 자연의 합일이든 사변적인 분석을 거치면 아래와 같은 결론을 얻을 수 있다고 주장한다. 첫째, 지는 행의 본질이고 행은 지의 표현이다. 왜냐하면 인류의 활동은 지의 지도와 받아야지 본능에 근거한 행동이 아니기 때문이다. 인류활동에 지의 의미가 사라진다면 이는 순전한 물리적 활동일 뿐이다. 그리하여 지는 체이고 행은 용이다. "행위자는 표현이나 전달을 하는 공구일 뿐이고 지식이야 말로 진정한 행위의 주재자이다."(《오십년래의 중국철학》141쪽) 둘째, 지는 영원히 행을 결정하고 행은 영원이 지의 결정을 따라야 한다. 잘못된 행동은 잘못된 지식에서 비롯된 것이고 정확한 행동은 정확한 지식의 결정에 의한 것이다. 셋째, 지는 목적이고 행은 도구이다. 행위는 지식이 수단과 공능이다. 하린의 첫 번째와 세 번째 결론은 모두 헤겔의 사상을 흡수한 것들이다. 즉, 절대정신이 자신의 모든 외화(外化)를 결정하고 인류문화역사상 발생했던 모든 활동은 절대정신의 표현이고 절대정신의 목적을 완성하기 위함이다. 하린은 "부수현상설(副象說)"을 비판했다. 왜냐하면 이 이론은 몸과 마음은 영원히 평행되지만 정신활동은 육체활동의 부산물에 지나지 않는다고 주장하기 때문이다. 그는 부수현상설은 왕양명의 학설과 정반대된다고 생각했다. 하린은 왕양명의 지행합일에는 사실은 두 개의 설법이 존재한다고 제기했다. 하나는 편향과 잘못을 바로 잡는 지행합일이고 다른 하나는 본래의 지행합일 혹은 지행합일의 본래 체단(體段)이다. 편향과 잘못을 바로 잡는 것은 알면서 행동하지 않거나 모르고 행동하는 잘못을 바로 잡기 위해서이다. 이는 본래 합일되었던 지행합일을 두 개의 일로 나누어 말한 것이다. 이러한 지행합일은 이상으로서 반드시 노력을 거쳐야 도달할 수 있다. 본래의 지행합일은 자연히 그러하고 본래부터 그러했던 것으로 지행합일이 되지 않게 하려고 해도 그럴 수 없는 걸 말한다. 하린은 왕양명의 지행합일은 자연의 지행합일에 가깝지만 이를 완전한 자연의 지행합일로 볼 수 없다고 주장했다. 사실 왕양명이 강조한 것은 가치의 지행합일이다. 가치의 지행합일을 또 두 개의 학파로 나눌 수 있다. 한 개 학파는 이상적인 가치의 지행합일이다. 주희의 주장이 여기에 속한다. 주희의 격물치지와 함양은 경으로 해야 한다는 주장은 두 개의 일로서 양자의 합일은 곧 사람이 추구하는 이상이다. 다른 한 학파는 솔직한 가치의 지행합일을 추구한다. 왕양명의 주장이 여기에 속한다. 주희의 이상적인 가치합일은 필연적으로 왕양명의 직각적인 지행합일로 발전하게 된다. 하린의 이 관점은 그가 주장하는 중국철학은 육왕학설의 흥성과 발전으로서 주희로부터 왕양명에 이르기까지, 이학에서 심학에 이르기까지 그리고 이학의 합일은 필연적인 발전과정이라는 견해와 일치한다.

신심학(新心學)의 지행합일은 헤겔과 스피노자의 영향을 받았고 당대 서방 행위심리학파의 지행문제에 대한 견해와 분석방법을 참고했다. 그의 목적은 다음과 같다. 첫째, 행위에 대한 지식의 지도 작용을 강조하고 독단론의 논리학의 관습을 타파하여 정확한 행위를 위한 기초를 찾기 위해서이다. 그는 중국과 서방 철학의 다른 점을 비교한 후 중국 논리학에 결핍한 지식론을 개조해야 한다고 제기했다. 둘째, 그는 지식의 결정적인 작용과 중요성을 강조하여 사람들로 하여금 지식공부에 많은 노력을 기울이게 하기 위해서이다. 그는 이를 통해 "이치를 알기는 쉽지만 실행하는 것은 어렵다"는 낡은 학설을 타파했다. 이는 손중산의 이치는 알기 어렵지만 실행하기는 쉽다는 학설과 맞물린다. 이는 손중산이 국민들이 나태하고 어려운 것을 무서워하고 일시적인 편안함만 추구하는 나쁜 습관을 개조하기 위해 "심리건설"을 진행하는데 이론적인 증거를 제공했다. 하린의 지행합일의 새로운 이론은 양명학이 현대 중국에 남긴 자그마한 여운으로서 이는 하린이 옛것을 현재에 사용하기 위한 작은 시도이기도 한다.

4. "치양지"(致良知)

1) "치양지"의 제기

"치양지"는 왕양명이 신호(宸濠)를 평정한 뒤 그전의 각 시기에 했던 강의의 종지를 총화한 것이다. 특히 몇 차례 중요한 군사, 정치 활동 가운데서 일련의 중대한 철학문제에 대한 깨달음을 통해 제기한 학술종지이다. 용장오도를 거친 후 왕양명은 "성인의 도는 나의 본성으로 자족해야 한다. 지난날 사물에서 이(理)를 구한 것은 과오였다"라는 결론을 얻었다. "나의 본성에서 자족해야 한다"는 것은 양지가 본래부터 갖고 있던 것이고 사물이 아닌 마음에서 이를 구한 것은 치지이다. 그러나 이 시기의 "치양지"는 왕양명의 안에서 밖으로 향하는 공부 방향을 규정하였을 뿐이다. 구체적인 내용은 이후에 실천범위가 넓어지고 체득이 많아짐에 따라 점점 더 깊게 전개되었다. 진호와 충태의 반란을 평정한 일은 왕양명의 의지와 지혜가 큰 시험을 받게 된 계기였다. 생사와 사투를 벌이고 긴박하고 굴곡적이었던 수많은 순간들을 겪으면서 왕양명은 이왕의 학술을 다시금 철저히 관찰하게 되었다. 왕양명 및 그 제자들은 이 사건들이 왕양명의 학술 진보에 주는 역할에 대해 여러번 언급한 적이 있다. 《년보》에는 이런 말이 있다. "영왕(寧王) 주신호(朱宸濠)의 반란과 충태(忠泰)의 변고를 거치면서부터 더욱 양지(良知)를 믿어 진실로 환난을 잊기에 충분하였고 생사를 떠나서 이른바 삼왕을 상고하다(考三王)·천지를 세우다(建天地)·귀신에게 묻다(質鬼神)·후경을 기다리다(俟后經)는 같이 않은 것이 없었다.(《왕양명전집(王陽明全集)》1,278쪽)"

왕양명은 이런 말을 했다. "근래에 "치양지" 세 자가 진실로 성문(聖門)의 바른 법칙을 꿰뚫어 보고 간직한다는 것을 믿게 되었다. 이전에 오히려 의심스러워 확실하지 않았지만 지금 여러 가지 일을 겪은 이래로 다만 양지야말로 완전하지 않음이 없다. 비유하건데 키를 잡고 배를 조종할 때 물결이 잔잔하고 여울이 얕으면 뜻대로 할 수 있다. 비록 심한 바람과 휘감는 물결을 만나면 키의 손잡이를 잡아야만 물에 빠지는 근심을 면할 수 있다.(《왕양명전집(王陽明全集)》1,278쪽)"

또 이런 말을 한 적이 있다. "나는 양지(良知)의 설을 많은 어려운 시련을 거쳐서 얻은 것이며, 이곳에 도달하는 것을 보기란 쉬운 것이 아니었다.(《왕양명전집(王陽明全集)》1,575쪽)"

그의 제자인 전덕홍도 이런 말을 하였다. "양지(良知)의 설은 정덕(正德) 신사년(1521)에 발표하였는데, 대개 선생님은 두 번 영번(寧藩)의 변과 장허(張許)의 난을 겪었지만 학문 또한 한 번에 깨닫고 통하였다.(《왕양명전집(王陽明全集)》1,575쪽)"

그 당시 정치와 군사 환경은 총체적으로 아주 험악했다. 주변에 있는 작은 나라들이 호시탐탐 기회를 염탐하였고 사람들은 서로 헐뜯고 모함하는데 혈안이 되어있었다. 왕양명은 정세가 흘러가는 방향에 따라 임기응변하면서 침착하게 이에 대처하였다. 그리하여 끝내는 곤경에서 벗어나 힘든 고비를 안전하게 넘길 수 있었다. "십중팔구 목숨을 잃을 수 있는" 험난한 환경에서 그의 의지, 이지, 정감 등은 아주 큰 단련을 받게 되었다. 그는 인생의 참뜻과 인간 세상에 대한 본질에도 투철한 이해를 가지게 되었다. 이전의 갖가지 가증스럽고 복잡하며 회피하던 감정을 이젠 모두 잘라버릴 수 있게 되었다. 나의 진짜 모습과 양지가 점점 순수해지고 명확해졌다. 왕양명은 이러한 개변에 대해 이런 말을 한 적이 있다. "내가 남경에 있기 전에는 오히려 시골에서 군자 소리를 듣는 위선자 같은 사람의 생각을 약간 가지고 있었다. 나는 지금 이 양지를 믿고 진정한 옳고 그른 것을 자신 있게 판단할 수 있게 되어 다시는 조금이라도 감추거나 집착하는 것이 없게 되었다. 나는 지금에 이르러서야 비로소 광자(狂者) 같은 마음을 가지게 되었으니, 천하 사람들로 하여금 모두 나를 보고 언행이 불일치하다고 말하게 해도 상관하지 않는다.(《전습록(傳習錄)》하)"

　행동은 언행을 가릴 수 없다. 양지의 참뜻을 알게 된 것은 '성(誠)'이고 "파도가 평온하고 물 흐름이 빠른 것 어느 것 하나 내 마음에 들지 않는 게 없다."라고 한 것은 명이다. 이 시기에 왕양명은 이미 명하면 성하고 성하면 명하다는 것을 알게 되어 성명양진(誠明兩進)의 경지에 들어섰음을 알 수 있다.

　왕양명의 높은 처세의 지혜와 응변능력은 절대 한 번에 이루어졌거나 어느 한 사건을 통해 갑자기 얻어진 게 아니다. 그것은 오랜 공부와 단련, 연마와 배양을 거쳐 얻어진 것이다. 그의 양지학설에서 가장 중요한 것은 의지와 이지 두 가지 방면의 내용이다. 왕양명의 이해에 근거하면 주자학의 공부 방법은 사람들에게 지식만 줄 수 있을 뿐 의지는 줄 수 없다. 간고한 환경에서(예로 용장), 복잡하고 험악한 환경에서(장순, 허원의 난) 의지는 지혜보다 더 좋은 효과를 발휘할 수 있다. 의지는 인격의 구조 중에서 가장 중요하다. 그는 평생 동안 도덕을 가장 중요한 일로 삼고 도덕으로 지식을 이끌고 사람의 전체적인 소질을 제고시키는 것을 귀결점으로 하는 방법을 제창했다. 그는 평상시에 제자를 가르칠 때, 도덕이성과 의지의 공부에 힘써야 한다고 강조하였다. 그는 자신의 실천을 토대로 사람들에게 중대한 사건 가운데서 의지를 연마하는 방법을 가르쳤다. "변화기질은 거상(居常)에서 보이는 바가 없다. 오직 이해(利害)를 당하고 변고(變故)를 거쳐 굴욕을 만날 때에만 평시 분노하는 자는 이곳에 이르러 분노할 수 없고 근심하고 두려워하여 어찌할 바를 모르는 자는 이곳에 이르러 근심하고 두려워하여 어찌할 바를 모를 수 없으며, 비로소 힘을 얻을 수 있는 곳은 역시 곧 힘을 사용하는 곳이다. 천하의 사물이 비록 만 번 변해도 내가 여기에 응한 까닭은 희로애락(喜怒哀樂) 네 가지에서 벗어나지 못하였으니, 이는 학문하는 요체이고 정사도 역시 그 가운데에 있다.(《여왕순보(與王純)甫》, 《왕양명전집(王陽明全集)》 154쪽)"

왕양명은 제자들에게 득력처(得力處)를 찾을 것을 요구했다. 득력처란 확실한 심신의 체험이다. 왕양면의 지행합일, 심외무리, "치양지" 등 학설은 모두 자기가 직접 경험해서 얻은 산물이다. 그의 "치양지"종지는 그가 반평생에 달하는 군사, 정치 경험을 토대로 종합해낸 것이다. 이는 그가 일생동안 했던 강의의 종지를 개괄하고 제련한 것이기도 하다. 그는 뛰어난 융석(融釋)능력으로《대학》의 삼강팔목, 중용의 신독, 성(誠), 성(性), 도, 교, 《상서》의 유정유일(惟精惟一) 등을 "치양지"에 섞어 넣어 "치양지"의 내용이 점점 더 풍부해지게 했다. 심지어 그는 양지를 역(易)과 동일시했다. "양지(良知)는 곧 변화하는 것[易]이다. 그 양지의 본래의 모습은 자주 옮기고 변동하여 머물러 있지 않고 온 사방에 두루 유행하여 위 아래로 일정함이 없고 강하고 부드러움도 서로 뒤바뀌어 일정한 표준을 찾을 수 없다. 오직 변화가 행해질 뿐이다. 이 지(知)를 어떻게 붙들어 낼 수 있을까? 꿰뚫어볼 수 있으면 곧 성인이다.(《전습록(傳習錄)》 하)"

이렇듯 포함한 내용이 넓고 많은 '양지'는 두 개의 결과를 초래할 수 있다. 첫째, 이는 왕양명의 학설이 최고의 경지에 이르렀고 최대의 포용능력을 갖고 있음을 뜻한다. 그는 "치양지"라는 세 글자로 거의 모든 학술문제를 해석할 수 있다. "천백마디의 말을 늘여놓아도 이 세 글자만 못하다." 이는 왕양명의 학설이 간단하고 직접적인 원인이다. 간단하고 변통성이 있기에 왕양명의 학설을 옹호하는 사람이 아주 많아졌고 신속하고 광범하게 유전되어 세상에 이름 높은 학문으로 자리매김하게 되었다. 둘째, 왕양명의 학문은 간단하고 변통능력이 뛰어나다보니 후학 가운에 양지에 대한 이해에서 많은 분기가 생겨 왕양명이 이론체계를 세운 본의를 벗어나게 되었다. 황종희는 ""치양지"는 그가 만년에 내놓은 학설이다. 그러다보니 미처 학자들과 그 의미에 대해 깊은 토론을 거치지 못했다. 후에 문하제자들이 저마다의 의견을 섞어 넣는 바람에 왕양명의 본의에서 많이 벗어나게 되었다"라고 한 적이 있다.(《명유학안 · 요강학안》) 황종희의 이 평가에는 정확하지 않은 면이 존재한다. 왕양명의 "치양지"는 그 뜻이 아주 명확하다. 학설의 발전과 시재의 수요에 따라 왕양명의 제자들이 스승의 본의에서 벗어난 것은 옳지만 왕양명이 "미처 학자들과 그 의미에 대해 깊은 토론을 거치지 못한 것"은 아니다. 50세 나이에 "치양지"를 제기해서부터 57세에 세상을 떠날 때까지 왕양명은 "치양지"에 대한 많은 해석을 내놓았다. 특히 아버지가 돌아가시고 월(越)에서 지내는 동안에 왕양명의 강의활동이 최고조에 달했다. "치양지"는 이 시기에 그가 제자들과 반복해서 토론하던 문제이다. 만년에 그의 일생의 학문 종지를 개괄해서 묶은 《대학문(大學問)》이라는 책이 있는데 "치양지"는 이 책의 전반 내용에 관통되는 학문이다.

2) 양지의 여러 의미

(1) 천리가 소명(昭明)한 영각처(靈覺處)이다. 양지의 개념은 《맹자》에서 온 것이다. 맹자는 "사람에게는 배우지 않고도 능한 것이 있는데 이것이 양능(良能)이요, 생각하지 않고도 아는 것이 있는데 이것이 양지이다. 아이들도 자기 가족을 사랑하고 어른을 공경해야 함을 알고 있다"(《맹자·진심(盡心) 상》)라는 말을 한 적이 있다. 그는 사람은 배우지 않고도 생각지 않고도 태어날 때부터 갖고 있는 도덕의식이 있는데, 이런 도덕의식의 최초의 표현은 가족을 사랑하고 어른을 공경할 줄 아는 것이다. '양지'는 우선 도덕의식의 일종으로서 선하다. 다음, 양지는 선험(先驗)적이다. 도덕수양은 이러한 선험적인 도덕의식을 배양하여 "불이 처음으로 타고 물이 처음으로 흐르던 곳으로부터", "깊이와 너비를 가진 연못"으로 만들어야 한다. 집의, 양기 등과 같은 맹자의 모든 수양방법은 이를 출발점으로 한다.

왕양명은 맹자의 이 사상을 계승하였다. 그는 다음과 같이 말했다. "마음은 자연히 알 수 있게 되는데, 아버지를 보면 자연히 효를 알게 되고 형을 보면 자연히 아우노릇을 알게 되고 어린아이가 우물로 들어가는 모습을 보면 자연히 측은함을 알게 되니, 이것이 곧 양지인데 밖에서 구할 필요가 없는 것이다. 만약 이 양지가 발현되어 더욱 사사로운 뜻의 장애가 없게 된다면 곧 이른바 그 측은한 마음이 확충되어 인(仁)을 이루 다 쓸 수 없게 된다. 그러나 보통사람들에게 있어서는 사사로운 뜻의 장애가 없을 수 없는 까닭에 반드시 치지격물(致知格物)의 공부를 활용하여 사사로움을 이기고 이(理)로 돌아가야 한다. 곧 마음의 양지가 다시 장애를 받지 않고 가득차서 유행(流行)할 수 있게 되면 바로 그의 앎에 이르게 되는 것이다. 앎에 이르게 되면 곧 그의 뜻도 정성스러워질 것이다.《전습록(傳習錄)》상)"

이 한 단락의 완전한 서술에는 본체와 공부가 모두 존재한다. 왕양명은 여기서 "치양지"의 뜻을 명확하게 해석했다. 양지에 대한 맹자의 해석과 비교해보면 왕양명은 양지가 자동적으로 마음에 나타나고 주체에 의해 지각될 수 있는 품격을 더 강조했다는 걸 알 수 있다. 맹자가 말했던 양지가 몽롱한 맹아상태의 '정(사단의 정)'이라면 왕양명이 말한 양지는 또렷하게 모습을 드러낸 지각 층면의 '의식'이다. 왕양명은 이런 의식에 '지'의 색채를 덧입혔다. 그 외에 이 말에서 우리는 왕양명이 맹자 이후의 유학자들의 수양 공부 특히 정이, 주희가 거듭 강조했던 "나를 이기고 이치로 돌아간다"라는 내용을 보충해 넣어 양지공부의 두 개지 방면(양지를 보임하고 유행을 가득 채우는 긍정적인 내용과 나를 이기고 이치로 돌아가는 부정적인 내용)을 동등하게 중요한 지위에 놓았다는 걸 알 수 있다. 또한《대학》의 치지성의(致知誠意)에 결합시키기도 했다. 이 말은 서애가 기록한 것이다. 이 말을 통해 우리는 맹자의 양지와《대학》의 격물, 성의를 융합시킨 내용이 왕양명의 조기 사상에 이미 존재했음을 알 수 있다. 비록 왕양명은 맹자의 조기 사상을 더 발전시키는 했으나 여기에 포함된 사상은 주로 맹자의 것이라고 할 수 있다. 이를 그가 만년에 양지에 부여한 각가지 복잡하고 정미한 사상과 비교하면 너무 간단하고 소박하며 기초적이다. 그의 만년의 사상을 대표하는《대학문》에서 왕양명은 이를 모든 공부의 출발점으로 간주했다. "이는 그 한 몸의 인(仁)으로, 비록 소인의 마음이라도 역시 반드시 그 마음을 지니고 있는데 이는 곧 천명지성(天命之性)에 뿌리를 두고 있어 자연히 신령하고 상서로워 어둡지 않은 것이니, 이런 까닭으로 그것을 명덕(明德)이라 말한다. 소인의 마음은 이미 나누어지고 비좁고 누추하여 그 한 몸의 마음이 오히려 어둡지 않을 수도 있다. ……그러므로 무릇 대인의 학문을 하는 자는 역시 오직 사욕(私欲)의 가림을 제거하여 스스로 그 명덕을 밝히고 천지만물(天地萬物) 일체(一體)의 본성을 회복하는데 있을 뿐이다. 본체의 밖에서 할 수 있는 것이 아니나 그것을 더하여 늘게 하는 바가 있다.《왕양명전집(王陽明全集)》968쪽)"

왕양명은 "사람은 천지의 마음"이라고 생각했는데 사람은 우주의 근본법칙을 가장 완벽하게 체현해낼 수 있다. 이로 보았을 때 사람은 구체적이고 작은 우주이다. 사람의 마음은 사람의 지각과 영명이 있는 곳이기도 하다. 그리하여 "사람의 마음은 천지의 근원이다"라고 할 수 있다. 우주의 근본법칙은 사람의 마음이라는 이 구멍(孔竅)을 통해 표현된다. 사람의 마음은 우주의 모든 정미하고 심오한 내용을 내포하고 있고 양지는 천리의 표현이다. 그는 다음과 같이 말했다. "지(知)는 이(理)의 신령한 곳으로, 그 주재하는 점에서 말하면 곧 마음이라 하고 천성적으로 타고난 점에서 말하면 성이라 한다. 어린아이도 부모를 사랑할 줄 알고 형을 공경할 줄 아니, 오직 이것은 신령할 뿐이다. 능력이 사욕(私欲)에 가로막히지 않고 전부 발휘된다면 곧 완전한 본체로서 천지의 덕과 합일된다.(《전습록(傳習錄)》상)"

그는 또한 말했다. "양지(良知)는 단지 하나의 천리가 자연히 밝게 깨달아 발현되는 곳이며, 단지 하나의 진성측달(眞誠惻怛)일 뿐이니, 곧 다른 본체이다.(《전습록(傳習錄)》중)"

이는 "양지가 곧 천리이다"라는 왕양명의 관점에 대한 가장 명확한 해석이다. 왕양명의 "양지가 곧 천리"라는 관점은 마음과 도덕이성 간의 관계를 표달함에 있어 육구연의 '심즉리'보다 더 간결하다. '심즉리'에서의 마음은 형이상의 성리와 형이하의 정욕을 명확하게 구분하지 않고 두루뭉술하게 마음을 이야기했다. 그리하여 이를 비판하는 사람들이 아주 많다. 그러나 "양지가 곧 천리이다"라는 관점에서는 '양', '천리'의 제한이 있기에 양지의 내용의 순결성을 보장할 수 있다. 그리고 왕양명의 철학에서 마음의 천리는 주동적으로 표현된다. 사욕에 의해 가려지지만 않는다면 마음은 자연히 천리로 표현될 수 있다. 양지는 천리에 대한 마음의 자각(自覺)이다. 이 점에 대해 유종주는 아주 똑똑히 설명했다. "선생은 운문과 산문 그리고 훈고에서 학문을 계승하고 다시 반대로 마음에 대해 연구했다. 그리하여 마음의 본체가 무엇인지 깨닫고 이를 양지라고 이름을 지었다. 사람들에게 이를 얻는 방법을 가르치기 위해 이를 "치양지"라고 했다."(《명유학안·사설》) 양지의 가장 기본적인 내용은 하나는 성, 하나는 각(覺)이다. 마음의 본체는 천리가 주체의 지식으로 자연스럽게 나타난 것을 가리킨다. 왜냐하면 양지는 성리가 사람마음에 표현된 것이다. 그리하여 사람과 천리는 서로 통하고 사람은 우주만물과 같은 큰 체계 속에 존재한다. 천·리·성·심·기 등등은 이 큰 체계의 여러 방면을 각각 묘사한 것이다. "이는 오직 하나뿐이다. 이가 모이면 성이고 성을 지배하는 것은 마음이다. 그리고 주재를 발동하는 것은 의이다. 발동의 명각(明覺)은 지이고 명각을 감응하는 것은 물이다."(《전습록》중) 그는 또 "성은 하나뿐이다", "심은 하나뿐이다" 등의 관점을 제기했다. 왕양명은 내외의 구분을 없애야 한다고 누누이 얘기했다. 그의 착안점은 우주라는 이 큰 체계이고 그의 최고 이상은 바로 천지만물이 하나로 통일 되는 것이다. 이러한 것들은 모두 천인합일, 양지는 천지만물의 근원이라는 관점에서 출발한 것들이다.

　(2) 시비지심(是非之心). 시비지심은 왕양명이 말하는 양지의 또 다른 중요한 의미이다. 왕양명은 "시비지심은 생각하지 않아도 배우지 않아도 아는 것이다. 이는 곧 양지이다. 양지는 사람의 마음에 있는 것으로서 성인이든 우매한 사람이든 모두 이를 갖고 있다. 예나 지금이나 이는 변함이 없다"라고 말했다.(《전습록》중) 시비지심에는 두 개 의미가 포함된다. 하나는 "시시비비", 즉 착한 것을 좋아하고 악한 것을 미워하는 호선오악(好善惡惡)을 말한다. 여기서 인용한 왕양명의 말은 바로 이 뜻이다. 그 뜻인즉 양지는 본래부터 호선오악의 추세를 갖고 있다는 뜻이다. 다른 하나는 "지시지비(知是知非)"인데 이는 양지는 어떤 것이 착한 것이고 어떤 것이 악한 것인지 안다는 뜻이다. 그는 다음과 같이 말했다. "그대의 이 한 점의 양지(良知)는 그대 자신의 준칙이다. 그대가 의념(意念)을 분명히 하는 곳, 그가 옳으면 곧 옳다고 알고 그릇되면 곧 그릇된다고 안다. 다시 그를 속임을 조금도 용납하지 못한다. 양지는 원래 완전무결한 것으로, 옳은 것은 양지에 의해서 옳은 것이니, 그른 것은 양지에 의해서 그른 것이니 옳고 그름은 오직 양지에 따르기만 하면 잘못이 없다. 그러므로 이 양지는 결국 너희들의 절대적 스승인 것이다.(《전습록(傳習錄)》하)"
　이 두 가지는 왕양명의 시비지심의 가장 중요한 내용이다. 왕양명의 사구교(四句敎)도 선도 알고 악도 아는 것은 양지라는 이 점을 강조한다. 여기서의 양지는 두 가지를 모두 포함한 것이다. 착한 것을 좋아하고 악한 것을 미워하는 것은 감정이고 선도 알고 악도 아는 것은 능력이다. 양지는 도덕 감정과 도덕 판단능력의 통일이다. 선도 알고 악도 아는 것은 착한 것을 좋아하고 악한 것을 미워하는 것을 근거로 한다. 착한 것을 좋아하고 악한 것을 미워하는 것을 멈추지 말아야 계속 어느 것이 선이고 악인지 현실적으로 판단할 수 있다. 그리하여 왕양명은 선도 알고 악도 아는 것을 착한 것을 좋아하고 악한 것을 미워하는데 귀결시켰다. "양지는 옳고 그름을 분별하는 마음이고 옳고 그름이란 다만 좋아하고 싫어하는 마음일 뿐이다. 좋아하고 싫어하는 마음은 옳고 그름의 판단을 다한 것이고 옳고 그름을 분별하는 마음은 모든 일의 온갖 변화를 다한 것이다.(《전습록(傳習錄)》하)"

이 두 개 방면을 나누는 것은 당연하고 중요한 일이다. 왜냐하면 왕양명의 어록과 서신에서 이 두 개 방면의 내용을 강조하였기 때문이다. 착한 것을 좋아하고 악한 것을 미워하는 것은 의지의 품격이고 선을 알고 악을 아는 것은 이지의 품격이다. 전자에서 왕양명은 "의성(意誠)"을 강조하였다. 왜냐하면 마음이 성실해야 착한 것을 좋아하고 악한 것을 미워할 수 있기 때문이다. 그는 다음과 같이 말했다. "배움을 위한 공부에는 깊고 얕음이 있는데, 처음 시작할 때부터 착실한 마음을 먹고 선을 좋아하거나 악을 싫어하지 않는다면 어떻게 선을 행하거나 악을 없앨 수 있겠는가? 이렇게 착실한 마음을 먹는 것이 곧 마음을 진실하게 하는 것[誠意]이다.(《전습록(傳習錄)》상)" "사람이 다만 선함을 좋아하기를 호색(好色)을 좋아하듯 하고 악함을 싫어하기를 악취(惡臭)를 싫어하듯 할 수 있다면 곧 성인(聖人)이다.(《전습록(傳習錄)》하)"

후자에서 왕양명은 실천 중에 시비를 가리는 능력을 강화해야 한다고 강조했다. "의리(義理)는 정해져 있는 것도 없고 한계가 있는 것도 없어 조금이라도 얻는 바가 있을 수 없어서 마침내 지(止)라 이른 것이 이것이다. 다시 말하면 10년, 20년, 50년이 되어도 아직 지(止)에 있지 않다.(《전습록(傳習錄)》상)"

왕양명은 제자들에게 사실을 중요시해야 한다고 가르쳤다. 그는 사실에 근거해야만 양지의 의지와 이지를 단련시킬 수 있다고 생각했다. 그리하여 왕양명의 시비지심과 지행합일이 통일된다. 실제 생활에서 선한 마음을 먹으면 선하게 행동할 수 있고 악한 마음을 먹으면 악하게 행동할 수 있다. 다른 사람의 시비를 판단하려면 실천에서 시비를 정확히 판단하는 능력을 단련해야 한다. 이후에 왕양명은 지행합일에 대해 얘기하지 않았지만 그 관점을 "치양지"에 유입시켰다. 착실하게 "치양지"하면 자연히 지행합일을 할 수 있다. 지행합일은 "치양지"를 함에 있어서 반드시 있어야 할 이치이다.

시비를 가리는 마음의 판단 방식에 대해 왕양명은 전후로 같지 않은 의견이 있었다. 초기 "치양지"의 종지를 제기하기 전에 그는 이지적인 형식을 위주로 해야 한다고 생각했다. 이지적인 형식이란 외부에 대한 양지의 반응에 대해 분석, 추리, 증명하는 등 이지적인 방법을 취해야 한다는 말이다. 왕양명은 이런 말을 한 적이 있다. "천사만려하는 것은 모두 "치양지"를 하기 위해서이다. 양지는 생각할수록 더 영리해지는 법이다. 깊이 생각하지 않고 만연하게 일에 따라서 행동하면 양지가 둔해진다."(《전습록》중) 장기간의 단련을 거침에 따라, 특히 여러 번 중대한 사건을 겪으면서 왕양명의 양지를 반응하는 능력은 점점 성숙되기 시작했다. 왕양명은 양지를 점점 믿고 의지하면서 점차 의지를 직각(直覺)능력으로 간주하기 시작했다. "성의 가운데의 선과 악"으로서 양지는 내 생각이 선한 것인지 악한 것인지는 자연히 알 수 있다. 그러나 다른 사람의 행동에 대한 판단은 직각에 의지해야 한다. 외부에 대한 판단에서 양지가 좋다고 생각되는 것은 선이고 양지가 나쁘다고 생각되는 것은 악이다. 선과 악이 모두 양지에 의해 결정되면 천리에는 맞지 않게 된다. 왕양명에게 있어 장기간의 이성적인 판단이 바로 직각으로 전환되었고 이러한 직각은 정감의 선과 악에 근거하여 도덕의식과 도덕정감이 긴밀하게 융합되어 도덕판단의 이성적인 사유가 바로 도덕정감으로 응집되었다. 시비에 대한 양지의 판단은 왕양명이 반생 동안 축적해온 시비 평가의 경험을 기초로 한 것이다. 그리하여 그의 숙화(熟化), 그의 직각에는 모두 근거가 있다. 이 근거는 바로 왕양명이 말한 "양지의 자연적인 조리"이다. "양지의 자연적인 조리"에도 천부적인 것과 후천적인 구분이 있다. 천부적인 조리는 곧 사람의 마음에 천연적으로 존재하는, 다른 차등적으로 놓여있는 성향이다. 후천적인 조리는 이러한 이지와 경험이 사람의 마음에 응축, 축적되고 또 이성 자체의 자연적인 구조로 변하여 외부에 대한 사람의 반응에 작용을 일으키는 것을 말한다. 이러한 "양지의 자연적인 조리"에는 신속하고 민첩하며 직접적인 우월성이 있다. 이는 모든 일을 이성적으로 사고하고 대구하며 종합하는 것이 아니다. 이는 장기적인 이지와 경험의 정합작용 하에 형성된 가치구조이다. 그는 다음과 같이 말했다. " 양지(良知)는 단지 하나이고 다른 발현(發現)하고 유행(流行)하는 곳에 따라, 그 자리에는 사물이 충분히 갖추어져 있으며, 다시 오고가는 것이 없고 모름지기 빌리는 것도 없다. 그러나 발현하고 유행하는 곳에는 스스로 경중후박(輕重厚薄)하기도 하고 조금도 증감(增減)을 용납하지 않는 것이 있으니, 이른바 천연스럽게 스스로 지니고 있는 중(中)이다.(《전습록(傳習錄)》 중)'

  왕양명의 제자가 이렇게 물은 적이 있다. "대인(大人)과 물은 동일체인데 왜《대학》에서는 많고 넉넉함과 적고 모자람을 말한 것입니까?" "오직 도리(道理)에는 저절로 후박(厚薄)의 차이가 있다. 예컨대 내 몸은 하나의 체(體)이지만 손발이 머리와 눈을 지키는 것과 같으니, 어찌 일부러 수족을 박대할 수 있겠는가? 그 도리가 이와 같이 합쳐진 것이다. 금수(禽獸)와 초목(草木)은 함께 소중한 것이지만, 초목으로 금수를 기르는 것 또한 참을 만하다. 인간과 금수는 같이 사랑할 것이지만 금수를 요리하여 어버이를 봉양하고 더불어 제사에 바치며 빈객을 접대하여 마음 또한 참을만하다. 지친(至親)과 길 가는 사람은 같이 사랑할 것이지만 만약 밥과 탕이 있다면 살고 없으면 죽는 위태할 경우 부족해서 양쪽에서 주지 못한다면 차라리 지친을 구제하고 길가는 사람을 구제하지 못하니 마음 또한 참아야 한다. 이는 모두 자연의 도리이다. 그러나 내 자신과 지친에 이르러서는 피차의 후박을 분별할 수 없다. 대개 어진 백성으로 사물을 사랑하는 것이 모두 이로부터 나왔다. 이 점을 인내할 수 있다면 더욱 인내하지 못하는 바가 없다.《대학》의 이른바 후박이란 양지 위의 자연적인 조리이며, 초월할 수 없다. 이를 곧 의(義)라고 한다.(《전습록(傳習錄)》하)".

왕양명의 이 내재 구조에서 양지는 인에서 시작되고 의에 의해 행하게 된다. '인'은 곧 부모를 사랑하고 어른을 공경하는 것과 그 이후에 만물일체로 발전하는 경지를 말한다. 만물일체의 경지에서 분별해서 상대할 필요가 있을 때에는 양지 스스로 이들을 분별할 수 있다. 이와 같이 나눌 수도 있고 합할 수도 있는 것을 '의(義)'라고 한다. '의'는 분별할 수 있기에 적합하다. 이러한 적합함은 내적인 평가체계가 양지이다. 양지의 지령을 받아들이고 양지의 분별에 따라 행동하는 체계도 양지이다. 양지는 제재자와 행위자의 통일이다. 이러한 제재와 제재에 따라 행동하는 것은 인의 천부적인 측면에서 그저 습관적인 추세에 지나지 않는다. 그러나 이성에서 직각으로 숙화되는 과정에 이는 또 자연적이고 직각적으로 변한다. 여기에 왕양명의 뛰어난 사상이 나타났다. '의(義또는 宜)'의 행동제재와 평가체제는 양지이다. 양지는 후천적인 훈련을 거친 결과이다. 단련을 거쳐 축적되고 형성되었고 또 민첩해진 과정이다. 이 과정은 반드시 실천을 통해서만 얻어질 수 있다. 또한 주체와 객체가 서로 장기간의 상호작용을 펼친 결과이다. 왕양명의 이 사상은 도덕의 배양과 관련된 것으로서 아주 가치가 있다.

시비지심에 대한 왕양명의 사상에는 또 한 가지 아주 탁월한 면이 있다. 시비를 판단하는 유일한 표준은 바로 양지이고 이외에 그 어떤 표준도 존재하지 않는다. 때문에 왕양명은 그 어떤 외재적인 권위도 승인하지 않는다. 그는 강의는 모두 구이지학, 즉 귀로 들은 대로 이야기하는 학문이다. 그리하여 구이지학은 지식의 다소에 연연하게 된다. 그러다보니 박다학식한 사람에게 쉽게 흠모하고 존경하는 마음을 품을 수 있다. 왕양명은 자신의 학문은 모두 몸과 마음에 원래부터 존재하던 것들이기 때문에 우선은 내 자신의 양지를 시비를 판단하는 표준으로 삶아야 한다고 주장한다. 그는 다음과 같이 제시했다.

"대저 배움은 이를 얻는 마음이 귀하고 이를 마음에서 구하는 것은 아니며, 비록 그 말이 공자에게서 나왔다 하더라도 감히 옳다고 여길 수 없는데 하물며 공자에게 미치지 못하는 것이랴! 이를 마음에서 구한 것은 옳으나 비록 그 말이 용상(庸常)에서 나왔다 하더라도 감히 그릇되다 여기지 못하는데 하물며 공자에게서 나온 것이랴!(《전습록(傳習錄)》 중)"

이 말은 비록 《대학》에 대한 주희의 해석과 보충을 비판한 것처럼 보이지만 그 속에는 모든 권위를 부정하는 대담한 사상이 담겨있다. 이는 그 당시에 여기저기에서 주자학만 담론하던 학술국면을 타파하는 촉진제적인 작용을 발휘했다. 왕양명은 역대 사상가들이 권위를 의심하고 권위적인 학자를 맹목적으로 따르지 않으며 모든 문제를 비판적인 시각으로 바라보는 정신을 계승한 것이다. 이는 그가 "참된 지식"을 추구함에 있어서 나타나는 필연적인 결과이기도 하다. 왕양명이 보기에 고전은 사람의 마음활동을 기록한 것으로서 신성불가침한 존재가 아니다. 그는 "오경도 기록일 뿐이다. 기록은 사람에게 선과 악을 가르쳐주고 교훈을 주기 위해서이다"라고 했다(《전습록》 상) 이는 청나라 장학성의 육경개사(六經皆史)설의 선하(先河)가 된다. 경은 고대 사람들의 심신활동에 대한 기록이다. 따라서 이를 의심할 수 없고 의론할 수 없는 존재로 보아서는 안 된다. 그는 다음과 같이 말했다. "육경(六經)이란 다른 것이 아니라 내 마음의 상도(常道)이다. …… 육경이란 내 마음의 기적(記籍)이요 육경의 실체는 곧 내 마음에서 갖추어진다.(《계산서원존경각기(稽山書院尊經閣記)》,《왕양명전집(王陽明全集)》254쪽)"

내 마음의 지위는 육경보다 높다. 내 마음은 시비의 마지막 재정자이다. 모든 권위를 깔보고 스스로의 양지를 시비를 판단하는 표준으로 하는 정신은 왕양명의 제자에 의해 명나라 말기의 정신해방에 중요한 추진 작용을 일으켰다. 그 직접적인 결과는 한 무리의 광사(狂士)를 배출해낸 것이다. 이러한 광사들은 낡은 권위를 비판하고 신성불가침한 모든 것에 의혹을 제기했다. 이는 낡은 것을 타파하고 새로운 학술의 국면을 여는데 아주 적극적인 의의가 있다.

(3) 사(思)는 양지의 발용(髮用). 양지의 또 다른 뜻은 사유의 주체이다. 이는 양지의 가장 중요한 의의는 아니다. 양지의 이러한 의의에 대한 운용에 있어 왕양명은 너무 엄격하지 않았다. 사실 양지는 마음과 아주 많이 구별된다. 마음은 정신활동의 기관으로서

지식이성, 도덕이성 및 심미와 연관되는 모든 것을 포함하고 있다. 양지는 주로 도덕이성이다. 양지는 도덕활동과 유관되고 여기에는 도덕의식, 도덕정감의 발생 평가, 제재 등 공능이 포함된다. 마음에서 일어난 활동이라고 해도 도덕이성과 유관되는 것만이 양지의 체제에 진입할 수 있다. 양지는 마치 호위병과도 같다. 왜냐하면 의식활동의 발생은 모두 양지를 거쳐서가야 하기 때문이다. 그러나 양지는 도덕과 유관된 의식활동만 조사할 수 있다. 후기에 이르러 왕양명은 양지에 그전보다 많은 내용을 포함시켰다. 그리하여 '마음'의 속성이 되는 것들은 점차 양지에 속하게 되었다. 이는 양지가 "천리는 소명(昭明)한 영각처(靈覺處)"로서 천리뿐만 아니라 일반 사물도 깨칠 수 있게 되었다. '각(覺)'은 양지의 본질속성으로서 도덕의 광대함과 일반적인 것을 모두 깨칠 수 있다. 왕양명은 이런 말을 한 적이 있다. "마음은 몸의 주재이며, 마음의 허령명각(虛靈明覺)이 이른바 본연의 양지이다. 허령명각의 양지가 감응하여 움직이는 것을 의념이라 한다."(《전습록》 중) 여기서 양지는 마음의 허령명각이다. 다시 말해 양지는 지각, 사유 등 이지활동의 주체이다. 왕양명은 또 "사는 양지의 발용이다"라는 말을 했다. "양지는 천리가 밝게 깨어있는 곳이어서 그러므로 양지는 곧 천리이다. 생각하는 것은 양지가 발현하여 작용하는 것으로 만약 양지가 발현하여 작용한 생각이라면 생각한 바가 천리가 아닌 것이 없을 것이다. 양지가 발현하여 작용한 생각이 자연히 명백하고 간단하고 쉽다면 양지도 역시 스스로 알 수 있을 것이다. 만약 사사로운 의견의 안배를 생각한다면 이로부터 분분하고 혼란스러워 양지도 역시 스스로 분별할 수 있게 된다. 대개 생각의 옳고 그르고 간사하고 바름은 양지 스스로 알지 못하는 것이 없다.(《전습록(傳習錄)》 중)'

양지는 천리의 자각이기도 하고 일반적인 사물의 이치이기도 하다. 그러나 선과 악은 일반 사물에서만 표현된다. 그리하여 왕양명은 양지의 이러한 이중성질을 긍정하였다. 그리하여 일반 사물에 있어 양지는 방관자가 아니라 참여자이다. 양지에 있어 구체사물은 외재적인 장소가 아니라 그 응용장소이다. 양지와 견문에 얻게 되는 지식은 떨어질 수도 섞일 수도 없는 관계이다. 왕양명은 이런 관계를 특별히 강조하기도 했다. "양지(良知)는 보고 듣는 것으로 말미암아 얻어지는 것이 아니지만, 보고 듣는 것이 양지의 작용이 아닌 것은 없다. 그러므로 양지는 보고 듣는 것에 얽매이지 않고 역시 보고 듣는 것을 벗어나지도 않는 것이다. …… 만약 근본에 주로 뜻을 두면서 오로지 "치양지"(致良知)만을 일삼는다면 무릇 많이 듣고 많이 보는 것이 "치양지"의 공부가 아닌 것이 없다. 대개 일상생활 속에서 보고 들으며 응대하는 것이 천 갈래 만 갈래 얽혀있지만 그것은 모두 양지의 발용(發用)과 유행(流行)이 아닌 것이 없으며, 보고 들으며 응대하는 것을 제외하면 역시 양지가 이를 수 있는 곳이 없기 때문에 그러므로 다만 한 가지 일(一事)일 뿐이다.(《전습록(傳習錄)》 중)"

견문과 수작(酬酢)과 같은 일상사물은 양지의 발용 장소인 동시에 양지의 단련장소이기도 하다. 이 둘은 원래 둘이면서 하나인데 양지는 깨달음 속에서 확충되고 광대해진다. 그러나 양지는 견문과 수작의 감독자이고 심판자이다. 그리하여 양지와 경험활동은 떨어질 수도 섞일 수도 없다. 심지어 왕양명은 선과 악이 격렬한 격투를 벌리는 사람의 마음은 양지가 단련을 받을 수 있는 제일 좋은 장소라고 생각했다. 그리하여 왕양명은 성색과 화리(聲色貨利)에 대한 양지의 작용을 강조했다. "질문을 했다. "성색(聲色)·화리(貨利)는 아마도 양지에도 역시 없을 수 없지요?" 선생이 대답했다. "물론 그렇다. 다만 처음 배우는 사람이 열심히 공부할 때, 또 반드시 이들을 씻어 버리고 깨끗이 하여 남기거나 모은 것이 없다면 우연히 만나더라도 비로소 방해되지 않으며, 자연히 순응하게 된다. 양지는 다만 성색·화리의 유혹위에서 열심히 공부하면 양지에 이를 수 있어 정밀하고 분명하여 약간의 폐단이 발생하지 않았다면 성색·화리와 교섭에도 천칙(天則)의 활동이 아닌 것이 없다." "희로애우애오욕(喜怒愛憂愛惡欲)를 7정(七情)이라 하는데, 일곱 가지 감정은 모두 사람의 마음에 합쳐져 있는 것이며, 다만 양지를 명백히 인식해야 한다. …… 칠정이 그 자연스런 유행(流行)에 순응하는 것은 모두 양지의 작용이니, 선악(善惡)을 분별할 수 없다. 다만 집착함 바가 있을 수 없다. 칠정에 집착함이 있으면 모두 욕(欲)이라 하며, 모두 양지를 가로막게 된다.(《전습록(傳習錄)》 하)"

왕양명은 칠정은 사람 마음에 자연적으로 생기는 것으로서 불교에서처럼 사람의 자연적인 감정을 억누르거나 없애서는 안 된다고 생각했다. 왕양명은 자연적인 욕망을 주재하고 평가하며 지배할 수 있는 '양지'를 세워 이를 통해 사람의 자연적인 감정을 정리하고 통하게 해야 한다고 주장했다. 왕양명은 사람의 감정과 욕망은 양지에서 발생하고 이는 양지를 단련시킬 수 있다고 생각했다. 왕양명의 양지에는 체도 있고 용도 있다. 체는 도덕이성의 평가, 판단 시스템이고 용은 양지의 발용과 유행과정에 자연적으로 나타나는 감정과 욕망이다. 이 점은 그의 성기(性氣)의 학설과 일치하다. 그는 다음과 같이 말했다. "성선(性善)의 실마리는 반드시 기(氣) 위에서 비로소 볼 수 있으며, 만약 기(氣)가 없다면 역시 볼 수 없다. …… 기는 곧 성(性)이고 성은 곧 기니, 원래 성과 기는 구분할 수 없다.(《전습록(傳習錄)》중)"

성은 곧 양지의 체이고 기는 양지의 용이다. 선험은 경험을 떠날 수 없다. 이런 것들은 경험을 통해서 표현된다. 그리하여 양지의 사(思)와 정(情)에 관한 내용들은 양지의 실행 장소로 양지의 논리구조에서 없어서는 안 되는 중요한 내용이다.

⑷ 양지는 조화(造化)의 정령(精靈)이다. 왕양명은 천부적인 도덕감정, 지선지악, 호선 오악 등 가치판단의 표준과 허령명각의 지를 모두 양지에 포함시켰다. 왕양명이 말한 양 지에는 모든 정신활동의 전부가 포함된다. 실천범위가 넓어짐에 따라 양지의 작용도 나 날이 풍부해졌다. 왕양명은 양지를 천지만물의 본체로, 만물과 하나가 되는 절대적인 높 이에 올려놓았다. 그는 다음과 같이 말했다. "양지(良知)는 조화(造化)의 정령(精靈)이다. 이러한 정령은 하늘을 내고 땅을 내고 귀(鬼)를 이루고 제(帝)를 이루었으니, 모두가 여 기에서 나왔으므로 진실로 이는 물(物)과 상대할 수 없는 존재다. 사람이 만약 그것을 완 전무결하게 회복할 수 있다면 조금도 부족함이 없어 스스로 너무 좋아서 날뛰는 것도 깨 닫지 못하고 천지간에 어떤 즐거움이 대신할 수 있는지도 모른다.(《전습록(傳習錄)》하)"

여기서 왕양명은 양지를 우주 최고의 영성(靈性), 우주 근본법칙의 최고 표현, 천지간 의 모든 사물의 최고 대표로 간주했다. 왕양명이 보기에 구체사물은 모두 상대적이기에 천지의 본원이 될 수 없었다. 그러나 양지는 만물과 하나를 이룬 절대적인 존재이다. 천 지, 귀신, 만물은 모두 양지 때문에 생겨났고 이들은 모두 양지의 파생물이다.

왕양명은 도덕, 인식 등 환절을 거쳐 양지를 천지만물의 본원으로 상승시켰다. 도덕 적으로 보았을 때 양지는 우선 우주법칙의 집중적인 체현이다. 그는 가장 직접적이고 생 동적인 형식으로 우주의 법칙을 응집시켜 사람의 마음에 나타나게 한다. 왕양명은 우주 의 법칙은 인(仁)이라고 보았다. 인은 천지만물 일체의 마음이다. 그는 이 우주법칙을 체 현할 수 있는 이상적 인물로 성인을 꼽았다. 성인의 마음은 순수한 양지이다. 그는 "성인 은 천지만물과 일체를 이룰 수 있는 사람이다. 성인은 천하를 보기를 한 집안과 같이 하 고 중국을 보기를 한 사람 같이 한다. 형체에 근거하여 너와 나로 구분하는 사람은 소인 이다. 성인이 천지만물을 하나의 통일체로 볼 수 있는 것은 그들이 고의적으로 그렇게 한 것이 아니라 그의 마음속에 있는 인덕이 본래 그러하기 때문이다."(《대학문》) 왕양명 이 천지만물을 나와 한 몸으로 여기는 인의 사상은 공자의 자신의 처지로부터 남의 처지를 유추해 내는 것(能近取譬), 맹자의 "타인의 고통을 차마 외면하지 못하는 마음(不忍人之心)", 《역전》의 "천지의 지대한 덕(德)을 생(生)이라고 이른다.(天地之大德曰生)", 주돈이의 "창문 앞에 풀은 뽑지 말라(窓前草不除)", 정이의 "자연이 만물을 낳는 마음은 가장 볼만한 아름다움이다(萬物之生意最可觀)", 장재의 "인류는 동포(同胞)이고 만물은 벗이니 사람과 만물의 본성은 하나다(民胞物與)" 등의 주장에 대한 종합이기도 하다. 천지를 낳는 마음은 "부모님에게 효도하고 윗사람에게 공손하며 어린아이가 우물에 빠지는 걸 보면 측은지심이 생기게 되는" 것과 같이 사람이 태어날 때부터 가지고 있는 도덕의식으로 표현된다. 이 점으로부터 우리는 양지를 천지만물의 정령이고 우주법칙의 집중적인 체현이라고 할 수 있다. 왕양명은 "사람의 마음은 천지만물의 생겨나는 곳"이라고 했는데 사람의 마음이 아주 령하면 마치 구멍과도 같다. 우주의 근본법칙, 만물의 생기가 양지에 응집되고 엉키게 된다. 그리하여 양지는 조화의 정령이고 우주법칙의 최고 체현이다.

다른 한 방법은 바로 인식하는 방법이다. 왕양명이 보기에 허령명각은 양지의 근본속성이다. 사람은 허명령각을 통해서 사물을 파악할 수 있다. 이런 의미에서 말했을 때, 양지의 작용은 아주 결정적이다. 왕양명은 제자에게 이렇게 물은 적이 있다. "이 천지의 마음은 무엇이냐?" 그의 제자는 이렇게 답했다. "사람이 천지의 마음이라는 말을 자주 들을 바가 있습니다." 그러자 왕양명이 또 물었다. "그럼 무엇이 사람의 마음이냐?" 그러자 제자가 대답했다. "바로 영명(靈明)입니다." 그는 다음과 같이 말했다. "'하늘과 땅 사이에 가득한 것은 다만 이 영명(靈明)만이 있다는 것을 알 수 있으며, 사람은 단지 형체에 의해 저절로 격리되어 있다. 나의 영명은 곧 하늘·땅·귀신을 주재하는 것이다. 하늘에 나의 영명이 없다면 누가 그것을 높다고 우러러 보겠는가? 땅에 나의 영명이 없다면 누가 그것을 깊다고 굽어보겠는가? 귀신에 나의 영명이 없다면 누가 그 길흉멸상(吉凶滅祥)을 분별하겠는가? 하늘·땅·귀신·만물이 나의 영명을 떠나 버린다면 곧 하늘·땅·귀신·만물이 없게 될 것이며, 나의 영명이 하늘·땅·귀신·만물을 떠나버린다면 역시 나의 영명도 없게 될 것이다. 이와 같이 곧 하나의 기(氣)로 통하고 있는데, 어떻게 그들 사이를 분리시킬 수 있겠느냐?' 또 물었다. '하늘·땅·귀신·만물은 아득한 옛날부터 존재하고 있는 것인데, 어떻게 나의 영명이 없어진다고 해서 곧 함께 없어진다고 할 수 있겠습니까?' 대답하였다. '지금 죽은 사람을 보라 그 정신과 영(靈)이 흩어져버렸는데, 그의 하늘·땅·만물이 어디에 존재하고 있겠느냐?'(《전습록(傳習錄)》하)"

여기서 영명은 곧 사람의 인식능력을 말한다. 사람은 만물지령이다. 이 의미에서 말할 때 사람은 천지의 영장이다. 사람이 인식할 수 있는 사물은 모두 영명의 정리를 거친 현상이다. 천지만물은 모두 사람의 영명의 산물이다. 하늘의 높이, 땅의 깊이, 귀신의 길흉화복은 모두 사람이 부여한 의미이다. 사람의 영명이 없다면 사물은 아무 의미가 없을 것이고 그 존재여부를 판단할 수도 없다. 왕양명이 남진에서 꽃을 감상하면서 했던 유명한 말은 바로 의식활동 가운데서의 영명의 절대적인 의의를 강조로 인식 밖의 현상은 존재하지 않는다는 점을 강조하기 위해서다. 영명에 대한 강조는 바로 왕양명이 주체를 절대화하고 그를 천지만물의 본원으로 본 방법이다. 이러한 강조 때문에 왕양명의 "심외무물"은 새로운 해석을 얻게 되었다. 도덕적으로 보았을 때 도덕의향, 도덕동기가 없는 도덕활동을 말한다. 인식적으로 보았을 때 주체의 인식활동의 참여가 없는 순수한 객체를 말한다. 왕양명의 전반 논설 가운데서 후자가 차지하는 비중은 아주 작다. 그러나 필경 왕양명의 제자는 인식방면의 "심외무물"의 유무를 깨달았고 순수한 사변의 형식으로 양지지학에 포함되었다. 이는 회피할 수 없는 문제로서 왕양명의 사상적 용량을 확대하고 새로운 영역을 개척하게 했다.

왕양명이 양지를 절대화한 세 번째 방법은 본체론의 방법이다. 왕양명은 이런 말을 한 적이 있다. "하늘에 앞서도 하늘이 어기지 아니한다. 하늘은 곧 양지이다. 하늘을 뒤따라 해도 하늘의 때를 받들어야 한다. 양지는 곧 하늘이다."(《전습록》 하) "양지가 곧 하늘이다"라는 것은 왕양명의 중요한 사상이다. 천지만물의 형식, 궤칙(軌則)은 이이다. 이는 기질의 기를 구성한다. 기를 신기하고 오묘하게 운용하는 것이 곧 신이다. 왕양명은 양지는 정기신(精氣神)의 통일이라고 주장했다. "양지(良知)는 하나이며, 그 신묘하게 작용하는 것으로 말하면 신(神)이라 하고 그 활동하는 것으로 말하면 기(氣)라 하고 모으는 것으로 말하면 정(精)이라 하니, 어찌 향상(形象)의 방법으로 구할 수 있겠는가?(《전습록(傳習錄)》상)"

천지를 하나의 계통으로 보았을 때 천지는 곧 하늘의 양지이다. 사람을 하나의 계통으로 보았을 때 사람은 곧 양지이다. 양지에서 주재, 근거, 이칙(理則)은 형상은 없지만 그 신묘한 작용과 효능은 확실히 존재한다. 이를 신이라고 한다. 신이 시공에서 유행할 때, 형상이 보이고 부단히 변화하는 실체를 기라고 한다. 양지의 유행, 운용, 시공 가운데서의 실체를 놓고 말하면 양지는 곧 천지만물 자체이다. 천지만물과 사람은 기와 이가 있고 주재와 운용 작용이 있으며 응집과 발산이 가능한 계통이다. 이 계통 자체가 곧 양지이다. 왕양명의 제자가 이렇게 물은 적이 있다. "사람에게는 허령이 있고 양지가 있는데 초목과 와석에도 양지가 있습니까?" 이에 왕양명은 다음과 같이 대답했다. "사람의 양지(良知)는 바로 풀·나무·기와·돌의 양지이며, 만약 풀·나무·기와·돌에 사람의 양지가 없다면 풀·나무·기와·돌이라 여길 수 없을 것이다. 어찌 오직 풀·나무·기와·돌에만 그러하겠는가? 하늘과 땅에도 사람의 양지가 없다면 역시 하늘과 땅이라 여길 수 없을 것이다. 대개 천지만물과 사람은 원래 일체(一體)였으며, 그 감각기관을 드러내는 가장 정밀한 곳이 신령하고 밝은 사람의 마음이다. 바람·비·이슬·우레·해·달·별·새·짐승·풀·나무·산·냇물·흙·돌 등은 사람과 원래부터 다만 일체였을 뿐이다. 그러므로 오곡·새·짐승 등은 사람을 공양할 수 있고 약과 침 등은 병을 치료할 수 있으니, 오직 하나의 기(氣)가 동일하기 때문에 그러므로 서로 통할 수 있을 뿐이다.(《전습록(傳習錄)》 상)"

"사람의 양지가 곧 초목과 와석의 양지다"라는 왕양명의 대답은 사람과 천지만물을 하나의 계통으로 보았다는 뜻이다. 이 큰 체계 속에서 사람과 초목, 와석의 성은 총체적인 법칙이 나뉘어져 표현된 것들이다. 그들이 반영한 것은 모두 우주의 법칙이다. 그리하여 그들의 내용은 모두 똑 같다. 여기서 왕양명은 '이일'에 착안하였기에 '분수'에 대해서는 얘기하지 않았다. "초목과 와석에 사람의 양지가 없다면 이를 초목과 와석이라 할 수 없다"라는 말은 초목과 와석에 성이 없고 이가 없다면 이를 초목과 와석이라 부를 수 없다는 말이다. 성과 이는 사람의 양지와 통일된다. 사람의 양지와 초목, 와석의 양지는 본질적으로 하나이다. 이들은 모두 우주 근본법칙의 표현이다. 사람의 양지가 초목과 와석보다 더 낳은 점은 사람은 자기의 영명으로 천지만물의 집중적인 표현이 될 수 있다는 것이다. 왕양명은 우주의 본체를 이기심성의 혼합체로 보았다. 이 혼합체의 그 모든 부분의 성과 이는 모두 같은 의의와 함의를 갖고 있다. 그의 최고의 표현은 사람의 양지이다.

이 세 개 연결고리를 제고시키는 것을 통해 양지는 그의 본의보다 더 많은 내용을 얻게 되었고, 사람의 정신활동의 하나의 방면으로부터 만물과 하나가 되는 절대적인 존재가 되었다. 왕양명이 양지를 신격화시킨 것은 사람의 정신적인 힘을 신격화 시킨 것, 특히 도덕역량을 신격화한 것이다. 사람의 도덕역량을 신격화하는 것은 도덕으로 모든 정신활동을 통솔하여 고품질의 인격을 만드는 것이다. 왕양명은 자기 일생의 실천을 통해 양지가 체인에서 신격화 되는 과정을 해석했다.

3) "치양지"

"치양지"는 왕양명의 모든 사상을 총 결집한 것이다. 왕양명이 "치양지"를 강의한 것은 강서에 간 다음이다. 그러나 "치양지"의 사상은 그 전에 이미 제기되었다. 아래의 말에서 "치양지"에 대한 초기의 정의를 이해할 수 있다. "앎(知)은 마음의 본체여서 마음은 자연히 알 수 있게 되는데, 아버지를 보면 자연히 효를 알게 되고 형을 보면 자연히 아우노릇을 알게 되고 어린아이가 우물로 들어가는 모습을 보면 자연히 측은함을 알게 되니, 이것이 곧 양지인데 밖에서 구할 필요가 없는 것이다. 만약 이 양지가 발현되어 더욱 사사로운 뜻의 장애가 없게 된다면, 곧 이른바 그 측은한 마음이 확충되어 인(仁)을 이루 다 쓸 수 없게 된다. 그러나 보통사람들에게 있어서는 사사로운 뜻의 장애가 없을 수 없는 까닭에 반드시 치지격물(致知格物)의 공부를 활용하여 사사로움을 이기고 이(理)로 돌아가야 한다. 곧 마음의 양지가 다시 장애를 받지 않고 가득차서 유행(流行)할 수 있게 되면 바로 그의 앎에 이르게 되는 것이다. 앎에 이르게 되면 곧 그의 뜻도 정성스러워질 것이다.(《전습록(傳習錄)》상)"

여기서 "치양지"는 마음의 본체인 양지가 충색(充塞), 유행되게 해줄 수 있다. 양지가 충색, 유행되는 것의 전제는 사적인 감정의 방해가 없어야 한다는 것이다. 그리하여 격물의 공부를 통해 사적인 감정을 제거해야 한다. 후에 왕양명은 이 관점을 좀 더 발전시켰다. 그는 친구들과 격물의 종지에 대해 논쟁할 때 "치양지"에 대한 자신의 정의를 말했다. "이른바 치지격물(致知格物)이란 내 마음의 양지가 사사물물(事事物物)에 이른다. 내 마음의 양지는 곧 이른바 천리(天理)이다. 내 마음의 양지의 천리가 사사물물에 이른다면 사사물물은 모두 그 이(理)를 얻는다.(《전습록(傳習錄)》중)"

그전의 말에서는 "치양지"를 양지의 충색과 유행으로 정의하였고 격물의 공부는 양지의 충색과 유행의 전제라고 했다. 아직까지 격물을 "치양지"공부의 자체로 간주하지는 않았다. 그러나 뒤의 말에서 "치"라는 글자의 "어디에 까지 도달하다"라는 뜻에 더 많이 치중되었다. 그 도달하려는 대상은 곧 천리이고 도달하려는 장소는 사사물물이다. 이게 바로 더 발전된 점이다. 왕양명이 만년에 정리한 《대학문》에서는 "치양지"에 대해 더 전면적인 정의를 내렸다. "치지(致知)라고만 이를 뿐, 후배 유학자들이 그 지식(知識)을 채우고 넓힌다고 말한 것만 같지 못하며, 내 마음의 양지(良知)에 이르렀을 뿐이다. 양지란 맹자(孟子)가 말한 시비지심(是非之心)으로 사람들이 모두 지니고 있는 것이다. 시비지심은 생각함을 기다려서 아는 것이 아니고 배움을 기다려서 잘하는 것이 아니니, 이런 까닭으로 양지라 한다. 이는 곧 천명의 성(性)이요 내 마음의 본체이며, 자연히 빛나고 신령하며 밝게 깨닫는 것[昭靈明覺]이다. ……지금 양지에서 알고 있는 선악(善惡)이란 진실로 좋아하거나 진실로 싫어하지 않는 것이 없다면 그 양지를 스스로 속이지 않는 것이니, 뜻[意]은 진실할 수 있을 뿐이다."

여기서 그는 "치양지"는 바로 양지의 선을 모든 구체적인 사물에 도달시켜 구체적인 사물이 이를 얻어 마음의 뜻이 성실하고 스스로 만족할 수 있게 하는 것이다. 양지가 감독계통으로서 정감에 나타나는 표현은 자기의 행동에 대한 만족감이나 불안감이다. 이 말에서는 바로 이 점을 강조했다. 더 중요한 것은 양지가 아는 천리는 이미 도덕이성과 지식이성과 친밀하게 융합되었고 선량한 의지의 시범과 지도가 있을 뿐만 아니라 이성이 제공한 행위수단과 결과에 대한 감독평가 체계까지 소유하고 있다. 이러한 "치양지"는 동기와 효과의 통일이고 목적과 준칙의 통일이다. 이는 왕양명이 만년에 주장한 "치양지"의 핵심이다.

왕양명의 "치양지"는 지행합일이다. 그러나 이는 "양지는 지이고 "치양지"는 행이다"라는 공부의 전면성에 있는 게 아니다. 양지의 확충과 지극히 선하고 아름다운 경지에 도달한다는 의미와 비교했을 때, 왕양명은 극치를 탐구하는 것(推致)과 실행의 뜻을 더 강조했다. 이 점은 왕양명의 심학이 가장 특별한 점이다. 이는 왕양명이 육구연에게 불만을 가진 부분이기도 하다. 여기서 왕양명과 육구연의 다른 점에 대해 해석할 필요가 있다. 이러한 다른 점을 통해 왕양명이 주장하는 심학의 성질을 엿볼 수 있다.

왕양명은 어록과 서신에서 육구연에 대해 수차례 비판을 한 적이 있다. 왕양명의 제자인 진구천(陳九川)은 이런 물음을 제기한 적이 있다. "육자(陸子)의 학문은 어떠합니까?" 이에 대한 왕양명의 대답은 다음과 같다. "염계(濂溪)는 도를 깨쳤지만 여전히 상산(象山)의 학문을 벗어나지 못했다. 그리 잘 모자란 부분이 있다." 그러자 구천이 말했다. "그의 글은 요점이 뚜렷하게 나타나고 그가 한 말 마디마디는 모두 위독한 병을 치료하는 침과도 같습니다. 전혀 모자란 부분이 보이지 않는데요?" 그러자 왕양명이 대답했다. "그는 마음공부를 하긴 했지만 촌탁과 참조는 학문의 의미를 탐구하는 것과 같지 않다. 그리하여 잘 살펴보면 그의 학문에 모자라는 부분이 있다는 걸 알 수 있다."(《전습록》하) 여기서 그는 어떤 부분이 모자라는 지에 대해서는 명확하게 얘기하지 않았다. 그러나 왕양명의 서신을 잘 읽어보면 육구연의 학설이 옛날 것을 계승했다는 점이 왕양명이 비판하려는 문제점이라는 걸 알 수 있다. "치지격물(致知格物)은 자고이래로 유자(儒者)들이 모두 이 같은 설(說)을 답습해 왔기 때문에 그러므로 상산(象山)도 역시 답습해 왔으므로 다시 의심을 갖지 않았을 뿐이다. 그러나 이것은 마침내 상산이 아직 정밀하지 못한 한 곳을 드러내었으니, 가릴 수가 없었다.(《답우인(答友人)》, 《왕양명전집(王陽明全集)》210쪽)" "상산의 학문은 간이(簡易)하고 직절(直截)하며, 맹자 뒤의 한 사람으로 그의 학문(學問)·사변(思辨)·치지격물(致知格物)의 설은 비록 전례를 따른 폐를 면하지 못하였지만 그러나 그 큰 근본과 근원은 결단코 나머지 사람들에게는 미친 바가 아니다.(《여석원산(與席元山)》, 《왕양명전집(王陽明全集)》180쪽)"

육구연은 송나라에 유행했던 치지, 격물과 같은 사상을 그대로 계속해서 사용하였다. 육구연이 주장하는 심즉리는 주로 공부를 통해 물욕을 제거하여 본심의 선이 드러나고 유행하게 해야 한다는 것이다. 그러나 육구연에게는 지행합일이 없다. 그는 비록 인정과 사변에 대한 공부를 강조하긴 했지만 어떻게 공부해야 하고 이런 공부가 《대학》과 같은 고전에서 말하는 공부와 어떤 관계인지에 대해서는 명확하게 이야기하지 않았다. 지행합일은 왕양명의 "치양지"학설의 정수이다. 황종희는 ""치양지"에서 치는 곧 행이다"라고 말했다. 왕양명의 "치양지"는 마음이 알고 있는 천리를 모든 사물에 응용하는 걸 말한다. 그러나 이런 천리에는 도덕이성의 선량한 의지만이 아니라 장기간 실천의 연마를 통해 얻고 축적된 지식도 포함된다. 왕양명의 "치양지"에서 말하는 양지의 천리는 도덕의 선도 하에 획득한 지식들이다. 그러나 육구연은 지식이성이 아닌 본심의 발견을 종지로 한다. 이 점 때문에 이 책에서는 "치양지"의 '치'를 'extension'으로 번역하는데 동의하지 않는다. 왜냐하면 이러한 번역은 양명학의 가장 대표적인 극치를 탐구하는 것(推致)과 실행의 뜻이 포함되어 있지 않기 때문이다. 왕양명에게 있어 견문지지(見聞之知)는 양지가 실행되는 장소이다. 그리하여 "치양지"는 견문지지를 버리지 않는다. 그러나 육구연은 "큰 것 위에 서는 것 외에는 방법이 없다"고 했다. 육구연은 주로 덕성을 말했지만 왕양명은 존덕성도문학 (尊德性道問學)을 하나로 섞어놓았다. 도문학하기에 존덕성하고 유정(惟精)하기에 위일(為一)할 수 있으며 박식하면 간단해질 수 있다. 육구연은 그 시기의 철학명제를 계승하였지만 이것들을 새로운 계통의 다른 방면으로 융합시키지 못했다. 그러나 왕양명은 자기 스스로 새로운 뜻을 만들고 새로운 학문을 연구했고 낡은 철학명제들을 융합시켜 "치양지"의 학문의 유기성분으로 만들었다. 왕양명은 육구연의 학문에는 다음과 같은 장점이 존재한다고 칭찬했다. 첫째, 학문이 간단하고 직접적이며, 둘째, 그는 학문의 의(義)와 이(利)를 구분하고 대본을 세우고 달아난 마음을 찾아오는 것이 자신의 굳게 믿고 있는 이치라고 제자들에게 보여주었다. 육구연의 모자란 점은 바로 그는 심학의 기본방향과 이론의 테두리를 제기하기는 했으나 이에 대해 깊이 연구하지 못했고 세부에 대해 정밀한 논증을 제기하지 못했다. 또한 주자학의 영향에서 철저히 벗어나지 못했고. 특히 즉지즉행, 즉내즉외, 공부가 곧 본체라는 내용을 그의 이론내용에 융합시키지 못했다. 육구연의 학설은 사자들이 품덕을 연마하고 뜻을 세우는 방향일 뿐 전체대용(全體大用)의 학문은 아니다. 육구연과 왕양명을 비교해보면 왕양명의 심학은 집대성으로서 그의 심학은 모든 방면에서 육구연을 넘어 그 시기 철학의 최정점에 도달했다는 것을 알 수 있다.

왕양명의 "치양지"의 '치'에는 극치를 탐구하고 확충하여 지극에 이른다는 두 개 뜻이 내포되었다. 극치를 탐구하는 것은 행위이고 지극에 이르는 것은 이 행위의 결과이다. 앞에서 말했듯이 왕양명이 말한 양지는 맹아상태의 도덕의식과 도덕정감이기에 반드시 확충해야 한다. 이러한 확충은 사욕을 버리고 본체의 양지를 회복하는 과정이기도 하다. 이는 맹자의 "물이 흐를 때는 조금이라도 오목한 데가 있으면 우선 그곳을 가득 채우고 아래로 흘러간다(盈科而後进)", 육구연의 "작은 시냇물이 모여 바닷물이 될 수 있고, 주먹만한 돌들을 태산, 화산처럼 높이만큼 쌓아올릴 수 있다"라는 말의 뜻이다. 왕양명의 특징은 바로 "치양지"에 도덕이성과 지식이성이 포함되었다는 점이다. 전자는 후자를 이끌고 같이 전진해나갈 수 있다. 그의 사상에는 실천의 시작과 더불어 사람의 가치목표와 자연의 규칙이 점차 일치해진다는 뜻이 들어있다. 왕양명은 양지가 지시지비(知是知非)할 수 있는 능력은 천부적인 것이 아니라 실천을 통해 얻어지는 것이라고 생각했다. 양지는 외물에 대해 반응하는 능력으로서 끊임없이 확충하여 극치에 도달해야 하는 과정이다. 양지가 지식을 축적하는 과정도 얕은 곳에서 깊은 곳으로 진화하는 과정이다. 천리는 목적과 규율의 통일로서 이러한 통일도 장기간의 실천과 단련을 거쳐 실현될 수 있다. 왕양명은 다음과 같이 말했다. "우리들의 치지(致知)는 다만 각기 정도에 따라 미치므로 오늘 양지(良知)가 이와 같이 드러났다면 다만 오늘에 아는 바에 따라 철저하게 확충하고 다음날 양지가 또 깨우침이 있으면 곧 다음날도 아는 바에 따라 철저하게 확충하면 되는데, 이와 같은 것이 바로 정신을 한 곳에 집중[精一]하는 공부이다.(《전습록(傳習錄)》하)"

왕양명의 양지의 개념에서 도덕이성과 지식이성은 처음부터 일치한 것이 아니다. 그리하여 좋은 마음에서 나온 동기가 오히려 좋지 않은 결과를 초래하기도 한다. 그리하여 왕양명은 항상 "치양지"의 뜻을 품고 성실하게 하면 도덕과 지식이 점차 통일될 것이라고 주장했다. 왕양명의 "입을 열면 본심에 맞게 말하고 두루뭉술하게 뜯어 맞추지 말아야 한다"는 말은 바로 그가 장기간의 실천을 통해 도달한 경지이다. 왕양명에게 있어 수양의 최고경지는 목적과 천리에 알맞은 것들이 통일되는 것이다. 이런 경지에 이르면 하늘과 사람이 완전히 융합되어 양지와 천리가 최고의 통일을 이룰 수 있다. 그러나 이러한 통일은 더 높은 형태로, 더 높은 경지로 올라가는 과정이다. 이는 양명학의 정수이다. 왕양명에 대한 이왕의 연구들은 모두 왕학이 주체의 능동 작용을 중요시 하는 데에만 집중되었다. 왕양명이 도덕이성과 지식이성이 실천 중에 통일되어야 한다는 주장과 그가 일생을 통해 실천하고 증명해낸 내성에서 외왕을 실현하는 이상에 대해서는 깊은 연구가 진행되지 못했다.

왕양명의 "치양지"에서 양지는 주동적으로 사람의 마음에 나타난다. 양지는 도덕이성과 지식이성의 통합이고 지식층면으로 삼투되어 지식을 자기의 내부에 포함시키는 힘을 갖고 있다. 다시 말해 양지는 피동적으로 다른 물체의 의식층면에 제기되는 것이 아니라 주동적으로 자신을 드러낸다는 말이다. 또한 양지는 인위적으로 한데 끼워 맞춰지는 것이 아니라 형이하학의 물건, 지식층면의 물건을 통해 주동적으로 자신을 전개시킨다. 그리하여 양지 자체는 활발하고 중단되지 않는다.

5. 사구교(四句敎)

사구교는 왕양명이 노년에 자신의 학술을 총정리 하여 네 마디 말로 표현한 것이다. 이 네 마디 말은 "선도 없고 악도 없는 것은 마음의 본체이고, 선도 있고 악도 있는 것은 의념의 발동이며, 선악을 아는 것은 양지이고, 선을 행하고 악을 제거하는 것은 격물이다." 이 네 마디 말은 하나의 전체로서 왕양명의 사상 전부를 완전하게 서술해냈다. 이 사구교에 대한 다른 이해는 왕문학파가 나뉘는 직접적인 근거이다. 이는 나중에 왕양명이 세상을 뜬 후 학자들이 논쟁을 일으키는 주요 문제이기도 하다. 사구교는 왕양명이 사전(思田)의 난을 평정하기 위해 출정하기 전에 대제자인 전덕홍와 왕용계가 자신의 학술종지에 대한 논쟁에 대해 분명하게 뜻을 밝힌 것이다. 역사적으로 이를 "천천정도(天泉正道)"라고 한다. 《전습록》에는 다음과 같은 내용이 기록되어 있다. "정해년(1527년) 9월, 선생님은 다시 사주(思州)와 전주(田州)의 반란을 진압하기 위해 출정하게 되었다. 장차 명령을 받들어 출정하려할 때에 나(전덕홍)는 왕여중(王汝中)과 함께 학문을 토론하고 있었다. 왕여중은 선생님의 가르침을 들어 말하였다. '선도 없고 악도 없는 것은 마음의 본체이고 선도 있고 악도 있는 것은 뜻의 움직임이며, 선을 알고 악을 아는 것은 양지이고 선을 행하고 악을 제거하는 것은 격물이라고 하셨지.' 내가 말했다. 이것이 무슨 뜻인가? 왕여중이 말하였다. '이것은 아마 궁극적으로 하시려고 하던 말씀이 아닐 것이다. 만약 마음의 본체가 선도 없고 악도 없는 것이라고 한다면 뜻도 역시 선도 없고 악도 없는 뜻이 되고 지(止)도 역시 선도 없고 악도 없는 '지'가 되며, 사물도 역시 선도 없고 악도 없는 사물이 될 것이다. 만약 뜻에 선과 악이 있다고 말한다면 결국 마음의 본체에도 선과 악이 존재하게 될 것이다.' 내가 말하였다. '마음의 본체는 하늘이 부여한 본성으로 원래는 선도 없고 악도 없는 것인데, 다만 사람에게는 학습에 의한 마음으로 뜻과 생각에서 볼 때 선과 악이 존재하는 것이다. 그러기에 격물(格物)·치지(致知)·성의(誠意)·정심(正心)·수신(修身)은 바로 그 본성의 본체를 회복하기 위한 공부이다. 만약 원래부터 선악이 없는 것이라면 공부도 역시 말할 필요가 없을 것이다.' 이 날 저녁 선생님을 모시고 천천교(天泉橋)에 앉아 있다가 우리 두 사람은 각자의 의견을 말씀드리고 가르침을 청하였다. 선생님께서 말씀하셨다. '나는 지금 출발하려하니, 마침 이 기회에 너희들은 그 의미를 연구하여 깨우치기 바란다. 두 사람의 의견을 상호 보완하면서 응용하는 것이 옳지 각자가 한쪽만 고집해서는 안 된다. 내가 이곳에서 사람들을 만나보니 두 부류의 사람들이 있었다. 첫째는 근본적으로 예리한 사람인데, 근본적인 것에서부터 깨달음에 들어간다. 인심(人心)의 본체는 원래 밝고 막힘이 없으며, 원래 아직 발현하기 전의 '중(中)'이다. 근본적으로 영리한 사람은 한 번에 본체를 깨닫는 것이 바로 공부이며,

남과 자기의 안팎을 한꺼번에 모두 이해한다. 두 번째 부류의 사람은 습심(習心)을 지녀서 본체가 가려져 있기 때문에 그러므로 또 관념상에서 착실히 선을 행하고 악을 없애도록 가르치면 공부가 무르익은 뒤에 찌꺼기가 깨끗이 제거되었을 때 본체도 역시 아주 밝아지게 된다. 왕여중의 견해는 내가 여기에서 만난 영리한 사람에게 적용되는 것이고 전덕홍(錢德洪)의 견해는 내가 여기에서 두 번째 부류의 사람들을 위하여 법도를 세워준 데에 적용되는 것이다. 두 사람이 서로의 의견을 서로 취하여 응용한다면 보통 이상과 이하의 사람들을 모두 '도(道)'로 인도해 들일 수 있을 것이다. 만약 각기 한 쪽만 고집한다면 눈앞에서 사람들을 그르치게 될 것이며, 곧 '도'의 본체에 대해서도 각기 다 완전하지 못하게 될 것이다.' 그리고 나서 다시 말씀하셨다. '이후 제자들과 학문을 논할 때는 내 말의 요지를 절대 잊어서는 안 된다. 선도 없고 악도 없는 것은 마음의 본체이고 선도 있고 악도 있는 것은 뜻의 움직임이며, 선을 알고 악을 아는 것은 '양지'이고 선을 행하고 악을 제거하는 것은 '격물'이다. 다만 나의 이 말에 의거하여 사람에 따라 적절히 지도하면 자연히 잘못이 없어질 것이니, 이것은 원래 위아래로 통하는 공부이다. 근본적으로 영리한 사람은 세상에서도 역시 만나기 어렵고 본체에 대한 공부를 한 번에 철저하게 깨우치는 것은 안회(顔回)와 정명도(程明道) 같은 사람도 해낼 수 없는데 어찌 대수롭지 않게 그러한 사람이 되기를 바랄 수 있겠는가? 사람이 가진 습심(習心)이 '양지'를 바탕으로 선을 행하고 악을 제거하는 공부를 못하게 하고 헛되게 본체만 생각하게 한다면 하는 일이 모두 착실하게 되지 않고 고요함만 길러지는데 지나지 않을 것이다. 이러한 잘못은 결코 작은 것이 아니니 빨리 말하여 깨우쳐주지 않을 수 없다.' 이날 나와 왕여중은 모두 깨달음이 있었다.(《전습록(傳習錄)》하)" 전덕홍 등이 편찬한《년보》및 용계의 문인들이 구술로 만들어진《천천정도기(天泉證道記)》에도 이 일에 대한 기록이 있다. 다만 단어와 구절에 조금 다른 점이 있을 뿐이다. 덕홍과 용계는 모두 왕양명의 고제자로서 왕양명을 오랫동안 따랐었다. 두 사람이 논쟁한 것은 왕양명철학의 핵심문제이다. 왕양명의 저서를 보면 두 사람의 주장이 모두 왕양명의 뜻이고 왕양명의 저서에서 그 근거를 찾아낼 수 있다. 용계는 명민하고 4무설을 주장한다. 덕홍은 침착하고 4유설을 주장한다. 왕양명은 두 사람의 주장이 모두 자기의 뜻이라고 인정하였다. 그러나 4무설은 이근인(利根人)과 호응하고 4유설은 중하근인(中下根人)과 호응한다. 배우는 사람의 자질이 다름에 따라 다른 설법이 존재한다.

왕양명은 일생 동안에 학술종지에 여러 번의 변화가 있었는데 시기에 따라 다른 학술 중점이 있다. 강우 이전에 성의격물을 주장했고 강우 이후에는 "치양지"를 전문적으로 주장했다. 월나라에서 지내는 동안에 "치양지" 세 글자로 그전의 학문종지를 융합하여 관통시켰다. 덕홍이 배운 것은 주로 성의격물이고 용계가 배운 것은 주로 "치양지"이다. 성의격물과 "치양지"는 결국에는 하나이지만 양자는 사실상 치중하는 점이 다르다. 성의 격물은 "공부로 본체를 실현하는 것이고" "치양지"는 "본체로 공부를 인도하는 것"이다. 성의격물은 선하지 않은 생각을 바로잡고 성실한 뜻을 통해 마음을 바르게 하는 것이다. "치양지"는 선한 생각을 집중하여 모든 사상행위가 모두 선한 생각의 제한과 지도를 받아야 한다. 전기에 왕양명은 항상 신중하고 조심스러운 태도를 유지했는데 그의 학문은 선을 위해 악을 제거하고 사욕을 이기고 이를 회복하는 것이었는데 그 공부도 대부분이 격물성의에 있었다. 후기에는 장악한 것이 많아졌고 그의 학문은 "치양지"를 위주로 "내 마음속의 양지를 사사물물에 집중했다." 전덕홍은 주로 왕양명이 젊었을 때의 사상을 근거로 했고 왕용계는 주로 왕양명의 노년시기의 사상을 근거로 했다. 왕양명은 젊은 시절과 노년기의 학술 중심이 같지 않은데 이는《전습록》에 반영되었다.《전습록》상권의 전반 부분은 서애가 기록한 것이다. 중간부분은 육징(陸澄), 설간(薛侃)이 기록한 것이다. 이 책의 대부분은 왕양명의 전기, 중기 때의 어록을 기록한 것으로 그중에는 선을 위해 악을 제거하는 것과 격물치지에 대한 어록이 기록되었다.《전습록》하권에 수록된 것은 대부분이 후기 특히 월나라에 거주할 때에 연구했던 학문에 관한 어록들이다. 그래서 공부가 성숙되고 감정을 직접 토로하는 언어들이 많다. 왕양명은 그의 사상이 전기와 후기에 거친 변화에 대해 명확하게 해석을 한 적이 있다. "남도에 오기 전에 나한테 향원(愿愿)의 뜻이 조금 있었다. 지금은 양지로 옳고 그름을 알 수 있기에 더는 가리고 숨길 필요가 없게 되었다. 그리하여 지금은 나에게 광자의 포부를 가질 수 있게 되었다. 천하의 사람들이 나의 행동과 말이 일치하지 않는다고 말해도 괜찮다."(《전습록》하) 여기서 왕양명이 젊은 시절과 노년시기에 학술에 변화가 있었다는 걸 알 수 있다. 그러나 용계, 덕홍 또한 각자의 의거가 있었기에 왕양명은 두 사람의 의견이 서로 호응되고 서로 보충되며 서로가 서로의 근거가 되기에 어느 한쪽의 의만 고집해서는 안 된다고 중재에 나섰다. 왕양명이 만년에 얻은 성숙함과 공부는 모두 본체에 포함되고 융합되었는데, 확실히 본체의 뜻을 직접 제기하려는 의도가 보인다. 명나라 후기의 학자들은 왕양명의 이러한 것들을 완곡하게 비평했다. 섭표, 나홍선과 같은 강우학자들은 양명의 제자이기 때문에 직접 왕양명의 잘못을 들추어 낼 수 없어 왕용계에 대한 공격에 모든 힘을 쏟아 부었다.

사구교, 왕용계와 덕홍의 논쟁은 본체와 공부의 수양방법이 다른 점을 제기하였을 뿐만 아니라 유와 무, 선천과 후천, 경외와 소탈, 유교와 불교 등 왕양명의 학술에 관련되는 많은 문제들도 포함하고 있다. 사구교의 첫마디인 "선도 없고 악도 없는 것은 마음의 본체이다"에 대한 논쟁이 제일 많다. 왕양명의 뜻에 따르면 "선도 없고 악도 없는 것은 마음의 본체이다"라는 것은 마음에 원래부터 선한 생각과 악한 생각이 존재하지 않는다는 말이다. 선한 생각과 악한 생각은 모두 '의'이다. 의는 후천적으로 생겨난 것이기에 마음속에 선천적으로 선한 생각과 악한 생각이 있었다고 말할 수 없다. 왕양명은 이러한 상황을 태허에 비유하였다. "유(有)는 단지 네 스스로가 소유하는 것뿐이며, 양지(良知)의 본체는 원래 유한 것이 없고 본체는 단지 태허(太虛)일 뿐이다. 태허 중에는 해·달·별·비·이슬·바람·서리·볕·황사현상·막는 기운 등 어떤 사물이든 유가 아니겠는가? 또한 어떤 한 사물이라도 태허의 장애가 될 수 있겠는가? 인심의 본체도 역시 회복됨이 이와 같고 태허는 무형(無形)이고 한 번 지나가면 달라지니, 역시 어찌 아주 작은 기력(氣力)이라도 소모할 수 있겠는가?(《연보(年譜)》, 《왕양명전집(王陽明全集)》1,306쪽)"

왕양명이 보기에 심체는 맑고 깨끗하며 멈춤이 없어야 만물을 정확하게 감지 할 수 있다. 만약 심체에 의념이 있다면 폐해를 조성할 수 있다. 선한 생각이라고 해도 심체에 방애가 될 수 있다. "마음의 본체에는 조그만 생각도 남겨 둘 수 없으니, 그것은 마치 눈에 먼지가 조금이라도 들어가게 할 수 없는 것과 같다. 소량의 먼지가 얼마나 되겠냐고 하겠지만 눈 전체가 천지를 분간할 수 없게 된다. 그리고 또 말씀하셨다. "이러한 조그만 생각이란 사념(私念)뿐만 아니라 좋은 생각일지라도 조금이라도 남겨두어서는 안 된다. 마치 금이나 옥 같은 가루가 들어갈지라도 눈을 뜰 수 없게 되는 것과 같다.(《전습록(傳習錄)》하)"

왕양명은 제자들에게 미발지중을 찾아야 한다고 가르쳤다. 미발지중이 있어야 발이중절(發而中節)의 화(和)가 있을 수 있다. 미발지중은 심체가 맑고 깨끗하며 멈춤이 없고 확연하고 공평한 상태를 말한다. 이런 상태는 마음의 이상적인 상태이다. 선을 위해 악을 제거하는 것과 같은 일상공부에 너무 집착해도 안 된다. 그는 다음과 같이 말했다.

"학문을 하는 공부에는 얕고 깊은 차이가 있다. 처음 시작할 때부터 착실한 마음으로 선을 좋아하거나 악을 싫어하지 않는다면 어떻게 선을 행하거나 악을 제거할 수 있겠는가? 착실한 마음을 가지는 이것이 바로 마음을 진실하게 하는 것이다. 그러나 마음의 본체는 원래 아무것도 없는 것임을 알지 못하고 한결같이 선을 좋아하거나 악을 싫어하는 데만 주의를 기울인다면 그러한 생각만 많아져서 곧 도량이 넓고 공정하게 되지 않는다. 『서경』에서 말한 것처럼 의도적으로 좋아하거나 싫어하는 마음을 갖지 않아야 바야흐로 본체가 된다.(《전습록(傳習錄)》상)"

　　좋은 일이든 나쁜 짓이든 모두 마음의 본체이다. 사람은 매일 현상의 세계에 있기 때문에 어쩔 수 없이 정욕이 생길 수 있다. 왕양명은 정욕을 강제로 금지하는 것이 아니라 그냥 그대로 흘러지나가게 내버려 두어야 한다고 주장한다. 왕양명의 제자가 이런 물음을 제기한 적이 있다. 양지는 마치 해와 같고 정욕은 구름과 같다. 구름은 해를 가릴 수 있지만 하늘에 반드시 있어야 하는 존재이다. 정욕도 사람 마음에 반드시 있어야 하는 존재인가? 이에 대한 왕양명의 대답은 다음과 같다. "기쁨·노여움·슬픔·두려움·좋아함·싫어함·욕망을 칠정(七情)이라 하는데, 이 일곱 가지는 모두 사람 마음에 실제로 있는 것이지만 다만 양지(良知)만은 명백하게 알아야 한다. …… 칠정(七情)이 그 자연스런 흐름에 따르는 것은 모두가 양지의 작용이어서 선하고 악함을 구별할 수는 없는 것이다. 다만 집착하는 바가 있어서는 안 될 뿐이다. 칠정에 집착하는 것이 있으면 모두 욕심이라고 하는데 모두 양지를 가려 막는 것들이다.(《전습록(傳習錄)》하)"

　　이는 칠정 자체는 악이 아니라는 말이다. 칠정은 태허중의 "비, 이슬, 바람, 서리, 연무"처럼 자기 스스로 사라진다.

　　이때까지 왕양명은 형이하학의 층면에서 문제를 토론하였고 여기서 말하는 심체는 마음의 본체로서 의념이 생길 수 있고 칠정육욕을 갖고 있는 현실의 마음이다. 이 현실의 마음의 본래 모습에는 아무 것도 없이 비어있는 모습이다. 그러나 형이상학의 층면에서 볼 때 "마음의 본체"는 다른 뜻을 갖게 된다. 마음의 본체에 대해 왕양명은 다른 해석을 내놓았다. "마음의 본체는 성(性)이며, 성은 곧 이(理)이다. 인(仁)의 이치를 궁구하면 진실로 중요한 인이고 극진한 인이며, 의(義)의 이치를 궁구하면 중요한 의이고 극진한 의이니, 인의(仁義)는 단지 나의 성일뿐이기 때문에 그러므로 궁리(窮理)는 곧 진성(盡性)이다. 유건(惟乾)이 물었다 '지(知)는 어찌하여 마음의 본체입니까?' 선생이 대답하였다.

'지는 이(理)의 영처(靈處)이고 그 주재하는 것으로 말한다면 곧 마음이라 말할 수 있다. 하늘로부터 부여받은 것으로 말한다면 곧 성(性)이라 한다.'(이상 《전습록(傳習錄)》 상)"

"사람이 입장을 가진 것(定者)이란 마음의 본체이고 천리(天理)이다. 움직임과 고요함은 만나는 바의 때이다. 마음의 본체는 즉 천리이고 천리는 단지 하나뿐이니, 다시 무엇을 생각할 수 있겠는가? 양지(良知)는 마음의 본체인데, 바로 앞에서 말한 항상 밝게 비추는 것이다. 마음의 본체는 일어나는 것도 없고 일어나지 않는 것도 없다. 기쁨은 마음의 본체이고 칠정의 기쁨과는 같지 않으나 역시 칠정의 기쁨을 벗어나지 아니한다.(이상은 《전습록(傳習錄)》 중)" "지선(至善)은 마음의 본체이다. 본체에서 조금만 어긋나면 악이 된다. 하나의 선만 존재하는 것이 아니라 도리어 또한 하나의 악도 상대적으로 존재하는 것이다. 마음은 체(體)가 없어서 천지만물이 감응(感應)하는 시비(是非)로써 본체로 삼는다. 아는 것도 없고 알지 못하는 것도 없으니, 본체는 원래 이와 같은 것이다. 비유하건대, 해는 마음이 있어야 사물에 비추나 스스로 사물이 없이는 비추지 못하는 것과 같으니, 비추는 것도 없고 비추지 않는 것도 없으니, 원래 해의 본체이다. 양지는 본래 아는 것이 없는데도 요즘 사람들은 도리어 아는 것이 있기를 바라며 본래 알지·못하는 것이 없는데도 요즘 사람들은 알지 못하는 것이 있다고 의심한다. 이것은 '양지'에 대한 믿음이 부족하기 때문이다.(이상은 《전습록(傳習錄)》 하)"

심체에 대한 왕양명의 해석은 네 가지로 나눌 수 있다. (1) 마음의 지선무악에 대한 형상의 설정이다. 마음의 본체는 곧 성이고 성은 곧 이이며 본래부터 갖고 있던 선이다. 이러한 선은 형(形) 아래에서 시시각각 생성되는 선한 생각과 악한 생각과 달리 선한 것만 있고 악한 것은 없는 지선이다. (2) 마음에 선과 악이 없는 형하(形下) 형태이다. 즉, 마음의 본래 모습과 본래 체단(體段)으로서 우에서 비유했던 태허의 뜻을 갖고 있다. (3) 마음의 여러 가지 성질에 대한 묘사이다. 예로 낙은 마음의 본체이고 정은 마음의 본체이고 항조(恒照)도 마음의 본체이다. (4) 심무체(心無體). 이는 인식의 각도에서 출발해 마음이 마치 흰 판과도 같고 마음 이외의 물체가 반영한 것이 바로 그 본체라는 뜻이다. 이는 마치 눈과 귀가 외부의 성색(聲色)에 대한 반응이 그 본체라는 것과 같은 뜻이다. 이 네 가지 가운데서 첫째와 둘째 유형은 우리가 위에서 토론했던 "선도 없고 악도 없는 것은 마음의 본체이다"라는 것과 밀접한 관계가 있다. 첫째, 둘째 설명과 연계하여 우리는 사구교에서 "선도 없고 악도 없는 것은 마음의 본체이다"라고 한 것은 마음에는 원래 선과 악이 없고 선과 악은 후천에 의해 생긴 것으로서 마음에는 원래부터 있던 착한 성질을 갖고 있었다. 마음에 선과 악이 없는 상태에서만 지선무악의 성질이 나타날 수 있다. 마음이 공령을 할수록 착한 성질이 더 충만할 수 있다. 무선무악은 수양을 통해 도달하려는 경지이다. 이러한 경지에 도달하려는 목적은 본래부터 갖고 있던 착한 성질을 드러내기 위함이다. 이게 바로 왕양명이 말했던 "무에서 유가 생겨나는 학문"이다. 무는 수단이고 유는 목적이다. 마음 본체의 유행은 바로 구체적인 선하고 악한 생각이 물러날 때이다. 이에 대한 다음 황종희의 견해는 아주 정확하다. "사실 선도 없고 악도 없다는 것은 선한 생각도 없고 악한 생각도 없다는 것뿐이니, 성(性)에는 선함도 없고 악함도 없다고 함은 잘못된 것이다. 아래 글귀는 선함도 있고 악함도 있다는 뜻이니, 역시 선한 생각도 있고 악한 생각도 있다는 것일 뿐이니, 두 글귀는 다만 완전히 동정(動靜) 두 글자를 완전하게 하였다.(《명유학안(明儒學案)·요강학안(姚江學案)》)"

동정이라는 두 글자는 왕양명이 말했던 "무선무악의 이는 정, 유선유악의 기는 동"이라는 말이다. 무선무악의 이는 정이라는 것은 만물이 모두 자기 본성의 필연성에 의해 운행되며·그 자체에는 선과 악이 없다는 말이다. 그리하여 이러한 이를 운용한 선악의 동기에서 선과 악을 알 수 있다. 예로 화초에는 선과 악이 없고 사람의 취사선택에 의해 그 선과 악이 정해진다. 이는 물리를 말하는 것이다. 왕양명은 사람의 양지는 곧 천리이고 성은 본래 일호의 악도 없다. 성선론은 양양명의 유가선배, 특히 맹자와 육구연한 테서 계승한 불이법문이다. 그의 "치양지"는 이러한 선을 모든 활동에 집중(推致)하는 것이다. 만약 성에 선과 악이 없다면 집중(推致)자가 의거를 잃게 된다. 그리하여 황종희는 "선을 위해 악을 제거하는 것은 마음이 내키는 대로 하는 것이기에 자연히 선과 악이 섞이지 않았다. 그리하여 선생이 '내 맘속의 양지는 사사물물에 있다'라고 했다. 이 네 마디 말에는 본래 아무런 병폐도 없고 학자들이 이 뜻을 잘못 이해한 것이다."(《명유학안·요강학안》)

왕양명에게는 "길거리에 넘쳐나는 사람들 모두가 성인이다"라는 견해가 있다. 이는 모든 사람들이 이미 성인이 되었다는 것이 아니라 모든 사람은 태어날 때부터 선성, 즉 착한 성질을 갖고 있다는 말이다. 이 선성은 사람이 성인이 되는 내재적인 근거이다. 그리하여 사람은 모두 성인의 잠재력을 갖고 있다. 이 잠재력을 현실로 만들려면 "치양지"의 선을 모든 사사물물에 이입시키는 공부를 해야 한다. 그래야만 위대한 성인이 될 수 있다. 그리하여 반드시 지선무악(至善無惡)의 양지를 그 전제로 삼아야 한다.

사실 사구교의 첫 마디인 "선도 없고 악도 없는 것은 마음의 본체이다"라는 것은 왕용계와 전덕홍 두 사람이 모두 받아들이는 것이다. 두 사람의 논쟁은 주로 나머지 세 마디 말에 집중되었다. 왕용계는 선도 악도 없는 마음은 지선무악의 성체의 유행을 보장하는 조건이다. 태어날 때부터 갖고 있던 착한 성질의 유행을 보호하는 데에는 양지가 생겨난 생각에 대해 선악의 판단을 하고 선을 위해 악을 제거할 필요가 없고 오직 본체에 대한 공부에만 신경을 써야 한다. 본체를 깨닫는 것이 바로 공부이다. 이를 밧줄을 풀어 배를 띄우고 순풍일 때 노를 젓지 않는다는 말이다. 전덕홍도 "선도 없고 악도 없는 마음의 본체"에 지선의 성이 포함되었다고 생각한다. 하지만 현재 일어난 착한 생각과 악한 생각이 성체를 은폐할 수 있기 때문에 반드시 실지로 악을 제거해야 한다. 그리하여 왕용계의 학문은 선천정심(先天正心), 즉 선적적으로 올바른 심체의 유행을 보호하여 후천적인 의념이 뒤섞이지 못하게 해야 한다. 전덕홍은 후천의 정의를 주장하는데 선을 지키고 악을 제거하는 공부를 통해 그 뜻을 성실하게 만들어야 한다는 것이다. 왕용계는 선천적으로 올바른 심체를 근거로 하기에 그의 학문은 4무이다. 전덕홍은 후천적인 의념에서 선을 지키고 악을 제거해야 하는 것에서부터 착수하기에 그의 학문은 4유이다. 왕양명의 모든 논술을 살펴보면 "선도 없고 악도 없는 것은 마음의 본체이다"이라는 말이 그의 근본 생각을 가장 완벽하게 표달했다고 할 수 있다. "선도 없고 악도 없는 것은 마음의 본체이다"라는 말을 할 때 반드시 왕양명의 지선무악의 성체와 결부하여 그 뜻을 자연스럽게 드러내야 한다. 사구교의 나머지 세 마디는 뜻이 명확하기에 학자들의 이해에 큰 논쟁이 존재하지 않는다. 그리하여 더 이상 이에 대해 말할 필요가 없다.

왕양명의 "선도 없고 악도 없는 것은 마음의 본체이다"라는 말을 정확하게 이해하는 것은 왕양명과 유석도(儒釋道)를 융합시키는 관건이다. 왕양명은 처음에는 불도가 좋다고 생각되어 여기에 빠졌다가 후에 점차 불도에서 벗어났고 유교를 도교에 통합시키고 융합시켰다. 왕양명은 일찍이 불로에 빠진 적이 있다. 그는 혼례를 치룬 그 날에 철주궁(鐵柱宮)에 가서 도인과 함께 밤새도록 양생에 관한 이야기를 나누기도 했다. 격죽(格竹)을 하다가 병이 나자 도사의 양생방법을 배우면서 세상사를 잊고 깊은 산에 은거할 생각을 가지게 되었다. 처음으로 사무를 맡고 구화산(九華山)을 유람할 때, 도사 채봉두(蔡蓬頭)를 찾아가 유가의 최상승에 대해 토론하기도 했다. 양명동에 집을 짓고 도인술(導

引術)을 행하여 "전지"가 가능하게 되었는데 그가 논한 것들은 모두 매우 익숙한 내용들이다. 이러한 것들은 모두 선도에 대해 동경하는 왕양명의 마음을 드러냈다. 무엇 때문에 왕양명은 선불(仙佛)에 대해 이렇듯 애착을 가지게 되었을까? 또 무슨 계기로 인해 여기에서 벗어나게 되었던 것일까? 이는 주로 젊은 시절의 왕양명이 상상과 의미 있는 일들을 탐구하기 좋아하는 성격을 갖고 있었기 때문이다. 어린 시절에 왕양명은 시에 남다른 재능을 보였었다. 유난히 시를 좋아하는 그의 조부는 왕양명의 이런 재능을 발견하였고 왕양명은 조부의 시인친구들과 왕래를 하면서 그 영향을 받아 시부에 큰 흥취를 느끼게 되었다. 시의 예술적 경지, 외물에 얽매이지 않는 시인의 정취에 강렬한 탐구의 욕망이 생기게 되었다. 청년 왕양명에게는 강렬한 이상주의 기질과 출세경향이 있었다. 그는 세세대대로 관직을 맡았던 집안에서 자라나다보니 자연히 어려서부터 과거입사, 경세제민(經世濟民)의 이상에 물들여지게 되었다. "공부하여 성현이 되는 것이 제일 중요한 일이다", "어려서부터 나라를 다스릴 포부를 가져야 한다" 등과 같이 청년시절에 세운 포부들은 그로 하여금 입세에 대한 강렬한 욕망을 가지게 하였다. 유와 무, 출세와 입세, 선불에 대한 믿음과 성인이 되는 것과 같은 모순은 용장오도를 거치기 전에 청년 왕양명을 혼란스럽게 하는 가장 큰 난제들이었다.

왕양명으로 하여금 철저하게 불도를 포기하게 만든 것은 바로 용장오도였다. 왕양명은 이런 말을 한 적이 있다. "나도 어릴 적에 불교와 도교를 전념하였다. 불교와 도교에 진정으로 배울게 있다고 믿었기에 유학자들의 배움이 부족하다고 생각했다. 그러나 이국(夷國)에서 삼년 동안을 지내면서 성인의 학문이 이처럼 간단하고 광범위하다는 것을 알게 되었다. 그리하여 지난 삼십 여 년 동안 힘을 잘못 썼다는 것을 알게 되었다."(《전습록》상) 용장의 험악한 환경과 생사를 넘나드는 고비들은 왕양명으로 하여금 더는 심오한 이치를 담론하는 편안하고 한가로운 심경을 유지할 수 없게 만들었다. 더욱 중요한 것은 그가 난관을 극복하도록 지탱해 준 매우 크고 강한 정신력은 주로 유가의 심학에서 온 것이다. 도를 깨우친 후, 그는 자신의 깨달음을 오경으로 인증하였는데 이는 유가에 대한 그의 믿음을 더욱 확고하게 해주었다. 그리하여 불교와 도교와 철저하게 관계를 끊게 되었다. 이에 따라 그의 시풍에도 변화가 생겼다. 그전에 기려하고 겉치레에만 치중하고 감정과 마음을 토로하던 것에서부터 간단하고 소박하며 이치와 태도를 표현하는 것으로 변화되었다. 또한 제자들에게 불교와 도교와 단절하도록 요구했고 강의를 하는 과

정에 불교와 도교에 대해 비판을 서슴지 않았다. 중년에 들어선 후, 왕양명은 불교와 도교를 비판하던 것에서부터 점차 유가의 사상을 위주로 불교와 도교를 한데 융합시키는 것으로 변화하였다. 왕양명은 불교와 유교는 모두 마음을 이야기하는 학문이기에 두 학문에 큰 차이가 나지 않는다고 주장했다. 불교와 유교의 가장 큰 구별은 바로 본체가 공부에 있는지 없는지에 대한 문제이다. 《전습록》에는 불교에서는 무선무악을 주장하는데 유교는 어떠한지 묻는 제자의 물음이 기록되어있다. 이에 왕양명은 다음과 같이 대답했다. "불교에서는 선함도 없고 악함도 없다는 것에 착안하여, 곧 세상의 모든 일에 상관하지 않으니, 천하를 다스릴 수 없다. 성인에게 선도 없고 악도 없다는 것은 단지 의도적으로 좋아함이 없고 의도적으로 싫어함이 없는 것으로 기(氣)에 의해 움직여지지 않는다는 것뿐이다. 그러나 선왕의 정도(正道)를 따라서 지극한 도(道)에 이르게 되면 한결같이 천리(天理)를 좇아 천지의 도를 이루게 하고 보조하게 되는 것이다.(《전습록(傳習錄)》상)"

왕양명이 보기에 불교와 유교는 모두 무선무악을 강조한다. 그러나 불교와 도교에서 마음의 본체는 공(空)이고 유교에서 마음의 본체는 이(理)다. 불교의 무선무악의 공부에서 얻을 수 있는 것은 공이다. 공을 얻은 건 고난 속에서 자신을 해방시키기 위함이었는데 결과는 단지 사를 유발하게 되었다. 그러나 유가에서는 이치를 따르고 도를 지키면서 대중의 이익을 목적으로 한다. 불교에서 출세는 부자, 군신 관계의 윤리의무를 도피하는 것인데 이렇게 하면 외상에만 집중하게 된다. 그러나 유교는 절대 외상에만 집중하지 않는다. 왜냐하면 유교는 윤리의무는 절대 피할 수 없다고 믿기 때문이다. 유교에서는 응당 책임겨야 할 윤리의무를 다하고 윤리생활에서 이상적인 인격을 완성해야 한다고 주장한다. 유교에서는 도교의 허무를 배척하지 않지만 유교에서 말하는 허무는 정신을 수양하는 공부이다. 도교학설의 핵심은 생명을 중시하고 보양하는 것이다. 불교학설의 핵심은 속세에 때가 묻지 않은 깨끗한 마음의 본체를 유지하는 것이다. 이러한 것들은 모두 유교에 원래부터 존재하던 의리이다. "유가와 불가의 용(用)은 나의 용(用)이며, 곧 나의 진성(盡性)과 지명(至命) 가운데 세상살이에서 일어나는 번잡하고 괴로운 일에 섞이지 않으니, 부처라 한다. …… 성인과 천지의 백성과 사물이 모두 같은 체(體)이고 노유불장(老儒佛莊)은 나의 용(用)이니, 이를 대도(大道)라 한다.(《연보(年譜)》, 《양양명전집(王陽明全集)》 1,289쪽)"

그러나 왕양명은 유가와 불교의 같은 점은 공부이고 본체는 절대 같지 않다고 반복적으로 강조했다. 불교의 본체는 공이고 "천하를 다스릴 수 없는 것"이다. 유교의 본체는 성과 이로서 천하를 다스릴 수 있다. 황종희는 왕양명의 이 관점을 아주 높이 평가했다. "혹자는 석가(釋迦)의 본래 심(心)을 가지고 심학(心學)에 자못 가깝다고 말한 것은 유가와 불가의 한계가 단지 하나의 이(理) 글자에 있음을 알지 못했기 때문이다. …… 선생이 점찍어 낸 심이 심이 된 까닭은 명각(明覺)에 있는 것이 아니라 천리(天理)에 있으며, 금경(金鏡)이 이미 떨어지고 다시 거두어들이자 마침내 유가와 불가의 강계(疆界)를 산하(山河)와 같이 아득하게 하였다.《명유학안(明儒學案)·요강학안(姚江學案)》)"

왕양명은 유가와 불교의 다른 점을 명확하게 구분했지만 불교, 도교의 이론으로 유가 학설 특히 그 심성론을 보충하기도 했다. 그리하여 원래 박약하던 부분을 풍부하게하고 체와 용을 모두 갖추게 했다. 여기서 왕양명은 불교와 도교를 넘나들면서 불교와 유교의 빈틈을 찾아 이에 대한 공격을 서슴지 않았지만 결국에는 유교와 불교를 송나라의 대유인 장재, 정이, 정호, 주희 등의 학술과 하나로 융합시켰다는 걸 할 수 있다. 이는 그의 학술을 "양명선(陽明禪)"이라고 비판했던 동시대 혹은 후배 학자들의 편협한 관점보다 훨씬 고명하다.

천천증도(天泉證道)보다 조금 이후에 나온 엄탄문답(嚴灘問答)은 왕양명이 자신의 관점을 충실하게 만들기 위해 불교와 도교의 사상을 흡수, 이용한 또 다른 예증이다.《전습록》에는 이렇게 기록되어 있다. "선생께서 사주(思州)와 전주(田州)의 반란을 진압하러 가실 때에 나(德洪)와 왕여중(王汝中)은 엄탄(嚴灘)까지 따라가서 전송했다. 그때 왕여중이 불교의 실상과 학설에 대하여 여쭈었다. '마음이 있으면 모두 실상이고 마음이 없으면 모두 환상이라는 것은 본체에 입각하여 공부(功夫)를 설명하신 것이고 마음이 없으면 모두 실상이고 마음이 있으면 모두 환상이라는 것은 공부에 입각하여 본체를 설명하신 것입니까?' 선생께서 '그렇다'고 말씀하였다.《전습록(傳習錄)》하)"

선종에서 "마음이 있는 것은 실상이고 마음이 없는 것은 환상이다"라고 한 것은 본체를 말한 것이다. "마음이 없는 것은 실상이고 마음이 있는 것은 환상이다"라고 말한 것은 공부이다. 그 뜻은 수행자가 도를 깨달을 수 있는가 없는가 하는 것은 느낄 수 있는가 없는가에 달렸다는 것이다. 각자(覺者)는 사물에 대한 자신의 이해를 사물에 가하여 사물이 각자에게 대해 새로운 의미를 가지게 한다. 각자의 관점에 보았을 때, 사물의 외형에는 변화가 일어나지 않았지만 그 의의에는 변화가 생겼다. 예로 선종의 유명한 바람과 깃발에 대한 이야기에서 혜능의 대답은 "마음이 움직이고 있다"고 대답했다. 남천보원(南泉普願)도 "그쪽에 일에 대해 잘 알고 있어도 계속 여기서 일을 행하고 있다"라는 말을 하였다. 이는 각자의 설명이 사물 본체에 대한 의의를 강조하기 위함이다. 선종에 있어 본체는 "경(境)과 신(神)에 대한 깨달음"이다. 단순한 외물은 각자에게 있어 그저 무의미한 물건일 뿐이다. 선종의 각자는 산과 물과 세 개의 관계를 갖고 있다. 미각일 때 산은 산이고 물은 물로서 산과 물 그리고 각자의 관계는 외재적이다. 각해가 조금 생겼을 때 산은 산이 아니고 물도 물이 아니며 산과 물 그리고 각자는 서로 다른 존재이다. 진정한 각오가 생긴 후에는 산은 여전히 산이고 물은 여전히 물이지만 그러나 "경과 신의 깨달음"이 있는 산과 물이다. 이 때 산과 물 그리고 각자는 혼연일체를 이룬다. 선정과 제자는 기봉(機鋒)을 휘두를 때, 동작으로 뜻을 표현하곤 한다. 만약 자체에 포함된 의의에 아무런 각해도 없다면 이는 기계적인 모방에 불과하다. 동작은 같지만 모방자가 깨우침을 얻었다고는 할 수 없다. 이런 상황에서 선종은 모방자가 동작이 함유하고 있는 의의를 이해하지 못했다고 말한다. 이는 본체에는 반드시 각자의 마음의 참여가 있어야 한다는 뜻이다. 마음의 각해와 해석이 없다면 물체는 도를 닦음에 있어 아무런 의미도 없게된다. 이게 바로 "마음이 있는 것은 실상이고 마음이 없는 것은 환상이다"라는 말의 참뜻이다. 그러나 선종의 수행방법은 자연적인 과정이다. 각해와 집착하지 말아야 하는데 집착은 풍파를 유발할 수 있다. 선종은 "배가 고프면 밥을 먹고 졸리면 잠을 자야 한다. 이렇게 수행해야 더 현묘해질 수 있다"라는 말을 자주 했다.(대주혜해) "불법은 애써 공을 들여서 하는 것이 아니다. 그저 평상시대로 아무 일 없는 것이다."(임제의현) 이는 곧 "마음이 있는 것은 실상이고 마음이 없는 것은 환상이다"라는 말이다. 선종에게 있어서 유는 본체를 말하는 것이고 무는 공부를 말하는 것이다. 마음은 있든 없든 매한가지이고 본체와 공부는 합일된다.

엄탄문답에서 왕양명은 왕용계의 "마음이 있는 것은 실상이고 마음이 없는 것은 환상이다"라는 말은 본체의 측면에서 공부를 말한 것이고, "마음이 없는 것은 실상이고 마음이 있는 것은 환상이다"라고 말한 것은 공부의 측면에서 본체를 말한 것이라는데 동의한다. 왕양명의 말하려는 뜻은 반드시 자신에 있는 양지에 근거해서 행동해야 하는데 양지는 실재적인 것으로 이는 모든 공부의 전제가 된다는 것이다. 양지의 실재성을 부인한다면 모든 공부를 이야기할 수가 없게 된다. 그리하여 "마음이 있는 것은 실상이고 마음이 없는 것은 환상이다"이라고 하는 것이다. 양지를 집중(推致)하는 것이 곧 공부이다. 그리하여 이 말은 본체로부터의 공부를 말한 것이다. 그러나 다른 한 방면으로부터 말했을 때, 양지에 이르고 공부를 해야만 본체를 실현할 수 있다. 본심과 양지는 본래부터 존재하던 것이 아니다. 공부를 거치지 않는 본체는 허황되고 추상적인 유이다. 이는 공부로부터 본체를 말한 것이다. 그리하여 "마음이 없는 것은 실상이고 마음이 있는 것은 환상이다." "엄탄문답"은 본체공부에 대한 왕양명의 모든 사상을 표달해 냈다. 또한 왕용계, 전덕홍에게 "두 사람의 견해는 마침 서로의 근거가 된다"라고 했던 훈계의 뜻을 재차 천명하였다.

"사구교"는 쇄락(灑落)과 경위의 통일이다. 황정견(黃庭堅)은 주돈이의 "흉금은 비가 그치고 날이 갠 후의 공기가 맑고 달이 밝은 모습처럼 쇄락하다"라고 말했다. 쇄락은 이치와 격식에 얽매이지 않고 세속과 영리에 시달리지 않는 채 자유롭게 사는 경지를 말한다. 경위는 이와 정반대이다. 경위는 공손하고 엄숙하며 신중하고 근면한 심리상태를 말한다. 주경은 정주의 수양방법의 주요한 내용이다. 송명이학은 경위와 쇄락을 서로 상반되는 인격의 유형으로 간주했다. 왕양명의 일생은 경위와 쇄락의 분리에서 통일을 이룬 과정이다. 젊은 시절에 왕양명은 호탕하고 비범하였다. 그리하여 송유가 주장하는 경위의 수양방법을 맘에 들어 하지 않았다. 그러나 심학의 입장을 확립한 뒤에 그는 한동안 경위를 주장했다. "존천리하려는 마음이 있다면 그렇게 하기 위해 힘써야 한다. 이렇게 하는 것을 잊지 않고 있으면 시간이 지나 그것이 자연스럽게 마음속에서 천리를 깨닫게 될 수 있다. 이는 도교에서 말하는 '성태(聖胎)를 잉태'한다는 것과 같다"(《전습록》 상). 이는 그가 이 시기에 했던 공부의 주요 방향이다. 여러 번의 변고를 겪은 뒤에 그는 생사와 이해를 모두 내려놓았고 마음이 점차 쇄락해졌다. 월나라에 간 뒤에는 관장의 회유를 벗어나 학자들과의 학술 토론에 모든 마음을 쏟았다. 그리하여 학문이 점차 성숙되었고 경위와 쇄락이 긴밀히 융합될 수 있었다. 왕용계는 왕양명의 용장오도를 거친 뒤 학문에 모두 세 개의 변화가 있었다고 말했다. "이후부터 지엽(枝葉)을 모두 제거하고 한결같이 본원(本原)에 뜻을 두었다. 고요히 앉아 마음을 밝히는 것(默坐澄心)을 배움의 목적으로 삼고, 미발지중에 있으면 비로소 발현하여 중절(中節)의 조화를 가질 수 있다. 보고 듣고 말하고 움직임은 대개 수렴(收斂)을 위주로 하고 발산(發散)은 하는 수 없이 하는 것이다. 강서로 돌아온 이후 오로지 "치양지"(致良知) 세 자를 손에 들고 고요히 정좌하고 앉아서 마음으로는 깨끗함을 기대하지 않고 익히지 않고 생각하지 않고 드러내는 스스로의 천칙(天則)을 가지고 있었다. 대개 양지(良知)는 미발지중(未發之中)이고 이 지(知) 이전에는 다시 미발이 없었다. 양지는 곧 중절의 조화이고 이 지 후에는 다시 이발(已發)이 없었다. 이 지는 스스로 수렴할 수 있지만 반드시 수렴에만 치중하지 않는다. 이 지는 스스로 발산할 수 있지만 반드시 발산에만 다시 기대하지 않았다. 수렴(收斂)이란 느끼는 몸(感之體)이고 고요하다가 움직이며, 발산(發散)이란 고요함의 작용(寂之用)이고 움직이다가 고요해진다. 지의 지극히 참되고 독실한 경지(眞切篤實處)가 곧 행(行)이며, 행의 밝게 깨달아 정밀하게 살피는 경지(明覺精察處)가 곧 지(知)이니, 둘이 있는 것이 아니다. 월(越)에 거주한 이후 조종하는 바가 더욱 원숙하고 얻은 바는 더욱 변화되어 때때로 지는 옳기도 하고 그르기도 하며, 때때로 무(無)가 옳기도 하고 그르기도 하였으니, 입을 열면 곧 본심(本心)을 얻었고 더욱이 한곳으로 모여드는 것을 빌리지 않았으나 붉은 태양이 하늘에서 만상(萬象)을 환하게 비추는 것 같았다. 이 학설이 이루어진 이후 또 삼변(三變)이 있었다.(《명유학안(明儒學案)》, 《요강학안(姚江學案)》 황종희 인)"

정좌하여 마음을 가라앉히고 미발지중의 경위를 찾는 것은 쇄락이다. 시시각각 지시지비(知是知非)하고 무시무비(無是無非)하며 입을 열면 곧 본심을 얻게 되니 경위와 쇄락을 한데 모여들게 하여 융합시킬 필요도 없다. 이러한 단계까지 도달하면 경위에 쇄락이 있고 쇄락에 경위가 있게 된다. 동과 정, 적(寂)과 감(感), 지와 행, 이발과 미발, 수렴(收斂)과 발산, 지시지비와 무시무비는 모두 하나로 통일된다. 이러한 경지에 도달하면 "마음에 여유가 생겨 하늘과 땅과 동류할 수 있게 된다." 이 시기에 경위와 쇄락에 대한 왕양명의 견해는 바로 이러한 경지를 근거로 한다. "대저 군자가 말한 개운하고 깨끗함이란 도량이 지극히 큼(曠蕩), 제멋대로 놂(放逸), 망령된 정분(縱情), 방자한 마음(肆意)를 말하는 것이 아니다. 마침내 그 마음의 본체는 욕망에 매이지 않아야 하며, 들어가지 않으면 자득(自得)하지 못한다고 말할 뿐이다. 대저 마음의 본체는 곧 천리이며, 천리는 밝은 영으로 깨달은 것(昭明靈覺), 이른바 양지(良知)이다. 군자가 경계하고 삼가며 조심하고 두려워함은 오직 그 밝은 영으로 깨달은 것이 혹시라도 혼매(昏昧)하고 방일함이 있어 그르고 편벽되고 간사하고 망령된 데로 흘러 그 본체의 바름을 잃을까 함이다. 경계하고 삼가며 조심하고 두려워하는(戒愼恐懼) 공부는 때나 혹은 사이가 없으니, 천리는 항상 보존하고 그 밝은 영으로 깨달은 것의 본체는 이지러지거나 가려지는 바가 없으며,

이끌려 흔들리는 바가 없으며, 두려워하고 근심하는 바가 없으며, 음악을 좋아하고 성을 내는 바가 없으며, 뜻한 바가 없어도 반드시 나를 굳게 하며, 흉년들어 굶주린 바가 없으며, 화목하고 융합하며 밝게 빛나며, 가득 충만하여 유행하며, 몸을 갖는 태도와 일을 주선(周旋)하는 솜씨로 예절에 부합하며, 마음이 하고자하는 바를 따라 넘지 않으니, 이 모두가 이른바 참 쇄락(灑樂, 마음이 깨끗할 때 오는 즐거움)이라 한다. 이 쇄락은 천리의 상존(常存)에서 태어났고 천리의 상존은 계신공구(戒愼恐懼)의 무간지옥에서 태어났으니, 누가 경외함의 더함에 도리어 쇄락의 누(累)를 행했다고 하였는가? 오직 대저 쇄락이 내 마음의 본체가 되고 경외(敬畏)함이 쇄락의 공부가 되며, 두 사물을 갈라놓고 그 마음을 나누어 사용하는 것을 알지 못하였다. 이로써 상호 어긋나고 거슬러서 움직임이 대부분 어긋나니 빨리하려고 인위적으로 조장하는 데로 흘렀다."

경위는 공경, 두려움, 정숙한 심리상태를 말하는 것이 아니다. 경위는 선을 자각으로 추구하고 악을 자각적인 경계하는 마음을 말한다. 그리하여 경위는 마음이 본래부터 갖고 있던 공령을 파괴하는 게 아니다. 쇄락도 제멋대로 행동하는 게 아니라 마음이 외부의 유혹에 동요되지 않고 모든 걸 내려놓는 자득의 경지에 이르는 걸 말한다. 진정한 쇄락은 경위에서 오는 것이다. 왜냐하면 경위만이 마음에 대한 악의 방해를 막아줄 수 있다. 그래야 마음의 본체인 양지가 충색되고 유행되어 주체행위와 외재규범의 통일을 이룰 수 있다. 이러한 통일이야말로 진정한 쇄락이다. 이러한 쇄락과 경위는 완전히 분리되고 서로 부정하는 것이 아니라 한 개의 사물의 두 개의 방면으로서 서로 협조한다.

왕양명의 "사구교"는 그가 일생동안 연구했던 학술을 총결한 것이다. 왕양명이 죽은 뒤에도 사람들은 이 네 마디 말에 대한 변론을 멈춘 적이 없다. 명나라후기에 사회, 정치, 문화의 격변은 철학에 큰 영향을 일으켰다. 이 영향으로 말미암아 "사구교"로부터 생성된 이론의 내용은 "사구교" 자체를 훨씬 초과하였다. 이는 왕양명 이후에 명나라철학이 겪은 발전과정을 파악하는 하나의 실마리가 된다.

제 **7** 장
왕용계(王龍溪)의 선천정심(先天正心)과
전덕홍(錢德洪)의 후천성의(後天誠意)

왕용계의 선천정심과 전덕홍의 후천성의

왕양명의 일생 동안 그의 학문의 종지에는 여러 번의 변화가 발생하였다. 그의 제자도 근기(根器)가 날카롭고 둔함과 입문한 시간에 따라 성정의 경향에도 차이가 존재하고 학설의 흡수에도 치중점이 다르다. 그리하여 왕양명이 죽은 뒤의 왕문 제자들은 여러 가지 양상을 띠고 있다. 그들 사이의 벌어진 논박은 명나라 중기이후의 주요한 학술내용이 되었다. 왕용계와 전덕홍은 왕양명의 조제(高第)제자로서 그들의 학술종지에는 비교적 큰 차이점이 존재한다. 이러한 차이점은 왕양후학의 다른 길을 열어놓았다.

1. 왕용계(王龍溪)의 선천정심(先天正心)의 학문

왕기(王畿)(1498~1583), 자는 여중(汝中)이고 호는 용계이다. 절강(浙江) 산음(山陰) 사람으로서 왕양명과 동종(同宗)이다. 가경 때 진사에 합격되었고 관직은 남경 병부무선낭중(武選郞中)까지 했었다. 그 당시의 권력을 쥐고 있던 하언(夏言)의 뜻을 거스르는 바람에 관직을 사직하였다. 왕양명이 월나라에 있을 때 그의 가르침을 받게 되었다. 왕용계는 천성이 명민하고 말솜씨가 좋으며 이해력이 동문들보다 뛰어났다. 전덕홍과 협력하여 왕양명의 제자들을 가르쳤다. 사방에서 찾아온 제자들은 먼저 용계와 덕홍의 가르침을 받은 뒤에 왕양명한에게서 졸업하였다. 그리하여 이들은 '교수사(敎授師)'라 불리었다. 왕용계는 왕양명을 꽤 오랫동안 따랐는데 그는 자신이 왕양명의 학술종지를 홀로 이해했다고 자부하면서 왕양명의 학술을 널리 보급시키는 걸 자신의 임무로 생각했다.

황종희는 그를 두고 "그는 은퇴하고 사십여 년 간 강학에만 집중했다. 장안과 낙양, 오초 (吳楚), 민월(閩越), 강절(江浙) 일대에 모두 강사(講舍)를 세웠는데 모두 선생을 종맹(宗 盟)으로 삼았다"고 평가했다.(《명유학안》238쪽) 그는《왕용계선생전집》20여 권을 세상 에 남겼다.

왕양명은 월에 간 뒤로 학문이 더 많은 발전을 가져오고 학자로서의 강론과 해석의 조 예가 더 정미해졌다. 왕용계는 바로 이러한 시기에 왕용계에게 학문을 배웠다. 왕용계의 학문은 선천본정의 심체로부터 착안하였기에 "선천정심의 학문"으로 불린다. 선천정심 은 노년시기의 왕양명한테서 배운 것으로 "내 마음속의 양지를 사사물물에 응용하면 사 사물물이 모두 그 천리를 얻을 수 있다"라는 종지를 계승했다. 왕양명의 이 종지는 긍정 적인 면과 부정적인 면이 존재한다. 긍정적인 방면에서 공부는 이근인(利根人)에 대응된 다. 이근인은 심체가 맑고 잡질이 혼화된 상태로서 물욕이 양지를 많이 가리지 않았기에 양지의 유행을 보호하는 것이 이 시기의 공부 요점이다. 부정적인 방면에서 공부는 둔근 인(鈍根人)과 대응된다. 둔근인은 마음이 복잡하며 잡념으로 가득 차있는 상태로서 양 지가 물욕에 많이 가려졌기에 성찰과 극치가 이 시기의 공부 요점이다. 양지가 알고 있 는 선은 받들어 행하고 양지가 아는 악은 제거해야 한다. "치양지"의 과정은 바로 구체적 인 사물의 선을 보하고 악을 제거하는 관정이다. 왕용계의 선천정심의 학문은 왕양명의 긍정적인 방면의 공부를 흡수하였다. 양지천리를 선천적인 본유로 하고 후천적인 공부 는 이 양지의 본체를 보호하여 도처에 양지가 충만하게 하여 후천적으로 생겨난 생각이 있을 곳이 없게 만드는 것이다. 그리하여 왕용계는 제일 먼저 선천적인 마음과 후천적인 생각의 관계에 대해 논하였다. "정심(正心)은 선천(先天)의 학문이고 성의(誠意)는 후천 (後天)의 학문이다. ……우리들의 모든 세정기욕(世情嗜欲)은 모두 의(意)에 따라 생겨난 다. 마음은 본래 지극히 선(善)하지만 의를 움직이면 비로소 선하지 않게 된다. 만약 선 천심체(先天心體) 위에 뿌리를 내린다면 의가 움직여 스스로 선하지 않음이 없고, 세정 기욕도 스스로 용납함이 없어 치지(致知)의 공부는 자연히 쉽고 간략하여 수고를 덜 수 있다. 이른바 '하늘을 따르고 하늘의 때를 받드는 것'이다. 만약 하늘을 따르고 의(意)를 움직이는 위에서 뿌리를 내린다면 세정기욕에 있는 잡다함을 면하지 못하고 비로소 끌 려 엉키는 데로 떨어져 곧 목이 베이고 손발이 끊어지는 손상을 입게 되어 치지의 공부 는 도리어 복잡하고 어렵다는 것을 깨닫게 된다.(《삼산려택록(三山麗澤錄)》,《왕용계선생전집(王龍溪先生全集)》권1)"

공부를 정심, 성의, 선천, 후천으로 나누었다. 이는 왕양명의 사상에서 근거를 찾을 수 있다. 《전습록》에서 다음과 같이 말했다. "공부가 어려운 점은 전적으로 격물치지(格物致知)에 달려 있다. 이는 곧 성의(誠意)의 학문이다. 의(意)가 이미 진실하면 대략 마음 역시 스스로 바르고(正) 몸 역시 스스로 닦는다(修). 다만, '정심(正心)', '수신(修身)'의 공부 역시 각기 힘쓸만한 곳이 있다. '수신'은 이미 발현한 쪽이고 '정심'은 아직 발현하지 않은 쪽이다. 마음이 바르면 치우치지 않고 몸을 닦으면 화합한다.(《전습록(傳習錄)상》)"

미발은 선천이고 이발은 후천이다. 마음의 본체는 선천적으로 본정(本正)하다. 그리하여 여기에 아무런 공부를 할 필요가 없다. 마음을 영명하게 하여 마음에 선천본선(先天本善)만 들어있게 하면 선한 생각만 하게 되어 악념이 마음에 침입해 들어올 수 없다. 그러하면 곳곳에 천리가 유해하게 될 것이다. 왕용계는 자신의 선천정심을 간단하고 직접적인 공부라고 말했다. 왜냐하면 "후천동의(後天動意)에 뿌리를 박지 않기" 때문이다. 의에 뿌리를 박으면 선한 생각과 악한 생각이 뒤섞여서 양지가 이를 판별하고 가려내야 한다. 그렇게 되면 "공부가 더 복잡해질 수 있다." 왕용계는 양명의 "사람에게는 모두 양지가 있다", "길거리에 넘쳐나는 사람들 모두가 성인이다"라는 사상을 아주 높은 곳까지 발전시켰는바 "선천정심"의 학문에 이상주의 색채가 아주 짙게 드리우게 되었다.

왕용계는 선천심체를 유행시켜야 할 뿐만 아니라 유행의 주요 통로에 막힘이 없게 해야 한다고 했다. 그렇게 하려면 후천적으로 생겨는 생각을 최대한으로 줄여야 했다. 그러나 현실생활에서 사람은 대경(對境)에 대해 이런 저런 생각이 생겨나는 것은 불가피한 일이다. 그리하여 왕용계가 선천본선의 유행을 보장하는 공부는 바로 "생각에 아무런 생각이 없는 것"이다. 생각은 뜻에 따르는 것으로 생각이 생겨난 순간 이를 버릴 수만 있다면 선천심체에게 있어 생각은 존재하지 않게 된다. 그리하여 순수한 성체가 유행할 수 있다. "우리들이 종일 응대하며 현재를 떠나지 않으면 천 가지 만 가지 실마리는 모두 일념(一念)이 이를 주재한다. 생각(念)은 한 곳으로 귀결되고 정신은 스스로 모이지 않고 흘러 흩어진다. …… 성인과 미친 사람의 구분은 다른 것이 없고 단지 일념은 진실과 거짓 사이에 있을 뿐이다. 일념이 밝게 정해지니, 바로 계속하여 밝게 빛나는(緝熙)] 학문이다. 일념이라는 것은 무념(無念)이며, 곧 생각은 하지만 생각을 떠나는 것이다. 그러므로 군자의 학문은 무념을 으뜸으로 한다.《추정만어부응빈아(趨庭漫語付應斌兒)》,《왕룡계선생전집(王龍溪先生全集)》 권15)" "우리들이 마음 보호하는 것을 눈 보호하듯 하고 생각하는 머리를 좋아하든 생각하는 머리를 좋아하지 않던지 모두 그렇게 할 수 없다. …… 평상시 한가할 때에 마음이 끊임없이 한 번 깨달아 알기를 시도하니, 과연 전체 내려놓음에 하나의 물(物)도 없을 수 없단 말인가? 일체 알고 이해하며 세정(世情, 세상물정)과 떨어지지 않고 모두 부담을 늘리니, 부담이 무거워질수록 더욱 세속을 벗어나 나가지 못했다.(《구룡기해(九龍紀海)》,《왕룡계선생전집(王龍溪先生全集)》 권3)"

왕용계의 학문에는 선종의 의미가 아주 짙은바 "무념위종(無念為宗)"은 곧 선종(禪宗)의 육조(六祖) 혜능(慧能)의 공부요령이다. 왕양명도 선학의 수양공부를 흡수해 들이기는 했으나 왕양계가 그보다 좀 더 멀리 갔다고 할 수 있다. 그는 선학을 말하는 것을 꺼리지 않았는바 선학은 그의 학문을 구성하는 유기성분이라고 할 수 있다. 그의 선학의 정수는 대경(對境)에 대해 생각이 일어나지 않고 심체의 허정과 무물(無物)의 상태를 유지하는 것이다. 이는 유가학설이 본래부터 갖고 있던 내용이다. 왕용계는 다음과 같이 말했다. "사람은 천지의 중(中)을 받고서 태어나 모든 사람들이 항상(恒性)을 가지고 있지만 애초부터 어떤 사람은 유학(儒學)을, 어떤 사람은 도학(道學)을, 어떤 사람은 선학(禪學)을 하도록 나누어 받은 적이 없다. 양지(良知)라는 것은 성(性)의 영(靈)인데, 천지만물로써 일체(一體)로 삼고 범위삼교(範圍三敎)의 추(樞)는 전요(典要)를 좇지 아니하고 생각하는 것을 간섭하지 아니하며 허실(虛實)이 서로 생기는 것이지 없는 것이 아니며, 적감(寂感)이 서로 어긋나는 것이지 소멸되는 것이 아니다. 불노(佛老)를 배우는 사람은 진실로 복성(復性)을 으뜸으로 할 수 있으나, 허망(虛妄)에 빠지지 아니하니, 이는 즉 도석(道釋)의 유(儒)이다.(《중수백록서원기(重修白鹿書院記)》,《왕룡계선생전집(王龍溪先生全集)》 권17)"

왕용계의 이러한 견해는 왕양명의 사상을 흡수해 들인 것이다. 왕양명은 불로의 사상은 유교에 본래부터 존재하던 것이라고 다음과 같이 강조했다. "설(說)을 겸하여 취한 것은 옳지 않다. 성인은 성품을 다하고 명(命)에 이르니, 어떤 물(物)이라도 갖추지 아니하고 어찌 겸하여 취하기를 기대하겠는가? 두 사람(석가와 노자)의 용(用)은 모두 나의 용(用)이다. 곧 나는 성품을 다하여 명에 이르던 중, 이 몸을 완전히 수양하면 이 몸을 신선이라 말하고, 곧 나는 성품을 다하여 명에 이르던 중, 세상의 어지럽고 괴로운 일에 섞이지 않으니 부처라 말한다. 다만 후세의 유자(儒者)들은 성학(聖學)의 온전함을 보지 못하였으니, 그러므로 두 씨와 더불어 이견(二見)을 이룰 뿐이다. 비유컨대, 청당(廳堂) 세 칸은 모두 한 청(廳)인데 유자는 모두가 나의 용(用)이라는 것을 알지 못하고 불가를 보면 좌변 한 칸을 할애하여 그에게 주고 도가를 보면 우변 한 칸을 할애하여 그에게 주며, 자신은 곧 스스로 중간에 처하니, 모두 한 가지를 들어 백가지를 폐한다. 성인은 천지민물(天地民物)과 동체(同體)로 유불노장(儒彿老莊)은 모두 나의 용(用)이다.《연보(年譜)》,《왕양명전집(王陽明全集)》1,289쪽)"

왕용계는 유교, 불교, 도교의 사상을 한데 융합시키는 왕양명의 사상을 계승하였다. 그러나 그가 흡수한 불교와 도교의 사상은 주로 공부론 방면의 내용들이고 본체는 여전히 유교의 것이다. 왕용계에게 있어 유는 본체이고 무는 공부이다. 무를 강조하는 것은 유를 선명하게 나타내기 위해서이다. 양지는 자기 스스로 자제하고(무) 자기 스스로 드러내는(유) 기능을 갖고 있기에 인위적으로 이를 기멸(起滅)시킬 필요가 없다.

그때부터 시작해 사람들은 왕용계를 평가할 때 한결같이 선을 얘기하면서 본체와 공부를 나누지 않았다고 지적했다. 유종주는 왕용계가 "유무를 입(立)하지 않고 선악을 모두 소멸시키고 한 점의 허령의 기를 자기 마음대로 종횡하게 하였다. 그러니 어찌 불교의 갱참에 빠지지 않을 수 있겠는가!"라고 했다.《명유학안 · 사서》) 황종희는 왕양명의 사구교를 분석할 때 "무선무악심지체(無善無惡心之體)"는 심체가 악한 생각과 선한 생각이 없지만 심체가 유행할 수 있다고 했다. 이 분석은 아주 정확하다. 왕용계는 왕양명의 이러한 사상을 계승하였지만 그는 '무'를 더 많이 강조한다. 그는 '무'를 '유'의 선결조건으로 본다. 왕용계는 왕왕명의 말을 빌려 자기의 학문을 "무중생유"라고 지칭하기도 했다. 즉, 공부는 무이고 본체는 유인바 선한 생각과 악한 생각에 집착하지 않으며 마음에 원래부터 존재하던 지선(至善)을 자연스럽게 유행시켜야 한다. 그는 다음과 같이 말했다. "양지(良知)는 곧 미발(未發)의 중간에 있고 이 지(知)의 앞에는 다시는 미발이 없으며, 양지는 곧 절도에 맞는 조화[中節之和]인데, 이 지의 뒤에는 다시는 이발(已發)이 없다. 이 지는 스스로 수렴(收斂)할 수 있고 모름지기 다시는 수렴을 주관하지 아니하며, 이 지는 스스로 발산(發散)할 수 있으나 모름지기 다시는 발산을 기약하지 못한다. …… 대개 양지는 원래 무중(無中)에 생겨남이 있으나 아는 것이 없고 알지 못하는 것도 없다.《저양회화(滁陽會語)》,《왕룡계선생전집(王龍溪先生全集)》권2)"

양지는 항상 존재하고 "진성(眞性)은 유행하면서 자연스럽게 천칙(天則)을 나타낸다." 선한 생각과 악한 생각이 생기지만 않는다면 심체가 공적하기에 형이상의 성체가 형이하의 심체에 자연스럽게 나타나게 된다. 양지에게는 신적인 감응능력이 있기에 성체의 선을 구체적인 심체의 선으로 전환시켜줄 수 있다. 이러한 심체의 선은 경험세계의 율칙(律則)과 일치하다. 그리고 양지는 시시각각 물과 엎치락뒤치락하고 성체의 선은 도처에서 유행하고 있다. 그는 다음과 같이 말했다. "양지(良知)는 천연(天然)의 신령한 구멍이고 때때로 천기(天機)를 따라 운전(運轉)하고 변화하여 말하고 행동하며, 스스로 천칙(天則)을 보며 모름지기 방검(防檢)하지 않고 모름지기 끝까지 추구하지 않으니, 언제 관리한 적이 있었을 것이며 또한 언제 관리한 적이 없었을 수가 있겠는가.(《과풍성답문(過豐城答問)》,《왕룡계선생전집(王龍溪先生全集)》 권4)"

왕용계가 양지를 천연적이고 지혜로운 마음이라고 한 것은 양지의 형이상의 성리가 형이하의 마음속에 드러난다는 뜻이다. 선과 악을 모두 소멸시킨 것은 이러한 성과 이가 드러나게 하기 위함이다. 그리하여 왕용계는 절대 유종주가 말한 것처럼 "선악을 모두 소멸시키고 한 점의 허령의 기를 제 맘대로 종횡하게 한 게" 아니다. 유와 무를 입(立)하지 않고 선과 악을 소멸한 것은 왕용계의 공부이다. 그 외에 왕용계의《천천증도기(天泉證道記)》에서는 자기의 "4무(無)"에 대해 다음과 같이 해석하기도 했다. "대개 무심의 마음은 감추어져 은밀하고 무의(無意)의 뜻은 응당 둥글고 무지(無知)의 지(知)는 근본이 고요하고 무물(無物)의 물(物)은 작용하는 신[用神]이다. 천명의 성(性)은 순수하고 지극히 선하며, 신감(神感)하고 신응(神應)하며 그 기틀은 저절로 멈추지 않으니 무선(無善)이라 명명할 수 있다. 악은 진실로 근본이 없으니, 선(善)도 역시 얻을 수 있으나 가질 수 없다. 이를 무선무악(無善無惡)이라 말한다.(《왕룡계선생전집(王龍溪先生全集)》 권2)"

4무는 심체이고 천명의 성은 성체이며 형이하학의 심체는 선과 악을 제거하고 형이상의 성체는 자연스럽게 유행한다는 말이다. 그러나 신의 감응은 마음속에 성체가 유행하여 임의의 감응과 만남이 하나가 되는 것이다. 양지는 곧 형이상의 성체가 형이하의 심체로 전변되는 것으로 이는 지선으로서 내용을 갖고 있다. 그리하여 유종주가 왕용계를 "양지를 불성으로 보고 근거가 없이 깨달음만 기대하다보니 결국에는 허송세월을 보내게 되었다"(《명유학안 · 사설》)라고 비판한 것은 합당하지 않다. 왕용계는 "무와 유를 입하지 않고 선과 악을 모두 소멸하는" 공부는 선종과 같지만 양지는 절대 불성과 같지 않다.

양지는 유이고 지선이며 불성은 철저한 공이다. 왕용계의 깨우침은 지선을 깨달은 것이지 공을 깨달은 것이 아니다. 황종희는 왕용계의《천천정도기》는 "무선무악의 심체",《답오오재(答吳悟齋)》는 "지선무악의 심체"라고 하면서 이 둘은 하나가 될 수 없다고 강조했다. 사실 무선무악의 심체는 지선지악의 성체를 잘 나타내기 위해서이다. 이 둘은 가리키는 층면이 같지 않으나 통일된다. 왕용계의 양지를 "지각의 유행"이라 한 것은 더욱 심한 오해이다. 황종희의 학문은 스승인 유종주한테서 계승받았다. 그는 왕문후학의 "제멋대로 행동하고 자신을 단속하지 않으며", "생선이 상했거나 고기가 부패한 것"과 같은 폐단을 응징하고 왕학을 근본적으로 바로잡으려고 했다. 그리고 왕양명의 일생동안 부지런하고 성실한 지행합일의 학풍을 회복하려고 했다. 그리하여 그는 왕학의 "향상일기(向上一機)"를 제창하면서 고명한 이치를 깨치려면 반드시 고통을 감내해야 한다고 했다. 두 사람은 왕명후학은 왕양명의 학문에서 벗어난 것은 왕간(王艮), 왕기(王畿)로부터 시작되었는데 왕용계의 책임이 특히 크다고 주장했다. 유종주는 그를 이렇게 평가했다. "80여 년 간 열심히 학문을 배웠지만 귀착점을 찾지 못했다. 그러다보니 밥그릇 하나로 천 집이 밥을 먹는 격이 되었고 아무 곳에도 그 뿌리를 박지 못했다. 참으로 안타깝다!"《명유학안·사설》) 유종주, 황종희는 왕학을 바로잡으려고 애를 썼지만 일부 주장에 일부 과한 부분이 존재한다.

왕용계는 무위를 공부로, 유위를 본체로, 본체에 대한 깨달음을 공부의 학문으로 했는데 아주 고명하다. 그는 송명시기의 유학자들이 "존천리, 거인욕", "선을 위해 악을 제거"하는 상투적인 격식에서 벗어나 다른 길을 개척했다. 그가 개척한 새로운 길은 바로 후천적인 의념이 발생하는 통로를 단절시켜 선천적인 성체가 심체에 직접 다다르게 했다. 선천적인 성체는 도덕이성으로서 형이하학의 마음이 이를 깨닫게 되면 심체의 지식이성을 따라 '응원(應圓)', '용신(用神)'할 수 있다. 이 때 내외합일, 심물합일을 이룰 수 있다. 성체가 지식이성의 지혜로 전환되고 물체와 끊임없이 통하면서 내왕한다. 왕용계는 다음과 같이 말했다. "내 마음의 양지(良知)는 아버지를 만나면 스스로 효를 알 수 있고 형을 만나면 스스로 아우를 알 수 있고 임금을 만나면 스스로 경(敬)을 알 수 있고 갓난아기가 우물로 들어가는 것에 직면하면 자연히 측은(惻隱)을 알고 당하(堂下)의 소를 만나면 자연히 무서워서 벌벌 떠는 것을 알게 되니, 이를 헤아려보면 오상(五常)이 되고 이를 확대하면 백행(百行)이 된다. 만물의 변화는 이루 다 헤아릴 수 없고 이에 응하지 않은 것이 없다. 이 만물의 변화가 나의 양지에서 갖추어진다. 양지가 만물의 변화를 갖출 수 있으려면 그 허(虛)로써 해야 한다. 허에 이르면 저절로 물욕(物欲)의 틈이 없어져 나의 양지는 스스로 만물상(萬物相)과 더불어 유통(流通)하여 막히거나 걸림이 없게 된다.《완릉회어(宛陵會語)》권2),《왕룡계선생전집(王龍溪先生全集)》권2)"

양지와 만물은 서로 통하고 도덕이성과 지식이성은 하나로 합쳐진다. 이는 위에서 "양지는 천연적이고 지혜로운 마음으로서 시시각각 천기에서 운행하고 변화하면서 자연스럽게 천칙(天則)을 나타낸다"라는 뜻과 동일하다.

왕용계의 선천정심의 학문은 선천본선의 성체에 착안점을 두고 도덕이성에서 천리와 인욕이 치열하게 싸우면서 생성되는 심리적인 흔들림을 제거했다. 그리하여 그의 학문에는 영과 육의 격투로 인한 비극적인 성격이 존재하지 않는다. 반대로 그의 학문은 중국 전통유교의 수양방법 가운데서 순적(順適), 화락(和樂)한 일면을 발전시켰다. 잘 알다시피 거의 모든 이학자들은 그 본체론이 어떻게 현묘한지를 막론하고 공부론이 모두 '존리알욕(存理遏欲)'이라는 네 자를 벗어나지 못했다. 그리하여 이학자들은 다른 사람은 모르고 나만 알고 있는 부분에 힘을 쓰는 걸 제창했다. 나중에는 이와 욕의 격투를 학문으로 하였는바 원요범(袁了凡)의《공과극(功過格)》이 그러하다. 이학을 가장 심하게 반대했던 연원(顏元)도 공과극의 방법을 사용한 적이 있다. 그러나 그의 수양방법은 인생의 의취, 심신의 생기를 모조리 몰살하는 방법으로서 완만하고 유유하지 못하고 편협하고 급박하다. 그리하여 공자가 말한 "시에서 일어나고, 예에서 서며, 악에서 이루어진다(興于詩, 立于禮, 成于樂)"와 맹자가 말한 '지언양기(知言養氣)'의 상태를 찾아볼 수 없다. 온 세상은 엄격한 교조와 진부한 도교군자들로 가득 찼다. 세상은 차갑고 각박한 세계로 변했고 인생은 무미건조하게 되어갔다. 왕용계는 이학자이긴 하지만 그의 학설은 생기로 차서 넘친다. 그는 낙을 많이 이야기했다. "낙은 마음의 본체이다. 사람의 마음은 활발하고 소탈하며 아무런 속박도 받지 않아야 한다."(《답남명왕자문(答南明汪子問)》,《왕용계선생전집》3권) 그러나 그가 말한 낙은 자기의 도덕역량이 감성욕망을 전승하였을 때, 획득하는 마음의 유쾌함이 아니다. 그가 말하는 낙은 원래부터 존재하던 것이다. 그의 수양방법은 인성에서 가장 빛나는 일면을 찾아내고 이것으로 인생의 어두운 일면을 소멸시키는 것이다. 그는 선과 악을 모두 소멸하고 지선의 성체가 형이하학의 심체에 유입되게 해야 한다고 주장한다. 이는 왕용계가 주장하는 선천정심의 본의이다.

2. 적(寂)과 감(感)

왕용계는 선천으로 후천을 대체해야 한다고 주장한다. 그의 근거는 바로 사람의 마음은 선천적으로 완전하기 때문에 후천적인 수정을 거칠 필요가 없다. 그는 다음과 같이 말했다. "양지(良知)란 성의 영근(靈根)이니, 이른바 본체이다. 알아서 도달한다고 함은 거두어들여 계속하여 밝게 빛나게 하여 무욕(無欲) 중의 하나를 완성한 것이니, 이른바 공부이다. 양지가 사람에게 있어 배우지 않고 생각하지 않아도 시원스런 것은 타고날 때부터 가진 것에 말미암으며, 신이 감응하여 차고 넘침은 천성(天成)에서 나온다. 근본은 참 얼굴에서 오니, 그러므로 닦음과 증득을 기다리지 않아도 후에 온전해진다.(《서동심책권(書同心册卷)》 권2), 《왕룡계선생전집(王龍溪先生全集)》 권5)"

모든 후천적인 공부는 마음의 선천적인 완전함을 보호하기 위해서이다. 공부는 마음 자체에 다다를 수 없다. 이 점에 있어 왕용계는 강우학파(江右學派)가 주장하는 '귀적(歸寂)', '주경' 등 심체에 대한 공부와 완전히 다르다. 그는 강우학파의 건장(健將)이었던 섭표와 상세한 변론을 벌리기도 했다. 그들이 변론한 주제는 주로 적과 감, 이발과 미발의 관계에 대한 내용이었다.

섭표는 적은 성의 체이고 감은 성의 용이며, 적은 내이고 감은 외이며, 적은 미발이고 감은 이발이라고 주장했다. 귀적의 공부가 있어야만 적체(寂體)가 정(靜)해지고 감응이 정확해질 수 있다. 수양공부에는 내외, 선후의 순서가 있다. 그는 이로 왕양명의 "아무런 오염도 없는 갓 태어난 모습이다. 지금 그대로의 모습을 보존하고 함부로 손대지 않는 것이 깨달음이다. 그러나 이는 대부분의 사람들이 이룰 수 없는 것이니 그냥 스스로 즐기면 된다"라는 말을 설명했다.(《치지의변(致知議辯)》, 《왕용계선생전집》 6권) 그러나 왕용계는 섭표가 내와 외, 이발과 미발로 적감을 구분한 것은 적감을 분명하게 두 개 부분으로 나눈 것이라고 주장했다. 왕용계는 적을 버리고 감을 따르거나, 감을 떠나 적만 지키는 두 가지 견해를 모두 반대했다. 그는 이렇게 하면 적을 버리고 감을 말하거나, 감을 떠나 적을 말하는 잘못을 범할 수 있다고 제기했다. 그는 선천의 공부를 후천에 사용하고 미발의 공부를 이발에 사용해야 한다고 주장했다. 선천, 미발에는 공부를 사용할 필요가 없다. 그가 말한 선천의 공부를 후천에 사용한다는 것은 희노애락의 감정을 그대로 따른다는 말이 아니다. 생각하면서 생각이 없음으로 선천적인 성체의 천칙이 막힘이 없이 유행하게 해야 한다. 사람은 이러한 천칙을 보임하고 준수하면 된다. 그리하여 그의 공부는 "하늘보다 뒤에 움직이고 하늘의 뜻을 받드는 것", "하늘의 뜻을 따를 때 사람의 힘이 참여할 수 없다"라는 것이다. 그는 선천본체에 귀적의 공부를 사용하는 섭표의 주장을 반대했다. "선천(先天)은 심(心)이고 후천(後天)은 의(意)이니, 지선(至善)은 심의 본체이다. 심체(心體)는 본래 바르며, 재(才)의 정심(正心)은 곧 정심의 병을 가지고 있지만 재(才)는 정심을 필요로 하니, 곧 이미 의(意)에 속한다.(《치지의변(致知議辯)》, 《왕룡계선생전집(王龍溪先生全集)》 권6)"

그는 양지는 적연(寂然)한 본체이고 물은 소감의 용(用)이며 의는 적감의 소승지기(所乘之機)이다. "치지가 격물에 있기에" 치지격물은 한동안 합해진다. 그리하여 감(感)하지 못할 때가 없고 따라서 적(寂)하지 않을 때가 없다. 적감도 마찬가지인바 감하기 전에 귀적의 공부를 할 필요가 없다. 섭표는 신독에서 독은 양지에서 생겨나지만 양지 자체가 아니고 신독은 "도중에 수행을 시작하는 것"과 비슷한바 본체와 일정한 차이가 존재한다고 생각했다. 본체에 치허(致虛)의 공부를 행해야만 '귀근복명(歸根復命)'할 수 있다. 왕용계는 신독은 양지의 유행을 보임하는 것으로서 여기에 생각과 욕망이 섞여서는 안 된다. 양지는 본래 완전무결하기에 치허할 필요가 없다. 왕용계는 자신의 신독공부를 다음과 같이 해석했다. "독(獨)을 아는 자는 생각이 동해서 점차 알게 된 것이 아니다. 독은 본래 존재하는 것으로서 생각에 의해 생겨나지 않고 생각에 의해 전이되지 않으며 만물과 대립하지 않는다. 신(慎)에는 강제의 의미가 존재하지 않는다. 신은 본래부터 존재하는 독이 원래의 모습을 유지할 수 있게끔 열심히 보호하는 것을 말한다."(《답왕리호(答王鯉湖)》, 《왕용계선생전집》 10권) 이는 그의 선천정심의 종지로 신독을 해석한 것이다.

왕용계는 섭표가 제창하는 폐관정좌(閉關靜坐)를 반대했다. 섭표는 마음을 무욕의 상태로 만들어야 한다고 주장했다. 그러나 왕용계는 이렇게 하면 당하(當下)의 공부를 포기해야 할 뿐만 아니라 조용한 것을 좋아하고 복잡한 것을 싫어할 수 있다고 제기했다. 그는 반복적으로 "인의지심은 본래부터 완전하기 때문에 배우지 않아도 깨달음을 얻을 수 있다. 수양을 통해 양지를 완벽하게 한다는 말은 그 본체에 어긋난다."(《무주의현태회어(撫州擬峴台會語)》, 《왕용계선생전집》 1권) 강유학파의 다른 한 대표인물인 나홍선은 "원래부터 양지가 존재하는 것이 아니다. 죽을힘을 다해 공부하지 않으면 양지를 얻을 수 없다"고 주장한다. 왕용계는 이런 관점은 자기 관점이 없이 남의 언행을 따라할 줄만 아는 사람을 비판한 것으로서 일정한 이치를 갖고 있다고 평가했다. 그러나 지금의 양지에 결함이 존재하고 반드시 공부를 통해 양지를 수정해야 한다는 주장에는 도가 지나친 폐단이 존재한다.

왕용계가 강우학파의 여러 사람들과 벌인 논쟁은 전덕홍과의 논쟁과 많이 다르다. 왕용계와 전덕홍의 논쟁은 선천정심과 후천정심에 대한 논쟁이다. 그들은 양지가 선천적으로 완전무결을 전제로 한다는 걸 주장한다. 그러나 전덕홍은 선천본정의 마음(양지)과 후천적으로 생겨난 생각을 헛갈려 해서는 안 되며 의식상에서 선을 위해 악을 제거하는 것이야말로 진정한 공부의 바른길이라고 주장한다. 그러나 왕용계와 진적홍의 논쟁은 주로 선천적이라는데 대한 이해에 있다. 왕용계는 선천은 본정하기에 공부가 필요 없고 공부는 후천적인데 필요하며 후천적인 것으로 선천적인 것을 보임해야 한다고 주장한다. 만약 왕용계를 광(狂)의 유형으로 본다면 강우학자와 전덕홍은 견(獧)의 유형으로 볼 수 있다. 강우학파의 견은 절중(浙中)의 견과 같지 않다.

왕용계는 선천본정심(先天本正心)을 착안점으로 성체는 시시각각 유행한다고 생각했다. 당하 완전무결한 본심을 따라서 생긴 의념은 본심에서 나온 것이기에 자연히 성체와 호응할 수 있다. 그러나 사적인 뜻에 따라 바뀐 생각은 반드시 그 사적은 뜻을 따르기에 자연히 성체와 맞지 않게 된다. 그는 다음과 같이 말했다. "염(念)에는 두 가지 뜻이 있는데, 지금의 마음이 염이 되며 이는 현재의 마음이니, 이른바 정념(正念)이다. 두 마음이 염이 되며 이는 장차 맞이할 마음이 되니, 이른바 사념(邪念)이다. 심(心)이 현재의 심이 되면 염은 현재의 염이 되고 지(知)는 현재의 지가 되고 물(物)은 현재의 물이 된다. 치지격물(致知格物)이란 극념(克念)의 공부이다. 현재는 곧 장차 맞이할 것이 없으니, 하나이다.(《염당설(念堂說)》, 《왕룡계선생전집(王龍溪先生全集)》 권17)"

여기서 말한 당하심(當下心), 현재심(現在心)은 곧 "오늘 아이가 우물에 빠질 뻔한 위험한 장면을 목격하면서 3념(三念)이 복잡하게 되었다. 이는 욕망에서 나온 것이 아닌 진심으로서 이를 양지라 할 수 있다"라는 말이다. 왕용계의 이 관점은 맹자의 사단설에서 온 것이다. 또한 왕양명의 "입을 열면 곧 본심을 얻게 되니 가차((假借)나 주박(湊泊)이 필요없다"라는 관점에서 온 것이기도 하다. "바뀐 생각", "3념이 복잡해지는 것"은 맹자가 질책했던 사귀면서 욕망을 바라는 마음이다. 왕용계는 당하심, 현재심을 중히 여기였는데, 그 목적은 후에 생겨난 마음을 배척하기 위함이다. 왕용계는 후에 생긴 뜻은 모두 악한 생각은 아니지만 사람의 근욕(根慾)이 사라졌기에 뜻이 자기의 사적인 욕망으로 선천적인 성체를 어지럽힐 수 있다고 생각한다. 따라서 당하심에 주의를 돌리는 것은 사적인 생각이 섞여들지 않게 양지를 보임하는 것이다. "재(才)는 의처(意處)에 붙어있어, 곧 기필의 사사로움이고 곧 '유소(有所)'이고 곧 진(眞性)이 유행하는 것이 아니니, 진성이 유행해야 비로소 천칙(天則)을 본다.(《서견라권겸증사묵(書見羅卷兼贈思黙)》,《왕룡계 선생전집(王龍溪先生全集)》 권16)" "매일 감응되어도 단지 묵묵히 당하에서 일념(一念)을 이해할 뿐, 단정하고 깨끗한 모습으로 일어남도 없고 일어나지 않음도 없다. 때때로 마주하고 서로 드러내고 때때로 전체가 없어지기도 하니, 일체의 칭찬과 나무람, 역리와 순리는 마음에 들어오지 못한다. …… 마음을 곧게 하여 움직이면 천칙(天則)을 볼 수 있다.(《만리암만어(萬履庵漫語)》,《왕룡계선생전집(王龍溪先生全集)》 권16)"

왕용계는 당하를 인취(認取)하는 것은 유와 무가 합일 되는 것이다. 응연(凝然)한 사람은 양지의 현현(呈現)이고 유이다. 소연(瀟然)한 사람은 양지의 자연유행이고 흔적에 구애되지 않은 것이며 무이다. 만남은 유이고 내려놓음은 무이다. 유와 무가 합일이 되어야 양지가 유행할 뿐만 아니라 집합할 수 있다. 또한 형이하학에 생겨난 생각을 주재할 수 있을 뿐만 아니라 선천본무의 체에 퇴장(退藏)할 수 있다. 시시각각 현현할 수 있고 시시각각 퇴장할 수 있으며 유에 집착하지 않고 무에 구애되지 않을 수 있다. 이게 바로 왕용계가 말한 최상승의 공부이다. 현재의 신념을 인취하는 것이 바로 왕용계가 말하는 공부이고 가르침이며 격치성정(格致誠正)이다. "천고의 성학(聖學)은 단지 일념영명(一念靈明)을 알고 취하는 것을 좇을 뿐이니, 단지 이것은 곧 성진맥로(聖眞脈路)에 들어갈 뿐이다. 당하에서 이 일념영명을 지키면 곧 배움이다. 이것으로써 촉발하고 감통하면 곧 가르침이다. 수시로 이 일념영명에 어둡지 않으면 격물(格物)이 된다. 이 일념영명을 속이지 않으면 이를 성의(誠意)라 한다. 일념이 넓고 트이면 조금도 기필의 사사로움을 가질 수 없으므로 이를 정심(正心)이라 한다. 이것이 간단하고 쉬움의 직접적인 근원이다.(《수서별언(水西別言)》,《왕룡계선생전집(王龍溪先生全集)》 권16)"

이러한 생각은 령명(靈明)으로서 불교에서 말하는 '식성(識性)'이 아니라 왕양계가 말하는 양지이다. "내 마음속 천리의 허령명각(虛靈明覺)"은 형이상의 성이 형이하의 마음에 흘러들어 마음에 의해 느끼게 된 것이기에 영명이라고 말할 수 있다. 당하를 인취하고 이러한 양지가 충색되고 유행되게 보임하는 것은 학문 공부의 전부이다. 이 또한 왕양명이 말하는 "치양지"이다. 그러나 왕양명의 "치양지"는 지행합일된 것으로서 사실에 대한 "치양지"를 중시한다. 왕용계의 "치양지"는 주로 양지와 본체의 유행을 말하는데 유행이 닿는 곳마다 양지가 충만하다. 이러한 양명의 수양공부는 명확하지 않고 허황하다.

왕용계가 당하를 충분히 인취해야 한다는 생각은 선종의 "직심이 곧 도장이다"라는 것에서 왔다. 남선종, 특히 임제선(臨濟禪)은 종풍이 맹렬하다. 이는 촉기즉발(觸機卽發)을 주장하는데 모든 것들은 영명함과 순진함에서 자연스럽게 나타나는 것이다. 또한 계획하고 생각하는 것을 반대한다. 직심만이 불지에 직입하여 순간의 깨달음과 하나를 이룰 수 있으며 외적인 형적에 얽매이거나 집착하지 않을 수 있다. 왕용계가 주장하는 바는 바로 이러한 것에서 당하를 인취해야 하는 것이다. 위에서 말했듯이 선정의 직심은 생각이 일지 않는데 중점을 두는데 생각이 일지 않는 곳은 곧 진공상태이다. 그러나 왕용계의 직심은 생각이 일지 않는 것이고 생각이 일지 않는 곳에는 진성과 양지가 유행한다. 왕용계는 자기의 공부방법을 "무중생유"라고 했다. 그 뜻인즉 생각을 인취하는 것은 곧 '유'이고 "계획하지 않는 것"은 후천적인 생각이 선천성체에 섞이는 것을 막는 것으로 이는 '무'이다. 그리하여 왕용계는 천근월굴(天根月窟)의 학설이 있다. "양지가 깨달을 수 있는 곳은 천근이고, 양지가 모일 수 있는 곳은 곧 월굴이다."(《답초동경자문(答楚侗耿子問)》, 《왕용계선생전집》 4권) 이는 선천적인 성체에서 형이하학의 마음에 의해 느껴질 수 있는 양지는 천근이고, 형이하의 마음에 의해 느껴질 수 없고 형이상의 성체를 원래 상태대로 보조할 수 있는 양지는 곧 월굴이다. 당하의 생각은 천근 때문에 생겨나고 사적인 생각의 생성은 월굴이라는 귀신동굴 때문이다. 이는 곧 왕용계가 말한 "내 마음속의 영명은 생생불식(生生不息)의 종자와도 같다. 모든 정신은 이를 보호할 수 있을 뿐 이에 도움을 줄 수 는 없다."(《류도회기(留都會紀)》, 《왕용계선생전집》 4권)

왕용계는 당하의 생각만 인취하여 자신의 진짜 성정을 깨달아야 한다고 주장한다. 그는 세상의 모든 속념과 습태(習態)를 끊어버리고 자신의 양지와 진짜 나 자신의 지배를 받고 독래독왕해야 한다. 그는 천천증도와 전덕홍과 논쟁할 때 이런 의견을 제기한 적이 있다. "배움은 자증자오(自證自悟)해야 하고 다른 사람의 뒤를 따라다니지 말아야 한다. 스승의 가르침에 너무 집착하다보면 언어로 설명하는데만 얽매이게 된다."(《천천증도기(天泉證道記)》, 《왕용계선생전집》 1권) 그는 왕양명의 광인과 같은 흉금을 숭배하고 향원, 즉 겉으로는 선량한 척하면서 지역 사람들을 괴롭히는 위선자들을 원망했다. 그는 사회기풍으로 세상을 논하는 것은 천 백년 간 내려오는 습성이고 사람으로 세상을 논하는 것은 집안과 출신, 다른 사람의 눈과 입을 의식하는 것이나 마찬가지라고 생각했다. 그는 "세속에서 벗어나며", "세상에 아첨하는 마음을 깨끗하게 씻어버려야 한다"고 주장했다. 그래야 양지와 영근이 망하지 않고 진성이 드러날 수 있다. 그는 자기 제자에게 왕양명의 일생에 일어났던 변화에 대해 자주 설명해주곤 했다. 용장에 가기 전에 10번 중 9번이나 이에 대해 언급했고 남경 홍로사경(鴻臚寺卿)으로 가기 전에 이에 대해 언급한 횟수는 10번 중 5번에 달했으며 이에 대해 토론하는 횟수는 10번 중 5번에 달했다. 이후에 그를 토론하는 횟수는 9번으로 늘어났다. 이러한 변화는 왕양명이 더 이상 마음을 감추지 않고 진짜 성정을 그대로 드러내기 시작했음을 설명한다. 왕용계는 이러한 정신을 찬양하였다. 그는 "하늘과 땅을 만드는 것은 모두 대장부의 소행이다. 다른 사람이나 문호에 의거하여 수량을 비기고 추측하는 것은 모두 하찮은 행동이다."(《증순치멸언(曾舜徵別言)》, 《왕용계선생전집》 16권) 이것은 곧 자신의 양지에서 흘러나오는 진짜 성정을 주재로 해야 한다는 뜻이다.

"양지대로 내버려두어야 한다"는 행동에 대해 왕양명의 다른 제자들, 예를 들면 절중의 계본(季本), 황관(黃綰) 그리고 강우의 섭표, 나홍선 등 모두 별로 동의하지 않는다. 나홍선은 "옳고 그름, 좋든 나쁘든 덮어놓고 그대로 한다면 결국에는 제멋대로 행동하는 소인이 되고 말 것이다"라고 말했다.(《나념암집(羅念庵集)》 3권) 또한 그는 왕용계와 왕양명의 다른 점을 제기하기도 했다. "양지(良知) 두 글자는 양명(陽明)선생이 일생동안 경험한 후에 얻은 것이나, 마음에서 나온 것으로 하여금 한결같이 아는 바와 더불어 호응하지 못하게 한다면 곧 그것은 본래의 뜻이 아니다. 당시에는 처음 배우는 사람들이 쉽게 이해하도록 현재 드러남과 쓰임을 증거로 삼은 것을 모면할 수는 없다. 자득함에 이르러서는 진실로 계속 잘못을 행하여서는 안 된다. 오히려 여전히 그 말한 것으로 인하여 비슷한 뜻을 빌려서 구실로 삼아 사람들로 하여금 미치고 방자하게 되도록 하여 양지의 뜻을 잃어버리고 또 멀어지게 하였다.(《나념암집(羅念庵集)》 권3)"

나홍선은 이 비평에서 왕용계와 왕양명의 다른 점과 천부양지와 후천경험의 관계에 대한 문제를 제기했다. 왕용계는 사람이 본래부터 갖고 있고 배울 필요도 걱정할 필요도 없는 양지를 출발점으로 하고 그의 공부는 이러한 선천적인 양지와 성체의 유행을 보임하고 있다. 이러한 보임은 비록 악을 제거하는 작용이 있기는 하나 선천과 비교했을 때보다 작용이 훨씬 작다. 왕용계는 선천적인 요진(要津)을 근거로 하고 이를 주체로 후천적인 생각을 없앴다. 선천본정의 마음이 유행하면 후천적으로 생겨난 생각은 홍로점설(紅爐点雪:사욕이나 의혹이 순식간에 없어져 버림)마냥 사르르 사라지게 된다. 선악이 마음대로 생겨나게 내버려두었다가 이후에 양지가 극치하고 선택하면 악을 소멸할 수 있다. 그리하여 선천은 왕용계의 학문에서 절대적인 지위를 차지한다. 왕용계는 선천을 극히 중시 여기고 후천에 대해 많이 언급하지 않았다. 비록 "연습을 통해 얻어질 수 있다"라는 것과 같은 말을 하기도 했다. 다만 그는 문집에서 이에 대해 많이 언급하지 않았을 뿐이다. 그러나 왕양명은 이와 다르다. 그는 종태의 정변, 민감(闽赣)과 량광의 농민폭동 등 대규모의 실제 활동을 거친 뒤에 선천양지와 후천체험이 한데 융합되었다. 양지는 주체의 능력으로서 도덕이성과 지식이성의 결합체이고 일생의 연마를 거친 힘 있는 도구가 되었다. 헤겔은 이런 말을 한 적이 있다. 똑 같은 속담이라도 천진난만한 아이가 말한 것인지 산전수전을 다 겪은 노인이 말한 것인지에 따라 큰 차이가 있다는 것이다. 양지라는 두 글자에는 왕양명의 일생동안 겪었던 모든 경험이 내포되어 있다. 그는 입문제자들에게 양지라는 두 글자로 함축된 자신의 정신적 명맥에 대해 말해주곤 했다. 그러나 그 제자들은 때로는 왕양명의 모험적인 경험을 망각한 채 "치양지" 세 글자의 종지만 이야기하곤 했다. 유종주는 왕양명을 "도를 깨치는데 특히 급해했다"(《명유학안·사설》)고 평가했다. 왕용계는 왕양명의 입실제자이고 왕양명의 일생에 대해 깊은 요해가 있기는 하지만 필경은 자신이 직접 겪어보지 못했기에 이에 대한 절실한 이해가 있을 수 없다. 게다가 자질이 비슷하고 불교에 대한 깨달음을 중요시하고 독실하게 공부하였기에 왕양명의 종지 가운데서 한 개의 내용만 발전시켰다. 그건 바로 양지는 본래부터 존재하는 것이고 선천적으로 본정하다는 것이다. 그는 후천성의, 지행합일, 성찰극치 등 많은 내용을 생략하고 이야기하지 않았다. 그리하여 똑같이 양지에 대한 이야기를 하였지만 왕양명은 자기 스스로 얻은 것이고 왕용계는 스승의 가르침을 따른 것이다. 이러한 따름에는 후천적인 공부가 없기에 깨우침에만 의거해야 한다. 본체를 깨닫는 것이 곧 공부이다.

황종희는 이런 말을 한 적이 있다. "양명이 죽은 뒤에 학자들은 학문을 계승한다는 명목하에 사실을 왜곡하고 마음대로 추측하며 애정을 인애의 본체로 생각하고 이를 계승하는 것을 자연스러운 일로 생각하며 이를 귀일과 혼동했다."(《명유학안》 438쪽) 이는 주로 선천정심(先天正心)을 주장하는 파벌을 가리킨다. 왕양명이 죽은 뒤에 제자들 사이에 주로 두 가지 공부진로가 생겨났다. 하나는 용장오도를 거친 뒤에 내놓은 "시청언동(視聽言動)은 수렴하는 것을 위주로 해야 한다"는 주장을 따르는 것이다. 다른 하나는 월에서 지내면서 내놓은 "입을 열면 곧 본심을 얻게 되니 가차((假借)나 주박(湊泊)이 필요없다"라는 주장을 따르는 것이다. 두 번째 진로는 왕용계로부터 시작되었다. 왕용계는 지금 존재하는 양지와 성체를 본체로 모든 인연을 내려놓고 아무런 생각도 일지 않는 양지를 보임하는 행위를 공부로 생각했다. 여기에는 이런 가능성이 포함된다. 그건 바로 사적인 생각이 섞여든 것을 양지로 생각할 수 있다는 점이다. 전덕홍은 이런 말을 한 적이 있다. "양지(良知)는 학려(學廬)로 말미암지 않고 능할 수 있으며, 천연(天然)이 스스로 지니고 있는 지(知)이다. 지금 선생의 문하에서 노니는 사람들은 모두 양지는 학려를 일삼지 않고 그 의지(意智)를 임의로 행하며, 그 지(知)가 이미 불량(不良)한 것으로 들어왔는데도 그것을 깨닫지 못하니 오히려 양지라 할 수 있는가? 이른바 치지(致知)란 본연의 지를 끝까지 밀고 나가는 것으로, 공부는 지극히 치밀하다. 지금 선생의 문하에서 노니는 사람들은 이내 다만 양지에만 의존한다고 하지만 지도(至道)가 아님이 없고 이에 이르는 공부도 전적으로 다다른다고 말하지 못한다. 설령 정(情)이 방자하게 되어도 오히려 스스로 양지라고 믿는 것이다. 입교(立敎)의 본뜻이 과연 이와 같을까?(《어록(語錄)》, 《서애 전덕홍 동운집(徐愛錢德洪董澐集)》122쪽)"

왕용계 선생의 선천정심은 후천적인 공부를 소홀히 하기 때문에 "정예를 가려낼 수 없다." 사욕에 대한 성찰극치를 정주와 왕양명처럼 현저한 지위에 놓지 않았다. 그러다보니 자연인성론이 섞여들게 하는 기회를 제공할 수밖에 없다. 더 중요한 것은 양지는 비록 "지선지악"하지만 이러한 깨달음은 주체의 활동으로서 선과 악에 객관적인 표준이 존재하지 않는다. 사회 경제, 정치, 문화의 발전과 더불어 '이욕(理欲)'에 대한 구분도 원래의 격식에서 벗어나야 할 필요가 있게 되었다. 원래 인욕으로 간주되던 것들도 점차 사회에 통행하는 가치관에 의해 받아들여질 수 있기 때문이다. 하심은(何心隱), 이지(李贄) 등은 바로 명나라말기에 사람의 자연욕망을 긍정하는 사회흐름을 따라 "선유들이 말하는 격식 따위는 도를 깨닫는데 장애가 된다"라는 주장을 대담하게 내놓았다. 사상발전의 내적논리로 볼 때, 명나라말기에 나타난 "파괴계몽(破塊啟蒙)"라는 사상의 중요한 내용은 바로 왕용계의 학설이다. 철학이론 자체로 볼 때 왕용계는 "왕양명이 못 다한 사명을 직접 계승"하였다고 할 수 있다. 그의 선천정심은 선천과 후천, 정심과 성의, 중과 화, 계구(戒懼)와 자연 등 문제를 토론했다. 이는 왕학이론을 더욱 깊게 발전시켰다. 동시에 왕용계는 "순전히 자연에 맡겨두는 것"을 특별히 강조하였는데 이는 왕학을 공격하고 바로잡는데 계기를 마련했다. 황종희는 "상산(象山) 후에 자호(慈湖)가 없으면 안 되듯이 문성(文成)후에 용계가 없어서는 안 된다. 이는 학술 성쇠의 원인이기도 하다."(《명유학안》 240쪽) 이는 정곡을 찌르는 말이다.

3. 전덕홍(錢德洪)의 후천성의(後天誠意) 학문

전덕홍의 후천성의는 왕용계의 선천정심과 정반대이다. 전덕홍(1496~1574), 호는 서산(緒山)이며 절강(浙江) 여요(餘饒) 사람이다. 가경 때에 진사가 되었고 벼슬은 형부시중(刑部侍中)에 이르렀다. 곽훈 사건 때에 가경황제의 뜻을 거슬러 투옥(詔獄)되었다가 곽훈이 죽으면서 풀려났다. 목종 때에 조열대부(朝列大夫)로 진급했고 나중에 벼슬을 그만두고 물러났다. 30여 년 간 학문을 가르쳤고 강, 절, 초, 광 등 지역을 두루 돌아다녔다. 70세 때 《의한소(頤閑疏)》를 써냈다. 《양명년보(陽明年譜)》세 권, 《호원기(濠園記)》한 권을 편집해냈다. 그의 저작은 대부분이 산실되어 버렸다. 그의 강의내용과 어록, 서신, 시문 등을 《전덕홍어록시문집일(錢德洪語錄詩文輯佚)》로 묶어냈는데 《서애, 전덕홍, 동운집(徐愛錢德洪董澐集)》에 수록되었다.

전덕홍은 왕양명이 진호의 난을 평정한 뒤부터 가르침을 받기 시작했다. 그리하여 왕양명의 만년에 주장한 "치양지"를 배울 수 있었다. 그러나 전덕홍은 천품이 독실하였고 공부방법이 왕용계와 많이 달랐다. 전덕홍은 후천의념에서 선을 위해 악을 제거해야 하고 이를 통해 선천지성을 회복해야 한다고 주장했다. 왕용계는 생각이 일지 않게 하는 것으로 선천지선을 보임해야 한다고 주장한다. 왕용계의 공부는 정이고 전덕홍의 공부는 동이다. 왕용계는 선천을 중요시하고 전덕홍은 후천을 중요시한다. 왕용계는 심의지물(心意知物)을 하나로 보지만 전덕홍은 심과 의를 두 개로 나누어 격물치지를 통해 마음을 진실하게 해야 한다고 주장한다. 두 사람의 공부 방법은 완연히 반대된다.

왕양명이 살아 있을 때부터 전덕홍과 왕용계는 학술적으로 큰 의견의 차이를 보였다.

왕양명이 죽은 뒤에 왕용계의 영향력이 나날이 강해졌고 그를 따르는 학자들에게도 공소의 문제점이 나타나기 시작했다. 전덕홍은 이 점을 아주 못마땅하게 생각했다. 그는 체와 용을 모두 중요시하고, 고명하며 독실한 왕양명의 학문을 회복하기 위해 열심히 노력했다. 그리하여 그는 왕용계의 학문을 누누이 비판했다. "매일 찾아와서 본체처(本體處)를 논의함에 매우 맑고 기쁘게 설득하였다. 행한 일을 검증할 때는 소략(疏略)한 점이 매우 많았는데, 이는 곧 학문이 허공에 떨어진 것이다.(《복왕룡계(復王龍溪)》, 《서애 전덕홍 동운집(徐愛錢德洪董澐集)》150쪽)"

이는 왕용계의 학문이 후천적인 사실에 대한 성찰과 극치에 소홀하고 선천본체를 그대로 내버려둔다고 비판한 것이다. 그는 또한 다음과 같이 말했다. "용계(龍溪)의 견해는 영리하고 단도직입적이었다. 생멸(生滅)에 공부가 막힌 것은 그 말씀을 듣고 스스로 깨달음을 드러냈다. 다만 그는 위를 보며 도착할 곳이 있다는 것을 깨닫고 입을 열어 논설함에 천 번 넘어지고 백 번 꺾여도 자기의 뜻을 나타내지 않았다. 문득 깨달아 사람들과 더불어 말할 때 오히려 누락(漏落)이 있을 뿐이었다.(《여계팽산(與季彭山)》, 《서애 전덕홍 동운집(徐愛錢德洪董澐集)》152쪽)"

그는 왕용계가 간단하고 직접적으로 본체에 접근하는데 대해서는 긍정적인 평가를 내렸다. 그러나 왕용계가 스승의 뜻을 자기 생각대로 해석하는데 매우 큰 불만을 드러냈다. 전덕홍은 왕용계가 본체를 직접 깨닫고 본체를 깨닫는 것을 통해 실제적인 공부를 대신하는 걸 직접 비판하기도 했다. 그는 다음과 같이 말했다. "응수(應酬)를 없애버리면 다시 본체는 없다. 본체를 잃어버리면 곧 응수가 아니다. 진실로 응수의 가운데에서 일에 따라 곳에 따라 이 체(體)를 잃지 않고, 눈앞의 대지(大地)는 어느 곳인들 황금(黃金)이 아니겠는가? 만약 응수를 누르고 물리친다면 반드시 멱산(覓山) 속으로 떠나고자 할 것이고 하나의 고적(枯寂)을 양성(養成)하여 아마도 황금에 도리어 무딘철[頑鐵]을 섞어서 만들 것이다.(《복왕룡계(復王龍溪)》, 《서애 전덕홍 동운집(徐愛錢德洪董澐集)》150쪽)"

전덕홍의 사상은 왕양명의 "마음에는 체가 없다. 천지만물의 시와 비를 감응하는 것을 체로 한다"라는 주장을 계승받은 것이다. 체와 용이 떨어지지 않고 공부를 통해 얻어지는 게 본체이다. 이는 황종희의 "마음에는 체가 없다. 공부를 통해 얻어지는 게 곧 본체이다"라는 주장의 시작이기도 하다. 그러나 현성양지(現成良知)를 주장하는 학파의 폐병은 아직까지 명확하게 드러나지 않았다. 명나라말기에 이르러 그 폐병이 현저하게 나타나기 시작했다. 이 학파에 대해 황종희는 전덕홍보다 더 격렬하게 비판했다.

왕양명의 제자 가운데에 전덕홍은 선천의 양지를 승인할 뿐만 아니라 이에 격치와 성정을 첨가한 후천공부의 중도도 인정한다. 그는 두 가지 잘못에 대해 비판했다. 하나는 공부만 보고 본체를 보지 못한 것이다. 그 폐단은 본체를 속박하고 그 유행을 막아놓을 수 있다는 점이다. 다른 하나는 본체만 보고 공부를 보지 못한 것이다. 그 폐단은 허황하고 경망스러운 견해가 생길 수 있다는 점이다. 때문에 왕용계가 양지에 대한 깊은 믿음에 대해 그는 긍정적인 평가를 한다. 그러나 왕용계가 공부라는 이 방향을 생략한 것에 대해서는 날카로운 지적을 서슴지 않는다. 그 자신의 공부 방향은 마음의 본체가 전반적인 공부체계에서의 중요성을 승인할 뿐만 아니라 사욕의 불량한 습관을 후천적으로 극치하여 격물성정의 공부를 통해 본체의 선을 회복해야 한다고 주장한다. "심(心)의 본체(本體)는 순수하고 섞이지 않으니 지극한 선(善)이다. 양지(良知)란 지선(至善)이 붙어서 살피는 것이며, 양지는 곧 지선이다. …… 성(性)의 체(體)는 유행(流行)하고 자연은 쉬지 않으니, 주야의 도를 통하여 아는 것이다. 군자의 학문은 반드시 무욕(無欲)을 일삼으며, 무욕이란 반드시 말은 그치지 아니하고 마음은 움직이지 않는다.(《어록(語錄)》,《서애 전덕홍 동운집(徐愛錢德洪董澐集)》124쪽)"

전덕홍의 학문은 후천성의를 위주로 한다. 그는 후천성의는 왕양명의 전반 학술에서 가장 중요한 내용이라고 생각했다. 그의 후천성의 학문은 왕양명한테서 계승받은 것이다. 그는 다음과 같이 말했다. "옛날 나의 스승이 이 가르침을 세움에 성의(誠意)를 들어 《대학(大學)》의 요지로 삼고 치지격물(致知格物)을 가리켜 성의의 공부로 삼았다. 문하의 제자들이 말씀을 듣고 모두 입문하여 열심히 노력할 곳을 갖게 되었다. 열심히 공부하는 사람은 결국 이 지(知)의 체(體)에 이르러 천칙(天則)이 유행하게 하고 가려서 일어나지 못하게 하고 천 번 느끼고 만 번을 응하도록 하여 진체(眞體)는 항상 고요하다. 이것이 성의의 극(極)이다. 그러므로 성의의 공부는 초학에서부터 이를 이용하면 곧 손을 붙일 데를 얻을 수 있었고 성인으로부터 이를 이용하면 정예(精詣)함이 다함이 없었다. 나의 스승이 이미 죽자, 우리들의 병든 학자들에게는 선악의 기운이 생멸이 그침이 없었고 이에 본체에 대한 제창이 지나치게 무겁게 되어 듣는 사람들이 마침내 성의로는 도를 다하기에 부족하다고 할 것이니, 반드시 먼저 깨달음이 있어야 하지 의(意)는 스스로 살아나지 못하며, 격물(格物)은 말씀으로 공부하는 것이 아니기에 반드시 고요함으로 돌아가야 물(物)이 스스로 변화한다. 마침내 서로 빈 마음으로 함께 깨달음을 구하여 민이(民彝)와 물칙(物則)의 상도에 절실하지 않으며, 체(體)를 붙잡고 고요함을 구하나 원신(圓神)하고 활발한 기운을 갖고 있지 않다. 높은 자리를 희망하고 절의를 업신여기며, 영향이 그릇되고 어그러져 내 스승의 평이하고 절실한 뜻은 막혀서 선포되지 못한다. 스승이 "성의(誠意)의 극(極)은 지선(至善)에 이를 뿐이다"라고 하였는데, 이 지선에 이르는 것이란 성의를 떠나서는 얻은 적이 없다. 이른다[止]를 말한다면 반드시 고요함[寂]을 말하지 않아도 고요함은 그 가운데에 있다. 지선을 말한다면 반드시 깨달음을 말하지 않으나 깨달음은 그 가운데에 있으며, 그러나 모두 반드시 성의에 근본을 두고 있다. 왜인가? 대개 심에는 체가 없고 심에 있어서는 공부를 말할 수가 없다. 느낌에 응하여 사물을 일으키어 호악(好惡)이 나타나니, 정밀하게 살피는 극치(克治)의 공부가 있는 것이다. 성의의 공부가 극(極)하면 체는 스스로 고요하고 응함이 스스로 따르니, 초학(初學)에서부터 성덕(成德)에 이르고 처음부터 끝까지 철저하여 두 공부는 없는 것이다. 이런 까닭으로 성의를 일삼지 않고 고요함과 깨달음을 구하니, 입문하지 않고 종묘백관을 생각해 본다. 고요함과 깨달음을 알고 성의의 공부를 남에게 보이지 않는다. 사람들이 종묘백관을 보려고 하나 문을 닫았다. 모두 도가에 불가를 융합하지 않은 것이다.(《어록(語錄)》,《서애 전덕홍 동운집(徐愛錢德洪董澐集)》123쪽)"

이는 후천성의라는 학문에 대한 전덕홍의 상세한 해석이다. 그는 후천성의는 공부를 시작해서부터 성인이 될 때까지의 모든 공부라고 생각했다. 후천성의는 특별히 중하근인에게만 해당되는 내용이 아니다. 이는 사실 왕양명이 후천성의의 학문은 중하근인을 위한 학문이라는 관점을 부정하였다. 전덕홍은 왕용계가 선천정심의 학문이 이론과 실천에 일으킨 문제점에 대해 신랄한 비판을 진행하였다. 그는 격물과 성의는 목적과 수단의 관계이다. 선천을 중심으로 하면 자연히 후천격물의 공부를 소홀히 하게 된다. 이는 왕양명이 주장하는 "격물이 곧 "치양지"", "치지는 격물에 있다" 등 주장에 어긋난다. 더 중요한 것은 마음은 인식의 주체로서 모든 걸 감응할 수 있고 활발하게 약동해야 한다. 왕용계의 유무불립(有無不立), 선악쌍민(善惡雙泯)은 활발하게 약동하는 마음을 강제로 제압하여 사람한테서 가장 보귀하고 활력있는 부분을 막아 놓을 수 있다. 마음에 생긴 생각을 성찰하고 극치하면서 공부가 성숙하게 되면 심체가 자연히 편안해지고 성체가 자연히 드러나기 마련이다. 이는 왕양명이 말한 "성의가 지극해야 최고의 선에 머무를 수 있다"라는 말의 뜻이다.

전덕홍에게는 편지 한 통이 있다. 편지에서 그는 자신과 왕용계가 변고를 거친 뒤 학술에 일정한 변화가 생기게 되었다고 말했다. 그러나 이러한 변화는 왕용계의 학문을 연구하는 많은 학자들의 중시를 받지 못했다. 그는 다음과 같이 말했다. "용계(龍溪)는 배움이 날로 소박해지고 매번 비방과 칭찬이 어지럽고 번잡하던 중에 더욱 성을 내며 두려워하는 모습을 보였다. 동생 향(向)과는 의견이 같지 않았다. 비록 돌아가신 스승의 유명(遺命)을 계승했다 하더라도 서로 취하여 이익으로 삼으니, 끝내 더불어 다른 길로 들어가고 머무니 한 몸으로 온전히 교제하는 것을 보지 못하였다. 돌아와서 여러 차례 많은 연고를 겪으면서 불초한 사람이 비로소 본심을 순수하게 믿으니, 왕룡계도 역시 일에 있어서 스스로 갈고 닦을 수 있어 이로부터 바로 서로 마주 대할 수 있었다.《여장부봉(與張浮峰)》,《서애 전덕홍 동운집(徐愛錢德洪董澐集)》152쪽)"

이 편지의 내용은 그가 앞서 왕용계에 대해 했던 평가와 많이 다르다. 앞에서 그는 왕용계가 고명허현(高明虛玄)하고 선을 위해 악을 제거하는 소박한 공부를 하지 않으려 한다고 비판했다. 그러나 이 편지에서 그는 왕용계가 사실에 근거하여 연마하고 세척할 줄 안다고 칭찬했다. 앞에서 그는 왕용계가 자진만만하다고 비판했지만 이 편지에서는 오히려 그 자신도 본심을 순수하게 믿게 되었다고 말했다. 이러한 변화는 전덕홍이 곽훈 때문에 감옥에 갇히게 된 경험에서 비롯되었을 것이다. 그는 감옥에 있는 기간에 왕용계와 편지 한통을 주고받았는데 이 편지의 내용은 그의 학술에 변화가 생기게 된 원인을 설명해준다. "몸소 생사의 실제 그대로의 경지를 밟고 일신상의 신세는 다 비었으며, 오직 하나의 생각[一念]이 등불의 혼으로만 남았다. 빛나고 빛난 한밤중에 환히 트여 깨달은 것과 같이 이에 상천(上天)에서 나를 위하여 이 법상(法象)을 없앴고 나에게 본래의 진성(眞性)을 보여 실을 펼쳐놓은 것처럼 띠를 걸고 용납하지 않은 것을 알았다. 평상시 일종의 구습을 따르는 생각[因循之念]을 잠시 용납하여 항상 스스로 부족하여 도를 해칠까 여겼는데, 지금에 와서 본다면 하나의 티끌로 눈을 덮을 수 있고 한 손가락으로 하늘을 가릴 수 있었으니, 진실로 두려워할만 하였다. 아! 옛 사람들이 마음을 움직여 조심하고 성품을 강인하게 하는데 처하여 더하고 늘린 것을 나누었으니, 나는 더하고 늘린 것이 어떤 물건인지 알지 못하지만 덜고 깎은 것이라면 이미 다 없어졌을 것이다.(《옥중기

용계(獄中寄龍溪)〉, 《서애 전덕홍 동운집(徐愛錢德洪董澐集)》 124쪽)"

이는 생사의 갈림길에 놓이게 되니 세속의 잡념이 말끔히 가셔져 평일에 양지를 속여 왔던 것들이 모두 모습을 드러냈다. 깨달음 이외의 것들은 모두 마음의 파생물로 천지(天地)의 법상(法象)은 모두 나의 진짜성정의 상징이다. 맹자가 말한 "마음을 두들겨서 참을성을 길러 주어 못하는 일이 없게 한다"라는 말은 본성에 대한 욕망의 은폐를 줄여 주어 마음의 본체가 더 현저하게 드러나게 하였다고 할 수 있다. 전덕홍의 본심을 순수하게 믿게 되었다는 점과 왕용계가 "사실에 근거하여 연마하고 세척하게 되었다"는 점은 두 사람이 모두 각자의 입장에서 한 걸음 물러서서 서로의 의견을 받아들였음을 뜻한다. 이는 또한 왕양명이 "두 사람의 의견은 상호 이용될 수 있다"고 했던 충고가 작용을 발휘한 셈이다.

전덕홍과 왕용계는 한 가지 공통점이 있다. 그것은 다름 아니라 두 사람 모두 양지는 선천적으로 완벽하고 양지 자체에는 공부가 필요 없다는 생각이다. 그들은 강우학파가 선천심체에 귀적(歸寂)하고 주경(主靜)하는 학문에 대해 비판했다. 전덕홍은 섭표에게 편지를 써서 이에 대해 논쟁을 벌이기도 했다. "내 마음은 얼룩진 때가 뒤섞여 순수하지 않았는데, 인정(人情)과 사물(事物)의 느낌으로 말미암아 뒤에 생겼다. 이미 인정과 사물의 느낌으로 말미암아 뒤에 생겼는데 지금의 치지(致知)이며, 장차 인정과 사물의 느낌이 생기기 전에 섭렵하지 못하고 먼저 그곳에 이르는 공부를 더한다면 대저 이른바 그곳에 이르는 공부란 또한 장차 어떻게 시행할 것인가?(《답섭쌍강(答聶雙江)》, 《서애 전덕홍 동운집(徐愛錢德洪董澐集)》 153쪽)"

섭표에 대한 비판에 있어 전덕홍과 왕용계는 일정한 차이점이 존재한다. 왕용계는 선천적으로 완벽하기에 공부가 필요 없다고 생각한다. 공부는 이러한 선천을 보임하는 작용을 할 뿐이다. 그러나 전덕홍은 선천적으로 완벽하더라도 후천적인 생각에 악이 존재하기에 선을 위해 악을 제거하는 공부를 통해 심체를 보호해야 한다고 주장한다. 그리하여 공부와 후천적인 것은 서로 떨어질 수 없다. 섭표가 주장하는 주정 공부는 이발을 떠날 수 있고 선천과 후천, 적(寂)과 감(感)을 분리시킨다. "선사(先師)가 말하였다. '무선무악(無善無惡)의 마음의 체(體)'이다. 쌍강이 바로 말하였다. '양지(良知)는 본래 선악(善惡)이 없는 미발(未發)의 고요한 체(體)이다. 이를 기르면 사물은 스스로 바르게 된다. 지금 그 사물에 감응될 때를 따라 뒤에 격물(格物)의 공부를 더하고 그 체를 미혹하여 찾아

사용하고 그 근원을 흐리게 하여서 맑게 흐르게 하고 공부는 이미 이차적으로 떨어졌다.'
논의하니 곧 선하였고 특별히 미발(未發)하고 적연(寂然)의 체(體)를 알지 못하였고 가정
과 국가 그리고 천하의 감응을 떠난 적이 없이 별도로 일물(一物)이 있어 그 가운데에 있
었다. 곧 가정과 국가 그리고 천하의 감응 가운데 미발·적연이라는 것은 그곳에 있을
뿐이다. 이 물격(物格)은 치지(致知)의 실공(實功)이 되었고 고요한 느낌의 체용(體用)을
통해서 간격이 없으니, 진성(盡性)의 학(學)이다.(《복주라산(復周羅山)》,《서애 전덕홍 동
운집(徐愛錢德洪董澐集)》154쪽)"

전덕홍은 적감(寂感)과 체용은 하나라고 주장하지만 공부는 후천성의에 사용해야 한다
고 주장한다. 감(感)일 때의 이 성의는 적(寂)일 때의 징명(澄明)이다. 이는 곧 적감과 체
용이 긴밀히 통한다는 뜻이다. 그는 강우학파가 미발의 적연(寂然)에 힘썼을 때 생길 수
있는 폐단을 제기하기도 했다. "미발지중(未發之中)은 결국 어느 곳에서 찾을 것인가?
이발(已發)을 떠나서 미발(未發)을 구하지만 반드시 얻을 수 없다. 오래 지나서 일종의
고적(枯寂)의 병을 양성하고 허경(虛景)을 실제로 얻은 것으로 인식하고 지견(知見)을 성
진(性眞)으로 헤아리니 진실로 개탄할만하다. 그러므로 학자가 처음으로 착수할 때에 양
지(良知)는 틈이 없을 수 없고 선악(善惡)이 마음속에서 뒤섞이어 발현해도 제어하기 어
려우며, 혹 이를 미발의 전에 방어하기도 하고 혹 이를 임발(臨發)할 때에 제어하기도 하
고 혹 기발(旣發) 후에 뉘우치고 고치기도 하니, 모두 실공(實功)이다."

그는 여기서 강우학파의 귀적과 주정의 잘못을 비판하였고 자신의 성의학문에 대해
다시 한 번 설명하였다. 양지를 지도하여 선을 보존하고 악을 제거한다면 미발, 장말(將
發), 이발은 확실한 것들이다. 왕용계는 양명후학의 광자(狂者)이고 강우학파는 견자(狷
者)라고 했을 때 전덕홍은 그 어느 쪽에도 치우치지 않은 중도(中道)이다. 그의 학문은
왕용계와 강우학파를 억제하였는바 왕양명학문의 정수에 가깝다. 아쉬운 것은 그가 세상
에 남긴 것이 너무 적어 그 학문의 위대함을 제대로 내보이지 못했다는 점이다. 왕양명
의 제자 중에서 절중(浙中)왕문에 속하는 고응상(顧應祥)의 학문이 그와 많이 비슷하다.

제 **8** 장

황관(黃綰)의 "간지(艮止)"와
계본(季本)의 "용척(龍惕)"

왕양명은 천하에 수많은 제자를 두었지만 그중에서 왕양명의 고향에 있는 제자들의 수가 가장 많고 또한 가장 일찍이 그를 따라 학문을 배웠다. 그중 절중왕문(浙中王門)에 속하는 황관은 아주 특별한 인물이다.

황관(1480-1554)의 자는 종현(宗賢)이고, 호는 구암(久庵) 또는 석룡(石龍)이다. 태주(台州) 황암(黃岩) 사람이다. 세가자제로서 조상의 관직을 물려받았다. 관직은 남경 예부상서 한림원 학사까지 했다. 《명륜대전(明倫大典)》의 편찬에 참여하기도 했다. 청년시절에 사택(謝澤)을 스승으로 모시고 학문을 배웠다. 사택은 황간(黃干)이 하기(何基)를 훈계했던 "진실한 마음가짐이 있어야 열심히 공부할 수 있다"라는 말로 그를 훈계했다. 그리하여 그는 "공맹을 스승으로 삼고 이주(伊周)의 경지에 도달하는 것"을 좌우명으로 삼았다. 정덕 5년(1510년)에 왕양명은 용장에서 여릉(廬陵)의 지현으로 관직이 오르면서 황제를 알현하러 경사에 오게 되었다. 이때 황관은 그를 만나 학문을 논하였고 담약수를 알게 되었다. 왕양명이 진호의 반란을 평정하고 돌아오자 황관은 또 그를 찾아갔다. "치양지"에 관한 강의를 들은 그는 심히 탄복하고 그의 문하제자로 들어가게 되었다. 왕양명은 사전(思田)의 반란을 평정하기 위해 남하하였다가 군중(軍中)에서 죽게 되었다. 계악(桂萼)이 왕양명의 학문을 위학(僞學)이라고 공격하면서 이를 금지해야 한다고 주장하자 그는 상서를 올려 왕양명의 사상은 공맹의 사상과 같다고 주장했다. 또한 자기의 딸을 왕양명의 아들 정억(正億)과 결혼시켜 남경에 데려다 화를 피하게 하였다. 황관은 비교적 많은 저서를 남겼다. 그중에서 그의 사상을 가장 잘 반영할 수 있는 것은 《명도편(明道編)》이다. 황종희의 《명유학안》에는 《명도편》에 관한 내용을 전혀 담지 않았는데,

그 원인은 황관이 이 책에서 송유 및 그 시기의 많은 사람들에 대해 비판했기 때문이다. 《명유학안》에 선택된 내용은 《오경원고(五經原古)》의 서문이다. 그러나 이 서문에 대해 황종희는 "자기 마음대로 유가 경전을 해석했다"고 비판했다(《명유학안 281쪽》)" 그리고 그의 관점에 일일이 반론을 제기하기도 했다.

1. '간지(艮止)'의 뜻

황관은 '간지'의 학문은 《역》과 《대학》에서 온 것이라고 주장했다. 간괘(艮卦)의 단전(彖傳)에서는 다음과 같이 말했다. "간괘의 때는 정지이다. 때가 그치는 것이면 그치고 때가 행하는 것이면 행한다. 동과 정은 그 때를 놓치지 않기에 그 도가 광명하다. 정지해 있는 것은 정지해 있어야 할 곳에 정지해 있는 것이다."《대학》에서는 이렇게 말했다. "대학의 도는 명명덕(明明德)에 있고 신미(親民)에 있으며 지어지선(至於至善)에 있다. 머물 곳을 알아야 안정함이 생길 수 있다. 안정되어야 고요할 수 있다. 고요해져야 편안해질 수 있다. 편안해져야 생각할 수 있다. 생각해야 얻음이 있다. 사물에는 중요한 부분과 중요하지 않은 부분이 있고 일에는 시작과 끝이 있다. 무엇이 먼저이고 무엇이 후인지를 알아야 도에 가깝게 된다." 황관은 자신의 간지의 종지는 바로 《역》과 《대학》의 정수를 합한 것으로서 《역》과 《대학》의 근본정신을 체현했다고 생각했다. 《역》의 간괘의 중심사상은 바로 '정지(止)'이다. '정지'는 만물이 운행하는 규율이자 원리이다. 대화유행(大化流行)이 문란해지지 않는 것은 각자 규칙에 따라 각자의 얻음이 있기 때문이다. 즉, 만물은 모두 정지한다. 학문에서 멈출 곳을 알아야 하고 멈추어야 할 때 멈춰야 한다. 황관은 다음과 같이 말했다. "《대학(大學)》에서 말한 '문왕이 광명을 이어 공경에 머물었다'라고 한 것은 지(止)의 체(體)를 가리켜서 말한 것이다. 그 체가 이미 세워지고 이로 말미암아 군신(君臣)·부자(父子)·국인(國人)의 사이에서 퍼져서 각기 그 지(止)에 멈추지 않은 자가 없고, 이른바 '그 지에 멈추고 그 곳에 멈춘다'이며, 각각 멈추는 바의 지를 얻으면 이른바 '동정(動靜)이 그 때를 잃지 않고 그 도가 빛나고 밝다'는 것이다. 문왕(文王)의 학문은 실제로 복희(伏羲)에 근원을 두고 있으며, 공자의 학문은 또한 문왕에 근원을 두고 있으며, 모두가 그 지에 머무는데 있을 뿐이다. 우리는 이곳에 그것을 보존할 수 있고 이곳에서 그것을 생각할 수 있으니, 도(道)는 이곳에 있다.(《명도편(明道編)》권1)"

황관의 해석에 의하면 '정지'에는 체와 용이 있다. 정지의 체는 하늘에서 온 것이다. 만물은 모두 각자의 멈춤이 있는데 그 동과 정에도 규칙이 있다. 사람의 마음은 자연계와 함께 한다. 사람의 마음은 자연의 멈춤에 따라 기복하는데 절대 지나침도 모자람도 없다. 이러한 정지를 장악하는 것은 천도의 운행구율과 원리를 장악한 것과 같다. 이러한 정지의 이치를 모든 사물에 사용하여 모든 일들이 여기에 부합되게 하는 것은 바로 정지의 작용이다. 정지를 인식하고 파악하는 것은 이를 사물에 사용하는 기초이다. 세상의 모든 학문은 모두 '정지'에 있다. 때문에 공부는 응당 이 '정지'에 착안점을 두어야 한다.

황관은 정지는 사물의 이치로서 모든 사물은 반드시 정지한다고 생각한다. 그리하여 간지의 학문은 이기, 체용에 대해 말한 것이다. 그는 다음과 같이 말했다. " '그 지(止)를 멈추고 그 곳에 지하다.' 지(止)가 그 곳을 알면 기(氣)와 이(理)가 겸하여 갖추어지고 체용(體用)도 함께 온전해지니, 성학(聖學)의 근본이 여기에 있다.(《명도편(明道編)》권1)"

이는 자연사물의 이기에 대해 말했을 때와 사람마음의 이기에 대해 말했을 때에 멈춤을 알아야 마음이 안정되고 마음이 안정되어야 고요해지며 고요해져야 편안해질 수 있다는 뜻이다. 그리하여 멈춤을 아는 것은 마음의 체이고 마음이 고요해지고 안정되는 것은 마음의 용이다. 그리하여 멈춤을 아는 것은 자연규칙을 알고 마음의 순역(順逆)을 정하는 근본이라고 한다. 반대로 사람의 마음은 천지만물이 응집된 곳이기도 하다. 천지만물은 원칙은 모두 마음에 존재하기 때문에 마음은 멈추어야 할 때 이를 멈출 수 있다. 또한 동시에 천지만물이 멈출 때 같이 멈출 수 있다. 다시 말해 황관이 주장하는 간지의 종지는 하늘 사람 모두에 관통된다. 그는 다음과 같이 말했다. " '그 지(止)를 멈추고 그 곳에 지하다'는 지(止)를 말함은 범지(泛止)는 아니고 지는 반드시 그 곳에 있으며, 곧 심중(心中)의 구멍으로, 곧 이른바 천지의 뿌리이고 음양의 문이며 왕성(王性)이 모두 여기에 갖추어져 있다. 그러므로 '이루어진 성(性)을 보존하고 보존함이 도의(道義)의 문이다.' 그러므로 이를 기기(氣機)라고 말하고 또 이를 혼백(魂魄)의 합(合)이라 말하며, 또 이를 제충(帝衷, 하늘에서 받은 착한 성품)의 항(降)이라 말하고 또 이를 천명(天命)의 성(性)이라 말하고 또 이를 신(神)이라 하고 또 이를 인(仁)이라 하니, 모두 이곳에 있다.(《명도편(明道編)》권1)"

황관에게 있어 하늘과 사람은 합일되고 마음이 멈추어야 할 때 멈춘다. 즉, 천지만물의 근본원칙에 따라 멈춘다. 동시에 사서오경에서는 모든 것은 '정지'라는 글자에 불과하다고 말했다. 마음이 멈추어야 할 때, 멈추는 데에는 사서오경의 모든 공부가 포함된다. 왜냐하면 "성학의 관건은 멈춤에 있기" 때문이다. 역대 유학자들은 다음과 같은 '16자의 심전(心傳)'을 신봉했다. 즉 "인심유위, 도심유미, 유정유일, 윤집궐중(人心惟危, 道心惟微, 惟精惟一, 允執厥中)"인데, 이는 사람 마음은 빗나가기 쉽고 참을 추구하는 마음은 가냘프기 그지없으니 오직 정교하고 한결같이 하여 올바름을 잡아야 한다는 뜻이다. 여기서 '윤집궐중'과 '정일(精一)'은 모두 간지의 뜻이다. 간지는 곧 집중(執中)이다. 그는 다음과 같이 말했다. "요순(堯舜)의 집중(執中)의 학문은 곧 복희(伏羲)의 간지(艮止)의 학문이다. 그 《서(書)》에서 갖추어진 것은 '위미(危微)'라고 하는데 간지(艮止)의 실마리(端緒)를 밝혔으며, '정일(精一)'이라 하는데, 용공(用功)의 요체로 삼았다. 안사(安思)라고 한 것은 위태로울 때의 편안함을 조금 드러낸 것이며, '흠명(欽明)'이라 한 것은 견정(見精)의 극(極)으로 하나의 상도이다. 그 지(止)에서 멈추기를 구하는 까닭이 아닌 것이 없을 뿐이다.(《명도편(明道編)》 권1)" "복희(伏羲)·요순(堯舜)의 간지(艮止)·집중(執中)의 학문이 서로 전해졌다. 복희의 학은 《역(易)》에서 갖추어지고 요순의 학문은 《서(書)》에서 갖추어졌다. 《역》의 뜻이 깊은 말은 간지(艮止)보다 중요한 것이 없고 《서》의 요지는 집중(執中)보다 큰 것이 없다. 이로부터 성인과 성인이 서로 계승하니, 대략 이 도(道)로 말미암았다. 중니(仲尼, 공자)가 태어나게 되자, 대도(大道)가 이윽고 쌓여서 지지(知止)의 지(止)로 심체(心體)를 가리키고 치지(致知)로 공부를 가르치고 격물(格物)로 공효(功效)를 가르치고 극기(克己)로 치지(致知)의 실(實)로 삼고 복례(復禮)로 격물(格物)의 실(實)로 삼으니, 모두 간지·집중의 정맥(正脈)을 내렸다.(《명도편(明道編)》 권1)"

간지로 모든 유가학자들의 공부를 개괄할 수 있다. 복희, 요순, 공자 등 성인들이 서로 계승한 것은 바로 간지의 종지이다.

황관이 '간지'를 주장하게 된 데에는 사회, 정치, 경제 방면과 학술사상 방면에 원인이 있다. 사회정치면에서 황관은 사인(士人)들이 그 당시에 이름을 떨치는 걸 중요시하고 이익을 위해 서로 경쟁하였기에 도덕이 점차 소실되고 사람들의 마음이 천박해지게 되었다고 생각했다. 이는 그 당시에 가장 심한 사회적 병폐이었다. 그는 다음과 같이 말했다. "학자의 기질은 변하기 어렵고 모두 풍성기습(風聲氣習)에서 이어졌다. 우리 조정은 나라를 세운 이래로 어떻게 저절로 명상기절(名尚氣節)을 좋아하는 습관으로 변했는지 알지 못하였고 마치 당시의 선배들과 우리 고을의 선배들 가운데 이것에 힘쓰는 사람들이 있어 벼슬자리에 있고 고을에 거주하니, 비록 인륜이 지극히 친밀하고 위아래 사람들이 교제한다 하더라도 그것을 행함이 이미 심하고 그것을 말함이 놀랄만하니, 지금에 이르러 역력히 사람들의 귀와 눈에 있음이 수를 헤아릴 수 없다. 그 풍성(風聲)이 세상에 널리 전파되었기에 그러므로 후진의 선비와 우리 고을의 선비에 이르러, 매번 승급공리(勝急功利)의 마음을 좋아하여 문(文)으로 이름을 세운다. 기절(氣節)의 행위를 숭상하고 그 사사로움을 행했다. 비록 그것을 도덕(道德)으로 설명하였지만 종신토록 깨닫지 못하였다. 기질(氣質)이 가장 변하기 어려운데, 왜일까? 대개 이름을 세우고 기절을 숭상하는 사람들은 다만 명절이 크다는 것은 알았지만, 성인이 군신(君臣)·부자(父子)·부부(夫婦)·장유(長幼)·붕우(朋友)·친척(親戚)·고구(故舊)·상하(上下)와 교제하면서 그것이 처한 모두에게 그 도(道)가 있다는 것을 알지 못하였다. 후세에는 도가 있음을 알지 못하였고 오직 자기의 이름을 세우고 자기의 절의를 이루려고 할 뿐, 모두 이를 돌이켜 구휼하지 않고 잔인하고 경박한 마음을 지녔는데도 이에 스스로 현명하게 여겨 꾀를 얻었다고 생각하니, 그 폐단은 마침내 구제할 수 없기에 이르렀다. 그러므로 옛 사람은 명절(名節)을 도덕(道德)의 천박으로 여기고 배우는 사람들의 경계로 삼았다. 사람을 논하는 사람들은 성현들의 사업이 여기에 있다고 여겨 혹 이를 취하여 이학명신(理學名臣)으로 삼기도 하니 그 폐가 빠르게 흐를수록 더 빠르게 흘러감을 알지 못하였다. 그러므로 지금의 벼슬살이 하는 사람은 수궤표명(殊詭標名, 특별히 속여서 이름을 써 넣는 것)을 다투면서 오직 그 다르지 않음을 두려워한다. 깎아내리고 경시하면서 재주를 가늠하며 오직 그 다하지 못함을 두려워하였다. 거꾸로 하여 진실을 어지럽히며, 오직 기이하지 않음을 두려워하였다. 굳게 참고 견디며 오직 특별하지 않음을 두려워했다. 그 마음을 요약하면 모두 속으로는 큰 이익을 품고 겉으로는 기대하려고 하지 않는 것을 보이며 안으로는 각박(刻薄)함을 가엾게 여기고 겉으로는 인의(仁義)를 베풀었다. 세상을 논하는 사람들은 오히려 천하의 일로 이 재력(才力)이 아니면 행할 수 없고 이 들리는 명성이 아니면 떨칠 수 없다고 여기니, 어찌 세도(世道)의 해(害)요 국가 생민(生民)의 화(禍)가 되지 않겠는가!《명도편(明道編)》권2)"

이는 그 당시 사풍과 세풍을 묘사한 말이다. 이는 왕양명이 그 당시의 세풍과 인심에 대해 묘사한 '발본색원(拔本塞源)' 이론과 비슷하다. 공명과 이욕, 명성에 대한 추구는 사풍과 세풍이 쇠퇴해진 가장 근본적인 원인이다. 공명 이욕은 왕양명이 뽑으려는 뿌리와 막아버리려는 근원이었다. 이는 황관이 급히 제거하려는 병해이기도 하다. 이 점에서 볼 때 왕양명의 "치양지"와 황관의 '간지'는 풍속을 변화시키고 사람의 마음을 바로잡으려는 목적에서는 일치한다고 하겠다.

황관은 세풍의 쇠퇴와 도덕의 상실을 조성한 중요한 원인은 우선 학술이 불분명한데 있다고 주장했다. 이러한 사회병해를 제거함에 있어 급선무는 학술을 명확하게 하는데 있다. 그는 다음과 같이 말했다. "오늘날 해내(海內)가 헛되이 소모하고 대소 사람들이 모두 넘어지고 있음은 실제로 학술이 밝지 않고 심술(心術)이 바르지 않음으로 말미암음이니, 그러므로 선비의 풍기는 날로 무너지고 교묘한 관리들은 날로 늘어났으며, 관리의 병폐도 날로 많아지고 탐욕스럽고 잔인함이 날로 심하였다. 법을 세움이 더욱 은밀해지고 간폐(奸弊)가 더욱 생겨나고 도송(刀訟)이 더욱 일어났고 위아래 사람들이 남의 뜻을 맞추어 주어 허비(虛費)가 더욱 넓게 되었기 때문에 살아있는 백성들이 날로 곤궁하게 되었다. 진실로 차마 그 근본을 맑게 할 수 없어 오직 경변(更變)에만 힘쓸 뿐, 경변이 더욱 많아지고 거듭된 폐단이 심하고 더욱 크고 작은 물건이나 돈 따위가 다해서 없어지고 헛되이 소모됨이 날로 심하게 되니, 조상이 볼 때 민간의 부유한 백성들은 어떻게 보겠는가! 이 모두는 우리 모두가 마땅히 알고 있는 바로 반드시 이를 구제할 생각을 갖고 있는 것이 옳거니와 이것들을 어떻게 구제할 것인가를 밝히는 것뿐이다.(《명도편(明道編)》권4)"

그가 제기한 사회풍기를 바로잡는 좋은 방법은 바로 학술을 분명히 하는 것이다. 그가 간지를 제기한 것도 모든 사람들이 "천리에 따라 멈추고 지선일 때 멈추는" 이치를 알게 하기 위해서이다. 그 당시의 사람들은 모두 올바르지 않은 학술을 존경하고 믿었다. 황관은 그 당시에 학술에 있어 가장 큰 공해는 바로 선종이라고 지적했다. 명나라학술의 우선적인 임무는 바로 선종을 반대하는 것이다. 그는 선종의 정지를 모르는 학문이라고 지적했다. 선종은 선과 악을 생각하지 않는 본래의 모습을 종지로 한다. 그 본래의 모습은 바로 공(空)으로서 군신, 부자, 부부, 장유의 관계를 구분하지 않는다. 정지를 모르는 것은 천리를 모르는 것이고 천리를 모르면 반드시 현실에서 도피하기 마련이다. 공무와 허적(虛寂)을 주장하는 유학자들은 모두 정지를 모르는 선학에 빠지게 된다. 그가 열거한 정지를 모르고 선학에 빠진 학자들에는 송명 두 시기의 유명한 유학자들이 있다.

그는 "송유의 학문은 모두 선에서 비롯되었다. 염계(濂溪), 명도, 횡거(橫渠), 상산은 경지가 높고 이천(伊川), 회암(晦庵)은 경지가 낮다. 성학은 송나라에 이르러 번창했다고는 하나 사실은 말한 것이 자세하지 못하고 선택한 것들이 모두 정밀하지 못하다.(《명도편》1권)" 황관은 송유학자들이 공자와 맹사의 성학을 계승했다는 것에 대해 의문을 제기했다. 그는 성학이 송나라에 이르러 번창했다는 말에는 근거가 없다고 생각했다. 송나라의 많은 학자들은 유학과 선학이 한데 섞였기 때문에 정지의 종지를 잃게 되었다고 생각했다. 황관은 주돈이의 수양방법이 선학이라고 집중적으로 비판했다. 주돈이는 자기 학술의 핵심을 얘기할 때 "성학을 배울 수 있는가? 당연히 배울 수 있다. 그럼 성학을 어떻게 배워야 하는가? 첫째는 욕망을 버려야 한다. 욕망이 없어야 고요히 있을 때는 허함을 유지하고, 움직일 때는 곧바르게 행동할 수 있다. 마음이 고요하고 비워지면 밝아지고 마음이 밝아지면 천하의 이치가 통하게 된다. 움직임을 곧바르게 하면 공정해지고 공정해지면 마음이 넓어지게 된다. 마음이 밝아지고 넓어지면 성인에 가깝다!"(《통서》20장) 황관은 성학의 핵심은 "16자의 심전(心傳)"에 있다고 생각한다. 그러나 주돈이의 주장은 이미 요순 때부터 전해져오던 전통을 벗어났다. 게다가 '욕망'이라는 글자는 도심을 가진 사람의 마음에서 나올 수도 있고 인심을 가진 사람의 마음에서도 나올 수 있다. 도심을 가진 사람의 마음에서 나온 욕망은 천리이다. 예로 공자의 "자기의 입신(立身)을 바라면 남도 입신하도록 그리하여야 한다"는 주장을 들 수 있다. 이러한 욕망은 절대 없어서는 안 되는 것이다. 주돈이의 무욕은, 정일은 모두 선종의 "본래무일물(本來無一物)"에서 온 것이다. 주돈이는 여기에 도가의 사상을 섞어 넣었다. 주돈이의 '무극'은 곧 노자의 "무명천지지시(無名天地之始)", 선종의 '유물선천지, 무형본적요(有物先天地, 無形本寂寥)'와 같다. 그러나 유가는 《역》에서는 "역(易)에 태극(太極)이 있다"고 하고, 《홍범(洪範)》에서는 "황제가 법도와 표준을 세운다"고 하며, 《시(詩)》에서는 '하늘은 천하 만물을 낳았고 만물에는 그 나름의 법칙 있다"고 한다. 모두 무가 아닌 유만 말했다. 무를 말하면 공허에 빠지기 때문에 이는 간지의 뜻과 절대 맞지 않았기 때문이었다.

정이에 대해 황관은 주로 그의 《정성설(定性說)》에 나오는 사상을 비판했다. 《정성설》에는 이런 말이 있다. "천지의 상도는 그 마음이 만물에 두루 미치게 그리하여 사심이 없는 것이며, 성인의 상도는 그 정이 만물에 순응하여 사사로운 정이 없는 것이다. 그리하여 군자의 학문은 확연하여 대공(大公), 물래(物來)하여 순응이라 할 수 있다. 황관은 무심, 무성, 확연대공에는 모두 간지의 내용이 포함되지 않았을 뿐만 아니라, 이는《중용》의 보이지 않는 바를 더욱 경계하고 조심해야 하고 들리지 않는 바를 더욱 두려워해야 한다"는 종지에 어긋난다. 또한 맹자의 "구방심(求放心)"의 훈계에도 맞지 않는다. 그는 정이의 학문은 사실은 선학이라고 지적하면서 반드시 근본부터 뜯어고쳐야 한다고 주장했다. 절대 정이의 이 가짜 학문을 널리 보급하지 말아야 한다고 했다.

정이와 주희에 대한 비판은 더욱 신랄했다. 그는 "함양은 경으로 해야 하고(涵養須用敬), 진학은 치지에 있다"라는 두 마디가 바로 정주의 공부강령이라고 지적했다. 함양을 경으로 하면 눈을 감고 앉아 있어야 하고 진학을 치지에 두면 서책에서 학문을 배워야 한다. "정문입설(程門立雪)"의 이야기는 미담으로 전해지기는 했지만 황관은 눈을 감고 자리에 앉아 문밖에 눈이 쌓이는 것도 모르는 바가 바로 선학이라고 제기했다. 주희의《조식잠(調息箴)》에는 선학뿐만 아니라 노자의 학문도 섞여 있었다. 주희의《대학보전(大學補傳)》에 나오는 치지도《대학》에 나오는 치지의 본래의 뜻이 아니었다. 황관은 정이, 주희의 결점은 바로 심체 특유의 명을 보지 못하고 이를 밖에서 찾았으며 간지의 뜻을 모르는 것이라 했다. 그리하여 이를 성학이라고 할 수 없을 뿐만 아니라, 이들을 염계와 명도보다 더 뛰어나다고 할 수도 없다고 했다.

육구연에 대한 황관의 비평은 그나마 조금 부드럽다고 할 수 있다. 그러나 그는 육구연의 제자인 양간(楊簡)을 신랄하게 비판했다. 그는 "자호(慈湖)의 학문은 상산에서 시작된다. 상산의 학문은 선학이 아니다. 그러나 자호의 학문은 완전한 선학이다.(《명도편》1권)" 양간의 학문을 선학이라 하는 것은 그가 '불기의(不起意)'를 주장했기 때문이다. '불기의'하면《역전》에서 말하는 "의의(擬議)가 변화를 이룬다"라는 게 무의미해진다. 따라서 공자의 "지도(志道), 거덕(據德), 의인(依仁), 유예(遊藝)"의 수양방법을 포기해야 한다. 황관은 양간이 육구연한테서 계승한 것들, 예를 들면 사람 마음은 원래부터 선하고, 사람의 마음은 영명(英明)하며 사람의 마음이 곧 도라는 등의 주장은 자기의 학술과 다를 바가 없다고 주장했다. 양간이 자신과 다른 점은 바로 간지에 있었는데, 양간에게는 간지가 없다고 했다. 그는 다음과 같이 말했다. "나의 다른 점은 나에게 일정한 법칙[典要]이 있고 자호(慈湖, 양간)에겐 일정한 법칙이 없으며, 나에게는 공부공효(工夫功效)가 있으나 자호에게는 공부공효가 없으며, 나에게는 날로 새로워지는 순서가 있으나 자호에게는 날로 새로워지는 순서가 없다. 나의 법칙은 지(止)를 안 후에 정(定)함이 있고 정함이 있은 후에 고요할 수 있고 고요한 후에 평안할 수 있다. 그 정함·고요함·평안함은 모두 지(止)에 근본을 두고 있으며, 지는 마음에 있고 그 멈출 곳이 있기 때문에 그러므로 만물만사(萬物萬事)는 모두 나의 지(止)를 따라서 어지러울 수 없다. 내가 마음을 세움은 성의(誠意)에 있어 사의(私意)를 버리며, 자호는 성의를 아울러서 버리고는 '(義)를 일으키지 않는다'고 하고, 또 '의를 일으키면 어두워진다'고 말한다. 나의 공부는 생각[思]에 있으므로 그에 합당하지 않는 생각은 버렸으며, 자호는 합당한 생각을 아울러서 버리고는 '생각하지 않는다', 또 '생각하지 않으면 만물이 필경 빛난다'고 말했다.(《명도편(明道編)》 권1)"

황관은 간지가 있으면 곧 천리를 알 수 있다고 생각했다. 간지는 학문의 요점이고 공부가 추구하는 결과이기도 하다고 보았다. 이는 곧 "이루어진 성품을 보존하고 또 보존하는 것"이었다. 그러면 모든 악행이 사라진다고 했다. 그리하여 그는 간지를 반복적으로 강조했다. 그는 간지는 본이고 모든 사공(事功), 시설(設施)은 간지의 작용이 발휘된 결과라고 했으며, 간지의 근본을 잃으면 모든 그 작용에 문제점이 생기게 된다고 했다.

자신이 주장하는 간지의 종지에 대해 황관은 반복적으로 설명했다. "간지를 마음에 담고, 집중(執中)을 뜻으로 삼으며, 사색을 학문으로 하고 때론 멈추고 때론 행하여야 한다. 열심히 노력하고 헛된 말을 하지 않으면 참답게 행동해야 한다.(《명도편》 1권)" 이는 곧 마음에 간지를 품고 말이나 행동을 가볍게 하지 않으면 성경의 마음을 얻을 수 있다는 말이다. 다음 천리를 목표로 모든 일을 할 때 천리에 부합되는지 생각하면 모든 행위가 멈춰야 할 때 멈추게 된다고 했다. 그는 이는 곧 유가경전(經典)에서 반복적으로 강조하는 뜻이고 유교와 불교는 나누는 분수령이라고 생각했다. 간지는 황관에 의해 완벽한 뜻을 가지게 되었다. 간지는 천도의 운행규율과 법칙과 일치했다. 간지의 체는 곧 천도의 성(誠)이었다. 사람의 마음에 원래부터 존재하는 천리가 진퇴하고 퇴행하는 규율에 근거하여 간지가 나타난다고 했다. 정신을 다잡고 헛된 행동을 하지 않는 것은 수양공부에서의 간지 대문이라고 보았던 것이다.

2. 왕양명에 대한 비판

　황관은 간지의 종지는 하늘, 사람의 근본법칙으로서 그 목적은 산만하고 귀속되지 않은 것들을 반대하기 위함이라고 했다. 그는 선학을 반대하는데 그것은 선학이 산만하고 귀속되지 않았기 때문이라고 했다. 그는 스승인 왕양명과 학계의 유명인사인 담약수를 산만하고 귀속되지 않았다고 다음과 같이 비판했다. "내가 옛날에 해내(海內)에서 한 두 명의 군자들과 더불어 강습을 할 때, 치지(致知)로써 그 양지를 극(極)에 이르게 하였고 격물로써 그 비심(非心)을 바로잡은 일이 있다. 또 격(格)라고 함은 바름이고 바르지 않은 것을 바르게 하여 바른 데로 돌아가게 하는 것이다. 치(致)란 이름이고 그 양지를 극에 이르게 하여 결점이나 장애가 없도록 한다. 신(身)·심(心)·의(意)·지(知)·물(物)을 합하여 일물(一物)로 하고 통달하여 양지조리(良知條理)로 하며, 격(格)·치(致)·성(誠)·정(正)·수(修)를 합하여 일사(一事)로 하고 통달하여 "치양지"공부로 하였다. 또 이르기를 '극기공부는 오로지 격물상의 용(用)에 있을 뿐이며 그 자신의 사사로움을 극복하면 곧 그 비심(非心)을 바로잡게 된다'고 하였다. 또 《육조단경(六祖壇經)》을 보게 하여 그 본래의 무물(無物)을 만나게 하고 선을 생각하지 않고 악도 생각하지 않으며, 본래의 면목을 보고 곧장 초상승하여 양지의 지극에 합하도록 하였다. 내가 처음에는 이를 믿지 않았으나 얼마 지나지 않아 이를 믿었고 또 오래지나 이를 증험하여 바야흐로 공허(空虛)의 유폐(流弊)를 알게 되었고 사람을 오해하여 천하게 여기지 않았다.(《명도편(明道編)》권1)"

　여기서 그는 비판 대상이 왕양명이라고 분명하게 제시하지는 않았지만 그 학술관점은 모두 왕양명의 것이다. 황관은 왕양명의 양지는 곧 선정의 '본래면목'이라고 주장했다. "치양지"는 본래의 면목을 극치의 경계로 올려놓는 것이고 격물은 사욕을 제거하여 본래의 면목을 보존하는 것이라고 생각했다. 그리하여 왕양명의 공부는 사적인 것을 제거하되 '불기의(不起意)', 즉 뜻이 생기지 않게 하며 불기의를 양지의 본체를 얻는 수단으로 했다. 그에게 있어 이를 제외한 공자가 주장하는 지도(志道), 거덕(據德) 등은 모두 중요한 일이 아니었다. 즉, 간지의 요의가 없기 때문에 공허에 빠지게 되었던 것이다.

　황관은 왕양명을 "인자는 천지만물과 일체를 이룬다"라는 관점을 비판했다. "인자는 천지만물과 일체를 이룬다"는 관점은 왕양명이 만년의 흉금과 포부를 종합한 것으로서 수양의 극치라 할 수 있다. 황관은 이에 대해 다음과 같이 비판했다. "지금의 군자들 가운데 매번 인(仁)을 말하는 사람은 천지만물을 일체(一體)로 하며, 대인(大人)의 학문을 이와 같이 여겼다. 그러나 그 설을 궁구하면 우리의 부자(父子)와 남의 부자 및 천하 사람들의 부자를 일체라 한다. 우리의 형제와 남의 형제 및 천하 사람의 형제를 일체라 한다. 우리의 부부(夫婦)와 남의 부부 및 천하 사람들의 부부를 일체라 한다. 우리의 친구 및 남의 친구 및 천하 사람들의 친구를 일체라 한다. 이에 산천(山川), 귀신 및 새와 짐승, 풀과 나무, 기와와 돌이 모두 일체가 되고 모두가 그 사랑하는 사람을 한가지로 하고 모두가 그 친한 사람들과 한가지로 하며, 일체의 인(仁)으로 여김이 이와 같았다. 이 말과 같이 살펴보면 성인은 이른바 친한이와 친하게 지내고 백성을 어질게 하며, 백성을 어질게 하고 만물을 사랑하며, 정(情)에는 친함과 소외됨이 있고 사랑에는 차등이 있으니, 모두가 그릇된 것이다. 실제로 그 설이 이미 묵자(墨子)의 겸애(兼愛)에서 떨어져 공허(空虛)를 유행하여 방탕함이 끝이 없다는 것을 몰랐다. 《명도편(明道編)》권1)"

여기서 그는 왕양명의 '일체지인(一體之仁)'은 사람에 대한 차별이 없다고 비판했다. 사랑에 간지가 없고 분별이 없으면 결국에는 산만하고 귀결이 없게 될 수 있기 때문이다. 그는 사람의 마음에는 차등이 존재하고 간지가 있다고 주장한다. 이 간지와 차등은 모두 사람의 천성적인 인성에 의해 생긴 것이다. 성인은 그 차등이 존재하여도 멈추어야 할 곳을 잃지 않는 사람이다. 이는 곧 도이고 인이다.

왕양명의 "치양지", 만물일체 관점에 대한 황관의 비판은 모두 한 가지 관점에 대해 자신의 생각을 맘대로 발휘한 것으로서 어쩔 수 없이 실제에 맞지 않고 어설픈 면이 존재한다. 이는 《오경원고(五經原古)》와 같이 "자기가 생각하는 일은 다 옳다 그리하여 그대로만 하는" 문제점이 존재한다. 황관은 정덕 5년에 왕양명과 담약수와 경사에서 만나서 서로 학문을 이야기하였다. 그 뒤 가경 원년에 왕양명이 월나라에 돌아가 "치양지"로 문하제자를 교육하다가 사전(思田)의 난을 평정하다가 진영에서 목숨을 잃을 때까지 20연간 그와 연락을 주고받았다. 그리하여 왕양명의 학설에 대해 깊은 이해를 하였다고 할 수 있다. 왕양명은 연달아 황관과 10차에 걸쳐 서신을 주고받았는데 그 중에서 수양공부에 대해 적절한 의견을 내놓았다. 여기서 왕양명의 공부에 들인 노력이 얼마나 컸는지 알 수 있다. 또한 그가 제기한 관점은 뜻이 아주 명확하다. 그러나 황관은 이를 모두 생략하고 이야기하지 않았다. 여기서 그에게 따른 뜻이 있음을 알 수 있다. 황관의 《명도편》의 주제를 보면 그가 반대한 것은 간지를 모르고 산만하고 귀속이 없는 것이라는 걸 알 수 있다. 그가 왕양명이 만년에 제기한 "치양지", 만물일체 등의 관점을 비판한 원인은 왕양명이 만년에 공부가 점차 최고의 경지에 들어서면서 그 사상에서 "입을 열면 본심에 맞게 말하고 두루뭉술하게 뜯어 맞추지 말아야 한다", "오늘날에야 광자의 흉금을 얻게 되었다" 는 등의 사상이 우세를 차지하게 되었기 때문이다. 이러한 학술 사상과 추세는 황관이 주장하는 간지와 큰 차이가 존재한다. 황관의 제자인 오국정(吳國鼎)은《명도편》의 발문에서 화관의 말을 서술했다. "내가 일찍이 양명(陽明)·감천(甘泉, 담약수)과 함께 날로 서로 갈고 닦아 함께 중행(中行, 중용을 지키는 올바른 행실)을 이루었지만 그러나 두 공의 학문은 한결같이 "치양지"(致良知)에 치중하고 한결같이 체인천리(體認天理)를 치중하니, 내 마음은 더욱 밝지 못하여 이에 집중(執中)·간지(艮止)의 뜻을 걸고 같은 뜻을 밝게 보여서 성문개시(聖門開示)를 절실하게 필요한 결단으로 여겼으며, 학자들에게 적합한 공부는 단적으로 여기에 있으니, 겉으로 다시 구별이 없이 현관(玄關)에 들어갈 수 있다."

여기서 황관은 왕양명, 담약수의 주장에 대한 불만을 명확하게 드러냈다. 그의 집중(執中), 간지는 "치양지"와 "수처체인천리(隨處體認天理)"의 잘못을 바로잡기 위함이다. 황관은 담약수의 "수체인천리"를 다음과 같이 비판했다. "지금의 군자 가운데는 하승선(下乘禪)을 행한 사람이 있어 물칙(物則)의 당연함을 보지 못한 것이 모두 자기에게 있고 천하의 이치가 모두 사물에 있다고 여겨서 그러므로 '곳에 따라 천리를 체인하다'고 말하기 때문에 그러므로 공부는 전적으로 격물에 달려있다고 말한다. 그가 이른 격물이란 '격(格)이란 이르는 것이다. 물(物)이란 일의 이치이다. 이 마음과 느낌이 천하의 사리를 통한다. 여기에 이른 것은 의(意)·심(心)·신(身)이 모두 이른 것이다. 곧 곳에 따라 천리를 체인하는 것이다.' 그 학문의 지리(支離)는 경세(經世)로 부족하니, 바로 이천(伊川, 정이)·회암(晦庵, 주희)의 폐해이다.(《명도편(明道編)》 권1)"

황관은 담약수의 "수처체인천리"는 외물의 이를 추구하고 간지의 뜻이 없다고 비판했다. 황관은 왕양명의 "치양지"의 종지에 대해서도 불만을 표시했다. 격물치지에 대한 그의 해석은 왕양명과 많이 다르다. 그는 다음과 같이 말했다. "《대학(大學)》의 요점은 '치지(致知)는 격물(格物)에 있다'라는 한 글귀에 있다. 그 치지라 함은 곧 격물공부이고 그 격물이라 함은 곧 치지공효이다. 있다(在)함은 뜻이 있다는 것이다. 뜻은 공효가 있는데 있다. 치(致)란 생각하는 것이며, 격이란 법이어서 법전이 있고 법칙이 있음을 말한 것이다.(《명도편(明道編)》 권2)"

황관은 치지는 격물에 있고 치지를 격물의 공부로 해야 하며 격물을 치지의 효과로 해야 한다고 해석했다. 그가 말한 '치(致)'는 곧 '치사(致思)'이다. '격'은 곧 법칙이다. "치지가 격물에 있다"는 말은 "사물이 법칙에 알맞게 사고해야 한다"는 말이다. 사물에 대해 사고하는 것은 행위이고 법칙에 알맞게 하는 것은 이 행위의 결과이다. 그는 법칙을 '전칙(典則)'이라고 했다. 황관은 격물에 대한 해석에서 공효를 강조하였다. 이는 그가 주장하는 '간지'의 세 가지 요소인 "존심, 집중, 사"와 일치했다. 법칙에 맞아야 귀속이 없이 산만한 상태를 피하고 존심(存心)할 수 있다. 법(典)이 있어야 집중할 수 있고 치지는 곧 사(思)이다. 치지격물에 대한 해석은 간지에 관한 그의 주장을 밝힌 것이다. 그리하여 그는 격물에 대한 주희와 왕양명의 두 가지 해석을 모두 비판했다. 주희의 격물치지는 격물을 치지의 공부로 삼고 사물의 이를 깊이 연구하는 것이다. 주희는 격물에도 법칙이 있다는 걸 몰랐다. 그 잘못은 이를 외적인 사물에서 찾았다는 점이다. 왕양명의 "치양지"는 곧 격물치지이다. 즉 격물을 "치양지"의 공부로 삼았는데 그가 주장하는 격물은 나쁜 마음을 다시 바로 잡는 것이다. 왕양명도 격물에 법칙이 있다는 걸 몰랐기에 이를 마음에서 찾았다. 그의 잘못은 밖이 아닌 안에 있다. 황관은 주희와 왕양명은 모두 격물을 공부로 하였고 이를 공효나 법칙으로 생각하지 않았기에 공부라는 말만 있을 뿐 그 완전한 결과를 요구하지 않았다고 생각했다. 주희의 격물궁리와 왕양명의 "치양지"는 명제만 보았을 때 그들이 도달하려는 목적을 알 수 없다. 그들의 종지에는 목적과 결과가 없고 안이 아닌 밖에 착안점을 둔다. 그러나 간지에서는 목적과 결과를 엿볼 수 있다. 간지는 주객이 합일되고 하늘과 사람이 합일된 것으로서 주체의 목적과 객체의 법칙의 합일을 이루었다. 이러한 합일은 곧 '중(中)'이고 '성(誠)'이다. 그가 반복적으로 강조한 "멈추어야 할 때에는 멈추고, 행해야 할 때에는 행하게 해야 한다"라는 관점은 주관적인 행위의 정지가 객관적인 시간과 지점과 알맞아야 한다는 것이다. 그는 이러한 합목적, 합법칙적인 통일로 주희와 왕양명을 비판하곤 했다. 그러나 그가 비판한 것은 그가 이해한 주희와 왕양명일 뿐이다. 주희와 왕양명이 도대체 그가 주장하는 대로 간단하고 경솔하였는가 하는 것은 또 다른 문제이다. 여기서 주희, 왕양명의 진정한 취지에 대해서는 논하지 않겠다. 다만 그들에 대한 황관의 비판을 통해 황관이 주장하려고 했던 학문이 어떠한 것들인지 알아보려고 한다.

　황관의 간지학문은 그가 《역경》과 성리의 학문에 대한 연구를 통해 얻게 된 경험들이다. 그는 젊은 시절에 벌써 《역》을 공부하고 괘도(卦圖)를 연구하였으며 그 뜻을 탐색하고 그 의미를 논술하려고 했지만 아무런 결과도 이루지 못했다. 나이가 들어 벼슬길에 들어선 뒤 그는 《역》에서 말하는 이치로 세상을 살아가려고 했지만 생각대로 되지 않았다. 그리하여 세상을 가벼이 여기고 뜻대로 살려하는 마음이 생겨나게 되었다. 후에 다시 마음을 다잡고 도덕천리를 통해 실천하였는데 스스로 진보가 적다는 생각이 들고 오히려 중상을 받게 되어 고민하게 되었다. 그리하여 성리의 학문을 통해 낙천안명(樂天安命)을 추구하려 하였다. 오랜 시간을 거쳐 심학의 종지를 깨닫게 되었는데 여기에 청년시절에 배웠던 《역》의 학문을 한데 융통시켰다. 그는 성리의 학문은 하늘과 사람은 일치하다는 걸 배웠고 《역》에서 모든 행위는 멈춰야 할 때 멈추어야 한다는 이치를 알게 되었으며 천지만물을 관찰하는 방법을 배우게 되었다. 이를 통해 그는 역과 나, 하늘과 사람은 하나라는 이치를 깨우치고 '간지'의 종지를 세우게 되었다. 그는 진학의 과정을 다음과 같이 서술하였다. "구하고 나아가면 이(理)가 우리에게 있고 성(性)이 우리에게 있고 하늘(天)이 우리에게 있고 명(命)이 우리에게 있음을 볼 것이며, 무용(無容)은 우리를 궁구하게 하고 무용은 우리를 다하게 하고 무용이 우리를 즐겁게 하고 무용은 우리를 알고 있으니, 곧 하나이지 둘이 아니다. 오직 그 지(止)에 멈춤(艮其止)만은 그곳에 그침이며, 때가 그칠 때면 그치고 때가 행할 때면 행하여서 만상을 본다. 나아가서 천건(天健)을 보고 나아가서 지후(地厚)를 보고 또 사변상점(辭變象占)을 본다. 나아가서 천숭(天崇)을 보고 나아가서 지비(地卑)를 보고 그런 다음에 동정(動靜)하면 그 때를 잃지 않을 수 있으며, 그 도(道)는 밝게 빛날 것이다. 그러나 역시 감히 만족하지 못하니, 실제로 내가 내가 되고 역(易)이 역이 되고 성인이 성인이 되며 중인(衆人)이 중인이 되는 것을 알지 못하였다. 이것을 잡은 이후 우환을 겪고서야 오로지 강건해지고 두터워지고, 오직 높고 낮음의 마땅함을 화려하게 치장하며 날마다 그 그치지 않음을 보고 그런 다음에 역이 나에게 있다는 것을 안다. 모두가 우환으로 인하여 얻은 것이다. 배움이 쉬지 않음은 이와 같은데 있는 것이다.(《역경원고서(易經原古序)》)"

　여기서 황관의 간지지학에는 하늘 사람을 포함하고 체와 용을 모두 겸하며 물과 나를 관리한다는 걸 알 수 있다. 이는 체의 우환을 거쳐 얻어진 것으로서 정의(精義)를 포함하고 있다.

황관은 소년시절부터 스스로 독려하면서 열심히 공부하였고 사택(謝澤)을 스승으로 모
신 뒤 "진실된 마음가짐이 있어야 열심히 공부할 수 있다"라는 가르침을 받았고 이를 평
생의 교훈으로 삶으면서 실학을 중히 여겼다. 만년에 《명도편》을 저술하였는데 공담을
숭상하지 않고 맹자의 "동심인성(動心忍性)", 공자의 《역》을 지은 사람은 걱정과 근심
때문이다"라는 관점을 많이 피력했다. 그중 이치(吏治), 재부(財賦), 과거, 호역(戶役) 등
에 대한 논술에는 아주 이치가 있다. 그러나 그가 평시에 성리학에 대한 이해, 체득을 기
록한 것들은 내용이 없고 실제에 부합되지 않으며 별로 큰 발전을 이루지 못했다. 그의
다른 저작들도 대부분이 실학에 관한 내용이었다. '간지'의 종지는 그의 지도사상이었다.
황관은 실학을 중시하고 성리를 소홀히 하였다. 그는 일생 대부분의 시간을 벼슬길에 쏟
았기에 왕양명처럼 순수한 이론을 많이 내놓지는 못했다. 그의 간지지학은 사물의 규율
과 법칙을 중요시하고 이를 중도로 여기기 때문에 사물의 규율과 법칙에 알맞았다. 명제
를 제기하는 형식상에서는 목적과 결과를 총괄시켰다. 이는 보통 명제 제기와 많이 달랐
다. 황관의 간지는 왕문의 유폐(流弊)를 바로잡는데 있어서 매우 중요한 역할을 하였다.

3. 계본(季本)의 '용척(龍惕)'

왕양명의 제자가운데서 황관의 간지학문과 가장 비슷한 게 바로 계본의 '용척'이
다. 계본(1485-1563), 자는 명덕(明德)이고 호는 팽산(彭山)이다. 절강 회계(會稽) 사람
이다. 정덕 12년에 진사가 되었다. 왕양명이 남경홍려사경(鴻臚寺卿)이 되었을 때, 그
의 제자로 들어갔다. 왕양명이 평호의 난을 평정할 때, 계본은 복건 건녕부(建寧府)에서
추관(推官)으로 있으면서 오랑캐들이 들어오지 못하게 관문을 사수하였다. 장사 지부(知
府)가 되었을 때 호강을 궤멸하였는데 결국에는 이로 인해 관직에서 물러나게 되었다.
계본은 실제를 중히 여겼는데 성리에 대해 공담하는 것을 싫어했다. 그는 황하의 옛 수
로와 해운의 옛 흔적, 고국의 강역을 직접 돌아보기도 했다. 120여 권에 달하는 저서를
남겼는데 사서오경에 대한 소석(疏釋) 외에 묘제(苗制), 악진(樂津), 시법(蓍法) 등에 관
한 저서를 남겼는데 아주 세밀하게 고증하고 해석하였다. 왕양명은 월나라에 있을 때 그

에게 편지를 보낸 적이 있다. 편지에는 "무릇 경서를 읽을 때에는 나의 양지에 유익한 내용을 골라서 배워야 한다. 천경만전(千經萬典)을 읽어도 이를 나의 것으로 만들어야 소용이 있다. 그러나 일단 남과 비교하기 시작하면 오히려 이에 얽매일 수 있다(《왕양명전집》214쪽)"라는 내용이 담겨 있었다. 그는 계본에게 경서에 얽매이지 말라고 권고했다.

계본은 실무정신을 중히 여기고 마음에 생각이 없고 자연 그대로 내버려두는 분방한 학풍을 반대하면서 '용척'의 종지를 제기했다. 그는 용(龍)이 대표하는 정신은 자신의 학술종지를 가장 잘 드러냈다고 생각했다. 그리하여 용을 심체에 비유하는 것이 제일 합당하다고 생각했다. 용은 두 가지 정신이 있는데 하나는 변화이고 다른 하나는 경계이다. 변화는 구속받지 않는 것을 대표하고 경계는 분방하지 않다는 것을 뜻한다. 변화 속에서 경계를 늦추지 않고 경계하되 변화에 방애를 주지 말아야 한다. 경계는 마음에 주재가 있다는 것을 뜻하고 변화는 마음이 무방(無方)하다는 뜻이다. 계본은 마음을 용에 비유하는 것이 마음을 거울에 비유하는 것보다 낫다고 주장했다. 왜냐하면 거울에는 내용이 없고 거울의 용도는 물건을 비추는 것이다. 거울은 외적인 것만 비출 수 있고 거울은 그대로의 모습만 반영할 수 있다. 그러나 자연은 곳곳에 제재를 가해야 하지 한 곳에만 구애되어서는 안 된다. 계본의 '용척'에서의 변화는 곧 유행이고 경계는 곧 주재였다. 이것은 '이'와 '기'의 관계와도 같다고 했다. 그들은 한 개 물체이지만 두 개 부분으로서 떨어질래야 떨어질 수 없는 관계라고 하며 이본은 다음과 같이 말했다. "이(理)는 양(陽)의 주재이고 기(氣)는 음(陰)의 포함이다. 때에 양이 되면 주재가 밝아지고 그러나 반드시 음을 얻으면 안에서 포함하니 이후에 기는 흩어지지 않는다. 때에 음이 되면 포함이 그윽하지만 그러나 반드시 양을 얻어서 가운데에서 주재하니 이후에 이(理)는 어둡지 않다. 이 음의 가운데에는 양이 있고 양 가운데에는 음이 있으니, 이른바 도(道)이다. …… 주재가 밖에서 응하니, 비록 분요(紛擾)함에 당할지라도 일정(一貞)이 자유자재로 하고 주재가 안에서 품으니, 비록 깊숙하고 컴컴한데 들어갈지라도 일경(一警)은 곧 각(覺)이다. 이런 것은 오직 음양이 합덕(合德)할 때만이 이룰 수 있다.(《설리회편(說理會編)》권1, 4쪽)"

여기서 계본은 공부론상에서의 귀(貴)가 주재하는 자연을 천도의 높이까지 끌어올려 논증을 진행했다. 천도는 만물 변화의 유행이고 만물에는 두 개 방면이 존재할 뿐이다. 그 형체의 운동에 대해 말하면 존재와 유행이고, 그 형체의 속성과 운동 규율에 대해 말하면 주재라는 것이다. 혹은 음과 양은 한 개 물체의 두 개 방면으로서 서로 떨어질래야 떨어질 수 없다는 관계로 볼 때, 양은 주재이고 음은 유행인데, 양이 위주일 때에는 주재가 보이고 유행이 안 보이며, 반대로 음이 위주일 때에는 유행이 보이고 주재가 안 보인다고 했다. 음과 양은 보이고 안 보이는 구분이 있기는 하나 주재나 유행이 모두 보이지 않거나 사라지는 경우는 존재하지 않는데, 주재가 보이는 것은 '기'의 '이'이고, 유행이 보이는 것은 '이'의 '기'이라 하며 항상 주재와 경계가 존재한다고 했다. 이것이 천도에 드러난 용척인데, 계본의 용척은 주재의 의미를 강조한 것이었다.

계본이 보기에 '이'와 '기'는 비록 근원이 하나이지만 '이'의 지위가 좀 더 중요하다고 생각했다. 양이 위주일 때는 '이'가 자연히 나타나는데, 이 때 '이'가 주재적인 작용을 한다고 했고, 음이 위주일 때 '이'는 속에 숨어있게 되는데 이 때 '이'의 작용이 경계라고 했다. '이'의 이러한 작용을 《역전》의 말로 해석하면 "건지대시(乾知大始), 곤작성물(坤作成物)"인 것이다. 이것은 유행이란 영원히 주재와 관할을 받는 유행이라는 말이다. 그는 "무릇 곤은 자연으로서 하늘을 받드는 것을 덕으로 한다. 곤을 주장하는 자들은 모두 하늘의 뜻을 받드는 사람들이다.(《설리회편》 1권, 10쪽)" 선유는 또 "하늘이 사람에 부여한 것을 성이라 한다"고 했다. 하늘이 부여한 것이 곧 주재이고, 또한 "사람이 천성을 지키어 행함을 도"라 했는데 '성'은 도의 주재라 했다. 또 "발이중절(發而中節)은 화(和)이다"라고 했는데 중(中)은 화(和)의 주재라 했다. 그는 유행에 주재가 없으면 그 율칙을 벗어나기 마련이라고 생각하여 하늘이든 사람이든 주재를 귀하게 생각하고 자연을 미워해야 한다고 했다.

계본은 주재를 귀하게 생각하고 자연을 미워할 것을 제창했는데, 그 목적은 왕양명의 제자, 특히 왕용계가 주장하는 자연 그대로 내버려두는 사상에 반대하기 위함에서였다. 왕용계는 "본체를 깨닫는 것이 곧 공부이다"라고 주장하는데 본체가 곧 주재이기에 다른 주재가 필요 없다고 했고, 본체는 곧 자연이기에 다른 자연을 찾을 필요도 없다고 했다. 계본의 '용척'은 왕용계와 반대되는데, 그는 유행에는 반드시 주재가 있어야 하고 주재가 없으면 욕망이 섞여들 수 있다고 지적했다. "공경하면 근심하고 두려워하여 경계를 하게 되니, 건도(乾道)라 했고, 꾸민 것 없이 수수하면 자연무위(自然無爲)이니, 곤도(坤道)라 했다. 진실로 되어 가는 대로 내맡기나 경(敬)으로써 주(主)를 삼지 않으면, 지(志)는 기(氣)를 인솔하지 않고 기에 따라 스스로 움직이므로, 비록 행하는 것이 없다고는 하나 꾸민 데가 없으니 수수하지 않겠는가?(《설리회편(說理會編)》권2, 6쪽)"하고 말했다.

천지의 건곤에 대해 말할 때 하늘은 주재이고 땅은 자연이며 건은 곤의 주재라 했다. 성명(性命)을 놓고 말할 때 명은 유행이고 성은 주재이며 명은 기에 속하고 성은 이에 속하며 명은 외부에서 오고 성은 내부에서 나오며 성은 명의 주재라 했다. 그리하여 이목구비의 욕망은 명이고 천연에서 온 것이나 사람의 경각과 주재는 이를 법도에 알맞게 만들고 욕망이 이을 얻을 수 있게 해야 한다고 했다. 계본이 보기에 주재는 모든 사물이 본래부터 갖고 있던 것으로서 하늘과 사람은 모두 그러했으니, 예전 사람들은 하늘을 '태허'라고 생각했는데 사실 이런 허에도 주재가 존재한다면서, 그는 다음과 같이 말했다. "하늘[天]은 허(虛)가 아니면 불가하다고 말하지만 그러나 허를 좇아 하늘을 말한다면 허를 두려워할 것이다. 역시 기(氣)에 의지하면 그 움직임도 기화(氣化)가 된다. …… 대개 허는 귀하여 주인이 있으니 주인이 있는 허는 진실로 가운데 존재하며, 이를 건덕(健德)이라 한다. 건(健)하면 허가 밝게 감응하고 사물로 인하여 곡진하여 이루어지니, 그 곳을 얻지 않을 수 없는 것은 이 물의 순응 때문이다.(《설리회편(說理會編)》권1, 17쪽)"

건(健)은 곧 주재였고, 순(順)은 주재가 통할하고 있는 유행이므로 순은 자연에 맡겨야 하고 귀속이 없어도 된다는 말이 아니었다. 사람의 성은 천지의 성과 일치하는데, 왜냐하면 주재가 있기에 유행하고 건이 있기에 순할 수 있기 때문이라고 했다. 여기서는 여전히 주재의 결정적 작용을 강조하였다.

본계도 주재의 여부에 따라 유교를 해석했는데, 그는 유학자들이 천도에서는 '이'가 '기'를 통제한다고 주장하고 인도에서는 '성'이 '정'을 통제한다고 생각했다. 만물에는 모두 각자의 주재가 있고 만물은 서로 구별되기 때문에 만물의 각 극의 성을 중도로 보아야 한다고 했다. 불로(佛老)는 일기의 자연대에 맡겨야 한다고 생각했기에 그 중에 성리가 포함되었다는 걸 부인했다. 이는 그 중에 존재하는 주재도 부인하는 셈이라며 그는 다음과 같이 말했다. "성문(聖門)에서 말하는 도(道)란 사람의 솔성(率性)에서부터 말하면 강건(剛健)하여서 기화(氣化)를 주재하는 것이다. 그러므로 그 발현이란 지극히 정밀하여 섞이지 않으니, 이를 중절(中節)이라 한다. 만약 바로 주재 상에서 도를 말하지 않는다면 부침승강(浮沈昇降)하니, 가면서 오면서 이내 기의 움직임뿐이니, 개와 소는 사람과 더불어 전혀 다른 것이 없다. 불노(佛老)의 학문도 의(義)에서는 부정하지만 기를 따라 움직이는 것은 오직 임의로 자연스러워 그 그릇됨을 알지 못하는 것뿐이다.(《설리회편(說理會編)》 권1, 24쪽)"

　유교에 대한 해석에서 송나라와 명나라를 구별하는 점은 주로 '이'가 있는가 없는가에 있다면서, 계본이 유교와 불교를 구분하는 관건은 주재의 존재라 했다. 사실 주재는 곧 이이고 성인데, 다만 그는 '이'의 통재와 관할의 의미를 강조하여 자연과 대립시키려고 했었다. 그리하여 그는 '주재'를 유난히 강조했던 것이다.

　계본은 주재를 강조하였는데 주재는 마음에 존재한다고 하여 계본은 신독을 특별히 중히 여겼다. 신독은 주재가 정명해지는 공부라며 그는 다음과 같이 말했다. "무릇 사람이 행하는 바가 선하지 않으면 본체의 영(靈)은 자연히 깨달을 수 있다. 깨닫고서 조금이라도 지체하는 것을 용납하면 곧 스스로 속이게 되며, 속이면 슬기롭지 못한다. 그러므로 독지의 지경에서 경계하고 신중하며 두려워하는 것은 털끝만큼도 그 속에 선이 섞이지 않게 하는 것이 없으니, 곧 슬기로워서 경(敬)이 된다.(《설리회편(說理會編)》 권3, 6쪽)"

　신독, 경, 성성(惺惺)은 모두 마음의 주재가 어리석지 않다는 뜻으로, 주재가 어리석게 되면 '기'가 자연의 기세를 따라 절약과 통제 없이 옳지 않은 방향으로 흘러 갈 수 있다고 했다. 그러나 사람의 양지는 항상 정명하기에 주재가 어리석게 되면 양지가 이를 알아챌 수 있으므로, 자기 스스로 자신을 기만하지만 않으면 주재를 깨끗한 원래 모습으로 되돌려 놓을 수 있다고 했다. "독지(獨知)에 신중하면 곧 지(知)에 이르게 된다. 독지의 공부를 멈추지 않으려면 곧 행(行)에 힘써야 한다. 그러므로 독지 이외에는 지(知)가 없고 항상 지(知) 이외에는 행(行)이 없다. 공부를 어떻게 해야 쉽겠는가.(《설리회편(說理會編)》 권4, 1쪽)"

　그는 이는 왕양명의 지행합일과 일치하다고 생각했다. 왕양명의 '지'는 양지이고 '행'은 양지가 알고 있는 천리를 모든 행위에 시행하는 것을 말하는데, 지는 명각(明覺)에 대해 말한 것이고, 행은 실지(實地)천리에 대해 말하는 것이라 했다. 지와 행은 본래부터 합일이 되는 것이라는 것이다. 신독에 대해 말하면 독지(獨知)는 곧 양지이고 신(愼)의 공부는 곧 행이므로 신독은 곧 지행합일이라고 했다. 신독에서는 지행의 선후를 나누지 않는데, 즉, 지가 행이고 지와 행은 동시에 발동된다고 했다. 계본의 지행합일은 왕양명의 지행합일과 비슷한 것 같지만 사실은 그렇지 않았다. 왕양명이 주장하는 행은 주로 양지가 알고 있는 지의 선을 어버이를 섬기고 임금을 섬기는 등 구체적인 일에 응용하는 것이고 공부는 주로 실행에 있다고 했다. 그러나 계본의 신독에서 행은 '성성(惺惺)'으로, 즉, 불매(不昧)의 의미를 주재하는 것이고 공부는 주로 마음의 생각에 있으므로 계본의 지행합일은 여전히 '용척'의 뜻에서 벗어나지 않았던 것이다. 계본은 실학방면에서 주로 옛날 흔적에 대한 탐사 그리고 묘제(苗制)와 악진(樂津) 등에 대한 고찰과 탐구, 수정을 진행하는 것을 말했다. 그러나 사실은 지식의 요소가 더 다분하고 실천의 너비와 체험의 심각성은 왕양명보다 못했다.

계본의 용척은 《역》의 건괘괘효(乾卦卦爻)에서 온 것으로, 주로 "주재를 귀하게 생각하고 자연을 미워해야 한다"는 뜻을 강조한 것이다. 그의 모든 이론은 "주재를 포기하고 자연만 강조하다보면 미세한 부분을 홀시하고 이의를 잃는 사람이 있게 된다. (《명유학안》 276쪽)"라는 걸 설명하기 위해서였다. 그의 이런 사상은 왕양명이 젊은 시절에 "수렴(收斂)이 위주고 산발(散發)은 부득이한 것이다"라는 관점에서 온 것이다. 젊은 시절에 왕양명은 확실히 주지를 귀하게 생각하고 자연을 미워하는 사상을 갖고 있는 듯 했다. 계본은 양명학이 자유롭고 방탕한 방면으로 발전하는 것을 억제하는데 어느 정도는 지도적 작용을 했다고 볼 수 있다.

제 **9** 장
추수익(鄒守益)의 계구(戒懼)의 종지 및 그 가학(家學)

옛날에는 강서를 강우(江右)라고 불렀다. 왕양명의 군사, 정치, 학술 활동은 강서와 아주 깊은 관계가 있는데 그가 일생동안 추구해온 학술의 종지인 "치양지"는 곧 강서에서 나온 것이다. 왕양명은 강서에 제자가 아주 많은데 그중에서 학문과 품행이 모두 유명한 학자들로는 추수익, 구양덕(歐陽德), 섭표, 나홍선, 유문민(劉文敏), 유방채(劉邦采), 왕시괴(王時槐), 호직(胡直), 송의망(宋儀望) 등 수십 명이 있다. 그들의 학술은 같지 않지만 대체적으로 단련을 거친 양지는 믿음직스럽다는 의견을 갖고 있었다. 그들은 귀적주정, 수섭보취(收攝保聚) 등 수양방법을 주장하는데 이는 선천의 양지를 주장하는 왕용계와 많이 달랐다. 황종희는 이런 말을 한 적이 있다. "요강의 학문을 제대로 계승한 것은 강우 밖에 없다", "왕양명의 모든 정신은 강우에 있다.(《명유학안·요강학안일(姚江學案一)》)" 추수익은 강우의 학풍을 가장 잘 체현할 수 있는 학자였던 것이다.

추수익(1491~1562)의 자는 겸지(謙之)고, 호는 동곽(東廓)이다. 강서(江西) 안복(安福) 사람으로서 정덕 때 진사가 되었으며 한림원의 편수(編修)로 임명되었다. 진호가 반란을 일으켰을 때, 왕양명을 따라 정벌에 나섰고 군사를 도와주었다. 세종 때 대례의(大禮議)에 대한 상서를 올려 하옥되었고, 광덕주판관(廣德州判官)으로 폄적되었다. 후에 예부낭중(禮部郎中)으로 발탁되었고 관직은 남경국자좨주(南京國子祭酒)까지 했었다. 위의 뜻을 거스르는 바람에 관직에서 쫓겨났다. 집에 돌아온 뒤 20여 년간 두루 돌아다니면서 강의를 하였다. 죽은 뒤에 예부우시랑(禮部右侍郎)에 추증되었고, 시호는 문장(文莊)이다. 그의 저서는 제자들이 편집한《동곽추선생문집(東廓鄒先生文集)》17권과《동곽선생유고(東廓先生遺稿)》13권이 있다.

추수익은 왕양명을 처음 만났을 때 그에게 부친의 묘지명을 써달라고 부탁했다. 왕양명의 가르침을 받고 몇 년간의 의혹이 말끔히 사라졌다. 그리하여 왕양명을 스승으로 모시게 되었다. 후에 두 번이나 월나라에 가서 왕양명을 만났고 후에 왕양명이 그에게 여러 통의 편지를 보내 그리움을 전달했다. 제자들이 왜 그러느냐고 묻자 왕양명은 다음과 같이 대답했다. "증자는 '자신에게 재능이 있음에도 불구하고 재능이 없는 사람에게 가르침을 받고, 자신의 지식이 풍부함에도 불구하고 지식이 없는 사람에게 가르침을 받는다. 학문이 있어도 학문이 없는 것 같고 지식이 풍부해도 텅 빈 것 같다. 다른 사람에게 침범을 당해도 따지지 않는다'고 했다. 이러한 것들을 모두 구비한 사람은 겸손한 사람이다.(《전습록》 하)" 왕양명은 그의 학문과 품행을 높이 평가했던 것이다.

1. 계구(戒懼)의 종지

추수익의 학문은 계구를 종지로 했다. 계구는 《중용》의 "눈에 보이지 않는 곳에서 경각심을 높이고 조심히 행동하며, 귀에 들리지 않는 곳에서 실수 없이 조심스럽게 행동해야 한다"라는 관점에서 온 것이다. 그 본뜻은 시시각각 경각심을 늦추지 말고 방심하지 말아야 한다는 뜻이었다. 극히 사적인 부분이라도 절대 경각심을 늦추지 말아야 한다는 것이었다. 주희는 계구와 신독을 구별했는데, 계구는 의념이 생기지 않았을 때 경각심을 늦추지 말아야 한다는 뜻이고, 신독은 의념이 생긴 걸 의식하지 못했을 때 신중하고 조심해야 한다는 뜻으로 생각했다. 왕양명은 주희의 이런 관점에 동의하지 않았다. 왕양명은 "일이 없을 때에도 독지(獨知)이고 일이 있을 때에도 독지이다. 계구는 곧 지이다.(《전습록》 상)"라고 말했다. 왕양명의 이러한 관점은 양지는 항상 정명하고 소멸될 때가 없다는 이론에서 나온 것이었다. 추수익은 왕양명의 이런 사상을 계승하였다. 그는 계구를 도덕수양공부의 전부라고 생각했다. 추수익에게 있어 계구는 공문(孔門)에서 말하는 '경(敬)'이었다. 그는 다음과 같이 말했다. "성문(聖門)의 요지(要旨)는 단지 경(敬)으로써 수기(修己)하는데 있을 뿐이다. 경(敬)이라는 것은 양지(良知)가 정명(精明)하여 더럽혀진 속세에 섞이지 않는다. 경계하고 삼가고 두려워하여 항상 정성스럽고 항상 밝게 되면 문을 나서서 사람들을 만날 때는 손님을 대하듯 하고 일에 임해서는 제사를 받들듯이 하게 된다. 그러므로 천승지국(千乘之國)을 말할 때, 곧장 경사(敬事)로써 강령(綱領)으로 삼는다.(《간호록애거경(簡胡鹿崖巨卿)》, 《동곽추선생문집(東廓鄒先生文集)권5》"

경(敬), 계구의 목적은 양지가 나쁘게 변하지 않게 보호하고 양지의 정명한 상태를 유지하기 위함에서였다. 양지가 정명해야만 유행이 닿는 곳마다 합리적이 될 수 있고 시비판단이 모두 중절(中節)해질 수 있다고 했다. 추수익에게 있어 계구는 공부이고 양지는 본체였다. 양지의 본체는 곧 천리이고 그 유행에는 천연의 중(中)이 존재한다고 하면서 그는 다음과 같이 말했다. "양지(良知)가 정명(精明)한 곳에는 스스로 천연일정(天然一定)의 법칙이 있어 갈만하면 가고 멈출만하면 멈추게 되니, 진실로 연비어약(鳶飛魚躍, 솔개가 날고 물고기가 뛴다는 뜻으로 온갖 동물이 생을 즐김을 이르는 말)이며 천기(天機)는 활발하다. 애초에는 방해하는 장애가 없었고 또한 분간하여 고르는 것도 없었다. 근심할 것은 명예를 좋아하고 이익을 좋아하는 사적인 것으로, 한 번 그 정명(精明)이 막히면 겨와 쭉정이가 눈을 미혹하여 천지는 그것 때문에 위치가 바뀐다.(《답주순지(答周順之)》, 《동곽추선생문집(東廓鄒先生文集)》 권5》"

양지는 본래 정명하고 가림이 없어야 하기에 그 계구를 통해 양지를 가리고 있는 것들을 제거해야 한다고 했는데, 이는 추수익이 주장하는 계구의 학설이 곧 성을 회복하는 것이라는 점을 알게 해준다. "마음의 본체는 정명하고 영각하다. 해와 달이 내리 비추듯 넓고 강물이 흐르듯 깊다. 이를 가리고 저애하는 것들을 모두 제거하여 본체를 회복해야 한다. 옛사람들이 다급해하였던 것은 다름이 아니라 영지를 항상 정명하고 영각하게 하기 위함이다."(《간군량백광제우(簡君亮伯廣諸友)》, 《동곽추선생문집》 5권)

추수익은 계구와 《대학》의 '명명덕(明明德)'을 연계시켰다. 그는 양지는 곧 명덕이고 계구는 명명덕의 공부라고 생각했다. 그는 다음과 같이 말했다. "명덕(明德)의 명(明)은 사람마다 완전히 만족한 것으로, 어버이를 만나서 효도하고 임금을 만나서 충성하며 친구를 만나서 신뢰하니, 이미 간 명덕의 유행(流行)이 아님이 없다. 유행이 적합한 곳에 처하면 이를 선(善)이라 하고 유행이 막혀서 가려져 옹색한 곳에 처하면 이를 불선(不善)이라 한다. 학문의 도는 다른 것이 없고 그 불선(不善)을 떠나서 선으로 돌아가는 것일 뿐이다.(《간포복지(簡鮑復之)》, 《동곽추선생문집(東廓鄒先生文集)》 권5》"

추수익이 말하는 양지는 왕양명의 것과 두 가지 방면에서 비슷했다. 첫째는 본체의 선에 대한 자각이었다. 이는 곧 왕양명이 말한 "소성지각(所性之覺)"이었다. 둘째는 시비를 판단하는 주체의 판단공능 및 그 준칙이었는데, "소성지각"을 추구하는 것은 '명심(明心)'을 위함이라 했다. 명심의 공부는 가리는 것들을 제거하여 그 본체를 회복하기 위함으로서 본체에 손익을 조성하는 것은 아니라면서 그는 다음과 같이 말했다. "양지(良知)의 가르침은 곧 천명(天命)의 성(性)을 따라 그 정신이 영각(靈覺)함을 지칭하여 말한 것으로, 측은(惻隱)·수오(羞惡)·사양(辭讓)·시비(是非)는 가는 곳마다 양지의 운용(運用)이 아닌 것이 없다. 그러므로 경계하고 두려워하여 중화(中和)에 이르면 천지가 제자리에 서고 만물이 충분히 생육하며(位育), 사단(四端)을 확충하면 사해(四海)를 보전할 수 있다. 애초에는 부족(不足)하다는 근심이 없었고, 근심할만한 것은 밝힐 수 없었을 뿐이다. 묻기를 좋아하고 살피기를 좋아하여서 중(中)을 사용하고 시서(詩書)를 외워서 친구를 높이며 앞서 말하고 가서 행하여 덕을 쌓으니 모두가 밝음을 구하는 공부이다. 그 밝음에 미치어서는 단지 원초의 밝음뿐이며, 천하고금의 밝음을 합하여 그것을 늘린 것이 아니다.(《북하태복돈부(復夏太僕敦夫)》, 《동곽추선생문집(東廓鄒先生文集)》 권5)"

추수익의 천명지성은 사단지정에서 온 것이었다. 성은 정의 근거이고 정은 성의 운용이었다. 그의 계구는 치중화(致中和)하는 것으로서 부정적인 공부였다. 사단의 확충은 긍정적인 공부였다. 계구는 "그릇된 마음을 바로잡는 것"으로서 사단을 확충하는 것이고 사단을 확충하는 것은 "치양지"이며 "치양지"는 곧 격물이라 했다. 그리하여 추수익은 "학문을 많이 쌓고 격물하는 것은 곧 계구와 확충이다. 이는 유일한 공부이다.(《복하태복돈부(復夏太僕敦夫)》, 《동곽추선생문집》 5권)" 이는 왕양명의 "널리 학문을 닦아 예절을 잘 지키는 것"이고 "도문학은 곧 존덕성"이라는 의미였다.

추수익의 공부는 모두 낮고 쉬운 것인데, 이는 깊고 어려운 것을 깨닫기 위해서였다. 그리하여 그는 체와 용의 합일, 적과 감의 합일을 주장하면서 감을 떠나 적을 추구하는 것을 반대했다. 그는 다음과 같이 말했다. "적감(寂感, 고요함과 마음에 느낌이 있는 것)에는 두 시간대가 없고 체용(體用)에는 두 경계가 없으며, 명(名)과 자(字)를 칭하는 것과 같다. 그러나 명을 칭하나 자는 그 중에 있고 자를 칭하나 명은 그 중에 있다. 그러므로 중화(中和)는 두 가지 호칭이 있으나 신독(愼獨)에는 두 가지 공부가 없다.(《간여유계(簡餘柳溪)》, 《동곽추선생문집(東廓鄒先生文集)》 권5)"

모두 계구, 신독의 공부로서 감에 사용되는 것은 곧 적에 사용되는 것으로 적감의 체용은 동일했다. 추수익은 적을 본래의 면목으로 하고 감응, 운용을 적체의 효험으로 하면서 공부를 적에만 사용하고 감에 사용하지 않는 관점을 반대했다. 그는 이런 관점은 적감의 관계를 분리시킨 것으로서 감에만 의존하면 외부적인 것을 쫓게 되고 적에만 의존하면 안쪽의 것만 보게 된다고 주장했다. 이는 본성의 체용은 동일하다는 것에 어긋났다. 그리하여 그는 일상생활에서 항상 늘 경계하고 두려워하며 홀로 있을 때에도 사리에 어긋남이 없도록 행동해야 한다고 주장했다. 그는 이는 낮고 쉬운 것을 배워 깊고 어려운 것을 깨닫는 공부라고 했다. 그는 다음과 같이 말했다. "사람이 지켜야 할 도리[人倫]와 여러 가지 사물들(庶物)은 날마다 나와 더불어 서로 붙어 있어 일각의 떨어짐도 없다. 그러므로 용덕(庸德)의 행위와 용언(庸言)의 삼감은 조심하고 신중하여 대강 보아 넘길 수 없어 마치 실을 짜는 사람이 실오라기를 넣고 빼고 하면서 하나의 실오라기라도 끊을 수 없는 것과 같은 것이니, 이것이 바로 경륜대경(經綸大經, 실을 다스리는 일과 오품의 인륜)이다.(《용화회어(龍華會語), 《동곽추선생문집(東廓鄒先生文集) 권7)" "가슴 속에 한결같이 불안한 것 있으면 스스로 경계하고 스스로 두려워하며, 바로 때때로 아래를 배우고 때때로 위에 도달하며, 온 세상에 의거하여 모든 성인들을 기다리며, 덕(德)을 같이하고 명(明)을 같이 한다.(《청원증처(靑原贈處), 《동곽추선생문집(東廓鄒先生文集)》 권7)"

추수익은 적감의 체용은 일치해야 한다고 주장했다. 그는 동정을 초월한 절대적인 '정'을 반대했다. 그는 그 당시에 많은 학자들이 주돈이의 '주경'에 대해 잘못 이해하고 있다고 보았다. 그는 주경은 동정을 떠나거나 동정을 초월하는 것이 아니라 마음에 사욕이 없는 본래의 상태를 말한다고 지적했다. 본래상태의 자신은 정(靜)이지만 이는 주재이고 만사와 만물을 관할하는 중추이다. 이는 정하지만 정한 것이라 할 수 없고 동(動)과 정이 하나인 것이다. 그는 "무엇 하나 남기지 않는 것이 만물을 모두 비춰주는 것이다. 무엇 하나 남기지 않는 것은 상적(常寂)의 체이다. 만물을 모두 비추는 것은 상감(常感)의 용이다.(《추수익집》 733쪽)라고 했다. 사람 마음의 이러한 적감의 체용이 동일한 성질을 띠는 것은 하늘에서 온 것이며 하늘과 사람이 합일한 것으로서 천리는 인간사의 원칙이고 하늘을 사람이 모방하는 본보기라 했다. 하늘 자체는 소리도 냄새도 없으므로 이 방면에서 말할 때 이는 무극이나 소리도 냄새도 없는 하늘에는 강유(綱維)가 만화하고 한시도 운행을 멈춘 적이 없으니, 이 방면으로 보았을 때는 태극이라고 했다. 사람은 하늘을 모방하고 성인의 마음에는 잡념이 섞이지 않았으며 인의중정은 시시식각 유행하며 한시도 멈춘 적이 없기에 인륜일용(人倫日用)이 이루어 질 수 있다는 것이다. 그 무욕을 놓고 말할 때 이는 "보지 않고 듣지 않는 것"이고, 인의중정이 항상 유행하는 것으로 말할 때, 이는 "나타나지도 않고 보이지도 않는 것"이라고 하면서 추수익은 다음과 같이 말했다. "태극이 원래 무극이라는 것을 알면 천도의 미묘함을 알 수 있다. 인의중정의 주경을 알면 성학을 모두 알 수 있다.(《추수익전집》 733쪽)" 그는 "진성이 초탈해지려면" 반드시 무극과 태극에 대한 깨우침으로부터 시작해야 한다고 생각했다. "무극이면서도 태극이다"라는 것은 사시(四時)의 상행(常行)과 백물의 상생(常生)으로부터 태극을 보고, 위의삼천(威儀三千)과 예의삼백(禮儀三百)으로부터 진짜 성을 본 것이다. 그는 이러한 뜻은 왕양명이 주장하는 깊은 것을 배우려면 낮은 것부터 배워야 하고, 체용과 동정은 서로 통하고 동일하다는 정신과 일치한다면서, 항상 조심히 행동하여 양지를 정명하게 하고 마음에 원래부터 존재하던 이가 자연스럽게 유행하게 해야 한다고 했다.

추수익은 동정과 체용이 동일하다고 주장했다. 그는 계구는 사람의 감성적 욕망을 떠날 수 없다고 했다. 감성적 욕망을 떠나면 계구의 공부가 헛되게 된다고 했다. 그의 친구인 유사천(劉師泉)은 성색화리(聲色貨利)를 안개와 도깨비에 비유하였다. 추수익은 이에 반대되는 의견을 내놓았다. 그는 성색화리를 좋아하는 것은 사람의 본성이고 성색화리 자체는 악이 아니라고 했다. 마음이 확연하여 대공해질 수만 있다면 물체를 합리적으로 사용할 수 있는바 성색화리는 심체를 가리는 존재가 아니라 했다. 이것은 왕양명의 "칠정이 자연의 유행을 따르는 것은 양지의 작용이고 선악을 구별할 수 없지만 집착이 없다. 칠정에 집착이 생기면 욕망이 생기고 따라서 양지가 가려지게 된다"라는 주장과 "양지를 얻게 되면 정정명명해지고 양지를 가리는 게 전혀 없게 된다.(《전습록》 하)"라는 사상과 일치했다. 추수익은 계구는 마음을 확연대공하게 만들고 양지의 본체를 유지할 수 있기에 성색화리가 모두 각자 좋은 점을 얻게 될 수 있다고 생각했다.

그리하여 추수익은 송유 때의 천명의 성과 기질의 성을 구분하는 걸 반대했다. 그는 양자는 원래 하나이기 때문에 기질의 성에서 천명의 성을 볼 수 있고 기질의 성을 떠나서는 천명의 성을 구할 수 없다고 생각했다. 그는 다음과 같이 말했다. "천성(天性)과 기질(氣質)은 다시 두 건이 아니다. 사람은 이 몸 모두가 기질(氣質)의 간섭을 받는데, 눈은 볼 수 있고 귀는 들을 수 있고 입은 말할 수 있으며 수족(手足)은 지행(持行)할 수 있으니, 모두가 기질이다. 천성은 이곳을 좇아 유행(流行)하며 기질과 천성은 한 곳에서 흘러나오니, 어떻게 '성을 논함에 기를 논하지 않을 것'을 설득할 수 있겠는가! 기질을 제외하면 어느 곳에서 천지의 성을 구할 수 있겠는가?(《동곽어록(東廓語錄)》, 《명유학안(明儒學案)》 345쪽."

다시 말해 천명의 성은 기질의 성의 합리적인 부분이고, 천리를 얻으려면 먼저 계구의 공부를 해야 하고 시비를 판단하는 양지가 정명하고 가려지지 않게 해야 한다고 했다. 추수익은 "중화는 계구 밖에 존재하는 것이 아니라 희노애락과 대공(大公)순응에 있다"(《추수익문집》 731쪽)"고 했다.

상술한 내용으로부터 볼 때, 추수익은 양지의 본체, 계구신독의 공부, 마음 본체의 적감과 체용의 통일, 하학상달, 성정의 관계에 대한 논점은 모두 왕양명의 종지와 관통됨을 알 수 있다. 왕양명은 자신의 종지를 제자들의 근기와 이해능력에 맞춰 전수하였다. 그리하여 종지의 중점에 일정한 차이가 존재하는데, 특히 만년에 학문이 경지에 도달함에 따라 더욱 자기 맘대로 입설(立說)하였는데, 일부 내용은 그가 젊은 시절에 내놓았던 주장과 많이 달랐다. 그러나 총체적으로 종지는 일관적이었다. 따라서 왕양명의 일관된 종지를 배우고 착실하게 공부한 제자로 추수익을 꼽을 수 있다. 그리하여 유종주는 이런 말을 한 적이 있다. "동곽은 독지를 양지로, 계구신독을 "치양지"의 공부로 하였는데 이는 스승의 본지를 받든 것이라 할 수 있다. 다른 제자들이 스승의 가르침을 잊어버리고 제멋대로 학문을 해석할 때 유독 동곽만이 친히 스승의 뜻을 받들고 착실히 실천해나갔다. 그의 학문은 다른 사람들이 양지를 해석하는 기본적인 틀을 벗어났다.(《명유학안·사설》)" 사실 이는 유종중가 왕학의 잘못을 바로잡기 위해 한 말이었지만, 그러나 그는 추수익의 학문에 대해서 매우 긍정적으로 평가하였다.

2. 양명의 본지에서 벗어난 동문들에 대한 비판

추수익은 왕양명의 정확한 종지를 계승하는 것을 자신의 임무로 간주하면서 체용, 적감, 선천후천을 분리시키는 것을 반대하였다. 왕용계의 순전히 선천에 맡겨두어야 한다는 주장, 전덕홍의 후천적인 의념에 근거해야 한다는 주장, 섭표의 감각을 떠나 적(寂)을 구해야 한다는 주장을 반대했다. 그는 다음과 같이 말했다. "월중(越中)의 토론에서 진실로 너무 뛰어난 사람이 있었는데, 망언(忘言)과 절의(絕意)의 변(辯)은 옛날에도 역시 놀라게 했다.(《복섭쌍강문울(復<u>蟲</u>雙江文蔚)》, 《동곽추선생문집(東廓鄒先生文集)》 권 5)" "지난 몇 해 동안 일종의 매우 훌륭한 사람이 생각하지 않고 힘쓰지 않아도 자연히 법도에 맞음이 정미하고 심오하다고 입으로 말하니 도리어 계구(戒懼)를 구속할까 두려우며, 삼가(三家, 유가·불가·도가)의 촌리를 떠돌아다는 것과 같이 종묘(宗廟)의 아름다움과 백관(百官)의 많음을 앞다투어 그림을 그리고 자신들의 가에서 수용하되 조금도 간섭함이 없었다.(《충현록(충현록)》, 《추수익집(鄒守益集)》 743쪽)"

여기서 "너무 지나친 관점을 가진 사람"이 하나 뿐이 아니라는 걸 알 수 있다. 여기서 왕용계가 가장 대표적이었다. 추수익은 선천을 주장하는 파벌들은 본체만 중요시하고 공부를 홀시했다고 생각했다. 본체가 아무 폐단도 없이 유행하게 하려면 먼저 계구의 공부를 통해 마음의 본체를 정명하게 해야 했다. 계구의 공부가 없으면 성체의 유행에 물욕이 섞이게 된다면서, 불사불면(不思不勉), 종용중도(從容中道)는 최상의 공부라고 했다. 그러나 계구신독의 전제가 없다면 이는 개인의 의견일 뿐이 되고, 진정한 수용자는 경험 중의 형이하학의 사물이라면서, 형이하학의 것을 깨닫는 것은 형이상의 본체에 도달하기 위해서라고 했다. 형이하학의 공부를 말하지 않는다면 본체는 근거 없는 상상에 불과하게 되므로, 매일 근거 없는 상상만 하고 실제를 벗어난다면 이는 허송세월하는 것과 다름없다고 했다. 징분질욕(懲忿窒慾), 천선개과(遷善改過)는 모두 "치양지"의 작용이기에, 선천의 양지에 모든 것을 맡기고 막힘을 제거하는 공부를 하지 않는 것은 절대 왕양명의 본의가 아니었다.

추수익은 후천적인 의념에 대한 성찰과 극치에만 몰두하면 본체의 선을 망각하게 된다고 말했다. 그는 선천의 마음과 후천의 생각은 체와 용이 동일하다고 생각했다. 후천적인 개인생각을 제거하는 것은 선천의 본심을 인도하는 것이다. 개인적인 생각이 없어지면 본체가 자연히 유행되나, 만약 개인적인 생각을 제거하고 다른 본체의 선을 찾는다면 양지가 본래부터 갖고 있던 선신(善信)에 닿을 수 없고 불필요한 중복을 유발할 수 있다고 했다. 그는 다음과 같이 말했다. "과연 경계하고 신중하고 두려워할 수 있다면 항상 정성을 다하고 밝아서 물욕(物欲)에 막히거나 가려지지 않으므로 곧 이것을 선(善)이라 하니, 다시 어느 곳으로 옮긴단 말인가? 곧 이것은 허물이 아닌데 다시 어느 곳을 고친단 말인가? 하나라도 장애가 되고 가려지면 바로 제거하기를 우레같이 맹렬하고 바람같이 신속하게 한다면 다시 본체를 볼 수 있다. 그 하승(下乘)에 떨어진 사람은 단지 일 위에서 점검한 것이어서 일어날 때가 있고 소멸될 때가 있으니, 본체의 유행이 아닐 뿐이라고 한다.(《답서자필(答徐子弼)》,《동곽추선생문집(東廓鄒先生文集)》권5)"

　강우의 또 다른 학자인 황홍강(黃弘綱)도 이러한 공부 방법을 비판했다. 그는 "생각이 일고 없어지는 데에만 집중하면 영원히 본체에 닿을 수 없다"(《명유학안》450쪽)고 했다. 추수익은 의념의 생성과 소실에만 성찰하고 극치하는 걸 반대하고 왕양명이 주장하는 선천과 후천의 체용이 일치하다는 관점을 고수했다. 그는 왕양명의 "사구교"와 왕양계의 《천천정도기》(《왕양명선생문집》1권을 볼 것),《전습록》중의 전덕홍의 주장은 다르다고 제기했다. 그가 생각하는 사구교는 "지선무악(至善無惡)의 마음에는 선과 악이 모두 존재하므로 지선지악은 양지이고 선을 위해 악을 제거하는 것은 격물이다.(《청원증처(靑原贈處)》"였다.《동곽추선생문집》2권) "지선무악의 마음"은 심의 본체에 존재하는 도덕의 내용에 대해 말한 것이지 마음의 현실상태와 현실 활동에 대해 말한 것이 아니었다. 심체의 양지에 있어 마음은 곧 이이고 성인데 선하지 않을 때가 없고 유행하지 않을 때가 없다. 마음의 현실상태를 놓고 볼 때 마음에는 동정이 있고 마음이 정할 때에는 아무런 생각도 일지 않고 조용하다는 것이었다. 추수익이 주장하는 계구는 성체의 유행을 보장하기 위해 개인적인 생각이 양지를 가리지 않게 항상 경각심을 높여야 한다는 뜻이었다. 그는 그 당시의 학자들은 본체만 중시하고 계구를 본체의 유행을 저애하는 존재로 생각하는 잘못을 범하거나, 생각의 일어나고 지는 데만 집중하여 양지의 본체를 모르는 잘못을 범하였다고 생각했다. 그는 다음과 같이 말했다. "근래의 강학은 대부분 의흥(意興)이어서 계구실공에 대부분 힘쓰지 않고, 곧 자연본체에 방해가 된다고 여긴다. 그러므로 정신이 깊지 않고(浮泛) 전혀(온전히) 근본으로 돌아가고 명을 세우는 점이 없다. 간간이 계구를 즐겨 사용하여 공부하는 사람이 있기는 하지만, 단지 일을 하는 것을 점검하는 것이며, 염려를 관조하는 것이어서 일찍이 보지도 못하고 듣지도 못하는 상에서 경지에 이르지(入微) 못한다.(《답서자필(答徐子弼)》,《동곽추선생문집(東廓鄒先生文集)》권5)"

　이는 왕양명이 "용계는 모름지기 덕홍의 공부를 알아야 하며, 덕홍은 여중의 본뜻을 꿰뚫어야 한다. 두 사람의 견해는 다만 서로 해치는 것이 아니다"라고 한 충고의 뜻이었다. 그러나 추수익의 《청원증처》에서는 왕양명의 이 뜻을 "두 사람의 관점을 하나로 만들어야 한다"고 해석했는데, 그 뜻이 더욱 명확했다. 추수익은 왕양명의 이 관점으로 위의 두 가지 편향에 대한 반대의견을 피력했다.

추수익은 적과 감을 두 개로 분리하면서 감각하기 전에 절대적인 공적(空寂)의 상태가 존재한다는 관점을 반대하였다. 그는 "동정과 체용을 두 개로 나누어 보는 것은 심체를 파열시키는 것이다.(《충현록(衝玄錄)》,《추수익집》742쪽)"라고 했다. 이는 그와 동문인 섭표의 관점을 반대하기 위해 한 말이었다. 섭표는 심체는 본래부터 고요하고 물체를 느낀 뒤에야 동이 생기며 공부는 귀적에 있고, 움직이지 않고 가만히 있는 적체를 천변만화의 근본으로 해야 한다고 주장했다. 추수익은 적감에는 때가 없고 체용에는 경계가 없으며 계구에서는 적과 감을 나누지 않는다고 주장했다. 그는 다음과 같이 말했다. "수시렴청(收視斂聽)은 곧 경계와 두려움의 공과(功課)이다. 천덕(天德)과 왕도(王道)는 단지 한 맥(脈)이다. 이른바, '이목지리(耳目支離)의 작용을 버리고 허원불측(虛圓不測)의 신(神)을 온전히 한다'고 하니, 신(神)은 과연 어디에 있단 말인가? 보이지도 않고 들리지도 않고 형체도 없고 소리도 없으며, 한없이 밝고 신령스러우며 체물(體物)도 남아있지 않다. 고요함과 감응은 때가 없고 체용(體用)은 경계가 없으며, 사계절의 순서에 따라 항상 운행하며 만물이 항상 살아있는 곳으로 체(體)는 응당 천심(天心)이니, 스스로 무극(無極)의 진리를 얻는다.(《재답쌍강(再答雙江)》,《동곽추선생문집(東廓鄒先生文集)》권6)"

여기서 추수익은 보지 않고 듣지 않는 것은 소소영령(昭昭靈靈)이고, 사계절이 계속 변화하고 만물이 항상 생기가 있는 것은 곧 무극의 진리이다. 추수익은 정명하고 순진한 형이상의 본체와 시시비비한 형이하의 활동은 서로 통하고 적감은 모두 기로서 기가 없을 때가 존재하지 않는다고 말했다. 이것은 왕양명의 "사람의 마음은 한순간도 그칠 때가 없다", "체와 용은 근원이 하나다"라는 관점이었다.

추수익은 계본이 주장하는 "자연을 미워하되 경계를 늦추지 말아야 한다"라는 관점을 반대했다. 계본은 경계에 존재하는 변호의 의미를 용에 비유하였다. 추수익과 계본은 계구와 신독을 주장하지만 추수익이 주장하는 계구는 계구와 자연, 경외와 쇄락의 통일이었다. 추수익은 계구를 주장하기는 하나 계구에 집착하지 않았다. 그가 말하는 계구에는 주로 경계를 늦추지 않되 마음의 본체를 잃지 않으며 임심리박(臨深履薄)의 생각을 항상 마음에 새겨야 한다는 뜻이 들어있다. 그는 계본에게 보내는 편지에서 이런 말을 한 적이 있다. "경척변화(警惕變化), 자연변화는 그 뜻이 애초에는 같지 않음이 없는 것이었다. 경척을 하지 않으면 자연을 말하기에 부족하고 자연을 좋아하지 않으면 경척을 말하기에 부족하다. 경척하면서 자연을 좋아하지 않으면 천운을 잃고 막히게 되며, 자연은 좋아하면서 경척하지 못하면 천운을 잃고 휩쓸리게 된다. 휩쓸리는 것과 막히는 것은 모두 마땅한 것도 있고 없는 것도 있어 의(義)에 따른 변화를 더불어 말할 수 없다.(《재간계팽산(再簡季彭山)》,《동곽추선생문집(東廓鄒先生文集)》권5)"

추수익은 경계와 자연을 하나로 보았으며, 얽매이지 않고 방종하지 않는 관점도 왕양명에게서 온 것이었다. 추수익은 이러한 뜻을 천도와 연계시켜 천운에도 주재가 있고 이는 곧 계구이고, 변화무방한 것은 곧 자연이라고 주장했다. 천도는 계구와 자연의 통일이었다. 계본의 '용척'은 경계를 중히 여기고 자연을 미워하는데 이는 천운은 오목불이라는 뜻을 잃고 왕양명의 경외와 쇄락이 통일해야 한다는 교훈도 잃은 것이었다. 계본은 용을 비유에 사용하여 경계와 변화의 뜻을 강조하였으나 자연과 쇄락의 뜻을 홀시하였던 것이다. 그러나 그는 사람들에게 방탕에 빠져서는 안 된다고 가르쳤다.

추수익은 왕문의 많은 학자들에 대해서도 비판을 서슴지 않았는데, 그 목적은 왕양명 학설의 진실과 전체를 지키기 위함이었다. 왕양명에 제자인 왕기, 전덕홍, 섭표, 계본 등은 모두 양명학의 한 방면의 내용을 전면적으로 발휘하고는 저마다 자신의 학설을 양명학의 주요한 종지와 정수라고 주장했다. 그러나 학문의 깊이와 성정이 다름에 따라 모두 왕양명의 학문을 제대로 이해하지 못했고 모두 왕양명의 학문에서 벗어난 부분이 존재했다. 추수익의 주요한 학문인 '계구'도 왕양명학문의 한 개 부분을 계승하였다. 그러나 그는 왕양명의 체와 용은 근원이 같고, 척과 감은 동일하며, 공부는 본체를 떠날 수 없고, 경외는 쇄락을 방애하지 않으며, 하학을 통해 상학에 도달할 수 있다는 뜻을 정확히 이해하였기에 그의 학문에는 왕양명학문의 모든 정수가 다 포함되어 있었다. 그는 계구에 왕양명의 "치양지"를 융합시켰다. 그는 다음과 같이 말했다. "대저 양지(良知)는 하나이나 체(體)를 가리켜 말하는 것이 있으니 지극히 고요하여 움직임이 없는 것[寂然不動]이 이것이요, 용(用)을 가리켜 말하는 것이 있으니 문득 느껴서 마침내 천하의 연고와 통하는 것이 이것이다. 그 지극히 고요한 것을 가리켜 이를 미발지중(未發之中)이라 하고 소존자신(所存者神)이라 하며 확연대공(廓然大公)이라 하는 것이요 그 문득 느끼어 통하는 곳을 가리켜 이발지화(已發之和)하고 하고 소과자화(所過者化)라 하며 물래순응(物來順應)이라는 것이니 체용은 이물(二物)이 아니다. 학자들이 과연 계신공구(戒愼恐懼)하여 실제로 그 힘을 사용하여 스스로 사사롭고 지혜를 운용하는 장애로 인해 해로움을 당하지 않게 한다면 항상 고요하고 느끼며 항상 신령하고 변화하며 항상 대공하고 순응하게 된다. 마치 명경(明鏡)이 밝게 빛남에 만물이 반드시 비추어지는 것과 같다. 아직 순응하지 않은 것은 먼저가 아니고 이미 순응한 것은 나중이 아니다. 주정(主靜)과 과욕(寡欲)을 "치양지"(致良知)의 다른 이름이라고 전제하면서 "치양지"를 말하면 굳이 주정을 말할 필요가 없고 주정을 말하면 과욕을 말할 필요가 없으며, 과욕을 말하면 계신공구를 말할 필요가 없다고 한다. 대개 그 이름("치양지", 주정, 과욕, 계신공구)은 비록 다르지만 그 혈맥(血脈)에 있어서는 동일하여 서로 빌리지 않고 서로 보조하지 않으니, 공부가 충분히 갖추어진다. 이는 선사(先師)가 말한 '무릇 옛 사람들은 학문을 논하는 곳에 나아가 공부를 말할 때, 다시 조금이라도 화해하는 것과 치는 것을 겸할 필요가 없었으니, 자연히 일치하고 관통하지 않는 것이 없었다'는 것이다.(《치황복재사군(致黃復齋使君)》,《동곽추선생문집(東廓鄒先生文集)》권5)"

추수익은 왕양명의 중심 종지는 "치양지"이고 양지는 본체이며 "치양지"는 공부라고 생각했다. 양지의 본체에는 적감과 체용 두 가지 방면이 존재했다. 그 체는 적이고 미발지중이며 확연대공이었다. 그 용은 중절지화(中節之和)이고 '물래순응'이었다. 그 체용은 본래부터 그러했다. 사람의 사적인 생각은 그 체를 가리고 용을 방해할 수 있는데, 수양공부는 이러한 방해를 제거하고 본래의 체용을 회복하는 것이었다. 수양공부의 모든 내용은 "항상 행동과 몸가짐에 조심해야 한다"는 것이니, 계구는 심리상태일 뿐만 아니라 공부 자체이기도 했던 것이다. 이 공부는 주돈이의 주경, 정주의 과욕이며 왕양명의 "치양지"였다. 그 명칭은 저마다 다르지만 공부는 같았다. 추수익은 자신의 "계구"에는 왕양명의 "치양지"의 모든 사상이 포함되었을 뿐만 아니라,《대학》,《중용》의 전부 사상도 포함되었다고 생각했다. 그 의미가 이미 충분하기에 다른 종지로 보충할 필요는 없었다.

사실 심학의 대가인 왕양명사상은 종합에 조금 편향되는 경향이 있기는 하다. 그가 제기한 많은 중요한 개념들은 서로 해석할 수가 있는데, 예를 들면 격물은 곧 "치양지"이고, "치양지"는 곧 신독이며, 신독은 곧 경(敬)이라는 것과 같은 것들이었다. 그는 사상이 강조하는 측면에 따라 다른 명칭을 사용했다. 왕양명의 중요한 개념은 모두 체와 용이 통일되는 것으로 하나를 말하면 다른 것이 이미 그 안에 포함되어 있었다. 왕양명의 강학어록도 대부분이 조리가 없고 분리되며 예정된 격식을 고집하는 등 폐단에 대한 반대의견이었다. 정확한 해석을 해야 잘 관통된다. 예를 들면 왕양명은 "치양지"로 《대학》, 《중용》의 모든 중요한 범주를 관통하였다. 추수익은 계구로 왕양명의 "치양지"를 대체하였는데 여기에는 잘못을 바로 잡으려는 뜻이 내포되었다. 그의 학문은 왕양명처럼 개척적이고 광활하지는 못했지만 왕양명이 일생 동안 주장하던 정신에서 벗어나지는 않았다. 그리하여 강우학파의 다른 한 학자인 나홍선은 그를 "스승의 가르침을 굳게 믿고 스승의 가르침을 제대로 해석할 수 있는 사람"이라고 평가했다. 황종희는 "양명이 죽어도 그의 학문은 계속 전해질 수 있었다. 그러니 당연히 선생을 종자(宗子)라 할 수 있다.(《명유학안 · 강우왕문학안일(江右王門學案一)》)"라고 말했다. 사람들은 모두 추수익을 왕학의 직계전수자로 생각했다. 추수익도 스승의 종지를 받들고 동문들의 잘못을 바로 잡는 것을 자신의 임무로 간주하면서 양명학을 수호하였던 것이다.

3. 추수익의 가학(家學)

추수익의 학문은 그의 아들인 추선(鄒善)에게 전해졌다. 추선은 아버지의 가르침을 받들고 계구, 주경 그리고 몸가짐을 삼가며 정에 도달하는 것을 종지로 하였다. 그는 다음과 같이 말했다. "선유(先儒)들이 '배움은 고요함에서 이룬다'고 말하는데, 이는 사람이 분요(紛擾)로 치달리는 것으로 인하여 그 수렴의 뜻을 바라는 것이다. 만약 그 극을 궁구한다면 이른바 부도불문(不睹不聞) 주정지정(主靜之靜)이니 곧 내 마음의 참이고 본래 움직임에 대해서 말한 것이 아니다. 곧 주자(周子, 주돈이)가 말한 하나(一)는 정자(程子, 정이)가 말한 정(定)이다. 이때에 고요함과 움직임은 있으나 마음에는 고요함과 움직임이 없으니, 참 고요함(眞靜)이다. 화정(和靖)이 말하였다. 경(敬)에는 무슨 형(形)과 영(影)이 있으며, 단지 몸과 마음만을 거두어들이면 곧 주일(主一)이다. 예컨대 사람들이 신을 모신 사당에 가서 공경을 다할 때에 그 마음을 거두어들이고 다시 털끝만한 잡념도 들러붙지 않게 한다면 주일이 아니고 무엇이겠는가? 이는 모두 염락(濂洛, 염계 주돈이와 낙양의 정이 · 정호 형제)의 일맥(一脈)을 모두 얻은 것이다.(《명유학안(明儒學案)》 346쪽)"

이는 모두 선유의 학설에 대한 해석으로서 큰 발전은 없다.

추선의 장자인 추덕함(鄒德涵)은 태주학파의 경정향의 가르침을 받았고 또 초횡(焦竑)과 왕래하면서 학문을 논하였다. 그는 태주학파의 영향을 많이 받았고 조부와 부친과는 많이 다르다. 추덕함은 경업(兢業), 경근(敬謹), 계구와 신독을 믿지 않았다. 그는 고요함속에서 이치를 깨닫는데 대해 많이 언급하였다. 그는 다음과 같이 말했다. "네가 단지 정좌(靜坐)할 뿐, 일제히 내려놓는 것을 염두에 두면 푸른 하늘과 똑같이 절대로 한 점의 운무가(雲霧) 방해를 할 수 없어 바야흐로 이해하고 깨닫는 점이 있을 것이다. 반드시 공(空)을 두려워하지 않으면 과연 공을 얻을 수 있어 자연히 이해하고 깨닫는 점이 있게 된다.(《명유학안(明儒學案)》352쪽)"

그러나 그가 깨달은 것은 절대적인 공적이 아니었다. 그의 공은 실(實)에서 나온 조건이다. 그는 불교에서 말하는 공은 자의적인 유의적인 것이고 무릇 사물은 공에 방애가 될 수 있기에 항상 공허의 상태에 처해있어야 한다고 주장한다. 그러나 유교에서 말하는 공은 유실한 것이었기에, 그는 다음과 같이 말했다. "우리 유가의 공(空)은 태허(太虛)와 같고 일월풍뢰(日月風雷)와 산천민물(山川民物)은 무릇 형색상모(形色象貌)이고 모두 태허 속에서 발용(發用)되어 유행하는 것으로 끊임없이 변화하고 주재함이 항상 정해져 있으니, 모두가 그것을 막아서 얻지 못하는 것이다. 곧 무(無)와 유(有), 곧 허(虛)와 실(實)이다.(《명유학안(明儒學案)》352쪽)"

그가 말하는 허실의 상즉(相卽)은 바로 왕간의 "무사이무불통(無思而無不通)"이었다. 허는 곧 무사(無思)이고 실은 곧 부불통(無不通)이었다. 그는 왕간이 동자에게 차를 가져오라고 시킨 일을 예로 자신의 허실상즉의 이론을 설명하였다. 왕간이 동자를 부르자 동자가 이에 대답하였다. 그는 동자에게 차를 가져오라고 시켰다. 동자가 차를 가져오니 전처럼 아무 일도 없게 되었다. 동자에게는 누구의 비위를 맞추려는 마음이 없고 그저 자연스럽게 일을 하였을 뿐이었다. 이는 곧 "무사이무불통"이었다. 여기서 추덕함의 학문에 확실히 태주의 가풍이 존재한다는 걸 알 수 있다. 그리하여 황종희는 추선부자에게 "영천(추선의 자)은 문장(추수익)의 학문을 고스란히 이어받았다. 그러나 선생(추덕함)에게는 그만의 깨우침이 있었는데 그는 가학을 또 한층 발전시켰다고 할 수 있다.(《명유학안·강우왕문학안일》)"라는 평가를 내렸다.

추선의 막내 아들인 추덕영(鄒德泳)은 가학을 계승하여 조부와 부친의 종지를 고수하였다. 그는 많은 저작을 남기지 않았기에 그의 학문을 전면적으로 이해할 수는 없지만 그래도 그의 학술경향을 알아볼 수는 있다. 추덕영은 추수익이 주장하는 계구의 종지를 계승하였다. 그는 다음과 같이 말했다. "천지의 귀신은 일에 부딪치면 경계하고 두려워하지만 그러나 화복(禍福)과 이해(利害)상에 발을 들려 놓을까 두려워하여 끝내 소원함과 천박함을 겪게 된다. 옛 사람들도 역시 접근하기도 하고 지키기도 하지만 연못과 같고 어름과 같아서 일에 문제가 있고 없음을 논의하지 않고 한결같이 본래의 책임지고 결정하는 것을 두려워한다. 학문의 득의(得意)는 도리어 수렴(收斂)과 보취(保聚) 안에 있다. 비록 빈궁에 이를지라도 지조(志操)에 더욱 힘쓰면 이에 빛을 볼 것이다.(《명유학안(明儒學案)》357쪽)"

추덕영은 추수익의 체와 용은 근원이 같고, 격물은 치지에 있다는 독실지학(篤實之學)도 계승하였다. 그는 "격물"을 해석 할 때《대학》과《맹자》,《주역》을 한데 융합시켰다. 그는 다음과 같이 말했다. "나는 성인의 학문을 하면서 치지(致知)에 최선을 다했다. 그러나 우리는 형체가 생기고 신령함이 발현한 후에야 바야흐로 이런 것이 있다는 것을 알았으니, 역시 사물에 속할 뿐이다. 그러므로 반드시 사물에 이른 다음에야 알게 되고 변화하게 된다. 그러므로《대학(大學)》본문에 치지 이외의 다른 하나의 격물공부가 있는 것은 아니다.《역(易)》에서는 '건(乾)은 태초의 시작을 주관하고' 곧 이어서 '곤(坤)은 만물의 완성을 이룬다'고 말하였는데, 물(物)이 없으면 지(知)도 속할 곳이 없고 지가 없으면 물은 남길만한 업적이 없게 된다. 맹자(孟子)가 말한 '지나가는 곳은 교화되고'는 격물(格物)을 이름이요 '머물러 있는 곳은 신령스럽다'고 한 것은 지지(知至)를 말함이다.(《명유학안(明儒學案)》357쪽)"

여기서 말하는 지는 정주의 해석을 계속해서 사용한 것으로서 마음의 영명을 가리키므로, 지체는 형이하학의 물체인 것이다. 따라서 치지는 반드시 격물에 있는 것인데, 예를 들면《역》에서 "건지대시(乾知大始)"는 반드시 "곤작성물(坤作成物)"에 근거해야 "과화존신(過化存神)"에 도달할 수 있다고 한 것이 그것이다. 사실 추덕영의 이 해석은 왕양명의 "치지는 격물에 있다", "견문과 수작(酬酌)을 제거하면 치지할 양지가 없게 된다"라는 뜻이었다. 그는 "치지는 격물에 있다"를《주역》,《맹자》와 연계시켰다. 형식상으로 보았을 때 격물과 치지는 서로 떨어질 수 없고, 결과상으로 보았을 때에 물격지지(物格知至)는 곧 "과화존신"으로서 목적과 수단은 서로 떨어질 수 없는 것이었다. 공부가 닿는 곳이 곧 본체이므로 황종희는 "그는 특히 격물에 대해 깊은 이해가 있다.(《명유학안》336쪽)"고 평했던 것이다.

구양덕(歐陽德)의 동정(動靜)과
체용합일설(體用合一說)

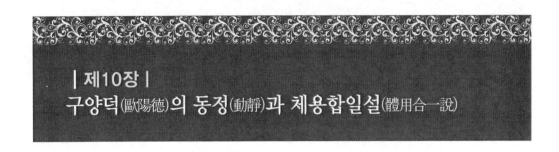

구양덕의 "치양지"에는 여러 가지 내용이 포함되었다. 그중에서 양지는 견문과 연계되는데 양지의 동정, 체용은 왕양명이 반복적으로 강조하였던 것으로서 그의 사상에서 아주 중요한 위치를 차지하고 있다.

구양덕(1496-1554)은 강서(江西) 태화(泰和) 사람이고 자는 숭일(崇一), 호는 남야(南野)이다. 왕양명이 진호의 난을 평정하고 감주(贛州)에 있을 때 구양덕은 그를 찾아가 제자로 받아달라고 청원했다. 동문 가운데서 그의 나이가 가장 어렸다. 가경 2년에 진사가 되었고 육안지주(六安知州)에 올랐다가 남경국자사업(南京國子司業)을 하였다. 관직은 예부상서 겸 한림학사까지 했다. 그가 죽은 뒤 태자소보(太子少保)에 추증되었고 시호는 문장(文莊)이었다. 《구양남야선생문집(歐陽南野先生文集)》 39권을 남겼다.

1. 양지(良知)와 지각(知覺)의 관계

왕양명의 양지지설은 주희의 수양방법에 의심을 품으면서 제기된 것이었다. 왕양명은 주희의 격물치지와 성의정심 사이에 파열이 존재한다고 생각했다. "함양은 경으로 해야 한다"와 "진학은 치지에 있다"는 서로 평형이 되는 내용으로서 양자는 시시각각 한데 모이는 것은 아니었다. 양지의 학설은 도덕을 통치지위에 놓고 지식의 보익(輔翼)과 협력하여 양자를 하나로 병진시키는 것이었다. 그리하여 왕양명에게 있어 도덕과 지식은 구분이 명확하면서도 혼연일체를 이루는 존재였다.

구양덕은 왕양명의 이러한 관점을 계승하였다. 그는 양지와 견문지각의 구별을 말하면서도 양지가 견문지각을 떠날 수 없다고 강조하였다. 그는 양지는 비록 지각과 함께 지라고 불리지만 이 둘은 근본적으로 구별된다고 주장했다. "지각(知覺)과 양지(良知)가 이름은 한가지이나 실상은 다르다. 무릇 보고 듣고 말하고 행동하는 것을 알아서 모두 지각이지만 반드시 그 모두가 선한 것은 아니다. 양지는 측은(惻隱)·수오(羞惡)·공경(恭敬)·시비(是非)를 알므로 이른바 본연의 선이다.(《답라정암선생기(答羅整庵先生寄)》〈곤지기(困知記)〉, 《구양남야선생문집(歐陽南野先生文集)》권1)"

이는 곧 지각은 시청언동과 같은 일반 심리활동을 일으키는 존재이고 그 자체는 선악이 없고 양지는 그 내용에 대해 선악의 평가를 내렸다. 양지는 맹자가 말한 '사단'과 같은 도덕의식, 도덕정감을 일으키고 느끼는 존재였다. 그 자체는 본연의 선이다. 본연의 선이란 천부적이고 자명하다는 뜻이었다. 양지와 지각은 비록 각자의 직책이 다르지만 양지는 지각의 직책 활동을 떠난 다른 표현이 있을 수 없다. 양지는 일반 지식활동을 통해 표현되는데, 그는 다음과 같이 말했다. "본연의 선이란 지(知)를 본체로 하는데 지를 떠나서는 따로 본체가 있을 수 없다. 대개 천성(天性)의 진실함은 명각(明覺)이 스스로 그런 것으로 감응에 따라 통하면서 저절로 조리가 있는 것이다. 양지란 천리(天理)의 영명(靈明)이지, 지각(知覺)이라고 말할 수는 없다.(《답라정암선생기(答羅整庵先生寄)》〈곤지기(困知記)〉, 《구양남야선생문집(歐陽南野先生文集)》권1)"

여기서 '체'는 곧 운반체(載體)이다. 양지에는 반드시 운반체가 있어야 하는데 이게 바로 일반 지식활동이다. 다시 말해 일반 지식활동에는 도덕정감, 도덕평가 등 방면의 내용이 포함되는데 이는 양지의 내용인 것이다. 이를 떠난 다른 양지의 활동은 존재하지 않는다. 한 사람이 어떠한 도덕속성을 소유한 사물의 자극을 받았을 때 양지는 선을 좋아하고 악을 미워하는 본능에 근거해 이 사물에 대한 처리의향을 일반 심리활동에 전해주어 일반 심리활동을 통해 표현되게 한다. 양지는 사람의 통일된 활동의 "천리의 명령"이었다. 이는 순수한 지식활동과 다르기 때문에 "지각을 언급하기에 모자라다"라고 했다. 여기에 근거하여 구양덕은 양지와 지식견문은 떨어질 수도 섞일 수도 없는 관계라고 하였다. 그는 다음과 같이 말했다. "견문(見聞)과 지식(知識) 가운데 진망(眞妄)이 뒤섞여 어수선한 것은 잘못 인식하여 양지로 여긴 까닭이며, 그 미진한 바가 있는 것을 의심하여 내 마음이 배우지 않아도 능하고 생각하지 않아도 아는 본체를 알지 못하니, 견문과 지식을 섞을 수 있는 것이 아니다. 그러나 견문과 지식은 신묘하게 작용하지 않음이 없고 진망을 가지고 있다고 말할 수 있는 것이 아니며, 진망(眞妄)·시비(是非)·경중(輕重)·후박(厚薄)은 자연의 지(知)를 갖고 있지 않은 것이 없다.(《답진반계삼(答陳盤溪三)》,《구양남야선생문집(歐陽南野先生文集)》권1)"

양지는 견문을 떠날 수 없고 견문에 섞여들지 않는다. 도덕이성은 지식이성과 다르지만 반드시 지식이성의 활동을 통해 표현된다. 동시에 구양덕은 양지와 견문을 체용의 관계로 보았다. 양지는 체이고 체용은 용이며 체와 용은 떨어질 수도 섞일 수도 없는 관계이다. 그리하여 양지와 견문도 떨어질 수도 섞일 수도 없는 관계이다.

양지와 견문의 관계에 대한 구양덕의 견해는 왕양명한테서 온 것이었다. 가경 5년에 왕양명은 월나라에 있었는데 구양덕은 그에게 서신을 보내 양지와 견문의 관계에 대해 문의하였다. 왕양명은 상세한 답변이 적힌 회신을 보내왔다. 이 회신에는 "치양지"의 종지에 대한 정확한 이해와 깊은 관계가 있기 때문에 왕양명의 제자인 남대길(南大吉)은 이를 《전습록》에 기록하였다. 편지 속에서 이렇게 말했다. "양지는 보고 듣는 것으로 말미암아 얻어지는 것이 아니지만 보고 듣는 것이 양지의 작용이 아닌 것이 없기 때문에 그러므로 양지는 보고 듣는 것에 얽매이지도 않고 보고 듣는 것을 벗어나지도 않는 것입니다. …… 이 핵심을 염두에 두면서 오로지 "치양지"만을 일로 삼는다면 무릇 많이 듣고 많이 보는 것은 "치양지"의 공부가 아닌 것이 없게 됩니다. 대개 일상 속에서 보고 들으며 응대하는 것이 비록 천 갈래 만 갈래 얽혀 있지만 그것은 모두 양지의 작용과 활동이 아닌 것이 없으며, 보고 들으며 응대하는 것 외에는 양지가 이를 수 있는 곳이 없기 때문에 그것은 단지 한 가지 일일 뿐입니다.《전습록(傳習錄)》중)"

여기서 양지는 경험하기 이전에 선천적으로 가지고 있는 도덕이성이다. 견문은 후천적인 경험을 말한다. 양지는 천부적인 것이기에 후천적인 경험에 의해 생기지 않지만 후천적인 경험을 떠날 수도 없다. 양지와 견문도 떨어질 수도 섞일 수도 없는 관계이다. 구양덕은 왕양명의 이 관점을 계승하였다 그는 양지와 견문의 이러한 관계를 반복적으로 강조하였을 뿐만 아니라 왕양명의 격물이 곧 양지이고 양지는 반드시 사실에 대해 치(致)하여야 한다는 관점도 강조하였다. 그는 다음과 같이 말했다. "격물(格物) 두 글자는 선사들이 치지(致知)의 실체로 여겼습니다. 대개 성(性)은 본체가 없어 지(知)를 본체로 여겼습니다. 지는 실체가 없으니, 사물이 곧 그 실체입니다. 사물에서 떠나면 이를 수 있는 지(知)는 없고 역시 여기에 이르는 공부를 사용하는 바도 없었습니다. …… 대저 이해하였을 때 도기(道器)·은현(隱顯)·유무(有無)·본말(本末)이 일치하였지만 이해하지 못했을 때는 막혀서 허(虛)에 빠지니 모두가 근심이 될만 합니다.(《답진명수이(答陳明水二)》,《구양남야선생문집(歐陽南野先生文集)》권3)"

그가 강조한 것은 성, 양지 등 형이상의 것들이 반드시 형이하의 사물에 도달해야 한다는 것이었다. 이러한 이치를 깨우쳐야만 물에 얽매이고 허에 빠지는 잘못을 범하지 않을 수 있다고 했다.

양지와 견문에 관한 구양덕의 관점은 왕양명에게서 온 것이지만 치중하는 점이 그와 같지는 않았다. 왕양명의 사상방법은 주로 종합적인 것으로, 그 원인은 다음과 같았다. 첫째, 그는 주희가 "정밀하게 분석하고 상세하게 변론하는" 오랜 습관을 반대하기 위하여 특별히 종합을 강조하였다. 둘째, 제자에 대한 그의 해석은 사람에 따라 달랐는데 각자 자기만의 이해를 고집하는 걸 방지하기 위하여 그는 종합을 강조하면서 그들에게 여러 가지 관점을 종합해야 한다고 가르쳤다. 양지와 경험의 관계에 대해 왕양명과 구양덕은 모두 이 둘은 떨어질 수도 섞일 수도 없는 관계라는 점을 말했다. 그러나 이 기초상에서 왕양명은 떨어질 수 없다는 걸 강조하고 구양덕은 섞일 수 없다는 걸 강조했다. 왕양명이 강조하려는 점은 구체사물은 양지의 장소이고 양지가 발용(發用)되고 유행되려면 반드시 구체사물에 의존해야 한다는 점이었다. 구양덕이 강조하려는 점은 도덕이성과 지식이성은 두 가지 다른 형식으로서 저마다의 직책이 있다는 점이었다. 그들은 동일한 경험과 사물을 통해 표현되지만 이 둘을 혼동해서는 절대 안 된다고 했다. 구양덕도 양지와 견문은 체용의 관계라고 말하지만 그는 주로 형식을 강조했다. 왕양명은 말하는 양지와 견문의 관계에서 주로 내용을 강조했다. 왕양명에게 있어 양지는 체이고 견문은 용이었다. 후자는 전자의 발용과 유행이고 "치양지"는 양지 본체의 선을 모든 견문에 보급시켜 모든 것이 그 이에 맞게 하는 것이었다. 일반적인 지각활동은 양지가 탑승한 운반체에서 양지 본체의 표현과 작용으로 변했다. 이는 왕양명이 도덕본체를 끌어올린 필연적인 결과였다. 구양덕은 왕양명의 제자들이 양지를 강조하고 지식이성의 보익작용을 소홀히 할까 걱정되어 양지와 견문은 서로 떨어질 수도 섞일 수도 없는 관계라는 걸 강조하는 동시에 양자의 차이점도 강조하였는데 이 점을 소홀히 해서는 안 된다.

2. 동정합일(動靜合一)

　　양지의 동정에 대해 구양덕은 동정합일을 주장했다. 동에서 정을 구하며 동하기 전에 정이 존재한다는 것과 이발 전에 미발이 존재한다는 걸 부인했다. 양지의 동정, 중화는 왕양명이 가장 많이 토론한 문제로서 왕문의 제자들은 이에 대해 각자의 의견을 갖고 있었다. 구양덕은 동정은 양지가 발생하기 전의 상태로서 양지의 본체에는 원래 동정이 없고 동정의 범위로 양지의 본체를 묘사할 수 없다고 주장했다. 주오하와 동정은 상관되는데 중은 곧 정일 때 순환하는 양지이고 화는 동일 때 순환하는 양지이나 중화 자체는 동정하지 않는다고 했다. 그는 다음과 같이 말했다. "고요하면서 그 양지를 따르는 것을 치중(致中)이라 하는데 중(中)은 고요하지 않습니다. 움직이면서 그 양지를 따르는 것을 치화(致和)라 하는데 화(和)는 움직이는 것이 아닙니다. 대개 양지의 묘용(妙用)에는 상도가 있지만 본체는 쉬지 않습니다. 쉬지 않는 까닭으로 늘 움직이며 상도가 있는 까닭으로 늘 고요합니다. 늘 움직이고 늘 고요하기 때문에 그러므로 움직이나 움직임이 없고 고요하나 고요함이 없습니다.(《답진반계(答陳盤溪)》,《구양남야선생문집(歐陽南野先生文集)》권1)"

　양지가 사물에 반응할 때에는 동정이 있는데, 정일 때 순환하는 양지가 곧 중이나 중은 정이 아니며, 동일 때 순환하는 양지가 곧 화이나 화는 동이 아니라 했다. 중화는 가치를 나타내는 개념이고 동정은 시간과 위치를 나타내는 개념이었다. 양지는 시시각각 감응할 수 있고 항상 동하나 양지가 사물에 반응하는 데에는 일정한 규칙이 존재한다고 했다. 이 규칙은 변화하지 않는데 이는 곧 양지의 정으로서 양지는 시시각각 동하고, 시시각각 정한다고 했다. 수양공부는 양지에 대한 사욕의 방애를 제거하여 양지의 동정이 정명하게 해주는데 다시 말해 동하되 동이 없고 정하되 정이 없는 상태라는 것이다.

　이와 대응되게 사람의 마음도 동정의 합일을 이룬다고 했는데, 구양덕은 마음의 동정을 다음과 같이 묘사하였다. "인심과 생의가 유행하고 변화는 일정한 방향이 없으니, 이른바 의(意)이다. 여기에서 홀연히 분분한 것은 의가 움직임이며, 여기에서 홀연히 마음을 오로지 한 곳에만 쓰는 것(專一)이니, 의가 고요함이다. 고요함에는 의가 없는 것이 아니고 움직임은 처음부터 있은 것이 아니다. 대개 분분하고 전일하여 서로 드러나나 서로 다르니, 이른바 역(易)이다. 적연(寂然)함이란 그 본체가 하고자 하는 대로 움직이지 않는 것을 말하며, 감통(感通)이란 그 작용이 사사로움에 방애가 되지 않는 것을 말한다. 체용(體用)은 근원이 하나이며, 드러남과 은미함이 틈이 없다. 때로 고요하여 느끼지 못하면 아직 느끼지 못한 상태여서 따로 미발(未發)의 때가 있는 것이다. 대개 비록 모든 생각이 다 없어진다 해도 조심하고 삼가는 속에 존재하니, 곧 구의(懼意)이고 곧 발현한 것이며, 비록 근심걱정 되는 일이 일어나지 않는다 해도 온화하고 고요함을 마음대로 하니, 곧 낙의(樂意)며, 곧 발현한 것이다. 희노애락(喜怒哀樂)이 아직 발현하지 않은 것을 중(中)이라 하는데, 대개 희노애락의 발현됨은 아직 발현되지 않은 것이 있음을 가리킨다. 성인의 정(情)은 만사를 따르지만 정이 없으니, 항상 의(意)는 있으나 항상 의(意)가 없는 것이다. 항상 의가 있다는 것은 변화에 방향이 없고 유행에 멈춤이 없으니, 그러므로 처음도 없다. 항상 의가 없다는 것은 유행하고 변화하여 머무르거나 거듭 막힌 적이 없으니 그러므로 장소가 없다.(《답왕우재이(答王塈齋二)》, 《구양남야선생문집(歐陽南野先生文集)》권4)" 사람의 마음은 항상 생기가 있기에 마음의 활동에도 끊임이 없다. 마음의 발은 의이고 의에는 은현(隱顯)이 존재한다. 현저하게 나타나는 의는 분분히 생겨나 한데 모일 때가 있다. 은폐되고 숨겨진 의는 정지될 때가 없다. 마음의 적과 감도 이러하다. 그리하여 "정에는 의가 있고 동에는 시작이 없다"라고 했던 것이다. 마음의 적과 감도 그러한데, 비록 염려가 없어져도 정서는 계속 남아 있다고 했다. 예로서 부지런함은 구의 의이고, 평온한 행복함은 낙의 의이며, 이 의는 적감을 말한 것이 아니라 시시각각 존재한다는 것이다. 성인은 천칙을 배웠기에 때론 의가 있고, 때론 의가 없다. 있을 때에는 만물의 유행을 따르고, 없을 때에는 방소에 구애되지 않는다. 성인도 동과 정의 합일을 이루었다. 동정의 합일은 천지인(天地人)의 도의 총법칙이다. 그리하여 반드시 동에서 정을 구하고, 이발에서 미발을 구해야 한다. 적연감통(寂然感通)은 시간과 장소에 대해서 말한 것이 아니라 가치를 놓고 말한 것이다. 이는 사람의 마음에 사용이 없을 때의 다른 감응방식이었다.

구양덕이 주장하는 동정의 합일과 적감의 동일도 왕양명에게서 온 것이었다. 왕양명은 양지의 동정, 중화(中和) 문제에서 양지 자체는 동정을 초월한다고 주장했다. 그는 다음과 같이 말했다. " '미발지중'이란 바로 양지로서 앞뒤와 안팎이 없이 혼연일체로 이루어져 있는 것이다. 일이 있는 것과 일이 없는 것도 움직임과 고요함이라 말할 수 있지만, 양지는 일이 있는 것과 없는 것으로 구분되지 않는다. 고요하게 움직이지 않는 것과 감응하여 통하는 것도 움직임과 고요함이라 말할 수 있지만, 양지는 고요하게 움직이지 않는 것과 감응하여 통하는 것으로 구분되지 않는다. 고요함과 움직임이란 그러한 경우를 만났을 때를 말하는 것이지, 마음의 본체가 움직임과 고요함으로 구분되는 것은 아니다. 이(理)는 움직임이 없는 것이고 움직이면 욕망이 된다. 이치를 따르게 되면 비록 만 가지 변화에 응하더라도 움직인 적이 없고 욕망을 따르게 되면 비록 고목의 마음으로 생각을 하나로 통일하더라도 고요해진 적이 없다. '움직임 속에 고요함이 있고 고요함 속에 움직임이 있다'는 말에 무슨 의문이 있겠는가? 미발(未發)의 상태가 이발(已發)의 가운데 있다하더라도 이발의 가운데에 별도로 미발이라는 것이 존재한 적이 있지 않다. 이발은 미발의 가운데 있고 미발의 가운데에 별도로 이발이라는 것이 존재한 적이 있지 않다. 사람의 마음에는 움직임과 고요함이 없는 것은 아니지만 그것이 움직임과 고요함으로 구분되는 것은 아니다.(《전습록(傳習錄) 중》)"

이러한 가치로 인해 동정의 사유양식을 말하는 것은 왕양명이 도덕문제에 대한 강렬한 긍정이었던 것이다. 즉 그의 "동일 때 "치양지"를 생각하고, 정일 때에도 "치양지"를 생각해야 한다"라는 사상과 일치한 것이다. 구양덕도 이 점을 강조하였는데 그 목적은 사람들에게 "치양지"에 힘쓸 때에는 동정에 구애받지 말라고 일깨워주기 위해서였다. 양지에 힘쓸 때에는 동정을 구분하지 않는데 낮고 쉬운 것부터 배워 깊고 어려운 것을 깨닫게 된다. 그러나 동정에 힘쓸 때에는 의념에 존재하는 악만 제거하기에 양지의 본체와는 아무런 연관도 존재하지 않는다. 양지는 표면적으로 정해졌지만 사적인 생각을 제거하지 않았기에 다시 재발할 가능성이 있다. 또한 동정에 힘쓸 때에는 동일 때 이런 양지가 생기고, 정일 때 저런 양지가 생기는 상황이 나타나게 된다. 그리하여 구양덕은 "양지에 힘쓰면 동정이 자연히 합일될 것이다. 그러나 동정에 힘쓰면 양지가 둘로 나뉘게 된다(《문답(問答)》, 《구양남야선생문집》 1권)"고 하였던 것이다.

구양덕이 주장하는 동정합일은 곧 화에서 중을 구하는 것이었다. 그는 이러한 관계를 분리시킨 학문을 비판하였다. 그가 가장 많이 비판한 것은 섭표의 '귀적' 학설이었다. 그의 동에서 정을 구하고, 이발에서 미발을 구한다는 사상은 섭표가 주장하는 동하기 전에 정을 구하고, 이발 전에 미발을 구해야 한다는 사상을 겨냥하여 제기한 것이었다. 이 점은 동문인 추수익과 대개 비슷했지만. 다만 논증의 각도는 달랐다. 그는 다음과 같이 말했다. "숨는 일과 나타나는 일, 움직임과 고요함은 하나의 이(理)를 통관(通貫)하고 특별히 명언(名言)을 따르는 것이 다를 뿐이다. 그러므로 중(中)이랑 화(和)는 그 이름이 둘이나 그 사실은 하나이며, 독지(獨知)이다. 그러므로 시시비비(是是非非)란 독지감응(獨知感應)의 법칙으로 천하의 도에 도달하는 것을(達道) 위한 것이다. 그 앎[知]은 곧 정결하고 얌전하며 은밀하고 미세하고[貞靜隱微] 미발지중에 있는 천하의 대본(大本)이다. 바로 시시비비의 지(知)로 말한다면 빛나게 되면 숨고 조금도 치우침이 없어 그러므로 이를 미발지중이라 하며, 바로 지(知)의 시시비비로 말한다면 지극히 미소해도 드러나서 조금도 어긋남이 없으니, 그러므로 중절지화(中節之和)라고 한다. 동정현현(動靜顯見)에서 떨어지지 않으면 별도로 정정은미(貞靜隱微)의 본체를 갖게 되어 옳음을 알고 그름을 안다고 말할 수는 없는 것이다.(《기쌍강(寄雙江)》,《구양남야선생문집(歐陽南野先生文集)》권4)"

동정이 나타나고 은폐하는 것은 양지의 다른 상황이었다. 양지에는 체와 용이 존재하는데, 체는 옳고 그름을 아는 도덕주체이고, 용은 현실의 인지활동이었다. 즉 "천하에 통달되는 도"는 후천적인 도덕인식과 도덕평가 활동이었던 것이다. "하늘 밑에서의 큰 근본"은 곧 도덕인식과 도덕평가를 진행하는 주체였다. 이러한 선험의 도덕주체는 정결하고 얌전하며 겉으로 들어나지 않고 어느 쪽으로도 치우치지 않는 것이기에 이를 중이라 불렀다. 이 선험의 주체가 물욕의 방해를 받지 않은 상태에서 본체에서 나오는 것은 시시비비의 활동이고 이는 겉으로 드러난 것으로서 이치에 어긋나지 않는다고 하여 이를 화라고 불렀다. 중과 화, 체와 용은 동일한 것으로서 현실의 '동'을 벗어난 다른 '정'이란 존재하지 않는 것이기에 구양덕은 다음과 같이 말했다. "절대로 지각(知覺)이 없을 때가 없었으니 때가 없으면 발현하지도 않는다. 때가 없고 발현하지도 않는다면 어찌 이른바 미발지전(未發之前)이 있을 수 있겠는가? 그러나 이발(已發) 또한 중(中)이라 말할 수 없으니, 중이 도(道)가 되는 것은 이른바 미발(未發)한 것과 더불어 알 수 있는 것을 단절시켰다. 또 어찌 미발에 앞 설 수 있겠으며, 그의 이른바 중을 구하는 것이다.(《기쌍강(寄雙江)》,《구양남야선생문집(歐陽南野先生文集)》권4)"

이는 지각이 없는 순간이 없고 비발(非發)일 때가 없다는 말이었다. 그래서 미발이 이발보다 먼저이지도 않고, 중은 반드시 이발에 찾아야 한다고 했다. 섭표는 양지는 허령의 체이고 지각은 용이라고 생각했다. 그리하여 반드시 먼저 선천의 허령의 체로 회복해야 하는데 이게 곧 '귀적'이고 '치중'이라고 했다. 구양덕은 미발은 반드시 이발로 표현되며 양지는 반드시 구체적인 사물의 시시비비로 표현되고 "치양지"는 격물로 표현된다고 주장했다. 이발과 미발, 치지와 격물을 분리시키면 두 가지 편향에 빠지게 되는데, 속학(俗學)에서 말하는 격물에는 양지의 지도가 없기에 공리의 습관에 빠지게 된다는 것이고, 속학에서 말하는 치지는 격물의 실공이 없기에 공허한 선학에 빠질 수 있다는 것이다. 그는 중과 화는 전제와 효과의 관계가 아니라고 반복적으로 강조하였다. 이 둘은 서로 동일했는데, 공부는 중에 집중되지 않고 화에도 집중되지 않으며, 치화가 있기에 치중이 있고, 치중이 있기에 치화가 있다고 했다.

구양덕은 주로 섭표가 왕양명이 제창하는 동정, 중화, 치지격물, 체용불이 등의 원칙에서 벗어난 것과 동하기 전에 정을 구하고, 외부에서 중을 구하는 잘못에 대해 비판하였다. 여기서 스승의 가르침을 수호하려는 단호한 입장을 엿볼 수 있는 것이다.

3. 체용합일(體用合一)에 대한 발휘

왕양명 철학의 기본특징은 종합이었다. 그는 송유(宋儒) 시기의 많은 상대적인 개념들을 통일된 것으로 보았다. 유종주는 왕양명의 정신은 "지가 곧 행이고, 마음이 곧 물이며, 동이 곧 정이고, 체가 곧 용이며, 공부가 곧 본체이고, 하가 곧 상으로서 같지 않은 것이 없다"고 평했다.(《명유학안·사설》) 왕양명은 바로 이러한 정신으로 그 당시 학자들에게 근본이 없이 분열되고 화려한 것을 추구하는 병폐를 고치려고 했다. 왕양명의 이러한 사상은 그의 뛰어난 이론적 종합능력의 표현이었다. 구양덕은 이 점을 계승하였다. 그가 중점적으로 체는 곧 용이고 체와 용은 동일하다는 것을 발휘하였다. 양지와 일반 경험지식의 관계, 동과 정, 중과 화의 관계에 대한 논증은 모두 이러한 중심원칙을 벗어나지 않았다. 그의 사상에서 양지의 어떠한 속성이든지 모두 체와 용이 합일된 것이었다. 예로 양지 자체의 층면에서 놓고 볼 때 성은 체이고, 각은 용이었다. 형이상, 형이하의 층면에서 볼 때 성은 체이고 선의 유행은 용이었다. '각'의 본체와 용도의 층면에서 볼 때, 각은 체이고 조는 용이었다. 양지와 일반 경험지식과의 관계에서 양지는 체이고 시청언동(視聽言動)은 용이었다. "이일분수"에서 이일은 체이고 분수는 용이었다. 천지만물 일체의 마음은 체이고 친소내외(親疏內外)의 조리는 용이니 체와 용은 모두 같은 것이었던 것이다.

체용합일의 관조(觀照)하에 구양덕은 왕학, 나아가 전반적인 송유의 천인일본론(天人一本論)에 대해 독특한 견해를 발휘하였다. 천인일본은 유가 이론의 전반적인 기초였다. 맹자의 "마음을 다하면 성을 알고 하늘을 알 수 있다"라는 사상과 《중용》의 "하늘이 명령한 것을 성이라 한다"라는 사상은 가장 특출한 표현이었다. 천인일본에서는 하늘과 사람은 모두 동일한 원칙의 지도를 받으며 천지만물의 이, 사람의 이는 근본적으로 하나이고, 사람의 성질과 활동준칙은 천도의 일부분이라고 말했다. 송명이학, 특히 그중에서 심학은 이 점을 대대적으로 부각시켰는데, 마음을 하늘, 도의 농축된 표현으로 간주하였다. 예를 들면, 육구연에게는 "우주는 곧 내 마음이고 내 마음이 곧 우주다"라는 사상이 있었고, 왕양명도 "마음이 곧 하늘이다", "양지가 곧 하늘이다" 등의 유명한 명제를 많이 내놓았던 것이다. 구양덕은 자신의 특별한 형식으로 사람이 하늘에서 얻고 또 하늘을 통제하려는 심학의 근본사상을 설명하였다. 그는 다음과 같이 말했다. "도(道)가 천지의 사이를 막으니, 이른바 '음양불측(陰陽不測)의 신(神)'이다. 신이 모여서 형체를 이루고 신이 발현하여 지(知)가 되며, 지가 감동하여 만물이 나왔다. 만물이 지에서 나왔기 때문에 그러므로 '나에게 갖추어졌다'고 말한다. 지는 또한 만사의 바름을 취한 것이어서 그러므로 '사물이 있고 법칙이 있다'고 말한다. 지란 신이 행한 것이다. 신은 일정한 방향도 없고 체(體)도 없지만 그는 사람에게 있어 시청(視聽)이 되고 언동(言動)이 되고 희노애락(喜怒哀樂)이 된다. 천지만물에 있어서 발육하고 높고 큰 것은 곧 사람의 시청·언동·희노애락인 것이다. 그러므로 사람의 희노애락과 시청언동을 천지만물과 더불어 두루 돌아다니면서 관철시켰으며, 일하면 함께 일하고 쉬면 함께 쉬어 피차의 사이가 없었으니, 신이 일정한 방향으로 나아가는 체가 없었던 까닭이다. 시청과 희노 이외에 다시 무엇이 있겠는가? 대개 옛날에 시청과 희노를 말한 사람들은 천지만물과 신통하여 말한 것에서 보인다. 이후에 시청 희노를 말한 사람들은 천지만물에 대해 형성한 것으로 말한 것에서 보인다. 통하면 하나가 되고 마주하면 둘이 되니, 살피지 않을 수 없다.(《답항구동(答項瓯東)》,《구양남야선생문집(歐陽南野先生文集)》권3)"

이 말은 사람과 천지만물의 관계에 대한 구양덕의 근본적인 견해를 표현한 것이다. 우선 그는 사람은 도에서 산생되었고, 사람의 체형과 정신은 모두 도에서 왔다고 생각했다. 도는 모든 물체 및 활동의 종합이고, 사람은 만물의 영으로서 정신활동의 최고 발전을 대표하며, 구체적인 물질은 사람의 정신을 견도(甄陶)하고 규범지은 결과라고 보았다. 맹자가 "만물은 모두 나를 위해 준비한 것들이다"라고 한 말이 바로 이런 뜻이었다. 사람을 대표로 하는 우주의 법칙은 또한 사물의 정확성을 가늠하는 마지막 표준인데, 사람의 모든 활동은 정신의 지배를 받으니, 이 정신은 우주의 정신과 동일하다고 했고, 우주정신의 기능은 생장발육하고 있는 만물이 모두 각자 최고의 상태에 도달하게 하는 것이라 했다. 사람의 정신 기능은 사람의 모든 활동을 지배하는데, 이 둘은 동일한 도가 서로 다른 층면에서 운용된 것이라 했다. 인식론의 각도에서 말 할 때, 사람이라는 이 주체가 객체에 성질을 부여하였기에 사람이 인식한 객체의 성질은 사실은 사람 본신의 성질이고, 소위 말하는 "신(神)은 무방무체(無方無體)"라고 하는 것은 우주정신의 운용이 고정적인 시간, 공간 그리고 방위가 없다는 말이라고 했다. 그는 주위의 모든 시간과 공간에 골고루 파급되어 사람의 수양은 사람과 천지만물의 이러한 동일성을 터득하고 이해하며, 도가 사람과 사물에 일치하게 표현되는 걸 터득하고 이해하는데 있다고 했다. 사람과 물체가 완전히 분리되거나 심지어 반대되는 두 가지 실체로 본다는 것은 전혀 지해력(知解力)이 없다는 표현이라고 했다.

구양덕의 이러한 관점은 왕양명의 "마음 밖에 이가 없고, 마음 밖에 일이 없다"라는 근본관점과 일치하는데, 다만 왕양명의 논증각도가 다를 뿐이었다. 왕양명은 주체의 모든 활동은 정신의 주재와 지배를 떠날 수 없고 도덕이성은 모든 도덕활동의 근본이라는 것을 이 방면에서 논증하였다. 그러나 구양덕은 주체와 객체의 활동은 모두 도가 운행하는 다른 표현이고 주체는 객체를 양성하고, 규범을 짓는 존재이며, 객체의 활동에 의의를 부여하는 존재라는 것을 이 각도에서 논증하였다. 왕양명은 주로 도덕입장에서 입론하였고, 구양덕은 본체론에까지 확대하였던 것이니, 여기서 구양덕이 스승의 학문을 발휘시킨 중점이 어디에 있는지를 알 수 있는 것이다.

제 11 장
섭표(聶豹)의 귀적지학(歸寂之學)

왕양명이 양지의 학문을 제자들에게 가르치면서부터 제자들은 양지에 대해 끊임없는 토론을 벌렸다. 왕양명은 양지의 내용, 성질 및 "치양지"의 방법에 대해 다방면의 논증을 제기했다. 그의 제자들은 저마다의 견해를 가지고 이것을 다르게 발휘하였다. 그 가운데는 두 개의 방향이 있다. 하나는 '양지'는 천연적으로 완벽하기에 그 유행을 따르기만 하면 된다는 생각이었다. 다른 하나는 "치양지"의 공부는 후천적으로 악을 제거하는데 사용할 수 있는데 이를 제외한 다른 공부는 없다는 것이었다. 이 두 가지 의견은 모두 양지 자체에 공부를 둘 수 없다고 생각한 것이다. 섭표의 '귀적'은 바로 이런 편향을 바로 잡으려고 했던 것이다.

섭표(1487~1563)의 자는 문울(文蔚)이고, 호는 쌍강(雙江)이며, 강서(江西) 길안(吉安) 사람이다. 정덕 14년에 진사가 되었고 화정지현(華亭知縣)에 올랐다. 학교를 세우고 치수에 열중했고 부세를 감면하고 적폐를 혁신하여 훌륭하고 바른 정치를 하는 것으로 소문이 났다. 섭서 안찰사부사(陝西按察司副使)를 할 때, 승상이었던 하언의 눈 밖에 나 하옥되었다가 일 년 뒤에 석방되었다. 관직은 병부상서까지 올랐다. 상서를 올려 엄호(嚴嵩)를 거스르는 바람에 관직을 사직하고 귀향하였다. 죽은 뒤에 태자소보에 추증(追增)되었고 시호는 정낭(貞囊)이다.《쌍강섭선생문집(雙江聶先生文集)》14권이 있다.

1. 적(寂)과 감(感)의 대립

     섭표의 학술종지는 '귀적'이다. 여기서 적은 경계 혹은 본체인데 마음의 일시적인 고요한 상태가 아니다. 귀적은 갈팡질팡하고 혼란스러운 마음을 평온하고 깨끗하며 아무 것도 없지만 모든 걸 비출 수 있는 본래의 모습으로 돌아가게 사는 것을 말한 것이다. 귀적하여야 통감(通感)할 수 있고 귀적의 공부가 있어야 외부의 사물을 더 잘 조찰(照察)하고 반응할 수 있다는 것이. 귀적하려면 우선 마음은 원래부터 평온한 상태라 것을 인정해야 한다고 했다. 섭표는 "마음에는 정해진 본체가 없다는 것은 마음의 본체를 놓쳤다는 것과 같다. 분명히 있는 것 같지만 적연부동(寂然不動)하고 또한 끝없이 변화하는 것이 바로 마음의 정체이다.(《여구양남야(與歐陽南野)》, 《쌍강섭선생문집》 8권)" 왕양명의 제자 가운데서 "마음에는 본체가 없고, 만물의 시비를 감응할 수 있는 것이 바로 본체이다."라는 사상을 계승하여 마음에는 정해진 본체가 없고, 마음에는 불발일 때가, 불감일 때가 없으며, 마음이 감응한 내용이 바로 마음의 본체라고 생각했다. 감응에는 그침이 없고 감응할 수 있는 마음에도 정해진 본체가 없다고 했다. 섭표는 마음의 본체는 원래부터 적정하고 아무것도 없으며 감응이란 이러한 적체(寂體)가 작용을 발휘 한 것이고 작용을 심체로 생각하고 작용을 발휘할 수 있는 적체를 말살하고 망각해서는 안 된다고 주장했는데, 그는 다음과 같이 말했다. "양지(良知)는 본래 고요한 것으로 사물에 감응한 후에 지(知)가 생기게 되는데, 지(知)는 양지의 발현입니다. 지(知)가 발현하여서 양지(良知)가 될 수는 없음은 그 발현함이 스스로 행하는 바를 잊어서 그랬습니다. 마음은 안에서 주재하고 있으며, 밖에서 감응한 후에 밖이 생기게 되고 밖은 그것의 그림자입니다. 그 밖에서 감응된 것을 마음이라 여겨 마침내 밖에서 마음을 구해서는 안 됩니다. 그러므로 배우는 사람이 도(道)를 구할 때에는 그 안에서 주재하는 적연(寂然)한 것으로부터 구하고 그것으로 하여금 고요하게 하여 항상 안정되게 해야 합니다.(《여구양남야(與歐陽南野)》, 《쌍강섭선생문집(雙江聶先生文集)》 권8)"

    여기서 양지는 심체이고 지시지비(知是知非)를 판단하는 도덕주체만이 아니다. 수양 공부는 마음을 고요한 본체로 되돌아가게 하는 것이다. 섭표는 적체의 공부는 송유학자들이 말하는 "함양본원(涵養本源)"의 학문이라고 생각했다. 그러나 마음의 감응변화에서 선을 위해 악을 제거하고 본적의 본체를 회복할 줄 모르는 것은 지엽적인 일에 신경을 쓰는 것이라 했다. 이렇게 하면 공부가 번잡해질 뿐만 아니라 요행을 바라는 습관을 기를 수 있다는 것이다. 그러나 귀적은 일료백당(一了百當)하게 된다면서, 그는 다음과 같이 말했다. "본원(本原)의 바탕은 요컨대 보지 못하고 듣지 못하는 고요한 본체[寂體]를 벗어나지 않습니다. 보지 못하고 듣지 못하는 고요한 본체는 감응(感應)하고 변화하는 것으로 인하여 후에 존재하는 것 같이, 즉 감응하고 변화하여야 그곳에 이를 수 있습니다. 사실인즉 감응변화를 주재하는 까닭이며, 감응변화가 곧 나의 고요한 본체의 표말(標末)일 뿐입니다. 나를 서로 찾는 사람은 끝이 없고 내가 그 무궁한 것을 하나가 되게 할 수 없으나 그것을 하나로 인정하면 내 고요한 본체는 거의 갈팡질팡하지 않습니다. 고요한 본체는 그 갈팡질팡함을 이기지 못하고 뒤에 원망하고 성을 냅니다. 욕심을 내면 흘러가니, 좋은 날은 없어지고 지난날은 깁니다. 곧 그것을 징계하고 막으며, 그것을 옮기고 고치지만 이미 밖에서 의(義)가 엄습하는 것을 면하지 못하였으니, 본원을 함양하는 공부에 아마도 함께 할 수 없을 것 같습니다.(《여구양남야(與歐陽南野)》,《쌍강섭선생문집(雙江聶先生文集)》권8)"

귀적은 감응의 본원이고 후천적인 의념에서 선을 위해 악을 제거하는 데에는 잘못이 없으나 이는 수단이지 목적이 아니기 했다. 목적은 본적의 본체에 되돌아가는 것이라 했다. 심체가 적연해지면 갈팡질팡하고 혼란스러운 마음이 안정해지고 정욕의 의견도 단번에 사라지게 되기에 의념의 공부에만 힘쓰면 적체에 되돌아갈 수는 있으나 이렇게 하면 근본을 버리고 지엽적인 것을 추구하는 꼴이 될 수 있다고 했다. 이렇게 한 결과는《역》에서 말하는 "마음을 씻고 물러나 은밀한 곳에 숨는다"는 것에 어긋난다고 하여 양지가 아무리 정명하다 해도 양지가 발용되는 곳을 이해해야 한다고 했다. 미발지중의 양지는 순수한 지선의 본체로서 아직도 일정한 거리가 있다는 것이다.

섭표는 귀적의 종지에는 공부, 본체가 망라된다고 했다. 귀적에는 왕양명의 "치양지"의 전 내용이 포함될 수 있으니, 적체는 곧 양지이고 귀적은 곧 "치양지"라는 것이다. 귀적은 자연히 통감할 수 있다는 말인데, 통감(通感)은 왕양명이 말한 격물이었다. 그는 다음과 같이 말했다. "앎[知]이란 마음의 본체이고 텅 비고 신령함[虛靈]은 어둡지 아니하니, 곧 밝은 덕(明德)입니다. 치(致)라는 것은 그 텅 비고 신령한 본체를 가득 채우는 것으로 치지(致知)는 곧 치중(致中)입니다. 고요한 듯 움직이지 않음은 하늘보다 먼저 해도 하늘이 어기지 않는 것입니다. 격물(格物)이란 치지(致知)의 공용(功用)으로, 사물은 각기 물질에 붙어서 감응하여 드디어 천하를 통(通)하는 연고이니 무엇을 생각하며 무엇을 염려하겠습니까? 하늘을 뒤로 하고 천시(天時)를 받드는 것입니다.(《답항자익(答亢子益)》, 《쌍강섭선생문집(雙江聶先生文集)》 권8)"

섭표는 그의 귀적의 종지는 왕양명의 "치양지"와 같다고 생각했다. 그러나 사실 양자는 큰 차이가 난다. 섭표에게 있어 마음의 본체는 원래부터 적한 것이고 본적의 심체에는 지의 능력이 잠재되어 있다. 그러나 그 자체는 담연(湛然)하고 고요하다. 그 본체는 곧 '무'다. 그러나 왕양명에게 있어서 마음의 본체는 양지이고 양지는 도덕의지, 도덕점감, 도덕판단 능력의 종합으로서 이는 심체에 시시각각 나타나는 것이었다. 그 본체는 '유'라는 것이다. 왕양명의 "치양지"는 '양지'를 선한 것으로 판단하고 이를 모든 사물에 널리 보급시켜 이 일을 하는 행위주체가 도덕의지의 통솔 하에 있게 하는 것이었다. 그러나 섭표의 심체는 원래부터 공적하고 허령불매했다. 그가 말한 지는 '명'에 중점을 두고 있는데, 즉, 심체가 조용하고 아무 것도 없으며 분명하지 않은 상태를 말했다. 그리하여 섭표의 적체, 지 등은 모두 왕양명이 주장하는 양지와 달랐던 것이다.

섭표는 그가 주장하는 귀적은 통감을 위해서라고 반복적으로 말했다. 심체는 원래 적한 것이고 감은 그 용도이다. 적감(寂感)은 체용의 관계이지 심체가 발휘하는 두 개 작용이 아니다. "적감이 같을 때도 없다." 그리하여 그는 적과 감의 관계를 분리시키는 것을 반대하고 적감을 동일시하는 것도 반대하였다. 그는 집체(執體)에 의해서 응용해야 하고, 귀적에 의해서 통감하여야 한다고 주장했다. 그는 다음과 같이 말했다. "무릇 고요하지 않은 때가 없고 느끼지 않은 때가 없는 것이 마음의 본체입니다. 느낌은 오직 그 때에 고요함을 가지고 주재하는 것이니, 학문의 공입니다. 그러므로 고요함[寂]과 느낌[感]에 두 시기가 있다고 말하는 것은 잘못된 것입니다. 공부는 적과 감을 구분함이 없다고 말하면서 적으로 돌아가서 저 감을 주재할 줄 모르는 것이니, 또 어찌 이와 같이 될 수 있겠습니까?(《답동곽(答東廓)》, 《쌍강섭선생문집(雙江聶先生文集)》 권8)"

섭표는 적체는 형이상의 것으로서 구체적인 의념을 초월한 발생과 정지라고 생각했다. 감은 형이하학의 것으로서 이는 발생과 정지가 없다고 했다. "감유기시(感惟其時)"하면서 "주지이적(主之以寂)"해야 한다. 그리하여 그는 적체의 "적"과 감응의 정지 상태인 '적'을 아주 명확하게 구별하였다. 그는 다음과 같이 말했다. "허적(虛寂) 두 글자는 부자(夫子)가 함괘(咸卦)에 특별히 제출하여서 감응(感應)의 본체로 세운 것이지 적(寂)과 감

(感)이 서로 상대하는 것으로써 말한 것은 아닙니다. 대저 적(寂)은 성(性)이고 감(感)은 정(情)입니다. 만약 '성은 본래 돌아갈 곳이 없다'고 말한다면 곧 정이 성이고 마침내 진성(眞性)이 되니, 아마도 말 더듬는 병을 면하지 못할 것입니다.(《답황낙촌(答黃洛村)》, 《쌍강섭선생문집(雙江聶先生文集)》 권9)"

이러한 구별은 그에게 있어 매우 중요했다. 왜냐하면 적체는 성이고 구체적인 적은 정이기 때문이었다. 적은 본체이고 이는 구체적인 동정적감(動靜寂感)을 초월하는 것이었다. 성과 정, 형이하와 형이상의 구분이 아주 명확했던 것이다.

섭표는 귀적하여 통감하는 것은 유학과 선학의 구별점이라고 주장했다. 그 당시 일부 사람들은 섭표의 귀적학설은 선학이라고 제기하기도 했다. 왜냐하면 선학의 중심취지가 바로 귀적이기 때문이다. 그리하여 섭표는 자신의 학문이 선학과 다르다고 강조하였다. "선학은 유학과 다르다. 선학은 인간세상의 번뇌를 감응하고 이를 제거하여 적멸의 상태에 도달한다. 나의 귀적은 천하의 감정을 느끼고 치허(致虛)하여 천하에 유를 입하며 주정(主靜)을 천하의 동이라고 주장한다. 따라서 어찌 나를 선학이라 할 수 있는가?(《답동곽(答東廓)》, 《쌍강섭선생문집》 8권)"섭표는 심체에 대한 귀적의 학설과 선학의 주장에는 일맥상통하는 부분이 존재한다고 생각했다. 그러나 선학은 공허적멸을 목적으로 하고 모든 감응을 제거하여 마음을 항상 허적한 상태로 유지하고 외부의 감각과 표상을 마음에 담아두지 말아야 하는데, 그렇지 않으면 허적의 상태가 막힐 수 있기 때문이다. 그리하여 "인간세상의 번뇌를 감응하고 이를 제거하여 적멸의 상태에 이르러야 한다"고 했다. 유가에서 적과 감, 체와 용은 동일하다. 귀적은 통감을 위해서이고, 치허는 유를 입하기 위해서이고, 주정은 동을 이루기 위해서였다. 유가는 귀적을 목적으로 하지 않고 이를 수단으로 했다. 왕양명도 자신의 학문이 선학이 아니라고 적극적으로 해명한 적이 있다. 그러나 왕양명은 자기 학문과 선학의 가장 큰 구별은 윤리강상(倫理綱常)을 승인하는데 있다고 했다. 선학은 지각의 작용을 성으로 하고 성체의 유행, 입처(立處)가 모두 진리에 있고 항상 공(空)을 떠나지 않는다. 그러나 자신의 양지 학문에서 양지는 곧 성이고 천리이며 성체의 유행은 모든 윤리사무에 대해 경중후박(輕重厚薄)의 구별이 있는데 이는 "양지에 나타나는 자연의 조리"이기 때문이라고 했다. 섭표가 선학과 선을 그은 것은 다름 아니라 선학에는 적이 있고 감이 없기 때문이라고 했다. 이처럼 왕양명은 본체의 부동함(공과 이의 구별)을 이야기했고 섭표는 공용의 부동함(유감과 무감의 구별)

을 이야기했다. 여기서 양지에 대한 왕양명의 생각이 섭표가 용납한 논리의 내용보다 훨씬 많다는 걸 알 수 있다. 양명에게 있어 양지는 주요한 이론적인 범주였고 지식의 범주는 그 다음이었다. 섭표에게 있어 양지는 일반적으로 마음이라고 하는 것과 거의 동일한 의의지만 지식의 의의가 더 중요하고 윤리의 의의는 그 다음이었다. 그가 말한 감, 격물에는 논리적인 의의가 상당히 많았다. 그러나 그가 말한 적체는 주로 일반적인 의의상의 마음으로서 지정의(知情意)를 포함하고 있는데 주로는 지식적인 의의에서의 마음이었다. 그리하여 그는 마음의 본체 혹은 양지의 본체를 '적'으로 보았던 것이다.

섭표는 자신의 귀적학문은 허구가 아니고 왕양명한테서 온 것이라고 주장하였다. 왕양명은 "양지는 미발지중이고 확연대공, 적연부동의 본체는 사람마다 다 갖고 있는 것이다.(《답육원정(答陸元靜)》,《전습록》중)"라고 했다. 그러나 왕양명의 "적연부동의 본체"와 섭표의 적체는 두 가지 서로 다른 점이 있다. 첫째, 왕양명의 적체는 형이하학의 것이고 형이상의 것은 성체였다. 다시 말해 왕양명의 적은 마음의 적정(寂靜)으로서 형이하학적 경험의 멈춤과 소멸이었다. 그러나 섭표의 적체는 형이상의 것이고 마음의 본래 모습은 마음의 본체가 외부와 접촉하지 않음으로 그리하여 얻을 수 있는 절대적인 허정의 상태였다. 이러한 상태에는 양지의 선이 존재하지 않는다고 했다. 둘째, 왕양명의 형이하학의 적은 형이상의 성체를 유행시킬 수 있다고 했으므로 왕양명의 양지는 성과 각 두 가지 방면의 합일이었다. 그는 사람의 마음은 천연이고 악념(惡念)을 제거하면 곧 선념(善念)이라고 했고, 형이하학의 생각을 제거하면 형이상의 성체가 자연적으로 유행할 수 있다고 했다. 그러나 섭표의 귀적은 통감을 위해서였다. 적체가 외부 잡념의 간섭을 받지 않게 유지하여야 "물각부물(物各付物)"의 결과가 있을 수 있다는 것이었다. 왕양명은 논리에 치중하고, 섭표는 지식에 치중했던 것이다. 두 번째 문제가 더 중요했는데, 왜냐하면 이는 왕양명의 제자들이 섭표가 스승의 학문에서 벗어났다고 생각하고 그에 대하 비판을 시작하게 된 중요한 원인이 되었기 때문이었다.

2. 왕문(王門)이 여러 사람들과 벌인 변론

섭표의 귀적학문은 학술경향이 그와 전혀 다른 절중(浙中)의 왕문학자들로부터 동의를 받지 못했다. 동문인 강우 왕문의 추수익, 구양덕, 진구천(陳九川)도 그의 학문에 대해 의문을 표시했고, 서신을 주고받으며 변론을 벌였다. 섭표에 대한 질책은 주로 한 가지에 집중되었다. 그건 바로 그가 동정과 적감, 감각을 하기 전의 평온함에 대한 추구를 분리시켰기 때문이었다. 추수익에게 보내는 편지에서 섭표는 이러한 비판을 세 가지로 개괄하였다. "나의 학설에 대하여 의심하는 것이 대략 3가지가 있습니다. 그 하나가 '도(道)는 잠시라도 떠날 수 없는 것인데, 지금 발동한 곳에서는 공부가 없다고 말하니, 이는 도에서 떠난 것이다'라고 말합니다. 또 하나는 도(道)가 동정(動靜)으로 구분됨이 없다는 것인데, 지금 '공부는 다만 정(靜)을 주로 할 뿐이다'고 말하니, 이는 '도를 둘로 나눈 것이다'라고 말합니다. 마지막 하나는 '마음과 사물이 합일(合一)되어 있어서 인(仁)은 사물의 본체가 되어 없는 곳이 없는데, 지금 감응하고 유행하는 곳에서는 힘써서는 안 된다고 말하니, 이는 행한 일을 가볍게 생각하여 소홀히 한 채 선학(禪學)의 깨달음과 유사해진 것이다'고 말합니다.(《답동곽(答東廓)》,《쌍강섭선생문집(雙江聶先生文集)》권8)"

각자의 종지가 다름에 따라 각자 자기의 입장에 착안하여 비판하였다.

왕용계는 섭표에게 편지를 써서 격물과 치지의 관계를 논하기도 했다. "미발(未發)의 뜻을 훤히 깨닫고서 발용(發用)하고 유행(流行)하는 근본으로 여겼습니다. 양지(良知)는 저절로 알 수 있고 깨달을 수 있다고 하지만 지각(知覺)을 양지(良知)로 여기지 않으며, 사람들에게 미발처(未發處)에서 체험하도록 하였습니다. 사문(師門)의 정법안장(正法眼藏, 인간이 원래 갖추고 있는 마음의 묘덕)을 내가 한마디로 설파하여, 그때 그 자리에서 손잡이를 잡고 도리를 범하지 않고 깨달아 알아서 조목조목 나누어 설명하여 사문에 세운 공(功)이 컸습니다. 가만히 생각해보면 양지(良知)는 미발(未發)과 이발(已發)의 구분이 없고 이른바 앞과 뒤, 안과 밖이 없이 혼연히 한 몸인 것입니다. 이른바 '치지(致知)가 격물(格物)에 있다'함은 격물이 바로 치지가 실제로 힘을 쓰는 곳이며, 안팎으로 구분할 수 없다는 것입니다. 만약 공부(功夫)가 다만 치지일 뿐이라 말하고 격물에는 공부가 없다고 말한다면 그 유폐(流弊)는 문득 절물(絶物)에 이를 것이고 문득 선불(仙佛)의 학문이 될 것입니다. 다만 치지가 격물에 있다는 것을 알 뿐, 격물이 바로 미발의 지(知)에 이른다는 것을 알지 못한다면 그 유폐는 문득 외물(物)을 좇음에 이를 것이고 문득 지리(支離)의 학문이 될 것입니다.(《답섭쌍강(答聶雙江)》,《왕용계선생문집(王龍溪先生文集)》권9)"

왕용계의 학문은 섭표와 같은 점도 있고 다른 점도 있다. 같은 점은 미발을 이발의 근본으로 하고 "미발하였을 때의 체험"을 스승의 정법안장(正法眼藏)으로 생각하고 후천적인 이치의 지해에 입각하지 않았다는 점이다. 다른 점은 왕용계가 말하는 양지는 왕양명이 반복적으로 강조한 "천리가 소명(昭明)한 영각처(靈覺處)"였다. 그의 귀적 공부는 모든 인연을 내려놓고 선천적인 본체의 선이 유행하게 하는 것이고, 섭표의 양지는 선천적인 본유의 적체이고 귀적의 공부는 이 적체에 도달하여 더 잘 '통감'할 수 있게 하는 것이었다. 왕용계는 양지의 이발과 미발은 혼연일체를 이룬다고 강조했다. 그러나 섭표는 우선 먼저 미발이 있어야 이발을 더 잘 통제하고 주재할 수 있다고 주장했다. 왕용계와 섭표는 모두 치지가 격물이라고 강조했다. 왕용계는 치지와 격물의 공부는 하나라고 생각하고, 섭표는 이를 두 개로 나누어 보았다. 그리하여 왕용계는 자신의 학문은 왕양명이 주장하는 치지와 격물의 위일(爲一), 지와 행의 위일, 적과 감의 위일, 체와 용의 위일을 따르는 진정한 학문이라고 자부했다. 그는 섭표는 적감체용을 분리시켜 다른 길로 빠졌다고 했다.

섭표와 전덕홍의 구분은 선천에 힘써야 하는가 후천에 힘써야 하는가에 있었다. 전덕홍의 후천성의 학문에 대한 섭표의 비판은 그 강도가 왕용계에 대한 비판보다 훨씬 강했다. 왕용계가 양지의 본체에 대한 이해가 같지 않기는 하지만 모두 선천의 본체를 직조(直造)하는 경향이 있다. 그는 심체에 직접 닿는 것은 황학의 가장 명확한 특징이라고 생각했다. 그러나 전덕홍의 학문은 독실하기는 하나 주희의 격물치지와 같다는 의심을 받았다. 그는 전덕홍을 이렇게 비판했다. "치지(致知)를 운운하는 사람은 나의 허영본체(虛靈本體)의 지(知)에 충분히 이르나 지극히 작은 의(意)를 가지고 스스로 가리려고 하지 않으니, 이는 선천(先天)의 그림을 미발 중에 지극히 작은 사람의 힘으로도 그릴 수 없음을 말함입니다. 지극히 작은 사람의 힘으로도 그리지 못하면 이런 의(意)는 의라 할 수 없습니다. 지금 선근(善根)을 기르지 않고 호색(好色)의 호(好)만 구하며, 악근(惡根)을 뽑아버리지 아니하고 악취(惡臭)의 악(惡)만 구하니 가히 구차하게 외모를 자랑하면서 사람으로 여기는 것이라 말합니다. 그러니 이를 성(誠)하다고 말할 수 있겠습니까? 의(意)라는 것은 느낌을 따라 출현하고 응함으로 인하여 변천되며, 만 번 일어나고 만 번 소멸하니 그 끝은 무궁한 것입니다. 마침내 일일이 그것을 제어하고자 하여 사람의 힘으로 그 거짓을 제거하고 그 혐오함을 돌이키면 이는 초학(初學)의 선비로 하여금 종심토록 안정(定)·고요함(靜)·편안함(安)·깊이 생각함(慮)의 경계를 다시 보지 못하게 할 것이며, 수고는 하지만 공로가 없고 다만 스스로 피폐하여서 빠르게 산화될 뿐입니다.(《답서산(答緖山)》,《쌍강섭선생문집(雙江聶先生文集)》 권9)"

섭표의 생각은 아주 명확했다. 학문공부의 결과는 사람의 전반적으로 도덕이성, 지식이성 자체에 대해 개조할 수 있어야 하고, 심체에 발생한 의념이 아닌 근본적인 곳에 효과를 일으킬 수 있어야 한다고 했다. 성의는 곧 성심체이지 성심체에 발생한 의념이 아니라면서, 심체가 성하면 선과 악에 대해 악취를 싫어하고 아름다운 모습을 좋아하는 것과 같은 반응이 나타날 수 있다고 했다. 따라서 의념상의 공부에만 신경을 쓴다면 갈팡질팡하면서 생각이 갑자기 나타났다 사라질 수 있고, 또한 이러한 공부진로는 수식하고 은폐하고 "의를 덮어씌워 취하는" 등 밖을 따르고 치장하는 등 병폐가 생길 수 있다고 하여, 그는 "자사(子思)이후에 '중'이라는 글자에 대해 아는 사람이 없는데, 환경과 시간의 변화에 따라 탐구하고 조사하는 것은 합당하나 이를 중이라 하고 이를 고수하는 것은 천양지차이다(《답응용암(答應容庵)》,《쌍강섭선생문집》 9권)"라고 말한 적이 있다. 이는 '중'이 마음에 있지 않고 환경과 시간에 존재하는 것도 폐단도 반대한다는 것이다.

전덕홍의 "후천성의"의 학문에 대한 섭표의 비판에서 그의 경향이 매우 분명히 드러났다. 이는 형상에 본래부터 존재하는 것들에 대한 애호였다. 황종희는 섭표의 귀적의 학문은 체험에서 온 것이라고 이야기한 적이 있다. "선생의 학문은 선생이 옥중에서 조용히 지내면서 어느 순간 갑자기 마음의 진짜 본체가 반짝반짝 빛나는 것을 느끼고 이는 모든 물체에 존재한다고 생각하였다. 그리하여 기뻐하면서 '이는 미발지중이다. 지키는 것은 잃지 않는 것이고 천하의 이는 모두 여기서 나온다'라고 말했다. 그리고는 곧바로 조용히 정좌하면서 귀적에 의해 통감하고 집체(執體)에 의해서 응용하게 하였다(《명유학안》 372쪽)"즉 "선한 것과 악한 것을 생각하지 않을 때 본래 면목을 볼 수 있다"는 것인데, 이는 진헌장이 말하는 "정(靜)에서 단서를 찾게 되었다"는 말과 같은 것이었다. 섭표의 경향은 정이라는 도경을 통해 선천의 본체를 직조(直造)하려는 것이라는 걸 알 수 있다. 그는 학문은 본체 위에 세워야 든든한 기초가 있다고 할 수 있다고 생각했다. 본체에 대한 애호로 인해 그는 후천적인 공부로 선천적인 본체를 대체하는 모든 학자들을 반대하였다. 전덕홍의 후천성의의 학문은 왕양명에게서 온 것이고 "선을 위해 악을 제거하는 것이 격물이다"라는 사구교는 이미 스승의 가르침의 정본이 되었다. 또한 왕양명이 평소에 많이 강조했던 "성실하게 선을 위해 악을 제거해야 한다", "동할 때 천리를 보존하고 인욕을 제거할 생각을 하고, 정할 때에도 천리를 보존하고 인욕을 제거할 생각을 해야 한다" 등의 주장은 양명학의 기본정신이라고 할 수 있다. 선천본체의 경향을 직조하는 경향은 섭표로 하여금 전덕홍에 반감을 느끼게 하였을 뿐만 아니라, 왕양명의 핵심이론인 "정하지 않은 것을 바로잡아야 한다"는 격물설까지 의심하게 만들었다. 그는 다음과 같이 말했다. "바르지 못한 것을 바르게 하여 바른 데로 돌아가라는 것은 곧 선사(先師)들이 아래에서 배워서 바른 데로 돌이키라는 것이니, 그러므로 이 부득이(不得已)한 말이 되어 버렸다. 이른바 '부정(不正)'이란 역시 대저 의(意)가 미치는 바를 가리켜서 말한 것이지 본체(本體)에 부정한 것이 있다는 것은 아닙니다. 선체(善體)가 아닌 것은 왕왕 속여서 들어와 틀에 박힌 절차나 행동을 습격하여 탈취하며, 무고(無故)로 패자(覇者)가 되어 하나의 붉은 깃발을 세웁니다. 이것이 내가 우려하는 것입니다.(《답항자익(答亢子益)》, 《쌍강섭선생문집(雙江聶先生文集)》권9)"

섭표가 걱정하는 것은 다름 아니라 "겉에만 신경을 쓰고 마음의 공부에 힘쓰지 않으며" 본체를 떠나 사소한 것만 얘기하는 것이었다. 그는 옥중에서 느꼈던 진실한 체험을 지키는 것 외에 왕양명은 일찍이 "묵좌하면서 마음을 깨끗이 하는 학문에는 미발지중이 있고 항상 발이중절(發而中節)의 화가 있다. 시청언동은 대개가 수렴을 위주로 하고 산발은 부득이한 경우이다"라는 정신도 말했다. 그리하여 전덕홍에 대한 섭표의 비판은 사실은 왕양명에게서 얻은 자기의 것으로 왕양명에게서 얻은 전덕홍의 것을 비판한 셈이다. 그 가운데에서 개인의 체험(예로 옥중에서 한가롭게 정좌하는 것)과, 애호하는 취향 등은 그의 주체사상의 형성에 촉진적인 작용을 발휘하였다.

섭표는 동문인 강우왕문의 추수익, 구양덕도 비판하였다. 그가 보기에 추수익, 구양덕이 주장하는 감정에서 적을 구하고, 용에서 체를 구하며 화에서 중을 구하는 것은 잘못된 것이라고 생각했다. 그는 자기의 학문은 근본적으로 바로잡는 것이라고 주장했다. 즉, 귀적의 '적'은 본원이고 이러한 본원의 '중'이 있기에 비로소 발하여 중절의 '화'가 있을 수 있다는 것이었다. 그는 추수익에게 편지를 보내 이 관점을 피력하기도 하였다. "만약 허영본체(虛靈本體)를 가지고 말한다면 순수지선(純粹至善)은 원래 악한 상대가 없습니다. 만약 염려와 행한 일이 뚜렷하게 드러나서 이른바 선악(善惡)이라는 것에 나의 지(知)가 이른다면 설령 지(知)가 그것을 행하고 지가 그것을 버린다 해도 역시 의습(義襲)

과는 무엇이 다른지 알지 못합니다. 그러므로 치지(致知)라는 것은 반드시 그 허령본체(虛靈本體)의 양(量)을 가득 채워서 천하의 대본(大本)을 세우고 그것으로 하여금 발현하게 하니 좋지 아니함이 없습니다. 이는 작은 물체를 크게 뚜렷하게 하고 안팎을 꿰뚫어서 그것을 하나 되게 하는 것을 말합니다.(《답동곽(答東廓)》,《쌍강섭선생문집(雙江聶先生文集)》권9)"

그가 말하는 지선은 일반 유가학자들이 말하는 선성, 천리가 아니라 허령의 심체 자체로서의 적이었다. 이러한 적의 상대는 감이 아니기에 선악과 대립되는 것은 아니었다. 수양공부가 귀적에 닿지 않는다면 반드시 후천적으로 선을 위해 악을 제거하는 공부를 통해 선천적인 본체를 얻어야 한다고 하여, 무릇 적체의 공부에 힘쓰지 않는 자는 모두 맹자가 말하는 "의를 덮어씌워 취하는 것(義襲而取)"은 요행으로 선에 부합되는 원칙으로서 본심에서 나오는 것이 아니라고 했다. 귀적의 학문이 대본을 세우는 원인은 대본을 세워야 도에 도달할 수 있기 때문이었다. 그리하여 그는 자신의 학문은 일부 학자들이 비판하였던 것처럼 본말, 내외를 분리시키지 않았다고 주장하면서 자신의 학문은 귀적을 통해 통감에 이르고, 입본을 통해 도에 도달한다고 하는 것이라고 생각한다.

그는 구양덕에게 편지를 보내 물과 근원, 지엽화실(枝葉花實)과 근본을 비유로 들면서 이 뜻을 반복적으로 해석했다. "원천(源泉)이라는 것은 장강(長江)·회수(淮水)·황하(黃河)·한수(漢水)에서 따라 나온 것입니다. 그러나 장강·회수·황하·한수가 아니고서는 이른바 원천이라는 것을 볼 수가 없습니다. 그러므로 근원을 깊게 판다는 것은 그 장강·회수·황하·한수에서 따라 나온 근원을 깊게 파는 것이지 장강·회수·황하·한수를 근원으로 여겨 그것을 깊게 판다는 것이 아닙니다. 근본(根本)이라는 것은 지엽(枝葉)과 화실(花實)이 따라 나온 곳입니다. 배근(培根)이라는 것은 그 지엽과 화실이 따라 나온 뿌리를 북돋는 것으로 지엽과 화실을 뿌리로 여겨 그것을 북돋은 것이 아닙니다. 지금은 감응변화(感應變化)에서 따라 나온 지(知)에 이른 것이 아니고 곧 변화의 지(知)에 감응하여 이른 것으로, 이는 빛을 받으면 반드시 비추는 곳에서 해와 달을 구하지만 그 하늘에 떠 있어 밝게 빛나는 커다란 물체를 내버려두는 것과 같은 일입니다.(《여구양남야(與歐陽南野)》,《쌍강섭선생문집(雙江聶先生文集)》권8)"

그가 말하는 근원과 근본은 모두 적체를 말한다. 적체가 있어야 통감할 수 있다는 것이다. 치지가 귀적이라는 것은 "내 마음의 양지가 알고 있는 선을 모든 사사물물에 보급한다"는 뜻이 아니기 때문에, 그리하여 섭표는 귀적의 학문은 주정(周程) 이래에 송 유학자들이 반복적으로 공공연하게 제창하였던 것이고 왕양명의 일관된 종지에도 부합되기에 이는 왕학의 정법안장(正法眼藏)이었다. "문 : 양지(良知)의 학은 무엇입니까? 말하였다. 이는 왕문(王門)에서 대대로 전해져 온 지결(指訣)이다. 선사(先師, 왕양명을 가리킴)께서 세상의 학자들 가운데 대개 알지 못하는 것이 없고 능히 못하는 것이 없으면 성인(聖人)으로 여기고 알지 못하고 능히 못하는 것이 있으면 유자(儒者)로 여겼기 때문에 깊이 부끄러워한 바, 모두 입수하여 곧 많이 배워서 기억하고 생각하고 찾아서 암송한 것을 좇아 깊이 연구하고 달라붙어 애쓰고 노력한 수고로움으로 천하의 한없이 좋은 자질의 인재들이 머물게 했다. 마침내 양지는 스스로 알며 지극하여서 그것을 기르고 배우거나 생각할 필요가 없이 끊임없이 변화하니, 모두가 이로 말미암아 나왔다. 맹자(孟子)가 말한(의 이른바) 배우지도 않고 생각하지도 않음(不學不慮)과 어버이를 사랑하고 어른을 공경함(愛親敬長)은 대개 양지(良知)가 발용(發用)하고 유행(流行)하여 정실(精實)에 지극히 가깝다는 것을 가리킨다. 그러나 깨닫지 못한 사람은 드디어 애경(愛敬)을 양지로 여겨 가지와 마디(枝節)상에 붙어서 구하면 비록 고수(高手)에 이를지라도 속이고 들어오는 악마의 좁은 길을 면하지 못할 것이며, 결국 다만 패학(覇學) 속에서 머리와 얼굴만 바꾸어 나올 뿐이다. 대개 어린아이의 애경(愛敬)은 곧 도심(道心)이며, 하나의 근본은 그 순수한 하나의 미발(未發)이며, 자연히 유행하여 가는 털 만큼의 사려(思慮)와 영욕(營欲)도 부여하지 않는다. 그러므로 "치양지"(致良知)라는 것은 다만 이렇게 순수한 하나의 미발(未發)의 본체(本體)를 치양(致養)한다. 본체가 회복되면 만물이 갖추어져 이른바 천하의 대본(大本)을 세우게 된다. 선사가 말하였다. '양지는 미발지중(未發之中)에 모든 사물에 사사로움 없이 공평(廓然大公)한 본체이며, 곧 스스로 느낄 수 있고 마침내 통하게 되며, 곧 스스로 사물이 다가오면 순응할 수 있게 된다.' 이는《전습록(傳習錄)》속의 정법안장(正法眼藏)이다.(《곤변록(困辨錄)·변성(辯誠)》,《쌍강섭선생문집(雙江聶先生文集)》권14)".

여기서 섭표는 그의 귀적의 학문은 왕학의 편폐(偏弊)를 바로잡기 위해 생겨났다고 말했다. 왕양명의 양지지학은 학계에서 지식으로 도덕을 매몰했을 때에 나타났다. 그리하여 그는 양지는 모든 사람에게 존재한다고 주장하였고 양지로 구체적인 지식의 학설을 규범화시켰다. 그러나 양지는 발용이기에 반드시 미발지중을 근본으로 해야 했다. 이 미발지중은 허적담일(虛寂湛一)한 것이고, "치양지"는 곧 이러한 허적담일의 체를 만들고 이를 통해 감이수통(感而遂通)해야 했다. 발용만 굳게 믿고 본체를 잃는 것은 스승의 가르침에서 벗어난 것이었다.

섭표의 이 말은 자신의 학문의 정통적인 지위를 위한 변론이었다. 또한 왕양명의 학문이 발생한 배경, 그로 인해 생긴 학풍의 변혁에 대해서도 상세히 설명하였다. 이는 이후의 유종주, 황종희의 근본이 되기도 했다. 그의 귀적학문은 왕문의 편폐를 바로잡는데 일정한 작용이 있었다. 황종희는 이에 공정한 설명을 진행하기도 했다. "왕양명은 "치양지"를 종지로 하였지만 그 제자들은 점차 그의 가르침을 잃어갔다. 그들은 미발지중을 이발지화로 생각하였기에 항상 공부를 치화에 두게 되었다. 그러면서 점차 경박스러워졌다. 선악이 형성된 후에 이를 극치하려고 하니 더 힘들어졌다. 그리하여 쌍강(雙江)과 념안(念庵)은 귀적을 그 해결방법으로 생각하고 자신들은 연평(延平))과 같은 길을 걷고 있는 사람이라고 했다.(《명유학안》458쪽)".

강우왕문의 다른 한 학자인 진구천은 섭표의 귀적지학에서 한 가지 본원을 고집한 갈피가 없이 흩어진 것들을 모조리 없앤데 대해서는 아우 높이 평가했지만 적감을 분리시킨 것에 대해서는 날카롭게 비판했다. 그는 다음과 같이 말했다. "옛날 회옹(晦翁, 주자)이 계구(戒懼)로 함양본원(涵養本原)으로 삼아 미발(未發)로 여기고 치중(致中)으로 여겼으며, 신독(愼獨)으로써 처음과 끝을 살펴서 아는 것[察識端倪]으로 삼아 이발(已發)로 여기고 치화(致和)로 여겼다. 두 가지 이상을 함께 공부하고 서로 함양함이 정밀(精密)한 것 같았고 동정(動靜)을 억지로 분석하여 두 가지의 공부(功夫)를 일으켜 정일(精一)로 돌아가지 않았다. 지금 우리 어른이 처음과 끝을 살펴서 아는 것을 제이의(第二義)로 여겨 홀로 그 함양본원의 설을 취하여 이미 지리(支離)의 폐단을 제거하였다. 다만 우리 어른이 또 장차 감응하여 발현하고 작용할 또 다른 한 층을 만들 뿐, 뒷면에서 보아 만약 이 발생유출(發生流出)을 따르는 것이라면 이른바 털끝만큼의 차이일 것이다.(《여섭쌍강(與雙㠀雙江)》,《명유학안(明儒學案)》463쪽)"

진구천은 적감, 본원과 발용은 분리시킬 수 없는 것이라고 생각했다. 격물공부는 발용에 있지만 발용의 공부에 힘쓰는 것은 곧 본원에 힘쓰는 것이고, 달용(達用)은 곧 근본을 세우는 것이다. 만약 본원에 대한 공부를 강조하고 본원함양이 된 후에 다시 발용하여 중절하는 것은 송유학자 이연평(李延平) 이후부터 이어져오던 학문으로서 비록 정밀하고 자세하기는 하나 이는 공자가 주장하는 체용일원의 종지가 아니었다.

섭표의 귀적학문은 왕문의 많은 제자들의 공격을 받았다. 섭표는 이에 일일이 편지를 보내 자신의 주장을 피력했다. 그 가운데서 유독 강우의 나홍선, 유문민(劉文敏)이 그와 의견이 일치했다. 나홍선은 이런 말을 한 적이 있다. "쌍강의 말에는 아주 일리가 있다. 많은 영웅들이 그의 말을 듣고 도를 깨우쳤는데 이는 그야말로 전혀 의심할 바 없는 광명대로와도 같다.(《명유학안》 373쪽)"유문민은 만년에 "쌍강의 학문은 정확하다"고 말하면서 임종 때 제자들에게 "체가 본래 허하다는 걸 알아야 한다. 허는 곧 생생하고 허는 천지만물의 근원이다. 따라서 도에서 허를 종지로 삶아야 한다는 것을 알아야 한다. 이후의 학습에서는 내가 말한 것들을 어기지만 않으면 된다.(《명유학안》 432쪽)"이는 섭표의 주장에 동의한다는 뜻이었다.

이상 섭표의 변론에는 한 가지 진정한 정치문제가 관련되었는데, 그건 바로 마음의 본체는 절대적인가 아니면 상대적인가? 지식이성, 도덕이성의 주체인가 아니면 하나의 백판인가? 하는 문제였다. 추수익, 구양덕은 마음의 본체는 상대적이고 이는 그가 반영하고 있는 사물을 통해 체현된다고 주장했다. 이러한 학자들은 체용합일을 주장한 것이다. 구양덕은 물과 물살의 관계를 예로 이 이치를 설명하였다. 그의 스승인 왕양명은 마음의 본체는 상대적이기도 하고 절대적이기도 하다고 주장했다. 도덕이성은 절대적이고 부모님에게 효도하고, 형을 공경하는 양지의 정감은 천부적인 것으로서 필연적으로 표현되어야 한다고 했다. 그러나 도덕이성과 지식이성의 결합은 끝없는 수양의 과정이고, 사물에 대해 선악의 판단을 진행하는 경향은 선천적인 것이었다. 그러나 "지시지비"의 능력은 후천의 수양을 거쳐 더 풍부해지고 완벽해지는데, 왕용계도 마음의 본체인 양지는 절대적이고 후천의 작용은 양지의 본체가 막힘없이 표현되게 하는 것이라고 주장했다. 즉, "물이 잘 흐르게 물길을 준설해야 한다"는 뜻이었다. 전독홍은 양지의 심체는 상대적이고 선을 위해 악을 제거하는 구체적인 도덕활동에서 이러한 본체를 완성할 수 있다고 주장했다. 그러나 섭표의 마음의 본체는 절대적이었다. 또한 아무 것도 없는 백판과도 같은데 그 작용과 깨달음에서 도덕, 지식의 의미가 나타났다. 이러한 절대적인 심체는 곧 '적체'로서 모든 구체적인 동정을 초월하였다. 구체적인 동정은 감이고 외부사물에 대한 반응이었다. 반응 자체는 지식활동과 도덕활동의 합일이었다. 격물은 "물각부물(物各付物)"로서 각자 필요한 것을 얻게 하는 것이었다. 이렇게 하는 것은 지식방면에서 사물의 필연적인 규율에 따르는 것이고, 도덕방면에서 "천지간 화육(化育)의 이치를 아는 것"이었다. 이는 그가 말한 "양지는 본래부터 적하고, 귀적을 통해 통감하고, 적체를 통해 응용해야 한다"는 철학적 의의였다. 섭표의 학문은 주로 양지의 동정, 체용, 적감 등의 문제를 토론하였다. 그리하여 그는 여전히 왕학의 입문 방법을 초월하지 않았다. 그러나 그가 얻은 결론은 왕양명이 말하는 도덕과 지식의 통일, 체와 용의 통일, 적과 감의 통일의 사상과는 달랐다. 그리하여 그는 왕문의 각 학파의 비판을 받게 되었던 것이다.

3. 귀적지학(歸寂之學)의 보급

섭표의 귀적지학은 옥중의 경험에서 온 것이었다. 그전에 그는 왕양명의 "지시지비하고 선을 위해 악을 제거해야 한다"는 가르침을 오랫동안 따랐지만 아무런 깨달음도 얻지 못했다. 감옥에서 근심과 걱정의 나날을 보내면서 심체가 평온해지자 정이 동을 주재하고, 미발이 이발을 주재하는 것을 발견하였다. 그리하여 귀적의 종지를 세우게 되었던 것이다. 나홍선은 섭표가 입설(立說)하기 전후의 변화에 대해 다음과 같은 말을 한 적이 있다. "옛날에 양지(良知)의 학을 듣고 그것을 기뻐하여 시비지심(是非之心)으로 여겨서 사람들이 모두 것을 가지고 있었는데, 나만은 곧 느낀바 자연의 법칙을 구하였으니, 그 역시 거의 근거가 있는 것이다. 얼마 지나지 않아 그것을 살피면서 감정을 잡고 근거로 삼으니, 곧 느낌이 부리는 데로 됨을 면하지 못하였다. 나의 마음은 언제나 쉴 수 있어 시비(是非)를 모범으로 삼은 사람은 역시 장차 때가 있으나 어지러워질 것이다. 또 일찍이 정기 어려서 그것을 기대하였으나 허(虛)하여서 그것을 느끼는 것과 느끼지 못하는 것을 헤아리지 못하였다. 나의 마음은 잠시 쉬었으나 시비의 법칙은 역시 얻을 수 없으나 속이는 것과 같다. 스스로 성찰함으로 말미암아 말하기를 "옛날 부역한 자는 이발(已發)을 쫓았다. 그러나 지금의 쉬는 자는 아마도 미발(未發)에 가까울 것이다!(《곤변록(困辨錄)·서(序)》,《쌍강섭선생문집(雙江聶先生文集)》 권14)"

귀적의 종지를 확립한 뒤 섭표는 이것으로 유가의 주요 범주에 속하는 중, 역, 인, 성 등을 융석(融釋)하였는데 일정한 성과를 얻게 되었다. 그리하여 그 뒤로 이를 더 확고하게 지키게 되었다. 이러한 융석은 그가 귀적의 학문을 보급시킨 것으로 볼 수 있다.

우선, 섭표는 《중용》을 융석하였다. 그는 적체는 곧 도심이고 중이며, 귀적은 치중이라고 생각했다. 그는 다음과 같이 말했다. "중(中)은 도심(道心)의 본체(本體)이고 미발(未發)의 중(中)에 있어 곧 발현하여 중절(中節)의 화(和)에 있다. 보지도 못하고 듣지도 못하니, 곧 미발지중(未發之中)이며, 지나친 것과 미치지 못함은 모두가 나쁜 편이다. 중(中)이란 것은 화(和)니라. 중을 말하면 곧 화를 말하니, 중에 이르면 화는 나가게 된다.(《곤변록(困辨錄)》, 《쌍강섭선생문집(雙江聶先生文集)》 권14)"

그리하여 그는 정이, 정호 문하에 속하는 구산(龜山)학파가 주장하는 정중체인(靜中體認)을 찬성하였다. 그는 주정은 상근인(上根人)인 직접 본체에 닿는 학문을 말한다고 생각했다. 그리하여 그는 그 당시 학자들이 정경(靜敬)이라는 두 글자를 선학이라고 비난하는 것을 반대하였다. "근세의 학자들은 광폭하고 제멋대로이다. 그들은 주정을 선학이라고 하면서 주정을 우학(迂學)이라고 하는데 참으로 안타깝다.(《곤변록(困辨錄)》, 《쌍강섭선생문집》 14권)"섭표가 말한 '중'은 본체의 '중'이고 마음에 아무 것도 없이 불편불의(不偏不倚)하다는 것이었다. 이러한 중은 일종의 상태이고 경계엿다. 일에 대응하고 사물을 접할 때, 이러한 '중'은 권(權)으로써 체현된다고 했다. 권은 곧 구체적인 시간과 환경에 따라 정칙을 영활하게 운용하는 것을 가리키는데, 이는 곧 《중용》에서 말하는 '화'였다. '권'은 '중'의 자연 발용으로 이에 대해 그는 다음과 같이 말했다. "대개 중(中)은 정해진 체(體)가 없고 오직 권(權)은 체(體)일 뿐이며, 권(權)은 정해진 작용이 없으며, 오직 도(道)는 작용일 뿐이다. 권(權)이라 함은 내 마음은 천연자유(天然自有)의 법칙이며, 오직 계신(戒愼)은 보지 아니하고 공구(恐懼)는 듣지 아니하며, 연후에 발동하여 적중하지 아니함이 없고 도를 좇아 변역하니, 자연스런 작용이 아님이 없다.(《곤변록(困辨錄)》, 《쌍강섭선생문집(雙江聶先生文集)》 권14)"

섭표의 이 뜻은 아주 정미했다. "권만이 체이다"라는 것은 미발지중이 있으면 발이중절의 화가 있을 수 있다는 뜻이었다. 그러나 '화'는 '중'의 자연유행일 뿐이라 했고, 귀적은 근본공부라고 했다.

섭표는 귀적의 종지를 '역'에 비유하기도 했다. 적체는 선천, 통감은 후천, 적체는 태허, 통감은 태허에 포함된 물이라고 하면서 그는 다음과 같이 말했다. "적연(寂然)하여 움직이지 아니하고 가운데가 태허(太虛)에 적셔지니, 선천(先天)이다. 끊임없이 변화하니, 모두가 이로 말미암아 나왔다. 합덕(合德)·합명(合明)·합서(合序)·합길(合吉)로

흥할 수 있기 때문에 그러므로 '하늘은 어김이 없다'고 말한다. 그것이 닿아서 움직이고 느낀 다음에 응하므로 후천(後天)이니, 무엇을 생각하고 무엇을 염려하겠는가? 드디어 통하여 그것에 순하게 응하니, 그러므로 '하늘을 받드는 때라'고 말한다. 사람의 힘이 조금도 함께 하지 않았음을 말한다.(《곤변록(困辨錄)》,《쌍강섭선생문집(雙江聶先生文集)》 권14)"

귀적하면 자연히 통감할 수 있다. 통감은 사물의 성질을 따르는 것이지 자기의 뜻대로 이를 교란시켜서는 안 되는 것이다. 그리하여 여기에는 추호의 인력도 허용되지 않는다고 했다. 귀적하면 통감한다는 것은 자연적인 과정이지 '중'에 대한 비교와 생각이 아니라고 했던 것이다.

마지막으로 섭표는 자신의 귀적지학은 그 당시의 학풍을 반대하기 위한 것이라고 생각했다. "지금 세상의 학문이 이것보다 더 위에 있는 것이라면 3가지 장애가 있다. 하나는 도리(道理)의 장애이고, 하나는 격식(格式)의 장애이며, 하나는 지식(知識)의 장애이다. 의리(義理)를 강구하고 옛 사람이 행한 일의 흔적을 모방하며, 많이 듣고 보고하여 박식하면 움직임에 인증된 바가 있다. 이 장애가 비록 3가지이지만 그러나 도리와 격식은 또 모두 지식을 따라 들어오니, 모두 지식의 장애가 된다.(《곤변록(困辨錄)》,《쌍강섭선생문집(雙江聶先生文集)》 권14)"

그는 의리는 일의 변화에 따라 적용되는 것으로서 그전에 적당한지 아닌지 미리 말할 수 없고 일에 직면했을 때, 그대로 가져다 사용할 수 없다고 했다. 세상일의 변화는 일정한 시간 내에 각종 인소가 복잡하게 작용한 결과로서 그 전에 일정한 격식을 만들어 놓을 수 없다는 것이었다. 그리하여 반드시 본체의 공부에 힘써야 귀적으로 모든 것을 통제할 수 있다고 했다.

귀적의 종지에 대한 논증과 비교했을 때 섭표의 귀적학문의 발휘는 그 이론적인 깊이에서 많은 차이점이 존재한다. 그러나 여기서 그가 주장하는 귀적의 종지의 진짜 뜻과 그가 생각하는 공부의 진정한 지향 목표를 알 수 있다. 강우학파의 대가인 나홍선에 이르러서야 주정의 이론에 대한 전면적인 개괄과 깊은 설명이 이루어질 수 있었다.

제 **12** 장

귀적주정설(歸寂主靜說)에 대한 나홍선(羅洪先)의 전면적인 설명

귀적주정설(歸寂主靜說)에 대한 나홍선(羅洪先)의 전면적인 설명

나홍선(1504~1564)은 강서(江西) 길수(吉水) 사람으로 호는 염암(念菴)이고, 자는 달부(達夫)이다. 젊은 시절에 정주학자인 나윤(羅倫)을 뒤따르면서 학문을 배웠다. 왕양 명이 감주(贛州)에서 강의를 한다는 소식을 듣고 찾아가려고 마음을 먹었으나 아버지가 만류하는 바람에 못가고 말았다. 《전습록》이 나오자 침식을 잊을 정도로 열심히 읽었다. 가경 8년에 진사가 되었고 한림원 수찬(翰林院修撰)으로 임명되었다. 가경 18년에 좌춘 방(左春坊) 좌찬선(左贊善)이 되었고 이듬해에 북경으로 갔다. 저이(儲貳)에 대한 의견을 상서로 올렸는데 이 일로 임금의 눈 밖에 나서 서민으로 내쳐졌다. 고향에서 20여 년간 지내면서 4번만 방문 밖으로 나갔다. 선인이 남긴 땅과 집을 모두 서제(庶弟)에게 주고 다른 곳에 허름한 집을 짓고 책을 읽으면서 지냈다. 가경 37년에 엄호(嚴嵩)가 다시 관직 에 오르라고 그에게 요청했으나 그는 임학(林壑)에 뜻이 있다면서 이를 거절하였다. 6년 뒤에 집에서 생을 마감하였다. 죽은 뒤 융경(隆慶) 초에 태상시소경(太常寺少卿)에 추증 되었고 시호는 문공(文恭)이다. 《나념암집(羅念庵集)》, 《나홍선집》 등을 남겼다.

1. 주정(主靜)의 종지

나홍선의 학문은 각 단계마다 달랐다. 한창 젊은 시절에는 주정을 주요 종지로 삼 았다. 사람들의 관심을 가장 많이 받은 것은 다름 아닌 그의 주정학설이다. 나홍선은 주 돈이의 "욕심이 없기 때문에 고요하다"라는 관점에서 많은 깨달음을 얻었다. 그리하여 그는 주돈이의 가르침을 복응(服膺)하였다. 그는 다음과 같이 말했다. "주자(周子, 주돈이)가 말한 주정(主靜)이란 것은 곧 무극(無極)이래 진맥락(眞脈絡)입니다. 그가 스스로 주석을 달아 이르기를 '욕심이 없기 때문에 고요하다'고 하였으니, 이는 일체가 물들어도 물들 수 없고 일체가 움직여도 움직일 수 없으며, 그렇게 탐내고 부러워하지 말고 제멋대로 배반하고 돕지 말며 장생(莊生)이 말한 바의 혼돈(混沌)이라는 것이 그것을 가까이 하기 때문에 그러므로 표준을 세운[立極] 씨앗(사물의 근본)이 될 수 있습니다. 바로 지식과 사정 중에 그윽하고 한가하며, 한가하고 편안함을 아는 것이 아니기 때문에, 곧 서로 바꿔가며 대신하여 이 물(物)이 되게 할 수 있습니다.《답문인(答門人)》,《나홍선집(羅洪先集)》403쪽)"

　나홍선은 주돈이가 말하는 정은 우주만물의 본체에서 체현되는 법칙과 일치하다고 생각했다. 나홍선은 이 법칙을 "무극 이래의 진짜 맥락"이라고 불렀다. 이 법칙은 장자의 안배에 연관되지 않고 욕망이 일지 않는 대통의 경지에 상당했다. 이러한 경지에 이르면 모든 외부의 번잡함과 불안감에 물들지 않을 수 있다고 했다. 주정은 한가롭고 우아한 것과 다르다고 했다. 주정은 수양을 통해 얻어진 경지이고, 한가롭고 우아한 것은 감정과 지식의 우연한 중단 혹은 마음의 우연한 휴식이라는 것이었다. 정은 수양의 결과이고 모든 행위의 준칙인데, 이 준칙은 우주만물의 아무 걱정이 없고 자연스럽고 화합적인 유행의 본체와 일치한다고 했다. 정의 경지에 도달하면 숨어있던 모든 사욕의 종자들이 일제히 사라지고 직접 하늘과 땅과 동류(同流)할 수 있으나, 한가롭고 우아한 것은 우연히 정의 상태에 도달하였거나 이지를 이용하여 강제로 정의 상태에 진입하게 된 것이기에 사욕은 잠시 숨어서 모습을 드러내지 않을 뿐이라 했다. 나홍선은 이러한 정의 상태나 정의 상태를 추구하는 방법을 야호선(野狐禪)이라 불렀다. 그는 다음과 같이 말했다. "그 표준을 세울[立極] 곳을 가리키며 천지와 합덕(合德)한다면 발육은 끝이 없으며, 일월(日月)과 합명(合明)한다면 원인에 따라 나타나는 결과는 남지 않을 것이며, 사시(四時)와 합서(合序)한다면 착행(錯行)은 어긋나지 않을 것이며, 귀신(鬼神)과 길흉(吉凶)을 합하면 감응(感應)이 시원스럽지 못할 것입니다. 이것을 다스리되 안배(按排)함을 잊기 때문에 그러므로 '길하다'고 말하며, 이것을 어그러뜨리되 바쁜 일에 다 써버리기 때문에 그러므로 '흉하다'고 합니다. …… 만약 그윽하고 조용하며, 한가하고 편안함을 인식하여 주정(主靜)으로 여긴다면 곧 야호선(野狐禪, 제대로 알지도 못하면서 아는 것처럼 생각하여 자기 스스로 만족하는 사람)과 서로 비슷할 것이며, 곧 유욕(有欲)이다. 일체의 누리고 희롱하며 편안하고 편리하며 꺼리고 소홀히 하여 제멋대로 달리는 등 차마 드러내지 못하는 낭패의 폐단이 서로 얽혀 어지럽게 몰래 스며들지만 스스로 깨닫지 못합니다. 곧 절개를 청결하게 하여 스스로 한 모퉁이를 지키게 하나, 역시 한쪽 말만 듣고 혼자 마음대로 처리함을 면하지 못하며 앞장서서 부르짖거나 예방하기에 부족하니, 천하를 구제하는 임무로써 그 배움을 알지 못하는 자와 무엇이 다르겠습니까?(《답문인(答門人)》, 《나홍선집(羅洪先集)》 403쪽)".

나홍선은 저서에서 자신의 주정의 경지에 대해 여러 번 언급하였다. 예를 들어 남중의 왕문학자인 장도림(蔣道林)에게 보내는 편지에서 그는 이렇게 말했다. "지극히 고요할 때에 황홀하게 내 이 마음이 텅 비어 아무것도 없고 곁으로 무궁하게 통한다는 것을 깨달았으니, 마치 높고 넓은 하늘의 운기(雲氣)가 유행(流行)하는 것 같이 머물러도 끝이 없었고 마치 대해(大海)의 물고기와 용[魚龍]이 변화하는 것 같이 간극도 없습니다. 안팎을 가리킬 수 없고 동정(動靜)을 구분할 수 없으며, 위아래·사방·지난 옛날·미래·지금이 한데 뒤섞여 한 덩어리가 되어 이른바 있는 것도 없고 있지 않는 것도 없습니다. 나의 한 몸은 그 펼쳐 나오는 구멍[發竅]이며, 진실로 형질(形質)이 한정할 수 있는 것이 아닙니다. 이런 까닭으로 나의 눈일지라도 천지가 내 시야를 채우지 못하며, 나의 귀를 기울이나 천지는 내 듣는 것을 드러내지 못하며, 내 마음을 어둡게 하나 천지는 내 생각을 숨기지 못합니다. 고인은 갔지만 그 정신이 미치는 바, 곧 나의 정신은 일찍이 지나간 적이 없습니다.(《답장도림(答蔣道林)》, 《나홍선집(羅洪先集)》 298쪽)"

이는 아주 신비한 체험이었다. 우주의 경물이 가슴을 향해 다가오고 생기가 넘치며 끝없이 펼쳐지고 변화무쌍하며 혼연일체를 이루었다고 했다. 이러한 것들이 한순간에 모두 마음속에 나타남으로써 사물과 나 사이의 가까운 거리를 체험하였고, 천지정신을 감당하는 사람이 나이고, 내가 옛사람들의 문화를 이어가는 사람이라고 했다. 이러한 체험은 "사물과 혼연일체를 이룬" 그러한 경지였던 것이다.

나홍선은 이러한 정의 경지, 만물과 일체를 이룬 체험을 무욕의 전제로 하였다. 그는 다음과 같이 말했다. "옛날 나홍선이 일찍이 애쓴 것은 무욕(無欲)을 주로 하였습니다. 변욕(辨欲)의 유무(有無)는 일이 있는 바로 그 자리에서 이 마음이 조금이라도 깨닫는 곳을 위주로 하였습니다. 이 깨닫는 곳은 너무 적어 뜻이 정성스럽고 기(氣)가 안정되지 않고서는 곧 스스로 나타나지 않습니다.(《답이이수(答李以守)》,《나홍선집(羅洪先集)》331 쪽)"

무욕은 상태와 심리적 감수의 일종이다. 무욕은 의지가 집중되고 숨이 한창 고를 때 나타나는데, 의지가 집중된다는 것은 무욕의 경지에 모든 정신을 집중한다는 것이다. 정신이 조금이라도 다른데 팔려도 이는 여러 가지 의념의 영향을 받아 기가 동한 것이라 할 수 있고, 기가 동하면 무역의 경지가 나타날 수 없다고 했다. 그런 점에서 나홍선의 무욕에는 아주 강한 종교적 의미가 담겨있다고 할 수 있고, 그 수양방법도 선종과 비슷한 점이 아주 많았다.

나홍선은 귀적의 학문은 진헌장의 치허(致虛)에서 온 것도 있다면서 다음과 같이 말했다. "백사(白沙, 진헌장)의 치허(致虛)의 설은 마침내 천고에 홀로 나타나고 치지(致知)는 계속 열려 체용(體用)은 남아있지 않습니다. 지금 혹 미친 것을 오인하여 광대(廣大)한 것으로 여김이 있기도 하고 또 동작을 기뻐하기도 하여 이름을 심체(心體)라 하니, 정욕(情欲)은 제멋대로 하고 의견(意見)이 횡행(橫行)하고 있습니다. 뒤에 태어난 소자가 감히 고론(高論)을 행하며 송유(宋儒)를 멸시(蔑視)하고 망령되이 자거(自居)함을 흉내 내니, 가만히 화가 미칠 것을 생각해보면 이 세상은 작지 않습니다.(《답이이수(答李以守)》,《나홍선집(羅洪先集)》331쪽)"

그 당시 많은 사람들은 진헌장은 언어가 현묘하고 공부가 정에 가까워 선종에 가깝다고 평가했다. 유독 나홍선만이 진헌장을 칭찬했다. 그는 진헌장의 학문에는 체와 용이 있다고 주장하였는데 체는 치허이고, 용은 치지라 했다. 치허는 심체와 우주의 광대한 허공(虛空)이 하나가 되는 것이고, 치지는 정에서 생겨난 단예(端倪)를 밖으로 내보내는 것이다. 치허 뒤에 미발지중이 있고, 미발지중 뒤에 발이중절의 화가 있다. 나홍선은 진헌장이 말하는 자연은 심체치허와 조물무실(照物無失)의 결합이다. 공부를 치허에 이용하면 심체가 허명해져 자연스럽게 만물을 비출 수 있다. 그리하여 그는 "백사선생의 학문은 자연을 종지로 한다. 그 덕에 도달하려면 반드시 동과 정을 따라야 한다.(《발백사화겸재시(跋白沙和兼齋詩)》,《나홍선집》684쪽)"고 했던 것이다.

나홍선의 귀적주정의 학술은 우주본체와 하나를 이룬다고 자부했다. 그는 치허는 우주와 심체의 본래 모습이라고 생각했다. "아직 느끼지 못하기 전에 고요함(寂)은 아직 늘어난 적이 없고 무념(無念)과 무지(無知)로 말미암은 후에 고요함이 있는 것은 아니다. 이미 감응한 후의 고요함은 아직 줄어든 적이 없으며, 유념(有念) 유지(有知)로 말미암아 마침내 고요함이 없는 것은 아니다. 이 허영불매(虛靈不昧)의 체(體)가 이른바 지선(至善)인데, 선악(善惡)이 상대적이라서 이를 평판하기에는 부족하다. 앎(知)이란 느낌에 접촉한 것이고 생각(念)이란 응함에 신묘한 것이다. 앎과 생각은 끊어졌다 이어졌다 하지만 이 고요함은 끊어졌다 이어졌다함이 없으며, 이른바 느낌(感)에는 만 가지 다름이 있으나 고요함이라는 것은 오직 하나일 뿐이다.(《답곽평천(答郭平川)》,《나염암집(羅念庵集)》 권1)"

적은 본래부터 그러하였고 무지무념(無知無念)이 하나도 증가할 수 없다. 적체감용(寂體感用)에서 감각의 유지유념(有知有念)은 하나도 줄어들 수 없다. 이러한 상태는 구체적인 기멸과 상대적이지 않는 절대이다. 지와 념은 이러한 적체가 외부의 자극에 대한 반응이다. 비록 반응이 있어도 적체는 한결같아 반드시 귀적으로 통감해야 한다. 나홍선은 적은 본체이고, 적은 감보다 먼저라고 생각했다. 느끼고 있을 때에 적체는 이러한 느낌 속에서 느낌의 주재가 된다. 그리하여 적체가 모든 것에 관통되었을 때 나홍선은 "적연의 것에는 선후, 중외(中外)가 없다. 그러나 느낌에서는 적이 먼저이다. 발에서는 적이 중에 있다.(《답항구동(答項甌東)》,《나념안집(羅念安集)》 1권)"라고 말했다. 이 느낌 속의 적은 곧 주돈이의 구체적인 동절을 초월한 '정(靜)'이고, 정이가 말하는 "동이자 정(定), 정(靜)이자 동"에서의 '정(定)'이다. 정정(靜定)을 하면 중(中)에 주(主)가 존재하고 어수선하고 소란스러운 사물에 의해 동요되지 않을 수 있다. 그리하여 느낌은 변동적이고 적은 영원하다. 느낌은 현상이고 적은 본체이다. 느낌에는 내외가 존재하고 적에는 내외가 존재하지 않는다고 했던 것이다.

적에는 동정, 내외는 없고 적체는 곧 주재이다. 나홍선이 말하는 귀적의 본의는 주재가 상명(常明)하고 중(中)에 주(主)가 있다는 것이다. 그는 다음과 같이 말했다. "대저 양지(良知)란 것은 무학무려(無學無慮)를 말하고 자연의 명각(明覺)은 대개 지선(至善)이라 말한다. 내 마음의 선(善)은 내가 이를 알거니와 내 마음의 악(惡)도 내가 아니 알지 못한다고 말할 수 없다. 선악이 뒤섞이니 어찌 중(中)을 위주로 하는 것이 있겠는가? 중은 주재하는 바가 없고 지(知)는 본래 항상 밝다고 생각하는데 아마도 옳은 것 같지는 않다. 지(知)에는 밝지 못함이 있고 이에 의거해서 행하나니 이미 발현한 후에 이치에 어긋남이 없어 사물에 순응하여 올 수 있다고 생각하는데, 아마도 옳다고 할 수 없을 것이다.

그러므로 지선지악(知善知惡)의 지(知)는 수시로 나오고 수시로 없어지니, 특히 한 때의 발현(發見)일 뿐이다. 한 때의 발현은 모두 가리킬 수 없는 것을 본체로 삼았으니, 자연의 명각(明覺)은 진실로 그 근원을 마땅히 돌이켜 구해야 한다. 대개 사람이 태어나서 고요함은 불선(不善)을 갖고 있지 않고 선이 움직인 망령됨은 없다. 주정(主靜)이 그것을 회복하니, 도(道)는 이에 응기어서 흐르지 않는다. 정신이 발현하면 지(知)가 되고 양지(良知)라는 것은 고요하면서 밝은데 망동(妄動)이 그것을 섞어서 무릇 잃기 시작하면 회복하기 어렵다. 그러므로 반드시 거두어들이고 한 데 모으는(收攝保聚) 공부가 있어 몸과 마음을 단련하고 길러 충분히 도달하는(充達長養) 지경으로 여겨 뒤에 안정(定)·고요함(靜)·편안함(安)·깊이 생각함(慮)은 이로 말미암아 나오니, 반드시 가정과 나라 그리고 천하는 느낌이 바르지 않음이 없고 일찍이 사물이 움직인 적이 없어 마침내 격물(格物)이라 말한다. 대개 거처한 곳은 사리에 맞지 않음이 없으나 후에 지(知)는 밝지 않음이 없었고 이 치지(致知)는 반드시 격물(格物)에 있는 까닭으로 격물이 된 후에 지지(知至)가 된다. 그러므로 치지(致知)란 그 고요함이 없고 움직임이 있는 것에 이른다.(《갑인하유기(甲寅夏遊記)》,《나홍선집(羅洪先集)》81~82쪽)"

양지는 지선지악할 수 있다. 그러나 양지가 망념의 영향에서 벗어나 선악을 정확하게 판단하게 하려면 반드시 귀적주정, 수섭보취(收攝保聚)하는 공부가 있어야 한다. 그래야 양지가 충분히 자라서 항상 정명한 상태를 유지할 수 있다. 그리하여 격물이란 곧 귀적의 과정이고, 치지는 적체에 대한 획득이다. 이게 바로 나홍선 학설의 종지엿다. 또한 그가 "학문에는 한마디로 다 개괄할 수 있는 게 있다. 예로 정신을 수렴하여 한 곳에 귀결시키면 만물만사의 주재로 될 수 있다. 이러한 것들은 한마디로 개괄할 수 있다.(《여소운고(與蕭雲皐)》,《나홍선집》246쪽)"라고 말했던 이유이기도 했다.

2. 현성양지(現成良知) 학파에 대한 부정

나홍선의 귀적주정의 학설은 양지가 적체에 되돌아오는 과정을 격물치지로 한 것인데, 다시 말해 양지는 반드시 실제단련을 거쳐야 얻어질 수 있다는 뜻이었다. 그리하여 그는 왕용계의 "현성양지(現成良知)"를 반대하고 "선천심(先天心)은 본래부터 바르다"

라는 것을 반대하였던 것이다. 왕용계는 선천의 심체에 근본을 세우고 후천공부는 의가 선천양지에 섞여 들어오는 통로를 차단시켜 양지가 발용, 유행되게 하는 것이라고 주장했다. 이는 곧 "선천으로 후천을 통솔하는 것"이었다. 나홍선은 왕용계의 이러한 종지에 동의하지 않았다. 두 사람은 비록 돈독한 우의관계를 유지하였지만, 선천정심과 후천귀적 주정에 대한 변론이 끊이지 않았다. 나홍선은 왕용계를 "용계의 학문은 오랜 시간을 거쳐야 상세하게 이해할 수 있다. 그러나 그 공부에는 쓸 수 있는 것이 하나도 없다. 그리하여 '양지로 "치양지" 한다'고 할 수 있다. 이는 도가의 '선천으로 후천을 억제하는 것'과 같은 뜻이겠다. 비록 이는 왕양명선생의 입을 통해 전수받은 내용이라 하지만 대체로 불씨(佛氏)를 근거로 한다.(《여쌍강공(與雙江公)》,《나홍선접》185쪽)고 했던 것이다. 나홍선은 "양지로 "치양지" 한다", "천으로 후천을 억제하다"라는 것으로 용계학문의 진정한 뜻을 폭로하였다. 나홍선은 선천정심은 불교에서 온 것인데 후배들을 가르치기에는 역부족이라고 생각했다. 그러다보니 후학에서는 공부수양을 버리고 직접 본체를 받아들이게 되었다.

왕용계는 왕양명이 주장하는 양지의 도심의 의미에 대해 신경을 썼다. 그는 양지는 천명의 성과 소성의 각의 합일로서 내외가 없고 적감이 없다고 생각했다. 이러한 일념의 영명을 잊지 않는 것이 곧 치지이고 격물이고, 혹은 양지가 본심의 묘를 완전히 다하지 못했을 때 지식의 의견을 섞어 넣으면 이는 이학(異學)이며 속학(俗學)이 된다고 생각했다. 양지를 넘치게 믿을 때 '의'는 곧 양지의 유행이고, 견은 양지의 참조이며, 완전히 양지 하나만 있게 되는데, 나홍선은 왕용계의 이 말은 양명학의 일부만 계승한 것이라고 생각했다. 왕양명은 비록 양지를 천명의 성이라고 하지만 이 성은 반드시 수섭(收攝), 보취(保聚)를 거쳐야 한다면서, 그래야 지지(止之)의 공부가 현실의 도덕행위의 근거가 될 수 있다고 했다. 천명의 성, 본유의 선은 이론적인 것이고 추상적인 것이고, 지지선(止至善)의 공부는 실천적이고 구체적이었다. 《대학》의 종지를 한가지로 귀납하면 곧 지어지선(止于至善)인데, 그 공부는 모두 멈춤에 있는 것이다. 나홍선은 사람의 호리, 호화(好貨), 호색 등 갖가지 정감욕망은 태어날 때부터 갖고 있던 것으로 이는 시종 사람의 양지에 충격을 가하고 있다면서 이를 제지하여 선천양지에 복종시켜야 선천의 것이 현실에 수용될 수 있다고 주장했다. 그는 용계를 배척하며 말했다. "지금 '너는 양지가 유행이 지났다고 믿고 의(意)는 곧 양지(良知)의 유행(流行)이며 견(見)은 곧 양지의 조찰(照察)

이다'라고 운운하며 말했다. 대저 이익과 욕심의 견고함으로 인해 그것을 막지만 오히려 막아내지 못할까 두렵다. 그러나 욕심이 그 지(知)가 발동한 것을 놓아주는 것을 심체로 여긴다. 혈기가 들 떠 올라가기 때문에 그것을 수렴하여도 오히려 안정되지 못할까 두렵다. 그러나 욕심이 그 의지가 가는대로 맡겨 버리는 것을 공부라고 생각한다. 난관을 두려워하고 한 때의 편안함을 탐하는 사람은 편안하게 쉽게 따라 행하는 것을 취한다. 작은 것을 보고 신속하려 하려는 사람은 스스로 믿는 것을 주로 견지한다.....천하의 사람들로 하여금 마침내 공허하여 돌아갈 곳이 없어 아무 것도 꺼릴 것이 없이 몹시 거칠고 사납게 구는 데에 이르게 하면 그 탐닉의 얕고 깊음을 나는 속학(俗學)에서 어찌 생각하는지를 알지 못한다.(《갑인하유기(甲寅夏遊記)》,《나홍선집(羅洪先集)》73쪽)"

다시 말해 왕용계가 생각하는 선천의 양지를 귀적주정의 공부로 "빛나게 갈아놓지 않으면" 반드시 이욕과 혈기가 섞여들어 사람으로 하여금 이욕을 혼동하고 귀속이 없이 유동하는 경지에 놓이게 할 수 있다. 그리하여 선천의 양지는 반드시 귀적주정의 공부가 있어야 한다는 것이다. 그는 "지금의 양지를 위주로 한다면 성인의 경지에 들어설 수가 없을 것이다"고 했다. 그리고는 "매일 수섭(收攝), 보취(保聚)의 공부를 그렇게 하여 정신을 귀일시키고 항상 허정(虛靜)하고 매일 정건(精健)해야 한다. 절대 지금의 상황을 충분하다고 생각해서는 안 된다.(《갑인하유기(甲寅夏遊記)》,《나홍선집》86쪽)"고 했던 것이다.

나홍선의 일생동안 추구했던 학술종지는 바로 여기에 있는 것이다. 그가 이 학설을 제기한 연유는 절중 왕문, 특히 왕용계의 순전히 선천에 맡겨두는 것을 계승하였다. 그리하여 응집하고 연마하는 공부를 특히 많이 강조하였다. 그리고 그는 자신이 심혈을 기울여 학문을 세우게 된 원인을 명백하게 설명하였다. "34년 동안 일찍이 '주정(主靜)'이란 한 마디 말로 양지(良知)를 말한 것을 고(告)한다. 양지는 진실로 품수(稟受)의 자연에서 나왔다고 여겼으나 아직 형적이 아주 없어진 적은 없다. 그러나 항상 어린아이 때와 같이 유행(流行)시키고 발현시키려고 하였으나 반드시 그곳에 이르는 공부가 있어야 했다. 초췌하고 적막함의 뒤를 거치지 않고 일체 물러나 들으니 천리(天理)는 밝게 빛났고 여기에 미치기 쉽지 아니하니 양명(陽明)의 용장(龍場)이 이러하다. 학자들은 용장의 징창(懲創, 잘못을 뉘우치도록 꾸짖어서 경계하는 것)을 버리고 단지 만년의 숙화(熟化)만을 이야기 하였으며, 이를 비유하면 만 리를 달리는 사람이 험한 곳을 밟았다가 깊은 골짜

기에서 나올 수 없어 아홉 군데로 통하는 큰길 중의 한 길[九達之達]과 같으니, 어찌 밀랍 등에 그칠 뿐이겠는가!(《기사고천(寄謝高泉)》,《나염암집(羅念庵集)》권2)".

그는 현성양지를 인정했다. 그러나 그는 현성양지는 사람이 태어나서부터 사욕에 전염될 수 있기에 갓난아기 때와 같을 수 없기에 반드시 귀적보취(保聚)의 공부가 있어야 한다고 생각했다. 왕양명은 용장에 있을 때의 동심인성(動心忍性)은 그가 장기간 의지를 연마하고 지식을 확충한 결과였다. 그러나 왕용계는 현성양지를 견지하고 단련, 연마의 공부를 포기한 채 직접 왕양명이 만년에 획득한 성숙된 경지를 추구하려 하였다. 소위 이런 간단하고 쉬운 공부에는 순서를 지키지 않고 등급을 건너뛰는 폐단이 존재하는데, 나홍선은 이러한 폐단이 생기게 된 데에는 주로 두 가지 원인이 있다고 생각했다. 하나는 왕양명이 초학(初學)에 대한 요구가 낮고 깊이 지도하지 않았기 때문이고, 다른 하나는 후학이 높은 수준만 추구하고 계승에 소홀히 하였기 때문이다. 이러한 문제에 대해 그는 적절한 지적을 한 적이 있다. "양지(良知) 두 글자는 양명(陽明)선생이 일생동안 경험한 뒤에 얻은 것으로 믿지 않거나 의혹하지 않아서 논란이 되었다. 마음에서 발현한 것이 한결같이 아는 바와 호응하지 못한다면 곧 그 본래의 뜻이 아니다. 당시에는 처음 배우는 사람들이 쉽게 이해하도록 현재양지의 드러남과 쓰임을 가리켜서 증거로 삼은 것을 피하지 못하였다. 자득(自得)에 이르러서는 진실로 계속 잘못을 행해서는 안 된다. 그러나 여전히 그 말한 것으로 인하여 비슷한 뜻을 빌려서 구실로 삼아 사람들로 하여금 미치고 방자해지도록 만든다면 양지 본래의 뜻을 잃어버리고 또 멀어지게 된다.(《기장수야(寄張須野)》,《나홍선집(羅洪先集)》416쪽)".

여기서 나홍선은 왕양명의 양지와 후학에서 말하는 양지는 근본적으로 다르다고 제기했다. 그건 바로 간고함을 견디고 획득한 것과 계승의 어조, 귀적보취(歸寂保聚) 이후의 결과와 자연 그대로 따르는 것, 구체적인 지정의의 결합과 추상적인 천명의 성이다. 앞에서 말했듯이 왕양명의 양지에는 그가 일생동안 추구했던 정신적인 명맥이 들어있다. 본래부터 존재하던 양지는 장기적인 의지의 단련과 지식의 확충, 개척과 결합되었다. 이 양지는 '천리'가 마음에서의 자각일 뿐만 아니라, 구체적인 실천에서 천리의 운용 및 실천결과의 평가, 감수 등 일련의 활동을 종합한 것이다. 왕양명은 이러한 것들을 제자에게 가르쳐주었다. 그러나 이러한 취합상태의 복잡한 양지계통은 그의 제자들의 지식배경과 실천경험에 따라 다르게 희석되고 해석되었다. 양지의 내용 전부를 연마하고 체험하지 않고 심지어 양지를 구실로 삼고 이를 제 마음대로 행하는 사람도 있었다. 나홍선은 "왕양명이 '즉사궁리(即事窮理)'라는 부분을 제거하면서부터 대부분 학자들은 마음대로, 제멋대로 하는 것을 양지로 하고 자세히 그리고 정성을 다해야 할 부분에 대해서는 무관심하였다.(《답유여주(答劉汝周)》,《나홍선집》 278쪽)라고 말했다. 만년에 경지가 성숙된 사람은 초학의 사람들에게 말보다는 실제공부에 대해 더 많이 가르쳐야 한다고 했다. 나홍선은 왕용계에게 편지를 보내 직접 그에게 권고를 한 적도 있다. "귀한 보배일수록 쉽게 다루어서는 안 된다. 단가(丹家)의 이 말은 이것과 많이 비슷하다. 예로부터 성인에게는 수렴보취의 방법만 있었고 그들은 이를 쉽게 다루지 않았다. 그리하여 '긍긍업업하면서 일생을 보냈다'라는 말을 하기도 하였다.(《기왕용계(寄王龍溪)》,《나홍선집》 216쪽)" 여기서 말하는 귀한 보배는 곧 양지였다. 보배를 쉽게 다루어서는 안 된다는 말은 현성 양지를 쉽게 보아서는 안 되고 반드시 수섭, 보취의 공부가 있어야 한다는 말이었다.

왕용계의 학문은 고명하고 쾌청했다. 이는 강우학파의 많은 학자들이 깊고 독실한 경향과는 많이 다른 것이었다. 그는 자신에 대한 강우학파 학자들의 비판에 대해 별로 개의치 않았다. 그는 나홍선의 "수섭보취"의 종지를 반대하였는데 이는 양지를 충분히 신임하지 못한 결과라고 하면서 양지현성을 믿지 못하는 것은 나에게 본래부터 존재하였던 진짜 성정을 직접 감당할 수 없는 것이라고 생각했다. 왕용계는 나홍선과 직접 만나서 변론을 벌리기도 했다. 세상 사람들은 다른 사람들의 눈과 입을 의식하고 아첨하는 세계가 형성되었다. 이는 자신의 양지를 믿지 못하는 표현이라고 보았다. 그는 이런 아첨하는 세계를 타파하고 자신의 진정한 생명으로 세상을 살아야 한다고 주장하였다. "조화의 자루는 내가 쥐고 있다. 가로와 세로, 굽음과 곧음, 좋고 나쁘고, 높고 낮고 어떻게 하던지 다 된다." 그리하여 왕용계는 "생명을 위하여 생명을 다해야 한다"고 말했다. 이는 곧 맨몸뚱이로 모든 나쁜 관습을 타파하고 자신과 모든 가족의 목숨도 돌보지 않아야 자기의 신정한 성정을 유지할 수 있다는 말이다. 그는 학문에서는 반드시 진짜 성을 알고 독왕독래(獨往獨來)하여야 진짜 성이 계속 나타날 수 있으며 아첨에 빠지지 않을 수 있다. 그러나 나홍선은 왕용계의 이런 독왕독래의 정신을 반대한다. 나홍선은 이렇게 하면 제멋대로 하고 자기 생각대로 하게 되고 도덕수양을 포기할 수 있다고 생각했다. 그는 왕용계의 이러한 말들은 모두 "양지의 불성(佛性)에 직임(直任)"하는 "종교어(宗敎語)"라고 생각하였다. 이러한 방법은 "시비호추(是非好醜)를 따지지 않고 거꾸로 하면서 견성하였다고 생각하나, 사실은 무기탄(無忌憚)한 소인이 되고 말 것이다.(《기해동유기(己亥冬遊記)》,《명유학안》412쪽)"..

왕용계가 주장하는 현성양지는 쉽게 사적인 생각에 뒤섞이거나 은닉될 수 있기에 그는 귀적보취의 공부를 강조하였다. 나홍선의 《양지변(良知辯)》에는 그와 왕용계가 이 문제를 가지고 변론하였던 내용이 기록되어 있다. "용계자(龍溪子)가 말하였다. '양지(良知)란 감응하여 접촉하고 신응(神應)하여 평범한 남자와 여자는 성인(聖人)과 같다. 어찌 고요함으로써, 어찌 다잡는 것(收攝)으로써 하려하는가?' 나는 대답하지 못하였다. 얼마 안 되어 배가 고파 먹을 것을 찾자, 용계자가 말하였다. '이것이 모름지기 고요함이 아닌가? 모름지기 다잡는 것이 아닌가?' 내가 말하였다. '이와 같다면 어찌 학문에서 취하는가? 도철(饕餮, 전설상의 흉악하고 탐식하는 야수, 탐식하는 사람)과 예식(禮食)은 진실로 분별할 수 없는 것인가?'(《나홍선집(羅洪先集)》16쪽)"

배가 고파서 음식을 찾는 것은 자연적인 것으로 이에 대해 점검을 하지 않아도 자연히 반응할 수 있다는 것이다. 왕용계는 양지가 외적인 물체를 감응하는 것은 배가 고플 때 음식을 찾는 것과 같은 자연적인 과정이라고 생각했다. 성인과 일반인은 모두 이러한 본능을 갖고 있다. 그리하여 이에 대해 귀적, 수섭의 공부를 진행할 필요가 없다고 했다. 그러나 나홍선은 사람의 본능적인 반응은 도덕이성의 관리를 거치지 않아도 되는 것이 아니라고 주장했다. 이러한 관리의 표준은 천연적이지 않다. 그리하여 배가 고파서 음식을 찾는 행위는 본능적이고 천연적인 행위로서 이에 대해서는 조찰을 진행할 필요가 없다는 것이다. 그러나 이를 먹는 것이 예에 어긋나지 않는가 하는 것은 반드시 도덕이성이 관통되어야 한다면서, 도덕이성의 정명과 외부사물에 대한 반응의 합리성은 수섭과 보취의 결과라고 했다. 이(도덕이성), 기(감성욕구), 지(志), 욕(慾)의 합리적인 조절은 모두 학습을 통해 온 것이지 자연능력의 성취가 아니라면서 그는 다음과 같이 말했다. "사라지게 해서는 안 될 것은 이(理)의 상도(常道)이니, 이것을 성(性)이라 한다. 정하기가 쉽지 않는 것은 기(氣)의 움직임 때문이니, 이를 욕(欲)이라 한다. 감히 잊지 못하는 것은 지(志)의 엉김과 명(命)의 주재함이니, 이를 학(學)이라 한다. 제 마음대로 하여 변욕(辨欲)을 알지 못하니 그것을 잃어서 망령되이 될 것이며, 배움을 말하나 본래의 진성(眞性)이 아니니 그것을 잃어서 끊어질 것이며, 성을 말하나 배움에 힘쓰지 않으니 그것을 잃어 탕진할 것이다.(《양지변(良知辨)》,《나홍선집(羅洪先集)》17쪽)"

여기서 나홍선의 귀적주정의 종지는 감성욕구 가운데서 이성원칙의 주재와 통솔 작용을 강조한다는 것을 알 수 있다.

　　나홍선과 왕용계의 토론은 아주 중요한 철학문제를 포함하고 있다. 그건 바로 도덕이성과 천연본유의 감성욕구 사이의 관계이다. 이는 유학 내부에서 그리고 유학이 다른 학파와 장기간 논쟁하던 문제이다. 이 문제는 송명이학 가운데서 역사상 유례없던 첨예(尖銳)하고 직접적으로 제기되었다. 왕용계의 의견에 의하면 도덕이성은 사람의 정신생활의 여러 요소 가운데서 가장 직접적이고 강대한 내용이었다. 이는 시종 낭현(朗現)되고 감조(鑒照)되며 생발(生發)하게 된다. 감성욕구도 없어서는 안 되는 존재이다. 도덕이성의 낭현, 생발과 비교했을 때 감성욕구는 다음으로 중요한 것이었다. 감성욕구는 도덕이성의 유행에 잠기고 매몰될 수 있는데, 도덕이성이 생겨날 때에 감성욕구는 단절되고 차단될 수 있다는 것이다. 그러나 자신의 도덕이성을 충분히 신임해야 하고 도덕이성이 감성욕구를 침식시킬 수 있는 힘이 있다는 것을 믿어야 한다고 했는데, 이게 바로 왕용계가 말하는 "양지로 "치양지" 하는 것"이었다. 그는 왕야명의 "입을 열면 곧 본심을 얻게 되니 가차((假借)나 주박(湊泊)이 필요 없다"라는 말을 가슴에 깊이 새겨두었다. 그의 근본적인 방법은 모든 인연을 내려놓고 본연의 양지를 직임하며 도덕이성의 본체에 침투하고 방애하는 모든 것들을 차단해야 한다고 하여 그는 나홍선의 "견지를 벗어나지 못하면 진짜에 가까울 수 없다"라는 주장을 비판하였다. 또한 이 점 때문에 왕양명은 왕용계의 방법은 양지가 살짝 가려진 상근인(上根人)에 입교(立敎)하였다고 말했다. 그러나 나홍선은 양지는 도덕정감이고 이는 미약하기에 충양(充養)을 시켜야 광대해질 수 있다고 생각했다. 도덕정감은 연마와 단련을 거쳐야만 이성적인 범위에 진입할 수 있으며, 도덕이성의 획득은 선천과 후천이 결합되는 과정으로서 그 가운데서 가장 중요한 것은 후천적인 작용이라 했다. 양지에 대한 후천적인 충양은 반드시 감성욕구와의 박전(搏戰)에서 진행되어야 한다는 게 바로 송유학자들이 말하는 이를 보존하고 욕망을 제거하며, 복성하고, 기질을 변화시키는 등의 공부였다. 나홍선은 그가 고수한 이론은 송명시기의 대부분 유학자들이 강조하는 방향과 일치한다고 주장했다. 그러나 왕용계의 방향에는 선종의 "당기횡행(當機橫行)", "당하즉시(當下卽是)" 등의 내용이 섞여 들어가 있었다. 그리하여 나홍선은 왕용계를 "매일 본체를 얘기하였으나 공부를 언급하지 않았다. 공부라는 이야기만 나와도 외도(外道)라고 지적했다. 왕양명선생이 회생하면 아마 미간을 찌푸리며 불쾌해하였을 것이다.(《기왕용계(寄王龍溪)》, 《나홍선집》 213쪽)"라고 비판했다.

　　나홍선의 귀적주정의 학설은 도덕이성과 도덕정감에 대한 구분, 그리고 도덕이성의 획득에 있어서 반드시 실천의 체련, 보취의 과정을 거쳐야 한다는 내용에 대한 강조는 강우의 여러 학자들, 전반 명나라 공부파에서도 특히 돌출했다. 이 점은 이후의 유종주, 황종희가 명나라 학술을 총정리 하는 시각을 제공하였다.

3. 나홍선이 일생 동안 추구했던 이론의 발전과정 및 강우학파에 대한 초월

　　나홍선은 주정(主靜)을 종지로 하고 양지에 대해 수섭, 보취해야 한다고 주장하였는데 이는 왕학에서 공부를 포기하고 본체를 담당하며 스승의 학설을 계승할 때 간단한 것만 계승하는 폐단을 바로 잡기 위함에서였다. 이러한 학술의 종지를 확립한 것은 그가 반복적으로 체험하고 사고하며 실천했던 결과였다. 그 과정에는 다른 발전단계와 치중하는 점이 있었다. 그의 학술에는 천연자득에 맡겼다가 다시 실제체험에 힘썼다가 또 주정에 복귀하고 마지막에 양지를 천지만물에 관통시켜 심체를 본연의 성(誠)으로 하는 이러한 발전과정이 존재했다. 황종희는 나홍선의 학문에 일어난 변화의 대략적인 요지를 평가할 때 이 과정을 "처음에는 천리에 힘쓰고, 중기에는 적정에 귀섭(歸攝)하고, 만년에는 인체(仁體)를 철저히 깨달았다.(《명유학안》 388쪽)"고 개괄했다. 이 관점은 나홍선의 사상을 이야기하는 사람들에 의해 계승되었다. 그러나 이 관점에서는 나홍선이 천리에 힘쓰기 전의 학술경향에 대해 언급하지 않았다. 이러한 경향에 대해서는 나홍선의 오랜 친구인 섭표가 상세하게 설명하였다. "대저 젊은 나이에 도달한 학문은 탈화(脫化, 낡은 형식에서 벗어나 새롭게 변함)와 융석(融釋(의혹 · 의심 따위가 깨끗이 풀림)을 너무 빠르게 구하는 데서 병이 났다. 대저 탈화융석은 원래 공부하는데 가장 중요한 글자가 아니며, 공부가 무르익은 후의 경지이다. 그러나 그것을 구할 때 신속하게 하기 때문에 그러므로 드디어 자호(慈湖, 양간을 말함)의 설이 들어오게 되어, 현재 있는 것을 충분히 갖추고 있는 것으로 여기고 지각(知覺)을 양지(良知)로 여기고 불기의(不起意)를 공부로 여기고서 초돈(超頓)을 즐겁게 여기면서 난고(難苦)를 비루하게 여기고 허견(虛見)을 숭상하면서 실공(實功)을 간략하게 하였다. 스스로 벼랑에 매달려 잡고 있는 손을 놓고 도처에 널러있는 황금이라 하였으며, 육경사서(六經四書)에서 한 글자도 마음에 든 적이 없었다. 정백(精魄 죽은 사람의 넋)을 희롱하며 '자득했다'고 하였으니, 이와 같이 한 것이 10년이었다. 사정이 어렵고 복잡하여 엎어지고 자빠짐[盤錯顚沛]에 이르러 그 경우가 그릇됨에 직면하여 어이없게도 의탁할 데가 없으니 주공(朱公)의 곡(哭)을 통곡하지 않을 수 없다. 얼마 안 되어 황홀하게 스스로 깨달아 《역(易)》을 살펴보고 《대학(大學)》·《중용(中庸)》을 살펴보고 몸과 마음을 살펴보고서야 마침내 배움(학)에는 본원(本原)이 있다는 것을 알았다. 마음은 안에서 주재하고 고요함은 느낌으로 통하고 머무름은 생각을 발동하니, 존재하지 않은 곳이 없다. 그러나 그것을 존재시키고 그것을 양육하는 것은 그곳에 머물러 움직이지 않고 그 그림자를 움직이고 비추고 발현한다. 발현함에는 동정(動靜)이 있으나 고요함에는 동정이 없다. 이에 한결같이 마음을 씻고 물러나 은밀한 곳에 숨는 것(洗心退藏)을 위주로 하고 허적미발(虛寂未發)을 중요하게 여기며, 최고의 경지를 지우고 매일 하늘의 정기를 보며 속된 것을 보거나 듣지 않는다. 이는 그가 근자에 근본으로 돌아가고 복명(復命)하며 쓰라린 고생을 감수하였으니, 역시 거의 그렇단 말인가?《기왕용계(寄王龍溪)》, 《나홍선집(羅洪先集)》 268쪽)"

섭표는 편지에서 탈화(脫化), 융석(融釋)이 너무 빨라서 양견(楊簡)의 학문에 속하게 된 단계도 있다고 명확하게 말했다.

그 외에 나홍선의 제자인 호직(胡直)은 《나홍선집》 부록에서 나홍선이 일생동안 추구하였던 학문의 변천과정에 대해 서술하였다. "바야흐로 양지(良知)의 학문은 이미 흘러 지나갔지만 학문이 높은 사람은 고요히 비치는 데에 의지하여 '여기에 있다'고 말하며, 그 다음은 혹 기기(氣機)를 양지의 유행(流行)이 된다고 인식하기도 한다. 선생님(나홍선)은 처음으로 그것을 의심한 적이 있으나 얼마 안 되어 후회하며 말하였다. '오직 무욕(無欲)한 후에 입이(入微, 매우 치밀하거나 깊은 경지에 이르다)한다. 오직 깊은 경지에 이른 후에 뛰어나지 않음이 없음을 안다.' 지금 모두 욕기(欲機)로써 미체(微體)와 합치게 되면 장차 도심(道心)을 구하려고 하여도 얻을 수 없다. 그러므로 이미 장성한 후에 그 학문은 한결같이 무욕(無欲)을 주로하고 주정귀적(主靜歸寂)을 들어 수천언(數千言)을 분별하여 대답하니, 요지는 모두 그 뜻을 넘지 않았다. 힘써 실천한지 20여 년 연후에 넓고 크게 깨달았고 비가 세차게 내리듯 진리를 얻으니 비로소 스스로 미혹되지 않는 처지를 믿었고 저술한 《이단론(異端論)》은 대개 그것을 자신의 것으로 만든 것이다. 그것을 가르치고 배우는 자들은 항상 고요함이 없고 움직임이 있는 말에서 증거를 취한다. 오래지나 덕(德)과 연륜이 모두 함께 가니, 곧 말하였다. '이는 처음부터 대저 존재하는 것과 존재하지 않는 것이 있지 않았으니, 또 어찌 대저 동정(動靜)의 유무(有無)가 있겠으며, 적감(寂感)의 선후(先後)가 있겠는가?' 지극히 미묘하고 한결같아 위로는 천덕(天德)에 도달하여 천박한 학자가 헤아릴 수 있는 것은 아니었다. 일찍이 그것을 시험 삼아 살펴보니, 평생의 학문은 무릇 세 번 변하고 문채가 났는데 역시 그것으로 말미암았다(《나홍선집(羅洪先集)》 부록, 1,046~1,047쪽)"

섭표와 호적은 모두 나홍선과 동일한 시대를 살았던 사람들이다. 그리하여 그들의 개괄이 황종희보다 더 정확하다고 말할 수 있다.

그 외에 《나념암집(羅念庵集)》에서 그가 초기에 주장했던 경임(徑任)양지에 관한 얘기들을 찾아볼 수 있다. "진실하게 믿어 지선(至善)을 얻는 것이 나에게 있어 밖에서 구하는 것을 빌리지 아니하니, 곧 시시각각으로 여러 사물에 나타나 있어 극히 작은 것이라도 안배하고 늘어놓는 것을 힘쓰지 않았다.(《명유학안(明儒學案)》 392쪽)"

또한 《여림감산서(與林研山書)》 중에 또한 다음과 같이 말했다. "양지(良知)로 여기는 것 외에 오히려 이른바 의리(義理)라는 것이 존재하고 있으니, 이는 오히려 원조하고 긁어모으는 병폐를 면하지 못한 것과 같아 아마도 스스로의 믿음에 역시 멀어진 것이 아닌가? 견문(見聞)이 함께 하지 아니하고 홀로 진성(眞誠)에 맡기면 죽기로 맹세하지만 더욱이 벗어날 생각이 없고 스스로 호걸이 아니니, 그 누가 이것을 맡을 수 있겠는가?(《나홍선집(羅洪先集)》 291쪽)"

왕용계와의 편지에서 또 말했다. "오늘날의 학문은 다른 것이 없고 오직 시시각각으로 양지(良知)에 곧바로 맡겨서 아무런 작용을 하지 않고 움직이지 않는 것을 본체(本體)로 삼으니, 역시 진보(進步)할 수 있는 점을 깨달았습니다. 다만 염두에 둘 것은 당시 다시 일어선다고 해도 단편을 모두 이룰 수 없습니다. 대저 간절하고 절실하여 스스로 본체에서 열심히 공부하였다고 할 수 있습니다.(《여왕용계(與王龍溪)》, 《나홍선집(羅洪先集)》 208쪽)" 이러한 재료들은 나홍선이 청년시절에 확실히 양지만 독임(獨任)하고 귀적을 홀시하였던 시기가 있었다는 것을 설명한다. 이 시기는 대략 그가 황홍강(黃宏綱), 하정인(何廷仁)을 스승으로 모시고 왕양명의 '치지'를 연구하였던 10여 년 간이었다. 이후에 그는 초기의 방임이 잘못되었다는 것을 알고 천리를 중시하기 시작했다. 나홍선은 20여 살 때, 이중(李中)을 스승으로 모셨고 청년시절에는 주자의 학문을 배운 나륜(羅倫)을 존경하였다. 이 두 사람의 학문은 모두 천리를 중시했다. 그리하여 청년시절의 나홍선에게 일정한 영향을 끼치기는 했다. 그러나 이는 나홍선에게 왕학만큼의 흥미를 불러일으키지는 못했다. 나홍선의 천리는 주자학의 천리, 왕양명의 천리와 달랐다. 주자학의 천리는 실제 사실을 고찰하는 것을 중히 여기고 분수의 이를 정밀하게 연구한다. 왕양명의 천리는 양지가 알고 있는 선악을 근거로 실제에서 선을 위해 악을 제거하는 공부를 한다. 그러나 나홍선의 천리는 실천가운데서 양지를 체득하여 행위의 준칙을 확립하는 것을 말한다. 그는 "학문은 반드시 정에서부터 시작되어야 한다. 힘든 생각, 불욕(不慾)의 생각은 반드시 어디에서 생겼는지 알아보아야 한다. 만약 이를 감당할 수 없다면 이는 곧 불을 두려워하는 금과도 같은데 여기에는 반드시 동, 연, 석, 철이 섞여 들었을 것이다. 따라서 감싸고 용인하지 말아야 한다. 그 외에는 이를 질책할 수가 없다.《여왕유훈(與王有訓)》,《나홍선집》233쪽)"

　　그 외에 나홍선의 자술에서 그의 사상에 일어난 변화를 알 수 있다. 그는 다음과 같이 말했다. "옛날에 학문을 담론하는 자들을 보았는데, 모두가 말하였다. '지선지악(至善至惡)은 곧 양지(良知)이며, 이것에 의지하여 그것을 행하면 곧 양지이다.' 내가 일찍이 이를 좇아 힘을 썼지만 마침내 들어 온 것이 없었는데, 대개 오래 지난 후에 이를 뉘우쳤다. …… 한 두 해 지나는 동안 이전과 또 구별되었다. 당시에는 수섭보취(收攝保聚)하는 것에 치우쳤다. 대개 내 마음의 본래 모습을 안다는 것은 오히려 다 모르는 것이다. 고요함[寂]이 느낌 앞에 있다는 것은 느낌이 고요함으로 말미암아 발현되기 때문이다. 대저 느낌은 고요함으로 말미암아 발현된다고 말함은 맞는 말이지만 그러나 고요함을 가지는 데에는 장소가 있다는 것을 면하지 못하며, 고요함이 느낌 앞에 있다고 말하는 것은 맞는 말이지만 그러나 느낌을 가리키는 데는 때가 있음을 면하지 못할 것이다. 피차가 이미 나누어져 동정(動靜) 둘이 되었으니, 이는 곧 두 씨(氏)가 매우 그르다고 하여 치우친 견해로 여겨 도(道)를 해친 것이니, 내가 견고하게 믿고 그것을 굳게 지켜야 한다. 그 유폐(流弊)는 반드시 나를 위해서는 지극히 중요하고 사물에 응대하는 것에는 소홀하지만 대개 오래 지나서 다시 그것을 의심하였다. …… 마음[心]이라함은 지신(至神)인 것이다. 무물(無物)에서 이를 보면 진실로 아무것도 존재하지 않으며, 유물(有物)에서 이를 보면 진실로 빛나게 존재한다. 그것을 다 거두어들이려고 한다면 역시 어리석어 알지 못하고 변하지 않아 움직이지 않으며, 한 사물이라도 들어놓을 수 없다. 무물과 유물 두 사물을 사용하려고 한다면 역시 홀연히 여기에 있고 갑자기 저기에 있어 체(體)를 겸할 수 있으나 남기지는 못한다. …… 진적단예(眞寂端倪)로 하여금 과연 살펴서 알 수 있게 하여 움직임에 따라 고요함에 따라 드나듦이 없으며, 세계 물사(物事)와 대대(對待)를 이루지 않고 자기 지견(知見)을 의지하여 주재(主宰)를 이루지 않으며, 도리명목(道理名目)을 드러내어 증거와 해명을 낳지 않으며, 언어에 의지하여 정신을 발휘하여 첨가하지 않으니, 곧 이는 점차 스스로 믿을 수 있다. 과연 스스로 믿을 수 있다면 수섭보취(收攝保聚)의 공부는 저절로 준칙(準則)을 갖게 된다. 명도(明道, 정호)가 말한 적이 있다. '어진 본체[仁體]를 알아차리어 성실과 공경으로써 그것을 간직하고 모름지기 막거나 점검하여 끝까지 찾아서는 안 된다. 반드시 어떤 일이 있으면 마음을 단정하지 말고 잊지 말고 조장하지 말라. 일찍이 아주 작은 힘도 들인 적이 없다.' 이는 그가 간직한 도(道)로, 그 준칙(準則)을 단단히 하였다.(《갑인하유기(甲寅夏游記)》,《나홍선집(羅洪先集)》 83쪽)"

나홍선은 처음에는 "지선지악은 양지"라는 스승의 가르침을 따랐다. 그러나 그는 마음은 당연히 선을 좋아하고 악을 미워할 수 있지만, 마음이 선악이 진짜 선악인지 판단하는 데에는 주관적인 생각이 섞여들었는지 알 수가 없기에 이때 마음에는 도덕표준이 확립되지 않았다고 생각했다. 선악의 판단에 이치에 어긋나는 것들이 존재하는지 그 여부를 알고 싶다면 반드시 주정귀적의 공부를 통해 시비를 판단하는 양지의 능력을 수습, 보취, 충양해야 한다. 이때에는 귀를 적의 전제로 해야 한다. 적은 감보다 먼저이고 감은 적에서 유발된다. 그리하여 적은 본체이고 감은 현상이며, 적은 절대적이고 감은 상대적이다. 적감, 동정을 두 개로 나눈 것은 동정무방, 적감일여의 원칙에서 벗어난 것이다. 그 유폐는 반드시 내 마음속의 적정을 중심으로 생각하고 행위를 소략하며 정을 좋아하고 동을 싫어하며 유행불식을 억제하게 된다고 했다. 후에 그는 또 이 공부의 폐단을 깨닫게 되면서 동정, 적감, 내외는 통일되고 동일하다는 걸 깨우쳤다. 만년에 그는 동정, 적감, 내외가 통일되고 동일한 마음을 본심으로 삼았다. 그는 그 가운데서 단예를 식별하고 인체를 증득(體證)하여 자신의 부족한 점을 깨달았기에 방검(防檢)을 하지 않아도 준칙이 있게 되었고 노력하지 않아도 자동적으로 유행이 불식하게 되었다. 이는 나홍선이 공부진로에서 겪은 몇 개의 단계였다. 그가 만년에 귀적주정과 현성양지가 합일을 이룬 경지에 도달하였다. 심체를 버리면서 도덕이성의 유래를 따로 찾지 않았고 현성의 양지를 믿고 따르지도 않았다. 그는 양지에 대한 유사천(劉師泉)과 왕용계의 다른 관점을 종합하여 자기의 마지막 소득을 고백하였다. "천고(千古)의 성현(聖賢)들은 다만 한 마음을 구별하여 도리어 이 마음을 바꾼 적은 없다. 사천(師泉, 유방채)은 창업하려고 끌어들이는데 급급하여 현재를 향유하지 못하였으니, 진실로 마음을 괴롭게 하는 말이지만 공중에 매단다고 이루지 못할 수 있을까? 단지 때때로 수섭보취(收攝保聚)의 공부가 없을 수 없어 정신으로 하여금 귀일(歸一)시키고자 할 뿐이니, …… 현재 멈추고 만족할 줄 알면 곧바로 맡길 수 없다.(《갑인하유기(甲寅夏游記)》, 《나홍선집(羅洪先集)》 86쪽)"

나홍선의 소득은 이미 추수익, 섭표 등 공부 수정파의 수준을 훨씬 초과하였다. 이러한 추월은 그가 기존 양지파벌의 학설 전부를 포기하지 않고 양지를 원천으로 하고 사람의 마음을 도덕이성의 근원으로 하는 이 점을 받아들였으며 동시에 이러한 근원은 반드시 귀적주정을 거쳐야 믿고 따를 수 있다고 강조하였다는 데에 있다. 본체와 공부를 똑같이 중시하였다. 그는 《독곤변록초(讀困辯錄抄)》의 서언에서 이러한 관점을 표명하였다. "내가 비로소 자필로 기록하였는데, 각 글자와 각 글귀마다 한결같이 적지 않게 마음에 어울리는 것이 없게 여겨진다. 지금부터 이를 보면, 역시 점차 구별됨이 있었다. 공(公, 섭표를 가리킴)의 말에, '마음은 안에서 주재하고 밖에서 응한 뒤에 밖에 있으며, 밖이 그 그림자다'고 말하였는데, 마음엔 과연 안팎이 있단 말인가? 또 말하였다. '발현하지 않으면 체(體)가 아니며, 발현하지 않을 때 나의 고요한 본체[寂體]를 본다.' 대저 발현하지 않음은 때가 아니다. 고요함은 체(體)가 없어 볼 수도 없다. 그것을 보고 인(仁)이라 말하고 그것을 보고 지(知)라고 하는데, 도(道)가 드물다. 내가 고요함을 보고 고요하지 않은 것을 생각하였기 때문에 이런 까닭으로 그 발현하여 자리를 벗어나지 않는 것으로 말하여 이를 고요함[寂]이라 하였으며, 그 항상 고요하면서 미세함에 통하는 것으로 말하여 이를 발현[發]이라 하였다. 대개 원래는 경계하고 두려워할 수 있으면서 생각과 행위를 캐어보면 가리켜서 남에게 보여줄 수 있는 것이 실제로 있는 것이 아니다. 그러므로 거두어들이고 한데 모아서 고요하다고 말할 수 있으나 고요한 본체[寂然之體]라고 말할 수는 없다. 희노애락(喜怒哀樂)은 때를 말할 수 있으나 미발의 중(中)이 없다고 말할 수 없다. 왜일까? 마음은 때가 없고 역시 체도 없어 본 것을 잡은 후에야 가리킬 수 있다.(《독곤변록초서(讀困辨錄抄序)》, 《나홍선집(羅洪先集)》 474~475쪽)"

나홍선이 보기에 섭표의 마음은 주로 안쪽의 것을 말하고 마음 밖에 것들은 모두 그 그림자였다. 적을 체로 미발을 일정한 시간 가운데에서 한 토막으로 보는 것은 모두 내외체용을 분리시키고 무방소(無方所), 무형체(無形體)의 마음에 방소가 있고 형체가 있다고 고집하는 것이었다. 나홍선은 적감은 일여(一如)인데 느낄 수 있지만 지나치지 않은 것이 적이고, 지나치지 않지만 미세한 것들과 통할 수 있는 것이 감이며, 적에는 실체가 없지만 "계구(戒具)하고 무사(無私)한 것"이 적이라고 했다. 이는 정호가 말했던 "동이 정(定)이고, 정(靜)이 정(定)이다"라는 의미였다. 나홍선은 정명의 이 말에서 깨우침을 얻었다. 나홍선은 만년에 얻은 깨우침을 말하면 수섭, 보취일 때가 정이지 적체가 아니고, 적체는 체가 없다는 것이었다. 여전히 적체가 실제로 존재한다고 믿는 섭표에게 있어서 이는 초월이 아닐 수 없었다. 만년에 나홍선은 인체를 철저히 깨우치게 되었는데, 이는 그의 주정공부가 한층 더 발전한 것이었다.

초창기에 나홍선의 학문은 섭표와 가장 가까웠다. 나홍선 이후에 강우의 많은 학자들은 누구도 나홍선을 뛰어넘지 못했다. 적감의 선후, 동정의 유무 등의 내용에 대해 조금씩 해석이 다르기는 하나 총체적으로 큰 철학계통이 나타나지는 못했다. 황종희는 섭표, 나홍선이 왕학의 기존의 양지파벌을 바로잡는데 대한 작용에 대해 여러 번 언급하였다. "왕양명이 죽은 뒤, "치양지"라는 이 말에 대해 학자들은 그 종지를 깊이 연구하지 않고 감각과 지식으로 이를 감당하고 이를 보이게 행사하였기에 특별히 모자란 점이 많았다. 쌍강, 념안이 미발로 그 잘못을 바로잡았기에 그나마 왕학이 더 훼손되지 않을 수 있었다.(《명유학안》 468쪽)" 그는 또 "왕양명은 "치양지"를 종지로 하였으나 그의 제자들은 점차 그 가르침을 잃고 미발지중을 이발지화로 생각했다. 그리하여 공부는 치화에만 있게 되었고 심지어 그 가벼움이 점차 드러나게 되었다. 선악이 형성된 후에 이를 극치하려면 너무나 힘들고 복잡한지 모른다. 그리하여 쌍강, 념안은 귀적으로 이를 바로 잡았는데 그들은 연평(延平))과 같은 길을 걷고 있는 사람이다.(《명유학안》 458쪽)"라고 했다. 이는 매우 정확한 평가로서 우리가 강우왕문의 이론특징과 역사적 작용을 연구하는 명확한 실마리였다. 그러나 나홍선은 먼저 젊은 시절에 양지를 이겨내고, 중년에 귀적주정을 강조하였으며, 만년에 인체를 철저히 깨달았고, 그 소득은 강우의 많은 학자들을 초월했다는 점에 대해서는 꼭 알아두어야 하 것이다.

제 13 장
왕시괴(王時槐)의
투성연기설(透性研幾說)

|제13장|
왕시괴(王時槐)의 투성연기설(透性研幾說)

    강우왕문의 섭표, 나홍선의 귀적, 주정설은 미발의 공부에 힘써야 하고, 먼저 수섭, 보취의 공부로 심체가 외부물체와 감음이 발생하기 전에 확연대공의 성질을 소유하게 해야 한다고 주장했다. 이러한 공부 방법은 필연코 미발은 독립적인 단계이고 미발은 이발을 떠나 존재할 수 있다는 것을 인정해야 한다. 이는 송유학자들이 기본출발점으로 하는 "체용은 일원이고 현미무간(顯微無間)이다"라는 주장과 모순될 뿐만 아니라 왕양명의 "이발을 떠나면 어디서 미발은 구해야 하는가"하는 교훈에도 어긋난다. 섭표, 나홍선과 동시대를 살았거나 그 이후의 학자들은 그 귀적으로 통감하고, 집체로 응용하며 순전히 선천에 맡겨두는 학파의 잘못을 바로잡은 것에 대해서는 수긍했다. 그러나 이발과 미랄, 동와 정, 마음과 물을 분리시킨 이론적인 실수에 대해서는 통절하게 지적하였다. 왕시괴도 그중 한 사람이었다.

    왕시괴(1521년~1605년)는 강서 안복(安福) 사람으로, 자는 자식(子植)이고, 호는 당남(塘南)이다. 가경 때 진사가 되었고 남경병부주사(主事), 태복경(太僕卿), 섬서참정 등의 직무를 맡았다. 그러다가 황제에게 귀경하겠다고 청을 했다. 만력(萬歷) 중기에 귀주참정의 자리를 주었고 후에 남경홍려경(南京鴻臚卿), 태상경(太常卿) 등 직무를 주었으나 모두 거절하고 학술에 모든 정력을 쏟았다. 논학, 서신 및 강학, 어록은 모두《우경당합고(友慶堂合稿)》에 수록되었다.

    왕시괴는 강우왕문에 속한다. 청년시절에 같은 고향사람인 유문민(劉文敏, 양봉)을 스승으로 모시고 주정을 공부의 종지로 하였으며 섭표, 나홍선의 귀적, 주정을 옳다고 생각했다. 관직을 그만둔 후에 교제범위가 넓어졌고 학업도 진보하였다. 그러면서 점점 귀적주정학설에 불만을 가지게 되었다. 만년에는 '투성(透性)'을 종지로, '연기(研幾)'를 공부진로로 삼았으며 선천, 후천, 체용은 동일하고 생생인체(生生仁體)를 동정에 관철시키는 것을 주지로 하였다.

1. 허정(虛靜)과 생생(生生)

유문민의 학문은 귀적, 주정의 학술방향에 동의하지만 선천과 후천의 관계, 선천심체의 성질 등 문제에 대해서는 섭표, 나홍선과 다른 견해를 갖고 있다. 섭표와 나홍선은 이발 이전의 미발의 공부에 힘써야 한다고 강조했다. 유문민은 미발, 이발은 분명하게 나눌 수 없으며 심성의 본체에는 소리도 냄새도 없지만 그 속에는 만물의 생기가 몰래 숨어 있다고 했다. 이 생기의 유행은 그 속에 주재가 존재하며,. 심성의 본체는 동이자 정이고, 행이자 지(止)이며 유행이자 주재라고 했다. 그는 "성은 원래부터 상생(常生)하고 상지(常止)한다는 것을 알아야 한다. 왕래와 기복은 상생이 아니고, 전적(專寂)과 응고(凝固)도 상지가 아니다. 생기가 있되 쫓지 않는 것을 상지라 하고, 정지하되 달아나지 않는 것을 상생이라 한다, 주재는 유행의 주재이고 유행은 곧 주재의 유행이다.(《명유학안》432쪽)"라고 했다. 상생은 곧 유행이고 상지는 곧 주재로서 양자에서 어느 하나도 버릴 수 없다. 왕시괴는 동문인 진가모(陳家謨), 하경(賀涇)과 함께 유문민의 이 관점을 학술종지로 하였기에 그의 학문은 시작부터 생생을 중히 여기고 동정이 불이(不二)하다는 것을 중히 여겼다. 그는 섭표, 나홍선과 같은 양지수정파로서 기존의 양지를 반대햇다. 그러나 본체론의 인식방면에서는 섭표와 나홍선과 완전히 달랐다. 왕시괴는 정은 학문에 갓 입문하였을 때의 권법(權法)이고 이를 평생동안 학문을 연구하는 방법으로 삼을 수 없다고 생각했다. "배움에는 동정(動靜)을 구분함이 없어 특히 초학(初學)의 선비로서는 혼란스런 날이 오래되자, 本心(본심)과 진기(眞機)를 다 세속(塵埃) 가운데에 정신을 기울려 집중해야 합니다. 이는 선유(先儒)들의 입교(立敎)로써 사람들에게 애초부터 손을 대어 잠시 바깥일을 돌아보고 세상과의 인연을 조금 끊고 정좌(靜坐) 속에서 묵묵히 스스로 마음의 진면목을 알게 하고 오랜 사장(邪障)을 끊고 신령스럽고 성스런 빛을 드러내려고 하였습니다. 어찌 종신토록 윤리를 없애고 사물을 끊고 망연자실한 모습으로 멍하니 앉아 한갓 무딘 공(空)과 침착함을 지키는 것을 궁극의 경지로만 여기겠습니까!(《답주수보(答周守甫)》,《우경당합고(友慶堂合稿)》권1, 5쪽)"

이는 왕양명이 초학자들에게 공에 빠지고 적을 지키는 어리석은 사람이 되지 말아야 한다고 경고한 것과 같은 내용이었다. 왕시괴는 동정은 하나이고 정에는 동의 진정한 동기가 감추어져 있고 정을 구하는 것은 수단이며 정에 숨겨져 있는 진정한 동기가 모습을 드러내게 하는 것이 목적이었다. 그러나 이러한 드러남은 강제적으로 할 수 있는 것이 아니었다. 정의 공부가 닿아야만 진정한 동기가 모습을 드러내므로, 그는 정에서 진정한 동기가 나타나는 경험에 대해 자주 이야기하곤 했다. "제가 옛날에 스스로 근본을 탐구하고 근원을 궁구하기 시작하면서 진실로 그리움이 사무쳐 적막하지 않음이 없었습니다. 그러나 이에 사무침이 지극하면 진기(眞機)는 스스로 생겨나며, 이른바 만물과 동체라는 것도 역시 넘쳐흘러 나오니 불용이(不容已)라는 것입니다. 이는 입술로 얼굴을 대함으로 말미암아 얻어지는 것이 아니며, 역시 배우지 않아도 전환(轉換)이 있고 거의 해가 바뀌어 따뜻한 봄이 오는 것과 같아서 스스로 그런 것을 알지 못합니다.(《여소태우(與蕭兌嵎)》,《우경당합고(友慶堂合稿)》권1, 13쪽)"

왕시괴는 정의 진정한 동기가 나타나는 것을 자연적인 드러남으로 보았다. 진정한 동기가 충만한 것은 곧 만물이 일체를 이룬 경지이다. 진정한 동기는 한시라도 멈출 때가 없고 시시각각 사람의 마음속에서 솟구쳐 나온다. 사람의 마음이 극히 정할 때에도 이런 의식은 여전히 활발하다. 왕시괴는 이는 곧 마음의 본체라고 생각했다. 왕시괴는 이를 '의'라고 불렀다. 의는 곧 생기이고 이는 "생하고 또 생하는 것을 역이라 한다(生生之謂易)"라는 이 우주원리가 사람의 마음속에서의 표현이라고 했다. 왕시괴는 '의(意)'의 작용을 아주 중요시했다. 그는 다음과 같이 말했다. "생기(生機)라는 것은 천지만물 가운데서 따라 나온 것으로 유무(有無)에 속하지 않고 체용(體用)이 구분되지 않습니다. 이 기(機) 이전에는 다시 미발(未發)이 없었고 이 기(機) 이후에는 다시 이발(已發)이 없었습니다. 만약 생기 이전에 다시 생(生)의 본체를 가지고 있고 없고를 말하였다면 문득 두 가지 견해로 떨어집니다. ……양명(陽明)선생이 말하였다. 《대학(大學)》의 요체는 성의(誠意)일 뿐이다. 격물치지(格物致知)란 성의의 공부입니다. 지(知)란 의(意)의 몸이라서 의(意)의 밖에 지(知)가 있는 것이 아닙니다. 물(物)이란 의(意)의 용(用)이라서 의의 밖에 물(物)이 있는 것이 아닙니다. 다만 의(意)의 한 글자를 들어본다면 적감(寂感)과 체용(體用)이 모두 갖추어져 있습니다. 의(意)는 생겨나고 없어지는 것을 염려하는 취지가 아니며, 생기가 움직이나 형체가 생기지 아니하는 유무의 사이입니다. 독(獨)은 곧 의(意)의 깊은 경지로, 둘이 있는 것이 아닙니다. 의(意)는 본래 생(生)을 낳았으니, 오직 조화(造化)의 기(機)가 충만하지 않으면 생겨날 수 없습니다. 그러므로 학문은 귀하여 수렴(收斂)을 따라 들어오니 수렴은 곧 신독(愼獨)이 되며, 이는 도(道)를 응축하는 추요(樞要)입니다.(《여하여정(與賀汝定)》,《우경당합고(友慶堂合稿)》권1, 32쪽)"

이 말의 뜻은 곧 왕시괴가 주장하는 학술의 중심사상이고 그의 '투성', '연기' 등 이론의 전제이기도 했다. 여기서 왕시괴가 강조하려는 중심은 '의'였는데, 의는 가장 근본적인 것이고《대학》의 3강령, 8조목, 공부는 모두 의에 귀결될 수 있다고 했다. 왕양명은 격물을 성의(誠意)의 시작으로 하였다. 이 점은 왕시괴에 의해 계승되었다. 그러나 왕시괴는 왕양명이 강조하였던 성의는 의념상에서 선을 위해 악을 제거한다는 이 점을 버리고 직접 천지만물의 생생불식의 본체에 닿았다. 왕시괴에게 있어 '의'는 본체와 공부 두 개의 측면에서 이해할 수 있다. 의는 우주의 생생한 의가 응집된 것이고 생생한 의는 인성에서 표현된다. 그는 다음과 같이 말했다. "우주(宇宙)는 만고에 쉬지 않으니, 다만 이것은 삶의 이치를 살릴 뿐, 체용(體用)을 구분할 수 없고 소리도 냄새도 가까이 할 수 없으며, 역시 힘써 탐구하고 찾아내어서 얻을 수 있는 것이 아닙니다. 이 마음의 생리(生理)는 본래 소리와 냄새가 없고 마르지도 아니하며 실제로 천지만물(天地萬物)이 좇아서 낸 근원이 되니, 이른바 성(性)입니다. 생리(生理)가 드러나고 끊임없이 쉬지 않으며 역시 본래 소리와 냄새도 없으니, 이른바 의(意)입니다.(《답하여정(答賀汝定)》,《우경당합고(友慶堂合稿)》권1, 34쪽)"

여기서 우주의 근본법칙은 곧 생생불식(不息)이다. 사람의 심성은 우주의 생생불식한 의가 응집된 것이고, '의'는 성의 표현과 드러남이다. 그리하여 의는 마음의 본체이다. 마음의 본체이기 때문에 유무, 체용, 이발과 미발의 대대(對待)를 초월한다. 그의 본질은 '생생'이었다. 조화의 기회는 항상 그 본체에 충만하여 있지만 사람의 사욕이 이를 가리고 있다. 수렴은 바로 우주의 생화의 기회가 항상 나타날 수 있게 보장하는 것이다. 그리하여 섭표, 나홍선의 귀적, 주정은 그 작용이 없는 것이 아니다. 이러한 수렴은 생기가 나타나는 전제조건이고 수렴은 곧 성의이다. 왕시괴는 다음과 같이 말했다. "이 마음은 순수하여 지극히 허(虛)하고 마음이 확 트여 무물(無物)이니, 이 마음의 본체는 원래 이와 같습니다. 항상 이와 같이 할 수 있어 곧 경(敬)이라 말하며, 양명(陽明)의 이른바 '본말(本末)'을 합하여 얻은 것이 공부(功夫)이다'라는 것입니다.(《답곽이제(答郭以濟》,《우경당합고(友慶堂合稿)》권1, 14쪽)"

잠연치허(湛然至虛)와 생생불식은 모두 "마음의 본체"이다. 그러나 전자는 양태(樣態)를 말하고 후자는 본질을 말한다. 전자는 후자가 발용유행하는 조건이다.

공부 방면에서 왕시괴는 "견식이 있는 사람은 체를 생각하고, 물욕이 있는 자는 용을 생각한다"고 주장했다. 여기서 '지'는 양지를 말하고 마음이 우주본체의 생기에 대한 지각이다. '의'는 심체의 생기가 돌진하면서 의식의 층면에 나타나는 것이다. 의는 의념과 같지 않다. 의념은 "의의 지엽이다." 본체의 의는 신비하고 정미하기에 "움직여도 형체가 없고 있어도 없는 듯한" 체험을 할 수 있다. 이는 지각에 나타날 수 있지만 그 자체는 계속 지각으로 나타나지 않는다. 그리하여 "적감체용이 모두 갖추어져야 한다." 여기서 '물'은 주로 사람 밖의 독립된 개체를 말하는 것이 아니라 정합을 거친 물상을 가리킨다. 정합의 과정에서 의는 물상에 생생불식의 성질을 부여하였다. 이는 곧 물은 주체가 우주의 근본법칙을 자연물에 투사시켜 얻어진 구체적인 의의, 가치 의미의 물체라는 것을 말한다.

왕시괴는 함양을 아주 중요하게 생각했다. 그는 거경(居敬)을 의를 함양하는 구체적인 방법으로 삼았다. 그는 다음과 같이 말했다. "거경(居敬)과 궁리(窮理)를 말한 바, 두 가지는 하나라도 폐할 수 없으며, 이를 요약하면 거경(居敬) 두 자로 줄일 수 있습니다. 스스로 그 거경의 정명(精明)을 깨달은 곳에서 말한다면, 곧 이를 궁리(窮理)라 하며 두 가지 일이 아닙니다. 설령 고금(古今)을 생각하고 찾아서 경사(經史)를 토론한들 역시 거경 중의 한 조건일 뿐입니다. 경(敬)은 넉넉하지 않은 바가 없고 경 밖에는 더욱 남은 일이 없습니다. 그러므로 말하기를 '거경 두 글자로 줄일 수 있다'고 한 것입니다. 다만 거경을 한 건이라도 인식할 수 있다면 공부(功夫)는 더욱 잠시라도 중지하는 일이 없을 것입니다.(《답곽이제(答郭以濟》,《우경당합고(友慶堂合稿)》권1, 12쪽)"

정이, 주희가 주장하는 "함양을 높이려면 예절을 중요시해야 하고 학문을 쌓으려면 사물의 이치를 깨쳐야 한다"에서 경의협지(敬義夾持)의 두 가지 방면에서 사실은 주경이라는 하나의 일밖에 없다. 즉, 대상에 체현된 이에 대한 요오(了悟), 지각 그리고 이러한 이에 대한 함영(涵泳), 양호였다. 그리하여 거경에는 궁리가 포함되고 이는 모두 후천적으로 공부에 힘쓰는 일이었다. 그리하여 왕시괴는 섭표, 나홍선의 귀적, 주정의 학설을 반대했다. 섭표와 나홍선이 왕양명의 제자들 가운데 감정과 지식을 양지로 생각하는 잘못을 반대하고 미발의 공부에 힘쓰는 것을 제창하였으나 미발은 정이가 말하는 "사람이 태어나서 그대로 정의 상태에 있으면 성이라고 할 수 있으나 그 이상의 상태에서는 성이라는 말이 허용되지 않는다"는 것이고 미발의 공부를 사용할 수 없다고 하여 그는 다음과 같이 말했다. "미발(未發)의 중(中)은 성(性)이다. 반드시 수렴응취(收斂凝聚)하여 미발의 체(體)로 돌리는 것을 말하였는데, 아마도 그렇지 않을 것이다. 대저 미발의 성은 헤아려 의논하는 것을 허용하지 않고 모여 드는 것을 용납하지 않았으며, 마음으로 깨닫는 것은 가능하나 억지로 행하는 것은 가능하지 않다. 감정과 지식[情識]에 있어서는 수렴할 수도 있고 응취(凝聚)할 수도 있는데, 만약 본성(本城)이라면 손을 놓을 수 없으니, 어찌 수렴응취(收斂凝聚)의 공부를 시행할 수 있겠는가?(《어록(語錄)》,《우경당합고(友慶堂合稿)》권4, 26쪽)"

이 문제에 있어 왕시괴는 기존의 양지학파와 관점이 일치한다. 그는 양지 자체는 적과 감이 동일하고 양지는 곧 미발지중이라고 생각한다. 그는 양지가 반드시 수렴, 응집되어야 미발지중이라고 생각하는 것은 불필요한 것이라고 주장했다. 섭표와 나홍선은 왕문후학 가운데서 감정과 지식을 양지라고 제멋대로 생각하는 사람들에 반대하면서 수섭, 보취의 방법을 제창하기는 했지만 이러한 수섭, 보취의 방법을 양지미발에 사용한 것은 잘못된 것이다. 그는 다음과 같이 지적했다. "'치양지'(致良知)'라는 하나의 말은 양명(陽明)선생의 직시심수(直示心隨)이다. 옛날에 선생이 만년에 이것을 꺼내어 학자들과 더불어 그 뜻을 깊이 궁구하는 데에 미치지 못하였다. 선생이 죽은 후에 학자들이 대체로 감정과 지식을 양지(良知)라고 하였는데 이로써 여러 행사를 보면 특별히 힘이라 할 수가 없다. 나념암(羅念庵)은 이어 미발(未發)을 들어 그 폐해를 헤아렸는데, 그러나 머리 위에 또 머리를 놓는 것[頭上安頭]을 면하지 못한 것 같다. 대저 이른바 양지(良知)라는 것은 곧 본성 뜻밖의 참되고 밝은 마음으로 원래 스스로 적연(寂然)하여 분별하는데 속하지 않는 것이다. 이외 어찌 다시 미발이 있겠는가!(《어록(語錄)》,《우경당합고(友慶堂合稿)》권4, 16쪽)"

여기서 그는 나홍선의 귀적주정학설에 불만을 드러냈다. 이는 왕양명이 반복적으로 강조하였던 "양지는 곧 미발지중이고 적연부동의 본체"라는 것과는 일치했다. 그리하여 황종희는 양지수정학파를 평론할 때 이 관점을 채택하였던 것이다.

2. 투성(透性)

　　왕시괴는 의를 성의 드러남이라고 생각했다. 그에게 있어 성은 아주 중요한 개념이었다. 성에 관한 그의 개념을 분석해보면 투성학설의 진정한 의미를 알 수 있다. "생생지리"로 성을 해석한 것은 왕시괴의 주요한 종지이다. 그는 다음과 같이 말했다. "하늘과 땅 사이를 가득 채우고 있는 것은 다만 하나의 생생지리(生生之理, 만물을 키워내는 하늘의 이치, 곧 하늘의 마음)인데 이를 성(性)이라 일컫는다. 학자는 잠잠히 마음속으로 알고 그것을 조용히 따지며 살펴 그 깨달음을 마음에 간직하고 있다면 어버이를 가까이하고 백성을 어질게 하며 사물을 사랑함을 스스로 그만두어서는 안 될 뿐이다. 왜인가? 이 성(性)은 원래 스스로 생명체를 낳는데, 본(本)의 말(末)로 말미암아 만고(萬古)에 생생하니 누가 그것을 막을 수 있겠는가? 그러므로 사물을 밝히고 윤리를 살핌은 억지로 행해지는 것이 아니고 성(性)을 다해야 한다.(《답하여정(答賀汝定)》, 《우경당합고(友慶堂合稿)》 권1, 35쪽)"

　　정이는 '성즉리'라는 주장을 내놓았는데 그는 사람의 성은 모두 우주의 이(理)의 표현이라고 생각했다. 왕시괴는 우주에는 하나의 "생생지리"만 존재하는데 이를 성(性)이라 부른다고 했다. 이는 곧 성이 이라는 것을 승인한 셈이다. 그러나 성리의 내용에서 왕시괴는 맹자의 "사단의 마음은 내가 원래부터 가지고 있는 것이다", 《역》에 나오는 "천지의 위대한 덕을 생(生)이라 한다", 정호의 "인에 대해 알고 정성을 다하여 이를 실천해야 한다"라는 주장을 흡수하고 "생생지덕"을 우주의 근본원리로 하였다. 정이의 '성즉리'는 우주만물의 구체적인 이치가 드러나지 않게 이러한 물체의 현실 활동과 발전과정을 지배하는 것이고, 사물의 내재규정성이라는 이 점에 착안한 것이었다. 왕시괴의 "천지간에는 한 개 생생지리가 있다"라는 것은 만물의 활기찬 생기와 불식의 생명력, 창조력을 관조, 체험하고 이를 우주원리로 상승시키는 것이다. 이러한 원리는 정의 존재를 묵식해야 한다. 이는 이성적인 분석을 통해서 얻어지는 게 아니다. 왕시괴는 생생지리는 우주의 법칙일 뿐만 아니라 사람 마음의 법칙이다. 사람 마음의 법칙은 우주의 법칙과 동일하다. 그리하여 왕시괴는 심학, 이학은 근본적으로 일치하고 정주, 육왕의 학문은 조화를 이룰 수 없는 것이 아니라고 본다. 왜냐하면 이 두 가지 학설이 모두 우주의 근본적인 이가 사람과 물체의 이라고 생각하고 사물의 이를 연구하는 것은 곧 자기를 다하는 마음이기 때문이다. 그는 다음과 같이 말했다. "천하에는 성(性)을 벗어난 사물이 없고 이(理)를 벗어난 사물이 없습니다. 그러므로 이 이(理)를 궁구해보면 물물(物物)에 이르러 모두 하나의 이(理)가 관통한 것입니다. 곧 우주(宇宙)에 가득차면 고금에 걸쳐 실처럼 길게 이어지는데, 이를 합치면 하나의 이(理)일 뿐입니다. 이를 궁리진성(窮理盡性)의 학이라 말하니 양명(陽明)의 "치양지"(致良知)의 뜻과 또한 무엇이 다르겠습니까? 대개 이 이(理)의 소명(昭明)으로부터 말한다면 그것을 양지(良知)라 하고 양지(良知)는 감정과 지식의 이름이 아니고 곧 정문(程門)의 이른바 이(理)이며, 성(性)입니다. 양지는 천하만물을 관통하니, 마음과 행위로 나누어 말할 수 없습니다. 이것을 통과하면 주자(朱子)의 격물(格物)이 밖을 쫓은 것이 아니고 양명의 "치양지"는 오로지 안에 있는 것이 아니니, 밝은 것입니다.(《답양진산(答陽晉山)》,《우경당합고(友慶堂合稿)》권2, 19쪽)"

왕시괴의 견해는 아주 넓고 박대하였는데, 강우학자들 가운데서 그와 어깨를 나란히 할 수 있는 사람이 없다. 그는 한 학파의 학설만을 고집하지 않고 이학 전반으로 시야를 넓혔다. 그의 "총체적으로 한 개의 이이다"라는 것은 주희에게서 온 것이고, 궁리진성(窮理盡性)은 장재의 것이며, 양지는 이의 소명이라고 하는 것은 왕양명의 "양지는 천리의 소명(昭明)한 영각처(靈覺處)"라고 한 것과 완전히 일치했다. 그가 "양지가 천지만물에 관철시켜야 한다"고 한 것은 그가 양지를 '천리'의 대명사로 생각했고 이 천리는 마음속의 이와 동일했다. 그리하여 왕시괴는 정주, 육왕 두 개 학파를 조화시키는 심학자였다고 할 수 있다. 이러한 조화는 명나라 후기의 왕양명의 손제자 사이에 나타난 새로운 동향이기도 했다.

왕시괴의 이기, 성명은 긴밀히 연계되었다. 그가 성과 명을 논하는 의의는 다음과 같다. "성(性)이라는 한 글자는 본래 말로 표현하지 못하고 힘을 쓸 수도 없으며, 지각(知覺)과 의념(意念)은 모두 성(性)의 정로(呈露)이고 모두 명(命)입니다. …… 성(性)이란 선천(先天)의 이(理)이고 지(知)는 발규(發竅)에 속하며, 선천의 자식이고 후천(後天)의 어머니입니다. 이 지(知)는 체용(體用)의 사이에 있고 만약 지(知)가 앞에서 체(體)를 구하였다면 헛된 것에 집착하는 것이요 지가 뒤에 용(用)을 구하였다면 사물을 쫓는 것입니다. 지는 앞서 다시 미발(未發)이 없었고 지는 뒤에 이발(已發)이 없었으며, ……다시 이공(二功)이 없었기 때문에 그러므로 '독(獨)'이라 말한다. 독이란 상대가 없는 것입니다. 상대가 없으면 하나이기 때문에 그러므로 둘이 아니라고 말합니다. 의(意)라는 것은 지

(知)의 묵운(默運)으로 그것과 더불어 대립하는 것이 아니기 때문에 둘이 됩니다. 이런 까닭으로 성(性)은 거짓으로 닦지 아니하며, 다만 깨달았다고만 말할 수 있습니다. 명 (命)은 곧 성(性)의 정로(呈露)이고 습기(習氣)가 그 속에 은복(隱伏)함이 없지 않으니, 이렇다면 닦을 수가 있습니다. 명(命)을 닦는다는 것은 본성(性)에 따라 다하는 공부입니다.(《답소물암(答蕭勿庵)》,《우경당합고(友慶堂合稿)》권1, 54쪽)"

왕시괴에게 있어 성은 선천의 이었다. 양지는 성의 발생이고 지각은 의념의 성, 양지의 체현이며 몸을 맡길 곳으로서 이는 형이하의 존재였다. 그리하여 명(命)에 속했다. 이 세 개의 중요한 범주는 동일한 본체의 3개 순차로 나뉘었다. 성은 곧 이이고 여기에는 공부가 필요 없었다. 양지는 성리의 발생이고, 양지는 우주법칙의 지각처였다. 양지는 그보다 순차가 더 높은 존재(성, 이)의 표현이었다. 그리하여 양지를 자(子)라고 했다. 그러나 사람의 모든 선행의 근거로 되었을 때 양지는 또 생산자이기도 했다. 그리하여 이는 모(母)였다. 왕시괴는 양지를 도덕이성과 지식이성의 합일이라고 생각했다. 도덕이성은 성, 이(理)이고, 지식이성은 지각이며 양지는 성리의 지각이었다. 양지는 체용사이에 있고 체이기도 하고 용이기도 했다. 양지는 성, 이, 태극 등 형이상의 층면에 속하지 않을 뿐만 아니라, 지각과 같은 형이하학의 측면에도 속하지 않았다. 양지는 성리의 용이기도 하고, 지각의념의 체이기도 했다. 양지는 위로는 성리를 획득하는 통로이고 아래로는 지각의념을 찾는 근거였다. 그리하여 양지는 이발과 미발의 합일이었다. 양지와 의념은 명(明)에 속했다. 명은 여기서 기가 형이하학의 측면에서 유행하는 것을 상징했다. 성은 수행할 필요가 없었다. 성을 수행하는 공부는 반드시 명에 사용된다고 하여 "명을 수행하는 것은 곧 성의 공부를 다 하는 것이다"라고 말했던 것이다. 여기서 강조해야 할 것은 왕시괴는 의와 의념을 완전히 다른 두 개 개념으로 보았다는 점이다. 의는 성의 생기가 미약할 때의 감발이고 성과 명의 중간 연결고리였다. 그러나 의념은 형이하학에서 단속(斷續), 내용, 표상이 있는 구체적인 심리활동이었다. 왕시괴는 의와 념의 구별에 대해 상세히 논술하였다. "의(意)는 동정(動靜)으로써 말할 수 없으며, 동정이란 념(念)이지 의(意)는 아닙니다. 의(意)란 생생(生生)의 밀기(密機)이고 성(性)이 있으면 항상 생겨서 의(意)가 되며, 의(意)가 있으면 점차 드러나 념(念)이 됩니다. 아직 성이 있으나 의하지 않은 적이 없다는 것은 성이 있으나 의하지 않으면 완공[頑空, 색과 어울리지 못하고 공 자체에 치우친 공이기 때문에 편공(偏空)이라고도 함]이 되며, 역시 의(意)가 있으나 념하지 않은 적이 없다는 것은 의는 있으나 념(念)하지 않으니, 생기가 막히게 됩니다.(《답양진산(答陽晉山)》,《우경당합고(友慶堂合稿)》권2, 21쪽)"

의는 곧 성리가 모종의 미약한 경향성으로 나타난 것으로서 아직은 구체적인 의념으로 표현되지 않았다. 그의 내용은 생생불이(生生不已)한 생기였다. 그러나 구체적인 의념은 의를 견디는 존재로서 의가 형이하학에서 지각할 수 있는 존재로 표현된 생각이었다. 의가 없으면 성은 추상물이 되기에 공이었다. 생각이 없으면 의가 실현될 곳이 없게 되고, 실현될 곳이 없게 되면 생기에 장애가 생길 수 있었다. 여기서 의에 대한 왕시괴의 관점은 유종주가 주장하는 의는 후천적인 생각을 지배하는 잠재적인 경향이고, 의는 마음의 주재라고 하는 등 생각의 근원이 되었다.

성, 명, 양지의 관계에 대한 왕시괴의 논술은 그의 투성학설과 연기학설에 이론적인 기초를 마련하였다. 성과 명의 관계에 대한 설명에서 그는 양지의 하나이면서 둘이고, 또 둘이면서 하나이고, 불리불잡하는 성질을 강조하였다. 그는 다음과 같이 말했다. "성명(性命)은 비록 둘이 아니라고 말하여도 역시 혼칭(混稱)을 용납하지 않습니다. 대개 진리로부터 항상 불변의 이(理)로 말하니, 성(性)이라 말합니다. 그 묵은(默隱)으로부터 불식지기(不息之機)로 말하여 명(命)이라 말합니다. 명(命)이란 성(性)의 명(命)이고 성(性)이란 명(命)의 성(性)이며, 하나이나 둘이고 둘이나 하나인 것입니다.(《답추자윤(答鄒子尹)》,《우경당합고(友慶堂合稿)》권1, 59쪽)"

왕시괴는 성과 명의 범주 및 그 관계에 대해 상세히 설명하였다. 이는 사람들이 유가의 성현들은 이 하나만 주장한다는 것을 알게 하기 위해서였다. 비록 형이상, 형이하, 본체기능, 성리정식(性理情識) 등이 모두 같지 않아도 그 근본적인 종지는 오직 하나였다. 이러한 이일분수의 관계에 대해 아는 것은 입신안명(立身安命)해야 곳을 이해하는 것이었다. 이는 그가 주장하는 '투성'학설의 근본이었다. 그는 다음과 같이 말했다. "성(性)은 본래 말로 표현하지 못하며, 만약 그것을 억지로 말한다면 우정[虞廷, 이직 (李稷)의 호, 1362~1431)이 말한 '도심유미(道心唯微)'이고 공자(孔子)가 말한 '미발지중(未發之中)'·'소이행지자일(所以行之者一)'·'형이상(形而上)'·'부도문(不睹聞)'이고 주자(朱子)가 말한 '무극(無極)', 정자(程子)가 말한 '인생이정이상(人生而靜以上)'입니다. 모두가 곧 이른바 '밀(密)'이고 '무사무위(無思無爲)'이며, 이를 종합하면 한 성(性)의 다른 이름입니다. 학자가 진실로 이 체(體)를 꿰뚫어 깨달을 수 있다면 횡설수설해도 다만 이 이(理)

일 뿐입니다. 모든 문자와 어언(語言)은 모두 묘사하고 그리는 데에는 속하지만 반드시 구애된 것은 아닙니다.(《답령북도공수묵공(答嶺北道龔修默公)》, 《우경당합고(友慶堂合稿)》권2, 42쪽)"

이에 근거하여 '투성'은 곧 이러한 성을 투철하게 깨우치는 것이라는 것을 알 수 있다. 이러한 성에 대해 투철한 깨우침을 얻게 되면 수많은 성인들의 혈맥은 다만 성이라는 한 글자일 뿐이라는 것도 알 수 있다. 성이라는 이 글자에는 거의 모든 유학자들의 모든 범주의 개념과 연관되고 유학자들의 모든 학문공부가 포함되었다. 투성을 하면 각 학파의 문자, 종지에 현혹되지 않을 수 있었다. 왕시괴는 대량의 편폭으로 성명과 관련되는 모든 범주에 대해 상세하게 논술하였고 일일이 범위를 확정하였다. 이는 곧 모든 사람들이 투성하게 하기 위함에서였다. 왕시괴는 형이상학의 학자로서 그의 본체론에서 가장 뛰어난 것이 바로 체오(體誤)였다. 강우학파의 많은 학자들은 양지의 동정, 중화 등 한 방면에 대해서만 변박하였다. 그러나 왕시괴는 성, 명, 의, 념 등 형이상, 형이하의 경계점에 착안점을 두었다. 그의 사고범위는 강우의 다른 학자들을 훨씬 초과하였다. 그러나 정주, 육왕을 조화시키려는 추세는 명확하지 않았다. 그가 투성을 종지로 한 것은 양지 수정파가 "성실하게 수양하고 착실하게 학문을 배워야 한다"고 주장하면서 구체적인 천리에 착안점을 두는 협소한 생각에서 벗어나 직접 광대하고 고명한 형이상의 경지에 이르렀다는 것을 설명해주었다. 그는 다음과 같이 말했다. "성(性)의 체(體)는 본래 광대(廣大)하고 고명(高明)하며 성(性)의 용(用)은 스스로 정미(精微)한 중용(中庸)입니다. …… 만약 다시 이를 의심한다면 다만 투성(透性)을 배움으로 여길 뿐, 아마 불노(佛老)에게 공류(空流)로 떨어져서 심지축절(尋枝逐節)로써 실학(實學)으로 삼으며, 이와 같이 마침내 스스로 두 씨(佛老)를 구별할 수 있게 하여 두 씨의 다른 점을 알지 못하고 투성(透性)에 도달한 후 스스로 이를 변별할 수 있습니다. 지금 아직 투성하지 못하고 억지로 추측하여 설(說)을 세우지만 끝내 신을 신은 채 가려운 발바닥을 긁는 것과 같으니[隔靴爬癢], 무슨 관계가 있겠습니까?(《답령북도공수묵공(答嶺北道龔修默公)》, 《우경당합고(友慶堂合稿)》권2, 43쪽)"

그는 일반 학자들의 공부방법과는 달랐다. 일반 학자들은 불교가 불교로 불리는 것은 심성만 공담하고 실제적인 학문이 없기 때문이라고 생각했다. 그리하여 구체적인 천리는 불씨의 공적과 구별되었다. 그러나 왕시괴는 본체의 광대하고 정미한 것들을 투성, 요오

(了誤)하는 것을 통해 유교와 불교를 분간했다. 이러한 분간은 이론적인 것이고 형이상에 기초한 체오에서 얻어진 것이었다. 그는 불교 특히 선종은 마음이 맑으면 성을 볼 수 있다고 이야기했다. 유교에서도 성을 볼 수 있다고 주장하지만 양자가 말하는 성은 절대 같지가 않다. 불교에서 보려는 성은 '공', 즉 '성공(性空)'인데 성공을 깨우치기만 하면 그뿐이다. 그러나 유가에서 말하는 성은 투성으로서 성 가운데서 천리를 보려는 것이다. 또한 수양공부를 통해 이를 보호하고 지키려 했다. 그는 다음과 같이 말했다. "대저 불가는 출세를 주로 하기에 그러므로 한 번 깨달으면 되는 것이어서 다시 신독(愼獨)을 말하지 않습니다. 우리 유가는 경세학문(經世學問)을 주로 하며 바로 인륜사물 중에서 실제로 닦기 때문에 그러므로 신독을 중요하게 여깁니다. 다만 독처(獨處)할 때 한결같이 신중하면 인륜과 사물은 중절(中節)하지 않음이 없습니다. 어째서이겠습니까? 독(獨)은 선천의 자식이고 후천의 어머니여서 유(有)에서 나와 무(無)로 들어가는 중추적인 기관[樞機]이니 이보다 중요한 것이 없습니다. 만약 단지 견성(見性)만을 말하고 신독(愼獨)을 말하지 않으면 아마도 후학들이 견성의 본체를 대략만 보고 진실로 깨닫지 못할 것이며, 문득 성(性) 가운데는 본래 인륜과 사물이 없다고 말하며 일체 유(有)를 떠나서 무(無)로 나아간다면 체용(體用)은 나누어지고 사리(事理)도 구별되며 심지어 품행을 닦지 않으면서 도리어 성(性)과는 관계가 없다고 말한다면 그 피해는 말로 다할 수 없는 것이 있게 됩니다. 배움에 뛰어난 것에는 한 길만 있는 것이 아니니, 본성을 철저히 깨달아야 신독(愼獨)은 곧 그 가운데에 있는 것이고 신독을 정성껏 연마해야 성을 깨닫는 것도 곧 그 가운데 있는 것입니다. 이를 정리하면 이 이치가 막힘이 없이 확 트여 참되게 통하니, 이미 분명하게 잡아서 두 개로 보이지 않고 역시 뒤섞이거나 어렴풋하여 구별됨이 없는 것도 아니니, 이는 자득한데 있는 것으로 비밀약속일 뿐입니다.(《답곽존보(答郭存甫)》,《우경당합고(友慶堂合稿)》권2, 52쪽)"

왕시괴는 신독을 이야기했나 안 했나를 가지고 유교와 불교를 구별하였다. 여기서 독은 곧 양지이고, 신독은 구체적인 사물에 관철된 양지였다. 그가 제기한 학문의 방법은 다음과 같았다. 첫째, 본체에 공부가 포함되었다. 즉 "본성을 철저히 깨우치면 신독은 자연히 그 가운데 존재하게 된다"라는 말이었다. 둘째, 공부가 닿는 곳이 곧 본체였다. 즉, "신독을 열심히 연구하면 깨우침이 그 가운데 존재하게 된다"라는 것이었다. 이는 선천(先天) 양지학파와 공부(工夫) 수양학파를 종합한 것이다. 투성과 신독은 비이비일(非二

非一)하다는 것은 두 개 학파가 서로 융통될 수 있다는 뜻이었다. 최후의 목적은 "이러한 이가 막힘없이 트이고 진짜 통하는 것"이었다. 이러한 통일된 목적 하에 두 개 학파의 종지는 서로 상용될 수 있었다. 왕시괴의 투성학설은 강우학파에 대한 초월이었다. 또한 그는 나홍선의 만년의 체인에 대한 이해를 기초로 한발 더 발전시켰다. 그는 강우왕문에서 다른 한 경지를 터득해 냈을 뿐만 아니라 왕문과 기타 파벌간의 모순을 조화시키려고 노력했다.

3. 연기(研幾)

왕시괴의 '투성'은 그의 본체론이라 할 수 있다. 그의 공부론은 '연기'가 가장 중요했다. '기'는 《주역》의 중요한 범주이다. 뜻은 사물(사려, 의념)이 맨 처음 생겨나는 극히 미세한 상태를 가리킨다. 《역 · 계사(系辭)》에는 "기자는 움직임의 미세함, 길(吉)에 선견지명이 있는 자이다", "군자는 기를 보고 움직이고, 하루종일 기다리지 않는다"라고 했다. 이는 반드시 사라지는 시기를 제때에 잡고 상응한 조치를 취해야 한다는 뜻이다. 《주역》에서는 사물의 맨 처음의 상태는 아주 미세하고 이러한 미세한 사물의 성질 및 그 발전의 이치를 깨닫는 것은 아주 신묘하다고 했다. 그리하여 "기를 아는 것은 그 영리함이다"라고 했다. 《주역》에서도 "깊고 세밀하게 연구해야 한다"고 했다. 이는 사물을 심도 있게 관찰하고 사물의 미세한 징조를 연구해야 한다는 뜻이다. 주돈이는 《주역》의 사상을 발휘하여 "성, 신, 기"로 본체, 유행 및 그중의 관건을 서술하였다. 그는 "적연이 다른 자는 성이고, 감이수통(感而遂通)한 자는 신이며, 움직이려 하면서도 아직 형체를 드러내지 않은 채 유와 무의 사이에 있는 것이 기(幾)이다. 성(誠)은 정(精)하기 때문에 명(明)하고, 신(神)은 응(應)하기 때문에 묘(妙)하고, 기(幾)는 미(微)하기 때문에 유(幽)하다. 성과 신과 기의 요소를 모두 갖춘 분을 성인이라고 한다"고 했다. 그리고 "성무위, 기선악(誠無爲, 幾善惡)"이라는 말도 하였다.(《통서 · 성제4장(通書 · 聖第四章)》)

왕시괴는 《주역》의 연기라는 이 개념을 빌려왔다. 그는 성은 형이상에 속하기에 공부를 사용할 수 없고 반드시 성이 드러나는 곳에 힘을 써야 한다고 했다. 그의 말에 따르면 성은 각해에 있고 후천적인 것을 수행해야 한다. 후천적인 것을 수행하는 것은 선천적인 것을 깨닫는 전제엿다. 그는 다음과 같이 말했다. "성(性)은 태어나면서부터 몸이 지니고 있는 것이다. 독(獨)과 기(幾)는 싹이 같고 곧 후천에 속하며, 후천은 습기(習氣 습관으로 형성된 기운이나 습성)가 사람 안에 숨어 있는 것을 없앨 수 없다. 습기(習氣)가 다하지 못하면 끝내는 성(性)의 장애가 되기 때문에 그러므로 반드시 그것을 조심해야 한다. 습기가 다 소멸하게 된 다음에야 깨달음의 실제(實際)가 된다. 그러므로 진수(眞修, 저절로 이치에 맞게 닦는 수행)는 곧 그 깨달음을 이루는 까닭에 역시 두 일이 아니다.(《석경대학약의(石經大學略義)》,《우경당합고(友慶堂合稿)》권5, 44쪽)" "성(性)은 깨달음을 귀하게 여길 뿐, 마음을 둘 수 있는 곳이 없으며, 겨우 한 번 집으려고 움직이니, 곧 오염(汚染)에 속한다. 독(獨)은 성의 작용이 되고 작용하는 것을 감추면 형기(形氣)는 작용하는 일로 처음을 회복하지 못하니, 이른바 음(陰)은 반드시 양(陽)을 좇고 곤(坤)은 반드시 '동북쪽으로 가면 친구를 잃은'[東北喪朋] 후에 경사가 있어 후천이고 천시(天時)를 받든다.(《석경대학약의(石經大學略義)》,《우경당합고(友慶堂合稿)》권2, 45쪽)" 여기서 수성(修性)은 후천에 있다. 기를 독(獨)이라고도 하는데 미세하게 발생하기에 다른 사람은 모르고 오직 자신만이 알 수 있다는 뜻이었다. 이럴 경우에는 반드시 신중해야 하는바 나쁜 습관이 생기지 않게 주의하고 깨끗하고 투명한 진성을 유지해야 했다. 이는 곧 선천의 공부를 깨닫는 것이다. 또한 정을 극복하고 성을 회복하며, 음(정)이 반드시 양(성)을 따르게 된다고 할 수 있다. 왕시괴는 성, 신, 기에 대한 주돈이의 해석을 빌려 자신의 생각을 발휘하였다. 그는 다음과 같이 말했다. "고요하게 움직이지 않는 것이 성(誠)이고 감응하여 두루 통하는 것이 신(神)이며 움직임이 있으나 아직 유무 간에 드러나지 않는 것이 기(幾, 기미)이니, 이는 본심을 가장 친절하게 묘사한 것이다. 대저 심은 하나이나 그 체(體)를 고요하게 하고 그 용(用)을 느끼게 하며, 기(幾)란 체용(體用)이 둘의 시작과 끝은 아니다. 마땅히 기(幾) 앞에 있는 구별할 수 없는 체(體)를 알아야 하며, 기 뒤에는 다른 쓰임이 없고 다만 기(幾)의 한 글자가 이를 다 포함한다. 성인이 되고자 하는 사람은 종일 열심히 노력하며, 오직 기(幾) 연구만을 중요하게 여긴다.(《어록(語錄)》,《명유학안(明儒學案)》490쪽)"

이는 심체는 본래부터 적하고 적은 심체의 본연의 형태라는 말이다. 그러나 마음은 감발의 기능이 있고 그 감응에는 일정한 방법이 없으며 이는 헤아릴 수 없을 정도로 신묘하다. 감각이 없을 때에는 다시 조용해지기 때문에 이를 신이라 한다. 기는 외부사물에 대해 감응 할 때 생각이 생길 듯 안 생길 듯 하고, 마음의 감응이 일어날 듯 안 일어날 듯 미묘한 상태를 말했다. 즉, "체와 용이 하나로 되는 단서이다." 이를 체라 하는 것은 각가지 용도가 이미 나타났고, 이를 용이라 하는 것은 아직 정식(情識)과 염려가 명확하지 않기 때문이었다. 체는 기를 통해 지하고 기는 체의 용이 되며 연기는 곧 신독이다. 왕시괴는 '기'와 염두의 부동함에 대해 명확하게 설명하였다. "연기(研幾)의 설이 무엇인지 물었다. 말하였다. "주자(周子)는 움직임이 있으나 아직 유무(由無) 간에 드러나지 않는 것을 기(幾)로 여겼다. 대개 본심은 항상 살아있고 항상 고요하여 유무로 말할 수 없어 억지로 그것을 명명하여 기(幾)라 하였다. 기(幾)란 미(微)이며, 그것이 소리와 냄새가 없지만 끊어져 소멸되지 않는 것을 말한다. 지금 사람들은 처음에 일어난 것을 염두에 두고 기(幾)라고 여겼는데, 곧 제이의(第二義)로 떨어지는 것을 면하지 못하였으니 성문(聖門)에서 말한 바의 기(幾)는 아니다.《어록(語錄)》,《우경당합고(友慶堂合稿)》권4, 27쪽)" "성(性)은 넓고 멀어서 끝이 없으며, 기(幾)가 난 곳은 성이 드러난 곳이다. 성은 힘을 들여 할 수 없고 배움을 좋아하는 사람은 오직 기(幾)만을 연구한다. 기를 연구한다는 것은 싹터 움직일 때를 염두에 둔 것이 아니라 사악하고 바름을 변별하는 것을 일컫는 것이다. 이 기는 생겨나지만 생기가 없으며, 지극히 미묘하고 지극히 정밀하여 있지도 않고 없지도 않다. 오직 '끝없이 이어져 존재하는 것 같아[綿綿若存]', '물러나 은밀한 곳에 숨겨져 있음[退藏于密]'에 거의 가깝다.《정섭오언(靜攝寱言)》,《우경당합고(友慶堂合稿)》권5, 15쪽)"

이 두 가지는 모두 생각에서 처음 시작되는 게 아니고 의가 시작되는 것은 아주 미세하다. 첫 번째에서는 소리도 숨결도 없고 단멸, 완공(頑空)하지 않는 본체를 기로 했다. 두 번째에서는 드러나긴 했으나 비밀스럽고 미세하며 비유비무한 성을 기로 했다. 이는 앞에서 나온 "기선악", 즉 생각이 생겨나는데 선과 악의 구분이 있는 것을 통해 '기'를 정의하는 것과 다르다. 여기서 왕시괴가 주장하는 '기'가 대체로 그가 주장하는 '의'와 비슷하다는 것을 알 수 있다. 그의 '연기'는 곧 성의이다. 왕시괴는 선천에는 용력처(用力處)가 없고 연기는 반드시 후천에 있다고 명확하게 말했다. 왕시괴에게 있어 후천에는 두 개가 있는데 하나는 의이고 다른 하나는 념이다. 성, 의, 념 삼자의 관계는 다음과 같다. "성은 무위(無爲)이고 성의 용은 신이다. 신밀의 밀에서는 의라는 뜻이 많이 생긴다. 의의 영체는 식(識)이고 그 동(動)을 념이라 한다. 의, 식, 념은 명칭은 다르나 실은 하나이다. 그리하여 총적으로 신이라 부른다.”(《잠사찰기(潛思札記)》,《명유학안》485쪽) 여기서 말하는 '신'은 오늘날의 정신이다. 신은 성본체의 작용이다. 신은 여러 층차적인 개념으로서 그는 정묘하고 난측한 성질을 가지고 있다. 그리하여 '밀(密)'이라고 한다. 성체의 신용, 성의 생생불식을 의라고 한다. 의에는 두 가지 뜻이 포함된다. 의는 본질적으로 정신활동에 속하고 그 영명의 성질에서 말할 때 이를 식체(識體)라고 한다. 의의 활동이 염두로 표현될 때 이를 념이라고 부를 수 있다. 의는 후천에 속하지만 아직 형상과 기운의 오염을 받지 않았다. 이 점은 그가 말한 '양지'와 비슷하다. 그는 다음과 같이 말했다. "대저 지(知)란 선천(先天)의 발규(發竅)입니다. 이를 발규라고 말하였으니 후천(後天)에 속합니다. 비록 후천에 속한다고 하더라도 형기(形氣)가 그것을 방어하기엔 부족합니다. 그러므로 지(知) 한 글자가 안으로는 공허(空虛)에 기대지 않고 밖으로는 형기(形氣)에 떨어지지 않으니, 이는 공문(孔門)에서 말하는 중(中)입니다. 말기에 학자들은 왕왕 형기의 영식(靈識)에 떨어지는 것을 지(知)라고 여기는데, 이는 성학(聖學)이 자회(滋晦)한 까닭입니다.(《답주이암(答朱易庵)》,《우경당합고(友慶堂合稿)》권1, 4쪽)"

　왕시괴가 말하는 '의'는 바로 후천적이지만 기질이 오염되지 않는 존재이다. 이는 앞에서 말한 "생생의 진기(真機)"이고 염두는 그 부차적인 문제였다. 그의 '연기'는 의가 이미 념두가 되었고 선악이 구분될 때 성찰, 극치하는 것이 아니었다. 그의 연기는 사실 이러한 '의'를 구하고 이러한 의를 보임하는 것이었다. 연기의 '연'은 연마한다는 연이 아니고 후천적으로 분별하고 조사하며, 선을 위해 악을 제거하는 활동이 아니며 아주 정미한 뜻이었다. 그의 '연기'공부는 왕용계의 경임선천(徑任先天)과 다르며 전덕홍의 실제의 일에서 선을 위해 악을 제거하는 것과도 달랐다. 이는 성에서 끌어들여 위하여 시작된 생생진기였다. 이점에서 말했을 때 그의 연기를 '투성'이라고 할 수도 있다. 여기서 투는 "여러 겹으로 에워싼 것을 뚫고 나온다는 뜻"으로서 투성은 곧 본성의 자발지이고 형이상의 범주를 미세하게 뚫고 나와 생생한 진기(真機)의 의(意)가 되었다. 투성은 주로 성이 의로 나타나는 것을 설명하고 있다. 연기는 주로 현실적으로 이러한 의를 인취, 파악하는 것을 설명하고 있다. 연기를 신독이라 부를 수도 있는데 이러한 독은 곧 생생한 진기이고 의였다. 신의 공부는 곧 '연'이었다. 이렇게 하면 왕시괴가 왜 두 가지 공부 방법을 반대하였는지를 이해할 수 있다. 그는 나홍선이 주장하는 본체의 공부에 힘쓰는 귀적의 학문을 반대하였는데 이를 쓸데없는 것을 반복한다고 비판했다. 그는 전덕홍이 염두가 형성된 후에 성찰, 극치하는 것도 반대하였다. 그는 이러한 공부는 최상층이 아닌 제이의에 속한다고 비판했다.

왕시괴의 투성, 연기의 학문에서 말하는 진의는 그의 지행관(知行觀)에서 찾아볼 수 있다. 왕시괴는 지행에 관해 많은 논술을 남기지 않았다. 그러나 그의 추성, 연기의 학문은 모두 논리의 발전에 부합된다. "지행(知行)의 변(辯)을 묻자, 말하였다. 본심(本心)의 진명(眞明)은 곧 지(知)이고 본심의 진명은 염려할 일을 관통하여 적지 않게 어둡게 가리니, 곧 행(行)이다. 지(知)란 체(體)이고 행(行)이란 용(用)이며, 떨어져서는 둘이 될 수 없다.(《어록(語錄)》,《우경당합고(友慶堂合稿)》권4, 17쪽)" 사실 여기서 말하는 '진명(眞明)'은 왕시괴가 말하는 양지이다. 이는 도덕의식의 자각이기에 이를 '지'라고 부른다. "본심의 진명이 곧 지이다"라고 하는 것은 '지'는 본심이 이미 갖고 있는 성의 투출(透出)이고 이러한 도덕의식을 구체적인 염려에 관철시키는 것이 곧 행이다. 이는 도덕활동이지 지식활동이 아니다. 그 외에 왕시괴의 사상에서 지행은 떨어질 수 없는 존재이다. 또한 "진짜를 알게 된 후에 행동에 옮겨서는 안 되고" 모든 행위의 하나하나가 지행의 합일체이다. 이러한 지행합일에서 도덕이성, 도덕의식의 자각은 지이다. 지에 근거하여 발생한 행위에 포함된 념려(念慮), 사유는 모두 행이다. 체용의 관계에서 말했을 때 지는 체이고, 행은 용이다. 전자의 가치와 작용은 후자를 초과한다. 매 하나의 행위는 모두 도덕의지의 체현이었다.

왕시괴의 지행학설은 왕양명의 '양지'와 아주 비슷했다. 왕양명의 "치양지"는 곧 "내 마음속의 양지를 사사물물에 집중(推致)"하는 것이다. 그러나 왕양명이 말하는 "사사물물"은 모두 "뜻이 있는 곳"으로서 의념과 연관되는 대상이다. 왕양명이 말하는 '의'는 왕시괴가 주장하는 것과 다르다. 왕시괴가 말하는 의는 곧 의념이다. 왕시괴는 왕양명이 의가 존재하는 곳이 물이라고 하는 주장에 동의한다. 그는 다음과 같이 말했다. "양명(陽明)선생이 의(意)의 소재(所在)로 물(物)로 삼았는데, 이 의(意)가 가장 정밀하다. 대개 일념(一念)이 아직 싹을 틔우지 못했다면 모든 경계가 함께 고요하며, 염(念)이 미치는 바, 경계는 곧 생(生)을 따른다. …… 그러므로 의(意)의 소재는 물이 된다. 이 '물(物)'은 안도 아니고 밖도 아니며, 본심(本心)의 그림자이다.(《어록(語錄)》,《우경당합고(友慶堂合稿)》권4, 8쪽)"

여기서 물이란 주체를 떠나지 않는 의식이고 도덕의성을 떠나지 않는 지향이었다. 그리하여 "본심의 그림자"라고 불렀다. 또한 내외를 분간할 수도 없다. 왕시괴의 이 관점에 의하면 그의 도덕이성과 연관이 있는 것이 곧 의가 존재하는 곳이다. 그리하여 그는 "천지에 가득 찬 것이 모두 물이라면 어떻게 격물하란 말인가? 오직 의가 존재하는 곳을 물이다. 따라서 격물의 공부는 겉에 것을 쫓는 것이 아니고 물체를 떠나지도 않으며 최대한 박약해야 한다."(《논어》, 《우경당합고(友慶堂合稿)》 4권, 8쪽) 겉에 것을 쫓는다는 것은 도덕이성이 지식이성의 순수한 깨달음에 의해 가려진다는 뜻이었다. 물체를 떠날 수 없다는 것은 도덕이성만 고집하고 이를 다른 구체적 활동에 사용하지 않는 것은 한쪽으로 치우치는 행동이라는 뜻이었다. 왕시괴의 격물학설과 지행학설은 그의 투성, 연기 학설과 연관이 있는데 이는 투성, 연기 학설의 발전이었다.

왕시괴는 왕양명이 죽고 수십여 년 간 홀로 투성, 연구 학설을 주장하면서 섭표, 나홍선이 초기에 정과 공부에 치우치면서 본체를 홀시하는 잘못을 바로잡으려고 노력했다. 그는 본체와 공부론이 혼연일체를 이루고 선천과 후천을 편폐하지 않는 왕학의 본래의 모습을 회복하려고 힘썼다. 그의 학설에는 많은 내용이 포함되었고 구체적인 개념에 대해서 아주 정밀하게 분석을 하였다. 그 심각성과 전면성은 강우의 나머지 학자들을 초월하였다. 그의 학설은 유종주에게 비교적 큰 영향을 미쳤다. 황시괴는 왕문학자 가운데서 이론창조가 풍부한 학자였다. 그는 왕학을 빛내고 발전시킨 인물이기도 햇다. 그의 독특한 학문은 왕학의 발전과정에서 홀시 할 수 없는 중요한 부분이었다.

제 14 장
심학(心學)의 종지에 대한
호직(胡直)의 발휘

1. 이(理)는 마음을 떠나지 않고 존신과화(存神過化)한다

2. 물(物)은 마음을 벗어나지 못하고, 찰(察) 외에는 물(物)
   이 없다

심학의 종지에 대한 호직(胡直)의 발휘

육구연이 '심즉리'라는 관점을 제기한 뒤 심학의 경향이 있는 후세 학자들은 대부분 그의 학설에 탄복해마지 않았다. 그러나 '심즉리'는 마음속에 존재하는 도덕이성이 대표하는 '이'와 천지만물이 체현하는 '이'가 근본적으로 동일하다는 뜻으로 이해할 수 있다. 또한 천지만물의 '이'는 내 마음이 창조하고 부여한 것이라 이해해도 된다. 육구연과 그 제자 간의 다른 점은 바로 여기에 있다. 강우학자인 호직은 두 사람의 주장을 종합하였고 만법은 모두 마음이 만든 것이라는 불교의 관점도 흡수해 들여 이는 마음을 떠나지 않고, 찰(察) 이외에 물(物)이 존재하지 않는다는 사상을 제기했다.

호직(1517~1585)은, 강서(江西) 태화(泰和) 사람으로 자는 정보(正甫)고, 호는 여산(廬山)이다. 가정 때에 진사가 되었고 형부주사(刑部主事)를 거쳐 복건안찰사(福建按察使) 등을 지냈다. 만력 13년(1585)에 관직을 맡고 있을 때에 죽었다. 저서로는 후인들에 의해 《형려정사장고(衡廬精舍藏稿)》 30권, 《속고(續稿)》 11권으로 편집되어 있다. 그 가운데서 가장 중요한 저서는 《호자형제(胡子衡齊)》이다. 《곤학기(困學記)》에는 그가 학문을 추구하는 과정에 겪었던 중요한 전환점이 상세히 기록되어 있다.

호직은 젊은 시절에 성격이 호탕하고 구속받는 것을 싫어했다. 그는 공융, 이백, 소식 등을 존경하였고 사장(辭章)에 큰 흥취를 갖고 있었다. 그는 이몽양, 하경명을 모방해 고문을 창작하였다. 또한 《격물론》을 써서 왕양명의 학설을 반박하기도 했다. 26살 때 구양덕을 스승으로 모셨다. 31살 때 나홍선을 찾아 석련동(石蓮洞)을 방문하였다가 동굴안에서 1개월을 지내면서 나홍선이 무욕, 주정의 학문에 대해 강의하는 것을 들었다. 강의를 듣고 깨닫는바가 있어 그를 스승으로 모시고 학문을 배웠다. 다음해에 소주(韶州)를 유람하였는데 마침 태수 진대륜(陳大論)이 명경서원의 선생으로 초빙되었다. 그리하여 진대륜에게서 현학을 배웠다. 그리고 학우인 등둔봉(鄧鈍鋒)에서 선학을 배웠는데 많은 깨달음을 받게 되었다. "하루는 갑자기 깨달음을 얻게 되면서 잡념이 사라졌다. 천지 만물이 모두 나의 심체라는 것을 간파하고는 '내가 천지만물을 알게 되었다'고 감탄했다. 그 뒤로 일이 발생해도 생각이 일지 않았고 이에 조금 습관이 되었다. 사지가 모두 편안 해지고 십여 년 간 앓았던 화증이 좋아지기 시작했으며 밤에 잠을 잘 잘 수 있었다. 이를 둔봉에게 알렸더니 그는 '당신의 성이 나타나는 것이요'라고 말했다."(《곤학기》,《명유 학안》521쪽) 선학을 배우고 정좌를 한 이 경력을 통해 그는 주객이 하나로 융합되고 나의 마음과 우주만상이 혼연일체를 이루는 신비한 경험을 하게 되었다. 이는 그가 이후에 "찰(察) 이외에 물(物)이 존재하지 않는다", "마음이 만물을 만든다"라는 철학종지를 확립하는데 매우 중요한 작용을 하였다. 그는 만물이 일체를 이루는 체험을 자사(子思)의 "상하찰(上下察)", 맹자의 "만물이 모두 나를 위해 갖추어져 있다", 정호의 "인이란 혼연히 만물과 한 몸이 되는 것", 육구연의 "우주가 곧 내 마음이다" 등과 동일한 경지라고 생각했다.

호직의 철학종지를 한가지로 귀결시키면 곧 "마음이 천지만물을 만드는 것"이다. 그는 "나의 마음은 해와 달, 천지만물을 만든 존재이다. ……아니라면 까맣고 황폐해져 해와 달, 천지만물이 소멸될 것이다."(《이문(理問)》하,《호자형기(胡子衡齊)》1권) 호직의 "마음이 천지만물을 만들었다"라는 것에는 두 개 내용이 포함된다. 하나는 이가 마음을 떠나지 않고, 다른 하나는 물은 마음을 벗어나지 못하고 찰(察) 이외에 물과 이가 없다는 것이다.

1. '이(理)'는 마음을 떠나지 않고, 존신과화(存神過化)한다.[3)]

호직의 사상은 그의 아버지의 영향을 많이 받았다. 호직의 아버지는 왕양명의 "심

---

3) 성인이 있는 곳은 신과 같이 감화가 행해진다.

외무리"라는 종지를 받아들이고 정이의 "만물에 있는 것이 이"라는 주장을 반대했다. 호직은 이런 말을 한 적이 있다. "옛날에 아버님은 늘 숙부님의 글을 읽고는 이에 반박하는 글을 적곤 하셨다. '만물에 있는 것이 이이고 만물 밖에 있는 것을 의(義)라고 하는 것은 성이만물에 있다고 하는 뜻인가? 이는 맞지 않은 말임이 자명하다. 숙부의 잘못은 언젠가는 밝혀지게 될 것이다.' 아버님의 글을 오늘날까지 보존하지 못한 것이 아쉽다.(《이문》,《형려정사장고》28권)" 호직은 아버지의 영향을 받아 정이의 학문에 큰 의문을 품고 있었다. 그는 "만물에 있는 것이 '이'"라는 것은 우주의 근본적인 '이'가 만물에 부여되어 만물에 조리와 질서가 생기게 되었다고 주장했다. 그리고 "만물밖에 있는 것이 의"라고 하는 것은 사물에 대한 처리가 도덕준칙에 부합되는 것을 말한다고 생각했다. 전자는 천부적인 성이고 후자는 인위적인 선이다. 그러나 근본적으로 말했을 때 만물의 이와 사람 마음에 있는 의는 동일한 우주원리의 다른 표현이다. 양자는 사실은 같은 것이다. 그리하여 이가 마음속에 있다고 말할 수도 있다. 호직은 아버지가 정이의 학문을 반박한 내용을 인용한 것은 주로 이가 마음에 있다는 점을 설명하기 위해서이다. 마음과 연관이 없는 만물의 이는 주체에게 아무런 의미가 없다. 그가 보기에 이와 마음이 연관이 생기면 만물이 만물이고, 내가 나이기 때문에 만물의 이와 사람의 이가 서로 다른 두 개로 나뉘는 잘못을 범할 수 있다. 게다가 격물의 공부는 순수한 지식활동으로 변하게 되고 도덕수양과 아무런 관계도 없게 된다. 이러한 두 가지 편향을 극복하려면 반드시 이가 마음에 있다는 것을 승인해야 한다. 그는 "만리(萬理)가 어찌 만물에 들어있겠는가! 실리라 하는 것은 사실은 마음이다.(《호자행기 · 허실》)"라고 했다. 호직은 그의 이러한 이론은 맹자의 "만물은 모두 나를 위해 준비한 것이다"와《중용》에 나오는 "불성무물(不誠無物)"로 증명할 수 있다고 생각했다. 그는 자기가 말한 마음은 정이, 주희가 말한 마음과 다르다고 말했다. 그는 마음이라 하는 것은 심즉리의 마음이기에 실(實)이다. 정주가 말하는 마음은 마음의 인식능력, "영명"을 말하고 그 가운데는 이의 내용이 없다. 이의 내용이 없기에 마음은 허황된 존재이다. 그는 "세유들은 자기 스스로 환상한 것들을 본실(本實)의 마음으로 간주하면서 만물에서 이를 구하는 것을 두려워했다. 그들은 외적인 것을 본실로 생각하였다. 상상의 것으로 상상의 것을 구하는 것은 결국에는 상상에 불과하다.(《호자행기 · 허실》)"

호직은 세유들 그리고 정이의 "성인은 그 근본을 하늘에 두지만, 불교도는 그 근본을 마음에 둔다"라는 관점을 근거로 심학을 성토하는 것을 비판하였다. 세유들은 모두 도의 근원은 하늘에서 온 것이고 사람의 마음은 증감할 수 없다고 제기했다. 그렇지 않으면 심법으로 천지의 잘못을 기멸하는 불씨가 되는 잘못을 범할 수 있다. 사실 세유들이 말하는 마음은 심학에서 말하는 마음과 같은 개념이 아니다. 세유가 말하는 마음은 지식이성이고 그 작용은 외물을 인지, 조찰, 상징하는 것에 있다. 그러나 심학에서 말하는 마음은 우주의 근본적인 이를 포함하고 있는데 여기서 가장 본질적인 것은 도덕이성이고 지식이성은 두 번째이다. 만약 마음이 천리가 응집된 곳이라고 자신할 수 없다면 지식의 마음을 마음의 본체로 하게 된다. 그렇게 되면 유학자들이 도덕수양을 추구할 때 "즉물궁리"라는 이 방법을 따를 수밖에 없게 되고 복잡하고 심오한 외물에서 이를 구하게 된다. 그 문제점은 "나무를 쪼갠 것처럼 갈라지고 고정시켜도 너덜너덜해지며 추측할 수 없고 안배할 수 없게 된다. 더 세밀한 것을 추구하고 더 비슷하게 비유할수록 하늘은 점점 더 멀어지게 된다.(《호자행기 · 천인》)"는 것이다.

호직 이론의 가장 특출한 특징은 바로 심성에 관한 심학과 이학(주로 정이, 주희 학파)의 차이점을 아주 엄격하게 구분했다는 점이다. 그는 왕양명의 가르침을 따라 지각을 마음으로 삼고 심과 성을 두 개로 나누어 보는 경향을 배척하였다. 그는 정주학파가 심성론에서 범한 가장 큰 잘못은 바로 마음을 지각의 기관으로 하고 여기에 외재적인 이를 담을 수 있다고 생각한 것이라 지적했다. 그리하여 정주학자들은 모두 보편적으로 "느낄 수 있는 게 마음이고, 느낄 수 있는 게 이다"라는 인식을 갖고 있다. 호직은 심, 성(性), 정(情) 삼자는 "불리불잡"의 관계로서 성(이)은 마음의 고유한 것이고 정은 성의 표현이며 양자는 모두 마음에 통일된다고 생각했다. 불(火)을 예로 들면, 심은 불이고 성은 불의 밝음이고 밝음은 불을 떠나 존재하지 않는다. 성은 불의 밝음이고 정은 밝은 빛이며 빛은 밝음 이후에 존재하는 게 아니다. 심, 성, 정 삼자는 이름이 같지 않지만, 이 세 가지를 분열시켜서는 안 된다. 각(覺)은 마음의 기능이고 각은 곧 성의 소재이다. 그러나 성은 또한 정으로도 표현된다. 그리하여 각은 성정의 적체이다. 그는 "각이 성이고, 각 이외에 성이 존재하지 않는다. 성은 이이고 성 이외에 이가 존재하지 않는다.(《호자행기 · 심성》)"고 했다. 호직은 "각이 곧 성"이라는 주장은 다음과 같은 세 가지 문제를 강조하기 위함이라고 주장했다. 첫째, 성과 심은 서로 통한다. 추상적인 성은 항상 마음으로 표현되고 실현된다. 마음은 천리의 소명한 영각처이다. 성은 시시각각 외부로 발산된다. 추상적인 성리의 형식으로 논리적으로, 외재적으로 마음에 존재하는 게 아니라 실제로, 내재적인 형식으로 마음에 나타난다. 둘째, 도덕이성과 지식이성은 시시각각 한데 붙어 있으면서 함께 마음의 현실적인 내함을 구성한다. 마음은 지각의 영명이다. 그러나 마음은 단순한 도덕정감, 도덕의식이 아니라 양자의 복합적인 통일체이다. 셋째, 정에 대한 성의 주재 작용은 현실의 감각을 통해 작용을 발휘한다. 정의 의향은 감각을 통해 발견된다. 정에 대한 성의 규찰, 판단, 평가 계통은 감각을 통해 집행된다. 마음의 복잡한 연합작용은 최종적으로 감각에 실현되어야 한다. 감각은 성의 본질속성이다. 그리하여 "각이 곧 성"이라 하고 한다. 감각은 정의 적체이다. 그리하여 "각이 이를 운반한다"고 한다. 성의 주재작용과 정의 생발(生發)작용은 시시각각 한데 통일된다. 그리하여 "그가 주재일 때는 운반이 없고, 그가 운반할 때는 주재가 없다"고 했다. 마음은 각과 성정의 통일이다. 그리하여 "허에 이르렀지만 실제에 맞지 않고, 실제에 이르렀지만 허하지 않다"고 했다. 마음과 성정의 관계에 대한 호직의 논술은 명나라철학자 가운데서 가장 심도가 있다.

심성과 이기의 관계에 대해서 호직은 독특한 의견을 내놓았다. 그는 송나라 이학자들이 말하는 "기질의 성"의 주장을 반대한다. 그는 다음과 같이 말했다. "기(氣)에는 음양오행(陰陽五行)이 있고 섞이어 한결같지 않은 것이다. 음양과 오행의 기는 질(質)을 이루어 형(形)이 되고 성(性)은 여기에 자리를 잡고 있다. 성(性)이란 곧 유천지명(維天之命, 하늘의 명)으로 음양오행이라는 것을 주관하는 까닭이다. 하늘에 있는 것을 명(命)이라 하고 사람에게 있는 것을 성(性)이라 하며, 마음(心)에 합치된다. 그러므로 심(心)을 말하면 곧 성(性)을 말하고 물을 말하면 곧 샘을 말하는 것과 같다. 샘(泉)은 맑지 않음이 없어 뒤에 비록 진흙으로 어지럽혀진다 해도 이를 맑게 하면 맑은 것이 회복된다. 성은 선(善)하지 않음이 없어 뒤에 비록 기질(氣質)로 어지럽혀진다 해도 이것을 보존하고 있으면 선은 회복된다. 이로 말미암아 성은 성이고 기질은 기질이니, 또 어찌 기질지성(氣質之性)이 있겠는가!《호자형제(胡子衡齊)·속문(續問)》"

여기서 호직은 여전히 심학의 입장에서 정주의 학문을 반대하였다. 육구연은 주희의 천명의 '성'과 기질의 '성'을 분별하는 것을 반대하였다. 그는 천명의 '성'만 존재하고 기질의 '성'은 없다고 생각했다. 이 점에 대해서 호직은 육구연과 의견이 일치했다. 그는 천명의 '성'만 존재한다고 생각하는데 천명의 '성'은 우주운화에서 체현된 '이'이고 음양오행 등 형기(形氣)에 속하는 내용에 대한 주재이다. 이러한 '이'는 사람의 마음에 본래 있는 도덕의식과 마찬가지로 우주의 근본적인 '이'의 표현이다. 이러한 '성'에는 선만 있고 악이 없다. '성'은 기질에 묻힐 수 있지만 이 외에 기질의 '성'이 존재하지 않는다. 호직의 이러한 주장은 여전히 심학의 입장을 고수한 것이다. 송유학자들이 말하는 기질의 '성'에 대한 그의 이해는 그 본의에 맞지 않다. 호직은 "만물이 사라져도 그 기질은 여전히 존재한다. 그럼 생(生)은 어떠한가? 사람이 초사(初死)해도 기질은 여전히 존재한다. 그럼 생은 어떠한가? 기질에 성이 존재한다는 말은 거추장스럽고 잘못된 것이다.(《호자행기·허문》)" 그는 "기질의 성"이라는 말 자체가 통하지 않는다고 주장했다. 왜냐하면 생명이 있는 존재에게만 성이 있고 생명이 없는 존재에게는 기질은 있으나 성은 없기 때문이다. 생명이 없는 존재에 이가 있으나 성이 있다고 할 수 없다.

호직이 여기서 이해한 기질의 '성'은 정주가 말하는 기질의 '성'과는 다르다. 기질의 '성'과 천명의 성(혹은 의리의 성)의 구별은 장재로부터 시작되었다. 장재는 "형체가 있은 후에 기질의 '성'이 있게 된다. 때문에 군자들은 이를 '성'이라 하지 않는다.(『정맹·성명(正蒙·誠明)』)" 정이는 장재의 이 주장을 "성문(聖門)에 공로가 크다"고 평가했다. 그는 "타고난 그대로가 본성(生之謂性)"라는 것을 인정한다. 그러나 그는 '이'는 '성'의 본체가 아니고 타고난 그대로를 본성이라 하는 것은 그 선천적으로 타고난 '기', "극본궁원(極本窮源)의 성"을 말한다고 주장했다. 맹자가 말한 성선의 '성'이야말로 진정한 '성'의 근본이다. 주희는 정이의 학문을 계승하고 천명의 '성'과 기질의 '성'을 상세히 해석하였다. 주희의 주장은 후에 유학자들이 '성'을 논하는 기본 형식으로 되었다. 주희는 "무릇 사람에게 이러한 형기(形氣)가 있으면 이러한 기가 형기에 갖추어지기 시작했다는 것으로 이를 '성'이라 할 수 있다. '성'이라 말하자마자 이미 유생에 연관되고 기질을 겸하게 되었다. 그러니 이를 '성'의 본체라 할 수 없다. '성'의 본체에는 절대 잡것이 섞이지 아야 한다. 그리하여 본체는 종래로 떨어진 적이 없고 잡것이 섞인 적이 없다는 것을 알아야 한다.(《주자어록》 95권)" 주희는 천명의 '성'은 '성'의 본체라고 주장한다. 그러나 이 본체는 추상적이기에 반드시 형기에 존재해야 한다. 천명의 '성'이 형기에 존재하게 되면 어쩔 수 없이 기질의 영향을 받게 되어 본연의 '성'이 편향되고 잡것이 섞여들게 된다. 이는 곧 "기질이 섞인 것은 성의 본체라 할 수 없다"라는 말이다. 천지의 성은 순수하고 선하다. 기질의 성에는 선과 악이 모두 존재한다. 사람이 현실에서 표현해내는 선은 천명의 성에서 온 것이다. 악은 기질의 성을 원천으로 한다. 그러나 천명의 성은 기질을 떠나 다른 곳에 존재할 수 없다. 정주학설에서 기질의 성은 절대 없어서는 안 되는 존재로서 그 근본적인 수용공부가 함양, 궁리하는 것은 모두 기질이 천명의 성에 대한 영향을 줄이거나 제거하고 천명의 성을 온전히 하기 위해서이다. 장재에서 주희에 이르기까지 이러한 구별의 공헌은 바로 현실의 구체적인 인성(기질의 성)과 이상의 추상적인 인성(천명의 성)의 구별을 보았다는 것이다. 육왕에서 호직에 이르는 심학은 천명과 형기의 충돌을 과감하게 제기했다. 즉, 성이 아닌 것은 기이고, "기질의 성"은 존재하지 않는다는 것이다. 호직이 기질의 '성'을 승인하지 않는 것은 이러한 직접성을 제시하고 공부방법의 참절(斬截)을 강조하기 위해서이다. 여기서 심학이 공부를 간단히 하는 표현을 엿볼 수 있다. 호직은 특히 주재의 절대성을 강조하였다. "대개 일찍이 이를 관찰하니, 천지 사이에 가득차고 오르고 내리고 닫히고 열려 무릇 모이기도 하고 흩어지기도 하는 것으로 무엇이든 기(氣)가 아니겠는가? 그렇다면 누가 이것을 주재하는가? 곧 제천(帝天)이 그것을 위하여 주재하는 것이니 명(命)이며 곧 이(理)이다. 그러므로 《시경(詩經)》에 '하늘의 명령이여, 아아 그윽하고 그지없어라'고 말한 것이다. 인생은 천지 사이에서 호흡하고 일하며 살고 무릇 모이기도 하고 흩어지기도 하니, 무엇이든 기가 아니겠는가? 그렇다면 누가 이를 주재하는가? 곧 심각(心覺)이 그것을 위하여 주재하는 것이니 성(性)이고 곧 이(理)이다. 그러므로 《서경(書經)》에 '위대하신 상제께서 백성들에게 정성스런 마음을 내리시니, 좇아서 항성(恒性, 떳떳한 성품)을 갖게 하셨다'고 말한 것이다. 그러므로 이(理)가 사람에게 있으며, 그것이 일심(一心)을 주재하고 그것이 천하에 도달하여 약속하지 않아도 본보기가 되었다. 그것이 한 때 주인노릇을 하고 그것이 천만세 베풀고 약속하지 않아도 화합한다. 이것이 나의 지각(知覺)으로 본래 사람의 지각으로 통하고 본래 천하 후세의 지각으로 통하니, 본래 내가 개인적으로 얻은 바는 가지고 있지 않다. 이른바 나를 주인으로 여기고 깨달음을 성(性)이라 여기는 사람은 본래 그릇되게 여기지 않고 역시 사사롭게 여기지 않는다. 깨달음[覺]은 곧 이(理)이다. 그러나 기준과 저울이 없는 것에 이르면 이른바 사물에 감응하여 움직이니, 그 본지(本知)와 본각(本覺)을 잃은 것이다.(《호자형제(胡子衡齊)·신언(申言)》)"

천지간에 가득 찬 것은 모두 '기'이다. 그 주재는 '명'과 '이'다. 사람도 '기'로 구성되었다. 그 주재는 "마음의 지각"이다. 이 "마음의 지각"은 곧 성이 마음에 그대로 나타난 것이고 심과 성의 통일체이다. 인성과 물리가 동일한 우주법칙의 표현이기에 양자는 본질적으로 동일하다. 사람과 물, 사람과 사람은 동일한 법칙이기에 "바라지도 않았는데 들어맞고", "약속하지도 않는데도 서로 맞는" 등의 성질을 갖고 있다. 나를 위주로 한다는 것은 '이'를 위주로, '성'을 위주로 한다는 말이다. 본체도 이러하다. 그 평형에서 범한 착오는 바로 물체를 후천적으로 느끼면서 동하였기에 본체를 잃게 되었다는 점이다.

호직의 심선론은 성명을 주재로, 본체, 평형으로 한다. 때문에 그의 공부는 '성'을 다함으로써 '명'에 이르는 것을 종지로 하고, 존신과화를 실제 공부로 한다. 그는 이에 대해 상세하게 서술하고 발휘하였다. "문인들이 물어 말하였다. '선생님의 학문은 무슨 학문입니까?' 대답하였다. '나의 학문은 진성(盡性)과 지명(至命)을 종지로 여기고 존신(存神)과 과화(過化)를 공부로 여긴다. 성(性)이란 신(神)이다. 신은 의념(意念)으로 막히게 할 수가 없기 때문에 그러므로 항상 변화한다. 정백자(程伯子, 정호)의 이른바 명각자연(明覺自然)은 존신을 말한다. 이른바 유위응적(有爲應迹)은 과화를 말한다. 지금 진성(盡性)을 말하는 사람은 이것을 잃을 것이니, 의념을 거기에 묶어야 한다'고 말하였다. "이를 설명해 주기를 청합니다." 대답하였다. '인(仁)을 종지로 하고 각(覺)을 공부로 하여서 만물로써 각각 그 헤아리는 바를 얻어서 주야를 통하고 물아(物我)를 잊는 것으로 상징으로 삼고 무성무취(無聲無臭)로 지(至)로 삼는다.' 말하였다. '다시 이를 설명해주기를 청합니다.' 대답하였다. '일체(一體)를 종지로 삼고 독지(獨知)를 체(體)로 삼고, 계구불매(戒懼不昧)를 공부로 삼으며, 공충경(恭忠敬)을 매일 이행하는 것으로 삼고 무욕(無欲)으로 영명(靈明)에 도달하는 것으로 지(至)로 삼는다.(《호자형제(胡子衡齊)·속문(續問)》)"

그의 공부의 가중 중요한 종지는 바로 '성'을 다함으로써 명에 이르는 것이다. 이는 이학자들의 공동한 취지이다. 호직의 특징은 이 종지를 존신과화로 구체화시켰다는 것이다. 그는 "신은 곧 성이다"라고 명확하게 말했다. 그 뜻은 성이 마음에 나타날 때 그의 작용과 표현은 아주 신묘하다는 뜻이다. 성은 물체를 따라 부앙하는데 기주의 온정성과 환경의 원통성의 통일로 표현된다. 존신(存神)은 곧 사욕이 없는 마음이고 성의 이러한 성질이 시시각각 나타나고 유행하게 유지하는 것이다. 과화(過化)는 이의 주재와 지배를 받는 구체적인 의념행위가 모두 소화(所化)되는 것을 말한다. 이런 화(化)는 자연적이고 있는 그대로의 것이다. 존신은 본체이고 과화는 작용이다. 존신에는 그침이 없고 형적을 남기지 않는다. 이러한 경지에 도달하지 할 수 없다면 차선의 것을 선택할 수 있다.

즉, 인을 구하는 것을 종지로 하고 인이 시시각각 마음에서 체험되는 것을 공부로 할 수 있다. 그 목적은 만물이 각자가 있을 자리를 찾는 것이다. 즉, "연비어약(鳶飛魚躍)"하고 "생기발랄"하며 생기로 가득 찬 질서가 있는 경지를 말한다. 이러한 경지의 직접적인 결과는 나와 만물이 일체를 이루는 것을 체험하는 것이다. 이는 흔적을 남기지 않고 강제적이 아니라 자연적으로 얻어지는 경지이다. 만약 이러한 경지에 도달할 수 없어 차선의 것을 선택하였을 경우에는 만물이 일체를 이루는 것을 종지로 하고 신독을 공부로 하며 공자가 말하는 "거처는 신중하게, 맡은 일은 정성껏, 사귐은 성실히(居處恭 執事敬 與人 忠)"를 일상천리로 삼고 욕망이 없고 깨끗한 마음을 최상의 감수로 삼을 수 있다. 이 세 가지 공부경지에는 높이와 선후의 순서가 있다. 존신과화의 중점은 형이상과 형이하의 관통, 본체과 공부의 관통, 성명과 심신의 관통에 있다. 인을 구함에 있어 관건은 선천을 체인하는데 있다. 신독의 중점은 후천의 일상천리에 있다. 성명의 학문을 배우려는 사람은 성의 장점을 선택하고 가까운 것에 힘을 써야 한다. 그리하여 내 몸으로 실제 체득할 수 있는 것을 최종목표로 삶아야 한다.

호직의 이 공부론은 상하, 하늘과 땅이 동류하는 경지를 취지로 하였고 인을 인식하고 체험하는 것을 종지로 하였다. 경지와 공부가 하나를 이루는 특징을 나타냈다. 이 점은 그의 스승인 나홍선이 젊은 시절에 주장하였던 주정, 귀적과 아주 많은 차이가 있다. 그러나 나홍선이 만년에 얻은 "인체에 대한 철저한 깨달음"과 아주 비슷하다. 강우왕문은 공부를 더 중요시한다. 하지만 왕시괴, 호직의 공부론은 형상(形上)에서의 각해를 위주로 하고 각해로 형질(形質)을 변화시키는 것을 특징으로 한다. 이러한 특징은 왕시괴의 학문에서 가장 돌출하여 나타난다. 호직에게도 이런 경향이 있기는 하나 형상(形上) 사변의 광대함과 고명함에 있어서는 왕시괴보다 못하다.

2. 물(物)은 마음을 벗어나지 못하고, 찰(察) 외에는 물(物)이 없다

물의 최종 구성에서 호직은 기'가 만물의 본원이고, "이오(二五)의 기가 질이 되거나 형이 된다"는 점을 승인한다. 그러나 그는 구체적인 물상은 이오의 기가 직접 사람의 앞에 나타는 것이 아니다. 그는 다음과 같이 말했다. "하늘이란 내 마음이 그것을 높게 하여 덮은 것이고 땅이란 내 마음이 그것을 두텁게 하여 실은 것이며, 일월(日月)이란 내 마음이 그것을 밝게 하여 비추는 것이고 성신(星辰)이란 내 마음이 그것을 펼쳐서 빛내는 것이다. 우로(雨露)란 내 마음의 물기이고 뇌풍(雷風)이란 내 마음의 숨이고 사시(四時)란 내 마음의 운행이요 귀신이란 내 마음의 그윽함이다. 강하산악(江河山岳)과 조수목초(鳥獸木草)가 고개를 둘러 흐르며 번식하니, 화염수윤(火炎水潤)과 목문석맥(木文石脈)은 무엇이든 내 마음이 아니다. 땅강아지와 개미, 호랑이와 이리, 큰기러기와 작은 기러기, 산박쥐와 비둘기는 무엇이든 내 마음이 아니다. 몸은 하나이나 구멍은 다르고 백물(百物)이나 쓰임이 다르니 무엇이든 내 마음이 아니다. 이런 까닭으로 밝은 해라는 것은 천지만물이란 것을 지은 까닭이고 내 마음이라는 것은 일월과 천지만물이라는 것을 지은 까닭이다. 그 오직 살핌이여! 이것이 아니면 역시 검푸르고 검은 마음이 공허하게 멍하니, 일월천지만물이 없어진다. 일월천지만물이 없어지면 또한 어찌 대저 이른바 이(理)를 볼 수 있겠는가? 내가 그런 까닭에 '살핌[察]의 밖에는 이(理)가 없다'고 말했다.(《이문(理問)》,《호자형제(胡子衡齊)》권1)"

이 말은 그가 주장하는 "마음이 천지만물을 창조하였다"는 생각을 집중적으로 해석하였다. 그는 만물의 본원이 이기오행이라는 것을 승인하고 마음이 만물을 만들었다고 생각하였다. 여기서 만들었다는 것은 반드시 인식론의 것이어야 한다. 호직은 고복(高覆), 후재(厚載), 명조(明照), 열찬(列燦) 등 속성은 모두 사람이 자신의 인식을 천, 지, 해, 달, 별에 부여한 결과라고 생각했다. 사람의 인식능력으로는 사물 자체가 처음부터 이러한 성질을 갖고 있는지에 대해 알 수 없다. 사물에 대한 사람 마음의 반응을 그는 찰이라고 했다. 찰이란 사람의 마음이 만물을 정리하는 작용이고 사람이 자신의 인식결과를 사물에 부여하는 과정이다. 찰을 떠나면 "까맣고 황폐한" 것들만 남게 된다. 즉, 절대적이고 무차별적인 칠흑 같은 어둠이 생긴다. 찬란하게 빛나는 천지만물은 모두 사람의 인식활동이 사람에게 보여주는 물상이다. 그리하여 천지간의 만물은 "오직 찰 밖에 없다", "찰 이외에 물이 존재하지 않는다"고 하였다.

호직의 이 사상은 인식의 각도에서 마음에 만물이 생기는 것을 얘기했다. 이 점은 육규연의 제자인 양간, 불교의 유식종(唯識宗)을 직접적인 사상근원으로 한다. 그러나 이는 왕양명의 사상에 위배된다.

양간은 육구연의 유명한 제자이다. 그는 육구연의 "내 마음이 곧 우주이다"라는 관점을 더 주관적인 방향으로 발전시켰다. 양간은 세상의 본체는 혼돈이고 무차별이며, 계선이 없이 하나로 통하는 일체라고 생각한다. "선대부(부친 양정현을 말함)께서 일찍이 훈계한 적이 있으니, '때에 다시 돌이켜 보라'고 하셨다. 어떤 방법으로 돌이켜 보니, 홀연히 안팎이 없고 가장자리도 없는 텅 비어 삼재만물(三才萬物), 만화만사(萬化萬事), 유명유무(幽明有無)가 통하여 일체(一體)가 되어 거의 갈라진 틈새가 없다는 것을 깨달았다.(《자호유서속(慈湖遺書續)》권1)"

이러한 일체로 통하는 상태는 호직이 말하는 "까맣고 황폐"한 상태와 일치하다. 이는 모두 사람이 사물에 형상을 부여하기 전의 혼돈스럽고 칠흑과 같은 상태를 가리킨다. 세계의 본체는 이러하다. 그러나 사람의 표상(表象)에 들어온 새, 짐승, 산, 강물의 만상은 모두 저마다의 모습을 갖고 있으며 각자의 본성에 따라 끊임없이 운동한다. 양간은 사물의 모습은 사람이 부여한 것으로서 이러한 인식은 곧 '반관(反觀)'이라고 보았다. 사람이 파악할 수 있는 것은 사람의 반관과 정리를 거쳐 만물이 자기 모습을 갖게 된 후의 형상이다. 그리하여 양간은 사람의 마음이 만물에 모습을 부여했다고 생각한다. 이런 의미에서 말했을 때, 우주만상은 사람의 마음이 창조한 것이다. 우주도 '내'가 창조한 것이다. '역'은 우주의 대화, 유행으로서 사람이 창조한 것이다. "역(易)이란 몸이며, 다른 이유가 있는 것이 아니다. 역을 책으로 여기고 역을 몸으로 여기지 않음은 옳지 않다. 역을 천지의 변화로 여기고 역을 몸의 변화로 여기지 않음은 옳지 않다. 천지(天地)는 나의 천지이며, 변화(變化)는 나의 변화로 다른 사물에 있는 것이 아니다. …… 청명(清明)이란 나의 청명이며, 박후(博厚)란 나의 박후로 사람이 스스로 아는 것이 아니다. 사람이 스스로 알지 못하니 서로 이름을 가리키며 말하기를 '저 하늘, 저 땅이다'고 하며 스스로 그것이 나의 수족(手足)됨을 알지 못하는 것과 같이 '저 손, 저 발이다'고 말한다. …… 대저 나 된 까닭이란 무(毋)가 말한 혈기형모(血氣形貌)일 뿐이다. 내 성(性)이 맑게 되어 맑고 밝아서 사물을 위하고 내 성이 밝고 환하니 끝이 없고 헤아리지도 못한다. 천(天)이란 내 성중(性中)의 상(象)이며, 땅이란 내 성중의 형(形)이다. 그러므로 말하였다. '하늘에서 상(象)을 이루고 땅에서는 형(形)을 이룬다'고 하였으니, 모두 내가 행한 바다.(《기역(己易)》,《자호유서(慈湖遺書)》권7, 1~2쪽)"

양간은 우주본체는 "내외가 없이 혼융된 것이고 다르고 특별한 것이 없이 서로 관통되는 존재"이다. 그러나 현실의 만물은 그 모습이 천차만별이다. "나"의 인식작용은 천지만물의 형상을 만든 것이다. 이는 호직의 "내 마음의 높이와 두께가 천지이다"라는 사상방식과 비슷한 점이 아주 많다.

호직과 양간은 모두 인식의 각도에서 심학의 한 방면의 내용을 제시했다. 그건 바로 사람의 인식활동은 사람이 인식한 물건의 창조자라는 것이다. 사람의 인식활동은 거울에 비추는 거처럼 직관적이지 않다. 그러나 그 중에는 사람이 필요로 하는 인식대상에 대한 주관적인 의향이 섞여있다. 인식은 간단한 감각활동이 아니다. 감각은 우리에게 외계에 실제를 간단하고 직접적으로 주지 않는다. 인식활동의 정련을 거치지 않으면 무차별적이고 혼돈할 수 있다. 중국고대철학에는 인식활동 및 그 구체적인 기제와 과정에 대해 논술한 저서가 아주 적다. 양간과 호직의 저서에서 마음이 천지만물을 창조했다는 논증은 인식을 착안점으로 하였다. 이러한 소박한 인식론은 중국고대철학에서 아주 독특한 내용이 아닐 수 없다.

호직과 양간은 인식론방면에서 출발해 마음이 천지만물을 창조했다고 논술한 것은 스승의 종지에 어긋난다. 육구연은 마음이 곧 이라고 주장한다. 그가 강조한 것은 우주만물의 이와 사람 마음에 존재하는 이는 논리의 각도에서 말할 때 동일하기에 마음 밖에서 이를 구할 필요가 없고 발명본심(發明本心)하면 된다고 주장한다. 그가 말하는 "최고의 진리는 하나로 귀결된다. 정밀한 의리는 둘로 분열되는 경우가 없다", "가슴에 꽉 차게 생겨나고 우주를 가득 채운 것이 바로 이러한 이다", "우주는 곧 내 마음이고 내 마음이 곧 우주다"라는 주장은 모두 이 뜻이다. 그러나 양간은 논리의 의의를 인식의 영역까지 확대시켜 육구연의 '심즉리'를 "천지, 나와 천지; 변화, 나와 변화"까지 확장시켰다. 이러한 논증각도의 근본적인 변화는 중국고대철학에서 많이 볼 수 없는 윤리의 틀에서 벗어난 예증이다. 현대의 일부 학술관점에서는 이를 "적나라한 유아론"라고 비판하였다. 그러나 이러한 변화에는 의미가 있다. 이는 천인합일, 내외합일에 대한 중국전통적인 해석에 새로운 해석의 유도(維度)를 제시하였다.

호직은 왕양명의 학문에도 변화를 주었다. 왕양명은 육구연의 '심즉리'를 "심외무리, 심외무물"로 확장했다. 심외무리는 사람의 선량한 의지를 떠나서는 진정한 의미의 도덕행위가 없고, 선량한 의지를 떠난 소위 도덕사항이란 "장식"과 '연기'일 뿐이라고 했다. 부모에게 효도하고 군주에게 충성하는 것은 "순수한 천리의 마음"에서 출발한 구체적인 행위이다. 왕양명의 "심외무물"은 사람은 응당 도덕의지가 참여한 일에 대한 공부에 힘써야 한다는 말이다. '물'이란 곧 "의(意)의 소재(所在)"이고 "의와 연관되는 부분"이다. 물은 의지의 지향이지 사람의 간섭이 없는 순수한 "객관실제"가 아니다. 왕양명의 이러한 명제의 착안점은 모두 논리에 있다.

호직은 심학의 논리를 별로 중요하게 생각하지 않았다. 그의 심학학문은 이 점을 잘 설명해준다. 그러나 호직은 마음이 천지만물을 창조하였다는 것을 논증할 때 그 착안점을 인식하였다. 왕양명이 논리에만 착안점을 둔 것과 비교했을 때, 이 또한 하나의 변화라 할 수 있다. 이러한 변화는 호직의 사상에서 논리에 들어맞는다. "선유의 체면을 고려하지 않고 철저히 파고드는" 이론과 용기는 그로 하여금 새로운 영역에 대한 탐구를 포기하지 않게 하였다. 더 중요한 것은 호직과 양간은 모두 선학을 배운 경력이 있었다. 그리하여 두 사람은 모두 "천지만물이 모두 내 마음이 창조한 것"이라는 신비한 체험을 한적이 있다. 이러한 체험은 인식활동 자체에 대한 구문(究問)에까지 발전하게 하였다.

호직의 "마음이 천지만물을 창조하였다"는 사상은 선종과 밀접한 관계를 갖고 있다. 앞에서 말했듯이 호직은 소주에 있을 때 등둔봉(鄧鈍鋒)을 따라 선학을 배운 적이 있다. "매일 그는 제자들에게 강의를 해주고 나면 함께 자리에 앉고는 했다. 침대에 쪼그리고 앉거나 땅에 앉거나 했다. 계속 밤까지 앉아있군 했는데 잠깐 잠을 자다가 수탁이 울면 다시 일어나 앉았다. 그 공부는 마음을 휴식하게 하고 잡념을 없애 성을 찾는 것이다. …… 하루는 갑자기 깨달음을 얻게 되면서 잡념이 사라졌다. 천지만물이 모두 나의 심체라는 것을 간파하고는 '내가 천지만물을 알게 되었다'고 감탄했다.(《곤학기》,《명유학안》521쪽)"소주에서 선학을 배울 때 호직은 32살이었다. 이후에 선학은 학문과 수양의 일종으로서 그의 사상의 유기적인 조성부분으로 되었다. 선에 대한 깨달음이 있기에 호직은 다른 이학자들처럼 선학을 심하게 거부하지 않았다. 그는 선학은 유가의 심성의 학문과 비슷한 점이 많다고 생각했다. 그는 다음과 같이 말했다. "나는 노불(老佛)의 말이 때로 나의 유학과 비슷하다고 여기며, 나의 유학 말도 역시 노불과 비슷한 것이 있다. 이러한 즉, 이를 식도(食稻)와 의금(衣錦)에 비유하면, 비록 장자와 교(蹻)라 하더라도 모두 그러하다.(《답당명부서(答唐明府書)》,《형려정사장고(衡廬精舍藏稿)》권20)" "만약 대저 석가가 삼계유심(三界唯心)을 칭한다면 산하대지(山河大地)가 묘명심중물(妙明心中物)이 되어 그 말은 비록 적고 편협하나 역시 크게 그릇됨에 이르지 않는다.(《육고(六錮)》,《형려정사장고(衡廬精舍藏稿)》권28)"

호직은 석씨가 출세의 방향과 윤리상강을 포기하였기 때문에 조금은 치우침이 존재한다고 생각했다. 그러나 천지만물에 대한 견해에 있어 석씨는 유교와 반드시 같아야 할 필요는 없다. 호직의 "찰 이외에 이가 없다"는 것은 불교의 "만법유식(萬法唯識)"이다. 그의 "내 마음은 하늘과 같아 높게 뒤덮을 수 있고, 내 마음은 땅과 같이 두터워서 모든 것을 담을 수 있다"라는 주장도 불교의 "산하대지는 묘명한 심중물(心中物)이다"와 같다. 선종은 마음을 만법의 본체로 하고 마음의 천지 기멸의 근거로 한다. 그 사상방법은 인식으로서 비논리적이다. 호직의 인식론은 불교에서 왔다. 그러나 그는 윤리 상에서는 유가의 원칙을 고수한다.

호직이 선종에서 받은 영향은 그가 "각이 곧 성"이라고 주장하는 데에 있다. 그는 다음과 같이 말했다. "인심의 깨달음을 버리면 성(性)이 없고 또 어찌 이(理)가 있겠는가? 그러므로 깨달음은 곧 성이고 깨달음 밖에 성이 있는 것이 아니다. 성은 곧 이(理)이고 성 밖에 이가 있는 것이 아니다. 또 어찌 각허리실(覺虛理實), 심허성실(心虛性實)의 이유가 있겠는가! …… 그런즉 깨달은 바의 사람은 곧 그것을 깨달아 그것을 행할 수 있다.(《육고(六錮)》, 《형려정사장고(衡廬精舍藏稿)》 권28)"

그의 목적은 마음은 성과 정과 떨어질 수 없고 성정은 반드시 각을 빌려 표달된다는 것을 말하려는 것이다. 삼자는 동일한 물건의 다른 측면이다. 그는 심, 성, 이를 3개로 분리시키는 것을 반대했다. 정주학파는 심, 성, 정 삼자는 서로 다르다고 강조한다. 그러나 호직은 이 삼자는 서로 분리될 수 없는 존재라고 강조한다. 그리하여 그는 "각(覺)이 허(虛)하면 이(理)가 실(實)하고", "마음이 허(虛)하면 성(性)이 실하다" 등의 주장을 반대하였다. 그는 무각(無覺)하면 무성(無性)이고 무각(無覺)하면 무리(無理)이다라고 주장한다. 호직은 선종의 심성본각설(心性本覺說)을 직접 흡수하여 각으로 마음을 대신하고, 심, 성, 이의 동일을 각은 성리의 산생자(産生者)이고 근거라고 주장했다. 그가 말하는 성리의 내용은 유가의 것이다. 그러나 그는 성리와 각은 떨어질 수 없다는 점을 강조했다. 또한 여기서 여전히 마음과 각지(覺知), 권도(權度)가 심과 성 관계에서의 중요성을 강조하였다. "말하였다. "이치를 정하고 깨닫지 못하면 무엇을 정할 수 있겠는가? 지극히 정밀한 이치를 깨닫지 못하면 무엇을 정밀하게 하겠는가? 고하(高下)의 기준, 경중(輕重)의 저울, 이 깨달음이 아니면 그것을 위하여 천권(天權), 천도(天度), 천성(天星), 천촌(天寸)은 그 누가 이를 행하겠는가? 유가와 비슷한 사람은 반드시 밖에서 깨달아서 이치를 구하려고 하니, 역시 이른바 외화구명(外火求明) 외수구청(外水求淸)이라서 비단 옳지 않을 뿐만 아니라 역시 반드시 능하지 못하다. 마침내 각리(覺理)로 심성(心性)을 나누고 심성으로써 유불(儒彿)을 나누니, 나는 심과 성, 유와 불 모두가 그 합당함을 얻지 못할까 두렵다.(《신언(申言)》하,《형려정사장고(衡廬精舍藏稿)》권30)"

　이는 마음은 성리가 산생하는 근거이고 성리가 행동에 실현되는 책임자이며 조작자이라는 뜻이다. 모든 것은 마음의 각의 작용이다. 그리하여 각과 성리는 동일한 것으로 떨어질 수 없는 관계이다.

　호직은 일생동안 아주 강한 회의정신(懷疑精神)을 가지고 그 당시에 학술계에서 통치지위에 있는 주희, 왕양명의 학문에 모두 의문을 제기하였다. 그는 "반복해서 실마리를 찾고 차분한 마음으로 연구하며 유가를 완전히 따르지도 않고 자기의 의견을 보태지도 않는다. (《곤학기》,《명유학안》 523쪽)"고 자신했다. 그는 선유에 제기한 3가지 질의를 했고 동일한 시대에 있었던 유학자들에게 4가지 질의를 했다. 이러한 것들은 모두 한 가지에 집중되는데 그건 바로 사사물물에서 이를 구하면서 마음을 잊어버리는 것을 반대하는 것이다. 이는 그가 주장하는 심학의 필연적인 결론이다. 이러한 의문들을 통해 우리는 그가 자득을 존경하고 숭배하고 권위에 도전하는 개성을 갖고 있다는 것을 알 수 있다.

제 15 장
이재(李材)의 지수(止修)

|제15장|
이재(李材)의 지수지학(止修之學)

왕양명은 양지를 "본성의 각", "천지만물의 발규처(發竅處)"로, 양지를 천명의 성과 이러한 성을 체각(體覺)할 수 있고 드러낼 수 있는 지체(知體)라고 생각했다. 이러한 두 가지가 서로 합일되면 지각이 흐려지고 천리를 가릴 가능성이 존재한다. 그렇게 되면 심성의 자연적인 일면, 본능적인 일면이 상승하여 이욕의 한계를 초과할 수 있다. 일부 학자들은 이러한 위험성을 감지하고 지식이성과 도덕이성을 구별하는 점을 강조하였다. 그들은 유가에서 수신위본(修身爲本), 수신치국평천하(修身治國平天下)의 전통을 강조하여 사람을 시시각각 자각하게 하였다. 이재는 이러한 학자들의 대표이다. 그의 학문은 앞에서 소개한 황관의 간지(艮止), 섭표의 귀적과 비슷한 점이 많다.

이재(1519~1595), 강서(江西) 풍성(豊城) 사람이다. 자는 맹성(孟誠)이고, 호는 견라(見羅)이다. 가경 41년에 진사가 되어 형부주사(刑部主事)에 올랐고 후에 형부주사운남안찰사(雲南按察使)로 발탁되었다. 오랑캐로 오랑캐를 치는 방법으로 미얀마 군대를 물리치고 서남변방의 반란을 평정하였다. 이 공로를 인정받아 우첨도어사(右僉都御史)에 발탁되었다. 후에 미얀마를 물리친 전쟁에서 공을 과장했다는 모함을 받아 투옥되었다. 참수형을 선고받았지만 언관들의 도움을 받고 10연간 감옥살이를 하는 것으로 대체되었다. 후에 복건에 보내졌고 거기서 생을 마감하였다. 저서로 《견나선생서(見羅先生書)》 20권을 남겼다. 《명유학안 · 지수학안(止修學案)》에 그 논학과 서신 및 《대학약언(大學約言)》, 《덕성선편(德性善編)》 등 저작이 기재되어 있다.

1. 지(知)와 성(性)

'지'와 '성'에 대한 구분은 이재의 사상에서 아주 중요한 지위를 차지한다. 이는 그의 지수(止修) 종지(宗旨)의 전제이기도 하다. 그는 '지'와 '성'을 구별함에 있어 송나라 이학자들은 의견이 일치하다고 주장했다.

이재는 정호가 마음의 '체'가 곧 '성'이라고 주장하지만 마음은 성이 아니라는 것을 설명하려 했다. 정이의 뜻은 명도와 같고 성은 마음의 이다. 장재의 "마음"은 성과 지각을 합쳐서 말한 것이기에 마음은 성도 아니고 지각도 아니다. 주희는 성은 이라고 주장하는데 마음은 이가 아니며 마음의 지각작용도 인(仁)이 아니다. 만약 마음의 지각을 성으로 한다면 불씨(佛氏)가 작용을 성으로 하는 잘못을 범할 수 있다. 이재는 정이가 유고와 불교를 분별하여 판단할 때 한 "석씨는 본심이고, 성인은 본천이다"라는 말을 높이 평가했다. 불교가 강상을 버리고 구심공적(究心空寂)하는 근원은 작용을 성으로 한데 있다. 여기서 '지'와 '성'의 관계에 대한 이재의 관점은 아주 명확하다. 지는 마음의 작용이고 성은 마음의 본체이며 지는 지식 측면의 일이고 성은 덕성 측면의 일이며 '지'와 '성'을 혼동해서는 절대 안 된다. "지수(止修)"는 수양공부를 통해 본체의 지선에 이르러야 한다는 뜻이다.

이재는 유가의 중요한 경전인 《대학》의 종지 전체는 모두 '지'와 '성'을 분별하는데 있고 성체의 선에 이르러야 하며 사람을 가르치는 것에 있다고 생각하였다. 그는 《대학》에 나오는 '치지'의 지는 덕성이 아닌 지식을 가리키기 때문에 이를 체라고 할 수 없다고 생각한다. 지식은 도덕 본체의 작용이지 도덕 자체가 아니다. 《대학》의 종지는 지선에 이르는데 있고 지선에 이르는 것이 근본이다. 격물치지는 반드시 정심성의를 귀착점으로 한다. 여기서 이재가 강조한 것은 목적과 귀착점이다. 공부의 진행과정에서 그는 여전히 주희의 먼저 격물하고 후에 성의정심하며 마지막에 지선에 이르는 경로를 따르고 있다.

이재는 일생동안 왕양명을 극히 존경해왔다. 그러나 그는 왕양명의 "치양지"는 편파적이라고 생각한다. 왕양명이 "치양지"를 제기한 것은 정주후학이 구체사물에 대한 연구에만 몰두하고 신심성명(身心性命)을 소홀히 하는 편향을 바로잡기 위해서이다. 그러나 왕양명은 수신입본의 뜻을 제대로 설명하지 않았기에 지에 편향된다는 의심을 받고 있다. 그러나 그는 자신의 지수종지에서 지지선(止至善), 수신 등 《대학》의 근본공부에 대해 모두 언급하였다. 지수는 체용이 있고 지행을 겸한다. 이는 전면적인 수양의 순서이다. 이재가 반복적으로 강조한 것은 성과 지의 구별, 본체와 작용의 구별이다. 심지어 그는 예로부터 유가의 교훈으로 간주되었던 "마음의 정신을 성이라 부른다"라는 말에도 문제가 있다고 생각했다. 여기서 '정신'은 곧 심체의 작용으로서 지식 이성의 범주에 속하는 것이었다.

"유양활발자(遊揚活潑者)"는 마음의 지각운동 등 기능을 가리키는데 이는 본체가 아니라 마음 본체의 작용이다. 이는 시시각각 영지불매(靈知不昧)하고 외물을 감응할 수 있다. 그러나 그 자체에는 주재가 없고 반드시 성으로 되돌아가야 한다. 성에 되돌아가는 것이 곧 지어선이다. 지지하여야만 외계에 대한 지식의 반응이 도덕성의 통제아래에 있게 된다. 이재는 성과 정은 체용의 관계라고 생각했다. 성은 체이고 정은 성의 발용이다. 지와 심의 관계도 이러하다. 그는 양지로 성을 대체할 수 없다고 반복적으로 얘기했다. 양지에는 '양'이라는 글자가 붙기는 했으나 여전히 지이고 지식이성의 범주에 속한다. 지의 주요작용은 구별을 위해서이고 그는 주재의 의미를 갖지 않는다. 왕양명이 말한 것처럼 양지가 "지친(知親), 지장(知長), 지애(知愛), 지경(知敬)"할 수 있다고 해도 지는 분별의 일종일 뿐이다. 지는 분별만 할 뿐 '양'인지 '양'이 아닌지는 관계하지 않는다. 양과 불양은 '성'의 기능이다. 양지를 성으로 하는 것은 "강심의 용을 체로 한다." 만약 지의 공부가 없다면 지에 입교(立敎)해야 하고 지를 체로 그리하여 성천(性天)을 몰살해야 한다.

이재는 '지'와 '성'의 분별에 대해 비교적 일찍이 깨우쳤고 비교적 일찍이 성을 심체로 하는 종지를 확립하였으며 후에 지지에 많은 착안점을 두었다. 이재는 처음에 지와 지체의 구별에 치중하였다. 왕양명의 설법에 근거하면 양지는 "본성의 각"이고 양지는 곧 성이다. 그러나 이재는 양지는 지일 뿐이고 성은 양지의 체라고 주장한다. 양지는 지체가 아니기에 지치는 지식이 아닌 마음의 성체를 치하는 것이고 제기하였다. 가경 신유년(辛酉年), 이재의 나이가 42살일 때 그는 또 이 종지를 복이 성각이라는 학설로 종지를 바꾸었다. 소위 성각의 학설은 마음은 성이기도 하고 각이기도 하다고 주장한다. 그러나 이는 여전히 낡은 틀을 벗어나지 못하였고 도덕에서의 주재작용을 분명하게 제거하지 못했다. 그리하여 지수종지를 제거하였다. 지는 지지선이고 수는 곧 수신이고 주재가 매우 명확하다. 그는 왕양명이 양지를 본체로 하는 것은 양지를 용에서 강제로 체까지 잡아당겨간 것으로서 사실 양지는 용일 뿐이다. 왕양명은 양지에 대해 정확히 알지 못했기에

명본(明本)을 버리고 양지를 구했으며, 지어지선을 버리고 그 작용을 구했다. 그러나 구한 것은 지식일 뿐이다. 지본(知本)하고 능지(能止)할 수 있어야 도덕이성에서 구하는 것이다. 여기서 왕양명에 대한 이재의 이해에는 매우 편파적이다. 그는 왕양명보다 더 심하게 지식과 도덕의 구별을 강조하였고 도덕의 주재지위와 통솔지위를 강조하였다.

이재는 지각과 성체에서 어느 것을 모든 이론의 기초로 삼는가 하는 것은 유교와 불교의 근본적인 구별이라고 보았다. 그는 불씨(佛氏)의 잘못은 사람의 지각작용을 성으로 하였고, 지각작용의 성을 본공(本空)이라 생각했다는 점이다. 유교에도 이 잘못을 똑같이 범한 학자들이 있다. 그들은 지각에서 발한 양은 곧 천명의 성이라고 생각했다. 이재는 지각에서 발생한 의념, 판단 등은 선한 것이라 해도 형이하학의 지식범주에 속하고 이러한 선의 근원은 성이며 성은 형이상의 것이라고 생각했다. 성은 소리도 냄새도 없고 볼 수도 맡을 수도 없으며 매우 은밀하다. 그러나 이는 형이하의 주재이기에 그 실(實)에 해를 입히지 않는다. 유학자들이 말하는 성은 반드시 "천명의 성"에 돌아와야 하고 형이상학의 체로 돌아와야 한다. 그리하여 정주는 형이상과 형이하, 심과 성을 엄격하게 구분하였다.

위에서 알 수 있듯이 이재의 지수지학은 성과 지, 도덕이성과 지식이성의 구별을 매우 중요하게 생각한다. 이는 그의 지수 종지의 이론적인 전제이다. 그는 그의 이러한 구분은 정주가 지식을 추구의 목표로 하는 것, 육왕이 심과 성의 합일, 형하의 의견을 형상의 성지로 하는 것, 불교가 지각의 작용으로 성을 말하면서 도덕성체를 버리고 공적을 추구하는 것과 같은 이론적인 착오를 범하는 것을 철저히 두절할 수 있다. 그리하여 그는 이를 반복적으로 강조하였다.

2. 지수의 종지 및 그 내재적인 모순

이재의 학술종지는 지수(止修)이다. 지수라는 두 글자는 《대학》의 "지지선"과 "수신"에서 온 것이다. 이재는 "지는 주의이고 수는 공부로서 원래부터 두 개 일이 아니다(《답이여잠》, 《견나홍선서》 7권, 14쪽)"라고 했다. 지수의 종지는 사실은 지라는 한 글자로서 지하는 곳이 바로 수하는 곳이다. 능지는 곧 수이다. 그리하여 그는 지를 반복적으로 말했다. 이재는 지에 대한 근본적인 주장은 곧 섭지귀지(攝知歸止)였다. 지와 수는 두 개로 나뉘는 것이 아니라 혼연일체를 이룬다. 그 모든 정신은《대학》의 종지를 벗어나지 않는다. 수신은 삼강팔목을 총결한 것이고 삼강팔목은 수신으로 귀결된다. 그리하여 수신이란 지어지선이라 했다.

지수의 전체 명맥은 바로 지어지선에 있다는 것이다. 지선은 목표이고 공부는 지인데, 지어지선하면 자연히 수신할 수 있다고 했다. 지수는 다른 두 개의 단계가 아니다. 지수에는 하나의 공부가 있지만 이 두 글자를 사용해야 그 의미를 완전히 말 할 수 있다. 지어지선은 결과이고 수신은 과정이다. 수신은 그 최종 귀착점이고, 지어지선은 그의 순서이고 단계라고 할 수도 있다. 지지선에서 가장 근본적인 것이 바로 섭지귀지이다. 섭지귀지는 도덕이성으로 지식이성을 통하여 도덕이성을 주재로 하는 것을 말한다. 이재는 지식과 정욕은 모두 형이하학의 존재로서 양자의 발출자(發出), 산생자는 모두 마음이라고 주장한다. 그러나 욕으로 인해 마음에서 생겨난 것들은 모두 성체에서 온 것이다. 그리하여 여기에는 섭지귀지의 공부가 반드시 필요하다고 말했다.

지본은 수신의 근본을 아는 것이고, 지지는 지선에서 멈출 줄 아는 것을 말하며 격물은 사물의 선에 멈추는 것을 말한다. 모든 수양 공부는 지어지선에 귀결되는데 지지선에는 삼강팔목이 포함되고 간단하고 직접적이다.

이재의 지수는 왕양명의 "치양지"의 공부 벙법과 정 반대이다. 이 양지는 유행에 치중하지만 지수는 본체에 치중한다. 양지의 전제는 심즉성, 심즉리로서 사욕의 장폐(障蔽)만 없다면 이 마음은 곧 천리이다. "치양지"는 밖으로 옮기(推致)는 것을 중요시한다. "치양지"는 본체와 공부의 통일이지만 공부에 더 많이 치우치고 본체는 숨어있다. 그리하여 왕양명은 "치양지"를 지행의 합일이라고 주장했다. 그러나 이재의 지수는 수신을 목적으로 하고 지지선을 공부로 한다. 지선이 축적된 것이 본체이고 지선이 축적되는 과정은 본체가 완성하는 과정이다. 그리하여 지선은 총체적으로 본체에 조금 편향된다.

그러나 이재의 "지수"는 강령일 뿐이다. 이러한 강령은 도덕수양과 지식의 획득이 다르다는 것을 제시하였다. 그러나 수신과 시어지선은 이학 공부론의 일반적인 귀향(歸向)이고 이재는 특별하거나 구체적인 방법을 제시하지 않았다. 그리하여 유종주는 지수는 "좋은 제목을 찾아 글을 쓰는 것이고 좌하(座下)와 다르다"고 했다.(《명유학안》13쪽) 그 뜻은 지수는 마지막 귀착점이지 현실적인 공부가 아니라는 것이다. 지수가 지에 돌아간다고 할 때에 어떻게 지해야 하고 어떻게 수(修)해야 하는가에 대해서 이재는 명확한 설명을 하지 않았다. 그의 논증도 이학의 일반 내용을 벗어나지 않는다. 이재의 지수종지는 크고 총괄적인 목표를 제시하였을 뿐 그것을 구체화하지 않았다. 이 점에서 이재는 왕양명과 비길 수 없다. 또한 왕문제자 중에 명확한 종지를 갖고 있는 학자들과도 비길 수 없다.

그 외에 이재의 이론에는 아주 큰 결점이 존재한다. 그건 바로 형이상과 형이하, 마음과 이, 성과 정을 분리시킨 점이다. 이재는 착안점은 '지'와 '성'의 구별에 있다. 그러나 양자의 구별을 너무 강조하다보니 이학이 전통적으로 강조하는 체용일원, 성체정용, 동징일여 등 불리불잡의 관계가 분리되었다. 황종희는 이 점을 날카롭게 지적하였다. 그는 이재가 성정, 동정의 관계에 대해 잘못된 인식을 갖고 있다고 했다.

이 말은 이재의 잘못을 제대로 지적해낸 것으로, 성정의 관계는 이학에서 아주 큰 문제인 것이다. 주돈이는 인성은 우주의 본체를 근원으로 한다고 생각했다. 그가 생각하는 우주의 본체는 "무극이태극(無極而太極)"인데 태극이 동하면 양이 생기고, 정하면 음이 생기며 태극은 구체적인 동정을 초월할 수 있다. 사람의 마음도 이러하다. 사람의 마음의 본체는 성(誠)인데 "성"은 절대적인 정이다. 마음에 의념이 갓 생겨난 것을 "기(幾)"라고 한다. "성무위, 기선악"은 본체에는 선과 악이 없고, 선과 악은 후천적으로 생겨났다는 말이다. 이는 선천과 후천의 경향을 분리시켰다. 장재는 "심통성정(心統性情)"이라는 주장을 제기하였는데, 그는 마음에는 서과 정 두 개의 내용이 있고 성은 태허에서 나오고 정은 음양의 기에서 왔다. 전자를 "천지의 성"이라고 하고, 후자를 "기질의 성"이라고 한다. 현실의 인성은 기질의 성이고 천지의 성은 다른 한 성이 아니라 기가 태허상태로 돌아가면서 자연스럽게 생긴 성질이다. 그리하여 "그것을 잘 돌이키면 천지지성이 보존된다"고 했다. 왕안석이 말하는 성정의 관계는 주돈이와 장재와 많이 다르다. 그는 "희로애락호오(喜怒哀樂好惡)의 욕망을 밖에 발하지 않고 마음에 보존하는 것은 성(性)이다. 희노애락호오(喜怒哀樂好惡)를 밖에 발하고 행동에 옮기는 것 정(情)이다. 성은 정의 근본이고 정은 성의 용이다.(《성정》, 《왕문공문집》 315쪽)"라고 말했다. 그는 성정을 체용의 관계로 하였다. 그러나 그가 말하는 체용은 사실은 외부에 표현되는 것과 안에 보존되는 것인데 이는 주희가 말하는 체용과 다르다. 주희는 맹자의 사단, 즉 "측은(惻隱), 수오(羞惡), 사양(辭讓), 시비(是非)는 정이다. 인의예지(仁義禮智)는 성이다. 마음이 성과 정을 통솔한다.(《사서장구집주(四書章句集注)》,《신편제자집성(新編諸子·集成)》238쪽)"고 말했다. 여기서 주자는 체는 이, 용은 기, 성은 미발, 정은 이발이라고 생각한다. 미발은 마침 이발에 나타난다. 주희의 성정관계는 후세에 아주 큰 영향을 끼쳤다. 이재는 '지'와 '성'을 완전히 다른 두 개의 존재로 보았다. 성의 합리처(合理處)에는 정이 아닌 다른 물질이 있다. 주희의 성론에서 성은 논리적인 설정으로서 정의 근원 혹은 귀숙(歸宿)을 말한다. 성은 형이상의 존재로서 이는 형이하의 마음의 활동을 떠나지 않는다. 그러나 이재는 성과 지를 두 개로 나누어보았기에 심념에서 활동하는 정은 그의 근원과 귀숙과 직접적인 연계를 잃게 되었다. 또한 논리적으로 성을 당지지지(當止之地)로 보았기에 모순에 빠지게 되었다. 지에 대한 성의 주재작용은 공처(空處)에 실현된다. 왕양명은 "지선은 마음의 본체이다. 마음의 본체에도 선하지 않는 것이 있는가? 지금 마음을 바로 잡으려면 어떻게 본체에 공부를 행해야 하는가? 반드시 마음이 발동하는 곳에 힘을 써야 한다"고 제기했다.(《전습록》하) "지어성(止于性)"하는 것이 아니라 형하의 정에 힘써야 한다. 이재는 지어성, 지어지선을 종지로 하였기에 그의 목표는 주희처럼 수신을 격물치지에 실현하는 것이 아니고, 왕양명처럼 수신을 "치양지"에 실현하는 것도 아니다. 그의 목표는 바로 두루뭉술하게 수신하는 것이다. 황종희는 이 점에 대해 다음과 같이 평가했다. "《대학》은 수신을 근본으로 한다. 그러나 수신의 방법은 격치에 귀결된다. 그리하여 천하와 국가를 놓고 말할 때, 마음이 근본이고 수신을 놓고 말할 때 격치는 또 그 근본이 된다. 선생이 반대로 이를 수신에 귀결시키려 하는데 '지본'의 '본'과 '수신위본'의 '본'을 하나로 합일시키면 결국에는 상하가 맞지 않는다는 것을 느끼게 될 것이다.(《명유학안》668쪽)"이 말은 수신위본은 마지막 귀숙이고 지본은 구체적인 방법이라는 뜻이다. 이재는 최후의 귀숙은 지어지선이라고 제기했으나 그 어떻게 '수'해야 하는지에 대해서는 구체적으로 말하지 않았다. 이 점에 대한 황종희의 비판은 아주 정확했다.

3. 지수(止修)와 간지(艮止), 귀적(歸寂)

이재의 지수학문은 주희, 왕양명 두 학파의 잘못을 바로잡으려는 것에 그 뜻을 두고 있다. 그는 특히 양명후학이 영명을 성체로 생각하는 잘못을 바로잡으려고 했다. 지수는 그 공부의 추세를 볼 때 자제하는 쪽에 속한다. 이재는 친구들과 주고받은 서신에서 자주 이러한 의향을 드러냈다.

　이재의 지수의 종지는 두루뭉술해 보이기는 하나 그 공부의 경향은 황관의 간지와 비슷한 점이 많다. '간지'의 '간'은 '지'이기도 하다. 간지의 전체 정신은 공부에 함양이 있고 멈추어야 할 곳에 멈추는 것이다. 여기서 멈추어야 할 곳은 바로 중(中)이다. 지학의 학문의 모든 정신은 지어지선에 있는데 이러한 지선 역시 중이다. 황관의 간지는《역경》의 간괘에서 왔다. "간은 곧 지이고, 합당한 자리에 머무는 것이다." "머물러야 할 때 머무르고 행해야 할 때 행하여, 활동과 동정(動靜)이 적절한 때를 잃지 않는 것이다. 그래야 그 도(道)가 광명할 수 있다." 그가 반복적으로 논증한 것이 바로 이 뜻이다. 이재는 유가의 경전의 모든 의의를 유지(有止)에 귀결시켰다. 그는 주희가 간지를 성현의 수양비결이라고 하는데 동의하였다. 그는 주희의 말을 인용해서 다음과 같이 말했다. "사람이 생겨나면서부터 이 마음은 시시각각 밖으로 발하려고 한다. 그러니 이를 제지하지 않으면 어찌 되겠는가, '간기배(艮其背)'하지 않으면 어찌 이를 멈출 수 있겠는가, 그리하여 간배는 성현의 비밀이 되었다.(《답이여잠》,《견나선생서》9권 6쪽)" 이재는《역》의 정수는 모두 간괘에 있고 간괘에 포함된 뜻으로 모든 괘를 해석할 수 있다고 생각했다. 예를 들어 박괘(剝卦), 복괘(復卦)는 모두 5음효(陰爻), 1양효(陽爻)이다. 복괘의 양효는 아래에 있고 아래가 내이며 내가 주이다. 양효가 내이고 주이기에 음효는 이를 따를 수밖에 없다. 그리하여 복(復)할 수 있다. 복은 양기가 생장하는 현상이다. 박은 양기가 감퇴하는 현상이다. 복괘에는 지(止)가 있고, 박괘에는 지(止)가 없다. 그 결과도 서로 정반대이다. 잠시 복(複)하는 것이 복(復)이고 자주 복(複)하는 것은 간(艮)이다. 복괘는 지의 뜻을 나타내는데 여기에《주역》의 모든 사상이 있다. 여기서 이재의 지수는《주역》과《대학》의 사상을 종합한 것이라는 것을 알 수 있다. 이 점은 황관과 조금 다르다. 황관은《주역》, 특히 간괘를 근거로 하였고 그의 논술은 간괘의 "간지기(艮其止)"의 뜻을 벗어나지 않았다. 그러나 이재의 지수는 주로《대학》에서 왔고《주역》의 간괘의 뜻을 발휘하여 해석했다.

　그 외에 간괘의 "머물러야 할 때 머무르고 행해야 할 때 행하여, 활동과 동정(動靜)이 적절한 때를 잃지 않는 것"은 '시중(時中)'의 뜻을 강조한다. 그리하여 황관은 특별히 '중'을 강조하였다. 그는 "복희, 요순은 간지를 집중(執中)의 학문으로 삼고 이를 대대로 이어왔다.(《명도편》1권)" 집중은 곧 간지이고 간지는 중에 머물고 머물러야 할 곳에 머무는 것이다. 이재의 '지수'에서 말하는 '중'은 주로 "십육자심전(十六字心傳)"에서 온 것이다.

수신이 도달하려는 목적은 시시각각 집중하는 것에 있다. 집중해야 지본을 말할 수 있고 수신의 학문을 말할 수 있다. 격치성정(格致誠正)의 목적은 중을 얻는데 있다. 그러나 격치성정 자체는 지(止)이고 수(修)이다. 지수는 윤집궐중(允執厥中)과 서로 해석될 수 있다.

여기서 이재의 지수는 확실히 황관의 간지와 비슷한 점이 많다는 것을 알 수 있다. 황관의 간지는 선학에서 주장하는 무지(無止)를 반대하였다. 그는 육구연, 양간, 왕양명, 왕용계 등을 비판하였고 후인들이 극히 순수하다고 생각하는 정호, 장재 등에 대해서도 지적을 서슴치 않았다. 그는 이들이 모두 심하게 빠졌다고 주장했다. 그러나 이재의 지수학문은 주로 양명후학이 지식을 성체로 삼고, 선학이 작용을 성으로 하는 것은 지를 모르는 것이라고 비판하였다. 그는 왕양명이 양지를 성체로 하는 학문에 대해서도 비판을 하였다. 그러나 그 비판정도가 황관보다 조금 약하다.

선인들은 이재의 지지는 섭표의 귀적과 비슷하다고 생각한다. 섭표는 적감에 대한 해석에 중점을 두었다. 그는 적은 성이고, 감은 정이며, 귀적하여야 통감할 수 있고 집체(執體)하여야 응용할 수 있기에 반드시 심체가 상적(常寂)해야 한다고 주장한다. 그러나 이재는 성과 이에 머물러야 한다고 말한다. 황종희는 바로 이점에서 이재의 섭지귀지가 섭표의 '귀적'과 근본적으로 통일된다는 것을 알 수 있다 생각한다. 학술형태의 큰 경향에서 보았을 때 추수익, 구양덕, 섭표, 나홍선은 이재와 모두 자제를 하는 쪽에 속한다. 그러나 자세히 연구해보면 그들의 종지는 저마다 같지 않다. 황종희의 이 결론은 학술의 큰 경향에서 나온 것이다. 사실 이재와 섭표의 차이점은 이재와 황관보다 훨씬 크다. 우선, 섭표는 왕문에 귀속된다. 그리하여 그는 왕학의 기본특징을 모두 갖고 있다. 그는 "양지가 천리"라는 왕양명의 기본명제를 승인하고 "치양지"로 성체를 확충하는 공부 방법을 주장한다. 그의 이론 중점은 적감을 해석하는 것이다. 적감은 양지의 형태에 속하고 적감은 양지의 본질, 양지의 내함이 아니다. 그와 구양덕, 유문민 등 사람 사이에 진행된 변론은 모두 왕문 내부에서 학설중점 혹은 왕양명의 종지에 대한 이해의 차이점에 대한 변론이다. 그러나 이재는 왕문에 속하지 않는다. 이재의 지수종지는 우선 '지'와 '성'의 다른 점을 해석하는데 그 중점을 둔다. 그는 성은 마음속에 있지만 성은 마음이 아니라고 주장한다. 그는 이 점이 왕문과 다르다고 스스로 생각했다. 그는 양지는 마음일 뿐 성이 아니라고 생각했다. 그는 양지를 학술종지로 하는 학자들을 "석씨가 작용을 성으로 생각했다"면서 비판하면서 이는 왕문의 가법에 맞지 않는다고 주장했다. 그 외에 이재의 지지는 유행하는 곳곳에서 멈추어야 한다는 것이고 섭표는 체에 귀적하여 집체하여 응용해야 한다는 것이다. 양지는 비교적 큰 차이점을 보이고 있다.

지수의 종지는 이재가 《대학》에서 제련해낸 것이다. 지수라는 두 글자는 송명 유학자들이 통용하는 공부이다. 다만 이재가 이것이 자기의 종지로 특별히 강조하였을 뿐이다. 유종주는 이재의 지수는 실제에 부합되지 않는다고 생각했다. 그의 종지는 비록 유학자들의 중요한 임무인 수신을 중심으로 하지만 실제적인 공부방법을 제시하지 못했다. 이는 이재가 주장하는 학문의 실제에 부합되는 평가이다.

4. 수신(修身)과 치평(治平)

이재의 지수종지에는 또 다른 중요한 의미가 있다. 그건 바로 수신은 제가치국평천하(齊家治國平天下)의 기초라는 것이다. 사람이 일생동안 쌓은 공업은 모두 수신과 관련된다. 《대학》의 삼강팔목을 한마디로 말하면 바로 수신위본(修身爲本)이다.

'제가치국평천하'는 수신과 함께 시작된다. 수신이 근본이기에 집, 나라, 천하는 말(末)이다. 수신이 근본이기에 집, 나라, 천하는 용(用)이다. 《대학》에서 말하는 "먼저하고 나중 할 바를 알면 곧 도(道)에 가까운 것이다"라고 말했는데 수신이 당연히 먼저여야 한다. 집, 나라, 천하를 다스림에 있어 수신을 근본으로 하고, 하지 않으면 공리에 빠지게 된다. 격물치지, 성의정심에서 수신을 근본으로 하지 않으면 허현(虛玄)에 빠지게 된다. 그리하여 "지수"라는 두 글자는 성에 그친다는 뜻 이외에도 "수신하는 곳에 그치는 것이 치국평천하의 근본"이라는 뜻도 들어있다. 전자는 비교적 구체적이기에 이를 공부의 요령으로 볼 수 있다. 그러나 후자는 매우 광범하다. 이는 인생의 총체적인 원칙으로서 이학의 내용을 무의미하게 다시 제기한 것일 뿐이다.

그 외에 이재는 '신(身)'이라는 이 명사의 뜻을 다시 확대하여 가신(家身), 국신(國身), 천하신(天下身)이라는 개념을 제기하였다. 그는 수신제가치국평천하는 실제 사물을 처리하는 것을 근본목적으로 하지 않으며 균제(均齊), 치평을 수신의 사항으로 하고 집, 국가, 천하를 수신의 장소로 한다고 주장했다. 이는 외재적인 공업(功業)은 내재적인 인격의 완성을 위해서라는 말이었다.

이는 어디든지 모두 수신할 수 있는 곳이고 도덕품질을 성취하는 것은 눈앞의 구체적인 활동에 있으며 사람이 각자 하는 일을 떠나서는 도덕을 성취할 수 없다는 뜻이다. 이 뜻은 곧 유가의 "평상시에 말하는 큰 이치는 사람들의 일상생활을 벗어나지 않고 사람들의 선천적인 행위습관에 있다"는 말은 바로 이 뜻이다. 왕양명이 말했던 "장부와 소송이 없이는 "치양지" 할 수 없다"는 말도 이런 뜻이다. 집, 국가, 천하는 중요성이 다르기에 필요로 하는 능력도 다르다. 그러나 이는 성질이 아닌 분량을 표시한다. 아무 곳에서나 모두 수신할 수 있다는 것으로부터 말할 때 집, 국가, 천하의 성질은 다르지 않고 따라서 이에 관련되는 일은 모두 수신해야 할 일이다. 수신을 본으로 하고 집, 국가, 천하를 말()로 하는 사상은 왕양명의 유명한 제자인 왕간(王艮)의 "회남격물(淮南格物)"의 주장과 아주 비슷하다. 이는 이재와 왕간은 서로의 학문을 흡수하여서가 아니다. 이는 두 사람은 각자 얻은 개인의 의견이다. 왜냐하면 이 두 사람은 모두《대학》을 존봉하였기 때문이다. 수신위본은《대학》의 근본종지이다.

이재의 지수는 그의 지행의 사상과 잘 맞는데, 지행의 관계에 대해서는 그다지 많은 서술은 하지 않았다. 그의 지행의 사상은 왕양명의 '지행합일'의 사상과 아주 비슷했다. 지와 행은 원래부터 하나로 합쳐졌다. 지는 어떻게 행해야 하는 것을 아는 것이고, 행은 알고 있는 것을 완성하는 것이다. 지행은 동일한 사건의 두 개지 방면이다. 이는 그가 말하는 "동일한 작용"이다. 하나로 합쳐지는 것과 동일한 작용은 왕양명 사상의 정수이다. "지는 행의 생각이고 행은 지의 공부이다", "지행은 두 글자로 한 개의 공부를 말한 것이다. 한 개의 공부는 두 글자를 사용해야 완전히 설명할 수 있다.(《전습록》상)"이재는 왕양명처럼 지와 행의 관계에 대해 많은 논술을 하지 않았고 왕양명처럼 넓은 안목을 가지지도 못했다. 그러나 이 한 구절에서 우리는 그의 지행사상의 대요를 알 수 있다. 그의 지행사상은 왕양명에게서 온 것이라고 할 수 있다. 그는 이런 말을 한 적이 있다. "양명은 이 세상의 진정한 인재이다. 그는 천고를 뛰어넘는 견해를 가지고 있다. 그의 내놓은 주장은 모두 성학의 진정한 공부이다.(《답동용산(答董蓉山)》,《견나선생서》12권, 1쪽)" 그는 "치양지"의 종지를 마음에 새기지는 않았으나 왕양명이 일생동안 이룩한 공정을 매우 부러워했다. 그리하여 그는 반평생 동안 일을 함에 있어 왕양명을 많이 따라했다.

　이재의 이론에서 가장 특별한 것은 바로 성과 지를 구분하고 섭지귀지의 필요성을 분명하게 제기했다는 점이다. 또한 도덕의 본질, 도덕과 지식의 관계를 명확하게 제기하였다. 그러나 그러는 바람에 그는 송명이학에 주장하는 "체용일원", 이기는 불리불잡하다는 관점을 분리하여 황종희, 허부원(許孚遠), 고반룡(高攀龍)으로부터 비판을 받게 되었다.

제 16 장
왕간(王艮) 및 태주학(泰州學)의 창립

|제16장|
왕간(王艮) 및 태주(泰州)학의 창립

《명유학안》에서 《태주학안》이 분류되어 있다. 지금 명나라의 학술을 연구하는 저서들은 왕간이나 태주학자들을 언급할 때에는 모두 "태주학파"라고 그들을 부르곤 한다. 그러나 상세히 연구해보면 태주는 엄격히 말해 하나의 학파로 분류될 수 없다는 것을 알 수 있다. 태주학파는 강우학파처럼 대체로 비슷한 학술경향을 갖고 있지 않고 학파내의 학자들이 모두가 강서사람은 아니다. 또한 동림학파(東林學派)처럼 동일한 학술중심을 근거로 정치견해, 학술활동에서 단체를 이루지도 못했다. 태주의 많은 학자들을 하나의 학안에 귀결시키는 것은 그들이 스승과 제자의 관계이기 때문이다. 그러나 《명유학안》에 의하면 그들의 스승과 제자의 관계는 두터운 우정을 나누고 수십 년 간 함께 학문을 배운 관계가 아니라 명성을 흠모하여 찾아왔다가 몇 달간 지내다가 떠난 관계, 우연한 기회에 깨달음을 받고 평생 스승으로 모신 관계이다. 스승과 제자라 하는 두 사람은 학술적으로 큰 차이를 나타낸다. 태주의 많은 학자들은 지역성을 띤 학술군체도 아니다. 다만 태주라는 이름아래에 예속되기에 태주학파라는 이름을 가지게 되었다. 태주학파에는 강우의 안산농(顔山農), 하심은(何心隱); 사천의 서월(徐樾), 나여방(羅汝芳); 호북의 경정향(耿定向), 경정리(耿定理); 절강의 주여등(周汝登), 도망령(陶望齡); 광동의 양기원(楊起元); 남경의 초횡(焦竑) 등이 있다. 태주의 문하에서 학문을 배운 적이 있지만 학술종지가 복잡하다. 청나라말기에 원승업(袁承業)이 《왕심재선생유집(王心齋先生遺集)》을 편집할 때, 왕동(王棟)과 왕벽(王襞) 문집에 나오는 청강자 이름, 지방지(地方志), 인문집에 기록된 청강자에 근거하여 태주학파 제자의 명록(名錄)을 만들었다. 그러나 이 명록에는 이름만 있을 뿐 사적과 고향에 관한 내용은 없었다. 이는 태주학파의 여러 학자들의 사상을 연구하는데 큰 도움이 되지 않는다. 왕간과 그 자질(子侄) 외에《명유학안·태주학안》에 나오는 여러 사람들은 엄격한 의미에서 말했을 때 한 개 학파를 이룰 수 없다.

안산농, 하심은은 태주학파의 중요한 인물이다. 황종희는 "태주의 후인들은 대부분이 맨손으로 용과 뱀과 사투를 벌리는 식이었다. 안산농, 하심은에 이르러서는 명교(名敎)로도 통제할 수 없는 상태가 되었다.(《명유학안》703쪽)고 했다. 황종희가 중요하게 생각한 것은 사실은 태주 후인들이 일을 할 때에 전혀 두려움을 모르는 정신이었다. 그 당시 황종희는 안산농의 저서를 보지 못했다. 오늘날에 정리되어 출판된 안산농의 문집에 표현된 사상은《명유학안·태주학안》의 앞부분에 나온 안산농에 대한 서술과 많은 차이가 난다.《명유학안》에서는 "그는 만묘(萬妙)한 사람의 마음과 예측할 수 없는 존재를 연구했다. 성은 명주와도 같고 전혀 오염되지 않았다. 평시에 본성대로 행동하고 자연 그대로의 것을 따르는 것이 곧 도이다. 때맞게 방일(放逸)하고 또 계신공구(戒愼恐懼)하여 수양을 해야 한다"라고 말했다. 그의 "이레만에 회복한다"는 것도 대부분이 신비한 체험일 뿐 여기에는 이론적인 내용이 너무 적다. "마음의 불길을 급히 구해야 한다"는 주장은 이를 보존하고 욕을 제거한다는 뜻이다. 다만 사람을 현혹시키는 방식을 선택했을 뿐이다. 제자의 수양방법을 바로 잡을 때 제기한 "욕망을 억제하는 것은 체인이 아니다"라는 주장도 사람의 내재적인 도덕자양(資養)을 개발해야 하고 마음을 강제로 공제하여 뜻이 생기지 않는 것을 반대한다는 내용이다. 하심은의 문집에는 독창적인 이론이 많지 않다. 그리하여 여기서는 이 책의 내용에 대해서는 더는 언급하지 않겠다. 태주의 학파에서 계통적인 이론을 가진 학자로는 그 창시인인 왕간과 그의 자질(子侄)인 왕동, 왕벽 및 나여방, 경정향, 초횡 그리고 전통을 심하게 반대하였던 이지(李贄)가 있다.

왕간(1483~1541)은 태주(泰州) 안풍장(安豊場) 사람이다. 호는 심재(心齋)며, 자는 여지(汝止)다. 그는 제염업자 집안 출신이다. 7살 때 시골서당에 들어갔다가 가정형편이 나빠져 공부를 그만두었다. 그 뒤에 부친을 따라 산동에서 장사를 시작했다. 그는 항상 몸에《논어》,《효경》을 갖고 다니면서 사람을 만나면 그 뜻을 물었다. 나중에는 입을 열면 줄줄 해석할 정도로 숙련되었다.《명유학안》에는 그에 대한 전기가 기록되었다. 전해지는데 의하면 어느 날 그는 잠을 자다가 하늘이 무너져 내려오는 꿈을 꾸었다고 한다. 사람들은 사방으로 뛰어다니며 구조요청을 했다. 바로 이때 그가 한손으로 하늘을 떠받쳐 올렸고 하늘의 별들을 가지런히 제자리에 놓아주었다. 꿈에서 깬 그는 땀이 비 오듯이 쏟아졌고 이로 인해 심체를 철저히 이해하게 되었다. 여기서 그는 젊은 시절부터 큰 중임을 가지고 만민을 구제하려는 이상을 품었다는 것을 알 수 있다. 하루는 왕양명이 강서에서 강의를 한다는 소식을 듣게 되었다. 자기의 학술종지와 비슷하다고 생각되어 그를 찾아갔다. 그는 옛 관복을 입고 그를 만났다. "처음에 들어갔을 때 선생이 상좌에 자리하고 있었다. 오랫동안 논박을 하고나니 진심으로 탄복하게 되었다. 그리하여 자리를 그 옆으로 옮겼다. 논박을 마치고 '참으로 간단하고 직접적입니다. 제가 절대 따라갈 수가 없군요'하고 탄복하였다. 그리고는 절을 올리면서 스스로를 제자라고 불렀다. 돌아가서 들은 것을 다시 생각해보니 맞지 않는 곳이 있었다. 그리하여 '내가 너무 경솔했다'고 후회했다. 이튿날 다시 찾아가 후회스럽다고 이야기를 드렸다. 그러자 양명이 '자네가 쉽게 믿고 따르지 않는 것이 맞다'고 말했다. 선생은 다시 상좌에 자리하고 함께 논박을 펼쳤다. 그러고 나니 선생을 더 탄복하게 되었고 다시 어제처럼 제자라고 자신을 부르게 되었다. 왕양명은 문인에게 '이전에 내가 진호를 붙잡았을 때도 전혀 동하지 않았는데 오늘 이 사람 때문에 동하게 되었다'고 말했다."(《명유학안》 710쪽) 왕간의 본명은 은이다. 왕양명은 주역 간괘의 뜻을 따서 그의 이름을 왕간으로 바꾸어주고 자를 여지로 했다. 왕양명이 진호를 잡고 집에 돌아와 강의를 할 때 왕간은 그와 함께 월나라로 갔다. 왕양명을 찾아오는 사람은 대부분이 먼저 왕간의 지도를 받은 뒤에 다시 왕양명의 가르침을 받고는 했다. 후에 집으로 돌아 갈 때, 자기 스스로 포륜(蒲輪)을 만들었다. 이걸 타고 태주에서 경사로 갔는데 도중에 많은 사람들이 모여들어 그를 구경했다. 그의 옷차림이나 행동이 일반 사람과 달랐기에 모두들 그를 기괴한 사람으로 보았다. 태주에 돌아간 후에 강의를 시작하고 제자를 받기 시작했는데 학술이 많이 소박해졌다. 후에 강절 일대를 돌면서 강의를 했다. 동문들은 회강(會講)할 때마다, 꼭 그를 불러서 모시곤 했다. 죽은 뒤에 그의 저작은 왕씨 족인들은 그와 왕동, 왕벽의 저작을 한데 묶어 《회남왕씨삼현전서(淮南王氏三賢全書)》를 편찬해냈다. 청나라말기, 민국초기에 동시대 사람인 원승업이 《삼현전서(三賢全書)》의 기초위에서 교정과 스스로의 편집을 거친 《왕간제자보계(王艮笛子譜系)》를 보충하여 《명유왕심재선생유집(明儒王心齋先生遺集)》을 출판하였다.

1. 양지(良知)는 현성(現成)하고 자재(自在)한다

　　왕간은 왕양명이 월나라에 갔을 때 그를 따라 학문을 배웠다. 이 시기의 왕양명은 이미 "치양지"의 종지를 내놓았고 학술은 삼가는 것에서부터 발산으로 변화했다. 왕간은 의기가 고상하고 원대하며, 성격이 굳셌다. 게다가 만년의 왕양명이 직접 자신의 성숙된 사상을 그에게 전수해주었다. 그리하여 그는 양지의 현성을 주장했던 것이다.

　　"무극이태극(無極而太極)"에서 무극은 곧 고요하고 아무 것도 없는 것을 말하는데, 이는 곧 소견이 없다는 것을 가리킨다. 태극이 곧 '이'이고 '양지'이다. 마음이 고요하고 아무 것도 없으면 안배나 사색이 필요 없이 양지가 자연히 생겨나게 된다. 분분명명(分分明明)이 말하는 것은 그의 존재와 작용이 분명하지 않고 찾기 어려운 것이 아니라 아주 명확하다는 것이다. 정정당당(停停當當)은 현재 양지가 아주 충분하다는 뜻이다. 수양공부는 마음의 생각이 한데 모아지고 지향이 없고 욕념이 없음으로 그리하여 양지가 자연스럽게 나타나는 것을 말한다. 이는 왕양명의 "무중생유", 왕용계의 모든 인연을 내려놓아 선천의 심체(心體)가 유행하게 해야 한다는 사상과 아주 비슷하다.

　　공부는 "무극이태극"에 있다. 그리하여 양지에 대한 모든 후천적인 수양은 사용할 데가 없게 되었다. 장경지양(莊敬持養)과 같이 이학에서 자주 사용하는 수양방법도 쓸데가 없게 되었다.

　　왕간의 공부방법은 정호의 "이러한 이를 인식하고 성경으로 이를 보존해야 한다"는 방법을 받아들였다. 왕간이 인식한 양지는 성이기도 하고 중이기도 하다. 이들은 우주의 근본법칙인 "도"와 동일하다. 양지는 본래 현성하며 사람마다 가지고 있다. 수양의 관건은 양지의 자재(自在)를 인식하고 이를 잃지 않게 보양(保養)하는 것이다. 양지를 보양하는 것은 그에게 자연적인 본래의 모습을 되돌려 주는 것이다. 정중하면 자연스럽지 못하게 되고 의(意)가 생기지 않는다. 의가 생기는 것은 바로 사심이다. 왕간에게 있어 양지는 시시각각 정명하고 활발하기에 일부러 안배할 필요가 없다.

　　여기서 말하는 양지는 존재이자 활동이다. 그의 활동은 자연의 규칙과 운율과 일치하며 아무런 방애도 받지 않는다. 양지가 생각으로 표현될 때에 이런 생각은 자연의 규칙이고 운율의 합일이고 "자연천칙"이다. 왕간은 양지에는 체와 용이 있고 그 체는 성, 도, 중이고, 그 용은 생각과 깨달음이라고 했다. 양지 본체는 내용상으로는 내용은 천리이고, 표현형식상으로는 자연과 자재이다. 양지는 이 두 개의 통일이다. 왕간과 제자의 대화는 이러한 뜻을 잘 명확하게 표현해냈다.

성현과 백성의 구별은 성현이 이러한 양지를 자각적으로 깨달을 수 있고 이러한 양지에 습관이 될 수 있다는 점이다. 성현이 욕망을 제거하고 이를 회복하며 이러한 양지를 추구한다. 일반 사람들은 "매일 사용하면서도 모르고" 남보다 먼저 깨달은 사람들의 가르침을 받아야 한다. 그러나 가르침은 사실은 백성의 양'지'와 '성'현의 양지가 본래 같다는 것을 말하기 위해서이다. 그리하여 왕간은 "백성들이 매일 사용하는 것 바로 도다"라고 말했다. "백성들이 매일 사용하는 게 도"라는 주장은 양지에 대한 그의 생각의 자연적인 결과이다.

왕간의 "백성들이 매일 사용하는 것이 도"라는 주장에는 두 가지 뜻이 들어있다. 첫째, 백성들의 생활에서 체현되는 생각을 할 필요가 없고 안배할 필요도 없는 자연스럽고 직접적인 방식이 바로 도다. 도는 사물의 자연규칙과 하나를 이룬다. 둘째, 성인의 일은 곧 백성의 일이고 성인의 도는 백성들이 먹고 입는 일이다. 이 두 가지 사상은 모두 왕양명에게서 온 것이다. 왕양명은 "어리석은 남자와 어리석은 여자와 같은 것이 동덕이고, 그들과 다른 것은 이단이다"라는 말을 한 적이 있다. 그는 제자들을 가르칠 때 "너희들이 사람들에게 강의를 할 때 성인의 태도로 다가가면 사람들은 모두 무서워 도망가게 된다. 그러니 어찌 강의를 할 수 있겠는가. 그리하여 반드시 어리석은 남자와 여자가 되어야 사람들에게 강의를 할 수 있다.(《전습록》 상)고 할 수 있다. 왕양명에게 있어 "어리석은 남과 여"는 사람은 모두 양지가 있고 양지는 원래 완벽하며 어리석은 남과 여에게는 부족함이 있지만 그들의 양지는 성인의 것과 동일하다는 것을 형식적으로 말한 것이다. 내용상으로 보았을 때 양지천리란 백성들이 일상생활에서 하는 일이다. 학문을 가르칠 때에는 백성들의 일상생활에 대한 내용을 말하는 것이 천, 도, 성, 이 등 현묘하고 깊이가 있는 이치를 말하는 것과 같다. 왕간의 "백성들이 일상생활이 곧 도"라고 한 것은 왕양명의 이러한 두 가지 사상에 대한 계승이다. 첫 번째 사상에서 그는 현재가 곧 양지이고 깊고 먼 곳에서 구할 필요가 없다는 생각이 나왔다. 두 번째 사상에서 속세사람을 교육해야 한다는 사상과 정영문화에서 평민문화로의 변화를 이룩하였다.

앞에서 말한 것처럼 왕간은 도와 이는 모두 사람 마음의 양지로 표현되며 양지와 만물에 체현된 이는 일치하다고 생각했다. 일상생활에서 양지는 안배가 필요 없다. 일단 깊이 생각하고 안배하게 되면 자연스럽지 못하다.

일상행위에는 여러 번 중복되어 형성된 일련의 합리적이고 간단하며 힘이 덜 드는 표준형식이 있다. 이러한 표준형식은 숙화(熟化)로 인해 그 구체적인 반응과정을 생략한 채 생각할 필요가 없이 곧바로 완성된다. 이는 목적과 규율에 맞는 특징을 갖고 있다. 왕간은 바로 이 점을 양지라 한다. 황제지칙은 규율성에 맞는 것을 말하고, 지무이유는 양지가 불식불지하지만 일단 건드리기만 하면 곧 반응이 오는 것을 말한다. 지근이신은 양지는 비록 일상생활에서 견습한 일이기는 하나 형식적으로 도와 일치한 신묘한 품격을 갖고 있다는 말이다.

동자에게 차를 내오라고 하자 그 아이는 곧바로 응답하였고 앞뒤에 생각이나 고려를 전혀 하지 않았다. 이는 곧 양지가 현성, 자재하고 현실을 따르는 표현이다. 밭을 갈던 농부는 아내가 밥을 가져오자 밥을 먹고 그릇을 아내에게 돌려주었다. 아내는 그릇을 들고 집으로 돌아갔다. 이는 자연스럽고 간단하며 더 생각할 필요가 없는 일이다. 양지란 이러한 현성, 자연스러운 존재이기에 과장되게 꾸밀 필요가 없고 생겨날 때부터 천칙에 들어맞게 된다.

이러한 사상은 선종의 "일상적인 마음이 곧 도다", "무수지수(無修之修)"와 아주 비슷하다. 왕간이 선종을 배운 적이 있다는 것을 설명할 수 있는 자료는 아직 없다. 그의 저서에서도 선종을 평가하는 내용을 찾아볼 수 없다. 이는 그가 사회하층에서 노동을 했던 경험과 독학을 통해 학문을 배운 경력과 상관이 있다. 그는 왕양명의 제자인 왕용계, 섭표 등 학자기질이 다분하였던 사람과 많이 다르다. 그러나 왕간은 오랫동안 왕양명 가까이에 있었기에 왕양명의 선학사상이 그에게 직접적인 영향을 미쳤을 수도 있다. 이 점을 홀시할 수 없다. 왕간의 백성의 일상생활이 곧 도라는 주장에서 '도'와 이를 제외하고 단지 양지의 반응형식에만 착안점을 둔다면 이는 확실히 선성의 "작용이 성"이라는 평가에서 벗어날 수 없다.

2. 평민(平民)과 정영(精英)

　　백성들의 일상생활이 곧 도라고 하는 주장의 의미는 천, 도, 성, 명 등의 유가에서 마지막으로 관심을 갖는 것이다. 이는 소수 학자들의 전유물이 아니다. 도는 곧 백성의 일상생활의 사물에 표현되고 도는 백성들의 일상생활과 긴밀하게 연관된다. 왕간은 "성인의 도는 백성들의 일상생활과 다를 바가 없다. 이와 다른 것은 모두 이단이다", "백성들의 일상생활의 조리는 성인들의 조리이다", "성인들이 다스리는 일은 일상적인 일일 뿐이다.(《논어》, 《왕심재선생유집》 1권)라고 했다. 백성의 일상생활을 떠나고 "일상적인 일"을 떠나서는 도를 말할 수 없으며 천도성명 등 영역의 문제만 연구하고 파고들면서 백성들의 일상적인 생활과 밀접하게 연관을 짓지 않는 것은 이단이다. 왕간의 이 이론은 그가 유가에서 사군자의 수신을 위주로 하는 학자문화와 정영문화를 평민한테까지 전파하여 수신이 일반백성의 자각적인 추구가 되게 하려는데 그 목적이 있다. 왕양명에게서 학문을 배우기 시작한 이후부터 왕간의 실천활동은 주로 이러한 목적을 위주로 전개되었다. 예를 들어 왕양명의 문하에 있을 때 "천년 간 이어져 온 학문을 어떻게 하면 천하의 모든 사람들이 알 수 있는가?"라는 생각을 가지고 집으로 돌아와 가벼운 수레를 만들고 거기에 "천하는 하나, 만물은 일체이다. 입산하여 세상을 피해 사는 법을 배우고 세상에 나와 우매한 사람들을 가르친다. 성도를 따르면 천지가 이를 어기지 않을 것이고, "치양지"하면 귀신도 종잡을 수 없게 될 것이니 천하의 모든 사람들을 모두 선하게 하려면 이 방법 밖에 없다"고 하면서 하층의 민중을 교화시키는 것을 자신의 임무로 생각했다. 그는 옛 관복을 입고 도로에서 사람들의 이목을 끈 것은 바로 더 많은 하층 민중들의 주의를 불러일으키기 위해서이다. 왕간은 제염에 종사하는 집안에서 태어났기에 어렸을 때부터 제염노동에 참가하였다. 유가경전에 대한 장악도 매우 실용적이다. 그리하여 그는 절대 일반 유생처럼 과거시험을 보아 관직의 길을 걸으면서 학자로 살아가는 삶을 선택하지 않았다. 대신 그는 《대학》, 《논어》, 《효경》 이러한 제일 간단한 유가계몽도서에서 지식을 얻고 이를 자신의 실천과 결부시키면서 도를 이용해 속세사람을 교화하는 길을 걸었다. 왕간의 이러한 염원은 그가 쓴 추선부(鰍鱔賦)에서 가장 명확하게 드러났다.

　　이는 왕관이 도를 이용해 속세사람을 교화시키고 구하려는 의지를 생동적으로 묘사한 것이다. 왕관은 자신을 미꾸라지에 비유하고 모든 백성을 "포개지고 뒤얽히고 짓눌려서 마치 숨이 끊어져 죽을 것 같은" 뱀장어에 비유했다. 그는 홀로 강에서 즐기며 살려고 하지 않고 좁은 통에 들어있는 뱀장어를 구원하려고 했다. 그는 몸을 돌려 천둥과 비바람을 일으켜 뱀장어들이 좁은 통을 빠져나와 함께 장강대해(長江大海)로 돌아가게 했다. 그는 "나가면 반드시 제왕의 스승이 될 것이고, 이대로 있어도 만세에 이름을 날리는 스승이 될 것이다"라고 자부했다. 그는 스스로를 구세자로 자칭했다. 그가 성도로 백성의 행위를 교화하는 것은 유가의 만물일체의 이상과 "백성의 일상생활이 곧 도"라는 이론을 절실하게 표현하였다.

왕간의 "백성의 일상생활이 곧 도"라는 것은 교육상에서 누구에게나 차별이 없이 교육을 시킨다는 뜻이다. 그의 문인은 서월과 같은 관리가 있었고 임춘(林春)과 같은 고용인도 있었으며 주서(朱恕)와 같은 나무꾼도 있었다. 그의 가르침을 받아 그의 아들인 왕벽도 도공, 농부 등 사람을 제자로 두었다. 왕벽은 월나라에서 20여 년간 지내면서 왕양명, 전덕홍을 스승으로 모신 적이 있다. 그러나 결국에는 아버지를 도와 강의를 하는 것을 포부로 삼고 과거시험을 보지 않았다. 부친이 죽은 뒤에는 부친의 강석을 물려받았고 여러 곳을 돌면서 강의를 하였다. 그의 제자인 도공 한정(韓貞)은 평민문화를 열심히 제창하고 전파하였다.

그는 사서와 같은 유가계몽도서를 읽었다. 그는 전주(傳注)에 얽매이지 않고 그 뜻을 이해하는데 중점을 두었다. 농부 하정미(夏廷美)는 자신이 주희의 《사서집주(四書集注)》를 읽었을 때 잘 이해할 수 없었는데, 사서의 원본을 들고 자세히 보면서 생각하니 깨달음이 있었다. 그들이 학문을 배운 목적은 과거시험에 참가하기 위함이 아니라 자신이 사용하고 백성을 교화하는 것이 그 목적이다. 한정은 현령(縣令)이 정치에 대한 질문에 다음과 같이 대답했다. "농민, 노동자, 상인과 같이 따르는 사람이 수천 명이다", "하나의 마을이 끝나면 또 다른 마을이 있다" 등과 같은 기록은 왕간 및 그 후학들이 "백성의 일상생활이 곧 도"라는 이론과 자신들이 평민, 노동자 출신이라는 경력에 의해 결정된 교육실천이 그 당시에 아주 큰 영향을 불러일으켰다는 것을 설명한다. 그 의미는 중국전통교육의 주류였던 정영(精英)문화를 하층민중에게까지 보급시켰고 천도성명 등 순이론의 탐구를 백성의 일상생활으로 이끌었고 수신치국평천하의 이상을 유가계몽도서로 백성을 교화시키는 것을 실현하였다. 중국 역사적으로 불교에는 정영의 길과 백성의 길이 있었다. 그러나 유가에는 "뜻을 이루면 천하를 겸하여 선하게 하고, 뜻을 이루지 못하면 자기한 몸의 선만을 꾀한다"라는 고훈을 통해 사람으로 하여금 과거출세와 산림은거 이 두 개의 길로 나가게 하였다. 이 두 개의 길을 통해서는 민간에 도달할 수 없다. 이로 인해 중국문화형태에는 극단적으로 정영화되어가는 특징을 나타낸다. 과거출신의 지식인을 주체로 서원형식의 이론탐구와 성찰극치, 자신을 돌아보는 체험을 위주로 하는 수양방법 은 문화정영과 일반 백성이 서로 연관성을 잃게 하였다. 백성들은 유가이론원칙과 불교, 도교의 종지가 혼합된 사상교육을 받게 되고 백성들을 교화시키는 일은 미간의 종교활동 을 통해 이루어진다. 유교의 제자로서 백성을 교화시키는 일을 자신의 임무로 생각하고 유교문화를 하층민중에게까지 전파하는 사람은 아주 적었다. 태주후학의 이론과 실천은 그들이 정영문화를 평민문화에로 적극적으로 변화시키고 추진시켰다는 것을 설명한다. 그들은 득군행도(得君行道)와 독선기신(獨善其身) 두 가지 길을 포기하고 공자의 바쁘고 외롭게 세상을 구하고 백성을 교화하는 실제행위를 본보기로 삼았다. 왕간은 "공자의 수 신강의는 하루도 사라진 적이 없다", "나는 이이(伊尹)와 부설(傅說)과 같은 일을 할 수 없고, 그들의 학문도 내가 할 수 있는 것이 아니다. 그들이 임금의 신임을 얻게 된 것은 그야말로 우연한 일이다. 이러한 우연을 만나지 못한다면 영원히 독선하면 된다. 그러나 공자는 그러지 않았다.(《왕심재선생유집》 1권)고 했다. 태주학파의 이러한 전통은 계속 이어지지는 못했다. 그들의 활동도 태주라는 이곳을 벗어나 다른 곳에서 그 양향을 발휘 하지 못했다. 그러나 이 일 자체에 의미가 있다. 이는 문화의 보급과 백성들이 함께 참여 하는 근대정신에 부합된다.

왕간이 옛 관복을 입고 길가에서 사람들의 이목을 끈 행동은 그 당시 동문 심지어 왕 양명의 거센 반대를 받았다. 왕간은 왕양명에게 공자가 어떻게 철환(轍環)으로 차를 만 들었는가 하고 물은 적이 있다. 그러나 왕양명은 웃으면서 대답을 하지 않았다. 왕간이 태주에서 경사로 간 뒤에 왕양명은 그에게 편지를 보내 돌아오라고 했다. 그러나 그가 월나라에 돌아온 뒤 왕양명은 그를 만나주지 않았다. 왕양명은 왕간에게 "의기가 너무 강하고 기괴하게 행동한다"면서 그를 제재하였다. 왕양명은 왕간이 백성을 교화하는 것 을 반대하였을 뿐만 아니라 그가 공자를 따라하거나 길에서 사람들의 이목을 끄는 행동 을 비판했다. 이러한 행동들은 왕간은 공자를 도달할 수 없는 높이에 있는 사람으로 보 지 않고 그를 백성을 교화하는 계몽선생으로 보았다는 것을 설명한다. 황종희는 왕간이 이이와 부설에 대한 평가에 대해 전혀 동의하지 않았다. 그는 왕간이 용세에 너무 급해하고 옛사람들이 자신의 인격목표를 완성하고, 널리 이름을 날리는데 집착하지 않지만 절대 자신이 처음에 품었던 뜻 굽히지 않는 견강한 내심세계에와는 일정한 거리가 있다고 생각했다. 이러한 것들은 왕간의 방향과 왕문의 기타 학파와 비교적 큰 차이가 존재한다는 것을 설명한다.

3. 회남격물(淮南格物)

왕간의 "백성의 일상생활이 도"라는 주장과 상응하는 수양이론은 그의 격물설이다. 격물에 대한 수많은 해석 가운데서 왕간의 격물이 평민의 색채를 가장 돌출하게 들어냈다. 이를 회남격물이라 한다.

격물에 대한 왕간의 해석에는 아래와 같은 몇 가지 중요한 내용이 있다. 첫째, 왕간의 격물은 주희의 "사물에 나아가 그 이를 궁구하는 것(即物而窮其理也)"과 같지 않다. 또한 왕양명의 "정념두(正念頭)"와도 같지 않다. 안원(顔元)의 "수격맹수(手格猛獸)", "손을 움직여 치고 때리고 문지르고 만지는" 것과는 더 차이가 있다. 왕간의 격물은 사람과 사람 이외의 만물을 대조하여 사람이 본이고 천하와 국가가 말이라는 것을 아는 것이다. 격물의 결과는 근본을 알고, 수신의 근본을 아는 것이다. 수신의 근본은 가장 중요한 지이고 "올바른 앎이 이르렀다(知之至)"는 말이다. 여기에는 설명할 이론이 많지 않고 학원식의 탐구나 토론할 의도 없다. 안다는 것은 오늘 한번 격물하고 내일 또 한 번 격물하여 지식을 쌓는 것이 아니다. 또한 진심으로 지성지천하는 경지의 체험도 아니다. 이러한 것들은 모두 지식의 참여를 필요로 하고 도덕의 제고하는 기초 위에서 우주인생에 대해 각해할 것을 필요로 한다. 왕간의 격물은 "수신의 근본을 아는 것"이다. 마음과 천하, 국가는 모두 물이다. 물에는 중요한 것과 중요하지 않은 것의 구분이 있다. 마음이 본, 즉 중요한 것이고 국가와 천하는 말, 즉 중요하지 않은 것이다. 수신은 치국평천하의 기초이다. 격은 양도를 말하는데 격물은 몸과 천하, 국가와 비교하여 수신의 근본에 대해 아는 것이다. 근본이 혼란스러운데 말단이 다스려지는 경우는 없다. 왕간의 격물설은 유가전통의 도덕을 근본으로 하고 도덕수양이 좋으면 치국평천하할 수 있으며 도덕수양은 치국평천하의 기초라고 주장한다. 왕간의 격물설은 공자의 "인간이 도를 넓히는 것이지 도가 인간을 넓히는 것이 아니다"라는 관점을 발휘한 것이다.

둘째, 수신은 곧 안신(安身)이다. 왕간의 안신은 우선은 덕으로 몸을 편안하게 하는 것을 말한다. 즉, "부는 집을 윤택하게 하고 덕은 사람을 윤택하게 한다"는 뜻이다. 다음, 육체가 손상되지 않게 보호해야 한다는 것을 말한다. 신체를 잃으면 치국평천하를 하는 근본을 잃게 된다고 했다. 그러나 안신에 대한 왕간의 주장은 매우 두루뭉술하게 제기하였을 뿐 안신과 보신을 제대로 구분하지 않았다. 그러나 사실 그는 안신과 보신의 관계에 대해 명확하게 이야기한 적이 있다. "몸과 마음을 모두 편안하게 한 것이 제일 좋다. 몸을 편안하게 하지 못했지만 마음을 편안하게 하는 것이 그 다음이다. 몸과 마음을 모두 편안하게 하지 못한 것이 제일 나쁘다. 몸이 천하만물에 위험이 되게 만드는 것은 제일 중요한 것을 잃은 것이나 마찬가지이고, 몸이 천하만물에 때가 묻지 않게 만드는 것은 그 다음으로 중요한 것을 잃은 것이나 마찬가지이다.(《어록》,《왕심재선생유집》1권)" 그가 이상적이라 생각하는 것은 바로 마음과 몸이 다 편안해지는 것이다. 즉, 높은 도덕수양이 있을 뿐만 아니라 자신의 몸을 보호할 수도 있는 것이다. 그는 마음을 편안하게 하는 것을 몸을 편안하게 하는 것보다 더 중요한 위치에 놓았다. 그리하여 왕간을 도덕이상주의자라고 한다. 여기에는 관건적인 시각에는 생명(몸을 편안하게 하지 않는 것)을 포기해서 의(마음을 편안하게 하는 것)를 구해야 한다는 뜻이 내포되었다. 이에 대해 유종주는 왕간을 아부하지 않는 강직한 성격을 가진 군자의 입장에서 출발하였다고 비판했다. 그는 "몸을 편안하게 한다는 것은 마음을 편안하게 한다는 것과 같다. 보잘 것 없는 몸뚱이 하나를 얻었다고 해서 편안해지는게 아니다"라고 했다. 그리고 안신에 대한 왕간의 세 가지 논술을 언급하면서 이는 "위급함에 처했을 때 의리에 벗어나는 일로 구차하게 살아남으려는 구실을 남겼다"라고 했다. 그는 회남격물은 정확하기는 하지만 안신에서 편안함을 강조해야 하고 살신성인의 뜻을 강조해야 한다고 주장했다. 사실 왕간의 주장은 유종주보다 더 전면적이다. 왕간이 말한 것은 보편적인 상황이다. 모든 사람이 살신과 성인에서 선택해야 할 상황에 처하는 것이 아니기 때문이다. 일반적으로 마음이 편안하고 몸을 보호하는 것이 최고이고 그 다음이 살신성인이다. 살신성인는 유가의 최고이상이 아니다. 유가의 최고이상은 내유외왕이다. 즉, 내적으로는 높은 도덕수양을 갖추고 외적으로는 많은 사람들에게 사랑과 은혜를 베풀고 사람을 구제하는 업적을 쌓는 것이다. 그리하여 왕간이 말하는 안신의 세 가지 순서는 유가의 일관된 내용에 알맞다. 살신성인은 부득의한 것이다. 일반적인 의미에서 몸이 위험하다는 것은 위방이나 난국에 가는 것을 말한다. 이는 근본을 잃는 것이다. 그러나 자기 한 몸의 안전을 꾀하는 일은 중요하지 않은 것을 잃는 것이다. 이상적인 상태는 수신하여 치국하고 본말에 모두 도달하는 것이다. 그는 맹자의 말을 이용해 자신의 뜻을 설명하였다. "문득 어린 아이가 우물에 빠지는 것을 보고 가엽다고 생각하는 사람은 인자이다. 살기 위해 인을 해치지 않고 자기를 죽여 인을 이루는 것이 현자의 인이다. '나는 아직 인을 좋아 죽는 사람을 보지 못하였다.' 이는 성인의 인이다.(《왕심재선생유집 1권》)"그는 이러한 구별로 안신의 학문에 대한 의문을 상세하게 설명하였다. 그러나 일반적인 상황에서 왕간은 안신만을 말했다.

왕간은 몸을 보호하고 사랑하는 것을 사람이 태어날 때부터 가지고 있던 본능으로 생각했다. 왕간은 자기의 신체를 보존하는 것은 사람의 본능이고 천성이라 생각한다. 살신성인는 후천적이고 교화적인 것이다. 그는 자기를 사랑하는 사람은 반드시 사람을 사랑하고, 사람을 사랑하는 사람은 반드시 자신을 사랑하며 사람이 나를 사랑하면 내 몸을 보호할 수 있다고 추론했다. 이러한 추론은 맹자의 자기의 마음으로 미루어 남을 헤아리는데서 온 것이다. 그가 여기서 다른 사람을 사랑하는 것은 자신을 보존하는 전제와 유효적인 수단이라고 강조했다. 다른 사람을 사랑하는 범위는 아주 광범하다. 나를 사랑하는 사람이 많을수록 내 몸이 더 단단해진다. 사람을 사랑하지 않은 결과는 보복을 당해 스스로를 보호할 수 없게 되는 것이다. 사람을 사랑하나 자신을 사랑하지 않는 사람, 예를 들면 역사에 나오는 자기의 몸을 요리하고 뼈를 깎아 군부를 구한 사람들은 자기의 몸을 보호하지 못했기에 다른 사람 심지어 군부를 보호할 조건마저 잃었다. 그리하여 왕간은 "눈앞의 일이 학무이고 도다. 빈곤으로 인해 추위와 굶주림에서 허덕이는 사람들은 그 근본과 학문을 잃었다.(《어록》,《왕심재선생유집》1권)"고 했다. 몸을 추위와 굶주림에 떨게 한 사람은 학문이 모자라고 도를 깨치지 못한 사람이기에 자기 몸 하나도 건사할 수 없다. 몸을 요리하고 뼈를 깎은 사람은 군보의 이치를 모르기에 몸에 상처를 입히고 목숨을 내놓았다. 이는 모두 학문이 부족하다는 표현이다. 왕간은 여기에 근거하여 존신(尊身)이 곧 존도(尊道)라는 주장을 제기하였다.

여기서 말하는 도는 추상적인 도가 아니라 구체적인 사물의 도였다. 왕간의 존신과 존도를 함께 주요시하는 사상은 사실은 몸을 보호하려면 반드시 도를 존중해야 한다는 것을 말하는 것이었다. 구체적인 사물의 도를 인식하면 구체적인 사물이 몸을 힘들게 하지 않게 그리하여 몸을 보호할 수 있다. 그리하여 존신하려면 반드시 존도해야 한다. 그렇지 않으면 자신의 몸을 보호할 수 없을 뿐만 아니라 존도할 수 있는 조건도 잃게 된다. 이는 "자신의 몸을 추위와 굶주림에 떨게 한 사람은 학문이 모자라고 도를 깨치지 못한 사람"이라는 주장과 일치하다. 왕간은 또 "사람은 도를 넓힐 수 있다"라는 각도에서 존신과 존도의 관계를 이해하였다. 그는 "성인이 천하를 구제하는 도는 지존자(至尊者)의 도로서 사람은 도를 넓힐 수 있다. 사람이 넓힐 수 있는 도는 지존자의 몸이다. 존도하면 존신하고 존신하면 존도이다.(《년보》, 《왕심재선생유집》 3권)"라고 했다. 이는 그가 죽기 2년 전의 사상이다. 그리하여 그전의 사상보다 광대하고 소박하다. 그는 도는 천하 만민을 구제할 수 있고 만민들이 편안한 생활을 하려면 반드시 도를 따라야 한다고 주장했다. 그러나 도로 천하를 구제하는 일은 반드시 사람이 해야 한다. 사람은 도의 실행자이다. 그리하여 사람이 도를 넓힐 수 있다고 한다. 이 방면에서 보았을 때 존도와 존신은 서로를 조건으로 한다. 사람의 편안한 생활은 사람과 도가 함께 만든 것이다. 그리하여 존도함과 동시에 존신해야 한다.

왕간은 평민철학자의 입장에서 일반 백성이 일상생활에서 인식할 수 있는 도에 대해 철학적인 개괄을 진행하였다. 그는 정영철학자들처럼 역사를 배우고 역사를 논하면서 역대 흥망을 통해 전체의 이익을 강제적으로 조절하지 않았다. 또한 개인의 도덕책임을 강조하면서 살신성인을 강조하지도 않았다. 그는 평민의 안목으로 본 사람과 자신의 관계, 전체이익과 개인이익의 관계에서 출발하여 사람과 자신, 사람의 몸과 마음, 자연의 사람과 사회의 사람의 조화와 공존을 강조하였다. 그의 논술은 자연스럽고 소박하다. 그는 역대 유학자들이 극단적으로 강조하였던 유가의 기본원칙을 소박하고 일반적인 경지에 놓고 여기에 사람의 본능과 도덕원칙을 결합시키면서 어느 한쪽에도 치우치지 않았다. 그는 명과 이익을 위해 극단적인 행동을 한 사람을 멸시했다. 그는 사람과 내가 서로 사랑해야 한다는 근거는 도덕이 아닌 바로 서로에게 이익을 주는데 착안점을 두었다. 이러한 것들은 모두 그의 평민철학자의 기본 특징과 가치 취향을 나타냈다.

4. 배움(學)과 낙(樂)

그는 자신의 "백성의 일상생활이 곧 도"라는 관점에서 출발하여 유가 성학의 목적은 '낙'을 얻는 것이라고 주장했다. 유가성학을 추구하는 것은 매우 기쁜 일이다. 왕간이 말하는 '낙'에는 4개 방면의 내용이 담겨있다. 첫째, 마음의 본체는 낙이다. 그는 "양지의 체는 새와 물고기처럼 활발하다", "천성의 체는 본래부터 활발하다. 새가 날고 물고기가 헤엄치는 게 바로 이 체이다. (《어록》, 《왕심재선생유집》 1권)"라고 말했다. 왕간은 사람의 마음은 우주의 축소판이고 우주의 대화유행은 생기발랄한 생기로 표현된다고 주장했다. 만물은 모두 이러한 본성의 필연성에 근거하여 운동하고 우주는 전체적으로 조화를 이룬다. 사람의 마음도 이러하다. 만리(萬理)가 구비되면 신이 이를 감응할 수 있고 곧바로 촉발되어 만 가지 변화를 이룬다. 그리하여 "사람의 마음은 본래부터 즐겁다". 사욕의 방애만 없다면 곧 낙의 본체가 될 수 있다. 우환, 분치(忿懥)는 모두 양지의 즐거움을 방애한다. 그리하여 왕간은 "사람의 마음에는 원래 아무 일도 없다. 일이 있으면 마음이 즐거울 수 없다.(《시학자(示學者)》, 《왕심재선생유집》 2권)"고 했다. 왕간의 이 사상은 왕양명의 "낙은 마음의 본체", "양지는 본래부터 즐겁다" 등 사상에서 나왔다.

둘째, 성인의 학문은 간단하고 배우기 쉽다. 왕간은 "천하의 학문에서 유독 성인의 학문이 가장 배우기 쉽다. 별로 힘을 들이지 않아도 끝없는 행복을 느낄 수 있다. 배우는 데 힘이 든다면 이는 성현의 학문이 아니고 즐거울 수가 없다.(《어록》, 《왕심재선생유집》 1권)고 말했다. 앞에서 말했듯이 왕간은 성인의 이치는 모두 백성의 일상생활에 있다고 생각한다. 백성의 일상생활은 입고, 먹고, 어린 종과 하인과 왕래하는 등 잡다한 일이다. 사람마다 볼 수 있고 들을 수 있으며 그렇게 말하고 그렇게 행동한다. 이치도 그러하다. 수신이란 백성의 일상생활에 있다. 입본이란 자신의 지위 등을 획득하여 출세하는 것이다. 지지선이란 본말을 일컫는 말이다. "성인이 다스리는 일을 바로 이러한 가정일"이기에 배우기 쉽다. 왕간은 정영학자들이 추구하는 번잡한 이치, 엄격하게 수신하는 것, 배우기 힘들고 알기 힘든 학문은 모두 이단이라고 생각한다. 이는 입고 먹는 일이 곧 인륜물리라는 이지(李贄)의 사상에 아주 큰 영향을 끼쳤다.

셋째, 성인의 학문을 배우면 득도하는 기쁨이 생긴다. 이는 "공안낙처(孔顔樂處)"이다. 성인의 학문은 사람에게 이익을 제공할 수 있다. 도덕수양을 추구하면 마음속으로 어떠한 각해를 얻을 수 있는데, 이러한 각해는 사람으로 하여금 고상한 경지에 도달하게 한다. 도덕수양을 추구하면 외재적으로 "사지구속(仕止久速), 교통추시(交通趨時)"를 할 수 있어 목적과 규율에 알맞은 통일된 기쁨을 얻을 수 있다. 또한 백성을 괴로운 처지에서 구해낼 수 있고 편안하고 안락한 생활을 할 수 있다. 여기서 만물일체의 비통에서 군생을 구제하는 도덕으로 전환되는 기쁨이 발생할 수 있다. 이는 바로《추선부(鰍鱔賦)》에서 미꾸라지가 뱀장어와 함께 좁은 통을 빠져나와 장강대해(長江大海)로 돌아가게 한 뒤에 혼연히 길을 떠난 이야기에서 말하는 내용이기도 하다. 배움이란 바로 이러한 도덕적인 기쁨을 얻기 위함이다.

넷째, 성인의 학문은 사람들이 배우기 좋아한다. 왜냐하면 여기서 이상에 언급했던 기쁨을 모두 얻을 수 있기 때문이다. 성인의 학문을 배우는 것은 누가 핍박해서도 아니고 과거시험을 보기 위해서도 아니다. 이는 자기의 도덕이상에서 출발한 자원적인 행위이다. 이러한 배움에는 항상 행복한 기상으로 가득 차있다. 이게 바로 왕양명이 했던 "성인의 학문은 이렇듯 고통스러운 것이 아니고 네가 도학을 배우는 모습도 아니다"라는 말의 뜻이다.

이상 몇 개 방면의 뜻은 모두 왕간이 쓴《악학가(樂學歌)》에 그대로 체현되었다. 이는 유가경전처럼 알기 어렵지 않고 무겁지도 않다. 여기에는 천리와 인욕의 격렬한 투쟁에서 체현되는 고통과 장렬함도 없다. 또한 정영문화의 허현과 꾸밈이 없다. 모든 것은 평범하고 소박하다. 모든 것은 자연스럽고 조화를 이룬다. 여기에는 강렬한 평민정신이 나타났다.

낙은 유가수신의 자연적인 결과이다. 공안지락(孔顔之樂)은 유가에서 추구하는 최고경지이다. 주돈이는 정이, 정호에게 "공안지락을 추구하는 것이 바로 낙이다"라고 했다. 왕양명도 "낙은 마음의 본체"라고 했다. 그러나 왕간의 낙학은 그들과 많이 다르다. 그들은 낙을 경지로 했지만 왕간의 낙은 경지인 동시에 구체적인 심리감수이다. 경지로서의 낙은 숭고하고 장엄하고 아름다운 뜻이 많이 내포되었다. 그러나 감수로서의 낙은 구체적인 정감과 체험이다.《낙학가》는 경지와 정감 두 개 방면에서 유가의 최고 정신적인 추구를 이상과 현실, 목표와 과정이 결합된 곳에 놓고 유가에서 "도거정확(刀鋸鼎鑊)의 학문"으로 보는 수신을 화평하고 즐거우며 솔직하고 소박한 기점에 올려놓았다. 이는 그의 평민문화가 갖고 있는 특징이다.

5. 왕간의 제자 가운데 존재하는 다른 경향

　　왕간은 회남에서 강의를 하면서 수많은 제자를 두었다. 그중에 왕간의 아들은 왕
벽, 족제(族弟)인 왕동, 문하제자인 서월이 가장 유명하다. 그들의 학문은 태주후학에 아
주 큰 영향을 끼쳤다. 그러나 이 세 사람의 학문경향은 같지 않다. 왕벽과 서월의 경향이
비교적 비슷한데 모두 현성양지, 현재에 따르는 것을 종지로 한다. 그러나 왕동은 의(意)
라는 글자를 내놓고 양지의 주재의미를 강조한다. 이러한 차이점은 왕용계의 선천정심의
학문과 강우의 귀적주경의 학문의 분기와 비슷하다. 왕동이 말하는 '의'라는 글자의 표방
은 이미 유종주의 성의, 신독 학문의 서막을 연 셈이다.

　　왕벽은 자는 종순(宗順)이고, 호는 동애(東崖)다. 왕간(王艮)의 둘째 아들로, 9살 때 아
버지를 따라 왕수인(王守仁)을 찾아 10여 년 동안 공부했다. 왕용계와 전덕홍의 가르침
을 받기도 했다. 왕간이 회남(淮南)에서 강학할 때 왕재는 그를 도왔다. 아버지가 죽자
뒤를 이어 강석(講席)을 지키며 여러 곳을 다니며 강학했다. 왕벽은 왕간의 "현성양지는
자유자재하다"라는 관점과 왕용계의 모든 인연을 내려놓고 양지의 본체가 맘대로 유행하
게 놓아주어야 한다는 사상의 영향을 많이 받았음을 보여준다. 이는 양지는 성체의 자각
인 동시에 감응(感應)과 응대(酬酢)가 발생할 수 있게 해주는 영명이다. 양지는 각종 복
잡한 상황에 자연스럽고 적당하게 대응할 수 있다. 양지에 적응하는 이외에 다른 곳에
지혜를 부릴 필요가 없다. 다른 곳에 지혜를 부리는 것은 쓸 데 없는 짓이나 마찬가지라
는 것이다.

　　"천총명(天聰明)"은 현성양지이다. 이러한 양지를 자오하고 따르는 것을 배워야 한다.
그렇지 않으면 지혜를 과하게 사용하는 등 착오를 범할 수 있다. 이는 천연 유행의 진이
아니다. 왕벽은 현성의 양지를 따르지 않는 것, 고의적으로 추측하는 것, 틀어쥐고 놓지
않는 등 공부 방법에 대해 비판하였다.

　　꽉 움켜쥘수록 더 힘이 들고 열심히 다스릴수록 더 효과가 없다. 따라서 본래부터 그
러했고 지금도 그러한 양지를 따르면 자연히 도에 알맞게 된다. 그리하여 왕벽은 "새가
울고 꽃이 지며 산이 높고 물이 흐르며 배가 고프면 밥을 먹고 목이 마르면 물을 마시며
여름에는 삼베옷을 입고 겨울에는 털옷을 입는다. 최상의 도는 바로 이러한 것들이다"라
고 말했다. 황종희는 그의 학술종지를 "손을 대는 착오를 범하지 않은 점이 참으로 훌륭

하다"라고 평가했다.

서월의 학술은 왕벽과 비슷했다. 그는 성과 양지를 따라야 한다고 주장했다. 이에 대해 황종희는 "현성양지에 대한 이 말들은 손을 대는 착오를 범하지 않는 비결이다. (《명유학안》 725쪽)"라고 평가했다.

왕동의 학술경향은 두 사람과 많은 차이가 난다. 왕동은 자가 융길(隆吉), 호가 일암(一庵)이다. 그는 왕간의 가르침을 받았다. 그는 공생(貢生)으로 남성, 태안 등지의 훈도(訓導)로 나갔다. 후에 남풍(南豐)의 교유(敎諭)가 되었다. 그는 이르는 곳마다 강학을 하였다. 저서로는 후인들이 편찬, 수정한 《왕일암선생유집》 1권이 있는데 《왕심재선생유집》에 포함되었다. 왕동의 학문은 의를 마음의 주재로 한다. 그는 마음의 주재가 항상 명(明)하다는 것을 종지로 하고 신독을 공부해야 한다고 했다.

왕양명의 해석에 따르면 "마음에서 발하는 것이 곧 의"다. 공부는 의념이 생긴 뒤에 선악을 분별하고 이를 다스리는 것을 말한다고 했다. 이에 대해 왕동은 의념이 이미 발동되었다면 성의에 대한 공부는 후천적인 것이라고 했다. 그는 '의'라는 글자를 마음의 주재로 바꾸었다. 마음에 항상 '의'가 있어야 하는데, 의가 있다는 것은 선천의 도덕의지가 있다는 뜻이고, 의가 없다면 마음은 지각의 영명(靈明)일 뿐이라고 했다. 군자와 소인의 구분은 바로 이러한 선천 본유의 성의를 유지할 수 있는가에 있다는 것으로 성의를 공부하는 것이 곧 신독이라 한 것이다.

성의는 후천 의념이 발생하고 사욕이 발생한 후에 이를 다스린다는 말이 아니다. 이는 선천 주재에 대해 엄격하게 관찰하고 공제하는 것을 말한다. 여기서 그의 공부는 선천양지의 유행을 주장하는 산천성의파벌과도 같지 않고 의념이 발생한 후에 양지의 선악을 분별하여 사욕을 제거하는 것을 주장하는 후천성의 파벌과도 같지 않다. 그의 공부는 선천과 후천 사이에 있는 것으로서 마음에 본래부터 존재하는 도덕의지를 함양하여 주재로서의 의(意)가 시종 정명하게 하는 것이다. 그리하여 그는 후천파를 반대한다. 그의 공부는 이의 주재를 지키는데 있고 생각에서 생겨난 선악으로 그 의가 성(誠)한지 검증한다. 그가 말하는 성은 "이러한 영근(靈根)을 조심히 보호해야 한다. 항상 조용하고 기쁘게 지내면 된다"라는 것이다. (《왕일암선생유집》) 그는 특히 순전히 양지에 맡겨두고 공부의 수양을 가하지 않는 선천정심파를 반대하였다.

여기에서 왕용계라고 명확히 지적하지 않았지만 그가 현성(現成) 양지파를 말하는 것만은 확실하다. 이는 왕동의 학술경향이 왕벽과 서월과 완전히 다르며 태주후학에서 성의파로 분화되어 나왔다는 것을 말한다.

왕동의 학문은 태주후학에서 지나치게 자연 그대로의 것을 강조하는 것을 바로잡는데 그 뜻을 두었다. 이는 유종주와 아주 비슷하다. 유종주는 왕학의 현성 양지파를 바로 잡으려 했었다. 그는 의를 마음의 주재로 하고 신독을 강조하였다. 왕동은 유종주보다 먼저 의를 마음의 주재로 하고 신독을 성의의 공부로 해야 한다고 주장하였다. 그리하여 황종희는 유종주와 왕동의 견해가 약합부절(若合符節)하다고 평가했다. 그러나 태주후학에서 더 많은 파란을 일으킨 것은 다름 아니라 현성양지파이다. 태주후학은 "맨손으로 용과 뱀과 사투를 벌렸고" "세대가 바뀜에 따라 더 낳아졌는데" 이는 현성양지파의 일맥을 따라 발전한 것이다. 이 점은 이후의 장절에서 한발 더 나아가 논술하기로 한다.

제 17 장
나여방(羅汝芳)의 "적자양심(赤子良心)"

|제17장|
나여방(羅汝芳)의 "적자양심(赤子良心)"

태주지학의 개창자 왕간의 "양지는 현성이자 자재(自在)이다"라는 사상은 왕벽, 서월 등 사람들의 연구와 성과를 거쳤다. 나여방에 이르러서는 여기에 역과 선을 융합하여 "적자양심(赤子良心), 불학불여(不學不慮)"라는 종지를 제기하였다. 이는 양지현성의 사상을 극단에까지 발전시킨 것이라 할 수 있다.

나여방(1515~1588)은 강서(江西) 남성(南城) 사람이다. 자는 유덕(惟德)이고, 호는 근계(近溪)다. 가경 23년에 진사가 되었고 태호지현(太湖知縣), 형부주사(刑部主事), 녕국(寧國)과 동창(東昌) 지부, 운남 부사(副使), 참정(參政) 등을 역임하였다. 강학 때문에 장거정(張居正)의 미움을 사서 퇴직하였다. 집으로 돌아온 뒤 제자와 함께 강서, 절강, 복건, 광서 일대를 돌면서 강학하였다. 세상에《근계자집(近溪子集)》을 남겼다.

나여방은 유학자 집안에서 태어났다. 어릴 때 어머니가 그에게 유학을 가르쳤다. 15살 때 과거를 보기 위해 공부를 하다가 장기(張璣)로부터 도학을 배우게 되었다. 그 뒤 분연히 도를 자기의 공부로 삼았다. 설선의《독서록》을 좋아했고, 18살 때 임전사(臨田寺)에 들어가 폐관을 하였다. 그는 책상에 물과 거울을 올려놓고 정좌하였다. 마음을 물과 거울처럼 청명하게 만들려고 했으나 시간이 지남에 따라 오히려 마음에 화가 일어나는 병에 걸리게 되었다. 그의 아버지가 그에게《전습록》주어 읽게 하였다. 그 속에 말하는 대로 따랐더니 점차 병이 낫기 시작했다. 26살 때 향시를 보러 성시로 가서 진신(縉紳)의 강의(講會)를 들었다. 우연히 불교사원을 지나다가 마음의 병을 고친다는 고시를 보고는 명의가 있는 줄 알고 들어갔다. 그러나 사실은 안산농(顔山農)이 강학하고 있었다. 그의 강학을 들은 후 나여방은 그의 종지에 동의하면서 "이는 정말 내 마음의 병을 고칠 수 있다"고 말했다. 그가 마음을 움직이지 않는 자신의 수양방법을 얘기하자 안산농은 이는 욕념을 강제로 억압하는 것이지 맹자의 측은의 인을 체인하는 것이 아니라고 했다. 이 말을 들은 나여방은 큰 깨달음을 얻게 되었다. 이튿날 아침 일찍, 그를 찾아가 절을 올리면서 절을 올렸다. 안산농이 계몽의 은혜가 있다고 생각하여 그를 부모님처럼 모셨다. 후에 안산농이 감옥에 들어가자 나여방은 밭을 팔아 그를 감옥에서 구해냈다. 34살 때 호종(胡宗)이 역학에 정통하다는 말을 듣고 찾아가 3개월간 그의 가르침을 받았다. 46살 때 큰 병에 걸렸다. 병중에 불학불, 자연천성의 적자양심이란 종지를 깨닫게 되었다. 이 깨달음을 얻은 뒤에 평생 이를 고수하였다. 그 외 나여방은 젊은 시절에 불자, 도사들과 가깝게 지냈는데 이는 그의 학문에 많은 도움을 주었다. 강우왕문의 학자인 왕시괴는 그를 "젊은 시절에 불경, 현종 등 연구하지 않은 것이 없었다. 중이든 도사든 모두 가리지 않고 접견하였다.(《명유학안 · 강우왕문학안3》)"고 말했다. 이 말에서 그의 근원이 얼마다 잡다한지를 알 수 있을 것이다.

1. 대도(大道)는 오로지 이 몸에 있다

나여방의 학술은 《주역》의 "생하고 생한 것을 역이라 한다"에 《대학》, 《중용》을 융합시켜 생하고 생한 인을 우주법칙이라고 하고 사람을 우주대도의 근본체현으로 하며 효제자(孝弟慈)를 이 생하고 생한 법칙의 구체응용으로 하고 혼륜순적(渾淪順適)을 공부로 한다. 그는 공자가 말하는 인, 맹자가 말하는 성선, 《중용》에서 말하는 천명의 성, 《대학》에서 말하는 명덕친민(明德親民)을 《주역》의 "생생불이(生生不已)"로 전부 개괄할 수 있다고 생각한다. 생생지인이 우주를 통섭하고 세상의 모든 것은 모두 생생지인의 체현이다. 그중에서 가장 근접한 것은 다름 아니라 사람 생명의 계속이다. 사람이 갓난아기의 상태에 있을 때 이러한 생생법칙을 가장 잘 체현해낼 수 있다고 했다.

갓난아기의 마음은 아직 세상의 물욕에 물들지 않았기에 그 마음은 가장 직접적이고 완전하게 우주법칙을 체현해낼 수 있다. 그리하여 "혼연천리"라고 한다. 갓난아기의 출생은 어머니를 사랑한다는 표현이다. 이러한 사랑은 곧 인이다. 이러한 애근(愛根)을 자각하고 이를 인륜의 일상생활에 관철시키면 곧 성인이 된다고 했다.

성의 내용은 곧 하늘의 생하고 생한 인이다. 성현의 학문은 적자의 마음을 기초로 한다. 나여방이 체현해낸 천지의 도는 왕성한 우주의 생기이다. 사람의 마음에서 이는 곧 갓난아기가 태어날 때부터 갖고 있던 애근이다. 생기와 애근은 본래부터 하나이고 하늘과 사람을 둘로 나누어보아서는 안 된다. 이러한 왕성한 생기가 곧 우주의 법칙이고 사람 마음의 본체이다. 이는 적자 마음의 첫 번째 방면의 내용이다. 두 번째 방면은 적자의 마음이 배우지 않아도 능하고 생각하지 않아도 알 수 있으며 거짓이 필요 없고 지금 그대로여야 한다. 왜냐하면 갓난아이의 마음은 어른들과 달리 거짓과 꾸밈이 없기 때문이고 했다.

이 말에서 나여방의 학술종지와 특징을 알 수 있다. 적자의 마음은 유와 무의 통일이다. 갓 태어난 아이의 마음은 천명의 성의 체현이다. 그가 듣고 볼 수 있는 것은 오직 친인을 사랑하고 어른을 존경하는 것뿐이다. 이는 곧 '유'다. 그러나 갓난아이가 친인을 사랑하는 마음은 생각을 통해 얻어지거나 배움을 통해 형성된 것이 아니다. 여기에는 공리적인 계산이 없고 외적인 핍박도 없고 거짓도 없다. 이는 곧 '무'다. 갓난아이의 양심은 배우지 않아도 알 수 있고 생각하지 않아도 능하며 지금의 모습이 바로 본능이다. 이는 오염을 받지 않은 원시상태이다. 적자의 양심은 사람이 추구하는 최고의 경지이다. 나여방이 중점적으로 얘기한 것은 적자의 마음에서 혼륜순적(渾淪順適)하는 것, 당하에서 얻는 것, 자연스럽고 평범한 것, 하늘이 만들어 놓은 것과 같은 내용이다. 천명의 성은 내재적인 포함으로서 배우지 않고 생각하지 않는 본능에 숨어있다. 그러나 사람은 오히려 맑고 깨끗함을 느낄 수 있다.

적자의 상태가 되면 정신이 집중되고 마음이 깨끗해지며 '유'가 숨어들고 '무'가 나타난다. 생각하지 않아도 능하고 안배하지 않아도 자연히 사물의 법칙에 알맞게 된다. 나여방은 동자가 차를 올리는 행위로 적자의 마음은 하늘에서 주어지는 것을 설명하면서 이게 바로 수양이 도달해야 할 경지라고 제시했다.

동자(童子)가 생각하지 않아도 알 수 있는 것은 자연적인 일이다. 생각하지 않아도 알 수 있다는 것을 깨닫고 이에 알맞게 수양공부를 하는 것이 바로 인위적인 일이다. 사람은 응당 천연적인 것을 본받아야 한다. 동자가 차를 올릴 때 대청을 지나고 들어오고 나가는 등 행동이 모두 조용하고 알맞았다. 이는 생각하고 안배할 필요가 없다. 수양공부가 이러한 자연천성 그리고 안배하지 않아도 되는 정도에 도달하는 것에 있다.

집안일을 하고 차를 올리는 일의 자연천성은 편안하고 고요함이다. 그 속에는 계구(戒具)가 포함되어 있다. 그러나 계구는 이미 당하의 자연법칙으로 변환되었다. 도체(道體)의 정미함은 공부의 현성(現成)으로 표현된다. 나여방은 왕양명의 경위와 쇄락의 이론을 개조하였다. 그는 쇄락을 대대적으로 강조하였는데 쇄락이 곧 자연이다. 본체의 자연에서 나온 것은 모두 합당한 것이다. 조용함과 편안함, 계구, 중화, 정일이 모두 당하(當下)에 포함되면 이는 곧 중이다.

2. 당하(當下)에 적응해야 한다

나여방은 적자양심, 불학불여를 종지로 하지만 그의 공부는 당하에 적응하는 것이다. 그는 사람의 마음이 갈팡질팡하는 것은 이미 있는 사건에 대한 추억이 아니라 미래에 상황에 대한 주관적인 추측 때문이다. 이렇게 되면 맹자가 말하는 '망', '조'에 빠지기 쉽다. 그리하여 그는 당하에 적응해야 한다는 공부방법을 제시했던 것이다.

많은 사람들과 함께 앉아 모든 것을 잊는다. 외재적인 규율과 속박도 점차 사라진다. 그러면서 생기가 발랄해지는 것을 느낄 수 있는데 이러한 생기가 바로 본체의 마음이다. 당하에 나타난 본체의 마음은 생기발랄하다. 당하에만 적응하고 다른 요구가 없다면 곧 적자의 양심과 하나가 될 수 있다. 나여방은 적자의 양심은 《대학》에서 말하는 '명덕'으로서 이는 유무의 합일이라고 생각했다. 허할수록 영(靈)하다. 당하에 적응하는 것이 바로 최대한도의 허를 추구하여 최대한도의 영을 얻는 것이다.

양지가 정명해지려면 일부러 공부를 해야 하고 일부러 하게 되면 모든 것을 내려놓을 수가 없다. 모든 것을 내려놓을 수가 없다면 마음이 순조롭게 유행할 수 없다. 당하에 적응하는 것은 곧 본성의 유행을 얻는 것이고 마음을 가로막는 물체는 마음의 장애가 될 수 있다고 했다. 그는 또 당하를 인식하고 혼륜순적(渾淪順適)하는 것은 곧 맹자가 말하는 "넓은 세상에 살고 올바른 자리에 서는 것"이었다. 공부가 힘들다고 느껴지면 공부하지 않는 것을 공부로 삼아야 하고, 특정된 목표가 없고 기대하는 희망도 없으며 준칙, 규범, 격식도 없고 당하에 적응하면서 구속받지도 말아야 한다고 했다.

왕양학문이 왕용계에 이르렀을 때에는 고상하고 방임하는 길에 들어서게 되었다. 태주학문이 나여방에 이르렀을 때에는 더욱 주체화된 경지에 들어서게 되었다. 왕간은 "백성의 일상생활이 곧 도"라고 하였는데 이런 도에도 규칙, 규범과 같은 외부의 강제적인 내용이 들어있다. 다만 이러한 내용이 백성들의 일상생활에 나타나는 규칙과 규율과 일치할 뿐이다. 그러나 '정중', '지양(持養)', '변화기질' 등 사람으로 하늘을 따르는 개념은 왕간의 어록에 자주 등장한다. 나여방은 이와 다르다. 그는 왕간이 왕양명에서 가져온 현성양지, 당하가 곧 정확한 것이라는 내용을 한층 더 확대시켰다. 그가 주장하는 우주의 본체는 생의, 생기 등 생명의 의미가 요동치는 존재이다. 그가 주장하는 사람 마음의 본체는 적자양심이고 공부는 당하이다. 그에게서 도의 외재적인 규율, 절주, 규범 등 뜻이 많이 사라졌다. 정중, 지양 등 자신이 붙들고 있는 항양공부를 혼륜순적, 불학불여 등 수양형식에 융석시켰다. 직접적인 깨달음이 점하는 위치가 대대적으로 상승하였다. 일에서 단련을 받고 확충하는 등등의 수양공부가 매우 중요한 위치를 차지하게 되었다. 그리하여 황종희는 나여방을 "조사전(祖師禪)의 정수를 얻은 자"라고 평가했다.

3. 천명(天明)과 광경(光景)

나여방은 당하를 인식하고 혼륜순적을 공부의 방법으로 삼았다. 그리하여 도처에 현성하고 점체(粘滯)가 없으며 어떤 특정된 심리상태를 추구하는 것은 불필요하다. 그는 도덕수양은 자연적인 것으로 예기할 수 없다고 생각했다. 또한 생각과 안배가 필요없이 현재 그대로의 것으로 체현되는 것이 마음의 본체이다. 이를 '천명'이라고 부른다. 자신을 드세게 다잡고 함양, 공부, 체험을 통해 자기 마음속의 정황을 자세히 살펴야 한다. 그는 이를 '정경'이라고 불렀다. 진헌장이 "고요함속에서 단서(端倪)를 이끌어낸다"는 말에서 '단서'가 곧 정경이다. 이러한 정경을 체험하고 관조하고는 이를 수양을 통해 얻은 것이라 생가하고 좋아서 간직하며 끝까지 견지하는 것은 당하에 적응하는데 방애가 될 수 있다고 했다.

적자의 마음에는 사랑이 가득 차있다. 이는 일반 사람들의 일상행동으로 표현되며 극히 평범하고 전혀 가식이 없다. 이게 곧 "있기도 하고 없기도 하며, 없기도 하고 있기도 하다"는 것이다. 마음에서 반짝이는 것은 순전한 명각(明覺)으로서 그 속에는 사랑의 감정이 없다. 또한 명각은 강제적으로 염려가 생기지 않게 제지하면서 생겨난 것으로서 이렇게 되면 그릇된 길로 빠질 수 있다. 만약 이러한 체험에 연연하면서 이러한 상황을 유지하려 한다면 선교에서 말하는 "귀신이 사는 동굴에서 살아갈 방도를 찾는 것"이 된다. 당하를 따르는 것은 곧 적자의 마음이다. 이는 천성의 지를 명각하고 통투(通透)하게 해주어 강력한 통제를 포기하고 사색과 기대를 포기하게 만든다. 그러면 말과 행동에 막힘이 없고 감정이 편안해지면서 몸과 마음이 모두 상쾌해진다. 여기서 나여방은 유가전통의 "양미발지중(養未发之中)", "함양은 경으로 한다" 등과 전혀 다른 방향으로 나갔고 왕양명의 "선과 악을 생각하지 않고 본래의 모습을 인식한다"라는 것과도 같지 않다. 그러나 선종의 "일방일갈(一棒一喝), 당기횡행(當機橫行)"이 대표하는 "자연신발(自然迅發), 과이불류(過而不留)"의 풍습과 비슷하다.

나여방의 '천명'은 이러한 도덕과 지각의 주체에 대한 그의 관점과 서로 연결된다. 그는 사람은 '영물'일 뿐이라고 생각했다. 이러한 영물은 생기발랄하고 모든 것을 감응할수 있다. 사물에 대한 사람의 갖가지 이해와 기대, 경험이 사람의 본심에 가해지면 사람이 원래부터 갖고 있던 적자의 영을 파괴하게 된다. 수양공부는 응당 "걱정을 줄이고" 사람이 사람에게 가해지는 보탬을 제거하여 마음이 당하에 반응하고 혼륜순적하는 본래의 상태로 회복되게 해야 한다. 마음은 홀연히 나타났다 홀연히 사라지는 것으로 공제할 것도 깊이 연구할 것도 없다. 공제하거나 깊이 연구하는 것은 모두 망견(妄見)이라고 했다.

심지어 그는 마음에는 맑고 투명하며 넓고 편안하지 않은 것과 같이 진실하고 불변하는 소위 본체라는 것이 존재하지 않는다고 생각했다. 이러한 본체가 있다고 생각하는 것은 마음을 공제할 수 있고 깊이 연구할 수 있으며 멈춰 설 수 있는 실제로 존재하는 물체로 생각할 수 있다. 그리하여 수양을 통해 이를 얻으려 할 수 있다. 그러나 우주대화(宇宙大化)의 존재와 멸망이 끊이지 않는데 착안해서 본다면 사람은 만물의 한 가지일 뿐이다. 기타 물질과 다른 점은 사람에게는 영명(靈明)이 있다는 것이다. 그러나 이러한 영명도 우주의 생의가 드러난 것일 뿐이다. 이 점을 명확하게 한다면 공제하지 않게 될 것이고 자신을 억제하는 수양을 제거할 수 있으며 육체와 정신에서 산생되는 갖가지 특징에 연연하지 않을 수 있다. 여기서 나여방은 "천지만물은 일체"라는 각도에서 출발해 사람을 인식하였다. 또한 마음은 홀연히 나타났다 홀연히 사라지며 지나갔다가도 다시 원래의 모습으로 돌아온다는 관점으로 사람의 반응활동을 인식하였다. 그리하여 그는 당하를 인식해야 한다고 강조한다. 천연, 자연을 숭배하는 방면으로 보았을 때, 나여방은 이미 장자의 뜻을 갖고 있다. 그러나 그의 학문을 장학이라고 부를 수는 없다. 왜냐하면 그의 적자양심의 유무합일이 이론에서 기껏해야 '무'라는 이 관점이 장자와 일치하기 때문이다. 맹자에게서 온 "적자양심"과 《주역》의 '생생'은 그의 이론에서 가장 본질적인 부분이었다.

4. 나여방(羅汝芳)과 왕용계(王龍溪)

왕문의 각 파벌 가운데서 나여방의 학문이 왕용계에 가장 근접한다. 그리하여 옛사람들은 이 둘을 함께 논하곤 했다. 황종희는 "왕용계는 붓이 혀를 이겼고, 나여방은 혀가 붓을 이겼다"고 말했다. 나여방은 강학과 담론에서 말로 사람을 감동시키곤 했다. 나여방의 학문은 확실히 왕용계와 비슷하다. 왕용계와 태주학파의 창시인인 왕간은 모두 왕양명의 문하에 오래 있었다. 왕간의 아들인 왕벽도 어려서부터 왕용계를 따라 학문을 배웠다. 왕벽의 동문인 서월의 학문은 왕벽과 비슷했다. 안산농은 서월을 스승으로 모시고 태주학문을 배웠다. 나여방은 안산농에게서 학문을 배웠다. 나여방은 안산농의 "욕념을 강제로 억압하는 것이지 인을 체인하는 것이 아니다"라는 말을 들은 뒤 방향을 바꾸어 태주학문을 배우기 시작했다. 그리하여 나여방은 왕용계의 학문을 근원으로 한다. 다른 점이라 하면 왕용계는 천성적으로 총명하고 세행(細行)에 연연하지 않으며 초오(超悟)를 좋아했다. 그의 학문은 왕양명이 말하는 "상근인을 위한 입교"를 연구한다. 나여방의 학문은 여러 번의 변화를 거쳤다. 태산 장로한테서 도를 깨달은 뒤에 학문을 연구하기 시작했다. 그는 평생 동안 스스로를 너무 심하게 억제하여 몸과 마음이 모두 병들었다. 후에 이런 집념이 점차 사라지면서 당하가 곧 정확하다는 것을 깨우치게 되었다. 왕용계와 나여방은 모두 선천에 근본을 세워야 한다고 주장하면서 선을 위해 악을 제거하는 후천적인 성의(誠意)공부를 고명하다고 생각하지 않는다. 왕용계는 후천성의의 공부에는 욕념이 섞여들 수 있다고 주장했다. 나여방은 후천성의에는 맺고 끊음이 없다고 하면서 얻는 것이 있기는 하나 정경에 미련을 가지는 병폐가 존재한다고 했다. 왕용계와 나여방의 학술근원은 모두 맹자이다. 양지, 적자의 마음은 모두 맹자가 말하는 "사단의 마음"이다. 다른 점이라 하면 왕용계는 스승인 왕양명의 "치양지"의 종지를 계승하여 이러한 양지를 보임하려면 반드시 모든 인연을 내려놓고 양지에 사욕이 섞여들지 않게 모든 통로를 차단해야 한다고 주장한다. 나여방에게는 차단이 없다. 그는 오로지 당하를 분별 선택해야 한다고 주장한다. 왕용계는 분류를 절단하고 원천을 보존하였고 나여방은 아무 곳에나 퍼냈기에 모든 것이 다 원천의 물이다. 그리하여 왕용계는 "치양지"의 '치'를 공부로 하였다. "항상 얼굴을 맞대고 앉아 모든 것을 내려놓고 모든 칭찬, 비웃음, 순조로움, 역경을 마음에 담지 않는다. …… 그러다가 마음이 움직이면 자기 스스로 천칙을 알게 될 것이다. 역경은 비록 속세에 혼잡해있지만 마음이 태고를 넘나들 수 있다.(《명유학안》 253쪽)" 그러나 나여방의 공부는 순적(順適)이라는 두 글자에 있다. 왕용계는 사욕이 있지만 이러한 사욕이 양지에 침투되지 못하게 통로를 차단해야 한다고 주장한다. 그러나 나여방은 적자의 양심을 깨닫게 되면 이러한 양지가 마음에 꽉 차기 때문에 공부를 보임할 필요가 없다고 주장한다. 왕용계는 모든 인연을 내려놓아야 한다고 주장하지만 그 원천을 승인한다. 나여방은 아무런 생각도 일지 않게 하고 당하에 순적해야 한다고 주장한다. 원천을 승인하면 보임공부가 있고 당하에 맡기는 것은 느끼는가와 못 느끼는가에 있다.

왕용계는 자신과 나여방의 학문에 존재하는 차이점에 대해서 평론한 적이 있는데, 왕용계는 나여방의 학술은 비록 유학의 대략적인 요지를 따르기는 했지만 아주 큰 약점이 존재한다고 말했다. 그건 바로 그가 순적하는 적자의 양심은 공부, 단련을 거치지 않고 자석인 생각이 침투해 들어올 통로를 차단하지 않은 채 모든 것을 당하에 맡긴다는 점이다. 이러한 당하가 도대체 적자양심의 본체가 맞는지는 아직 알 수 없다. 심지어 당하의 지견(知見)을 진짜라고 생각하고 비방과 찬사, 이익과 손해가 서로 괴롭히면 마음이 움직이지 않을 수가 없다. 마음이 동하면 곧 사욕이 섞여들게 된다. 그러나 그는 적자양심은 진성(眞性)의 유행이라 믿는다. 그리하여 유가에서 주장하는 모든 곳이 정밀하고 항상 광명한 이상적인 경지와는 아직 일정한 거리가 있다. 왕용계는 자신의 학문은 비록 선천정심을 주장하지만 선천정심으로 후천성의를 대신하고 양지의 유행으로 사욕이 섞여드는 것을 제지한다. 즉, "이러한 생각에 현혹되지 않는 것이 격물이고, 이러한 생각을 속이지 않는 것이 성의이며 이러한 생각이 확연하고 고집스러운 사욕이 전혀 없는 것을 정심이라고 한다.(《명유학안》 252쪽)" 그리하여 왕용계는 자신의 학술은 성의정심을 격물하지 않고 성정을 격치하는 것은 모두 "치양지"의 공부라고 말했다. 그는 나여방의 학문에는 깨달음과 견해가 있지만 수행이 없기에 자신의 학문처럼 순수하고 정미하지 못하다고 주장했다. 두 사람의 차이점을 제외하고 오로지 학술발전의 큰 유형에서 보았을 때 두 사람은 모두 현성양지파에 속한다. 그들의 학문은 모두 왕문의 자유분방한 특징을 나타난다.

나여방과 왕용계의 학문에는 한 가지 진정한 철학문제와 관련이 있다. 그건 바로 도덕이성과 경험의 관계이다. 왕용계와 나여방은 자신들의 이론은 정통유학 혹은 정통왕학을 대표하고 자신들의 이론은 이학의 발전방향에 부합된다고 생각한다. 섭표, 나홍선의 귀적주정파와 달리 왕용계와 나여방은 도덕이성을 직접 나타낸다. 그러나 섭표, 나홍선은 도덕이성에 경험을 섞어 넣는다. 그들이 말하는 귀적주정은 양지에 형하의 내용을 첨가해 도덕이성을 선천본체와 후천경험의 혼합체로 만드는 것이다. 후천적으로 첨가한 것들은 도덕이성이 입법자로서의 존엄을 파괴하였다. 왕용계와 나여방은 도덕이성의 자체에 복종하고 귀적파는 도덕이성과 지식경험이 혼합된 것에 귀를 기울인다. 나홍선은 이런 말을 한 적이 있다. 양지라는 두 글자는 왕양명 선생이 자신의 일생의 경험을 토대로 얻은 것이다. 이를 마음으로 느낀 자는 우선 아는 것에 맞지 않는다. 이는 그의 본래 종지가 아니다. 그 당시의 초학자들은 쉽게 입문하게 하기 위해 일정하게 타협을 하였다. 그는 형하의 경험과 실용적인 지혜가 섞이고 선천양지와 하나로 융합되는 것이야말로 진정한 도덕이성이라고 생각했다. 선천파의 "현재발용"은 형식적이고 추상적인 도덕이성으로서 경험과 융합되지 않았기에 진정한 자득이라 할 수 없다. 그는 왕용계를 "그는 공부를 말하지만 그에게는 사용할 공부가 없다. 그리하여 그는 '양지로 "치양지"'한다고 말했다. 이는 도교에서 선천으로 후천을 제약한다고 했던 것과 같은 이치이다.(《명유학안》 407쪽)"라고 비판했다. 이 말은 아주 명확하게 두 개 학파의 차이점을 지적했다. "사용할 공부가 없고", "양지로 "치양지"하는 것"은 왕용계와 나여방이 공부를 포기하고 직접 본체를 체인한다는 것을 말한다. "선천으로 후천을 제약하는 것"은 순수한 선천의 존재에게 후천 경험적인 존재를 복종시키고 관할하며 주재하는 권리를 준다는 뜻이다. 왕용계, 나여방에 대한 강우학파의 비판은 마침 이 점을 설명하였다. 왕용계와 나여방의 이론은 칸트가 말한 도가 도이고 선이 선인 표준에 부합된다. 그들은 도덕이성의 순수와 공명(空明)을 유지하였다.

도덕이성 자체에서 보았을 때, 위에서 왕용계와 나여방의 차이점을 논술한 것은 사실은 순수한 도덕이성의 두 가지 상태를 대표한다. 동태와 정지 혹은 시간의 것과 공간의 것이다. 왕용계가 이해하는 도덕이성은 동태유행의 일종이다. "유행"이라는 두 글자는 왕용계의 말에서 자주 등장한다. 그는 "진성이 유행이다"라는 말을 자주 한다. 이러한 유행은 발단처(發端處)에서 자기 스스로 발하여 시청언동(視聽言動)에 유행된다. 이 과정을 형상성체가 형하심체에 유행하는 과정으로 볼 수 있다. 이 과정은 의념의 침습을 받아도 그 본래의 모습을 유지해야 한다. 그리하여 "선천으로 후천을 통일한다"고 한다. 이런 의미에서 말했을 때 도덕이성은 시간 가운데에서 세로로 유행하는 것을 말한다. 그러나 나여방이 이해한 도덕이성은 공간적인 것으로서 도처에 가득 차있기에 쉽게 얻을 수 있다. 이는 곧 도덕이성이 곳곳의 자연행위에서 표현된다는 뜻이다. 그리하여 그는 "현재만 논하고", "혼륜순적"해야 한다고 자주 말했다. 시간 가운데 존재하는 유행이 없고 도처에 가득 차있지 않고 "쉽게 주박(湊泊)하지 않기에 주박을 공부로 할 필요가 없다. 흉금은 끝이 보이지 않을 정도로 넓기에 그 끝을 흉금으로 보지 않는다." 그의 공부는 횡적이고 개별성과 일반성이 결합된 것이다. 그러나 왕용계의 공부는 종적이고 질서적이다. 왕용계는 "양지는 본래 성과 명이 합일하는 종지이다. 즉, 주재이자 유행이다. 그리하여 치지의 공부에는 한 가지 작용밖에 없다.(《명유학안》 245쪽)" "공부에는 한 가지 작용밖에 없다"는 것은 유행가운데 격물, 치지, 성의는 모두 이 유행의 다른 표현이라는 뜻이다. 다시 말해 왕용계는 "치양지"에 격치성정의 여러 공부를 포함시켰다. 그러나 나여방의 공부는 정태적이고 유동하는 과정에 외부사물을 융합시키지 않는다. 왕용계는 그의 이런 공부방법을 비판하였다. "이러한 본체에 빠졌기에 … 이렇듯 차별된 경지를 만나게 되었고 이를 다스리고 억제할 수 없게 되었다.(《명유학안》 259쪽)" 이는 그가 앞에서 나여방에 대해 하였던 평가와 일치하다.

왕용계와 나여방의 학문에 존재하는 차이점에서 명나라 유학자들의 공부방법에 존재하는 수많은 미세한 차이를 찾아볼 수 있다. 이러한 차이는 이런 철학자들의 정신명맥을 대표한다.

5. 신독(愼獨)과 효자(孝慈)

　　나여방의 학술종지는 적자양심, 불학불여이다. 그는 신독을 말하기도 했다. 그러나 그가 말한 신독은 공부수정파가 말한 신독과는 좀 다르다. 나여방이 말하는 신독은 다른 사람들이 모르고 나만 알 때, 계신공구(戒愼恐懼)한다는 일반적인 해석과 달리 본심을 체인하여 존심을 주재로 해야 한다는 말이다. 그의 "독"은 곧 심체이다. 신독은 본심을 체오(體悟)하여 정신이 귀일하는 것이다. 후천성의파에서 염려의 선악을 구별하고 제거하는 것을 나여방은 신독이 아닌 신잡(愼雜)이라고 했다. 그의 신독은 바로 마음의 본체가 자유롭게 나타나는 것이다.

　　그가 말하는 경위주선(周旋)하는 것은 본체를 깨닫는 것을 공부로 한다. 본체가 나타나면 염려가 점차 사라진다. 태양이 뜨면 이매(魑魅)가 모두 사라지는 것과 같다. 그는 이를 "잡념은 이서(吏胥)가 있는 조정, 병졸이 있는 군대와 같다. 관리가 관아에 나오면 이서는 자연히 정숙해지고 대장이 나타나면 병졸이 엄숙해진다. 신독의 잡념이 이러하다.(《근계자집》사편(射編) 43쪽)"여기서 나여방이 말하는 신독이 확실히 적자양심과 일치하다는 것을 알 수 있다.

　　나여방의 신독은 왕양명의 신독과 같은 점도 있고 다른 점도 있다. 왕양명은 양지를 독체로 하고 "치양지"를 신독으로 한다. 왕양명은 양지를 독체로 하는 것은 나여방이 마음의 본체를 독체로 하는 것과 일치하다. 이는 같은 점이다. 그러나 왕양명의 "치양지"는 내 마음의 양지를 사사물물에 도달하게 하는 것으로서 "치양지"는 곧 격물이고 정념두이며 성의이다. 그러나 나여방의 신독공부는 본체를 깨닫는 것이다. 지선의 심체를 깨달으면 악이 자연적으로 쇠퇴해지기에 선을 위해 악을 제거하는 공부를 쓸 필요가 없다.

　　나여방은 마음의 본체를 신독의 "독"으로 하였다. 그러나 마음의 본체의 내용을 귀결하면 효자일 뿐이다. 나여방이 어릴 때 어머니는 그에게 《논어》와 《맹자》를 가르쳤는데 매번 효제(孝悌)의 내용이 나오면 감동의 눈물을 흘리곤 했다. 후에 호종정을 만나 《역》을 배우고 효제자(孝悌慈)로 《역》의 종지를 개괄했다. 그는 공맹의 효자에 《역》의 "생생"을 융합시켜 "이후에 모든 경서들은 반드시 공맹에 귀결된다. 공맹의 말은 또 효제에 귀결된다.(《명유학안》 790쪽)"고 말했다. 만년에 그는 효제자를 종지로 하였다. 그의 이상은 사람마다 갖고 있는 불학불여하고 자연현성한 "아이의 애경의 양지"를 집, 나라, 천하에 보급시키는 일이다. "자기의 효제자로 가족을 관찰해보면 그 가운데 효제자가 아닌 것이 하나도 없다. 가족의 효제자로 나라를 관찰해보면 그 가운데 효제자가 아닌 것이 하나도 없다. 나라의 효제자로 천하를 관찰해보면 그렇게 큰 천하에도 효제자가 아닌 것이 하나도 없다.(《명유학안》782쪽)"그는 효제자는 사람 마음의 본체이고 유가의 모든 학문과 공부의 근본이고 귀숙이었다. 즉 "요순의 도는 효제일 뿐이다"ㅇ ㅆ던 것이다.

나여방의 적자양심학문은 그가 평생 동안 지켜온 것이다. 그러나 만년에 공부의 중점에 변화가 일어났다. 젊은 시절에는 선유의 방법을 따라 욕념을 강제적으로 제압하여 적자양심을 보존하였다. 중년에 들어서서는 욕망을 제거하는 것을 버리고 적자의 양심은 곳곳에 있고 일생생활에 긴밀히 융합되었다는 것을 착안점으로 하였으며 여기에 선종의 방법을 융합해 현재에 순적해야 한다는 말을 많이 했다. 만년에는 적자양심의 본질이 효제자로 표현된다고 주장하였고 공부가 점차 소박해지기 시작하였는데 태주후학에서 말하는 "맨손으로 용과 뱀과 사투를 벌리는 것"과 현저한 차이를 보였다. 그러나 그의 혼륜순적, 현재를 인취(引取)하는 것은 후세사람들이 이것을 곳곳이 지켜나간 이론적 근거이다.

제18장
경정향(耿定向)의 "불용이(不容已)"

|제18장|
경정향(耿定向)의 '불용이(不容己)'

태주학파의 중심관념은 "백성의 일상생활이 곧 도다", "자연을 거스르지 않는 것"에서 나여방에 이르러 극치에 달했다. 그리하여 태주후학의 중심역량은 나여방이라 할 수 있다. 안산농과 하심은은 특별히 독행하여 한동안 세인을 놀라게 하였으나 그 철학이론이 너무 평이하다. 경정향은 왕양명, 왕간의 "근심(根心)", "격물" 등 학문을 계승하였고 여기에 주자학, 불학을 관통, 융합시켜 "불용이(不容己)"학문을 제기하였다. 경정향은 태주학파에 속하지만 경사에서 귀향한 후부터는 고향인 향안(黃安)에서 강학하였다. 그리하여 초중(楚中) 왕문에도 일정한 영향을 끼쳤다.

경정향(1524-1596)은 명나라 호광(湖廣) 황안(黃安) 사람이다. 자는 재륜(在倫)이고, 호는 천대(天台)이다.

가경 때 진사가 되었고 감찰어사로 뽑혀 감숙(甘肅)을 순안하였다. 후에 태복시소경(太僕寺少卿), 우첨도어사(右僉都御史), 형부시랑, 남경우도어사(右都御使), 호부상서 등 직무를 역임했다. 관직에서 물러난 뒤 집에서 강학하였는데 《경천대선생전서》 16권을 남겼다.

1. 진기불용이(真機不容己)

경정향은 왕간의 양지현성, 즉 공부는 천부적인 양지대로 해야 한다는 방법을 계승하였다. 왕간은 양지는 항상 현성하고 시시각각 마음에 나타나기에 품(氣稟)과 물욕도 이를 가리고 막을 수 없다. 나여방은 닻줄을 풀어 배를 놓아주듯이 적자의 양심대로 놓아두어 현재에 순적해야 한다고 하는데, 이 역시 양지가 시시각각 나타나는 것을 전제로 한다. 경정향의 "진기불용이"는 태주학파의 이러한 기본정신과 일치하다. 그가 말하는 기본정신은 곧 양지다. 이 양지는 마음과 성(性)의 합일이다. 성은 정이고 지선의 본체이다. 마음은 동이고 양지의 현발(顯發)이다. 진기는 양지의 현발(顯發)이고 충창(沖創)이다. '불용기'는 이러한 현발(顯發)과 충창(沖創)의 자연적인 운동이 시시각각 진행된다는 것을 말한다. 천도에서의 근거는 하늘의 오목불이와 생생불식이다.

우주의 대화유행은 항상 진행되는 것으로 한시라도 멈출 수 없다. 이러한 우주대화의 성질은 곧 역에서 말하는 '생생'이다. 성(性)은 곧 인이다. 경정향의 진기불용이는 한시도 멈추지 않는 우주대화의 인을 근거로 한다. 그는 이러한 인근(仁根)은 모든 유가 종지의 기초라고 생각했다.

경정향은 모든 행위는 '불용이'의 인근이 발용한 결과라고 생각한다. 불용이의 인근은 하늘에서 얻고 자연적으로 갖춰지고 나타나는 것으로 사의(私意)적인 안배를 용납하지 않는다. 사의적인 안배는 원리와 법칙에 맞는다고 해도 이미 천연본유가 아니다. 예를 들어 공자는 단상(短喪)을 주장하는 제자를 그가 불안을 느끼는 원인부터 깨닫게 해주었다. 묵자는 박장(薄葬)을 주장하고 맹자도 차마 친인의 유체가 "여우에게 뜯기고 모기와 파리에 의해 먹히는 것을" 볼 수가 없어 "머리에서 식은땀이 흐르는" 데에서부터 계시를 주었다. "머리에서 식은땀"이 흐르는 것이 곧 진기불용이다. 진기불용이는 마음에 충창(沖創)한 도덕의식이지 이지의 재창조가 아니며 부득불연(不得不然), 이렇게 하지 않으면 편안하지 않은 혼연한 의식이고 정감이다. 소위 "허무에서 오고 볼 수 없다"는 데에는 신비한 뜻이 담겨있는 것이 아니라 이러한 진기의 불용이는 형상성체와 우주법칙이 사람의 마음에 나타난다는 말이다. 경정향은 이렇게 나타나는 형상근거에 착안점을 두었던 것이다.

여기서 경정향은 맹자가 마음의 본질을 모두 발휘하면 본성을 알고, 나아가 하늘의 본질을 깨닫게 된다는 방법을 따랐다. 마음의 본질을 모두 발휘하면 진기불용이를 알 수 있고, 본성을 다하면 자신의 인체를 철저히 이해할 수 있다. 하늘의 본질을 알면 자신의 마음과 성이 천명의 현발(顯發)이고 우주법칙의 응집이다. 마음, 성, 하늘은 통일된다. 불용이의 진기는 절대 '정(情)'이 아니다. 경정향은 정을 외재적인 이익의 수요로 인해 생겨난 감정으로 보았다. 불용이의 진기에서 가장 돌출된 특징은 바로 이것은 정연(情緣)에서 나온 것이 아니라 직접 성근, 천덕을 근본으로 한다는 것이다. 경정향은 자신의 진기불용이는 심성은 감출 수 없고 차용할 수 없다는 것에서부터 구별되고 이는 간단한 공부라고 생각했다. 이러한 공부방법은 나여방의 현재에 순적하는 것과 비슷하나 즉물궁리의 공부방법과는 같지 않다고 했다.

형하의 마음을 가진 현자(顯者)에서부터 들어가 형상 성천의 은자(隱者)를 얻어 심성과 직접 통하면 지식과 물리에서 천리를 찾지 않아도 된다. 그는 자신의 공부요령을 누누이 공개적으로 표명하였다. "공맹이 주장하는 인의 맥락은 지금까지 자신한테서 인식하고 획득하게 하지 않는다.(《여이공서》, 《경천대선생전서》 3권)"

경정향은 자신이 말하는 진기불용이는 가장 독실하기에 자신을 단속하는 것도 쉽게 인식하고 획득할 수 있다. 진기불용이는 사람 마음 깊은 곳에서 발한 것이기에 공리를 배제할 수 있다. 마음, 성, 하늘은 하이기에 허현도 배제할 수 있다. 사람마다 볼 수 있고 따를 수 있다는 점에서 입론하였기에 '귀한 자와 천한 자, 현명한 자와 어리석은 자를 나누지 않고 사람마다 따르고 실행할 수 있다.

그는 진기불용이는 보기에는 평범하나 실은 깊고 오묘한 이치를 담고 있다. 천리란 심체 진기의 충창(沖創)에서 나타난다. 심체의 진기는 "소리도 냄새도 없고"는 성체의 현현이고 사람의 관념과 행위의 주재이다. 그 말은 심체는 천도와 인간사를 이어주는 다리로서 이렇게 할 수밖에 없고, 이렇게 하지 않으면 마음이 편안하지 않은 형식으로 사람이 자성의 체(自性體)를 얻는 정보를 전달한다. 진기불용이는 심성을 통일하고 관통시키기며 형상형하를 연관시켜 현실의 심리활동으로 표현될 수 없는 순수한 성체의 허적(虛寂)을 피하고 감정과 지식, 이지의 지배를 받아 생겨나는 계산, 공리의 마음을 피할 수도 있다. 경정향은 진기불용의 종지는 맹자의 사단, 왕양명의 양지를 벗어나지 않지만 자신의 체인이 아주 선명하고 이해력이 뛰어나기 때문에 다른 사람의 종지에 의거하거나 표절하지 않았다고 주장한다.

경정향은 '진기불용이'는 "유가 전체의 공부요령이고 오경사서에 나오는 것도 이 이치이며 유가도통(儒家道統)이 전달하려는 것도 이 뜻이다. 공명의 인심이 넘쳐나면 마음에 현발되는데 그 천하를 걱정하고 만민을 사랑하는 마음은 저절로 멈출 수 없다"고 했더. 공문의 가르침, 증자(曾子), 자사(子思)의 종지는 모두 이 '진기불용이'라고 하면서 증자의 근심을 덜고 약속을 지키는 것은 공자의 일관된 종지를 근거로 한다고 했다. 《대학》의 삼강팔목은 마음속으로 체험하여 이러한 '진기불용이'를 인식하고 취득하는 것이고, 자사의 《중용》은 이러한 '진기불용이'가 '미발지중'의 본체라고 생각하며, '계신공구(戒慎恐懼)'를 통해 이를 보육하며, 수양이 최고의 경지에 이르면 하늘과 땅에 동참할 수 있어, 이에 의지하는 자는 '진기불용이'할 수 있다고 하여 '진기불용이'는 곧 사람이 사람이기 때문이라고 했다.

그의 제자인 초횡은 이를 "인을 인식하는 종지", "인을 구하는 종지"라고 결론지었다.

경정향은 또 소용의 '천근', '월굴(月窟)'로 '진기불용이'의 활동을 설명하기도 했다. 소용의 '천근'은 육십사괘의 방위에서 '양'이 곧 생기는 부분이고, '월굴'은 '음'이 곧 생기는 부분인데, 음이 생기면 양이 물러난다는 것이다. 경정향이 천근으로 진기의 발동은 마음에 현발된다는 것을 성명하였고, 월굴을 통해 진기가 소리와 색깔이 없는 성체로 돌아간다는 것을 설명하였다. 마음에 현발될 때에는 사욕이 섞여 들어가서는 안 된다. 본체로 돌아왔을 때에도 사욕이 섞여서는 안 된다. 이는 곧 천근(天根, 하늘의 맨 끝 - 역자 주), 월굴(月窟, 달이 기울어진 것 - 역자 주)이다.

이러한 진기를 보호하려면 시시각각 불용이해야 하는데(眞機不容已), 즉 쓸데 없는 생각을 버리고 성체가 마음에 직접 통하게 하고 천근, 월굴이 정밀한 괘도를 따르게 해야 한다.

경정향의 "진기불용이"는 비록 특별함을 강조하지만 그 기본정신은 여전히 공자의 인, 맹자의 양지, 《주역》의 생생이다. 그 수양공부는 자신의 마음을 돌아보고 사악한 망념을 제거하여 이러한 현발에 아무런 장애가 없게 해야 한다. 이는 여전히 일반 이학자들이 많이 사용하는 방법이다. 그러나 경정향은 더 직접적이고 명백하게 이를 제기했을 뿐이다. 그는 나여방처럼 신기하고 광대하지 못하다. 그러나 나여방보다 신중하고 성실하다.

경정향이 진기불용이의 종지를 제기할 수 있었던 것은 모두 동생 경정리(耿定理) 덕분이다. 이러한 인연 때문에 경정향의 《경자용언(耿子庸言)》과 경정리의 《초공론학어(楚倥論學語)》에 기록된 내용은 조금 다르다.

이 기록에서 보았을 때 '불용이'라는 세 글자는 경정리가 제기한 것이다. 그러나 그 속에 포함된 뜻은 경정향이 장기간 음미하였으나 미발한 부분이다. 이러한 종지를 세운 뒤에 그는 이로 자신의 거의 모든 사상을 논증하였다. 또한 이를 강령으로 제자들을 교육하였다. 그러나 경정리는 이를 학술종지로 하지 않았다. 경정리의 학문은 그의 형님보다 넓지 못하다. 따라서 그가 제기한 구호를 형님이 몰래 가져다가 자신의 학술종지로 만든 것은 자연스러운 일이다.

2. 태주학파의 평실(平實)의 종지

왕간이 창립한 태주학문은 극히 강한 평민적 색채를 띤다. 태주후학은 대체로 다음과 같은 세 개의 방면의 발전을 거쳤다. 첫째, 나여방의 적자양심과 현재가 곧 정확하고 기회를 잡고 자연스럽게 운동하여 형하의 마음이 형상성체로 직접 표현되고 형상, 형하가 직접 통하게 한다. 닻줄을 풀어 배를 놓아주고 순풍일 때 노를 젓는 것 같이 청량하고 고명한 파벌이다. 둘째, 왕동은 의념을 엄격하게 구별하였는데 선천의 의를 주재로 하고 신독을 공부로 그리하여 마음속의 주재가 상명(常明)하게 하였다. 이는 이후의 유종주와 아주 비슷하다. 그러나 나여방이 본심에 직접 맡기고 당하에 순적하는 것과는 반대된다. 이는 듬직하고 독실한 파벌이다. 셋째, 경정향은 마음, 성, 하늘이 하나가 되는데 양지의 진기불용이를 본체로 하고 자신의 마음을 돌아보고 정과 인연을 소멸하고 진기를 인식하는 것을 공부로 하며 형상과 형하가 일관된다. 이 세 가지는 순전히 심성의 다른 배치를 구분의 근거로 한다. 왕간의 백성의 일상생활이 곧 도라고 하는 것, 나여방이 현재가 곧 정확하기에 사색할 필요가 없다고 생각한다. 왕동이 강조하는 "천성양지, 자연히 느끼고 통할 수 있으며 순응할 수 있다"고 생각한다. 경정향은 이러한 것은 현묘하고 심오하지 않으며 조잡함 속에 정밀함이 들어있다고 생각한다. 경정향의 의견은 앞의 두 사람 중 어느 편에도 치우치지 않는다.

왕간이 백성의 일생생활이 곧 도라고 하는 데는 두 가지 내용이 들어있다. 첫째는 도가 극히 평범하다는 것이다. 동자가 차를 올릴 때의 동작은 생각할 필요가 없고 이는 현재가 곧 분명하다. 일단 생각을 하게 되면 더 이상 도의 본체가 아니게 된다. 둘째는 도의 내용은 곧 백성의 일상생활이고 여기를 벗어나면 이단이 된다. 경정향은 태주의 세 번째 방면의 내용을 계승하였다. 그는 백성이 입고 먹는 것 같은 일생행위를 도의 직관적인 표현이라고 생각했다. 그는 "들어가서는 부모에게 효도하고 나와서는 어른을 공경하는 것은 매우 미묘하다. …… 성인의 도는 무에서 유에 도달하고 성인의 가르침은 조잡하기에 정밀해 보인다"고 했다(《여주류당(與周柳塘)》,《경천대선성전서》3권) 이는 정밀한 도는 일생행위의 조잡한 흔적을 벗어나지 않는다는 말이다. 조잡한 흔적 때문에 정밀해 보인다. 백성들이 입고 먹는 게 바로 도다. 경정향은 이것을 이용해 세유들처럼 지행을 결별시키고 도와 백성의 일상생활을 결별시키면 허현의 잘못에 빠질 수 있다고 비판했다.

백성들의 일상생활은 현(顯)이고 그 속에 포함된 천도는 은(隱)이다. 백성의 일상생활은 사람이 살아가는 사소한 일이다. 그러나 그 속에 들어있는 도는 매우 정미하다. 유학자들은 민포물여(民胞物與)의 뜻과 세상을 구하고 백성을 구제하는 공부는 모두 이 방법을 따라 백성의 일상생활에서부터 시작해야 한다. 그러나 유학자들 대부분은 이를 사소한 거라 생각하고 하려 하지 않았다. 경정향은 이러한 잘못을 다음과 같이 비판했다. "지금의 학자들은 말과 행동이 다르다. 본체와 공부, 천하와 국가가 서로 떨어져있다. 세상을 다스리는 이치가 극히 적고 의존할 수 있는 것도 없다.(《복교호부(複喬戶部)》,《경천대선생전서》5권)""지금은 오히려 배우지 못한 사람들이 일을 더 확실하게 한다. 반대로 글을 좀 배웠다 하는 사람들이 자그마한 일도 제대로 처리하지 못한다. 왜 그러한가? 이는 뜻을 요순도 사람과 똑같다는 것을 몰랐기 때문이다.(《유조부술언(劉調父述言)》,《명유학안》824쪽)"이 말은 높은 것과 큰 것만 바라고 뜻을 백성의 일상생활에 놓지 않았고 요순의 도를 현묘하고 심오한 것으로만 생각하고 요순의 일이 백성의 일과 같다는 것을 몰랐다는 뜻이다. 그는 성인의 도는 유가의 정영에 있을 뿐만 아니라 시정잡배에게도 있다고 지적하였다. 도는 사람과 멀리 떨어져 있지 않고 곳곳에 존재한다.

경정향은 눈길을 백성의 일상생활에 돌리고 백성의 일생생활에서 천도를 인식하여야 한다고 주장했다. 그리하여 그는 왕문후학에서 선천과 후천, 형상과 형하, 심성의 정밀함과 백성의 일상생활을 결별시키는 폐단을 비판하였다. 허원하고 고명한 것을 추구하는 것을 많이 비판하였는데 심지어 이를 마귀라고 꾸짖었다.

경정향이 마귀라고 꾸짖은 것은 바로 심성에 대해 공언하고 백성의 일상생활에 부합되지 않으며 심성의 깨우침만 얘기하고 실제의 수양과 능력에 부합되지 않는 점이다. 경정향은 유가에서 말하는 도는 하늘과 사람에 모두 알맞고 현미(顯微)하며 허와 실에 관통되고 성과 정을 다스리는 존재라고 반복적으로 말했다. 무릇 이를 벗어난 것은 모두 사악한 업장(業障)이다. 경정향는 왕용계와 편지를 주고받으면서 그에게 "지론을 너무 높게 세워서는 안 된다"고 훈계하였다. 경정향은 왕용계의 "사무"에서 말하는 "마음은 선과 악이 없는 마음"이라는 말은 첫 구절부터 잘못되었다고 생각한다. 마음은 성과 하늘이 한데 모이는 곳으로서 마음은 성과 정을 다스린다. 마음은 "십(十)자가 크게 열리는 곳"의 중심부분이다. 세로로는 하늘과 사람이 일체가 되는 이(理)가 마음에 모이고, 가로로 사람과 내가 일체가 되는 인(仁)은 마음을 근본으로 한다. "선과 악이 없다"는 이 말은 유학자들의 기본견해를 깨끗이 말살해버렸다. 그러나 왕용계가 말하는 "천심의 마음은 장밀(藏密)이고, 무의(無意)의 의는 응원(應圓)이며, 무지(無知)의 지는 적체(寂體)이고 무물(無物)의 물은 용선(用神)이다." 전체가 무중에 빠지면 맹자가 말하는 "천기불용이"와 아무 관련이 없게 된다.

경정향은 왕용계가 송나라 유학자를 배격하는데 대해서도 비판하였다. 왕용계가 배격한 사람은 주로 정이와 주희다. 이 또한 왕양명의 계통을 이어받은 것이라 할 수 있다. 왕용계는 "마음을 버리면 지가 더 많이 생긴다. 존심(存心)을 버리면 치지의 공부가 더 많이 생긴다는 것은 이천(伊川)의 잘못된 생각이다"라고 했다. 또한 "회암(晦庵)은 존덕성을 존심으로 하고 도문학(道問學)을 치지로 하였다. 이것은 '함양은 경으로 하고 진학은 치지에 있다'라는 주장에서 온 것이다(《명유학안》 247쪽)"라고 말했다. "문공(文公)은 치지와 격물을 선지로 분류하고 성의와 정심을 후행으로 분류하였다. 이는 근본을 떠나 귀착점을 찾지 못한 것이다. 그리하여 반드시 경으로 시작하고 본원(本原)을 함양하며 몸과 마음과 관련이 있는 것에서부터 시작해야 한다.(《답오오재(答吳悟齋)》, 《명유학안》 260쪽)"왕용계는 주희의 격물치'지'와 '성'의 정심은 두 가지의 같지 않은 공부이기에 함양, 진학이라는 두 가지 방법이 있다고 생각했다. 경정향은 왕용계가 송나라 유학자들을 비판한 것에 대하여 매우 불만스러워 했다.

송나라 사람들의 학문이 독실하다는 것은 그의 뜻이다. 정주의 경으로 함양한다는 의론은 비록 무질서하지만 그 정신은 매우 일관된다. 송나라 사람의 격물치지, 성의정심은 모두 수신하는 확실한 공부이다. 그는 "학자는 생각에 '연기(研幾)'하여 사악함을 제거하고 치우침을 바로잡았다. 이는 복성하는 실제 공부로서 배제할 수 없을 것 같다.(《여양복서(與楊複所)》, 《명유학안》818쪽)"고 했다. 경정향의 학문은 이학과 심학을 하나로 합하려고 하는 경향이 아주 심하다. 그 천기불용이의 본체는 심학이고 격물치지하여 이러한 천기불용이를 보호하는 공부는 이학인데 모두 송나라유학을 근본으로 한다. 그는 왕용계처럼 덮어놓고 송학을 배격하지 않았다.

경정향도 송나라유학자를 비판하기는 했지만 그 착안점은 왕용계와 많이 다르다. 그는 태주학파의 입장에서 출발했는데 송나라 유학자들이 본심의 진기를 강압하고 천기의 자연이 아닌 어떠한 원칙과 이치를 표준으로 삼아 따르고 견지하였다고 생각했다. 그리하여 송나라유학자들의 수양공부는 매우 복잡하다. 또한 이러한 공부는 전문 사군자(士君子)들을 위한 것으로서 백성들의 일상생활과 융합되지 못한다. 그는 "공맹의 학문은 진실하고 광대하면서도 은미하다. 송학은 불교와 도교의 방법을 벗어나지 않았고 은밀하고도 은밀하였다.(《여호여산(與胡廬山)》,《명유학안》816쪽)"고 하였다. 경정학은 유학이 강력하게 탐색하면서 심성의 정밀함만 중요시하고 백성의 일상생활을 소홀히 하여 공맹의 "광대하면서도 은밀한" 방향을 벗어났고 매우 훌륭하기는 하나 평이함이 부족하다고 비판했다. 태주학문의 입장에서 보았을 때 이 비판은 매우 정확하다고 할 수 있다. 송나라의 많은 유학자들의 수양방법은 순전히 사군자들의 몸과 마음을 수양하는데 목적을 둔다. 이는 전형적인 정영문화로서 백성의 일상생활에서 많이 벗어났다. 설선, 호거인과 같은 명나라초기 학자들의 수양방법도 모두 경정향이 말한 것처럼 "은밀하고 은밀한(隱而隱)" 방법에 속한다. 왕양명의 양지학문은 사람마다 양지를 갖고 있다는데 것에서 출발하여 양지를 확충하고 미(推致)는 것을 진로로 하였다. 왕양명의 공부방법은 "어리석은 남자와 어리석은 여자도 지행할 수 있고" "땔나무를 파는 사람에서 공경(公卿)에 이르기까지 모두 이 공부를 할 수 있다"고 했다. 왕양명은 "치양지"의 간단하고 직접적인 성질과 강학을 하고 제자를 받을 때 사람을 구분하지 않는 것으로 정영과 평민의 거리를 가깝게 했다. 왕간의 "백성의 일상생활이 곧 도"라고 하는 주장은 평민정신을 제창하고 평문문화를 널리 보급하였다. 경정향은 이러한 수양방법과 학문의 풍격을 계승하였고 이를 모든 방면에 관철시켰다.

3. 배움에는 삼관(三關)이 있다

경정향은 "진기불용이"를 종지로 하는 것과 백성의 일상생활이 곧 도라는 공부방향을 '삼관'으로 구체화였고 이를 마음과 도, 마음과 사(事), 사상강령과 구체방법을 파악하는 관건으로 삼았다. 경정향의 '삼관'은 곧 즉심즉도, 즉사즉심, 신술(愼術)이다. 즉심즉도는 그의 본체론이다. 즉심즉사는 그의 공부론이다. 신술은 그의 지행론이다. 그의 이 "삼관"을 이해하면 그의 모든 학술을 이해했다고 할 수 있다.

즉 심즉도(心卽道)는 곧 그의 '진기불용이'다. 경정향은 마음을 도의 응집으로 보고 도를 우주의 근본법칙으로 보았으며 마음이 구체적이고 정미하게 우주의 법칙을 포함하고 있다고 생각했다.

심즉도는 심학의 근본명제이다. 육구연이 "내 마음이 곧 우주이고 우주가 내 곧 마음이다"라고 제기한 뒤 심학의 후계자들은 모두 이를 종지로 하였다. 예로 양간의《이역(己易)》에서는 하늘, 땅, 사람을 동일한 도, 성(性), 역(易)의 표현이라고 했다. 이름은 모두 같지 않지만 사실은 하나이다. 왕양명에게는 "양지가 곧 하늘", "양지가 곧 도", "오직 마음만이 하늘"이라는 명제가 있다. 왕간은 직접 "몸과 도는 원래 하나였다"라고 말하기도 했다. 경정향의 즉심즉도는 육구연, 왕양명 및 스승인 왕간에 대한 계승이다. 그의 즉심즉도는 마음을 진기의 불용이로 한다. 진기의 근거는 천도이다. 천도의 근본특성은 바로 '오목불이'이다.

"유천지명(維天之命), 오목불이"는 그의 '진기불용이'의 형상 근거이다. 즉심즉도는 그의 학술 종지에 본말이 있게 하였고 하늘과 사람을 통관하게 하였다.

즉심즉도는 경정향 학술의 종지이고 입문의 첫 단계이다. 두 번째 단계는 바로 "즉심즉사"이다. "즉심즉사"는 "백성의 일상생활의 도"를 다른 말로 표현한 것이다. 왕양명에게는 "마음에는 본체가 없고 천지만물이 감응해내는 시비를 본체로 한다"라는 명제가 있다. 이는 마음과 일이 다르고 마음은 일을 현(顯)으로 한다는 것을 강조한 것이다. 경정향은 특히 이 단계의 의미를 강조하면서 이 단계를 첫 단계의 "즉심즉도"보다 더 중요하게 생각했다. 왜냐하면 그는 즉심즉도는 송명이학자 특히 심학에서 보편적으로 승인하는 것이지만, 즉심즉사는 학자들이 책에만 파묻혀 지내면서 실제현실을 벗어나거나 깨우침과 느낌만 강조하면서 현에 대해 빈말로만 논하여 쉽게 마음과 사를 두 개로 결렬시킬 수 있기 때문이다. 경정향은 이러한 현상을 엄격하게 비판했다.

경정향의 즉심즉사는 이러한 기풍을 바로 잡고자 한 것이다. 그는 학술의 가장 큰 적은 바로 마음과 사를 결렬시킨 것과 학자들이 석노의 영향을 받았기에 얻은 것 또한 모두 공적이라고 생각하였다. 비록 자신의 심신수양에 유익하기는 하나 행위를 생략해버리는 폐단이 존재한다. 즉심즉사는 바로 배울만한 일과 긴밀히 융합되는 것인데 이게 바로 공문의 전통이다. 그리하여 경정향의 "즉심즉사"는 태주의 "백성의 일상생활이 도"라는 데에 대한 계승이고 그 당시의 선비들에게 존재하는 유폐를 바로 잡으려고도 했다. 경정향은 "즉심즉도"를 이해하면 학맥을 장악한 것이고 "즉심즉사"를 이해하면 방법을 제대로 파악한 것이라고 했다. 나머지는 정확한 신술(慎術)을 선택하여 구체적인 행위를 지도하는 일뿐이다. 그리하여 세 번째 단계는 바로 신술이다. 신술은 《맹자》에서 나왔는데 경정향은 이를 발전시켰다.

그 뜻은 사람의 행위는 마음의 주재를 받고 사람이 대인과 소인이 되는 것은 결국에는 심술의 주재에 달렸기에 반드시 정확한 심술을 선택해야 한다. 경정향이 말하는 신술은 공자의 학문을 지도사상으로 선택했다. 그렇게 하면 어떠한 지업(志業)이든지 모두 도에 적합하게 된다. 이는 《중용》의 "도와 함께 자라도 서로 상처 입히지 않고 함께 병행해도 서로 어긋나지 않는다"는 뜻이다.

경정향은 위의 세 가지 단계를 하나의 전체로 보았다. 이 세 가지 단계를 통달하면 본체에 대한 각해(覺解)가 있게 되고 공부원칙을 준수할 수 있으며 구체적인 진학방향에 대한 지시를 얻을 수 있다. 그의 학술은 중용적이고 격렬하지 않고 편향적이지 않은 원숙한 형태를 나타낸다.

여기서 토론해야 할 것은 경정향의 신술에 대한 황종희의 이해와 평론이다. 《명유학안》에서는 경정향을 평했는데, 여기서 마음과 양지의 구별에 대해 언급했다. 경정향은 마음에는 여러 가지 뜻이 있는데 가장 근본적인 것이 바로 도덕정감의 원래 모습이 숨김없이 나타나는 것인데 이는 곧 진기가 불용이한 부분이다. 그 다음이 의지이다. 즉, "사고(事故)는 모두 마음이다"에서의 그 "마음"이다. 경정향의 "택술(擇術)"에서 선택한 "심술"은 사실은 의지이다. 택술은 곧 정확한 지향을 선택하는 것이다. 세 번째는 곧 사유, 감각 기관이다. 즉, 경정향이 말한 "사람의 마음이 감정과 섞이지 않은 것은 깊고 고요한 허이다. 지식이 생기면서 길흉, 회린(悔吝)의 감정이 생기기에 우환이 생기고 마음이 왔다갔다 흔들리면서 허한 것이 맑아진다.(《유조부술언》, 《명유학안》821쪽)"고 했던 마음이다. 경정향은 마음을 많이 얘기하고 양지를 적게 얘기했다. 왜냐하면 그는 마음과 성을 하나로 관통시켰고 진기불용이를 "이마에 땀이 나는 것(額有泚)", "갑자기 보고 놀라는 것(乍見怵惕)"에서 인식하고 획득하였다. 왕양명의 "천리의 소명한 영각처가 곧 양지"라는 것으로 해석한다면 경정향의 "진기"는 마음과 성의 합일이고 양지이다. 황종희는 경정향의 이러한 신술은 "양지를 여기에 사용하면 이렇게 저기에 사용하면 저렇게 되는데" 그중에 도덕이성의 주재가 없다고 비판했다. 사실 이는 경정향의 뜻을 잘못 이해한 것이다. 경정향은 "신술"을 도덕의 본체가 직접 현현되는 진기불용이의 마음이 아닌 의지, 지향이 선택한 형이하학의 마음으로 간주했다. 그리하여 "선생이 인식한 양지는 아직 똑똑하지 못하다"라는 평을 내리게 된 것이다. 앞에서 말했듯이 경정향이 주장하는 세 개 단계는 사실은 세 개의 측면이다. 즉, 즉심즉도는 본체를 말하고, 즉사즉심은 공부 방법을 말하며 신술은 실제행위 중에서의 선택을 말한다. 이 세 개 측면에서 주체가 담당하는 직책은 같지 않지만 이는 한 개의 전체이다. 그 외에 양지에 대한 황종희의 해석은 유종주의 주장을 옳은 것으로 생각한다. 그리하여 《전습후록》에 기록된 왕양명의 견해는 사실과 어긋난다고 말한다. 사실 만년에 왕양명은 양지에 대한 해석을 많이 확대하였다. 그는 마음 혹은 정신의 작용을 모두 양지에 포함시켰다. 그리하여 "칠정이 자연유행을 따르는 것은 모두 양지의 작용이다", "장의(張儀), 소진(蘇秦)도 양지의 신묘한 작용을 알아냈다", "양지는 곧 역이다"와 같은 왕양명의 사상에 포함된 것들은 기록이 잘못되었다고 할 수 없다. 황종희는 경정향이 동림의 정인들이 군자와 소인을 엄격하게 구별하는 것을 따랐다고 비판했다. 그는 경정향이 장거정의 비위를 거스르는 것이 걱정되어 감옥에 갇힌 하심은을 구하지 않은 일을 예로 들면서 그가 주장하는 신술은 현실의 이해관계를 많이 따지는 것으로서 순수한 양지를 따르는 용감한 행동을 할 수 없다고 비웃었다. 《전습후록》이 사실과 어긋난 것은 왕문후학이 과실을 범한 것으로서 이를 계기로 경정향을 비판하면서 간접적으로 왕양명까지 비판했다.

4. 유교와 불교는 동일하나, 불교는 유교를 활용해야 한다.

송명시기에는 유교에서 나와 불교에 입문한 사람이 아주 많았다. 불교에 대한 그들의 태도는 총체적으로 다음과 같은 몇 가지 유형이 있다. 하나는 옛날에 불교에 입문하였었다가 이런저런 이유 때문에 불교에서 벗어난 유형이다. 불교사상을 자신의 사상 속에 융합시켰기에 아무리 자신의 사상이 불교가 아니라고 반박해도 불교의 영향을 아주 많이 받았다. 둘째는 불교를 홍수맹수(洪水猛獸)로 보면서 이와 조금이라도 연관이 생기고 그 영향을 받을 것을 두려워하여 불교의 대의를 다른 사람에게서만 전해 듣고 이를 적극적으로 비방하는 유형이다. 셋째는 불교에 입문한 뒤 그 좋은 점을 발견하고 곧 이를 존경하고 믿게 되면서 더는 되돌아오지 못하고 불교사상으로 유학을 엄폐하는 유형이다. 넷째는 불교를 자유자재로 넘나들면서 불교를 비방하지도 않고 믿고 따르지도 않으며 유학과 불학을 융합시켜 불학으로 유학을 해석하며 불학의 철학적 진리를 흡수하고 그 종교적인 수지(修持)와 교의를 버린 유형이다. 경정향의 택한 방향은 네 번째 유형이다.

경정향전집에는 《역이편(譯異編)》이 있는데 이는 유가사상과 불교를 융합시킨 그의 대표작이다. '역이(譯異)'란 실마리를 찾고 본의에서 새로운 뜻을 찾는다는 뜻이다. '역이'란 이단 혹은 이역이라 불리는 책이라는 뜻이다. '역이'라는 불서의 일부 어구와 의의에서 새로운 뜻을 찾고 이로써 유가사상을 논하는 것을 말한다. 그는 《역이편》의 소인에서 불교에 아부하지도 않고 불교를 배제하지도 않는 경정향의 태도는 아주 명확하다. 그는 유가의 입장을 유지하고 불서로 명나라 유학을 설명하고 보충하였다. 그는 버린 것은 불교에서 "머리를 깎고 등을 내놓으며 합장한 손을 이마에 대고 땅에 엎드려 절을 하며 가부좌자세로 앉고 주문을 외우고 범패하며 인과응보와 윤회와 같은 것(《경천대선생전서》 7권)"과 적멸을 종지로 하는 교의이다. 그 주요한 부분을 살펴보면 불교에 대한 경정향의 해석에는 아래와 같은 몇 가지가 있다.

첫째, 주육과 교선이다. 경정향은 불교에서 교(敎)와 선(禪)을 분리하여 주희와 육구연의 논쟁을 보았고 교와 선은 원래 하나라는 것으로 주, 육의 학문은 모두 성학이라 주장했다.

그는 선교에서는 이심전심, 불립문자로 불전을 해석, 발휘, 논증한 교문에는 다른 점이 아주 많다. 교와 선이 불교에 갓 전해졌을 때에는 두 개로 나누어지지 않았다. 교와 종의 분열에 대해서는 의론이 끊이지 않았는데 이는 불교 쇄락의 표현이기도 하다. 송나라 유학자들 중에서 육구연의 풍격과 방법, 공부방법은 선교와 아주 비슷하다. 주희는 교에 해당한다. 주희와 육구연의 논쟁은 교와 선의 논쟁과 아주 비슷한데 이를 유교의 쇄락으로 볼 수 있다. 주, 육은 성학에서의 다른 연구방향이다. 성학에는 육구연의 선립기대(先立其大)가 있을 뿐만 아니라 주희의 격물궁리도 있다. 양자는 서로 위배되지 않는다. 지금 사람들은 주희의 "속수불관, 유담무근", 육구연이 선에 미쳐서 사람의 "불용이의 진심"을 부정하는 것은 모두 잘못된 것이라고 비판하였다. 그는 주, 육의 의견은 서로 조화될 수 있으며 반드시 조화되어야 한다고 주장한다. 그래야 유가의 너그럽고 아량이 넓은 본래의 모습을 말할 수 있다. 왕학에서 자기들의 문호를 지키면서 자신들이 잘났다고 으스대면서 다른 사람을 멀리 하는 학자들과 비교했을 때 그는 더 넓은 안목과 흉금을 갖고 있는 사람이라 할 수 있다.

둘째, 지선이 곧 정토(淨土), 우주가 곧 내 마음이다. 경정향은 정토에 관한 저서 3권을 정밀하게 연구하였다. 정토종(淨土宗)이 말한 서방 불국정토(佛國淨土)로 유가에서 말하는 "지선"을 비유하였다. 경정향이 여기서 말한 것은 사실 선종과 육구연의 두 가지 사상을 혼합한 것이다. 육조 혜능(六祖慧能)은 자신을 정토의 종지로 세우고 "전념에 미혹되면 부처가 중생이 되고, 후념을 깨달으면 중생이 부처가 된다"고 하였다. 그러나 혜능이 도달할 수 있는 마음속 정토의 법문은 "무념을 종지"로 하고, "모든 경지에서 마음이 물들지 않는 것"이다. 육구연의 우주가 내 마음이고 내 마음이 곧 우주라는 주장은 우주의 근본법칙과 내 양심의 도덕법칙이 같다는 말이다. 내 마음이 곧 지선이다. 경정향은 두 사람의 주장을 종합하여 내 마음을 정토로 하고 내 마음속 진기불용이의 지선을 유가의 불국정토(佛國淨土)로 하였다. 그에게 있어 정토는 지선한 곳의 대명사이고 그는 불교를 빌려 유가사상을 설명하였다.

셋째, 육통(六通)은 곧 일심통(一心通)이다. 불교에는 육통의 설법이 있는데 경정향은 자기의 마음으로 육통을 개괄했다. 경정향은 유가의 근본이치는 마음에 있고 마음이 귀와 눈을 주재하여 선으로 향하게 하기 때문에 눈과 귀가 통하게 된다. 마음은 혈구지도의 본체이고 혈구는 사람과 통하고 지어 만물과 일체를 이룬다. 혈구지도는 태주학파의 중요한 명제이다. 경정향은 이를 인아관계의 근본원칙으로 하였다. 본심의 사단은 사람마다 똑 같은데 육구연의 시에서 "묘소 앞에 슬픈 마음 사당 앞에 공경하는 마음은 천고토록 이 사람의 없어지지 않는 마음"이라고 했던 말이 곧 이 뜻이다. 소위 숙명이 있다는 것은 바로 이러한 숙명 하나뿐이다. 일이 뜻대로 된다는 것은 사람의 소망이 모두 이루어진다는 말이다. 맹자가 말한 것처럼 좋은 환경에서 학문을 깊게 연구해야 모든 일이 순조롭게 풀릴 수 있다. 여기서 말하는 환경과 자질은 사람의 마음 하나뿐이다. 사람의 마음은 많은 것을 포함시킬 수 있고 정묘하게 운용된다. 새는 것은 곧 번뇌이다. 시청언동이 모두 예법을 준수하면 "일정하게 정착하여 거주하는 곳이 없게 되고" 그렇게 되면 번뇌가 사라진다. "이것을 활용하는 것은 사람의 마음에 달렸다." 그리하여 마음이 통하면 천변만화가 통한다. 경정향은 심학의 근본정신과 태주학파의 가법을 이용해 해석하였고 마음의 주재와 운용을 강조하였다.

넷째, 《심경》의 공과 미발지중. 경정향은 《심경》은 불전의 대표이고 그 중심 의의와 종지인 '공'은 불교의 근본사상이라고 생각했다. 그러나 《심경》의 공과 유가에서 말하는 중에는 이곡동공(異曲同工)의 묘가 있다.

경정향은 수많은 불서에서 복잡하게 해석한 것들은 모두 공의 뜻을 풀이한 것이다. 그는 '공'과 유가의 중심사상인 '중'을 연계시켰다. 그는 공은 중의 필요 전제이고 공하지 않으면 중할 수 없다고 생각했다. 경정향의 철학사상과 연계시키면 마음에 '공'이 있어야 "진기불용이"가 마음에 현현될 수 있다. "불용이"라는 세 글자는 마음속 인의 유행불식(流行不息)한 성질을 설명한다. 미발지중은 무이고 진기불용이는 유이다. 공자의 '공공'은 전제이고, '인', '충서(忠恕)'는 본체이다. 사실 경정향은 여기서 불교를 빌려 그의 진기불용이를 논증하였다.

경정향은 불교사상을 빌려 유가사상을 빌려 해석하였다. 특히 태주학파의 사상을 많이 이용했다. 그에게 있어 불교와 유교는 물과 젖처럼 서로 잘 융합되는 존재가 아니라 물과 기름처럼 분리되고 외재적으로만 비슷한 존재이다. 그의 근본적인 사상은 유가의 것이다. 그는 불서와 불교의 사상을 깊이 이용하지 못했다. 불교에는 명상(名相), 사상(事相)이 아주 많지만 경정향은 이를 유가사상을 해석하는 매체로 사용했다. 황종희는 그를 "맺고 끊음이 명확하지 않다. 불학을 반은 믿고 반은 안 믿었다"고 했는데 사실은 전혀 믿지 않은 것이다. 다만 "불교를 완전히 따르지도 완전히 배제하지도 않았을 뿐이다."

경정향은 태주후학에서 비교적 중요한 인물로서 제자들이 아주 많았고 그 당시에 아주 큰 영향력이 있었다. 사림에도 일정한 영향을 끼쳤다. 옛날에 경정향은 자신과 이지(李贄)의 논쟁에 대해 많이 소개하였다. 사실 그와 이지 사이의 분기는 개성 혹은 처세태도상에 있었다. 두 사람은 철학사상에는 큰 분기가 없었다. 예로 이기의 '동심설'과 "백성들이 먹고 입고하는 것이 인륜물리이다" 등의 주장은 경정향의 "진기불용이", "비중은(費中隱)", "간단하지만 정미한" 등과 큰 차이가 없다. 이지는 경정향의 동생 정리와 아주 가깝게 지냈다. 경정리의 학문은 그의 형님과 많이 비슷하다. 이지는 《경초공선생전》에서 경정향은 "인륜지지"라는 관점으로 자신은 "미발지중"이라는 관점으로 변론을 진행했다고 기록했다. 그러나 이지가 마지막에 얻은 결론은 "인륜지지"가 곧 "미발지중"이고 두 사람의 학술종지에는 서로 엇갈리지 않는다는 것이다. 경정향은 이후에 "인륜지지"에 대해 더는 얘기하지 않았고 이지도 "미발지중"의 관점을 버렸다. 이지는 이를 다음과 같이 평론했다. "이는 학문의 이치를 아는 것이다. 둘 모두를 버리는 것은 둘 모두를 따르는 것이다. 둘 모두를 지키면 둘 모두가 병이 들 수 있다. 둘을 모두 버리면 둘을 모두 잊을 수 있고, 둘을 모두 잊으면 혼연일체를 이룰 수 있다. 나는 천대를 만나러 직접 황안으로 갔다. 내가 찾아온 것을 안 경대는 몹시 기뻐했다. 서로 뜻이 같은 것이 어찌 우연이겠는가!(《분서(焚書)》 143쪽)" 여기서 경정향과 이지의 분기가 일반 저서에서 묘사한 것처럼 그렇게 크지 않았고 근본적인 사상에 분기가 있지 않았다는 것을 알 수 있다. 두 사람은 모두 태주후학의 광견파(狂狷派)에 속한다.

제 19 장
초횡(焦竑)의 유(儒), 불(佛), 도(道) 삼학

|제19장|
초횡(焦竑)의 유(儒), 불(佛), 도(道) 삼학

태주학파는 수신입본을 종지로 하고 백성들의 일상생활을 방법으로 하기에 아주 강한 평민적인 색채를 띤다. 초횡은 박학다식한 학자로서 경사(經史)를 깊이 연구하고 석교와 도교에 대해서도 자세히 알고 있었다. 그는 유, 석, 도를 한데 융합시키고 지성으로 인을 구하는 것을 종지로 하였으며 경사백가(經史百家)를 보익으로 하며 복잡한 것을 간단하게 하는 것을 방법으로 하는 새로운 계통을 만들어내 태주후학에서 새로운 계통을 열어놓았다. 초횡의 학문은 왕간처럼 평이하고 절실하였다. 그러나 왕간처럼 고집스럽고 약하지 않았다. 초횡은 하삼은, 이지처럼 분발, 자립하였으며 몸을 중히 여기고 자신을 믿는 정신을 갖고 있다. 그러나 그들처럼 이론상에서 과하게 격분하지 않았고 자기 맘대로 행동하지 않았다. 초횡은 스승인 경정향과 달랐다. 경정향의 학문은 사서와 불학에 제한되었고 지나치게 속박하고 실제 사무의 방향으로 기울어지는 경향이 있다. 그러나 초횡은 경사를 섞었기에 규모가 확대되었고 그 학문에 학원의 분위기가 다분했다.

초횡(1541-1620)은 강녕(江寧) 사람이고, 자는 약후(弱侯)고, 호는 담원(澹園)이다. 만력 때 진사가 되었고 한림수찬(翰林修撰)이 되었다. 대학사 진어폐(陳于陛)가 초횡으로 하여금 여러 관원을 거느리고 역사를 편찬하라고 하였다. 초횡은 《수사조진사사의(修史條陳四事議)》를 올린 뒤에 사직하였다. 그리고 혼자서 《국조헌정록(國朝獻征錄)》 120권, 《국사경적지(國史經書籍志)》 5권을 편찬해냈다. 동궁강독관(東宮講讀官)을 한 적이 있다. 또《양생도해(養生圖解)》를 저술하였다. 역대 태자들이 본받을 만한 일들을 한데 엮어 책으로 만들고 여기에 그림까지 그려서 태자에게 올리려고 했으나 다른 관리들의 반대를 받아 올리지 못했다. 후에 순천향시(順天鄉試)를 주관했는데, 무고를 받아 탄핵을 당해 복녕주동지(福寧州同知)로 좌천되었다. 2년 뒤에 사직하고 남경으로 돌아갔다. 다시 관직에 복귀하지 않았고 강학을 하면서 지냈다. 저서로는《담원집(澹園集)》49권,《담원속집(澹園續集)》27권,《초씨필승(焦氏筆乘)》6권,《필승속(筆乘續)》8권,《노자익(老子翼)》과《장자익(莊子翼)》등이 있다.

1. 유가 : 지성(知性)과 복성(復性)

초횡은 맹자이래의 심학전통을 계승하였다. 특히 왕양명의 "양지설", 나여방의 "적자양심설", 경정향의 "불용이" 학설을 계승하고 "지성(知性)"을 학술종지로 해야 한다고 제기하였다. 그는 "군자의 학문은 지성일 뿐이다. 성은 모두 갖고 있다. 성을 알고 이를 동하게 하면 그게 곧 인의다.(《국조종사사선생요어서(國朝從祀四先生要語序)》)"라고 했고,《담원집》14권) 초횡은 유학자의 수양공부는 우선은 지성에 있는데 지성은 자기의 성이 원래부터 만 가지 이를 모두 포함하고 있기에 다른데서 더 구할 필요가 없다고 주장했다. 지성 이후에는 솔성(率性)이다. 성의 내용은 곧 인의효자이다. 솔성은 인의효자가 마음에 나타나는 것이다. 이는 태주후학의 현성양지에 대한 계승이다. 초횡의 특징은 솔성을 내향(內向) 체험에서 얻을 수 있는 돈오로 생각했다는 점이다.

현상양지는 심성의 합일이다. 양지는 성의 형상영역에서 현현되어 마음의 형하영역에 현현된다. 이는 돈연한 초오(超悟)이다. 여기에는 유쾌한 심리적 느낌이 동반된다. 이러한 유쾌함은 미선(美善)의 합일이다. 이러한 감수가 있게 되면 마음이 갑자기 생동, 활발해지고 충실해지고 풍부해지며 자유로워진다. 이러한 유쾌함은 공문의 연회가 말하는 "초라한 골목에서 표주박으로 물을 마셔도 여전히 기쁘다"는 것과 같지 않다. 이는 도덕이성이 정감과 욕망을 전승하고 얻어지는 도덕의 유쾌함이 아니다. 이러한 유쾌함은 마음과 이(理)가 하나가 되고 하늘과 사람이 일체를 이루며 충실하고 풍부한 심미적이다. 이는 태주학파가 왕간의《낙학가》로부터 시작해 계속 이어져 온 것으로서 초횡이 주장하는 "식성(識性)"의 최고경지이다.

초횡은 이러한 경지에 도달하는 근본적인 방법은 "배움"을 통해 분노와 기쁜 마음을 극치하여 본유의 성을 회복하는 것이다.

이고(李翶)가 복성의 학문을 제기한 뒤 많은 송명이학자들이 이를 종지로 삼았다. 특히 심학학파가 그러했다. 초횡도 복성을 주장하였다. 지성, 복성하려면 반드시 정욕을 억제하여야 하는데 초횡은 성정의 관계에서 성으로 인해 정이 생기고 정을 다시 성으로 돌려놓아야 한다고 주장했다. 그는 "성은 물이고 정은 파도다. 파도가 치면 물이 흐려진다. 정이 타오르면 난잡해진다. 파도는 물에서 생기고 물을 흐리게 만든 것이 파도이다. 정은 성에서 생기고 성을 해친 것이 정이다. 그리하여 군자는 성으로 정을 다스리고 소인은 정으로 성을 다스린다고 한다.(《고성문답(古城問答)》, 《담원집》 48권)"정은 성을 해치지만 정이 없어서는 안 된다. 다스리는 방법은 희노애락의 미발지중을 체인하는 것이다.

"의필고아(意必固我)"는 염려, 의지, 자아의식이다. 희노애락은 정감이다. 무정감, 무의지하면 마음이 공명해진다. 공명하면 성지(性地)가 자연스럽게 나타난다. 이게 바로 그가 말한 "벗겨버릴 수 있는 것은 모두 벗겨버려야 한다. 벗겨버릴 수 없을 때까지 하면 진실한 자신을 볼 수 있다"라는 말이다. 성지는 곧 중이고 본래의 모습이다. 그리하여 "본명원진(本命元辰)"이라고 부른다. 이를 근본으로 하면 틀릴 곳이 없다. 초횡은 특별히 《중용》이라는 책을 칭찬하였는데 그는 이 책은 공자의 뜻이 깊은 말들을 한데 모은 것이라고 생각했다. 《중용》에서는 사람으로 하여금 미발지중을 체인하라고 말했다.

초횡의 성정관계론은 정통 유학자들의 설법에서 많이 계승해왔다. 이는 같은 태주학파였던 하심은과 전통을 격렬하게 반대하였던 이지와 매우 큰 차이가 난다. 하심은은 "성으로 미(味)를 다스리고 성으로 색을 다스리며 성으로 성(聲)을 다스리고 성으로 안을 다스린다. 성이라는 것은 욕망을 실을 수 있고 명(命)은 성을 다스릴 수 있다.(《하심은집》 40쪽)"성색취미(聲色臭味)의 감관욕구는 인성의 내용으로서 없어서는 안 되는 것이다. 그리하여 이를 명이라 한다. 명은 현실이 필연성일 뿐이다. 도덕은 반드시 사람의 감성욕구에서 실현되어야 한다. 욕망을 떠나서는 성이 존재할 수 없고 욕망은 없어서는 안 되고 반드시 합리적이고 만족적이어야 한다. 그리하여 하심은은 주돈이의 "무욕"을 반대하였다. 하심은은 백성과 똑같은 욕망을 갖고 있다면 그 욕망은 곧 적극적인 것이다. 이런 욕망은 억제할 필요가 없고 더 잘 배양해야 한다. 이지도 유리한 것만 쫓고 해로운 것을 피하는 것은 사람의 본능으로서 모든 사람이 그러하다고 주장했다. 사심, 공리의 마음은 모두 사람의 본심이다. "사(私)는 사람의 마음이다. 사람에게는 반드시 사가 존재한다. 만약 사가 존재하지 않는다면 마음 또한 없다. 이는 자연의 이치로서 반드시 여기에 부합되게 된다. 이는 터무니없이 하는 말이 아니다. 사가 없다고 말하는 것은 모두 실용적이지 않다.《장서 · 덕업유신후론(藏書 · 德業儒臣後論)》"초횡은 희노애락이 미발지중이라고 주장했다. 또한 정을 제거하고 성을 회복해야 한다고 주장하기도 했다. 이러한 것들은 성정관계론에서 그는 왕벽, 나여방, 하심은, 이지와 다른 주장을 갖고 있다는 것을 뜻한다. 그의 이러한 온화한 태도는 스승인 경정향에 가장 근접하다. 유학이론방면에서 그는 나여방과 유종주처럼 심각하지는 않다. 그는 전인들의 이론을 많이 계승하였고 자기 스스로 창조한 내용은 매우 적다. 이는 그의 온화한 입장과 학자형 이학자라는 성질에 의해 결정된 것이다.

호횡의 학문은 매우 광범했다. 그는 읽지 않는 책이 없었는데 이는 일반 이학자 특히 명나라 전기의 이학자들이 사서에서 멈추고 심성체험에 몰두한 것과 많이 다르다. 그러나 그도 복잡한 것을 간략하게 해야 하고 상학하달(上學下達)한다고 주장했다. 그는 "공부의 목적을 상학에 두는 것은 우물을 팔 때 샘물에 닿는 것을 목적으로 하는 것과 같다. 샘물에 닿지 못한다면 우물을 파서 뭘 하겠는가! 성명(性命)을 몰라야 공부를 편안하게 할 수 있다.《답경사(答耿師)》,《담원집》 12권)"그는 정이, 주희의 학술경향을 반대하였다. 그는 정주는 많이 보고 많이 배우는 것을 강조하면서 자신의 마음을 돌보지 않았다고 주장한다. 정주의 격물론은 공맹의 수신전통을 잘못 이해한 것이라 했다.

이러한 비판을 보았을 때 주희에 대한 초횡의 생각은 왕양명 및 그 제자들의 기본관점을 계승하였다. 그는 많이 읽고 보는 것을 중요하게 생각하지만 주희의 격물론과 치지는 심성의 수양을 소홀히 했다고 비판한다. 이는 명나라이학에 송나라이학과 다른 변화가 생기기 시작했다는 것을 설명한다. 심성의 학문이 토론의 중점이 되었고 이학이 더 이론적이고 내재적이며 더 정밀한 것을 체험하는 것과 같은 특징을 갖게 되었다. 주희처럼 심성론을 특히 중요시하는 철학자들이라 해도 그가 강조하였던 이성적인 정신은 여전히 명나라의 많은 유학자들의 배격을 받게 되었다.

초횡은 "천지에 꽉 들어찬 것이 모두 마음"이라는 사상을 제기하였다. 그는 유학과 불학 두 개 방면에서 그 본체론을 해석하였다. 초횡은 마음은 사유, 정감과 같은 감각기관이 아니라 '우주의 마음'이라고 주장했다. 전자는 피와 살을 갖고 있는 아주 작은 마음으로서 그 주요한 기능은 시청언동을 주재하는 것이다. '우주의 마음'은 천지만물의 근본적인 이(理)를 상징한다. 이러한 마음이 '진심'이다. 이일분수는 구체적인 사물의 성으로 표현된다. 성은 존재하지 않는 곳이 없기에 "천지에 꽉 들어찬 것이 바로 마음"이다. 초횡은 마음과 성은 동일하고 '우주의 마음', '진심'은 천지만물의 근본적인 이와 동일하다고 생각한다. 이는 심학의 도덕본체론을 착안점으로 한 것이다. 불학의 관점에서 볼 때 "천지에 꽉 들어찬 것이 마음"이라는 말에서 마음은 식(識)이다. 천지만물은 모두 식이 창조하였고 만물은 모두 가색(假色)하고 그 성은 공이다. 만약 마음의 절대적인 공적의 본체를 인식하고 획득할 수 있다면 내 마음속에는 외색(外色)의 영상이 조금도 존재하지 않고 마음이 공적해진다. 그리하여 "촌토도 얻을 수 없다"고 한다. 초횡의 "천지에 꽉 찬 것이 마음"이라는 주장은 유가사상으로 해석할 수도 있고 불가의 사상으로 해석할 수도 있다. 그는 맹자, 왕양명의 학문에서 "마음이 성이고 성이 마음이다"라는 주장을 믿고 따랐다. 그가 불교로 유교를 해석하고 불교와 유교를 상호 해석한 것으로부터 말할 때 마음은 식이고, '진심'은 공적한 '본래 모습'이었다.

처음에 초횡은 마음과 물(物), 유와 무를 완전히 분리시켰다. 그리하여 그때까지만 해도 유가 무이고 동이 정이며 물이 곧 마음이라는 생각을 하지는 못했으나, 만년에 이르러 무와 무, 정과 종, 마음과 물이 모두 하나가 되었다고 했다. 그러나 여기서의 마음은 왕양명처럼 즉심즉물의 마음이 아니라 공적한 마음이었다. 공에 대한 이러한 체험과 증오(證悟)는 마음의 경상과 완미(玩味)이다. 왕양명이 말하는 것처럼 '허송세월'하면 괜찮지만 일단 실제에 마주치면 곳곳이 막혀 통하지 않을 수 있다. 후에 폄적되자 고민에 빠져 사처에서 그 해결법을 찾았다. 결국에는 동을 떠나 정을 구하고, 물체를 떠나 마음을 이야기하며, 외경(外境)을 떠나 심체의 허적을 찾으면 안 된다는 것을 알게 되었다. 그리고 본심은 유지하기도 하고 무지하기도 하며 만물은 때가 묻기도 하고 깨끗하기도 하며 나와 물체가 하나이고 마음과 경(境)이 본래부터 하나라는 것을 알게 되었다.

초횡의 유학은 성을 인식하고 인을 체인하며 정을 제거하여 성을 회복하는 데로부터 미발지중을 체인하게 되었다. 그는 정이, 주희가 심성과 물리를 결렬시켰다고 비판하던 데로부터 "천지에 꽉 찬 것이 마음"이라는 데로 발전하였다. 그리고 "천지에 꽉 찬 것이 마음"이라는 주장에서 있는 것이 곧 없는 것이고 마음과 물체는 하나라는 데로 발전하였다. 이는 그의 사상이 점점 더 깊어졌다는 것을 반영한다. 이 과정에서 중요한 유도역할을 한 것이 바로 불학이다.

2. 불가 : 유교와 불교는 하나

초횡은 경정향에게서 학문을 배웠다. 그리하여 경정향이 불교로 유교를 해석하는 방법은 그에게 큰 영향을 끼쳤다. 그의 다른 한 선생인 나여방의 학문도 아주 강한 선학 색채를 띤다. 그 외에 초횡은 이지와 두터운 친분을 쌓았는데 그 우의가 일반 학자의 관계를 벗어났다. 이지의 '3교의 융합'도 초횡에게 큰 영향을 끼쳤다. 초횡은 스승과 친구의 영향을 받아 불전을 깊이 연구하게 되었고 불교는 그의 학문에서 아주 중요한 부분이 되었다. 그는 경정향 처럼 외적으로 불교를 빌어 유교를 말하지 않았다. 그는 나여방과 이지처럼 유학과 불학을 한데 융합시켰다. 그가 유교와 불교를 융합시킨 것에는 아래와 같은 몇 가지 방면이 포함된다.

첫째, 유교와 석교는 원래 하나다. 초횡은 유교와 불교는 비록 다른 교이기는 하나 도 (道)가 하나라고 주장했다. 불가의 의리는 유가의 종지와 원통(圓通)한다. 그는 《미륵찬 (彌勒贊)》, 《관세음보살찬(觀世音菩薩贊)》 등 저서를 썼다. 만년에는 《지어(枝語)》를 써서 순전히 불법으로 유교를 해석하였다. 그는 새로 새긴 불경에 서를 달고 유교와 석교가 회통한다는 종지를 광범하게 전파하였다.

유교와 석교는 가치취향, 생활방식 및 복장과 의제 등 방면에서 다르다. 유교와 석교는 유무합일, 이사합일 등과 같은 이치에서는 완전히 같다. 심지어 본체, 공부, 심성 등 방면에서도 비슷하거나 같은 점이 아주 많다. 그는 수대(隋代) 유명한 유학자인 왕통(王通)이 유교와 불교의 다른 점에 대해 하였던 주장에 동의한다. 유교와 불교가 다른 점은 그 외재적인 흔적에 있다. 이는 "헌거는(軒車)는 월나라를 넘어가면 안 되고 벼슬들은 오랑캐나라에 갈 수 없다"라는 것과 같다. 그러나 심성과 같은 정수는 모두 같다. 그리하여 《화엄경》은 유교와 불교 학자들이 모두 읽어야 하는 책이다. 유가의 경전과 석전, 유가의 성인과 부처는 서로 상통한다고 했다.

그는 《화엄경》의 정수는 법과 성이 긴밀히 상용하였다는 것에 있다고 생각했다. 이는 공에 빠져 적을 지키는 본체와 사상에 구애받는 공부를 바로잡을 수 있다. 그리하여 일과 사가 서로 융합되고 일과 사에 방애가 없는 경지에 도달할 수 있다. 이는 유가경전에서 하학상달(下學上達), 성과 천도가 백성의 일상생활과 일이관지(一以貫之)한다. 그리하여 불교는 공학을 도와주지 해치지 않는다. 그는 자신이 송나라 사마광처럼 불교를 알지만 말할 수 없다고 했다. 공학에 방애가 된다고 생각했는데 사실은 깨우침을 직접 말해도 유교와 석교에 모두 방애가 되지 않았다. 그는 유교와 불교의 시비를 따지면서 그 사이에 성벽을 높게 쌓는 것을 반대하였다. 그는 둘을 구분하지 않고 모두 보존하는 것을 주장했다.

불교에 대해 그는 매우 관용을 나타냈다. 그는 세유처럼 현상에 대해서만 논쟁하지 않았고 천여 년 이래 계속 불교를 배척해오던 낡은 이론을 중복하지 않았고 불교가 인륜을 포기하고 치국평천하를 할 수 없다는 말을 하지 않았다. 그는 학술에 착안점을 두고 유, 석, 도는 모두 우주본체의 체현이고 다만 착안점이 다르며 세유가 비난했던 허적, 정, 각은 모두 불교와 유교가 동일하게 갖고 있는 심오하고 미묘한 이치라고 주장했다. 이는 왕양명이 말한 "도는 하나일 뿐이다. 어진 사람이 본 것은 인이고 지혜로운 사람이 본 것은 지이다. 석씨가 석이라 불리고 노석이 노라고 불린 것은 모두 도 때문이다.(《기추겸자(寄鄒謙之)》, 《왕양명전집》 6권)"라는 말과 같은 뜻이다. 그 외에 초횡은 불교의 계승 및 중국에서 생장과 성장에는 모두 심각한 사회적 근원이 있으며 그 필연성이 존재한다고 생각했다. 그는 이를 거부하기보다는 받아들여 보존하는 것이 낫고 이와 논쟁을 펼치기보다는 이를 유가사상과 융합시켜 중국전통사상의 유기성분으로 만들어 사인들이 몸을 수양하거 천성을 기르며 학력을 높이는 양분으로 만드는 것이 더 낫다고 생각했다.

둘째, 불서를 읽으면 혜해(慧解)를 늘일 수 있다. 초횡은 유교와 불교가 학리상에서 일치한 부분이 있다고 주장한다. 그리하여 그는 석전을 읽어도 유학에 대한 이해를 방애하지 않고 오히려 도움이 된다고 주장한다. 그는 유교와 불교는 모두 성명(性命)을 구하는 학문이지만 유가의 공맹학문은 역대 학자들의 주소(注疏)에 의해 사분오열되었고 그 정미한 취지도 모호해져버렸다고 주장한다. 게다가 여러 가지 속학, 잡학이 섞여들면서 성명에 관한 정미하고 심오한 내용이 모두 사라졌다. 이 각도에서 보았을 때 불서는 잡학을 배척하고 직접 성명의 심원(心源)에 직접 닿았기에 유가성명의 학문을 발명할 수 있다. 그리하여 불학을 유학에 대한 설명이라고 해도 안 될 것이 없다고 했다.

그 예로써 불전에 나오는 "즉심즉불"의 사상은 유가 심학의 주요종지를 이해하는데 도움이 된다. 정호의 식인(識仁), 육구연의 선립기대(先立其大), 왕양명의 양지는 모두 불서의 말에서 온 것이다. 그들의 사상 또한 불서의 말로 귀결되었다. 심지어 효제, 요순의 학문도 여시관(如是觀)이 될 수 있다는 것이었다.

장상영(張商英)은 《유마경》을 읽은 뒤 불교에 입문했다. 그 후 선사 동림상총(東林常總)과 도솔종열(兜率從悅)과 만나서 학문을 연구했는데 불학뿐만 아니라 유학도 날로 진보했다. 그는 유가의 세간법만 있어서는 안 되며 반드시 불가의 세간법도 있어야 한다고 생각했다. 세간법은 세상과 마음을 다스릴 수 있다. 사회에 존재하는 병폐을 바로잡는 것에서부터 볼 때 유가법은 부차적인 문제를 바로잡을 수 있고 불가법은 심수를 바로잡을 수 있다. 초횡은 장상영의 이 관점을 아주 높이 평가하였다. 그는 《초씨필승(焦氏筆乘)》에서 이렇게 말했다. "불씨의 법전을 통달하면 공자의 말을 곧 깨우칠 수 있다. 장상영이 '불학을 깨우치면 유학을 알게 된다'고 한 말은 매우 정확한 견해이다." 왕양명에게 이의(二義)가 있는가에 대해 후인들은 견해가 엇갈린다. 그리하여 "사구교"에 대한 해석도 왕양명의 본래의 뜻을 잃게 되었다. 그러나 "선도 없고 악도 없는 것이 바로 마음의 본체"라는 말은 사실 불교의 차표이법(遮表二法)으로 해석할 수 있다. 이 방법으로 해석하면 왕양명의 "마음이 곧 성", "양지가 곧 천리"라는 주장은 "선도 없고 악도 없는 것이 바로 마음의 본체"라는 것과 서로 관통된다. 《초씨필승(焦氏筆乘)》에는 이런 내용이 기록되었다. "문: '여래는 여러 가지 공덕을 숨기고 있는데 오늘 모든 모습을 벗어나면 어떻게 여래의 법신을 만족할가요?' 답: ' 표(表)와 차(遮)에서 모든 모습을 벗어나는 것이 차이고 여러 가지 공덕을 갖고 있는 것이 표이다. 사실 가리고 있는 것이 곧 나타나는 것이다.'(《필승속》2권)" '무선무악'이 차라는 것은 "모든 모습을 벗어난 것"을 말한다. 양지가 최고의 선에 도달한 것이 현현되면 그것이 곧 표이고 곧 "여래가 여러 가지 공덕을 숨기고 있다"라는 말과 같다. "가리고 있는 것이 곧 나타나는 것이다"라는 것은 유무합일이다. '무선무악'과 '지선무악'은 달라 보이지만 사실은 똑 같다. 불교에서 말하는 차표법은 왕양명의 유물론을 이해하는데 아주 큰 도움이 된다. "불교를 배우면 유교를 알 수 있다"는 말은 절대 빈말이 아니다.

초횡은 소식(蘇軾)을 매우 존경하였다. 초횡은 소식을 당대에서 가장 뛰어난 인물이라고 평가했다. 그는 소식이 견해가 뛰어나고 문장의 기세가 공령한 것은 모두 불전의 읽었기 때문이라고 했다. 특히 《주역》에 대한 소식의 이해를 보면 그가 얼마나 불리에 잘 알고 있었는지를 알 수 있다. 역리에 대한 소식의 이해는 모두 불리에서 얻은 것이라고 명확하게 말한 데서도 알 수 있다.

셋째, 불교를 보호했다. 초횡은 불교로 유학을 풀이했다. 그는 "불학을 배우면 유학을 알 수 있다"고 하였다. 그는 불학을 유학의 보익으로 간주했다. 그리하여 그는 선유들이 유학을 보호한다는 목적 하에 불교를 비판하고 불교와 유교의 비슷한 점을 적극적으로 해명하는 것을 반대하였다. 그는 한유, 구양수가 불교를 배척하는데 대해 다음과 같이 비판했다. "두 선생은 유학에서 아무 것도 얻지 못했다. 그들이 불노(佛老)를 멀리한 것은 맹자가 양묵(楊墨)을 공격하는 것을 따라한 것뿐이다. 그리하여 그들은 절개가 없는 사람들이라 할 수 있다.《숭정당문답》,《담원집》47권)"그는 한유가 불교를 배척한 것은 모두 그 적(跡)에 있다고 제기했다. 그러나 한유가 불교는 오랑캐의 학문이고 불교도들이 유가 선왕의 법을 얘기하지 않고 유복을 입지 않으며 군신사이의 의리와 부자지간의 은혜를 모른다고 비판한 것은 모두 전인들이 불교를 배척하였던 의론을 그대로 가져온 것이다. 한유가 불교를 배척한 목적은 유교의 정통지위를 다시 확립하려는 데에 있다. 그러나 한유가 말한 인의도덕과 같은 유가의 종지는 조솔(粗率)하고 외재적이다. 일단 정밀하게 파고들면 그가 극력 배척하고 있는 것들은 모두 불교와 상통한다. 한유는 대전(大顚)스님과 왕래하면서 가슴 속에 걸리고 막히는 것이 없으니 육체를 도외시하게 되는 경지에 이르게 되었다. 이는 모두 불학을 통해 얻은 깨우침이고 또한 유학자들이 수양을 통해 얻으려는 결과이기도 하다. 여기서 불학의 좋은 점을 알 수 있다. 그것은 바로 불학을 배우면 심성이 정미해지고 유학의 수양을 통해 얻을 수 없는 것들을 얻을 수 있다는 점이다. 구양수는 고집이 강하고 믿음이 강한 사람이었다. 그러나 만년에 부필(富弼)이 법을 깨달은 것을 보고도 마음이 동하지 않았다. 그러나 옹화엄(顒華嚴)과 가까이 지내면서 학문을 배웠다. 구양수도 자신의 의견을 끝까지 고수하지 못했음을 알 수 있다. 사실 두 사람은 유학에서 얻은 깨우침이 깊지 못하고 심성의 정밀한 곳에 대해 상세하게 연구하지 못했으며 유교와 불교가 회통한다는 뜻을 받아들이지 않았다. 그들이 불교를 배척한 것은 맹자가 양묵을 멀리한 것을 따라한 것으로서 오히려 자신들을 편협하고 고루한 처지에 놓이게 만들었다. 초횡은 그 당시에 불교를 배척한 사람들은 대부분이 불리를 상세히 알지 못하면서 불자들의 외재적인 흔적을 부러워하였다. 그들 모두는 진정으로 불교를 이해하지 못했던 것이다.

정호가 불교를 배척하는 의견에 대해 초횡은 반박했다. 정호는 초횡이 아주 존경하는 인물이었다. 그러나 정호가 불교를 배척한데 대해 그는 엄격하게 비판했다. 그는 정호가 했던 말 중에서 불교와 관련이 있는 말을 모두 수집해 하나하나 반박했다. 이를《답우인

문석씨(答友人問釋氏)》라고 이름을 지었다. 초횡은 주로 다음과 같은 네 개의 방면에 대해 반박했다.

첫째는 불교의 공과 유가의 이다. 정호는 불교가 모든 것이 공하다고 주장하는데 그렇게 되면 유학자들이 말하는 성리도 존재하지 않게 된다고 제기했다. 불교가 흥해지면 유교의 윤리강상이 망가질 수 있다. 초횡은 이에 다음과 같이 반박했다. 불교에서 공만 얘기하고 유를 얘기하지 않는다고 생각하는 것을 불교를 잘못 이해한 것이라고 주장했다. 정호가 말한 것은 곧 불교에서 비판하는 "이승(二乘)을 단멸(斷滅)시킨 견해"이다. 불교에서는 진공이 곧 묘유(妙有)라고 주장한다. 이는 유가의 윤라강상을 파괴하지 않는다. 불교에서 산하대지는 모두 마음이 만들었다는 주장에서는 모유를 버리지 않았다. 정호가 "정(情)이 모든 일에 일치하지만 그 자신의 정을 가지고 있지 않다"고 한 것은 불가의 진짜 정신이다. 정이 모든 일에 일치한 것은 유이고 자신의 정을 가지고 있지 않는 것은 뮤이다. 유무합일은 불가의 묘한 진리이다.

둘째는 출리생사가 마음이 이로운가 하는 것이다. 정호는 사람으로 하여금 출리생사(出離生死)하게 하는 것이 불가의 목적이기에 이는 "자사자리한 마음"이라고 주장했다. 생사는 이탈할 수 없고 순응해야 한다. 초횡은 이에 다음과 같이 반박했다. 불교에서 출리생사를 말한 것은 세인들이 부귀에 미련을 가지는 것을 불쌍히 여기고 그들을 정확한 길로 인도하기 위해서이다. 세인들이 생명에 연연하기에 그들로 하여금 괴로움과 미혹(迷惑)을 벗어나 깨달음의 경지에 들어오게끔 교육하였다. 부처의 지혜를 진정으로 깨닫게 되면 사람은 죽지 않는다는 이치를 깨우칠 수 있다. 불학의 최고경지는 어떠한 흉금과 경지에 있다. 이러한 경지는 인생의 원만함, 마음의 순결함을 표시한다. 생사를 초월하는가 하는 것은 다른 일이다. 불가에서는 생사로 사람을 위협하지 않는다. 여기서 초횡이 이해한 불교는 심성을 수련하고 양생하는 것을 최고 목적으로 한다. 이는 종교일 뿐만 아니라 학문과 수양이기도 하다. 초횡은 생사의 윤회, 금생과 왕생, 불국정토 등 순종교적인 존재를 저속한 존재로 보았다.

셋째는 정신수양과 실제사무이다. 정호는 불학에서는 개인 내심의 수양만 말하고 실제사무와 관련이 없었다고 주장한다. 그리하여 불교에서는 "경이직내(敬以直內)" 있으나 "의이방외(義以方外)"는 없다. 또한 "궁신지화(窮神知化)"는 있지만 "개물성무(開物成務)"는 없다. 초횡은 이는 불가를 잘못 이해한 것이라고 주장했다. 사실 불가의 학문에는 내외가 없고 궁신지화와 개물성무는 동일한 것이다. 그는 정호가 절의 승려가 들어오고 나갈 때 예를 갖추는 것을 보고 "삼대위의(三代威儀)가 다 여기에 있구나"라고 했다. 그러면서 이것은 유가의 술을 올리고 청소를 하는 것과 대응하고 불교의 묵연(默然)과 서로 맞는다고 말했다. 이는 모두 불가에 개물성무가 있다는 뜻이다. 다만 불가의 개물성무는 유가와 다를 뿐이다. 불가의 "감각에는 내외가 없다"라는 것은 유가의 "체용일원"과 일치하다. 불교가 내와 외, 이(理)와 사(事)를 결렬시켰다고 말할 필요가 없다.

넷째, 명심견성(明心見性)과 존심양성(尊心養性)이다. 정호는 불가에는 명심견성만 있고 존심양성이 없다고 주장했다. 이러한 특징은 특별히 선종의 돈오설을 겨냥한다. 초횡은 불씨의 명심견성은 맹자의 진심지성(盡心知性)과 같다고 주장했다. 만약 정말 지성지천하면 존양을 얘기할 필요가 없다. 정호는 "모든 것을 다 알면 찌꺼기가 혼화(渾化)될 수 있다"고 한 적이 있다. "혼화"된 이상 존양할 필요가 없다. 돈오는 곧 존양이다. 존양설에서 말할 때 불교에서 말하는 "아주 작은 티끌이 눈에 들어오니 헛꽃이 어지러이 흩날린다"라는 것은 심체를 보임하여 겨(糠)와 나쁜 쌀(秕)이 눈을 가리지 않게 해야 한다는 뜻이 있다. 여기서 초횡은 선종의 뜻을 명확하게 드러냈다. 그는 돈오를 중히 여기고 점수를 중요하게 생각하지 않았다. 오는 곧 양이기에 다른 수양공부가 필요하지 않다.

"머리를 깎고 출가하는 것"과 같은 외적인 의복, 궤의(軌儀) 제도에 대해 초횡은 변론할 필요도 없다고 주장했다. 그는 정호가 진정으로 불교를 이해하지 못하였기에 불교를 비판했다고 말했다. "정호는 불승에 대해 연구하지 않았기에 그가 불교를 공격한 말들을 잘 따져보면 적절하지 않은 부분이 아주 많다. 이는 사건을 심의하는 사람이 원고와 피고의 말을 다 들어보지 않고 억측에 의해 판단하는 것과 같다. 범죄증거가 없는데도 그 죄를 꾸며낸다면 누가 탄복하겠는가! 예로부터 스승이라는 사람은 잘못된 판결을 바로잡아야 한다. 절대 세속을 쫓아서는 안 된다.(《명유학안》 835쪽)".

이상 초횡이 유교와 불교가 통한다는 사실에 대한 증명을 살펴보면 그가 사상적으로 불교의 영향을 아주 많이 받았다는 것을 알 수 있다. 이는 명나라후기 사상계에서 유교와 불교를 통하게 한 사조와 일치하다. 명나라후기에 양명학이 확립되면서 그가 불교와 도교의 흡수와 융합한 방법은 점차 하나의 추세로 자리를 잡게 되었다. 대부분 학자들은 불리에서 이론양분을 찾았는데 태주후학이 가장 적극적이었다. 태주학파에서 불교는 학자 유형의 사람들의(예로 나여방, 경정향, 초횡) 사상을 심각하고 정미하게 해주는 것에 매우 유익한 존재가 되었다. 실행자유형의 사람들(예로 하심은, 이지)에게 있어 불교는 명교(名敎)의 울타리를 벗어나 "미친 선교를 선동하는" 공부가 되었다.

3. 도가 : 도가로써 유가를 보충하다

초횡은 불서를 읽기 좋아했는데 불서를 읽으면 유학에 도움이 된다고 주장했다. 이 뿐만 아니라 그는 도가의 서적까지 섭렵하였다. 그는 《노자익》, 《장자익》을 써서 노자와 장자의 사상에 대해 이야기하였는데 그 목적은 유가를 보익하려는데 있다. 불교를 대할 때와 마찬가지로 초횡은 도가에서 성명의 학설을 흡수하고 연양(煉養), 복식, 노정(爐鼎) 등은 모두 버렸다.

초횡은 도가와 도교를 반드시 구분해야 한다고 생각했다. 도교는 노자와 장자를 높이 받든다. 도가의 이론종지는 청정함, 연단, 복식 등 도교에서 매우 중요하게 생각하는 것들이다. 도교에서 연단하고 부적을 쓰는 학파들은 모두 초기 도가의 종지에서 벗어났다. 즉, 두광정(杜光庭)이 도교의 서책을 산정한 것도 바로 노자와 장자의 청정무위의 종지이다. 초횡이 중요하게 생각한 것은 도가에서 노자와 장자가 열거한 심성이론이다. 이 이론의 최고 경지는 허극정독(虛極靜篤)이다. 이 이론은 도와 덕을 중심으로 전개된 일련의 논증으로 표현된다. 장생구시(長生久視)는 그 다음으로 중요하다. 노자와 장자는 육체가 신선이 된다는 것을 이치에 맞지 않는다고 주장했다. 초횡은 도가이론을 "군인남면술(君人南面術)"로 간주했다. 그리하여 도가는 유가를 보익할 수 있고 교화를 도울 수 있다고 주장했다. 그는 도교에서 성명(性命)이론 이외의 것들은 중요하게 생각하지 않았다. 그는 《반산어록(盤山語錄)》에 서를 써주었는데, 《반산어록》은 도교의 서적이다. 초횡은 어려서부터 이를 즐겨 읽었다. 그러나 그 가운데에서 그가 특별히 중요하게 생각한 것은 바로 성명이론이다. 그는 성명이론은 모두 전진도(全眞道)의 정화라고 생각했다. 연단, 방안에서 하는 주술은 모두 이단으로서 그는 이러한 것들을 배척하는 범주에 넣었다. 그는 왕양명처럼 "마음을 수양함으로써 몸을 수양한다"라는 사상을 갖고 있었다. 왕양명은 제자의 물음에 대답할 때 원기, 원신(原神), 원정(元精)은 모두 하나라는 말을 한 적이 있다. 유행은 기이고 기가 응집되면 정(精)이며 이의 묘한 용도는 바로 신이다. 마음을 수양하는 것은 정기신(精氣神)을 수양하는 것이다. 이 점에 있어서 초횡은 왕양명과 생각이 같았다. 그는 유가에서 말하는 양생은 양성, 양심에 있고 양성, 양심은 천도에 알맞기에 자연히 장생할 수 있다고 생각했던 것이다.

성명이론에서 초횡이 중요하게 생각하는 것은 바로 '유', '무'의 범주가 유학에 대한 보충이다. 이 점은 그가 노자의 종지에 대한 해석에서 분명하게 드러났는데, 그 책이 《노자익(老子翼)》이다. 《노자》라는 책의 종지에 대한 해석은 아주 많다. 당왕은 노자를 병서로 간주했다. 초횡은 《노자》는 "도를 밝히는 책"이라고 주장한다. 《노자》의 종지는 부드러운 것을 귀하게 여기고 여성스러운 것을 지키는 것, 나약하고 겸손하는 것에 있고 무위에 있다. 그러나 무위는 응당 유무합일해야 한다. 유무합일은 곧 유의 무, 무의 유이다. 유의 무는 "유로 무를 증명"하는 것인데 이는 불가에서 말하는 "색즉시공"에서 색을 없애서 공을 말하지 않는 것과 같다. 불가에서는 색을 없애서 공을 말하는 것을 단멸이라고 비판한다. 유의 무, 그 종지는 "근본에 돌아오는 것"이다. 근본에 돌아오는 것이란 유가에서 말하는 "물각부물(物各付物)"이다. "물각부물(物各付物)"은 곧 만물이 모두 그 본성의 필연성을 따라 운동한다는 말이다. 그 외에 초횡은 《역》의 "기즉도(器即道)", 불가의 색즉공, 노자의 유즉무와 관점이 같았다. 여기서 그가 유교, 석교, 도교를 융합시킨 취지를 엿볼 수 있다. 《역》은 유가의 형이상학으로서 도는 본체이고 기(器)는 현상이다. 이는 "형이상은 도이고 형이하는 기"라는 말이다. 석가에서도 만물의 본질은 공이라고 생각한다. "인연으로 생긴 법을 공이라고 하지만" 공의 본체와 유의 현상은 서로 원융(圓融)하고 방애되지 않는다. 노자는 도(무)를 본체로 하고 물(유)을 현상으로 하였다. 논리적으로 볼 때 본체는 현상보다 먼저다. 그리하여 현상보다 더 근본적이고 그리하여 "유는 무에서 생겼다고" 말한다. 그러나 본체와 현상, 유와 무는 원융하고 방애되지 않는다. 초횡은 본체와 현상의 관계로 볼 때 석가, 유가, 도가는 일치하다고 주장한다. 그리하여 유가의 인의성지를 버릴 필요가 없다. 불교, 도교의 출세도 반드시 세상을 떠나 독립할 필요가 없다. 입세(入世)는 곧 출세이고 인의성지는 청정무위를 방애하지 않는다.

이 점에서 초횡은 유가의 형이상학에 대한 노자와 장자의 독특한 이해를 참고했다. 그것은 바로 먼저 어떤 경지의 초월상태에 진입하여 완전한 '무'를 획득하여야 한다. 다음 이러한 '무'를 '유'와 명계(冥契)시킨다. 이와 같이 경계를 초월한 기초에서 이해한 인의예악은 세유들의 이해처럼 천박하지 않다.

먼저 계보(系表)를 뛰어넘고 입상(立象)한다. 인의예악의 본체를 똑똑히 한 다음 본체와 현상을 회통시켜 본체와 현상이 모두 진실하고 양자가 하나로 융통되게 한다. 그리하여 '무'를 중요시하고 현상을 가짜로 보거나, 유를 중요시하고 여기에 고집스레 얽매여 있는 등 잘못을 바로잡는다.

초횡은 도가의 정신은 무에 있다고 주장했다. 그러나 도가의 무정은 유가의 유를 보충해줄 수 있다. 또한 이러한 보익(補益)은 후세의 유학자들이 그 유용함을 발견하고 유학에 흡수해 들인 것이 아니라 도가의 노자와 장자가 유가의 부족한 점을 발견하고 일부러 보충해 넣은 것이다. "유무는 통일되어 있으나 무는 유 안에 있다." 이는 공자, 맹자, 장자가 모두 발견한 이치이다. 그러나 유가와 도가가 다른 점은 공자와 맹자는 하학상달로서 분명하게 알 수 있는 '유'라는 이 방면에서 인도하여 유에서 무를 추구했다. 세유(世儒)는 유에 국한되어 하학만 보고 상달하지 못했다. 노자와 장자는 무로 유를 이해시키려고 하였다. 그리하여 '무'를 강조하였다. 노자와 장자는 사실상 공자에게 도움을 준 것이다. 초횡은 공자, 맹자, 노자, 장자는 근본적으로 일치하고 다만 방법이 다르기에 각자의 치중점이 다르다고 주장한다.

여기서 초횡은 왕필의 이론을 이용해 노자와 장자 그리고 공자와 맹자가 서로 보충하고 보완한다는 것을 설명하였다. 유교 성인들은 어깨에 큰 임무를 짊어지고 있기에 반드시 청정 무위한 마음이 있어야 하고 무로 유를 보조해야 한다. 노자, 장자가 공자와 맹자를 보충할 수 있고 노자와 장자는 공자와 맹자의 공신이지 반대자가 아니라는 것을 알 수 있다. 초횡은 이 점에 있어 사마천은 소식처럼 안목이 넓지 못하다고 했다. 사마천은 장자가 공자를 비방한다고 주장했지만 소식은 장자는 공자를 언어상으로는 비판했으나 사실을 그의 의견에 동의했다고 주장했다. 세유들은 모두 이 사실을 모른다. 유독 소식만이 예리한 안목을 갖고 있었다. 그리하여 소식의 주장은 "공맹의 정수를 받은 것"이라고 한다. 세유가 갖고 있는 것은 공자의 흔적이고 장자가 논술한 것은 모두 공자의 정의이다. 그리하여 "공자를 존경하는 사람은 공교롭게도 장자였다."

이상 분석을 보면 도교, 도가를 대하는 초횡의 태도는 불교를 대하는 것과 동일하다. 그는 종교방면의 내용은 모두 버리고 그 이론정화만 흡수하였다. 도가의 사상양분도 불교의 사상양분과 마찬가지로 그의 학문과 수양에서 없어서는 안 되는 존재이다. 유가, 도가, 불가의 사상을 모두 겸비하였기에 그의 사상은 넓고 소박한 기상을 드러낸다. 유가, 도가, 석가를 융합시킨 그의 태도는 명나라후기에 삼교를 융합시키는 추세에 반영되었다. 이런 각도에 볼 때 그는 일반적인 의미에서의 말하는 유가의 사상을 지키는 사람이 아니다. 그는 평이하고 전면적이며 자신의 문호의 의견을 고집하지 않는 유학의 설명자이고 발휘자이다.

4. 예에 대한 형이상학적 해석

초횡은 유가, 석가, 도가를 융합시키고 경사를 함께 이용하였다. 이러한 특징으로 인해 그의 사상은 어느 한쪽에 치우치지 않는 온화한 색채를 드러낸다. 그 외에 그는 왕학이 말기에 이르러 제멋대로 하는 잘못을 바로잡으려고 한다. 그리하여 그는 규범이 있고 의식과 제도를 중히 여겨야 한다고 제창했다. 그리하여 '예'를 독특하게 발휘시켰다. 그의 철학종지인 '지성'은 '명례(明禮)'이기도 하다.

'예'는 예의, 예절 및 사회 각 등급과 명분을 나타내는 외적인 표현이다. 유가의 《예기》라는 책에서는 관혼상제에 대한 각종 예에 대해 해석하고 서술했다. 초횡은 형이상학의 높이에서 '예'를 다시 관찰하였고 예를 우주와 인심의 규율과 목적에 알맞는 존재로 해석했다.

여기서 '예'는 '이(理)'로 해석되었다. 초횡은 예를 사물의 운행과정에 표현되는 리듬과 법칙, 질서라고 생각했다. 우주의 대화, 유행에서 만물이 각자의 규칙을 따르기에 혼란이 생기지 않는다. 이는 우주운행에도 리듬과 법칙, 질서의 주재가 존재한다는 말이다. 이러한 주재는 인위적인 성질을 갖고 있지 않고 이는 조물주의 안배도 아니다. 이는 자연적이고 부득불연이다. 이러한 자연적이고 부득이한 것은 만물의 운행을 지배하는 당연한 이이고 당연한 규칙이다. 그리하여 '예'는 곧 '이'이다. 그러나 '예'는 질서, 리듬과 법칙을 중요시한다. 이는 근거, 본질의 뜻을 중요시한다. 공안(孔顔面)학문의 정수는 예를 회복하는데 있다. 체험자는 이것을 체험하고 따르는 자는 이것을 따른다. 초횡은 예는 외재적인 예의범절이 아니라 사람 마음의 본체라고 생각했다.

초횡은 '예'는 사물고유의 리듬과 법칙, 질서의 뜻을 갖고 있기 때문에 '예'는 본체, 천칙이라고 생각한다. 이러한 본체, 천칙은 사람의 도덕이성이기도 하고 사람의 시청언동 및 도덕활동의 근거이기도 하다. 예는 도덕이성, 본체이기에 사람마다 예를 소유하고 있다. 예는 만물에게 동일하지만 또 각자 특성을 갖고 있기에 "작은 덕은 시냇물처럼 자연스럽게 흐르고 큰 덕은 만물의 두터운 변화를 이끄는" 일체만수(一體萬殊)의 경지이기도 하다. 이는 《중용》의 "성(誠)은은 하늘의 도이고, 성을 생각하는 것은 사람의 도이다"라는 주장과 일치한다.

'예'는 본체이기에 초횡은 '예'가 모든 곳에 관통된다고 생각했다. 유가, 석가, 도가에도 '예'가 존재한다. 유가에서 '예'는 도덕을 수양하는 것을 속박하는 것이 아니라 오히려 수양을 돕는다. 이는 석가에서 계(戒)에서 정이 생기고 혜(慧)가 생긴다는 것과 같은 이치였다. 불교에서는 계에서 정과 혜가 생길 수 있다. 유가의 '예'는 인(仁)과 의(義)를 그 의미 안에 집어넣을 수 있다. 양명후학가운데서 제멋대로 할 것을 주장하는 학파는 도덕을 멸시하고 예법을 무시한다고 초횡은 이 학파를 비판했다.

이 학파의 사람들은 박(博)과 약(約)의 관계에서 약만 보고 "배움을 넓히는" 공부는 하려고 하지 않았다. 예와 기(己)의 관계에서 예의 본체론의 의의를 모르고 예를 외재적인 예의범절의 규칙으로 생각하고 이를 무시하였다. 초횡은 "예 밖에 도가 없고, 도 밖에 예가 없다"고 말했다. 노자는 도를 잃은 뒤에 덕이 생기고, 덕을 잃은 뒤에 인이 생기며, 인을 잃은 뒤에 예가 생긴다고 했다. 이는 노자가 세상 사람들이 외재적인 규칙만 고집하고 대도의 실제 내용을 모르는 사실을 보지 못했기 때문이다. 만약 도와 실제에 되돌아갈 수 있고 허문을 포기할 수 있다면 본체로서의 예와 도는 원래 동일하다. 박약과 예의 관계에서 말할 때 예는 우주와 사람 마음의 본체, 본약(本約)이다. 그러나 이러한 약은 갑자기 얻어지는 것이 아니라 박에서부터 명에 이르는 것이다. 그리하여 박문(博文)을 떠나서는 약례(約禮)가 있을 수 없다. 초횡은 《중용》에 나오는 "돈후하게 그리하여 예의를 높여야 한다"는 말은 유가 예의 정수를 잘 표현해낼 수 있다고 주장한다. 돈후한 것은 박이고 예의를 높이는 것은 약이다. 본체론에서 말할 때 "돈후하게 그리하여 예의를 높여야 한다"는 것은 "하늘이 명한 것을 성이라 부르고 그 성질을 따라가는 것을 도라 부른다"라는 것을 형이상학적으로 개괄하고 설명한 것이다. 《예기》라는 책에서는 중예(禮禮)는 박이고 돈후라고 설명했다. 그러나 《중용》은 예에 대해 여러 번 언급했지만 예의 형이상학, 성과 도, "만물이 발육하여 하늘에 닿았다"라는 것만 얘기했다. 《중용》은 《예기》에서 정수를 얻었다. 유가의 정밀함은 모두 예라는 글자에 있다. 초횡은 육가의 육경도 예라는 글자를 벗어나지 못한다고 생각했다. 그는 "예는 체이다. 인은 예의 이름을 빌렸을 뿐이다. 이는 《역》의 천칙, 《시》의 물칙(物則) 처럼 이름일 뿐이다.(《필승속》 1권)"라고 했는데, 그는 예를 만물의 율칙, 주재의 높이로 끌어올렸다.

초횡은 예에 대해 형이상학적인 해석을 진행하였는데 그 시각이 매우 새롭다. 이는 명나라 유학자들 중에 보기 드물다. 그의 이런 해석은 그의 모든 철학 종지에 부합된다.

초횡의 일생을 살펴보면 벼슬로 있었던 생애는 그다지 빛나지 못하였다. 그러나 그 학술은 명나라후기의 사상계에 비교적 큰 영향을 끼쳤다. 그의 학술은 매우 광범위하다. 그는 유가, 석가, 도가 및 경사까지 광범위하게 섭렵하였기에 이러한 학문들을 한데 융통시킬 수 있었다. 그는 태주학파에서 새로운 길을 걸은 사람이라고 할 수 있다.

제 20 장
이지(李贄)의 동심설(童心說)

|제20장|
이지(李贄)의 동심설(童心說)

　　이지는 명나라 사상사에서 가장 특이한 인물이다. 그의 사상은 전통 관념의 억압하에 지식인들이 자신의 원래 모습으로 돌아가 인성에 자유를 되돌려주는 시대적 조류를 반영해냈다. 그의 사상에는 새로운 것과 낡은 것의 모순, 이상과 현실간의 모순, 개인자유와 사회속박간의 모순, 유가와 불가간의 모순, 호걸과 은자간의 모순 등으로 가득 찼다. 그의 사상은 왕간이 개창하고 나여방이 상세히 설명한 스스로의 자립이다. 이는 독창적이고 하층에 있는 백성들의 생활을 향하며 심성을 헛되이 이야기하지 않는 태주학파의 기본정신이 명나라 후기의 사회배경아래에서 발전한 결과이다. 더 넓은 범위에서 말했을 때에 이는 더 개방적이고 자유롭고 자아정신이 풍부한 사회분위기속에서 사회와 문화의 속박에서(주로 세속화, 관료화 된 유학을 말한다) 벗어나려는 중국지식인들의 실제 모습이다.

　　이지(1537~1602)는 원래 성이 임씨이고 본명은 재지(載贄)이다. 자는 탁오(卓吾)이고 호는 굉보(宏甫)이며 복건(福建) 진강(晉江) 사람이다. 천주는 송나라 온릉선사가 살았던 곳이기에 자신을 온릉거사(溫陵居士)라고 불렀다. 회족이다. 26세 때 거인이 되어 하남 공성(共城)의 교유(敎諭)가 되었다. 후에 국자감박사(國子監博士), 예부사무, 남경 형부주사, 낭중 등 직을 맡았다. 51세에 운남 요안지부(姚安知府)에 임명되었다. 3년 뒤에 관직을 그만두고 호북 황안에 가서 경정리와 함께 지냈다. 경정리가 죽은 뒤에 마성(麻城) 용담호(龍潭湖)옆에 있는 지불원(芝佛院)에서 지내면서 20여 년 간 책을 읽고 글을 쓰며 지냈다. 후에 통주에 가서 마경륜(馬經綸)과 함께 지냈다. 후에 "도를 문란케 하려하고 혹세무민한다"는 죄명으로 북경에 붙잡혀 갔다. 그는 감옥에서 면도칼로 자결하였다. 그에게는 저서는 아주 많다. 그중에서 주요한 것들에는 《장서(藏書)》, 《속장서(續藏書)》, 《분서(焚書)》, 《속분서(續焚書)》, 《이온릉집(李溫陵集)》 등이 있다.

1. 동심설 : 나의 본 모습으로 돌아가야 한다

이지는 젊은 시절에 왕간의 아들인 양벽을 따라 학문을 배웠다. 후에 또 나여방을 찾아 학문을 배웠기에 태주학파의 영향을 아주 많이 받았다. 그의 중심관점인 "동심설"은 태주학파에서 온 것이다. 이지는 왕간의 자연의 종지, 나여방의 적자의 마음, 불학불여를 근거로 사람들이 자신의 본 모습을 잃어버리고 후천적인 습관에 물들고 이치와 견문 등에 의해 순전한 본심이 사라지는 현상을 맹렬하게 비판하였다.

이지는 동자는 사람이 처음 태어났을 때이고, 동심도 사람이 처음 태어났을 때라고 했다. 동자만이 사람 마음의 순진한 본원을 유지하였다. 동자의 마음은 외부로부터 오는 오염을 받지 않은 순수한 마음이다. 동심을 유지하는 것은 본래의 내 모습을 유지하는 것이다. 본래의 나의 모습을 갖고 있어야 입언행사가 모두 진실할 수 있다. 그러나 본래의 내 모습은 견문이치를 받아들일 수 있게 되면서 사라진다고 했다.

이치를 듣고 보며 책을 읽으면서 의리를 배우는 것은 모두 동심이 사라지게 만들 수 있다. 이지는 사람들로 하여금 귀를 닫고 외부와의 접촉을 끊으라고 하는 것이 아니다. 그가 비판한 것은 당시 허위적인 세풍과 속유(俗儒), 누유(陋儒)들이 경서에 나오는 이치를 이미 형성된 이치로 간주하면서 이를 자기 것으로 소화하려 하지 않고, 보기 좋은 말로 자신들의 비열한 행동을 감추려고 하는 더러운 현상이었다. 그는 이런 사람들을 비판하였다.

요, 순, 공자, 안연은 진유이다. 안자부터 제자들은 문도를 목적으로 하지 않고 부귀와 이달(利達)을 좇았다. 송한시기의 유학자들은 공자의 유학을 억지로 둘러맞추었기에 "양은 도학이고 음은 부귀이며 옷은 기품이 있게 입고 다니면서 개와 돼지처럼 행동하는 유폐가 나타났다.(《삼교귀유설(三敎歸儒說)》, 《속분사》 76쪽)"

가짜 도학이 판을 치고 세풍이 각박하여 사람이든 일에서든 가짜가 판을 치었다. 이런 상황에서 진인을 찾기란 참으로 어려운 일이 아닐 수 없다. 이지가 동심설을 제기한 것은 사람들을 적자의 마음, 본래의 내 모습으로 돌아가게 하고 허위적인 세풍을 바로 잡기 위해서였다. 이지는 가짜 도학을 비판할 때, 가짜 도학들이 근거로 삼는 경전인 육경, 《어(語)》, 《맹(孟)》에서 그 근원을 찾았다.

이지는 육경, 《어》, 《맹》과 같이 유학자들이 신봉하는 경전은 모두 성인의 입에서 나온 것이 아니다. 설사 성인의 입에서 나온 것이라 해도 만세의 지론이 될 수 없고 사람들의 행동을 규정하는 만세의 신조가 될 수도 없다. 이는 매우 대담한 발언이 아닐 수 없다 가짜 도학을 비판하는 문장은 그 당시에 있기는 했다. 심지어 정이, 정호, 장재, 주희와 같은 대유에 대해 비판을 서슴지 않는 사람도 있었다. 예로 황관의 《명도편》을 들 수 있다. 그러나 직접 육경, 《어》, 《맹》을 비판하고 이를 "도학을 구실로 가짜들이 모여 든다"고 했다. 그 당시에 이런 비판은 거의 없었다. 여기서 남의 말을 개의치 않고 세상 사람들의 손가락질도 아랑곳 하지 않는 이지의 용감한 정신을 엿볼 수 있다.

이지의 동심서는 태주 왕용계의 이론을 발전시킨 결과이다. 태주 왕간은 백성의 일상생활이 도라고 제창했다. 이 말에는 두 가지 뜻이 있다. 하나는 백성이 먹고 입는 것과 같은 일상행위가 곧 도의 내용이라는 것이다. 도는 심오하지도 않고 허현(虛玄)하지도 않다. 둘째는 도는 생각하고 계산할 수 없고 계획하고 안배한다고 해서 얻어지는 것이 아니다. 도는 자연히 존재한다. 동자가 차를 올리는 자연스러운 동작이 곧 도다. 왕벽은 아버지가 주장하는 백성의 일상생활이 곧 도라는 이론을 계승하였다. 특히 도는 원래부터 자연스럽다는 사상을 계승하여 "손을 대는 착오를 범하지 않는 것"을 종지로 해야 한다고 제창하였다. 그는 "새가 울고 꽃이 지며 산이 높고 물이 흐르며 배가 고프면 밥을 먹고 목이 마르면 물을 마시며 여름에는 삼베옷을 입고 겨울에는 털옷을 입는다. 최상의 도는 바로 이러한 것들이다"라고 말했다. "성학은 천성을 기만하지 않는다. 총명한 사람은 자기의 본성을 따라 행동하는데 이는 자신을 기만하지 않는 것이다. 본성대로 행동하는 사람은 명덕대로 하는 것뿐이다. 부모는 자녀에게 자애롭고 자녀는 부모에게 효행을 다하며 귀가 밝고 눈이 맑은 것과 같은 천연의 양지는 생각으로 얻어지는 것이 아니다. 이는 밝은 덕을 더욱 밝히는 것이다. 생각을 하게 되면 필연코 안심하게 되고 이는 본연의 것이 아니라 자신을 기만하는 것이다.(《어록》, 《명유학안》 728쪽)"나여방에 이르러 그는 "적자의 양심, 불학불여"의 종지를 세우고 자연에 순적할 것을 제창하였다. 현재의 생각이 곧 본심의 체이다. 이러한 현재를 따르는 것이 공부인데 "닻줄을 풀어 배를 놓아주고 순풍일 때 노를 젓는 것"처럼 규율과 계율로 의론하고 설명할 필요가 없다. 이지는 태주학파의 사람들을 매우 존경하였는데, 왕간에서 정학안(程學□)까지의 모두를 칭찬한 적이 있다.

　태주의 여러 학자들에 대한 이지의 존경심은 머뭇거리지 않고 자기 마음이 내키는 대로 하는 기개를 나타낸다. 그러나 그는 태주학파의 학자들이 비범한 의기(意氣) 때문에 생긴 여러 가지 잘못에 대해 지적하기도 했다. 이지가 만년에 명과 이를 모두 버리고 아무 속박도 받지 않은 초탈한 입장에서 세유들을 질책하기도 했지만, 이러한 질책 속에서 이지는 태주지학의 기백과 담력을 매우 흠모하고 있음을 보여주는 한편 그 이론과 일을 하는 방식에 대해서는 완전히 받아들이지 않았다는 것을 알 수 있다. 예를 들면 위에서 그는 왕간을 의견이 너무 많고 상투적이라고 비판하였다. 나여방을 "원래 생사와 관계되는 큰 일만 생각한다"고 한 것은 그가 아직은 철저히 해탈하지 못했고 여전히 규칙과 규율의 속박을 벗어나지 못했다는 뜻이다.

　이지가 평생동안 탄복해하고 전혀 비판을 하지 않은 사람이 바로 절중의 왕용계이다. 이지가 왕용계를 탄복한 원인은 용계의 "모든 말이 해탈문(解脫門)"이기 때문이다. 그의 학문은 고매하고 고상하고 시원시원하며 심체의 근본을 탐구하였다. 왕용계가 세상을 떠난 뒤에 이지는《왕용계선생고문(王龍溪先生告文)》을 써냈다. 그는 왕용계를 "성대(聖代)의 유종, 사람과 하늘의 법안(法眼), 백옥무하(白玉無瑕), 백련을 거친 황금"이라고 평가했다. 그는 왕용계의 가장 큰 공적은 왕양명이 주장하는 양지의 진짜 종지를 밝혀내 학자들이 직접 선천 본체에 닿게 해주어 선천본정의 마음으로 성정을 관통하게 한 것이라고 주장했다. 형상, 형하를 관통시킨 것에서 그의 용기와 자신감, 자신감에서 시작하여 주재를 확립하고 다른 그 무엇도 이를 동요시킬 수 없는 호걸의 정신을 엿볼 수 있다.

　여기서 이지의 동심설(童心說)은 태주 왕용계의 선천의 자아를 찾고 자신을 믿고 소중히 여기는 정신의 영향하에 자신의 지극히 깨끗하고 고독한 생활속에서 만들어낸 학설이다. 그 특징은 세정을 뛰어넘고 진짜 자신의 모습을 찾는 것이다. 그는 주로 태주의 왕용계의 기백과 정신을 계승하였다. 태주 왕용계의 선천심체에 포함된 천부도덕의 의식은 제외해버렸다. 왕용계의 선천정심의 학문의 근본종지는 후천적으로 내려놓고 선천양지의 유행에 맡기는 것이다. 여기서 공부는 무이고 본체는 유이다. 양지의 본체에는 천리가 포함되어있는데 이는 왕양명 및 왕문의 각 제자들의 기본전제이다. 이지의 동심설은 절대적인 순진은 외부의 영향을 받지 않았던 최초의 본심이다. 동심은 순결하고 이치의 격식을 포함하지 않고 있다. 동심에는 하늘이 부여해준 도덕의식이 포함되지 않는다. 이지는 동심을 잃는 것은 도덕의식, 도덕규범이 마음을 점령하고 본심을 해친 결과라고 생각했다. 이는 이지의 동심설과 태주용계의 양지설의 가장 다른 점이다.

이지가 말하는 동심설의 중점은 진(眞)이라는 이 한 글자에 있다. 진은 곧 세속 관념, 특히 공명과 관록, 명예와 지위, 재물과 여색 등의 침해를 받지 않는 본래의 상태이다. 진짜 마음이 있다는 것은 동심이 있다는 뜻이다. 동심은 어떠한 관념과 경험도 받아들이지 않는 절대적인 심체가 아니다. 아무 이치도 듣지 않고 보지 않는다는 것은 불가능하다. 사실 이지가 말하는 동심은 사실 철학적인 관념이 아니라 문학적인 관념이다. 이지는 자신의 동심은 불교에서 말하는 '일심'이 아니라 현실의 '인심'이라고 주장한다. 현실의 인심은 감각, 지식, 의지 등 심리내용이 뒤섞인 총체이다. 동심에는 왕용계가 말한 천부양지의 내용이 없다. 동심은 오랫동안 그려지지 않는 흰 종이가 아니다. 그리하여 사람은 문학적인 의미상의 동심—진짜 마음을 유지할 수 있을 뿐, 철학적인 의미상의 동심—흰 종이는 유지할 수 없다.

이지의 동심설은 초횡이 《서상기》의 서문에 쓴 글을 읽고 느낀 감정이다. 동심은 초횡이 제기한 개념인데 그는 "지혜로운 자는 내 아직 동심이 있음을 탓하지 말았으면 좋겠다"고 말했다. 여기서 이지가 말하는 동심은 문학적인 개념이라는 것을 알 수 있다. 이지는 문학에서 자연과 진짜 정을 중요시 했다. 진짜 성정에서 나오고 진짜 성정을 표현하는 것은 곧 동심에서 나오는 것이다. 어떤 문학형식이든 간에 동심에서 나온 것이면 모두 아주 훌륭한 글이라 할 수 있다. '경박한 문학'이라고 놀림을 받던 육조의 변려문, 형식만 강조하고 내용이 없는 과거 팔고문, 정통문학의 중시를 받지 못했던 전기, 원본(院本), 잡극 등 문학형식도 무릇 동심에서 나온 것이라면 모두 훌륭한 글이라 할 수 있다고 했다.

여기서 이지는 "자연이 곧 미다"라는 자신의 미학사상을 제기하였다. 그는 자연의 것은 모두 진짜 성정에서 나왔기 때문에 형식이 아름답고 내용이 착하다고 주장했다. 자연의 것은 진미선의 합일이다. 진짜 성정에서 나온 것은 자연스럽게 미의 형식으로 표현되기에 사람이 걱정하고 안배하지 않아도 된다고 했다.

'맑고 투명하다', '여유롭다', '광달하다' 등은 미학풍격이다. '선창하다(宣暢)', '부드럽다’, ‘호탕하다’ 등은 표현형식이다. 진짜 성정에서 나온 작품의 내용은 자연히 자신의 미학풍격과 알맞은 형식으로 표현된다. 이지가 시율에서 문학예술의 일반 형식까지 확충시킨 것에서 그가 자연을 미라고 생각하고 자연의 것은 진미선의 합일이라 사상이 표현되었다.

이지의 자연이 곧 미라는 사상은 다른 명제로 표현될 수 있다. 즉, “천지의 화공(化工)이 곧 천지의 무공(無工)”이다. 그는 잡극의 여러 가지 조예와 경지에 대한 평론에서 ‘공’은 곧 인위적이다. ‘화공(畫工)’은 인위적인 예술품의 고묘함이다. ‘화공(化工)’은 예술품의 극히 고묘함을 말하는데 이는 사람의 힘으로 이룰 수 없는 존재와 비슷하다. 예술품의 품위를 놓고 말할 때 ‘화공(畫工)’은 ‘화공(化工)’보다 못하다. 그러나 ‘화공(化工)’은 곧 ‘무공(無工)’이다. ‘무공(無工)’은 자연 그대로의 것으로서 손질한 흔적이 없고 대자연 자체가 갖고 있는 미와 다를 바가 없다. “화공(化工)은 곧 무공이다”라고 하는 것은 자연 그대로의 것이 제일 아름답다는 말인데 예술품이 현란하던 것에서부터 평범한 것으로 돌아온 것은 그 아름답지만 얻을 수 없는 것을 찾기 위함이다. 미는 바로 찾아도 얻을 수 없는 것에 있다. 이러한 자연의 대미와 조화의 무공은 고수가 아니면 알 수도 없고 할 수도 없다. 그리하여 이지는 천하에서 가장 훌륭한 글은 모두 무의식중에 얻어진 것이지 일부러 얻으려고 해서 얻어지는 게 아니라고 했다.

이러한 상황에서 나온 글은 자연스럽고 부득불연하게 형성된 것이기에 자연히 화공의 묘에도 뒤떨어지지 않는다. 이지가 쓴 문장들은 그의 이러한 미적주장을 체현하였다. 이지는 일생을 외롭고 쓸쓸하게 보냈다. 그의 고상함은 세속과 알맞지 않았고 그의 대쪽같은 성격은 상사와 동료들의 배척을 받았다. 자녀들이 죽고 가족이 흩어져 타향살이를 했으며 그는 암원에 기거했다. 그에게는 얘기를 할 수 있는 친구가 몇 명이 안 되었는데 그것도 편지를 통해서만 연락할 수 있었다. 그리하여 그는 자신의 감정을 모두 문장으로 표현해냈다. 그의 제자인 왕본가(汪本鈳)는 이지의 문장을 다음과 같이 평가했다. “언어가 명확하고 문사가 매우 놀라웠다. 그리하여 귀가 먹은 자가 들을 수 있고 잠을 자던 사람이 잠에서 깨어나고 술에 취한 사람이 정신을 차리고 병에 걸린 사람이 건강해지며 죽었던 사람이 다시 살아나고 조급해하던 사람이 안정해지고 떠들던 사람이 조용해지고 장이 차갑던 사람이 장이 따뜻해지며 속에 열이 나던 사람이 속이 시원해지며 울타리에 끼었던 사람이 자기 스스로 빠져나오며 고집불통이던 사람이 스스로 고개를 숙인다.(《속각

이씨서서(續刻李氏書序)》, 《속분서》 4쪽)"이지의 문장은 이와 같은 힘을 갖고 있기에 생전과 사후에 계속해서 그 기세를 이어갈 수 있었다. 이지의 문장은 그의 "동심설"의 실천이다.

2. 개체 원칙의 돌출

이지의 동심설은 허위적인 세풍을 반대하고 언행이 모두 진짜 성정에서 나와야 한다고 주장했다. 여기서 낡은 규범을 타파하고 개체의 원칙을 돌출시키려는 그의 의도가 나타났다. 이러한 의도는 우선 공자의 권위를 대담하게 부정한데서 표현된다. 심학의 정수는 자존, 자신, 자강, 자립에 있다. 육구연은 '분발, 직립'해야 하고, "떨치고 일어나 그물을 뚫고 가시밭을 불태우며 저지에 고인 물을 모두 제거해야 한다"고 제창했다. 역사 인물에 대한 평가에서 그는 "자득, 자성, 자도(自道)하며 스승과 친구의 서책에 의거하지 말아야 한다.(《어록》, 《육구연집》 35권)"고 주장했다. 개체 원칙을 강조하는 그의 이러한 정신은 송나라 이학자들 가운데서 매우 눈에 띤다. 그러나 육구연이 타파하려던 것은 개성을 속박하는 유학의 경직된 교조들이었다. 그는 천백 년 간 높이 받들어온 공자를 감히 건드리지 못했다. 왕양명이 제창하는 "치양지"의 학문은 양지의 의미가 점점 더 넓어지는 동시에 감정요소를 수용하면서 개체원칙이 강조되었다. 예로 시비판단에서 왕양명은 도는 천하의 모든 이치이고 배움은 천하의 모든 배움이기에 주자나 공자가 개인적으로 소유할 수 없다고 주장했다. "무릇 배움이란 마음에서 얻는 것이 귀한 것인데 마음으로 추구해보아도 그것이 옳지 않다고 생각되면 공자가 한 말이라고 해도 따를 수 없다.(《답라정암소재서(答羅整庵少宰書)》, 《전습록》 중)"왕양명은 사실 주희의 권위를 겨냥하여 이러한 원칙을 제기하였다. 그러나 여기서 의심하지 못하고 의론하지 못하던 공자의 지고지상의 지위가 일정하게 하락하였음을 알 수 있다. 이지는 대담하게 다음과 같이 주장하였다. "하늘이 한 사람을 만든 것은 그에게 그럴만한 용도가 있기 때문이다. 절대 공자와 같은 사람만 있어야 하는 것이 아니다. 만약 반드시 공자와 같은 사람만 있어야 하다면, 천백 년 전에 공자가 태어나기 전에는 사람이 없었단 말인가?(《답경중승(答耿中丞)》, 《분서》 16쪽)"이는 사람마다 독립적인 가치를 갖고 있고 개개인은 독립적이고 완전한 실체이기 때문에 반드시 권위를 따라야 하는 것은 아니다. 이지는 개체의 가치를 새로운 높이에 올려놓았다.

이지는 송명시기의 학자들이 신봉해 온 도통설(道統說)도 사실은 옳지 않다고 주장했다. 그는 한유의 도통설에서 맹자가 죽은 뒤 도통의 계승이 중단되었다고 한 것과 송유가 염락관민(濂洛關閩)이 맹자를 계승하였다고 하는 것은 모두 잘못된 생각이라고 지적했다. 도는 모든 곳에 다 존재하고 도통은 항상 이어져오고 있다. 이는 마치 물이 없는 곳이 없는 것처럼 뚫기만 하면 누구든지 도를 얻을 수 있다. 진대에서 당대에 이르기까지 도를 얻고자 하는 사람은 한시도 끊어진 적이 없다. 도통에서 "맹자가 죽은 뒤 도가 계승되지 못했다"고 하는 것은 지난 천백년 동안 도를 추구해왔던 수많은 사람들을 부정하는 것이다. 이지의 이 관점은 다음과 같다. 그는 도통의 계승은 반드시 대유가 어깨에 짊어져야 하는 것이 아니다. 도통은 도를 추구하는 일반 사람들에 의해 계승될 수 있다. 도를 추구하고 도통의 계승에 작은 힘이라도 보탠 적이 있다면 모두 도통계승의 짐을 짊어진 사람이라고 할 수 있다. 일반적인 관점에서 말한다면 도통의 연결을 책임진 자는 문화혜명(文化慧命)의 전파자이고 담당자이다. 일반 사람은 모두 이러한 사람들에 의해 가려진다. 이지는 도통 및 문화 전반의 창조와 지속은 도를 추구하는 모든 사람들이 공동으로 노력한 결과라고 주장했다. 가려지고 무시당했던 일반 개체가 다시금 강조되었다. 이는 이지가 개체를 중요시하는 원칙을 선명히 반영하는 것이다.

이지의 개체원칙은 생산업에 대한 시정잡배의 영향력을 중요시한 것에서 나타난다. 여기서 이지는 태주학파의 백성의 일상생활도 도라는 관점을 사용하였다. 그러나 그의 착안점은 태주학파와 같지 않다. 유가는 뜻을 이루고 도를 행하는 내용에 천하의 전통까지 바로잡는 것도 포함된다. 그리하여 그들은 백성들의 일상생활을 매우 중요시한다. 유가에서는 인륜물리를 떠나 도를 추구해서는 안 된다고 주장한다. 그러나 이학자들의 착안점은 도를 추구하는데 있다. 도와 일상생활의 인륜물리는 목적과 수단의 관계이다. 명나라 유학자들이 추구하는 심성의 정미한 공부는 송나라유학자들보다 더 심했다. "소털과 견사와 같은 것까지 쪼개서 분석하는 수준"이었다. 일상생활과 심신, 성명 등에 대한 토론도 점차 두 개로 갈라지었다. 왕양명의 실천의 양지학은 지행합일과 사실에 대한 "치양지"를 창도한다. 즉지즉행, 즉내즉외로서 일상생활과 심신, 성명을 하나로 융합시켰다. 그러나 왕문 제자 가운데서 유독 태주학파만이 일상생활 자체의 가치와 지위를 강조하였다. 이지의 이 주장은 일상생활 자체를 이론탐구의 대상으로 만들었고 일상생활을 도를 닦는 도구라는 위치에서 반드시 중시해야 하는 본체의 위치로 상승시켰다. 이는 전통유학에 대한 발전이다. 왕간이 백성의 일상생활이 곧 도라고 제기한 것은 도는 사전에 고려하고 안배할 필요가 없이 현재가 정확하다는 것을 강조하기 위해서였다. 태주후학에서 사람이 입고 먹고 하는 일은 인륜물리라고 강조한 주장도 이지의 경지에까지는 도달하지 못했다.

공리심은 사람의 내재적인 수요라고 한 이지의 논증에서도 그가 개체원칙을 중요시했다는 것을 알 수 있다. 그가 여기서 말한 사(私)는 공리심을 가리킨다. 공리심이 사람의 내재적인 본성이라는 것을 승인하는 것은 사람마다 공리심을 갖고 있다는 것을 강조하는 것이다. 이렇게 되면 왕양명이 말하는 "생지안행(生知安行)", "학지리행(學知利行)", "곤지면행(困知勉行)"과 같은 등급의 차이는 존재하지 않는다. 특히 "공부를 통해 의리를 깨친 사람"과 시정잡배는 도덕적으로 아무런 차이도 존재하지 않는다. 이는 일반 노동자들이 도덕적으로 낮게 평가되고 억압받던 상황을 개변시켰다. 이지는 "좋은 물건을 좋아하고 여색을 좋아하며 열심히 공부하고 열심히 노력하며 귀중한 재물을 많이 모으고 자손들을 위해 밭과 집을 많이 사들이며 좋은 풍수를 찾아 자손들에게 복을 마련해주려 것과 같이 일상생활과 연관 있는 세상의 모든 일들은 사람들이 모두 좋아해서 함께 배우며 모두 알고 있어 함께 얘기하는 것들이다"라고 말했다.(《답등명부(答鄧明府)》, 《분사》 30쪽) 일상생활과 연관 있는 모든 일들을 사람의 공통적인 염원, 일상적인 요구로 간주한 것은 이익은 모든 행위의 본질이라고 생각했기 때문이다. 동중서의 "어떤 일을 함에 있어 이해관계는 묻지 않고 다만 정의에 입각하게 하는 것", 장식(張栻)의 "성학은 목적이 없이 행하는 것이다"는 모두 "근거가 없는 논리"이다. 시정잡배들은 "하는 것이 일이고 말하는 것도 일이다. 장사를 하는 사람은 장사에 관한 얘기를 하고 농사를 짓는 사람은 농사를 짓는 얘기를 한다. 그들의 얘기는 모두 흥미가 있고 덕이 있다. 그리하여 들어도 싫증이 나지 않는다."(《답경사구(答耿司寇)》, 《분서》 30쪽) 이는 "입으로는 도덕을 얘기하면서 마음속으로는 벼슬을 할 생각만 하고, 양은 도학이고 음은 부귀라고 생각하는" 가도학(假道學)보다 더 친근하다.

이지는 자신이 정한 역사인물을 평론하는 원칙에서도 개체정신을 관철시켰다. 그의 《장서》의 큰 취지는 바로 역사인물에 대한 평론에서 백가쟁명을 제창하고 "공자의 정본에 근거하여 상과 벌을 내리지 않았다." 이지의 열사저작인 《장서》, 《장서속》은 모두 기전체형식을 채용했다. 그는 관직, 이력, 문학과 예술 등을 생략하고 인물에 대한 평론만 적었다. 그는 인물을 평론할 때 그전의 역사정론을 따르지 않았고 대놓고 칭찬하지도 않았으며 앞사람의 정론을 뒤집지도 않았다. 그는 자신의 견해에 근거하여 가슴속에 있는 얘기를 직접적으로 하였다. 그는 역사인물에 대한 통일된 표준이 없고 역사인물에 대한 좋고 나쁨의 평가에도 정론이 없다고 주장했다. 역사인물을 평론할 때에는 응당 《중용》의 만물은 함께 자라면서 서로 해를 입히지 않는다는 원칙에 따라 여러 가지 전혀 다른 결론이 나오는 것을 허하고, 유가경서를 근거로 만들어진 정통 사학자들의 평론을 근거로 하지 말아야 한다. 그는 한, 당, 송에 이르는 천백 년간의 역학은 개성이 없는 역학이라고 주장했다. 사람들은 모두 공자의 시비에 따라 시비를 가렸고 개체의 원칙을 내세우지 않았다. 전사(前史)에서 정한 시비에 근거하여 모두 똑같은 말을 하였는데 이는 사실 시비가 없는 것과 마찬가지이다. 이지는 "천만세 내려오던 시비표준을 뒤엎은" 정신은 역사인물에 대해 전인(全人)들과 전혀 다른 결론을 내리게 하였다. 그는 다른 사람들이 자신의 의견에 의해 내린 시비판단과 인물에 대한 좋고 나쁜 평가도 자신의 결론을 뒤엎을 수 있다고 했다. 이게 바로 역사학에서의 개성원칙이다. "시비의 표준이 성인과 달라"도 되고, "천만세 내려오던 시비표준을 뒤엎어도" 된다. 여기서 이지는 아주 뚜렷한 개체의식을 드러냈다. 인물에 대한 평론에서 자신의 견해를 근거로 옛날 것을 존중하고 오늘날의 것을 폄하하지 말며, 다른 사람을 존중하면 자신을 폄하하지 말아야 한다. 지어 옛날의 성현들의 결론을 뒤엎을 수도 있다. 그는 이러한 자신, 자립의 호걸정신으로 개체원칙을 강조하였다.

이지는 개체원칙은 맹자의 "선립기대(先立其大)"의 '대'로서 힘과 견식의 원천이라고 생각했다. 그는 개체원칙을 나약함과 의기소침함을 고치는 좋은 약이라고 생각했다. 그는 세인들에게 필요한 것은 바로 이러한 호걸정신이라고 말했다. 그는 의탁할 곳을 찾으면 개체원칙과 호걸정신을 잃게 된다면서 아무에게도 기대지 말고 스스로 자립하기를 요구했다.

구체적인 인물에 대한 평론에서 이지는 곳곳에 개체의 원칙을 관철시켜다. 예를 들면 전인들은 반고의 《한서》에 찬사를 아끼지 않으면서 이를 사마천의 《사기》와 함께 '반마'라고 불렀다. 이지는 이런 관점에 대해 전혀 동의하지 않았다. 그는 반고는 역사지식이 부족하다고 생각했다. 비록 문학적 재능은 뛰어나나 역사인물에 대한 평론에 "다른 항목의 역사관점을 섞어 넣는 바람에 추잡스러워졌다." 그는 옛사람을 평론하려면 "옛날에 없던 자신만의 안목을 갖추어야지 문학적 재능만 갖고서는 안 된다.(《독사》, 《분서》 201쪽)"고 말했다. 그는 여기서 역사를 아는 능력은 역사를 쓰는 능력보다 더 중요한 역사서적을 저술하려면 반드시 자기만의 의견이 있어야 한다고 강조했다. 이지의 역사저서는 전사의 예를 따르지 않고 모두 자기 스스로 창조해낸 것이다.

그 당시에 유동성(劉東星)은 이지의 《장서》를 다음과 같이 평가했다. "치란과 흥패, 지조가 있는 사람, 아첨을 잘 하는 사람, 현명한 사람, 간사한 사람에 대한 평가는 모두 자기의 생각에서 나왔고 모두 사실에 근거하였다. 모두 자기 마음에 근거하였지 다른 사람의 의견에 휘둘리지 않았다.(《장서》 유서)" 이러한 말들은 모두 사실로서 이지의 사론에 체현된 개체원칙에 대한 실제 기록이다. 사마상여(司马相如)와 함께 야반도주한 탁문군(卓文君)을 견식이 있는 여자라고 칭찬한 것, 홍불(紅拂)이 자기 스스로 배필을 선택한 것을 "천고이래 최고의 시집가는 방법이다"라고 칭찬한 것, 여자가 도를 배우면 식견이 좁다고 비판한 것과 같은 것은 생각한 바를 마음대로 말한 것 중에서 극히 작은 것들이라 할 수 있다.

이지의 이러한 생각은 왕양명의 "오경도 역사이다"라고 한 주장과 일맥상통한다. 그는 경사의 관계를 논하면서 경사는 한 물체의 두 개의 면이라고 주장했다. 그는 역사서적에 주선이 없고 영혼이 없으며 전반에 관철되는 독특한 식견이 없다면 이는 분석하지 않고 중점 없이 단순히 사물을 나열하는 역사기록일 뿐이고 이는 후세에 아무런 경험과 교훈도 줄 수 없다고 말했다. 만약 경만 있고 사가 없다면 경에서 말한 내용이 모두 공담이고 아무런 역사적 증거가 없는 것이다. 유가의 육경에도 경사 모두 존재한다. 《사》, 《서》, 《춘추》 등은 후세에게 전하는 교훈이거나 진짜 역사사실을 정리한 것이거나 진실한 성정과 생각을 그대로 적은 것으로서 모두 고대사회 생활에 대한 실제적인 반영이다. 《역경》은 경사의 방법론이다. 역경의 원칙은 "변역(變易)"이다. 즉, "거듭 변화하는 도를 따라 끊임없이 변화한다"는 것이다. 경사에서 제시하고 따르는 원칙이 바로 이것이다. 이지의 "육경도 모두 사이다"라는 주장에는 근본이 있기는 하지만 이후의 장학성(章學誠)의 《문사통의(文史通義)》의 논술처럼 상세하고 충분하지 못하다. 그러나 그만의 독창성이 아주 뚜렷하게 나타났다.

이지가 개체원칙을 중요시한 것은 명나라 후기에 시민계층이 강대해지면서 개체의식이 강해지는 현실에 부응한 것이다. 명나라 후기는 공상업이 신속하게 발전한 시기이고 궁전 내에 정변이 끊이지 않던 시기이다. 그러나 전쟁이 상대적으로 적게 일어나고 경제 발전과 백성들의 생활이 비교적 안정적인 상태를 유지했다. 특히 동남연해에 위치한 도시에서 무역이 성장하고 도시 상업경제가 발전하여 도시인구가 비교적 빠르게 증가하였고 시민계층의 실력이 점차 강해졌다. 시민경제의 성장과 시민생활이 점차 형태를 갖추기 시작하면서 자유, 재부, 향락을 추구하는 기풍이 형성되었다. 시민계층은 토지나 업주에 대한 의뢰도가 낮기에 농업을 중시여기고 상업을 소홀히 하는 전통관념을 바로 잡아 더 많은 사회적 지위를 얻으려 했다. 이는 개체관념의 증강된 표현이다. 이러한 특징은 명나라 중후기에 시민생활을 반영한 문학작품에서도 찾아 볼 수 있다. 이지는 세세대 대 상업에 종사해온 가정에서 태어났고 어려서부터 상품경제가 비교적 일찍 발달하였으며 시민계층이 충분히 성장한 천주(泉州)에서 자랐다. 또한 회족 집안에서 자랐기 때문에 중국의 전형적인 농업경제와 사대부 문화전통과 점차 멀어지게 되었다. 이러한 요소들은 모두 이지의 사상형성에 영향을 끼쳤다. 그 외에 고집이 강한 개성, 남과 잘 어울리지 않고 속인과 지내는 것을 싫어하는 성격, 사학에 대한 특별한 애호, 정계생활에 대한 싫증, 만년에 가족들과 떨어져 스승과 친구들과 지낸 생활 등은 모두 그로 하여금 개인적인 생각을 더욱 완강하게 표현하게 만들었다. 그의 사상과 저작들은 그 당시 시민계층의 특별한 요구와 사상의 반영이었다.

3. 본원을 깨끗하고 맑게 하다

이지는 사상가이고 역사학자이다. 그는 역사를 평론에 정통하였고 철학방면에 대해서는 많이 언급하지 않았는데 특히 불교에 대해 그러했다. 그는 유가의 이기심성을 기본으로 하는 형이상학을 싫어했고 여기에 정통하지도 않았다. 그러나 그의 많지 않은 글에서 여전히 그의 철학본체론을 찾아볼 수 있다.

우선, 이지는 무릇 살아있는 존재는 모두 둘이지 하나가 아니다. 천하의 만물을 모두 일(一)이 아닌 이(二)에서 생겨났다. 그리하여 음양이기는 모두 세계의 근본이다. 예로

부부를 사람의 시작이라 할 수 있다. 그리하여 노자의 "도가 하나를 낳고 하나가 둘을 낳는다"는 주장, 주희의 "이가 기를 낳는다"는 주장, 《역전》의 "태극이 양의를 낳는다"는 주장은 모두 잘못된 것들이라고 했다.

그는 만약 이(二)가 일(一)에서 생긴 거라면 일은 어디에서 생겨난 것인가라고 질문을 한다. 만약 끝까지 따진다면 기필코 도가에서처럼 "허에서 기가 생긴다"고 주장하게 된다. 만약 일이라고 하는 것이 있다면 일과 이가 둘이고 생기는 것과 이를 생성하는 것이 둘이다. 만약 계속 거슬러 올라가 도대체 어디서 일이 생겨난 것인가를 따진다면 끝이 없게 된다. 그리하여 이(二)와 상대되는 "일(一)"은 절대 존재하지 않는다. 이지의 이 말은 실증론(實證論)적 색채가 아주 강하다. 이(二)도 추상적인 존재에 속하지만 이러한 추상은 볼 수 있는 만물의 추상이고 사실을 근거로 한다. 그러나 "일"은 형이상의 사변에서 온 것이다. 실증의 시각에서 볼 때 형이상학은 성립되지 않는다. 이지의 "맨 처음에 사람이 생겨날 때 음양이기, 남녀가 같이 생겨났다"는 주장에서 형이상학을 배제하려는 그의 뜻을 엿볼 수 있다.

산하대지(山河大地)는 모두 음양이기에서 생겨났다. 그러나 산하대지와 불교에서 말하는 청정본원(淸淨本源)은 체와 용, 본원과 표현의 관계이다. 이지는 평생 이슬람교를 신봉하였는데 그가 임종시기에 부탁한 장례의 형식을 보면 그가 이슬람교신앙을 버리지 않았다는 것을 알 수 있다. 그는 어려서부터 가정의 영향을 받아 불교와 도교를 싫어했다. 그는 "나는 어려서부터 고집에 아주 셌는데 공부를 믿지 않고 도와 선불을 믿지 않았다. 그리하여 도인, 중을 싫어했는데 특히 도학선생을 제일 싫어했다.(《왕양명선생도학초(王陽明先生導學鈔)》)고 말했다. 이후에 왕양명을 존경하고 믿게 되면서 왕용계까지 존경하게 되었다. 그러면서 점차 석전에 관심을 돌리기 시작했다. 요원에 있을 때 계족산(雞足山)에 들어가 대장경을 읽으면서 오랫동안 나오지 않았다. 후에 마성의 용담호(龍潭湖) 옆에 있는 지불원(芝佛院)에서 20여년간 지내면 불서를 참고하고 연구하였다. 그리하여 나중에 이지는 불교를 깊이 믿게 되었고 실증론의 입장에서 점차 사변의 학문으로 바뀌게 되었다. 그리하여 그는 불교에서 말하는 청정본원을 믿게 되었다.

이지는 청정본원을 만물의 근거로 했다. 여기서 '본원'이라는 단어는 위의 문장에 나오는 '본근'과 다르다. 본근은 사물을 구성하는 최초의 질료를 가리킨다. 이지는 이것을 음양이기라고 한다. 본원은 형이상학의 개념으로서 만물의 진실한 본성을 가리킨다. 이지는 산하대지는 동시에 청정본원이고 산하대지 이외에, 이후에 다른 청정본원이 존재하지 않는다고 주장했다. 청정본원은 사변적인 유(有)로서 실제적으로 존재하는 공간이나 시간이 없다. 이러한 청정본원과 만물은 체용의 관계이다. 산하대지가 있기에 청정본원을 알 수 있고 청정본원은 산하대지에 있다. 마치 물감과 물감을 배합하는 교청(膠青)처럼 너 안에 내가 있고, 나 안에 너가 있는 것처럼 완전히 갈라질 수 없다. 청정본원은 "단멸공(斷滅空)"이 아니고 실제 존재하는 물체가 아니며 본원과 현상이 하나이다. 현상은 허가 아니고 본원은 실이 아니다. 산하대지에는 청정본원이 없다. 청정본원은 형이상학의 사변적인 예이다.

이지는 불교를 믿게 되면서 불교의 근본사상을 받아들이게 되었다. 그게 바로 만상은 망색(妄色)이고 심상은 망상이며 진심이 본원이라는 것이다. "대하와 대지는 모두 내 묘명(妙明)한 진심속의 작은 물상이다"라는 결론을 내렸다. 여기서 말하는 묘명한 진심은 사람의 색신(色身) 속에 있는 마음이 아니라 "청정한 본원"이다. 그는 마음이 색신 속에 있는 것을 반대하였다.

"진심"은 곧 세계만물의 본원이다. 이 진심은 육신 안에 있는 마음이 아니다. 육신 내에 있는 마음은 식(識)이다. 육신을 진심으로 보는 것은 미망이다. 이러한 미망은 사람의 마음을 허공(虛空)으로 보고 얻을 수 있는 상(相)이 없다고 생각한다. 그러나 사람은 외계의 영상을 각종 상(相)으로 취하여 이를 각종 의(意)로 생각하는데 의와 상이 마음에 서로 뒤섞여있기에 공하지 않게 된다. 이는 미망한 견해이다. 이지는 우선 진심이 육신 내의 마음이 아니라는 것을 알아야 한다고 주장했다. 진심은 청정한 본원이고 산하대지 및 색신내의 마음은 형하의 구체적인 물이며 모두 "진심" 본원의 현상이다. 그리하여 심상은 공할 수 없고 공할 필요도 없다. 본원은 바닷물이고 여러 상은 물거품이다. 이는 진심과 현상의 정확한 관계이다. 이게 바로 그가 말하는 "나의 색신은 산하에 닿고 대지 곳곳에 널려있다. 태허공(太虛空) 등은 모두 내 묘명한 진심에 있는 작은 물상일 뿐이다. 모든 심상은 자연이다. 심상은 항상 진심에 보이는 물이다. 따라서 심상이 어찌 색신 속에 있을 수 있겠는가?《해경문(解經文)》, 《분서》 136쪽) "라는 말의 뜻이다.

산하대지와 청정본원의 학설은 《관음문(觀音問)》에서 온 것이다. 진심과 심상의 학문은 《해경문》에서 온 것이다. 잘 비교해보면 《해경문》의 사상과 《관음문》의 사상이 치중하는 점이 다르다는 것을 알 수 있다. 《관음문》은 체용일원을 중요시하고 현상 밖에서 본체를 찾을 수 없다고 주장한다. 《해경문》에서는 본체의 진을 통해 현상의 허를 나타낸다. 양자는 그 치중점이 다르다. 그러나 사상은 일관된다. "산하대지는 묘명한 진심의 작은 물상이다"라는 것이 그의 가장 근본적인 사상이다.

　이지는 개성이 강하고 세속과 접촉하는 것을 좋아하지 않았으며 책읽기를 좋아했다. 마성(麻城) 용담호(龍潭湖)옆에 있는 지불원(芝佛院)에 있을 때에는 매일 책을 읽었는데 읽은 책이 매우 박잡하였다. 그의 유학은 왕양명과 왕용계한테서 온 것이다. 그는 속유, 누유(陋儒), 비유(鄙儒), 부유(腐儒) 및 "양은 도학이고 음은 부귀"라고 주장하는 가짜 유학을 배격하였다. 왕양명, 왕간, 왕용계, 나여방과 같은 호걸들에 대해서는 진심으로 존경하였다. 만년에 그는 또 《역》의 연구에 흥미를 느꼈다. "《역》을 연구하면서부터 《역》을 3년간 읽으면서 연구에 매진했다. 육십사괘 《역음》을 새겨서 세상에 널리 알렸다."(《성교소인(聖敎小引)》, 《속분서》 66쪽) 그는 장자, 엄광, 도연명, 소옹 등 은자들을 존경하였기에 도가의 책도 많이 읽었다. 노자의 《도덕경》, 관윤(觀尹)의 《문사진경(文始真經)》, 담초(譚峭)의 《화서(化書)》는 항상 그의 책상에 놓여있었고 어디에 갈 때면 항상 몸에 지니고 다니면서 시간 날 때면 꺼내서 낭독하였다. 그는 《장자》속의 7편 및 노자의 《도덕경》에 주를 달기도 했다.

　이지는 도가사상으로 유학자들의 교만하고 사치스러운 기세, 관원들의 탐오와 다툼, 사인들이 명리를 쫓는 것을 바로잡을 수 있다고 생각했다. 이지는 사실 삼교의 융합을 주장한다. 그가 추구하는 인격은 진을 성명으로 하는 사람이고 진짜 성정을 표현하는 사람이다. 삼교를 모두 취하면 어느 하나에 구애받지 않을 수 있다. 이지의 만년생활은 그의 이러한 주장을 실천한 것이다. 그는 암원(庵院)에 기거하였지만 수계를 받은 승려가 아니었고 사원의 구속을 받지 않고 승려들의 일과를 따르지 않아도 되었다. 그는 속세에 있으면서 속인들과 접촉하지 않았다. 그는 속무(俗務)를 포기하였는데 여기에는 가정도 포함되었다. 그는 자신이 허위적이라고 생각되는 모든 것을 규탄하였다. 그를 싫어하는 사람은 뼈에 사무치게 그를 증오했고 그를 좋아하는 사람은 미친 듯이 따랐다. 그는 자신의 문장과 생활로 자신의 인격을 세인들에게 보여주었다. 그건 바로 '동심'을 유지하여 세상에 받아들여지지 못한 문인의 모습이었다.

4. 이지가 죽은 뒤에 남긴 영향

이지는 일생동안 세상의 불합리한 모든 것에 분개하였기에 주위의 사람들과 시종 잘 지내지 못했다. 고적한 마음속에서도 자유사상만은 소멸되지 않았고 세차게 격동했다. 그는 "통제를 받기 싫어하였기에 일생을 고난 속에서 보내야 했다. 대지를 먹으로 사용해도 다 적을 수 없을 정도다.(《감개평생(感慨平生)》,《분서》187쪽)"라고 개탄한 적이 있다. 거인이 되어 관리가 된 후에도 그는 상사 혹은 동료와 마찰을 빚었다. 그리하여 관직을 버리고 황안, 마성을 떠돌며 지냈다. 그러면서 또 당지의 명사, 유교제자들과 마찰을 빚어 몇 번씩 쫓겨났었다. 요절한 자녀가 많고 아내를 멀리하고 불사에서 지냈다. 결국에는 붓과 혀 때문에 옥살이를 하게 되었고 감옥에서 자살로 생을 마감하였다.

이지가 죽은 뒤에 그의 저서는 몇 번이나 금지되고 소각되었다. 그러나 점점 유명해지면서 책이 더 잘 팔렸다. 그리하여 나중에는 남의 이름을 빌려 돈벌이 목적으로 만들어진 가짜 책이 시중에 차고 넘치기까지 했다. 그의 사상이 널리 전해짐에 따라 명나라말기에 사상계에 큰 영향을 미쳤다.

이지가 죽은 뒤 그에 대한 평가는 확연하게 다른 두 가지로 나뉘었다. 정통유가를 지키는 사람들은 그를 헐뜯고 비방했다. 그러나 자유정신을 가진 학자들은 그를 성인으로 모셨다. 예를 들면, 탕현조(湯顯祖)는 "이백천(이지)의 강의를 들은 사람들은 모두 그의 말투를 연구했는데 마치 아름다운 보검을 얻은 듯 했다.(《답관동명(答管東溟)》,《탕현조집》44권)"라고 평했다.

탕현조의 낭만주의 유정론(唯情論)문학은 이지의 '동심설'의 영향을 아주 많이 받았다. 원굉도(袁宏道), 원중도(袁中道) 형제는 이지와 친구사이였다. "오직 령(性靈)만 토로해야 한다"는 문학종지를 내세우고 및 전칠자(前七子)들의 "옛날로 돌아가고 옛날 것을 본떠야 한다"는 주장을 반대한 것은 모두 이지의 동심설의 영향을 받은 것이었다.

정통유학자들 가운데서 특히 정주학설을 존중하고 믿는 학자들은 대부분이 이지를 싫어했다. 이지의 《장서》에서 고인들을 "시비를 제대로 가리지 못한 성인"이라 평가했다. 이지는 《분서》중의 많은 격분된 언어로 인해 목숨을 잃는 재난을 입게 되었다.

왕부지는 《독통감론(讀通鑑論)》,《상서인의(尚書引義)》,《독사서대전설(讀四書大全說)》,《노자연(老子衍)》,《소수문(搔首問)》,《사명(俟命)》에서 이지를 여러 번 비판했다.

이렇듯 전혀 다른 두 가지 평가는 명나라 후기 시민계층의 흥기로 인해 사회의식형태에 변혁이 발생하였고, 전통관념, 낡은 가치체계가 뒤흔들리기 시작하면서 서로 다른 문화적 입장을 가진 사람들 사이에 투쟁이 일어났음을 반영한다. 이지는 이단으로 몰려 권력자, 심지어 일류의 지식인들로부터 배척을 당했다. 이는 새롭고 일반적인 관념을 초월하는 사상이 아직 사회의 인정을 받지 못했음을 의미한다. 그를 칭찬하는 사람들은 대부분이 문학, 미학 계통의 급진파들이었다. 그를 비판하는 사람들은 대부분이 왕학을 반대하는 사람들이었다. 그들은 천백 년 간 지속되어 오던 유학을 넘어뜨려야 한다는 반 전통사상에 적응하지 못했다. 명나라 말기에 동림학파가 정신혁명을 일으키기 전인 "산우욕래풍만루(山雨欲來風滿樓)"의 시기에 그들은 조정을 풍자(諷諫)하고 인물을 재량하면서도 유독 이지를 용납하지 않았다. 황종희는 《명이대방록(明夷待訪錄)》과 같은 대담한 저작을 써냈지만 여전히 이지를 "썩은 생선과 부패한 고기"라고 비판했다. 경제, 정치 방면에서 낡은 체제를 서슴없이 비판하던 사람들도 정통관념체계를 무너뜨리는 일은 세상 사람들의 규탄이 두려워 감히 하지 못했다는 걸 알 수 있다. 여기서 정통관념을 자처하던 사상가들의 좁은 안목과 나약한 성격을 엿볼 수 있다.

제 21 장
나흠순(羅欽順)의 철학사상

나흠순(羅欽順)의 철학사상

나흠순(1465~1574)은 강서(江西) 태화(泰和) 사람. 호가 정암(整庵)이고, 자는 윤승(允升)이다. 홍치(弘治) 6년(1493) 진사(進士)가 되어 한림원 편수(編修)를 지냈다. 후에 남경국자사업(南京國子司業)이 되었다. 그 당시 유명한 유학자인 장풍산(章楓山)과 함께 태학을 정돈하였다. 유근(劉瑾)이 정권을 장악한 뒤에 그의 눈 밖에 나서 직무를 박탈당하고 평민이 되었다. 유근이 처형된 뒤 복직되었고 이부우시랑(吏部右侍郎)까지 지냈다. 가경 초에 이부좌시랑(吏部左侍郎)이 되었고 남경이부상서로 승진했다가 예부상서가 되었다. 부친이 사망하고 상복을 입는 시간이 지나자 다시 원래의 관직에 복귀하게 되었지만 이를 거절하였다. 집에서 20여 년 간 지내면서 책을 저술하였다. 왕양명, 담약수, 구양덕 등과 서신을 주고받으며 학문에 대해 토론을 하였다. 주요한 저서에는 《곤지기(困知記)》 6권, 《정암존고(整庵存稿)》 20권이 있다.

나흠순의 학문은 대체적으로 정이, 주희의 것을 계승하였다. 이기, 심성, 격물궁리, 이일분수 도심인심 등의 방면에 대해 모두 충분하게 논술을 진행하였다. 그리하여 그를 "주학의 후경(後勁)"이라고 불러도 과언이 아니었다. 나흠순은 일생동안 부지런히 그리고 매우 노력하여 도를 추구하였다. 그는 우선 선학을 통해 마음의 영묘함을 깨닫고 후에 유가 성리의 종지를 배웠다. 그는 나이가 60세가 되어서야 성명의 진리에 대해 알게 되었다고 했다.

나흠순이 손수 편찬한 《정암존고(整庵存稿)》와 《나정암자지(羅整庵自志)》에서 알 수 있듯이 나흠순이 일생동안 겪었던 학문종지의 변화는 모두 자신의 간고한 체험에 얻어진 것이다. 그에게는 도를 추구하는 용기와 견고한 신념이 있었다. 나흠순의 이기론은 주희를 따르기는 하나 장재가 주장하는 기론의 특징이 매우 선명하게 나타난다. 그의 심성론은 주희와 일정한 차이가 존재한다. 그리하여 나흠순은 대체적으로는 주희의 연구방향을 따르기는 했으나 구체적인 학술관점에 있어서는 많이 다르다. 그의 이기론과 심성론에는 모순적인 문제가 존재하는데 이런 모순은 명나라 이학의 특징을 선명하게 반영해 내었다.

1. 이(理)와 기(氣)

이와 기의 관계는 이학의 중요한 문제이다. 주희는 이의 실재성, 주재성을 강조하기 위해 이와 기의 관계는 논리상의 선후이지 시간상의 선후가 아니라고 강조하였으나 그래도 이와 기를 두 개로 갈라놓았다는 의심을 받고 있다. 나흠순은 이기관계를 분석할 때 "기에서 이를 인식해야 한다"하고 이기는 불리불잡(不離不雜)의 관계라고 명확하게 강조하였다.

기에서 이를 인식하는 것은 이를 기의 조리(條理)로 해야 한다는 말이다. 기의 조리는 성질에 속한다. 기는 존재를 나타내는 범주이다. 성질과 조리는 반드시 존재하는 실제에서 인식을 해야 한다. 성질은 실체의 성질이고 양자는 선후를 나눌 수 없다. 양자는 하나의 사물의 두 가지 방면이라 할 수 있다. 기를 이로 인식해서는 안 되고 기를 떠나 이를 말할 수도 없다. 양자의 관계는 매우 미세하고 분간하기 어렵다. 조금만 잘못 분간해도 전인의 잘못을 되풀이할 수 있다. 또한 이는 우주인생의 기본관점이기도 하다. 이 부분이 빛나고 투명하지 않다면 이기관계를 기초로 하는 다른 이론들을 정확하게 이해할 수 없게 된다. 이기의 이런 관계에 대해 나흠순은 여러 차례 명확하게 논증하였다.

이는 결코 기의 밖에 존재하는 다른 물질이 아니다. 그리하여 이는 기에 의존하고 기를 따라서 움직인다고 말해서는 안 된다. 주희는 비록 이와 기는 분리될 수 없다고 여러 번 말하긴 했다. 그러나 그는 "이는 마치 사람이 말을 타듯이 음양에 매달려있다"(《주자어록》 94권), "기가 없게 되면 이가 의존할 데가 없게 된다"(《주자어록》 1권)라는 말을 한 적도 있다. 여기서 그는 이가 기에 의존하고 기를 따라 움직인다고 생각하고 있다는 걸 알 수 있다. 나흠순은 주희의 이기론에서 이와 같이 명확하지 않고 다른 뜻으로 해석될 수 있는 부분을 발견하였다. 그리하여 수시로 "기에서 이를 말해야 한다"고 말하면서 그러한 잘못을 바로잡아 놓곤 했다. 그는 세상에 유일한 실체는 기라고 주장했다. 이는 기의 합벽(闔闢)과 승강, 동정과 왕래를 통해 나타나는 조리이다. 기의 조리에서 사물의 성질과 사물사이의 구별점이 체현되어 나온다.

나흠순의 이기관계에 대한 이러한 기본관점은 그의 저작에서 여러 번 상세히 그리고 깊이 있게 논술하였다. 그가 중점적으로 설명하려는 것은 기의 운동방식은 이지만 이는 고의적으로 기를 주재하여 이러한 운동방식이 체현되게 하는 것이 아니라는 점이다. 기가 체현해내는 운동방식은 자연히 그러한 것으로서 "그 까닭을 알려고 하지 말아야 한다"는 것이다. 이의 이러한 성질은 바로 《역》에서 말하는 "태극"이다. 나흠순은 기의 왕래는 기의 감응이고 기의 감과 응이 순환되는 것인데 이는 이러한 감(感) 속에 있다고 주장했다. 감응에는 일정한 규율이 있다. 그리하여 나흠순은 "위아래로 곧게 통하는 올바른 이치에는 잠시의 멈춤이라도 용납되지 않는다.(《곤지기》98쪽)"라고 말했다.

나흠순은 이의 여러 가지 속성가운데서 특히 정(定)을 중시하였다. 즉, 이가 조리와 규율로서 나타나는 온정성과 동일성이다. 이런 의미에서 그는 이를 정리라고 불렀다. 나흠순은 여기서 이의 절대성과 안정성을 강조하였다. 이 관점은 정이, 정호와 일치한다. 정이와 정호는 "천리라 하는 것은 요(堯) 때문에 존재하거나 걸(桀) 때문에 멸망하지 않는다. 여기에는 존망과 가감을 말할 수 없다. 그는 본래부터 모자람이 없다.(《이정유서(二程遺書)》 2권 상)"그러나 나흠순은 정이, 정호가 이를 천지만물을 뛰어넘는 영원한 실체로 보는 관점에 동의하지 않았다. 나흠순은 기로 이를 인식하는 전제하에 이의 안정성과 동일성을 강조하였다. 동시에 나흠순은 이의 영활성을 장악하고 인식해야 한다고 강조하였다. 이에는 정이 있지만 이를 장악하고 운용함에 있어 정밀함과 조잡함, 능숙함과 서투름이 있을 수 있는데 이게 바로 나흠순이 말하는 영활하게 보아야 한다는 주장이다. 나흠순은 이를 고정된 물건으로 보지 않았다. 이는 다른 시공, 조건에 근거하여 영활하게 이용할 수 있는 이치이다. 여기서 나흠순은 개인이 이를 인식, 장악하는 규율의 능동성을 강조하였다. 이렇게 그리하여 옛사람들이 이에 대한 이해가 경직되고 융통성이 없는 잘못을 피하였다. 여기에는 또 이러한 뜻을 내포하고 있다. 즉, 이는 실제적인 물리이지 비유적이고 상징적인 윤리가 아니다.

나흠순의 "기로 이를 인식"하는 이기관은 주희의 이기관과 큰 차이가 있다. 이러한 차이점은 주로 이와 기 가운데 누가 결정자인가 하는 데에 있다. 주희는 한 사물이 반드시 그러한 사물이여야 함을 결정짓는 것이 바로 이라고 주장했다. 그리하여 주희는 이를 "사물이 존재하는 이유, 마땅히 그리되어야 할 원칙"이라고 정의했다. 이와 기의 관계에 관한 주희의 근본관점은 이는 형이상의 도(道)이고 생물의 근본이며 기는 형이하의 기(器)이고 생물의 도구이다. 사람과 사물에게 있어 이는 성(性)이고 기는 형(形)이다. 이는 한 사물이 그러한 사물이여야 하는 결정자이고 기는 이가 결정한 골조를 채우는 재료이다. 이는 본이고 기는 말(末)이고 기는 같지만 이는 같지 않다. 때문의 이의 "소이연(所以然)"은 원인이고 "소이연"에 의해 조성된 사물은 결과이다. 원인 때문에 결과가 있고 결과에는 원인이 포함되지 않는다. 그리하여 이는 논리적으로 사물보다 먼저이다. 주희의 "사물이 마땅히 존재하는 이유, 마땅히 그리되어야 할 원칙"은 이의 두 가지 방면이다. 마땅히 존재하는 이유는 사물의 근거, 원인이다. 마땅히 그리되어야 할 원칙은 사물의 범형, 궤칙이다. 마땅히 그리되어야 할 원칙은 구체적인 사물을 떠날 수 없다. 하지만 사람의 통관, 투사, 비교를 통해 물리에서 천리, 성리 등 윤리적인 의미를 가진 관념으로 변화되었을 때에 마땅히 그리되어야 할 원칙은 구체적인 사물을 떠날 수 있는 영원한 윤리법칙으로 될 수 있다. 이기에 대한 주희의 정의, 그의 사유방식은 후세들이 이와 기를 두 개 사물로 볼 수 있는 이론적 공간을 남겨놓았다. 비록 주희는 "성(性)과 형(形)은 한 몸일 뿐이다"라고 거듭 말하긴 했지만 그가 강조한 것은 여전히 "이기는 절대 두 가지 사물이다" 혹은 "도와 기(器)는 경계선이 분명하다"라는 관점이었다. 조리는 사물이 존재하는 이유가 아니다. 사물이 존재하는 이유는 원인이고 근거이다. 조리는 인과관계를 떠난 자연스러운 드러남이다. 조리는 마땅히 그리되어야 할 원칙이 아니다. 마땅히 그리되어야 할 원칙에는 범형, 궤칙 등 선재성, 규정성과 같은 의미가 존재한다. 그러나 조리는 자연적이고 후에 생겨난 것이다. "기에서 이를 논해야 한다"는 주장은 이와 기를 두 개로 나누어 볼 수 있는 모든 가능성을 단절시켰다. 이는 나흠순이 장재의 관점으로 주희의 주장을 바로잡은 관건적인 부분이다.

나흠순은 이 관점에서 출발하여 《곤지기》에서 정이와 주희를 비판했는데, 정이와 주희는 역은 음양이 대화유행하는 과정이고 태극은 만리(萬理)의 총명(總名)이라고 주장했다. 여기서 말하고자 하는 것은 음양의 변역에는 태극 혹은 이의 주재가 참여했다는 것이다. 비록 이는 공적하고 형태가 없지만 이는 음양의 기가 운행하는 까닭이다. 이 주장은 기를 떠나 이를 논하고 이가 기보다 먼저 생겨났다고 생각했다는 의심을 받기에 충분하다. 나흠순이 정이와 주희에 대한 비판도 바로 이 점에 있다. 그는 정이와 주희는 "때문에 음양이 도이고", "때문에 합벽(闔闢)이 도"라고 했는데 여기서 "때문에"라는 말에서 그들이 이와 기를 두 개의 물체로 보았다는 의심을 할 수 있다고 주장했다. 주희가 "이와 기는 반드시 두 물체이다", "만약 이가 없다면 기를 어디에 두어야 하는가"라는 말들은 이와 기를 둘로 나누어놓은 주장이다. 주돈이는《태극도설》에서 "무극의 진은 이오지정(二五之精)으로서 아주 묘하게 합해지고 엉겨졌다"고 했다. 이런 주장 역시 이기를 두 개의 물체로 보았다고 의심할 수 있다. 왜냐하면 물체가 갈라졌다 합해지는 것을 합이라고 하기 때문이다. 이 말에서 무극은 곧 태극이고 이다. 이오(二五)는 곧 기다. 태극과 기가 묘하게 합해지고 엉겨졌다는 말은 분명히 태극과 기를 두 개 물체로 본 것이다. 나흠순 태극과 음양이 만약 둘이라면 합해지지 않았을 때에는 각자 어디에 있냐고 의문을 표시했다. 주돈이는 이학의 개산조사(開山祖師)이다. 주희는《태극도설》에 주를 달았는데 그가 평생 동안 이와 기를 둘로 나누어 본 것은 주돈이 사상의 영향을 받았기 때문이다. 주희의 제자 및 윤돈(尹焞), 호거인과 같이 주자학을 학문의 근본으로 삼은 학자들은 모두 주희를 따랐기 때문에 이기론에서 같은 실수를 범할 수밖에 없었다. 호거인은《거업록》에서 "기는 성의 소행이다", "이가 생겨난 뒤에 기가 생겨났다", "역은 곧 도의 소행이다"라는 말을 했다. 설선은《독서록》에서 "이와 기 사이에는 틈새가 없다. 그리하여 도가 기(器)고 기(器)가 도라고 한다"라는 말을 했다. 나흠순은 그의 관점을 높게 평가하지만 설선이 "기에는 집산(聚散)이 있지만 이에는 집산이 없다"라고 했던 말이 이와 기 사이에 틈새가 없다는 주장에 어긋난다고 지적했다. 나흠순은 기의 모임이 곧 이의 모임이고 기의 흩어짐은 곧 이의 흩어짐이고 이는 기를 통해서만 집산될 수 있고 영원히 집산하지 않는 이는 존재하지 않는다고 주장했다. 설선은 시종이와 기를 두 개의 물체로 보았다. 그는 햇빛과 새를 여기에 비유하였다. 그는 햇빛을 이에 비유하고 새를 기에 비유하면서 이는 기를 타고 움직이는데 이는 새가 빛을 싣고 나는 것과 같다고 했다. 이는 기와 이를 둘로 나누어 본 것이다. 나흠순은 "기의 모임은 곧 이의 모임이고 기의 흩어짐은 곧 이의 흩어짐이다"라고 주장하면서 기에서 이를 인식해야 하고 이는 기 밖에 존재하는 것이 아니라고 했다.

　　나흠순은 이와 기를 두 개 물체로 보는 모든 관점에 반대했다. 그리하여 그는 정이, 주희와 다른 관점을 갖고 있는 정호를 매우 높게 평가했다. 정호의 성과 기가 혼연일체를 이룬다는 주장은 나흠순과 일치하다. 나흠순은 정호의 역(易), 도, 신(神), 성(性)의 통일론을 매우 높게 평가했다.

여기서 나흠순은 정호가 역(易), 도(道), 신(神)을 하나로 보고 이것을 우주가 대화, 유행하는 다른 방면으로 생각한 것은 매우 정확하다고 생각했다. 우주의 본체는 기이다. 그 운행변화의 총 과정은 역이고 역에서 표현되는 기의 운동조리가 기다. 굴신(屈伸), 승강, 합벽(闔闢)과 같은 기의 신묘한 작용이 바로 신이다. 이것들은 모두 우주가 변화하는 총 과정의 다른 방면이다. 이와 기가 혼연일체를 이루고 이가 곧 기라고 생각하는 정호의 이 관점을 나흠순은 가장 높이 평가했다. 그는 정이의 "그리하여 음양이 도다"라는 관점은 정호의 "원래 이것만이 도이다"라는 관점처럼 혼열일체를 이루지 못했다고 생각했다. "그리하여"라는 말을 필요가 없는 것으로 오히려 이와 기를 두 개로 나누어본다는 의심을 받게 되었다. 나흠순은 이, 기, 심, 성 등 송명이학의 기본범주에 대한 해석에서 정호의 관점이 가장 만족스럽다고 말했다.

"아직까지 하나로 정해진 걸 보지 못했다"는 말은 아직 혼연일체를 이루지 못했고 이와 기를 둘로 나누어 보는 의심이 든다는 것이다. 더 깊게 파고들수록 틈새를 더 미봉할 수 없게 된다. 이는 바로 정이, 주희와 천도의 통일성 사이에 존재하는 간격이다. 나흠순은 장재의 신화학설과 정호의 역도신설을 한데 융합시켜 태극음양신화성명학설을 제기했다. 그는 우주총체의 운행을 신화로 하고 우주총체의 운행 중에 체현되는 조리를 태극으로 하였으며 음양과 태극, 신과 화를 모두 하나로 보았다.

여기서 그는 장재의 양일(兩一)학설을 사용하였다. 다만 그 해석이 장재와 많이 다르다. 장재의 양일에서 양은 태허의 기가 음과 양 두 가지 대립되는 세력으로 나뉜다는 말이다. 일은 음과 양 두 가지 서로 대립되는 세력이 태허의 기로 통일된다는 말이다. 음양은 태허의 기로 통일되기에 그 작용이 신묘불측하다. 태허의 기는 음과 양으로 나뉘기에 서로 마찰하고 흩어지며 굽혔다 펴졌다 하고 왔다 갔다 하며 올라갔다 내려갔다 하면서 운화(運化)하게 된다. 나흠순의 양일에서 일은 태극이고 양은 음양이다. 화(化)는 음양의 운행이고 신은 태극의 묘용이다. 태극은 음양 밖에 존재하지 않는다. 또한 이러한 신묘한 작용은 태극이 자연발생한 것이고 "그렇게 하려고 해서 한 것이 아니며" 태극에는 의지, 목적, 계탁(計度), 조작(造作)이 없다. 태극과 음양, 신과 화는 동일한 우주 대화유행의 다른 방면을 묘사한 것이다. 음양은 실체이고 화는 운행이며 태극은 실체의 조리, 규율이다. 신은 이러한 조리, 규율이 발생하는 신묘한 작용이다. 다른 각도에서 분석하였기에 그 명칭이 같지 않지만 모두 우주의 대화유행에 통일된다. 나흠순은 여기에 자신의 "기에서 이를 인식해야 한다"는 근본원칙을 관통시켰다.

2. 심(心)과 성(性)

심과 성은 송명이학의 중요한 범주로서 한 개의 학파, 한 명의 철학자의 사상경향과 수양실천에 일으킨 작용은 이기론보다 더 직접적이고 뚜렷하다. 나흠순의 심성론은 정주, 육구연, 왕양명과 많이 다른데 그 자신만의 독특한 생각을 갖고 있다. 나흠순의 철학에서 마음의 기본 뜻은 생각할 수 있고 생발(生發)할 수 있으며 의념을 놓아둘 수 있는 기관이다. 마음의 가장 기본적인 기능에는 두 가지가 있다. 하나는 사유인데 이러한 뜻을 가진 마음을 신명, 영명이라고 부를 수도 있다. 다른 하나는 성이 있는 곳인데 이런 마음은 사람을 사람이라고 하는 본질을 표현하고 나타내는 곳이다. 그러나 성은 사람의 근본 표상이고 사람을 사람이라고 하는 본질적인 규정이다. 나흠순은 심과 성의 범주에 대해 명확하게 구분했다.

마음은 육구연이 말하는 '심즉리'의 마음이 아니라 눈, 귀, 혀, 몸의 감각을 받아들이고 이들을 상징하는 기관이다. 마음의 기본 작용은 감각, 구별, 인지, 기억, 추리 등이다. 나흠순이 말하는 성은 고자(告子)가 말하는 "생지위성(生之謂性)"이 아니라 사람을 사람이라 하는 근본적인 규정이고 사람이 동물과 구분되는 독특한 성질이다. 이는 곧 "사람의 생리"이다. 사람의 생리는 매우 모호한 개념이다. 정이와 주희는 '성즉리'를 주장한다. 성은 곧 우주의 근본법칙이 사람의 마음속에서의 표현이고 거기에는 기질이 포함되지 않는다. 사람을 사람이라 할 수 있는 것은 사람은 윤리원칙으로 마음을 주재할 수 있기 때문이다. 그러나 정호가 생각하는 '성'의 의미는 이보다 훨씬 광범위하다. 그가 말하는 "사람의 생리"에는 성과 기 두 개의 방면이 포함된다. "생지위성, 즉 성이 기이고 기가 성이다"이고 "선은 본래부터 가지고 있는 성이다. 그러나 악도 또한 성이라고 하지 않을 수 없다." 우주의 근본지리는 사람의 감성기질을 떠날 수 없다. 인성은 현실적이고 기질의 개변을 거친 성으로서 적나라하지 않고 순결하고 깨끗한 "본연의 성"이다. 그리하여 "사람이 태어나서 그대로 정의 상태에 있으면 성이라고 할 수 있으나 그 이상의 상태에서는 성이라는 말이 허용되지 않는다. 성이라고 말하는 순간 그것은 이미 성이 아니다." 나흠순은 이기론에서 정호가 주장하는 이기혼연일체에 동의했다. 그는 정이, 주희가 이기를 두 개로 나누어 보는 것에 반대했다. 그러나 심성론에서는 정이와 주희에 동의하였다. 그것은 그들이 "이가 존재하는 곳이 마음"이라고 주장했기 때문이다. 여기서 마음을 성을 담고 나타내는 기관으로 보았고, 마음 자체는 영명한 존재로 보았다. "마음이 있는 곳을 성이라고 한다"는 것은 이 뜻을 반대로 말한 것이다. "이가 존재하는 곳을 마음이라"한 것은 윤리원칙의 지배를 받는 행위방식과 심리특징 및 여기서 산생되는 관념형태야말로 사람의 근본규정이고 본질속성이라는 점을 강조하기 위해서이다. 사람이 품기(稟氣)에서 천성을 얻을 때 이러한 본질속성을 부여받게 된다. 이는 부여받은 것이고 선천적인 것이며 거절할 수 없는 것이다. 이러한 본질속성은 반드시 살아있는 사람의 행위방식과 심리적 특징으로 표현되어야 한다. 그러므로 마음과 성은 불리불잡의 관계이다. 마음과 성의 구별은 일정한 학문공부를 거친 후에야 제대로 나타난다. 마음과 성의 구별은 매우 미묘하기에 조금만 분명하지 않아도 큰 차이가 생길 수 있다.

나흠순이 관심을 가진 마음과 성의 정의는 정이, 주희와 비슷하다. 그는 "허령지각은 마음의 오묘함이다. 정미순일(精微純一)은 성(性)의 진리이다.(《곤지기》 2쪽)"라고 했는데 이는 주희가 관심을 가진 마음과 성의 기본사상이다. 성과 정의 관계에서 나흠순은 성은 "도심(道心)"이고 정은 '인심(人心)'이라고 생각했다. 이러한 도심, 인심의 학설은 주희를 계승한 것이다. 주희가 말하는 도심은 의리를 받아들인 마음이고, 인심은 이목지욕(耳目之欲)을 받아들인 마음이다. 나흠순은 주희의 이러한 개념을 계승하긴 했으나 그 의의는 주희와 같지 않았다. 도심과 인심의 구분에 대해 나흠순은 "인심은 '동'이고 도심은 '정'이다. 인심은 용이고 도심은 체"라고 했다. 다시 말해서 "미발은 도심, 이발은 인심"이라는 것이었다. 동정은 마음이 상태를 나타내는 범주이다. 체용은 마음의 단계를 나타내는 범주이다. 그러나 도심과 인심은 윤리의의를 나타내는 범주이다. 나흠순은 이 양자를 동일시하는 것은 마음이 미발일 경우 정일 때는 체이고 천리이며, 마음이 이발일 경우 동은 용이고 이와 욕(慾)을 갖고 있다고 생각했다. 체와 용의 원래 뜻에 의하면 용으로 표현되지 않는 체가 없고 체가 없는 용이 없다. 체는 도심이고 천리이다. 사람의 마음으로 사용되면 인욕이다. 이는 모순되는 관점이다. 나흠순의 심성론에 존재하는 허점들은 이후에 유종주, 황종희에 의해 제기되었다. 나흠순과 동일한 시기에 살았던 왕양명도 이러한 관점을 비판했다.

나흠순이 '동정'과 '체용'으로 '천리'와 '인욕'을 구분한 것은 그의 이론이 왕양명보다 완전히 이해할 수 없는 부분이다. 나흠순은 이후의 사상발전과정에서 전기의 '이'와 '욕', '도심'과 '인심'에 대한 사상에 대해 수정을 진행하였다. 그가 말한 인욕이라는 것은 바로 사람이 태어날 때부터 갖고 있던 욕망인데, 태어날 때부터 갖고 있던 것은 사라지지 않기에 합리적으로 절제해야 한다면서, 합리적인 인욕은 곧 천리로서 사람마다 다 똑같고 없어서는 안 된다고 했다.

이학의 말류(末流)에 학자들은 사람 마음의 욕망을 악으로 보고 유가 선현들의 학문에 근거하여 욕망에 합리적인 위치를 찾아주고 모든 욕망을 악으로 보면서 제거하지 않았다. 나흠순의 수정도 이를 근거로 한다. 그의 소망은 사람의 욕망에 합리적인 만족을 주어 이를 통해 욕망을 제거하는 것이다. 그러나 그는 《예기 · 악기》에서 "사람은 세상에 막 태어났을 때는 평정하다. 이것은 하늘이 부여한 본성이다. 그런데 외물의 영향을 받게 되면 변화가 생기게 되니 이것이 바로 성의 욕망이다"라고 했다. 동정으로 성과 정을 구분한 것은 성은 정(靜)하고 정(情)은 동(動)하며 성은 선이고 정은 악이라고 생각하게 되는 발단으로 볼 수 있다. 나흠순은 왕학이 말류에 편중하는 관점을 비판하기는 했으나, 《악기》에 나오는 이 말에 존재하는 이론적 잘못을 발견해내지 못했고 성은 정(靜)하고 정(情)은 동(動)한다는 관점에서 성은 선이고 정은 악이라는 관점으로 변화했다는 것도 집어내지 못했다. 이는 이미 그의 이기론과 심성론의 모순에 복선을 깔아놓았다. 그러나 "십육자심전(十六字心傳)"에 대한 그의 해석은 다음과 같다. "도심은 적연부동(寂然不動)하다. 정밀한 체(體)는 볼 수 없기에 미세하다. 사람의 마음은 감이수통(感而遂通)하다. 변화의 용은 헤아릴 수 없기에 위험하다.(《곤지기》1쪽)"동정과 체용으로 미세함과 위험을 구분한 것은 그가 편중이라고 비판했던 관점과 다를 바가 없다. 이 점은 이후에 황종희로부터 심한 비판을 받았다.

나흠순은 주희의 "이일분수"의 관점에 매우 탄복해했다. 그는 이 관점을 성명론(性命論)의 지도원칙으로 삼았다. 그는 "이일분수"로써 고왕금래 천지인물의 모든 이치를 해석하였는데 통하지 않는 것이 없었다. 그는 이일분수로 성명에 대한 그의 생각을 설명하였다. 나흠순이 말하는 성은 우주의 근본지리가 사람과 물체에 체현된 것이다. 명은 이러한 체현에는 선택의 여지가 없고 "그 까닭을 몰라도 그렇게 되고" 개체의 다른 경험 때문에 생기는 차이의 필연성이다. 성은 대부분이 주체를 놓고 말한 것이고 명은 객체를 놓고 말한 것이다. 성명의 이를 개괄하면 이일분수인데 이것으로 사물의 차이성과 동일성을 설명할 수 있다고 나흠순은 말했다.

사람은 선천적으로 같은 이(理)를 갖고 태어났고 본래부터 동일한 성을 갖고 있는데 인물의 형성과정에 각자 처한 조건의 영향을 받아 서로 다른 모습을 가지게 되었다. 이러한 부동함은 자연적인 것이지 여기에는 그 어떤 주재도 존재하지 않는다. 이게 바로 각자의 운명이다. 이일은 분수 가운데 있고 성은 명 가운데 있다. 이러한 의미에서 말할 때 성은 선하다는 것과 성에는 선과 악이 모두 있다는 관점에는 모두 근거가 있다. 성을 선하다고 하는 것은 이일에 근거하여 말한 것이고, 성에 선과 악이 모두 있다는 것은 분수에 근거해 말한 것이다. 사람은 태어날 때부터 천리를 갖고 있기 때문에 사람에게 성이 없다고 말할 수 없다. 또한 기운을 타고 태어났기에 명이 없을 수도 없다. 나흠순은 천명의 성과 기질의 성을 병렬시키는 것을 반대했다. 그는 사람에게 천명의 성과 기질의 성 두 가지 성이 있다고 할 수 없다고 주장한다. 왜냐하면 천명의 성은 반드시 기질에 표현되기에 천명의 성은 독립적으로 존재할 가능성이 없다. 그리하여 천명의 성을 말할 때에는 이미 논리적으로 기질의 성을 포함시킨 것이고 또 다른 기질의 성이 존재하지 않는다고 말했다. 그는 "'천명의 성'이라고 부른 것은 기질에 대해 말한 것이다. 따라서 '기질의 성'이라고 말하면 성이 천명이 아니란 뜻이 아닌가? 그래서 성 하나에 이름이 두 개이고 기질과 천명을 대응시킨 것은 앞뒤가 맞지 않다.(《곤지기》 7쪽)"여기서 그는 사실상 자신의 "기에서 이를 인식해야 한다"는 원칙과 정호의 "사람이 태어나서 그대로 정의 상태에 있으면 성이라고 할 수 있으나 그 이상의 상태에서는 성이라는 말이 허용되지 않는다. 성이라고 말하는 순간 그것은 이미 성이 아니다"라는 주장에 근거하여 입론하였다. 본연의 성에는 독립적인 성질이 없기에 성이라는 말을 할 수도 없다. 말할 수 있는 것은 모두 기질에 포함된 본연의 성이다. 엄격하게 말해 "기질에 포함된 본연의 성"이라는 관점은 이미 기질의 성과 본연의 성을 둘로 보았다는 의심을 받기에 충분하다. 그리하여 나흠순은 주희가 기질의 성을 "태극 전체가 기질에 떨어져있는 걸 말한다"는 주희의 해석을 반대하였다. 이 말인 즉 떨어지지 않았을 때는 하나의 물체라는 뜻이다. 이는 "기에서 이를 인식해야 한다", "이와 기 사이에는 틈새가 없다"는 원칙에 위배된다. 주희의 이일분수는 우주의 근본법칙(이일)과 그의 다른 체현(분수) 사이의 관계를 설명하려 했다. 이 명제는 사실상 윤리적인 의미가 있는 명제이다. 여기에 포함된 실제적인 물리적 의미는 크지 않다. "사람마다 태극이 있고 사물마다 태극이 있다"라는 말은 사람과 물체에 모두 우주의 근본법칙이 포함되었다는 뜻이다. 다만 만물이 갖고 있는 기가 다르기 때문에 이 우주법칙이 구체사물에 다르게 체현된다. 예를 들어 맑은 물을 까만 그릇에 담으면 까만색으로 보이고 청색 그릇에 담으면 청색으로 보이는 것과 같다. 주희는 이일분수를 해석할 때 "이동기이(理同氣異)"의 관점을 고집했다. 그러나 주희는 만물의 실제적인 물리상의 차이점을 설명할 때에는 기품(氣稟)의 다르다는 관점을 이용했다. 즉, 기의 많고 넉넉함, 맑음과 흐림을 통해 설명하였다. 이는 다른 층차의 문제로서 주희의 이론에 모순이 있다는 걸 설명하지는 못한다. 이일분수, 이동기이는 주희의 이론체계에서 통일된다. 그러나 그는 만물의 이는 동일하고 절대적인 '이일'로 표현된다고 생각했는데 이렇게 되면 이와 태극을 기와 음양과 다른 독립적인 존재로 볼 수 있다. 나흠순은 이기론에서 "기에서 이를 인식해야 한다"고 주장한다. 그러나 심성에 관해서는 주희와 같이 이일분수를 주장하면서 분수보다 먼저 이일이 존재했다고 말한다. 이러한 모순은 나흠순의 이론체계에서 매우 선명하게 나타난다. 이 모순은 그가 정호의 "사람이 태어나서 그대로 정의 상태에 있으면 성이라고 할 수 있으나 그 이상의 상태에서는 성이라는 말이 허용되지 않는다"라는 주장을 해석할 때 매우 명확하게 드러난다. 나흠순은 "사람이 태어나서 그대로 정(靜)의 상태에 있는 것은 미발지중이고 한 성품의 진실함과 잠연(湛然)함일 뿐이다(《곤지기》20쪽)"라고 했는데, 여기서 그는 성과 이를 하나의 물체로 보았는데 이는 그가 주장하는 기에서 이를 인식해야 한다는 논리에 맞지 않았다.

유종주는 이러한 나흠순의 이기론과 심성론 사이에 존재하는 모순을 보았고, 이를 근거로 나흠순을 비평했는데, 이러한 비판은 매우 이치가 있는 것이다. 체계적인 사상가로서 그의 이기론과 심성론은 응당 통일되어야 하고 그의 심성론은 응당 그의 이기론의 합리적인 추론이어야 한다. 나흠순이 말하는 이는 기의 조리이고 기의 운행규율로서 심하게 뒤엉켜 있어도 흐트러짐이 없다. 그가 말하는 성은 정의 적절함으로서 심하게 뒤엉켜 있어도 분명하고 명량하다. 우주의 실체는 기에 통일되고 사람의 윤리 활동은 마음에 통일된다. 다시 말해 그의 이기론에 근거하면 그의 심성론은 이후에 대진(戴震)이 말하는 정(情)의 실수를 범하지 않는 것을 말한다. 나흠순은 '이일'을 사람마다 가지고 있는 존재로 간주하면서 '이일'이 각기 다른 기질에서의 표현을 사람과 사람, 사람과 물체를 구별하는 근거로 삼았다. 이렇게 하면 기필코 이는 기의 밖에 존재하는 다른 물체라는 결론을 얻게 될 수밖에 없다. 나흠순의 이기론에 근거하면 세상 만물이 서로 다른 것은 품기가 다름에 따라 이가 달라지기 때문이다. 즉, "기도 다르고 이도 다르다." 그러나 나흠순의 심성론은 "이는 같으나 기는 다르다"고 주장한다. 사실 사람과 물체의 다른 점과 같은 점에 대해 주희와 정이는 기와 이가 모두 다르다고 주장한다. 나흠순은 바로 이 점을 알게 되었던 것이다. 그는 정이는 이일분수를 주장할 뿐만 아니라, 사람의 재능이 다른 것은 기품 때문이라고 주장하는데, 이는 모순되는 주장이라고 생각했다. 나흠순은 "정희는 이렇게 말하였으면서도(이일분수를 가리킴) 또 '재능은 기에서 나온다'라는 말도 했다. 그러니 그가 말하는 분수란 기에 대해 말하는 것이 아닌가!《곤지기》 9쪽)"라는 말을 했다. 여기서 그는 정이가 주장하는 이일분수도 앞뒤가 맞지 않는다고 말했다. 그러나 나흠순 자신은 이일분수로 인해 기가 다르기에 이가 다르다는 주장을 포기하였는데 이 또한 앞뒤가 맞지 않는 행동이다.

나흠순에게 이러한 모순이 나타나게 된 것은 그가 맹자와 고자, 정이와 정호, 주희와 육구연과 같이 성질과 경향이 전혀 다른 학설을 통일시키려 했기 때문이다. 그는 주희가 이를 근본범주로 하고 이로 기를 통일시켜야 한다는 학문을 극복해보려고 노력했다. 그러나 심성론에서 그는 계속해서 《예기·악기》, 《중용》 및 주희의 학문을 사용했다. 그는 육구연의 '심즉리'를 받아들여 "이가 존재하는 곳이 마음이고 마음이 존재하는 곳이 성이다"라는 명제가 전달하려는 뜻이 더 원융(圓融)해지길 희망했다. 그러나 그는 또 주희, 《예기》 등의 동과 정, 체와 용, 중과 화를 나누어 이야기하는 주장을 받아들였다. 그리하여 육구연의 형상과 형하, 체와 용, 동과 정은 하나이고 모두 마음에 통일된다는 학문을 버렸다. 그는 이기론에서 주희의 관점을 바로잡고 장재에게 되돌아가려고 했으나, 결국 그의 심성론은 대체적으로 주희를 따라가게 되었다. 나흠순의 철학은 왕양명의 심학이 성행하던 배경 하에서 왕양명의 심학을 바로 잡고 또 정이와 주희 이기론에 존재하는 모순을 바로잡기 위한 노력이라 할 수 있다.

3. 불교와 심학에 대한 비판

나흠순의 학문은 일찍이 선학에서 시작되었다. 그는 "뜰 앞의 잣나무(庭前柏樹子)"라는 화두에서 깨우침을 얻었고, 또 그 깨우침으로 영가현각(永嘉玄覺)의 《선종증도가(禪宗證道歌)》을 참조하고 검증하여 큰 수확을 얻었다. 그러나 남경국자사업(國子司業)의 관직을 맡은 후부터 점차 불학을 버리고 공맹을 따르게 되었다. 만년에는 불교를 심하게 비난하기도 했다. 《곤지기》의 내용을 보면 나흠순은 《금강경》, 《심경》, 《능가경》, 《화엄경》등 불교의 중요한 경전 및 선종의 사전을 읽은 적이 있다는 걸 알 수 있다. 그는 심(心), 의(意), 식(識) 등 불가의 명상(名相)에 대해 많은 분석을 하였는데 그가 얼마나 열심히 불가를 연구했었는지 짐작할 수 있다. 불교에 대한 비판은 주로 불교에서 마음을 성으로 보고, 성을 각으로 보며, 각 이외에 다른 일은 없으며, 격물치지의 공부를 포기하는 등의 문제에 집중되었다.

나흠순은 불교와 유교의 가장 큰 차이점은 바로 '성'이라는 이 중요한 범주에 대한 다른 이해에 있다고 생각했다.

불가에서 가장 중요한 개념은 바로 '성'이다. 이 성을 '불성'이라고도 부른다. 나흠순은 불가에서 말하는 '성' 내용은 '각'이고 '각'은 해득이 가능한 '본성'이라고 제기했다. 불가에서 말하는 "사람과 물체는 모두 불성을 갖고 있다"라는 주장은 사람과 물체는 모두 이치나 이치를 깨우칠 수 있는 본성을 갖고 있다는 말이다. 그러나 사람을 놓고 말할 때 "일천제(一闡提)는 모두 성불할 수 있고", 사물을 놓고 말할 때 "푸른 대나무도 반야(般若)이고 향기로운 국화에도 불성이 있다"고 할 수 있다. 불가의 의리는 이것을 근본으로 한다. 성은 불가에서 사람과 물체는 모두 성불할 수 있다고 말하는 내적 근거이고 불교 전부 이론의 기초이다. 나흠순은 불가에서 말하는 성에는 유가의 "인"의 내용이 없다고 말한다. 정이와 주희는 모두 '심즉리'를 주장하지만 이러한 이는 사물의 조리, 규율인 동시에 윤리의 법칙이기도 하다. 이는 과학적으로 인식하는 대상인 동시에 윤리적으로 인식하는 대상이기도 하다. 양자는 둘이면서 하나이고 하나면서 둘인 관계이다. 불가에서 말하는 성에는 이(理)의 내용이 없기 때문에 불가에서는 궁리진성(窮理盡性)을 포기하였고 천지의 화육과 인륜의 인의예지를 포기하였다. 이는 유가와 불가의 가장 큰 차이점이다. 나흠순은 천하의 사물에는 이도 있고 각도 있는데 유가에서는 이(理)를 인식하는 걸 강조하고 불가에서는 이(理)를 버리고 각(覺)을 추구한다고 말했다.

유학자들은 이(理)를 추구하는데 그 이는 "이일분수"이다. 만물의 근본지리는 일(一)인데 이러한 이일은 구체적인 사물에서 분수지리로 표현된다. 유가에서는 이러한 이치를 알기 때문에 성경하고 함양하여 이것을 수신응물(修身應物)의 준칙으로 삼았다. 궁리와 함양, 박과 약은 유가의 실학이다. 그러나 불가에서 추구하는 것은 "공"이다. 불가에서는 공이라는 한 글자를 성품을 기르는 기술로 생각하고 궁리를 하지 않을 뿐만 아니라, 오히려 이(理)를 공을 지키는 것에 장애물로 생각했다.

불교에 대한 나흠순의 비판은 성의 내용에서 깨달음의 방법에까지 확대되었다. 그는 불가에서 말하는 "무의(無意)", "무념위종", "심여허공(心如虛空)"의 목적은 깨달음에 있다고 지적했다. 선종은 "번 깨달으면 곧 불지에 이를 수 있고" 심지가 공명하고 심지에 아무 것도 없는 상태는 곧 부처의 경지라고 말했다. 모든 수양공부의 목적은 이러한 경지에 도달하기 위함이다. 이러한 경지에 도달하고 이러한 경지를 유지하려면 "생각에 아무 생각이 없어야 하고" 감각기관과 마음의 모든 통로를 차단해야 한다. 그래야 마음이 공명해질 수 있다. 이게 바로 나흠순이 말하는 "영각의 광영(光影)"이다. 유가에서도 무의를 말하기는 하나 이러한 무의는 사적인 생각이 없고 선입견이 없고 마음의 확연대공을 유지해야 한다는 뜻이지 아무 생각도 하지 말아야 한다는 뜻은 아니다. 유가의 무의는 사실은 성의(誠意)이다. 성의의 목적은 허령의 광영을 얻기 위해서가 아니라 궁리진성을 위한 기초이다. 궁리진성을 통해 내적으로는 성현의 인격과 이상을 완성하고 외적으로는 천지의 화육을 이끌어야 한다. 이게 바로 유교와 불교의 가장 근본적인 구별이다.

이러한 해석은 나흠순의《곤지기》에 많이 나온다. 그러나 이러한 관점은 송유학자들이 불교를 비판한 것에 대한 표현일 뿐이다. 예를 들면 정이의 "성인은 하늘을 근본으로 하고 석씨는 마음을 근본으로 한다", 장재의 "불씨는 천명을 몰랐기에 심법으로 천지를 기멸하였다", 주희의 "불가는 처음부터 몰랐다. 다만 지각의 운동을 성으로 알고 있을 뿐이다"라는 주장들이다. 나흠순은 이러한 뜻을 발휘하였고 또한 그들의 불교를 비판한 공적을 높이 평가했다. 나흠순의 이론이 한층 더 깊어진 것은 그가 불교의 심도 있는 개념에 대한 분석 및 불교이론의 착오에 대해 진행한 논증에 있다. 이러한 분석과 논증은 전인들보다 비교적 전면적이다.

예를 들면 나흠순은 불교의 근본관념인 '각'을 깊이 있게 분석하였다. 불교의 본의는 곧 각이다. 각은 부처의 이름 중 하나이다. 그리하여 '각'은 불교의 개념에서 매우 중요한 위치를 차지한다. 나흠순은《대승기신론(大乘起信論)》의 관점에 따라 각을 시각(始覺)과 본각(本覺)으로 나누었다. 시각은 곧 사람이 후천적으로 깨달음을 얻게 된 것이다. 본각은 사람 마음의 본체로서 이는 영원불변의 진리이다. 본각은 날 때부터 소유하고 있는 것이지 후천적으로 얻어지는 것이 아니다. 사람의 수양은 아무 것도 모르던 것에서부터 깨달음을 얻고 이 깨달음을 영원불변의 진리와 명합(冥合)시켜 시각은 사라지고 본각만 남게 하는 것을 말한다. 이게 바로 나흠순이 말하는 "시각이 본각과 합해지는 것은 성불하는 이치이다.(《곤지기(困知記)》 48쪽)"라는 것이었다.

나흠순은 불교의 인식활동을 고찰하였다. 그는 불교의 인식활동에서 본각은 체이고 견문과 지각은 용이다. 본각은 능지(能知), 견문과 지각은 소지(所知)이다. 본각이 없는 것은 현실에서 발생이 불가능한 견문과 지각이다. 견문과 지각이 없으면 본각이라 하는 것을 볼 수도 없다. 능지할 수 있는 것은 주체의 식이고 소지할 수 있는 것은 불교에서 말하는 십팔계이다. 그리하여 불교에서 능지, 소지 할 수 있는 것은 모두 식이고 마음이다.

나흠순은 이에 근거하여 '식'이라는 개념을 자세히 고찰했다. 불교에서 가장 많이 말하는 것은 '팔식(八識)'의 이론이다. 팔식에서의 여덟 번째 식은 장식(藏識)이다. 장식에는 본말이 있는데 본은 지이고 말은 식이다. '본'은 "여래의 청정한 지혜", '상주(常住)' 등이다. '식'은 '업상(業相)', '생멸' 등이다. 수행의 목적은 "식을 지로 변화시키는 것"이고 "망상이 소멸하여 열반하는 것"이다. 나흠순은 불교의 이러한 이론에는 모순이 존재한다고 지적했다. 이 모순은 진을 본체로 하고 현상을 망(妄)으로 하는데 있다. 본말과 체용이 하나라면서 어찌 그 가운데서 진과 망을 나눌 수 있겠는가? 그는 이러한 설을 힐난했다.

나흠순은 한층 더 유가의 입장에서 진(眞)이라 하는 것은 천리이고 망(妄)이라 하는 것은 인욕이라고 말했다. 진이 존재하면 망이 사라진다. 즉, 천리를 보존하고 인욕을 제거하는 것이다. 이는 유가에서 내적으로 심신을 다스리고 외적으로 치국천하를 하는 근본적인 방법이다. 불교에서 미오(迷悟)로 진과 망을 구분하는 설법에 의하면 깨우침을 얻지 못했을 때는 천리에 부합여부를 막론하고 모두 망이다. 일단 깨우침을 얻으면 모든 것이 진이고 천리와 인욕의 구분이 없다. 이러한 결과는 인욕을 방자하여 천리를 없애게 되는데 이는 모두 "성을 위해서 지각한" 나쁜 결과이다.

나흠순은 불교에서 "마음"을 세계의 본체라고 하는 설법에 대해서도 비판했다. 선종에게는 아주 유명한 시 한수가 있다. "하늘과 땅 이전에 물건 하나가 있는데 형체 없이 텅 비어있다. 능히 삼라만상의 주인이 될 수 있고 사계절 지나도 시드는 법이 없다." 여기서 하늘과 땅 이전에 존재한 물체는 바로 '각', '마음', '본각과 진심'이다. 이것들은 형체가 없고 담연하며 항상 조용하다. 그리하여 "형체도 없이 텅 비어있다"고 한 것이다. 이러한 본각과 진심에서 만법이 생길 수 있다. "산하대지는 내 묘명한 진심의 작은 물상이다"이기에 "능히 삼라만상의 주인이 될 수 있다"고 했다. 이러한 마음은 상주, 불멸하며 만물의 동정에 따라 동정하지 않기에 "사계절 지나도 시드는 법이 없다"고 했다. 일부 유학자들은 이 시를 《역전》의 "태극에서 양의가 생겼다"라는 우주생성론과 비유한다. 나흠순은 이에 대해서 분석한 적이 있다. 그는 《역전》의 "태극에서 양의가 생겼다"라는 주장은 표면상에서 선종의 "하늘 땅 이전에 있은 물건"과 비교할 수 있지만 유교에서 말하는 태극은 음양을 떠나지 않기에 태극은 체이고 음양은 용이다. 비록 태극은 소리도 냄새도 없지만 그 신묘한 작용은 음양, 만물의 운동에서 표현되기에 "고요하지 않다." 그러나 태극음양에서 생긴 만물은 모두 천태만상의 기상을 갖고 있고 생생불이하는 실제물체이다. 《역전》에 나오는 "부유한 것을 일러 대업이라고 말하고 생생한 것을 일러 역이라고 말한다"는 것은 묘명한 진심에서 나온 환상이 아니다. 이는 "하늘과 땅 이전에 존재한 물체"는 본각과 진심이 아니고 "삼라만상의 주인이 될 수 있다"는 말에서의 삼라만상은 본각, 진심에서 생긴 가상이 아니라는 말이다. 이는 유교와 불교의 분계점으로 이것을 헷갈려서는 안 된다.

불교의 중요한 개념에 대한 나흠순의 일부 해석과 분석은 장재, 정이, 정호, 주희보다 더 깊고 세밀하다. 그는 불교가 섞어들지 못하게 유가의 입장을 수호하기 위해 고심했다. 그러나 불교를 대하는 태도는 같은 시대를 살았던 왕양명, 담약수도 너그럽지 못했다. 그는 왕양명처럼 불교의 사상과 자료를 자신의 철학체계를 구성하데 이용하지 못했고 불교의 풍부한 사상성과를 자신의 사상체계에 흡수해 들이지 못했다. 유교를 지키려는 마음에서 생긴 불교에 대해 배척하는 마음은 불교이론에 대한 한층 더 나아가는 탐구를 방애하였다. 왕양명과 명말의 많은 사상가들과 비교해볼 때 이 방면에서 나흠순은 매우 편협하다고 할 수 있다.

나흠순은 불교를 비판했을 뿐만 아니라, 불교의 영향을 받았거나 변화된 불교라고 하는 육구연과 양간의 심학에 대해서도 엄격한 비판을 진행했다. 그가 유가도통을 지키기 위해 불교를 비판했다면 그가 심학을 비판한 목적은 정통주자학을 수호하기 위함이었다. 나흠순은 왕양명보다 조금 일찍 태어났고 왕기보다 30여 세나 연상이었다. 양명의 후학 가운데 나타난 선학의 경향은 나흠순이 비판할 수 있는 범위가 아니었다. 그가 비판한 이론관점에는 양명학에 존재하는 일부 유폐(流弊)에 대해서였다.

나흠순은 정이와 주희의 '성즉리'학문을 주장한다. 성은 이가 사람과 물체에 부여한 것이고 이러한 이는 하늘의 명이고 사람의 성이다. 마음은 사람의 신명이고 이는 마음에 존재하지만 마음은 이가 아니다. 이게 바로 나흠순 심성학의 대의이다. 그는 맹자가 말하는 마음은 주로 사상기관이고 맹자의 "마음의 기능은 생각을 하는 것이다"라는 말에서 생각할 수 있는 것은 마음이고 생각한 것은 이라고 생각했다. 맹자학설의 관건은 '생각'이라는 글자에 있다. 육구연은 맹자의 학문을 계승하고 맹자의 "선립기대(先立其大)"를 표방하기는 하나 그의 학문은 맹자가 말하는 생각하는 마음과 많이 다르다. "이러한 마음을 갖고 있다면 자연히 이러한 이치를 알 수 있다. 그러면 측은해야 할 때 측은해하고 수오해야 할 때 수오할 수 있기에" 마음은 스스로 시비를 가려낼 수 있다. 이렇게 되면 맹자가 말하는 생각은 필요가 없게 된다. 그리하여 나흠순은 육구연을 "영각을 도라고 집착했으니 어찌 선학이 아니라 할 수 있겠는가?(《곤지기》 35쪽)"라고 비판했다. 육구연은 유학에서 말하는 격물궁리를 모두 반대로 마음에 있는 물과 이를 다스리는데 사용하였는데 이는 정주의 가르침에 어긋난다. 정주의 격물은 이를 물리를 연구하여 천리에 도달하는 것이다. 그러나 육구연의 격물은 자신의 마음을 돌아보는 것으로서 물리를 연구하는 내용이 없다. 이 또한 《대학》의 가르침과도 맞지 않는다. 육구연이 말하는 '심즉리'는 허구이다. 그는 "내가 육경에 주해를 달 수 있다"라는 육구연의 말을 특히 엄격하게 비판했다. 그는 유학의 유훈에는 수없이 많은 말이 있지만 모두 사물의 이를 연구하는 내용일 뿐이라고 했다. 그는 학자가 해야 할 일은 뜻을 충분히 이해하고 깊이 생각하면서 성현들이 했던 말들을 반복적으로 고찰하고 연구하는 것이라고 했다. 육구연의 학문은 실제적이지 못하고 속도만 추구하는 사람들이 좋아하는데 이러한 것을 추구하는 것은 유가경서를 너무 얕잡아보는 것이다. 심지어 책을 읽지 않아도 되고 읽는다 해도 힘들게 해답을 구하지 않아도 된다는 생각에 빠질 수도 있다. 이렇게 하면 결과는 사람들이 모두 책을 읽은 것을 마음에 두지 않을 수 있다. "말 한마디가 후학에 크나큰 화를 남겨주게 되었는데 육상산의 죄가 제일 크다.(《곤지기》 72쪽)" 육구연의 책략, 예를 들면 제자 양간에게 "갑자기 마음의 청명을 깨닫고, 갑자기 이 마음에 시말이 없다는 걸 깨닫고, 갑자기 마음에 통하지 않는바가 없다는 걸 깨달을 수 있다"고 가르치면서 그에게 눈을 감고 앉아서 이러한 깨우침을 얻게 했다. 그의 제자인 첨부민(詹阜民)은 반달 동안 눈을 감고 정좌하였는데 하루는 아래층으로 내려가다가 갑자기 마음이 맑고 가벼워진 것 같다는 것을 느꼈다. 육구연은 그의 눈을 잘 살펴보고는 그의 심지가 개명되고 천리가 이미 현발(현발)되었다는 걸 알아냈다. 이는 모두 선종의 방법으로서 유가에는 이러한 교육법이 없다. 육구연의 시 "고개를 들고 남두성을 붙잡고 몸을 돌려 북극성에 기댄다. 머리를 들고 하늘 밖을 바라보아도 나와 같을 사람이 없다"는 선사의 게(偈)를 모방하고 응용한 것이다.

육구연에 대한 나흠순의 비판은 매우 엄격했다. 그는 육구연을 선학식 유학의 전형으로 삼고 비판했다. 그의 비판을 한 가지로 집중시키면 바로 육구연이 "영각을 최고의 이치"로 생각했다는 것에 있다. 그러나 육구연이 말하는 마음이 정말로 나흠순의 이해한 것과 같이 영각뿐인지? 육구연이 정말 주희가 말한대로 "소소영령만 아는지?" 그 가운데 성과 이의 내용이 없는지? 이러한 내용은 육구연 및 그 이후의 왕양명 심학에 대한 이해와 관계되므로 잘 분석해볼 필요가 있다.

사실 육구연의 학술종지인 '심즉리'의 취지는 아주 명확하다. '심즉리'는 내 마음에 본래부터 존재하던 측은(惻隱), 수오(羞惡) 등으로서 이것은 곧 우주이론법칙의 표현이다. 양자는 동일한 것이다. 측은, 수오 등은 정(情)으로서 성의 표현이다. 그리하여 '심즉리'라고 말한다. 후에 왕양명이 "양지가 곧 천리"라는 말로 이 뜻을 개괄했다. 육구연은 사람 마음속의 측은, 수오의 정과 우주이론법칙이 동일하다는 것에서부터 사람 마음속에 있는 이와 우주에서 체현되는 도덕법칙은 근본적으로 하나라고 생각했다. "지극히 당연한 이치는 한 곳으로 귀결되며 정밀한 의리는 둘이 없다. 마음과 이를 둘로 나누어보아서는 안 된다"고 했다. 육구연이 말하는 마음은 절대 영각뿐이 아니다. 여기에는 윤리적인 내용이 포함되고 마음의 기본기능인 지, 정. 의 등이 하나로 혼합되어 있다. 그리하여 '심즉리'라는 이 명제는 매우 광범한 내용을 포함하고 있다. 육구연이 많은 사람과 변론을 벌인 것도 사람들이 그가 말하는 "마음"의 진짜 뜻을 몰랐기 때문이다. 육구연은 우주에 존재하는 이를 승인하지 않은 것이 아니다. 그는 "이러한 이는 우주에 가득 존재하고 있기에 누구도 여기서 벗어날 수 없다. 이를 따르면 길할 것이고 이를 어기면 흉해진다.(《역설》,《육구연집》21권)"고 명백하게 말했다. 그는 우주의 이와 사람 마음속의 이는 동일하다고 생각했다. "황극의 건립은 윤의 서술이기에 이를 어겨서는 안 된다. 이것은 오랫동안 바뀌지 않는 지극한 이치이고 사람의 마음에 관계되며 천지에 가득 존재한다"고 한 것은 그의 명구인 "우주가 곧 내 마음이고 내 마음이 곧 우주"를 가장 똑똑하게 설명한 것이다. 육구연의 "선립기대"는 존덕성(尊德性)한 후 도문학해야 한다는 뜻이지 나흠순이 말한 것처럼 경서를 보지 말아야 한다는 뜻이 아니다. "배움에 있어 근본만 알수 있다면 내가 육경에 주해를 달 수 있다"고 한 것 역시 윤리 주체인 나를 첫 자리에 놓고 윤리로 독서, 격물 등과 같은 지식활동을 다스리기 위해서이다. 이게 바로 그가 말하는 "정신을 수습하고 자신이 주재가 되어야 한다"는 말의 진짜 뜻이다. 그가 주희와 논쟁하였던 것은 모두 학문의 방법에 대한 내용이었다. 육구연이 말하는 마음은 선종이 말하는 마음이 절대 아니다. 그리하여 육구연에 대한 나흠순의 비판은 주학의 입장에 서서 심학을 배격한 것이다. 그는 동일한 입장에서 다른 학자들도 비판했다. 이런 의미에서 그를 "주학의 뒷심"이라고 부르는 것은 매우 합당하다. 그러나 육구연에 대한 그의 많은 비판은 문자 표면에 근거하여 입론한 것이다. 그의 경솔한 결점에 대해서 이야기하지 않을 수 없다.

나흠순이 육구연을 "관유온유(寬裕溫柔)할 때에는 매우 너그럽고 온유했으며, 발강강의(發強剛毅)할 때는 강직하고 굳세였는데" 마음에서 나오는 것이 모두 합리적이었다. 모든 사람이 그렇게 할 수 있는 것이 아니다. 생각하지 않아도 얻어지는 것은 "성인들만할 수 있는 일"이다. 이러한 반박과 힐난은 매우 적절하다. 생각할 수 있는 모든 사람에게는 모두 윤리의식이 있다. 이는 정주와 육구연이 모두 승인하는 점이다. 다만 마음에서 생겨나는 것이 모두 외계와 일치하는지는 보장할 수 없다. 동기와 효과의 부합은 자연적이지 않다. 이것은 사람의 이식과 의지가 장기간 단련된 결과이다. 나흠순은 육구연이 마땅히 이러해야 할 것은 자연히 그렇게 된다고 했는데 그 중요성과 장단점은 모두 사람이 선택한 결과이다. 후에 왕양명도 이 점을 보아냈다. 그가 육구연의 학설을 "섬세하지 못하다"고 했는데 그건 바로 그가 도덕과 지식의 일치를 하나의 발전과정으로 보지 않았기 때문이다. 그는 "치양지"로 이러한 허점을 미봉했다. 양지는 지, "치양지"는 행인데 양지가 실천과정에서 부단히 축적되고 충실하게 되면 심과 이, 동기와 효과, 도덕과 지식의 통일을 이룰 수 있다. 양지와 천리는 변화발전하면서 합일되는 과정이다. 그리하여 육구연의 자연합일의 학설을 보완했다. 나흠순은 비록 육구연이 이러한 잘못을 발견해내긴 했지만 주자학의 입장에서 그를 비판했다. 이러한 비판은 육구연학문의 약점을 진정으로 잡아내지 못했다. 격물에 대한 그의 해석과 도달한 깊이 또한 왕양명을 넘어서지 못했다.

육구연에 대한 나흠순의 비판에는 여러 가지 허점이 존재하지만 육구연의 제자인 양간에 대한 비판에서는 문제점을 제대로 잡아냈다. 양간의 사상은 육구연을 근원으로 하지만 육구연의 사상과 다른 점이 아주 많다. 육구연은 마음속의 이화를 통해 우주의 이를 제한하였다. 그러나 양간은 마음으로 우주를 표용하였다. 육구연의 중점은 윤리에 있고 양간의 중점은 인식에 있다. 나흠순은 양간의 《기역(己易)》은 불교의 "심법으로 천지를 기멸하는 것"과 비슷하다고 비판했는데 매우 정확하다.

나흠순은 양간을 육구연보다 더 엄격하게 비판했다. 《곤지기속》하권은 대부분이 《자호유서(慈湖遺書)》를 위해 쓴 것인데 거의 각 조목마다 그에 대한 비판이 있다. 이러한 비판을 하나로 귀결하면 "마음의 정신을 성이라고 한다" 이다. 양간의 심학사상은 《기역》(己易)이라는 한편에 집중적으로 체현되었다.

나흠순은 《기역》에서 "갑자기 마음의 청명을 깨닫고, 갑자기 이 마음에 시말이 없다는 걸 깨닫고, 갑자기 마음에 통하지 않는바가 없다는 걸 깨달을 수 있다"라는 것은 석가모니가 말하는 "성지(조智)의 경지를 자각하는 것"이라고 했다. "나의 성은 맑고 깨끗하지만 물체가 아니고 나의 성은 넓고 끝이 없지만 헤아릴 수 없다. 하늘이라고 하는 것은 내 성의 상(象)이고 땅이라고 하는 것은 내 성의 형(形)이다. 그리하여 '하늘에서 상이 형성되고 땅에서 형이 형성된다'고 말하는데 이것들은 모두 나의 소행이다"라는 말은 곧 《능엄경(楞嚴經)》에서 말하는 "산하대지는 모두 나의 묘명한 진심속의 물체이다"는 것이다. "하늘은 큰 것이 아니고 땅은 작은 것이 아니며 낮은 밝은 것이 아니고 밤은 어두운 것이 아니라"라는 말은 《금강경》에서 말하는 "여래가 말한 세계는 세계가 아니다"라는 것이다. 양간의 출발점은 "기(己)"에 있다. 헌데 이러한 '기'의 근본내용은 "마음"이다. 마음의 본질은 만상의 허명영각이 생길 수 있다는 것이다. 그는 사람 마음속의 경상은 반드시 허명영각의 인식능력이 참여한다는 것을 근거로 천지만물을 내 마음을 기조(起造)하는데 귀결시켰다. 그리하여 양간은 "심법으로 천지를 기멸하였다. 또한 제멋대로 억지로 맞추었기에 기필코 유교와 불교를 한데 혼합시키는 잘못을 범하게 되었다."(《곤지기》 80쪽) 나흠순은 양간이 근거로 하는 "마음의 정신은 성이라 한다"라는 말에서 "마음"은 두 개의 방면이 능통할 수 있는 것은 마음의 신이고 소통하는 것은 이(理) 혹은 도이다. 유가의 다른 점은 바로 이 혹은 도에 대한 해석에 있다. 유가에서 말하는 이, 예를 들면 천도 운행의 순서, 천지만물에 체현되는 우주의 법칙, 사회의 선악 표준과 같은 것들은 모두 존재하고 있는 것이다. 이것들을 따르고 완성시키면 이를 다하고 성을 다하는 것이다. 양간이 "마음이 통한 자는 천지만물에 대한 통견이 모두 자기의 성의 범위 내에 있고 천지만물의 변화는 모두 자기의 성의 변화이다"라고 한 것은 마음으로 실제 존재하는 물체를 삼켜버린 것으로서 불가에서 말하는 것처럼 "심법으로 천지를 기멸시켰다." 나흠순은 "이는 양간의 잘못이다. 수척이나 되는 몸을 가볍게 보고 사욕의 조화를 자기 것으로 보았는데 이는 자기 분수를 모르는 것이나 마찬가지이다"고 했다.(《곤지기》 81쪽) 또한 사람과 천지만물의 관계에서 사람의 지위와 작용은 응당 《역전》에서 말하는 "대인은 천지와 더불어 그 덕을 합하며 일월과 더불어 그 밝음을 합하며 사시와 더불어 그 차례를 합하며 귀신과 더불어 그 길흉을 합하며 하늘보다 앞서더라도 하늘이 어기지 아니하며 하늘보다 뒤처지더라도 천시를 받든다"라는 것과 같아야 한다. 다시 말해 천지의 도와 후에 참여한 화육(化育)을 장악해야 한다.

양간의 학문은 나흠순의 학문과 다른 학술계통에 속한다. 그는 육구연의 심즉리 학설을 계승해서 이를 극단적으로 발전시켰다. 양간의 학문에서 매우 귀한 것은 바로 그가 사람이 외재적인 이치격식에 대한 집착을 타파하려고 했다는 점이다. 그는 세속에 존재하는 기존의 규칙에 얽매이지 않고 자립했으며 자신을 속이며 세상의 흐름을 따라가지 않았다. 양간은 이런 말을 한 적이 있다. "근세의 학자들은 의리의 학설에 빠져있었다. 마음속에 항상 가지고 있던 이(理)를 버리면 의거할 데가 없어지기 때문에 항상 이(理)를 마음에 담고 있었다. 그들은 성인의 마음속에는 처음부터 이런 생각이 없었다는 걸 몰랐다."(《곤지기》 84쪽) 처음부터 이런 생각이 없었다는 것은 이전부터 마음속에 품고 있던 의리의 범식이 없었고 이(理)는 마음에서 나온다는 말이다. 이게 양간의 본의이다. 그러나 이러한 뜻에서 나온 본체론에서 주장하는 "천지만물의 변화는 모두 내 성의 변화"라는 관점은 주체로 외재적인 물체를 삼켜버린 것이라 할 수 있다. 나흠순이 이 방면에 대한 비판은 그 잘못을 정확하게 집어냈다.

4. 격물론 및 왕양명과의 논쟁

격물치지는 중국철학에서 매우 중요한 개념이다. 송명학자들은 대부분 격물치지에 대해 자기만의 해석을 갖고 있다. 일부 사상가들에게 결정적인 변화가 일어난 것은 격물치지를 새롭게 해석하면서부터였다. 나흠순에게도 그만의 격물치지학설이 있었다. 그는 유가의 근본입장에서 벗어났다고 생각되는 왕양명, 담약수와 변론을 벌리기도 했다. 정이와 주희는 격물은 그 사물의 이치에 완전히 도달하는 것이라고 가르쳤다. 왕양명은 격물은 "정념두"라고 가르쳤다. 송나라 이학자인 여조겸(呂祖謙)은 격물을 "삼극에 막힘없이 통하여 틈이 없는 것"이라고 말한다. 나흠순은 정이, 주희, 여주겸의 격물설이 더 명백하고 전면적이라고 생각했다.

그는 "삼극에 막힘없이 통하여 틈이 없다"라는 데에는 격물의 여러 가지 뜻이 포함될 수 있기에 매우 심각한 의미를 가진다고 생각했다. 정, 주, 육, 왕이 격물에 대해 내린 정의에서는 행위의 뜻만 설명하였고 그 행위로 인해 생기는 효과와 도달할 수 있는 목표에 대해서는 언급하지 않았다. 물과 나를 하나의 전체로 보지 않았다. 그러나 "삼극에 막힘없이 통하여 틈이 없다"라는 말에서는 격물을 행위 및 결과로 해석했다. 객체에도 영향을 줌과 동시에 주체의 경지 또한 승급되어 하나의 전체를 형성하였다. 여기서 나흠순의 깊은 뜻은 바로 격물은 응당 물건과 나를 동등하게 다루고 내외를 모두 융합시키며 물리를 살펴보는 것과 심신을 다루는 것을 모두 융합시켜야 한다.

이것은 삼극에 막힘없이 통하여 틈이 없는 것에 대한 그의 완전한 해석이다. 삼극은 천, 지, 인을 가리킨다. 만물의 이치에서 사람과 성리의 합을 구하고 사람의 성리에서 만물 이치의 합을 구하며 만물의 이치와 성리에서 우주 근본 지리의 합을 구해야 한다. 나흠순은 여조겸의 명제를 이어받아 이러한 해설을 진행했다. 여기서 《대학》과 《중용》을 관통시키고 이학의 여러 가지 학설을 수정하여 천지와 사람이 하나가 되고 마음과 이(理)가 하나가 되는 유가의 본래 모습으로 돌아가려는 그의 의도를 알 수 있다.

나흠순은 자기의 격물설에는 시와 종, 지와 행, 이와 심 등 여러 가지 방면이 포함된다고 한다. 격물은 그의 수양공부의 전부였다. 그는 "격물치지는 학문의 시작이다. 극기복례(克己復禮)는 학문의 끝이다. …… 물격하면 내가 없고 오직 이(理)가 그 식견이 된다. 극기하면 내가 없게 된다. 오직 이(理)만이 그 이유가 된다. 왕성한 천리의 유행, 이것은 그것이 인(仁)이기 때문이다. 시종 조리가 있고 어지럽혀지는 것을 용납하지 않는다."(《곤지기》 10쪽) 격물은 시작이고 물체의 분야이다. 극기는 끝이고 나의 분야이다. 격물치지는 행위의 과정이고 극기복례는 행위의 결과이다. 마지막에 도달한 경지는 물체와 내가 모두 멸망하고 유독 "왕성한 천리의 유행"만 남는 것이다. 이러한 경지가 바로 주희가 말하는 "가슴 속이 유연해져서 상하와 천리가 같이 흐르게 되는" 경지이고 인의 경지이다. 이러한 경지를 얻으면 존양, 성찰, 지언(知言), 양기(養氣), 진성(盡性), 지천(知天) 모든 수양공부가 한꺼번에 완성될 수 있다. 이러한 경지에 도달하려면 반드시 구체적인 격물공부에서부터 시작해야 하고 착실하게 누적하고 오랫동안 노력해야 한다.

나흠순은 자신의 격물론에 근거하여 왕양명과 변론을 벌였다. 왕양명은 자신이 새로 새긴 《대학고본(大學古本)》, 《주자만년정론(朱子晚年定論)》을 나흠순에게 보내주었다. 왕양명에게 보내는 회신에서 나흠순은 격물과 《주자만년정론》에 관한 여러 가지 문제에 대해 토론하였다. 주자학을 수호하는 입장에서 나흠순은 왕양명의 관점을 비판했다. 왕양명은 《답라정암소재서(答羅整庵少宰書)》를 써서 해명하였다. 나흠순은 또 편지를 써서 보냈지만 편지가 닿기도 전에 왕양명이 죽었다는 소식을 접하게 되었다. 나흠순과 왕양명은 이학과 심학이 근본적으로 구별되는 문제, 명나라 주자학의 시대적 특징 등에 대해 변론하였는데 이론적 의미가 매우 강하다.

나흠순은 주희의 이일분수 학설을 고수하면서 천하의 사물은 이가 원래 하나이며 사람은 만물 중의 일물(一物)이며 인물의 이도 혼연일체를 이룬다. 《대학》에서 격물을 제기한 목적은 분수에서 이일을 찾기 위해서이다. 격물의 마지막 목적에서 얻은 경지는 "너도 나도 없고 남고 모자람도 없지만 실제로 통회(統會)가 되는 것이다."(《여왕양명서》, 《곤지기》 109쪽) "이일"에 도달해야만 격물치지의 최고치에 도달했다고 할 수 있다. 그래야 맹자가 말하는 대본, 달도를 실행할 수 있다. 《대학》에서 말하는 성의정심, 수신제가, 치국평천하도 이일관지할 수 있다. 그러나 사람마다 천성이 같지 않고 공부의 깊이도 일치하지 못하기에 어쩔 수 없이 일정한 등급이 존재하게 된다. 소위 격물이라 하는 것은 반드시 구체적인 사물에서 그 이를 추구해야 하는 외향적인 활동이다. 활연관통해야 내외합일을 할 수 있고 삼강팔목을 한 번에 통합시킬 수 있다. 나흠순이 여기서 신봉한 것은 전통적인 격물설이다.

그러나 왕양명은 "이에는 내외가 없고 성에도 내외가 없다. 그리하여 학문에도 내외가 없다"고 했다.(《답라정암소재서》,《전습록》 중) 물은 곧 "의(意)의 소재"이지 단순한 객체가 아니라 주체가 객체에 나타나는 행위이다. 이것은 주로 윤리적인 의미를 가지는 행위이다. 예로 임금에게 충성하고 부모님에게 효도하는 것과 같다. 이러한 행위에는 반드시 주체의 윤리의지가 관철된다. 그리하여 왕양명은 "물(物)이란 일(事)이다. 의가 부모를 섬기는데 있으면 부모를 섬기는 것이 바로 하나의 물이다. 의가 군주를 섬기는데 있으면 군주를 섬기는 것이 바로 하나의 물이다.(《전습록》 상)"라고 말했다. 그가 말하는 "격"은 바로잡는다는 뜻이다. "격이란 정이다. 바르지 못한 것을 바르게 바로잡아 놓는 것이 바로 격이다"라고 말했다. 그 뜻인즉 격물은 주체의 잘못된 의지를 바로 잡아 천리에 알맞게 한다는 말이다. 이 과정은 내 마음속의 양지를 집중적으로 추진한(推致) 결과이다. 격물치지는 동시에 성의정심(誠意正心)이다. 왕양명의 입론은 대부분이 우주의 근본지리를 근거로 했는데 근본지리를 체현하는 개별적인 개념들이 모두 융통된다. 그리하여 그는 "천리는 하나뿐이다. 천리의 응집의 주재를 놓고 말하면 마음이고, 천리의 주재가 발동되는 걸 놓고 말하면 의이며, 천리의가 발동된 명각을 놓고 말하면 지이고, 천리가 명각한 감응을 놓고 말하면 물이다. 그리하여 천리는 물에서 말하면 격이고 지에서 말하면 치이며 의에서 말하면 성이고 마음에서 말하면 정이다. 정은 정심, 성은 성의, 치는 치지, 격은 격물이다. 모두 궁리를 위해 본성을 충분히 발휘한다."(《전습록》 중) 왕양명은 격, 치, 성, 정을 하나로 보고, 심, 의, 지, 물을 하나로 보았다. 구체적인 사물마다에 "이일"을 관철시켰고 곳곳에 윤리원칙을 관철시켰다. 나흠순의 심, 의, 지, 물과 같은 개념은 모두 각자 경계가 있어 복잡하지 않다. 왕양명은 심의지물을 사물의 다른 방면으로 보았는데 이를 하나의 불가분한 전체로 볼 수 있다. 그러나 나흠순은 격물에서 수신에 이르기까지 순서가 매우 분명하다. 왕양명은 이러한 절차에 순서가 존재하지 않는다. 《대학》의 삼강팔목을 하나로 융통하였고 공부도 하나로 통합시켰다. 그들 사이의 분기는 모두 사유방식이 다름에 의해 생긴 것이다. 나흠순은 회답편지에서 왕양명의 이 이론에 대해 "《대학》이 생긴 이래 이러한 의론은 없었다"고 말했다. 왕양명은 격물의 정의에서 물을 "의의 소재"로 하고 격물은 "바르지 못한 것을 바르게 바로잡아 놓는 것"이라고 했다. 예로 임금을 섬기고 부모에게 효도하는 일에서 생각을 올바르게 바로잡아 놓을 수 있다는 말이다. 그러나 많은 생각은 자유자재로 변화하기에 이를 구속할 수 없다. 예로 새가 날고 고기가 헤엄치는 것과 같은 "의가 소재한 물체"에는 가치판단이 일어나지 않는다. 이러한 '물'에는 바로 잡을 것이 없다.

《여양명서(與陽明書)》에는 또 이런 내용도 있다. 《대학》에 나오는 "치지격물"을 왕양명은 "격물은 치지에 있다"라고 했고, 《대학》에 나오는 "격물 다음에 치지해야 한다"를 왕양명은 "지지(知止) 이후에 격물해야 한다"고 했다. 왕양명의 관점은 성인의 가르침에 부합되지 않는다. 왕양명은 이 편지를 읽지 못했다. 그러나 왕양명의 일관된 사상에 근거하면 이 두 개의 문제에 대답할 수 있다. 첫 번째 문제에서 왕양명은 윤리가치는 현재의 모든 격물활동에 체현되고 가치판단이 발생하지 않는 것에는 가치가 투사되어 윤리적 의미를 가지게 된다고 말했다. 예를 들어 새가 날고 고기가 헤엄치는 것을 보면 우주의 발랄한 생기를 느끼고 평온한 느낌을 받을 수 있다. 물체는 각자의 의미를 갖고 있는데 흐르는 강물을 보면서 "세상 뜬 사람"을 그리워할 수 있다. 두 번째 문제에서 나흠순은 왕양명이 성현의 가르침을 어겼다고 했다. 왕양명은 "무릇 배움이란 마음에서 얻는 것이 귀한 것인데 마음으로 추구해보아도 그것이 옳지 않다고 생각되면 공자가 한 말이라고 해도 따를 수 없다.(《전습록》 중)"고 말했다. 그는 이미 오래전에 이 문제에 대해 해답을 하였던 것이다. 《주자만년정론》에 대해 왕양명은 "중년시기에 확실히 이 문제를 고려해보지 않았다"고 말했다. 그러나 이러한 흠집은 그의 학술에 전혀 큰 영향을 끼치지 않았다. 왕양명은 자신의 학문은 외적이 아니라 내적이고, 물리를 포기하고 자기반성을 하는데 공부의 중점을 두는 것이 아니라고 강조했다. 그의 격물설에는 주희의 격물치지의 전체 내용이 포함되는데 제강으로 요점을 잡아서 이야기해주었고 직접 도덕본체를 탐구하는 장점이 있다.

나흠순의 "막힘없이 통하여 틈이 없는 것"과 "격물은 시작이고 격기는 끝이다"라는 주장은 여전히 "명에서 성에 도달하고 명과 성을 함께 발전시키는" 길을 택하였다. 이는 왕양명의 "치양지"에서 치지와 함양은 한 개 물체의 다른 방면이고 성이 명이고, 명이 성일이며 항상 도덕과 지식을 하나로 통일시키는 방법과 같지 않다. 나흠순의 사유방식은 조목조목 상세하게 분석하는 유형에 속한다. 공부론은 독실하고 쉽게 실행할 수 있다. 그러나 주자학을 굳게 믿고 먼저 격물하고 후에 성의(誠意)해야 한다고 주장하였기에 여전히 양자를 멀어지게 할 가능성이 있다. 그리하여 왕학을 믿는 황종희는 설령 나흠순의 이기심성론의 모든 학설에 한글자의 착오도 없다고 해도 그는 이론적으로 정밀하게 분석하였을 뿐 현재의 도덕수양과는 아무런 관계도 없다고 말했다. 그리하여 그는 일생동안 덕성이 깊고 순결했지만 박옥혼금처럼 기병이 순수하고 아름다웠을 뿐 그의 학술종지와는 상관이 없다. 이러한 평론은 주자학에 대한 왕학의 비판을 대표한 것으로서 파벌적인 의견에 속한다.

나흠순은 명나라 중기의 아주 중요한 사상가이다. 그의 이론은 이기이원론의 추세를 극복하고 위로 장재, 아래로 왕부지, 대진을 이어놓았다. 비록 그의 심성론과 이기론이 하나가 될 수 없다고 하기는 하나 심성에 관한 여러 개념에 대한 정확한 정의와 서로의 관계를 정확하게 분석한 점은 높이 평가할만하다. 그는 주자학의 입장에 서서 육구연, 양간을 비판하고 왕양명과 변론을 펼쳤다. 여기서 명나라 중후기에 왕학이 점차 흥기하기 시작했다는 걸 알 수 있다. 나흠순의 사상은 그 이후에 주자학에 뜻을 둔 학자들에게 일정한 영향을 끼쳤다. 그 영향은 동림학파에 특히 선명하게 나타난다.

제 22 장
왕정상(王廷相)의 기론 및 그 실증 경향

|제22장|
왕정상(王廷相)의 기론 및 그 실증 경향

　　왕정상(1474~1544)의 자는 자형(子衡), 호는 준천(浚川)이다. 하남 의봉(儀封) 사람이다. 홍치 15년에 진사가 된 이후 한림원 서길사(庶吉士), 병부 급사중(給事中)을 지냈다. 호주판관(濠州判官), 고순 지현(高淳知縣), 사천 도감찰어사(道監按察使), 섬서와 호광 안찰사(按察使), 산동 포정사(布政使), 병부서랑, 병부상서 겸 좌도어사 등 직무를 맡았었다. 관직에 있을 때에 청렴했고 지위가 높은 사람을 두려워하지 않았다. 유근(劉瑾)의 눈 밖에 나서 감옥살이를 하게 되었다. 가경 때 엄호가 권력을 휘두른다고 비판한 적이 있다.

　　왕정상은 명대 문단의 "전칠자" 가운데 한 사람이다. 그는 시문에서 높은 성과를 이룩하였다. 철학 방면에서는 우주의 본체 및 그 생성, 태양 음양의 성질, 기종(氣種)의 동정 등에 대해 토론했다. 그의 수양론은 《역》,《용》과 장자를 융합시켰는데 성인의 경지를 최고의 추구로 삼았다. 일생동안 공부를 많이 하고 깊은 생각을 많이 했다. 불도와 여러 이학자에 대한 평론이 아주 많다. 저작에는 《왕씨가장집(王氏家藏集)》과 《왕준천소저서(王浚川所著書)》가 있다. 후에 《왕정상집》 85권으로 정리되었다. 그 가운데 유명한 저작들로는 《신언(愼言)》과 《아술(雅述)》 및 학문을 논한 서신이 있다.

1. 태극도체(太極道體)

　　왕정상의 최고 철학범주는 도체이다. 도체에는 본원의 기와 기의 유행 두 개의 방면이 포함된다. 그는 도체, 원기, 태극, 태허, 유, 무, 원기(元機) 등의 중요한 개념을 제기했다. 왕정상은 도체는 곧 유이고 도체는 시작도 끝도 없는 기화과정으로서 여기에는 절대적인 허무의 시작단계도 없고 사람이 죽고 물체가 사라지는 종결단계도 없다고 말했다. 도체는 유무를 뛰어넘기에 도체를 그보다 더 근본적이고 시간상으로 먼저인 '무'에서 산생되었다고 말할 수 없다. 도가에서는 우주는 아무것도 없이 텅 빈 허공에서 시작되었다고 말한다. 장재는 도가의 "유는 무에서 생겼다"라는 주장을 비판하면서 "텅 빈 허공이 곧 기"라는 학설을 제창하는데 그의 철학은 '유'에서 시작된다. 왕정상은 장재의 학문을 계승하여 우주에 아무 것도 없는 텅 빈 허공이 존재하였었다는 주장을 부정하면서 천지가 둘로 갈라지기 전에 그리고 구체적인 사물이 생겨나기 전에 원기가 존재하였다고 말한다. 태허는 곧 원기의 본연의 상태로서 절대적인 허무가 아니다. 태허에는 만상으로 기화될 잠재적 에너지가 있는데 이러한 잠재적 에너지는 곧 기기(氣機)이다. 태허의 기에는 끝이 없기 때문에 어디에까지 닿을지 알 수 없다. 그리하여 이것을 태극이라고 부른다. 태허의 기가 만물로 화생하기 전에는 소리도 색깔도 없기에 감각기관으로 이를 파악할 수 없다. 그리하여 이것을 태허라고 부른다. 태극, 태허는 음양의 기 밖에 존재하는 다른 물질이 아니다.

왕정상은 기를 기초로 도체, 태극, 태허, 원기 등을 구분했다. 그리하여 그는 "태극"에 관한 주희의 관점을 비판했다. 주희의 '태극'은 "천지만물의 이(理)를 종합한 것"이다. 태극은 구체적인 물리에 대한 최고의 추상이다. 동시에 최고의 가치표준이기도 하다. 천지만물은 각자 태극의 이를 완전하게 체현해냈다. 그리하여 "사람마다 하나의 태극을 갖고 있고 물체마다 하나의 태극을 갖고 있다." 주희의 이 주장은 이후의 이학에 매우 큰 영향을 끼쳤다. 왕정상은 원기일원론에서 출발해 태극이라고 하는 것은 원기라고 생각했다. 그는 이러한 원기를 태극이라고 부르는 것은 원기에는 형체가 없지만 만물이 모두 여기서 생겨나기 때문이다. 만물은 각자 태극의 원기를 받았기 때문에 만물이 태극의 한 부분을 나누어 가졌다고 말할 수 있지만 만물이 모두 완정한 태극을 갖고 있다고 말할 수는 없다. 주희가 말하는 태극은 이고 왕정상이 말하는 태극은 기이다. 근본이 같지 않기에 여기서 나온 구체적인 관점에 더 큰 차이가 존재한다.

왕정상은 태극을 원기라고 생각하는데 그는 원기 이전에 아무 것도 존재하지 않는 텅 빈 허공이 존재하였다는 것을 승인하지 않는다. 《열자》에서 태역(太易), 태초(太初), 태시(太始), 태소(太素)를 우주가 형성된 갖가지 단계로 보고 태역을 기가 없는 단계라고 했는데 왕정상은 이런 주장을 반대했다.

열자의 이 문장은 《역위·건착도(易緯·乾鑿度)》에서도 찾아볼 수 있다. 《역위》에서는 우주가 생성하는 양식을 제기하였다. 태역은 기가 없는 텅 빈 상태를 말한다. 태초는 기가 생겨났지만 형질이 없는 상태이다. 태시는 형태가 있으나 성질이 없는 상태이다. 태소는 형질이 있으나 천지만물이 형성되지 않은 상태이다. 왕정상은 이 관점을 다음과 같이 비판했다. 그는 이렇게 하면 절대적인 공무의 상태가 존재하게 되는데 이것은 원기에는 시작과 끝이 없다는 관점과 모순된다.

왕정상은 도가에서 말하는 도에서 천지가 생겨났다는 주장과 송나라 유학자들이 말하는 이(理)가 기보다 먼저라는 주장을 비판했다.

도가에서는 태극을 혼돈미분의 기라고 말하지만 도가 태극보다 먼저이고 태극은 도에서 생겨났으며 도는 아무런 규율이 없는 최고의 추상이고 도는 태극, 원기에서 생겨났다고 한다. 주희는 태극을 "상수(象數)가 형성되지 않았지만, 그 이는 이미 갖추어져 있는 것"이라고 했는데 이가 기보다 먼저라는 뜻이다. 비록 그는 기에는 선후가 없다고 전력으로 해명하였지만 확실히 그에게는 이가 기보다 먼저라는 사상이 존재했다. 왕정상은 기는 도의 실체이고 기의 위에, 기의 밖에 도와 이가 존재하지 않는다고 명확하게 제기했다. 그는 "원기가 바로 도다. 허가 있으면 기가 있고 기가 있으면 도가 있다. 기에는 변화가 있는 것은 도에 변화가 있기 때문이다. 기가 도고 도가 기이기 때문에 모이고 흩어지는 것으로 이것들을 논할 수 없다(《왕정상집》 848쪽)"고 반복적으로 강조했다.

왕정상의 "도"에는 원기의 실체와 기화유행 두 가지 방면이 포함된다. 왕정상의 말에 따르면 원기에는 운동할 수 있는 잠재 에너지가 들어있는데 그는 이러한 잠재 에너지를 기기(氣機)라고 부르거나 원기(元機)라고 불렀다. 음양이기가 교감을 통해 만물을 형성하고, 만물이 끊임없이 운동하는 것은 바로 이러한 기기 때문이다. 기의 동은 기기의 작용 때문이고 기가 정할 때에도 기기는 완전히 사라지지 않는다. 기기가 작용을 발생하는 원리에 대해 왕정상은 장재의 "일물양체(一物兩體)"처럼 깊은 토론을 진행하지 않았다. 그러나 그는 기화의 과정, 단계 등에 대해서는 장재보다 더 많이 논술하였다. 이는 그가 그 당시에 천문학의 영향을 받아 천지만물이 화생하는 실증과정을 찾아내려는 의향 때문이었다. 그는 기를 원기와 생기 두 개의 단계로 나누었는데 원기는 곧 물체가 형성되기 전 태허의 상태로 존재하는 기다. 생기는 형태가 있는 물질로서 생화불식의 상태로 있는 기다. 그는 "형태가 있는 것은 생기이고, 형태가 없는 것은 원기다. 원기는 멈추지 않기 때문에 도 또한 멈추지 않는다. 그리하여 형태가 없는 것은 도의 근본이고 형태가 있는 것은 도의 드러남이다(《왕정상집》 751쪽)"라고 했다. 도의 내용은 기 및 그 운동이다. 물상을 형성하기 전에도 그 운동은 멈춘 적이 없다. 다만 뚜렷하게 나타나지 않았을 뿐이다. 물상이 형성된 후에 그 운동은 감각기관에 의해 감지될 수 있다. 그는 형태가 있는 기를 취기(聚氣)라고 하고 형태가 없는 기를 유기(游氣)라고 했다. 유기가 한데 모이면 취기가 되고 취기가 흩어져 운동하면 유기가 된다. 그 근본은 모두 원기다. 왕정상은 이러한 개념에 대해 고찰을 진행하였다.

왕정상은 일정한 과학정신을 가진 철학자였다. 그의 철학에는 실증론의 색채가 매우 다분하다. 그리하여 그는 윤리환상이 풍부한 육왕학파가 우주윤리법칙을 중요시하는 학문을 맘에 들어 하지 않았다. 그는 개체사물 자체의 규율을 중요하게 생각한다. 이에 대한 왕정상의 사상은 주희와 많이 다르다. 우주의 근본지리에 대한 해석에 근본적인 차이점이 존재할 뿐만 아니라 구체적인 사물지리에 대한 두 사람의 착안점도 많이 다르다. 주희가 말하는 이는 "소이연(所以然)하지만 불용이고, 소당연(所當然)하지만 불가역하다." 즉, 사물이 그러한 근거와 이유 및 사물에 체현되는 이치와 규칙이라는 말이다. 주희는 이를 이용해 사물들이 서로 다른 원인을 해석했다. 한 사물이 다른 한 사물과 다른 원인은 바로 이에 있다. 그러나 왕정상은 고정불변의 이는 존재하지 않고 이가 다른 것인 기가 부동하기 때문이라고 주장한다. 사물들이 서로 같지 않는 근원은 이에 있다는 것이다. "기가 하나이면 이도 하나이고, 기가 만개이면 이도 만개다." 그럼 기가 어떻게 만물을 모두 다르게 만들까? 이에 왕정상은 "기종설(氣種說)"을 제기하였다. 원기에 숨어있는 종자가 우주간의 만물을 그렇게 만들었다는 말이다. 종자가 이후에 어떻게 발전할지는 원기단계에 이미 미리 정해졌다.

왕정상의 기종설은 그의 기본론(氣本論)과 일치한다. 그러나 기종설은 만물의 차별을 말함에 있어서는 주희이 이기설보다 후퇴하였다. 주희의 해석에 근거하면 이는 한 사물의 필연적으로 그러한 법칙이다. 사물이 서로 다른 것은 사물을 구성하는 "필연적으로 그러한 법칙"이 다르기 때문이다. 이런 다른 점은 사물이 형성되기 전에 이미 존재하였다. 그러나 마땅히 그렇게 되어야 할 법칙은 사물의 조리와 법칙에 표현되고 이것은 사물이 형성된 후에 사물에 표현된다. 주희의 격물궁리에는 사물에 체현되는 조리와 법칙을 깊이 연구하는 것도 포함되고, 이러한 사물을 형성하게 된 근거와 원인을 탐구하는 것도 포함된다. 이는 사물에 대한 전면적이고 과학적인 탐구이다. 그러나 기종설은 사물 표면에 나타나는 조리와 법칙에 대해서만 탐구하고 사물이 형성된 원인에 대해서는 그 선재성, 강재성, 자생성(自生性)으로 인해 탐구하지 않았다. 이것은 왕정상의 말이 아니지만 그의 학설을 논리적으로 분석한 결과이다. 주희는 사물의 이미 형성된 현상만 연구해서는 안 되고 사물이 형성된 근거, 조건에 대해서도 연구해야 한다고 말한 적이 있다. 이 점에서 볼 때 왕정상의 기종설은 사물의 형성원인을 설명함에 있어 주희의 이기설보다 깊지 못하다. 바로 이러한 원인 때문에 격물에 대한 왕정상의 학설은 주희처럼 정밀하지 못하다. 비록 주희는 사물의 형성과정에서 이(理)의 작용을 지나치게 강조하여 이가 기보다 먼저 존재하고, 이에서 기가 형성된다는 주장을 내놓기는 했지만 그는 이(理)의 부동함을 이용해 사물의 부동함을 설명하면서 격물궁리를 통해 이러한 부동함을 인식하고 파악해야 한다고 강조하였다. 이러한 주장은 왕정상의 기종설보다 더 심각하다.

왕정상과 주희는 모두 이성정신을 강조한 철학자이다. 주희의 학설은 물리를 깊이 연구하고 성리를 철저히 이해하는 것으로 우주의 근본법칙을 관통시켰고, 분수에서 이일에 이르렀고 이일에서 분수를 관찰했다. 왕정상의 학문은 우주의 본원을 해석하는데 집중되었다. 그의 태극원기설은 주희의 학설처럼 광대하고 정밀하지 못하다. 그는 사물의 다양성을 기의 부동함에 귀결시켰고 기의 부동함은 기종이 다르기 때문이라고 주장했다. 이렇게 원기설을 강조하면서 사물의 형성원인을 탐구하는 여러 가지 길을 모두 차단시켜버렸다.

천도관에 대한 왕정상의 논술은 나흠순보다 더 심각하다. 이는 왕정상이 실증과학에 큰 관심을 갖고 있었기 때문이다. 천도에 대한 그의 인식은 그 당시의 천문학의 성과를 기초로 한다. 이 점은 나흠순과 같은 철학자들이 사상을 근거로 천도를 해석한 것과 같지 않다. 왕정상 철학의 대표저작인 《신언》에서 첫 번째 문장인 《도체편》에서 그는 우주실체, 대화유행에 대한 자기의 근본관점을 서술했다. 그다음 문장인 《건운편》에서는 천상운동에 대해 여러 가지 해석을 진행했다. 예를 들면 행성의 운행궤도, 바람, 서리, 우박, 눈이 내리는 원인, 유성과 운석의 이치, 일식과 월식 현상, 낮과 밤이 길어지고 짧아지는 원인 등에 대해 서술했다. 그 과정에 형상사변적인 추측이 존재하긴 하지만 대부분이 그 당시에 갖고 있던 천체의 지식에 근거한 해석들이었다. 이러한 해석은 오늘날에 다시 살펴보아도 상당히 과학적이다. 예를 들어 그는 일식과 월식 현상을 해석할 때 "월식에 형체가 사라지는 날이다. 일식은 빛이 어두워지는 날이다. 햇빛이 한창 밝을 때 무리가 생기면서 해를 가려놓는다. 이를 암허(暗虛)라고 한다. 촛불을 들고 비추어보면 이 이치를 알 수 있다(《왕정상집》 758쪽)"고 했다. 그는 달에 생기는 검은 그림자를 다음과 같이 설명했다. "달이 검어지는 것은 땅의 그림자나 잡질이 섞여서가 아니다. 이것은 햇빛을 받지 못해서 그렇다."(《왕정상집》 758쪽) 그는 우박이 형성된 원인을 다음과 같이 설명했다. "우박의 시작은 비다. 음기가 차가워지면 빙빙 돌면서 응집되어 점차 커진다(《왕정상집》 756쪽)." 그는 운석에 대해서는 다음과 같이 설명했다. "별이 떨어지는 것은 광기가 넘쳐서 그런 것이다. 떨어지는 것은 사라지는 것이다. …… 떨어지면서 흩어지는 것은 미세한 빛이다. 돌이 되어 떨어지는 것은 기가 응집된 것이다(《왕정상집》 757쪽)." 그 외에 그는 눈꽃을 취해서 모양을 연구했고 땅벌과 과라(果蠃)의 관계를 관찰하고 이것으로 "명령지자(螟蛉之子)"의 의미를 해석하였다. 여기서 그의 강한 실증과학의 정신을 엿볼 수 있다. 중국학술은 한나라 때 매우 강한 실증정신으로 표현되는데, 이 시기에 양명, 오행, 팔괘 등이 천문학과 서로 결합되었다. 한나라 전반 철학의 사유방식은 구체적이고 실증적이며 직관적이고 경험적이며 상수(象數)적인 특징을 갖고 있다. 철학에서의 뚜렷한 표현은 바로 위서(緯書)에 나오는 우주생성양식, 《역경》에 나오는 괘기설(卦氣說), 《황제내경》에서의 경락설을 계통적으로 논술한 것 등이다. 위진시기의 현학은 공령하고 예술적이며 사변적인 특징을 갖고 있다. 이러한 특징은 한인들의 사유 양식과 반대되는데 이는 철학형태에 새로운 국면을 열어주기도 했다. 이러한 철학적 혁신으로 인해 철학은 과학과 갈라지게 되었다. 철학은 더는 주제넘게 과학의 구조역할을 담당하지 않고 사변적이고 해석적이며 가치의 근원과 같은 과학의 본래 모습을 되돌려주었다. 송명이학은 이러한 것들과 불교철학의 사유 성과를 함께 받아들였다. 송명이학 중에서 도가 수양이 비교적 깊은 학자들, 예를 들어 소옹은 실증적인 사유방식의 지위를 회복하려고 노력했다. 그러나 그들의 노력은 이학 전반의 사변적이고 해석적인 사상경향을 돌이키지는 못했다. 주희는 과학정신이 매우 강한 학자이다. 그의 격물궁리학설은 구체적인 사물의 이를 탐구하려는 경향이 매우 강하다. 비록 그의 목적은 확연히 관통하여 천리를 아는 것이긴 하지만 관통하려면 반드시 구체적인 지식의 축적을 기초로 해야 한다. 그의 사유방법은 분석이다. 심학의 결과 중 하나는 정주학설의 실증적이고 과학적인 요소들을 윤리의 구조로 되돌려 보내 그 가운데 존재하는 실증성분을 제거하는 것이다. 외적인 격물궁리에서 내적인 명심견성(明心見性)으로 변화하였다. 육구연의 "선립기대"에서 "대"는 곧 윤리원칙이다. 왕양명이 실증, 과학 요소를 제거하려는 경향은 더욱 뚜렷했다. 그는 과학활동은 지식활동이고 윤리활동은 의지활동, 심미활동이라고 생각했다. 마음의 인식, 의지, 심미 등 여러 가지 기능가운데서 의지활동이 가장 중요하다. 의지활동에는 다른 활동이 통괄되어있다. 왕양명의 유명한 화두인 "격을 버리고 초목을 구하니 어찌 성을 돌이켜서 스스로 일가의 뜻을 얻겠는가?", "학자는 당무가 급하다. 아무리 숙련되게 계산할 줄 알아도 이를 사용하지 못할 수도 있다. 따라서 반드시 마음속에 예악(禮樂)의 근본이 있어야 한다."(《전습록》 하) 이 말은 실증지식에 대한 탐구가 정심성의(正心誠意)라는 도덕수양의 최종임무에서 벗어날 것을 걱정하였다는 것을 보여준다. 그리하여 왕양명은 소옹, 채원정, 주희 등 실정경향이 있는 학자들을 비판하였다. 왕정상은 심학의 공소를 비판하면서 광의적이고 진정한 철학을 회복하고 좁기는 하지만 중국철학의 광범위한 이론경향을 대표하는 양명학의 사상적 기풍에서 되돌아오려고 노력했다. 그의 학설은 천문학의 영향을 만이 받았는데 이 점은 장재와 많이 비슷하다. 중국철학에서 실증과학 요소는 윤리주의의 속박에서 벗어나 상응하는 자리를 차지하려고 부단히 노력했다. 그러나 이러한 노력이 진정으로 실현된 것은 아편전쟁 이후였다. 과학기술의 낙후로 인해 큰 고생을 겪은 뒤에 중국 사람들은 철학전통을 혁신하려는 생각을 가지게 되었는데 그러면서 실증과학이 점차 입지를 굳히게 되었다. 왕정상이 살고 있었던 명나라 중기에 이학은 절대적인 통치지위를 차지하고 있었다. 그리하여 그의 과학주의요소, 실증사유경향(비록 미약하긴 하지만)은 그 시대적 조류에 대한 반역이었다. 이러한 반역에서 앞으로 실학이 흥기하고 강대해질 것을 예측할 수도 있다. 이런 의미에서 일부 학자들은 그를 이학을 반대하는 학자로 분류하기도 한다. 그러나 왕정상의 사상, 특히 그의 성학을 잘 살펴보면 그가 여전히 이학자라는 것을 알 수 있다.

2. 성론(性論)

성론은 왕정상 철학의 아주 중요한 내용이다. 왕정상이 말하는 "성"에는 인성, 물성이 포함된다. 그러나 그가 가장 중요하게 생각한 것은 인성이었다. 왕정상은 인성에 대해 명확한 정의를 내렸다.

왕정상에게 있어 성은 기의 작용이고 우주간의 사물이 그러한 사물일 수밖에 없는 성질과 주재이다. 성에 대한 정의는 그의 기본론(氣本論)의 전반에 관통되어있다. 모든 성질은 기를 근거로 하고 모든 성질은 기를 떠나 존재할 수 없으며 이러한 성질은 기가 본래부터 갖고 있던 것이지 외력이나 사람이 강제적으로 부여한 것이 아니다. 이게 바로 그가 말하는 "음양의 신리(神理)"이다. 왕정상은 기를 떠나 성을 논하는 것을 반대하였다.

송나라 유학에서 왕상정이 가장 탄복하는 것은 정호의 성론이다. 왜냐하면 정호의 성론은 기를 기초로 하고 기외에 성이 있다는 것을 반대하기 때문이다. 송나라 유학자들은 맹자의 사단설을 믿고 따르며 인성은 본래부터 선량하다고 생각하고 성선을 사람이 되는 사람의 이(理)로 간주한다. 그리하여 '성즉리'라는 관점을 가지게 되었다. 왕정상은 맹자의 성선론은 성악론을 버린 것이 아니라고 여러 번 강조하였다. 맹자가 말하는 성선은 사람의 선량한 방면에 대해 이야기한 것이다. 그러나 그렇다고 해서 사람이 선량하지 않은 방면이 존재하지 않는 것은 아니다. 맹자는 사람마다 사단의 마음을 갖고 있다고 말한다. 이는 선량한 성에 대해 말한 것이다. 맹자는 사람의 입은 맛있는 음식을 맛보아야 하고 눈은 아름다운 경치를 감상해야 하며 귀는 아름다운 소리를 들어야 하고 사지는 편안해야 한다고 말한다. 이것들은 성이 아닌 것이 아니다. 맹자는 이러한 성을 사람과 짐승이 공통으로 갖고 있는 것이라고 생각했기에 사단의 마음 하나를 선택해 이것을 성선의 근거로 삼았다. 이는 사람들에게 "자신을 반성하여 성실히 하고", "마음을 다해 하늘과 성을 알아가는" 간단한 수양방법을 제시한 것이다. 맹자는 사람의 형기(形氣)에 나오는 요구를 성이 아니라고 하지 않았다. 맹자는 "성에는 생명이 있다. 군자를 성이라 하지 않는다"고 했다. 그리하여 왕정상은 "사람은 선한 성과 악한 성을 모두 갖고 있다. 송나라 유학자들은 성선으로 입론하고 성이 올바르지 않다는 학설은 모두 버렸는데 이것을 옳다고 할 수 있는가? 비록 맹자를 존경해서 그렇게 했다고 하나 이는 결국 맹자에게 부담을 주었던 것이다(《왕정상집》 850쪽)."

왕정상은 성에는 선과 악이 있고 이러한 성과 악은 모두 기의 작용이고 모두 기를 기초로 한다고 주장했다. 왕장상은 기본론을 모든 것에 관통시켰다. 성은 기를 기초로 하기 때문에 선한 것만 있고 악한 것이 없을 수 없다. 정이가 제기한 '심즉리'관점은 사람의 선(善)을 우주의 근본법칙과 회통시켰는데 이것은 천도에서 성선론의 근거를 찾기 위해서다. 장재는 본연의 인성과 현실의 인성 사이에 존재하는 모순을 해결하기 위해 "천지의 성"과 "기질의 성" 두 가지 성을 제기했다. 천지의 성은 태허에서 오고 기질의 성은 음양이기에서 온다. "허와 기를 합해 성이라는 이름을 가지게 되었다." 주희는 장재의 천지의 성과 기질의 성이라는 관점을 계승하였지만 천지의 성은 이에서 나오고 기질의 성은 기에서 나오며 천지의 성은 우주윤리의 법칙이 사람 마음에서의 표현이고 기질의 성은 천지의 성이 사람의 기품의 영향을 받은 뒤에 나타나는 표현이라고 생각했다. 현실에 사람과 물체의 천지의 성은 기질에 의해 가려지기 때문에 반드시 이를 보존하고 욕망을 제거하는 공부를 통해, 천지의 성을 회복해야 한다. 정이와 주희는 모두 기질을 기초로 하지 않는 "천지의 성"이 존재한다는 것을 인정한다. 비록 천지의 성은 기질을 떠나 존재할 수 없지만 천지의 성은 기에서 온 것이 아니다. 이는 왕정상의 "성은 음양의 신리"라는 근본 관념과 같지 않다. 왕정상은 자신의 성론은 정이, 주희와 모순된다고 공개적으로 표시했다. 그는 자신의 제자인 설군채(薛君采)가 정이의 성론을 따른다고 비판하기도 했다. 그는 또 주희의 '성즉리'를 비판하기도 했다.

왕정상은 인성은 기를 기초로 하기에 선과 악이 존재한다. 성인은 형기(形氣)가 순수하기에 성인의 성은 모두 선하다. 하지만 일반 사람은 형기가 박잡(駁雜)하기에 성이 대부분 선하지 못하다. 그러나 전부 선하지 않은 것은 아니다. 사람의 선은 이가 아닌 기에서 나왔다. 절대 기 이외에 다른 성이 존재하지 않는다.

왕정상은 성의 동정에 대해서도 변론했다. 그는 《중용》에서 "희노애락의 미발은 중(中)이고, 발했지만 절도에 맞는 것을 화(和)라고"하는 것을 반대했다. 그는 또 중화에 대한 주희의 해석도 반대했다. 주희는 미발은 성이고 정이며 이발은 정이고 동이라고 했다. 수양공부는 미발일 때 함양이고 이발일 때 성찰이다. 동정은 모두 주경(主敬)한다. 왕정상은 소수의 성인만이 미발지중에 도달할 수 있고 대다수 사람들은 절대 도달할 수 없다고 생각했다.

왕정상은 《중용》과 주희의 성론의 잘못은 기질에서 다른 본연의 성을 찾아 미발지중의 근거로 한 것에 있다고 제기했다. 응당 수양공부 이후에 중을 추구해야 한다. 수양공부를 논하지 않고 성현과 평범한 군중을 구분하지 않은 채 그들에게 모두 미발지중이 있다고 생각하는 것은 잘못되었다.

왕정상은 또 정은 선하고 동은 악하다는 관점도 비판했다. 왕정상은 동정으로 성정을 비유할 수 없다고 생각한다. 정은 마음의 상태와 시간의 순서를 나타내고 성정은 선악을 표시한다. 평범한 군중에게는 미발일 때 이미 악이 잠재되어있다. 다만 외적으로 표현되지 않았을 뿐 없다고 할 수 없다. 감각할 수 있는 것은 악이 밖으로 모습을 드러냈을 때다. 왕양명은 이것을 병이 사람을 괴롭히는데 비유했다. 병이 발작하기 전에 병은 이미 가슴속에 잠복해있었기에 병에 걸리지 않았다고 할 수 없다는 뜻이다. 동정으로 선악을 검험하는 것은 성현과 평범한 군중을 구별하지 않는 것이다. 왕정상은 인성론에서 성으로 성을 말하는 것과 재기(才氣)로 성을 말하는 것을 구별했다. 전자는 "16자심전(心傳)"을 따른 것이고 후자는 공자의 "타고난 본성은 서로 비슷하지만 훗날의 학습에 따라 서로 달라진다"는 말을 따른 것이다. 성만 놓고 말할 때 맹자가 말하는 '양지'는 순(舜)이 말하는 "도심(道心)"으로서 모두 경험에서 얻어질 수 있는 것이다. 어린아이가 우물에 빠지는 것을 보면 측은지심이 생기고 마음의 가책을 느낄 때 이마에서 땀이 나는 것과 같다. 그러나 맹자가 말하는 "천성의 욕망"은 순이 말하는 "인심"이다. 예로 "입이 맛을 느끼고, 귀가 소리를 들으며, 눈이 색깔을 보고, 사지가 편안한 것"과 같은 것도 모두 경험에서 얻어질 수 있다. 그리하여 성과 정은 우매한 사람이든 성현이든 모두 갖고 있다. 사람의 마음을 따르면 평범한 사람은 결국에 악의 길에 들어설 것이고 도심을 따르면 성현은 결국에는 선의 길에 들어설 것이다. 도심은 사람마다 갖고 있기에 "타고난 본성은 서로 비슷하다"고 할 수 있다. 그러나 털끝만큼의 차이가 나중에 큰 차이를 초래할 수 있기에 "날의 학습에 따라 서로 달라진다"고 한다. 왕정상이 주로 강조한 것은 후자이다.

왕정상은 미발지중을 반대하고 정일 때는 선하고 동일 때는 악이라는 관점을 반대했다. 이는 모두 정호의 관점을 계승한 것이다. 정호는 "사람이 태어나서 그대로 정의 상태에 있으면 성이라고 할 수 있으나 그 이상의 상태에서는 성이라는 말이 허용되지 않는다. 성이라고 말하는 순간 그것은 이미 성이 아니다. 일반 사람들은 성을 논할 때 '이것을 계승하는 것이 선'이라는 것만 말한다. 맹자는 인성은 선한 것이라고 했다."《이정유서》

1권)라고 말했는데 그 뜻인즉 사람은 자신의 경험에 근거하여 성정을 이야기할 수밖에 없다는 말이다. 성은 형이상에 속한다. 사람이 말할 수 있는 것은 형이하의 기다. 형이상의 성은 반드시 형이하의 이에서 볼 수 있다. 형이하학의 기는 형이하의 성을 변화시킬 수 있다. "계승하는 것"은 후천 경험의 정이다. 맹자는 이러한 사단의 정에서 성선을 논했다. 왕정상은 이러한 관점을 빌려서 다음과 같은 말을 했다. "형태가 생기기전에 얻을 수 없는 것을 지선이라고 하는데 이것은 무엇을 근거로 한 것인가? 형태가 생긴 뒤에 성이라는 것이 있고 성에는 악이 없다고 하는데 이것은 무엇을 근거로 하는가? 정자는 '악을 성이 아니라고 해서는 안 된다'고 말했다(《신언·문성성편(愼言·問成性篇)》,《왕정상집》765쪽)." 그러나 왕정상은 정호의 관점을 많이 변화시켰다. 정호는 "정에서 성을 보아야 한다"고 하지만 왕정상은 "선과 악은 모두 성에 본래부터 존재하던 것"이라고 주장하는데 이것은 완전히 그의 인생 기품론에 근거한 것이다. "기에도 맑은 것과 흐린 것이 있는데 성에 어찌 선과 악이 없겠는가?" 왕정상은 정호의 성론에 대해서는 취사선택을 했다. 그러나 주희에 대해서는 거의 모두 받아들이지 않았다.

왕정상은 송나라 유학자들이 천명의 성과 기질의 성을 구분하는 것을 반대했다. 그는 기의 일원론을 기초로 천명의 성을 새롭게 해석하였다. 그는 하늘의 본질은 기이고 하늘은 기를 사람에게 부여하였다고 생각한다. 사람은 하늘의 기를 생명의 기질로 삼는다. 그리하여 "천명을 성이라고 한다." 성은 사람과 물체가 하늘의 기를 받아 갖게 된 것이다. 그리하여 기의 성은 사람의 성이다. 기의 성에는 순수한 것과 순수하지 않은 것이 있다. 사람의 성에도 선과 악이 있다. 사람은 선악은 모두 기품 때문이다. 후천적으로 기에 의해 형성된 선천의 선악을 변화시키거나 강화시킬 수 있을 뿐이다. 그리하여 성인의 성은 순수한 선이고 악이 없다. 그러나 많은 사람들의 성에는 선과 악이 있다고 했다. 성인의 성이 순수한 선이고 악이 없는 것은 품기가 모두 청명하고 순수하기 때문이다. 많은 사람들의 성에는 선악이 섞여있는데 이것은 기품에 순수한 것과 순수하지 않은 것이 섞여있기 때문이다.

왕정상은 인성에 대한 해석에서 사람의 사회성과 인류문화가 장기간 발전하면서 형성된 사람의 특징을 소홀히 하였다. 그는 인성을 완전한 자연물질로 해석하였는데 그 결과 편파적인 주장(一偏之論)에 빠지게 되었다. 그는 주희의 성론처럼 사람이 짐승과 다른 점에 근거하지 않았기에 관점이 주희처럼 깊고 광대하지 못하다. 주희는 인성론에서 정이, 정호의 "성을 논하고 기를 논하지 않았으니 구비되지 못하였다. 기를 논하고 성을 논하지 않았으니 명확하지 못하다"는 원칙에 따라 완전하고 심각한 인성 학설을 제기하였다. 주희는 주로 두 개 방면에 근거하여 성을 논하였다. 하나는 사람이 모든 생물종류보다 고귀한 존재로서, 다른 하나는 물질을 구성하는 피와 살을 가진 존재라는 것이다. 주희가 말하는 기질은 선악과 관계되지 않는다. 그는 주로 강자와 약자, 총명한 자와 우매한 자 등 비윤리적인 요소에 근거하여 말했다. 주희의 천명의 성(천지의 성, 의리의 성이라고도 한다)은 맹자와 《중용》의 학문을 계승한 것이다. 맹자는 단순하게 동물적인 생리본능을 사람의 근본성질로 삼지 않고 사람을 고도로 발전한 특수한 동물로 간주했다. 사람은 장기간의 군거생활에서 동족의 생존을 유지하는데 필요한 윤리원칙을 발전시켰다. 이러한 윤리원칙은 한세대 또 한세대의 사상가들에 의해 순수화, 신성화되어 최고무상의 위치에 놓이게 되었다. 이로 인해 윤리원칙은 충분한 권위를 가지고 사람을 관리할수 있게 되었다. 송명이학이 갖고 있는 성질중 하나가 바로 윤리원칙을 우주본체의 높이로 끌어올려 사람과 우주의 관계로부터 사람이 우주에서의 지위에 대해 설명하였다는 점이다. 그리하여 장재, 정이, 정호, 주희와 같은 일류의 사상가들은 천명의 성과 기질의 성을 엄격하게 구분하였다. 그 목적은 인류의 윤리원칙이 되는 부분과 개체 생명이 보편적으로 갖고 있는 그 부분을 조화시키기 위해서였다. 인류는 기나긴 사회생활에 윤리원칙은 없어서는 안 되는 존재이고 신성불가침한 존재라는 것을 알게 되었다. 그리하여 이것을 인류의 근본속성이라 정의하였다. 이것을 발견하고 이것을 인류생활에서 강조하는 것은 인류문명의 발전을 의미한다. 하천명의 성과 기질의 성을 모두 얘기하는 성이원론은 사람의 본질특성을 인식하는데 있어 인성을 모든 생물본능, 감성활동의 총합으로 보는 것보다 훨씬 심각하다. 천명의 성을 강조하는 것은 인류의 동족특징, 사회특징을 강조하기 위해서다. 이러한 특징을 "하늘에 의해 정해진 것"으로 보는 것은 인격을 갖고 있는 주재자의 안배가 아닌 동족특징의 불가항적인 힘에 의한 것이라는 점을 강조하고 이것으로 사람의 행위를 단속하는 자율행위를 강조하기 위해서다. 맹자는 "만약 정이 성에 맞게 표현된 것이라면, 선이라고 할 수 있다. 내가 성을 선이라고 말하는 것은 이런 뜻에서이다."(《맹자 · 고자상》)라고 말했다. 이 말은 현실에서의 선이 아닌 사람이 선을 따르는 본능을 인성선(人性善)을 근거로 하였다. "선을 따르는 본능"은 사람들이 기나긴 진화활동에서 동물들에 대한 관찰을 통해 동물의 생존과 지속에 유리한 점들을 강조, 정련,

유전, 정성(定性)한 결과이다. 이러한 것들을 우주만물에 투사시켜 그것을 사람의 기대에 부합되게 하였고 또 사람의 선단을 배양하는데 촉진 작용을 일으키게 했다. 이게 바로 "날마다 새로워지는 것은 성대한 덕", "생하고 생한 것을 역"이라고 하는 문화의 인류학적 의미이다. 기질의 성이라 하는 것은 왕정상이 말한 것처럼 사람이 기에서 얻은 모든 속성이 아니다. 기질의 성은 천명의 성이 기질의 성을 통해 표현되는 현실의 인성이다. 그리하여 천명의 성과 기질의 성을 나누는 것은 진실하게 인성을 더 잘 설명해줄 수 있다. 이는 완전히 기질에 근거해 인성을 설명하는 것보다 더 설득력이 있다. 동족의 유지에 필요한 윤리원칙을 너무 심하게 강조하면 개체성을 말살시킬 수 있다. 사람의 개체성, 사람의 생물본능을 너무 심하게 강조하면 사람의 군체성을 파괴할 수 있다. 사람의 모든 생명과 지혜는 인류의 동족 윤리원칙을 존중하고 발양하는데 있다. 동시에 사람의 감성요구를 최대한 만족시켜주어야 한다.

3. 수양론(修養論)

왕정상은 도덕수양을 매우 중요하게 생각했다. 그의 철학저작인 《신언》에는 《작성(作性)》,《잠심(潛心)》,《군자》 등과 같이 전문적으로 수양을 논한 문장이 여러 편 있다. 그의 수양론에는 여러 가지 내용이 포함된다.

우선, 그는 사람을 성인, 아성(亞聖), 대현(大賢) 그리고 일반인 이렇게 네 개로 나누었다. 이 네 가지 유형은 다른 도덕수양과 차원을 대표했다. 성인은 도덕이상의 화신이고 사인들이 도덕을 쌓는 표준이다. 성인은 인의예악의 판단자이고 해석자이다. 왕정상이 말하는 성인은 요, 순, 주공, 공자 몇 사람뿐이다. 그 다음 절차는 아성이다. 아성은 성인의 도에 꼭 들어맞고 성인의 도로 교화된 사람이다. 왕정상은 안연과 맹자 두 사람을 아성이라고 불렀다. 안연은 자질이 성인에 가깝지만 맹자만이 성인이라 할 수 있고 다른 사람은 모두 성인이라 할 수 없다. 성인과 현인의 구별에는 여러 가지가 있는데 제일 뚜렷한 게 바로 성인은 도덕수양과 지식학양이 최고의 경지에 들어섰고 도와 하나가 되었다는 점이다. 왕정상은 성인의 "최고 경지"를 매우 동경하고 찬미했다.

화는 성인의 최고경지이다. 이 경지에 도달하면 수양은 이미 성숙되어 자연스럽게 드러나고 침착하고 여유로우며 탐색하고 구할 상이 없게 된다. 《중용》에 말하는 "힘쓰지 않고 깊이 생각하지 않아도 저절로 이치에 딱 맞는다"는 것이 바로 이러한 경지이다. 이런 경지는 크다는 말로도 그 크기를 비유할 수 없다. 크다는 것은 그 외재적인 흔적이 있다는 것과 같다. 흔적이 있으면 방소에 막히고, 흔적이 없으면 도와 조화를 이룰 수 있다. 이러한 경지에 도달할 때 주체의 정신은 가장 앙양된다. 이 시기는 천지의 화육을 가장 막힘없이 도울 수 있는 시기이다. 왕정상은 이러한 경지를 다음과 같이 형용했다. "성인의 도술은 하나에 고정되지 않고 마치 강이 흘러 바다에 들어가듯이 참여하고 평형이 되며 교차되고 열고 닫히며 빨라졌다 늦어졌다 하고 교정된다(《왕정상집》 762쪽)." 이는 도와 하나가 되고 "아래위로 천지와 흐름을 같이 하는" 경지를 말한다. 많은 이학자들은 이러한 경지를 묘사하였다. 왕정상이 특별한 점은 《중용》, 《역전》, 《장자》의 성인관(聖人觀)을 결합시켰다는 점이다. 성인은 도덕의 극치, 아니라 우주의 상징이다. 성인에게는 대역(大易)의 건동(健動)이 있을 뿐만 아니라, 《중용》의 중화도 있고 장자는 도와 하나가 되었다. 왕정상의 성인관은 《논어》, 《맹자》의 인문정신, 《역전》, 《중용》의 우주정신과 《장자》의 자연정신의 결합이다.

왕정상은 성인의 여러 가지 덕성가운데에, 특히 도와 일체를 이루고 항상 때와 더불어 모든 것이 행해진다는 것을 중요하게 생각했다. 그리하여 그는 "성인은 시대를 따라야 한다(聖人因時)"는 것을 강조했다.

이 뜻은 매 시위(時位)에는 그 시위에 해야 할 일이 있고 일마다 가장 이상적인 시위가 있다는 말이다. 성인은 특정된 시간, 공간 조건하에 한 가지 일을 최대한 가장 합리적으로 진행할 수 있다. 더 상세하게 얘기하면 이(理)는 구체적인 시공속의 이(理)이고, 구체적인 시공속의 이(理)를 총합한 것은 도이다. 요순, 탕무(湯武), 태갑, 성왕은 모두 각자 살았던 시대의 성인들로서 선양, 징벌, 차례대로 왕위를 계승하는 일은 그들 각자의 시대에서 이에 부합되는 일들이다. 그리하여 왕정상이 말하는 도에는 역사적인 뜻이 포함되어있다. 대다수 이학자들은 절대성, 영구성을 강조하였지만 왕정상은 구체성을 강조하였다. 왕정상이 말하는 성인은 "처한 환경이 변해도 여전히 잘할 수 있고" 어떤 환경에서든지 모두 잘 할 수 있는 사람이 아니다. 반드시 재능, 위치, 시간 삼자를 모두 겸비해야지 어느 하나가 빠져도 안된다. 그는 "능력이 있는 것은 재능이고, 권력이 있는 것은 위치이며, 기회를 잘 알아채는 것은 시간이다. 삼자 가운데서 어느 하나라도 모자라면 안 된다. 그리하여 성인이 되려면 시기를 기다려야 한다(《왕정상집》 764쪽)"라고 말했다. 성인은 기본적으로 재능과 권위가 있어야 한다. 성인은 기회를 잘 잡을 줄 알아야 한다. 기회를 잘 잡는 것에 있어 관건은 지기(知幾)에 있다. 이렇게 하려면 사물의 미세한 변화와 징조에서 사물의 앞으로 발전하게 될 상황을 예측할 수 있어야 한다. 왕정상은 기(幾)는 만물의 운동에서 나타나는 자연적인 표현이라고 했다. 만물은 모두 천도의 고유 규율에 따라 생성되고 변화한다. 그러나 그 생성과 변화에는 아무런 의지와 목적도 없다. 성인은 천도와 하나가 되고 만물 본성의 필연성을 알고 이에 알맞게 행동해야 한다. 그러면 자연스럽게 변화가 생기게 되는데 여기에는 공리적인 목적이 없다. 여기서 왕정상이 말하는 신기(神幾)는 장자의 만물은 자연스럽게 그러하게 된다는 뜻이 있다. 혹은 그가 곽상(郭象)의 만물은 "현명중의 독화"라는 사상의 영향을 받았다고 할 수도 있다.

왕정상은 지기하려면 반드시 먼조 도를 알아야 한다고 강조한다. 그러나 도를 아는 일은 내외교양(內外交養)에 있다. 내적인 수양방면에서 함양을 중요시하고 외적인 수양방면에서는 치지를 중요시해야 한다. 치지와 함양은 모두 실지(實地)공부이다.

치지, 함양은 정이, 주희가 주장하는 수양공부의 가장 중요한 두 개 방면이다. 정이와 주희의 치지를 통해 구체적인 사물의 이를 얻을 수 있고 함양은 함영(涵泳), 온습, 음미를 통해 이러한 이(理)에 대한 이해를 강화하는 과정을 말한다. 이를 많이 축적하면 확연관통해지고 천도를 깨칠 수 있다. 그러나 왕정상이 말하는 도를 깨친다는 것은 구체적인 사물의 이를 깨치는 것을 말한다. 이러한 사물의 이를 깨치면 천도와 관통되는 것을 체험할 수 있다. 그리하여 왕정상의 저서에서는 축적을 통해 확연관통해진다는 말을 찾아볼 수 없다. 그가 말하는 공부의 내용도 정이와 주희와 많이 다르다. 주희는 강학을 매우 중요하게 생각한다. 그는 일생의 정력을 학생들에게 강의하고 책을 쓰고 문장을 쓰는데 쏟아 부었다. 정이는 정(靜)에서의 공부를 매우 중요하게 생각했다. 그의 "하루의 절반은 독서를 하고 나머지 절반은 정좌를 한다", "정좌하는 사람을 보면 학문을 잘한다고 감탄하곤 한다"라는 말에서 그가 주장하는 공부의 대요를 알 수 있다. 왕정상은 실학을 매우 중요하게 생각하는 관리였다. 그는 실천에서 치지를 매우 중요하게 생각하였는데, 사람과 일을 응대(酬酢)하는 중에 단련을 받아야 한다고 가르쳤다. 함양에서도 물리를 함영하고 음미하는 것을 중요하게 생각하지 않고 실천가운데에서 자신의 언행이 도의에 부합되는지를 검토해야 한다고 강조했다. 이러한 것을 통해 왕정상은 지식에서 실증을 중요하게 생각했고 수양방법에서는 지식과 도덕의 관통을 중요하게 생각했다는 것을 알 수 있다.

다음, 왕정상은 의리로 마음을 다스리고 예악으로 몸을 다스려야 한다고 강조했다. 의리로 마음을 다스린다는 것(義理修心)은 사물의 이치를 탐구하는 것을 말한다. 특히 천도인사(天道人事)에 관한 유가의 의리를 연구하여 시야를 넓히고 전면적으로 생각하는 사상방법을 배양하며 우주인생에 관한 각해(覺解)를 심화시켜 인격수양의 자각을 증진하는 것이다. 예악으로 몸을 다스린다는 것은 한곳에 정신을 집중하고 우두커니 앉아있는 방법을 버리고 천리와 인욕의 격렬한 격투에서 벗어나 사람으로 하여금 예악의 영향 아래에서 점차 도를 깨치고 고상한 정신적 향수와 신체의 안락함을 추구하며 예술적인 생활 속에서 생명의 미와 내외교양(內外交養)을 체험하여, 도에 뜻을 두는 것과 예술에서 노니는 것의 통일을 이루어야 한다. 이렇게 해야 천도에 알맞게 행동하고 자연스러운 덕성을 가진 빈빈군자(彬彬君子)가 될 수 있다.

내외교양해야 저속한 누유(陋儒)가 되지 않을 수 있다. 그는 그 당시의 유학자들의 갖가지 행위를 질책하기도 했다. 비유(鄙儒)는 비록 일시적인 조치에 대해서는 자기의 의견이 있지만 자기의 가족, 재물과 벼슬을 위해서라면 자신의 의견도 버릴 수 있다. 속유는 지식과 재능이 모두 뛰어나지 못하고 소견이 넓지 못하며 견문이 좁다. 이러한 사람들은 모두 중임을 떠안을 수 없다. 왕정상의 일생을 보면 이상이 있는 유학자가 되는 것이 그의 필생의 추구였다. 그리하여 그는 실학과 인격의 수양에 관심을 기울였다. 그는 "실천에 힘써야 하고 인간관계를 체험해야 한다"고 강조하였다.

왕정상은 내외교양을 치지와 역행 두 개의 방면으로 귀결시켰다.

여기서 말하는 치지역행의 내용은 《중용》의 "박학, 심문, 신사(慎思), 명변(明辨), 독행"에서 왔다. 왕정상은 "박문, 심문, 명변, 정사"를 지(知)의 내용으로 하고 "심성밀찰(深省密察), 독행, 개과"를 행의 내용으로 했다. 지의 내용은 의리의 받아들여 수신과 실제 행동에 종사하는 자양으로 하는데 중점을 두었다. 행의 내용은 사욕에 대한 성찰, 잘못에 대한 시정 등 도덕실천에 중점을 주었다. 이렇게 내외교양하고 덕과 지를 함께 다스리면서 내적으로 이상적인 인격을 형성하고 외적으로 세상과 나라를 다스리고 백성을 구제하는 업적을 쌓아야 한다. 이러한 학문이야말로 진짜 학문이다. 그리하여 그는 "성(性)을 수양하여 덕을 쌓으면 도에 맞게 일을 할 수 있다. 이것이야말로 학문이다"라고

말했다.(《왕정상문집》 779쪽)

　　왕정상의 수양방법은 내외교양하과 덕과 지를 함께 다스리는 데에 있다. 그의 행동원칙은 "높고 밝은 것을 지극히 여기되 중용의 도를 따른다"이다. 그는 일부러 특이한 것을 추구하거나 평범해지는 것을 모두 반대했다.

　　옛날 학자들 가운데는 특립독행하는 사람이 아주 많았다. 그러나 그들 대부분은 이름을 날리기 위해 일부러 특이한 행동을 하거나 성격이 편협하여 행동이 다른 사람도 있었다. 왕정상은 일부러 특이하게 행동하는 것은 도를 전면적으로 이해하지 못해서 그렇다고 생각했다. 도는 광대하고 자연스럽다. 성인은 "높고 밝은 것을 지극히 여기되 중용의 도를 따르기 때문에" 도에 부합된다. 진정한 유학자들은 세속에 동화되지 않는다. 세속에 동화되는 사람은 도를 깨우치려는 의지가 없고 고상한 행동이 없으며 일반적인 사람이 되어 자신을 보호하려고만 한다. 군자는 일부러 특이한 행동을 하지 않지만 이양을 위해 특조(特操)를 변화시키지는 않는다. "높고 밝은 것을 지극히 여기되 중용의 도를 따른다는 것"은 범용해지는 것이 아니라 속에 도를 구하려는 의지를 품고 착실하게 행동하는 것을 말한다. "화합하되 휩쓸리지 않는다"는 것은 일반 사람들과 조화를 이루긴 하지만 독립적인 의지를 바꾸지 않는 다는 말이다. 그의 이상은 "지원의방(智圓義方)"이다. 정신의 원칙에서 반드시 의지와 품행이 고결하고 세속에 휩쓸리지 않는 것(特立獨行)을 지켜야 한다. 이렇게 하지 않으면 일반 사람들과 구별할 수 없다. 구체적인 처세의 지혜에서는 반드시 이를 축적하여 원숙해져야 한다. 이렇게 해야 뭇사람들과 편안하게 지낼 수 있다. 도라고 하는 것에는 이 두 방면의 내용이 서로 보충된다. 선택은 학자들의 지향이고 홍의(弘毅)는 학자들의 덕행이며 변통은 학자들의 식견이다. 선택은 도를 표준으로 하고 도덕은 하늘을 모방하며 식견은 신묘를 종극으로 한다. 삼자가 모두 구비되어야 진짜 학자라고 할 수 있다. 왕정상이 정한 학자의 표준은 매우 엄격하고 높다.

　　왕정상의 공부론에는 도덕수양의 여러 가지 방면이 포함된다. 하나는 이학의 성법을 준수하는 것이다. 그중에는 그 자신만의 독특한 체오(體悟)가 포함되었지만 대부분이 서재(書齋)의 언어로서 왕양명처럼 체험이 심각하고 마음에 새길 수 있는 언어가 적다. 또한 왕양명처럼 세풍을 변화시키고 수많은 호걸들을 탄복시킬만한 기세도 없다. 총체적으로 그 영향이 왕양명처럼 심원하지 못하다.

4. 불도 및 이학의 여러 학자들에 대한 비판

왕정상은 자신의 저서에서 이학의 선현에 대해 많은 비판을 진행했다. 특히 불교와 노자, 장자를 격렬하게 비판했다. 왕정성은 불교 고서에 많은 공을 들였다. 그의 비판은 대부분 자기가 직접 내놓은 의견이다. 예를 들어 그는 불교에서 말하는 성과 악의 관계를 비판하였는데, 이를 통해 그가《원각경(圓覺經)》의 대의와 원각을 성으로 하는 불교의 학문을 깊이 이해했다는 것을 알 수 있다. 그는 불교에서 각을 성으로 하고 이 성은 불생불멸하고 모든 유정이 생겨날 때부터 갖고 있는 기능이며 도과(道果)를 이루는 모든 공덕의 기초라고 생각했다. 그는 불교의 근본취지를 정확히 이해하였다. 그는 각성은 불생불멸하기에 기와 하나 될 수 없다고 제기했다. 무릇 성과 기를 분리하면 불교의 이러한 학설에 빠지기 쉽다. 주희가 천명의 성은 형기에서 온 것이 아니라고 하는 이 주장한 것은 "사실 불씨의 본성영각(本性靈覺)에서 온 것(《왕정상집》 875쪽)"이라고 말했다. 성은 기에서 생기고 기를 떠나 성을 논한 모든 학설은 모두 주희의 이 잘못을 따른 것이다.

왕정상은 불교에서는 원각, 청정한 마음을 본원으로 하고 우주만상을 환화(幻化)로 하며 수양을 통해 환화를 제거하여 본래의 청정한 모습으로 되돌아오려고 한 것은 큰 환망(幻妄)이라고 지적했다.

왕정상의 철학입장에서 말할 때에 기가 구성한 천지만물에는 모두 체가 있다. 그리하여 이를 환화라 할 수 없다. 불교에서 이를 "환화"라고 불러도 이 환화는 사라지지 않는다. 정신활동은 여전히 존재한다. 심성이 본각이 옳은지에 관계없이 사람의 정신활동은 존재하기에 이것을 환상이라 부를 수 없고 이것은 사라지지도 않는다. 만약 모든 정신활동을 환상이라고 한다면 불교에서 말하는 각도 환상이다. 불교의 삼장은 총 12권에 달하는데 이것은 모두 정신활동의 결과이고 모두 환상에 관한 내용이다. 환상적인 지식으로 사람들을 환상의 정에서 벗어나야 한다고 가르쳤으니 너무나도 터무니가 없다. 왕정상은 불교 교의에서 가장 근본적인 문제점을 장악하여 "상대방의 논거로 상대방을 반박"하는 방법을 이용해 불교에서 물체의 존재와 정신활동을 모두 환망으로 보는 잘못을 논증하였다.

왕정상은 기론에서 출발해 노자와 장자의 사상을 비판하였다.《노자》오천언은 글자는 적지만 내용이 아주 풍부하다. 왕정상의 논점은 노자학설의 모든 방면을 거의 모두 포함했다. 그는 《노자》라는 책의 주선은 겸퇴, 무위이지만 노자가 말하는 겸퇴는 진공을 위한 물러남이고 그가 말하는 무위는 사실은 유위를 위해서이다. 《노자》에 관련된 여러 내용에서 정수이론을 믿는 사람들은 이것을 수련의 방사(方士)로 보았고 검약을 믿는 사람은 이를 묵가의 "자신을 괴롭히는 법도"로 삼았다. 그러나 묵가에서 자신을 괴롭히는 것은 "사람들의 마음에 어긋나는 것이기 때문에 천하 사람들이 그것을 감내하지 못한다." 잔혹하고 은혜를 몰라야 한다고 주장하는 사람들은 이것을 신한(申韓)의 가혹한 법령으로 간주했다. 장자의 아무 것도 없는 곳을 돌아다니고, 열자의 바람을 타고 나들이 하는 그런 유쾌하게 지내는 것은 모두 절대적인 자유를 추구하는 것으로서 유가의 치국의 이치를 포기한 것이다. 이 또한 모두 《노자》의 성덕을 끊고 지혜를 버려야 한다는 학설에서 온 것이다. 《노자》의 세 가지 보배의 하나는 바로 "구태여 천하에서 앞장서려는 생각은 하지 마라"라는 것이다. 그리하여 그럭저럭 스스로 만족하며 살고 당당히 앞장서지 못하는 사람은 모두 이 말을 구실로 삼는다. 복잡한 세상에서 명철보신(明哲保身)하려는 사람들을 모두 《노자》를 근거로 한다. 《노자》의 이론은 잘 이용하면 나라와 백성을 다스리는 수단이 될 수 있다. 그러나 잘못 사용하면 큰 해가 될 수 있다. 그리하여 왕정상은 "군자들은 노자와 장자의 방법을 따르지 말고 그 이치만 이해하면 된다(《왕정상집》 845쪽)"고 반복적으로 강조했다.

왕정상은 노자의 근본법칙인 '무위', "도는 자연을 본 받는다", "성덕을 끊고 지혜를 버려야 한다"는 관점 격렬하게 비판했다. 왕정상은 노자가 살았던 사회에는 강자가 약자를 괴롭히고 대국이 소국을 침략하는 현상이 매우 엄중했다. 만약 노자가 자연을 종지로 하는 사상을 믿으면서 이러한 현상을 그대로 내버려둔다면 불평등이 어떻게 사라질 수 있겠는가. 노자의 "절성기지"학문은 더 따르면 안 된다. 민생의 이익은 역대 성인의 지혜를 가진 사람들이 남기고 축적한 결과이다. 유가의 성군들은 그 지혜를 전수하지 못 할 것을 걱정한 것은 바로 세상에 성지를 가진 사람이 나타나지 않을 것을 걱정한 것이다. "절성기지, 민리백배(民利百倍)"라는 노자의 말을 믿으면 우국우민하고 경제를 살리려는 뜻까지 쓸데가 없는 것이 되고 만다. 자연에 관한 노자의 학문은 수신을 하는데 사용할 수는 있지만 치국을 하는데 사용하면 나라가 어지러워질 수 있다. 왕정상은 여기서 유가의 유위이론으로 노자를 비난했다. 왕정상은 천도관에서는 자연무위를 주장하고 하늘에 뜻이 있고 목적이 있다는 것을 반대한다. 그러나 사회정치방면에서는 그는 자연론을 반대하고 인위적으로 불평등현상을 조절하거나 제거하여 전체 사회의 화합을 이끌어내야 한다고 주장한다.

왕정상은 형법을 없애야 한다는 노자, 장자의 주장을 반대한다. 그는 노자와 장자가 통치자들이 형법을 이용하여 백성을 잔해(殘害)하고, 역사의 흐름과 민의(民意)를 저버리고 국가의 최고 권력을 탈취한 사람들이 백성을 다스리는 도구라고 생각하였기에 형법을 제거해야 한다고 주장했다고 제기했다. 형법이 없는 세상은 노자와 장자뿐만 아니라 모든 유가성인들의 이상이다. 그러나 형법을 사용하지 않고도 백성들의 생활이 편안하고 덕을 닦을 수 있는 세상은 명군들이 급급히 추구하는 것이다. 그러나 현실 속에서 일어나는 각가지 악행은 반드시 법률로 제재를 해야 한다. 형법을 사용하지 않는 노자와 장자의 생각은 현실에 부합되지 않는다. 형법을 사용하지 않으면 나라에 큰 난리가 일어나게 될 것이다.

왕정상은 노자의 청정무위의 원칙을 반대하였을 뿐만 아니라 주돈이의 주경학설도 반대하였다. 주돈이의 '주정'의 종지는 많은 사람들로부터 비난을 받았다. 사람들은 그의 학문이 불교와 도교의 학문을 표절했다고 했다. 왕정상은 주돈이의 '주정'학문에 동의하지 않았다. 그는 주돈이의 '주정'에는 정은 있으나 동이 없고 음이 있으나 양이 없다고 생각했다. 그는 주돈이의 이러한 학문으로 인해 후학에 정을 좋아하고 동을 싫어하게 하는 결점이 생겨났다고 주장했다. 왕정상은 유학의 동정교양(動靜交養)에서 출발해 '주정'을 반대하였고 《예기·악기》의 "사람은 태어날 때부터 정의 상태에 있다"라는 주장도 반대했다.

왕정상은 성(性)은 정(靜)하고 정(情)은 동(動)하다는 주장, 정(靜)을 이(理)로 보고 동(動)을 욕(慾)으로 보는 주장을 모두 반대했다. 그는 동정은 내와 외, 뚜렷한 것과 미세한 것의 명칭일 뿐이라고 했다. 양자를 결렬시켜서는 안 된다. 밖으로 드러나는 것은 마음속에 그 기초가 있다. 성(性)은 정(靜)하고 정(情)은 동(動)하다는 주장, 정(靜)을 이(理)로 보고 동(動)을 욕(慾)으로 보는 주장은 모두 동정을 결렬시킨 것으로서 도를 아는 사람의 주장이라 할 수 없다. 왕정상은 "정은 본체이고 동은 발용"이라는 주장을 제기했다. 그러나 이 본체와 발용은 어느 것이 어느 것을 유발하는 관계가 아니고 주차(主次)의 구분이 없다. 그리하여 그는 "동과 정은 서로 보충하고 보완하고", "동과 정은 서로 드러나는 관계"라고 했다.

동정에 관한 왕정상의 설은 매우 정확하다. 왕정상은 소옹을 엄격하게 비판했다. 그의 비판은 역학 의리파(義理派)의 입장에 서서 상수파(象數派)를 비판한 것이다. 소옹은 상수파의 대표적인 역학자이다. 그는 수(數)를 근본원리로 우주가 생성하고 변화하는 모식을 추리해냈다. 왕정상은 천지인물에는 모두 이(理)가 있고 이(理)의 절주와 운률은 모두 수(數)라고 생각했다. 수는 이의 표현형식이다. 이가 수에서 파생되어 나온 것이 아니다. 수를 우주의 근본원리로 생각하고 수에서 만물이 파생되어 나온다는 주장은 수를 만물로 생각하는 파생학자의 생각으로서 명정론(命定論)의 속박에서 벗어날 수 없다고 했다.

왕정상은 역의 의리로 논증을 진행해야 한다고 주장한다. 그는 의리를 버리고 순전히 상수로 추리하는 방법을 반대하였다. 그는 상수는 인위적으로 설정된 일반적인 틀이라고 생각했다. 그러나 이는 구체적이고 개별적이다. 상수로 추리하는 것은 매우 쉽다. 소옹 "가일배법(加一倍法)"과 일분위이(一分爲二)법은 별로 심오하지 않다. 괘효사(卦爻辭)와 괘서(卦序)를 버린 의리는 진짜 역이라 할 수 없다. 역대로 심오하기 그지없다고 평가되었던 《선전도》에 대해 왕정상은 경멸의 뜻을 표현했다. 그는 "강절(康節)의 선전도는 음양괘획(卦畫)을 따라 배열한 것이다. 역을 아는 사람은 모두 할 수 있는 일이다. 그러니 정묘하고 심오할 것이 하나도 없다"고 했다.(《왕정상집》 869쪽) 그는 선전도는 괘획, 상서를 따라 인위적으로 안배하였기에 별로 큰 의미가 없다고 주장했다. 왕정상은 이것으로 소옹(邵雍)이 상수(象數)에 근거하여 추측해낸 원회운세(元會運世)의 진화법칙을 비판했다.

"육십갑자만 배열하는 것"은 소옹의 원회운세추산법이다. 이 방법은 자축인묘십이지지를 일원 십이회로 하고, 갑을병정십천간이 3번 반복되는 것을 일회 삼십운으로 한다. 한운이 십이세이고 한세가 삼십년이다. 이렇게 끝없이 추산할 수 있다. 왕정상은 이것은 모두 의미가 없는 숫자일 뿐이라고 생각했다. 천인의 심오한 내용은 모두 이에 들어있고 천도와 인사의 복잡한 변화는 육십갑자와 같은 숫자로 계산할 수 있는 내용이 아니라고 주장했다. 왕정상은 구체적인 물리를 연구하는데 매우 큰 관심을 기울였다. 저고리의 소매에 눈을 담아 겨울과 봄에 내리는 눈의 다른 점을 살펴보았고, 땅벌을 잡아 유충(螟蛉)과 벌의 관계를 연구했다. 그리하여 그는 자기 스스로 만든 법규를 세계의 원리로 삼고 이것으로 우주변화를 추리해내는 방법을 싫어했다. 소옹의 수학에 대한 그의 비판은 그가 실증사유를 중요시하는 것을 표현한 것이기도 하다.

그는 송나라이학의 염락관민(濂洛關閩)파벌에 대해 평가한 적도 있다. "관락의 학문은 맹자와 같다. 정백자(程伯子)의 학문은 순수하고 고명하며 도에 여유가 있었기에 그의 학문은 성인의 중정을 잘 드러냈다. 그리하여 아주 우수하다고 할 수 있다. 민월의 학문은 선현을 독실하게 따랐다. 그러나 연구범위가 넓고 진실하지 못한 것을 선택하였다. 이러한 것들을 잘못된 점들이다(《왕정상집》 819쪽)." 그는 주희를 "음양, 복서(卜筮), 풍수, 점성 등을 모두 믿었다"고 비판하기도 했다. 왕정상은 자신이 비록 아는 것이 많기는 하지만 자신이 믿는 것은 모두 도이기 때문에 광범위하기는 하나 복잡하지 않다고 주장했다. 왕정상은 매우 강한 과학정신과 실증정신을 갖고 있었다. 그의 저서에서 술수 등에 관한 논술은 모두 이 점을 설명해준다. 그는 옛날에 성현들의 가르침에는 "백성을 고루 밝게 잘 다스리는 것", "백성들에게 때를 일러주는 것", "백곡의 씨를 뿌리는 것", "육부삼사" 등이 있는데 이러한 것들은 모두 "다스림에 도달하는 실제 내용"이라고 주장했다. 그는 일생동안 복서, 점성, 도참과 위서 등을 반대했다. 여러 학과가운데서 왕정상은 특히 천문에 능통했는데 그의 저서에서 천문에 관한 논술을 많이 찾아볼 수 있다. 이 점은 장재의 영향을 받아서 그럴 수도 있다.

　　왕정상은 주희에 대해 많은 비판을 했지만 주희와 육구연의 논쟁에 대해서 매우 공정한 평가를 내렸다.

　　주희와 육구연의 논쟁은 이학에서 매우 중요한 안건이다. 주의와 육구연이 살아있을 때, 그리고 죽은 뒤에 두 학파 간의 논쟁은 한 번도 끊긴 적이 없다. 청나라에 이르러서까지 주희와 육구연의 논쟁은 여전히 학술계의 큰 쟁점이었다. 왕정상의 탁견은 주희와 육구연 사이에 존재하는 대립이 그렇게 크지 않다고 생각했다는 점이다. 그는 주희와 육구연의 쟁점은 대부분이 그의 제자들 사이에 일어난 파벌간의 의견차이라고 주장했다. 문하제자들은 각자 문호를 지키기 위해 말다툼을 벌였고 서로 이기는 것을 목적으로 하였기에 주, 육 두 사람의 진짜 학문에서 많이 벗어났다. 왕정상은 주희와 육구연의 논쟁의 역사발전에 착안하여 주, 육 후학들의 불량한 학풍을 반대하였는데 관점이 매우 정확했다.

　　그 외에 왕정상은 "다스림에 도달하는 실제 내용"으로 쓸데없이 성리를 얘기하는 기풍을 반대했다.

　　여기서 그가 비판한 사람은 왕양명과 담약수이다. 왕양명과 담약수는 제자가 아주 많았는데, 한 시대의 기풍에 큰 영향을 끼칠 수 있었다. 왕정상은 일생동안 실학을 존중하고 이학가의 허현(虛玄)한 학풍에 반대했다. 그러나 왕양명과 담약수는 자신들이 주장하는 "치양지"와 "수체인천리"는 모두 실학이라고 생각했다. 특히 왕양명은 책에 파묻혀 사는 순수한 학자가 아니라 실제로 정치적 업적과 공훈을 많이 쌓았다. 그의 "치양지"학문은 사실상 "치양지"해야 한다고 강조하고 양지와 천리를 통령으로 하고 실제 사실과 실제 공력을 보익으로 하며 시시각각 지행합일하고 곳곳에서 실학을 실천하였다. 그가 후배들의 마음을 비우고 정좌하라고 가르친 것은 학문을 시작할 때의 일이었다. 왕양명은 곳곳에서 덕, 이, 성의 통령작용을 강조하였다. 그는 학자들과 학문을 논할 때에도 ""치양지" 세 글자를 벗어나지 않는 것을 종지로 했다." 그의 학문은 허현 같지만 사실은 체용이 있는 실학이다. 유종주는 "양지를 지로 삼으면 견식이 견문에 얽매이지 않고, "치양지"를 행으로 삼으면 견행(見行)이 모퉁이에 의해 막히지 않을 수 있다고 했다. 즉지즉행, 즉심즉물, 즉동즉정, 즉체즉용, 즉공부즉본체, 즉하즉상, 이러한 것들은 학자들 사이에 존재하는 모두 조리가 없고 화려한 것만 추구하며 근본을 잃어가는 등의 문제점을 바로잡기 위해서이다. 공자 이래로 이처럼 심각하게 저술한 사람은 없다(《명유학안》 7쪽)." 왕정상이 이렇게 왕양명을 배격한 것은 왕양명이 주장하는 양지학문의 정수를 깊이 연구하지 못했기 때문일 수도 있다.

왕정상이 허현의 학문을 비판한 것은 나라와 백성을 구하려는 깊은 뜻이 있었기 때문이다. 그는 그 당시의 가장 큰 문제점은 사람의 마음이 아닌 정치에 있다고 생각했다. 정치에서 가장 큰 폐해는 종실에서 녹량(祿糧)을 너무 많이 점하고 국고가 비어있으며 변방의 방비가 해이해지고 군대가 교만해져 통제하기가 쉽지 않은 것 등이 있다. 이러한 것들은 능히 국가의 멸망을 초래할 수 있는 긴박한 문제점들이었기에 집권자들은 반드시 이러한 것들에 주의를 기울여야 했다. 사람의 마음과 풍속 문제는 점차 퇴적되어가는 문제로서 나라를 멸망시킬 정도는 아니다. 그리하여 "인심을 바로잡아야 한다"는 주장은 세상물정을 잘 모르는 유학자들의 생각이라 할 수 있다. 왕정상과 왕양명은 모두 국사와 민중의 고통(民瘼)에 심각한 우환의식을 갖고 있었다. 그러나 한 사람은 정치적인 조치로 문제를 해결해야 한다고 주장했고, 한 사람은 사람 마음의 근본적인 문제부터 해결해야 한다고 주장했다. 한 사람은 실질적인 문제를 중요시하였고, 한 사람은 도덕인심을 바로잡는 것을 중요시했다. 여기서 왕정상의 실증적인 사유방식이 드러난다.

왕정상의 학문에서 가장 뚜렷한 것이 바로 기론이다. 전인들은 그의 기론이 장재에게서 온 것이라고 하는데 이 말에도 일정한 이치가 있다. 그의 기론은 나흠순보다 훨씬 완벽하다. 이후에 고헌성, 고반룡, 유종주, 황종희는 모두 그의 영향을 받았다. 그러나 명나라 이학의 가장 뚜렷한 특징은 바로 심성론이다. 황종희가 말한 "소털과 견사와 같은 것까지 쪼개서 분석하는 수준"이라고 한 말은 바로 이것을 두고 한 말이다. 왕정상은 심성론에서 별로 큰 성과를 이루지 못했다. 왜냐하면 그는 이성적인 사유에는 강하지만 심성의 체험방면에서 매우 약하기 때문이다. 또한 그는 실증의 학문을 매우 중요하게 생각했다. 그가 도참과 위서의 학문, 천인감응, 점, 별점, 풍수 등을 반대한 것은 모두 그가 천문학에서 배운 이성주의와 실증주의와 연관이 있다. 그는 《신언》의 서언부분에서 다음과 같이 말했다. "나는 도를 깨친 이래 하늘을 우러러 보고, 아래로는 백성을 잘 살피면서 보이지 않은 것을 연구하고 조사하였다. 그 과정에서 배운 것들을 이 책에 적어본다 (《왕정상집》 750쪽)." 이는 다른 한 방면으로부터 그의 이러한 사유방법을 반영해냈다.

제 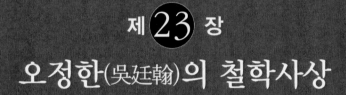 장

오정한(吳廷翰)의 철학사상

1. 기의 혼륜(混淪)이 천지만물의 시초이다

2. 심학에 대한 비판

3. 수양공부론(修養攻夫論)

오정한은 왕정상 이후에 기론을 철학기초로 한 또 다른 사상가이다. 그의 우주론, 성론 및 공부론에는 독특한 점들이 아주 많다. 육구연, 왕양명에 대한 그의 비판에는 과격한 부분이 존재하기는 하나 그래도 일정한 이론적 근거가 있다. 이욕, 지행, 분수와 총괄 등 방면에 대한 그의 관점은 평범해 보이지만 사실은 일정한 깊이가 있다.

오정한(1490-1559)의 자는 숭백(嵩柏), 남직예(南直隶) 무위주(無爲州) 사람이다. 어릴 때부터 유난히 똑똑하였는데 12살 때에 이미 역학을 배우기 시작했다. 29살에 거인이 되었고 그 다음해 진사가 되었다. 병부주사를 하다가 후에 예부문선사랑중(吏部文选司郎中)이 되었다. 예부에서 관리를 뽑을 때, 상사와 의견충돌이 발생했고 이로 인해 광동첨사가 되어 나갔다. 후에 다시 영남분순도(嶺南分巡道) 겸 독학정(督學政)으로 옮겼다. 얼마 후 절강참의로 갔다가 또다시 산서참으로 되돌아왔다. 큰 재해가 일어난 해에 빚을 면제하고 음사를 팔았으며 창고를 열어 백성들에게 양식을 나누어주었다. 성격이 매우 강직하여 권력자들의 뜻을 잘 따르지 않았다. 40여세 때 관직에서 물러나 집에서 30여 년 간 지냈다. 왕양명에게 편지를 보내 학문을 토론한 적이 있다. 그는 고향에 나는 자소(紫蘇)의 향기를 무척 좋아했고 백만호(百萬湖) 옆에 집을 짓고 살았다. 그리하여 그를 소원선생(蘇原先生)이라 부르기도 한다. 그는 평시에 책을 읽을 때 옆에는 옹기 하나를 놓아두곤 했다. 책을 읽다가 의혹이 생기거나 생각이 떠오르면 얼른 적어 그 안에 담아 두었다. 《옹기(瓮記)》, 《독기(櫝記)》는 모두 이러한 독서찰기를 한데 묶은 것이다. 그 외에 《길재만록(吉齋漫錄)》, 《문집》, 《시집》, 《호산소고(湖山小稿)》 등 저서가 있다. 후세 사람들은 이것들을 한데 묶어 《오정한문집》이라 불렀다. 오정한의 저서들은 국내에서는 보기 드물지만 일본에서 매우 광범하게 전해졌다. 그는 일본 고의학(古義學)학파의 창시자인 이토 진사이에 큰 영향을 끼쳤다.

　　오정한의 학문은 그의 외조부인 장륜의 영향을 많이 받았다. 그는 장륜의 학문, 인품을 매우 존중하였다. 그는 만년에 이르러서까지 장륜의 가르침을 고맙게 생각하고 항상 마음에 새겨두었다. 오정한은 왕정상의 영향도 많이 받았다. 그는 저서에서 왕정상의 관점에 동의한다는 의견을 여러 번 내비쳤었다.

1. 기의 혼륜(混淪)이 천지만물의 시초이다

　　오정한은 기를 우주의 기초로 보았고 도, 이, 음양, 태극, 성, 신 등을 기의 기초로 보았는데 이것들은 모두 기의 다른 방면에 대한 규정이다. 그는 《길재만록》의 첫머리에서 기와 그 중요한 범주에 대해 명확하게 규정지었다.

　　즉 천지만물의 시초는 곧 우주만물의 기초이고 본체이다. 즉, 기가 혼돈되어 나위어지지 않은 상태이다. 혼륜은 기가 한데 긴밀히 혼합되어 틈새가 없고 끝이 없다는 말이다. 이러한 혼륜의 기가 바로 태극이다. 태극은 가장 근본적이고 원시적인 존재로서 만물은 모두 여기서 생겨났다. 그리하여 태극은 지극, 지존이다. 여기서 말하는 태극은 《역전》에 나오는 "태극"의 원뜻으로서 음양이 나누어지지 않은 혼돈한 원기를 말한다. 음양은 기에 원래부터 존재하는 동과 정, 깨끗함과 혼탁함, 베풀고 나누어주는 것과 모으고 응결되는 것과 같은 서로 대립되는 두 개의 세력을 말한다. 소위 "도가 곧 기"라고 하는데에는 두 가지 방면의 내용이 포함된다. 하나는 도의 구성이 곧 음양의 기라는 말이다. 《역전》에는 "한 번은 음(陰)이 되고, 한 번은 양(陽)이 되는 것이 도(道)"라고 하면서 고양(孤陽)과 고음(孤陰)은 도라 할 수 없고 도는 반드시 음양의 기여야 한다고 했다. 다른 하나는 도가 만물의 근원이고 만물이 여기서 생겨난다는 말이다. 기는 생생의 역이기도 하다. 왜냐하면 천지만물의 산생과 변역은 모두 기의 주류(周流)이다. 기는 저기서 형성되어 여기에 들어오면서 생생불식(生生不息)하는데 예나 지금이나 이렇다. 신(神)은 기의 변화가 미묘하여 예측할 수 없고 그 극이 어딘지 알 수 없는 것을 말한다. 기에 대한 그의 해석 역시 매우 독특하다. 그는 성은 천지만물의 성질이라고 했다. 천지만물의 성질은 천차만별이고 모두 기로 이루어졌기에 "도(道)를 완성하는 것이 성(性)"이라고 했다. 이는 전인이 만물이 다른 것은 이 때문이고 기는 사물의 형식을 채우는 순수한 질료라는 해석과 많이 다르다.

송나라 이래 논쟁이 끊이지 않았던 이기관계에 대해 오정한은 상세한 분석을 진행했다. 그의 근본적인 관점은 이는 기의 조리이고 기는 이의 기초이다. 이(理)는 기 밖에 존재하는 다른 사물이 아니고 기보다 먼저 존재하는 기의 "소이연(所以然)"이 아니다. 그는 이(理)는 존재가 아닌 기능과 상태를 표시하는 범주라고 명확하게 표시했다. 이는 기의 기초이다. 재해, 요망한 기운, 탁란 등과 같은 자연계의 불규칙적인 운동은 모두 기의 조리에 오류가 발생했기 때문이다. 여기에는 근거가 있고 기의 운동변화에 본래부터 존재하던 것이므로 이러한 것들 역시 이(理)라고 할 수 있다.

오정한의 이러한 관점은 도를 이라고 하고 도와 이는 기의 소이연이며 논리적으로 기보다 먼저이고 기보다 더 근본적이라는 정이와 주희의 관점에 대한 비판이다. 《역전》에 나오는 "한번 음(陰)이 되고 한 번 양(陽)이 되는 것이 도(道)"라고 하는 말에 대해 정의는 이렇게 해석하였었다. "음과 양을 떠나서는 도가 존재하지 않는다. 그리하여 음양은 도이고 기이다. 기는 형이하학의 존재이고 도는 형이상의 존재이다." "개합(開闔)하는 존재가 도이고 개합이 곧 음양이다(《이정유서》 15권)." 주희도 이런 말을 한 적이 있다. "음양의 기는 도가 아니다. 그리하여 음양 역시 도가 아니다." "음양은 음양일 뿐이다. 도는 태극이다" 정이와 주희는 도와 이를 기의 소이연으로 보고 기를 형이하학의 존재로 도를 형이상의 존재로 보았으며 도와 이는 논리적으로 기보다 먼저라고 생각했다. 주희는 이(理)는 시간이나 발생과정상으로 기보다 먼저인 것은 아니라고 반복해서 강조했다. 그러나 이(理)는 기가 이렇게 된 근거이고 이는 내적으로 기를 제약하고 있으며 이는 기보다 더 근본적이다 라고 하는 것은 주희가 "이가 있기에 기가 존재한다. 그러나 이가 근본이다." "이가 생겨난 뒤에 기가 생겨났다"(《주자어록》 1권), "본원을 따지고 보면 이가 생겨난 뒤에 기가 생겨났다(《답조지지서》, 《주자문집》 59권)"라는 말과 같은 뜻이다.

오정한은 주희의 이러한 의견에 동의하지 않았다. 그는 주희가 논술과정에서 이와 기를 두 개로 나누어보았다고 의심하면서 곳곳에서 자신의 이는 기의 조리라는 근본관점을 관철시켰다. 그는 "태극", "성명(性命)" 등 개념을 해석할 때에도 이 방향을 따랐다.

오정한이 "태극"에 대해 반복적으로 토론과 논증을 진행한 목적은 태극을 천지만물의 이(理)로 본 주희의 관점이 일으키는 영향을 제거하기 위해서이다. 주희는 주돈이의 《태극도설》에 주해를 달 때, 태극을 "하늘이 하는 일은 소리도 냄새도 없다. 그러나 사실은 조화의 관건이고 모든 변화의 근본이다"라고 했다. 오정한은 태극은 기가 지존무상하다는 것을 표시하는 것뿐이다. 태극은 조화의 관건이고 품회(品匯)의 기초라고 말하는 것은 혼륜의 원기가 천지만물의 본원이고 만물 밖에 따로 존재하는 물체가 아니라는 뜻이다. 태극을 만물이 변화하는 관건과 기초라고 생각하는 것은 노자의 "도에서 천지가 생겨났다"라는 관점과 일치하다. 그는 《태극도설》에 대한 주희의 해석에 동의하지 않는다. 그러나 그는 정호의 "형이상이 도이고 형이하가 기(器)이다. 기(器)는 도고 도가 기(器)다"라는 관점을 너무 높이 평가했다. 그는 "도에 대해 매우 정밀하게 논술했다"고 평가하면서 "하늘의 일은 기일 뿐이다. 이는 기의 조리이고 용(用)은 기의 묘용이며 사람의 운명은 곧 기의 운명이다(《오정한집》 8쪽)"라고 말했다. 원나라의 오징(吳澄)은 "태극이 무극"을 해석할 때 "도, 이(理), 성(誠), 천(天), 제(帝), 신(神), 명(命), 성(性), 덕, 태극은 이름은 같지 않지만 사실은 모두 하나이다"라고 말했다. 오정한은 이 관점에 동의했다. 그러나 오징의 이러한 개념들이 기와 동일하다는 관점을 제기하지 않은 것을 애석하게 생각했다. 그는 오징은 이러한 개념들이 서로 설명해주고 서로가 서로의 원인이 된다는 것을 인식했지만 이러한 개념에 동일한 기초가 있다는 것을 밝히지 못했다고 평가했다. 그는 이 관점을 다음과 같이 보충했다. "도, 이라고 하는 것에는 반드시 그에 해당하는 존재가 있는데 그게 바로 기다(《오정한집》 12쪽)."

오정한은 기의 동정에 대해서도 탐구했다. 그는 후인들이 주돈이의 "주정"학설에 근거하여 정을 태극의 본체로 생각하는 것을 반대하였다. 그는 정호가 말한 "동정은 단이 없고 음양은 시가 없다"는 관점에 동의한다. 그는 기는 만물의 시초이고 기에는 본래부터 음양이라는 서로 생대적인 작용이 존재하며 음양이 곧 동정이라고 주장했다. 음양의 양단은 끊임없이 순환하고 동 전에 정이 있고 정 전에 동이 있기에 선후를 나눌 수 없다고 했다. 그는 "'역에 태극이 있다'고 한 것은 음양의 동정을 포함해서 한 말이다. 음양, 동정에서 한 가지만 말하는 것은 모두 일부분만 가리키는 것으로서 이것을 태극의 전체라고 할 수 없다(《오정한집》 13쪽)"고 말했다. 태극의 전체는 곧 음양이다. 고양(孤陽)과 고음(孤陰)은 모두 태극이 아니다. 그는 주돈이가 《태극도설》에서 "성인은 중정과 인의로 정하되 주경하였다"라는 말에서 정이라는 글자는 "태극이 동하면서 양이 생기고 정하면서 음이 생긴다"라는 말의 '정(靜)'이 아니라 '정(定)'의 뜻이다. 즉, 정호의 《정성서》에서 "동이자 정(定)이고 정(靜)이자 정(定)"이고 했던 '정(定)'이다. '정(定)'은 곧 "중정인의(中正仁義)가 그치는 곳"이다.(《오정한집》 13쪽) 그리하여 수양공부로서의 정은 "주정의 정(靜)에는 반드시 동과 정이 모두 있다(《오정한집》 14쪽)"고 했다. 주정의 내용은 '무욕'이다. 무욕은 선종이 말하는 일념불생이 아니라 "인, 의, 예, 지, 신의 다섯 가지 성품이 느끼고 움직여져서 선과 악이 구분되고 만 가지 일을 드러낼 때" 중정인의 등 도덕원칙으로 규범화하는 것이다. 오정한의 이 말에는 정이 세계의 본원이라는 관점을 반대하는 뜻이 들어있다. 그는 "주정에 반드시 동과 정이 모두 있어야 정당하다 할 수 있다"고 주장했다(《오정한집》 15쪽). 그는 주정을 "성(誠)의 복귀이자 진짜 성"이라고 하는 주희의 관점에 반대했다. 그는 이것을 편파적인 관점이라고 질책했다. 여기서 오정한의 동정관은 "동정은 단이 없고 음양은 시가 없다"라는 관점을 중심사상으로 한다는 것을 알 수 있다. 이것은 그의 기본론과 일치하다.

수양론에서 오정한은 '주정'을 주장한다. 그러나 그가 주장하는 '주정'은 사실은 '주경'이다. 그는 주희의 "주정은 조금 편향되는 경향이 있다. 그리하여 정자는 경만 얘기했다", "주정하려면 경을 잘해야 한다"라는 관점에 동의한다. 그러나 그는 '정'이라는 글자에 '정'보다 더 많은 우주론의 의미가 포함되어 있으며 경건한 상태만이 아니다. 그는 "정(靜)이라는 글자의 혼륜만 알면 경(敬)의 의미는 자연히 그 가운데 있게 된다(《오정한집》 16쪽)"라고 말했다. 이 말의 뜻은 정이라는 글자에는 "경이직내(敬以直內)"와 "의이외방(義以外方)"이 포함되었고 천인, 내외를 관통하는 특징을 갖고 있다. 주정은 곧 "무욕"이다. 주정에는 유사무사(有事無事)가 포함되고, 성정, 중화, 주정을 포함한 것은 동정합일이 학문이다. 그는 "무욕만 있는 것은 주정이다. 사람이 욕망이 없어지면 사방이 꽉 막힌 곳에 갇혀있어도 마음에 아무 것도 없고, 복잡한 곳에 있어도 마음에 아무 것도 없다. 무사무물은 곧 정의 올바른 경지이다. 그러나 무사는 유사를 공부로 하고 무물은 유물을 주재로 한다. 이게 바로 동정합일의 학문이다(《오정한접》 16쪽)." 여기서 그가 수양론에서 주돈이의 "욕심이 없기 때문에 고요하다"는 관점을 사용했지만 여기에 정이, 정호의 '주경'의 내용을 더해서 동정일관, 경의협지(敬義夾持)로 변화시켰다는 말이다.

'성(性)'에 대한 오정한의 해석은 매우 독특하다. 그 독특한 점은 그가 생리적 의의상의 성과 윤리적 의의상의 성을 구별시켰다는 것이다. 그는 "천지의 성"과 "기질의 성"을 구분하는 송나라 유학자들의 관점에 동의하지 않는다. 생리적 의의상의 성은 사람의 생명 활동의 근거이고 이것은 기(氣)를 기초로 한다.

즉 오정한은 생리활동의 본질이라는 각도에서 성을 이해하였던 것이다. 성은 생명의 근거이고 생명은 성의 전개이다. 인성은 사람의 생명활동의 성질, 범위를 규정지었고 이 것으로 인해 사람의 생명활동과 기타 동물들의 생명활동이 구분된다. 인성은 사람의 본질이고 인성은 형체활동에서 정신세계에 이르는 사람의 후천적인 모든 것을 결정짓는다. "살아있는 것은 사람의 성이다. 성을 갖고 있기에 사람은 살아있다." 이는 위에 나오는 말에 대한 개괄이다. 성에 대한 오정한의 이 해석은 고자의 "생지위성"과 같지 않다. 또한 《중용》에 나오는 "천명을 성이라 한다"라는 관점과도 같지 않다. 송명이학의 "인, 의, 예, 지, 신"의 "오상의 성"과는 더욱 같지 않다. 고자가 말하는 성은 주로 음식에 대한 욕망과 성에 대한 욕망과 같은 사람의 생리본능을 말한다. 《중용》에서 말하는 성은 하늘에서 얻은 도덕원칙을 말한다. 오상의 성은 도덕원칙의 구체화이다. 오정한은 사람이 기타 생물과 다른 모든 풍부성에 관점을 두고 사람의 생명의 본질, 사람의 생명이 이렇게 된 근거 등 그 높이에서 성을 인식하였다. 그러므로 생명본체론의 의미가 매우 강하다.

성의 근원에 대한 오정한의 관점도 매우 독특하다. 그는 사람의 생명은 가장 본질적인 근거는 기라고 생각했다. 개체 생명은 천지간에 존재하는 영수한 기의 배양으로 인해 생겨나게 되었다. 기는 사람의 생명의 기초이다. 수태되어서부터 점차 성장해나면서 생기는 형체구조, 용모특징 및 정신활동의 변화는 모두 기의 작용 때문이다. 그러나 기가 성인의 기질이 되면 그 작용은 "성"이라는 이 생물의 특징에 의해 규정된다. 사람들이 기에 의해 형성되고 기에서 얻은 갖가지 요소 가운데서 마음이 제일 중요하다. 마음의 본질은 영명이고 마음은 사람의 형체의 주재이며 정신활동이 발생하는 곳이기도 하다. 그러나 마음의 활동도 성을 근거로 한다. 그리하여 오정한은 "성 때문에 마음이 발생한다. 지각 운동, 마음의 영명은 모두 성 때문에 생긴다(《오정한집》 28쪽)"라고 말했다. 이것은 마음에 의해 통제될 수 없다. 그리하여 오정한은 송유학자들이 주장하는 "마음이 성을 통제한다"는 관점을 반박했다. "성은 마음을 형성하고 마음에 신묘함을 부여하는 존재이다. 따라서 어찌 마음이 성을 통제할 수 있겠는가?(《오정한집》 28쪽)." 그 뜻은 마음은 성에서 생기고 성은 마음의 활동을 제약하기 때문에 성은 마음에 의해 통제될 수 없다는 말이다. 오정한은 사람의 생물 종의 본질에 근거해 사람의 요소구조, 활동방식을 설명했다. 이는 단순히 사람의 윤리성, 사회성을 근거로 하는 것보다 훨씬 전면적이고 깊이가 있다.

오정한은 사람의 윤리지성 즉 '오상'에 대해서 고찰하기도 했다. 하지만 여전히 기를 통해 이것을 설명하였다. 여기서 인과 예는 기의 양이고, 의(義)와 지는 기의 음이라고 하는 관점은 주희한테서 온 것이다. 주희는 인, 의, 예, 지가 모두 각자 뜻을 갖고 있다고 주장했다. "인은 온화하다는 뜻이다. 의는 참렬(慘烈)하고 강단이 있다는 뜻이다. 예는 뚜렷하게 발휘한다는 뜻이다. 지는 흔적이 없이 수렴한다는 뜻이다(《근사록주(近思錄注)》 1권 인)." 온화, 선발(宣發)은 양이다. 참렬, 수렴은 음이다. 주희는 인, 의, 예, 지를 성으로 하고 측은, 수오, 사양, 시비는 정이다. 성은 형이상의 존재이고 정(情)은 형이하의 존재다. 그리하여 인의예지를 기라고 말할 수 없다. 인의 온화, 의(義)의 참렬과 강단 등은 인의의 성(性)이 측은, 수오와 같은 정(情)으로 표현된 이후의 상징적인 의설이다. 오정한의 이상과 같은 설법은 모두 주희의 상징적 의미를 따른 것이다.

오정한은 하늘의 음양이기와 사람의 성정에 대한 관계에 대해 논술하기도 했다. 그런 점에서 주희의 관점과 조금 같은 점도 있고 다른 점도 있다. 같은 점은 미말과 일발로 성정을 구분하였다는 것인데 성은 이(理)고 정은 기다. 다른 점은 주희가 "천명지위성", '심즉리'를 근거로 성은 하늘에서 얻어지고 일성이 혼연하며 감발(感發)이 다름에 따라 다른 표현이 나타난다고 했다. 예를 들면 어린아이가 우물에 빠지는 것을 보면 측은지심이 생기게 되는 것과 같은데 그 근거는 성(性) 가운데의 인(仁) 등에 있다. 오정한은 기를 마지막 근거로 한다. "사람들은 그것을 얻는 것은 살아있는 것의 근본으로 한다." 마음은 기가 구성한 육체의 중요한 관건이다. 즉 "모든 것이 존재하는 곳"이다. 성은 마음에 간직되고 기를 근거로 한다. 그러나 마음의 활동은 결국 기의 활동이다. 이것은 마음이라는 특수한 기가 외계의 소감에 대한 다른 반응이다. 이 반응은 정이고 정의 반응이 일어나는 근본은 성에 있다. 그리하여 오정한은 이런 말을 한 적이 있다. "사람을 사람이라고 하는 것은 모두 마음의 지각활동 때문이다. 그러나 마음이 지각할 수 있는 것은 성 때문이다. 그러나 성이 보이지 않고 정은 보인다(《오정한집》 28집)." 오정한은 그의 성론을 기의 기초위에 놓았다. 즉, 인의예지 4덕이 기를 마지막 근거로 한다는 것이다.

오정한이 기로 성을 해석하였기 때문에 그는 송나라 유학자들이 "천지의 성"과 "기질의 성"을 구분하는 것을 반대했다. 그는 성은 곧 기고 원래 기에 속하는 존재에 "기질"이라는 두 글자를 덧붙이는 것은 쓸데없는 짓이라고 생각했다. 기질의 성이라는 말은 통하지도 않을 뿐만 아니라 기질의 성과 상대되는 "천지의 성"이라는 말도 통하지 않는다. 선유는 맹자의 "성선"으로 천명의 성을 말했고 사람의 생리본능으로 기질의 성을 말했다. 이 모든 것은 기를 기초로 한다. 그는 "무릇 성이라고 하는 것은 곧 기질이다. 만약 '기질의 성'이 있다면 성에 기질이 아닌 것도 있다는 말인가?(《오정한집》 29쪽)."

마찬가지로 그는 정호의 "성을 논하면서 기를 논하지 않은 것은 충분하지 못하고, 기를 논하면서 성을 논하지 않는 것은 확실하지 못하다"라는 주장에 반대했다. 이학의 많은 학자가운데서 정호에 대한 비판을 가장 적게 한 사람이 오정한이다. 그는 정호의 "생지위성"이라는 주장을 매우 높게 평가하기도 했다. 하지만 정호의 이 관점에서 드러낸 이원론에 대해 그는 "이론적으로 미달이다"라고 비판했다. 오정한은 성은 기이기 때문에 성을 논하는 것은 곧 기를 논하는 것이고, 기는 곧 성이기 때문에 기를 논하는 것은 곧 성을 논하는 것이라고 주장했다. 정호의 이 관점의 잘못은 성을 이로 보고 성과 기를 완전히 반대되는 두 개 존재로 보았다는 점이다. 그는 맹자가 주장하는 성선설의 관건은 "정을 따르면 선해질 수 있다"라는 것이다. 여기서 "정"은 곧 기의 작용이다. 맹자의 성선설은 성의 원천에 대해 탐구하였고 그 입각점은 기에 있다. 그러나 고자의 "생지위성"을 잘 연구해보면 그 입각점 역시 기에 있다는 것을 알 수 있다. 또한 공자의 "타고난 본성은 서로 비슷하다"라는 관점과 통한다. 비록 그의 해석은 유가의 정통과 비교적 멀기는 하지만 비교적 융통적인 관념이라고 할 수 있다. 그의 관점은 이후에 기에서 성을 말하는 철학자와 매우 비슷하다.

뿐만 아니라 오정한은 기론으로 유명한 장재의 《서명(西銘)》을 비판하기도 했다. 그는 《서명》중에서 "천지사이에 충만한 것이 내 몸이고, 천지를 이끄는 것이 내 본성이다"라는 관점은 완벽하지 않다고 주장했다. "천지에 충만 된 것"은 기를 가리키고 "천지를 이끄는 것"은 지(志)를 가리키는데 이것은 천심, 천리이기도 하다. 사람의 형체가 기라는 것을 승인하는 동시에 천심, 천리가 사람의 성이라는 것을 승인하는 것에는 차이가 존재한다. 오정한은 천지에서 생겨난 사람은 기일 뿐인데, 이 기가 인성의 근원이라고 주장했다. "외적인 것이 체이고, 체에는 기가 차있으며, 마음은 기의 영혼이다. 그러니 어찌 두 개가 있겠는가?(《오정한집》 39쪽)." 《서명》에 천심과 천리(천지를 이끄는 것)를 성으로 한 것은 마음과 성을 구분할 줄 몰랐기 때문이다. 오정한은 마음과 성을 아주 정확하게 구분하였다. 그는 "마음과 성을 어떻게 구별해야 하는가? 성이라 하는 것은 마음에서 생기고 마음을 근본으로 한다. 사람은 태어날 때 얻은 기는 생명의 기본이고 순수하고 정일하다. 이것을 성이라 부른다. 성은 근본이고 외적인 형태와 내적인 마음은 모두 여기서 형성된다. 형태와 마음에서 모두 성에서 생긴다(《오정한집》 23쪽)." 여기서 성은 마음에서 생긴다는 말은 사람의 마음이 있은 뒤에 성의 이름이 생겨나고 마음은 성에서 생겨나고 성을 존재의 장소로 한다는 말이다. 근원적으로 말할 때 성은 가장 근본적이다. 왜냐하면 성은 사람을 사람이라 하는 근거이기 때문이다. 사람의 형체, 정신은 모두 기이다. 사람의 형체와 정신의 기는 모두 성에서 생겨났다. 그리하여 오정한은 또 이런 말을 한 적이 있다. "마음이 처음에 성에서 생겨났다. 마음이 형성될 수 있는 것은 성이 존재하기 때문이다(《오정한집》 23쪽)." 만약 조정(朝廷)과 임금으로 비유하면 마음은 조정이고 성은 임금이다. 조정은 정교, 호령을 발부하는 곳으로서 이것을 사람 마음의 정감이 발생하는 곳에 비유할 수 있다. 임금이 조정을 통치하는 것을 성이 사람의 마음을 주재하는 것에 비유할 수 있다. 조정은 임금이 건립하고 거주하는 곳이다. 이것을 마음이 성을 위해 건립하고 성이 마음에 존재하는 곳이라 할 수 있다.

태극, 음양, 도, 이, 성, 마음 등 개념에 대한 오정한의 해석을 잘 살펴보면 오정한은 일원론을 주장하는 학자라는 것을 알 수 있다. 그는 기를 철학의 근본출발점으로 하고 모든 것을 기에 통일시켰다. 심지어 맹자의 성선, 《중용》의 "천명지위생", 송유의 "덕성지지(德性之知)"와 같은 윤리의미가 매우 강한 범주와 명제까지 모두 기로 해석하였다. 또한 기를 떠나 성을 말하고, 성과 기를 병립시키는 관점에 대해 모두 비판을 진행하였다. 그의 기일원론은 매우 철저하다.

그러나 오정한이 기로 성을 말한 것에는 뚜렷하게 부족한 점이 존재한다. 그는 사람의 행위의 선악까지 기품의 맑고 흐린 것, 넉넉함과 모자람으로 해석했다. 기의 맑고 흐린 것, 아름답고 추악한 것은 사람의 인의의 많고 적음, 넉넉하고 모자란 것을 결정한다. 인의가 많고 넉넉한 것을 성의 선이라 한다. 적고 모자란 것을 성의 불선이라고 한다. 이렇게 해석하는 것은 후천의 수양에서 선악을 이야기하는 것을 배제하고 이론은 완전히 자연에 귀속시켰다. 이렇게 하는 것은 그의 이론의 일관성과 완전성을 약화시켰다.

2. 심학에 대한 비판

오정한은 기의 일원론으로 송명 이학자의 정호, 정이, 주희, 육구연, 양간, 왕양명에 대하여 모두 비판을 제기했었다. 정이, 정호, 주희에 대한 비판은 주로 성이의 본질에 집중되었다. 그는 "나의 이론이 송유들과 다른 점은 기를 이로 하고 성을 기로 했다는 점이다《오정한집》 33쪽)." 육구연, 왕양명에 대한 비판은 모두 "마음을 성으로 했다"는 것에 있다. 오정한은 육구연과 왕양명의 학문을 특히 많이 비판했다.

오정한은 육구연, 양간, 왕양명 그리고 왕문후학의 심성학에 대해 모두 비판을 진행하였다. 육구연이 본심만 믿는데 대해 주희는 아호(鵝湖)에서 가졌던 변론에서 이미 이에 대해 비판을 진행한 적이 있다. 주희는 육구연이 존덕성만 중시하고 도문학을 소홀히 하며 마음을 이로 마음을 성으로 하였다고 비판했다. 육구연에 대한 오정한의 비판도 이러한 맥락을 따른다. 그는 육구연이 "선립기대"만 학문으로 하였고 물리의 도문학에 대한 연구가 결핍되었다고 비판했다. "육구연의 학문은 본심을 추구하는데 중점을 두었다. 그리하여 연구가 많이 부족하다."(《오정한집》 59쪽) 그는 또 육구연이 마음만 말하고 성을 홀시했다고 지적했다. "육구연의 학문은 특히 성에 대한 연구가 많이 부족하다(《오정한집》 61쪽)." 육구연의 학생인 양간은 마음과 역도가 동일하게 광대하다고 주장했다. 또한 "마음의 정신을 성(聖)이라고 한다"는 관점을 인용하여 마음을 도, 성(聖)으로 생각했다. 공부는 깨우침에 있고 자기반성에 있는데 지금 깨우치면 곧 성인이 된다. 오정한은 이러한 관점은 선종의 명심견성과 같다고 주장했다. 여기서 오정한은 마음과 성은 모두 기이고, 마음과 성을 병행해야 한다는 관점으로 육구연과 그의 제자가 마음을 중요시하고 성을 소홀히 했다고 비판했다.

오정한의 저작에서 육구연과 양간에 대한 비판을 많이 찾아볼 수 없다. 그러나 왕양명을 비판한 내용은 비교적 많다. 왕양명에 대한 비판은 주로 "마음이 성이다"라고 생각했다는 것에 있다. 그의 심성론은 우선 마음과 성을 두 개로 본다. "마음, 성은 같아 보이지만 사실은 둘이다. 사람들로 하여금 하나만 알게 하고 둘을 모르게 하였다는 것이 문제점이다(《오정한집》 35쪽)." 오정한은 《전습록》에서 비교적 혼용된 부분을 마음과 성을 혼돈한 예로 사용하였다. 예를 들면 "성은 하나뿐이다. 그 형체를 하늘이라 하고 주재를 제(帝)라고 하며 유행을 명(命)이라 한다. 사람에게 부여된 것을 성이라 하고 몸의 주체가 되는 것을 마음이라 한다. 마음은 생기는데 따라 이름이 다르다. 아버지를 만나면 효(孝)라고 하고 군주를 만나면 충(忠)이라 한다. 이름은 다르다 모두 하나의 성이다." 이 말에서 오정한은 성, 천, 제, 명, 마음, 충, 효는 구분하지 않는 것은 마음과 성을 구별하지 않는 것이라고 주장했다. 그는 왕양명을 "마음을 성으로 생각한 것은 그의 가장 근본적인 문제점이다(《오정한집》 35쪽)"라고 비판했다. 오정한은 왕양명의 다음 주장을 "지각의 작용을 성으로 본" 불교의 이론이라고 비판했다. "지(知)는 이(理)의 영처(靈處)이다. 그 주재는 마음이고, 그 천성을 성이라고 한다. 어린 아이도 자기 가족을 사랑할 줄 알고 어른을 존경할 줄 안다. 이게 바로 영(靈)이다(《오정한집》 35쪽)." 오정한은 왕양명의 잘못은 마음을 성으로 보고 마음에서 생겨나는 것이 성리라고 생각하였다는 점이다. 오정한은 마음은 성에서 생기고 성의 근원은 기라고 말했다. 마음에는 형기에서 생겨난 악이 있다. 성에서 생겨난 것은 도심이라 할 수 있고 마음속에 잠복해있는 악은 기회를 타서 드러날 수 있다. 만약 마음에서 생겨나는 것을 모두 믿고 마음에서 생겨나는 것을 양지와 도라고 생각한다면 도둑을 아버지로 여기는 꼴이 되고 만다. 오정한은 마음에서 생겨난 것을 반드시 잘 식별해야 한다고 주장했다. 어느 것이 성에서 생긴 것이고, 어느 것이 성에서 생긴 느낌이 아닌지 구분해야 한다.

오정한은 왕양명이 마음을 성으로 생각했다고 비판했을 뿐만 아니라, 왕양명의 학문 종지인 "치양지"의 이론에 문제가 있다고 제기하기도 했다. 오정한이 제기한 것은 확실히 왕양명 학문의 관건적인 문제이다. 또한 왕학 이외의 학자들이 가장 이해하기 어려워하는 부분이자 가장 많이 비판한 부분이기도 하다. 주자학에서 이발과 미발은 매우 명확하게 구분된다. 이발은 정이고 미발은 성이며 성은 형이상의 존재이고 정은 형이하의 존재이다. 또한 이발에 대한 조찰(照察)은 형이하학의 활동이고 마음이 이발에 대하여 식별과 판단을 진행하는 것을 말한다. 오정한은 이러한 주장을 계승하였기에 왕양명의 "치양지"의 학문을 이해하지 못했다. 오정한은 주자학의 방법으로 왕양명의 학문을 대체해야 한다고 주장했다. 오정한은 밖에까지 추치(推致)할 수 있는 것은 반드시 이발이고 이것은 형이하학의 마음활동의 산물이라고 주장했다. 미발은 밖으로 추치(推致)할 수 없으며 마음의 산발과 유출 및 이러한 산발과 유출에 대해 가치판단을 진행하는 것은 동일한 사람이다. 그럼 격물의 공부가 있기 전에, 양지가 시비를 판단하는 기능을 얻기 전에 사람은 어떻게 선악과 시비를 판단할까? 추치(推致)한 것이 모두 선이라고 보장할 수 있는 사람은 성인 밖에 없다. 그리하여 반드시 양지를 격물치지로 바꾸고 학문적인 사변을 가져야 하며 박학다식하고 선을 밝히고 몸을 성실하게 해야 한다. 그래야 선과 악에 대한 민감한 분별력과 판단력을 가질 수 있다. 이러한 추치(推致)야말로 여과, 선별, 조절을 거친 지(知)이다. 이러한 공부가 없다면 마음에서 생겨난 것에는 선과 악이 뒤섞여있게 되고 "어리석음을 허령으로 생각하고 정욕을 지극한 이치로 여길 수 있다." 여기서 오정한은 전통 주자학의 입장에 서서 왕양명의 학문에 의문을 표시했다. 왕양명의 학문은 전통을 고수하는 사람에게 있어 마치 서애(徐愛)가 처음 왕양명의 가르침을 받았을 때처럼 "처음에는 놀랍고 곧바로 의문을 가지게 된다." 그러나 왕학의 입장에서 서서 볼 때, 오정한이 제기한 문제를 왕양명의 학문에 존재하는 문제점이라고 하기에는 매우 역부족이다. 앞에서 말했듯이 왕양명은 주희의 격물론을 따르다가 통하지 않음을 느꼈고, 그 후에 용장오도를 거치면서 심학으로 전환되었다가 또 일련의 사건을 겪게 되었다. 왕양명의 학문은 실천에서 형성되고 이론상 제련을 거친 것이다. 왕양명의 양지학문에서 형이상의 성과 형이하의 마음은 서로 통한다. 이러한 통합은 그가 장기간의 도덕실천에서 사욕에 대한 극치, 지혜에 대한 종합, 경지에 대한 제고 등을 기초로 한다. 그는 맹자의 "양지양능"의 자연발용을 근거로 한다. 왕양명은 "양지가 곧 천리", "양지가 곧 성"이라고 말했다. 또한 왕양명의 "치양지"에서 '치'라는 글자는 곧 '행(行)'이다. 양을 추치(推致)하는 곳은 곧 사욕을 극치하는 곳이고 천리가 유행하는 곳이다. 그리하여 "치양지"는 동시에 '격물'이고 "바르지 않는 것을 바르게 하는 것"이다. 왕양명은 양지를 "소성(所性)의 학문"이라고 명확하게 규정했다. 즉, 양지와 천리는 항상 나타나고 마음에 의해 감각된다. 양지는 또 추치(推致)의 과정에서 시비를 판단하는 선악의 능력을 단련하였다. 그의 만년의 최고 경지는 황종희가 말한 것처럼 "적일이 하늘에 걸려있듯이 만상을 비춰준다." 오정한은 왕양명을 비판한 것은 그가 양지학문의 정수를 제대로 이해하지 못했기 때문이다. 그이 비판은 대부분이 자신의 학문에서 출발했기에 모순되고 실제에 부합되지 않는다.

오정한은 왕양명의 격물설과 지행설에 대해서도 비판했다. 오정한은 마음에 이가 존재하고 이러한 이는 외물의 이와 동일하다고 인정했지만, 마음속의 이는 외물의 이와 일치해야만 운용이 가능한 실리라고 할 수 있기에 그는 격물은 곧 지물(至物)이고 지물이라는 것은 외재사물의 이를 알고 그것을 마음의 이로 검증하는 것을 말한다. 이게 바로 그가 말하는 "반드시 물로 검증하고, 마음에서 얻어진다"고 한 뜻이다. 또한 그가 말하는 "내외물리의 합일처(合一處)"이기도 하다. 외물에서만 이를 추구하는 것과 마음에서 이를 추구하는 것은 모두 편면적이다. 그의 근본관점은 물에서 이를 추구하고 마음의 이로 검증하는 것을 말한다.

오정한은 왕양명이 '격물'을 '실물'이라고 하는데 동의하지 않는다. 그는 "격물을 실물이라고 하는 것을 잘못이다(《오정한집》 49쪽)"라고 말했다. 그의 뜻은 왕양명이 '격물'을 '정념두'라고 말했는데 나의 뜻이 진실하지 못하고 마음이 바르지 못한데 어찌 '정념두'라고 할 수 있겠는가? 만약 치지, 성의, 정심, 수신의 공부가 모두 정념두 이후에 있다면 념두가 정확한지 아닌지를 결정짓는 표준은 어디에 있는가? 그러면 격물은 응당 정주의 지물의 이론을 따라야 한다. 공부의 선후를 따지자면 응당 "치지, 격물은 궁리의 시작이고 궁리는 치지, 격물의 종결이다(《오정한집》 48쪽)."

오정한의 이 주장은 왕양명을 힐난하기에는 부족하다. 왕양명이 격물을 '정념두'라고 하는 것은 그의 이론계통에 응당 있어야 할 내용이다. 왕양명이 말하는 격물의 '물'은 '사(事)'이다. 사에는 행위의 주체와 행위를 하게 되는 대상이 포함된다. 왕양명이 말하는 사는 대부분이 윤리행위를 가리킨다. 격물은 "치양지"이기도 하다. 양지는 "소성의 깨달음"이다. 즉, 선의 드러남이다. 선의 드러남을 지도, 동기로 일을 하면서 행위에 선하지 않는 생각을 바로잡아야 한다. 그리하여 양지가 진실하면 생각이 반드시 바르게 된다. 마음이 바르고 생각이 진실해야 격물할 수 있다는 뜻이 아니다. 격물은 곧 마음을 바르게, 생각을 진실하게 하는 것이다. 오정한은 맹자의 "만물은 모두 나를 위해 준비된 것이다"라는 주장에 동의하지만 심학의 완벽한 형태인 양명학과는 여전히 모순된다.

오정한은 왕양명의 지행합일에 대해서도 비판했다. 알 수 있으면 반드시 행할 수 있다는 관점은 지를 행으로 생각하는 잘못을 유발할 수 있다고 제기했다.

오정한은 치지와 역행은 두 개의 범주라고 생각한다. 그는 왕양명의 지행합일에서 지가 도달할 수 있는 곳에는 행도 도달할 수 있고 지의 많고 적음은 곧 행의 많고 적음이다. 그 유폐는 필연코 지를 행으로 생각하는 착오를 유발할 수 있다고 생각했다. 사실 왕양명은 젊은 시절과 만년에 지행합일의 내용에 대한 중점이 같지 않았다. 젊은 시절에 그는 지와 행을 한 개의 일의 두 개의 방면으로 보았는데 지를 동기, 기획, 조치 중 행위의 관념에 속하는 존재로 보았다. 행은 행위의 실제로서 계획과 조치를 실행하는 것을 말한다. 생각이 없는 행동이 없고 행동이 없는 생각이 없다. 이게 바로 왕양명이 했던 "지의 성실하고 독실한 부분이 바로 행이다. 행의 명각, 정찰한 부분은 바로 지다", "지는 행의 시작이고 행은 지의 이룸이다"라는 말의 진짜의미이다. 지와 행은 차의 두 개의 바퀴, 새의 두 날개처럼 하나의 두 가지 방면이다. 그러나 그는 만년에 지행합일을 말할 때 지를 양지로 보고 지를 행위를 양지에 추치(推致)하는 실제행위로 보았다. 그리하여 그는 "치양지"의 종지를 제기한 뒤 다시는 지행합일을 언급하지 않았다. 왕양명은 "진짜 지식은 행동에서 얻어진다. 행동이 없으면 진짜 지식도 없다"고 말했다. 그의 지행합일에서 지는 진짜 지식이다. 진짜 지식의 동기는 양지─지선이고 이것을 알면 반드시 실천에 옮겨야 한다는 것을 알고 어떻게 이것을 실천에 옮겨야 하는지도 안다. 지행합일은 마땅히 그러함과 확실히 그러한 의미의 합일이고 도덕행위와 지식행위의 합일이다. 여기서 볼 때 왕양명의 지행합일은 알면서 행동하지 않는 것이 아니고 지를 행동으로 보는 것도 아니다. 그의 지행합일은 어느 쪽에도 치우치지 않는 지행관이다. 왕양명은 행동이 뛰어나고 지식이 정밀하였다. 그의 지식은 경생(經生)들의 장구(章句)에 대한 깨우침이 아니고 그는 경솔하게 행동하지도 않았다. 그의 일생은 자신의 지행합일 학문의 체현이었다.

오정한은 지와 행 두 가지 공부를 해야 한다고 제기하고 지와 행에는 선후가 있다는 관점을 제기했다. 오정한은 지행을 구분하지 않는 것을 반대했다. 그는 이렇게 하면 지를 행으로 보는 잘못을 범할 수 있다고 생각했다. 그러나 그가 주장하는 지와 행 두 가지 공부를 하고 지와 행에는 선후가 있다는 관점은 왕양명이 반대하는 것이다. 왕양명은 이렇게 하면 도덕과 지식을 결렬시키고 지와 행을 결렬시킬 수 있으며 결국에는 알면서도 행동하지 않는 착오를 범하게 된다고 주장했다. 왕양명은 이렇게 말했다. "지금 사람은 지와 행을 두 개의 일로 생각한다. 먼저 알아야 행동할 수 있다고 생각하는 것이다. 나는 오늘도 지의 공부를 강학하고 토론했다. 진짜 지식을 알게 된 후에 행의 공부를 하면 결국에는 평생 행동하지 못하거나 평생 알지 못할 수 있다. 이것은 작은 문제가 아니다. 내가 말하는 지행합일은 바로 이러한 문제를 해결하는 열쇠이다《전습록》상)." 여기서 왕양명은 지행을 결렬시키는 폐병에 대해 심각하게 분석하였다. 또한 자신이 제기한 지행합일을 명확하게 해석하기도 했다. 오정한은 《서경》에 나오는 "알기가 어려운 것이 아니라 행동으로 옮기기가 어렵다"라는 관점과 《맹자》에 나오는 "시조리, 종조리(始條理, 終

條理)"로 지행합일의 잘못을 논증하였는데 그 논거가 부족해 보인다.

이상 육구연, 왕양명에 대한 오정한의 비판을 통해 우리는 오정한은 주자학자이고 심학의 흥기에 대한 통찰력이 부족하며 심학, 특히 양명학의 정의를 깊이 이해하지 못했다는 것을 알 수 있다. 우주본체론에 대한 논술은 조금 새롭기는 하다. 하지만 격물, 지행 등 여러 가지 방면에서 새로운 관점을 제기하지 못했다.

3. 수양공부론(修養攻夫論)

오정한의 공부론은 이학의 "십육자심전"을 근거로 한다. 그는 인욕에서 도를 구해야 한다고 주장한다.

이학자들은 "십육자심전"를 규범으로 삼는다. 오정한은 도심(道心)은 곧 사람의 마음속에 있고 사람 마음속에 있는 택선고집(擇善固執)이 바로 도심이다. 그래서 도심은 후천의 깨우침과 선천의 성의 부합이 아니라 행위가 선에 부합되는 표준이다. 그리하여 수양공부는 "사람 마음속의 도심에서 중을 구하는 것"이지 인욕을 떠나 다른 천리를 구하는 게 아니라고했다. 그는 사욕이라고 하는 것은 사람이 원래부터 갖고 있던, 천리와 상대되는 욕망이 아니다. 사욕은 사람의 일상적인 욕망의 지나침이나 부족함이다. 그리하여 이와 욕은 원천이 동일하다. 인욕은 중에서 생긴다. 인욕은 곧 천리이고 유랑하면서 의지할 곳이 없는 것을 사욕이라 한다. 인욕 밖에서 천리를 구하는 것이 아니라 인욕을 절제하여 중용의 도에 알맞게 하는 것이다. 오정한의 이 생각은 정이, 주희가 주장하는 "존천리, 거인욕"과 다르지 않다. 그러나 그가 말하는 인욕과 정이와 주희가 주장하는 인욕은 같지 않다. 정이와 주희가 말하는 인욕은 오정한이 말하는 사욕이다. 정이와 주희는 인욕을 제거해야 한다고 주장한다. 그러나 오정한은 인욕을 절제하여 중용의 도에 알맞게 해야 한다고 주장한다. 양자에는 큰 차이가 없다. 정이, 주희와 오정한이 다른 점은 '도심', '인심'의 원천이 다른데 있다. 주희는 천리에 대한 주체의 지각을 도심으로 한다. 도심은 이에서 생긴다. 욕망에 대한 주체의 지각이 인심이다. 인심은 정에서 생긴다. 오정한의 도심은 인욕을 절제하여 중용의 도에 알맞게 하는 것이다. 도심의 원천은 인욕에 있다. 천리는 인욕을 어기지 않는 것이다. 주희가 주장하는 천리의 마지막 근원은 천명,

천성 등 형이상의 영역에 있다. 오정한이 말하는 천리의 마지막 근원은 인욕에 있고 형이하학의 영역에서 중용의 도를 구하는 것이다.

의리(義理)에 대한 오정한의 해석은 이와 연관이 있다. 그는 "의리는 천리일 뿐이다. 인욕은 천리 밖에 있지 않다"고 말했다. 그는 또 "의리는 원래 하나로서 아무 차이도 없다. 그리하여 '이(利)라는 것은 의(義)의 합이다'고 말한다. 그리고 '사물을 이롭게 그리하여 의와 조화를 이룰 수 있어야 한다'고 말하기도 한다(《오정한집》 66쪽)"라고 말했다. 이것 역시 이(利)에서 의(義)를 구하고 사람의 마음에서 도심을 구하는 것이다.

오정한은 중을 구하는 것을 종지로 삼았기 때문에 그는 《중용》을 진심으로 믿고 따랐다. 그러나 '중용'이라는 두 글자에 대한 해석은 전인보다 많이 다르다. 그는 '시중(時中)'"의 뜻을 강조하였다. 오정한의 뜻은 일부 이학자들이 중을 확연, 불변의 외적준칙으로 삼는 것을 바꾸고, 중을 하늘에서 생긴 것이라 생각하고 중을 보기만 해도 두려운 존재로 간주하여 너무 지나치고 엄격하게 관리하고 생명과 본성을 해치는 폐단을 막으려는 데 있다. 그는 《중용》의 모든 정의는 첫 세 구절에 있다고 생각했다. 그러나 이 세 구절에 대한 이왕의 해석을 보면 형이상의 의미가 너무 강하다. 사실 《중용》의 첫 세 구절은 '중'이라는 글자를 말하는 것뿐이다. 천하의 이 또한 이 '중'이라는 글자에 불과하다. 이 '중'이라는 글자에 '용'이라는 글자를 보충하였다. '용'은 평범함이다. 그러나 '상(常)'에는 '항상'과 '평상' 두 개의 의미가 있다. 오정한은 '용'이라는 글자의 두 가지 의미로 '중'을 보충하였다. 그는 '평상'만이 실현 가능한 것으로 수시로 변화할 수 있기에 중을 구할 수 있다. 수시로 변화할 수 있어야만 영원한 이(理)라고 할 수 있다. 그렇지 않으면 이것은 그저 생명력이 없는 교조에 불과하다. '중'은 '상'에 있고 '상'만이 '중'을 보충해줄 수 있다. 여기서 오정한에게는 아주 재미있는 두 가지 뜻이 있다. 하나는 윤리원칙은 실제상황과 서로 연관되어야 보편적인 것이 될 수 있고 생명이 있게 된다는 것이다. 다른 하나는 변(變)과 상(常)은 한 쌍의 모순되는 존재로서 변해야만 상할 수 있고 상에는 변이 포함된다. 이게 바로 그가 '용'으로 '중'을 보충한 의도이다.

오정한은 《대학》과 《중용》의 서로 다른 공부 방법을 종합시켜 서로 보충하여 하나로 관통시켜야 한다고 주장한다. 오정한은 《대학》의 공부는 경(經)이고 《중용》의 공부는 위(緯)이다. 경은 순서를 지키는 것을 중요하게 생각하고 위는 이것저것 자세히 아는 것을 중요하게 생각한다. 수양공부는 응당 '경'과 '위'가 뒤섞인 것 이여야 한다.

역대 학자들 중 대부분은 《대학》과 《중용》은 완전히 다른 계통에 속한다고 생각했고 그 구분과 표준도 오정한과 많이 다르다. 오정한은 《중용》에서 계구와 신독의 수양공부를 강조했는데 이것은 《대학》에서 전반적인 수양 목표의 다른 절차와 완전히 다르다고 생각했다. 내심의 수양은 모든 수양절차에 관통될 수 있다. 《중용》의 박약, 정일은 《대학》의 삼강팔목과 관통되고 뒤얽혀있다. 계구, 신독과 격치, 성정(誠正)이 관통을 주장한 기초위에서 오정한은 "존덕성"과 "도문학"의 합일을 주장했다.

여기서 오정한은 도문학을 시작으로 하고 존덕성을 마지막으로 생각했다. 즉, 통일의 공부에는 두 개지 방면의 내용이 있다는 뜻이다. 양자의 관계는 "도문학하여 존덕성하고, 존덕성하면 반드시 도문학한다"는 것이다. 도문학은 존덕성의 수단이고 존덕성하려면 반드시 도문학을 거쳐야 한다. 존덕성, 도문학하려면 반드시 계구, 성경을 전반적으로 관통시켜야 한다.

오정한은 '일관'을 매우 정확하고 세밀하게 발휘하였다. 일관의 학문은 곧 박약의 학문이다. 관(貫)이라는 것은 다(多)이고, 일(一)은 총(總)이다. 관(貫)은 분수이고 일(一)은 이일이다. 우선 많은 지식을 쌓아야 철저한 이해를 얻을 수 있다. 직접 "일"을 확실하게 이해할 수 있는 사람은 많지 않다. 절대 다수의 사람들은 우선 먼저 분수를 공부한 다음에야 "이일관지"할 수 있다. 그리하여 그는 심학을 반대하였다. 그는 심학은 "근본, 중요한 부분만 얘기하였다(《오정한집》 68쪽)"고 비판했다. 심지어 그는 유가와 이단의 다른 점은 일과 관의 관계에 대한 다른 처리에 있다고 생각했다.

여기서 말하는 이단은 불가와 도가이다. 유가는 우주의 근본 지리를 구하였고 이것을 윤리원칙, 행동강령으로 삼았지만 구체사물의 이를 추구하기도 했다. 유가는 이것을 경국치민(經國治民), 이용후생(利用厚生)의 기초로 삼았다. 이단은 정신수양만 말하고 국가의 일에 대해서는 언급하지 않았다. 그리하여 구체사물의 이를 추구하지 않았다. 이것은 일과 관의 각도에서 유가와 이단을 구분한 것으로서 전인들이 불교를 비판한 주장을 인용한 것이다.

오정한은 왕정상의 영향을 많이 받았다. 그러나 그는 주로 주희의 사상을 근거로 하였다. 그러나 그는 주희가 이를 지나치게 강조하는 것을 맘에 들어 하지 않았다. 그 외에 오정한은 독립정신이 아주 강하다. 그는 유가경서에 대담하게 의문을 제기하였다. 예를 들면 그는 다음과 같은 말을 한 적이 있다. "《예기》의 내용에는 순수한 것도 있고 조잡한 것도 있으며 아주 조잡한 것도 있다. 순수한 것과 순수하지 않은 것이 한데 섞인 것은 공문의 제자들의 기록에 틀린 부분이 있기 때문이다. 아주 조잡한 것은 한나라 유학자들이 뜻을 마음대로 해석하는 바람에 진짜 뜻이 왜곡되었다." "《효경》이라는 책의 내용은 대부분이 공자의 말이 아니다. 이 책의 내용은 한나라 유학자들이 마음대로 해석한 것들이다." 그는 또 "법제로 인해 난잡해지고 바뀔 수 있으니 그것을 다 믿어서도 안 된다"고 말한 적도 있다(이상의 내용은 《오정한집》 153~155쪽에서 찾아볼 수 있음). 그는 천문에 깊은 연구가 있었다. 《독기(櫝記)》에 나오는 세차, 간 '지'와 '성' 수의 위치, 일전(日躔), 황도, 낮과 밤의 길이 변화 등의 내용에는 일정한 가치가 있다.

제 24 장
진건(陳建)의 《학부통변(學蔀通辨)》이
주자학에 대한 천양(闡揚)

1. 주희(朱熹)와 육구연(陸九淵)의 조동만이(早同晚異)

2. 유교와 불교에 대한 논쟁

왕양명이 절중에서 두각을 드러내기 시작해서부터 천하에 많은 제자들을 두었다. 왕학은 그 시대의 주요한 경향으로 그 세력이 주자학을 뛰어넘게 되었다. 그 기간에 주자학을 믿는 학자들이 주자학을 두둔하고 나섰다. 진건은 그러한 학자들 가운데서 태도가 가장 단호하고 격렬했다.

진건(1497~1567)은 광동(廣東) 동완(東莞) 사람으로 자는 정조(廷肇)고, 호는 청란(清瀾)이다. 어릴 때부터 열심히 학문을 배웠다. 가경 7년 때 거인이 되었고 회시에 두 번 참가해 모두 부방(副榜)이 되었다. 36세 때 복건 후관현(侯官縣)에서 교유(敎諭)가 되었다. 7년 뒤에 강서 임강 부학의 교수가 되었다. 그 사이에 강서, 광서, 호광, 운남의 향시시험을 주관했다. 벼슬길에는 큰 뜻이 없었다. 48세 때 노모를 이유로 사직했다. 그는 도성의 북쪽에 초당을 짓고 저술에 힘썼다. 20년 뒤에 어머니가 세상을 뜨자 은거를 시작했다.

진건은 복건에 있을 때 독학이었던 반황(潘璜)과 주희와 육구연의 다른 점과 같은 점에 대해 논쟁하였다. 그는 임강 부학의 교수로 있을 때 《주자전서(竹子全集)》, 《정씨유서유편(程氏遺書類編)》를 편집했다. 사직하고 집에 있을 때에는 주자의 《연보》, 《행장》, 《문집》, 《어류(語類)》 및 육씨 형제와 주고받은 서신을 반복적으로 비교하였다. 또한 《주육편(朱陸編)》을 수개하고 정리하여 전, 후, 속, 종 이렇게 4편으로 분류하여 총 12권으로 만들었다. 그리고 이것을 《학부통변(學蔀通辨)》이라 불렀다.

---

4) 천양 : 드러내어 밝혀서 널리 퍼지게 하는 것.

여기서 '부(郜)'는 정학을 가리는 존재를 말한다. '삼부'란 불학, 육구연의 학문, 주희와 육구연의 학문에서 처음에는 다르다가 나중에 같아지는 부분을 말한다. 《학부통변》은 4편으로 분류되는데 전편에서는 주희와 육구연의 학문이 처음에 다르다가 나중에 같아지는 것에 대해 설명했고, 후편에서는 육구연의 양유음석(陽儒陰釋)을 비판했으며, 속편에서는 불학을 비판했고, 종편에서는 주자학을 자신의 학문의 귀향(歸向)이라고 밝혔다. 그는 책의 곳곳에서 불학, 육구연과 왕양명에 대해 비판했는데 변론의 의미가 매우 깊다.

1. 주희와 육구연의 조동만이(早同晚異)

주희와 육구연의 논쟁은 이학의 아주 큰 쟁점이었다. 주희가 죽은 뒤 청나라말기에 이르기까지 이 문제에 대한 논쟁은 끊인 적이 없다. 남송시기부터 주희와 육구연을 섞어야 한다고 주장하는 사람이 있었다. 예를 들면 원각(袁桷)은 비슷한 시기에 태어났고 같은 왕조에 벼슬을 했기에 그들의 논쟁은 두 친구가 함께 학문을 토론하고 연구한 것으로 볼 수 있다고 했다. 탕한(湯漢)의 제자인 정소개(程紹開)는 도일서원(道一書院)을 세우고 주희와 육구연의 학문에 대해 강의하였다. 정소개의 제자인 오징(吳澄)은 주희와 육구연의 학문을 절충시켜야 한다고 주장했다. 원명시기에 논쟁에 참가한 많은 학자들은 주희와 육구연이 젊었을 때는 생각이 달랐지만 훗날에는 생각이 같아졌다고 하면서 조동만이 학설을 주장했다. 예를 들어 조방(趙汸)은 《대강우육군자책(對江右六君子策)》에서 이 관점을 주장했다. 정민정(程敏政)의 《도일편(道一編)》에서는 주희와 육구연의 같은 점과 다른 점을 세 가지 단계로 나누었는데, 처음에는 물과 불처럼 완전히 달랐고 중간쯤에는 의심과 믿음이 반반이었고 나중에는 완전히 서로 의지하게 되었다. 왕양명은 《주자만년전론(朱子晩年全論)》을 써냈다. 그는 주자의 서신 300여 통을 모아놓고 "서신에 마음, 함양, 정좌수렴과 같은 말이 나오면 아래위의 문맥과 앞뒤 말투를 따져볼 사이도 없이 이것을 육씨와 같은 것이라 보았다(하흔(夏炘):《여첨소간무재논(與詹小澗茂才論)《주자만년전론》서)." 여기서 주희와 육구연의 다른 점과 같은 점에 대해 많이 언급했다. 같은 시기에 주자학을 따랐던 왕무횡(王懋竑)은 《주자년보》를 써냈는데 주희와 육구연의 같은 점과 다른 점에 대해 많이 언급했다. 그러나 왕무횡의 이 책은 전문적으로 주희와 육구연의 같은 점과 다른 점에 대해 논술한 것이 아니라 주희의 일생동안의 언행에 대해 연구하고 토론하였다. 왕무횡의 뒤를 이어 하흔(夏炘)은 《술주질의(述朱質疑)》를 써냈는데 왕무횡의 관점을 일정하게 보충해주기도 했다. 그러나 하흔은 진건의 《학부통변》에서 주희를 "40세 전의 학문은 선학과 육구연의 학문에 가깝다"라고 하는데 동의하지 않았다. 여기서 주희와 육구연의 논쟁은 수백 년을 이어온 학술문제라는 것을 알 수 있다. 많은 학자들은 여기에 대량의 심력을 기울였는데 그 가운데 문호(門戶) 간에 일어난 논쟁도 적지 않다.

조방, 정민정, 왕양명의 책은 진건이 《학부통변》을 쓰게 된 직접적인 요인이다. 세 사람은 모두 주희와 육구연의 조이만동(早異晚同)을 주장했는데 진건은 그들과 반대로 주희와 육구연의 조동만이에 대해 논술하였다. 그러나 그의 논증은 한가지에만 집중되었다. 그는 다음과 같은 내용을 예로 들었다. 육구연이 어린 시절에 책을 읽을 때 "우주"라는 두 글자를 보고 갑자기 깨우침을 얻게 되었고 곧바로 붓을 들고 "우주내의 일은 곧 내 본분내의 일이고 내 본분내의 일은 곧 우주내의 일이다"라고 적었다. 그리고 "내 마음이 곧 우주이고 우주가 곧 내 마음이다"라고 했다. 진건은 육구연의 학문과 작략(作略)은 모두 "선종의 돈오"라고 생각했다. 그러나 주희는 일찍이 석노의 가르침을 받았고 선종은 그에게 큰 영향을 끼쳤다.

진건은 여기서 다음과 같은 내용을 알 수 있다고 생각했다. 주희는 젊은 시절에 선학을 배워 많은 깨우침을 얻었다. 그러나 중년에 접어들면서 선학이 옳지 않다는 것을 깨닫고 다시 유교에 되돌아왔다. 육구연이 젊은 시절에 우주가 곧 자기 마음이라고 생각한 것 역시 선학에 물들었기 때문이다. 그리하여 주희와 육구연의 젊은 시절에 추구한 학문은 비슷하다.

그는 또 마음에 대한 주희의 의론을 근거로 주희가 젊은 시절에 말했던 구심과 견심은 모두 육구연과 같다고 주장했다. 그는 29살 때 쓴 《존재기(存齋記)》에서 다음과 같이 말했다. "사람이 천지의 가운데 있고 만물의 영장이 될 수 있는 것은 모두 마음 때문이다. 그러나 마음의 체는 볼 수도 만질 수 없고 생각한다고 해서 얻어지는 것도 아니다." 그가 39살 때, 쓴 《답하숙경(答何叔京)》에서 다음과 같이 말했다. "지난번에 지경의 학문에 터무니없는 말을 했는데 나도 어찌된 영문인지 모르겠다. 그러나 양심적으로 작은 것이라도 발견했다면 이제 반성하고 깨우쳐야 한다. 이거야 말로 공부를 하는 본령이다. 본령이 세워졌다면 자연히 하학에서 상달해야 한다."《답하숙경》의 다른 한 문장에서 그는 "가르침을 잘 살펴보면 이 이치가 아주 명백하다는 것을 알 수 있다. 만약 많이 보고 관찰한다고 도를 얻을 수 있다면 세상에 도를 아는 사람이 얼마나 많겠는가"라고 말했다. 진건이 주희의 이러한 서신을 인용한 목적은 주희가 젊은 시절에 선학에 빠져 마음을 구하는데 힘쓰다가 중년에 이르러 선학이 옳지 않다는 것을 알고 포기했다는 것을 증명하기 위해서다. 육구연은 심학을 계속 고수하였다. 여기서 주희와 육구연이 젊은 시절에는 같은 생각을 갖고 있다가 나중에 달라졌다는 것을 알 수 있다.

주희는 절은 시절에 선학을 배웠는데《문집》,《어류》에서 이에 대해 많이 언급하였다. 그러나 그가 그 당시에 선학을 배운 목적은 안목을 넓히고 새로운 사유방법을 찾기 위해서였다. 그러나 여기서 강조해야 할 것은 진건은 주희와 육구연의 인생궤적과 학술사상에 근거하여 두 사람의 학술함의, 정신기질과 일을 하는 방법상의 다른 점에 대해 분석하였다는 점이다. 따라서 왕양명의 "조이완동"의 학설을 반박하기 위해 특별히 "조동만이"를 들춰낼 필요는 없다. 사실 주희와 육구연의 생각은 젊을 때나 늙어서나 모두 같지 않았다. 주희의 학문에는 일정한 발전과정이 있다. 이는 육구연도 마찬가지다. 두 사람은 모두 각자의 학문을 고수하면서 뜻을 굽히지 않았다. 주희와 육구연은 학술의 경향, 사상의 근거, 기질의 편향 등 방면에서 모두 같지 않다. 육구연과 주희는 젊은 시절에 모두 선학을 따르지 않았었다. 육구연의 "발명본심", "선립기대"는《맹자》를 근거로 한다. "존덕성"은《중용》에서 왔다. 물욕을 벗겨내는 것은 송명이학의 일반적인 수양방법이다. 이 모든 것들은 육구연이 젊은 시절에 선학을 따랐다는 것을 증명할 수는 없다. 설령 육구연이 젊은 시절에 "우주가 내 마음이고, 내 마음이 곧 우주"라는 깨우침을 얻었다고 이것을 선학에서 얻은 깨우침이라 할 수 없다. 학문에서 깨우침은 매우 중요하다. 특히 중국철학은 우주인생의 근본이치에 대한 체오, 각해를 매우 중요하게 생각한다. 깨우침은 선학 특유의 방법이 아니다. 많은 철학자의 중요한 사상과 명제는 모두 스스로의 깨우침에서 온 것이다. 그리하여 "깨우침마다 새롭다"고 한다. '깨우침'이라는 글자만 보고 이를 선학이라고 판단하면서 "선학의 깨우침"을 얕잡아 보는 태도를 취하는 것은 옳지 못하다.

진건의 주희와 육구연의 같은 점과 다른 점을 논술한 또 다른 이유는 바로 두 사람 모두 젊은 시절에 "배움을 끊고 책을 버리면서 마음을 애타게 찾았다"고 했기 때문이다. 이 한가지로 주희와 육구연이 젊은 시절에 생각이 같다고 단정할 수 없다.《존재기》에서 주희는 사람이 천지의 가운데 있고 만물의 영장이 될 수 있는 것은 모두 마음 때문이라고 확실히 말하긴 했다. 그러나 이 한가지로 주희가 마음을 찾았다고 단정할 수 없다. 사람이 짐승과 구별되는 점은 사람에게 생각이 있다는 것이다. 이것은 일반적인 상식이고 현철(賢哲)들이 옛날부터 자주 이야기하던 이치다. 진건이 예로 들었던 "양심적으로 작은 것이라도 발견했다면 다음은 반성하고 깨우쳐야 한다"는 것 역시 주희와 육구연이 젊은 시절에 추구했던 학문이 같다는 증거가 될 수 없다. 왜냐하면 이것은 《맹자》의 첫째 의(意)이기 때문이다. 맹자는 이학과 심학에서 모두 존경하고 받는 유학의 대가이다. 주희와 육구연의 다른 점은 절대 "양심의 발견"이 수양방법인지를 승인하는가에 있지 않다. 주희는 많이 보고 듣는다고 해서 도를 얻을 수 있는 것이 아니라는 관점도 주희가 젊은 시절에 마음을 추구했다는 이유가 될 수 없다. 주희는 존덕성과 도문학을 병행하였다. 그의 수양요령은 정이가 말했던 "함양은 경으로 해야 하고, 진학은 치지에 있다"는 것이다. 함양은 경으로 한다는 것은 존덕성이고 진학은 치지에 있다는 것은 도문학이다. 그러나 주희는 양자를 동등한 위치에 병행시켰지 왕양명처럼 "치양지"로 함양치지를 통솔하지 않았다. 주희는 하학상달을 주장한다. 격물궁리와 확연관통을 통해 일관된 종지를 얻었기 때문에 육구연이 비판한 것처럼 그리고 후학에 학문이 깊지 않은 학자들이 이해한 것처럼 주희는 도문학만 주장한 것이 아니었다. 그 외에 송명이학에서 말하는 "도"는 우주의 근본적인 원리를 말하는데 이것은 사물의 일반법칙인 동시에 인류사회의 윤리법칙이다. 주희는 격물치지에 착수하여 도를 구해야 한다고 주장한다. 그러나 그는 많이 보고 배운다고 해서 도를 얻을 수 있는 것이 아니라고 생각했다. 체험, 각해, 비유, 관통은 격물을 통해 얻은 구체적인 이가 우주 윤리와 법칙으로 상승하는 관건이고 없어서는 안 되는 절차라고 생각했다. 그리하여 주희가 많이 보고 배운다고 해서 도를 얻을 수 있는 것이 아니라는 주장으로 주희와 육구연의 학문이 조동만이하다고 말할 수 없다. 진건이 위에서 인용한 서신은 모두 주희가 41살이 되기 전에 쓴 것이다. 이것들로 정민정의 "주희는 만년에 자기의 학문에 조리가 없다는 잘못과 육구연의 말을 제대로 이해하지 못했다는 점을 깊이 뉘우쳤다"라는 주장과 왕양명이 《주자만년정론》에서 말한 "주자는 만년에 옛날 학설의 시비를 깊이 깨닫고 깨우치게 되었다"라는 주장에 반박할 수 있다. 그러나 이것으로 주희와 육구연의 '조동'을 증명할 수는 없다.

　진건이 주희와 육구연의 조동만이를 증명한 두 번째 논점은 바로 주희가 중년이 돼서야 육구연을 알게 되었는데 그는 육구연의 단점을 버리고 장점을 취했으며 그에 대해 반신반의 하다가 만년에 그의 단점을 알게 된 후에는 그를 비판하기 시작했다는 점이다. 진건은 주희의 일생에는 '이관(二關)', '삼절(三節)', '삼실(三實)'이 있다고 말한다. 소위 '이관'이란 첫째, 하나는 주희가 젊은 시절에 선학에 깊이 빠졌다가 이동(李侗)을 만난 뒤 다시 유가 정학에 복귀한 것을 가리킨다. 그리하여 주희는 "선학에 깊이 빠진 적이 있기에" 선학의 폐단에 대해 아주 잘 알고 있었다. 이것은 입실조과(入室操戈)의 뜻과 같다. 둘째, 주희와 육구연은 젊은 시절에 학문의 취향과 종지가 같았는데 만년에 이르러 달라졌다는 말이다. 소위 '삼절'이란 주희가 젊은 시절에 심학에 깊이 빠졌다가 중년에 이르러 육구연을 좋아하기 시작했으며 만년에 이르러서는 선학과 육구연을 모두 배척하기 시작했다는 말이다. 소위 '삼실'이란 주희가 만년에 선학과 육학을 배척하고 정학을 연구해낸 사실은 확실하다는 말이다. "학자들이 이러한 이관, 삼절, 삼실을 알게 된다면 무엇에 가려질 걱정이 없다《학부통변》 전편 12쪽)."

진건의 이관, 삼절, 삼실은 사실은 모두 하나의 뜻이다. 즉, 주희가 젊은 시절에 선학에 빠졌다가 다시 유가에 돌아와 선학과 육학을 배격하였고 공맹정학을 연구했다는 것이다. 이렇게 주희에 대해 명확하지 않게 얘기하는 것도 안 될 것은 없다. 그러나 주희가 젊은 시절에 선학을 배운 것이 주희와 육구연의 '조동'의 근거가 될 수는 없다. 주희가 중년에 이르러서야 육구연을 알게 되었다는 것은 자명한 사실이다. 그러나 주희가 "중년에 개인적으로 육구연을 좋아하고 만년에 선학과 육학을 배격했다"는 것은 맞는 말이 아니다. 사실 주희는 육구연을 만나기전에 이미 그의 학문취향에 대해 이해하였고 그의 학문이 선학이라고 판단하였다. 예로 순희(淳熙) 원년(1174), 주희가 45살 때 여자약(呂子約)에게 보내는 편지에서 "오래전부터 육구연이라는 사람에 대한 얘기를 들었다. 듣자하니 그의 문장은 소탈하고 직접 근원의 뜻에 닿는다고 하던데《중용》학문에서 따지고, 돈독히 행하라는 종지에 부합되는지 모르겠다"고 했다. 후에 또 여자약에게 보내는 다른 한 편지에서 "근래에 알고 보니 육구연의 말고 주장이 모두 선학이라는 것을 알게 되었다. 그는 이름만 바꿨을 뿐이다. 이것을 배운다면 후생들을 그르칠 수도 있다. 잘 몰랐다면 이에 대해 깊이 말하지 않아도 되고 의문을 드러내지 않아도 될 텐데, 그러나 그가 내 말을 들으려 할지도 모르겠다. 제자들만 남몰래 근심하고 있을 뿐이다"라고 했다. 진건은 이 두 통의 서신을 모두《학부통변》의 전편에 수록해 넣었는데 이것으로 주희가 육구연을 알고 있다는 사실을 증명하였다. 그러나 사실 이 편지의 내용에 근거해 우리는 주희가 육구연을 만나기도 전에 그의 학문을 선학이라 판단하였다. 그는 반신반의한 적이 없고 더구나 "만년에 이르러서야 그 폐단을 발견하고 비판"한 적이 없으며 "개인적으로 육구연을 좋아한" 적도 없다. 주희는 우려의 마음을 가지고 육구연에게 의문을 제기하고 싶어 했다. 이것이 그가 육구연을 만나고 싶어 하는 원인중 하나이다. 주희가 처음 육구연을 만났을 때의 나이는 46살이었다. 이는 그가 동안주부(同安主簿)로 있으면서 이동을 만나 학문의 요지를 확립한지 22년이 지난 뒤였다. 이 시기에 주희는 기축년의 깨달음을 통해 사상이 이미 성숙되었고 그의 대표작인 《사서혹문(四書或問)》, 《사서집주(四書集注)》도 문자와 어구를 수식, 보충과 삭제하는 일만 남고 거의 다 완성된 단계였다. 그의 사상을 대표하는 중요한 서적인 《태극도설해》, 《서명해의(西銘解義)》 등은 이미 완성되었다. 이후에 비록 지엽적인 문제에 대해 일정하게 변화와 발전이 있었으나 그 학문의 갖가지 기본적인 점은 이미 확립되었고 그가 죽기 전까지 근본적인 변화가 발생하지 않았다. 육구연의 학문에 대해 주희는 시종 비판적인 태도를 취하였다. 모순이 격화되는 것을 방지하고 서로의 우정을 유지하기 위해 때로는 논쟁을 피하는 말을 하기도 했다. 그러나 이러한 것들은 주희의 진짜 사상과 일관적인 태도를 대표하지 못한다. 주희는 육구연의 "엄격하고 소박하며 겉과 속이 같은" 것에 대해 칭찬한 적이 있다. 그러나 그는 친구인 여조겸처럼 육구연에 대해 일괄적인 칭찬을 늘어놓지 않았다. 그는 육구연을 백록동으로 청해서 제자들에게 《논어》의 한 장절에 대해 강의하게 했다. 그리고 그 강의를 돌에 새겨놓았다. 이러한 것들은 주희가 육구연의 이번 강의에 대한 긍정이지 그가 육구연의 근본주장과 학문취향에 동의한다는 뜻은 아니다. 왕양명은 《주자만년정론》에서 주희가 주고받았던 서신가운데서 "자회(自悔)와 관련이 있는" 단어를 수집, 편집하여 주희가 자신의 저서에 지나친 부분과 천리의 부족함을 스스로 바로잡았다고 했다. 그러나 이러한 것들은 주희가 육구연의 학문과 주장에 동의한다는 것을 뜻하지 않는다. 또한 주희가 자신의 주장을 포기하고 심학으로 돌아섰다는 의미도 아니다. 그리하여 주희가 중년에 "개인적으로 육구연을 좋아했다"라는 진건의 말은 전혀 근거가 없다.

주희와 육구연이 논쟁을 벌인 전반 과정에 대해 학계에는 이미 믿을만한 연구결론을 얻었다. 아호지회(鵝湖之會)의 첫날에 육구연의 형제가 시를 써서 주희를 조롱하는 바람에 두 사람은 기분 나쁘게 헤어졌다. 이틀 뒤에 서로 예리하게 대립하면서 누구도 양보

하려 하지 않았다. 그리하여 실질적인 진전을 가져오지 못했다. 이후에 주희는 육구연의 형인 육구령(陸九齡)과 신주(信州) 연산(鉛山)에서 만남을 가졌다. 비록 서로 충분히 토론하지 못했지만 육구령은 "일을 얘기할 때마다 《논어》를 증거로 하였고" 천리실행에 대해 많이 얘기했다. 그는 육구연처럼 무턱대고 총괄적이고 지나치게 높은 말만 하지 않았다. 육구령은 주희의 《중용해》를 찬양하지 않았다. 연산에서의 만남은 아오지회(鵝湖之會) 때보다 분위기가 비교적 조화로웠다. 연산에서 만나고 일 년 뒤에 육구령이 죽었다. 소식을 들은 주희는 오랫동안 슬퍼하면서 제문을 써서 두 사람의 우정을 기렸다. 주희와 육구연은 남강에서 만남을 가졌다. 이번 만남에서 육구연은 주희에게 형인 육구령의 묘지명을 써달라고 부탁했다. 주희는 육구연에게 백록동서원에 와서 《논어》의 "군자유어의(君子喩於義)"에 대해 강의를 해달라고 부탁했다. 두 사람은 서로의 학문취향에 대해서는 깊은 토론을 벌리지 않았고 잠간 동안 언급만 했다. 주희는 이번 만남에 대해 "육구연은 여전히 옛날 그대로였다", "지금도 선학의 뜻을 조금 갖고 있었는데 너무 과하게 이것을 주장하였다"고 말했다. 진건이 주희가 육학에 대해 "단점을 버리고 장점을 취했으며 그에 대해 반신반의"했다고 말한 것은 확실히 정확하지 못하다. 순희 7년에 주희는 오무실(吳茂實)에게 보내는 편지에서 주희는 육학의 제자들에게 단점을 버리고 장점을 취해야 한다고 말했다. 여기서 주희는 자신이 육학의 단점을 버리고 장점을 취했다는 말을 한 것이 절대 아니다. 육학의 제자들에게 장점을 취해야 한다고 했는데 그가 말한 장점은 바로 "성정을 지키는 공부에 힘써야 한다"는 점이다. 버려야 할 단점은 "주장이 너무 과하고 이해와 각오가 너무 괴이하다"는 것이다. 이 편지는 주희가 육학의 잘못을 바로잡아야 한다고 훈계한 내용이다. 주희는 이 편지에서 두 학문을 타협시키려는 의도가 없었다. 순희 13년에 주희는 제갈성(諸葛誠)에게 보내는 편지에서 확실히 "두 학파의 장점을 모두 취해야 한다"는 말을 한 적이 있다. 그러나 주희는 주, 육 두 학파가 조립지(曹立之)의 묘표(墓表)로 인해 생긴 원한과 분노를 가라앉히기 위해 이 편지를 쓰게 되었다고 했다.

이 책은 주희가 만년에 육구연을 존중했다는 증거가 될 수 없는 말은 매우 정확하다. 그러나 이 책에서는 주희가 육구연을 "학자로서 천리를 따랐고 절대 사적인 감정을 거기에 개입시키지 않았다"고 했고 제자들이 육학을 대하는 태도가 너무 과격하다고 비판한 점에서 주희가 "중년시절에 육구연에 대해 반신반의했다"고 말했는데 이런 주장은 성립되지 않는다. 주희는 육구연에 대해 "반신반의한적"이 없고 평생 육학을 공격하는데 많은 정력을 쏟았다. 또한 주희의 공격은 대부분이 육학의 공부론에 집중되었다. 즉, 육구연이 독서궁리를 말하지 않고 발명본심을 공부의 모든 내용으로 삼았다는 점이다. 그러나 육학 역시 이학의 한 파벌로서 수양도덕을 강조하고 공맹의 가르침을 행사와 입신의 준칙으로 삼으며 우주의 기본원리와 윤리원칙이 같고 존천리, 거인욕을 수양의 기본내용으로 하는 등 주장은 이학과 별로 다를 바가 없다. 다른 점은 수양도경과 공부의 순서 등이다. 그리하여 주희는 절대 육구연의 모든 방면의 내용을 비판할 수가 없다. 그는 육학의 내용에서 이학에 부합되는 기본원칙에 대해서는 당연히 칭찬할 수 있다. 이것으로 주희가 육학에 대해 "반신반의"하는 태도를 가졌다고 단정을 짓는 것은 너무나도 편면적이고 경솔한 생각이다.

진건이 주희가 육학에 반신반의한 태도를 취했다고 생각하는 다른 한 증거는 바로 육구연이 궁전에 들어가 윤대(輪對)를 했다는 소식을 듣고 주희가 표문을 얻어 읽은 뒤 육구연에게 회신을 보냈던 일이다. 육구연의 표문은 모두 옛날의 실례를 들어 시정에 건의를 한 것이다. 윤대는 대부분 내용이 없고 급하지 않은 내용에 대해 의론을 진행했다. 육구연의 이 표문도 마찬가지였다. 주희는 표문을 읽은 뒤 인사치레 삼아 이를 칭찬하는 말을 많이 했다. 또한 주희는 이 편지에서 사상의 종지에 대해 전혀 언급하지 않았다. 그러나 표문에 나오는 "사람이 도를 넓히는 것이요, 도가 사람을 넓히는 것은 아니다"라는 말이 개인의 의지를 강조한다고 비판하는 것 같다. 또한 효종황제에게 "매일 잡다한 사람들과 같이 일을 하면서 그들의 속인의 귀와 세속적인 안목으로 고금의 시비를 가르고, 인물의 착함과 착하지 않음을 분간해서는 안 된다"고 건의한 것에서 독서궁리를 포기했다고 의심하기도 했다. 주희는 이것을 육학의 예전 버릇이라고 하면서 비웃었다. 그는 이후에 유자징(劉子澄)에게 보내는 편지에서 이 표문에 대한 얘기를 하였는데 "선학의 뜻이 존재한다"고 말했다. 그러나 이 상주문에는 근본적인 사상에 관한 내용이 전혀 없고 비방하려는 의도 또한 없다. 그러나 주희가 우스갯소리로 한 비웃음은 오히려 쓸데없는 일을 만들어 남의 아픈 곳을 찔러 불쾌감만 증폭시켰다. 그러나 진건이 주희이 이 편지를 "중년에 반신반의하기 시작했다"는 증거로 삼은 것은 여전히 이치에 맞지 않는다.

조립지(曹立之)의 묘표에 대한 논쟁, 그리고 부자연(傅子淵)과 만난 뒤 주희와 육구연의 사이는 점점 더 멀어졌다. 특히 두 사람의 제자들이 심하게 의견다툼을 하면서 모순이 더 격화되었다. 이후에 육학에 대한 주희의 태도는 감싸주던 것에서부터 직접적인 비판으로 바뀌었다. 주희가 직접 육학을 비판한 내용이 담긴 서신은 아주 많다. 《학부통변》에서는 주희가 58세 이후에 주고받은 서신을 여러 통 인용해 "주희와 육구연이 만년에 물과 불의 관계"였다는 것을 증명하였다. 이번 장절에서는 주로 진건이 주장하는 조동만이에서 "조동"에 대해 반박하였다. "만이"를 증명하는 사실은 아주 많은데 전인들은 이에 대해 의견이 대부분 일치했다. 정민정의 《도일편》, 왕양명의 《주자만년정론》에서는 주희와 육구연이 젊은 시절에는 의견이 달랐다가 만년에 같아졌다고 주장했다. 이 주장은 옳지 않다는 것을 쉽게 알 수 있기 때문에 여기서 더 언급하지 않겠다.

2. 유교와 불교에 대한 논쟁

《학부변통》에서 중점적으로 증명하려는 다른 한 가지 내용은 바로 육구연, 왕양명의 학문이 선학이라는 것이다. 육구연의 학문은 겉으로는 유학인척 하지만 실속은 불학이다. 《학부통변》의 후편, 속편의 전부 그리고 종편 제1부의 총 7권에서 육구연과 왕양명의 학문이 선학과 비슷하다는 점을 논증했다. 그는 다방면으로 자료나 증거를 수집하고 인용하였는데 주희와 육구연의 관계를 논술할 때보다 더 정력을 쏟아 부었다. 진건의 논증은 주로 세 개의 방면에 집중되었다. 첫째, 육학에는 육구연이 제자가 깨우침을 얻게 유도한 내용이 있는데 그 방법이 선종의 기봉(機鋒) 그리고 공안(公案)과 비슷하다. 둘째, 육학에서는 사물을 버리고 생각을 줄이고 허정에만 몰두해 완전히 정신만 수양해야 한다고 하는데 이를 선학이라 단정할 수 있다. 셋째, 육구연과 제자는 모두 직접적이고 거짓이 없는데 마치 조사선(祖師禪)이 부처를 꾸짖고 욕한 것과 비슷하다.

진건은 선학이 사람을 가르치는 첫 단계는 이욕을 버리고 사물을 잊으며 생각을 줄이고 허정에만 몰두하는 것이라고 생각한다. 그러면 점차 정신이 맑고 깨끗해지게 된다. 선학의 정수는 바로 여기에 있다. 육학의 정수도 여기에 있다. 육구연은 내적 정신을 매우 중요하게 생각했다. "정신은 모두 외적이 아닌 내적에 있다. 만약 외적인 정신을 추구한다면 일생동안 아무것도 이루지 못할 것이다", "사람의 정신이 밖에 있으면 죽어서도 힘들 것이니 정신을 수습하여 스스로가 정신의 주재가 되어야 한다", "주원회는 태산교

악(泰山喬岳)같은데 배움에 깨우침이 없어 헛고생만 하였다", "오늘부터 바로 앉아 손을 모으고 정신을 가다듬고 자신이 주재가 되면 만물이 모두 나를 위해 존재하게 될 것이니 뭐가 부족하겠는가?(《어록》, 《육구연집》 34권)." 이러한 것들은 육구연의 학문이 정신을 수양하는 것에만 몰두하였으며 선학이 틀림없다는 것을 증명한다. 《공총자(孔叢子)》에는 "마음의 성진을 성(聖)이라 한다"는 말이 있는데 이것은 육학의 조상이다. 육학은 정신을 수습하는 것을 중요하게 생각하고 언어와 문자로 뜻을 표현하지 않았는데, 이는 불서에서 말하는 불이법문과 일치하다.

이상 진건의 견해는 육학이 도대체 어느 정도로 선학을 받아들였는지, 유학 특히 이학이 불학을 받아들일 수 있는가 하는 문제와 연관된다. 불학을 받아들이면 유학의 가치가 떨어지지 않는지, 불학을 받아들일 경우 중국철학의 발전에 유리한지 불리한지 등과 같은 내용은 모두 중국철학사에서 아주 중요한 문제들이다. 육구연이 불학을 받아들였다는 것은 명백한 사실이다. 이학자들은 불교와 도교의 사상적 양분을 흡수해 자신을 풍부하게 한 것은 이는 그들이 발전할 수 있고 중국철학이 새로운 단계에 진입할 수 있었던 전제이다. 주희도 불교와 도교의 일부 관점을 받아들였는데, 이는 그가 자신의 철학내용을 넓히고 분석과 논증의 세밀성과 논리성을 강화하는데 일정한 작용을 일으켰다. 불교와 도교는 그의 사상의 유기적 성분으로서 그의 학설 전반을 관통하였다. 육구연은 불교를 받아들인 뒤 학설이 더 간단하고 명료해졌으며 심원의 정신에 대해 철저히 알게 되었으며 혼탁함, 인색함을 제거하였고 큰 마음가짐을 가지게 되었다. 이는 오대부터 이어져 오던 의기소침한 기세를 철저히 없애버리고 유학자들이 경서에 얽매여있던 지혜를 발굴해내며 일상생활에서 자존, 자신, 자강, 자립하는 정신을 키우는데 매우 이롭다. 육학은 정주 이학의 대립과 보충으로서 중국철학의 이론발전, 중국지식인들의 인격을 형성하는데 유익한 양분을 제공하였다. 육구연이 받아들인 선학은 완전히 중국화된 선학이다. 이러한 선학은 중국철학의 유기적인 부분이다. 육학은 중국철학의 한 유파로서 철저히 중국화가 되었고, 중국철학의 한 부분이 된 선학을 받아들인 것은 매우 자연스럽고 당연한 일이다. 진건은 육구연의 학문을 "유가에서 불가를 배운 것이라고" 대대적으로 비판한 것은 불학을 홍수와 맹수로 보고 무릇 불학을 받아들이고 불학을 학술의 양분으로 삼은 것을 비판했다. 진건은 진나라가 통일되기 전의 공자와 맹자의 학문은 제일 완벽하다고 생각했다. 그는 다른 학파의 학문으로 여기에 대해 개조하고 풍부히 하고 발전시키는 것은 모두 천하의 이치에 어긋나는 행동이기에 정학을 수호하려는 학자들의 공격을 받는 것은 당연한 일이라고 생각했다.

육구연의 철학종지는 심즉리, 발명본심, 물욕을 버리는 것 등이다. 그는 이상적인 인격을 배양하는 근거는 자기의 마음속에 있다고 강조했다. 그리하여 육구연의 '심즉리'는 불교에서 말하는 "심법으로 하늘과 땅을 기멸시키는 것"이 아니고, "마음이 일어나면 만물이 일어나고, 마음이 사라지면 만물이 사라지는 것"이 아니다. 육구연이 주장하는 선립기대의 공부방향과 물욕을 버리는 수양방향은 완전히 정통 이학에 속한다. 그리하여 그가 유학을 벗어났다고 할 수 없다. 다만 그는 완벽한 인격의 요구, 내성외왕의 표준을 따랐을 뿐이다. 육구연은 본심발명을 주장하였지만 구체적인 사물의 지식을 소홀히 하였고 도덕이성의 지위를 강조하였지만 지식이성에 주의를 돌리지 않았다. 이게 그의 부족함이다. 그는 본심이 상처를 받지 않기만 하면 "측은지심이 생겨야 할 때 측은지심이 생기고, 수오해야 할 때 수호하게 된다"고 생각했다. 그는 정확한 도덕의식을 갖고 있으면 자연히 사물을 정확히 처리할 수 있다고 생각했다. 그러나 그는 이러한 것들을 유력하게 논증하지 못했다. 주희와 많은 이학자들이 이 점을 많이 비판하였다. 심학의 완벽한 형태인 왕양명의 "치양지"학문은 이것을 "정밀하지 못하다"고 평가했다.

육구연은 심즉리, 발명본심을 주장하였다. 그리하여 본심이라는 이 천부적인 도덕의식이 어떻게 완전히 순수한 형태로 현실의 지각 층면에 나타나는가 하는 것은 심학이 중점적으로 이야기하는 내용이다. 이학의 주장은 다음과 같다. 첫째, 본심은 자연스럽게 자동적으로 항상 드러난다. 둘째, 본심은 항상 기품과 물욕의 영향을 받게 되는데, 본심이 지각의 층면에 도달해 사람의 현실적인 도덕의 자양이 되려면 주체의 자각적인 추구와 체오가 필요하다. 깨우침에는 여러 가지 방법이 존재한다. 이것은 선학이 심학에 준 가장 큰 계발이다. 이로 인해 깨달은 자의 독특성이 형성되었고 깨달은 내용과 과정을 이치로 설명할 수 없게 되었다. 그리하여 일반의 이성적인 사유에 습관이 된 사상가들은 이러한 방법을 '괴이하다'고 평가했다. 《학부통변》에서는 육구연과 그 제자가 도를 깨우치는 여러 가지 방법을 열거하고 이것을 선학과 비슷하다고 평가했다. 예를 들면 육구연과 첨부민(詹阜民)은 이런 대화를 나눈 적이 있다. "선생(육구연)이 말하기를 '학자들은 자주 눈을 감고 있는 것이 좋다'했다. 그래서 양간은 할 일이 없어 눈을 감고 정좌하기 시작했다. 그렇게 반달을 매일과 같이 밤낮을 정좌해있었다. 그러다가 하루는 밖에 나갔다가 갑자기 마음이 맑아지는 것이 느껴졌다. 중립(양간의 자임)는 이상한 생각이 들어 곧 선생을 찾아갔다. 선생은 그의 눈을 살펴보더니 '이미 이를 깨쳤다'고 말했다. 양간은 어떻게 알게 된 것인가 하고 선생에게 물었다. 그러자 선생은 눈을 보고 알게 되었다고 대답했다. 도가 가까이에 있냐고 묻자 그렇다고 대답했다(《어록》 하, 《육구연집》 35권)." 진건은 이에 대해 같이 평가했다. "조용히 앉아 눈을 감고 조존(操存)하는 것은 선학에서 공부를 시작하는 방법이다. 이는 육구연이 말하는 스스로 정좌하여 정신을 수습해야 한다는 것이다. 이것은 달마가 면벽수행을 하면서 정좌했다는 가르침이고 종고(宗杲)가 정좌를 하면서 도를 깨우쳤다는 가르침이기도 하다. '하루는 밖에 나갔다가 갑자기 마음이 맑아지는 것을 느꼈다'는 것은 선학에서 말하는 돈오, 식심(識心)의 효험이기도 하다. '도가 가까이에 있다'라고 말을 인용한 것은 자신의 주장을 지지하기 위함이다(《학부통변》 후편 상 4쪽)." 진건이 육학은 공부의 시작부터 마지막 돈오까지 모두 선학이라 한 것은 정확하지 않다. 육구연은 비록 선학의 일부 수양방법을 받아들이긴 했지만 그 내용은 여전히 유학에 속한다. 두 눈을 감고 조용히 앉아있는 것은 정이, 정호가 사람을 가르친 방법이다. 정이와 정호는 모두 송나라 이학의 정종(正宗)이다. 두 눈을 감고 조용히 앉아있는 것은 복잡한 마음을 다 잡고 본심이 드러나게 하기 위함이다. 모든 이학자들은 유학과 석학의 가장 큰 차이점은 정호가 말한 것처럼 "유학은 하늘을 근본으로 하고 석학은 마음을 근본으로 한다"라는데 있다는 것이다. 이러한 표준에 의하면 육구연이 두 눈을 감고 조용히 앉아있는 것은 "하늘을 근본으로 하는 것"이다. 육구연이 제자에게 했던 "도가 가까이에 있는가"하는 질문에서 도는 곧 우주의 윤리법칙이다. 《맹자》에는 "밝고 화평한 기운이 겉에 그대로 드러나 사지에 닿는다"라는 말이 있는데 이것은 사람의 도덕수양이 이러한 경지에 도달하면 편안한 마음이 몸의 동작에서 드러난다는 뜻이다. 따라서 심체가 깨끗해지면서 눈이 빛나는 것 역시 이상한 일이 아니다.

《학부통변》에서 육학을 선학이라 평가한 또 다른 근거는 바로 육구연이 부채에 관한 송사를 통해 양간에게 깨우침을 준 것이다. 《자호행장(慈湖行狀)》을 인용하였다. "양간은 태학의 순리재(循理齋)에 있을 때, 저녁이면 선인들의 가르침을 되새기면서 자기 자신을 뒤돌아보곤 했다. 그러면서 천지만물은 하나이고 내 마음 밖에 존재하는 것이 아니라는 것을 알게 되었다. 후에 육구연이 지나가는 길에 부양에 들린 적이 있다. 두 사람은 깊은 밤에 쌍양각에서 만남을 가졌다. 얘기를 나누던 중에 '본심'이라는 말이 여러 번 나왔다. 그리하여 양간은 '본심이 무엇인가?'하고 의문을 제기했다. 육구연은 부채로 인해 일어난 소송에 대해 말했다. '그 부채로 인한 송사를 판결할 때, 누가 옳고 누가 잘못했는지 아는 것이 곧바로 본심이다'라고 말했다. 그 말을 들은 양간은 순간 마음속으로 뭔가 깨닫는 바가 있었다. 그리하여 급히 '정말 그러할가요?'하고 말했다. 그러자 육구연인 '당연하지요'하고 대답했다. 양간은 곧바로 육구연에게 큰 절을 올리고 평생 그를 스승으로 모셨다(《학부변통》 후편 상 7쪽)." 그 외에 또 양간의 《조융기(昭融記)》도 인용했다. "마음의 정신을 성(聖)이라고 한다. 이 마음은 형체가 없고 텅 비어 밝고 환하게 비칠 수 있다. 그리하여 만물이 숨을 곳이 없다."

중국철학은 사람의 정신적인 경지를 매우 중요하게 생각한다. 정신적인 경지는 지식 축적의 자연적인 결과가 아니라 독특한 감수와 생각이다. 경지는 체험에 의거하는데 체험에는 일정한 방식이 없다. 스스로 반성하거나 어떤 일을 계기로 느낄 수 있다. 천지만물이 하나라는 것은 일종의 경지이고 체험이다. 경지는 수양을 통해 얻어진다. 체험은 우연적인 기회에 얻어진다. 육구연이 부채로 인한 소송을 예로 들어 양간에게 깨우침을 준 사실에서 그는 교육에 아주 능한 사람이라는 것을 알 수 있다. 육구연의 "본심"은 맹자의 "사단"에서 온 것이다. 사단 중 하나가 바로 시비지심이다. 송사를 들을 때에는 시비지심이 필요하다. 시비를 가리는 과정에 본심이 활동한다. 시비지심은 곧 측은지심이고 수오지심이며 본심은 원래 일심이라는 것이다. 불쌍하다고 생각하면 자연히 불쌍하게 느껴지고 부끄럽다고 생각하면 자연히 부끄럽게 느껴질 것이며 넓고 온화한 마음씨를 가지면 자연히 마음씨가 넓고 온화하게 행동하게 될 것이며 마음이 강인하면 자연히 강인하게 행동하게 될 것이다. 본심은 다른 경지에 따른 다른 표현형식일 뿐이다. 본심은 사람마다 갖고 있다. 양간이 깊이 탄복한 것은 그가 육구연의 주지를 이해하였기 때문이다. 육구연과 양간과 같이 스승이 제자 사이에서 서로 가르쳐준 것을 "불씨(佛氏)가 옛사람의 지혜에 신경을 썼다"고 지적할 수 없다. 그에게 마음을 알면 본성을 알 수 있다는 뜻이 있다 하더라도 그가 알려고 한 것은 유가에서 말하는 본심의 성이다. 양간의 "마음의 정신을 성(聖)이다"라는 말에서 정신은 역시 경지를 가리키는 것이지 인식을 말하는 것이 아니다. 비교적 통달적인 입장에서 육구연을 평가해야 그의 웅대하고 상도에 벗어난 행동과 언행들을 정확하게 이해할 수 있다.

진건은 육학을 선학이라고 한 다른 근거는 바로 육학이 사물을 버리고 생각을 줄이며 허정에만 몰두해 완전히 정신만 수양해야 했다는 점이다. 그는 육구연의 어록과 서신의 내용을 인용해 자신의 관점을 증명했는데, 진건은 이에 대해 다음과 같이 평가했다. "이 것들은 모두 육학에서 정신을 배양하는 비결이다. 이게 바로 불씨가 말하는 사장(事障)의 종지이다." "완전히 정신만 수양하고 물욕을 쫓지 말라는 것은 다른 일은 상관하지 말고 자신만 생각하라는 뜻이다. 즉, 아무 일도 생각하지 말고 조용히 눈을 감고 정좌해야 한다는 것이다." "이러한 것들은 조용함을 추구하는 것으로서 잡생각을 버리고 자연 그대로의 것을 따르면서 정신을 수양해야 한다는 뜻이다(《학부통변》 후편 중)." 그는 《장자》의 "순수하여 잡된 것을 섞지 않고 마음을 고요히 일관되게 그리하여 변동하지 않으며, 담담한 상태로 억지스런 행위가 없으며, 행동할 때는 자연의 순리를 따르는 것이 생명을 보양하는 방법이다"라는 관점과 불교의 《식심명(息心銘)》에 나오는 "사람과 법이 모두 조용하고, 선과 악을 모두 잊어버리고, 마음이 진실하면 도를 깨칠 수 있다"라는 관점과 비교하면서 육학이 선학과 비슷하다는 자신의 주장을 증명하였다. 그러나 이러한 것들 육학이 선학과 비슷하다고 하는 진건의 주장에 큰 힘이 될 수 없다. 왜냐하면 정신 수양을 중요하게 생각하고 마음의 안정과 청명함을 유지해야 한다는 주장은 불교와 도교에만 있는 것이 아니기 때문이다. 유교에는 원래 이러한 내용이 존재한다. 유학을 동적이고 외향적이며 입세적(入世的)인 것에 귀결시키고 불학과 도학을 정적이고 내성적이며 출세적인 것에 귀결시킨 것에는 일정한 이치가 있다. 그러나 이런 이분법은 너무나 간단하고 절대적이다. 만약 이러한 이분법으로 송명이전의 유학과 불학을 논하는 것은 그래도 어느 정도 말이 될 수 있다. 하지만 이러한 이분법으로 송나라 이후의 유학, 불학, 도학을 논하는 것은 절대 안 된다. 송나라 이전의 유학, 불학, 도학은 서로 부단히 흡수하고 융합하고 개조하고 창조하여 너 안에 내가 있고, 나 안에 너가 있는 상태를 이루었다. 공자는 "욕기지락"을 추구하면서 "오여점아(吾與點也)"라고 감탄하였는데 이게 바로 모든 인연을 내려놓고 깨끗하고 맑은 자연에 심취되어있는 정신이 아닌가? "군자는 태연하나 교만하지 않는다"라는 것은 사람들이 함양을 통해 추구하려는 편안하고 안정된 마음의 경지가 아닌가? "강직하고 과감하며 수수하고 입이 무거움은 인도(仁道)에 가깝다"고 한 것은 사람들에게 말을 함에 있어 조심해야 하고 정신을 수양해야 한다고 가르친 것이 아닌가? 맹자의 마음을 수양함에 있어 가장 중요한 것은 욕망을 억제하는 것이다라고 했고 순자가 "마음을 비우고 한 가지에 집중하면 고요해진다"고 했으며 《중용》에는 "희로애락이 아직 발하지 않은 것을 중이라고 한다"고 했다. 비록 선진시기의 유학은 송명시기의 이학처럼 극단적인 견해가 많이 않다. 그러나 정신을 수양하고 편안하고 안정적인 것을 추구하며 걱정을 버리는 것과 같은 주장은 모두 유학에 본래부터 존재하던 것들이다. 유학사상은 중용적이고 평화적인 학문이다. 그는 동정, 이욕, 천인, 손익 등의 방면에서 어느 한쪽에 치우치지 않았다. 그리하여 이처럼 조금 극단적인 주장을 모두 불교나 도교라 할 수 없다. 송명이학이 위대하고 정밀한 것은 바로 불교와 도교의 사상을 받아들이고 중국문화의 많은 내용을 한데 융합시켰기 때문이다. 송명이학의 이러한 융합, 흡수로 인해 중국문화는 동정결합을 이루었고 내외를 병행할 수 있었으며 매우 고명하면서도 중용을 지킬 수 있었으며 입세 속에서 세속에 얽매이지 않을 수 있었다. 그러나 대대로 정통문화를 지키기 위해 이단에 대해 공격을 서슴지 않는 사람들이 많이 있었다. 또한 통치자들도 그 어떤 목적에 의해 이단에 대해 숙청정책을 실시하기도 했다. 그러나 총체적으로 문화의 융합과 창신은 거스를 수 없는 추세였다. 이학은 도덕의 교화, 개인의 정신적 수양, 군중의 이익, 중화적인 인생취지를 중요시하는 기초에서 각 학파의 사상을 받아들였다. 다른 사상을 많이 받아들인 일부 학자들은 조금 극단적인 언행을 하였지만 이를 이해하고 동정하는 태도를 취해야지 대대적으로 비판할 필요는 없다. 또한 문호를 지키려는 목적이나 개인적인 감정을 개입시켜 여기에 대해 심한 평론을 할 필요는 없다.

동정하고 이해하는 입장에서 볼 때 육구연이 "정신을 수양하고 물욕을 좇지 말고", "물욕을 버려야 하며", 외물에 얽매이지 말고, "아무 것도 남기지 말고 깨끗이 버려야 한다"고 사람을 가르친 것은 모두 아무 장애물도 없는 깨끗한 마음을 유지하는 데에 필요한 전제이다. 또한 육학의 공부론에는 이 뿐만이 아니다. 다만 그는 "논밭을 깨끗하게 정돈해야 한다"는 것을 특별히 강조했을 뿐이다. 육구연이 바로잡으려는 것은 책에 파묻혀 살면서 독립적인 정신을 상실하고 외부적인 일에 얽매여 자주적으로 일을 처리하지 못하는 등의 병폐이다. 그는 정신이 앙양(昻揚)되고 생기가 넘치며 스스로를 믿고 존중하며 용감하게 감당하는 정신을 제창했다. 그러나 진건은 이것을 알아내지 못하였다. 그리하여 육학에 대한 그의 비판은 과한 면이 많았다. 여기서 그의 과격한 일면을 쉽게 알 수 있다. 그리하여《학부통변》이 심학 학자들로부터 반격을 받은 것은 당연한 일이다.

《학부통변》은 왕양명의 "치양지"에 대해서도 공격하였다. 그는 왕양명의 서신 및《전습록》중의 일부 말들을 발췌하여 왕양명 학문의 근원이 선학에 있음을 밝혔다. 그러나 왕양명은 이런 말들은 비록 불교와 관련이 있기는 하지만 그 실제 종지는 여전히 유학이다. 왕양명은 "마음밖에 이가 존재하지 않는다", "마음밖에 물이 존재하지 않는다", "지행합일" 등의 중요한 명제를 내놓았다. 그 중요한 의미는 천리, 천성은 사람의 마음의 자각에 있다는 것이다. 그의 이 주장은 맹자의 '사단', 육구연의 '본심' 사상을 계승한 것이다. 왕양명은 이러한 것들을 원래부터 존재하던 모습이라 불렀다. 왕양명의 공부는 육구연보다 세밀하다. 육구연은 "선립기대"를 많이 언급했는데 선립기대 이후의 공부에 대해서는 설명하지 않았다. 왕양명이 말하는 "치양지"의 주요한 내용은 "내 마음속의 양지가 알고 있는 내용을 모든 사물에 추치(推致)하면 사사물물이 이러한 이를 얻게 될 수 있다"라는 뜻이다.(《대학문》) 마음속의 선량한 의지를 구체적인 사물에 추치(推致)하면 선량한 의지가 구체적인 사물의 행동으로 주재하고 지도할 수 있다. 여기에는 "두뇌"가 존재하는데 이것은 바로 양지의 지도이다. 또한 "상세한 항목"도 존재하는데 그건 바로 구체적인 행동을 완성하는데 필요한 지식의 참여이다. 그리하여 왕양명의 "치양지"는 도덕이성과 지식이성의 결합이다. "치"라는 글자는 곧 행이라는 글자이다. 공부는 곧 본체이다. 본래 모습은 곧 양지이다. 항상 명석하다는 것은 양지가 항상 깨어있다는 말이다. 비록 불교의 언어를 빌려서 사용했지만 그 종지는 여전히 유학에 있다. 그 당시에 글공부를 하는 사람들이 불서를 송독하는 습관이 있었는데 불교의 언어를 빌려온 것은 다름 아니라 이런 사람들의 이해를 돕기 위한 수단일 뿐이다. 여기서 왕양명의 교육방법이 얼마나 선한지 알 수 있다. 왕양명은 유교와 불교의 다른 점에 대해 명확히 알고 있었다. 그는 불교에서 말하는 본각의 마음에는 윤리내용이 없고 유학자들이 말하는 양지의 내용은 천리다. 양지는 비록 항상 드러나지만 이것은 수시로 느낄 수 있는 형이하학의 염원이 아니다. 그리하여 아무 일이 없을 때에는 맑은 거울처럼 밝고 일이 있을 때에는 물체를 따라 모습을 드러낸다. 이게 바로 "정은 만물을 따르지만 정이 없다"라는 뜻이다. 왕양명은 불교의 일부 사상을 받아들였다. 특히 수양방법에 있어 불교를 많이 참고했다. 이러한 흡수와 참고는 왕양명의 학문을 더욱 위대하고 정밀하게 만들어주었다.

《학부변통》은 왕양명이 도가의 내용을 많이 받아들였다고 비판하기도 했다. 그는 《전습록》에 나오는 말을 인용하였다. "원기, 원정, 원신은 무엇인가 물었더니 왕양명은 이것들은 모두 하나인데 유행하면 기이고 응집되면 정이고 묘하게 쓰이면 신이라고 대답했다.” “정일의 정은 이로 말한 것이고 정신의 정은 기로 말한 것이다. 이라는 것은 기의 조리이고 기라는 것은 이의 운용으로서 원래부터 하나다. 그러나 후세의 유학자들의 관점과 양생의 관점은 모두 각자 한쪽에 치우쳤다.”

양명과 불교, 도교의 관계에 대해서 학술계가 오랜 동안 연구를 진행해왔고 이 책에서도 왕양명과 관련된 장절에서 언급한 적이 있다. 그리하여 여기서 상세히 말하지 않겠다. 여기서 강조해야 할 점은 왕양명은 불교와 도교를 무턱대고 따른 것이 아니라는 것이다. 왕양명은 불교와 도교의 사상으로 자신의 학문을 발휘시켰다. 예를 들면 “유행하면 기가 응집되면 정이며 묘하게 쓰이면 신이다”라는 주장에서 왕양명이 분석보다 종합을, 부분보다 전체를 더 중요하게 생각했다는 것을 알 수 있다. 왕양명의 철학종지는 “치양지”다. “치양지”는 그의 본체론이자 공부론이다. 왕양명의 학문은 넓은 의미의 윤리학설이라고 할 수 있다. 그는 세상만물의 성질을 중요하게 생각했을 뿐만 아니라, 이러한 사물에서 표현되는 윤리적인 의미도 매우 중요시했다. 사실 그는 후자에 더 많은 중점을 두었다. 왕양명은 세계를 구성하는 가장 기본적인 물질은 기라고 생각했다. 기는 항상 유행하고 움직인다. 기가 응집되면 정이고 이러한 정은 기의 정화이다. 묘하게 쓰이면 신인데 이러한 신은 장재가 말하는 “귀신은 음양 두 기(氣)의 본래 가지고 있는 능력(良能)일 뿐이다”라는 말과 비슷한데 정신적인 존재를 말한 것이 아니라 기의 신묘하고 예측하기 어려운 작용을 말했다. 왕양명의 “이는 기의 조리이고 기는 이의 운용이다”라는 관점은 사실 이가 기에 존재한다는 사상이기도 하다. 기는 물적인 존재이다. 이는 운동에서 표현되는 규율과 법칙이다. 규율과 법칙은 기를 근거로 한다. 기는 규율과 법칙의 통솔을 따른다. 양자는 서로 통일되는 관계로서 일정한 법칙을 따라 운동하는 기의 서로 다른 방면에 속한다. 이러한 사상을 도교의 개념을 이용해 표달하는 것은 매우 적절하다. 한 사상가의 학문에 가치가 있는지 없는지 하는 것은 그가 어떤 사상을 받아들였는지, 그 당시에 다른 사람들로부터 이단학설이라 불렸던 학문을 참고로 했는가 하는 것과는 아무런 관계도 없다. 그 학문 가치는 그 사상이 인류사상의 진보를 위해 얼마나 많은 창조적인 요소를 제공했는가에 달렸다. 왕양명은 옛 심학을 기초로 유학을 한층 더 발전시켰다. 그는 그 당시에 제기되었던 일부 중대한 이론문제, 예로 존덕성과 도문학의 관계, 이와 욕의 관계, 내성와 외왕의 관계, 도덕수양의 근거와 이상인격의 수립방법 등 문제에 대해 독특한 해답을 제시했다. 그의 공적은 이러한 이론에 대한 주해에 있다.

왕양명의 학문은 그 당시에 압박을 받았다. 그러나 그의 학문에는 창조적인 요소가 많이 포함되어 있었고 당시의 수요를 충분히 만족시킬 수 있었다. 그에게는 또 독특한 인격적 매력도 있었다. 이러한 원인으로 인해 왕양명의 학문은 명나라 중기부터 신속하게 전파되기 시작해 이학에서 가장 큰 영향력을 가진 학문이 되었다. 왕학은 중국사상의 발전에서 가장 중요한 연결 고리라 할 수 있다. 왕양명사상의 형성에서 불교와 도교는 매우 중요한 작용을 발휘했다. 그리하여 그 어떤 문호적인 감정으로 이것을 폄하하고 공격하는 것은 모두 옳지 못한 행동이다.

《학부통변》은 논전성(論戰性)을 가진 저서라 할 수 있다. 진건이 이 책을 쓴 목적은 심학, 선학에 의해 빼앗긴 자리를 다시 빼앗아와 주자학의 지배적인 위치를 회복하려는 데에 있다. 그리하여 그는 육구연, 왕양명, 정민정 등의 심학관점에 대해 직접적이고 공격적인 태도를 보였다. 《학부통변》은 처음에 별로 큰 주목을 받지 못했다. 후에 동림의 고헌성(顧憲成) 및 고염무(顧炎武), 장리상(張履祥), 육롱기(陸隴其) 등의 칭송으로 인해 사람들에게 알려지기 시작했다. 이 책이 나온 뒤에 손승택(孫承澤), 위예개(魏裔介), 웅사리(熊賜履), 장렬(張烈) 등도 주학을 존중하고 육학과 왕학을 배격하는 저서를 써냈다. 그러나 육학과 왕학의 학자들도 일어나 반격을 가하였다. 정주학파와 육, 왕학파는 서로의 의견을 내세우면서 격렬한 논쟁을 벌였는데 이것은 청나라 전기의 학술계에서 매우 중요한 화두였다. 당대학자 전목(錢穆)은 이런 말을 한 적이 있다. "오늘날 학술의 큰 범위에서 이학이라는 부분을 단독으로 내오고 거기서 또 주학과 육학이 서로 같지 않은 부분을 열거한 채 끊임없이 논쟁했다. 육학과 왕학을 따르는 사람은 주희의 사상이 만년에 육학으로 바뀌었으며 그 내용이 육학과 같다고 말했다. 주자학을 따르는 사람은 주희의 사상이 만년에 육학으로 변화한 흔적이 없다고 말했다. …… 이는 학술계의 기괴한 사건이 아닐 수 없다(《주자신학설》 159쪽)." 이는 청나라 전기의 의리(義理)학자들의 고루함과 협애(狹隘)함을 잘 꼬집어 낸 말이었다.

진건은 역사학자로서 《학부통변》을 저술했는데 육구연과 왕양명에 대한 비판을 통해 그의 철학적 관점을 표명했다. 이러한 관점은 대부분이 주희한테서 온 것이다. 《학부통변》에는 긍정할 만한 내용이 별로 없다. 그러나 이는 명나라 후기의 학술추세를 대표한다. 즉, 사회적으로 왕학이 풍미하는 상황에서 주자학의 정통지위를 회복하려는 것이다. 주자학은 관학으로 확립된 이후부터 줄곧 글공부를 하는 사람들이 반드시 배워야 하는 학문으로 자리를 잡았다. 게다가 과거시험의 역할까지 보태지면서 주자학의 사회적 지위는 절대적이었고 그 영향력 또한 매우 심원했다. 주자학은 정치, 문화, 교육 방면에서 국가의 의식상태를 대표하기도 했다. 주희의 사상은 넓고 심오한 내용, 완벽한 형식, 소박한 문자로 인해 글공부를 하는 사람들 사이에서 대체할 수 없는 숭고한 지위를 차지하고 있었다. 왕양명 학문이 일어난 뒤 전국적으로 신속하게 퍼져나가면서 큰 학술적 역량을 과시하기는 했지만 주자학은 수백 년간 사람 마음속에 깊이 자리하고 있던 학술사상으로서 학술계에 여전히 큰 영향을 발휘했다. 이 기간에 주자학을 따르던 주자학의 지위를 지키기 위해 일어나는 것은 학술의 발전에서 나타나는 필연적인 과정이다. 진건의 《학부통변》은 명나라 말기에 시작된 왕학에서 주자학으로 되돌아가야 한다는 사조의 시작이라 할 수 있다. 이후 명나라의 멸망은 사상가들에게 큰 자극을 주었다. 그리하여 이러한 사조는 사상가들에 의해 왕학에 대한 반성과 검토로 발전했다. 이 사조는 중국사상의 발전역사에서 매우 중요한 사건이다. 진건의 《학부통변》은 이 사조의 시작으로서 이후의 발전에 일정한 영향을 끼쳤다.

제 25 장

고헌성(高憲成)에 의한 주자학과
양명학의 조화

|제25장|
고헌성(高憲成)에 의한 주자학과 양명학의 조화

왕용계, 나여방 등 사람들은 설명을 통해 양명학에 나오는 양지현성의 사상에서 "불학불여는 자연의 법칙에서 나온 것이다"라는 주장을 대대적으로 더욱 발전시켰는데 양지를 따르고 손이 가는대로 행동하는 정신을 부각시켜 사상계에서 큰 파란을 일으켰다. 강우왕문의 추수익, 섭표, 나홍선 등이 일어나 이에 반발하면서 주정의 학문으로 되돌아가야 한다는 주장을 펼쳤다. 왕문에서 천성양지학파와 후천공부학파가 사구교에 대해 벌인 변론은 명나라 후기 학술계에서 아주 큰 대사건이었다. 명나라 말기에 왕학의 말류를 계승하여 학자들은 제멋대로 거리낌 없이 행동하는 방향으로 발전하였고 주자학이 사라져가는 현실 앞에서 실제적인 공부를 제창했다. 이러한 추세는 점차 사상계의 주류로 자리를 잡게 되었다. 고헌성, 룡, 유종주는 이러한 사상의 대표들이다.

고헌성(1550-1612)의 자는 숙시(叔時)고, 별호는 경양(涇陽)이며, 강서 무석(無錫)사람이다. 만력 8년에 진사가 되었다. 호부주자를 맡게 되었다. 그는 남악(南樂)의 위윤중(魏允中), 장포(漳浦)의 유정란(劉廷蘭)과 서로 뜻이 통했다. 이 세 사람을 삼해원(三解元)이라 불렀다. 후에 글을 올려 집정에 간섭했다가 계양주판관(桂陽州判官)으로 쫓겨났다. 후에 또 처주(處州), 천주부의 추관이 되었다. 그러다가 문선낭중(文選郎中)이 되었다. 후에 권세를 잡은 왕석작(王錫爵)의 뜻을 거슬러서 관직을 빼앗기고 평민이 되었다. 귀향한 후 동향인들과 이천에서 만나 글을 읽고 강학을 하면서 지냈다. 만력 32년에 동생 고윤성(顧允成)과 함께 송나라 때 양시(楊時)가 강학하던 동림서원(東林書院)을 수리하여 룡(高攀龍), 전일본(錢一本) 등과 함께 강학했다. 각지에서 사람들이 이곳에 모여들었다. 주희의 《백록동서원원규》에 따라 《동림회약(東林會約)》을 제정하였다. 그는 강학을 함에 있어 세정을 떠나서는 안 된다고 주장했다. 그리하여 강학의 내용은 대부분이 인물에 대해 평가와 나라의 정사에 대해 비난이었다. 그리하여 사람들은 그를 정치비판의 대표자로 손꼽는다. 만력 40년에 집에서 생을 마감했다. 저작에는《소심재찰기(小心齋札記)》,《증성편(證性編)》,《상어(商語)》,《경고장고(涇皐藏稿)》등이 있다. 후세사람들은 이것들을 묶어《고단문유서(顧端文遺書)》를 엮어냈다.

1. 선천양지(先天良知)와 후천공부(後天功夫)의 병행

고헌성학문의 기초는 주자학이다. 그러나 그는 왕양명의 양지학문을 아주 존경한다. 그는 주자 성론에 왕양명의 양지학문을 융합시켰다. 그리하여 그는 현성양지를 인정하는 동시에 "치양지"를 하려면 실제공부를 해야 한다고 강조한다. 그는 강우왕문의 나홍선의 의견에 반박한 적이 있다.

나홍선은 수섭(收攝)과 보취, 무욕과 주정(主靜)을 강조하면서 선천양지학파의 "제멋대로 하는 것"을 바로 잡으려 했다. 그리하여 그는 불학불여의 현성양지(現成良志)를 반대한다. 고헌성은 나홍선의 현성양지에 대한 부정적인 의견에 동의하지 않는다. 고헌성은 양지는 현성이고 천부적이라고 주장한다. 그의 근거는 맹자의 "배우지 않아도 알 수 있는 것이 양지이고, 생각하지 않아도 가능한 것이 양지다"라는 주장과 주희의 "하늘이 명한 것을 성이라고 한다"라는 주장이다. 그는 "양지를 놓고 말할 때 요와 순의 것만 현성의 양지인 것이 아니다. 걸과 주의 것도 현성의 양지다. 한쪽으로 요순이고 한쪽으로 걸주일 수 있는가? 반드시 요순을 왜 요순이라 하고, 걸주를 왜 걸주라 하는지에 대해 생각해보고 깨우침을 얻어야 한다. 그래야 현성을 믿을 수 있을지 없을지 알 수 있다(《소심재찰기》)." 더할 수 없이 착한 사람과 극악무도한 사람은 모두 후천적으로 형성된 것이다. 그들이 선천적으로 갖고 있는 양지에는 별 차이가 없다. 비록 선천지선이 존재하기는 하나 이것을 완전히 믿을 수 없다. 믿을 수 있는 것은 후천적인 공부일 뿐이다. 그리하여 고헌성은 현성양지를 반대하고 사람의 마음에 선과 악이 없다는 관점에 동의하지 않았다. 그러나 나홍선이 현성양지를 반대한 것은 양지가 후천적이 공부와 단련을 통해 얻어진다는 이 점을 강조하여 사람으로 하여금 자각적으로 후천적인 공부에 힘쓰게 하기 위해서였다. 고헌성도 이 점을 인정한다. 이렇게 하면 우매하고 나약한 사람을 격려할 수 있을 뿐만 아니라, 오만하고 방탄한 사람의 기를 꺾어놓을 수도 있다. 이는 왕양명이 만년에 양지는 본래 현성에서 나온다는 점을 강조하면서 "치양지"의 실제공부를 강조했던 것과 일치했다.

고헌성은 현성양지를 승인하고 나홍선은 현성양지를 반대한다. 이 점에 두 사람의 관점은 완전히 반대인 것 같다. 그러나 사실 그들이 말하는 "현성양지"는 서로 다른 것이다. 고헌성이 말하는 양지는 천부적인 도덕의식의 맹아이다. 여기에는 만년에 왕양명이 말했던 양지라는 개념에 포함되었던 광활한 함의가 없다. 천부적인 도덕의식상태의 맹아에서 출발해 후천적인 성장과 확충을 공부로 도덕과 지식이 완전히 구비된 이상적인 인격에 도달하는 것이 고헌정이 생각하는 공부방법이다. 이러한 양지를 현성이라고 하는 것은 양지를 천부적인 존재로 보고 후천적인 모든 공부가 여기에 작용한다는 말이다. 그러나 나홍선이 말하는 "현성양지"는 시비, 선악을 가릴 줄 알고 스스로 계구, 중화, 발산, 수렴할 줄 알며 도덕이성과 지식이성이 하나가 된 정신 주체를 가리킨다. 즉, 만년에 왕양명이 주장했던 여러 가지 의미를 가진 '양지'다. 나홍선이 현성양지가 없다고 말한 것은 수습, 보취의 공부를 거치지 않은 천연의 양지를 믿고 신임할 수 없다는 뜻이다. 두 사람이 말한 "현성양지"의 뜻은 같지 않지만 두 사람 모두 후천적인 공부를 강조하였다.

고헌성은 천부양지를 인정하는 기본적 전제하에 후천공부의 중요성을 강조하였다. 이 점은 왕양명의 만년에 가지고 있던 사상과 모순되지 않는다. 또한 주희의 공부론에 부합된다. 주희는 "하늘이 명한 것을 성이라고 한다"라고 주장하면서 장재 "마음이 성과 정을 통괄한다"라는 관점에 동의했다. 사실 이것 역시 양지는 천부적이라는 주장이다. 그러나 주희는 마음을 직접 성(性)이라고 생각하지 않았다. 그는 마음을 이가 모이고 일이 성사되는 곳으로 생각했다. 마음속에 원래부터 존재하던 이는 반드시 격물을 통해 얻어진 물리의 자극과 유도를 거쳐야 마음에 나타날 수 있고 마음과 성이 하나로 관통될 수 있다. 그러나 왕양명은 '심즉리'를 주장한다. 마음속의 성리는 항상 마음에 나타나고 마음으로 느낄 수 있다. 사욕에 의해 가려지지만 않는다면 현자의 마음이 곧 이가 될 수 있다. 고헌성은 천부의 양지를 승인하고 후천의 공부를 강조한다. 사실 이는 주희와 왕양명 두 사람의 관점을 받아들인 것이다. 그래서 고헌성은 순수한 주자학자도 아니고 순수한 양명학자도 아니다. 그는 주자학과 양명학을 모두 받아들였다.

주자학은 소박하고 정밀하며 양명학은 고명하고 광대하다는 것은 학문의 기상과 특징상의 부동함이지 근본적인 다른 점은 아니다. 양자는 서로 이용할 수 있다. 또한 후인들이 개괄한 것처럼 "주자는 수양을 중요시했고 양명은 깨우침을 중요시한 것"이 아니다. 두 사람은 모두 "수양이자 깨우침"이라고 주장한다. 주희와 육구연의 제자들처럼 서로의 존재를 용납하지 않았지만 고헌성은 그러지 않았다. 양명학과 주자학을 공평하게 대하였고 무턱대고 배척하거나 맹신하지 않았다.

고헌성은 주희의 격물치지와 왕양명의 "치양지"를 잘 이해하면 서로 관통될 수 있다고 말했다. 두 사람의 학술종지는 후세사람들이 말한 것처럼 "절대 융통될 수 없는 것"이 아니고 심지어 같다고 할 수도 있다. 그는 "양명이 말한 '지'는 곧 주자가 말한 '물'이다. 주자가 말한 격물은 왕양명이 말한 치지다. 따라서 같은 점과 다른 점을 논할 필요가 없다(《소심재찰기》 7권)"고 말했다. 고헌성은 주자학과 양명학을 모두 깊이 이해했고 거시적인 관점에서 주하학과 양명학의 다른 것 중에서 같은 것을 발견해냈다. 양명의 지는 곧 '양지'이다. 왕양명이 만년에 내린 해석에 따르면 양지는 "소성의 각(所性之覺)"이다. 즉, 천부의 성선에 대한 자각이고 지선지악, 지시지비의 주체이며 모두 도덕이성을 최종의 입각점으로 한다. 그러나 주희의 격물의 "물"은 사실 물에 체현된 천리를 강조하는 것이다. 그의 착안점 역시 도덕에 있다. 주자가 말하는 격물의 최종목적은 천리를 얻어 마음과 이(理)를 통일시키는 것이다. 그러나 왕양명의 "치양지"는 내적으로 양지를 확충하거나 외적으로 양지를 추치(推致)한 목적은 모두 천리를 얻기 위함이다. 최종목적은 모두 천리를 얻고 천리로 사람의 마음을 주재한다는 두 사람의 관점은 일치한다. 공부 방법에서 주희의 격물궁리는 독실하고 왕양명의 "치양지"는 사실에 대한 공부를 강조한다. 양자는 역시 일치하다. 고현성이 두 사람의 학문을 융합시킨 것은 사실 두 사람 모두 덕성수양을 최종 귀착점으로 한 것을 찬양하고 주체의 실제 수양을 통해 얻을 수 있다는 점을 강조하기 위해서이다. 이는 그의 사상에서 매우 중요한 내용이다. 그가 주희와 왕양명을 융합시킨 목적은 독실한 공부를 버리고 선천양지를 조롱한 양명후학을 반대하기 위해서다. 성명에서 통하는지, 경지에서 이길 수 있는지 하는 것은 모두 독실하게 도덕수양의 공부를 해야 한다는 말이다. 이는 고헌성 주자학과 양명학을 융합시킨 근본적인 의도이기도 하다. 고헌성은 주희와 왕양명은 모두 그 당시의 뛰어난 인재들이고 그들의 학문 후대들에게 큰 영향을 끼쳤다. 그들의 이론은 주도면밀하지만 잘못 이용하면 어느 한쪽에 치우치게 되어 잘못된 길에 들어설 수 있다.

주희의 공부는 절실하며 순서를 뛰어넘을 수 없다. 주희의 이론에는 융통성이 없다는 것은 자유분방한 사람들의 공통적으로 갖고 있는 견해이다. 왕양명의 "천천정도(天泉正道)"는 "본체를 깨닫는 것이 곧 공부"라는 관점으로 "상근인(上根人)에 입교(立敎)하였다." 그리하여 고명하고 명랑한 사람들은 실제 공부를 버리고 본체에 대한 깨우침에만 뜻을 둔다. 이재의 "지수(止修)"학문은 구체적인 수양공부를 통해 지어지선할 것을 제창한다. 이것이 바로 이러한 사람들의 "허"이다. 고성헌은 주희의 격물, 양명의 치지, 이재의 지수는 모두《대학》의 한 방면을 발전시킨 것으로서 삼자는 서로 보탬이 되어야지 서로 배척해서는 안 된다고 주장한다. 여기서 고헌성이 겸용과 융합을 통해 학문의 잘못을 바로 잡으려는 한 의도를 엿볼 수 있다.

고헌성은 여기서 주희의 격물을 잘못 이용하면 융통성이 없게 될 수 있고 왕양명의 "치양지"를 잘 이용하지 못하면 제멋대로 할 수 있다고 말했다. 주희와 왕양명 본인은 융통성이 있고 제멋대로 하지 않았다는 뜻이다. 그는 주희의 격물은 수양 속에 깨달음이 있고, 왕양명의 치지는 깨달음 속에 수양이 있다고 생각했다. 즉, 수양이자 깨달음이고 깨달음이자 수양이다. 고헌성이 생각하는 최상의 공부는 수양과 깨달음을 모두 얻는 것이다. 수양을 하되 깨달음이 없으면 하학에 머물게 되고 우주인생의 근본지리를 제대로 이해할 수 없기에 고명한 경지에 도달할 수 없다. 깨우침이 있지만 수양을 하지 않으면 실제적인 공부의 기초가 없기 때문에 기필코 터무니없고 황당한 깨달음을 얻게 될 것이다. 그는 주희와 왕양명의 학문을 융합시켜 깨우침과 수양을 모두 얻어야 한다고 주장했다. 주희가 격물리에서 지천리에 이른 것은 깨달음이고 왕양명이 양지를 사실에 추치(推致)하던 것에서부터 사실에서 "치양지"한 것은 수양이다. 두 사람의 학문은 원래 잘못이 없고 제자들이 한쪽으로 치우치면서 생긴 오해들이다.

고헌성은 수양과 깨달음을 똑같이 중요시했다. 하지만 왕문의 선천정심학파가 큰 파란을 일으킨 사회배경 하에서 그는 수양을 더 중요시했다. 고현성이 강조하려는 것은 깨우침은 수양을 기초로 하고 수양을 중요시하는 것은 곧 깨우침을 중요시하는 것이며, 상달하려면 반드시 먼저 해야 하고 하학하였기에 상달할 수 있다는 점이다. 하학은 체험, 성찰하는 일이고 상달은 융합, 관통하는 일이다. 하학하여 상달하는 것은 공자의 올바른 가르침이다. '성(誠)'과 "힘쓰지 않아도 알맞게 되고 생각하지 않아도 얻게 되는 것"의 관계에 대한 그의 해석은 이러한 관점을 잘 설명해주었다.

그가 말하는 내맥(來脈)은 기초, 공부를 말한다. 낙맥(落脈)은 결과이다. 성의 공부가 있어야 '중(中)'과 '득(得)'의 결과가 있을 수 있다. 힘을 쓰지 않아도 알맞게 되고 생각하지 않아도 얻게 되는 것은 이 결과의 표현형식이다. 래맥(來脈)을 이해하는 것은 공부를 강조하는 것이고, 낙맥을 교감하는 것은 '중'과 '득'에 정말로 이득이 있는지 검사하는 것이다. 여기서 고헌성은 여전히 실제적인 공부를 강조한다. 그는 공부 기초는 철저한 깨달음을 얻는 전제라고 강조한다. 그의 '자연'에 대한 발휘에도 이 뜻이 들어있다.

고헌성이 말하는 자연은 공부를 통해 본체에 얻은 것으로서 경지의 형태로 표현된다. 본체에서 얻은 것은 천리에서 얻었다는 말이다. 천리에 맞게 행동하고 그쳐야 한다는 것은 사물의 운율과 박자에 맞게 천리를 운용해야 한다는 뜻이다. 강제적으로 안배하지 말아야 한다는 것은 완전히 천부양지(天賦良知)를 믿고 그 어떤 공부와 단련을 거치지 않은 채 생각대로 하는 것이 자연의 도에 알맞은 행동이라는 말이 아니다. 그렇기 때문에 태주 용계의 "선천에 근본은 세워야 한다", "당하를 인취(認取)해야 한다"라는 주장에는 선을 위해 악을 제거하는 공부가 없기 때문에 자연스럽지 못하다.

고헌성은 수양과 하학에 중점을 두었기 때문에 그는 제자들에게 어록에서만 깨우침을 얻을 것이 아니라 경학의 연구에도 관심을 돌려야 한다고 가르쳤다. 고헌성은 동림서원에서 제정한 《동림회약》에서 후학에게 네 가지 기본적인 요구를 제기했다. 첫째는 지본(知本), 둘째는 입지(立志), 셋째는 존경(尊經), 넷째는 심기(審幾)이다. 이 네 가지 요구는 주희의 《백록동서원원규》를 모방해 제정한 것이다. 그러나 그는 그 당시의 학계에 존재하는 폐병에 근거해 설명을 진행했다. 특히 존경이라는 요구는 학자들이 몇 마디 어록을 이해하고는 깨우침을 얻었다고 떠벌이면서 경학의 전통을 무시하는 잘못된 행동을 겨냥한 것이다.

소현성은 여기서 학계에 존재하는 폐단에 대해 충고함과 동시에 경서를 존경해야 한다고 제창하였다. 그의 목적은 유가경학의 전통을 회복하고, 방탕하고 고집스럽고 천착(穿鑿)하며 남을 속이는 병폐를 바로잡으려는 것에 있다. 특히 책을 읽지 않고 학술이 실속이 없고 헛된 병폐를 바로 잡으려 했다.

경학은 명나라에 이르러 심하게 피폐해졌는데 학자들은 서로 이해와 해석에만 힘쓰고 경전을 깊이 연구하려 하지 않았다. 고헌성은 경학을 유학의 아주 중요한 부분으로 보았다. 그는 경학은 모든 학문의 기초이고 경학이 없다면 모든 학문이 든든한 기초를 잃게 되는 것이라고 생각했다. 명나라 초기에 사람들은 너도 나도 주희의 학문을 따랐지만 대부분 주희의 이기심성론을 계승했다. 주희의 《역》, 《시》, 《춘추》, 《예》와 같은 학문에 대해서는 많이 언급하지 않았다. 명나라 중기에 왕양명의 학문이 궐기하면서 사상의리를 중요시하게 되었고 경학은 점차 쇠락해지기 시작했다. 왕양명의 제자들의 대부분이 경서, 자사를 읽지 않았다. "책을 읽지 않으면서 아무 근거도 없는 말을 맘대로 했다"라는 것은 양명후학에 대한 충고이다. 고헌성은 바로 이러한 시대에 살고 있었다. 그는 고대 유학을 회복하여 경학을 근본으로 하고 자사에 모두 능통하게 하려 했다. 또한 경제학문의 독실한 학풍의 힘을 빌리려고 했다. 그리하여 경전을 존중하는 것은 그가 제정한 학문규약에서 아주 중요한 내용이다. 이 내용은 그가 양성하려는 학생의 학문적 규모를 제시해준다.

고헌성은 경전을 존중하고 실학을 숭배했다. 그리하여 그는 양명학의 넓은 흉금과 고집을 제거하는 작용을 긍정적으로 생각한다. 하지만 그는 명나라 말기에 형성된 허술하고 제멋대로인 사풍(士風)에 왕양명의 책임이 있다고 주장했다.

그는 자기의 마음으로 시비를 판단하는 왕양명의 표준에 동의하지 않는다. 그는 자기 마음을 표준으로 삼는 것은 왕양명이 힘을 얻은 부분이자 실수를 범한 부분이기도 하다고 말했다. 왕양명의 학술종지인 "치양지", "심외무리", "심외무물" 등은 모두 자신의 마음을 주체로 한다. 왕양명에게는 이런 명언이 있다. "마음에서 구한 것은 그것이 공자의 말이 아니더라도 틀렸다고 말할 수 없다. 마음에서 구한 것이 아닌 것은 설령 공자의 말이라고 하더라도 옳다고 할 수 없다(《전습록》중)." 이 말은 비록 우상과 주체 의식을 제거하는데 적극적인 작용이 있기는 하지만 여기에는 반드시 한 가지 전제가 필요하다. 그건 바로 자기 마음이 시비를 판단할 수 있는 능력이 있고 판단한 시비가 대체적으로 정확해야 한다는 점이다. 그렇지 않으면 이 말은 제멋대로 큰 소리를 친 것에 불과하다. 고성한은 사람의 성은 선하기는 하나 자기 마음속의 천리를 완전히 그대로 드러낼 수 있는 사람이 많지 않다고 주장했다. 왕양명의 이 말은 성인에게만 해당된다. 일반 사람들은 자신의 마음에 악이 섞여들지 않는다고 보장할 수 없고 자신의 마음이 내린 판단이 꼭 정확하다고 보장할 수도 없다. 고성한은 반드시 주자학으로 왕양명이 범한 잘못을 중화시키고 바로 잡아야 사풍과 학풍이 다시 독실해질 수 있다고 주장했다.

2. 무선무악(無善無惡)에 대한 비판

　　고헌성은 비록 왕양명이 자신의 마음으로 시비를 판단하는 표준의 잘못을 지적했지만 우상을 제거하고 자아의식을 강조하는 정신에 대해서는 그래도 긍정적으로 평가했다. 그가 가장 많이 반대한 것은 왕양명의 사구교에서 "무선무악이 마음의 본체"라는 관점이다. 그는 《동림회약》에서 '지본(知本)'에 대해 설명할 때 '무선무악'의 잘못에 대해 상세히 논술했다. 후에 이 문제를 놓고 태주후학의 관지도(管志道)와 여러 번 논쟁을 벌였다. 무선무악의 잘못에 대한 분석은 고헌성이 일생동안 벌였던 학술활동에서 가장 중요한 내용이다. 무선무악을 질책한 내용은 《소심재찰기》, 《상어(商語)》, 《경고장고(涇皋藏稿)》에서 쉽게 찾아볼 수 있다. 《정성편》은 전문적으로 무선무악을 다룬 저서이다. 고헌성은 왜 무선무악의 문제에 이렇게 많은 심혈을 기울였을까? 그는 성의 선악에 관한 문제는 유가학설의 입각점이고 일단 성선론이 무너지면 여기서 갖가지 폐단들이 생겨날 것이라고 생각했다.

　　고헌성의 뜻은 마음의 본체는 성이기에 성은 선하다는 말이다. 성은 본체이고 모든 공부는 본체에 작용하고 본체에서 생겨난다. 그렇지 않다면 공부는 필연코 외재적인 존재가 될 것이다. 외재적인 공부는 겉으로는 선량한 척하면서 지역 사람들을 괴롭히는 위선자가 나타나는 근본원인이다. 맹자의 진심지성 학문의 전제는 성선이다. 선천의 심체에는 선악의 구분이 없다면 선을 위해 악을 제거하는 후천적인 공부는 어디에 사용해야 하는가? 선을 위해 악을 제거하는 공부는 선천지선에 대한 장기적인 보양과 확충, 수습과 보취일 뿐이다. 성선설은 그의 본체와 공부의 합일론의 논리를 출발점으로 한다. 그리하여 《동림회약》의 첫 번째 요구는 바로 지본이다. 지본은 "성품을 알아보는 것"이고 "성품을 알아보는 것"은 곧 성선을 아는 것이다. 고헌성은 성선에 대해 비판할 때 주로 성은 무선무악이라는 학설의 이론에 존재하는 폐단과 그로 인해 산생되는 악과(惡果)에 대해 반박했다. 고헌성은 성은 무선무악이라는 주장에 대해 반박하는 내용을 《회약》에 넣은 목적은 이 문제를 동림학파 사상이론의 중요한 내용으로 삼기 위해서다. 그는 무선무악을 믿으면 선을 위해 악을 제거하는 공부는 쓸데없는 존재가 될 것이고, 선을 위해 악을 제거하는 공부가 쓸데없게 되면 《중용》에서 말하는 대본달도(大本達道), 《대학》에서 말하는 학문사변행(學問思辨行)도 쓸데가 없게 된다고 여겼다. 이러한 실제적인 수양공부를 버리면 필연코 예법을 가볍게 생각하고 성현을 멸시하게 된다. 동시에 불교에서는 무선무악을 본래의 모습으로 하고, 도교에서는 '무'를 최고 범주로 생각한다. 무선무악을 제창하는 것은 불교와 도교의 학문을 발전시킨 것이 된다. 고성헌은 무선무악이라는 네 글자는 위로 고상한 사람을 포함시키고 아래로 잔꾀가 많은 사람을 포함시켰지만 유독 중간에 있는 사람을 포함시키지 못했다. 다만 이런 사람들의 수가 가장 적다. 이 말은 곧 제멋대로 행동하던 사람은 무선무악을 구실로 더 제멋대로 행동할 것이고 교묘한 수단을 잘 쓰는 사람도 무선무악을 구실로 더 수단을 가리지 않고 사욕을 채울 것이라는 뜻이다. 고성헌은 선을 "천리의 정수"라고 정의했고 악을 "인욕이 결정하는 것"이라고 정의했다. 무선하면 악해지고 무악하면 선해진다. 인성은 무선하면서 무악해질 수 없다.

고헌성은 무선무악의 '무'에는 두 가지 방식이 존재한다고 한층 더 설명하였다. 하나는 유를 떠난 무이고 다른 하나는 유이자 무이다. 유를 떠난 무는 유무가 완전히 둘로 나누어진다. 유를 떠난 무에서 무는 절대적인 공무이고 무는 본체이다. 유를 떠난 무에서 선은 무이고 객형(客形)이지만 하찮기 때문에 현묘한 법문을 열게 된다. 유이자 무는 유무가 하나를 이루어 유와 무에 구별이 없다. 이렇게 하면 악을 선으로 그리하여 교묘한 법문을 열게 된다. 현묘한 법문의 유폐는 허현하고 실속이 없기에 빈 소리를 하게 된다. 교묘한 법문은 간사한 말을 하고 선악의 구분이 없기에 완고하고 우둔하며 부끄러움을 모르게 된다. 그리하여 무선무악의 논점은 성립될 수 없는 것이다.

성선은 유가철학의 근본이고 선이라는 글자가 무너지면 공부가 본체와 무관하게 된다. 그러면 높은 사람은 허현에 빠져 의견과 의론에 얽매이게 된다. 천한 사람은 완고하고 우둔해져 규칙과 규범에 얽매이게 된다. 이러한 것들은 모두 유가의 수신과 입본에 위험이 된다. 그리하여 무선무악은 "매우 위험한 단어"이다.

고헌성은 무선무악을 자율도덕의 반대편에 놓고 그 유폐에 대해 논술하였다. 그의 목적은 성선은 자율도덕이 성립되는 기초라는 것을 설명하기 위해서다. 이 기초가 없다면 자율도덕이 없게 된다. 도덕을 도덕이라 부르는 것은 도덕이 후천적인 경험이 아닌 어떠한 선천적인 원칙을 의거로 하기 때문이다. 이러한 원칙, 선의 순수성을 부정한다면 그와 악의 대립하고 있던 경계가 사라지게 된다. 이는 유학의 인격수양에 대한 모독이다. 고헌성이 "무선무악"의 잘못을 반복해서 강조한 원인이 바로 여기에 있다.

고헌성은 성론에 대해 분석을 하였다. 그는 "무선무불선(無善無不善)은 식신(識神)이지 성이 아니다. 유선유불선은 기품이지 성이 아니다. 선할 수도 있고 선하지 않을 수도 있는 것은 몸에 배인 습관이지 성이 아니다(《증성편·죄언하(證性編·罪言下)》)"라고 말했다. 그 말은 무선무악은 '성'이 아니라 사람의 인식기능이라는 뜻이다. 물체가 청색, 황색, 남색, 백색이면 그대로 청색, 황색, 남색, 백색으로 보면 되고 물체가 네모나거나 둥글거나 길거나 짧으면 그대로 네모나고 둥글고 길고 짧게 보면 된다. 그 자체는 고정불변한 성질을 갖고 있지 않기에 그 작용이 일어나는 대상에 아무것도 보태줄 수 없다. 착한 사람과 악한 사람이 있는 것은 그들의 기품에 차이가 있기 때문이다. 기품이 다름에 따라 생기는 단단함과 유연함, 빠름과 느림을 모두 선악이라 할 수 있다. "선할 수도 있고 선하지 않을 수도 있다는 것은" 사람의 후천적인 가소성을 말하는데 사람은 습성이 다름에 따라 다른 선악의 결과를 얻게 된다. 엄격히 말할 때 이상의 관점을 모두 성으로 볼 수 없다는 것이 고헌성의 주장이다. 성은 사람을 사람이 될 수 있는 본질이고 사람이 기타 생물과 구별되는 선천적인 표준이다. 그에게 있어 이것은 바로 성선이다. 이러한 선은 선천적인 논리규정으로서 후천적으로 형성된 구체적인 선과 같지 않다. 고헌성은 인성을 선천적인 것으로 규정했다. 이렇게 하면 도덕자율의 엄격함을 높일 수 있다. 그러면 후천경험에서 나온 구체적인 선악을 모두 사람 본질의 규정 밖으로 배척시켜 그것들이 사람을 사람이라 할 수 있는 근본표준에 섞여드는 것을 방지할 수 있다. 그리하여 고헌성은 왕양명의 "무선무악은 이(理)의 정(靜)이고, 유선유악은 기(氣)의 동(動)이다"라는 관점에 심하게 반대하였다.

여기서 말하는 "이의 정", "기의 동"은 이의 표현형식이지 성 자체에 대한 가치판단은 아니다. "유무작호, 유무작악"은 것은 곧 생각이 일지 말라는 것이지 "선악의 원래 모습이 아니다." 유무로 선악을 논하는 것은 사람으로 하여금 유무, 선악의 이론에 관한 연구에 끌어들여 위에서 말한 것처럼 높은 사람이 허현에 빠질 수 있다. 그리하여 "한층 얕게 보았다"고 말한다. 여기서 알 수 있듯이 고헌성은 "무선무악이 마음의 본체"라는 주장은 근본적으로 틀렸다고 생각한다. 그는 왕문의 제자들처럼 허물을 덮기 위해 "무선무악"의 관점과 "성선"학문이 모순되지 않는다고 주장하지 않았다. 예를 들어 유종주, 황종희는 왕양명의 사구교에 나오는 첫 구절은 마음에 원래 선한 생각과 악한 생각이 없다는 것을 말한 것이지 성 자체에 선악이 없다고 말한 것이 아니라고 주장했다. 지선은 마음의 본체라는 것은 "왕양명의 정론"이다. 유종주, 황종희가 말한 것은 왕양명의 본뜻이기는 하다. 그러나 고헌성은 양명후학은 이렇게 왕양명의 사구교를 이해하지 못했기에 각 가지 폐단이 생긴 것이라 주장했다. 왕양명의 "무선무악이 마음의 본체"라는 이 한마디를 비판한 것은 사실 왕문후학이 근거로 하는 "양명의 본뜻"을 비판한 것이다. 그가 높은 사람은 허현하고 천한 사람은 완고하다고 반복적으로 강조한 것은 바로 왕양명의 제자들이 범한 가장 중요한 두 가지 잘못이다. 그는 이러한 잘못을 비판하기 위해 그 근원을 찾아 왕양명의 사구교까지 언급하였던 것이다.

고헌성은 태주후학의 관지도와 통체(統體)의 선과 산수(散殊)의 선, 태극과 무극의 관계에 대해 토론을 진행하였다. 이 토론은 "무선무악"과 연관이 있다. 관지도는 선을 통체의 선과 산수의 선으로 구분했다. 통체의 선은 선의 일반이고 선의 총체이다. 그리하여 이를 지선이라고 부른다. 산수의 선은 인, 의, 예, 지와 같은 구체적인 도덕규범이다. 관지도는 통체의 선은 선수의 선과 다르고 양자는 서로 아무 연관이 없다고 주장한다. 마음의 본체는 지선이고 통체의 선이기에 마음에는 구체적인 선악이 존재할 수 없다. 그리하여 "무선무악이 마음의 본체"라는 것이 성립된다. 고헌성은 주희의 일일분수를 이용해 양자의 관계를 분석했다. 그는 통체의 선은 곧 산수의 선이라고 주장했다. 선은 총체적인 명칭이다. 이 명칭에는 반드시 인, 의, 예, 지와 같은 분수의 명칭이 본래 존재한다. 인의예지가 없으면 지선이 아니다. 지선은 인의예지와 같은 분수의 선에 표현된다. 인의예지는 지선의 분할이 아니다. 인의예지는 각각 선의 전체이다. 그는 《중용》의 "대덕은 돈화하고 소덕은 천류와 같다"는 관점으로 통체의 선과 산수의 선의 관계를 논증했다. "통체는 대덕돈화이고, 선수는 소덕천류다. 인의예지는 네 개 이름을 갖고 있지만 산수에 속한다. …… 통체의 선은 산수의 선이다. 언제나 조금도 넘쳐난 적이 없다. 또한 산수의 선은 통체의 선이다. 이 또한 언제나 조금도 모자란 적이 없다(《증성편 · 질의하(質疑下)》)."

고헌성이 관지도와 통체의 선과 산수의 성에 대해 토론을 벌린 목적은 왕양명의 "무선무악이 마음의 본체"라는 이 말이 틀렸다는 것을 증명하기 위해서다. 그는 자신과 왕양명의 의견이 엇갈리는 관건적인 부분에 대해 설명할 때에도 이에 대해 언급하였다.

여기서 고헌성은 본체는 곧 성이고 본체의 선은 곧 성선이라고 생각했다. 구체적인 선은 외부에서 생기는 것이 아니라 성이라는 이 총체적인 선에서 표현된다. 희노애락의 미발지중은 본체의 선이다. 희노애락이 발하여 절도에 맞는 것은 구체적인 선이다. 미발지중은 성이다. 발하여 절도에 맞는 것은 성이 구제적인 시공조건에서의 '의(宜)'다. 그의 목적은 심체에 본연의 선이 포함된다는 것을 논증하려는 것이다. "무선무악이 마음의 본체"는 성립되지 않는다.

고헌성이 "무선무악이 마음의 본체"라는 관점을 반대한 목적은 도덕수양을 마음의 본체인 성에 추치(推致)하고 후천적으로 생긴 의념에 기초를 세우지 않기 위해서다.

선을 위해 악을 제거하는 것은 반드시 선천적으로 가지고 있는 성체에 기초를 세워야 하고 성선을 출발점으로 해야 한다. 그리하여 선을 지키는 것은 성에 본래부터 있던 것을 확충한 것이고 악을 제거하는 것은 성에 본래부터 존재하지 않던 것을 제거하는 것이다. 이렇게 성체에 기초를 세우면 본체공부가 성이라는 글자를 벗어나지 않게 된다. 만약 무선무악으로 마음을 논한다면 선을 위해 악을 제거하는 것과 선천의 본체가 두 개로 갈라질 수 있다. 후천적으로 생긴 생각에서 선을 지키고 악을 제거하면 본말이 전도될 수 있다.

선천의 공부에 힘써야 할 것인지, 후천의 공부에 힘써야 할 것인지 하는 문제는 강우의 섭표와 절중의 왕용계가 논쟁을 하였던 초점이다. 왕용계의 선천정심의 학문은 선천정심의 심체에 기초를 세우고 공부는 모든 인연을 내려놓고 선천에 대한 후천의 모든 간섭과 오염을 단절시켜 선천정심의 심체가 유행할 수 있게 하는 것이다. 그러나 섭표 등은 선천양지를 승인하지만 양지에는 어쩔 수 없이 기품과 물욕이 섞이게 되므로 반드시 수습, 보취의 공부를 거쳐야 이것을 믿을 수 있다고 주장한다. 그리하여 강우의 많은 사람들은 모두 후천성의(誠意)에 대한 공부를 중요하게 생각한다. 고헌성은 왕용계와 강우를 조화시키기 위해 선천의 본근에 기초를 세워야 하고 생각에서 선을 지키고 악을 제거하는 것은 뒤떨어졌다고 강조했다. 그러나 고헌성은 "본체를 깨닫는 것이 곧 공부"라는 관점을 반대했다. 그는 실제에서 선을 지키고 악을 제거해야 하고 선을 위해 악을 제거하는 것은 반드시 선천의 성에 작용해야 한다고 주장하여, 고헌성은 '4무'를 반대할 뿐만 아니라 '4유'도 반대했는데, 특히 '4무'를 더욱 반대했다. 사실 그는 주자학의 구체화로 양명학의 모호함을 보충하고 양명학의 마음의 근원을 곧바로 가리키는 관점으로 주자학이 마음과 성을 둘로 나누어 보는 관점을 보충하려고 했다. 마음에 대한 그의 생각에는 선천정심과 후천성의를 조화시키려는 그의 의도가 체현되었다.

마음은 혼연한 천리이고 마음속의 시비에 사욕의 오염이 섞이지 않아야 진짜 시비가 될 수 있다. 여기서 그가 왕양명의 '심즉리' 관점에 동의하고 양지의 시비를 진짜 시비로 생각한다는 것을 알 수 있다. 그러나 그는 주자학의 실제적인 격물공부를 통해 양명학을 보충해야 한다고 강조했다. 사람의 실제 마음에는 반드시 편박(偏駁)이 존재하기 때문에 진짜 본체를 얻기 힘들다. 그리하여 반드시 실제 공부를 통해 악을 제거하고 선을 회복해야 한다. 고헌성은 "주자의 격물과 양명의 치지는 모두 따로 종지를 세울 수 있다.《대학》의 본뜻을 논하는 것은 아직 적합하지 않다(《소심재찰기》14권)"고 말한 적이 있다. 이 말의 뜻은 두 학파의 공부는 모두 완벽하지 않기 때문에 서로 보충해야 한다는 것이다.

고헌성은 "무선무악이 마음의 본체"라는 주장을 반대했기에 따라서 불교도 반대했다. 고헌성은 젊은 시절에 선학의 좋은 점을 말하기 좋아했다. 그러나 후에 선학에 대한 그의 생각에 큰 변화가 일어났다. 그는 좋은 점을 말하던 것에서부터 선학을 싫어하게 되었고 선학에 대해 말하기 꺼려하고 두려워했다. 싫어하게 된 것은 선학에 별 실속이 없고 감언으로 사람을 속였기 때문이다. 선학에 대해 말하기 꺼려한 것은 유학을 종지로 하는 사람은 선학과 관계를 가지는 것을 수치스럽게 생각했기 때문이다. 선학에 대해 말하기 두려워한 것은 "무선무악"의 사상이 세상에 널리 퍼짐에 따라 사자들이 유학을 버리고 선학에 빠져들까 걱정되었기 때문이다. 그 외에 고헌성이 불교를 반대한 것은 불교가 무선무악을 종지로 삼았기 때문이다. 그는 유학에도 무에 대한 논술이 있다. 예를 들면 이(理)에는 소리도 색깔도 없다는 관점과 마음의 미발지중과 같은 관점이다. 그러나 유가에서 말하는 무는 불교에서 말하는 무선무악과 완전히 다르다. 유가에서 말하는 공은 실리의 표현형식이다. 불교에서 말하는 공은 절대적인 공적을 추구하는 것으로서 본체와 공부가 모두 없다. 불교에서 말하는 "선과 악을 생각하지 않을 때 본래 모습을 알 수 있다"라는 관점은 《중용》에서 말하는 "희노애락의 미발지중"과 비슷해 보이지만 사실은 전혀 같지 않다. 《중용》의에서 말하는 중(中)은 성(性)이고 선이다. 불교에서 말하는 희노애락의 미발은 공이다. 양자를 헛갈려서는 안 된다. 불교에는 "무선무악"을 말하면서 도와 법을 모두 홀시하고 포기해버렸다. 그러나 도와 법은 절대 없어서는 안 될 존재이다. 도는 강상윤리의 근거이다. 그리하여 "하늘의 순서에는 법이 있고 하늘의 질서에는 예가 있다"고 한다. 법은 세상을 다스리는 유력한 도구이며 관직의 강등과 승진, 주거니 뺏는 근거이다. 만약 도법이 완전히 사라진다면 세상은 무질서하고 혼란스러운 세계로 변해버릴 것이다. 그리하여 불씨의 "무선무악"은 절대 허락되지 않는다.

고헌성은 인성은 무선무악하다는 고자의 관점을 반대했다. 있다. 그러나 고자에 대한 고헌성의 비판의 뜻은 아주 명확하다. 유가는 성선을 출발점으로 한다. 유가에서 말하는 성선은 천도를 근거로 한다. 소위 '민이(民彝)', '물칙', '성', '중화' 등은 '도'의 다른 표현이다. 유가의 수양공부는 사실은 '구(求)'라는 한 글자에 있다. 정을 버리고 성을 회복하며 마음의 본체와의 합일을 추구하는 것은 모두 '무선무악'으로 이룰 수 있는 것이 아니다. 성은 무선무악이라는 고자의 말은 "성"의 내용과 '구'의 과정을 부정해버렸다. 본체공부는 모두 무에 귀결된다. 고자는 선종과 같은 착오를 범했다. 고헌성이 선종, 고자를 반대하는 것은 모두 그들이 '무선무악'을 주장했기 때문이다. 고헌성은 유가의 윤리기초인 성선설을 수호하려고 했다. 그가 성선설을 주장한데에는 세교를 유지하고 사람의 마음을 바로잡으려는 목적도 있었다.

사실 이것은 그 당시의 사풍과 세정에 대한 고헌성의 비판이기도 하다. 고헌성은 풍기가 파괴된 데에는 "무선무악이 마음의 본체"라는 이 한마디 말과 깊은 연관이 있다고 주장했다. 그리하여 그는 '무선무악'의 학문을 극력 반대하였고 유가의 성선설을 회복할 것을 제창했다. 이것은 그가 심성론에 갖은 정성을 쏟은 이유이기도 하다.

3. 소심(小心) — 경(敬)

고헌성은 무선무악에 대해 변론할 때 그 착안점을 심성의 본체에 두었다. 그가 제창한 공부는 '소심'이라는 두 글자이다. 사실 '소심'은 경의 다른 한 가지 표현일 뿐이다.

고헌성은 유가의 모든 수양공부는 '소심'으로 개괄할 수 있다고 생각했다. 유가 성인들의 수양공부의 정의도 '소심'에 있다. 그는 "마음이 법도를 벗어나지 않는 것은 공자가 말하는 소심이다. 마음이 인을 어기지 않는 것은 안자가 말한 소심이다. 본체는 '성선'이라는 두 글자를 말한 것이고 공부는 '소심'이라는 두 글자를 말한 것이다(《소심재찰기》 18권)"라고 말했다. 그는 성선의 본체에는 반드시 '소심'의 공부가 있어야 한다고 생각했다. 성선의 선은 태어날 때부터 완벽한 것이 아니고 다만 선의 단서를 갖고 있을 뿐이다. 선의 단서는 반드시 "불이 처음으로 타고 물이 처음으로 흐르던 것에서부터" 점차 "크고 넓으며 깊은 샘"을 형성해야 한다. 전반 수양과정에서 반드시 시종 '소심'을 관철시켜야 한다. 고헌성이 "무선무악"에 대해 변론한 것은 자신의 수양공부를 위해 기초를 마련하기 위한 것이었다. 기초가 확립된 후에도 계속 '소심'의 수양공부를 고수해야 한다. 그 당시의 학술계의 상황으로 놓고 볼 때 공부의 필요성에 대한 강조는 그 본체를 강조하는데 더 많이 집중되었다.

공부는 본체이고 공부는 본체의 발전 및 완성이다. 본체는 잠재적인 존재이기에 반드시 공부를 통해 실현되어야 한다. 이런 의미에서 말할 때 공부는 본체의 생명이고 공부는 곧 본체이다. 만약 본체만 있고 공부가 없다면 설명에 능한 자들은 쓸데없는 의론만 늘여놓을 것이다. 여기서 고헌성은 비록 "마음에는 본체가 없고 공부가 닿는 곳이 그 본체"라고 명확하게 말하지는 않았지만 그는 이미 이런 생각을 갖고 있었다. 여기서 고헌성을 중심으로 하는 동림학파는 유종주를 대표로 하는 즙산(蕺山)학파와 같은 점이 하나가 있다. 그건 바로 두 학파 모두 왕학의 선천양지파가 공부를 소홀히 하고 본체를 순임(純任)하는 것에서 형성된 유폐를 알아내고 쇠퇴해가는 추세를 바로잡으려 했다는 점이다. 그들은 공부를 강조하는 것이 그들이 취한 방법이다. 고헌성이 '소심'으로 자기의 저서를 명명한 것에는 바로 이러한 뜻이 들어있는 것이다.

고헌성은 '소심'이라는 두 글자에는 옛날 유학자들의 공부가 모두 포함되었다고 생각했다. 정이, 정호가 주장하는 공부요령도 경(敬)이라는 이 글자를 벗어나지 않는다. 경은 곧 '소심'이다. '소심'이라는 두 글자는 "대담하게 행동하는" 사람을 겨냥한 것이다. 여기서 고헌성이 가리키는 것은 태주학파의 왕용계였다. 고헌성은 이런 말을 한 적이 있다. "나여방은 안산농을 성인이라 생각했고 양기원(楊起元)은 나여방을 성인이라 생각했으며 이지는 하심은을 성인이라 생각했다(《소심재찰기》 14권)." 그는 또 이런 말을 한 적이 있다. "동파는 정이를 다음과 같이 비꼬았다. '언제 이 경이라는 글자를 타파할 것인가?' 이것은 근세에 태주학파의 안산농, 하심은 학파가 이 경이라는 글자를 타파하였다는 것을 말하기 위해서다(《소심재찰기》 9권)." 고헌성은 대담하게 행동하는 사람을 말할 때 안산농과 하심은을 많이 언급했다. 이 점은 유종주와 황종희에 의해 계승되었다. 황종희는 《명유학안》에서 안산농과 하심은을 "명교로서 공제할 수 있는 사람들이 아니었다", "썩은 생선과 부패한 고기"에 비유했다. 이러한 주장은 모두 고헌성에게서 온 것이다.

고헌성이 말하는 소심에는 많은 내용이 포함된다. 여기에는 주돈이의 "욕망이 없으면 정하다"라는 주장과 정이, 정호가 주장하는 정좌가 포함된다.

"본성에서부터 시작해야 하는 것"은 방향이다. 주, 정의 공부는 입문이다. 그러나 주, 정의 공부는 모두 경이라는 글자를 벗어나지 않는다. 고헌성은 주돈이의 '주정' 학문을 매우 높게 평가한다. 그는 "주돈이의 정은 모두 무극에서 온 것인데 일을 깊이 연구한다는 뜻이다. 정이와 정호는 정좌하는 것을 좋아했는데 이는 처음 일을 시작한다는 뜻이다(《소심재찰기》 9권)"라고 말했다. 그는 주정과 정좌를 구별하였다. 주정은 주체에 부합되게 하는 것이고 이는 공부의 방향이다. 정좌는 마음을 가라앉히고 집중시키는 것인데 이는 구체적인 수양방법이다. 주정은 박식한 사람이 안신입명(安身立命)하는 일이다. 정좌는 학문이 얕은 사람이 심신을 조절하는 일이다. 양자를 동일시해서는 안 된다. 그러나 양자에는 서로 통하는 면이 있는데 바로 정을 근본으로 하고 미발을 중요시하는 것에 있다. 고헌성은 정이, 정호의 정좌를 선학이라고 긍정했다. 이동(李侗)은 정에서 미발의 기상을 알아냄과 동시에 이(理)는 명백한 이치라는 주희의 주장을 받아들였다. 그는 "정이와 정호는 사람들이 정좌하는 것을 보고 선학이라고 감탄했다. 나예장(羅豫章)은 이연평에게 정에서 희노애락의 미발의 기상을 알아내는 법을 가르쳤다. 주희는 '이치를 명확히 깨친다면 자연히 정하게 될 것이니 정화를 할 필요가 없다'고 했다. 이 말들에는 모두 일리가 있으니 모두 종합해서 참고해야 한다(《심재찰기》 1권)"라고 말했다. 그는 정좌, 정에서 미발을 체인하고 이치를 이해하는 것은 모두 필요하다고 생각했다. 정좌를 하면 몸과 마음이 안정되고 편안해진다. 이것은 몸과 마음을 수양하는 방법으로서 비교적 낮은 등급의 공부에 속한다. 정에서 미발을 체인하면 망정(妄情)을 제거하여 마음의 본체와 합일을 이룰 수 있다. 이것은 비교적 높은 단계의 공부에 속한다. 이치를 이해하는 것은 우주의 근본지리에 대한 이해로서 성을 이해하고 명을 통달하는 일이다. 여기에는 앞에 나오는 정을 취하는 두 개 방법이 모두 포함된다. 이것은 더 높은 단계의 공부에 속한다. 고헌성은 이 세 가지를 종합해야 한다고 주장했다. 이 세 가지는 병존하는 관계이고 각자 용도를 가지고 있다. 그러나 그의 중점은 이치를 이해하는 것이었는데 상대적으로 이론수양이 비교적 높은 사람들이 그 대상이었다.

고헌성의 '소심'에서 제일 중요한 것은 무욕이었다. 무욕에 대한 고헌성의 해석에는 장재, 주돈이, 《역전》 등 학설이 뒤섞여있다. 무욕은 이것은 '소심'의 주체의 경지에 대한 요구이다. 그 목적은 욕망이 사람의 본심에 끼치는 해를 제거하고 본체의 발용과 유행을 보호하는 것이다.

고헌성은 "무선무악"의 학설에 의해 생겨난 폐단을 바로잡으려고 했다. 그리하여 성의 선악에 대한 논술에 많은 정력을 쏟았다. 그의 '소심'의 종지는 정주의 주경학설에 대한 계승이다. 그는 왕학의 현성양지파가 공부를 소홀히 하고 "대담하게 행동하는" 잘못을 바로잡았다. 그는 왕학의 유폐가 점차 풍조를 이룬 뒤에 정주학으로 복귀해야 한다고 주장한 선도자이다. 이후에 유종주, 왕종희도 일어나 왕학의 잘못을 바로잡았다. 이들은 모두 고헌성의 영향을 받았다. 청나라의 유학자들은 왕학에서 주학으로 복귀했고 실학을 중요시했다. 이 또한 고헌성의 영향 때문이었다. 그러나 그의 학술 규모와 이론적 깊이는 모두 유종주보다 못하다. 왕학에 대한 계통적인 총괄도 황종희에 의해 이루어졌다.

마지막으로 이야기해야 할 것은 고헌성이 창립한 동림학파는 명나라 말기의 정치에 매우 큰 영향을 일으킨 정치·학술 역량이라는 점이다. 고헌성은 단순히 글공부만 하는 사람이 아니었다. 그는 강학을 통해 정치에 영향을 주고 정치에 대한 논의를 통해 여론을 통제하여 구국의 뜻을 이루고자 했다. 관직을 담당하려면 위로 국가에 보답하고 아래로 백성을 안정시켜야 한다. 강학을 하려면 도의를 배양하고 백성들이 급해하는 일을 해결해야 한다. 그의 제창에 의해 동림서원은 "인물을 많이 평가하고 국정을 비난했다." 그 당시에 동림은 정치에 대한 논의로 천하에 이름을 떨쳤다. 이후에 동림은 점차 권위에 굴하지 않고 세속을 따르지 않으며 용감히 맞서 싸우는 사람과 행동의 대명사가 되었다. 그리하여 환관, 권신들은 모두 동림을 싫어하였다. 동림의 많은 군자들은 자신의 몸으로 국가의 운명을 지탱하였다. "수십 년 간 용감한 사람은 아내까지 서슴없이 희생하였고 나약한 사람도 죽음을 두려워하지 않았다. 이는 의리와 충성으로 들끓었던 전례가 없던 시기였다. 이 모든 것은 동림의 정신이었다. 동림의 모든 사생들은 고난 앞에서도 굴하지 않았고 자신들의 뜨거운 피로 천지를 씻어낼 의지를 불태웠다(《명유학안》 1375쪽)." 이는 중국역사상에서 숭고한 정신으로 빛났던 시기였고 또 감격적이고 눈물겨웠던 시기이기도 했다.

제 26 장
고반룡(高攀龍)의 격물지본(纔物知本)

|제26장|
고반룡(高攀龍)의 격물지본(繳物知本)

　　동림학파의 다른 한 대표인물은 바로 고반룡이다. 　고반룡(1562-1626)은 무석(無錫) 사람이다. 자는 운종(雲從) 또는 존지(存之)고, 호는 경일(景逸)이다. 어려서부터 문장을 쓰는데 뛰어난 재능을 보였다. 15살 때 동자시(童子試)에 참가했다. 만력 17년에 진사가 되고, 행인(行人)에 올랐다. 다음해에 왕석작(王錫爵)이 죄가 없는 사람을 모함한다고 적발하여 게양전사(揭陽典史)로 폄적(貶謫)되었다. 반년 뒤에 귀향하였는데 연달아 부모상을 당했다. 후에 물가에 집을 짓고 지내면서 글공부를 했다.《주자절요(朱子節要)》를 묶었고 장재의《정몽(正蒙)》에 주해를 달았다. 만력 32년에 고헌성과 함께 동림서원을 수리하고 복원하였고 거기서 강학을 하면서 30여년을 지냈다. 천계(天啓) 원년에 광록소경(光祿少卿)에 올랐다. 후에 대리사 우소경, 태복경(太僕卿)을 역임했다. 후에 좌도어사(左都御史)에 임명되었지만 최정수(崔呈秀)의 뇌물을 밝히는 더러운 행실을 폭로하여 원한을 사고 삭적(削籍) 당하여 귀향했다. 동림서원도 훼멸되었다. 천계 6년에 위충현이 명령을 내려 관직을 그만두고 집에서 지내는 동림칠군자를 잡아들이게 했다. 자기를 체포하러 온다는 소식을 들은 고반룡은 강에 뛰어들어 자살했다. 그는 다음과 같은 유서를 남겼다. "나도 이원례(李元禮), 범맹박(范孟博)을 따라 가야겠다.(두 사람은 모두 동한 당고 시기의 사람으로 죽임을 당했음) 평생 동안 공부를 했는데 이제 별 힘이 되지 않는다. 마음이 공허하고 적막하다. 본래 삶과 죽음이란 존재하지 않는 법이니 이 몸뚱이에 연연해서 무엇 하겠는가?"《고자유서》8권 상) 그가 남긴 찰기, 강의, 어록, 서신 등은 제자인 진용정(陳龍正)에 의해《고자유서》12권으로 편찬되었다. 《주자절요》,《정몽주(正蒙注)》등은 소실되었다.

《삼시기(三時記)》에는 고반룡이 학문을 이룬 과정을 상세히 기록하였다. 그는 처음에 정좌를 하면서 고요함속에서 '기(幾)', '성(誠)', '미발'을 느꼈다. 후에 여관에서 "육합은 모두 마음이고 몸은 마음의 구역이며 마음에는 방향이 존재하지 않는다"라는 이치를 깨우쳤다. 그리하여 더욱더 동을 버리고 정을 구하게 되었다. 그는 학자라면 반드시 열심히 공부하여 의리를 획득해야 한다고 주장했다. 동시에 조용히 앉아서 망념을 버리고 바른 기운을 모아야 한다. 그리하여 정좌하여 공부하는 것을 기질을 변화하는 방법이라 생각했다. 45세 이후에 맹자의 성선설을 굳게 믿기 시작했고 정호의 "연비어약"의 종지를 깨우치게 되었다. 천연을 성으로 하고 자연을 수양으로 한다. 그의 학술종지는 정이, 주희의 격물에 왕양명의 "치양지"를 융합시킨 것인데 여기에 또 이재의 "지수"까지 섞어놓았다. 그는 격물지본(格物知本)의 종지를 제창하는데 정, 주, 육, 왕을 융합시키려는 경향이 아주 뚜렷하다.

1. 기(氣), 심(心), 성(性), 이(理)

명나라 이학은 심성의 체험을 많이 강조하지만 기에 대한 토론은 별로 많지 않다. 그러나 명나라 말기에 많은 사상가들이 왕학의 폐단을 바로 잡으려고 하면서 주자학과 양명학을 조화시키려는 경향이 나타나기 시작했다. 기에 대한 토론도 점차 강화되기 시작했다. 그러나 명나라 말기 대부분 사상가들은 기를 논할 때 직접 심성과 연관을 짓곤 했다. 고반룡도 심성과 기를 함께 논하거나 이기와 심성을 동일한 물질과 실체의 다른 방면으로 간주하곤 했다.

고반룡은 장재의 사상을 받아들였다. 기는 천지간의 유일한 실체이다. 기는 두 개의 근본적인 속성을 갖고 있는데 그건 바로 허령과 조리이다. 기의 허령은 사람의 마음으로 표현되고 기의 조리는 인성으로 표현된다. 장재는 기의 조리에 대해서는 많이 말했지만 허령은 얘기하지 않았다. 고반룡이 기를 허령으로 생각한 것은 심학 특히 왕양명의 사상을 받아들였기 때문이다. 그는 "기의 정령은 마음이고 마음에 꽉 들어찬 것이 기이다. 이둘 이외에 아무 것도 없다《고자유서》 4권)"고 말했다. 그는 세상의 모든 현상을 둘로 귀결시켰는데 하나는 마음에 들어찬 기, 다른 하나는 허령의 마음이다. 그러나 마음과 기는 통일되는 세계현상의 두 개의 방면이다. 이러한 귀결은 매우 중요하다. 여기서 고반룡이 이학과 심학을 종합하여 이학에서 생각하는 세계의 본원인 기와 심학에서 생각하는 세계의 본원인 마음을 하나로 합일시켰다는 것을 알 수 있다. 그는 세계는 물체인 동시에 마음이라고 생각했다. 이러한 관점은 황종희가 "마음이 기", "천지에 꽉 찬 것이 마음", "천지에 꽉 찬 것이 기"라는 관점들을 하나로 통합시키게 된 계기가 된다.

고반룡은 마음과 물체를 종합시켜 세계만상의 본질은 기와 마음이라고 생각했다. 이러한 생각은 두 번의 체오를 거쳐서 얻어진 것이다. 첫 번째는 이복양, 고헌성의 강의를 듣고 "마음은 방촌에 국한되지 않는다"는 것을 깨우치게 되었다. 두 번째는 정주(汀州)를 지나다가 한 여관에서 "육합이 모두 마음이다"라는 것을 깨우치게 되었다.

첫 번째 깨우침은 "온몸이 마음이라"는 것이다. 마음은 더는 물체와 대응되는 인식기능이 아니라 몸 전체를 통관한다. 즉, 마음이자 몸이 된 것이다. 논리적인 사유를 하는 것이 더는 마음의 작용이 아니다. 마음은 체험, 상상, 각해와 같은 정신적인 경지를 담당하고 성각하는 존재가 되었다. 몸도 우주의 한 개 물체가 아니라 심령에 통관되고 "만물을 미묘하게 만드는" 허령의 체가 되었다. 마음은 방촌이지만 이 방촌에 국한되지 않는다는 깨우침을 얻게 된 것은 두 번째 깨우침을 위해 기초를 마련해 주었다. 두 번째 깨우침은 "육합이 모두 마음"이라는 것이다. 마음은 비록 몸에 머무르고 있지만 우주만상과 하나가 될 수 있다. 마음에는 공간의 제한이 없고 대화와 유행과 긴밀히 융합될 수 있다. 우주만상이 곧 마음이고 물체다. 내 마음이 곧 물체이고 마음이다. 마음과 물체에는 간극이 없고 한계가 없으며 경계선도 없다. 우주만상은 사람의 경계와 각해의 부호(符號)가 되었다. 사람과 우주는 이지적인 인식의 관계가 아니라 체험과 관찰의 관계이며, 지성의 관계가 아니라 심미의 관계이다.

고반룡이 말하는 물체와 마음의 합일은 본체이기도 하고 경지이기도 하다. 본체일 때는 마음이자 물체로서 마음과 물체가 융합을 이룬다. 경지일 때는 우주의 모든 물체가 사람이 부여한 윤리적인 의미를 갖게 된다.

사람은 우주지리의 응집이다. 우주는 사람의 마음의 이를 확대시킨 것이다. 천지는 하나의 큰마음이다. 사람의 마음은 작은 천지이다. 마음과 기가 완전히 나누어질 수 없다. 고반룡이 여기서 말한 마음은 이미 심, 기, 이, 성이 혼연일체를 이룬 존재이다.

이 사상은 호직에 대한 그의 평론에 고스란히 표현되었다. 호직은 마음을 버리고 물체를 추구하는 것은 "내적인 것을 잃고 마음 밖의 것을 추구하는 것으로서 그야말로 본말을 전도한 것"이라고 비판했다. 고반룡은 천하에는 마음 밖에 존재하는 물체가 없다고 생각한다. 호직의 이러한 비판을 한 것은 그가 내외와 본말을 나누었기 때문이다. 마음과 물체의 관계는 다음과 같다. 마음에 감응이 일어나지 않았을 때에는 혼연한 하나의 성만 존재하고 인의예지가 모두 거기에 포함된다. 마음에 감응이 일어났을 때 마음속의 성리는 도덕이성과 지식이성이 서로 합일되어 사물에 대해 판단을 진행하는 것으로 표현된다. 마음의 본체는 다른 도덕규범으로 나타난다. 감각을 못했을 때에는 마음과 물체가 명합(冥合)하여 물체의 본체가 드러나고 마음의 작용은 보이지 않는다. 감각을 했을 때에는 마음과 물체가 서로 대립하면서 물체는 마음속의 도덕이성이 나타나는 곳이 되기에 마음이 드러나고 물체가 보이지 않게 된다. 몸과 마음은 시시각각 하나를 이룬다. "물체는 마음에 드러나고, 마음의 미묘함은 물체에 있다." 양자는 둘로 나뉠 수 없다. 고반룡은 마음을 생각할 수 있는 영명한 물체로 생각하고 천지만물을 마음 밖에 존재하는 미련한 물체로 생각하며, 마음에는 도덕이성이 없고 물체에도 도덕이성이 부여되지 않았다는 등 마음과 물체를 완전한 두 개의 존재로 나누어 보는 관점을 비판했다.

마음은 능지(能知)의 주체, 물체는 피지(被知)의 주체라고 생각하면서 마음과 물체를 두 개로 나누어 생각하고, 그 후에 격물을 통해 얻은 물리로 사람의 마음의 영명을 보충하는 사상은 순자를 대표로하는 유가에서 주장하는 사상이다. 명나라의 이학, 특히 심학의 제일 큰 특징은 바로 마음과 물체의 합일이다. 마음은 능지할 수 있는 영명이자 도덕이성이다. 물체는 나의 밖에 존재하는 객체이자 주체의 도덕의식이 부여된 "의미가 있는 형식"이다. 이 사상은 고반룡한테서 가장 뚜렷하게 표현된다. 그는 마음과 물체는 모두 가치가 있는 물체라고 생각했다. 그리하여 심, 물, 성, 이 등에 대해 고찰하는 것은 모두 가치라는 이 목적 때문이다.

심성의 관계에 대해 고반룡은 심학의 명심견성을 주장한다. 그러나 그는 여기에 주희의 공부 층차(層次)론을 섞어 넣었다.

고반룡이 여기서 말한 마음은 마음의 이지, 상상력과 같은 기능이다. "사람의 마음은 모두 태허이다"라고 한 것은 마음속에는 원래 의념이 존재하지 않기에 모든 넓고 먼 사물을 상상할 수 있다는 뜻이다. 이지가 상상한 마음은 전체로서 여기에 부분과 층차가 없다. 마음의 전체를 놓고 말할 때 마음은 이지, 상상의 주체일 뿐만 아니라 지선이 머무는 곳이기도 하다. 이러한 지선을 추구하는 것에는 층차가 있고 이러한 추구는 지각의 활동이다. 고반룡은 현성양지파의 관점에 동의하지 않는다. 그는 선이라고 하는 것은 현성적이지 않고 혼일하지 않다고 생각했다. 선에는 층차가 있는데 선이 축적되면 곧 지선이 된다. 선에 대한 획득은 명심견성과 같은 형식의 지각이 아니다. 선은 층차가 있는 공부를 통해 점차 획득할 수 있다. 그리하여 그는 "허가 극치에 달하면 지선을 볼 수 있다"라는 관점에 동의하지 않는다. 그는 조금씩 격물공부를 진행해야 한다고 주장했다. 비록 점수(漸修)가 마지막에 도달하는 곳은 "자연의 적절한 상태"이기는 하나 이러한 경지 차근차근 쌓아가는 공부를 통해 얻어지게 된다. 여기서 고반룡은 공부가 닿는 곳이 곧 본체라고 명확하게 주장했다. 마음에 대한 여러 가지 뜻을 종합해서 살펴보면 고반룡에게는 "명심"의 사상이 있을 뿐만 아니라 점수(漸修)의 공부를 통해 성을 얻는 사상도 있다는 것을 알 수 있다. 이 가운데서 후자가 더 주요한 지위에 놓인다. 그리하여 그는 공부를 아주 많이 강조하였다.

고반룡은 마음과 물체의 관계에도 이 관점을 관철시켰다. 그는 공부가 마음에 닿아야 이(理)가 될 수 있다고 강조했다. 마음과 이(理)는 공부가 도달한 뒤의 경지이다. 궁리를 하기 전에 마음은 이(理)가 아니고 이도 마음에 표현되지 않는다. 수양공부는 마음과 이가 관계를 이루는 유일한 매개이다. "이(理)가 마음이다"라는 것을 인정하면서도 공부를 강조하고 주자의 공부로 왕양명의 본체를 나타내는 것이 고반룡의 사상이 가지고 있는 특징이다. 고반룡은 공부에서 정주를 따랐지만 본체에서는 왕양명을 따랐다. 마음에 치중하는 것, 심지어 마음에 대해 한 묘사는 대부분이 왕양명한에게서 온 것이다. 그는 "마음의 본체에는 형체, 범위, 내외, 차이가 없다. 마음의 본체는 완벽하고 일관되며 조금의 인력도 허용하지 않는다. 혼란할 때 대충 일깨워주면 곧 본체가 떡하니 눈앞에 나타난다. 이것을 인취하고 합할 시간이 없다. 인취하고 합하게 되면 도와 둘로 나뉘어져 오히려 절박해지고 조급해질 수 있다(《여자왕(與子往)》 3, 《고자유서》 8권 상)." 여기서 말하는 마음은 성체와 도가 나타난 곳을 가리킨다. 혼매하고 혼잡한 것을 제거하면 곧 본체다. 이는 분명히 왕학의 방법이다. 왕학이 나라 안을 휩쓸고 있는 상황에서 왕학의 공소(空疎)한 폐단을 바로 잡아 다시 풍부해지게 하고 주자학과 양명학을 조화시키는 것이 고반룡이 취한 방법이었다. 세계의 본체는 즉심즉물, 도덕의 주체는 즉심즉리라는 관점은 고반룡이 왕학에서 받아들인 가장 중요한 관점이다.

기, 심, 성에서 고반룡이 가장 중요하게 생각하는 것은 바로 성이었다. 그는 성에 대한 다른 정의는 유가학문과 불도의 가장 큰 차이점이었다.

송명시기의 유학자들은 불교를 많이 비판했다. 그들은 불교의 "작용은 견성에 있고" 귀와 눈이 밝고, 발로 걷고 손으로 만지는 등 마음의 작용을 성이라고 생각했다. 그중에 천리의 내용이 없다. 고반룡은 이 관점을 계승해 성은 곧 이고 마음과 기는 모두 성의 작용이며 성에 귀속된다고 생각했다. 그러나 도가에서는 "재능과 지혜를 버려야 하고" 도에 도덕이라는 의미가 없다고 했다. 이러한 도는 곧 기다. 도교에서 단약을 먹고 수련하고 양생하며 장생구시하는 것은 모두 기에 대한 공부에 의거한다. 하여 "노씨는 기다"라고 했다. 불교에서는 마음을 최고의 범주로 생각하면서 나와 법을 실상은 모두 마음에 의해 결정되고 중생과 부처는 모두 한 가지 마음을 갖고 있다고 주장한다. 불교에서 말하는 마음에도 성에 관한 내용이 없다. 그리하여 "불씨의 마음"이라고 한다. 유가에서는 성리를 가장 중요한 내용으로 간주한다. 고반룡은 성, 기, 심 삼자는 동일한 물건의 세 개의 방면이라고 생각했다. 기는 마음을 구성하는 재질의 기초이다. 마음은 영명한 기로서 유행하는 곳에 머무르고 있다. 성은 기와 마음의 본질이다. 수양을 고려했을 때 품덕을 기르고 마음을 닦는 것은 곧 수양하는 것이다. "도의(道義)의 기"란 성의 본체가 기에 표현되는 것이다. 예를 들면 맹자의 "호연지기"와 같다. "인의의 심"은 성의 본체가 정감체험 등 심리활동에 표현되는 것이다. 예를 들면 맹자의 "측은지심", "수오지심"과 같다. 도의의 기를 키우는 것은 '기'를 양성하는 것이 아니라 수양공부를 통해 성이 기에 표현되게 하는 것이다. 마음을 닦는 것은 성이 직접 마음에 도달하게 하는 것이다. 심, 성, 기 삼자는 한 개 물건의 다른 표현이다. 그리하여 "기가 성이고, 마음이 성이다"라고 말한다. 도가에서는 모든 것을 기에 귀결시키기 때문에 그 성과 마음이 모두 기다. 불가에서는 모든 것을 마음에 귀결시키기 때문에 그 성과 기가 모두 마음이다. 유가에서는 성리를 중심으로 하기에 기와 마음은 모두 성이고 품덕을 기르고 마음을 닦는 것이 곧 성리를 키우는 것이다.

이상의 분석에서 알 수 있듯이 고반룡은 정주와 육왕 두 개 학파의 관점을 받아들이고 융합시켰다. 그의 본체론은 점차 세밀해졌고 동림학자들 가운데서 가장 높은 조예를 이루었다. 동림의 강학에 참여한 뒤 그는 친구들과 학문을 토론하고 연구하여 끊임없이 새로운 깨달음을 얻게 되었다. 이 점은 그의 공부론에 잘 표현되었다.

2. 격물(格物)과 지본(知本)

고반룡은 천성이 신중하고 인생의 절반을 "근물돈륜(勤物敦倫), 언행에 조심하고 행동은 민첩하게 했으며 항상 조심하고 삼가야 한다"를 처신의 준칙으로 삼았다. 격물궁리는 그가 평생 지켜온 공부의 원칙이었다. 그는 강학과 어록은 대부분이 제자들에게 격물궁리를 가르친 내용이다.

고반룡은 격물은 지물(至物)이고 사물의 이를 연구하는 것이라고 생각했다. 위에서 말했듯이 고반룡의 격물궁리는 정, 주처럼 구체사물의 이를 깊이 연구하고 확연관통을 통해 물리를 성리로 변화시키는 것이 아니다. 그는 학과 이학을 하나로 보고 우주만상이 곧 이(理)고 마음이라고 생각했다. 격물궁리는 직접 지극한 선에 다다르는 것이다. 이러한 지선은 이미 윤리이자 지식의 가치물이다. 고반룡은 정, 주처럼 '지리(支離)'의 착오를 범하지 않았다고 생각했다. 그는 직접 물리를 심성의 수양에 유익한 성리로 전환시켰다. 그는 "궁리는 격물이고 지본(知本)은 물격이다. 궁리는 일본(一本)이자 만수(萬殊)이고, 지본은 만수이자 일본이다《고자유서》 1권)"고 말했다. 물리는 이미 사물의 성질과 규율이 아닌 천리의 표현이 되었다. 그리하여 격물은 몸을 성실하게 하는 공부이고 격물은 곧 지본의 일이다. 고반룡은 확실히 정, 주의 "오늘에 한번 격물하고, 내일에 한번 격물하여, 점진적으로 쌓아가면 언젠가 철저히 이해할 수 있을 것이다"라는 관점과 확실히 다르다. 하나씩 격물하는 것은 직접 몸을 수양하고 근본을 하는 공부이다. 공부를 강조하면서도 지리에 빠지지는 않았다.

격물은 구체적인 사물의 이를 연구하는 것이 아니라 여기에 직접 체현된 천리를 획득하는 것이다. 그렇지 않으면 가치를 구하는 것이 아니라 단순히 지식을 구하는 것이 된다. 직접 가치물을 획득하려면 반드시 주체의 도덕의식을 물체에 부여해야 하고 물리가 곧 성리라는 것을 전제로 해야 한다. 이러한 격물은 구체적인 사물의 이를 연구하는 동시에 반대로 몸에서 잘못된 것을 구하게 된다. 이렇게 하는 것은 이미 "함양은 경으로 하고 진학은 치지에 있다"고 하면서 도덕과 지식을 반드시 병진시키는 방법에서 벗어났다.

고반룡은 격물지본을 공부의 중요한 강령으로 삼았다. 그는 유가에서 말하는 공부의 여러 방면은 다 격물 이후의 일이라고 생각했다. 격물을 말하지 않는 것은 모두 사설이다. 그는 특히 태주의 왕용계가 공부를 말하지 않고 본체에 대한 깨달음을 공부로 생각하는 것에 반대했다. 그는 "양지를 말하는 자는 치지가 격물에 없다. 그리하여 허령의 작용은 대부분이 감각과 지식이지 자연의 천칙이 아니다. 그리하여 지선과는 거리가 멀다 (《답왕의환이수(答王儀寰二守)》, 《고자유서》 8권 상)"고 말했다. 현성양지파는 양지를 선천적으로 완벽한 물체로 간주하고 공부와 수정을 거치지 않는 양지를 사물에 추진시킨다. 때문에 이러한 양지는 허령한 지각의 작용일 뿐 도덕의 본체가 아니다. 이렇게 얻어진 것은 반드시 정확하다고 말할 수 없고 반드시 '격물'을 거쳐야 한다. 그리하여 격물은 "치양지"의 전제다. 고반룡이 말하고자 했던 것이 바로 이런 뜻이다. 고반룡은 자신의 이러한 견해로 왕문후학을 비판했다. 또한 왕양명 본인을 직접 비난하기도 했다.

그는 육구연의 선립기대, 왕양명의 "치양지"는 모두 안에서 밖으로 향하는 것이라고 생각했다. 그러나 성학의 공부는 외에서 내로 향하고 치지는 격물에 관철된다. 격물을 통하지 않고 얻은 성리, 치지는 허령한 지각의 이치를 연구하는 것이다. 여기서 고반룡이 강조한 경물의 뜻은 아주 명확하다. 그러나 고반룡이 왕양명에게는 격물의 공부가 없다고 주장한 것은 사실 주자의 경계를 건너지 못한 것으로서 양명의 학문을 제대로 알지 못했기 때문이다. 양명은 젊은 시절에 누량(婁諒)을 찾아가 학문을 배웠다. 그는 "학문은 배워서 이룰 수 있다"고 생각했기에 주자가 말하는 격물의 방법을 따랐다. 그러나 격죽(格竹)을 해도 아무런 얻음이 없었다. 그리하여 주자의 격물방법이 그와 맞지 않다고 생각하고 다시는 격물하지 않았다. 왕양명은 용장에서 도를 깨친 후 심학의 방향을 확정했다. 후에 진호를 붙잡고 충태의 반란을 진압한 뒤에 "치양지"의 학문을 제시하게 되었다. 후에 대학의 격물치지와 맹자의 '양지' 학문을 하나로 결합시켜 "치양지"는 격물이고 격물이후에 "치양지" 할 수 있다고 주장했다. 지(知)가 곧 행(行)이고 도덕이 곧 지식이며 도덕을 통령으로 하고 지식을 보익으로 하며 양자를 합일시켜야 한다. 왕양명은 확실히 주자학으로부터 착수했다. 그러나 서로 맞지 않지 않다는 것을 느끼고 자기 스스로 새로운 학문을 창립했다. 그러나 그의 새 학문에는 주희학설의 정의가 포함되는데 그는 심학, 이학을 하나로 합일시켰다. 그가 육구연의 학문이 정밀하지 못하다고 생각한 원인은 육구연에게 선립기대만이 있고 "치양지"와 지행합일의 실제공부가 없다고 생각했기 때문이다. 고반룡은 왕양명과 육구연을 동일한 실례로 생각했다. 그는 두 사람의 공부는 모두 정밀하지 못하다고 생각했다. 사실 이렇게 생각한 것은 고반룡이 육학과 왕학의 정의에 대해 잘 몰랐고 왕양명과 육구연의 다른 점을 제대로 파악하지 못했기 때문이다.

고반룡은 왕양명을 "생각을 비우기 위해 선악을 제거했다"고 비판했다. 그의 근거는 사구교의 "무선무악이 마음의 본체"라는 주장이다. 동림학파는 "무선무악"을 심하게 배척했다. 고헌성은 《정성편》이라는 글을 써서 이 주장에 대해 반론을 펼쳤다. 동림학자인 전일본(錢一本), 오근화(吳覲華) 및 같은 생각을 갖고 있는 방학점(方學漸), 허부원, 풍종오(馮從吾) 등도 이 논전에 참가했다. 그들은 관지도, 주여등(周汝登), 진점암(錢漸庵) 등 마음은 "무선무악"이라는 관점을 주장하는 학자들과 논쟁을 벌였다. 고반룡의 관점은 방학점의 《성선역(性善繹)》에 써준 서문에 가장 잘 표현되었다. 그는 사람들은 무선무악이 왕용계가 한 말이지만 왕양명에게 의탁한다고 생각하는데 이는 확실한 생각이 아니다. 무선무악의 학문은 왕양명이 말한 것이고 천천정도에 대한 모든 기록에도 이러하다. 관건은 이것을 어떻게 이해하는 가에 있다. 고반룡은 무선무악의 "선"은 성선의 "선"과 다르다고 생각했다. 사구교의 두 번째 구절에서는 유선유악이 뜻의 움직임이라고 했다. 그리하여 첫 구절에 나오는 무선무악의 "선"과 "악" 역시 뜻으로서 선악의 염두를 가리킨다. "무선무악이 마음의 본체"라고 하는 것은 마음속에 원래 선악의 염두가 없었다는 말이다. 고반룡의 이 해석은 사구교의 본래 뜻에 맞는다. 그러나 그는 자신과 왕양명의 대립은 자신은 선을 성으로 생각하고 왕양명은 선을 생각이라 생각한데 있다고 주장했다. 왕양명의 사구교의 첫 구절이 말하고자 했던 것은 마음에는 선과 악의 염두가 없고 마음은 허령명각하다는 것이다. 사실 왕양명의 양지, 심체는 형상형하(形上形下), 미발의 성과 이발의 정을 관통시킨다. 양지는 성체가 사람의 마음에 현현, 유통, 각성되는 것으로서 "소성지각(所性之覺)"라고 한다. 왕양명이 말하는 선을 마음이 움직인 다음에 생긴 정이라 생각하고 양지가 천명의 성의 발현이라는 것을 모르는 것은 왕양명의 학문을 이해하지 못한 것이다.

　　고반룡은 고헌성의 세운 동림의 학칙을 엄격하게 준수하면서 유가 이외의 학문 혹은 순수하지 않은 유가학문을 배척하였다. 이러한 주장은 관지도의 삼교통일설에 대한 그의 비판에 뚜렷하게 나타났다. 고반룡이 삼교의 통일을 반대한 목적은 그 당시 유학에 불교와 도교가 섞여드는 현황을 바꾸고 유학의 전통을 회복하려는데 있다. 그는 "을사년 음력 5월에 항주에 놀러 갔다가 서호에 머물렀다. 그 곳의 사인들 대부분이 이교에 빠진 것을 보니 참으로 걱정스러웠다(《이단변(異端辨)》, 《고자유서》 3권)." 그는 관지도가 유교와 불교를 비슷하다고 생각한 점을 중점적으로 비판했다.

그는 관지도가 주돈이를 숭배한 것은 주돈이의 《태극도설》이 불학과 도학과 비슷하기 때문이라고 주장했다. 《태극도설》은 "무극이 태극"이라고 주장했는데 '태극'은 도가에서 자주 사용하는 단어이다. 이 또한 본체는 공이라는 불교의 관점과 연관된다. 주돈이의 "태극은 원래 무극", "태극에서 음양이 생겼다"라는 주장은 도가의 "유는 무에서 나온다"라는 관점과 불가의 "산하대지가 청정한 본원"이라는 주장과 서로 같다. 고황제는 명태조 주원장을 가리킨다. 주원장은 어릴 때 황각사에 들어가 심부름 하면서 지낸 적이 있다. 명나라를 세운 뒤 그는 불교를 매우 존중하였다. 그는 치국은 주로 유교로 하고 불교와 도교는 유교를 도와 교화를 할 수 있다고 주장했다. 삼교에 대한 그의 기본관점은 다음과 같다. 고반룡은 관지도가 말한 삼교의 통합은 사실은 불교와 도교의 통합을 말한 것이라고 주장했다.

"용의 무리에 우두머리가 없다"는 것은 《역》의 건괘에는 "용 무리에 우두머리가 없는 것을 보면, 길하다"는 것이다. 관지도는 다음과 같은 말을 한 적이 있다. "《역》에서는 용 무리에 우두머리가 보이지 않으면 길하다고 했다. 그러나 《화엄십지품》에서는 '나는 모든 중생의 우두머리다'라고 말했다." 그리하여 고반룡은 "공자의 도통을 몰래 빼앗아서 그 비고반룡의 자리에 불씨를 앉히려 했다"고 평가했다. 《중용》에 나오는 "소덕천류, 대덕돈화"의 뜻은 대도가 만물을 화생시켜 만물이 생생불식하게 해준다는 말이다. 비로자나불의 성해는 불교의 법신인 노사나불의 경지를 말한다. 고반룡은 관지도가 "돈화천류"를 말한 목적은 불교의 법신 노사나불의 경지로 '돈화'의 대도를 대체하여 유교를 불교가 통솔하는 천류의 지위로 물러나게 하기 위해서라고 주장했다.

고반룡은 유가의 도통을 수호하려는 입장에서 "삼교의 통합"을 비판했다. 그러나 삼교를 통합하는 사상은 명나라 후기에 매우 큰 영향력을 과시했다. 이러한 사상은 그 당시 사상계의 풍기와 사인들의 기호와 취향을 반영했다. 또한 전반 문화발전의 추세를 반영하기도 했다. 더 넓은 배경에서 볼 때 유학, 석학, 도학은 중국전통문화의 유기성분으로서 이것들을 연구하고 각자의 특징을 보존하여 삼교가 분할과 통합, 충돌과 융합 속에서 자신의 이론을 발전시켜 전체 중국문화의 품위를 높여주는 것이야말로 삼교의 관계를 다루는 정확한 입장이라 할 수 있다. 무턱대고 삼교의 통합을 비판하는 관점은 옳지 않다.

3. 오(悟)와 수(修)

고반룡은 격물지본을 학문의 강령으로 삼았다. 지본은 수신을 근본으로 하고, 격물은 수신을 실공으로 한다. 그리하여 고반룡은 실수(實修)를 매우 중시하였다. 그러나 고반룡의 본체론의 "몸 전체가 마음이다", "육합이 모두 마음이다", 즉심즉물의 체험은 대부분이 깨우침에서 나온 것이다라고 하여 고반룡의 공부특징은 깨우침과 수양을 병행했고 행해(行解)를 모두 얻었다.

고반룡은 우선 깨우침과 수양의 성질에 대해 토론했다. 그는 깨우침과 수양, 건지(乾知)와 곤능(坤能)을 서로 비교하면서 이것들이 각자 전체 수양공부 중에서 일으키는 작용에 대해 설명하였다.

고반룡은 깨우침은 갑자기 얻어지는 것이 아니라고 생각했다. 일단 이전 것들이 모두 틀렸다는 것을 느끼게 되면 심지가 확 트이면서 새로운 경지에 이르게 된다. 수양은 갑자기 깨우침을 얻은 기초에서 점진적으로 해야 한다. 깨우침은 오랫동안 축적해온 학문의 실력에 의거한다. 축적이 일정한 정도에 달하면 자연히 깨우침을 얻게 된다. 그러나 진짜 지식을 아는 것은 지키는 능력에 관계된다. 지키는 능력은 바로 수양이다. 수양은 깨우침보다 더 중요하다. 왜냐하면 "깨우침은 잠깐이지만 수행은 한평생이기 때문이다". 깨우침을 얻은 후 수양을 통해 그것을 공고히 해야 한다. 건곤(乾坤)에서 건은 시작이고 곤은 이룸이다. 건은 기초를 다지는 것이고 곤은 성장하고 강대해지는 것이다. 그리하여 "깨우침"과 "수양"에서 고반룡은 수양을 더 강조했다. 그의 이 주장은 왕학의 현성양지학파가 "본체를 깨우치는 것이 공부"라고 하면서 깨우침만 중요하게 생각하고 구체적인 수행공부를 하지 않아 결국에는 "깨우침 외에 아무 것도 이루지 못하는" 폐단을 겨냥한 것이다. 이것은 그가 학문을 연구하는 과정에서 스스로 노력해서 얻어낸 체험이기도 하다. 수양을 중요시하는 이 점에서 고반룡은 고헌성 및 그 이후의 유종주, 황종희와 의견이 일치하다.

고반룡은 깨우침과 수양의 공부방향에 대해서 설명하기도 했다. 그는 이것으로 깨우침의 정확한 방향에서 벗어난 관점들을 비판했다.

고반룡은 깨우침이 공부에서 아주 중요한 역할을 일으킨다고 생각한다. 그는 깨우침은 공부의 정진에서 없어서는 안 되는 절차라고 주장했다. 깨우침은 학자들에게 매우 중요하다. 작은 깨우침을 얻으면 조금 정진하고 큰 깨우침을 얻으면 크게 정진할 수 있다. 세인들은 깨우침을 선학자들의 기질로 보고 이에 대해 말하려 하지 않았는데 이는 옳지 못하다. 깨우침은 우주의 근본이치에 대한 견해로서 그 형식은 문득 마음속으로 깨닫게 되는 것이다. 깨우침에는 반드시 수양의 도움이 필요하다. 수양은 인륜일용에서 얻은 깨달음을 실천으로 옮기는 것이다. 깨우침과 수양을 함께 행해야 경지가 점점 더 높아질 수 있다. 주희가 말한 "아래위로 천지와 흐름을 같이 한다"는 것은 최고의 경지다. 그러나 이러한 경지는 반드시 깨우침과 수양을 통해 점진적으로 얻어진다. 그가 비판한 깨우침은 마음의 묘용으로 인해 우연히 얻게 된 깨우침과 갑자기 기회를 만나 기분이 풀어지면서 마음이 통쾌해지는 것이다. 이러한 깨우침은 모두 기기가 운동하면서 생긴 것들로서 우주와 인생의 근본이치에 대한 깨우침이 아니다. 그리하여 이러한 깨우침을 믿고 따르면서 선을 밝히고 몸을 성실하게 하는 공부를 포기하면 결국에는 제멋대로 하는 풍기가 형성되게 된다. 이것은 유가의 수신방향에 어긋난다.

고반룡은 수양을 강조하였지만 그는 깨우침을 얻은 기초위에서 수양해야 하고 상달을 목적으로 하는 하학을 주장했다. 그는 수양만 하고 깨우침을 얻지 못하거나 정확한 깨우침을 얻지 못한 사람들을 비판했다.

수양은 구체공부이고 하학이다. 깨우침은 도체에 대한 생각으로서 상달이다. 수양을 하되 깨우침이 없게 되면 하학에 얽매이게 된다. 깨우침을 얻었지만 수양하지 않으면 깨우침을 얻었다 한들 아무 소용이 없다. 수양은 응당 깨달음에 대한 수양이다. 그리하여 수양은 깨달음을 기초로 한다. 깨달음은 공부의 축적을 거쳐 이루어진다. 본체와 공부는 체와 용의 관계로서 양자는 불리불잡의 관계이다. 본체의 공부가 없다면 공부는 지리(支離)일 뿐이고 공부의 본체가 없다면 본체는 공적이 되고 만다. 반드시 깨우침으로 도를 알고, 수양으로 도를 실천하여 하학상달해야 한다. 이것은 공부이자 본체이다. 이러한 방법에 어긋나면 깨달음이든 수양이든 모두 정확하지 못하게 된다. "깨달음이 없는 수양은 장식에 불과하다. 수양이 없는 깨달음은 견해에 불과하다. 양자는 모두 성인이 말하는 문(文)일 뿐이다. 어찌 이를 궁행(躬行)이라 부를 수 있겠는가!(《답소강후(答蕭康侯)》, 《고자유서》 8권 상)."

고반룡은 수양과 깨우침에서 비록 깨우침을 더 중요하게 생각하면서 공부를 소홀히 하는 잘못을 바로잡으려고 했다. 그러나 성정을 맑게 하는데서 깨우침이 제일 중요하다.

철저한 깨우침이 없다면 공부에 귀착이 없게 된다. 그리하여 만약 그가 수양을 강조한 것이 명쾌하고 슬기로운 소수의 사람을 겨냥한 것이라면 그가 깨우침을 강조한 것은 규율을 잘 지키는 대다수 유학자들을 겨냥한 것이다. 그가 가장 존경하는 것은 선배 학자들의 철저한 깨우침이다. 그는 철저한 깨우침이 있는가 없는가 하는 것으로 선배학자들의 학문의 깊이를 가늠하곤 했다. 그리로 그는 진헌장, 오여필, 설선 등 대유들을 평가할 때 "오여필은 진헌장보다 깨우침이 철저하지 못하다. 오여필은 성정에 대한 깊은 연구를 통해 깨우침을 얻었다. 그러나 강재는 품행이 단정하고 심정이 조용할 뿐이다. 설선에게도 이러한 공부가 없다. 오여필의 공부방향은 송유들처럼 경와 의를 모두 중요시하고 성과 명을 병행하는 수양방법이다. 설선은 경을 문호로 하고 본성으로 돌아가는 것을 종지로 한다. 진실되고 꾸밈이 없었으며 송인들의 법칙을 각수했다." 그리하여 성을 비판하는 내용을 볼 수 없다. 진헌장은 주자학이 심학으로 변화시킨 관건적인 인물이다. "명나라 학문은 진헌장을 시작으로 세밀해졌고 왕양명에 이르러 위대해졌다"라는 말에는 일리가 있다. 진헌장의 학문은 정(靜)에서의 체인하고 깨우침은 마음이자 이(理)라고 주장한다. 그의 학문은 깨우침에서 설선과 오여필을 초과했다. 고반룡이 깨우침을 중요하게 생각한 것은 명나라 전반의 학술추세가 그에게 일으킨 영향으로 불 수 있다. 명나라학술은 왕학을 중요한 부분으로 한다. 이기론은 학자들에게 관심을 받지 못했다. 심성론은 학자들의 특징을 대표하고 학자들의 귀속을 구분하며 지어 학자들의 학문 깊이를 가늠하는 표준이기도 하다. 학술체계가 비교적 넓은 학자들이 모든 학문을 관통하려고 해도 기론의 철학은 중요한 내용이 될 수 없다. 그러나 이, 기, 심성을 합일시키는 것은 명나라학술의 특징이다. 이러한 특징은 유종주, 황종희에게 가장 많이 나타난다. 일반 유학자들의 학술중점은 대부분 심성론에 있다. 학자들은 내외동정, 이발미발, 선천후천, 쇄락경위 등 내심적 체험에 많이 관심을 가지기 때문에 특별히 깨우침을 중요시한다. 다시 말해 명나라유학자들은 내향적인 공부를 더 강조하였기에 깨우침을 더 중요시했다. 고반룡은 바로 이 점에 주의했다. 게다가 그는 학문을 배우는 과정에 일어난 많은 관건적인 변화는 모두 깨우침을 얻으면서 일어난 것들이다. 그리하여 그가 깨우침을 중요하게 생각하는 것은 매우 당연한 일이라 할 수 있다. 그러나 그는 현성양지파가 공부를 소홀히 하는 행동을 반대했다. 그는 시종 깨우침과 수양을 병중시켰다. 깨우침과 수양의 관계는 그의 학문에서 매우 중요한 부분이기도 하다.

4. 경(敬)과 자연을 따르는 것

고반룡의 학문은 주희의 "사람이 지켜야 할 이치는 경이다"라는 관점에서부터 시작되었다. 그는 일생 동안 정성을 다해 학문을 연구하였다. 그리하여 그의 학문의 경지는 여러 번의 변화를 겪었다. 그는 50세에 《중용》의 뜻을 깨우쳤다. 이 깨우침은 그의 공부 경지의 마지막 귀착점이기도 하다.

다방면으로부터 《중용》의 뜻을 이해할 수 있다. 어떤 사람은 《중용》에 나오는 '성(誠)'에 대한 해석을 착안점으로 하고, 어떤 사람은 '성도교'에 대한 발전을 착안점으로 하며 어떤 사람은 '중화'와 '신독'에 대한 설명을 착안점으로 한다. 고반룡은 '중용'이라는 두 글자의 본뜻에 대한 해석에 중점을 둔다. 고반룡은 도에 두 가지 방면의 내용이 있다고 생각한다. 하나는 그의 내용이고 다른 하나는 그의 표현형식이다. 고반룡은 《중용》에서 획득한 것은 도의 형식에 관한 내용이다. 그건 바로 적절하고 평범하다는 것이다. 그가 말하는 '본체'와 공부는 모두 이 범위를 벗어나지 않는다. 고반룡의 학문은 사실은 경외에서부터 시작된다. 그는 '깨우침'을 얻는 여러 번의 체험을 통해 경외에서 쇄락으로, 사람의 힘으로 강제적으로 지켜나가던 것에서부터 자연을 따르게 되는 과정을 거치게 되었다. 이는 잡질을 제거하고 기질을 순수하게 만드는 과정이기도 하다. 이학의 범이론적인 특징, 학문과 수양이 합일된 특징, 체험과 정신적 수용을 중요시하는 특징으로 인해 천인과 성명을 연구대상으로 하는 이학자들에게는 모두 학문의 발전과 정신의 경지가 점차 제고되는 과정을 겪게 되었다. 왕양명의 학문을 연구하는 과정에는 6개 단계가 존재한다. 그는 "세 번의 변화를 거쳐야 학문에 입문할 수 있고", "학문을 이룬 뒤에 또 세 번의 변화를 거친다"고 말했다. 나흠순은 "뜰 앞의 잣나무"를 보고 마음의 허령함을 깨우치게 되었고 이런 깨우침을 통해 심성을 연구하였다. 그는 수십 년 간의 노력을 거쳐 심성의 본성을 깨닫게 되었다. 진헌장은 처음에는 마음과 성이 합일된다는 뜻을 이해하지 못했다. 후에 복잡한 것을 버리고 간단한 것을 추구하게 되면서 정에서 단서를 보게 되었다. 후에 또 다시 정에서 동으로 돌아갔는데 20여년 뒤에야 내외동정은 일이관지한다는 이치를 알게 되었다. 이러한 것들은 사람들이 잘 아는 명나라 학술역사에 나오는 이야기다. 고반룡은 자신의 학문이 깊어지게 된 관건은 하나는 "마음은 방촌에 국한되지 않고 몸 전체가 마음이다"라는 이치를 깨닫게 된 것이고 다른 하나는 정주 여관에서 "육합이 모두 마음이다. 흉강은 마음의 경지이고 방촌은 마음의 본체이다. 신명하기 때문에 총체적으로 방소가 존재하지 않는다"는 것을 깨달았다. 셋째는 45세 때(갑오년) 맹자의 성선설을 믿기 시작하면서 "성에는 옛날과 지금이 없고 고상한 것과 평범한 것이 없으며 천지와 사람은 하나이다. 오직 상근(上根)이 깨끗하고 맑아야 사람을 믿을 수 있다. 그 다음은 모두 학문의 실력에 있다. 티끌의 차이가 큰 차이를 유발할 수 있다(《곤학기》, 《고자유서》 3권)." 네 번째는 그 다음해(정미년)에 "정호의 천지 만물은 자연의 바탕에 따라 움직여 저절로 그 즐거움을 얻는다"는 말을 믿기 시작했다. 다섯 번째는 《중용》의 뜻을 믿기 시작했다. 마지막 두 번의 깨우침은 내용에 큰 차이가 없다.

갑오년에 얻은 깨우침은 주로 성의 내용에 대한 이해이다. 정미년에 얻은 깨우침은 주로 깨우침의 형식이다. 그 후에 비록 "함양이 더 순수해졌고 공부가 더 자세해졌지만" 학문은 이 범위를 벗어나지 않았다.

고반룡은 공부의 작용은 본체 범위에 속하는 존재들을 잠재적인 상태에서 현실의 상태로 전환시키는 것이라고 생각한다. 즉, 이(理)가 마음에 발현되어 마음과 이가 하나가 되는 것이다. 위에서 말한 것처럼 "이는 마음이고 궁구해야 할 것은 마음이다. 궁구하지 않은 마음을 이라고 할 수 없다. 궁구하지 않는 이도 역시 마음이 아니다. 깨우침은 사물마다 갖고 있는 천연의 법칙이다(《유복념대》 2, 《고자유서》 8권 상)." "이는 마음이다"라는 말은 잠재적인 상태의 마음이다. "궁구하는 것 역시 마음이다"라는 말은 현실적인 형이하학의 영명이다. 마음이 궁리를 하지 않으면 "마음과 이의 통일"을 이룰 수 없다. 공부를 거치지 않은 영명의 이는 현실적인 이가 아니다. 여기서 본체는 잠재적이고 공부는 현실적이다. 고반룡이 강조한 것은 공부가 닿는 곳이 바로 본체라는 점이다. 이는 왕양명 특히 만년에 왕양명이 강조했던 주장과 많이 다르다. 왕양명은 양지는 드러남이고 "성"은 "깨달음"의 층면에 나타나는데 이는 양지의 자주적이고 자동적인 품격이다. 이러한 "깨달음"이 가려지지만 않는다면 양지의 내적인 존재였던 성이 표면의 마음으로 표현되는 건 당연한 일로서 아무런 방애도 받지 않는다. 그러나 고반룡은 공부를 강조하였다. 성에는 주동적으로 나타날 수 있는 기능이 없다. 고반룡이 생각하는 성의 주동적인 품격은 왕양명보다 훨씬 약하다. 왕양명의 "치양지"는 즉심즉리이다. 고반룡이 말하는 잠재적이고 형식적인 이는 항상 마음에 나타나지 않는다. 고반룡은 공부는 매개로서 성리와 마음이 모이는 전제라고 생각했다. 성체는 자연적으로 밖에 드러나지 않기 때문에 반드시 공부를 통해 이에 자극을 가해야 한다. 왕용계의 주장처럼 모든 인연을 내려놓는 것이 공부고 성체의 유행이 곧 자연인 것이 아니다. 그리하여 그는 즉심즉물를 전제로 하고 공부를 포기하지 않았다.

명나라 중기의 학자들은 양명학의 영향을 받아 송유의 옛 방법을 모두 바꾸어버렸다. 송유학자들 중 육구연의 학파를 제외하고 성과 마음의 관통에 대해 거의 이야기하지 않았다. 주희는 심, 성, 정을 엄격하게 구분했다. 그는 성은 형이상의 존재이고, 정은 형이하의 존재이며, 성체는 정의 작용이고, 마음이 성과 정을 총괄하며, 마음이 성과 정이 회합하는 곳이라고 주장했다. 육구연은 마음이 곧 이라고 주장하지만 그는 형하의 "본심"에서 입론하였다. 왕양명은 마음과 성을 서로 통하게 하였다. 비록 성은 형이상의 존재이긴 하지만 마음에 나타날 수 있는 능동성도 갖고 있다. 마음은 성이 나타나는 곳이다. 마음에 나타나는 성은 양지이다. "양지가 곧 성"이라는 말은 양지가 천리이고 성과 마음은 직통한다는 뜻이다. 고반룡은 심학의 영향을 많이 받았다. 그는 우주만물이 마음이고 물체라고 말했을 뿐만 아니라 성과 마음이 직통한다고 생각했다. 그리하여 그는 "인생에 조금이라도 적절하지 않은 곳이 어디에 있겠는가, ……조금이라도 원만하지 않는 곳이 있겠는가"라고 말했다. 이는 《중용》에서 말하는 중(中)은 본심의 성(性)이고 강(康)은 일용상행에서의 순성(順性)을 말하는 것이었다. 여기서 고반룡은 중용을 본체와 공부가 합일된 존재로 간주했음을 알 수 있다. 중용은 본체이자 공부이다. 확연대공, 물래순응은 그 본성을 회복하는 것이다. 고반룡의 이런 공부 방법은 더는 정이, 정호가 말하는 경이 아니라 순성과 중용이다. 여기서 "경"은 마음을 맑고 고요하게 만드는 기능이다. 경은 곧 확연무사이다. 확연무사한 성체는 자연유행할 수 있다. 고반룡은 확실히 주희가 심, 성, 정을 나누던 관점을 따르던 것에서부터 심성의 관통으로 변화하였다. 그의 학문에는 주자학과 왕학을 조화시키는 경향이 아주 뚜렷하게 나타난다.

전인들은 고반룡의 학문을 연구할 때 그의 궁행과 실천에 관한 주장에 중점을 두었는데 그의 이러한 관점들이 설선과 비슷하다고 생각했다. 그러나 이러한 것으로 고반룡의 학문 전체를 이야기할 수는 없다. 고반룡은 왕학의 말류에 나타난 폐단을 바로 잡으려고 했다. 그러나 고반룡의 본체론은 확실히 설선과 같지 않다. 설선은 왕학의 정련을 거치지 않았고 계속 주자학의 낡은 학문을 계승했다. 그러나 고반룡은 심학의 정련을 거쳤고 그가 말하는 격물은 지본이고 격물궁리는 수양의 일이다. 그 사이에 간극이 없기 때문에 격물과 주경을 병행하거나 서로 의존하지 않아도 된다. 그는 곳곳에서 실수(實修)와 실득(實得)을 강조했다. 그러나 깨우침은 수양의 경지에 도달함에 있어 반드시 거쳐야 할 과정이다. 이는 격물의 최종 목표이기도 하다. 그의 학문에는 확실히 주자학에서 시작해 정, 주, 육, 왕을 합일시키는 과정이 존재한다. 이 점에 대해 반드시 알아야 한다.

고반룡은 송명이학의 대표적인 인물을 분류한 적이 있다. 그의 분류는 현대학자들이 송명이학의 학파에 대한 분류와 아주 비슷하다. 이러한 분류를 현대사람(예를 들면 모종삼)들이 송명이학을 여러 개 파로 분류하게 된 시작이라 할 수 있다. 고반룡은 제자와 각 이학자들의 장점과 특징에 대해 토론한 적이 있다. 여기서 고반룡은 송명이학의 대표인물을 5가지 유형으로 분류했다. 주돈이, 정호는 한 유형에 속하는데 이들은 안자(顔子)의 학문을 계승하였다. 왕양명과 육구연이 한 유형에 속하는데 이들은 맹자의 학문을 계승하였다. 장재, 정이, 주희가 한 유형에 속하는데 이들은 증자(曾子)의 학문을 이어받았다. 진헌장, 소옹이 한 유형에 속하는데 이들은 증점(曾点)의 학문을 이어받았다. 호거인과 오여필이 한 유형에 속하는데 이들은 자하(子夏)의 학문을 이어받았다. 앞의 세 가지 유형은 심성학의 다름에 따라 구분한 것이다. 뒤의 두 개 유형은 공부 기상의 광견(狂狷)을 근거로 한다. 주돈이와 정호는 하늘과 사람을 하나로 보고 사람의 성체는 천도과 태극을 근본으로 하며 마음과 성은 하나라고 생각했다. 수양공부에서 주돈이는 무욕과 주정을 주장하고 정호는 인을 인식하고 보존하는 것을 주장한다. 이들은 모두 직접 성체에 이르렀다. 왕양명과 육구연은 마음으로 성을 나타내고 성은 마음이 본체의 상태에서의 자연적인 발현이라고 생각한다. 공부는 마음을 기만하는 것들을 제거하여 마음속의 성체가 유행할 수 있게 하는 것이다. 육구연의 물욕을 버려야 한다는 주장과 왕양명의 "치양지"는 모두 여기에 속한다. 정이와 주희는 성은 마음에 존재하지만 마음은 직접 성이 될 수 없고 공부에서 궁리와 함양을 병행해야 한다고 주장한다. 장재가 왕양명과 육구연이 아닌 정이와 주희와 같은 유형에 속하게 된 것은 그가 주장하는 궁신지화(窮身知化)가 정이와 주희가 주장하는 격물궁리와 비슷하기 때문이다. 장재의 마음이 성정을 통일한다는 관점 역시 주자의 학문에서 온 것이다. 이들은 모두 객체에 대한 연구를 중시한다.

현대학자 모종삼은 송명시기의 이학을 4개 유형으로 분류하였다. 주돈이, 장재, 정호는 같은 유형에 속하는데 그들의 특징은 도체(道體), 성체(誠體), 성체(性體), 경체(敬體), 신체(神體), 인체(仁體) 심지어 심체까지 모두 하나라는 것이다. 이는 선진시기에 유학의 공부와 본체가 자연스럽고 혼원한 상태와 대응된다. 그리하여 이들을 "원교(圓敎)"라고 부를 수 있다. 원교는 또 호굉(胡宏)와 유종주, 육구연과 왕양명, 정이와 주희 이렇게 3개의 계통으로 나뉜다. 호굉과 유종주는 주돈이의 학문을 계승하였는데, 심체본일과 원교혼성을 중요하게 생각하며 상세하게 구분하지 않거나 구분한다 해도 하나의 개념으로 통합시킬 수 있다. 또한 단편적으로 마음을 강조하지 않는다. 육구연과 왕양명은 마음을 강조하고 마음을 모든 것을 비추고(인지의 의미를 강조), 모든 것을 윤택하게 하며(도덕의 의미를 강조), 모든 것을 확대시키는(본체와의 합일을 강조) 근거로 생각했다. 정이와 주희는 성은 마음에 존재하지만 마음은 직접 성이 될 수 없고 마음과 성이 분리된다고 주장한다. 격물궁리, 함양주경을 지체(智體)와 성체가 전환하는 조건으로 생각한다. 모종삼은 장재를 이 세 개의 계통 위에 존재하는 종합적인 학파라 생각했다. 왜냐하면 장재는 지해(知解)를 중시하지 않고 마음을 모든 것을 통괄하는 본원으로 보지 않았기 때문이다.

고반룡은 호굉을 중시하지 않았다. 이는 아마 호굉의 학문에는 많은 내용이 포함되지만 그는 주희나 왕양명처럼 학술적으로 높은 지위에 도달하지 못했고 그들처럼 독특한 사상특색을 가지지 못했기 때문일 것이다. 모종삼은 진헌장, 호거인을 중시하지 않았다. 왜냐하면 모종삼은 송유학자들을 분류할 때 이학의 역사에서 가장 대표적인 인물을 골랐기 때문이다. 또한 본체론에 착안점을 두고 심, 성, 정의 관계, 지식론과 본체론의 관계에 대한 학자들의 이해를 근거로 하였다. 진헌장, 호거인은 이학의 역사에서 지위가 위에 나오는 학자들처럼 높지 못하다. 또한 두 사람은 공부론에 아주 특색이 있지만 본체론에서는 별로 큰 성과를 이룩하지 못했다. 모종삼은 현대철학의 영향을 받은 학자이다. 그는 서방본체론, 지식론의 정수를 깊이 이해하고 있으며 그의 철학은 심학을 귀착점으로 한다. 그는 이러한 분류를 통해 중국철학의 대표적인 사상에 대해 분석하려고 했다.

고반룡과 고헌성은 모두 동림학파의 지도자이다. 고헌성은 왕학의 말류에 나타난 폐단을 바로잡는 것을 중요하게 생각하면서 성선의 뜻을 분석하였다. 그의 공부론과 본체론은 모두 매우 평범하며 그가 논술한 내용은 별로 심도가 없다. 고반룡은 본체공부의 각 방면에 대해 모두 논술을 진행했다. 이러한 논술은 고헌성보다 더 완벽하고 심도가 있다. 특히 고반룡은 깨달음과 수양을 모두 중요하게 생각했다. 그가 접촉하고 사고하였던 문제는 고헌성보다 훨씬 풍부하다. 예를 들어 그는 격물의 목적, 격물과 수양의 관계, 수양과 깨우침, 주정과 자연 등 방면에 대해 모두 세밀한 논술을 펼쳤다. 그의 학문의 깊이와 범위는 모두 고헌성을 뛰어넘었다. 그리하여 황종희는 "동림의 학문은 고헌성에서 시작되었고 고반룡을 통해 세밀해졌다(《명유학안》 1449쪽)"고 말했다. 동림학파는 왕문후학을 비판하고 정, 주, 육, 왕의 학문을 통합시키고 수양공부를 강조하였다. 그들의 이러한 기절(氣節)은 즙산(戢山)학파에 큰 영향을 일으켰다.

제 27 장
유종주(劉宗周)의 성의(誠意)와 신독(愼獨)

유종주는 명나라의 마지막 대유이다. 그의 사상은 천인, 이기, 성명, 이발미발, 공부본체가 하나라는 것을 근본으로 한다. 성의, 신독을 중심으로 위로 왕양명과 동림을 계승하고 아래로 황종희의 학문을 열어주었다. 그의 사상은 명청 혁신시기의 제일류 사상가의 명나라 이학에 대한 종합이라 할 수 있다. 그의 학문은 청나라 의리의 학문의 발전방향을 제시해주기도 했다.

유종주(1578-1645)는 절강(浙江) 산음(山陰) 사람이다. 자는 기동(起東)이고, 호는 염대(念臺)이다. 즙산에서 강학하였기에 그를 즙산선생이라고 부른다. 만력 때 진사가 되고 행인(行人)에 올랐다. 후에 예부주사, 광록시승(光祿寺丞), 상보소경(尙寶少卿), 태복소경(太僕少卿), 통정사우통정(通政司右通正)을 역임했다. 여러 번 상서를 올려 관직을 그만두겠다고 했다. 그리하여 "억지를 부리고 세상을 귀찮게 여긴다" 하여 관직을 빼앗기고 평민이 되었다. 숭정(崇禎) 원년에 다시 순천부윤(順天府尹)이 되었다. 그러나 후에 상서를 올려 권력자의 뜻을 거스르는 바람에 또다시 파직되었다. 후에 다시 공부좌시랑(工部左侍郎)이 되고, 거듭 승진하여 좌도어사(左都御史)가 되었다. 헌데 또 상서를 올려 윗 사람의 뜻을 거스르는 바람에 또 한번 파직되었다. 복왕(福王)이 감국(監國)할 때, 복직하였지만 권력자들에 의해 받아들여지지 못했다. 그리하여 사직하고 고향으로 돌아갔다. 청나라 군대가 남하하여 절강이 함락하자 명나라가 다시 일어설 수 없다는 것을 느끼고 20일간 단식을 하다가 죽었다.

유종주는 어린 시절에 외조부인 장영(章穎)에게서 학문을 배웠다. 진사가 된 후에는 허부원을 스승으로 모셨다. 그는 동림의 유영징(劉永澄), 고반룡과 함께 학문을 연마했다. 후에 시골에서 증인학사(證人學社)를 세웠다. 《증인사약(證人社約)》에 그의 학문종지가 표현되어 있다. 그의 학문은 정주육왕 및 장재, 왕정상의 학문을 통합한 것으로서 그는 아주 독특한 이로(理路)를 개척해냈다. 이러한 '이로'는 이학의 발전단계로부터 총합의 단계에 이르면서 생긴 산물이다.

1. 도체(道體)

유종주는 왕양명처럼 양지로 도를 말하지 않았다. 또한 주희처럼 이(理)로 도를 말하지 않았다. 유종주의 도체는 우주만상의 종합적인 운화를 가르킨다. 그는 통괄적인 안목으로 우주의 총 과정을 보았다.

"오목불이", "순역불이(純亦不已)"는 《시경》중의 말을 빌려 천도의 운화는 심원하고 광무하며 생생불식한데 먼 옛날에도 그러했다. 천지만물은 각자 자기의 성에 따라 화생한다. 천도는 만화(萬化)의 총체이다. 기는 만물의 기초이고 천도에 있는 만물의 실체는 모두 기다. 그리하여 천도는 기를 타고 운화한다. 도의 운화는 사실 음양이기의 동정과 합벽(闔闢)이다. "지나가는 것"은 곧 "공자께서 냇가에 계시면서 말씀하신 가는 것이 이와 같구나, 밤낮을 쉬지 않는구나"라는 말로서 천도 가운데 구체적인 물체의 유행을 말한다. 구체적인 물체의 유행은 기를 타고 진행된다.

기는 유종주의 철학에서 매우 중요한 개념이다. 그러나 그는 장재처럼 상세하게 기의 성질과 운행상태에 대해 설명하지 않았다. 또한 주희처럼 끊임없이 기와 이(理)의 관계를 논증하지도 않았다. 그는 도체, 성체, 심체의 기초에 대해 많이 논증하였다. 도, 심, 중화 등은 기의 다른 방면에 근거하여 생긴 명칭으로서 모두 기를 떠나 존재할 수 없다. 기는 천지간에 존재하는 유일한 실체이다.

기는 가장 근본적인 존재이다. 수(數)는 기의 성질과 운행 규율이다. 상(象)은 기가 물체로 응집하여 생긴 형상이다. 명(名)은 그 형상에 근거하여 생긴 지칭부호이다. 명칭이 생겼다는 것은 물체에 다른 물질과 구별되는 독특한 성질이 있게 되었다는 것을 의미한다. 여기서 도는 곧 이(理)로서 사물이 영원히 불변하는 성질이다. 그리하여 성이 있어야 도가 있다고 말한다. 여기서 도는 만화의 총체로서의 도와 다르다. 또한 "천도가 기가 모인 것"과도 다르다. 기로 인해 여러 가지 명칭들이 생겨났다. 예를 들면 명(命), 물, 성, 도 등 명칭은 모두 각자 가리키는 바가 다르기에 서로 혼동해서는 안 된다. 기로 구성된 구체사물의 존재 및 운행이 도를 구성하였다. 도의 기초는 기이고 기는 최후의 존재이다.

여기서 유종주는 장재의 허공이 곧 기라는 관점을 사용하였고 절대적인 허무를 반대하였다. 기가 모이면 물체이고 물체는 절대적인 허공에서 생산되는 것이 아니기에 있지만 아직 미시유(未始有)다. 물체가 흩어지면 기로 되돌아가는 것이지 완전히 소실되는 것이 아니기에 없지만 아직 미시무(未始無)다. 기는 비유비무(非有非無), 즉유즉무(即有即無)다. 유종주가 기를 만물의 시작이라 논증한 것은 사상이 집중되는 방향을 밝히기 위해서다. 천도는 사람이 생존하는 자연기초이다. 그러나 천도는 기다. 그리하여 천도에는 최종적이고 원시적이며 형이하학적인 기를 제외한 본체가 존재하지 않는다. 사람은 천도의 사본이고 수양공부는 천도를 참고로 하며 그 근거는 사람 자신의 몸 안에 있다. 그는 천도의 내재성을 반복적으로 강조했다.

비록 물, 기(器), 형(形狀)에 대한 그의 해석이 지나치긴 하지만 그의 의도는 아주 명확하다. 천, 도와 성이란 만물 밖에 혹은 만물의 위에 존재하는 물건이 아니다. 이러한 것들은 물체에 대한 착안점이 다름에 따라 생겨난 다른 이름이다. 천은 구체적인 물체를 상대해서 말한 것으로서 하늘에는 모든 것이 포함되었다는 것을 강조한다. 여기에는 무형적, 유형적, 물리적, 인사적과 같은 모든 형식의 존재가 포함된다. 모든 형식의 존재는 하늘의 범위를 벗어나지 않고 "만물은 함께 하루를 이룬다." 도는 구체적이고 유형적인 기물(器物)을 상대해서 말한 것이다. 도는 만기(萬器)의 규칙의 추상이다. 만기와 도는 이일분수의 관계이다. 성은 구체적인 사물의 깊고 세밀한 본질을 착안점으로 한다. 성은 형질이 있는 물건의 속성, 성질의 총화이다. 여기서 천, 도, 성은 모두 구체적인 사물의 위에 그리고 밖에 존재하는 절대적인 존재가 아니다.

유종주는 우주대화의 유행을 중요시했을 뿐만 아니라 대화유행의 가운데에 존재하는 주재에도 주의를 기울였다. 그는 천도는 복잡하고 무질서한 장소가 아니라 주재의 통솔 하에 질서있게 운동하고 있다고 생각했다. 천도에서 만물은 각자 자기의 본성의 필연성을 따라 운동한다. 그러나 전반 천도의 운행은 반드시 어떠한 이미 정해진 질서와 방향을 따른다. 천도는 주재적이고 유행적이며 영원히 멈추지 않는 과정이다.

유종주는 움직이지 않는 물체가 없고 한시라도 움직이지 않을 때가 없다. 사실 그가 말한 천추(天樞)도 움직이고 있다. 다만 그 움직임이 미약할 뿐이다. 그리하여 그를 에워싸고 회전하는 기타 천체와 비교했을 때 마치 멈춰서 있는 것 같다. 유종주는 "하늘은 항상 움직이고 있지만 천추는 움직이지 않는다"라는 말을 해석한 적이 있다. "천추의 움직임은 아주 미약하다. 마치 물레가락에 드리운 실처럼 약하다. 그리하여 '그곳에 그대로 있다'고 말한다. 그러나 이 실은 네 바퀴와 함께 돌면서 한시도 멈춘 적이 없다. 그리하여 '하늘의 명은 심원하여 그치지 않는다'고 말한다(《학언》중, 《유종주전집》 2권 428쪽)." 유종주는 하늘에 천추가 있고, 하늘에 주재가 있다고 강조한 것은 매우 중요하다. 왜냐하면 그는 사람과 하늘은 일체를 이룬다는 관점으로부터 하늘의 운행과 사람의 마음의 운행은 일치하다고 생각했다. 천추는 큰 '독체'이고 '의(意)'는 가장 작은 '독체'이다. 그는 "무극이 태극이고 독체이다"고 말했다. 후에 또 "천명이 성이고 독체이다(《학언》 상, 《유종주전집》2권 395~396쪽)"고 말했다. 전자는 천추를 말하고 후자는 사람 마음의 중추를 말한다. 천도는 사람 마음의 근거이고 사람 마음은 천도의 의미를 가지고 있지만 형체가 작을 뿐이다. 하늘에는 움직이지 않는 천추가 있고 사람 마음에는 "깊고 정해진 방향이 있다"는 '의(意)'가 들어있다.

하늘의 중추는 북극성에 있고 땅의 중추는 지축에 있다. 사람의 중추는 '독각'에 있다. 이 독각은 바로 '의(意)'이다. 독각은 사람의 모든 생각을 통솔하고 규범하고 인도하는 선천적인 의향으로서 이는 사람 마음속의 가장 깊고 미묘한 존재로서 물체와 하나를 이루었다. 또한 이 생각은 개체의 사람한테만 존재하고 인지될 수 있다. 유종주가 이 천추에 대해 논증한 목적은 사람 마음에 '의(意)'가 존재한다는 것을 설명하기 위해서다. 이것은 그의 수양공부와 태주 용계에 대한 그의 비판의 근원이 되기도 한다. 의에 대한 사상은 유종주의 철학에서 매우 중요하다. 다음 장절에서 이에 대해 깊이 논술하기로 하고 여기서는 의의 천도의 근거에 대해서만 논술하겠다.

유종주는 "천지에 가득 차있는 것은 기뿐이다", "천도는 기의 축적이다"라고 말했다. 그러나 그는 "천지에 가득 차있는 것이 도", "천지에 가득 차있는 것이 마음", "천지에 가득 차있는 것이 성", "천지에 가득 차있는 것이 이(理)"라는 말도 했다. 이러한 명제는 유종주의 학문에서는 서로 모순되지 않는다. 왜냐하면 그가 말하는 도체는 다방면으로 정의를 내리고 묘사할 수 있는 종합체이다. 도체를 다방면으로 묘사한 것에서 본체론에 관한 유종주의 넓은 안목을 알 수 있다. 다방면으로 묘사해야만 도체(道體)의 광대함과 정밀함을 제대로 드러낼 수 있고 사람의 이해력의 풍부함과 심오함을 나타낼 수 있다. 유종주는 정, 주, 육, 왕 및 장재, 왕정상 등 사람들의 학술관점을 받아들인 기초상에서 도체의 풍부성과 융통성을 만들어냈다. 그 당시 및 그 후의 사상가들 중에서도 그와 대응할 사람이 없다. 유종주는 매우 걸출한 형이상학 학자이다. 그의 "친절한 체인법"은 인생과 우주에 대한 그의 이해를 제일 잘 드러낼 수 있다.

첫 구절은 사람의 성질을 얘기한 것이다. 유종주는 사람은 천지가운데 있는 하나의 물체라고 생각했다. 사람은 그의 개인적인 소유물이 아니고 사람의 존재와 활동 규율은 우주의 일부분이다. 사람을 만물과 평등한 지위에 놓고 만물의 관계에서 사람을 이해하고 사람을 성취시키는 것은 정확한 방법이다. 사람을 자신의 사유물로 생각하면 스스로를 속박하고 제한하게 되기 때문에 만물과 일체를 이룬 인(仁)을 얻을 수 없고 생생불식의 마음을 가질 수 없으며 너그럽고 침착해질 수 없다. 또한 수양방법에서 "허무적멸", "독선기신"에 빠질 수 있다. 그리하여 "몸이 천지만물 속에 있어도 나만이 사사로이 얻을 수 있는 것이 아니다"라는 것은 사람이 "대인"의 흉금을 가지는 첫 걸음이고 뒤에 나오는 세 구절의 기초이다.

두 번째 구절은 마음의 성질을 말한 것이다. 유종주는 마음은 이지의 주체일 뿐만 아니라 각해, 상상, 경지의 주체이다. "마음에는 천지만물의 밖에 것이 포함된다"라는 말은 마음이 인간 세상 밖의 어느 한 곳에 존재한다는 뜻이 아니다. 이는 마음은 방촌이고 마음은 흉강 속에 존재하지만 그 활동범위와 내용이 미치는 곳은 어디든 될 수 있다는 말이다. "정교함은 팔극(아주 먼 곳)을 내달리고", "생각은 천년의 시간과 접한다"는 말은 마음의 활동에 대한 아주 좋은 묘사이다. 마음은 귀와 눈으로 보고 들은 구체적인 것에 얽매이지 않는다. 마음의 사유, 상상과 마음의 비의, 관조는 무궁하다. 왜냐하면 마음이 이러한 성질을 갖고 있어야 사람이 그 범위를 벗어날 수 있고 자신의 한계를 뛰어넘을 수 있으며 도덕수양의 극치에 도달할 수 있다. 사람은 만물지령으로서 다른 물체보다 이지적이다. 사람을 사람이라 할 수 있는 것은 사람에게 각해가 있기 때문이다. 즉, 우주만물, 사람 자신의 성질, 사람과 만물의 관계, 기타 사물의 모든 구체적인 활동이 갖고 있는 의의에 대한 각해를 말한다. 각해를 통해 사람의 모든 활동은 구체적인 이익을 목적으로 하는 한계에서 벗어나 수양의 제고와 경지의 승화와 연결될 수 있다. 마음이 구체적인 활동범위에 구애되지 않는 것은 각해가 발생하는 근거이다.

세 번째 구절은 물체의 성질에 대해 말한 것이다. 두 번째 구절이 있기 때문에 세 번째 구절을 쉽게 이해할 수 있다. 개인의 이익이나 구체적인 견문에 구애받지 않는 사람의 마음속에 존재하는 물체는 마음에 의해 이해되고 마음의 낙인이 찍힌 물체이다. 마음과 외물의 관계는 더는 주와 객의 관계가 아니고 인식과 인식되는 관계가 아니다. 마음의 단련과 규범 활동을 거치면 물체와 마음에는 그전보다 더 풍부한 내용과 의미가 부여된다. 마음은 더는 흉강속의 그 방촌지심이 아니라 "천지를 가득 채운 마음"이 된다. 물체는 더는 아무런 주체의 속성도 소유하지 않는 순전한 객체가 아니라 즉물즉심의 물체가 된다. 이러한 관계 속에서 마음과 물체는 평행되는 외재적인 관계가 아니라 한데 융합된 내재적인 관계다. 물체는 사람이 정복하고 이용하는 대상이 아니라 "대아"적인 사람의 유기성분이 되었다. 이는 장재가 말했던 "사람은 모두 나의 형제일 뿐만 아니라 사물마저 나의 동류가 되고 있다"라는 말이다. 사상 방법으로 볼 때 외재적으로 마음과 사물이 일체를 이룬 관계에서 물체는 더는 사람의 이지가 관찰하려는 대상이 아니라 사람의 직감의 현현이다. 물체는 그 구성요소를 분석적이고 직접적으로 드러내지 않는다. 물체는 그 혼용한 모양을 종합적이고 직접적으로 드러낸다. 물체의 구성요소는 그가 존재하는 시공에 분할되어 있는 것이 아니라 직접 눈앞에 그리고 마음속에 드러난다. 이러한 즉심즉물의 관계는 사람의 경지가 높을수록 기식이 통달할수록 물체에 더 많은 의의를 부여할 수 있고, 사람에 대한 물체의 가치가 더 높다는 것을 말해준다. 물체의 '심화(心化)'정도, 마음의 '물화(物化)'의 정도는 사람의 각해의 정도를 표시한다.

네 번째 구절은 사람과 우주의 관계에 대해 말한 것이다. 사람의 각해의 살핌 하에 천지만물은 그전에 갖고 있던 벽루(壁壘)를 잃게 되었고 우주대가정의 성원이 되었다. 이럴 때에는 그들의 본원이 기든지 마음이든지 상관없다. 각해를 가지고 있는 사람의 눈에 그들은 동질적인 존재로서 서로 구분되지 않는다. 그리하여 구할 본심도 없다. 이러한 상태 하에서 사람의 이지, 상상, 각해는 점점 퇴색되고 성, 도, 이도 퇴색된다. 느낄 수 있는 것은 "마음에 가득 찬 측은지심" 뿐이다. 이때 마음과 물체의 관계가 사라지고 "일체지인(一體之仁)"만 남게 된다. 여기까지 체인하면 더 할 수 없는 훌륭한 경지에 이르렀다고 할 수 있다. 유종주의 "친절체인법"은 이러한 최고의 각해에 도달하려고 한 것이다.

유종주의 "친절체인법"의 근거와 도달하려는 목적은 하늘과 사람이 서로의 근본이 되고 서로 존재하고 인식하는 근거가 되는 것이다.

여기서 통(統)은 하나의 도체이다. 이러한 도체는 사람이 각해한 이후에야 얻을 수 있는 경지다. 그리하여 이러한 도체는 마음이기도 하다. 혹은 통은 마음이고 이 마음은 반드시 도와 하나가 된다. 이러한 도체(심체)는 하늘의 성(誠)이다. 성이란 성실하고 거짓이 없다는 뜻으로서 천도가 영원히 이러하고 진실하다는 것을 가리킨다. 이것은 모든 활동의 출발점이다. 그리하여 "사람의 근본"이라고 한다. 그러나 사람이 이러한 성을 인식하고 이러한 성과 하나를 이룰 수 있는 것은 하늘의 의의가 부여되었기 때문이다. 그리하여 "하늘의 근본"이라고 한다. "사람의 근본은 하늘"이라는 것은 쉽게 볼 수 있지만 "하늘의 근본은 사람"이라는 것은 하늘과 사람의 관계를 깊이 이해한 일부 걸출한 형상학자들만이 알 수 있다. 하늘의 근본이 사람이라는 말은 천지만물이 사람의 참여와 화육에 의거한다는 뜻일 뿐만이 아니다. 천지만물은 사람의 이해가 기탁하는 대상이고 사람들이 의견을 드러낼 수 있는 대상이며 사람의 도덕경지를 반영하는 대상이기도 하다. 사람의 참여와 화육은 현실적인 이익만 있으면 획득할 수 있다. 그러나 사람의 우주에 대한 각해는 순순한 정신적 수요로서 공리경지를 초월한 자연적인 결과이다. 여기서 유종주는 사람의 수양을 목표로 하였고 사람의 각가지 잠재적인 능력을 극치에까지 키우는 것에서부터 사람과 우주의 관계로 보았는데 그에게는 넓은 안목이 있었다.

2. 의(意)와 성의(誠意)

"의(意)"에 대한 독특한 해석은 유종주 철학의 아주 중요한 내용이다. '의'라는 글자는 유종주의 도체관의 자연적인 추광이다. 유종주는 양명후학의 유폐를 바로잡는데서 출발해 마음에는 일정한 방향이 있고 주재가 있다는 주제에 대해 해석하면서 의라는 글자가 원래보다 더 심원한 이론적 내용을 획득하게 하였다.

1) 의(意)라는 글자의 제기

큰 범위에서 볼 때 송명유학의 수양공부는 정이와 주희, 육구연과 왕양명 이 두 가지 방법을 벗어나지 않는다. 정이와 주희는 《대학》의 삼강팔목을 늘어놓고 병렬했지만 하나의 중점적인 개념으로 이것들을 관통시키지 못했다. 정이와 주희는《대학》에서 격물과 성의 두 가지 개념을 가장 중요시했다. 격물은 곧 물체에서 이(理)를 구하는 것이고 성의 는 마음에 생긴 생각을 선하게 만드는 것이다. 그러나 격물에서 얻은 것은 실증지식, 즉 물리이다. 그러나 직접 도덕수양을 목적으로 하는 성리에 힘쓰는 것이 격물의 요구이다. 만약 격물이 성의에 유익하게 하려면 반드시 유추와 반영을 통해 실증지식을 도덕의식으로 전환시켜야 한다. 즉, 물리를 천리로 변화시켜야 한다. 정이와 주희의 수양공부는 "함양을 경으로 하고 진학은 치지에 있다"는 것이다. 치지와 함양은 서로 촉진한다. 그러나 물리가 성리로 전환하는 것은 통달과 경지이다. 만약 이러한 통달과 경지가 없다면 실증 지식에 대한 추구로 인해 도덕수양에 큰 도움이 되지 못할 수 있다. 비록 주희가 말하는 환연관통한 경지는 "모든 사물의 바깥과 속, 정밀한 것과 거친 것이 이르지 아니함이 없고 내 마음 전체의 큰 작용이 밝지 아니함이 없는" 상태에 이르러도 얻은 지식이 반드시 천 리로 상승하거나 전환될 수 있다고 보증할 수 없다. 정이, 주희의 이런 공부 방법은 도덕 수양을 제일 중요한 임무이자 마지막 목적으로 삼는 유학자들로 하여금 "근본에서 멀어지게" 할 수 있다. 왕양명은 이러한 문제점을 발견하였다. 그는 소년시절에 격죽에 실패하고 용장에서 있을 때 "구이지역에서 고생하면서 동심인성(動心忍性)을 깨우쳤고", 그 과정에 정이와 주희의 이러한 공부방법은 격물과 성의가 분리되었다는 것을 알 수 있다.

그는 용장에서 "천하에는 원래 격물을 해야 할 물체가 없다. 격물의 공부는 자기 심신 에 하는 것이다(《전습록》하)"라는 이치를 깨우치게 되었다. 후에 왕양명은 자신의 "백 사천난(百死千難)"의 경력에서 "치양지"의 종지를 추출해냈고 양지를 본체로 하고 "치양 지"를 공부로 하며 격물치지와 성의정심을 하나로 통일시켰다. 왕양명의 공부를 하나에 귀결시키면 "고요히 있을 때도 항상 욕심을 버리고 천리를 보존하려는 생각을 하며 움직 이고 있을 때도 항상 욕심을 버리고 천리를 보존하려는 생각을 해야 한다." 그러나 왕양 명이 의념이 정확성을 판단하는 근거는 양지이다. 그러나 양지 역시 지에 속한다. 따라 서 이것이 과연 '정확'할까? 왕양명은 만년에 이르러 "입을 열면 본심에 맞게 말하고 두 루뭉술하게 뜯어 맞추지 않는" 경지인 수양의 조예를 이루었다. 그러나 양지는 시비와 선악을 판단하는 근거이지만 양지 자체에 악이 섞여들지 않는다고 보장할 수 없다. 황명 후학의 현성양지파의 왕양계, 나여방 등은 "일임본심(一任本心)", "자연을 따라야 한다" 고 주장하는데 이렇게 하면 행위준칙, 시비표준에 개인의 생각과 주관적인 의지를 개입시켜 특정적인 사회도덕규범의 "천리"에 어긋날 수 있다. 유종주는 이러한 문제점을 알아내고 정이와 주희, 왕양명과 왕문후학의 잘못을 바로잡으려고 했다. 그는 이론에서 행위의 선천적인 주재와 시비판단의 선천적인 준칙을 찾으려고 노력했다. 천도의 주재, 중추와 대응되는 물체인 '의'는 마침 마음속의 본래 있는 주재가 될 수 있다. 그리하여 유종주는 '의'라는 글자를 생각해냈고 성의와 신독을 그 종지로 삼았다. 그가 진행한 이론적인 일들은 대부분이 천도와 인사, 형상과 형하, 이발과 미발, 성정과 중화 등 방면으로부터 '의'에 대해 논술을 한 것이다.

2) 의(意)라는 글자의 의미

'의'라는 글자는 철학적 개념으로서 《대학》에서 처음 나왔다. 《대학》에서 말하는 "성의"에서 '의'는 마음속에 나타난 생각이다. 주희, 왕양명은 비록 공부방법이 다르지만 의라는 글자에 대한 해석은 같다. 두 사람은 모두 《대학》의 본의를 따라 '의'를 마음속에 나타난 생각이라고 해석하였다. 의를 '의념'이라 한 것은 철학사에서의 통용적인 사용방법이다. 그러나 일부 이학자들은 의를 마음속의 깊고 미세한 방향이라고 생각한다. 예로 호거인은 '의'는 마음속에만 있는 뜻이라 했다. 《대학해》에서는 마음에서 생긴 것이 아직 그러하지 않을 수 있다고 했다. 또한 마음에서 생긴 것은 정이다. 주자는 의는 생각 자체가 아니라 마음속의 생각이 발생하는 안내자이고 지배자라고 주장했다." 이것은 유종주가 말하는 "의는 마음에 존재하지만 마음에서 생겨나지 않는다"라는 말과 아주 비슷하다. 그러나 유종주는 이러한 해석을 맘에 들어 하지 않았다.

여기서 "자기 주장이 있다"는 말은 마음의 상태만 얘기했을 뿐 주 내용에 대해서는 언급하지 않았다. 그 내용은 응당 '의'일 것이다. 즉, 선을 좋아하고 악을 미워하는 의향이다.

강우학파의 학자인 왕시괴는 '의'라는 글자를 아주 특별하게 사용하였다. 여기서 그가 말하는 의는 마음속의 어떠한 감정이지 마음에 나타난 생각이 아니었다. 생각에는 동정이 있고 의는 동정을 뛰어넘는다. 왕시괴가 말한 뜻을 잘 생각해보면 그가 말한 의가 어떠한 감정이나 정서를 가리키고 내용은 생생불식의 생기라는 것을 알 수 있다. 이러한 생기의 근거는 성이다. 성이 있으면 곧 생기가 있다. 이러한 생기는 생기가 고동치는 염두로 나타난다. 여기서 의는 마음속의 원래부터 있던 존재이지 마음에 생겨난 것이 아니다. 그러나 왕시괴의 '의'는 구체적이고 내용이 있다. 그의 내용은 사실상 생의(生意)이다. 이것은 유종주가 가슴 깊이 간직하였고 후천의념의 발생방향을 결정짓는 주재자, 통솔자의 의와 다르다. 유종주의 의는 구체적이지 않다. 그가 말한 의는 지향의 일종이다. 하지만 구체적인 행위과정이 아닌 선악만 지향할 수 있고 모종의 구체적인 정감이나 정서가 아니다.

태주의 왕동은 의에 대해 좀 더 상세하게 논술하였다. 그가 말하는 의는 유종주가 말하는 의에 더 가깝다. 왕동은 여기서 의는 마음에서 생긴 게 아니라 마음에 원래부터 있던 것이라고 명확하게 말했다. 그는 마음이 움직인 이후의 공부 방법을 비판하면서 의는 마음속의 주재라고 명확하게 말했다. 이러한 주재자 자체는 적연부동하다. 이 관점은 유종주가 말하는 의의 뜻에 가장 근접한다. 그러나 지적해야 할 것은 유종주가 말하는 의에는 천도의 근거가 있다는 점이다. 천도의 요점은 천운의 주재이다. 사람 마음은 생각이 일어나고 사라지는 것은 끊임없이 유행한다. 그러나 '의'는 마음속에 발생한 의념 혹은 판단을 진행하는 규정자 혹은 주재자이다. 통일적인 우주(천도, 인심을 포함)를 놓고 말할 때 양자의 법칙은 동일하다. 의에 관한 유종주의 사상은 그의 천도론의 자연적인 발전이다. 사실 유종주는 왕동의 저서를 읽은 적이 없다. 이 점은 《유자전서》의 편집자인 동창(董瑒)이 전서의 첫머리에서 한 설명과 황종희가 《전서》에 써준 서에서도 명확히 드러난다. 의에 관한 유종주의 사상은 그가 스스로 터득하고 깨달은 것이라고 할 수 있다. 혹은 그의 천도론과 그가 현실의 학문에 존재하는 잘못을 바로잡으려는 의념과 서로 알맞기에 생긴 산물이다.

유종주 자신의 해석을 종합하면 '의'라는 글자에는 아래와 같은 몇 가지 내용이 포함된다.

첫째, 의는 마음속에 원래부터 존재하였던 후천적인 염려의 최초 생각이다. 주희는 《대학》을 해석할 때 '의'라는 글자를 마음속에 나타난 생각이라고 정의했다. 유종주는 이러한 해석에 동의하지 않는다. 그는 주희를 다음과 같이 비판했는데, 즉 '의'가 마음속에 나타난 생각이 아니라는 뜻이다. 생각은 이발이지만 의는 미발이다. 예쁜 것을 보면 좋아하고 더러운 것을 보면 싫어하는 것이 바로 '생각'이다. 이는 이발에 속하는 일이다. 그러나 이러한 이발은 반드시 마음속에 원래부터 존재하던 예쁜 것을 좋아하고 더러운 것을 싫어하는 의를 따라야 한다. 이러한 '의'는 생각이 처음 발생했을 때의 의거하는 최초의 의향이다. 이런 의미에서 말할 때 의는 마음과 함께 시작되고 사라지는 존재이다. 그의 내용은 "선을 좋아하고 악을 싫어하는 것"이다. 그리하여 가치의 지향으로 놓고 말할 때 순수한 선이고 악이 존재하지 않는다. 유종주는 '의'를 나침판이 방향을 가리키는데 비유했다.

유종주는 마음, 생각, 의를 아주 명확하게 구분했다. 마음은 허체(虛體)이고 그곳은 생각이 발생하고 존재하는 곳이다. 의는 생각이 발생할 때 따라야 하는 방향이다. 생각은 체험할 수 있는 형이하학의 심리현상이다. 의는 생각의 방향에 근거하여 알 수 있는 형이하학의 존재이다. 지남침처럼 그 현실적인 지향은 생각이다. 그러나 반드시 남쪽을 가리키는 성질은 의다. 양자는 한 나의 물체가 아니다. 여기서 의와 생각의 구별이 아주 명확하게 드러났다.

유종주는 '의'가 현실적인 활동이 아니라 형이상의 존재이기 때문에 의는 동이 아니라 구체적인 신념의 동정을 초월하고 절대적인 정이 없는 존재라고 생각했다. 의는 마음과 함께 시작되고 사라지며 마음속에 존재하는 주재자이다. 그리하여 이를 존주(存主)라고 부른다. 의는 소발(所發)이 아니고 소발은 생각이다. 생각에는 동정이 있지만 의는 동정을 초월한다. 이런 의미에서 말하면 왕양명의 "사구교"에서는 "유선유악을 의의 동"이라고 한 것은 옳지 않다. 왜냐하면 그는 '의'를 선악이 있는 생각으로 간주했기 때문이다. 이는 주희가 말하는 "마음에서 생겨나는 것"과 같다. 유종주는 '의'는 선은 반드시 좋고 악은 반드시 나쁘다는 선천적인 의향으로서 선을 좋아하고 악을 싫어하는 후천적인 활동이 아니라고 반복적으로 강조했다. 이러한 의향은 곧 "십육자심전"에서 말하는 "도심"이다. 그리하여 이를 "유미(惟微)"라고 한다. 이러한 의향을 또 '기(機)'라고도 하는데 이러한 기는 주돈이가 말하는 "성무위, 기선악"의 기가 아니다. 주돈이가 말하는 '기(幾)' 역시 이발에 속하는 존재이다. 비록 그 종정이 아주 미약하지만 그래도 생각에 속한다. 유종주는 자신이 말한 '기'는 《역전》에 나오는 "길(吉)을 미리 아는 것"이라고 생각한다. 즉, 길흉에 관한 현실의 생각을 의거로 하는 의향이다.

둘째, 의는 마음의 주재자이다. 의는 신념의 방향을 결정짓는 잠재적인 의향이기 때문에 그것의 가장 본질적인 속성은 바로 주재이다. 유종주는 사람의 사상, 행동은 모두 '의'의 지도를 받는다고 생각한다. 왜냐하면 의는 "선과 같고 악과 다르기" 때문이다. 그리하여 이것을 '성체(誠體)'라고도 부른다. 사람의 사상과 행위가 천리에서 벗어나는 것은 성체가 은폐되었기 때문이다. 성체가 항상 청명하고 환하다면 의의 지도를 받는 행위도 천리에 부합될 수 있다. 그는 성인과 범인의 구별에 대해 묻는 제자의 물음에 대해 "성인과 백성에게는 모두 '의'가 있다. 그러나 그 다른 점은 백성은 자신의 '의'를 자각할 수 없고, 성인은 자각할 수 있다"는 것이었다. 그러나 자각을 할 수 있든 없든 간에 성체는 모두 작용을 발휘하고 사람의 사상과 행위를 주재한다. '성의'를 자각할 수 있으면 의의 본체의 청명한 상태를 유지할 수 있다. 성의를 자각하지 못하면 성의가 엄폐될 수 있다.

행위의 주재자라는 의미에서 볼 때 '지(志)'와 '의'는 모두 주재자이다. 그러나 유종주는 지와 의를 구분했다. 지는 행위활동의 지향이고 의는 활동의 지향을 결정하는 잠재적인 의향이다. 만약 '기(氣)'라는 이 복잡한 의미를 갖고 있는 중국철학의 범주로 말했을 때 의는 "마음의 중기(中氣)"이고 지는 "마음의 근기(根氣)"이다.

의는 선천적으로 존재하던 잠재적인 의향이다. 마치 나침판의 지침이 반드시 남쪽을 가리키듯이 지는 후천활동의 지향이다. 의에는 정해진 것이 있는데 이 정해진 내용이 바로 선을 좋아하고 악을 싫어하는 것이다. 그리하여 '의'는 윤리의미를 가진 개념이다. '지'에는 윤리의미가 없다. 지는 반드시 의의 주재를 받게 된다. 그러나 의는 지의 주재를 받지 않는다. 길을 걷는 것으로 비유하면 '지(之)'에 정해진 방향이 없지만 '간다'와 '온다'에는 방향이 있다. '지(之)'는 '지(志)'와 같고 '온다'는 '의'와 같아 '지(志)'는 윤리적인 지향이 없는 '근기(根氣)'이고 '의'는 윤리적인 지향이 있는 "중기(中氣)"이다.

셋째, 의는 미발지중이다. '의'의 내용은 선을 좋아하고 악을 싫어하는 잠재적인 의향일 뿐만 아니라 구체적인 신념의 동정을 초월한 존재하지만 생겨나지 않은 존재이다. 그리하여 '의'는 미발지중이다. 유종주가 제자가 나누었던 대화에서 이 점을 명확하게 설명했는데, 곧생각이 일었던 일지 않았던 의는 영원히 중의 위치에 있고 동정이 없으며 생멸이 없으며 오고 가지도 않는다. 의는 소실되지 않지만 밝고 어두울 때가 있다. 사욕에 의해 가려진 의는 형이하학의 심념에 직접 관통될 수 없다. 악은 이럴 때 생겨난다. 그러나 유종주는 구체적인 악념은 영원한 중(中)의 작용이 아니라고 생각한다. 중은 곧 성체이고 의다. 정심은 염려와 행위가 천리에 알맞게 한다. 성체는 본이고 정심은 말(末)이다. 유종주는 "성(誠)은 체를 놓고 말한 것이고 정(正)은 용을 놓고 말한 것이다. 그리하여 정심은 성의보다 먼저이고 말에서 본으로 변화한다(《명유학안》 1,552쪽)"고 말했다. 여기서 체용은 본말, 원류(源流)의 뜻이다.

유종주는 '의'를 미발지중이라 생각했다. 이 점은 주희, 육구연, 왕양명 등의 대표적인 관점과 많이 다르다.

주희가 말하는 마음은 주로 외부의 영향을 받은 인식주체로서 아무 것도 들어있지 않고 조용하고 허명하다. 주희는 《대학혹문(大學或問)》에서 "사람의 마음은 조용하고 허명하여 거울처럼 비출 수 있고 저울대처럼 공평하다. 몸의 주재자로서 그 진실한 본체는 자연히 본연하다"고 말했다. 주희는 성은 이발이고 정은 미발이며, 마음이 성정을 통솔하고 성은 성질을 표시하는 범주이며 성은 현실적으로 작용을 발휘하지 않는다고 생각했다. 마음이 미발일 때에는 성이긴 하나 이러한 성은 직접적으로 마음과 연관이 없다. 이러한 성은 정이라는 형이하학의 존재를 통해야만 마음과 현실적인 작용을 일으킬 수 있다. 그리하여 주희의 미발지중은 염려가 생겨나기 이전의 허정한 상태이다. 유종주는 미발지중에 관한 이러한 관점에 동의하지 않았다. 그는 주희의 이 관점은 선학에 가깝다고 생각했다. 왜냐하면 마음에 주재자가 없기에 공부가 격물과 존심 두 개 부분으로 나뉘게 되었고 존심이 또 "고요해지면 존양하고, 움직이면 성찰"하는 두 개 방법으로 나뉘게 된다. 유종주는 육구연과 왕양명의 미발지중에 대한 해석에도 동의하지 않는다. 육구연은 '심즉리'를 주장하고 "본심"을 철학적 출발점으로 하면서 "정신을 수습하고 자신이 주재자가 되며 만물이 모두 나를 위해 준비된 것"이라고 주장했다. 그러나 본심에 정미한 공부가 없게 되면 쉽게 습관화된 마음과 혼돈될 수 있다. 왕양명도 이러한 문제점을 알아내고 본심에 특별히 '양지'라는 두 글자를 더했고 이것을 마음의 본체로 생각했다. 양지는 곧 미발지지중이다. 그러나 왕양명은 비록 육구연의 본심을 제거하고 "존천리, 거인욕"을 "치양지"의 실제 공부로 삼았지만 양지는 여전히 지(知)이다. 그 가운데는 선을 좋아하고 악을 싫어하는 '의'가 존재하지 않는다. 유종주는 이 세 사람의 근본적인 잘못은 미발지중의 진짜 뜻을 모르는 것에 있다고 생각했다.

위에서 말했듯이 '의'에 대한 유종주의 해석에는 본체론의 근거가 있다. 그의 "성의"는 곧 《대학》, 《중용》에서 말하는 신독(慎獨)이다. '의'라는 글자는 곧 독체이고 성의 공부는 곧 신(慎)이다. "신독"의 독은 독체이다. 이는 천명의 성의 응집과 표현이다. 우주의 대화유행에는 천추라는 주재자가 있다. 이 천추는 "무극이 곧 태극"이며 자기는 움직이지 않지만 만화의 주재가 된다. 천추는 우주의 독체이다. 마음의 독체는 '의'다. 유종주는 "의근(意根)이 가장 미세하고 성체의 근본은 하늘이다. 하늘을 근본으로 하는 자는 지선이다(《학언》하, 《유종주전집》제2권 453쪽)." 이 말은 천도의 성은 마음속 '의'의 근거이고 이 의는 곧 독체이며 이 독체를 보호하는 방법은 신독이다. 신독은 이러한 의가 엄폐되지 않고 시시각각 정밀해지게 해준다. 그리하여 "독 이외의 본체가 없고 신독 이외의 공부가 없다고 한다."

3. 왕양명 및 왕문후학에 대한 비판

유종주가 '의'라는 글자를 제기한 주요한 목적은 마음속에 주재자가 없는 이 유폐를 바로잡기 위해서다. 그리하여 그는 왕양명이 만년에 주장한 "사구교" 및 왕용계가 사구교를 기초로 주장한 '사무'설을 비판했다.

이것은 왕양명에 대한 일반적인 비판과는 많이 다르다. 일반적으로 왕양명을 선학이라고 비판했지만 유종주는 왕양명을 "선학 같지만 선학이 아니다"라고 평가했다. 사람들이 왕양명의 학문을 선학이라고 생각한 것은 그가 "희노애락의 미발전 기상을 보았기" 때문이다. 이것은 선종의 "착한 것도 악한 것도 생각하지 말라. 그래야 본래 모습을 알 수 있다"는 것과 같다. 유종주는 이 한 가지로 왕양명의 학문을 선학이라고 단정할 수 없다고 주장했다. 왜냐하면 주돈이, 정이, 정호도 희노애락의 발생하기 전의 기상을 보아야 한다고 제기한 적이 있기 때문이다. 나종언, 이동은 모두 여기에 속한다. 유종주는 미발의 기상은 그가 말하는 '의'와 '독체'라고 생각했다. 미발의 기상을 본 것은 직접 이 '의'라는 글자를 구하여 중절지화(中節之和)의 근거로 삼는 것이다. 이것은 유가수양의 정도이다. 왕양명이 미발을 인식한 것을 선학이라 비판한 것은 미발을 공적으로 생각한 것이고 선학에 빠진 것이다. 왕양명의 잘못은 항상 미발의 기상을 인식한 것이 아니다. 그의 잘못은 사람들에게 염두가 생긴 뒤에 양지로 그 선악을 판단하고 실제 공부로 선을 지키고 악을 제거해야 한다고 가르친 점이다. 유종주는 염두는 이발인데 어떻게 다스릴 수 있는가라고 의문을 제기했다. 왕양명의 이러한 방법은 용(用)에서 체(體)를 보고, 치화(致和)하였기에 치중(致中)하는 방법이다. 왕양명의 근본적인 착오는 선천에도 그침이 있다는 것을 몰랐다는 점이다. 왕용계는 '사무'설에서 "마음은 무선무악의 마음이고 의는 무선무악의 의"라고 말했다. 그는 마음속에 원래부터 있던 '의'를 지워버리고 마음을 비우고 허무한 물(物)로 간주했는데 이 역시 선학에 빠진 것이다.

왕양명에 대한 유종주의 비판은 주로 "사구교"에 집중되었다. 그는 사구교의 근본적인 착오는 의라는 글자에 대한 잘못된 해석이라고 생각한다. 그는 여러 곳에서 "왕양명이 의라는 글자를 잘못 이해했고", "선생은 《대학》을 해석할 때 의라는 글자의 의미를 제대로 보지 못했다"고 말했다. 그는 "무선무악이 마음의 본체"라는 말은 응당 "유선무악이 마음의 본체"여야 한다고 주장했다. 왜냐하면 마음의 본체는 곧 의이고 의는 본래부터 선을 좋아하고 악을 싫어하는 잠재적인 의향을 갖고 있기 때문에 악이 존재하지 않고 더할 수 없이 착하기 때문이다. 만약 마음의 본체가 무선무악이라면 마음에 의가 존재한다는 것을 부정하는 것이 된다. 두 번째 구절인 "유선유악은 의의 동이다"라고 한 것은 의라는 글자를 념(念)과 동일시하고 이발로 보았기에 미발지중의 뜻을 잃게 되었다. 세 번째 구절인 "지선지악이 양지"라는 말은 할 수 있다. 하지만 첫 번째 구절부터 틀렸기 때문에 무선무악의 마음에는 판단표준이 없게 되었고 그리하여 생각의 선악을 판단할 수 없게 되었다. 그리하여 네 번째 구절인 "선을 위해 악을 제거하는 것이 격물"이라는 말도 선악을 주재하는 의근을 잃게 되었다. 그러니 어찌 격물의 정확성을 보장할 수 있겠는가? 또한 "주의(主意)가 모두 공부에 있다"고 보장할 수 있겠는가? 의근을 잃었기에 구절마다 다 틀리게 되었다. 황종희는 이 점에 대해 "만약 심체가 무선무악이라면 유선유악의 의(意)는 어디서 온 것인가? 또한 지선지악의 지(知)는 어디서 온 것인가? 그리고 선을 위해 악을 제거하는 공부는 어디서부터 시작된 것인가?(《양명전신록》발문, 《명유학안》218쪽)"라고 비난했다. 그는 선천본성(本誠)의 의근으로 《대학》의 삼강팔목을 관통시켜야 한다고 주장했다. 그리하여 그는 왕양명의 "심, 의, 지, 물은 원래 하나다"라는 주장에 동의한다. 심체는 의근이고 성의는 의근의 본성(本誠)이고 지는 의근의 주재를 통해 선악을 분별하는 능력이다. 물(物)은 성의가 관철된 행위이다. 그는 '사무'를 '사유'로 바꿔야 한다고 말했다. "마음은 유선무악의 마음이고 의는 유선무악의 의이다. 지 역시 유선무악의 지이고 물 역시 유선무악의 물이다(《양명전신록》발문, 《명유학안》219쪽)." 유종주는 왕양명의 사구교는 의라는 글자를 잘못 이해하였고 왕용계의 사무설은 왕양명의 본래의 뜻에 위배된 것으로서 완전한 선학이라고 생각했다.

유종주는 왕용계가 스승을 모방하면서 잘못을 범하였고 완전히 선학에 빠졌다고 생각하였다. 그리하여 그는 항상 선학을 비판했다. 그가 선학을 비판한 목적은 선학에 주재자가 없다는 것을 밝혀 왕문후학의 잘못을 지적하려는 데에 있다. 사실 그가 선학을 비판한 것은 사실 왕용계를 비판한 것이었다.

그의 뜻은 선학에서 말하는 마음의 내용은 공이고 유학에서 말하는 마음에는 의가 들어있다는 뜻이다. 두 학파가 생각하는 마음의 본체가 다르기 때문에 공부도 전혀 같지 않다. 선학의 공부는 각인데 마음의 공을 느끼면 곧 모든 것이 끝이 난다. 유학의 공부는 격물인데 선을 좋아하고 악을 싫어하는 의의 지도하에 선을 위해 악을 제거하는 것이다. 왕용계의 '사무'는 각으로 성(性)을 말하고 각 이외에 다른 일이 없다. 이는 천하의 사람을 거느리고 선학에 빠진 셈이다. 유종주가 중점적으로 강조한 것은 '유의'와 '무의'의 구분이다.

유종주는 일생동안 왕양명의 학문에 대한 태도에 여러 번 변화를 거쳤다. 유종주의 아들인 유작(劉汋)은 《년보》에서 이런 말을 한 적이 있다. "왕양명의 학문에 대한 선생의 태도는 세 번의 변화를 거쳤다. 처음에는 의심을 하다가 중간에는 굳게 믿었으며 나중에는 옳고 그름을 따지는데 있는 모든 힘을 다 쏟았다(《유종주전집》 제6권 147쪽)." 위에서 말했듯이 왕양명의 학문에 대한 유종주의 불만은 주로 왕양명의 양지에 주재자가 없는데 있다. 여기에는 이런 문제가 생긴다. 유종주가 질책한 양명학의 폐단은 정말 왕양명의 본질적인 착오일까? 왕양명이 말하는 양지에는 정말 주재의 뜻이 없는가?

왕양명의 학술종지는 "치양지"이다. 이에 대해 학술계의 의견은 일치하다. 그러나 "치양지"의 의미에 대해서는 각자 의견이 다르다. 왕양명의 "치양지"의 가장 중요한 뜻은 "내 마음속의 양지를 사사물물에 응용하면 사사물물이 모두 그 천리를 얻을 수 있다(《전습록》 중)"는 것이다. 왕양명이 추치(推致)하려는 양지에는 세 가지 본질적인 의의를 갖고 있다. 첫째, "부모님을 보면서 효를 알고, 윗사람을 보면서 공경을 알고, 우물에 빠지는 아이를 보면서 자연스레 측은지심을 느끼는 것"과 같은 천부적이고 도덕적인 의식이다. "치양지"는 이렇게 도덕의식을 모든 곳에 관철시키려는 것이다. 둘째, "지선지악"의 도덕판단 능력이다. "치양지"는 실천가운데서 이 능력을 확충시키는 것이다. 셋째, 우주법칙의 최고의 표현이다. 즉, 그가 "양지는 조화의 정령"이라고 말한 것은 "치양지"가 우주법칙과 하나를 이룬다는 뜻이다. 그는 이상의 여러 가지 뜻을 종합해서 "천리의 소명(昭明)한 영각처(靈覺處)가 곧 양지다(《전습록》 중)"라고 말했다. 양지는 도덕이성의 마음속 자각이다. 왕양명은 추치(推致)하려는 양지는 감정과 지식이 아닌 도덕이성이다. 이러한 도덕이성을 얻으려면 사욕을 제거하는 공부가 필요하다. 왕양명은 여기에 먹장구름이 걷히면 높은 하늘이 나타나는 것을 예로 들어 비유하곤 했다. "치양지"는 지행합일이기도 하다. 양지는 본체이고 "치양지"는 공부이며 "치양지"는 "격치와 성정이 모두 갖추어졌다." 양지는 모든 곳에 관통되는데 이는 그 공부에 주체가 있기 때문이다. 그리하여 왕양명은 특별히 '의'라는 글자를 강조하지는 않았지만 의라는 글자의 뜻에는 이미 양지가 포함되었다. 양지는 곧 주재자이다. 양지는 지선지악할 뿐만 아니라 선을 좋아하고 악을 싫어한다. 왕양명도 항상 '두뇌'와 주의 등을 강조했는데 왕양명의 어록, 문집에서 많이 찾아볼 수 있다. 다른 점이라면 유종주의 '의'는 후천적인 것들과 서로 섞이지 않기 때문에 그 '주재'의 의미가 매우 강렬하고 명확하다. 그러나 왕양명의 '양지'는 마음의 다른 의의와 완전히 융합된다. 즉, 주재이자 유행이고, 중이자 화이다. 그리하여 그 '주재'의 뜻이 조금 약하다. 그러나 분석해보면 왕양명이 말하는 도덕의식으로서의 양지와 지식이성으로서의 양지는 완전히 하나라는 것을 알 수 있다. 그러나 유종주의 '의'는 순전히 도덕이성을 가리킨다. 왕양명의 도덕이성은 항상 형이하의 마음에 나타나지만 유종주의 도덕이성은 형이상이고 높다. 그리하여 왕양명이 '의'와 '지'를 나누지 않았다고 말할수는 있지만 왕양명에게 주재가 없고 그침이 없다고 말해서는 안 된다. 유종주가 반복적으로 비판했던 "무선무악이 마음의 본체"라는 관점을 잘 이해한다면 쉽게 융통할 수 있다. 왕양명의 만년에 주장한 수양공부에는 '유'와 '무' 두 개지 방면이 포함된다. 항상 선을 위해 악을 제거하는데 집착하지 않고 자연에 맡기며 찬란하고 평범함에 기탁하면 마음이 항상 밝고 깨끗해진다. 이것이 바로 '무'이다. 그러나 일단 '무'에 도달하면 마음속에 원래부터 존재하던 양지가 자연스레 나타나게 된다. 이게 바로 '유'다.

만약 양명학에 허점이 있다면 그건 모두 양지의 혼융한 성질 때문이다. 여기에는 송명이학의 중요한 내용이 모두 포함된다. 그 외에 왕양명은 형세에 따라 교육을 진행하였고 또 문제에 근거하여 방법을 강구하였기 때문에 같은 사상에 대한 해석에 여러 가지 견해가 존재하게 되었다. 후학들은 여기에 집착하였기에 여러 가지 다른 해석이 나오게 되었다. 그들은 하나의 관점만 고집하거나 자기의 주장을 확대해석하곤 했다. 유종주는 왕양명의 학문에 존재하는 가장 큰 두 개의 폐단은 다음과 같은 것들이라고 생각했다. 첫째는 마음에서 발생하는 것은 모두 양지의 본체라고 생각했다. 사실 여기에는 이미 감정과 지식이 포함되었다. 둘째는 양지의 본체를 무라고 생각했는데 그 가운데에는 도덕이성이 존재하지 않는다.

이 말은 왕양명의 학문에 존재하는 부족한 점을 지적하고 이로 인해 양명후학에 존재하게 된 유폐(流弊)와 그가 스스로 의라는 글자를 제기하여 그 잘못을 미봉하려는 노력에 대해서도 명확하게 설명하였다. 유종주는 근본적으로 양명학을 반대하는 학자가 아니라 그 부족한 점을 미봉하려는 학자이다. 그는 왕양명 본인이 아닌 양명후학의 "광견", "허현"을 비판했다. 그는 양명후학의 유폐에 대해 비판하면서 그 근원인 왕양명까지 언급하였던 것이다.

왕양명과 유종주가 다른 점은 두 사람이 기초한 경전이 다른 것에 있다. 왕양명은 맹자의 '양지'로 《대학》의 삼강팔목, 《중용》의 성도교, 성(誠), 신독 등을 관통시켰다. 그가 근거로 삼은 가장 중요한 경전은 《맹자》이다. 유종주의 성의, 신독의 학문은 주로 《중용》에서 온 것이다. 그는 《중용》으로 《대학》, 《역전》을 관통시켰다. 《맹자》의 특징은 심, 성, 정을 통일시킨 것이고 그 풍격은 혼융하다. 《중용》은 성체가 정밀하고 미세하며 성과 정을 철저히 구분하고 마음 깊은 곳에 착안점을 두고 공리의 개입을 배제했다. 기초로 삼은 경전이 다르기 때문에 유종주의 학문은 내용과 형식의 방면에서 왕양명과 큰 차이를 나타낸다.

내용상의 다른 점은 위에서 이미 논술했다. 형식방면에서 유종주는 성의와 신독을 주장하고 형상과 형하를 완전히 구분하며 성과 정을 둘로 나누는데 그 사이에 아무런 간격도 두지 않는다. 이 점은 왕양명의 혼융한 풍격과 같지 않다. 왕양명의 강학은 화평하고 즐거우며 솔직하고 겸손하다. 그는 차근차근 타이르면서 가르치기 때문에 사람들이 저도 모르게 그의 학문과 가까워지게 된다. 또한 그의 학문은 농공상(農工商)에 종사하는 모든 사람들에게 적합하다. 유종주의 학문은 세심하게 분석을 진행하였기에 학문의 내용에 깊이가 있다. 그의 학문은 주로 군자들의 성의수신을 위한 것이다. 왕양명은 일생 동안에 독특한 경력을 많이 겪고 높은 공적을 쌓았다. 그리하여 그는 일을 함에 있어 융통적이다. 그러나 유종주는 성격이 굳세고 바르기 때문에 그 언행이 강직하고 융통성이 없다. 이러한 다른 점은 시대적 배경, 개성 특징이 다르기 때문에 형성된 것이다. 또한 기초로 삼은 경전이 다른 것도 여기에 일정한 영향을 끼쳤다.

유종주는 성의, 신독의 학문에서 아주 중요한 개념을 제기했다. 그건 바로 도덕이성의 순수성에 관한 문제이다. 유종주가 말하는 '의'는 마음에 존재하고 후천적인 생각의 방향을 결정짓는 매우 미세한 의향이다. 이것은 사람의 의지와 염려의 주재자이다. 이는 선천적인 것으로 아무런 경험이 섞여들지 않았다. 이것은 미발지중이다. 이러한 성질은 의가 도덕이성의 가장 세밀한 보증이라는 것을 설명해준다. 주희는 마음으로 성정을 통일하였고 성은 미발, 정은 이발이라고 생각했기 때문에 발이중절(發而中節)의 화(和)가 미발지중에 나타난다. 그러나 왕양명은 주희가 성과 정, 이발과 미발을 구분하는 것에 동의하지 않았다. 그리하여 그는 양지라는 혼용적인 개념을 제기하였다. "양지는 곧 미발지중이고 발이중절의 화이다", "칠정 역시 양지에 본래부터 존재하던 것이다." 주희가 말하는 "성(性)"은 미발지중인데 거기에는 주재자인 '의'가 없다. 왕양명의 양지는 성가 정을 합일시키고 형상과 형하를 합일시켰는데 유종주는 이것을 순수하지 않다고 생각했다. 그리하여 그는 특별히 '의'의 선천성과 '의'가 후천을 체용으로 삼지 않는 품격을 강조했다. 왕양명은 "마음 밖에 이가 존재하지 않는다"고 제기하였는데 그는 이미 도덕의 자율을 전대미문의 높이에까지 끌어올렸다. 그러나 마음의 혼융성과 왕양명의 사상특징이 갖고 있는 통일성 때문에 이 문제에 대해 더 깊은 연구를 진행하지 못했다. 그러나 유종주는 마음 깊은 곳까지 깊이 파고들어 도덕의 자율을 더 명확하고 심각한 방식으로 제기하였다. 유종주는 국정을 서슴없이 비판하고 권력자를 끊임없이 규탄하였으며 여러 번 관직을 잃고도 전혀 굴복하지 않았고 단식을 하면서 명나라를 위해 목숨을 바쳤다. 그의 이러한 강인한 성격은 그의 이론에 대한 주해이기도 하다. 왕양명은 유종주가 가장 존경하는 인물이다. 그러나 그는 만년에 그는 왕양명의 옳고 그름을 따지는데 있는 모든 힘을 다 쏟았다. 그는 죽기 직전에도 제자들을 "양지의 학문을 따르면 쉽게 선학에 빠질 수 있다"고 훈계하였다. 유종주는 만년에 추수익, 섭표, 나홍선의 귀적주정(歸寂主靜)을 극력 찬양했다. 그가 이렇게 한 목적은 귀적, 주정의 학문으로 양지를 여과하여 도덕이성을 최대한도로 깨끗하고 정밀한 본체로 되돌아가게 하려는 것이다.

유종주는 '의'라는 글자를 제기하여 직접 마음의 가장 정밀한 곳까지 파고들었고, 이학에서 가장 중요하게 생각하는 도덕수양이 제일 미세하고 든든한 곳에 학문의 기초를 세우게 하였다. 또한 천인일리(天人一理)의 각도에서 광범위하게 논증을 진행하기도 했다. 이 점을 놓고 말할 때, 유종주는 어떤 정도에서 양명이학을 총괄했다고 말할 수 있다. 그리하여 그의 제자인 황종희는 그를 명유의 전후(殿後)로 그의 사상을 명나라 전체 유학의 본보기로 삼았다.

4. 심성(心性)과 신독(愼獨)

　성과 마음의 관계는 유종주 논술의 중점이다. 유종주의 철학에서 마음은 실제 존재를 표시하는 범주이고 성은 마음의 조리이다. 성과 마음의 관계는 이와 기의 관계와 같은 서열에 속한다.

　유종주는 실제적으로 존재하는 물체도 그 마지막 근원을 따져보면 모두 기라고 생각했다. 마음은 실제적인 존재이고 이것 역시 기다. 심의 이는 성이다. 성은 마음이라는 이 특수한 상태의 기의 조리이다. 종호가 말한 "기가 성이고 성이 기다"라고 한 말은 여전히 기와 성을 두 개로 나누어본 것이다. 맹자가 말한 사단은 마음의 이러한 기의 유행이 지각자(知覺者)에게 나타나는 것이다. 유종주의 이 관점에서 볼 때 주희는 인을 "마음의 덕이자 사랑의 이"라고 해석했다. 마음속에 이러한 성과 이가 생긴 뒤에 사단이 표현된다는 관점이 거꾸로 되었다. 먼저 인의 이가 있고 후에 측은지심으로 표현된 것이 아니라 측은지심이 바로 인이다. 이 점에 대해 유종주는 아주 명확하게 설명하였다.

　"성은 이고 마음은 기다. 마음과 기의 희노애락이 곧 성과 이의 인, 의, 예, 지다. 희노애락 밖에 다른 인, 의, 예, 지가 존재하지 않는다. 같은 물체지만 이름이 다르고 여기에는 선후의 관계가 존재하지 않는다. 이러한 희노애락은 칠정이 아니라 사덕이다. 사덕은 기가 끊임없이 순환하면서 생긴 기복과 운율이지 '천명의 성'이 마음속에 축적되었던 것이 아니다"라고 했다. 황종희는 이 관점을 매우 중요하게 생각했다. 그는 이것을 유종주가 "선유들이 발견하지 못한 것을 발견한" 이론적 공헌이라고 하였다. 황종희는 이 방면에 대한 유종주의 관점을 다음과 같이 종합했다. 즉 유종주는 희노애락은 마음이라는 특수한 형태의 기가 유행하는 조리와 규칙이라고 생각한다. 기가 차고 넘치며 자연스럽고 막힘이 없다면 이것이 바로 희와 낙이다. 희와 낙으로 인해 인과 예의 이름이 생겨났고 인과 예를 근거로 희와 낙이 표현되는 것이 아니다. 마음의 기는 끊임없이 유행하기에 희노애락에도 멈춤이 없고 인의예지의 순환에도 끊임이 없다. 이는 마음의 본체, 그 속에 축적되어 있는 중(中)의 지나치거나 모자람이 없는 상태로 놓고 말하면 중기(中氣)이다. 마음의 본체가 사람 마음의 현실적인 정감이기 때문에 화목하다는 근거로부터 볼 때 이것은 또 화기(和氣)이다. 기가 번갈아가가면서 순환하는 것이 마음이고 기의 중화가 성이다. 이 성은 추상적인 존재가 아니라 심기의 표현형태이다. 기는 멈출 때가 없고 성도 항상 존재한다. 그리하여 "성과 마음을 나누어서 말할 수가 없다." 설령 마음에 아무런 생각이 일지 않는다 해도 중화(中和)는 여전히 마음속에 존재한다. 중화는 사덕이고 호, 악, 공(恐), 구(懼), 우, 환, 분(忿), 치(懥)는 칠정이다. 칠정은 외부의 영향을 받아 생기는 것이고 중화는 마음속의 자연스러운 조리이다. 그리하여 "사람은 칠정이 없을 때는 있어도 사덕이 없을 때는 없다"고 말한다. 양자의 성질은 완전히 다르다. 정이, 주희의 주경(主敬) 공부는 정일 때 함양하고 동일 때 성찰해야 한다고 주장한다. 즉, 정일 때 희노애락의 기상을 체인하고 동일 때 염두의 선악에 대해 성찰하여 희노애락을 마음속의 조리로 간주하지 말고 이발의 정으로 간주해야 한다는 말이다. 왕양명은 사람들에게 희노애락의 미발을 체험해야 한다고 가르쳤는데, 그는 이것을 양지가 생겨나는 전제로 생각하고 사덕과 칠정을 구분하지 않았다. 유종주의 심성중화(心性中和) 사상은 그의 천도관을 농축시킨 것이다. 천도는 오목불이(於穆不已), 사시순환(四時循環)하는데 이는 원형이정(元亨利貞)이고 천도의 중화이다. 이러한 원형이정은 구체적이고 현실적인 화육(化育)으로 표현된다. 이는 형이하학의 중화이다. 원형이정 자체를 동으로 하고 화육을 정으로 하면 전자는 본체고 영원하며 주동적이라는 것을 나타내고 후자는 발용이고 일시적이며 피동적이라는 것을 나타낸다. 중화 자체는 성이고, 보존되고 발전되는 것은 기의 유행이다.

유종주의 이 사상은 매우 독특하다. 그는 전인들의 천도론과 심성론, 심성론과 수양론이 통일되지 못한 점, 사상 전반에 통일적인 물질적 기초가 없는 점을 바로잡으려고 했다. 예를 들면 주희의 이기론은 논리적으로 기보다 먼저이고 기보다 위에 있다고 생각하는 이론이기 때문에 이기를 둘로 나누어 보는 잘못을 범할 수 있다. "천명이 성이고" 미발이 성이며 이발은 정이라고 생각하면 성과 명, 성과 정을 둘로 나누고 성을 정 밖에 있는 다른 존재로 생각할 수 있다. 그의 함양은 경(敬)으로 하고 진학은 치지에 있다는 것도 하나로 볼 수 없다. 왕양명은 비록 즉내즉외, 즉이즉심, 즉상즉하, 즉지즉행, 공부이자 본체라고 생각했지만, 그는 다른 방면의 내용을 하나로 합쳐서 모두 양지에 포함시켰다. 그러나 양지에는 분명한 물질적 기초가 부족하다. 유종주는 기를 기초로 하였는데 마음 역시 기다. 그리하여 그는 이를 기의 이로 보고, 마음의 기의 중화를 성으로 보았으며, 마음의 감응에서 생겨난 염두를 정으로 보았다. 그의 천도론, 심성론에는 모두 통일되고 안정적인 물질적 기초가 있다. 또한 천도론과 심성론은 평행하고 형이상학을 근거로 한다. 이것은 유종주가 정, 주, 육, 왕의 학문을 융합한 기초에서 또 왕정상 등의 합리적인 견해를 받아들이고 융합하여 만들어낸 새로운 이론이다.

유종주의 《성론》은 위에 나왔던 내용들을 종합하고 역사적으로 대표적인 성에 관한 해설들에 대해 반박하고 그 잘못을 바로잡았다.

성은 마음을 떠나 따로 존재하는 물체가 아니고 성은 모든 곳에 존재한다. 그것은 기가 모든 곳에 존재하기 때문이다. 사람의 성은 사람들의 이러한 특수한 형태의 기 때문에 생기게 되었다. 그리하여 "성이라 하는 것은 마음의 성"이라고 말한다. 성의 본질은 이다. 그러나 이러한 이(理)는 기의 이(理)로서 다른 물체로 마음에 존재하는 것이 아니다. 성과 기는 동시에 존재한다. 그리하여 기를 떠나 성을 논할 수 없다. 기가 모이면 형질이 되고 사람의 이러한 형질에는 신체와 기관이 있다. 성은 마음이라는 이러한 기관의 기능이다. 인, 의, 예, 지는 마음의 조리와는 다른 표현이다.

여기서 그는 성은 무선무악이라는 고자의 관점을 비판했다. 그는 성은 마음의 조리이기 때문에 선과 악의 성질이 존재할 수 없고 성은 선악의 평가를 초월하는 존재이라고 주장했다. 맹자의 "성선"설도 그 당시의 언어의 맥을 따른 것으로서 어쩔 수 없는 선택이었다. 후세사람들의 성선악혼설(性善惡混說), 성삼품(性三品)의 학설은 모두 성립되지 않는다. 송나라 유학자들이 천지의 성과 기질의 성을 구분한 것은 더 말이 안된다. 맹자의 성선은 기에 대해 말한 것인데 인은 측은지심이다. 의(義)는 수오지심이다. 성과 마음은 하나다. 《중용》에 나오는 천명의 성도 중화를 놓고 말한 것이고 마음속 기의 조리와 희노애락은 곧 인, 의, 예, 지다. 즉, 성이다. 그리하여 《중용》도 "마음의 기로 성을 말한 것"이다. 후세사람들이 심과 성에서 겪은 모순은 모두 기는 기에서 오고, 이는 이에서 왔으며, 이와 기를 둘로 나누어 보았기 때문이다. 선유들이 계승해온 '성즉리'의 학문도 말할 수는 있지만 반드시 구분해야 한다. 이것을 나누어서 말하면 인의예지는 각자 이에 속하고 이것을 합해서 말하면 인의예지는 모두 이에 통일된다. "이는 형이상에 속한다"고 말할 수 있지만 이러한 형이상과 형이하는 하나의 물체의 두 개의 부분이 아니라 완전히 다른 두 개의 물체라는 것을 알아야 한다. 그는 "위의 착오들은 모두 외심으로 성을 말했기 때문"이라고 지적했다. "외심으로 성을 말하면 성과 마음에 모두 병이 생길 수 있다. 성과 마음이 모두 병들면 도가 천하의 사람들에 의해 무너지게 된다(《원성》, 《유종주전집》 2권 281쪽)."

현재 유행하고 있는 왕양명의 "마음 밖에 이가 없다"라는 관점에 대해서도 유종주는 자신의 성론으로써 다른 해석을 진행했다.

유종주는 왕양명의 "마음 밖에 이가 없다"는 관점을 긍정적으로 생각했다. 그는 이 관점은 마음의 의미와 존숭을 다시 빛내고 발전시키는 기능을 갖고 있다고 생각했다. 그는 반드시 "마음 밖에 성이 없다"라는 관점을 동시에 같이 강조해야 한다고 주장했다. 왜냐하면 마음 밖에 성이 없다는 것은 마음 밖에 이가 없다는 근거가 되기 때문이다. 왜냐하면 성은 직접 마음을 근본으로 하고 기를 근본으로 하며 이는 성의 다른 이름이기 때문이다. 사실 유종주는 여기서 왕양명의 부족한 점을 보충하려고 했다. 왕양명의 "마음 밖에 이가 없다"는 관점의 본의는 사실 사람의 선량한 동기의 중요성을 강조하기 위함이다. 즉, 천하에 무릇 가치가 있는 행위는 모두 사람들의 선량한 동기에서 시작된 것이고 행위의 선악을 평가하는 데에는 이 표준 밖에 없다는 것이다. 그러나 "마음 밖에 이가 없다"라는 관점을 마음이 곧 이라고 잘못 이해할 수 있는데 이렇게 하면 구체적인 기질의 변화의 공부를 소홀히 할 수 있다. 그의 이러한 생각은 그의 학문의 근본적인 방향에서 명확하게 드러났다.

그는 왕양명의 "치양지"는 긍정적인 공부에 착안점을 둔다. 즉, 내 마음속의 양지가 알고 있는 이(理)를 천하의 모든 사사물물에 추치(推致)하는 것이다. 그러나 양명학은 기의 층면을 직접 건드리지 않았다. 양지는 쉽게 기욕(嗜慾)에 빠질 수 있기에 이러한 일면에 대해 "치양지"에서 직접 언급하지 않았다. 유종주는 배움이라고 하는 것은 양지를 마음의 권형, 주재로 만들어주고 기욕에 의해 은폐되지 않게 해준다고 말했다. 이렇게 정과 욕망을 다스리고 식(識)과 형기(形器)를 다스리며 기욕을 성리로 변화시킨다. 이렇게 해야 진짜 "치양지"할 수 있다. 이게 바로 유종주가 마음이 곧 성이라는 주장을 한 근거와 용의(用意)이다.

유종주가 송명 유학자들에 대해 제기한 수많은 유행관념들, 예를 들면 미발이 성, 이발이 정, 이에서 기가 생기고, 마음이 성정을 통일한다는 것과 같은 것들도 모두 자기의 심성론에 근거하여 질의를 제기한 것이다. 그는 특히 의리의 성과 기질의 성, 도심과 인심을 구분하는 것을 반대했다.

유종주는 이를 기의 조리라고 생각했기에 의리라 하는 것은 기질의 본연이고 의리는 성의 내용이며 그러하기 때문에 "성이라 불릴 수 있다"고 생각했다. 성은 마음속 기의 기복과 풍격이며 기의 운행방식을 표시하는 개념이다. 그러나 도는 가치적 이상이며 목적, 표준을 표시하는 개념이다. 유종주에게 있어 실제적인 본체의 상태, 마음속 본연의 중화가 그 이상이다. 그리하여 도심은 인심이고 기질의 성은 곧 의리의 성이다. 유종주는 기질의 성과 의리의 성을 두 개의 본질이 다른 성으로 보는 것을 반대했다. 그는 의리의 성은 천리에서 생겨나고 기질의 성은 기품에서 생겨났다는 관점에 더욱 반대했다. 그는 주희가 말하는 "도심은 이치를 지각하는 것이고 인심은 소리와 색깔, 냄새와 맛을 지각하는 것"이라는 관점에도 동의하지 않는다. 유종주는 정호의 "성을 논함에 있어 기를 논하지 않는 것은 다 갖추어지지 못한 것이고 기를 논함에 있어 성을 논하지 않는 것은 확실하지 않은 것"이라는 관점도 반대한다. 왜냐하면 이 주장도 성을 심기의 이로 간주하지 않았기 때문이다.

성과 관습(習)의 관계에 대해 유종주는 "기질의 성은 곧 희노애락이고 의리의 성은 인의예지이며, 인의예지도 이전의 것을 좇을 수 있다는 말은 천명의 성이다"라고 했다. 희노애락의 미발은 심기유행의 중화이고 그 자체는 곧 선이다. 선하지 않다는 것은 희노애락이 넘치거나 모자람을 말한다. 넘치거나 모자라면 중화를 벗어날 수 있는데 그 원인은 모두 관습에 있다. 관습은 후천적인 나쁜 습관으로서 성의 잘못이 아니다. 유종주는 이 점을 확실하게 파악했다. 천도의 운행에는 잘못이 없고 천도의 응집인 사람의 몸도 그 본체에는 잘못이 없다. 사람은 원래 자족하는 존재로서 사람의 잘못은 모두 후천적인 습관에서 생겨난 것이다. 그리하여 유종주는 대다수의 이학자들처럼 사람의 선은 천명을 근원으로 하고 사람의 죄악을 모두 사람의 육체에 귀결시키지 않았다. 그는 사람의 육체라는 이 특별한 기는 자연적으로 존재하고 유행한다고 생각했다. 수양공부는 이것 본연의 중화 상태를 보존하는데 있다. 이러한 관점은 마음을 성의 근원으로 생각하고 몸을 쓸데없는 몸뚱이로 생각하는 관점과 전혀 같지 않다. 이 관점은 이후에 천형(踐形)의 학문을 다시 발전시키는데 기초를 마련해 주었다.

유종주는 만년에 신독에 모든 공부를 포함시켰다. 신독은 '의'가 항상 주체가 되게 해주고 심기의 중화가 잠시도 떨어지지 않게 해준다. 여기에는 후천적 관습에 대한 극치도 포함된다. 후자는 사실은 본성으로 돌아가는 것을 말한 것이다.

혼연한 성선은 사람 마음 본연의 중화이다. 관습은 마음이 외물을 느끼면서 일어난 움직임에서 생겨난 어떠한 경향과 습관이다. 습관이 생기면 중기가 사물에 반응하는 순간에 습관에 의해 전이되고 변화될 수 있다. 그리하여 성과 더 멀어지게 된다. 습관을 홀로 깨달은 다음 신중하게 행동하는 것을 배우면 그 본성을 회복할 수 있다. 이러한 공부과정이 바로 신독이다.

유종주의 공부론 전반의 총칙이 바로 신독이다. 그는 "옛날부터 공자가 전수한 심법에는 첫째도 신독, 둘째도 신독이었다(《증인요지》,《유종주전집》 2권 5쪽)"고 말했다. 그의 구체적인 공부인 "육사(六事)과목"은 신독의 종지에 대한 관철이다. 유종주의 신독은 독체 자체에 대한 공부에 힘쓰는 것이 아니라 그 독체가 습관의 영향을 받지 않고 막힘없이 유행할 수 있게 보호하는 것이다. 체독은 곧 독체가 물체를 감지하면서 움직이는 단계까지 발전하는 것인데 주체의 지(知)와 하나를 이룰 수 있다. 특히 한가하여 나태해질 수 있을 때 그러하다. 육사의 두 번째는 "마음이 움직이면 다음에 알아 챈다"는 것은 신독의 공부를 위의(威儀)와 행동에 관철시킨다는 말이다. 마음이 움직이는 것은 동이고 말투와 용모는 정이다. 독체로 나쁜 마음을 방비한 다음 말투와 용모로 이것을 바로잡는다. 소위 "숨을 쉬는 기운의 모습은 반드시 엄숙하게 하고 경망스러움으로 마음을 잃어서는 안 된다", "머리는 곧게 들어야 하고 바르지 않음으로 마음을 잃어서는 안 된다" 등은 모두 이러하다. 그 외에 "사람들과의 관계를 돈후하게 하여 인륜대도가 굳어지게 해야 한다", "온갖 덕행을 세심하게 행하여 도덕행위의 규범을 시험해야 한다", "선을 따르고 잘못을 바로잡아 성인이 되어야 한다"는 관점은 모두 신독공부가 인륜원칙 및 일상생활에 관철된 것이다. 그의《인보류기(人譜類記)》는 고인들의 언론과 사적을 취해 사법(師法)으로 삼고 후인들을 타이르고 규범하려 했다. 여기에는 그 요구가 너무 엄격하여 사람이 따를 수 없는 내용도 아주 많다. 황종희는 유종주를 다음과 같이 평가했다. "심한 가난 속에서 명쾌하고 집착이 없었으며 시원하고 깨끗한 마음을 유지했다. 동정의 변화를 모두 하나하나 직접 겪었다(《자유자행장(子劉子行狀)》,《황종희전집》 1권 250쪽)."

유종주는 왕양명 이후에 체계가 가장 완벽하고 논술이 가장 전면적이며 사상이 가장 심후한 철학자이다. 특히 형이상학의 높이와 정밀함에 있어 누구도 그를 따를 사람이 없다. 그의 고결하고 험준한 풍절은 그의 형이상학의 실천이다. 그러나 그는 결국에는 이학의 군자일 뿐이다. 경세치용의 학문에 대해 그는 별로 관심을 갖지 않았을 뿐만 아니라 일부 방면에서는 고지식한 일면을 드러내기도 했다. 예로 어사 양약교(楊若橋)가 서방 전도사 탕약망(湯若望)이 화기에 능하다고 숭정황제에제 추천하자 유종주는 상서를 올려 반대했다. 서방 전도사 및 서방 실용기술에 대해 유종주는 그 당시의 예리한 안목을 가지고 모든 선진기술을 흡수하여 사용해야 한다고 주장하는 사상가들처럼 너그럽지 못했다. 그는 서방의 화기를 기묘한 재주를 가진 기상천외한 물건이지만 아무 소용이 없다고 질책했다. 이는 이후에 중국과 서방의 전쟁에서 폐쇄적이고 보수적인 의견을 가진 사람들의 어투와 일치한다. 이것은 그가 이학군자로서 드러낸 부족함이다. 성의정심에 집중하면서 경세의 학문을 소홀히 하는데서 생겨난 각종 유폐는 명나라 말기, 청나라 초기에 실학이 흥기하게 되는 큰 원인이기도 하다. 청나라 초기에 안원(顔元)은 성의정심을 너무 과하게 강조하면서 "습행(習行)"을 제창하는 이학에 큰 의견을 드러냈다. 안원은 "평소에는 손을 놓고 심성을 말하다가, 위험에 처하면 죽음으로 군왕에게 보답하다"라는 주장은 유종주를 그 비판의 대상으로 삼았을 수도 있다. 그러나 유종주의 학문에는 확실히 그 뛰어난 점이 존재한다. 이것은 소견이 짧은 군자들이 절대 대신할 수 없는 것들이다.

제 28 장
심학에 대한 황종희의 종합

심학에 대한 황종희(黃宗羲)의 종합

황종희(1610~1695)의 자(字)는 태충(太沖)이고 호는 남뢰(南雷) 또는 이주선생 (梨洲先生)이다. 아버지 황존소(黃尊素)는 동림의 유명인사였는데 천계 년간에 위충현 을 탄핵하여 투옥하게 되었고 감옥에서 생을 마감했다. 숭정 초년에 황종희는 아버지의 억울함을 풀어주기 위해 입경하였다. 그는 엄당(閹黨) 허현순(許顯純)을 찔러 죽여 이름 을 조금 알리게 되었다. 그는 복사(復社)의 주요성원이다. 청나라 군대가 남하했을 때 그 는 마을사람과 함께 황씨세충영(黃氏世忠營)을 조직해 청나라군대와 맞서 싸우는 의군들 과 서로 호응하였다. 실패한 뒤에는 도피생활을 시작했다. 명나라가 멸망하자 은거하면 서 책을 쓰기 시작했다. 그는 청나라의 조정에서 주는 관직을 여러 번 거절하였다. 유종 주가 창립했던 증인서원을 회복하고 거기서 강학을 하면서 지냈다. 일생동안 남명에 가 서 좌부도어사(都禦使)을 잠시 맡은 외에는 강학과 책을 저술하는데 집중했다. 그는 학 문이 넓고 깊었으며 천문역산, 악률, 경사, 문학에 모두 깊은 조예를 갖고 있었다. 주요 철학저서에는 《명유학안》, 《명이대방록(明夷待訪錄)》, 《맹자사설》, 《역학상수론(易學象 數論)》 등이 있다. 그는 많은 시문을 창작했는데, 이러한 시문을 엮은 《명문해》, 《명문 안》이 있다. 그가 미처 완성하지 못한 저서 《송원학안(宋元學案)》는 그의 아들인 황백가 (黃百家)와 청나라 초기의 학자들이 함께 완성시켰다. 그 외에 천문역법에 관한 저서들 도 여러 권 있다. 그 저서는 오늘날의 사람들에 의해 《황종희전집》으로 편찬되었다.

황종희의 사상은 그의 스승인 유종주의 영향을 많이 받았다. 그의 이기심성, 본체공부 에 대한 관점 및 주희, 왕양명의 학문에 대한 계승과 비판은 직접 유종주의 관점을 받아 들인 것이다. 그가 자신의 제일 중요한 철학 저작인 《명유학안》에서 명나라의 주요한 이학자들에 대해 진행한 많은 평론들은 모두 스승의 학문을 근거로 하였고 일부는 유종주의 말을 그대로 인용하기도 했다. 《맹자》에 대한 그의 해석도 유종주의 사상을 근거로 한다. 그리하여 그는 《맹자》를 읽고 작성한 찰기의 제목을 《맹자사설》이라고 달았다.

그러나 유종주는 심성수양의 학문을 중요시하였지만 사회정치, 민생실용 문제에 대해서는 많이 언급하지 않았다. 황종희가 살았던 명나라 말기, 청나라 초기는 대변혁의 시기였다. 망국 이후에는 떠돌면서 유랑생활을 하기도 했다. 그는 명조의 부패함에 대해서도 잘 알고 있었다. 그는 특히 사학을 중요시했고 사서오경과 역사에 대한 연구를 모두 중요하게 생각했다. 그는 성명에 대한 공담을 반대하고 경세치용을 제기했다. 그는 명나라가 멸망한 뒤 망명생활을 하면서 일련의 저서를 저술해냈다. 이것은 남명의 역사를 연구하는 중요한 역사자료이다. 그의 주장은 절동학자(浙東學家)들에게 큰 영향을 끼쳤다. 역학에 관한 그의 저작은 역사적 사실에 대한 고증을 중요시했고 한나라 이후, 특히 송나라 역학에 나오는 상수지학(象數之學)에 대해 고증과 해석 및 비판을 진행하였다. 이는 청나라의 역학에 일정한 영향을 끼쳤다.

1. 이기합일(理氣合一), 심성합일(心性合一)

황종희의 사상은 본체론을 모든 입론의 근거로 삼았다. 그의 심성론은 본체론을 직접 발전시킨 것이다. 그가 말하는 우주본체론은 유종주와 일치한데 오목불이한 천도를 가리킨다. 그러나 천도는 기를 실체로 한다. 그는 나흠순의 이기관(理氣觀)을 평론할 때, 자신의 이 주장을 명확하게 표현했다.

비록 나흠순이 《곤지기》에서 이기관계에 대해 논술하는 말을 그대로 사용했지만 이것을 황종희 스스로의 관점으로 볼 수 있다. 황종희는 나흠순의 심성론에 동의하지 않는다. 그는 나흠순의 심성론은 이기론과 모순된다고 생각한다. 그러나 나흠순의 이기론에 대해서는 찬사를 금치 않았다. 황종희는 유종주와 마찬가지로 기를 천지간에 존재하는 유일한 실체로 생각했다. 그는 기의 운행에는 시작과 끝이 없고 중단될 때가 없으며 모든 것에 관통된다고 생각한다. 기가 운행하는 근거는 기가 운행과정에 표현되는 조리로서 이것은 곧 이(理)다. 이(理)는 다른 물체도 아니고 기의 주재자도 아니다. 주희도 이

(理)를 다른 한 가지 실체라고 생각하지 않는다. 그러나 그의 "이기는 사람이 말을 타는 것과도 같다", "산하대지가 모두 무너져도 이(理)는 계속 여기에 남아있을 것이다", "이기는 두 물체다" 등의 말들을 살펴보면 그가 두 개의 실체가 존재한다는 생각을 하고 있다는 의심을 받기에 충분하다. 황종희는 그의 저서에서 이기를 두 개 물체로 볼 수 있는 주희의 이러한 표현들을 비판했다.

황종희는 《맹자사설》에서 이기심성론의 여러 가지 개념 및 그 관계에 대해 명확한 정의를 내렸다. 여기서 천지간에 존재하는 유일한 실체는 곧 기라고 보았다. 사람과 물체는 모두 품기(稟氣)에서 생겨났고 마음 역시 기다. 다만 마음은 영지(靈知)가 있는 기이기 때문에 이것을 '지기(知氣)'라고 부른다. 기의 유행에서 나타나는 조리는 곧 이(理)다. 마음의 유행에서 나타나는 조리는 성이다. 기의 유행과 그 조리 밖에서 다른 이와 성을 찾는 것은 《묵경》에 나오는 "장삼이(臟三耳)"의 학문이다. 그는 강우 왕문의 유방채(劉邦采)를 평가할 때 다음과 같이 말했다. "조화에는 하나의 기의 유행만 있는데 유행이 그 규칙을 벗어나지 않는 것이 곧 주재이다. 유행을 주재하는 다른 물체가 있는 게 아니다. 유행에는 따로 공부를 할 게 없는데 그 규칙만 벗어나지 않으면 된다(《명유학안》 439쪽)." 여기서 황종희는 주재라는 단어를 사용하기는 했지만 그는 주재라는 것은 기에 명령을 내리는 다른 물체가 아니고 주재는 곧 규칙을 벗어나지 않는 유행이라고 강조했다. 규칙을 벗어나지 않는 것은 기의 운행이 이러한 것을 말한다. 황종희는 기를 유일한 실체로 보았고 이와 심성의 이름은 모두 기를 근거로 한다.

기의 자연운행이 곧 황종희가 말하는 중기다. 그 가운데 비정상적인 상태가 나타날 수도 있다. 그러나 이러한 비정상적인 상태 자체를 정상적인 변화로 볼 수 있다. 비정상적인 상태는 결국에는 정상적인 상태를 변화시킬 수 없다. 이 관점도 유종주의 것을 계승한 것이다. 그는 유종주의 신독의 종지를 해석할 때 중기는 곧 신독의 독체의 형이상학의 근거라고 주장했다.

중기는 기의 자연유행이다. 자연에는 4계가 존재하는데 그 봄, 여름, 가을, 겨울에는 변하지 않는 규칙이 있다. 그 과정에 비정상적인 상황이 나타날 수도 있지만 "따뜻한 겨울, 추운 여름"과 같은 비정상적인 상황은 하늘의 본연의 상태를 변화시키지는 못한다. 신독은 마음속 희노애락(칠정이 아닌 사덕이다)의 자연적 유행을 체득하여 심체가 중화의 덕을 잃지 않게 하는 것이다. 왕정상에 대한 주석에서 황종희는 같은 관점을 표달했다.

황종희의 이기론은 유종주의 심성론과 공부론의 학리(學理)를 기초로 한다. 그의 이기론은 장재, 나흠순, 왕정상과 같지 않다. 장재의 기(氣)론은 천문학을 근거로 하고 기 자체의 성질과 특징을 논술의 중점으로 한다. 장재는 태허의 기는 맑고 분명하며 맑고 깊으며, 유형의 기는 서로 부대끼며 질탕해지고 공격적이라는 것을 천지의 성과 기질의 성을 구분하는 근거로 삼는다. 장재는 '마음'이라는 개념을 직접 "영지의 기"로 설명하지 않았다. 나흠순, 왕정상의 이기론은 비록 철저하기는 하지만 유종주, 황종희가 직접 마음의 기로 성리를 설명한 것과는 많이 다르다. 그리하여 황종희는 나흠순의 이기론을 찬양하고 그의 심성론을 엄격하게 비판했다. 그는 나흠순의 이기론과 심성론은 하나가 될 수 없다. 이기론의 철저함과 기를 근거로 심성의 갖가지 방면을 해석함에 있어 유종주와 황종희의 이론은 포용성이 가장 넓고 융통성이 제일 뛰어나며 장애가 가장 적다. 이러한 원인 때문에 우리는 유종주를 명나라 이학의 마지막 거장이라고 부른다. 황종희는 이러한 사업을 이어받았고 일부 문제점을 미봉하고 발전시켰다.

황종희의 심성론은 그 이기론에서 파생되었다. 그의 이기론이 사람이라는 이 특수한 형태의 기에서의 표현이기 때문에 그의 심성론은 모두 기를 근거로 했다. 황종희에게 있어서 이기와 심성은 동일한 서열이고 동일한 기의 다른 표현이다. 이 점은 주희와 왕양명과 다르다. 주희가 말하는 마음은 주로 인식기관이다. "사람 마음은 영특하기 때문에 인식작용을 지니고 있다." 마음은 기관활동의 근거이고 이목구비의 감각을 수용하고 통합시켜 확정적이고 계통적인 지식을 형성한다. 마음의 다른 한 작용은 '성'을 수용할 수 있다는 것이다. 이 점은 장재의 마음이 성정을 통솔한다는 관점과 소옹의 "마음은 성의 성곽이다"라는 관점을 받아들인 것으로서 그는 성은 마음속에 존재하고 마음은 성을 드러나게 하는 작용이 있다고 생각했다. 육구연은 마음은 도덕이성이 생겨나는 곳이고 마음속에 본래부터 존재하던 도덕이성은 우주의 근본원리와 일치하다고 생각한다. 그리하여 육구연은 '심즉리', "내 마음이 곧 우주"와 같은 명제를 제기했다. 왕양명의 사상은 혼융하여 마음의 도덕이성과 지식이성도 일체를 이룬다. 그는 특별히 이기와 심성의 작용을 나누어서 해석하지 않았다. 그는 "양지는 하나다. 그 묘용을 놓고 말할 때에는 이것을 신이라고 부를 수 있고, 그 유행을 놓고 말할 때에는 기라고 부를 수 있으며, 그 응집을 놓고 말할 때에는 정(精)이라고 부를 수 있다", "이(理)는 기의 조리이고 기는 이(理)의 운용이다(《전습록》중)"라고 말했다. 이러한 사상은 유종주, 황종희가 "마음이 기다"라는 관점을 제기하는데 아주 큰 영향을 끼쳤다. 유종주와 황종희는 여기서 출발해 장재와 나흠순, 왕정상의 사상을 받아들여 "마음이 기다"라는 명제를 제기했다. 그러나 유종주, 황종희는 "마음이 기"라는 관점을 제기하고 논증함에 있어 왕양명과 같지 않다. 왕양명의 본체론은 "즉심즉물, 즉동즉정, 즉지즉행"을 주지로 한다. 여기서 본체는 완전한 존재로서 마음이나 물체로 단독적으로 해석할 수 없다. 그러나 유종주, 황종희는 기를 우주의 본체이고 기는 모든 존재의 근거이며 성리는 기의 표현형식이라고 생각했다. 왕양명과 비교했을 때 유종주, 황종희에게는 우주의 기초에 관한 관념이 있지만 왕양명에게는 이런 관념이 없었다. 유종주와 황종희는 왕양명보다 실증론의 뜻이 더 강하다. 그러나 왕양명은 완전한 경지론이다. 왕양명의 경지론의 "불일치 한 것이 없다"는 관점은 유종주와 황종희의 찬사를 받았다. 그러나 그들은 기를 우주의 실체로 생각하는 보다 전통적이고 유행하는 관점에서 출발해 기에서 다른 관점을 유추해냈다. 그들은 이것을 통해 든든한 기초를 가지고 있는 주자학의 내용을 더 많이 받아들여 철학의 기초를 더 넓고 든든하게 만들었다.

2. 천지에 가득 찬 것은 모두 마음이다

황종희는 이와 기의 관계와 마음과 성의 관계를 동일하다고 생각했다. 형이하학의 실제적인 존재를 놓고 말할 때, 사람은 기이고 마음은 영지(靈知)가 있는 기이다. 마음은 활동할 수 있는 실체와 특수한 물질로 구성된 개념을 나타낸다. 마음과 기의 관계는 두 개의 구조를 형성할 수 있다. 하나는 기 → 마음, 다른 하나는 마음 → 성이다. 기 → 마음의 구조에서 마음은 기의 영처(靈處)이고 양자는 질이 같은 물체의 두 가지 상태이다. 마음 → 성의 구조에서 마음은 성의 물질기초를 표시한다. 성은 마음이라는 물질의 유행 과정에서 나타나는 조리로서 양자의 질은 완전히 다르다. 이는 서로 다른 두 개의 맥락이다. 황종희는 첫 구조에서 마음과 기의 차별(영과 완명)을 생략하고 직접 양자를 구성하는 본질에 착안점을 두어 "마음이 기"라는 결론을 얻어냈다. 그러나 황종희에게 있어 "천지에 가득 찬 것이 마음"라는 관점은 완전히 새로운 의리체계를 갖고 있다. 이러한 의리체계의 진입통로는 우주 간에 존재하는 만물을 기로 보는 동시에 마음으로 보는 것이다. 사람이 천지만물에 의의를 부여하였고 사람에게 있어 천지만물은 의미를 가지고 있는 존재이다. 이것은 의의와 가치의 구조이다. 의의와 가치의 구조에서 사람은 반드시 자기의 모든 획득으로 천지만물을 관찰하고 해석하여 이것을 "에게 있는 물체"로 만들어야 한다. 그리하여 황종희는 "천지에 가득 찬 것이 기다", "천지간에 가득 찬 것은 기 하나 밖에 없다"라고 말할 수도 있고 "천지간에 가득 찬 것이 마음이다"라고 말할 수도 있다. 이 양자는 그에게 있어 전혀 모순되지 않는다.

우주를 의의를 가진 구조로 보고 자신의 각해를 우주에 부여하여 어떠한 정신적 경지를 획득하는 것은 사람이 자신과 자신이 살고 있는 우주에 대한 윤리, 심미의 이중적 느낌을 통해 생긴 감정이다. 이것은 사람이 비유와 상징을 통해 사람이 사람에 대한, 그리고 사람이 우주에 대한 종극의 관심을 표현한 것이다. 중국철학에서 하늘은 바뀔 수 없는 어떠한 추세, 저항할 수 없는 필연성, 신격의 품격을 소유하지 않는 종합적인 범주를 대표한다. 하늘을 최고의 의의(意義) 구조라 할 수 있다. 《역전》은 곳곳에서 의의와 가치로 하늘을 말했다. "천지의 대득은 생이다", "날마다 새로워지는 것을 성대한 덕이라 하고, 생하고 또 생한 것을 역이라고 한다"라는 관점에서는 우주를 하나의 의의 구조, 가치물로 보았다. 이것은 대상이자 주체이다. 송명이학에서 심학학파는 사람과 우주의 근본 원리가 일치하다는 것을 강조하였기에 우주를 즉심즉물의 존재로 간주하였다. 육구연의 제자인 양간은 이 방면에서 그야말로 최고봉에 이르렀다고 할 수 있다.

역은 우주의 변역이나 《역》에 나오는 괘효상(卦爻象)의 변역만이 아니다. 역은 내 마음의 변화와 우주의 변화, 괘효상의 변화를 하나의 의의 구조로 통합시킨 것으로서 내 마음을 떠나 우주를 논할 수 없다. 사람의 문화성과로서의 《주역》을 사람의 마음이 창조해 냈다는 것은 두말할 나위도 없다. 객체인 우주는 사람에 의해 이해되고 사람에 의해 가치와 의의를 부여받은 대상물로서 이것 역시 정신창조의 결과이다. 이러한 추세는 중국철학, 특히 유가학설에서 시종 중심적이고 주도적인 위치를 차지한다. 사람의 최고 귀취(歸趣)는 배움을 통해 성인이 되는 것이다. 성인의 가장 뚜렷한 특징은 바로 천지만물과 하나를 이룬 정신적 경지이다. 이러한 경지를 얻으려면 우주를 의의의 구조로 삼아야 한다. 이러한 구조는 인식의 이성적인 사고를 기초로 하는 것이 아니라 우주의 가치성에 대한 체험과 각해를 기초로 한다.

황종희의 "천지에 가득 찬 것이 마음"이라는 관점은 천지문물을 하나의 가치, 의의 구조로 보았는데 이 점은 왕양명의 영향을 많이 받았다. 왕양명은 만년에 학문이 최고의 경지에 이르렀는데 그의 학문은 박대하고 혼융한 것을 특색으로 한다. 그가 만년에 했던 강학 중에 했던 많은 말들을 살펴보면 경지를 체인하고 방향을 제시하는 의의가 의리를 이해하는 의의보다 훨씬 많다.

여기서 그는 한편으로는 주체가 없으면 천지만물에 관한 관념이 없다고 말하면서 또 다른 한편으로는 주체가 없으면 객체에 의의를 부여할 수 없고 객체에 의의를 부여하지 못하면 주체의 체인이 이루어질 수 없다고 말한다. "하나의 기가 유통된다"는 것은 우주라는 이 의의구조에서 하늘과 사람은 혼융을 이루고 주객의 사이와 정신과 대상의 사이에는 제한이 존재하지 않는다는 말이다.

왕양명의 뜻은 사람의 마음은 천지의 정령이다. 사람은 우주법칙의 최고표현이다. 사람의 양지와 만물의 양지(만물에 체현된 우주정신)는 동일한 원칙과 가치의 체현이다. 우주의 정진성(精神性)은 사람이 부여한 것이고 사람은 우주의 최고 성취물이고 사람은 또 자기가 얻은 것들을 우주에 부여한다. 우주는 사람에게 새로운 의의와 가치가 있다. 이게 바로 왕양명이 말한 "양지는 조화의 정령이다. 이러한 정령들이 천지를 낳고 귀신이 되는 것은 모두 여기서 시작된다. 그야말로 물체와 하나를 이룬다(《전습록》하)"는 말의 뜻이다.

황종희는 우주의 본체를 가치물, 의의구조로 보았다. 이런 의의구조는 곧 마음이 물체라는 뜻이다. 사실 물체의 최종 구성이라는 이 측면에서 입론을 진행한 외에 일반적인 의의에서 볼 때 "천지에 가득 찬 것이 기", "천지에 가득 찬 것이 마음"이라는 이 두 개의 명제에서 황종희는 "천지에 가득 찬 것이 마음"이라는 것에 더 중점을 두었다. 그는 세상을 뜨기 2년 전에 병상에서 《명유학안》의 서문과 개정본에 대한 내용을 구술하고 아들로 하여금 받아 적게 했는데 첫 구절은 항상 "천지에 가득 찬 것이 마음"이라는 말이었다. 왜 황종희는 "천지에 가득 찬 것이 마음"이라는 생각에 더 치우치게 되었던 걸까? 그의 주장을 잘 살펴보면 대체적으로 다음의 두 가지 원인이 존재한다.

첫째, 마음은 주체와 객체 사이에 서로 갈라놓을 수 없는 관련성이 존재한다는 것을 잘 표현해 줄 수 있다.

황종희가 생각하는 우주는 의의구조이고 가치물이다. 우주는 비논리적인 실제구조가 아니고 주체와 아무 관련이 없는 객체가 아니며 "나의 밖에 존재하는 물체"도 아니다. 우주는 주체에 의해 인지되고 각해되며 여러 가지 의미를 부여받은 "내 안에 존재하는 물체"이다. "천지에 가득 찬 것이 마음"이라는 주장은 인식의 방면에서 볼 때, 우주만물이 모두 마음의 표상이고 만물은 이에 근거하여 서로 구별되며 이에 근거하여 규정된 각자의 특성은 바로 "상(象)"이다. 만상의 변화는 복잡하고 심오하며 문물의 본질은 하나다. 즉, 모두 "마음"이다. 그리하여 총체적으로 말할 때 "마음"은 곧 만물의 표상과 의미가 주체에 표현되는 것이다. 궁리라는 것은 만물을 연구하는 것이 아니라 마음이 어떻게 만물을 인식하고 만물을 각해하는지에 대해 연구하는 것이다. 마음이 만물의 상에 대해 분석하고 이것을 다시 자신에게 사용하는 것은 마음이 만물에 작용하는 과정이다. 이는 곧 공부이다. 사람이 물체에 의의를 부여하려면 반드시 먼저 그 상을 분석하고 선택한 뒤 그것과 명합(冥合)을 이루어야 한다. 총체적으로 물체는 마음과 합일을 이룬 물체이고 물체는 주체와의 상대적일 때에만 의의를 가질 수 있다. 그리하여 황종희는 《맹자사설》에서 맹자의 "만물은 모두 나를 위해 마련된 것"이라는 관점을 해석하였는데, 즉 "윤리적인 범주에 속하는 충, 효와 같은 것들이 모두 주체에 의해 명명되었지만 이러한 것들은 모두 실제적인 행위, 예를 들면 부자군신의 이치와 같은 것들에 의해 완벽해졌고, 천지만물에까지 적용될 수 있다"는 것이었다. "만물이 모두 나로 인해 이름이 생겨났다"는 말은 주체와 관련이 없는 만물은 존재하지 않는다는 말이다. 주체를 떠난 만물은 더는 만물이 아니다. 주체는 만물에 이름을 달아줄 뿐만 아니라 만물을 인식하고 각해할 수 있다. 인식은 구체적인 사물의 성질에 대해 말한 것이다. 각해는 한 사물이 우주총체에서의 위치와 의의를 놓고 말한 것이다. 만물이 이러할 뿐만 아니라 윤리원칙도 그러하다. 모든 윤리원칙은 모두 주체에 의해 생겨났다. 모든 윤리원칙은 두 가지 방면과 관련이 있는데 하나는 주는 자와 받는 자, 다른 하나는 주체와 대상이다. 그러나 대상은 영원히 주체에 대해 말한 것으로서 주체를 떠난 대상은 아무 의의도 없다. 최고의 경지는 주객이 혼연일체를 이루고 명확한 주객의식이 없으며 주객의 계선이 사라지거나 민멸(泯滅)되어 "물체도 물체가 아니고 나도 내가 아닌 혼연일체"를 이루는 것이다. 그러나 이러한 망각과 민멸의 전제는 주체와 객체는 서로 관련되고 주체를 떠난 객체에는 아무 의의도 없다는 것을 인정하는 것이다. 그러나 이것은 순수하고 성숙된 공부와 탁월한 견식을 얻은 뒤에야 도달할 수 있는 경지이다. 이것이 바로 맹자가 말하는 '성(誠)'이다.

둘째, 마음은 일본만수(一本萬殊)의 종지를 잘 표달할 수 있다.

일본만수는 황종희의 근본사상이다. 이 사상은 그의 철학사와 방법론을 포함한 모든 내용에 관철된다. 이 사상은 그의 스승인 유종주의 영향을 많이 받았다. 유종주는 우주에는 한 개의 기만 존재하고 그 흐름에 따라 춘하추동이 형성되고 사람의 마음 역시 기이고 그 흐름에 희노애락(칠정이 아닌 사단)이 형성된다고 주장했다. 천지에는 도가 하나 존재하는데 이러한 도가 태극음양, 사상팔괘로 나뉜다. 그리하여 총섭(總攝)은 하나이고 분석은 다양하다. 황종희는 《역전》에 나오는 "백가지 생각이 하나로 일치되고, 길은 다르되 한 가지의 귀착점을 갖고 있다"라는 뜻으로 이 사상을 해석했다. 황종희는 유종주의 사상을 다음과 같은 네 가지로 종합했다. 첫째, 정존(靜存)을 떠나 동찰(動察)이 존재할 수 없다. 둘째, 의(意)는 마음에 원래부터 있던 존재이지 마음에서 생겨난 존재가 아니다. 셋째, 이발과 미발은 전후의 관계가 아닌 겉과 속의 관계이다. 넷째, 태극은 만물의 총칭이다. 이 네 가지 요점은 우주본체(태극과 만물), 마음의 본체(마음과 의), 마음의 동정(이발과 미발), 마음의 수양(함양과 성찰) 등 여러 가지 방면으로 일본만수의 종지에 대해 설명한 것이다.

여기서 일본은 만수의 총화이지만 만수 이외의 존재는 아니다. 이 둘은 두 개의 서로 다른 존재가 아니라 관념과 인식의 각도가 다를 뿐이다. 이 사상에는 아주 뚜렷한 의의와 종지가 있는데 그건 바로 이본론(二本論)을 배척하는 것이다. 즉, 천, 도, 성 등은 만물 이외에 존재하는 다른 물체가 아니라 만물의 각가지 형상에 대한 종합이다. 천지의 성과 기질의 성, 도심과 인심, 이발과 미발, 함양과 성찰 등과 같이 이학에 쌍을 이루는 많은 개념들을 황종희는 모두 이본론으로 보았는데, 이러한 것들은 모두 튼튼한 기초위에 세워진 것이 아니라고 생각했다. 그는 만물의 근원에 도달할 수 있고 모든 유폐의 발생을 단절시킬 수 있는 것은 일본론이라고 생각했다. 황종희는 양지를 모든 철학적 범주에 관철시키는 왕양명의 관점과 기를 만물의 근원으로 생각하는 유종주의 일본론을 계승하였다.

황종희가 말하는 "천지에 가득 찬 것이 마음"이라는 관점은 일본만수의 종지를 아주 잘 설명해주었다. 황종희가 말하는 마음은 구체적인 사물의 종합으로서 우주의 유일한 '대심(大心)'일 뿐만 아니라 구체적인 사물로서 "개체의 마음"이기도 하다. 마음은 총체에 착안할 수 있을 뿐만 아니라 부분에도 착안할 수 있다. 총체에 착안했을 때 이것은 전체적이거나 완전한 생각으로서 도(우주본체), 태극(우주의 근본법칙), 대화유행(만물의 총

과정) 등 승리의 장소이다. 그리하여 사람에게 고상하고 원대한 흉금, 통달된 도량과 식견을 부여해줄 수 있는데 이것은 정상에 올라 산들을 굽어보는 경지에 도달한 것과도 같다. 부분에 착안했을 때, 이것은 구체적이거나 분석을 거친 생각으로서 이(구체사물의 근거와 규율), 성(구체사물의 성질) 등 승리의 장소이다. 그리하여 사람에게 정밀하게 세심한 성정과 절실한 방향을 제공해줄 수 있는데, 이것은 조예가 깊어져 심오한 이치를 탐구하고 깊이 숨겨져 있는 것을 찾아내는 것과도 같다. 마음은 어느 한 곳에 얽매이지 않기 때문에 국부적일 수도 있고 전체적일 수도 있으며 갖가지 변화를 일으킬 수 있다. 주돈이의 "성신기(誠神幾)"의 개념으로 볼 때 전체적인 생각은 신에 가깝고 세부적인 생각은 기(幾)에 가깝다. 마음의 변화가 넘지 않는 한계를 성(誠)이라고 한다. 그리하여 마음은 변화를 제일 잘 표현할 수 있는 존재이다. 만약 우주만상의 변화무쌍함과 사물을 관찰하는 시각의 영활성을 하나의 단어로 개괄하고 한다면 '마음'이라는 단어는 최상의 선택이 될 수 있다. 그러나 황종희는 왕양명과 유종주의 철학적 주장에 동의하였고 심학을 종지로 삼았다. 그는 송명유학자들의 표달 방식을 이용하여 '마음'이라는 글자가 아닌 하나의 글자 혹은 여러 개의 글자로 천지만성의 성질을 개괄했다.

일본만수와 "천지에 가득 찬 것이 마음"의 관계는 황종희가 학술사를 수집하고 정리하는 사상에 관철되었다. 그의 문집에 수록된 《명유학안》의 서문은 두 개이다. 그러나 개본(改本)에 나오는 긴 단락의 문자는 원본의 서문에는 존재하지 않는 내용이다.

이 내용에는 아주 깊은 뜻이 들어있다. 그 중심 취지는 "천지에 가득 찬 것이 마음"이라는 관점과 일본만수의 종지에 대해 해석인데, 그는 양자의 관계는 아주 밀접하다고 생각했다. 궁리는 천지만물이 아닌 사람의 마음에 대해 깊이 연구하는 것이다. 왜냐하면 "천지에 가득 찬 것이 마음"이고 "사람과 천지만물은 일체"이기 때문이다. 여기서 말하는 이(理)는 '천리'와 물리의 동일한 이(理)다. 물리는 저마다 다르지만 물리에 반영된 천리는 동일하다. 이러한 이(理)는 마음속에 본래부터 존재하던 성리와 동일하다. 그는 천지만물에서 이(理)를 구하는데 동의하지 않았다. 왜냐하면 '이(理)'라는 글자는 물리이지 천리가 아니기 때문이다. 물리는 저마다 다르기 때문에 하나로 합쳐질 수 없다. "공부의 도달"은 특수한 식견과 도량으로 격물을 거친 이(理)를 천리로 변화시켜 이것을 정신적인 경지에 유익한 존재로 만드는 것을 말한다. 마음만이 만상을 포함시켜 하나로 귀일시킬 수 있고 마음의 체인을 거쳐야만 천리와 물리의 품격을 모두 소유할 수 있다. 황종희는 다른 학술은 인류 정신의 다른 표현이기에 이것을 동일하게 만들 수도 만들 필요도 없다고 생각한다. 이러한 인류 공동의 정신을 황종희는 마음이라고 부른다. 다른 학술은 다른 정신적 수요를 만족시킬 수 있다. 사상가들이 제공한 정신적 생산품은 반드시 공부를 거쳐야 하고, 만수지리(萬殊之理)에 대해 올바른 인식을 갖고 있어야 하며 또 이것을 통해 일본(一本)의 도체를 발전시킬 수 있어야 한다. 이러한 취지는 명나라 각 사상가에 대한 그의 평가에 체현되었다.

3. 사구교(四句教)

왕양명은 만년에 "무선무악이 마음의 본체, 유선유악이 의(意)의 움직임, 지선지악이 양지, 선을 행하고 악을 없애는 것이 격물"이라는 네 마디로 그의 강학 종지를 개괄했다. 세상 사람들은 이것을 사구교라 부른다. 왕양명의 제자들은 입문 시간이 다르고 자질과 소득이 다 제각각이기 때문에 이 사구교에 대한 해석이 모두 같지 않다. 왕양명이 죽은 뒤에 사구교에 대한 논쟁과 이와 관련된 본체의 공부문제에 대한 토론이 끊인 적이 없다. 유종주는 이 문제를 해결하려고 노력했었다. 그의 주장은 첫 구절인 "무선무악이 마음의 본체"를 "유선무악이 마음의 본체"로 고치는 것을 기초로 한다. 황종희는 이 관점은 유종주와 많이 다르다. 그는 사구교는 왕양명이 사람을 가르친 정본에는 고칠 내용이 없고 사구교는 왕양명의 일관된 주장에 위배되지 않을 뿐만 아니라 사구교는 그의 모든 사상을 가장 충실하게 개괄한 것이라고 생각한다.

사구교에 대한 황종희의 평론은 《명유학안》에서 많이 찾아볼 수 있다. 그 가운데서 《요강학안》에 관한 총평에서 그의 주장이 가장 상세하게 드러났다.

황종희는 사구교의 두 번째 구절인 "유선유악이 의(意)의 움직임"을 제외한 다른 세 마디를 모두 자기의 관점으로 독특하게 해석하였다.

첫 구절인 "무선무악이 마음의 본체"에 대한 논쟁이 가장 뜨겁다. 이에 대해 예전 사람들은 두 가지 처리 방법이 있었다. 첫째, 마음의 본체는 성이고 마음에는 선과 악이 있지만 마음의 본체인 성에는 선과 악이 없다는 것이 왕양명이 말하고자 했던 뜻이다. 성에 선과 악이 없다는 말은 성은 형이상의 존재이고 마음은 형이하의 존재로서 형이상의 존재에 대해서는 선악의 평가를 진행할 수 없을 뿐만 아니라 선악에 귀결시킬 수 없다는 말이다. 그리하여 "무선무악이 마음의 본체"는 왕양명이 사람을 가르치는 정본이다. 둘째, 왕양명의 일관된 주장에는 "양지가 성", "지선은 마음의 본체", "천명의 성은 순수한 지선"와 같은 내용이 아주 많기 때문에 직접 "무선무악이 마음의 본체"라고 말해서는 안 되고 반드시 한 글자를 고쳐서 "유선무악이 마음의 본체"라고 말해야 한다. 유종주의 처리방법은 한 단계 더 발전되었다. 왕양명은 "심의지물(心意知物)은 모두 같은 일이다"라고 말했다. 같은 일이지만 절대 그 일 외에 다른 것이 존재하지 않는 것은 아니다. 그리하여 그는 왕양명 대신 한 글자를 바꾸어 마음은 유선무악의 마음이라고 했다. 그러나 의(意)는 여전히 유선무악의 의이며 지(知) 역시 유선무악의 지이고 물(物) 역시 유선무악의 물이다. 유종주는 여기서 자신의 사상을 근거로 하였다. 즉, 심체는 지선이며 의는 마음에서 생겨난 것이 아니라 마음속에 원래부터 있던 존재로서 후천의 의념을 결정짓는 선천적인 경향이다. 지는 이러한 의(意)의 결정을 받는 선을 좋아하고 악을 싫어하는 양지이다. 물(物)은 천리를 그 위에 체현시켜주는 "사(事)"이다. 황종희는 사구교는 왕양명이 사람을 가르치는 정본으로서 사실은 아무 결점도 없다고 생각한다. 그는 성 자체를 무선무악이라고 말하는 것을 반대하고 성체는 지선이고 무악이라고 주장한다. 그는 사구교의 첫 구절인 "무선무악이 마음의 본체"라는 말은 성이 무선무악이라는 뜻이 아니라 마음속에는 원래부터 착한 생각과 악한 생각이 없다는 뜻이라고 생각한다. 착한 생각과 악한 생각은 의(즉, 경험이 가능한 "염두"이다. 이것은 유종주가 말하는 경험할 수 없는 존재 혹은 추측이 가능한 "깊고 방향이 있는" 그러한 '의'가 아니다)이고 이것은 후에 생겨난 것이다. 마음속에는 원래 착하고 악한 생각이 없었다. 왕양명은 설간(薛侃)의 물음에 대답할 때 "무선무악의 이는 정이고, 유선유악의 기는 동"이라는 두 글자로 이러한 뜻을 완전하게 개괄해냈다. 황종희는 동림의 사맹린(史孟麟)을 평가할 때 사구교의 첫마디에 대해 명확한 해석을 진행하였다.

즉 성은 이와 관계되고 이것은 본질을 나타내는 개념이며 마음은 기와 관계되고 이것은 상태를 나타내는 개념이라는 뜻이다. "무선무악이 마음의 본체"이라는 말에서 마음의 본체는 마음의 본체의 성질을 가리키는 것이 아니라 '체단(體段)'의 '체(體)'이다. 마음의 체단은 곧 마음의 본래의 상태이다. 마음의 본래의 상태에는 아무런 의념이 존재하지 않는다. 의념은 마음에 후에 생겨난 것으로서 본연적인 존재가 아니다. 이것이 바로 왕양명의 "사람의 본체는 원래 투명하고 걸림이 없으며 미발지중이다"라는 말의 뜻이다.《전습록》에서 사구교에 대한 기록에는 이 점에 대해 더 나아가지 않았다. 그러나《연보》및 왕양명의 어록에서 이 뜻은 아주 명확하게 드러났다. 미발지중의 적연함과 잠연함을 성에는 원래부터 선이 존재하지 않는다고 잘못 이해한 것은 황종희가 굳게 믿고 있는 맹자의 성선설에 위배된다. 그리하여 황종희는 이것을 "성종(性種)을 단멸시킨다"고 비판했다. 그는 무선무악의 관점으로 왕양명을 질책하는 사람은 모두 왕양명의 말을 제대로 이해하지 못했기 때문이라고 지적했다.

두 번째 구절인 "유선유악이 의(意)의 움직임"이라는 말에 대해서는 유종주가 '의'와 "념"에 대한 자신의 생각에 근거하여 다른 해석을 한 외에 대다수 학자들의 의견은 대부분 비슷하다. 그러나 세 번째 구절인 "지선지악이 양지"라는 말에 대해 황종희의 이해는 예전의 학자들이나 동시기의 학자들과 많이 다르다. 또한 그의 이해는 왕양명의 본의를 벗어나기도 했다. 양지를 시비판단의 주체로 하는데 대해서 왕양명은 많이 이야기했었다. 학자들도 대부분 왕양명의 뜻대로 이를 이해하였다. 그러나 황종희는 이에 대해 다른 의견을 내놓았다. 의념이 발생한 후 양지가 이에 대해 판단을 진행하여 의념이 선한 것인지 악한 것인지 판단한다는 것이 이 말에 대한 일반적인 이해이다. 그러나 여기에는 문제가 존재한다. 그럼 어느 것이 옳고 어느 것이 틀렸다고 판단하는 표준은 어디에 있는가? 왕양명은 "양지의 학문은 천신만고 속에서 얻은 것"이라고 말했다. 왕양영은 천신만고의 고난을 겪으면서 "양지가 더 정명해지고" 양지의 판단력이 더 정확해졌다. "치양지"는 도덕이성을 실천에 적용시켜 반복적인 단련을 거치게 한다. 그리하여 이러한 도덕이성은 민첩하고 사의가 섞여들지 못하게 해줄 수 있고 또 반대로 판단의 정확성을 높여줄 수 있다. 도덕이성이 자연적인 드러남과 의념에 대한 도덕판단의 선택을 반복적으로 거치면 마음속의 내함이 부단히 확대되고 충실할 수 있다. 왕양명도 이러한 과정을 거쳐 점점 더 높은 정신적 경지에 도달하게 되었다. 황종희는 왕용계의 말을 빌어서 왕양명의 만년에 얻은 깨우침에 대해 설명을 행하였는데, 이것은 그의 도덕이성은 내부에서 외부로 유출되었고, 외부에서 들어온 의념에 대한 도덕판단의 판단과 분별이 이미 모두 잊혀졌다는 것을 표시한 것이었다. 즉, 유출되지 않으려 할수록 더 유출되고, 판단하지 않으려고 해도 무의식간에 판단이 진행된다. 판단은 형식적으로 이미 존재하지 않게 되었다. 그러나 일반 사람은 이런 높이에 도달하지 못했기에 그들의 판단 표준에는 문제가 존재한다. 그는 의가 선악에 의해 움직이고 또 각자 변화하는 것을 "성의에 존재하는 선악"이라고 생각했다. 황종희는 왕양명이 일반 사람보다 고명한 것은 그의 '성의'에 있다고 주장한다. 그 성의에는 선에 대한 좋아함과 악에 대한 싫어함이 존재한다. 그 엄격함은 일반인이 절대 따라할 수 없을 정도이다. 왕양명은 선한 것은 반드시 좋고, 악한 것은 반드시 나쁘다고 생각했다. 이것은 도덕이성 자체이지 구체적인 시비에 대한 판단이 아니다. 그리하여 구체적인 도덕판단이 일어나지 않을 때에도 이 도덕이성은 여전히 성체를 통해 심체에 반영된다. 이게 바로 그가 말했던 "지(知)는 성의에 존재하는 좋고 나쁨으로서 좋으면 반드시 선할 것이고 나쁘면 반드시 악해질 것이다. 시비가 없고 불용이하며 허령불매한 성체이다"라는 뜻이다. 이 도덕이성이 적립하는 전제는 성의이다. 성의는 그 좋고 나쁨이 도덕이성 자제에서 생겨나게 보장해준다. 그러나 성의의 과정은 지식이성의 단련과정이기도 하다. 양자는 서로 득이 되고 함께 구체적인 도덕활동에 참여한다. 여기서 말하는 "성의에 존재하는 좋고 나쁨"은 현실적인 활동이 아닌 기능이고 잠재적인 심리적 세능(勢能)이다. 이로부터 볼 때 사구교의 세 번째 구절에 대한 황종희의 해석에서 체현된 그의 사상은 왕양명이 아닌 유종주와 비슷하다. 그는 동림의 고헌성에 대한 평어에서도 사구교에 대해 언급하였는데, 여기서 그는 도덕이성에 의해 결정된 선을 좋아하고 악을 싫어하는 본유의 취향으로 "지선지악"을 해석하였다. 이러한 '지'는 허설로서 선천적으로 갖고 있던 의(意)다. 황종희의 관점에 근거하면 사구교의 세 번째 구절은 응당 "선을 좋아하고 악을 싫어하는 것은 양지"여야 한다.

네 번째 구절에 대한 황종희의 해석은 왕양명의 후기 사상과 비슷하다. 그는 선을 위해 악을 제거하는 것은 존천리, 거인욕의 행위가 아니고 "선을 향하는 것은 불을 끄는 것과 같고, 악을 피하는 것은 끓는 물에 손을 넣는 것과 같다"라는 의지의 추향이 아니며 시비판단을 거친 뒤에 진행하는 개관선천의 실제적인 행위도 아니라고 생각했다. 그는 선을 위해 악을 제거하는 것은 "본성을 따른 행동"이라고 해석했다. 본성을 따라 행동하는 것은 나여방이 말하는 "당하에 순적하는 것이"아니고 동라석(董蘿石)이 말하는 "자기가 좋아하는 대로 하는 것"도 아니다. 이것은 왕양명이 말하는 "치양지"이다. 즉, 왕양명이 자신의 만년사상을 대표하는 《대학문》에서 말한 것처럼 "치양지"에는 의지와 행위가 포함된다. "치양지"에는 선악에 대한 판단이 있고 이것에 근거하여 발생한 현실적인 활동 및 그 활동 이후에 나타나는 심리반응도 있다. "치양지"는 성의정심, 치지격물의 각

방면에 대해 개괄하였다. 이러한 개별적이고 분산적인 행위들을 하나의 계열(系列)적인 활동으로 변화시키고 공부와 연관시켜 이것을 선한 원칙의 지도하에 생기는 자발적인 행위로 만들려는 것이 황종희의 뜻이었다.

황종희가 사구교를 이렇게 이해한데는 근본적인 원인이 존재한다. 그건 바로 왕문후학에 존재하는 "텅 비고", "감정과 지식이 제멋대로"인 폐단을 바로 잡기 위함이다. 왕용계는 맹자의 성선설과 왕양명의 양지가 천리라는 관점을 근거로 하면서 "선천정심"의 학문을 제기하였다. 왕용계는 사람의 모든 세정과 기욕은 모두 의념에서 온 것이라고 주장한다. 마음의 본체는 원래 선하지만 의념이 섞여들면 선하지 않게 된다. 만약 원래부터 정확한 마음의 본체에 직접 공부의 뿌리를 박는다면 의념이 쉽게 들어오지 못하게 된다. 수원에서 물길을 뽑으면 지류의 오염을 걱정할 필요가 없는 것과 같다. 이게 바로 그가 했던 "마음에 생긴 버릇을 모두 버리고 깨끗한 혼돈(混沌)의 상태에 기초를 박아 본래의 생생한 진짜 명맥으로 시작해야 한다"라는 말의 뜻이다. 그리하여 왕용계는 자신의 학문을 "무에서 유가 생긴다"고 했다. '무'는 공부이고 '유'는 본체이다. '무'는 정신을 수습하여 정에 돌아가게 하는 것이고 '유'는 본심의 선이 유행하는 것이다. 그리하여 모든 인연을 내려놓고 사면팔방의 통로를 모두 차단한 뒤 본체의 선이 시시각각 발용, 유행되게 하는 것이 바로 "무에서 유가 생기는 것"이다. 양지는 천연적인 영근(靈根)이기에 상관하지 않아도 자연적으로 유행된다. 그리하여 본체에는 공부를 사용할 필요가 없다. 모든 공부는 어떻게 본체를 유행시켜야 하는가에 집중시켜야 한다. 모든 인연을 내려놓는 '무'가 있어야만 선천본심이 나타날 수 있는 기회가 생기고 신감(神感), 신응(神應)한 '유'가 나타날 수 있다. '무'가 철저할수록 '유'가 더 많이 생겨난다. 일상공부는 현재의 의념을 갑자기 해소시켜야 한다. 그러나 너무 과해서도 안 된다. 시사각각 의념이 나타나게 하고 시시각각 모든 것을 내려놓으며 기연에 따라 순식간에 굽이칠 수도 있다. 이러한 상태를 직심(直心)이라고 부른다. 이러한 상태에 도달하면 양지의 본체가 자연스럽게 나타날 수 있다. 이것은 왕용계가 생각하는 수양공부의 대강이다. 이러한 수양방법은 확실히 일상생활에의 성실함을 선을 위해 악을 제거하는 공부로 해야 한다는 왕양명의 교훈을 따르는 전덕홍의 관점과 많이 다르다. 그러나 선종의 "마음이 불(佛)이고, 무심이 도이다"라는 관점과 일치하다. 왕용계는 "무에서 유가 생긴다"는 것을 너무 과하게 강조하였기에 "성종(性種)을 단멸시키는" 착오를 범하게 되었다. 또한 선을 위해 악을 제거한다는 관점을 부정하였기에 실제적이지 못하다. 그리하여 유종주는 그를 "텅 비었다"고 비판했다. 황종희는 왕용계와 전덕홍의 공부의 특징을 비교하였는데, 황종희가 "참된 마음을 연마해야 한다"는 관점을 찬양한 의도는 아주 명확했던 것이다.

태주학파의 상황은 더 이보다 더 복잡하다. '태주'는 지리적 위치에 근거하여 부르는 이름으로서 학파 내부의 학자들의 학술방향과 학술종지는 모두 저마다 다르다. 태주학파의 창시자인 왕간(王艮)은 옛 관복을 입고 경성을 활보하여 이상한 사람으로 취급받았다. 그러나 왕간의 이상함은 그가 "의기가 너무 강하고 괴상한 일을 많이 하는 것"에 있다. 그는 외모나 형식에 있어 모두 일반 사람과 달랐다. 예를 들면 심의와 포륜과 같다. 그의 학문은 왕양명의 제자들 가운데서도 매우 평범했다. 그에게는 평민적인 색채를 띠었고 정영이나 지식인들이 갖고 있는 서원적인 학풍이나 출세적인 학풍이 없었다. 왕간 본인의 학문을 보면 안신론은 유학이 전통적으로 강조하는 살신취의(殺身取義)에 어긋날 뿐 기타 관점은 모두 유학의 범위를 벗어나지 않는다. 유종주는 그의 수신위본, 치국평천하의 학문을 옛날부터 현재까지 이르는 격물론 가운데서 가장 반듯하고 치우침이 없다고 평가했다. 그의 학문가운데서 후학에 의해 가장 많이 발전된 것은 바로 "백성의 일상생활이 곧 도"이고 중도와 이는 일상행위에 있으며 현재가 정확하기에 그 어떤 예견이나 안배가 필요 없다는 사상이다. 이러한 사상은 나여방에 이르러 그 빛을 발휘했다. 나여방의 학문은 적자양심은 불여불학하고 천연적이고 본래부터 존재한다는 것을 근본으로 한다. 나여방은 왕양명의 "치양지" 학설에 나오는 본래즉시(本來即是), 자연순적을 극단에까지 발전시켰다. 황종희는 나여방의 순적당하의 주장에는 기의 유행만 따르고 주재자가 없다고 평가했다. 순적당하는 곧 선종의 불법은 모든 현성이라는 관점이다. 하심은, 이탁오의 "생선이 상했거나 고기가 부패했다"라는 관점은 나여방의 이 관점을 계승하였다. 황종희는 나여방과 왕용계의 학문 및 그 수양실천의 가장 큰 결함은 유행을 따르고 주재자가 없는데 있다고 평가했다. 그들은 자신들의 학문이 왕양명의 "치양지" 학설을 논리에 맞게 해석한 결과라고 생각했다. 그러나 왕양명의 양지는 그가 반평생 동안 겪었던 경험, 간고한 고난, 고독한 탐색에서 얻어진 것으로서 도덕이성과 지식이성의 결합이고 주재자이자 유행이다. 그러나 왕용계와 나여방은 말투만 계승하였을 뿐 왕양명의 학문을 제대로 수용하지 못했다. 왕용계의 사무설은 "심체에는 절대 일념의 유체(留滯)도 허용되지 않는다"라는 사상을 확대해석한 것이다. 나여방의 순적당하는 "양지는 미발지중이고, 발이중절의 화이고", "치양지"를 하려면 반드시 "물망물조"해야 한다는 것과 같이 왕양명이 만년에 내놓은 성숙된 사상을 절취하고 계승한 것이다. 왕용계는 모든 인연을 내려놓아야 한다고 주장하면서 사욕을 극치하려면 "고양이가 쥐를 잡듯이 절대 경각심을 늦추어서는 안 된다"라고 했던 왕양명의 정신을 버렸다. 양지를 따라 유행해야 한다는 관점에서 유행하는 것이 반드시 양지여야 할 필요도 없다. 이러한 것들은 사욕에 편리를 제공하였다. 나여방이 주장하는 순적당하에서 당하가 양지가 맞는지도 모르는 상태에서 예견과 안배를 모두 생략해버리는 것은 양지에 대한 의념의 도태와 여과 절차를 생략해버리는 것과 같다. "공부에는 주박이 없어야 한다. 그리하여 주박을 공부로 하지 않는다. 흉금에는 끝이 보이지 않는다. 그리하여 끝이 없는 것을 흉금이라 한다." 이게 바로 배에 타가 없고 말에 고삐가 없으며 방향과 주재가 없는 것이다. 나여방의 뜻에 근거하면 적자양심은 불여불학이고 성은 원래부터 선한 것이고 방향과 주재가 일치하기 때문에 이것을 따르기만 하면 된다. 그러나 황종희는 이러한 일치는 이론적인 "존재"라고 주장한다. 이러한 존재가 마음과 의념에 나타나려면 수많은 공안(公案)을 깨달아야 하고 수많은 공부가 필요하다. 황종희는 태주후학의 이러한 방언고론은 이학의 진부한 옛 방식을 버리고 새로운 격식을 세우며 새로운 길을 여는데 일정한 도움이 된다고 생각했다. "학문을 전혀 모르는 사람이라고 해도 잠간 사이에 깨우침을 얻을 수 있다. 이학의 진부한 격식에서 벗어났기에 눈앞에 있는 도를 깨우칠 수 있다(《명유학안》 762쪽)." 그러나 왕양명의 학문처럼 그대로 믿을 수 없다. 황종희는 유행과 주재의 관계에 대해 "유행이 사람한테 있으면 마음이고, 하늘에 있으면 우주의 생생불식한 생기이다. 유행은 한결같고 변함이 없지만 이것은 유행의 본체에 아무 영향도 주지 않는다. 음양 측의 일이란 기만 있고 이가 없으며 유행만 있고 주재가 없는 것이다." 이러한 사구교에 대한 황종희의 해석은 유종주의 "의는 마음속에 존재하는 것이지 마음에 생겨난게 아니다", 의는 "깊고 방향이 있다" 등 사상을 강령으로 한다. 그는 사구교의 세 번째 구절인 "지선지악이 양지"에 나오는 "지선지악"을 "성의에 존재하는 좋고 나쁨으로서 좋으면 반드시 선해지고 나쁘면 반드시 악해진다"라고 해석했다. 이건 바로 유행의 주재를 강조한 것이다. 양명후학의 "텅 비고", "감정과 지식이 제멋대로"인 잘못을 바로 잡으려는 그의 의도가 아주 명확하게 드러났다.

4. 본체(本體)와 공부(功夫)

본체론과 밀접하게 관련되는 것이 바로 본체공부에 관한 문제이다. 본체와 공부는 이학에서 아주 중요한 한 쌍의 범주이다. 이것들은 명나라 철학에서 특히 아주 중요하다. 왜냐하면 왕학 및 이후의 명나라 학술의 발전과정에서 마음의 다층차(多層次)와 다측면(多側面)에 관한 의미 및 이러한 의미의 복잡한 관계와 유관되는 내용이 많이 제기되었다. 예를 들면 다음과 같은 내용들이다. 도덕이성의 근거는 어디에 있는가? 마음의 본질속성과 이상적인 상태는 어떠한가? 선천과 후천은 인격의 형성에서 어떤 역할을 담당하는가? 사람의 도덕이 형성되는 과정에서 도덕이성과 지식이성의 작용은 어떻게 발생하는가? 양자는 어떻게 결합되는가? 이러한 내용들은 모두 본체와 공부의 문제와 연관된다. 본체와 공부에 관한 다른 견해는 파벌을 나누는 중요한 근거이다.

본체와 공부 문제에서 세절상의 분쟁을 생략해버리면 기본견해는 "공부가 이르는 곳이 본체"와 "본체를 깨닫는 것이 공부"라는 두 개의 파벌로 나뉜다. 이 문제에 대한 토론은 왕양명한테서 그 기원을 찾을 수 있다. 본체론에 대한 왕양명의 논설에서 "천천정도(天泉正道)"와 "엄탄문답(嚴灘問答)" 두 곳이 가장 상세하다. 이 두 곳은 모두 왕양명이 만년에 한 논설로서 그의 마지막 사상을 대표하였다. 천천정도는 왕양명이 왕용계와 전덕홍 각자의 견해를 들은 뒤 한 말이다.

왕양명이 여기서 말한 본체는 곧 마음의 본체이다. 이것은 마음에 원래부터 있던 속성, 기능 및 그 표현 상태이다. 공부라고 하는 것은 본체에 도달하거나 이를 최대한으로 만드는 방법, 수단, 과정이다. 여기서 특별히 주의해야 할 것은 기능, 속성과 상태는 다르다는 점이다. 전자의 중점은 무엇을 말하는가 하는 것이고 후자의 중점은 어떻게 표현하는가 하는 것이다. 앞에서 말했듯이 "사구교"의 첫 구절인 "무선무악이 마음의 본체"라는 말에서 이 마음의 본체가 가리키는 것이 마음의 본질인지, 마음의 기능인지 아니면 마음의 표현 상태인지에 대해 사람들의 의견이 같지 않다. 유종주는 이것을 본질로 이해하였기 때문에 그는 왕양명의 "무선무악이 마음의 본체"라는 말이 근본적으로 틀렸다고 생각한다. 그는 이 말에서 한 글자를 고쳐 "유선무악이 마음의 본체"라고 말해야 정확하다고 주장했다. 황종희는 이것을 상태로 이해하였다. 그는 "무선무악이 마음의 본체"라는 말은 곧 마음의 본체에는 원래 선한 생각과 악한 생각이 없다는 말이지 마음의 본체가 선하지 않다는 뜻이 아니라고 생각했다. 주여등은 상태와 본질은 나뉠 수 없고 상태는 본질의 전제로서 "무선무악은 지선"이라고 생각한다. 《전습록》에서는 사구교에 대한 기록에는 본질과 상태 두 가지 의미가 모두 존재한다. "맑고 막힘이 없다"는 것은 상태를 말한 것이고 "미발지중"은 본질을 말한 것이다(중은 곧 성이다). 그러나 《양명년보》와 왕용계의 《천천정도기》에서는 주로 상태를 말했다. 왕양명이 말한 "본체를 깨우치는 것이 공부"라는 말은 상근인은 하나를 알면 백가지를 이해할 수 있다. 때문에 일용상행에서 악한 생각을 극치하고 선근(善根)만 보존하며 이를 많이 축적하여 나중에 마음속 성체의 유행에 도달하는 이러한 방법을 사용하지 않아도 된다. 대신 직접 사람의 마음속에 본래부터 존재하던 선한 성을 깨우치고 모든 공부 방법을 한 번에 차단하여 성체가 마음속에까지 유행하게 해야 한다. "본체를 깨우치는 것이 공부"라는 말은 특별한 공부가 필요 없고 본체를 깨우치는 것이 바로 공부라는 말이다. 이것은 이근인(利根人)의 방법이다. 그러나 왕양명은 "세상에서 이근인을 찾는다는 것은 쉬운 일이 아니다. 본체와 공부를 한 번에 깨닫는 일은 도를 깨우친 안자도 감히 할 수 없는 일이다. 따라서 이를 어찌다른 사람에게 기대할 수 있겠는가?(《전습록》하)." 이 말은 곧 일반 사람에게 있어 "공부가 닿는 곳이 곧 본체"이다. "공부가 닿는 곳이 본체"라는 말은 성은 지선이지만 대다수 사람들의 선성(善性)은 마음속에 있는 사욕에 가려져 직접 심체에 닿을 수 없다. 그리하여 선을 위해 악을 제거하는 구체적인 공부를 이용하여 많이 축적해야 마음속에 본래부터 있던 선성이 마음의 층면에 도달할 수 있다. "마음에는 본체가 없다"는 것은 마음에 원래부터 선성이 없다는 말이 아니라 마음속의 선성은 직접 드러나지 않았기에 공부를 통해 마음을 가리고 있는 것을 제거해야 한다는 것이다. 왕양명이 말하는 이근인이라고 해서 마음속에 방해물이 하나도 없는 것이 아니라 이근인은 "선이 좀 더 많고" 공부가 좀 더 쉬울 뿐이다. 둔근인이라고 해서 "통명"한 부분이 하나도 없는 것이 아니라 방해물이 좀 더 많고 공부가 좀 더 어려울 뿐이다. 이근인과 둔근인에게는 모두 양지가 있고 공부가 적당하면 모두 동일한 결과를 얻을 수 있다고 했다.

엄탄의 회답 《전습록》의 기록에서 왕양명은 여기서 불교에 나오는 괴이한 이야기를 빌려 공부의 다른 방면의 의미에 대해 상세하게 설명하였다. 그러나 왕용계도 본체공부의 두 가지 다른 방법과 결과에 대해 확실하게 깨닫고 있었다. 왕양명의 "마음이 있으면 모두 실상이고 마음이 없으면 모두 환상이라는 것은 본체에 입각하여 공부를 설명한 것"이라는 뜻은 본체는 유이고 이러한 유는 마음의 본체인 양지라는 말이다. 만약 양지가 유라는 것을 승인하지 않고 양지를 비현실적인 존재로 본다면 맹자가 양지와 본심을 출발점과 제일 진체로 삼았던 종지를 잃을 수 있기 때문에 옳지 못하다. 양지의 본체를 실제의 유로 보고 이러한 양지를 공부에 적용하는 것이 정확한 방법이다. "본체에 입각하여 공부를 말했다"는 것은 본체를 승인하고 본체를 체증(體證)하며 본체를 공부에 응용했다는 것이다. 앞에서 말한 본질의 상태로 나누어 볼 때 이 첫마디는 본질의 의미에서 대해 말한 것으로서 왕양명의 "선천정심"의 뜻에 가깝다. "마음이 없으면 모두 실상이고 마음이 있으면 모두 환상이라는 것은 공부에 입각하여 본체를 설명한 것"이라는 말에서 "마음이 없다"는 것은 현성본심, 현성양지인데 공부가 닿은 곳이 바로 양지의 본체이다. 공부를 거치지 않은 본체는 비현실적이고 추상적인 유이다. 여기에는 "공부가 닿는 곳이 곧 본체"라는 뜻이 담겨있다. "본체를 깨닫는 것이 공부이고", "공부가 도달하는 곳이 본체"라는 것은 왕양명의 양지학문에서 가장 중요한 두 가지 내용이다. 반드시 이 두 가지 내용을 말해야 왕양명의 종지가 완전해진다. 그리하여 왕양명도 이 관점을 받아들였다. 왕양명은 만년에 월나라에서 지내면서 공부가 점점 성숙되었고 경지도 더 높아졌다. 그리하여 그는 젊은 시절에 강조했던 실제적인 공부를 더는 많이 언급하지 않았다. 대신 그는 높은 차원의 공부에 대해 많이 이야기했다. 그러나 그전에 그는 초학자들을 가르칠 때 "공부가 닿는 곳이 본체"라는 것을 중점적으로 말했다.

왕양명이 죽은 뒤, 후학은 본체와 공부에 대한 견해에 따라 두 개의 파벌로 나뉘어졌다. 왕용계, 나여방을 대표로 하는 "현성양지파"는 본체를 중요하게 생각하고 양지와 본체의 완전무결함을 강조하면 이러한 본체를 깨우치는 것이 바로 공부라고 했다. 강우의 섭표, 나홍선을 대표로 하는 "공부수정파"는 공부를 중요하게 생각하고 사람마다 양지를 갖고 있지만 현실적인 표현은 본체와 동일하지 않다고 강조했다. 본체공부에 있어 황종희는 "공부수정파"의 의견에 동의한다. 이 점은 유종주의 영향을 많이 받았다. 이 문제에 대한 그의 견해는 두 가지 방면에 집중된다. 첫째는 어떤 것이 왕양명의 진짜 종지인가이고, 둘째는 현성양지파와 공부수정파 가운데서 왕양명의 학문을 제대로 이해한 건 누구일까 하는 것이다. 사실 이 두 가지 문제는 똑같다. 이 문제에 대한 토론은 《명유학안》에 전반적으로 관철되었다.

왕양명은 주희 이후에 가장 위대한 유학자이다. 그는 일생동안 열심히 학문에 정신하여 많은 학문과 수양을 얻었다. 그의 전기적 색채를 띤 인생경력과 군사적인 공헌들은 그의 학술사상으로 하여금 고명하면서도 평범하고 광대하면서도 정밀한 특징을 나타내게 하였다. 황종희는 왕양명의 학술 여정을 6개 단계로 나누었다. 용장오도 이후의 세 개 단계는 그 전 단계와 큰 차이점이 존재한다. 이 단계들을 "치양지" 학문의 준비단계, 확립단계, 성숙단계로 볼 수 있다. 준비단계의 특징은 정과 수렴을 위주로 했다는 점이다. 이 단계에 대한 황종희의 개괄은 다음과 같다.

즉 "일의본원(一意本原)은 순수한 도덕이성을 양성하는 것을 임무로 하는데, 쓸데없는 일을 없애고 불로의 잡학과 사장(辭章), 기사(騎射) 등을 제거해야 한다. 구체적인 사물의 지식은 제거하지 않아도 이미 도덕이성의 보조와 보충이 되었다. 미발은 근본이다. 미발은 미처 생기지 않은 의념일 뿐만 아니라, 미처 의념이 생기지 않았을 때의 확연대공한 상태이다. 이러한 상태를 얻으려면 조용함 속에서 이것을 체험해야 한다. 묵좌하면서 마음을 맑게 하는 것은 가장 좋은 체험방법이다. 수렴은 조용함을 추구하는 것으로서 고요함속에서 성체를 함양한다. 혹은 생겨난 의념을 고요함속에서 의념이 사라지게 만든다"고 했다.

이후 정신을 수습하고 조용히 함양하는 공부 방법은 비록 상당히 긴 시간동안 지속되었다. 그러나 묵좌하여 마음을 맑게 하는 이러한 구체적인 수양방법은 아주 빨리 시정되었다. 왜냐하면 왕양명은 묵좌하여 마음을 맑게 하는 방법을 사용하면 사람이 정을 좋아하고 동을 싫어할 수 있다는 것을 발견했기 때문이다. 그리하여 그는 구체적인 일을 통해 연마해야 한다고 주장했다. 그러나 사실 연마의 목적은 성찰과 극치에 있다. 이는 여전히 수렴이지 발산이 아니다. 강우의 섭표와 나홍선이 주장하는 귀적과 주정은 이 방법을 근본으로 한다. 강우뿐만 아니라 절중의 제자들 가운데서 비교적 일찍 입문하고 성정이 독실한 사람들도 이러한 방법을 따랐다. 황종희는 왕양명이 성숙기에 내놓은 사상에 매우 탄복하였다. 그러나 그중에서 그가 제일 높게 보는 것은 바로 왕양명이 주희의 학문을 바로잡고 도덕이성을 제일 근본적인 위치에 놓아 도덕이성으로 지식을 통솔하고 지행을 합일시킨 "치양지"학문이다. 그러나 왕양명이 만년에 능력이 커지고 공부가 성숙되어 양지와 도, 성, 기 등의 관계를 직접 깨우치면서 했던 초매하고 경지가 높은 말들에 대해서는 칭찬하거나 인정하지 않았다. 뿐만 아니라 이러한 주장들을 제재하고 억눌러서 실제적으로 되돌려 놓으려고 했다. 여기서 황종희의 좋고 나쁨의 경향이 뚜렷하게 드러났다. 그는 서애의 관점에 동의하였기에 왕용계를 비판했다. 왕양명에 대해서도 약간의 질책을 뜻을 내비쳤다.

다른 한 가지 사실은 《명유학안》에 기록된 양명어록은 유종주가 선택하고 일부 내용에 약간의 주석을 달아놓은 《양명전신록》이다. '전신(傳信)'이라는 두 글자는 선택된 어록은 모두 왕양명의 저서에서 천하에 적용되는 이치들이라는 말이다. 설령 《전신록》에 선택되었다 하더라도 왕양명의 근본사상을 대표할 수 없는 것들에 대해서는 유종주는 주해에서 보충하고 바로잡아 놓았다. 예를 들면 "문하생들이 스승님이 영번(寧藩)의 변을 물리치고 돌아온 뒤로 천하를 비판하는 뜻이 더욱 확고해졌다. 스승님이 말하시기를 '남도에 오기 전에 나한테 향원(鄕愿)의 뜻이 조금 있었다. 지금은 양지로 옳고 그름을 알 수 있기에 더는 가리고 숨길 필요가 없게 되었다. 그리하여 지금은 나에게 광자의 포부를 가질 수 있게 되었다. 천하의 사람들이 나의 행동과 말이 일치하지 않는다고 말해도 괜찮다'고 했다"라고 했는데, 이에 대한 유종주의 해석은 "왕양명은 비방과 칭찬의 관문을 넘을 수 있기에 광자의 흉금을 가질 수 있었다. 일반 사람은 이런 경지에 도달하기 어렵다. 그러나 '양지를 믿는 것' 이외에도 여전히 중요한 일이 존재한다. 그 중요한 일은 실제의 수양 공부이다. 만약 이러한 공부가 없다면 양지를 믿어도 향원의 가짜만 알 수 있을 뿐이다. 양지를 믿는 것으로 공부를 대체하면 '마음이 가는대로 하는 행동'할 수 있다"는 것이었다. 황종의는 이러한 유종주의 이러한 말들을 《명유학안》에 그대로 수집해 넣었다. 여기서 강우학파의 공부, 귀적, 주정의 관점을 찬양하고 왕용계, 나여방의 순임선천(純任先天)을 비판하는 그의 태도가 확실하게 드러났다.

황종희는 스승인 유종주를 따라 태주의 용계를 비판하였다. 특히 하심은, 이탁오의 "생선이 상했거나 고기가 부패하고", "명교(名教)로도 통제할 수 없는 상태가 되었다"고 하면서 수렴을 제창하고 유행의 주재를 강조하는 주장을 반대했다. 이것은 그가 강우학파를 칭찬하려는 본심이다. 그는 황관의 "근지", 계존의 '용척'의 종지를 설명할 때 근본이 있고 주재의 뜻이 있다고 반복적으로 강조했다. 그러나 수렴의 방법을 너무 많이 제기하다보니 불가피하게 양명학의 기타 정의를 엄폐시켜버렸다. "치양지는 만년에 내놓은 관점이기 때문에 학자들에게 이 관점에 대해 깊이 설명해주지 않았다(《명유학안》179쪽)"는 말도 정확하지 않다. 왕양명은 양지에 대해 아주 상세하게 논술하였다. 왕양명이 사전(思田)의 난을 평정하기 위해 출정하기 전에 제자들의 요청에 의해 쓴 《대학문》에서는 "치양지"라는 세 글자를 《대학》의 삼강팔목으로 발전시켰는데 그 뜻이 아주 완벽하다. 학자들이 각자의 수요에 근거하여 억지로 끌어다 맞추고 심지어 양지의 종지를 왜곡하기도 했다. 그리하여 각자 자신만의 해석이 있는 건 사실이지만 이것은 제자들의 범한 착오지 왕양명의 양지설이 부족해서 생긴 문제는 아니다.

황종희의 "천지에 가득 찬 것이 마음"이라는 주장은 본체공부에 관한 그의 견해와 밀접하게 연관된다. "천지에 가득 찬 것이 마음"이라는 것은 식견과 도량 그리고 이해의 일종으로서 이러한 식견과 도량 그리고 이해에 도달하려면 공부가 필요하다. 식견과 도량은 태어날 때부터 존재하는 것이 아니라 현실적인 이해활동에서 양성되는 것이다. "마음에는 본체가 없고 공부가 닿는 곳이 본체"라는 것은 "천지에 가득 찬 것이 마음"이라는 식견과 도량에 도달하고 "헤아릴 수 없는 변화가 있기 때문에 모든 것이 다 다르다"는 존재형태를 이해하려면 심령을 수양하는 것(도덕이성과 지식이성의 수양 두 가지 방면이다) 이외에는 다른 방법이 없다는 말이다. 심령은 이미 이루어진 물건이 아니라 심령의 모든 의미는 실제 활동에서 이루어진 것이다. 여기에는 양적인 축적이 있을 뿐만 아니라 질적인 승화도 있다. 결과는 과정에서 형성된다. 공부의 축적을 통해 형성된 본체이기 때문에 나누어서 말할 수도 있고 전반적으로 말할 수도 있으며 이를 말할 수도 있고 기를 말할 수도 있으며 성을 말할 수도 있고 명을 말할 수도 있다. 황종희는 왕학의 논쟁과정에 형성된 이 구호를 넘겨받았고 이것을 근본사상과 명나라 유학이 각 학파에 대한 평가표준으로 삼았다. "마음에는 본체가 없고 공부가 닿는 곳이 곧 본체"라는 주장에는 왕문후학의 논쟁과정에 형성된 특수한 의미가 포함될 뿐만 아니라 한 가지 철학적 주장으로서 더 광범위한 의미를 얻기도 했다.

5. 철학사의 방법론

황종희가 만년에 저술한 《명유학안》은 중국역사에서 첫 번째가 되는 완전한 단대(斷代)철학사이다. 이 책은 명나라의 200여명의 사상가의 생애와 그 학술종지에 대해 소개하였고 또 그들의 주요한 저작을 수집하여 기록하였다. 이 저서는 인물의 평론, 재료의 선택에서 모두 상당히 높은 성과를 이룩하였다. 황종희가 기고를 시작하고 그의 아들인 황백가와 사숙(私淑)인 전조망(全祖望)이 계속해서 보충해 넣고 왕재재(王梓材), 풍운호(馮雲濠)가 수정하고 정리하여 형성된 《송원학안》의 여러 가지 평어는 대부분 전조망이 쓴 것이다. 그러나 그 기본 틀은 황종희가 만들어놓은 것이다. 이 두 책에서 특히 《명유학안》이 황종희의 철학사 방법론을 반영하였다.

"일본만수(一本萬殊)"는 황종희가 쓴 철학사의 기본강령이다. '일본'은 우주의 본체에 착안점을 둔 것으로 이것은 도이자 태극이며, 우주의 총 법칙이다. 학술사로부터 볼 때 이것은 문화적인 정신, 학술의 단서, 인간적 관심과 배려이다. '분수'는 각 시대마다 가장 공적이 뛰어나고 그 시대의 학술발전 성과를 대표할 수 있는 사상체계이다. 일본만수는 문화적인 정신, 학술의 단서가 각 시대 철학자의 다른 철학사상, 철학종지에 반영된 것이다. 반대로 여러 시대의 사상가들이 함께 문화적 정신과 학술의 단서를 구성하였다고 할 수 있다. 이러한 "일본"은 각 시대의 걸출한 심령의 지혜를 한데 모아놓은 것이다. 이 것은 각 사상가들이 자신의 문화적 입장과 인간적 관심과 배려에 근거하여 제기한 사상 주장, 시대풍기 그리고 학술조류를 한데 융합해서 해석한 것이다. 이러한 일본만수는 즉 심즉물이다. 일본이 만수의 변화로 나타나고 변화불측의 만수들이 함께 이러한 일본을 표현한다. 이러한 만수들이 일본을 구성하는 데에서 일으키는 작용은 일본의 가치에 대한 착안점이 다름에 따라 같지 않다. 이러한 관점은 견식과 도량이다. "덕을 쌓는 것"을 통해서만이 이러한 견식과 도량을 얻을 수 있다. 즉, 수양을 통해서 일본만수의 관계에 대해 투철하고 다방면적으로 이해해야 한다. 덕을 닦는 것의 반대 면은 기존의 것을 고집하는 편면적인 인식이다. 황종희는 위의 사상에 대해 명확하게 해석하였다.

"모든 것이 같은 곳에서 나와야 한다"고 생각하는 사람들은 강학을 싫어하고 학술을 정돈한다는 명의 하에 자유롭게 강학하는 사람들을 탄압하고 박해한다. 또한 스스로를 구애하고 금을 그어놓고는 자신과 다른 의견을 가진 사람을 누유(陋儒)라고 질책한다. 황종희가 제창하는 사상체계는 공부를 거쳤고 전반적인 학술 발전에 큰 공적이 있기 때문에 일본을 발전시킬 수 있고 도움과 이로움을 줄 수 있다. 그는 이러한 총강(總綱)에 근거하여 논술하고 서술할 사상가를 선택하였다.

황종희가 제정한 《명유학안》의 요지는 그가 학술사를 편찬한 기본관점을 대표한다. 이러한 관점은 그의 일본만수의 종지의 구체적인 관철이다. 그중 가장 중요한 것들은 다음과 같은 관점이다.

첫째, 가장 대표적인 철학자를 선택한다. 선택의 표준은 다음과 같다. 독자적인 견해가 있고 실용적인 공부가 있으며 옛사람들의 정론을 표절하지 않아야 하며 '일본'을 일정하게 발전시켜야 한다.

학술사를 저술함에 있어 가장 관건적인 것은 사람을 선택하는 표준을 제정하는 것이다. 어떤 사람을 선택해야 하고, 학자의 성과를 어떻게 평가하는가 하는 것은 그 사람의 학술적 양심과 식견과 도량의 종합적인 검증이다. 즉, 선인들이 말하는 사덕(史德), 사사(史識), 사재(史材)이다. 대대로 학술사에 나오는 사람들로는 학술을 빌려 정권에 아부하는 자, 반대의견을 배척하는 자, 자유사상을 가진 학자를 탄압하는 자, 자신의 관점으로 마음대로 선택하는 자, 어떠한 학술성과에 대해 제대로 알지 못하면서 그 잘못을 따지는 자 등이다. 황종희의 그 선택표준은 진짜 공부를 하였고 독자적인 견해를 자기고 있으며 자기만의 학문을 이룬 사람들이다. 독자적인 견해가 있고 자기만의 학문을 이루어야만 일본을 발전시킬 수 있다. 《명유학안》에는 총 17개의 학안이 있고 총 210명의 학자들이 선택되었다. 그들은 비록 그 조예와 종지가 저마다 다르지만 모두 진짜 공부가 있고 독자적인 견해를 가진 학자들이었다. 어떤 학자들은 비록 학술방면에서 큰 성과를 이루지는 못했더라도 언행이 독특하거나 학문을 이루는 과정이 매우 고난스러웠다. 그리하여 그들의 정신은 널리 알릴 가치가 있다. 예를 들면 태주의 문하생인 초부(樵夫)나 도공(陶匠) 같은 사람들이다. 일부 학자들은 명유학안이 "스승의 견해를 감싸고 요강문호의 관점을 주장했다(《국조학산소식(國朝學案小識)》)"고 비판했다. 이는 공정한 견해가 아니다. 《명유학안》의 일부 학자들에 대한 평가는 유종주의 상관(相關) 논술을 근거로 하였다. 그러나 《명유학안》을 저술한 근본적인 사상은 황종의 자신의 것이다. 더 중요한 것은 황종희는 명나라가 망하고 청나라가 세워지는 그 시기에 살았다. 그는 청나라 정부의 통치가 확립된 후, 상대적으로 안정적인 환경에서 오랫동안 살았다. 그리하여 그가 직면하였던 문제와 그가 이런 문제를 해결하기 위해 제기한 방안은 모두 유종주와 다르다. 구체적인 인물에 대한 평가에서도 두 사람의 의견은 일치하지 않은 부분이 존재한다. 예를 들면 유종주는 양명학을 "처음에는 의심을 하다가 중간에는 굳게 믿었으며 나중에는 옳고 그름을 따지는데 있는 모든 힘을 다 쏟았다"고 평가했는데 왕문의 유폐를 바로잡으려는 의도가 아주 명확하다. 황종희는 왕양명을 매우 높이 칭찬했다. 그러나 그의 제자들 특히 태주의 왕용계에 대해서는 아주 엄격하게 비판했다. 황종희의 관점이 유종주와 비슷한 점이 많다고 해도 이것을 황종희가 스승의 관점에 동의하고 이를 계승한 것으로 보아야 한다. 그가 스승의 관점을 감싸기 위해서 그렇게 했다고 해서는 안 된다.

《명유학안》이 "요강문호(姚江門戶)의 관점을 주장했다"는 것은 명나라 학술의 발전과정을 모르기 때문에 생긴 피상적인 주장이다. 명나라학술은 왕양명이 궐기한 뒤 새로운 국면을 맞이하게 되었다. 왕양명은 유가의 기본입장을 지키면서 새로운 사상을 창립하고, 정체된 주희사상을 반대하고 이를 초월하였고, 공리를 추구하는 사회적 조류를 반대하면서도 이것을 자기 학문에 융합시켰다. 이는 모두 그 당시의 사회적 수요에 적응한 것이다. 게다가 그의 거대한 인격의 매력으로 인해 그는 그 당시에 추앙받고 존경받는 인물로 부상했다. 그의 제자들은 천하에 많은 제자를 두었는데, 그중 소수를 차지하는 용상(龍象)들이 절대적인 힘을 과시하였다. 그들은 양명학을 중국의 많은 지역에 파급시켰고 양명학을 사상계위에 주도적인 위치에 올려놓았다. 그 당시에 학술계에서는 왕학을 중심으로 하였다. 《명유학안》에서는 이러한 사실을 있는 그대로 기록하고 서술하였다. 왕문 이외에 《명유학안》에서는 명나라 초기에 주자학을 계승하였던 숭인, 하동, 삼원 등 학안과 요강과 대응되는 감천학안, 요강학안에 비판과 수정의 의견을 제기한 지수, 동림, 즙산 학안에 대해서도 논술하였다. 그는 양명학과 동시기에 나왔거나 혹은 조금 후에 나온 학파가운데서 그 당시에 절대적인 영향력을 과시했던 양명학에 대해 무시나 회피하지 않은 학문에 대해서는 저서에서 칭찬, 비판, 토론, 계승을 하였다. 이는 모두 당연한 일들이다. 실제로 왕학은 그 당시 학술계가 주목하는 중심이었다. 《명유학안》이 왕학을 중심으로 한 것은 그 당시 학술 상황을 그대로 반영한 것이지 문호를 쟁탈하기 위한 것은 아니다. 그 외에 왕학의 발전에 관한 단서는 아주 뚜렷하다. 그리하여 서술하기가 편리하고 귀속이 분명하며 왕학을 각기 유형에 따라 파벌을 나누어 설명할 수 있다. 그러나 제유들은 계승이 명확하지 않기에 종합해서 "제유학안"을 내왔다. 이것은 왕문을 중시하고 제유를 가볍게 여겼기 때문이 아니다. 사실 "제유학안"은 이름은 하나지만 상, 중, 하 세권으로 나뉜다. 학안에 소개된 인물의 수량은 아주 많다. 또한 점한 편폭도 넓다. 여기에서는 왕문 이외의 중요한 사상가들은 모두 빠짐없이 소개했다. 그러나 동림, 즙산이 왕문에 속하는가 하는 문제에 대해서는 논쟁이 끊이지 않았다. 이러한 것들로부터 볼 때 《명유학안》이 "스승의 관점을 감싸고 요강문호의 관점을 주장했다"는 평가는 정확하지 못하다. 주학학자들은 주자학을 다시금 학술계의 최고 위치에 올려놓기 위해 일부러 왕학을 제압하고 영향력과 세력범위를 줄이려고 했는데, 이것이 바로 주자학을 위해 문호를 쟁탈한 행동들이다. 이 현상은 청대 전기에 비교적 뚜렷하게 나타났다.

황종희는 "공력을 들였고 마음속의 만수를 다한 뒤 학업을 이룬 것"을 사람을 선택하는 표준으로 하였기에 다른 의견을 배척하지 않았다. 공부를 하였고 심신에 유익하며 일본의 발전에 도움이 되는 것은 모두 소개하였다.

여기서 그는 자신이 생각하는 학문의 표준을 제기했다. 자신의 인격수양에 유익하고, 인류의 문화발전에 공헌이 있는 것은 모두 진짜 학술이다. "자신이 사용할 수 있는 존재"는 읽은 책의 많고 적음, 견문의 넓고 좁음에 관계되지 않는다. 심지어 구체적인 수양공부의 정밀함과 엉성함, 공경함과 방자함에도 관계되지 않는다. 이것은 모두 정신경지의 형성과 관계있다. 모든 지식, 공부는 결국에는 어떤 계시와 도움이 생길 수 있게 수양의 주체를 자극하고 격발시켜야 한다. 여기에 내포된 의미는 자신이 사용할 수 있는 것들은 반드시 다른 사람도 사용할 수 있어야 된다는 말이 아니다. 사람마다 학문과 수양, 성정이 다르고 직면한 문제와 해결 방법이 다르다. 정신과 심령의 수요도 같지 않다. 그리하여 학자들은 다른 학파, 다른 종지를 선택할 수 있다. 《명유학안》에 소개된 학자들 가운데는 이곳에서 학문을 배웠지만 다른 곳에서 깨달음을 얻고, 이 학파와 맞지 않지만 다른 학파에서 큰 업적을 이룬 인물들이 아주 많다. 여기에는 사상의 자유 원칙이 포함된다. 학자들은 진실한 심령의 수용을 위해 학파를 바꿀 수 있고 스승의 가르침을 고수할 필요도 없으며 선사처럼 도체에서 학문을 배우고 여러 스승을 찾아 도를 물을 수 있다. 사실 《명유학안》에서 황종희는 기본상 지역에 따라 학자들을 분류하였다. 그러나 동일한 지역에 살았던 학자들이라고 해도 학문의 기초가 같지 않고 서로 배척이 일어날 수 있다. 여기서 황종희는 자유정신을 가진 학자로서 심령의 진실한 수용을 중요시하고 외적인 문호와 사승을 중요시 하지 않았다는 것을 알 수 있다. 그가 반대하고 멸시하는 것은 "문호에 의지하고 독창성이 없이 문호의 의견을 그대로 모방하는 행동"이다. 학술에는 이치와 격식이 없어야 하고 쓸데없는 예절과 법제를 따지지 말아야 한다. 학술은 반드시 심령의 진실한수용에 유익해야 한다. 외재적인 심령의 수용에 관한 지식은 "경생의 학문"으로서 전인들의 낡은 학문을 그대로 계승하였기에 진실하게 수용할 수 없다. 이것은 속사(俗士)의 학문이다. 학자들이 응당 착안점을 두어야 할 곳은 진실한 수용에 있다. 설령 일편지견이나 반대되는 의견이라고 할지라도 자신에게 유용한 것이라면 모두 그 존재를 인정해주어야 한다. 도와 일본은 모두 다른 종지와 함께 생겨난 것이지 선재(先在)적이고 예설(預設)적인 존재가 아니며 학자의 심령과 무관한 존재가 아니다. 황종희의 이 일본수는 그가 인물을 선택하는 최고 표준이다.

둘째, 대표적인 철학자의 원시적인 자료를 선택해야 한다. 《명유학안》은 학안체의 본보기라 할 수 있다. 그 격식은 먼저 주석이 있는데 철학자의 생애와 학술취지에 대해 설명한다. 중간에 다른 사람들의 평론을 논박하고 바로잡았다. 마지막 부분은 철학자 본인의 저서에서 발췌한 내용이다. 저서의 선택에 관해 황종희는 《명유학안》의 대의에서 "자료를 정밀하게 선택했는가 하는 것은 학술사, 특히 학안의 성공여부를 결정짓는 중요한 지표이다. 학술사의 재료선택이 난잡하고 학자 일생의 정신과 공력이 드러난 저서가 어느 것인지 모른다면 가장 값진 내용을 빼먹을 수 있다.《명유학안》은 각 철학자들의 저서에 대해 아주 정밀하게 선택하였다. 황종희는 다년간 심혈을 기울려 명나라 사람들의 문집을 수집하고 일일이 읽어보았다. 중국 고인의 저작들은 모두 서신, 서, 발문, 비명록 등을 한데 묶은 것들이다. 전문적으로 학문을 논한 것이라고 해도 그 편폭이 아주 짧다. 중국학자의 저서를 선택하려면 반드시 분산된 수많은 자료에서 모래를 헤쳐 금을 가려내듯이 유용한 내용을 선택해야 했는데 이는 쉽지 않은 일이었다.《명유학안》의 재료선택은 명나라 사람들의 문집을 대량으로 열독한 기초위에서 "사용할 수 있는 것을 선택"하는 것을 원칙으로 철학자의 견해와 독창성, 학술 전반의 발전과정을 제일 잘 표현할수 있는 재료를 선택하였다. 짧은 것은 모두 수록하고 긴 것을 주요한 부분만 수록하였다. 표면적인 언어, 실제적이지 못한 언어, 쓸데없는 언어는 모두 수록하지 않았다. 수록한 내용들은 모두 마음속 깊은 곳까지 도달할 수 있는 언어와 진짜로 수용할 수 있는 언어들이었다. 전인들은 《명유학안》은 사학보다 철학적인 내용이 더 많다고 한 것은 황종희가 재료의 선택에 특별히 관심을 돌렸기 때문이다. 황종희 이전에 명나라 사람들 중에 이학사에 관한 저서를 내놓은 학자들이 몇 명 있었다. 그 가운데서 가장 유명한 것은 주여등의 《성학종전(生學宗轉)》과 손기봉(孫奇逢)의 《이학종전(理學宗傳)》이다. 그 득실과 우열을 따져보면 이 두 저서는 모두 재료의 선택 및 인물에 대한 평단(評斷) 등 방면에서 《명유학안》을 따라갈 수 없다는 것을 알 수 있다.

이것은 공허한 말이 아니다. 주여등은 선학으로 각 학파의 종지를 소화시켰고 학자들이 서로 구분되는 특별한 점도 제대로 짚어내지 못했다. 손기봉의 《이학종전》은 주희의 《이락연원록(伊洛淵源錄)》을 모방해 북송부터 명나라 말기에 이르는 유명한 이학자들의 사상을 서술하였다. 비록 저작의 일부를 첨부하였지만 대부분이 《진사록》, 《이락연원록》 등 자료에서 선택하거나 뽑아낸 것들이었다. 게다가 몇 개의 내용만 열거했는데 대부분이 귀에 익은 내용들이었다. 《명유학안》은 이와 달랐다. 강우와 용계, 강우와 황홍강(黃弘綱), 유방채(劉邦采), 유문민과 섭표, 나홍선 대해서 아주 세밀하게 소개하였다. 그는 그들 각자의 정신을 대표할 수 있는 내용을 모두 수록하였다. 황종희는 이런 말을 한 적이 있다. "명나라의 문장과 공적은 모두 전대보다 못하다. 그러나 유독 이학에서만 전대를 훨씬 초과하였다. 소털과 명주실 같은 것들이라도 아주 명확하였다. 그들은 선유들이 발견하지 못했던 것들을 발견해내기도 했다(《명유학안》 14쪽)." 황종희는 재료의 선택에 있어 소털과 명주실 같이 세밀한 것조차 대강 넘기지 않으면서 학자들의 세밀한 차이점을 발견해냈다. 이러한 재료는 모두 전집에서 결척(抉剔)해낸 것이다. 그의 지혜는 일반 학술사 편집자들이 감히 비길 수 없었다. 그가 선택한 재료들을 따라 그 학자들의 전집을 읽어보아도 전혀 잘못을 범할 걱정이 없었다.

  학술사를 저술하려면, 첫째는 재료선택에 주의해야 하고, 둘째는 평단(評斷)에 주의해야 한다. 평단에 자기만의 독특한 견해가 없거나 옳고 그름을 가리는 안목이 없어서는 안 된다. 황종희의 평단은 모두 선택한 자료에 근거하였고 절대 근거 없는 소리를 하지 않았다. 왜냐하면 그는 철학자로서 견해가 심각하고 날카로웠다. 또한 문장이 노화순청(爐火純靑)의 경지에 이르렀다. 그의 평어는 길이가 길던 짧던 그 학자의 주요한 정신을 제대로 집어낼 수 있었다. 또한 문자가 날카롭고 명쾌하며 통쾌하였다. 이러한 것들은 모두 《명유학안》이 학술적 명작이 될 수 있는 중요한 원인들이다.

  셋째, 종지를 제대로 파악하고 이 종지를 중심으로 논술을 전개해야 한다. 명나라 유학과 송나라 유학이 다른 점은 바로 송나라 유학자들은 종지가 없었지만 명나라 유학자들은 저마다 종지를 세웠다는 점이다. 황종희는 이 점에 대해 다음과 같이 말했다. "송나라 유학은 아직 분별되지 않았기에 주해를 많이 달았고, 명나라 유학은 혼성을 이루지 못했기에 종지를 세웠다(《명유학안》 330쪽)." 그 뜻은 송나라 유학자들이 "내가 육경의 의미를 풀이한다"라고 생각하고 사람마다 경서를 하나씩 혹은 여러 개씩 연구하곤 했다. 그들은 이학은 경학을 보조하는 학문으로 간주하였다. 그러나 명나라 유학자들은 이와 반대였다. 그들은 "육경이 나의 사고를 보충해준다"고 하면서 사서를 위주로 하였고 경학을 사서의 보조적인 증거로 간주하였다. 학자들은 모두 사서에서 제목을 찾아 자신의 종지로 내세웠다. 유종주는 이런 말을 한 적이 있다. "《대학》이라는 책을 놓고 정주는 성정을 말했고, 양명은 치지를 말했으며, 심재(왕간)는 격물을 말했고, 나여방은 명덕을 말했으며, 이재는 수신을 말했다. 그리하여 여기에 남은 내용이 없게 되었다(《명유학안》 13쪽)." 사실 정주는 성의정심만 강조한 것이 아니다. 그러나 명나라 유학자들이 종지를 내세우기 좋아했다는 것은 확실하다. 황종희는 종지란 한 학자기 일생동안에 얻은 심득의 체현이다. 한 학자의 학술사상을 이해하려면 반드시 그의 학술종지부터 파악해야 하고 한 학자를 연구하려면 그의 학술종지에서부터 시작해야 한다고 생각했다. 그러나 학술 종지는 간단한 몇 글자 밖에 안된다. 황종희는 《명유학안》에서 각 학자의 학술종지를 명확하게 해석하였다. 그리하여 이 책을 읽은 사람들로 하여금 다른 자료를 찾아 볼 필요도 없이 곧바로 요점을 파악할 수 있게 하였다.

황종희는 학자들의 종지를 정확히 파악한 다음 두, 세자로 이를 개괄해냈다. 예를 들면 진헌장의 "정에서 단서를 찾다", 왕양명의 "치양지", 왕간의 '격물', 왕용계의 "선천정심", 추수익의 '계구', 섭표의 '귀적', 이재의 '지수', 담약수의 "수체인천리", 나여방의 "적자양심, 불학불여", 유종주의 '신독' 등이다. 위에서 말했듯이 중국의 학자들의 저작은 대부분이 서신, 어록, 시문 등을 묶은 것으로서 대부분 학자들은 자신의 종지에 대해 상세한 연역과 논증을 진행하지 않았다. 그리하여 그 종지를 파악하고 생각의 맥락을 이해하기가 아주 힘들다. 《명유학안》에서는 각 학자들의 종지를 분명하게 제기하였다. 독자들은 그 종지만 파악하면 그 학문의 골격과 맥락을 알 수 있다. 그리고 다시 전집을 읽으면서 좀 더 깊은 이해를 거치면 그 철학자의 전반 형상이 눈앞에 훤히 나타난다. 이게 바로 《명유학안》을 학술사의 명작, 송명이학을 연구하는데 없어서는 안 될 중요한 서적이라고 칭송하는 원인이다.

황종희는 종지를 세우기 좋아하고 또 종지를 세우는데 능숙했다. 그러나 그는 반드시 일본만수의 근본강령으로 각 학자의 종지를 이해해야 한다고 강조했다. 반드시 각 학자의 종지를 도(道)로 보고 인류정신의 다른 방면으로 보아야 한다는 뜻이다. 도와 구체적인 종지를 결합시켜서 일반적인 것도 보고 개별적인 것도 보며, 인류정신의 전체도 보고 그 다른 표현형식도 보는 것이 정확한 방법이다. 만약 도체를 보지 못하고 종지만 내세우거나 부분만 보고 전체를 보지 못하는 것은 한부분에만 치우치는 학문이다. 일본만수의 종지와 일정한 거리가 있다. 이렇게 종지를 세우는 것은 아니 세우기만 못하다. 황종희는 송나라 유학자와 명나라 유학자의 다른 점을 구분할 때 다음과 같이 말했다. "송나라 유학자들은 무질서한 훈고를 싫어했다. 그리하여 반드시 학문의 종지를 세웠지만 그래도 훈고를 줄일 수 없다. 도라는 것은 천하의 이치이고 학문이라는 것은 천하의 학문이다. 따라서 달리 종지를 세울 필요가 있겠는가?(《명유학안》 330쪽)." 여기서 황종희가 종지를 세운 것을 반대한다는 말은 자신의 종지만 보고 도체를 보지 못하며 자신의 종지만 옳다고 고집하면서 다른 학문을 비하하는 행동이다. 황종희는 철학자, 철학역사가의 넓은 안목으로 천고의 학술 그리고 사상가 개인과 전반 인류의 정신적 성과 사이의 관계를 보았다.

넷째, 학술특징을 중시하고 억지로 종파를 세우는 것을 반대한다. 학술사를 저술하면 어쩔 수 없이 학파와 관련된 문제에 직면하게 된다. 그러나 학파를 나누어 설명하는 것은 매우 품이 드는 일이다. 《명유학안》에서는 학파의 개념이 없다. 서술이 편리하고 각 학파간의 학맥을 잘 파악하기 위해 《명유학안》에서는 왕양명의 제자를 지역에 근거하여 절중, 강우, 남중, 초중, 북방, 월민(粤闽), 태주와 같은 7개 학안으로 나누었다. 동일한 학안에 속하는 학자들이라 해도 학술의 종지가 같지 않다. 그리고 양명과 즙산은 따로 학안을 내왔다. 왕양명 이전의 학자들은 숭인, 백사, 하동, 삼원 네 개의 학안으로 나누었다. 왕양명과 동시대의 학자들은 감천학안에 귀속시켰다. 왕양명 이후의 학자들은 지수와 동림 두 개의 학안으로 나누었다. 왕문에 속하지 않고 또 명확한 귀속이 없는 학자들은 따로 제유학안을 만들었다. 《명유학안》의 이러한 처리방법은 학파의 문제에 있어 학술적으로 파벌을 나누지 않고 문호사이의 싸움을 반대하는 황종희의 관점을 근거로 한다.

이는 불교 내 각 파벌들이 정통의 자리를 차지하기 위해 원류(源流)를 계승하는 것을 매우 중요하게 생각했다는 말이다. 그러나 유학자들이 중요하게 생각했던 것은 정신적 전통을 이어나가는 것이었다. 유학자들은 스승의 가르침을 그대로 계승하고 전달하는 것을 중요하게 생각하지 않았다. 대부분 유학자들은 계승의 관계가 명확하지 않다. 공자는 학파에 얽매이지 않고 재능이 있는 사람을 스승으로 모셨다. 주돈이, 육구연에게도 명확한 계승의 관계가 존재하지 않는다. 정이, 정호의 학문은 원나라의 하기(何基), 왕백(王

柏), 김이상(金履祥), 허겸(許謙)에게까지 전해졌는데 그들이 중요하게 생각한 것은 가르침의 종지였지 단순한 학문의 계승관계가 아니었다. 명확한 사생관계라 해도 그 학문의 규구(規矩)를 그대로 따르지 않아도 된다. 사생관계가 없다고 해서 강제로 문호를 만들고 전통을 계승시킬 필요가 없다. 특히 계승자가 있는 것은 적파자손(嫡派子孫)이고 계승자가 없는 것은 사마외도(邪魔外道)라고 생각해서는 안 된다. 주, 육간의 논쟁에 관한 황종희의 의견은 아주 공정하다. 그는 주희와 왕양명 사이에 존재하는 학술적 차이는 일반 사람들이 생각하는 것처럼 그렇게 크지 않다고 제기했다. 그는 명나라 학자들은 계속 주자학과 양명학을 두 개의 단(兩大端)으로 보았다. 그 어떤 주자학자나 양명학자를 놓고 논쟁을 할 필요가 없다. 두 학문은 총체적으로 모두 유림에 속한다. 학술에 존재하는 차이점은 그대로 보존해두어 이후의 학자들이 각자 선택하게 해야 한다. 황종희의《명유학안》은 명나라 유학을 위한 학안이지 그 어느 학파의 정통을 위한 학안이 아니다. 왕문과 제유는 사이에는 좋고 나쁨의 구분이 존재하지 않는다. 황종희는 비록 황학에 속하지만 그는 계승한 것은 왕학의 말류의 퇴폐한 학문이었다. 그리하여 그는 왕학과 주자학을 합일시키려고 부단히 노력했다. 그는 이러한 관점에 근거하여 명나라 학술을 종합했고 주자학과 왕학을 한데 융합시켰다. 그는 철학 사학자의 공정한 태도로《명유학안》을 저술했다.

6. 《명이대방록(明夷待訪錄)》에 내포된 정치사상

황종희는 역사학자, 문학자일 뿐만 아니라 정치 사상가이기도 하다. 그는 평생 동안 줄곧 사회문제에 큰 관심을 가졌다. 특히 명나라가 망한 뒤, 역사적 경험을 종합하여 후세에게 국가를 다스리는 정확한 방법을 제시해주기 위해 그는 명나라의 사회, 정치 등 각 방면에 대해 전면적인 고찰을 진행하였다. 그렇게 그는 자기의 정치사상을 대표하는 저작인《명이대방록》을 세상에 내놓았다. 이 저서와 10여 년 전에 저술한《유서(留書)》에서 그는 군신의 관계, 법률의 본질, 학교의 기능, 선관(選官), 부세, 재정, 병제 등에 대해 자기만의 독특한 견해를 내놓았다. 특히 군신관계에 대해 격렬하게 비판하고 예리하게 분석하였다.《명이대방록》은 청정부의 금서였다. 그러다 무술변법 및 신해혁명이 시기에 매우 큰 작용을 하였는데 혁명가들은 이 책을 군주제를 반대하는 선전물로 사용하였다.

황종희는 우선 중국사회의 최고통치자인 군주의 탄생과 본분에 대해 자기만의 견해를 내놓았다. 그의 근거는 상상 속에 있는 유가의 3대 성왕이었다. 그는 사람이 동물적인 몽매함에서 벗어나 원고시대에 들어서면서 이익을 추구하고 피해를 없애려는 사람들의 요구가 생겨났고 이로 인해 군주가 탄생되었다고 생각한다. 이 시기의 군주는 "자신의 이익을 이익이라 하지 않고 천하의 사람들이 모두 그 이익을 누릴 수 있게 했다. 자신이 입은 해를 해라고 하지 않고 천하의 사람들이 그 해를 면할 수 있게 했다(《명이대방록·원군》,《황종희전집》1권, 2쪽)." 군주의 산생, 군주의 본분은 모두 자신의 이익이 아닌 군체를 위해 이익을 도모하기 위해서다. 이러한 군주는 민중들보다 몇 배나 더 힘들었다. 그리하여 옛날 사람들은 서로 군주의 자리를 피하거나 군주의 자리에 올랐다가 스스로 물러나거나 민중들에 떠받들려 하는 수 없이 군주의 자리에 오르곤 했는데 이는 모두 자연적인 일이고 모두 "편안한 것을 좋아하고 힘든 것을 싫어하는" 본성에 의한 것이다. 후에 사람들이 서로 군주의 자리를 놓고 다툼을 벌이게 된 것은 구주의 본분에 변화가 일어났기 때문이다.

지금의 군주는 최대의 권력을 소유한 사람이다. 그들은 군중들의 이익을 위해 설치된 국가를 자신의 사유재산으로 만들어놓았다. 그들은 천하의 이익은 자신의 것이고 천하의 해를 사람들의 것이라 생각하면서 "천하의 사람은 스스로 자신의 이익을 도모할 수 없게 만들었다. 나의 대사(大私)를 천하의 대공으로 만들었다. 처음에는 부끄러워했지만 나중에는 당연하게 생각했다. 그리하여 천하를 자신의 재산으로 삼아 자손들에게 물려주어 대대손손 복을 누리게 하였다(《명이대방록·원군》,《황종희전집》제1권, 2쪽)." 후세의 제왕들은 군주의 자리를 얻기 위해 천하의 백성들을 서슴없이 해하였고 또 정권을 얻은 뒤에는 그 정권을 공고히 하기 위해 천하의 백성들에게 서슴없이 해를 가하였다. 황종희는 "천하에서 가장 큰 재해는 바로 군주이다(《명이대방록·원군》,《황종희전집》1권, 3쪽)"라고 격분했다.

황종희는 후세의 소유(小儒)들이 내놓은 "군신의 의는 천지사이에 도망갈 곳이 없다"는 주장도 비판했다. 그는 옛날의 군중들이 군주를 존중하고 군주를 아버지와 하늘처럼 섬긴 것은 그 시절의 군주는 백성을 위한 군주였기 때문이라고 지적했다. 그러나 오늘날에 군중들이 군주를 원수와 폭군으로 생각하는 것은 지금의 군주는 자신의 이익을 천하의 이익으로 생각하기 때문이다. 무왕이 주왕을 토벌하여 폭군을 제거하고 백성들을 위해 이익을 도모하였다. 맹자가 "백성이 가장 귀하고, 그 다음이 사직(社稷)이다. 군주가 가장 천하다"라고 말했다. 후세의 전제군주(專制君主)는 민권이 군권 위에 있는 것을 싫어하고 민중들이 군주를 아버지로, 하늘로 섬기는 관념을 버리는 것을 두려워 《맹자》를 폐지하고 《맹자》의 내용을 고쳤다. 황종희는 후세의 군주들은 군주의 자리를 자신의 사유재산으로 간주하면서 이것을 자손들에게 끊임없이 물려주길 원했다. 그러나 그들이 죽은 뒤, 군주의 자리를 차지하는 것은 대부분 다른 성씨의 사람들이었고 말기의 군주는 그 처지가 매우 참담했다. 이러한 현실들이 군주의 자리를 탐내는 사람들의 마음을 바꿔 놓을 수도 있다. 그는 군주는 일반 관리와 다를 바가 없고 군주의 권리는 무제한이 아니라고 생각했다. 천자는 공경, 백관과 등급의 차이가 존재한다. 하지만 이러한 차이는 등급에만 존재하지 다른 데에서도 차이가 존재하는 것이 아니다. 황종희의 이러한 사상은 참으로 고귀하다. 군주제를 없애고 군주의 절대적인 권력을 줄이며 군주의 권력을 억제할 수 있는 효과적인 제도를 건립하여 정확한 군신관계를 수호하려고 한 그의 생각은 매우 강한 현실적 의의를 갖고 있다.

황종희가 군주의 본분에 대해 토론한 것은 후세들에 의해 왜곡된 군주의 이치를 바로잡아 유가의 성군이상(聖君理想)을 회복하기 위해서다. 이는 이상적인 생각이기는 하다. 그는 후세의 군주들이 군주의 본분을 왜곡하고 천하의 모든 것을 자신의 사유재산으로 삼은 것에 대해 비판하였고, 소유(小儒)들이 군주의 본분의 변화를 무시한 채 무조건 군주를 수호하는 행동에 대해서도 비판하였다. 이 모든 것들은 정치제도와 통치권의 근본적인 대계에 착안점을 두었다. 그는 제왕의 개인도덕과 치국능력에 근거하여 군주를 평가하는 제한된 짧은 안목에서 벗어났다.

황종희는 신하의 본분에 대해서도 토론을 하였다. 그는 신하는 군주를 도와 백성을 다스리는 사람으로서 신하를 두는 것은 백성을 위한 것이지 군주를 위한 것이 아니라고 주장했다. 왜냐하면 천하와 국가는 너무도 크기 때문에 군주 한 사람으로 미처 다스릴 수 없기 때문이다. 그리하여 관직을 만들어 그 직책을 분담하였다. 신하라고 하는 사람은 천하를 위해야지 군주를 위해서는 안 된다. 또한 만민을 위해야지 백성 한 사람을 위해서도 안 된다. 그리하여 항상 천하만민을 생각하면서 천하만민에 불리한 일은 군주가 강제적으로 시켜도 절대 하지 말아야 한다. 황종희는 치란(治亂)에 대해 매우 탁월한 견해를 가지고 있다. "천하의 어지러움을 다스리는 것은 백성 한 사람의 흥망에 관계되는 것이 아니라 만민의 근심과 즐거움과 관계된다(《명이대방록 · 원신》, 《황종희전집》 1권, 5쪽). 역사적으로 볼 때 폭정의 멸망은 천하태평의 시작이고, 폭정의 시작은 재앙의 시작이다. 군자로서 이 이치를 모른다면 만민의 즐거움과 괴로움을 모르는 것이다. 그리하여 군주를 도와 나라를 다스릴 수 있다고 해도 혹은 군주를 위해 목숨까지 바치는 절개가 있다 해도 신하의 이치에 맞지 않다. 세상의 신하들이 이 이치를 모르는 것은 신하는 군주가 만들고 군주가 백성을 다스리는 본분을 신하에게 내려주었기 때문이다. 이것은 천하의 인민을 자신의 개인 소유물로 생각한 것이다. 신하는 천하의 노고, 백성의 질고가 군주에게 위험이 될까봐 백성을 다스리는 기술을 부단히 개진하곤 했다. 만약 군주의 정권에 위협이 되지 않는다면 천하의 노고, 백성의 질고에는 전혀 신경을 쓰지 않는다. 군주의 정권의 안위만 고려하면 아무리 선한 정치를 한다 해도 모두 신하의 이치에 맞지 않다. 군신관계는 응당 군주와 신하는 모두 천하의 백성을 위해 일하는 사람이여야 한다. 다만 그 본분에 차이가 있다. 천하를 다스리는 일은 여러 사람들이 함께 큰 나무토막을 당기는 것과도 같다. 군주와 신하는 그 나무토막을 함께 당기는 사람들이다. "천하를 위하지 않는 신하는 군주의 머슴이고 천하를 위해 일하는 신하는 군자의 스승과 벗이다(《명이대방록 · 원신》, 《황종희전집》 1권, 5쪽)."

군신의 관계에 대한 황종희의 관점은 매우 뛰어나다. 그의 중심관점은 바로 천하는 만민의 천하이지 군주 한 사람의 천하가 아니며 군주와 신하는 모두 만민의 천하를 다스리는 사람이고 각자 맡은 본분이 다를 뿐이라는 것이다. 여기서 군중을 근본으로 삼는 그의 사상이 명확하게 드러났다. 명나라 후기에 환관이 정권을 탈취하고 외척과 결탁하여 조정의 정인군자들을 박해하였다. 조정의 관원들은 스스로를 보존하기 위해 입을 닫고 몸을 움츠렸다. 황종희는 바로 명나라 말기의 이렇듯 암흑과 같던 정치 상황을 보고 거기서 계발을 받아 신의 이치에 대한 생각을 서술하였던 것이다.

황종희의 비판의 칼날은 고금의 법제에도 향하였다. 그가 말한 법은 법률, 법령에 제한되지 않고 국가의 제도와 시설 등을 총괄해서 가리킨다. 그는 삼대이전에는 법이 있었지만 삼대이후부터는 법이 없어졌다고 생각했다. 삼대의 법은 백성의 요구를 근거로 하고 갖가지 정령, 제도의 설립은 모두 백성의 실제이익을 출발점으로 한다. 그러나 이후의 군주들이 법률과 법령, 정치제도의 설치한 것은 자기의 통치를 공고히 하기 위해서다.

진시황이 봉건(封建)을 군현(郡縣)으로 바꾼 것은 군현이 중앙통치에 더 이롭기 때문이다. 한나라에서 왕과 제후를 봉한 것은 제후국이 중앙정부의 보호벽이 될 수 있기 때문이다. 송나라에서 제후의 권력을 폐지한 것은 제후가 조정의 명령에 복종하지 않았고 제후의 세력이 너무 커져서 관리하기가 어려웠기 때문이다. 이 모든 것은 군주 자신의 통치를 이롭게 하기 위해서지 백성을 위해서가 아니다. 황종희는 삼대의 법과 후세의 법을 다음과 같이 비교했다.

근본적인 구별은 삼대의 법은 천하를 위한 법이고 후세의 법은 개인을 위한 법이라는 것에 있다. 개인을 위한 법은 만든 사람, 법을 고치는 사람 모두 개인의 이익을 목적으로 한다. 개인을 위한 법은 설령 법을 다스리는 사람이 있다고 해도 그 범위를 벗어나지 못한다. 황종희는 법이 천하를 위한 법인지 개인을 위한 법인지 구분하는 관건은 "다스리는 법이 있고 다스리는 사람이 있는 것"이다. 천하의 법은 법 밖에 다른 큰 공간이 존재한다. 천하의 법에서 정확한 행위는 당연히 법에 허용되고 정확하지 않은 행위라 해도 처벌을 받지 않는다.

옛날과 지금의 정치제도와 법률제도에 대한 황종희의 비판에는 민중을 근본으로 하는 색채가 아주 강하다. 그러나 여기에는 공상의 성분도 매우 많이 들어있다. 천하의 법과 개인의 법을 구별한 근거는 이상적인 삼대의 법이다. 삼대의 법이 도대체 어떠하였는지는 후인이 잘 알 수가 없다. 성문법이 형성된 지 수 천 년이라는 시간이 흘렀고 법률이 이미 사회생활에서 없어서는 안 되는 중요한 요소로 자리매김한 현재에 삼대의 법으로 세상을 다스리겠다는 그의 이상은 실제적이지 못한 데가 있다.

황종희는 학교의 성질과 기능에 대해서도 독특한 생각을 갖고 있다. 그가 생각하는 학교는 후세의 학교처럼 단순한 교육기구가 아니라 고대사회의 선교기구와 비슷하다. 그 직책은 정치토론으로 정치에 영향주고 교육으로 인재를 배양하며 예악으로 백성을 교화하여 선량한 풍속을 만들어내는 것이다. 황종희는 "학교는 선비를 양성하는 곳이다. 그러나 고대의 성왕들의 뜻은 그렇지 않았다. 그들은 천하를 다스리는 모든 방법이 학교에서 나와야 하고 그래야 학교를 세운 목적이 제대로 실현될 수 있다고 생각했다(《명이대방록·학교》,《황종희전집》1권, 10쪽)." 지식인을 배양하는 것은 학교의 모든 임무가 아니다. 학교는 백성들의 뜻을 대표하고 정치 상황을 반영하며 편안한 분위기를 만들어 내는 장소이기도 하다. 학교의 첫 번째 직책은 정치에 대해 토론하는 것이다. 이러한 토론은 자유롭다. 학교는 "조정이든지 민간이든 학교의 영향을 받아 저도 모르게 책에 나오는 것처럼 너그럽고 관대한 기상을 가지게 되었다. 천자가 옳다고 하는 것이 반드시 옳은 것이 아니다. 천자가 그릇되었다고 하는 것이 반드시 그릇된 것도 아니다. 천자 또한 감히 스스로 옳은지 그른지 판단하지 않고 학교에서 시비를 공론화하였다(《명이대방록 · 학교》, 《황종희전집》 1권, 10쪽)." 학교는 편안한 분위기를 만들어낼 수 있다. 또한 보이지 않는 감독자 역할을 담당할 수도 있는데 군주와 백관, 정령의 설치는 모두 학교의 의견을 고려해야 하고 감독을 받아야 한다. 천자는 감히 최고의 권력을 내세우면서 학교의 감독을 거절할 수 없다. 백관도 학교의 정치의견을 들어야 하고 직권을 이용하여 사적인 이익을 도모할 수 없다. 황종희는 삼대이후에 학교의 정치토론 기능이 점차 소실되었다고 생각한다. 역사적으로 동한의 태학생들은 조정을 비판하고 인물을 평가했는데 권세를 믿고 횡포를 부리는 사람들도 그들의 비판이 두려워 내놓고 나쁜 짓을 하지 못했다. 북송시기에 태학생들이 석고대죄를 하면서 이강을 위해 청을 올린 사건이 있었다. 그러나 학교의 지식인 집단들이 정치에 일으키는 역할이 점차 약해졌다. 조정에서는 민간의 여론감독을 잃게 되었고 모든 것은 천자의 무한한 권력에 통제되었다.

조정의 유도와 고압적인 정책아래 학교는 점차 정치를 토론하고 감독하는 기능을 상실하고 과거시험을 위해 인재를 양성하는 곳으로 전락되었다. 재물과 벼슬을 추구하는 학생들이 늘어남에 따라 인재를 배양하는 학교의 기능에도 변화가 일어났다. 황종희는 이러한 현상을 엄하게 비판했다.

여기서 황종희는 명나라 말기에 조정과 정치권 밖으로 물러난 지식인 사이에 일어난 잔혹한 투쟁 그리고 권력을 탈취한 환관들이 정직한 사람을 박해하고 위학을 금지하고 서원을 파괴하는 행동에 대한 자기의 생각을 논했다. 그 목적은 조정에서 실시한 고압정책과 이로 인해 지식인들이 박해를 받게 된 현실을 비판하기 위함이다.

황종희는 인재를 배양하는 학교의 직능에 대해 새로운 구상을 내놓았다. 그는 군현의 관학은 군현에서 함께 토론하여 유명한 유학자를 모셔서 주관하게 해야 한다고 제기했다. 군현의 학교에는 《오경》을 가르치는 스승이 있어야 하고 병법, 역산, 의약, 활쏘기와 말타기를 가르치는 스승도 있어야 한다. 관학 이외에 사관, 암당을 서원, 소학으로 고치고 사원의 재산을 학교로 돌려놓아 생활이 빈곤한 학생들을 구제해야 한다. 국가의 최고 학부인 태학은 가장 유명한 대유 혹은 관직에서 물러난 재상을 제주로 모셔야 한다. 매달 음력 초하루가 되면 천자는 재상, 육경, 간의대부(諫議大夫)를 거느리고 태학에서 강의를 들어야 한다. 천자, 백관은 모두 제자의 자리에 앉아서 강의를 듣는다. 정치적으로 존재하는 문제에 대해 제주는 거리낌이 없이 이야기할 수 있다. 나이가 15세 이상이 되는 천자의 자식들은 모두 태학에서 공부를 해야 한다. 그래야 민심을 이해하고 고생을 경험할 수 있다. 계속 궁궐에서만 지내면 보고 듣는 것이 환관과 궁첩의 범위를 벗어나지 못하기 때문에, 자기가 가장 잘났다고 생각하는 나쁜 습관이 생길 수 있다. 군현에서는 매달 두 번씩 진행하는데 그 순서는 태학의 것과 일치하다. 인재를 선발함에 있어 학교의 학관들은 지방교육을 관할하는 제학에 예속되지 않는다. 학관과 제후는 스승과 친구 관계이다. 학관은 지방에서 우수한 인재를 뽑아 태학에 보내고 태학의 우수한 인재는 예부로 보내져 관직을 수여받는다. 각 등급의 학교에서 중학생의 출척(黜陟)은 학관이 주관하고 제학은 여기에 참여할 수 없다.

학교는 백성을 교화하여 선량한 풍속을 만드는 곳이기도 하다. 시골에서 술을 마실 때, 모든 군현에서 관직이 높은 사인과 서민 중에서 나이가 많고 잘못을 범하지 않았던 사람이 높은 자리에 앉는다. 학관과 군현의 후배들은 모두 인사를 올리고 가르침을 구해야 한다. 이렇게 노인을 공경하는 기풍을 세워야 한다. 시골에서 품행과 학문이 깊어 존경받는 사람의 사당은 세력의 영향을 받지 않는다. 세우거나 폐지하는 것은 모두 업적, 학문과 덕행을 근거로 한다. 마을의 선현의 능묘와 사우(祠宇)를 꾸미고 표창하는 것은 모두 학관의 일이다. 민간의 혼사, 상사, 시집 그리고 장가에 관한 일은 모두 주희의《주자가례(朱子家禮)》를 따라야 한다. 서민들은 모르는 것이 있으면 학관을 찾아 문의할 수 있다.

학교에 관한 황종희의 생각은 이상 속의 삼대학교를 남본(藍本)으로 하였지만, 그 가운데 실행이 가능한 내용이 군신, 법제에 관한 내용보다 더 많다. 그는 정치권 밖으로 밀려난 지식인들이 직접 국가의 정치에 참여하지 못하지만 토론, 교육, 교화의 기능을 모두 갖춘 학교를 통해 사회의 사무에 참여하려는 이상을 대표하였다.

황종희는 예리한 안목과 비판정신을 갖춘 사상가이다. 그는《명이대방록》에서 재정, 부세, 병제, 인재선발, 환관으로 인한 재앙 등 문제를 토론하였다. 그의 생각에는 비록 공상적인 부분이 많기는 하지만 총체적으로 그는 동시대의 지식인들보다 미래사회의 추세를 정확히 내다보았다. 그의 책은 이후의 민주운동에서도 아주 중요한 역할을 발휘하였다. 그를 "새 시대의 개척자(펑우란의 말)"라고 부르는 데에는 모두 그럴만한 이유가 있다.

제 29 장
진확(陳確)의 철학사상

진확은 명말, 청초의 사상가이다. 그의 사상은 명나라에서 청나라로 넘어하는 시기의 특징을 갖고 있다. 즉, 기절(氣節)을 중요시하면서 또 수신을 숭상하고, 실제를 중요시하면서 또 사회문제 해결에 주의를 돌리는 등이다.

진확(1604~1677)의 본명은 도영(道永), 자는 현비(玄非)이나, 명(明)이 망한 뒤 이름을 확으로 자를 건초(乾初)로 고쳤다. 절강 해녕 사람이다. 어릴 때 형님한테서 글공부를 배웠다. 젊어서부터 재능을 인정받아 이름을 날렸지만 계속 과거시험에 붙지 못했다. 숭정 13년에 늠생(廩生)이 되었지만 평생 관직을 맡지는 못했다. 40세 때 축개미(祝開美), 오중목(吳仲木)과 산음에 가서 유종주한테서 학문을 배웠다. 유종주는 그들에게 《고역》을 가르쳤다. 몇 달 뒤에 그들은 다시 집으로 돌아왔다. 후에 또 한 번 유종주를 찾아 산음으로 갔었다. 유종주가 단식으로 목숨을 끊은 뒤에 유종주의 아들 유작(劉汋)의 요청을 받아 유종주의 유서를 정리하였다. 장여상과 함께 장사를 지내는 풍속을 바꿔야 한다고 주장하기도 했다. 만년에 손발이 굳어지는 병을 앓아 15년간 집밖을 나가지 못했다. 주요한 저서에는 《대학변(大學辨)》, 《성해(性解)》, 《장서(葬書)》 등이 있다. 현재 그의 저서를 한데 묶은 《진확집(陳確集)》이 있다. 그 외에 《즙산선생어록》도 있었는데 지금은 소실되었다.

1. 《대학》에 관한 논쟁

《대학변》은 1654년에 저술되었는데 진확의 가장 중요한 철학저서이다. 그는 책을 다 쓴 다음 그 당시의 유명한 학자들에게 모두 보여주었다. 그 가운데는 황종희, 장여상, 유작, 운충승(惲仲升) 등이 포함된다. 그는 책에서 《대학》에 대한 맹렬한 비판을 진행하였다. 그 당시의 학자들은 대부분이 사서의 구의(舊義)를 배웠다. 그리하여 책을 읽은 사람들은 모두 글을 써서 그를 공격하였다. 진확은 일일이 답서를 보내 자신의 뜻을 해석하였다. 《대학》은 《예기》에 나오는 문장이다. 한나라의 한유가 《대학》을 특별히 칭찬하기 전까지 《대학》에 대한 학자들의 관심은 다른 유가경전보다 약했다. 지어 이것을 공자의 저서로 간주하지도 않았다. 한유가 《대학》에 높은 평가를 내린 뒤 정이, 정호가 《대학》을 성인의 책이라고 평가하였고 주희는 대학을 《논어》, 《맹자》, 《중용》과 함께 묶어서 사서라 하고 여기에 주해를 달았다. 주희의 《사서집경》이 과거제도의 교과서가 되면서부터 대학의 위치가 나날이 중요해졌다. 그러나 일부 학자들은 《대학》이 공자의 저작이 아니라는 의혹을 제기하였다. 왕양명도 그런 학자들 중의 한명이다. 진확의 태도는 특히 격렬했다. 그는 《대학》이 공자의 저작이 아니고, 《대학》에 나오는 취지가 공자의 종지에 부합되지 않는다고 주장했다.

진확은 우선 《대학》의 대(大)는 공자의 종지에 맞지 않는다고 지적했다. 공자는 항상 "하학상달"을 이야기했고 여기서 일관된 종지를 얻었다. 학술에는 크고 작음의 차별이 없고 배움에는 나이의 많고 적음을 따지지 않으며 방법은 항상 하나고 대학과 소학의 구분이 없다. 대학이라는 것은 성년의 학문이지만 성년과 동자의 수양공부는 동일하다. "옛사람들의 배움은 어릴 때부터 늘그막까지 이어졌다." 대학, 소학을 나눈 것은 나이가 어린 사람들이 조금 더 크면 배우게 하기 위해서다. 그러나 도덕수양에는 기다림이 필요 없다. 동자에서 성년이 될 때까지 끊임없이 배워야 한다. 그리하여 《대학》이라는 단어는 통하지 않는다.

진확은 또 《대학》의 삼강령은 "모르는 사람이 한 말"이라고 제기했다. 《대학》의 "명덕", "친민", "지어지선"은 《상서》의 《요전(堯典)》에서 온 것이다. 《요전》의 뜻은 이 세 가지는 연쇄관계로서 서로를 포함하고 있다. 그러나 《대학》에서는 완전히 세 가지로 나뉜다. 그리고 명명덕의 "명"은 쉽게 허무해질 수 있고 "친민"의 "친"은 친한 것과 친하지 않는 것의 구별이 있다. 선에는 멈춤이 없고 공부에도 멈춤이 없다.《대학》에서 말하는 멈춤은 공부를 여기서 멈추고 다른 것을 배울 필요가 없다는 뜻으로 이는 선학에서 말하는 "한 가지 깨우침 외에 아무 것도 없다"는 것과 같다. 지식에는 제한이나 그침이 없어야 한다. "공부에 어찌 그침이 있을 수 있겠는가? 선 가운데 또 선이 있고, 지선 가운데 또 지선이 있는 법이다." 그리하여 진확은《대학》의 삼강령은 "모두 하찮은 학문에 관한 터무니 없는 소리이고 가짜 학자들의 천박한 견해"라고 말했다.(《대학변》,《진확집》554쪽)

진확은 주희의《대학보전》에 나오는 "한순간에 활연관통한다"는 관점에 동의하지 않았다. 진확은 선에는 끝이 없고 선은 멈출 때가 없다고 말한다. 선은 이미 형성된 존재가 아니라 끊임없이 변화하는 과정이다. 즉물궁리로부터 말하면 천하의 의리는 무궁하고 한 사람의 힘으로서 천하의 모든 이를 연구할 수 없으며 "한순간에 활연관통"할 때가 없다. 여기서 진확이 말하는 선과 이는 모두 구체적인 존재라는 것을 알 수 있다. 그가 말하는 이(理)는 천지만물에 관통되고 체현되는 '천리'가 아닌 구체적인 사물의 이(理)다. 천리는 관통할 수 있지만 물리는 각각 모두 다르다. 궁리는 양의 증가와 축적이지 질의 비약은 아니다. 활연관통한 뒤에 천하의 이를 관리하지 않아서는 안 된다. 진확은 물리로 주의가 관통하려는 '천리'를 이해하고 반대하였는데 여기에는 실증주의 색채가 아주 짙다. 이 것은 구체적인 물리에서 천리를 체인해야 한다는 이학자들의 가르침과는 큰 차이가 존재한다. 주희의 "사물의 정밀함과 조박함이 모두 드러나게 되며, 내 마음 온전한 본체와 커다란 작용이 다 밝혀지는 경지에 도달하게 된다"는 말에 대한 이해도 주희의 원뜻과 많이 차이가 난다.

진확은 또《대학》은 '성의', '정심' 이후부터 점차 무질서해졌다고 제기했다. '정심'과 '성의'는 같은 단어가 반복된 것으로서 정심을 말하면 다시 성의를 반복해서 말하지 말아야 한다. 마음과 의(意)는 두 개로 완전히 갈라질 수 없다. 성의만 말하는 것은 성(誠)하지 못한 것이다. 진확은 뜻은 '성(誠)'은 주체의 성질과 상태를 나타내는 개념이고 성(誠)에는 의념뿐만 아니라 행위까지도 포함된다는 말이다.《중용》의 '성신(誠身)'에는 두 개의 내용이 포함되는데 '성의'보다 더 전면적이다. 성의만 이야기한다면 정념두만 있고 실제행동이 없는 서재(書齋)에서 말하는 '성(誠)'이 되고 만다. 이러한 성(誠)은 사실 성(誠)이 아니고 "반드시 실제로 실행해야만 진짜 성((誠))"이다. 그 외에 진확은 성의는 "정심"

이고 공부의 강령이라고 생각했다. "오늘 정심을 구하지 않고 격치 이후에 하려고 기다리는 것은 그야말로 칼을 거꾸로 잡고 자루를 남에게 주는 행동이다(《대학변》, 《진확집》 555쪽)." 성의는 정이, 정호가 말한 '주경'이고 왕양명이 말한 "치양지", 유종주가 말한 '신독'이다. 《대학》에서는 격물은 성의정심보다 먼저여야 한다는 주장은 이러한 종지에 부합되지 않는다. 격물치지에 대한 이학 학자들의 해석은 대부분 《대학》의 주장과 반대되는데, 이치가 적절하지 않기 때문이 아니라 이(理)로서 《대학》을 구할 수 없기 때문이다.

진확은 또 "《대학》에서는 지(知)를 말했지만 행(行)을 말하지 않았다. 따라서 이는 선학임이 틀림없다. 친민 그리고 기(齊), 치(治), 평(平)을 이야기하면서 겉과 속을 모두 다스려야 한다는 것처럼 말했지만 실은 근거 없는 말만 늘어놓았다. 생각에 가치가 있다고 할 수 있는 부분은 '치지'와 '지지' 밖에 없다. 그 나머지는 빈 학문들이다(《대학변》, 《진확집》 557쪽)." 여기서 진확은 유가에서 실천을 중요하게 생각하는 입장에서 출발하였지만 말하고 행을 말하지 않는 것을 모두 선학으로 간주했다. 그리고 선학에서는 마음을 다스리는 것만 이야기하고 수제치평(修齊治平)에 관한 것은 말하지 않는다. 중국 고대의 성현들이 중요하게 생각했던 것은 모두 실천에 있다. 《서》경에 나오는 "아는 것이 어려운 것이 아니라 행하는 것이 어렵다"고 한 말은 바로 이 이치를 잘 설명해준다. 《대학》에서 강조한 '치지'와 '지지' 등 내향적인 공부는 모두 이 이치에 어긋난다. 진확은 이런 말까지 한 적이 있다. "성학이 불명하게 된 것은 바로 이 때문이다. 《대학》을 폐지해야 성도가 명백해진다. 《대학》을 실행하면 성도가 불명해지고 또 유학의 교육과 깊은 관련이 있다. 그러니 좋든 싫든 반드시 논쟁할 수밖에 없다(《대학변》, 《진확집》 557쪽)." 《대학》은 성인의 책이 아닐 뿐만 아니라 오히려 도를 해칠 수 있다. 그가 《대학》에 대해 토론한 목적은 장애물을 제거하고 성학의 전통을 회복하기 위해서였던 것이다.

진확은 《대학》이 성행하게 된 과정을 통해, 《대학》이 유가에 원래부터 있던 경전이 아니라고 설명했다. 그는 《대학》은 공자, 증자의 말을 인용하였는데, 일부의 내용을 제외하고는 무엇을 근거로 했는지 알 수가 없다. 서한시기에 《예기》가 나왔고 송나라까지 천여 년을 전해져 내려왔지만, 이때까지 아무도 《대학》은 공자와 증자가 쓴 책이라는 말을 한 적이 없다. 정이, 정호, 주희가 《대학》을 칭찬한 뒤부터 《대학》은 사서에 포함되어 유가경전의 행렬에 들어서게 되었다. 정주부터 명말에 이르기까지 500여 년 간 아무도 이 책을 가짜 경전이라고 의심하지 않았다. 여기서 사람들이 "귀만 믿고 마음을 믿지 않는다"는 것을 알 수 있다. 그는 실사구시의 원칙에 근거하여 《대학》의 낡은 관념을 평가했다. 왕양명의 "치양지"는 신독을 강조하는데 이것은 《대학》의 잘못을 바로 잡기 위해서다. 그러나 《대학》은 너무 오랫동안 사람을 미혹시키고 잘못을 계속 옳은 것처럼 말했기에 이것을 구제할 방법이 없다. 그러니 아예 이것을 버리고 다시 성경현전이 아닌 《예기》의 일부분으로 돌아가야 한다. 진확은 그의 이러한 대담한 언론과 행동들이 반드시 모든 세유들에게 받아질 것이라고 한다고 생각하지 않았다. 그는 "마음을 믿고 이를 믿을 뿐이다"고 말했다. 그는 《대학》을 논한 이유와 결심에 대해 말했는데, 진확의 《대학변》이 세상에 나온 뒤 학자들은 놀라움과 격분을 금치 못했다. 곧 각종 질의가 쏟아져 나왔지만 진확은 태연한 자태로 일일이 답변했다. 그는 《답격치성정문(答格致誠正問)》에서 《대학》의 8가지 조목의 순서에 따라 답변하였다. 그는 《대학》이 성의가 정심보다 먼저이고, 격물치지는 성의정심보다 먼저라고 주장한 것을 완전히 틀린 주장이라고 말했다. 이는 성의는 정심보다 먼저라고 주장하는 것은 의지와 마음을 둘로 나누어 본 것이다. 의와 마음도 원래부터 하나이기에 이것들을 둘로 나누어 보아서는 안 된다. 그는 성(誠)이라는 것은 "최상의 학문"이라고 생각했다. 성이 마음에 맞으면 정심(正心)은 정심내의 염두만 말하는 것이고 성은 "의(意)" 뿐만 아니라 몸과 마음의 두 가지 수양을 말하는 것이다. 마음과 의에 대한 진확의 해석은 유종주와 다르다. 유종주는 의는 마음에 존재하고 후천적으로 생겨난 마음속의 생각을 결정짓는 선천적인 경향으로서 이것의 형이상학의 근거는 독체(獨體)라고 생각했다. 그러나 진확은 의는 마음에서 생겨난 존재로서 후천적으로 발생한 염두라고 생각했다. 이것은 주희, 왕양명의 해석과 일치하다. 진확의 주요한 저서를 살펴보면 그는 비록 유종주한테서 학문을 배웠지만 유종주의 생각과 많이 다르다는 것을 알 수 있다. 유종주는 탁월한 형이상학 학자이다. 진확에게도 확실히 비교적 강한 실증경향이 존재한다. 유종주가 얻은 깨달음은 비교적 깊고 광대하다. 그는 정주육왕 및 양명의 제자들의 학문에 대해 깊은 연구를 하였다. 그러나 진확이 얻은 깨달음에는 부족한 면이 많다. 특히 심학에 있어 그러하다. 그리하여 그의 학문은 감히 유종주와 대등한 단계에 도달하지는 못했다. 그의 학문은 황종희와도 큰 차이가 난다고 하겠다.

진확은 왕양명의 《고본대학(古本大學)》을 반대했다. 그는 왕양명이 주자가 고친 내용을 제거하고 《대학》의 본래 모습으로 되돌려 놓은 것은 칭찬할 만한 일이라고 생각하지만《대학》을 공자와 증자가 쓴 책이라고 말하는 것에는 동의할 수 없다고 말했다.《대학》의 옛날 판본은 새 판본과 장절, 구절 등이 같지는 않지만,《대학》이 공자의 책이라는 생각은 여전했다. 왕양명은 옛날 판본을 믿었기에 "책에 반영된 정주의 관점만 제거하였다." 진확은《대학》에 관한 왕양명과 주자의 논쟁은 "격물치지"의 해석에 집중되었다고 제기했다. 왕양명은 치지를 "치양지"로 해석했고 주희는 치지를 '궁리'로 해석했다. 왕양명은 내에서 밖으로, 주희는 밖에서 안으로 해석하였기에 양자의 의견은 조화를 이룰 수가 없다. 그러나《대학》이 독립적인 유가경전이 아니라는 점에서 볼 때, 주희와 왕양명의 논쟁한 내용은 모두 올바른 이치들이다. 진확은 다음과 같이 생각한다. 한유가《대학》을 높이 평가한 뒤로《대학》이 점차 많은 관심을 받게 되었고 송나라의 진종은《대학》,《중용》의 문구를 새로 합격한 진사들에게 하사하기도 했다. 이로부터 위로는 좋아하는 사람들이 생기고 아래로 따르는 사람들이 생겨나면서 학자들은 서로 이것을 배우고 읽히면서 자신의 몸값을 높였다. 그러나《대학》에는 실제로 깊은 내용이 없다.

진확이《대학》은 성경현서가 아니라고 주장한 것에는 매우 큰 이론적인 용기가 필요하다. 특히 사람들이 이학을 믿는 사람들이 많고 사서가 학자들이 함께 배우고 따르는 기본경전이 된 상황에서 이것을 의심한다는 것은 결코 큰 모험이 아닐 수 없다. 이에 대해 진확은 매우 정확한 인식을 갖고 있었다. 그는 "도라고 하는 것은 많은 성인과 학자들이 함께 공유하는 도이고 천하의 모든 사람들이 배우는 도이다. 이것은 한 사람의 개인적인 소득이 아니다. 믿으면 말하고 의문이 있으면 제기해야 한다. 옳은 것은 계승하고 아닌 것은 버려야 한다. 그러니 꺼려할 것도 두려워할 것도 없다(《취박산방첩(翠薄山房帖)》,《진확집》565쪽)." 진확은 일생동안 학문을 연구하고 강회에 참가하지도 않았고 제자를 받지도 않았다.《대학》에 대해 토론하는 것은 그의 일생에서 가장 중요한 이론 활동이었다. 이 일을 하게 된 원인에 대해 진확은 아주 명확하게 말했다.

진확은《대학》의 가장 큰 문제점은 격물치지를 제일 먼저 해야 할 일로 생각했다는데 있다고 생각한다. 격물치지는 대부분이 지식과 관련된 일이다. 배우는 사람들은 이것에 습관이 되면 그 속에 무슨 문제점이 있는지 모르게 된다. 그리하여 저도 모르게 불노(佛老)의 길에 들어서게 되고 명물훈고(名物訓詁)에 빠지게 된다. 격물의 학문은 몸을 수양하는 것과 아무 관계도 없게 되었고 유가의 근본종지를 벗어났다. 유생들은 이런 것에 습관이 되어 전혀 잘못된 점을 느끼지 못한다. 설령 잘못된 점을 발견한 사람이 있다 하더라도 다른 사람들의 입이 두려워 감히 나서지 못한다. 진확은 천하와 후세를 위해 이러한 적폐를 제거하려고 마음을 먹고 용감히 《대학》에 비판의 칼날을 들이댔다. 진확이 살았던 때는 명나라에서 청나라로 넘어가는 동란의 시기였다. 해야 할 일도 많고 국가가 불안정하고 민중이 고통을 받는 이러한 시기에 그는 여전히 《대학》에 대한 논쟁을 멈추지 않았다. 아마 그는 만족(滿族) 정권이 점차 온고해지면서 중화가 더는 타락하지 않게 된 것은 모두 도가 있고 학문이 있기 때문이라고 믿었을 것이다. 이 시기에 《대학》에 대해 논쟁한 것은 중화의 문화에 정확한 학술 묘근(苗根)를 남겨주어 전통이 계속 이어져 나가게 하기 위해서다. 《대학》이라는 책은 유학전통과 깊은 관계가 있다. 또한 유학전통은 도의 존망과 관계된다. 그리하여 그는 다른 사람들의 비난과 비웃음을 기꺼이 받아들일 각오로 용감하게 일어나 논쟁을 벌였다. 진확은 《대학》에 관한 논쟁을 중국 학술의 전승에 관계되는 중요한 문제로 보았다. 명나라가 청나라로 대체되고, 본토문화가 이족문화에 의해 대체될 이 위험한 시기에 정확한 학술 묘근을 지키기 위해 애를 쓴 그의 이러한 주장들에는 모두 시대적인 의미가 담겨있다.

2. 지행(知行)에 관한 논쟁

진확이 《대학》에 대해 논쟁을 펼친 다른 한 목적은 바로 지를 중요시하고 행을 소홀히 하는 학풍을 바로 잡기 위해서다. 그의 종지는 지와 행을 함께 병진(竝進)시키고 지행에는 선후가 없다는 것이다.

격물치지는 지(知)의 일이라는 것이 그의 생각이다. 지를 수양공부의 시작으로 삼으면 행은 반드시 그 마지막이 된다. 이렇게 하면 지와 행을 결렬시킬 수 있다. 지행은 응당 병진해야 하고 시종 배움 속에 관철되어야 한다. 그래서 그는 왕양명의 지행합일을 아주 높게 평가했다.

그는 《대학》의 잘못은 지를 중시하고 행을 소홀히 한데 있다고 이야기했다. 진확은 장여상과 지와 행의 선후에 대해 논쟁한 적이 있다. 장여상은 정주의 지가 행보다 먼저라는 관점을 따라 "먼저 알아야 행동할 수 있다"고 주장했다. 그러나 진확은 먼저 안다는 것은 반드시 행동을 한 뒤에 알게 되는 것이라고 주장했다. 미지의 사물에 대해서는 먼저 행하고 후에 알아야 한다. 즉, "행이 있어야 지가 있는 법"이다. 절대 행하지 않고 지가 있을 수 없다. 왕양명의 지행합일 관점으로 '지'가 '행'보다 먼저이고, '지'를 얻었다면 '행'하지 않아도 된다는 등의 잘못된 주장을 바로잡아야 한다고 했다.

그는 시를 써서 자신의 이러한 주장을 피력했다. "사람들은 길을 가려면 길을 알아야 한다고 말한다. 그러나 나는 길을 알려면 길을 가야 한다고 생각한다. 길을 떠나고 길을 묻는 것이 바로 행이다. 온종일 집에서 말해도 이것을 깨우칠 수 없다. 집에서 완전히 깨우쳤다 하더라고 길을 떠나면 여전히 장님과 마찬가지다. 지행은 원래 합일인데 오늘날에는 이것을 둘로 나누어 보고 있다. 양명이 다시 살아 돌아온다면 뭐라고 할까?(《행로가(行路歌)》,《진확집》 693쪽)." 진확은 왕양명의 학문을 아주 존경하고 믿었는데 그는 왕양명의 지행합일을 누누이 찬양하면서 이것은 맹자의 성선설과 공로가 같다고 말했다. 장여상은 정주학파의 관점에 근거하여 진확이 왕양명 및 그 제자들의 학문에 물들어 허황하고 제멋대로인 관습에 빠져서 "옛날에 성인이 없었고 이후에도 현자가 없을 것이다"라는 생각을 가졌다고 질책했다. 진확은 이런 질책을 태연하게 받아들였다. 그는 육왕의 학문은 정주학파가 폄하한 것처럼 홍수맹수(洪水猛獸)가 아니라고 주장했다. 그는 육상산의 학문에서 옳지 않은 부분은 십분의 삼 내지 사를 차지하고, 왕양명의 학문에서 옳지 않은 부분이 십분의 일 내지 이라고 말했다. 이것은 학파의 의견을 지지하고 에둘러서 보호하려는 것이 아니다. 학자들은 왕양명이 지와 행을 병진시킨 종지를 찬양했지만 지행합일은 반대했다. 그것은 양자가 실제로 일치하다는 것을 몰랐기 때문이다. 즉, 지행의 병진을 동의하는 것은 바로 지가 행보다 먼저라는 것을 반대하는 것이고, 지가 행보다 먼저라는 것을 반대하는 것은 지행합일에 동의하는 것이다. 일부 학자들은 왕양명의 일부 제자들이 허황하다고 생각하면서 연달아 왕양명의 "치양지" 학설까지 반대하였다. 사실 왕양명의 제자들이 주장하는 "치양지"는 왕양명의 "치양지"와 조금 다르다. 왕양명이 말하는 "치양지" 본의는 양지는 잘못을 알 수 있고 "치양지"는 잘못을 바로 잡을 수 있다는데 있다. 잘못을 아는 것은 지이고 바로잡는 것은 행이다. 반드시 그 양지를 규범화시켜야 하고 실제 행동에서 바로잡아야 한다. 그러므로 "치양지"는 곧 지와 행의 합일이다.

지행에 대한 진확의 생각은 왕양명과 비슷한 점이 아주 많다. 특히 즉지즉행, "치양지"는 지행합일이라는 관점은 왕양명의 주장하는 "치양지"의 정신에 부합된다. 그러나 그의 주장은 유종주와 큰 차이가 있다. 유종주는 내적인 것을 중시하고 성의를 중시하며 신독을 주장한다. 그러나 진확은 외적인 것을 중시하고 성신(誠身), 천리를 주장한다. 진확이 유종주한테서 학문을 배운 시간은 총 2개월이 채 되지 않는다. 후에 두 번이나 방문했지만 모두 잠깐만 있다가 돌아왔다. 그 당시는 국가에 변혁이 일어난 시기여서 마음이 황황하여 학문을 배울 겨를도 없었다. 두 번째 방문을 마치고 집에 돌아 온지 얼마 지나지 않아 유종주가 죽었다는 소식을 듣게 되었다. 유종주의 학문은 그의 아들인 유작과 황종희에게 전수되었다. 그러나 진확은 유작과 황종희의 학문 종지와 맞지 않다. 황종희와 진확은 서로 편지를 주고받으면서 직접 의견을 피력하기도 했다. "형님은 대체로 미발을 말하기 좋아하지 않는 것 같다. 그리하여 송나라 유학자들이 말한 것처럼 미발에 가까운 것은 모두 제거하고 그것을 선학이라고 생각했다." 그는 또 "미발과 중화를 선학으로 보아서는 안 된다. 그러나 형님은 모든 일의 입각점을 불교의 견성작용의 종지와 반대되는 곳에 두었다(《여진건초론학서(與陳乾初論學書)》, 《진확집》 149쪽)"고 말하기도 했다. 여기서 황종희는 유종주를 따라 의와 미발을 중시하고 이발을 통일하는 입장에서 후천적인 행동과 이발을 중시하는 진확의 주장을 반대했다. 여기서 황종희와 진확의 학술취지에 차이가 존재한다는 것을 알 수 있다. 황종희는 진확을 위해 네 편의 묘지명을 지었었다. 그 첫 번째 묘지명은 학술적인 내용이 없어 친구에게 미안하다고 하면서 새로운 묘지명 한편을 작성했다. 그 외에 또 두 편의 수정본(改本)이 있다. 새로 쓴 묘지명에서 그는 진확은 "스승의 학문을 약 십분의 사 내지 오 정도를 전수받았다"고 말했고 진확의 논학에 관련된 어록을 많이 이용했다. 그러나 개본 중에서 그는 또 진확은 "스승의 학문을 약 십분의 이나 삼 정도밖에 전수받지 못했다"고 했고 진확의 어록을 많이 인용하지 않았다. 마지막 수정본은 편폭이 더 짧았는데 인용한 어록도 아주 적었다(이상의 내용은 《남뢰문정》을 참고). 여기서 황종희가 진확의 학술종지에 점점 더 불만을 느꼈고 그의 학문이 스승 유종주와 맞지 않다고 생각했다는 것을 알 수 있다. 유작이 《대학변》에 동의하지 않은 이유도 진확이 선천이 아닌 후천적인 천리를 중시하였기 때문이다.

3. 성선(性膳)에 관한 논쟁

　　진확은 맹자의 성선론을 따른다. 그는 성선론은 공자가 만들고 맹자가 상세하게 논증하였다고 주장했다. 그래서 공맹을 거쳐 성론의 주장은 아주 정확해졌기에 후세 유학자들은 새로운 의견을 내놓을 필요 없이 이것을 따르기만 하면 된다고 했다. 그러나 공는 성을 말 할 때 "천성은 원래 별로 큰 차이가 없으나, 습관에 따라 큰 차이가 생긴다"고 했다. 그는 성선을 말하지 않았지만 그 속에 이미 선이 포함되어 있다. 공자가 말한 큰 차이가 없다는 것은 "원래부터 선하였다는 관점"에서 말한 것이다. 맹자의 공적은 공재의 성선의 종지에 근거를 제공하였다는 데에 있다. 맹자가 말한 사단의 마음은 곧 사덕의 표현이다. 사덕은 사람 마음에 본래부터 존재하던 것이고 느낌을 따라 사단의 마음이 생겨났다. 그러나 성선은 원래부터 암암리에 존재하던 것으로서 이 과정을 통해 모습을 드러낸다. 원래부터 있었고 선하지만 확충되는 것이 더 중요하다.

　　성은 곡식의 종자와도 같고 좋은 곡식으로 자라날 가능성도 있다. 그러나 종자가 훌륭한 곡식으로 자라나게 하려면 밭을 갈고 김을 매주어야 한다. 성에는 선의 근본이 있다. 하지만 현실적인 선은 후천적인 배양을 거쳐야 한다. 진확은 선은 선천적인 근거일 뿐이고 "성을 지향""하는 것은 아직 선에 이르지 못했다는 말이다. 선을 지향하던 것에서부터 선에 이르고, 선의 근거에서 선의 실현으로 넘어가려면 사람의 힘이 필요하다. 진확은 이러한 뜻을 여러 번 강조했다. 그는 《역전》에 나오는 계선성성(繼善成性)이라는 단어로 그 뜻을 개괄했다.

　　인성에 대한 진확의 관점은 후천과 공부를 중요시하는 것이다. 이러한 관점은 선천의 '의'를 중시하는 유종주의 관점과 전혀 같지 않다. 그리하여 황종희는 그를 "미발을 말하기 싫어했다"고 평가했다. 미발을 말하지 않고 "계선성성"을 강조하는 사상은 태주 용계 학파에서 본성을 말하기 좋아하지만 공부는 말하지 않고, "선천정심"을 말하기 좋아하지만 "후천성의"를 소홀히 하며, 현성양지를 강조하지만 착실하게 보임(保任)하는 것을 반대하는 등 편파적인 태도를 바로잡기 위해서다. 그 외에 진확은 후천과 공부의 관점을 중요시하였다. 이것은 《역전》의 "계선성성"의 관념의 영향을 많이 받았다. 예를 들면, 그는 《역전》에서 말하는 "자시(資始)", "유형(流形)"은 하늘의 생물(生物)을 말한 것이고 "각정(各正)", "보합(保合)"은 하늘의 성물(成物)을 말한 것이라고 생각했다. 하늘의 생물은 반드시 성물이 되어야 하고, 하늘의 성물은 반드시 생물에 의지한다. 물체가 완성되면 성(性)이 올바르게 되고 사람이 완성되면 성(性)이 온전하게 된다. 물체의 완성은 기화의 유행에 근거하고, 사람은 성의 학문에 근거한다. 또 예를 들면《역》의 원형이정(元亨利貞)을 말한다. 이것으로 인성을 비유하면 원형은 성의 생성이고 성으로 향하는 시작이다. 이정은 성의 형성이고 성의 완성이다. 진확은 그의 이 사상을 다음과 같이 종합했다. "자시, 유형일 때에도 성은 존재한다. 그러나 반드시 각정, 보합에서 생물의 성이 완성될 수 있다. 어린이, 젊은이, 늙은이의 성은 불량한 것이 아니다. 다만 모든 성의를 다해야 성이 완성될 수 있다. 그러므로 계선성성을 의심할 수가 없다(《고언삼(瞽言三)·성해상》,《진확집》449쪽)."

　진확은 하늘과 사람이 합일되어야 공을 이룰 수 있다는 관점에서 그의 인성론을 해석하였다. 그는《중용》에서 나오는 "성은 하늘의 이치"라는 말은 천지만물이 각자의 본성에 근거한 필연적인 운동에는 주재자가 없다는 뜻이라고 해석했다. "성인 사람의 이치"라는 말은 후천적인 노력의 참여와 조화가 있으면 만물의 필연성에 근거하여 만물을 성취할 수 있다고 해석했다. 선을 지향하는 것은 태어날 때부터 갖고 있던 본성이다. 즉,《중용》에서 말하는 '성(誠)'이다. 후천적인 가공과 배양을 통해 선천의 본성을 완성시키는 것은《중용》에서 말하는 '성지(誠之)'이다. 선에 대한 선천적인 지향에서 성선을 후천적으로 완성시키는 것은 사람과 하늘이 함께 이루어낸 것이다. 하늘의 '성'은 '성지'에서 찾아볼 수 있다. 그 중점은 후천적인 공부에 있다. 그리하여 진확은《맹자》가 실제적으로 강조한 것은 후천이라고 생각한다. "무릇 경문에 인성(忍性), 양성, 진성(盡性), 성성(成性)을 말한 것은 모두 인성의 책임을 강조하여 천도를 회복하기 위함이다(《고언삼(瞽言三)·성해하》,《진확집》450쪽)." 맹자의 "마음의 본질을 모조리 발휘하면 자신에게 내재된 본성의 의미를 체증하고, 나아가 천의 본질을 깨닫게 된다"고 말한다. 이와《역전》의 "계서성성"의 관점은 서로 설명해주는 관계이다. 맹자는 역에 대해 말하지 않았지만 사실 그의 관점에서 역의 이치를 깨우칠 수 있다.

　진확은 추상과 구체, 본체와 표현의 각도에서 성(性)과 기, 정(情), 재(才)의 관계를 설명했다. 여기서 '추본(推本)'은 위로는 그 소종래(所從來)를 궁구하는 것이고, '추광'은 아래로는 그 표현을 궁구하는 것이다. 성과 그 표현은 동일한 사물의 다른 방면을 나타낸다. 드러난다는 것은 자연적인 외적 표현이다. 운용은 조치를 위하는 행동이다. 성의 운용에서 드러나는 것을 재(才)라고 한다. 기는 성이 나타날 수 있게 정과 재를 받쳐주는 물질적 재료이다. 진확은 성을 추상적인 존재로 보았다. 그는 "성의 선은 직접 볼 수 없고 기, 정, 재를 통해서만 볼 수 있다. 정, 재, 기는 모두 성의 타고난 재능이다(《고언삼·기정재변, 《진확집》 452쪽)"라고 말했다. 타고난 재능에는 그 자체에 포함된 실제적인 물질을 말한다. 성, 정, 재는 모두 기를 근거로 한다. 기에는 맑음과 혼탁함이 있다. 기가 맑은 사람은 총명하고 기가 혼탁한 사람은 둔하다. 기이 혼탁함과 맑음은 재능의 높고 낮음을 결정한다. 그러나 재능의 높고 낮음은 성의 선악과 아무 관계도 없다. 사람의 본성은 원래 선하다. 기가 혼탁한 사람과 선하고 기가 맑은 사람도 선하다. 기는 지혜와 재능을 가리키는 개념으로서 도덕과 아무 관계도 없다. 그러나 현실에서 기가 맑은 사람은 총명하지만 그 총명함을 나쁜데 사용하기 때문에 간사하고 행실이 바르지 못한 사람들이 아주 많이 존재한다. 기가 혼탁한 사람은 의지할 데가 없기 때문에 열심히 수양을 해야 한다. 그렇게 해야 돈후한 사람들이 많아진다. 그러나 간사하다거나 돈후하다는 것은 모두 배움에 따른 것이다. 즉, 기가 혼탁하던 맑던 간에 선한 것을 배우면 선하고 악한 것을 배우면 악하다. 이는 진확이 성의 총체론에서 후천적인 노력을 강조했던 것과 일치하지만 선악을 기의 천성에 귀결시켰던 것과는 대립된다.

진확은 성은 총칭이고 기, 정, 재는 성의 표현이라는 관점에서 출발해 이학에서 천명의 성과 기질의 성을 구분하는 것을 반대했다. 그는 "재, 정, 기는 하늘을 근본으로 하기에 천명의 성은 재, 정, 기질을 벗어나지 못한다(《고언삼·답주강류재》, 《진확집》 472쪽)." 이 말은 천명의 성은 기질에 나타나고 천명의 성은 기질을 떠나 다른 본원을 가질 수 없다는 뜻이다. 천명은 기질에서 왔기 때문에 천명의 성의 근원이 이(理)라는 말은 성립되지 않는다. 이(理)의 세계는 형이상학이다. 천명의 성이 기질을 떠날 수 없다는 것을 알면 형이상학의 세계에서 이것을 추구할 필요가 없다. 진확은 여기서 기절의 성만 존재하고 천명의 성은 기질의 성에서 표현되는 합리성이라고 주장했다. 천명의 성은 기질의 본원이 아니다. 기질의 성은 반대로 천명의 성을 근원으로 한다. 그리하여 두 개의 본원이 존재하지 않는다.

진확이 성선을 논증한 방식은 맹자와 같지 않다. 그는 사단으로 성선을 증명하였다. 그는 측은, 수오, 사양, 시비의 마음에서 성선을 말했다. 형이하학에는 기, 정, 재가 있는데 성의 이름은 기와 정에서 온 것이다. 송명 유학자들의 견해는 이와 반대다. 그들은 성은 본체이고 정은 성을 근거로 한다고 주장한다. 그러나 주희는 사단에서 정의 근거는 성이고, 성의 인의예지는 정의 측은, 수오, 사양, 시비의 근거라고 말했다. 그는 인을 "마음의 덕, 사랑의 이(理)"라고 해석했다. 마음에 이러한 덕과 이(理)가 있어야만 어린아이가 우물에 빠지는 것을 보면 측은지심이 생기게 된다. 성은 하늘이 명한 것이다. 만약 성을 정의 근거로 하면 반드시 천명의 성을 실유(實有)로 해야 한다. 천명의 성을 실유로 하면 반드시 현실에서 선하지 않은 것들을 기질의 성으로 돌리게 된다. 그러면 결국에는 천명의 성과 기질의 성이 병존한다는 주장을 할 수밖에 없다. 진확은 천명의 성과 기질의 성을 나누는 관점에 동의하지 않았다.

천지의 성과 기질의 성을 나누는 관점은 장재로부터 시작되었다. 이후에 이학자들은 이것을 표준으로 삼으면서 사람의 성은 선하고 기질은 악하다는 충돌되는 관점을 조화시킬 방법을 찾았다고 생각했다. 주희는 장재의 이 관점은 성문(聖門)에 유리하다고 생각했다. 그러나 진확은 기, 정, 재에서, 그리고 "사람이 태어나서 고요한 것 이상의 상태에 있을 때"라는 관점에서 천지의 성을 찾는 것을 반대했다. 그는 "사람은 태어날 때부터 고요하다"라는 관점은 선종이 말하는 "부모님이 우리를 낳기 이전의 본래의 면목"과 같다고 생각했다. 그는 맹자의 관점은 가장 공평하다고 했다. 맹자는 측은, 수오, 사양, 시비로 성선을 설명하였는데, 이는 모두 기, 정, 재를 근거로 입론한 것이다. 기, 정, 재는 모두 선하기 때문에 역서 생겨난 성에는 악이 없다.

진확은 정으로 성을 증명하였는데 정은 사람의 자연적인 발용이기도 하다. 그리하여 그는 천행(踐行)을 주장하였다. 즉, 몸과 마음의 기질을 수양해야 한다는 것이다. 천행은 곧 양성(養性)이다.

성은 정에서만 볼 수 있고 양성은 양기에서만 볼 수 있다. 이를 제외하고는 다른 본체가 존재하지 않는다. 진확은 천지의 성과 기질의 성을 나누어 보는 것을 '선장(禪障)'이라고 질책했다. 그는 후세들이 존봉하는 주돈이, 정이, 정호, 장재, 주희 등에 대해서도 엄격한 비판을 진행했다. 그는 주돈이의 《태극도설》에서 무극, 무욕, 주정을 말한 것은 모두 선학에 미혹되어 공맹의 학문을 벗어나게 된 것이라고 말한다. 무극은 무위를 본체로 하지만 후천공부를 버렸다. 주정은 천형을 떠나 "사람이 태어나서 고요한 것 이상의 상태에 있을 때"를 말하는 것은 모두 선장이다. 정이는 사람들이 정좌를 하는 것을 보면 선학이라고 칭찬하였다. 제자들이 역행의 요지에 대해 물어보면 그는 "정좌를 하라"고 답했는데, 그는 공부에 대해 말하는 것을 꺼려했다. 정이의 "성이라고 말하는 순간 그것은 이미 성이 아니다"라는 말은 성은 형체보다 먼저라는 말이다. 그렇게 되면 이 성은 기질에 속하게 된다. 장재는 "성도의 극치는 무에 있다고 말했다." 그러나 이것은 노자가 말한 무가 아니라 불씨가 말한 공이다. 진확은 송나라 유학자들의 이런 모순되는 관점을 비판했다.

그나마 그가 조금이라도 인정한 관점은 정호의 "성이 기고 기가 성"이라는 관점 밖에 없다. 그 외의 관점에 대해 그는 모두 이치에 맞지 않는다고 심하게 질책했다.

성과 정, 재, 기의 관계에 대한 관점과 천지의 성과 기질의 성을 둘로 나누어 보는 관점에 대해 비판한 내용을 살펴보면, 그가 일정한 부분에서 유종주의 관점을 계승하였다는 것을 알 수 있다. 두 사람은 모두 형이하학에서 형이상학을 지적하였다. 정은 성에서 나오고 또 성은 정으로 표현된다고 주장했다. 이는 명나라 말기에 정주육왕 및 기학(장재와 왕정상)을 합일시켜야 한다는 사조가 일어나면서 생긴 결과이다. 그러나 진확은 천도와 인도의 관계를 말하지 않았다. 성과 정의 관계에 대한 그의 관점에는 천도의 근거가 없다. 그는 인의예지 등 구체적인 도덕규범에 대한 근원에 대해 유종주처럼 철저하게 논술하지 못했다.

4. 이(理)와 욕(欲)에 대한 논쟁

이와 욕에 대한 논쟁은 진확의 중심문제이다. 이와 욕에 대한 토론은 인성에 대한 토론과 나눌 수 없다. 진확은 인성론에서 성은 기와 재에서 드러나고 이욕의 문제에서는 천리가 인욕에서 드러난다고 주장한다.

진확의 이욕에 대한 논쟁에는 두 개의 명제가 있다. 하나는 인욕에 대해 지나치게 차단할 필요가 없다는 것이고, 다른 하나는 인욕의 지극히 적당한 부분이 곧 천리라는 것이다. 진확은 부귀와 복택은 사람의 욕망이고 충효와 절의도 사람의 욕망이라고 생각한다. 사람의 욕망이면 자연히 '인욕'이다. 여기서 말한 '인욕'은 이학에서 말하는 친리인욕의 '인욕'과 같지 않다. 이학에 말하는 인욕은 일반적으로 사욕을 가리킨다. 즉, 일반 도덕원칙을 위반하는 욕망으로서 천리와 모순되고 직접 충돌한다. 그리하여 송명시기의 유학자들은 "천리가 아니면 인욕이다", "인욕이 깨끗이 사라져야 천리가 유행할 수 있다"고 말한다. 그러나 진확이 말하는 인욕은 사람의 물질생활, 정신생활의 자연적인 필요이다. 이러한 수요를 억제할 필요는 없다. "인욕을 지나치게 차단할 필요가 없다"는 주장은 이 학자들이 말하는 "존천리거인욕"과 모순되지 않는다. 진확은 사람의 기본적인 생활수요를 감소시키는 무욕, 특히 선종이 말하는 무욕을 반대한다. 진확은 《무욕작성변(無欲作聖辨)》을 써서 주돈이의 "욕망이 없으면 마음이 고요해진다"라는 주장을 반대했다. 그는 "무욕에 대한 주자의 가르침은 선학이다. 우리 유학에서는 과욕만 말한다. ……주자가 무로 입교한 것은 유학자들을 힘들게 하고 이단을 쉽게 했다. 선학에 빠지지 않으려고 했지만 그렇게 하지 못했다. 그가 무극은 주정하다고 한 말에도 문제가 있다(《고언사》, 《진확집》 461쪽)." 주돈이는 주희가 가장 존경하는 인물이다. 그러나 많은 후세의 학자들이 그의 학문이 도교와 불교의 영향을 심하게 받았다고 지적하였다. 진확의 저서에는 주돈이에 대한 비판의 내용이 여러 번 나온다. 그 비판의 중점은 모두 "무욕하기에 고요해진다" 및 "무극이 태극"이라는 관점에 있다. 진확은 사람은 무욕할 수 없지만 과욕할 수는 있다고 주장한다. 이 점에 있어 성인의 마음도 일반 사람과 똑같다. 일반 사람이 욕망하는 것은 성인도 똑같이 욕망한다. 성인을 성인이라고 하는 것은 그들이 욕망을 적당히 절제할 수 있다는 데에 있다. 성인들은 욕망이 있지만 종욕(縱慾)하지 않는다. 사람의 정상적인 욕망은 사람이 생물적인 존재로서 반드시 가지게 되는 것이다. 그리하여 "욕망은 곧 사람의 생의이다. 모든 선은 여기서 생겨난다. 욕망에는 지나친 것과 모자란 것만 있을 뿐 있고 없고의 구분이 없다(《무욕작성변》, 《진확집》 461쪽)." 주돈이는 무욕해야 성인이 될 수 있다고 했지만 사실 이렇게 하면 불교와 도교의 성인이 될 수 있을 뿐 유교의 성인은 될 수 없다. 유교의 성인은 욕망을 차단하지도 않고 욕망에 완전히 빠지지도 않는다. 유교의 성인은 욕망과 이(理)의 원칙 사이에서 중도를 유지한다. 그 어느 쪽에도 치우치지 않는 것이 가장 힘들다.

진확은 인욕의 지극히 적당한 부분이 바로 천리라고 주장했다. 진확은 인욕을 천리와 상대되는 악으로 보지 않는다. 그는 인욕은 사람의 기본적인 생존수요라고 생각한다. 이(理)는 시공을 초월한 영원한 원칙이 아니라, 욕망이 일반적인 선악의 표준에 위배되지 않는다는 것을 표시한다. 이러한 이(理)는 미리 작성된 것이 아니라 일반적인 표준을 참고하여 특정된 조건하에 일어난 행위에 가치적인 평가를 내리는 것을 말한다. 인욕의 적당함이 바로 천리이다. 이(理)는 사람의 마음에서 나온 입법원칙이 아니고 천도를 근거로 하지도 않는다. 이(理)는 현실 생활에서 온다. 진확은 다음과 같이 용기 있게 말했다. "사람의 본성은 모두 의리(義理)에서 나온다. 공명부귀는 곧 도덕의 귀착점이다(《무욕작성변》, 《진학집》 461쪽)." 심지어 그는 "주색재기(酒色財氣)"도 이에서 나왔다고 생각한다.

진확의 이러한 말에는 그래도 근본이 있기는 하다. 예를 들면 맹자의 "태왕은 여색을 좋아하고 공류(公劉)는 금전을 좋아했다"와 같은 것들이다. 태주의 하심은도 이런 말을 한 적이 있다. 하지만 이렇게 대놓고 표출해내는 사람은 그리 많지 않았다. 황종희는 비록 진확의 이 말을 명확하게 비판하지는 않았다. 그러나 그는 《명유학안》에서 동림의 여러 군자를 평가할 때 동림학자들이 태주의 안산농, 하심은의 "주색재기가 깨달음의 길에 방애가 되지 않는다"는 주장을 비판한 것에 대해 동의하였다. 황종희는 사실 이러한 관점에 동의하지 않는다. 왜냐하면 유학자의 수양은 욕망을 벗어날 수 없지만 조금이라도 억제하지 못하면 곧바로 이치에 어긋나는 행동을 할 위험이 있기 때문이다. 만약 공자처럼 "마음대로 행하여도 법도에 어긋남이 없는" 공부에 도달하지 못했다면 주색재기에서 침착해질 수가 없다. 황종희는 "인욕의 가장 적당한 곳에서 천리를 구하려면 아마 평생 세속의 정을 벗어나지 못하게 될 것이다. 천리를 구한 사람은 아마 인욕의 새로운 모습이 될 것이다(《여진건초론학서》, 《진확집》 149쪽)." 동림의 고헌성은 그 당시의 학자들이 자연을 순임(純任)하는 것에 반대의견을 갖고 있었고 수위(修爲)를 싫어했다. 그는 현재가 옳다고 무턱대고 믿지 않았고 생명의 체험과정에 나타난 폐단을 따르지 않으면서 고반룡의 종지를 제창했다. 동림의 공격대상은 대부분이 태주후학이다. 동림이 태주에 대해 평가한 내용으로 진확을 평가할 수도 있다.

진확의 "욕망은 사람 마음의 생의(生意)이고", "천리는 사람의 욕망에서만 볼 수 있고 사람의 욕망이 지극히 적당한 부분이 곧 천리이다"라는 관점은 유종주의 "생기의 자연스러움이지만 그칠 수 없으면 욕망이다. 그러나 넘치거나 모자라지 않으면 이(理)다", "도심은 사람 마음의 본심이다. 의리의 성은 곧 기실의 본성이다"라는 사상과 사실 전혀 다르다. 유종주가 말한 이는 내재적이고 진확의 "사람의 욕망에서 지극히 적당한 부분이 곧 천리이다"라는 말에서의 "이"는 외재적이다. 유종주가 말한 이는 사단설이고 진확이 말한 이는 칠정의 지극히 적당한 부분이다. 유종주는 효험과 결과에 대해 말하지 않았지만 진확은 주로 효험과 결과에 대해 말했다. 이러한 차이점은 아주 명확하고 중요하다.

그 외에 진확은 군자와 소인을 너무 엄하게 구분하지 말아야 한다고 주장한다. 군자와 소인을 너무 엄하게 구분하면 조정에서 당파싸움을 격발시킬 수 있고 개인의 심신을 너무 엄하게 수양하게 할 수 있다.

진확의 뜻은 천리와 인욕, 군자와 소인을 구분하지 말자는 말이 아니다. 그는 실제생활에서 군자와 소인을 대할 때 너무 각박한 태도가 아닌 좀 너그러운 태도를 가져야 한다고 주장한다. 특히 군자와 소인의 구별은 국가의 정치국면에도 관계되기 때문에 시비와 선악의 평가가 필요하다. 그러나 여기에도 책략이 필요하다. 정치적인 국면에서 출발해야지 개인의 감정에 근거해서는 절대 안 된다. 그가 이러한 주장을 갖게 된 데에는 두 가지 원인이 있다. 첫째, 동림의 여러 군자들의 참혹한 상황을 보고 느낀 점이다. 동림의 군자들은 명나라 말기에 본국이 처한 상황 때문에 "그들은 자신의 몸으로 국가의 운명을 지탱하였는데 꺼져가는 태양을 붙잡기 위해 그들은 자신을 서슴없이 희생하였다." 그러나 군자와 소인의 구별에 너무 엄격하다보니 정치적인 상황을 고려하지 않은 채 조정내의 간신들을 서슴없이 공격하였다. 비록 그 용기는 갸륵하지만 책략 상에서 너무 과한 면이 있다. 동림의 많은 학자들은 잔혹하게 살해당했는데 "용감한 사람은 아내까지 서슴없이 희생하였고 나약한 사람도 죽음을 두려워하지 않았다." 이로 인해 십여 년간의 당파싸움이 시작되었다. 명나라 말기에 정치와 명나라의 운명은 사실 동림의 흥망과 시작과 끝을 같이 했다. 그리하여 동림의 사람들을 동한동고(東漢黨錮)의 인물로 보고 있다. 진확이 "동한의 여러 군자들로부터 시작되었다"는 말은 사실 동림을 빗대어 말한 것이다. 둘째, 진확은 유종주한테서 학문을 배운 뒤에 젊은 시절의 의지와 기개가 많이 줄어들었다고 말했다. 허삼례(許三禮)는 《해녕현지·이학전》에서 이렇게 말했다. "즙산한테서 가르침을 받은 뒤부터 성정을 도사(陶寫)하는 방법을 나쁜 것이라 생각하고 모두 버렸다. 정의로운 일을 하고 불의를 보면 참지 못하고 나서는 행동들도 나쁜 것이라 생각하고 다시는 하지 않았다. 매일 스스로 자제하고 반성하며 거짓을 버리고 참다운 것만 보존하느라 다른 것을 고려할 새도 없었다."(《진확집》 1쪽) 이렇게 된 것은 그가 군자와 소인을 너무 엄격하게 구별하였기 때문이다. 예로부터 유학자들은 자신을 너무 엄격하게 통제하여 오히려 마음을 망치고 일을 망치게 되는 경우가 많았다. 그리하여 많은 이학자들은 천리와 인욕에 너그러워져야 한다고 주장하곤 한다. 이욕의 관계에 대해 진확은 사람의 기본적인 물질적 욕구는 합리적이라고 주장한다. 그러면서 사람의 욕망에서 지극히 적당한 부분이 곧 천리라고 주장한다. 그는 유종주처럼 마음속 깊은 곳에 있는 후천적인 의념을 결정짓는 "의(意)"까지 궁구하지는 않았다. 그러나 지극히 적당하다는 말은 범위가 너무 넓다. 그가 말한 이의 표준, 척도는 유종주처럼 엄격하지 않다. 진확은 어려서부터 "이학자들의 말과 이학서적을 싫어했고 40세가 될 때까지 읽지 않았다." 유종주가 죽은 뒤에서야 그는 《유자유서》를 읽어보았다. 40여 년간 읽지 않던 책을 읽었지만 도무지 자기한테 맞지 않았다. 유종주가 《인보》에서 말한 수많은 경고성을 가진 이야기에 대해 그는 전혀 동의하지 않았다. 그 당시 성행한 "공과격(功過格)"에서는 천리인욕을 엄격하게 구분하고 항상 사욕을 억제하고 통제해야 한다고 했지만 진확은 그렇게 하지 않았다. 진확은 글재주가 뛰어난 사람이었다. 그의 족제인 진원용(陳元龍)이 쓴 《진씨이학건초선생전》에서는 진확을 "시문이 아름답고 내용이 심원하였다. 그의 이학적인 발견은 대부분이 깨우침에서 온 것이다. 그는 글솜씨도 아주 훌륭하였는데 그 조예가 종요(鍾繇), 왕희지의 수준에 가까웠다. 그는 거문고를 타고 통소를 불었다. 전각, 바둑 등 재주도 아주 뛰어났다(《진확집》 10쪽)." 여기서 그가 공자의 도에 뜻을 두고 덕에 거하며 인에 의지하여 예에 노니는 방법을 따랐다는 것을 알 수 있다. 진확은 고대의 예법에도 아주 정통했다. 그는 관례, 혼례, 상례, 장례를 모두 고대의 예법을 따라서 진행했다. 평상시에 집에 있을 때에도 자기 몸을 엄격하게 지켰지만 이학자들처럼 지나치게 엄격하지 않았다. 그는 유교의 유적(儒籍)을 삭제하고 시골에 사는 늙은이로 돌아가겠다고 한 적도 있다. 만년에 손발이 굳어지는 병을 앓아 15년간 집밖을 나가지 못했다. 그는 이학자들과 천리와 인욕에 대해 논쟁을 벌이면서 그들을 비판하였다.

5. 상장(喪葬)의 예(禮)에 대한 논쟁

유교에서는 상장을 매우 중요하게 생각한다. 유가의 경전인 《예》에서 상례와 장례에 대한 구체적인 규정과 이론에 대해 설명한 문장은 여러 편에 달한다. 역대 유학자들은 모두 자신의 저서에서 장법에 대해 이야기하였다. 주희는 《가례》에서 상례와 장례에 대해 아주 상세하게 설명하였다. 진확이 살던 그 시기는 성상, 미신, 음양풍수 등에 관한 습속이 아주 많이 있었고 의식절차가 복잡하고 금기사항도 아주 많았다. 후장구상(厚葬久喪)이 유행하였다. 진환은 이런데 동의하지 않았다. 그는 《장론》,《장경》 등을 써서 상례와 장례 활동에 관한 자기의 주장을 피력했다. 그리고 마을사람과 함께 장사(葬社)를 세우고 규정을 제정하였다. 그는 이런 것들을 통해 장례문화를 바꾸고 가난한 사람들을 구제하려고 했다.

우선, 진환은 상례와 장례의 본질에 대한 자신의 견해를 밝혔다. 그는 장례활동은 사람의 "인자한 마음"에서 나온 것이고 산자가 망자에게 계속해서 효심을 다하는 것이라고 주장했다.

장사의 본의는 망자의 시체가 밖에 노출되는데 대한 안타까움이다. 맹자는 황야에 버려진 망자의 시체가 파리들에 의해 파먹히고 여우에 의해 찢지는 것을 보고 측은지심을 느끼고 시체를 묻어주었다는 말을 한 적이 있다. 그리하여 매장은 "불인인지심(不忍人之心)"에서 시작된 것이다. 장사의 본질은 매장이다. 《예기》에는 이런 말이 나온다. "장사라는 것은 매장이다." 진환은 시체를 매장하는 일은 망자의 시체가 황야에 버려지는 것이 마음이 아파서 각종 방법으로 묻어주면서 시작되었다고 주장한다. 그러는 과정에 예절과 도구가 점점 더 완벽해졌다. 동시에 상장활동에는 망자의 죽기 전에 있었던 사회적 지위와 인격에 대한 존중의 의미도 들어있다. 그리하여 상장에는 등급의 구분이 존재한다. 즉, 염습(殮襲)을 치고 장례를 지내기까지 걸리는 시간, 의금과 관곽의 두께, 장례의 의문(儀文)의 번잡함과 간략함 등이다. 이러한 것들은 모두 합리적이다. 그러나 망자의 복음을 위해 풍수를 보고, 사치와 호화로움을 서로 비교하면서 겉치레를 하고, 어떤 금기 때문에 망자의 시체를 오랫동안 매장하지 않는 것은 모두 옳지 못하다. 그 가운데서 진환이 가장 반대하는 일은 바로 상장에서 풍수를 보는 일이다.

그는 사람이 죽으면 생기를 잃은 고목과 다를 바 없고 산자에게 음복(蔭福)을 가져다줄 수 없다고 생각했다. 그는 장사(葬師)의 나쁜 점과 좋은 점을 강조하면서 장지의 크기가 산자의 화복, 길흉과 관계된다고 말하는데 이는 참으로 터무니가 없다고 생각했다. 그는 하늘과 사람의 관계로 상장과 사람의 화복 사이에 아무 연관이 없다고 논증했다.

하늘은 지공무사(至公無私)하기에 사람의 화복과 아무 연관이 없다. 땅은 무식무지(無識無知)하고 만물은 자기의 성을 따르기 때문에 스스로 시들고 무성해진다. 이 이치는 아주 선명하다. 복을 구하려는 자기의 사심을 채우기 위해 사람들은 사심이 없는 천지만물에 의지와 목적을 부여하고 사람에게 화복을 갖다 줄 수 있다고 생각하는 것은 참으로 어리석은 행동이다. 사람의 화복은 각자에게 달렸다. 사람이 노력해도 간섭할 수 없고 해석할 수도 없으며 심지어 피할 수도 없는 화복은 그저 천명에 맡길 수밖에 없다. 이것은 장지의 풍수와 아무 연관도 없다. 화복에도 이(理)가 존재하는데 그것은 모두 사람 행위의 결과이다. 풍수에 따라 매장하는 것은 매우 우둔한 행동이다. 풍수에 관한 이야기는 모두 풍수사들이 재물을 탐하기 위해 만들어낸 것들이다. 우둔한 사람들을 속이기 위해 서로 이야기를 과장하면서 풍수에 대한 사람의 믿음이 점점 더 확고해져 오늘날에 걷잡을 수 없는 지경에까지 이르러 나쁜 결과를 초래하였다. 그는 풍수를 맹신하는 바람에 "땅을 빼앗으면서 같은 고향사람들끼리 등지고 이익다툼을 하면서 형제자매끼리 원수가 되어 서로 소송을 하는 지경에까지 이르렀다. 이단의 재해가 이렇게 독할 수가 없다. 참으로 가슴이 아프다(《장론》, 《진확집》 479쪽)"고 말했다.

진확은 장지를 선택하는 데에는 문제가 없지만 그 목적이 화복을 위해서가 되지 말아야 한다고 지적했다. 장지를 선택할 때에는 풍수와 관계없이 지세가 높고 개미가 없고 물이 없으며 매장과 성묘에 편리한 가까운 곳을 선택하면 된다. 그는 장지를 선택할 때 다음과 같은 다섯 가지 상황에만 주의하면 된다고 말했다. 즉, 이후에 성곽, 도로, 도랑이 되거나 권세가 있는 집안에 빼앗기거나 경작지가 될 만한 땅이 아니면 된다. 장지를 선택할 때 꼭 풍수를 보아야 한다는 말은 옳지 않다.

상장에 관한 진확의 주장은 다음과 같다. 즉, "제때에 매장하고 족장(族葬)하며 든든하게 쌓아야 한다"는 것이다. 제때에 매장해야 한다는 것은 인차 염을 하고 파묻어야지 시간을 끌어서는 안 된다는 뜻이다. 옛날의 예법에 의하면 반드시 삼일 내에 염을 해야 하고 석달 내에 묻어야 한다. 절대 장례를 석달 이상 미루어서는 안 된다. 십여 년간 혹은 세대가 몇 번 바뀔 동안까지 매장되지 않았거나 십여 개의 관이 있어도 묻지 않는 것은 예법에 어긋나는 행동이다. 설령 가정형편이 빈곤하더라도 간단히 장례를 치르면 된다. 후장을 하려고 오래 끌어서는 안 된다.

족장이란 한 집안의 사람을 함께 묻는 것을 말한다. 진확은 이러한 장례방식을 지지했다. 그는 《족장오선(族葬五善)》을 써서 족장의 좋은 점을 밝히기도 했다. 첫째, 친육이 함께 모일 수 있다. 둘째, 장지를 절약할 수 있다. 셋째, 서열에 따라 묻기 때문에 다툼이 일어나지 않는다. 넷째, 장사와 지주가 이익을 얻을 수 없기 때문에 상가에서 장례에 든

비용을 절약할 수 있다. 다섯째, 성묘에 편리하다. 진확은 족장을 하면 서로 도움이 될 수 있다고 했다. 특히 집안형편이 안 좋은 사람도 장지를 걱정할 필요가 없다. 그리하여 곧 상장에 관한 일에서 서로 돕고 구제할 수 있다. 진확은 시문단체와 같은 조직은 세상에 별로 큰 도움이 안 된다고 하면서 장사(葬社)에 적극적으로 참가해야 한다고 주장했다. 상사가 일어나면 장사내의 인원들이 함께 장례를 치러 주고 장례비용도 장사(葬社)에서 일정하게 도움을 줄 수 있다. 진확의 "장사계(葬社啓)"에는 "죽은 사람이 특별히 많아 장례에 관한 일이 매일 끊일 새 없었다(《진확집》504쪽)"라는 말이 나오는데 여기서 그 효과가 아주 크다는 것을 알 수 있다.

깊게 묻고 든든하게 쌓아야 한다는 것은 깊게 묻을수록 기온이 냉하여 시체가 인차 부패되지 않으며 동물들이 시체를 파먹는 것을 방지할 수도 있다. 또한 무덤을 파는 사람들이 쉽게 무덤을 망가뜨리지 못하게 하고 나무의 뿌리가 자라면서 관을 망가뜨리는 일을 피할 수 있다. 그리고 지상의 기후영향을 적게 받는다. 든든하게 쌓아야 한다는 것은 물이 새지 않게 잘 만들어야 한다는 말이다.

《장서》는 진확의 중요한 저서이다. 그는 이 책에서 상장의 성질에 대해 논술하였고 풍수에 근거하여 장지를 선택하지 말아야 한다고 주장했다. 그의 주장에는 모두 바람직한 내용이 아주 많다. 여기에는 낡은 풍속습관을 바꾸려는 그의 정신이 반영되었다. 장법에 대한 구체적인 주장과 그가 남긴 도면들은 민속을 연구하는데 가치가 있는 재료들이다.

진확의 저작들은 그가 살아있을 때 각인(刻印)되지 않았고 몇몇 친구들이 그의 문장을 구독하였다. 그러나 그의 주요한 철학저작인 《대학변》은 동문들 사이에서 아주 유명하였다. 그는 다른 사람과 여러 차례 논쟁을 벌였고 이로 인해 유씨학문에 꽤나 큰 파란을 일으키기도 했다. 그러나 총체적으로 말할 때 진확의 사상은 그 당시에 큰 영향을 일으키지 못했다. 그는 저서에서 그 당시에 중요한 문제로 토론되었던 이기심성 등에 대해 특별하게 언급하지 않았다. 그는 《대학변》에서 대학에 관한 여러 문제에 대해서도 깊이 있는 주장을 내놓지 못했다. 이러한 것들은 일정하게 그의 사상적 가치를 떨어뜨렸다. 사실 그의 가치는 《대학》에 의혹을 제기하고 《대학》의 틀린 내용을 질책하며 주희와 정이의 저서를 해석한 그 용기에 있다. 이것은 명나라 말기에 전반 사상계의 비판적인 정서와 알맞다. 그는 이와 욕에 대한 논쟁에서 사람의 기본적인 물질적 수요를 긍정하며 이욕에 관대해야 한다고 주장했다. 그는 지나치게 엄격한 방법으로 수양하는 것을 반대하였다. 여기서 그의 개방적인 정신과 세속사회의 생활과 긴밀히 연관된 특징이 반영되었음을 알 수 있다.

제 30 장

방이지(方以智)의 철학사상

|제30장|
방이지(方以智)의 철학사상

명말, 청초에 왕학이 점차 쇠락해지기 시작하면서 허학에서 실학으로 되돌아가야 한다는 주장이 제기되었다. 자연과학과 박물 등의 실증지식을 중시하는 사상가들이 두각을 나타내기 시작했다. 그들은 철학을 연구하기도 했지만 심성 및 도덕문제를 없애고 우주의 근본원리와 사물의 존재 및 운행법칙에 대해 집중적으로 연구하였다. 명나라의 멸망으로 인한 고통을 겪으면서 그들은 중국철학사상의 학술을 이어나가고 총화하려는 큰 뜻과 유교, 불교, 도교를 통합하려는 강렬한 의지를 드러냈다. 그러나 그들의 철학에는 짐작하기 어렵고 출신이 어딘지 알 수 없는 서글픈 느낌이 포함되었다. 이런 사상가들 가운데서 방이지(方以智)가 가장 대표적이다.

방이지(1611~1671)의 자는 밀지(密之)고, 호는 만공(曼公)이다. 명나라가 멸망한 뒤 이름을 오석공(吳石公)으로 고쳤다. 출가한 뒤에는 이름을 무가(無可)로 고쳤다. 호는 노오(老五), 약지(藥地), 묵력(墨歷), 극완(極丸) 등이다. 안휘 동성(桐城) 사람이다. 젊었을 때 강절 일대를 돌아다니면서 당시의 유명인사들과 친분을 맺게 되었다. 그는 복사(複社)의 지도자 중 한 사람이다. 그는 엄당 완대성(阮大鋮)을 몰아내는 활동에 참가하기도 했다. 30세에 진사가 되어 한림원검토(翰林院檢討)에 임명되었다. 이자성의 군대가 북경에 진입하였을 때 그를 계속해서 임용하려고 했지만 방이지는 결사적으로 거절하였다. 그는 탈출하여 남명의 홍광조에 투신하였다. 그러나 완대성의 눈 밖에 나서 다시 남하하여 광주로 갔다. 거기서 약재장사를 하면서 지냈다. 후에 계왕(桂王) 영력(永曆)정권에 투신하였고 좌중윤(左中允), 동각대학사(東閣大學士)에 발탁되었다. 왕곤(王坤)에 탄핵을 당해 관직을 버리고 오주(梧州)에 은거하였다. 청나라 군대가 월(粵)에 들어온 뒤

오주에서 출가했다. 3년 뒤에 남경 고좌사(高座寺)에서 정식으로 수계를 받았다. 그리고 여기서 3년간 폐관하였다. 아버지 장례식 때문에 고향에 갔다. 상복을 입는 기간이 지난 뒤에 강서 일대를 주유하다가 청원산 정각사(淨覺寺)로 갔다. 후에 청군에 포획되어 영남(嶺南)으로 이송되던 도중에 병으로 죽었다.

방이지의 집안은 대대로 학문을 이어왔는데 그의 증조부, 조부, 부친 및 세 아들은 모두 유명한 학자이다. 그는 어릴 때부터 아주 총명하였다. "15살 때 유가경전을 거의 모두 외울 수 있었다." 박물의 학문을 좋아했다. 그는 예악(禮樂)과 율수(律數), 성음(聲音), 서화(書畵), 문자(文字) 등에 두루 능통했다. 그에게는 《통아(通雅)》, 《물리소(物理小識)》 등 저작이 있다. 만년에는 철학에 전념했는데 《동서균(東西均)》, 《약지포장(藥地炮莊)》, 《역여(易餘)》, 《성고(性故)》, 《일관문답(一貫問答)》, 《우자선사어록(愚者禪師語錄)》 등을 지었다. 황종희, 왕부지는 그의 학식을 매우 존경했다.

1. 학술연원

방이지는 실증주의 경향이 아주 강한 철학자이다. 그는 심성을 학술중점으로 하였던 이학자들과 다르다. 또한 전통 기본론을 계승하였고 선명한 실학색채를 가지고 있는 왕정상과도 다르다. 그의 사상은 두 개의 단계로 나뉜다. 갑신년(1644)에 국변이 일어나기 전에는 갖가지 구체적인 지식을 연구하였는데, 특히 자연지식을 위주로 했다. 그는 구체적인 지식에서 철학적 이치를 개괄하고 끄집어냈다. 하학과 상달을 겸했고 질측(質測:자연과학)과 통기(通幾:철학)를 함께 연구했다. 국변이 일어난 뒤에 떠돌면서 생활했다. 특히 만년에 출가한 뒤에는 철학연구에 전력을 다했다.

젊은 시절에 방이지는 가학(家學)의 학술취지를 계승했다. 그의 증조부인 방학점(方學漸)은 경정향의 동생인 경정리를 스승으로 모신 적이 있다. 그의 학문은 매우 소박하다. 그의 저작인 《용언(庸言)》은 '숭실(崇實)'이라는 이름으로 된 장절이 있다. 그는 사물의 실제적인 근거에 대한 고찰을 중요시했다. 이 점은 방이지가 사물의 소이연에 대한 연구를 중요시한 것과 연관이 있다. 방이지가 만년에 저술한 중요한 저서 《동서균》에는 "소이"로 명명된 장절이 있다. 그의 조부인 방대진(方大鎭)에게는 《역상》이라는 저서가 있는데 상수(象數)와 의리를 모두 취하여 도덕의리를 해석하였다. 부친인 방공고(方孔炤)는 역학에 매우 능하였다. 그에게는 《역학시론》이라는 저서가 있는데, 특별히 상수와 《주역》에 포함된 일반적인 철학이론을 발견해내는 일을 중시하였다. 방공소는 태극을 《주역》의 최고범주라고 생각한다. 동시에 태극을 우주의 본원으로 생각한다. 태극은 유극과 무극으로 표현되는데 유극은 형체가 있는 만물이고, 무극은 아직 형체가 없는 추상적인 이(理)의 상태이다. 태극은 유극과 무극을 관통하지만 태극에는 유무가 존재하지 않는다. 방공소의 사상에는 사변적인 색채가 아주 짙어 그는 구체적인 물리의 제한을 받지 않았다. 방이지는 만년에 《주역시론》의 원고를 정리하여 각 장절에 평어와 해설을 달았다. 그리고 이것을 《주역시론합편》이라 이름 짓고 발문을 썼다.

방이지는 철학방면에서 주로 집에서 전해져 내려오는 가학의 영향을 많이 받았다. 그의 박물학은 왕선(王宣)의 가르침을 많이 받았다. 왕선(호는 허주)은 방공소가 방이지에게 마련해준 선생님이었다. 왕선은 의학에 능하였고 방씨네 학자들과 함께 역리에 대해 토론하곤 하였다. 그에게는 《물리소》라는 저서가 있다. 방이지는 이런 말을 한 적이 있다. "내 나이가 열일곱, 열여덟이 되었을 때부터 선생님의 강의를 들었다. 그이께서는 넓은 세상에 대해 이야기하면서 중간에 사람과 이치에 대해 이야기하기도 했다. 또한 상수, 물리 등에 대해서도 이야기했다. 그때 선생님의 나이는 칠십이 되었다. 그이께서는 하락(河洛)도 아주 능하였는데 양웅(揚雄), 경방(京房), 관랑(關朗), 소옹도 그를 따라올 수 없을 정도였다."(《허주선생전》, 《부산집·문집후편》) 방이지는 자기의 《물리소식》은 《물리소》로 인해 내용이 더 풍부해졌다고 말했다 방이지의 실증주의 사상은 대부분 왕선의 가르침에 의한 것이다.

방이지는 명나라 후기에 예수회의 성원들이 서학을 전파해 들인 점을 아주 좋아했다. 그는 전도사들이 쓰거나 번역한 서학서적을 여러 권 읽었다. 내용은 수학, 천문, 지리, 의학, 기계, 수리 등 여러 방면이었다. 그는 천주교의에 관한 서적을 좋아하지 않았다. 이를 통해 박물을 좋아하고 물리연구를 좋아하는 그의 경향이 더 뚜렷해졌다. 그러나 그 과정에 그는 서학서적을 중국의 서적들과 비교하면서 "서양의 학문은 자연과학에 대한 연구는 상세하지만 철학에 대한 내용은 조금 부족하다"는 견해를 가지게 되었다.

방이지의 외조부인 오응빈(자는 관아, 호는 종일)도 그에게 큰 영향을 일으켰다. 오응빈은 불학에 매우 능하였는데 그는 불교로 유교와 도교의 경전을 해석하였고 삼교를 합일시켜야 한다고 주장했다. 그의 저서에는 《종일성론》이 있는데 거기서 그는 "중리방통,

종일삼원(中理旁通, 宗一三圓)"이라고 주장했다. 그는 유교, 도교, 불교는 동일한 정신을 다르게 표현한 것이라고 생각했다. 그리하여 그는 자신의 호를 종일(宗一)이라고 지었다. 오응빈의 "삼교의 합일"과 "종일삼원"은 방이지에게 비교적 큰 영향을 끼쳤다.

종합해보면 방이지의 사상을 주로 세 개의 방면으로 종합할 수 있다. 첫째, 사변적인 철학은 집안에서 대대로 전해져 내려온 역학의 영향을 많이 받았다. 둘째, 박물의 학문은 그의 스승인 왕선의 영향을 많이 받았다. 셋째, 삼교를 통일시켜야 한다는 주장은 오응빈의 영향을 많이 받았다. 이 세 가지 방면의 사상은 그가 젊었을 때 이미 형성되었다. 그는 젊은 시절에 귀공자로서 말과 성격이 불같았고 시와 술을 좋아했으며 박물(博物)에 흥취가 있었다. 그러나 청나라가 명나라를 대체하는 혼란스러운 시국에 인생사에 대해 깊은 깨우침을 얻게 되었고 이로 인해 철학에 깊은 흥취를 가지게 되었다. 그러나 그는 여전히 박물의 학문을 잊지 않았다. 출가를 한 뒤에는 불서를 많이 읽었는데 그는 불학으로 자신이 젊은 시절에 얻은 깨우침을 관통했다. 그는 삼교의 의리를 하나로 융합시켰다. 방이지를 통해 우리는 시대의 영향과 학술의 기초가 어떻게 상호 작용하여 특정 시대를 나타내는 사상의 열매가 맺어지는지 똑똑히 알 수 있다.

중국의 고대서적에서 방이지에게 가장 큰 영향을 끼친 것은 《주역》과 《장자》였다. 이학의 종주인 주희의 사변적인 경향과 실증정신을 결합시킨 사상, 송역 상수학의 종조인 소옹의 태극이 만유로 변화하고, 만유에는 상의 표현도 있고 수의 규정도 있다는 사상은 방이지에게 일정한 영향을 끼쳤다. 불가 경전 중 천태종의 일심삼관, 삼제원융의 사상, 화엄종의 일다상용(一多相容)의 마지막에 일심에 귀결된다는 사상은 방이지에게 큰 영향을 주었다. 방이지는 성리학을 실어하였다. 《논어》, 《맹자》와 같이 이학자들에게 큰 영향을 끼친 책들은 방이지에게 있어 전혀 중요하지 않았다. 그러나 그의 행동규범과 도덕준칙은 어쩔 수 없이 그 당시에 최고의 위치를 차지한 이학 도덕 신조의 영향을 받게 되었다. 그러나 그의 사상을 구성하는 주요한 요소를 놓고 말할 때 역학, 장자, 불교가 가장 중요하다. 그가 만년에 이르러 저술한 《동서균》은 그의 사상의 종지와 사변의 수준을 대표하는 중요한 서적이다. 우리는 그 사상구조와 문장구조 그리고 표현방법에서 그가 불교의 영향을 많이 받았다는 것을 알 수 있다. 그가 일생동안 자신이 젊은 시절에 결정하였던 "천고의 모든 지혜를 수집하여 그것들을 절충시키고" 모든 지식을 한데 융합시키려 했던 뜻을 실천하였다.

2. 질측(質測)과 통기(通幾)

방이지는 박물의 학문과 철학에 매우 큰 흥취를 가지고 있었다. 그러나 그는 그 당시의 이학자들과 많이 다르다. 이학자들은 구체적인 사물에 대해 깊이 연구하는 것을 반대하지 않는다. 그러나 이학자들이 구체사물에 대해 연구하는 목적은 물체에 체현된 천리를 알기 위해서다. 물리와 천리를 아는 것 수단과 목적, 매개물과 귀속의 관계이다. 이런 관계는 이학자들의 수신의 수요에 복종해야 한다. 그러나 방이지는 구체적인 물리에서 철학의 근본이치를 개괄해냈다. 이러한 이치는 우주법칙에 대한 윤리적인 체인이 아니라 우주 법칙 그 자체이다. 방이지는 처음부터 구체적인 사물의 이(理), 사회와 정치를 다스리는 이(理), 사물에 체현된 일반적인 철학이치를 구분하였다.

천지의 집(家)을 고찰하는 일은 바로 구체사물에 대한 연구에 종사하는 학자들이 하는 바로 질측이다. 질측의 대상은 물리이다. 재리(宰理)는 치교(治敎)의 이(理), 즉 국가를 다스리는 원리, 법칙이다. 통기는 "물체가 그러하게 된 지극한 이치"를 장악하는 것으로서 물체에 포함된 철학적 이치를 깨닫는 것이다. "질측"의 질은 사물의 형질이고 물리의 담당자이고 귀속이다. 측은고찰, 측량 등 수량적인 관계로 사물의 이(理)를 파악하는 활동이다.

물체의 이치는 곧 물체의 이(理)다. 물리에 대한 고찰은 크게는 우주의 변천이고 작게는 초목과 곤충의 생활일 수 있다. 총체적으로 천지간의 모든 사물의 성질, 활동방식, 상규적인 표현과 우연적인 변화를 모두 고찰해야 한다. 젊은 시절부터 방이지는 박물의 학문을 좋아했다. 그는 상수, 율력, 소리, 의약 등을 모두 깊이 연구한 적이 있다. 방이지는 자신이 학문을 닦은 과정에 대해 다음과 같이 말했다. "어려서부터 많이 보고 깊이 생각하는 습관을 키웠다. 학문을 넓히고 문장력을 늘이며 깊이 연구하고 물리를 좋아하고 《역》을 읽었다(《역여·삼자기(易余·三子記)》)." 물리에 대한 흥취로 인해 그는 여러 영역에 능통하였다. 그는 상서, 율력, 음운, 의약 등에 관한 저작을 내기도 했다. 또한 경서 석고(釋詁), 기물관지(款識), 양생, 지리 등에 대해 연구하기도 했다. 실증지식에 대한 흥취는 만년에까지 계속되었다. 그는 시문과 가부(歌賦)에도 큰 흥취를 갖고 있었다. 그는 시문과 가부에 쏟은 시간 때문에 경서를 더 많이 고증하고 해석하지 못했다고 후회하기도 했다. 시와 술을 좋아하는 귀공자로서 그는 시문과 가부에 대한 창작을 포기할 수 없었다. 그리하여 그는 항상 모순에 빠지곤 했다. 그는 분방적인 시문 창작과 침착한 기물 고증을 교묘하게 결합시켰다. 이 점은 그의 시의 시문창작에 두 개의 작용을 일으켰다. 우선, 그는 풍부한 자연지식을 소유하였고 음운에 정통하였기에 그의 시문에는 생소한 글자와 전고가 가득 들어있었다. 그러나 이러한 생소한 글자와 전고들은 그의 시문에 자유분방하고 변화무쌍한 미를 선사하였다. 질책의 학문은 그의 사상에 중요한 작용을 발휘한 양분이었다.

'기'는《역전》에서 나온 것이다. 기는 사물의 변화에 나타나는 미세한 징조이다. 통기는 사물의 깊고 세밀한 부분을 장악하는 것으로서 여기서는 사물에 포함되어있고 사물의 성질과 운동방식을 지배하는 소이연을 가리킨다. 통기의 방법은 "이비지은(以費知隱)" 즉, 감각기관으로 파악할 수 있는 것에서부터 착수하여 사물의 보이지 않는 깊고 세밀한 이치를 파악하는 것이다. 여기서 방이지가 제기한 전제는 바로 사물의 이(理)와 이러한 이(理)를 표현하는 현상은 체용의 관계여야 한다는 것이다. 용(用)에서 체(體)를 알아야 보이지 않는 부분까지 미루어 짐작할 수 있다. "중현일실(重玄一實)"이란 노자의 "오묘하고 또 오묘한" 도를 말한다. 이러한 도는 실제적인 존재와 형질을 갖고 있는 사물에 표현된다. 도는 사물이 될 수 있는 근거이다. 또한 사물의 변화가 신묘하고 예측하기 어렵고 알기 어려운 근거이기도 하다. 그 자체는 적(寂)이다. 그러나 구체적인 사물에 표현되었을 때에는 감이다. 이러한 일반적인 이치를 고찰하고 파악하는 것이 바로 '통기'이다. 통기는 개별적인 것으로부터 일반적인 것을 미루어 짐작할 수 있고 보이는 물리에서 보이지 않는 철학활동을 미루어 짐작할 수 있다.

질측과 통기의 관계에 대해 방이지는 두 개의 관점을 제기하였다. "질측은 곧 통기를 감추는 것"이고 "통기는 질측에 대한 연구를 돕는다." 전자는 통기의 근원을 말한 것이고 후자는 기질에 대한 통기의 작용을 말한 것이다. 방이지는 통기는 질측을 떠날 수 없다고 생각한다. 깊고 미세한 이치를 탐구함에 있어 사물에 대한 실증적인 고찰을 떠날 수 없고 구체적인 사물에 대한 고찰이 없이는 철리를 얻을 수 없다. 방이지는 철리는 구체 사물에 존재하고 물리를 탐구하는 실증활동은 곧 철리를 파악하는 활동이라고 생각했다. 방이지의 철리는 물리에 대한 개괄과 제련이지 이학적인 체험, 각해(覺解), 투사(投射), 유비(類比), 비유, 상징 등의 심미와 비슷한 정신적인 활동이 아니다. 철학은 신비한 물체에 대한 체험이 아니라 철학적 명제사이에서 서로 유도하고 전환하는 것으로서 철학은 구체적인 존재를 가리킨다. 이게 방이지 철학의 특징이다. 그는 어렴풋한 것은 곧 신비한 것이라 생각했다. 그는 구체적인 물리를 떠나서 추상적인 이치가 존재한다고 생각하지 않았다. 상수는 상과 수를 가리킨다. 즉, 사물의 외모와 사물의 각 부분 사이의 구조와 공간의 관계를 결정하는 어떠한 수량적인 규정이다. 사물의 이치를 파악하려면 그의 외모, 구조와 관계에 대해 연구해야 한다. 구체적이고 눈에 보이는 징후를 떠나 깊고 미세한 이치를 연구하는 것은 편파적이다.

반대로 사물의 깊고 세밀한 이치를 연구하면 실증지식의 제한성을 극복할 수 있고 귀, 눈과 같은 감각기관으로 파악할 수 없던 존재들을 이치 자체의 논리구조로 미봉할 수 있다. 이게 바로 "통기는 질측에 대한 연구를 돕는다"는 말의 의미이다. 방이지의 이러한 사상은 매우 탁월하다. 여기서 그가 사물의 본체와 논리의 일치성, 귀납과 연역의 상호관계를 보아냈다는 것을 알 수 있다. 그는 논리는 추상적이고 모호한 존재가 아니라 각 세밀한 부분의 필연적인 관계라고 생각했다. 본체도 혼돈하고 고립적인 존재가 아니다. 본체에는 구체적인 환절로 전개될 수 있는 내재적인 논리가 포함되어 있다. 본체와 논리는 일치하다. 그리하여 논리의 필연성을 이용하여 구체사물의 미처 알지 못한 환절을 미봉할 수 있다. 이게 바로 통기가 질측을 돕는 다른 한 방면의 내용이다. 그 외에 통기가 획득한 이치는 일반적인 것이다. 그러나 질측은 눈, 귀 등 감각기관의 제한을 받는다. 통기는 질측으로 하여금 이러한 제한을 벗어나 더 넓은 시각을 얻게 해준다. 질측은 물체로 물체를 관찰하는 것이고 통기는 이치로 물체를 관찰하는 것이다. 질측의 이치는 통기의 인도와 확충을 통해서만 인식될 수 있다. 그리하여 방이지는 다음과 같은 두 가지 편폐(偏弊)를 반대했다. 하나는 구체적인 사물을 떠나 이치를 말하는 것이다. 이렇게 하면 "물체가 없이 마음만 믿게 된다." 이렇게 얻은 이치는 눈과 귀로 보고 들은 물체와 실증의 이치에 부합되지 않게 된다. 그리하여 허구와 부회(附會)에 빠지게 된다. 다른 하나는 감각기관을 통해 얻은 지식에 국한되어 추상적인 원리의 높이에 도달하지 못한 것이다.

하나는 직접 보고 들은 물건 이외에 아무것도 믿지 않는 것이다. 다른 하나는 일반적인 이론과 구체적인 견문이 서로 의지하는 관계를 보지 못한 것이다. 이렇게 되면 구체적인 사물 및 그 이치를 파악하는데 모두 불리해진다.

이상의 인식에 근거하여 방이지는 그 당시에 예수교의 전도사들에 의해 전해져 들어온 과학지식에 대해서도 비판을 진행했다. 그는 "만력년간에 서학이 전해져 들어왔다. 그러나 서양학문들은 자연과학에 대한 연구는 상세하지만 철학에 대한 내용은 조금 부족하다. 그러나 학자들이 추천한 것들, 특히 그 자연과학에 대한 연구가 완벽하지 못하다(《물리소식·자서》)." 그 당시의 전도사들은 서방의 비교적 선진적인 과학의 성과를 장악하고 있었다. 그들이 역술한 책들은 극소 부분만 제외하고(천문학에서의 일심설 등) 거의 다 그 당시의 서방과학지식의 발전수준을 대표할 수 있다. 방이지는 전도사들이 번역하고 소개한 천주교 교의에 관한 서적을 수십 권 읽었다. 그러나 방이지는 천주교 교의를 소개한 서적에 드러난 신학과 유관된 내용은 그 당시 중국의 철학의 발전수준과 비교했을 때 너무나도 유치하다고 생각했다. 방이지와 같은 대철학가에게 있어 대중에게 천주교를 소개하기 위해 만들어진 종교적인 소책자에 포함된 철학적 내용은 너무나도 평이하고 부족하게 느껴졌다. 그리하여 방이지는 서방사람은 질측에는 능하나 통기에는 약하다고 말했다. 그 외에 방이지는 박물학에 특히 조예가 깊은 학자이다. 그 실증지식을 대하는 엄격한 태도와 과학정신을 갖고 있었고 천문역법, 악진, 의학, 기계 등 중국과학기술의 성과에 대해서도 잘 알고 있었다. 그리하여 그는 "특히 그 자연과학에 대한 연구가 완벽하지 못하다"라는 결론을 내리게 되었던 것이다.

서방사람들의 질측, 통기에 대한 그의 평론에는 전후로 변화가 발생했다. 그가 젊은 시절에 저술하였던 《통아》에는 이런 말이 있다. "서양학문은 자연과학에 대한 내용은 아주 정밀하나 철학에 대한 내용이 없다(《통아》 머리말)." 그러나 《통아》를 저술하고 난 뒤에 중년시기에 저술한 《물리소식》에서는 "그 자연과학에 대한 연구가 완벽하지 못하다"고 말했다. 총체적으로 서방사람들이 실증에 능하다는 점에 대해서 그는 매우 긍정적이다. 그는 분명히 서방사람들의 질측에 대한 학문을 자기가 학습해야 할 지식구조와 대상으로 여겼다. 그는 소용, 채침의 상수의 학문을 계승하고 《하도》, 《낙서》에 나오는 일반 이치를 이용하여 구체적인 물리를 증명해야 하고, 서방사람들의 질측의 학문을 모방하여 중국고대의 자연과학이론을 발전시켜야 한다고 주장했다. 이것은 《물리소식》의 총론에 나오는 말이기도 하다. 그리하여 이것을 방이지가 주장하는 실증과학 방법론의 강령으로 삼을 수 있다. 이 강령은 방이지의 사상은 상수학을 기초로 한다는 것을 설명해준다. 하지만 방이지는 상수라는 두 글자를 도식의 추연이나 숫자의 제한으로 보지 않고 상수 중에 실제로 존재하고 수량의 관계로 표시할 수 있는 성질 및 모호하거나 신비하지 않은 이성적인 사상방법으로 보았다. 그가 "일월성신이 그러하고 사람의 오관, 사지, 경락도 그러하다"고 말한 것은 "실증이 어렵고 쉽게 허의 세계로 빠져들 수 있다"는 실증정신을 표현하기 위해서다. 그는 "알 수 없는 것들은 모두 기괴한 것으로 비유하는 것"을 반대했다.(《물리소식·상수이기정기론》) 그는 실증을 떠나 기계적인 도식, 추론 그리고 숫자의 변화를 사실로 생각하고 이것을 강제적으로 허구의 틀에 인입시킨 '상수'를 반대한다. 그는 "상수라고 하는 것은 강제적으로 맞추어지는 것이 아니다. 그 진실을 제대로 확인하지 않으면 결국에는 그것으로부터 미움을 살 수 있다(《물리소식·상수이기정기로》)." 명나라후기의 실학을 계승하고 청나라의 실증주의 사조의 시작을 연 사람은 방이지가 처음이다. 비록 고염무를 청학의 개산시조라고 추대하지만 사실 방이지의 공로가 더 크다. 고염무는 사회에 통행되는 지식, 관념 및 경서의 주해를 실증사상에 관통시켰다. 그러나 방이지는 자연과학의 일부 개념의 설명과 해석에 실증방법을 이용했다. 그러나 두 사람은 모두 실증원칙을 위반하는 억단과 판단에 대해 비판했다.

방이지는 실증원칙에 근거하여 이학자들을 비판했다. 그는 "송유는 유독 재리(宰理)에 집착했다. 물리와 시제에 대한 그들의 고찰은 대부분이 실제적이지 못하다. 그리고 대부분이 전인의 관점에 의거한 것이다(《통아》머리말)." 그는 이학자들이 천인성명(性命) 및 사회의 정치학설의 연구에만 몰두하고 구체적인 물리에 대한 연구를 소홀히 했다고 비판했다. 연구가 있다 하더라도 대부분이 잘못된 논리이고 전인들의 관점에 의거했다. 방이지는 자신의 실증지식은 모두 유가 최초의 전통을 계승한 것이라고 했다. 하지만 이러한 전통은 이후에 유학자들에 의해 버려졌다.

그는 천인성명의 학문은 반드시 구체적인 사실을 증거로 해야 한다고 제기했다. 형이상의 도와 형이하의 기(器)는 동일한 사물의 두 가지 면이다. 구체적인 사물을 떠나 천인성명을 이야기할 수 없다. 그가 제기한 학문의 방법은 통신명(通神明)과 유만물(類萬物)이다.

통신명(通神明)은 드러나지 않은 이치를 고찰하고 연구하는 것이고, 유만물(類萬物)은 구체적인 사물의 성질, 원리를 탐색하고 그들을 《주역》에서 말한 이치와 관통시켜 도식과 수표(數表)로 미세한 부분을 표시하는 것을 말한다. 실증성이 비교적 강하고 숫자적 특징이 명확한 학과는 유추 혹은 촉류방통(觸類旁通)의 방법을 사용할 수 있는데, 이는 그가 아버지의 역학방법을 계승하였다는 것을 알 수 있다. 그는 만물에는 이(理)가 존재하고 《주역》의 상수에 포함된 수의 원리로 모든 물리를 개괄하고 형상화할 수 있다고 생각한다. 방이지는 성명(性命), 생사, 귀신 등 오묘한 철학문제를 실증적인 물리문제로 삼고 연구했다. 그는 자신의 신체를 포함한 천지만물에는 동일한 원리가 들어있다고 생각했고 상수로 그것을 형상화하고 모방하려고 했다.

그가 착안한 점은 만물의 리듬과 법칙, 형태, 성질과 규율에 있다. 이러한 것들은 모두 다르지만 또 서로 공통점이 있고 모두 일반적인 원리에 속한다. 이러한 것들에 대해 실증적인 고찰을 진행할 수 있다. 학자들은 응당 안정적인 마음가짐으로 이러한 내용에 대해 개별적으로 알기 쉽게 대비해서 연구해야 한다. 이러한 방법들은 그의 조기의 모든 학술활동에 관통되었다. 그의 아들인 방중통은 부친이 《물리소식》을 저술한 방법에 대해 다음과 같이 말했다. "새로 알게 된 것이 있으면 조목을 나누어 기록하였다. 예를 들어 《산해경》, 《백택도(白澤圖)》, 장화와 이석의 《박물지》, 갈홍의 《포박자(抱朴子)》, 《본초》 등 여러 사람들의 말을 골고루 취했다. 사실적 근거가 있는지 영험한지 반복적으로 검증했다. 그리고 가장 정확한 것을 선택했다(《물리소식 · 편록연기(編錄緣起)》)." 이것은 방이지가 조기에 진행했던 학술방법에 대한 실제 기록이다.

방이지가 이러한 사상방법으로 실증지식을 탐구한 과정은 아주 정확하다고 할 수 있다. 그는 이러한 강령으로 많은 구체적인 사물에 대해 정확한 설명을 진행하였다. 그러나 이학자들에 대한 그의 비판은 너무 편면적이다. 왜냐하면 이학자들이 사물을 탐구하는 방법과 목적은 모두 실증주의 방법을 따르는 철학자들과 같을 수 없기 때문이다. 이학은 실증적인 학문이 아니다. 이학은 인문적이고 해석적이다. 이학은 구체적인 지식의 정당함과 풍부함이 아닌 경지와 견식의 고명함을 중요시한다. 이학의 목적은 사람들에게 실제적인 지식이 아닌 정신적인 향수를 제공하는 데에 있다. 구체적인 사물의 이치는 이학자들이 천리를 인식하고 정신적인 경지를 향상시키는 매개물과 도구일 뿐이다. 이학은 실증철학의 다른 한 철학적인 형태와 같지 않다. 실증철학자들은 이학자들의 논증방법은 모호하고 난잡하며 내용이 없고 실제에 부합하지 않는 등 문제가 존재한다고 생각한다. 그러나 이학자들은 실증철학자들은 물체에만 집착하고 사람을 소홀히 하며 실증의 이치에 구속되어 넓고 고명한 부분을 보지 못한다고 비판한다. 젊은 시절의 방이지는 실증철학의 경향이 매우 뚜렷하다. 그는 집안 대대로 이어져 내려온 상수학의 전통을 계승하였다. 그리고 서학의 자연지식 방법론을 취하여 자신의 사상의 실증적인 부분을 구성하였다. 그는 이 사상을 아주 확고하게 고수하였는데 그의 일생에 큰 영향을 끼쳤다고 할 수 있다. 만년에는 장자와 불학의 사상을 받아들여서 형성된 경지철학(境界哲學)이 주도적인 위치를 차지하긴 했지만 그의 실증주의 경향은 여전히 남아있었다. 그는 이학자들에 대해 늘 비판적이었다. 이는 고염무가 이학자들을 비판한 것과 동일한 시대적 의미를 갖고 있다.

3. 기(氣)와 화(火), 태극과 마음(心)

실증방법과 경지론의 영향하에 방이지의 본체론에는 두 개의 층면이 존재하게 되었다. 하나는 우주만물을 구성한 물질적인 실체이고 다른 하나는 어떻게 하면 더 광활한 층면에서 우주만물을 해석하고 다룰 수 있겠는가 하는 것이다. 조기에 방이지는 기를 물질의 실체로 보았다. 그러나 만년에 특히 출가를 한 뒤에 다른 여러 가지 사상을 받아들이면서 그는 또 우주의 종극처(終極處)로 만물에 대한 그의 생각을 표달하였는데, 이 때 그는 또 태극을 우주의 본체로 보았다.

1) 기와 화

방이지는 천지간의 모든 존재는 물(物)에 귀결된다고 생각했다. 그는 "천지간에 가득찬 것이 물(物)이다"라는 명제를 제기했다. 이것은 그의 실증철학의 전제이기도 하다.

사(事)는 물(物)이고, 기(器)도 물이고, 마음도 물이고, 성명도 물이다. 총체적으로 천지간의 모든 존재는 다 물이다. 여기서 "마음이 물이고", "성명도 물이다"라고 말한 것은 사람의 사상기관을 나타내는 마음은 실재적인 물이고 사람의 존재와 처지를 나타내는 성명 역시 실재적인 물이라는 점을 설명하기 위해서다. 정신적인 존재가 마지막에 기탁하는 것 역시 물이다. 세상의 모든 존재는 모두 그 흔적을 고찰할 수 있고 형태를 묘사할 수 있다. 방이지는 모든 것에는 형질의 근거가 있다고 생각했다.

방이지가 물체의 형질에 대한 고찰한 것은 중국고대의 기본론을 계승한 것이다. 그는 기를 물체의 실체로 보았다.

그는 물체의 형질뿐만 아니라 빛과 소리 역시 기라고 생각했다. 기는 형체를 가진 모든 물체의 본체이다. 기가 응집되면 형체가 있는 물체를 이룰 수 있다. 형체가 있는 물체는 에너지를 모아서 빛을 내고 허공의 공간을 형성하여 소리를 낸다. 소리와 빛은 모두 기로 구성되었다. 기, 형체, 빛, 소리는 사물의 네 가지 형태이자 사물을 인식하는 네 가지 방법이기도 하다. 엄격하게 말해 기, 형체, 빛, 소리를 구성하는 기는 만물의 실체를 구성하는 기와 같지 않다. 실체를 구성하는 기는 사물의 구성을 표시하는 추상적인 부호이다. 사실 여기에는 명칭이 없다. 이것을 기라고 부른 것은 "강제로 그렇게 이름을 지은 것" 뿐이다. 그러나 기, 형체, 빛, 소리를 구성하는 기는 구체적인 물체이지만 눈으로 볼 수 없다. 구체적인 물체이기 때문에 여기에는 실마리가 존재한다. 즉, 그 세밀한 표현을 인식할 수 있다. 실체를 구성하는 기는 표현될 수 없다. 이러한 기는 형식적이고 추상적인 존재일 뿐이다. 그러나 중국의 전통철학에서는 이 두 개의 '기'를 구분하지 않는다. 방이지 역시 만물의 실체를 구성하는 기와 세밀하고 보이지 않는 공기와 같은 기를 구분하지 않았다. 그가 《물리소식·기론》에서 만물의 본체라고 묘사한 것은 바로 '공기'이다. 그는 부친이 기를 묘사한 내용을 인용해 말했는데, 방공소가 말한 기는 보이지 않는 공기일 수도 있고 물질의 구성을 표시하는 추상적인 부호로서의 '기'일 수도 있다. 모든 것이 기로 구성되었다는 방이지의 사상은 아버지의 이러한 관점을 계승하여 얻어진 것이다.

천지간의 모든 물체는 기로 구성되었다. 반짝반짝 빛나는 수많은 별들, 산천대지, 동물과 식물은 모두 기로 구성되었다. 모든 내재적인 속성과 외부적인 표현은 모두 기로 구성되었다. 기는 영원한 존재로서 불생불멸한다. 그리하여 그는 "천지간에 모든 형체가 있는 것들은 다 나쁘다. 오직 기만이 나쁘지 않다(《동서균·소이》)"고 말했다. 여기서 방이지가 말한 기는 사실은 사물의 다른 한 구체적인 형태라는 것을 알 수 있다.

방이지는 실증의 원칙하에 기라는 이런 물질적인 형태를 만물의 근원으로 간주하였다. 그리하여 그는 다른 한 물질형태인 화(火)를 만물의 근원으로 볼 수 있다. 이런 것들은 방이지에게 전혀 모순되지 않는다. 왜냐하면 빛과 화는 기의 다른 형태이기 때문이다. 만물의 근원이 소유하고 있는 운동에너지와 만물의 형성과정에서 근원이 발휘하는 작용의 기제를 더 형상적으로 설명하기 위해 그는 기 대신 화로 만물의 본원을 나타냈다. 그는 화가 기이고 화에는 운동에너지가 함유되었고 불식의 생명력을 갖고 있다. 또한 내부적으로 모순되는 두 개 방면으로 그 평형상태를 파괴하고 다시 건립하여 그 운동에너지와 균형을 나타낼 수 있다. 기는 사물의 구성기원(基元)을 나타낸다. 화는 물체의 운동에너지와 공취, 생극과 같은 구성요소를 나타낸다. 이 점은 사실 가문에 전해져 내려온 학문을 계승한 것이다. 그의 조부인 방대진은 "하늘에 꽉 찬 것이 화이다. 사물의 생기도 모두 화이다. 화는 생물, 화물, 조물의 기능이 있다(《약지포장·양생주》서언)"고 말한 적이 있다. 그의 부친인 방공소도 이런 말을 한 적이 있다. "양간의 광은 모두 태양의 화이다(《물리소식》1권, 서언)." 그는 원나라 의학자인 주진형(朱震亨)의 관점을 인용해 다음과 같이 말했다. "하늘은 항상 움직이고 인생도 항상 움직인다. 이것은 모두 화 때문이다."(《물리소식·화》) 방이지가 이러한 말들은 인용한 목적은 하는 오행에서 가장 중요한 존재이고, 화는 천지간의 모든 활동의 근거라는 것을 설명하기 위해서다. 그는 사실 능동적이고 다른 물질을 바꿀 수 있는 화의 성질을 기보다 더 높게 보았다. 방이지는 기를 물체를 구성하는 기원(基元)으로 보았다. 그러나 현실의 물질은 형질의 이 층면에 존재한다. 그는 형질은 오행을 구성물질로 하고 오행에서 가장 중요한 것은 불이라고 생각했다. 방이지는 《오행존화위종설》에서 그의 이 관점을 논증하였다.

여기서 그는 화는 다른 물질을 변화시킬 수 있고, 화 자체에 들어있는 에너지가 다른 종의 물질로 표현될 수 있는 성질을 강조하였다. 방이지는 "화"가 인체 내에서 일으키는 작용으로 화의 보편성을 논증하기도 했다. "오행에서 화가 제일 중요하다. 동정은 바람을 따르고 사람의 몸은 움직이는 물체를 통해 정리(靜理)를 나타낸다. 그리하여 화는 곧 생과 사이다. 병든 사람도 화이다. 그리하여 살아있는 사람도 화이다(《주역시논합편·도상기표·인신호흡합천지괘기설(周易時論合編·圖象幾表·人身呼吸合天地卦氣說)》)." 사람은 항상 움직인다. 움직임이 멈추면 죽은 것이고 화는 움직임의 근원이다. 그리하여 화를 생의 소이연이라 한다. 병들었다는 것은 화와 기타 4행의 균형이 깨졌다는 뜻이다. 그리하여 그는 또 이런 말을 한 적이 있다. "양이 음양을 통솔하고 화가 수(水)와 화를 움직이기에 생도 화이고 죽음도 화이다. 병은 화에서 생기고 몸을 보양하는 것도 이 화에 의거해야 한다. 수와 화가 교제(交濟)한 것이 사람의 마음이다. 화에는 형체가 없기에 물체를 형체로 한다. 사람의 마음도 그러하다(《물리소식·화》)." 여기서 "수와 화를 움직이는 화"와 "형체가 없는 화"는 모두 질(質)의 운동에너지와 생기를 가리킨다. 운동에너지와 생기는 구체적인 수와 화를 통해서야 작용을 발휘할 수 있다. 이러한 운동에너지는 구체적인 화와 수의 작용을 지배하고 구동할 수 있다. 이러한 관점은 주진형이 주종, 음양의 개념을 의학적으로 표시할 때, 사용한 '군화(君火)', '상화(相火)'에서 온 것이다. 주진형은 "태극, 동정, 음양에서 오행이 생긴다. 모두 각자 하나의 성질을 가졌지만 유독 불만이 두 개의 성질을 가졌다. 군화는 인화(人火)이고, 상화는 천화(天火)이다. 화는 내음, 외양이지만 주로 움직이는 것들이다(《물리소식 · 화》)." 군화라는 것은 사람의 몸이 갖고 있는 생기와 운동에너지를 말한다. 그리하여 이것을 인화라고 한다. 상화는 사람 몸의 밖에 있는 각가지 물질적 요소를 가리킨다. "내음, 외양이지만 움직이는 것"은 화는 내허, 외열이지만 움직이는 추세가 있다는 뜻이다. 방이지는 주진형의 이러한 관점을 발전시켜 다음과 같이 말했다. "하늘에 밝은 것은 모두 화이다. 군과 상이 합쳐진 것은 생사와 성명 때문이다. 그것을 잘 아는데 속일 필요가 있는가?"(《물리소식 · 화》) 이 말은 세상의 모든 물체는 다 운동하고 있고 운동에는 내인과 외인이 있으며 주요한 원인과 부차적인 원인이 있다. 그것이 바로 "군과 상이 합쳐진 것"이다. 사물 내부의 운동에너지와 외부의 각가지 물질적인 요소가 서로 배합하고 조화를 이룬 것은 모든 사물이 존재하는 근거이다. 사람의 생명활동도 그러하다. 화는 없앨 수도 없고 제멋대로 내버려둘 수도 없다. 반드시 조화와 평형을 이루어야 한다.

방이지는 두 개의 단계에서 기와 화를 토론했다. 화는 질에 근거하여 말한 것이고 기는 물질을 구성하는 기원에 근거해 말한 것이다. 양자는 모순되지 않는다. 그러나 방이지의 전체 사상을 살펴볼 때 그가 더 중요하게 생각한 것은 화였다. 왜냐하면 화를 이용해 운동의 원인, 내와 외, 하늘과 사람, 주체와 종속의 관계를 해석했기 때문이다. 이러한 것들은 그의 학술중점이기도 하다. 오행에서 화가 제일 중요하다는 사상은 그가 창조해낸 것은 아니다. 그러나 그는 전인의 사상성과를 이용해 사물의 운동에너지 및 내와 외, 하늘과 사람, 주체와 종속의 관계에 대해 비교적 가치가 있는 견해를 내놓았다. 더 중요한 것은 일반 철학자들이 기를 만물의 근원으로 생각하고 더 깊이 연구하지 않으려는 약점을 극복하였다는 점이다. 그는 원소(原素)와 원소가 작용을 하는 성질과 방식의 두 가지 층면으로 사물을 해석하였다. 여기서 그가 사물의 성질과 형태를 실증적으로 탐구했다는 것을 알 수 있다. 실증을 중요시하는 철학자로서 사물에 대한 그의 탐구는 단순히 사물의 구성과 기원을 연구하던 것에서부터 사물의 구조와 성질에 대한 연구로 발전하였다. 그러나 그의 이러한 탐구와 설명은 그리 심각하지는 못하다.

2) 태극

방이지는 상수학자이자 본체론 철학자이다. 그는 기와 질의 층면에서 만물의 구성과 성질을 토론하였고 또 만물과 사람 관계의 층면에서 만물이 존재하는 근거와 소이연을 탐구하기도 했다. 이러한 소이연을 태극이라고 생각했다. 그는 태극의 이 본체는 도가에서 말하는 "유가 무에서 생겨났다"라는 말에 나오는 '무'가 아니었다. 유가 생겨난 '무'가 우주론의 본체라는 것이다. 이것은 우주의 단계를 대표하는데 우주와의 관계는 생(生)과 피생(被生)의 관계라 했다. 방이지의 태극은 본체론의 본체로서 철학자의 견식과 도량을 대표하며 태극과 만물은 일반과 개별의 관계, 추상과 구체적인 관계였다. 여기에는 시간상의 선후관계가 없고 공간상의 전체와 부분의 관계가 없다. 또한 시공적인 존재로 그것을 규범화할 수도 없다. 천지만물의 근거로 말할 때 그것은 천지만물보다 먼저다. 실제적인 시공속의 존재로 말할 때 그것은 또 천지만물보다 뒤이다. 엄격하게 말해 "천지만물의 근거"라는 말을 할 수 없다. 왜냐하면 이것은 형이상학의 명제이기 때문이다. 실증철학, 자연철학의 각도에서 말할 때 천지만물은 모두 개별적인 실재물(實際物)이고 근거와 본체와 관계없다. 그러나 방이지는 여기서 형이상학의 시각에서 입론하였다. 그리하여 선천, 후천, 형상, 형하는 모두 태극이라는 이러한 본체로 묘사할 수 있게 되었다. 태극은 천지만물보다 먼저이고 또 천지만물보다 후이다. 태극은 사물의 시작이자 사물의 끝이다. 그것은 추상적이며 구체적인 형태가 없다. 그리하여 "천지만물을 모두 혼합될 수 있다." 태극은 또 구체적이고 실재적이다. 그리하여 "음양, 사상, 팔괘를 모두 가지고 있다." 태극과 만물은 동시에 존재한다. "일유일화(一有一畫)는 곧 삼백팔십사 효(爻)"이다. 일화에는 삼백팔십사 효가 포함되고 삼백팔십사 효는 모두 일화에 모아진다. 구체적인 변역(變易), 동정은 만물의 속성이다. 태극은 동정과 적감을 초월한다. 그리하여 무라고 할 수 있다. '태무'는 그 본체가 구체적이지 않다는 것을 뜻한다. 그러나 그 본체는 유무와 상대적인 존재가 아니다. 이러한 본체는 선천과 후천에 대해 말하면 중천이다. 중천은 선천이 곧 후천 속에 있다는 것을 표시한다. 그 방법론은 셋이면서 하나이고, 하나면서 셋이며, 하나와 셋이 모두 존재하고 서로 같지도 다르지도 않다.

태극에 대한 이러한 묘사는 본체와 만물의 관계에 대한 중국철학의 관점을 계승한 것이다. 또한 방씨의 가학과도 일맥상통한다. 그의 태극에는 이의, 사상, 팔괘가 모두 존재한다. 삼백팔십사 효에는 허무가 모두 존재하는데 왕필(王弼)의 대연의(大衍義)의 사상과 일치하다. 그러나 왕필은 일(一)은 다의 근거이고 일은 다(多)가 작용을 발휘하는 소이연이라고 강조했다. 그러나 방이지는 이는 곧 다이고, 다는 곧 일이다고 강조했다. 이 사상은 이학자들이 말하는 "아무런 조짐도 없는 아득한 상태이지만 그 이치 속엔 이미 온갖 형상의 이치를 갖추고 있다"라고 한 말과 일치하다. 그러나 이학자들은 도덕에 근거하여 입론하였지만 방이지는 이것으로 자신의 형이상학의 관점을 표달하였다.

방이지에게 있어 태극은 천지만물의 총괄이자 천지만물의 총체이다. 총체는 개체의 기계적인 덧셈이 아니다. 태극은 천지만물을 하나의 상호 연관되고 개체가 홀로 활동할 수 없는 총체이다. 이런 의미에서 말할 때 태극은 만물을 통일하고 주재한다.

태극의 본체는 "하늘의 명이자 오목불이다"는 말이다. 이것은 동정을 뛰어넘고 만물의 운동보다 먼저이고 또 만물의 운동 속에 존재한다. 사실 '먼저'라는 말은 시간적인 선후가 아니라 논리적인 선후를 말한다. 이것은 모든 법을 떠나고 또 모든 법을 관통시킨다. 이것은 만물의 크기, 허와 실, 나눔과 합침의 근거이다. 그러나 이러한 근거는 사실 구체적인 사물의 활동에 참여하지 않고 만물을 그대로 내버려 둔다는 말이다. 만물들은 스스로 태극을 형성하는데 이것이 바로 "많은 학자들은 각자의 학문을 내세워 서로 이기려고 한다"는 말이다. 태극은 통일하지는 않지만 사실 만물을 통일하고 있고, 태극은 만물의 필연과 부득불연을 알고 있다. 여기에는 아무런 조작도 없다. 그것은 자유롭게 흩어지거나 모인다. 그리하여 방이지의 태극의 본체는 형식적인 것으로서 실제적인 내용은 없으며, 사변적인 산물이고 실증적인 존재가 아니다. 태극은 만물의 집합이 아니고 만물의 근원도 아니다. 태극은 만물에 대한 종합적인 사고에서 얻어진 지혜의 일종이다. 이러한 지혜는 방이지가 실증적인 존재를 벗어나 형이상학의 영역에 도달했음을 설명해준다.

3) '소이(所以)'

방이지는 만물의 존재와 성질에는 모두 근거가 있다고 생각하는데, 그것이 바로 '소이'이다. 태극은 모든 존재의 근거이다. 태극은 최고의 '소이'이다. 그는 "양간의 소이연을 나타내는 것을 태극이라고 한다(《주역시론합편 · 도상기표》)"고 말했다. 그는 만물에는 모두 필연성이 존재하는데 그 필연성은 그 본성에 의한 것이지 외재적인 존재가 부여한 것이 아니라고 생각했다. 태극은 바로 "그렇지 않은 것의 소이연(《역여 · 절대병대관대 (易余 · 絶待并待貫待)》)"이다. 이러한 '소이'는 본체를 말할 뿐만 아니라 사물간의 연계도 말한다. 그러나 본체를 말할 때 소이는 우주의 본체를 가리키기도 하고 본체론의 본체를 가리키기도 한다. 왜냐하면 구체적인 사물에는 시작과 끝이 있고 또 다른 사물과 "함께 하루를 형성"하기 때문이다. 그리하여 다른 물체에 의해 생겨난 것으로 볼 수도 있고 독립적인 존재로도 볼 수 있으며, 목적과 욕망이 없는 존재로도 볼 수 있고 성격, 욕망, 의지를 가진 능동적인 물체로도 볼 수 있다. '소이'에는 수많은 규정성이 있고 규정마다 모두 확정지을 수 없는 성질이 존재한다. 방이지는 다른 각도에서 '소이'를 묘사하였다.

"일란창창(一卵蒼蒼)"은 혼천설에서 말하는 우주이다. 우주는 모두 기를 기원으로 한다. 그리하여 기는 곧 '소이'이다. '소이'가 만물의 근거이기에 이것은 조화의 근원이기도 하다. 그러나 구체적인 사물에 대한 '소이'의 지배와 통솔에는 의지와 목적이 존재하지 않는다. 그리하여 이것을 '자연'이라고 할 수 있다. '소이'에는 사의적인 꾸밈이 없고 만물을 똑같이 대한다. 그리하여 이것을 '공심(公心)'이라고도 한다. '소이'는 물체의 본질적인 속성이기 때문에 그것을 '성(性)'이라고도 부른다. '천', '명'은 주재와 품부에 대해 말한 것이다. '도', '이'는 공유(共由)와 조리에 대해 말한 것이다. 위에 나오는 이 한 단락의 말에서는 여러 가지 측면에서 만물의 근거인 '소이'에 대해 묘사를 진행하였다. 이러한 측면을 모두 합해놓으면 '소이'의 속성과 기능이 된다. 여기서 '소이'는 사실 태극이다. 그러나 태극과 '소이'는 언어적으로 담당하는 표현의 임무가 같지 않다. 때론 '소이'와 태극이 같을 때도 있다. 그러나 양자는 다른 언어 환경에서 각기 다른 작용을 발휘한다. 총체적으로 태극은 주로 본체를 말하고 '소이'는 근거를 말한다. '소이'는 현실적인 작용을 가리킨다. 그러나 태극은 현실적인 작용을 발휘할 수 없고 논리적인 관계를 나타낼 수 있다. '소이'는 태극의 사명을 담당하는 존재로서 태극과 구체적인 사물을 이어주는 작용을 한다.

태극에 대한 방이지의 관념은 유교, 석교(불교), 도교를 종합한 산물이다. 방이지는 유교에서 소옹, 주돈이와 주희의 영향을 가장 많이 받았다. 그는 이런 말을 한 적이 있다. "소옹은 태극을 무명공(無名公)이라고 했는데 참으로 묘하다. 주돈이는 시작과 끝, 허와 실, 유와 무, 도와 기의 대강을 논하였는데, 실에 허가 있고 허에 실이 존재한다. 유 이전에 무가 있고 무 이전에 유가 있다. ……유괘효(有卦爻)는 무괘효(無卦爻)와 대립되지만 태극은 무와 대립된다(《동서균·삼정(三征)》)." 여기서 방이지가 소옹, 주돈이의 "태극"에 관한 관점을 많이 받아들였다는 것을 알 수 있다. 방이지가 태극은 곧 태무라고 생각하는 사상은 주돈이의 "무극이 태극"이라는 사상의 영향을 많이 받았다. 태극과 양간 사이의 물체는 일이자 만이며 자유자재로 모이고 흩어진다는 사상은 주돈이의 "사물은 서로 통하지 않지만 신은 만물에 오묘하게 작용한다"는 사상과 주희의 "사람마다 하나의 태극을 갖고 있고, 물체마다 하나의 태극을 갖고 있다"라는 사상의 영향을 받았다. 그러나 그는 주돈이의 "음양은 하나의 태극이며 태극은 근본에 있어 무극이다"라는 우주발생론의 요소를 제거했다. 태극에 관한 방이지의 사상은 불교의 화엄종의 영향도 많이 받았다. 그는 "화엄은 사사무애법계에 귀속되고 일진법계에서 시작된다(《동서균·전편》)"고 말했다. 일진법계가 곧 태극이고 사사무애법계가 만유이다. 일진법계는 사사무애법계에 있고 일진과 만유는 자유롭고 거리낌이 없다.

4) 태극과 마음(心)

방이지는 태극은 비록 본체이지만 두 번째 의에 속한다고 생각한다. 만약 대지에 원래 하나의 법도 없다면 본체도 없게 된다. 모든 모습과 명언을 바꾸는 입장에서 말할 때, 모든 것은 마음에 의해 돌아간다. 그리하여 태극은 마음을 말하는 것이기도 하다.

방이지가 말하는 마음에는 세 가지 뜻이 들어있다. 하나는 사물의 생생불식한 잠재력을 말한다. 여기서는 주로 마음의 '생'을 말한다. 방이지는 "기에서 혈육이 생기기에 맑음과 혼탁함이 있다. 숨을 쉬는 마음에서 성정이 생긴다. 원래는 일기(一氣)였는데 연기(緣氣)가 생생해지면 기가 되었고 그 기를 내뱉는 것을 마음이라고 한다(《동서균·진심》)." 그 뜻은 사람의 형체와 정신은 모두 기에서 생겨난 것이고 기는 생생불식의 존재이며 기의 생생불이한 성질을 가장 잘 묘사할 수 있는 단어가 마음이며 그리하여 마음이 곧 생생이라는 것이다. 태극은 마음이라는 관점은 이 뜻에서 파생되었다. 방이지는 태극을 마음이라고 생각했는데 그 목적은 사람의 창조성을 강조하기 위해서였다.

마음과 성은 동등한 등급의 개념이다. 그러나 마음은 그 생의와 창조의 뜻을 나타낼 수 있다. 그리하여 "천지가 생기기전에 먼저 이 마음이 존재했다"고 한다. 이 마음은 곧 본체가 갖고 있는 생의이다. 생의는 본체가 생겨날 때부터 갖고 있던 것이다.

마음의 두 번째 뜻은 "정신적인 실질"이다. 여기서 마음은 '적(跡)'과 상대적이다. 방이지의 뜻은 물체의 정신적인 실질을 파악하려면 반드시 그 외재적인 흔적에 의거해야 하지만 또 그러한 흔적에 얽매이지 말아야 한다는 것이다. 흔적을 잊어버리고 흔적을 버려야 마음을 파악할 수 있다.

부처의 정신이 진짜 부처이고 부처의 정신을 나타내는 불교의 교리는 편리한 도구이자 권법(權法)이다. 권법에 집착하면서 권(權)을 실재로 생각하면 불교의 교리는 마장(魔障)이 된다. 그러나 부처의 마음을 장악하려면 반드시 불교의 교리에서 인취(認取)해야 한다. 불교의 진리가 없으면 부처의 마음을 알 수 없다. 그러나 법은 원래 적당하다는 것을 명심하고 부처의 마음에 너무 집착하지 말아야 한다. 불교의 교리에 집착하면 부처의 마음을 잃을 수도 있다. 부처의 마음과 불교 교리의 관계를 순수한 철학에 응용할 수 있다. 방이지는 '신'과 '적(跡)'의 관계로 정신의 본질과 외재적인 표현의 관계를 표현했다.

신은 흔적이 아니지만 신에게 도움을 청하려면 반드시 흔적을 통해야 한다. 즉, 흔적에 멈추지 않고 흔적의 미무(迷霧)를 통해 신에게 도움을 청해야 한다. 흔적에 얽매이지 않는 것이 바로 신이다. 신에만 몰두하여 흔적을 잊어버리면 신이 곧 흔적이 된다. 방이지는 유교, 석교, 도교 삼교는 모두 흔적이지만 모두 신을 감지하는 데에 도움이 된다고 생각했다. 그러나 실제적으로 유, 석, 도 삼교의 학자들은 모두 흔적에 얽매여 신을 잊어버렸다. 그는 "누가 천지의 기를 곧게 하고 천지의 마음을 볼 수 있는가?(《동서균·신》)." 그 뜻은 천지의 기가 생성되게 하는 물체는 모두 각자 생겨나고 각자의 성을 갖고 있는데 거기서 천지의 정신과 천지의 의지를 볼 수 있다는 뜻이다.

방이지가 말한 세 번째 뜻은 바로 마음은 식견과 도량이고 견해라는 것이다. 마음의 이러한 의미는 그의 후기 사상에서 특별히 중요하다. 방이지는 우주는 사람의 이해를 거친 대상으로서 그것이 사람에게 어떤 모습을 나타내는지, 어떤 의미를 갖고 있는지, 어떤 명칭을 갖고 있는지는 모두 주체의 인식과 관계된다. 우주는 사람에게 있어 가치물의 일종이다. 이 가치는 사람의 정신적 수양, 지식 축적의 다름에 따라 다른 모습을 나타낸다. 우주는 더는 실증적이고 구체적인 물체가 아니다. 우주에 대한 사람의 인식도 더는 반영과 묘사가 아닌 관조이다. 그리하여 그는 마음은 만물을 측정하는 척도와 근거라고 말했다. 이러한 관점은 방이지의 사상에 변화가 일어났음을 의미한다. 그는 젊은 시절의 실증적이고 과학적인 입장에서 관해(觀解)적이고 철학적인 입장으로 바뀌었다. 이러한 변화로 인해 그는 우주만물을 식견과 도량이 재생한 물체로 보게 되었다. 물체를 보는 관점이 달라지면서 보고 생각하는 물체에도 변화가 일어나게 되었다. 만년에 방이지의 눈에 비춰지는 물체는 모두 처량하고 황량하기 그지없었다. 그리하여 물체에 대한 해석에도 장자처럼 "종잡을 수 없는 말을 하고", "지리멸렬한 말을 하는" 모습을 엿볼 수 있다. 여기서 방이지가 불교의 영향을 받아 생각이 넓어졌다는 것을 알 수 있다. 이는 만년에 그가 느낀 당혹감과 각종 모순에 어쩔 수 없던 무기력함의 반영이기도 하다.

그는 세상은 일심에 귀결된다고 생각했다. 세계의 본체는 원래 화엄종이 말했던 공허적멸(空虛寂滅)한 세계이다. 마음과 본체, 세계가 하나를 이룬 것은 진공에 도달하기 위해서다. 이러한 공까지 완전히 비어진 것이 마지막 진실이다. 방이지의 이러한 생각은 불교의 중요한 관점에서 얻어진 것들이다. 즉, 만법은 마음에서 만들어지고 마음은 만물이 그러하고 이러한 근거이며 마음은 사람의 수양공부에 따라 다른 식견과 도량, 관법을 가지게 된다. 어떠한 물체든지 모두 마음의 식견과 도량, 관법에 따라 다르게 표현될 수 있다. 태극과 같이 매우 추상적인 관념은 더욱 그러했다.

이러한 각가지 명칭들은 모두 동일한 실체를 다르게 표현한 것으로서 본체의 여러 가지 중점을 나타낸다. 이러한 각가지 중점은 모두 마음 때문에 생겨난 것이다. 그리하여 방이지는 "세상에는 물체가 아닌 것이 없다. 물체는 마음에서 생겨난 것이다(《동서균·진심》)"라고 말했다.

방이지는 일심의 식견과 도량을 만물이 형식을 변화하는 근거로 생각했다. 그리하여 그는 마음을 도자기를 구워내는 녹로에 비유하였다. 그가 만년에 쓴 중요한 저서에 《동서균》이라는 이름을 붙인 것도 바로 자신의 이러한 사상을 표달하기 위해서다. 그건 바로 양간의 물체는 생생불식하고 잠시도 멈출 때가 없다는 것이다. 만물은 흙이고 사람은 도공이며 마음은 녹로이다. 수많은 기(器)는 마음에 의해 만들어진다. 사람이 세상을 살아가는 것은 바로 수많은 물건을 구워내는 과정과 같다. 방이지는 공자를 대성균(大成鈞), 노자를 혼성균(混成鈞), 맹자를 추균(雛鈞), 불교를 공균(空鈞), 선종을 별균(別鈞), 염락관민(濂洛關閩)을 성명균(性命鈞), 경론훈화(經論訓話)를 전주균, 상수, 고증 사업, 문장 모두 전문균(專門鈞)이라고 불렀다. 세상에는 균자(鈞者)가 아닌 사람이 없는바 경영(經營)이 있게 되면 곧 도공의 마음으로 만물을 견도(甄陶)한다. 비록 정밀함과 조잡한 의미의 구별이 있지만 도공의 잘못이 아니다. 이게 바로 방이지의 철학관이자 그의 본체론이다. 그는 철학이란 만물을 견도(甄陶)하는 현실적인 활동이라고 생각했다. 견도활동은 만물에 대해 어떠한 해석을 진행하는 과정이다. 이런 해석의 근거는 식도와 도량, 관법과 마음이다. 물체의 실체를 구성하는 것은 기이고 만물을 구별화하는 것은 마음이다. 방이지가 만년에 《약지포장》이라는 책을 저술했는데 그 명제에는 그의 이와 같은 사상이 반영되었다. 그건 바로 장자라는 마음의 열을 빼주는 약을 다시 우려내려는 것이다. 그

약을 우려내는 관솔불은 바로 마음과 견식이다. 여기서 마음의 중점은 식견과 도량에 있다고 한 관점이 마음의 세 가지 뜻에서 가장 중요한 뜻이라는 것을 알 수 있다. 그가 말한 마음은 육구연과 왕양명이 말한 '심즉리'의 마음과 다르다. 또한 선종의 "명심견성(明心見性)"의 마음과도 다르다.

　방이지가 말한 마음의 의미는 대부분이 화엄종이 말한 마음의 관점을 계승한 것이다. 화엄종의 사법계(四法界)에서 이(理)법계는 본체이고 사(事)법계는 현상이다. 이사무애법계(理事無礙法界)에서는 본체와 현상이 자유롭게 흩어지고 모아질 수 있다. 사사무애법계(事事無礙法界)에서는 현상계의 각 사물들이 서로 감싸주고 층층이 끝이 없다. 그러나 마지막에는 모두 일심에 귀결된다. 일심을 일진법계라고도 하는데 일진법계는 사법계의 시작이다. 지엄(智儼)의 《화엄일승십현문(華嚴一乘十玄門)》에서 제9문에서는 "유심회전선성문"이라고 했다. 그중에는 "앞에 나오는 이치와 교문은 여래장의 영원히 불변하는 일심에서 나온 것들이다. 그리하여 선하든 악하든 마음대로 변환할 수 있다"고 말한다. 법장의 《화엄경지귀》에서는 다음과 같이 말했다. "모든 법은 마음의 체현이라는 것을 알아야 한다. 그래야 크기에 상관없이 마음대로 회전할 수 있다. …… 마음 밖에 법이 있을 수 없다." 《화엄금사자장》에서는 "금과 사자는 나타나거나 사라지거나, 많거나 적을 수 있다. 이것들은 본성이 없고 자기 마음을 따라 회전한다." 화엄종과 법상종은 모두 마음을 만법이 생겨나는 근거로 했다. 그러나 양자는 같지 않다. 법상종이 말하는 마음은 의식의 마음으로서 사람에 의해 사물에 다른 근거가 형성되었다는 것을 설명한다. 그는 이것으로 '집(執)'의 유래를 나타내었다. 즉, 훈습하는 것은 종자이고 종자는 원인이며 지식은 결과이다. 그러나 화엄종이 말한 마음은 진리를 관찰하는 마음이다. 마음이 다름에 따라 진리를 관찰하여 얻어진 결과도 다르게 된다. 그가 중요하게 생각한 것은 회전이다. 그가 제시하려는 것 은 '불집(不執)'의 유래이다. 즉, 만법은 모두 마음에서 회전하고 실아(實我), 실법(實法)이 없기 때문에 집착할 필요가 없다는 것이다. 방이지가 말하는 마음은 불교의 각 학파의 관점이 모두 들어있지만 화엄종의 관점을 귀취로 한다. 그는 자주 화엄종을 찬양하곤 했다.

　방이지는 마음, 식견과 도량을 말할 때, 이것들은 여러 가지 지식과 가치 관념을 흡수하여 자신의 독특한 이해, 가공과 소화를 거쳐 형성된 것임을 강조했다. 그리하여 그는 지식의 축적과 구체적인 견문의 속박에서 벗어나야 한다는 것을 특별히 강조하였다.

지식은 세세대대를 거쳐 탐색되고 축적되어야 한다. 후인은 항상 절충을 시키는 존재이다. 방이지는 지성활동에 흥취가 있는 사람이었다. 그리하여 그는 전인들의 지식을 수집하여 다시 평가하는 일에 아주 자신 만만했다. 그는 축적을 한 뒤에는 반드시 관통해야 한다고 강조했다. 관통은 식견과 도량의 고명함과 견해의 융통성에 관계있다. 그러나 구체적인 지식을 축적하려면 반드시 정밀해야 한다. 그는 명나라 말기의 대유인 황도주가 했던 말을 아주 높이 평가했다. "내 집의 일을 할 때 대강대강 해서는 안 된다(《동서균·상수》)." 축적과 관통에 대한 이러한 관점으로 인해 그는 선종에서 말한 점진적인 축적을 제거하고 직접 돈오를 얻어야 한다는 주장에 반대했다. 만년에 선종의 성지인 청원산에서 지낼 때도 그러했다. 그는 선종을 여러 번 비판했는데 그는 종오(宗悟)를 '허튼 소리'라고 하고, 또한 경전을 배우지 않고 지식이 없으며 깨우침만 고집하고 다른 재간은 없는 선객을 질책했다. 그는 광범위하게 축적하고 융합시키며 관통하는 기초위에서 깨우침을 얻는데 동의하였다.

집 앞에 그물을 쳐놓고 자기의 관점을 고집하면서 다른 학파와 서로 왕래하면서 견문을 늘이지 않았다. 일편지견을 고집하면서 평생 동안 옛 것에 얽매였다. 다른 학문을 꾸짖기 좋아하는 사람은 모든 것을 부정하는데 습관이 되어 공(空)이라는 글자로 다년간 쌓아온 깨우침을 단번에 제거해버린다. 이러한 승려들은 점수를 금기로 여긴다. 유교, 석교, 도교의 학문을 연구하여 모든 종문의 법을 한데 융합, 관통시키는 일은 꿈이나 마찬가지다. 방이지의 꿈은 고금중외의 모든 지식을 수집하여 그 속에서 견식과 도량을 정련해낸 다음 이러한 견식과 도량을 이용해 모든 현상을 다시 판단하고 해석하는 것이다. 이게 바로 그의 "고금의 학문을 땔감으로 삼아 식은 부엌에서 학문을 닦겠다"는 말에 들어있는 뜻이다.

4. 일(一)과 이(二)와 삼(三)

위의 내용을 통해 우리는 방이지가 해박한 지식을 소유한 학문가이자 철학자라는 것을 알 수 있다. 그의 철학은 중국 전통 변증법적 사상과 실증사유의 혼합물이다. 그는 실증과 사변을 똑같이 중요시하는 사유방법을 사용했다. 그의 철학은 사상이 자유롭고 지식의 기초가 튼튼하며, 생각이 넓고 정밀한 특징을 갖고 있다. 그의 철학체계는 일이삼(一二三), 교륜기(交輪幾), 통민수(統泯隨)를 중심으로 한다. 그는 한 가지 관점에 얽매이지 말아야 한다고 주장했다.

1) '이(二)'

방이지는 "일과 이는 삼이다. 이것이 핵심이다(《동서균·삼정(三征)》)"고 말했다. 이말은 일, 이와 삼의 관계가 그의 철학의 핵심이고 다른 명제는 모두 여기에 귀결된다는 뜻이다. 방이지의 철학에서 일이삼은 모두 아주 중요한 범주에 속한다. 일은 대립되는 쌍방의 통일이다. 이는 통일 가운데서의 두 개의 대립면과 모순되는 쌍방이다. 삼은 이러한 대립면을 초월한 모순과의 통일이고 더 높은 층에서 이와 새로운 대립을 형성한 절대적인 존재이다. 방이지는 모든 것을 대립되는 물체로 볼 수 있고 모든 사물은 대립의 형식으로 존재한다고 생각한다.

이 말은 통일체는 측량할 수 없다는 뜻이다. 측량할 수 있고 감각기관으로 감지할 수있는 것은 모두 대립되는 물체들인데, 양간에는 대립을 형성하지 않는 존재가 없다는 것이었다. 서로 상반되는 범주에는 자연현상, 사람의 심리현상, 사회인문현상 등 많은 내용을 포함하고 있다. 방이지는 사물이 서로 대립, 통일되는 성질은 세상의 근본적인 이치이고 사물 자체가 대립, 통일의 성질을 가지고 있다고 생각했다.

여기서 방이지는 아주 심각한 철학명제를 제기하였다. 즉, 서로 통일되는 존재는 모두 완전히 상반된다는 것이다. 원인은 근거이다. 상반상인(相反相因)은 자기와 상반되는 물체를 존재의 근거로 한다는 뜻이다. 그리하여 통일되는 물체는 모두 대립된다. 서로 근거가 되는 쌍방은 반드시 이질적이고 대립되어야 한다. 예를 들면 생과 사, 남과 여, 강인함과 유연함이다. 이것은 현실에 존재하는 실제상황이지 철학자들의 향벽허구(向壁虛造)가 아니다. 상반상인은 일과 이, 기수와 우수로 표현할 수 있다. 이게 바로 "모든 것은 다 기와 우수이다. 이것들을 대립하지만 또 유행하면서 통일된다(《동서균·반인》)." 천지간에 있는 물체는 모두 서로 상반된다. 그러나 서로 상반되면서 또 통일된다. 상인상반은 반드시 운동가운데서 하나로 통일된다. 방이지는 이 이치는 매우 일반적이라고 생각했다. 그러나 눈과 귀로 보는 데에만 집중하고 형이상의 사고를 할 줄 모르는 사람들은 이것을 알아낼 수가 없다. 그리하여 반드시 실증의 제한에서 벗어나 철학의 지혜로운 경지에 도달해야 한다. 이게 바로 그가 말한 "정수리, 얼굴, 등의 눈(目)을 열어야 한다"는 것이다. 이것은 그가 '확신(擴信)'에서 도달하려는 목적이기도 하다. '확신'이란 낡은 관점에서 벗어나 새로운 견해를 가지고 최상의 진리를 믿는 것을 말한다. 그가 주장하는 확신의 비결은 다음과 같다. "작은 것에서 큰 것을 보고 큰 것에서 작은 것을 보아야 한다. 허에서 실을 보고 실에서 허를 보아야 한다. 긴 것에서 짧은 것을 보고 짧은 것에서 긴 것을 보아야 한다. 또 여기서 저것을 보고 저기서 이것을 보아야 한다(《동서균 · 확신》)." 세상의 사물은 대립통일의 관계 속에서 존재하고 반드시 대립통일의 관계에서 모습을 드러내고 의의를 가질 수 있다는 말이다. 대립통일은 모든 물체의 존재형식이다. 방이지가 자신의 철학적 토론에 사용한 것 역시 모두 대립되는 범주였다. 예를 들면 기(奇)와 용(庸), 전(全)과 편(偏), 신(神)과 적(跡), 도(道)와 예(藝), 장(張)과 이(弛), 상(象)과 수(數), 의(疑)와 신(信), 원(源)과 유(流), 소(消)와 식(息) 등이다. 이런 서로 대립되는 범주들이 방이지 철학의 각 측면을 구성하였다. 그 핵심적인 관념은 상반상인이다.

방이지의 상반상인에는 층차가 존재한다. 즉, 서로 대립되는 존재 속에 또 대립되는 존재가 있다는 말이다. 예를 들면 하늘과 땅은 대립되는 존재이고 천지에는 또 음과 양이 존재하는데 음과 양은 또 서로 대립된다. 이렇듯 층층이 끊임없이 이어진다. 방이지는 "양단 사이에 또 양단이 존재한다(《일관문답》)"고 말했다. 이는 왕안석의 "물체에는 기수와 우수가 존재하고 우수 속에 또 우수가 있다"는 주장과 일치하다. 그러나 대립의 관계에서 양단이 일으키는 작용은 같지 않다. 양자는 균형적인 관계가 아니고 주차(主次)와 경중의 구별이 존재한다. 방이지는 "먼 옛날에 태극에는 양만 있고 음이 없었다. 양의 부족함이 음이 되었다. 그리하여 태극은 주로 양이다(《동서균 · 공부(公符)》)." 그 뜻은 태극에는 원래 양만 있었고 양의 부족함이 바로 음이었다는 말이다. 이 양자 가운데서 양은 주동자고 음은 보충자이다.

이 말은 양의 활동이 항상 제일 먼저라는 뜻이다. 음이 나타나고 양이 숨어있을 때도 그러하다. 이때 양은 음에 숨어있으면서 음의 활동을 지배하고 통솔한다. 양이 모습을 드러낼 때에는 음의 포위에서 벗어나 음과 선명한 대립통일의 관계를 이룬다. 이 시기에 양은 음을 자신의 보충자로 삼고 그것을 통솔하고 포함시킨다. 그리하여 양은 시종 주동자, 통솔자의 위치에 있다. 그리하여 시종 양을 중요시하게 된다. 이게 바로 우주의 법칙이다.

바로 천지간의 만물은 항상 변하고 항상 움직인다는 말이다. 그러나 주양(主陽), 주동(主動)은 불변의 법칙이다. 체를 중시하고 용을 소홀히 하며, 양을 중시하고 음을 소홀히 해야 체와 양의 주도적인 위치를 유지할 수 있고, 그 작용이 충분히 발휘되게 할 수 있다. 체와 양의 작용이 발휘되는 과정은 음을 이끌고 돌보는 과정이기도 하다. 이 사상은 위진 시기의 현학자인 왕필의 관점을 이용한 듯하다. 왕필에게는 "근본을 높이고 말단을 줄이는 것"과 "근본을 높이기 위해 말단을 사용한다"는 두 개의 관점이 있다. 즉, 근본의 작용을 충분하게 발휘하는 점에서 말할 때, 말단을 줄이면 자연히 근본을 높일 수 있고, 본말과 체용이 함께 작용을 발휘해야 한다는 점에서 말할 때, 근본을 높이면 자연히 말단을 사용할 수 있다. 그리하여 근본을 높이고 말단을 줄이는 것은 근본을 높이고 말단을 사용하기 위함이다.

양과 음의 대립통일에서 음은 보충과 보조의 작용을 일으킨다. 방이지는 "음은 양의 신하이고 양의 나머지이며 양의 작용이다(《동서균 · 전도》)." 이 뜻은 송나라의 유명한 도사인 진단(陳摶)의 역학과 일치한다. 방이지는 "진단은 '음은 양의 나머지이다'라고 말했다. 정괘(貞卦), 회괘(悔卦)에는 '곤(坤)은 건(坤)의 나머지이고, 몽(蒙)은 둔(屯)의 나머지다'라는 말이 있다. 여기서 악은 선의 나머지라는 것을 알 수 있다(《동서균 · 공부》)." 즉, 괘의와 괘상에도 대립하고 통일되는 두 개의 괘가 있고 그중에서 하나는 주도적인 작용을 일으키고 다른 하나는 보충과 보조의 작용을 일으킨다. 주도적인 지위에 있는 것은 능생(能生), 능동, 적극적인 의의가 있다. 예를 들면 건(건:健), 둔(생), 선 등이다. 방이지는 이러한 원리를 이용해 옛날의 도덕생활을 관찰하였다. 그리고 옛날부터 지금까지 항상 일(一)이 "선을 주도하는" 그러한 국면이 유지되었다고 했다.

사실 선은 악과 대립하고 진은 위(위)와 대립한다. 양자는 한 통일체의 두 가지 방면이다. 그러나 방이지는 선이 주도적이라는 관점이든 선과 악이 평등하다는 관점이든 모두 세속적인 안목에서 입론하였기에 두 번째 의에 속하게 된다. 첫 번째 의에는 선악이 없다. "혼돈으로 보았을 때 삼교를 모두 추구(芻狗)라 할 수 있다(《동서균 · 공부》)."

2) '일(一)'

방이지는 통일체는 모두 서로 대립되는 두 개의 방면으로 나뉘고 이 두 개의 방면은 또 통일된다고 주장한다. 그는 사물이 대립되고 연접하며 상반되고 또 상인하는 것은 우주의 보편적인 법칙이라고 했다.

천지의 음양에서 사람의 몸에 이르기까지 그리고 생사와 화복, 율려(律呂)와 의점(醫占)은 모두 대립하고 통일된다. 통일이 없으면 대립도 없고 대립이 없으면 통일도 없다. "하나가 있으면 둘이 있고 둘은 하나를 근본으로 한다." 물체도 모두 그러하다. 방이지의 이 관점은 중국고대의 물은 생겨날 때부터 각각 상대를 가지고 있고 서로 대립, 통일된다는 사상에서 온 것이다. 그는 여기에 《주역》에 대한 연구를 보태기도 했다. 이 관점은 그가 자연현상에 대한 관찰과 현실생활의 체험에서 얻어진 것으로서 전인들의 관점을 그대로 계승한 것이라고 볼 수 없다.

방이지는 이와 일의 관계를 논증할 때 대립되고 연계되는 두 가지 방식에 대해 말했다. 하나는 본체론의 방식이고 다른 하나는 우주론의 방식이다. 우주론의 방식은 원래 하나였지만 그 내부에 둘로 나누어지는 잠재능력과 작용이 있기에 둘로 나누어졌다는 말이다. 본체론의 방식은 하나는 둘로 구성되었다는 것인데 하나가 곧 둘이고 둘이 곧 하나이며 하나와 둘은 생과 피생의 관계이고 사변적인 결과이다. 방이지는 천지음양 등 비교적 추상적인 범주에 대해 논증할 때, 우주론의 논증방법을 많이 사용했다. 그러나 비교적 구체적인 사물을 논증할 때에는 본체론의 방법을 사용했다. 그러나 사람의 지식의 설정에 관한 문제에 대해서는 본체론의 사변적인 방법을 사용했다. "태일은 하늘과 땅으로 나뉜다. 기에서 우가 생기고 양자는 서로 대립된다. 일은 인차 둘로 나뉜다. 둘이자 하나이다(《동서균·삼정》)." 태일은 우주에서 최고 그리고 최선(最先)의 혼돈체를 말한다. 태일에서 우와 기가 생긴다. 그러나 태일은 본래부터 갖고 있던 작용과 잠재력에 의해 반드시 둘로 나뉘게 된다. 자웅, 물불 등은 이들이 반드시 통일체에서만 작용을 발휘할 수 있다는 말이다. 대립되는 다른 한 면을 떠나서는 아무런 의의도 없다. 본체론이 논증하려는 중점은 일이 원래 둘이고 둘이 원래 일이며 일이자 둘이고 둘이자 일이라는 것이다. 우주론의 논증은 중점이 일은 반드시 둘로 나뉘게 되고 둘로 표현된다는 것에 있다. 방이지의 논술에서 본체론에 대한 논증이 가장 많다.

방이지가 주장하는 상반상인의 사상에서 대립면이 서로 구원하고, 서로 이기고, 서로 이루는 관계는 그가 가장 중요시하였던 내용이다. 이 관점은 통일은 투쟁의 통일이라는 뜻이다. 투쟁(서로 이기는 것)이 있어야 통일(서로 구원하고 이루어주는 것)에 이를 수 있다.

여기서 방이지는 음양과 동정은 가치적인 관념이 아니라 자연적인 관념이라고 제기했다. 성인의 작용은 이러한 자연법칙을 체인하고 이것을 사상원칙으로 만드는 것이다. 이러한 원칙은 바로 일은 이의 일이고 아무 차별도 없는 일이 아니라는 것이다. 일은 이 때문에 작용하고, 일과 이는 삼이다. 그러나 반드시 일, 이, 삼을 합해서 보아야 하는데, 이것들을 대립, 통일되는 요소로 보아야 한다. 고립적이고 추출해서 토론하여서는 일, 이, 삼에 아무런 의미가 없다. 하나의 통일체이기 때문에 절반을 나누어 다른 절반에 사용하게 해야 한다. 이것이 "이루는 것은 홀로 하지 않는다"는 말이다. 모순되는 통일체는 쌍방의 모순이 상호 보충하고 상호 투쟁하면서 이루어진다. 방이지는 《중용》에 나오는 "만물은 같이 자라며 서로 상처를 입히지 않고 도는 같이 가며 서로 어긋나지 않는다"는 말을 아주 높이 평가했다. 그는 이 말은 위에 나오는 모순되는 상태를 아주 적절하게 표현했다고 생각했다. 무릇 대립되는 쌍방은 서로 보충하고 서로 바로잡아 준다. 심지어 소극적인 존재도 적극적인 존재가 성립되는 근거이다. 예를 들면 소인은 군자의 의지를 단련시켜 줄 수 있고 재난은 사람의 의지를 연마해줄 수 있다. 위험이 지나면 안정될 수 있고 고난을 거치면 안일해질 수 있고 분노가 가셔지면 마음이 편안해진다. 그리하여 "반인(反因)이자 정인(正因)"이다.

방이지의 반인이자 정인이라는 관점은 그의 성정, 선악, 이욕(理慾) 등 방면에 대한 주장의 이론적인 근거가 된다. 그는 성, 선, 이(理)는 모두 정, 악, 욕에 존재하고 양자는 같은 것도 다른 것도 아니다.

성은 정에 있고 이(理)는 욕에 있는데, 이들은 땔감에 붙은 불처럼 절대 갈라질 수 없는 관계이다. 정과 욕을 제거할 수 없다. 정과 욕을 제거하면 성과 이가 없게 된다. 그러나 정과 욕을 제거한다는 말을 하지 않을 수 도 없다. 제거할 수 없지만 제거한다는 말을 해야만 나중에 성, 정, 이, 욕의 조화를 이룰 수 있다. 방이지는 정욕을 완전히 제거하는 것을 반대하고 또 정욕을 그대로 방임하는 것도 반대한다. 그는 이 두 가지는 모두 옳지 못하다고 말했다. 억제와 방임의 투쟁 결과는 양자의 통일이다. 이게 바로 방이지가 말하는 "공부(公符)"이다. 공부는 공리를 가리키고 또 현실을 가리킨다. 공부(公符)는 이상과 현실이 역사과정에서 투쟁하고 통일되면서 조화롭지 않던 것에서부터 조화로워지는 것을 말한다. 공리는 곧 현실이다. 여기에는 "무릇 현실적인 것은 모두 합리적이다"라는 뜻이 들어있다.

사람의 성정에 존재하는 선악은 하늘과 사람, 선천과 후천이 공동으로 작용한 결과이다. 사람은 태어날 때부터 인성과 인정을 갖게 된다. 성은 정에 있고 이는 욕에 있다. 선천의 성은 선의 근원이다. 후천의 정은 악의 근원이다. 현실의 사람은 모두 선천과 후천이 다르기 때문에 선과 악을 모두 갖고 있다. 그림에서 색채그림과 소묘그림이 다른 것과 같다. 방이지는 성이 선하고 정이 악하고 현실에서 성이 정에 있기에 사람이 공부(公符)를 얻게 되기 때문에 그것을 대하는 방법은 곧 선악에 특별히 생각을 일으키지 않으면 된다고 생각했다. 생각이 일지 않으면 선악을 모두 소멸할 수 있고 선과 악을 말할 것도 없다. 이게 바로 제일의체(義諦)이다.

일과 이의 관계에 대한 방이지의 관점은 양일(兩一)에 대한 중국고대의 이론을 계승한 것이다. 그 가운데서 비교적 직접적인 관점은 장재한테서 온 것이다. 양일에 대해 장재는 아주 다채로운 논술을 진행한 적이 있다. "일물양체는 기다. 하나이기에 신묘하고(둘이 존재하기에 헤아릴 수 없다—장재 주) 둘이기에 화한다(하나에서 미루어 행한다—장재 주). 이것이 천지가 섞이는 이유이다(《정몽 · 참이》)." 그 뜻은 기에는 음과 양의 대립이 있고 음양이 통일하기에 기의 작용이 신묘해지며 두 개로 나뉘기에 만물이 화생할 수 있다는 말이다. 통일할 때는 양단이 존재하지만 양단은 운화과정에 하나가 된다. 장재는 또 "두개가 대립되지 않으면 하나의 통일체가 없다. 하나의 통일체가 없으면 둘의 대립도 없다(《정몽 · 태화》)." 이는 장재의 기론의 중심관점이다. 태허, 태화, 신화, 성명 등의 범주는 모두 여기서 나온 것이다. 장재의 사상은 후에 특히 기학파의 사상가에게 큰 영향을 끼쳤다. 양일, 신화에 관한 방이지의 일부 논술은 모두 장재의 것을 계승한 것이다. 그러나 방이지의 논술이 좀 더 정밀하다.

"일은 신이고 둘은 화이다"라는 관점은 "하나이기에 신묘하고 둘이기에 화한다"는 관점과 같다. 두 관점은 모두 일과 이를 신과 화의 근거로 보았다. "신은 하나이고 화는 둘이다"는 것은 "둘이기에 화한다"는 말이다. 둘은 하나의 통일체에서의 둘이고 하나의 통일체가 없으면 둘의 대립도 일어나지 않는다. "신은 둘에 있다"는 말은 하나의 신은 반드시 둘을 작용으로 한다는 말이다. 그리하여 "하나는 반드시 둘로 통일되고", "둘은 반드시 하나로 대립된다"고 한다. 하나는 반드시 둘로 통일되기에 하늘은 말이 없어도 사시가 행해지고 만물을 생성한다. 둘은 반드시 하나로 대립되기에 소리도 냄새도 없는 하늘은 다른 물체와 구별되는데 그것이 바로 사시와 만물이다. 방이지가 비판한 것은 일에 치우치거나 이에 치우치는 관점이다. 함축된 말을 하는 사람은 본체에 치우치기에 형이상의 견해를 중시하고 사시와 만물을 소홀히 한다. 심오한 뜻을 말하는 사람들은 현재에 구속되어 하늘과 사람의 오묘함을 모르게 된다. 양자는 각자 한쪽만 고집하기에 결국에는 한쪽으로 치우칠 수밖에 없다. 방이지는 이런 말을 한 적이 있다. "둘은 진짜 하나이다. 그리하여 일을 견지하는 것은 일을 따르는 것이다. 일을 따라야 둘이 신묘해질 수 있다. 둘을 떠나면 일이 죽게 된다(《역여·중정적장공》)." 이 말은 정확한 일은 둘의 일로 표현된다는 뜻이다. 하나를 고수하고 둘을 모른다면 하나에 치우치게 되고 이렇게 되면 일을 끝내는 지킬 수 없게 된다. 방이지의 이러한 사상은 장재보다 더 세밀하게 논증되었다. 장재의 논증은 양일에만 국한된다. 그러나 방이지의 양일에는 대일(大一)도 존재한다. 이것은 방이지와 장재의 가장 큰 구별점이다. 이러한 구별점이 생기게 된 원인은 장재가 기를 최고의 개념으로 생각했기 때문이다. 방이지는 태극을 최고의 범주로 생각하고 태극은 최고의 통일체라고 생각했다. 그리하여 양일에서 또 양일의 대일이 존재한다.

3) '삼'

방이지는 양단의 모순과 통일은 하나의 순서가 있고 그 위에 또 본체에서 형성된 다른 순서가 존재한다고 주장한다. 이 본체는 대립되는 양단을 생성하고 또 이러한 양단을 주재하고 소멸시키는 절대적인 일(一)이다. 그는 이 두 순서의 관계를 ∴로 표시했다(이[伊]라고 읽음). ∴를 원이삼점이라고도 한다.

이 말에서는 절대적인 태극과 이와 대립하는 만물은 불리불잡의 관계라는 것을 집중적으로 나타냈다. 이것은 그가 앞에서 논술했던 본체론과 일치하다.

우선 방이지는 만물을 뛰어넘는 절대적인 본체—태극을 설정하였다. 그는 ∴의 위에 있는 점으로 태극을 표시했다. 태극은 구체적인 물체가 아니고 구체적인 물체를 구성하는 기원—기도 아니다. 태극은 형식적인 개념으로서 사람이 설정한 것이다. 이러한 설정은 실증론자의 관점에서 볼 때, 완전히 취소해버려도 되는 존재이다. 그러나 방이지의 철학에서 태극은 의미가 있다. 태극은 식견과 도량을 나타낸다. 또한 만물에 존재하면서 또 만물을 뛰어넘은 본체의 관념을 나타내기도 한다. 태극에는 대립이 없고 비유, 비무, 비비유, 비비무라고 하는 것은 본체가 불잡(不雜)한 현상의 관계를 나타내기 위해서다.

현상과 불잡의 관계이기 때문에 태극은 현상계와 대립된다. 그러나 절대라고 하는 것은 "대립이 없지만 또 대립의 관계에 있는 것"으로서 본체와 현상은 융합, 관통한다. 아래의 두 점은 상호 대립되는 만물이다. 그는 태극에서 생긴 "양의"로 그것을 표시했다. 여기서 말하는 "생"은 본체론의 "생"이지 우주론의 생이 아니다. 태극과 음양은 불리불잡의 관계이기에 하나를 통해 셋을 알 수 있다. 태극으로 음과 양을 모두 포함시킬 수 있다. 음양의 한 쪽으로 음양의 다른 한쪽을 포함시킬 수 있다. 삼신(三身), 삼지(三智), 삼체(三體)는 모두 동일한 뜻이다. 즉, 일에서 삼을 알 수 있고 일은 둘에 있으며 둘은 일에 통일된다. 중이 내외를 통일한다는 것도 이와 같은 사유모식이다. 즉, "위의 한 점이 고리처럼 아래의 두 점을 관통시킨다는 것"이다.

원∴삼점은 방이지의 총체적인 사유패턴이다. 이러한 패턴은 그의 철학의 모든 방면에 관통된다. 이러한 패턴의 실질은 만물이 모두 상반상인하고, 만물에는 본체가 있는데, 그 본체와 만물 역시 상반상인한다는 것이다.

여기서 반인은 구체적인 사물의 대립을 말하고 대인은 본체를 뛰어넘었고 본체와 구체사물은 대립의 관계이자 통일의 관계이다. 이러한 대립은 구체사물과의 대립과 동일한 순서에 있지 않다. 대립의 순서에는 여러 가지가 있는데 이러한 순서들이 함께 차례대로 나아가는 계통을 형성한다. 이러한 계통의 마지막 끝이 태극이다. 태극이 음양의 각가지 순서로 전개된다. 여기서 다채로운 것은 방이지가 원∴삼점 위의 한 점이 아래의 두 점을 통일한다는 관점을 확대해석하였다는 것이다. 여기서 관, 초, 화, 색(塞), 무 등 의의를 가진다. 관은 관통이고, 초는 초절(超絶)이며 화는 변화이고 색은 충색인데, 이것들은 모두 태극과 음양 관계의 다른 표현이다. "그러나 이러한 무대대(無對待)를 직접 볼 수는 없다"라는 말은 대대와 무대대의 불잡의 관계를 뜻한다. 만약 "무대대가 대대가운에 있다"라는 것만 강조하면 대립되는 것으로 대립되지 않는 것을 대체할 수 있는데, 이 역시 한쪽으로 치우치게 된다.

방이지는 여기서 형식적인 존재를 설정하였는데 그게 바로 태극이다. 그가 이렇게 한 것은 다음과 같은 뜻을 표달하기 위해서다. 구체적인 사물은 그의 대립면과 하나의 통일체를 이룰 뿐만 아니라 만물의 총체와도 통일체를 이룬다는 것이다. 구체적인 사물은 홀로 존재하는 것이 아니다. 그것은 작은 대립, 통일에 존재하고 또 만물로 형성된 큰 계통 속에도 존재한다. 방이지의 설정에는 구체적인 사물의 관계가 한층 더 많아졌다. 또한 매개의 대립통일체에도 한층 더 관계가 더 많아졌다. 그건 바로 태극의 총체와의 관계이다. 여기서 여전히 화엄종이 그에게 끼친 영향을 엿볼 수 있다. 즉, 사법계가 존재할 뿐만 아니라 이법계도 존재하고, 사사무애이자 이사무애이며 "모두(毛頭)에서 끝없는 해인을 얻을 수 있고", 모든 사물은 우주라는 이 총체의 계통 속에 존재한다는 것이다. 여기서 방이지의 견식이 아주 광활하다는 것을 알 수 있다.

4) 통수민(統隨泯)

방이지는 원∴삼점의 사유패턴의 통제 하에 사물의 존재와 운동을 설명하는 개념을 형상화시켰다. 그중에서 가장 주요한 것이 바로 통수민이다. 이 개념들은 사물의 존재방식에 대한 그의 다른 개념을 대표한다.

이 말에는 아주 심각한 이치가 내포되어있다. "천치를 밝게 하기 위해 법을 세웠다"는 것은 긍정적이고 뚜렷하며 건설적인 방면에 착안점을 두었다는 것을 알 수 있다. 여기에 착안점을 두었다는 것은 사물은 모두 진실하게 존재하며 인식할 수 있다는 뜻이다. "수"는 사물을 따라 표현되는 상태, 모양, 성질 등에 근거하여 사물을 인식할 수 있다는 말이다. 현실 사물의 '유'의 방면에 근거하여 사물을 파악할 수 있다. 여기에 착안점을 둔 것은 대중을 위한 설법이다. 이것은 맹자의 "눈과 귀는 사물과 접촉하면 거기에 끌려갈 뿐이다"라는 말의 뜻이기도 하다. 이때 사물이 사람에 의해 인식되는 형상은 그가 현실세계에서의 모습과 같다. 즉, 선종이 말한 것처럼 "산은 산이고 물은 물이다." 이는 사물을 인식하는 시작으로서 아직 이상하고 기괴하지 않다.

"천지를 어둡게 하기 위해 모든 법을 소멸시켰다"는 것은 위와 반대로 부정적이고 은밀하며 파괴적인 방면에 착안점을 두었다. 여기에 착안점을 두면 보이는 사물은 모두 진실적이지 않고 허위적이기 때문에 인식할 수가 없다. 민(泯)은 곧 민멸이다. 사물의 성질은 모두 변하였다. 하늘과 땅의 위치가 바뀌고 산과 물의 색깔이 변하였으니 이러한 세계를 더는 원래의 모습으로 인식할 수 없게 되었고 반드시 새로운 관법을 이용해야 한다. 그러나 이런 관법은 모든 사람이 장악할 수 있는 것이 아니다. "지혜를 가진 사람"만이 이러한 관법을 소유할 수 있다. 이러한 관법으로 만물을 관찰했을 때 만물은 더는 원래의 모습이 아니다. 즉, 선종이 말한 것처럼 "산은 산이 아니고 물은 물이 아니다." 방이지는 이러한 관법을 가지는 것은 매우 중요하며, 그 작용은 사람의 인식을 더욱 심각하게 해줄 수 있다고 말했다. 여기에는 일정한 철학적인 인식과 도량이 필요하다. 실증적이고 과학적인 안목을 따르면 물체는 사람 앞에 드러낸 모습 그대로이다. 이러한 모습이외에는 다른 것을 말할 필요가 없다. 말을 하면 곧 형이상학의 독단에 빠질 수 있다. 방이지는 사람들에게 이러한 안목이 필요하다고 말했다. 그는 이러한 관법을 이용하면 눈과 귀를 방애하는 여러 가지 장애를 뛰어넘어 물체가 사람 앞에 직접 드러나지 않은 부분을 엿볼 수 있다고 주장했다. 방이지의 고명한 점이 바로 여기에 있다. 이러한 '민'은 "저녁에 소를 보듯이 모든 것을 다 까맣게 보는 것"이 아니라 밝은데서 어두운 것을 보아내고 도처에서 민멸해야 한다는 말이다. 즉, "패멸공(敗滅空)"이 아닌 "즉색공(即色空)"이다. "천지를 어둡게 하기 위해 모든 법을 소멸시켰다"는 말에서 어둡고 소멸시킨다는 것은 모두 주체를 인식하는데 있다.

방이지가 말한 통(統)은 더 높은 단계의 인식이다. 여기서 볼 수 있는 것은 명과 암이다. 즉, 암이자 명이고 명이자 암이다. 수(隨)와 민(泯)이 함께 하기 때문에 아무런 장애도 없게 된다. 이게 바로 관통의 경지이다. 관(貫)은 통합, 대립되는 쌍방을 더 높은 단계에서 인식하고 파악하는 것이다. 이 경우에는 아직도 산이기는 하나 거기에 "산이 아닌산"의 뜻도 포함되어있다. 만약 헤겔의 명사를 이용해 말한다면 명과 수는 정이고, 암과민은 반이며, 통과 관은 합이다. 만약 방이지의 원∴삼점의 이론으로 말하면 명과 암, 수와 민은 서로 대립되며 통과 수, 민은 대립되지만 통은 수, 민을 관통시킬 수 있다. 통은수, 민을 떠날 수 없고 통은 수민에 존재한다. 수와 민이 하나의 대대이고 통과 수, 민이하나의 대대이다. 그중 하나만 얻으면 다른 것들이 자연히 그 속에 있게 된다.

은(隱)은 곧 숨는 것을 말한다. 척(剔)은 논리적으로 추리하는 것이다. 유에는 무가 포함되고 유와 무는 논리적으로 추리할 수 있다. 뒤에 두 개는 유에서 찾아볼 수 있다. 하나에서 삼을 얻을 수 있고 삼이 모아지면 일로 되돌아가고 원융에 막힘이 없다. 비일(非一), 비삼(非三)이나 또 항일(恆一), 항삼(恆三)이다. 이 뜻을 알면 상수를 잊을 수 있다. 사물의 대립통일에 관한 방이지의 관점은 장재를 뛰어넘었다. 그는 대립면은 대립되지만, 또 통일된다는 관계를 철학의 아주 중요한 내용으로 보았다. 그는 또 이러한 두개의대립면을 생성한 본체를 포함시켜야 이치 전반이 원통해진다고 주장했다. 그는 통일만있고 대립이 없거나 대립만 있고 통일이 없는 관점을 반대했다.

방이지의 원∴삼점의 관점 그리고 일과 이는 서로 대립, 관통되는 두 개의 층차라는 관점을 이해하면 방이지가 "일분위이(一分爲二)"를 주장하였는지, 아니면 "합이위일(合二爲一)"을 주장하였는지에 대한 토론에는 아무 의미가 없게 된다. 방이지는 일분위이를 주장하였을 뿐만 아니라, 합이위일을 주장하기도 했다. "양단을 합해서 관찰하였다"는 데에서 방이지 철학의 모습과 진상을 알 수 있다.

수, 민, 통에 관한 방이지의 관점은 천태종(天台宗)의 "일심삼관(一心三觀)", "삼제원융(三諦圓融)"을 참고로 하였다. "일심삼관"은 천태종의 기본이론으로서 그는 일심에서 동시에 공, 가, 중을 관찰할 수 있다고 주장한다. 가를 관찰하는 것은 곧 공과 중을 관찰하는 것이다. 공을 관찰하는 것은 곧 가와 중을 관찰하는 것이다. 중을 관찰하는 것은 곧 가와 공을 관찰하는 것이다. 공, 가, 중은 셋이지만 하나이고, 하나이지만 또 셋으로서 서로 방애하지 않는다. "마음에 생각이 일면 곧 공이고 가이며 중이다(지의(智顗)《마하지관(摩訶止觀)》 1권, 하)." 그렇게 해야 모든 법의 실상을 파악했다고 할 수 있다. 방이지는 "일은 유이자 무이고, 수이자 민이며 통이다(《동서균·삼정》)"고 말했다. 수, 민, 통은 동시에 존재하고 서로 방애하지 않는다. 그가 말한 통은 천태종이 말한 가유(假有)이고, 민은 천태종이 말한 진공(眞空)이며, 통은 천태종이 말한 중도(中道)이다. "수이자 민이며 통이다", 하나이자 셋이며 셋이자 하나, 비일(非一), 비삼(非三), 항일(恆一), 항삼(恆三)은 천태종이 말한 삼제원융이다. 방이지는 만년에 출가를 하였기에 선사에서 많이 지냈다. 그러나 방이지는 그는 한 학파의 관점에 얽매이지 않고 불교의 여러 학파의 관점을 흡수하여 한데 융합시켰다. 그는 주로 화엄의 관점을 중심으로 천태와 선종의 관점도 같이 받아들였다. 사물은 서로를 포함하고 층층이 끝없이 존재하며 마지막에 일심에 귀결된다는 방이지의 관점은 화엄에서 온 것이다. 그러나 통수민의 관점은 천태에서 온 것이다. 그는 선학에서 실학과 축적을 소홀히 한다고 비판을 한 적이 있다. 그러나 그는 선종의 "네 구절을 떠나서 백가지의 잘못을 끊어야 한다. 과감하게 잘라버려야 앉아서 성인들의 경지에 이를 수 있다"는 말에서 격려를 받았는데 이러한 정신이 그에게 일정한 영향을 끼쳤다고 할 수 있다.

5) 교륜기(交輪幾)

방이지가 사물의 존재와 그 운동을 묘사하는데 사용한 다른 한조의 개념이 바로 교륜기이다. 교는 곧 공간상의 엇갈림이다. 륜은 시간상의 선후이다. 기는 사물의 변화하는 미세한 징조이다. 이러한 개념은 역학에 원래부터 있던 것들이다. 방이지의 부친인 방공소는 이것을 이용해 상수학을 해석하기도 했다. 방이지는 이것으로 사물의 운동 방식과 상태를 설명하였다.

와 실의 교차란, 대립, 통일되는 물체의 두 가지 대립면이 서로 교차하고 대립, 통일되는 이 물체는 또 자신을 탄생시킨 본체와 교차된다는 말이다. 즉, 원∵삼점의 아래 두 점이 서로 교차되고 아래의 두 점이 또 위의 한 점과 교차된다는 말이다. 태극은 허이고 양의는 실이다. 방이지는 교차는 사물의 보편적인 현상으로서 모든 사물은 서로 다르지만 모두 이러한 교차의 형식으로 우주의 전반적인 운동에 참여한다고 생각했다.

유리에 다섯 가지 색깔이 있다는 것은 사물에 다른 면이 존재한다는 말이다. 사물의 어느 방면이든지 사물이 어떠한 상태를 드러내든지 모두 교(交)와 륜(輪)이 모두 존재한다. 교의 형식과 결과는 바로 하나이자 둘이며 둘이자 하나이다.

교의 방식에는 드러난 것과 드러나지 않은 것이 있다. 교의 결과는 한쪽이 드러나는 것도 있고 양쪽이 다 드러나는 것도 있으며 교각(交格)을 통해 다른 물질로 변화하는 것도 있다. 교의 동력은 둘과 하나에 있다. 즉, 하나가 둘로 나뉘는 것은 동력이고 둘이 하나로 합쳐지는 것은 결과이다. 방이지는 "일은 이 때문에 생겼고, 이가 존재하는 것은 둘의 참여가 있기 때문이다(《동서균 · 삼정》)"라고 말했다. 이 말은 일은 이의 교차로 인해 얻어진 결과이고 이가 있게 된 것은 본체인 일이 있기 때문이며, 본체의 일에 포함된 일은 곧 삼이 될 수 있다는 뜻이다. 본체의 일에 포함된 두 가지 서로 대립되는 세력들 사이에는 반드시 교격(交格)이 발생하게 된다. 이러한 이는 또 본체의 일과 교격을 이룬다. 그것의 시작은 일분위이지만 결과는 합이위일이다. 그리하여 새로운 통일체를 이루게 된다. 이러한 사상은 방씨부자의《주역시론합편》에 많이 수록되었다.

륜은 사물 자체의 전후를 이어주는 것을 말하는데 끝없이 바퀴처럼 돌아간다는 뜻이다. 방이지는 사물은 모두 전후로 끝없이 이어진다고 생각했다. 종시(終始)란 주체가 시작과 끝을 알 수 없는 상태에서 어느 순간 혹은 어느 상태를 한 단계의 시작으로 규정한 것을 말한다.

종시는 어느 한 순간을 참조로 한다. 만약 이러한 전제를 취소한다면 시종을 말할 수 없게 된다. 그러나 참조가 되는 어느 한 순간은 사람이 설정한 것으로서 시간 자체에는 시작과 끝이 없다. 방이지는 사물의 끊임없이 돌고 도는 것에는 시작과 끝이 없고 사물은 끝없는 시간을 존재형식으로 한다고 했다. 시간을 벗어나 따로 존재하는 물체는 없다. 불교는 성주괴공(成住壞空)을 륜으로 하고 소옹(邵雍)은 원회운세(元會運世)를 륜으로 하며 역학에서는 원형이정을 륜으로 한다. 끊임없이 돌고 돌아 계속 이어져나간다.

방이지는 사물은 모두 끊임없이 회전하는데 그 회전방식은 무궁무진하다고 생각했다. 사물은 모두 각자의 본성에 의해 결정된 방식을 따라 회전한다.

"자신을 륜으로 한다"는 것은 회전하는 동력이 자신한테 있다는 말이다. '곧게', '옆으로', '휘어지게'는 모두 회전하는 공간형식이다. "길게 이어진 것"은 회전하는 과정에 그 물체에 영향을 일으키는 방식이다. 방이지는 교와 윤은 동시에 진행된다고 생각했다. 회전하는 것은 교차되면서 회전하고 교차되는 것은 회전가운데서 교차된다. 방이지는 "음양은 원래부터 교차된다. 회전할 때 주는 객이고 체는 용이다. 교차한다고 해서 회전에 영향을 주지 않는다(《주역시론합편·곤》)." 음양은 원래 교차되고 음양은 교차에서 서로 체와 용을 형성한다. 회전에도 교차가 있고 교차한다고 해서 회전이 파괴되지 않는다. 교차는 공간상의 상호 간섭이고 회전은 시간적으로 끊임없이 이어지는 것을 말한다. 교차와 회전은 동시에 진행되기에 우(宇)에 주(宙)가 있고 주(宙)에 우(宇)가 있게 된다.

교차는 회전에서 일어나고 회전은 교차 속에서 진행된다. 만물은 시간과 공간에서 동시에 운동하면서 우주의 구조를 형성한다. 만물이 상하, 좌우로 교차되고 회전하면서 우주에 방향, 상한, 시간상의 규정이 있게 되었다는 뜻이다. 남북은 상하로 교차되고 곧게 회전하며, 동서는 좌우로 교차되고 옆으로 회전한다. 북쪽이 춥고 남쪽이 따뜻한 것은 양극이 교차되고 회전하기 때문이다. 낮과 밤이 바뀌는 것은 달과 해가 교차되고 회전하기 때문이다. 중앙과 사방의 교차와 회전은 "사방에 오반이 회전하는" 형식이다. 방이지는 "원∴에서 위의 점이 아래 좌우에 있는 두 점을 통솔한다. 회전해도 네 점이 되어도 사가 아니고 중간의 다섯 번째 점이 있어도 오가 아니다(《동서균·삼정》)." 원∴에서 아래 두 점은 위에 있는 점의 통솔을 받고 위에 한 점은 아래 두 점을 교차되게 하되 회전되게 한다. 두 점이 돌아서 위쪽에 놓이게 되면 네 점이 형성되고 ∴의 중간 점이 다섯 번째 점이자 중심인 중오(中五)가 된다. 중오와 네 점의 관계는 체(體)와 용(用), 주재와 표현자의 관계이다. 체가 나타날 때 용은 나타나지 않기 때문에 돌아서 네 점이 되어도 네 점을 볼 수 없다. 용이 나타날 때 체는 나타나지 않기 때문에 중오의 다섯 번째 점을 볼 수 없다. 체와 용은 교차적으로 나타나기에 네 점과 중오는 주와 객의 관계를 형성한다. 곧게 회전하든 옆으로 회전하든 평행이 되게 회전하든 모두 형식만 다를 뿐이다. 그리하여 만물은 교차와 운행을 떠날 수 없다.

방이지는 교차적으로 운행하는 방식은 여러 가지이지만 모든 형식의 교차는 모두 "기(幾)"를 통해 작용을 발휘한다고 생각했다. 기는 사물이 운동하는 관건적인 부분이다. 교와 륜은 모두 기(幾)라는 이 관건적인 부분에서 작용을 발휘한다.

"진(眞)은 항상 기에 관통되어있다"는 말은 사물의 존재와 운동, 규율은 모두 '기'에 집중적으로 표현된다는 뜻이다. 그러나 '기'는 극히 세밀하고 쉽게 파악할 수 없는 단맹(端萌)이다.

방이지가 중요하게 생각하는 것은 기의 세밀한 단맹(端萌)이고 유이자 무, 무이자 유, 유와 무 사이의 뜻이다. 단맹에는 이후에 결과로 발전될 수 있는 잠재력을 가지고 있는 종자가 들어있다. 방이지는 "하늘과 땅이 나뉘기 전은 곧 십 이만 구천 육백 년에 관통되었고, 동지자(冬至子)의 절반은 사시 이십사절기에 관통된다(《동서균·삼정》)." 이게 바로 진(眞)은 항상 기에 관통되었다는 뜻이다.

기는 곧 동, 정이고, 유와 무다. 기는 교차와 회전의 최고 담당자이다. 소옹은 선천의 의미를 강조하지만 그 착안점을 동정 사이의 '기'에 두었다. 방이지는 이 점을 아주 높게 평가한다.

소옹은 음양과 동정이 선천이라는 관점에 빠지지 않았다. 선천의 작용은 '기'를 통해 발생한다. 기는 "천하에서 가장 미묘한 존재"이다. 기를 아는 것은 곧 선천을 아는 것이다. 기를 파악하는 것은 곧 선천의 본체를 파악하는 것이다. 기를 파악하면 사물의 변화하는 관건을 파악할 수 있다. 기를 알면 "그것을 타고 자유롭게 회전할 수 있다." 방이지는 "기의 신묘함을 알아야 한다"는 말을 충분히 진전시키고 운용하였다.

그러나 방이지는 만년에 불교의 영향을 받아 한 가지 법에 얽매이지 않았으며 그 어떤 의견을 말했다가도 바로 그것을 뒤집기도 했다. 어떠한 견해가 있으면 바로 그것을 암암리에 질책하고, 대립되는 존재는 그 대립을 파괴해버리곤 했다. 이것을 "결기(決幾)"라고 한다. 결이라는 것은 무너뜨리고 뚫고 나간다는 뜻이다. 결기는 잡을 수 있고 말할 수 있으며 생각할 수 있는 모든 이름이 있는 물체를 말한다. 이렇듯 심오한 이치를 이해할 수 있고 "결지"를 알 수 있어야 마지막에 대자재를 얻을 수 있다.

허와 실이 교차된다는 것을 알지만 거기에 얽매이지 않고, 앞뒤가 이어진다는 것을 알지만 그것을 고집하지 말아야 허와 실, 전과 후의 진기(眞幾)를 얻을 수 있다. 방이지가 말하는 마지막 경지는 언어문자의 형식에 집착하지 않고 마음에서 마음으로 법을 전하고 깨닫는 것이다. 그는 매우 속제로 진리를 부각시키고 또 진리와 속제를 함께 파괴하고 제거하였다. 그리하여 마지막에 아무 차별도 없는 모든 것이 똑같은 경지에 이르게 되었다. 이러한 경지에는 대립이 없고 원∴삼점도 없으며 수민통도 없다. 여기에는 아무것도 세워지지 않았다. "모든 것에 집착하지 말아야 한다. 눈으로 본 것, 귀로 들은 것 손으로 만진 것에 집착하지 말아야 한다. 행하되 발길을 멈추지 말고 생각하되 마음을 먹지 말아야 한다. 산천을 거닐어도 산천에 집착하지 말고 성곽에 살아도 성곽에 집착하지 말아야 한다(《동서균·불립문자》)." 이게 바로 방이지가 말한 '균'이다. 이러한 균은 '전균'이 될 수도 있고 '무균'이 될 수도 있으며 '진균'이 될 수도 있다.

5. 삼교(三敎)의 통합과 삼제(三諦)에 대한 번복

방이지는 본체와 구경(究竟)에 대해 전혀 이야기를 하지 않아야 한다고 했다. 그러나 사람은 현상세계를 떠날 수 없다. 현상세계의 모든 것들은 이름과 물상이 갖고 있고 시와 비를 갖고 있다. 현실의 사람은 반드시 세속과 더불어 살아야 한다. 장자처럼 초탈한 사람도 한편으로는 "홀로 천지정신과 왕래하고", 다른 한편으로는 "시비를 따지지 않고 세속과 함께 더불어 살았다." 방이지의 사상에도 이런 두 개의 방면이 존재한다. 방이지는 천지만물의 근본적인 이치를 철저하게 이해하였다. 그는 명나라와 청나라가 교체되는 동란의 시기를 겪었기에 두터운 유가사상을 가지고 있었을 뿐만 아니라, 다른 학파의 학문도 골고루 받아들였다. 그는 단호한 사상과 신념을 갖고 있을 뿐만 아니라, 속으로 괴로움을 감내해야 하는 사상가였다. 복잡하고 혼란스러운 세상 앞에서 그는 "머물되 한 곳에 머물지 말아야 한다"고 주장했다. 머물되 한 곳에 머물지 않는 첫 번째 단계는 바로 차별을 없애는 것이다. 이 점은 삼교의 통합으로 표현된다. 그는 이러한 주장에는 유가의 사상적 요소가 들어있을 뿐만 아니라 도교, 불교의 사상적 요소도 들어있다. 유가의 요소는 우선 맹자가 말했던 지언(知言)이다.

피(詖), 음(淫), 사(邪), 둔(遁)은 모두 《맹자》의 "치우친 말에서 숨긴 것을 알아보고,

방탕한 말에서 빠져 있는 것을 알아보고, 간사한 말에서 이간질하는 것을 알아보고, 회피하는 말에서 궁색함을 알아볼 수 있다《맹자·공손추상》"는 관점에서 온 것이다. 방이지는 언사에 "피, 음, 사, 둔"이 있는 것은 마음에 은폐된 결함이 존재하기 때문이다. 이러한 문제를 해결하는 관건은 본래부터 시비가 없는 본체로 공정한 시비의 권형(權衡)을 구해야 한다. 본래 시비가 없지만 시비를 공정하게 하는 것은 천지를 본받은 것이다. 현실생활에서 사람들이 천지를 본받은 구체적인 행동은 원래 시비가 없던 마음으로 시비를 세우고, 시비를 세운 뒤에 시비를 용인하며, 시비를 용인하면서 또 시비를 잊어버리는 것이다. 이런 것이 바로 본래 시비가 없지만 시비를 공정하게 하는 것이다. 시비가 없다고 시비의 공정을 잊어버리면 기필코 "마음이 생겨 일을 그르치게 된다." 여러 학자들은 각자의 능력을 세상에 과시하면서 옳은 것을 옳다 하고 그른 것을 틀렸다고 하기 때문에 시비의 공정성에 혼란이 생기게 된다.

한쪽만 고집하면서 시비의 공정을 비방하는 것은 제일 큰 문제이다. 그리하여 방이지는 학자들의 의견을 하나의 공평한 의견으로 합해야 한다고 주장했다.

세상에는 모든 것을 포함시킬 수 있는 학문이 없다. 각 학문은 항상 구체적이다. 그리하여 백가의 의견에는 모든 것이 포함되었다. 방이지가 살았던 명나라 말기, 청나라 초기는 유교가 통치적인 위치에 있고 도교와 석교는 유교와의 융합을 추구하면서 생존해나가는 처지에 놓여 있었다. 방이지의 학문에는 유교, 도교, 석교가 모두 존재한다. 그에게 제일 큰 영향을 끼친 학자들도 그러했다. 그의 부친인 방공소는 역학자였고 그의 가훈은 "유학을 가업으로 하고 학문을 대대로 이어나가야 한다"는 것이다. 방이지는 어려서부터 이러한 "세상을 선하게 살고 마음을 다하며 천명을 알아야 한다"는 것을 가문의 가르침으로 받들었다. 그의 스승인 왕선은 도학에 조예가 깊은 분이었다. 그의 외조부인 오응빈은 역학과 불교에 모두 능하였다. 이러한 학술환경에서 자라고 또 후에 불교에 입문하였기에 그는 자연스럽게 삼교를 통합해야 한다는 의견을 제기하게 되었다. 그는 출가한 뒤에 저술한《상환오기(象環寤記)》에서 그는 꿈에서 본 것들을 통해 유교를 중심으로 삼교를 통합해야 한다는 관점을 명확하게 제기하였다. 그의 조부 방대진은 유가를 대표하고 왕선은 도가를 대표하며 오응빈은 불가를 대표한다. 그들은 방이지에 대한 가르침을 통해 각자의 의견을 설명하였다.

이것은 곳곳에서 표현된 유교, 도교, 석교에 대한 그의 관점을 한데 종합한 것이기도 하다. 그의 뜻은 이러하다. 삼교에는 모두 각자의 편향이 존재한다. 그리하여 반드시 삼교의 장점을 한데 집중시켜 그 잘못을 바로 잡아야 한다. 그러나 삼교를 집중시킴에 있어서 반드시 유교를 중심으로 해야 한다. 유교는 역학을 가장 완벽한 학문으로 본다. 공자의 학문은 하학에서 상달하고 일상생활의 학문에 힘을 쓰며 이것을 통해 천명에 도달한다. 공자는 겸손하고 부드러움을 지키는 사람이었다. 그는 용세(用世)의 지식을 가르치지 않았는데 여기에는 그럴만한 고충이 있다. 이 점은 유가에서 세상을 착하게 살아야 한다는 관점과 일치한다. 그러나 그 문호의 종지를 호학으로 바꾸어야 한다. 그래야 바르고 중화(中和)해질 수 있으며 수시로 우러러 볼 수 있는 장점을 유지할 수 있다. 유가는 반드시 석도(釋道:불교, 도교)의 보충과 치료를 받아야 하며 유가에 아주 필요한 자양분이다. 유가의 마음을 다하며, 도가의 천명을 알아야 한다는 관점, 불교의 삶과 죽음이 둘이 아니라는 관점은 서로 일치하다. 불교의 생사윤회는 유가의 신도설교(神道設敎)에 도움이 될 수 있다. 선종의 기봉공안(機鋒公案)은 유가가 정면적인 훈계에 구애되는 것을 바로잡을 수 있다. 도교의 겸손함은 불교의 유아독존의 사상을 바로잡을 수 있다. 선종의 당두봉갈(當頭棒喝)의 관점으로 도교의 움츠러들고 물러나는 잘못을 바로 잡을 수 있다. 이학에서 정이, 주희의 전주에 선종의 기회를 잡고 각성하는 관점을 흡수해 들여도 된다. 육구연, 양간의 심학에서는 상수로 스승의 관점을 자기 마음대로 해석하고 경전을 소홀히 하는 잘못을 바로잡을 수 있다. 불학을 반대하는 사람들은 폐관을 통해 불교의 수행방법의 좋은 점을 체험하고 선종은 경전을 많이 읽는 것으로 선종과 교종의 가르침은 원래 일치하다는 이치를 명백히 해야 한다. 총체적으로 각 학파는 서로 보충되고 병용된다. 이것은 방이지가 백가의 관점을 대하는 태도이다. 그의 이러한 주장에는 유교, 석교, 도교를 통합하고 선종과 교종을 통합하고 이학과 심학을 통합해야 한다는 뜻이 담겨있다.

삼교에 대한 방이지의 관점은 그의 '신'과 '적'의 관계에 대한 견해의 제약을 받았다. 그는 유교, 석교, 도교는 도체의 한 방면의 표현이기에 모두 적이다. 적에 얽매여 신을 모르는 것은 최상승을 모르는 것이다. 삼교는 모두 적(跡)이고 삼교는 모두 신(神)이다. 그것들은 모두 적이기 때문에 그 적으로 적을 구할 수 있다. 그것들은 모두 신이기에 구할 필요가 없고 그것을 따르기만 하면 된다. 방이지는 삼교는 모두 적을 따라 적을 구할 수 있기에 모두 약이라 할 수 있다고 생각했다. 불교는 해탈로 사람을 속박하는 기욕(嗜欲)

을 치료한다. 도교는 나약하고 겸손한 태도로 사람의 승부욕을 치료한다. 유교는 구세로 석교와 도교의 출세를 치료한다. 약은 병을 치료하는 약이기에 서로의 잘못을 치료할 수 있지만 그것에 얽매이지 말아야 한다. 삼교에 대한 방이지의 태도는 다음과 같다. "이후에 유교, 석교, 도교 그 어느 하나에도 집착하지 않을 것이고 그것을 다 받아들일 것이다. …… 천지는 넓고 어디에든 사용할 수 있을 데가 있기 때문이다(《동서균 · 신적》)." 어느 한 학파에 얽매이지 않고 또 모든 학파를 떠나지 않는다는 말이다. 석교도 아니고 도교도 아니고 유교도 아니지만 석교라고 할 수도 있고 도교라고 할 수도 있으며 유교라고도 할 수 있다. 그는 어느 한 쪽에도 치우치지 않았다.

방이지는 사사무애의 관점으로 볼 때 유교, 석교, 도교의 교의는 서로 통한다고 주장했다. 그리하여 삼교는 원래 하나이다. 그러니 합한다는 말을 할 필요도 없다.

만약 삼교에 각자의 교의가 있지만 그 교의들이 서로 보충되고 수정될 수 있다면 삼교의 교의는 원래부터 통한다고 말할 수 있다. 그러나 합일을 위해 모든 것을 합일시킬 필요는 없다. 그렇게 되면 "이 산도 저 산이고, 이 바다도 저 바다인 상황이 발생할 수 있다. 그렇게 되면 보충에 아무런 의미가 없게 된다(《동서균 · 신적》)." 그리하여 삼교는 모두 각자의 본성을 버리고 이것이자 저것이고, 저것도 이것도 아닌 불가사의한 물체를 형성해야 한다. 그리하여 삼교는 각자의 교의가 있고 각자의 교의를 고집하면서 변화를 하지 않는 그 성질로 말할 때 삼교는 또 서로 통하지 않는다. 이러한 두 개의 의미에서 말할 때 삼교는 "밤송이"와도 같다. "밤송이"는 바람에 따라 굴러다니고 그 속을 알 수 없으며 온몸에 가시가 돋쳐 잘 파악할 수도 없고 복잡하게 뒤엉켜서 제대로 이해할 수도 없다.

"자(玆)"라는 것은 검고도 검다. 검은 것은 치(緇)다. 일(燚)은 네 개의 화(火)와 두 개의 염(炎)으로 이루어졌다. 화는 붉은 색을 대표한다. "주(黈)"는 황색이다. 흑색은 불교를 대표하고 붉은 색은 유교를 대표하며 황색은 도교를 대표한다. 《상환오기(象環寤記)》에서 말한 것은 유교, 도교, 석교의 대표이다. 즉, 적(赤)노인, 치(緇)노인, 황노인이다. 중국에는 이 삼교 밖에 없다. 삼교는 서로 흡수하고 한데 엉키고 융합되어 하나의 밤송이를 이룬다. 그리하여 반드시 그것을 파괴해야 한다. 파괴한 후에야 서로 보충할 수 있다. 파괴해야 자기 스스로 깨우칠 수 있고 깨우침이 생각으로 보충된다. 이러한 보충은 '권법'의 층면에 있다는 것을 알아야 한다. 이러한 층면에는 상수, 소리, 언어 등이 있다.

구경(究竟)의 층면에는 상수가 없고 소리도 없으며 언어도단하여, 고로 색즉시공이다. 물체의 말할 수 없는 부분을 밤송이라고 하는데 이러한 부분에 대해서는 "교윤기" 등 인위적인 도구로 파괴할 수 있다. 그러나 파괴한 뒤에도 그것은 여전히 "밤송이"이다. 그리하여 삼교는 서로를 보충해도 여전히 그 모습이고 보충하지 않아도 그 모습 그대로다. 각자 그대로의 모습에서 보충을 찾아볼 수 없지만 자연히 보충된다. 마지막 경지는 바로 "하나의 법도 없고", "삼제가 번복되고", "끝없이 새하얀 깨끗한 대지"이다. 《상환오기》에서 적노인, 치노인, 황노인이 논쟁을 벌인 뒤에 선녀의 말이 나오는데, 이 말은 이러한 경지에 대한 방이지의 관점을 대표한다.

그 뜻은 유교, 도교, 석교의 사상은 모두 자신의 이치로 서로의 헛갈리는 점을 보충해 준다. 그러나 이러한 보충 자체가 헛갈릴 수 있다. 예나 지금이나 사람들은 한쪽 관념에만 치우치면서 그것을 성인의 진짜 뜻이라고 고집한다. 이러한 치우침으로 서로를 보충하는 것은 "마음으로 서로를 속이는 것이고 이 속임으로 저 속임을 고치는 것"이다. 천지는 생생불이하기에 끊임없이 잘못된 것들이 나타난다. 그러니 고치지 않을 수 있겠는가? 헌데 얼마나 큰 작용을 발휘할 수 있을까? 고칠 수 없다는 것을 알면서도 고치는 것은 어쩔 수 없는 선택이라 할 수 있다. 이게 바로 방이지가 말한 "세상에는 병이 아닌 것이 없다. 병이자 약이다. 약으로 약을 치료하니 어찌 병이 안 생길 수 있겠는가(《동서균·개장》)." 삼교로 세상을 구하면 세상에 작용을 일으킬 수 있다. 그러나 작용을 발휘한 뒤에도 또 새로운 현상이 나타나 작용이 발휘된다. 이렇게 끊임없이 반복되기에 결국에는 구하지 못하게 된다. 구하지 못하지만 구하는 방법이 있다. 이게 바로 구하는 것으로 구하지 않는 것이다. 천지에서 낮과 밤이 바뀌고 사계절이 바뀌는 것은 천지만물이 서로 간섭하지 않고 각자 하늘 전체 속에 조화롭게 운행하는 것을 말한다. 천지만물이 각자의 본성과 필연성에 근거하여 조화롭게 운동하게 하는 것이 바로 천지만물을 구하는 방법이다. 이게 바로 방이지의 마지막 견해이다. 이러한 견해는 세속의 입장이 아닌 하늘, 도의 입장에서, 또 모든 법을 부정하고 천지의 눈을 여는 시각에서 출발한다. 이러한 사상은 유가의 시점에서 말하면 "만물은 도는 같이 가며 서로 어긋나지 않고, 만물은 같이 자라며 서로 상처 입히지 않는 것"이다. 도교의 각도에 말하면 "무수히 많은 사물을 거듭해서 관찰해본다"는 것이고 "인위로 자연을 손상시키지 말고, 고의로 천명을 손상시키지 말아야 한다"는 것이다. 불교의 각도에 말하면 "좋고 나쁨 앞에서 마음이 바다처럼 평온해진다"는 것이다. 방이지는 유교, 석교, 도교의 근본정신은 일치하다고 생각했다. 하늘과 도의 입장에서 모든 것들은 유교, 도교, 석교에 모두 적용된다.

　방이지의 사유방법, 논증방법은 매우 괴이하지만 결국에는 불교의 한 관점에 얽매이지 않고 모든 관점을 골고루 받아들인다는 것에 그 근본적인 관점을 두었다. 방이지는 도학자가 아닌 철학자이다. 그는 이학의 도덕론의 영향에서 벗어나 직접 천지만물의 근본원리를 착안점으로 했다. 그의 사상에는 철학 지혜의 뛰어남과 아름다움으로 가득 차 있다. 동시에 나라를 구하려다 참화를 당해 어쩔 수 없이 출가를 결심하게 된 비애도 들어 있다. 그의 언어는 장자와 가장 비슷하다. 그의 사상에는 장자와 같은 성격이 나타난다. 즉, 강인함에 슬픔이 묻어나고 박식함에 애잔함이 섞여있으며 심각함에 또 어쩔 수 없음이 함축되어있다. 그는 줄곧 세상의 정을 잊지 못했다. 심지어 그가 만년에 저술한 저서에는 그가 귀공자였던 시절의 호방한 기세가 나타나기도 했다. 그는 불교와 도교의 영향을 많이 받았다. 만년에는 어쩔 수 없이 출가를 선택해야 했다. 삼교의 학문으로 인해 그는 특별한 시대적 성취와 큰 지식을 얻게 되었다. 동시에 그는 괴이하고 환멸적인 특징을 가지게 되었다. 《동서균·개장》에 나오는 다음의 말은 그의 이러한 품격이 여실히 반영해준다.

　이는 전형석인 장자(莊子)식의 언어이다. 이 말은 천지를 화로로, 만물을 재료로, 지혜를 도끼로, 모든 정설을 땔감으로 해서 밥을 짓겠다는 뜻이다. 그렇게 지어낸 음식은 모든 수요를 만족시킬 수 있다. 그러나 자신은 일정한 성질을 가지지 않게 된다. 일체(一切)는 일(一)이지만 일은 일체가 아니다. 무에는 끝이 없기 때문에 가장 진실하다. 만년의 방이지는 실증주의를 주장했던 젊은 시절과 완전히 다른 모습이었다. 한편으로는 구체적이고 확정적이었던 지(智)에서 추상적이고 확정지을 수 없는 지로 퇴화하였다. 이러한 퇴화는 어쩔 수 없는 선택이다. 다른 한편으로 한쪽으로만 치우치던 지에서 모든 것을 포함시킨 지로, 형적이 있던 지에서 형적이 없는 지로, 세속적인 지에서 초월적인 지로 승화하였다. 동시대를 살았던 대사상가인 왕부지, 고염무와 비교했을 때, 그 사변정신은 왕부지와 비슷하지만 왕부지보다 더 괴이하다. 또한 실증정신은 고염무와 비슷하지만 고염무의 광대함을 뛰어넘지는 못했다. 그의 사상은 명나라와 청나라가 교체되는 특별한 시대적 배경 하에서 강렬한 문화적 부담을 느낀 사상가들의 장렬하지만 답답하고 괴로운 마음상태를 잘 표현하였던 것이다.

제 31 장
왕부지(王夫之)의 철학사상

왕부지(王夫之)의 철학사상

왕부지는 명말, 청초의 걸출한 철학자이다. 그는 명나라와 청나라가 교체되는 역사적인 시기에 명나라의 멸망에 자극을 받고 중국문화와 전통을 존속해나가려는 강렬한 염원을 가지게 되었다. 그는 경학, 사학, 이학, 문학 등을 심도 있게 연구하고 체계적으로 소화시킨 기초 위에서 중국고대의 학술을 전면적으로 검토하였다. 그는 민족정신을 양성하고 건전하게 하며 문화에 존재하는 폐단을 제거하는 것을 통해 사람들을 이상적인 인생의 새로운 철학체계에 도달하게 하려고 했다. 그는 나라를 걱정하고 인민을 가엾게 생각했고 문화에 관심을 가졌다. 그의 철학은 시대의 변화를 반영하고 자작적인 비판정신이 체현되었다. 그의 사상은 중국철학사상의 한차례의 고봉이라 할 수 있다.

왕부지(1619-1692)는 호남성 형양(衡陽) 사람이다. 자는 이농(而農)이고, 호는 강재(薑齋)이다. 중년이후에 매강옹(賣姜翁), 일호도인(一瓠道人), 쌍계외사(雙髻外史) 등으로 불렸다. 만년에는 형양 석선산(石船山)에 살아 선산선생(船山先生)이라 불렸다. 어릴 때 아버지를 따라 공부를 시작했고 스물네살 때 거인이 되었다. '광사(匡社)'와 같은 문회를 조직하기도 했다. 장헌충(張獻忠)이 그를 찾아와 농민정권에 참여할 것을 제의했지만, 그는 스스로 몸에 상처를 내면서 거절했다. 명나라가 멸망한 뒤에는 호북 순무 장광(章曠)에게 상서를 올려 남북독군(督軍)과 농민군의 연합으로 청나라 군대를 물리쳐야 한다고 건의했다. 그러나 그의 이런 의견은 받아들여지지 않았다. 대순군(大順軍)과 관군이 함께 호남을 공격할 때 병사를 거느리고 이에 호응해 나섰다. 전쟁에서 실패한 뒤에는 남명 영력정권에 투신했다. 한림원 서길사로 추천되었지만 부친이 상을 당한 이유로 거절하였다. 2년 후에 다시 오주에 돌아와 영력정권의 행인을 지냈다. 권력자를 탄핵해야 한다고 상서를 올리는 바람에 하옥되었다가 후에 구출되었다. 상남 침주(郴州)일대를 떠돌면서 생활했다. 만년에는 형양 석선산(石船山)에서 지내면서 책을 저술하는데 힘을 쏟았다. 총 100여 종, 400여 권에 달하는 저서를 남겼다. 주요한 철학서적에는 《주역외전》, 《주역내전》, 《상서인의》, 《장자정몽주》, 《독사서대전설》, 《사문록(思問錄)》, 《독통감론(讀通鑑論)》, 《사해(俟解)》, 《노자연(老子衍)》, 《장자통(莊子通)》, 《독통감론(讀通鑑論)》, 《송론》 등이 있다. 후에 이것을 묶어 《선산유서(船山遺書)》를 내왔다.

1. 태극 : 체용(體用)은 함께 있으며, 실제로 서로에게 필요하다

왕부지는 장재의 기본론을 계승하였다. 그는 유를 철학의 출발점으로 한다. 유를 출발점으로 하는 것은 우주의 본질은 '유'라는 것을 승인하고 시간상으로 절대적인 공무의 단계가 존재하지 않으며 공간상으로 절대적인 공무의 구역이 존재하지 않는다는 뜻이다. 이러한 절대적인 존재를 왕부지는 태극, 태화, 도라고 부른다.

1) 태극

태극은 왕부지 철학의 근본개념이다. 《주역외전》에서 그는 태극을 이렇게 해석하였다. "태극(太極)은 양 사이에 있고 시작도 없고 끝도 없으나 사이에 둘 수도 없으며, 저런 것도 없고 이런 것도 없으니 깨뜨릴 수 없다. 큰 것에서부터 세밀한 데에 이르기까지 상(象)은 모두 그 상이고 하나에서부터 일만에 이르기까지 수(數)가 모두 그 수이다. 그러므로 공(空)은 흐르지 아니하고 실(實)은 막히지 아니하며, 영(靈)은 사사롭지 아니하고 둔함은 남기지 아니하니, 역시 고요함은 앞서지 아니하고 움직임은 뒤서지 아니한다. 대저 오직 무(無)를 좇아 유(有)에 이르는 자만이 교요함을 앞세우고 움직임을 뒤세우니, 고요함은 그 고요함이 아니다. 유(有)를 좇아 유를 더하면 무유(無有)는 선후가 있어 움직임은 앞서는 것을 요구한다. 수(數)로써 헤아리는 것에 대해서는 사람이 이미 유(有)로 말미암아 후(後)로써 그것을 헤아려 나타낸 것이다. 상(象)은 수를 헤아릴 수 있고 수도 역시 상을 헤아릴 수 있다. 상에는 그 이미 그렇게 된 것이 보여 고요함에 속하고 수가 그 스스로 유(有)를 타면 움직임에 속한다. 그러므로 수 역시 상을 헤아릴 수 있다. 이를 요약하면 태극이란 혼륜(混淪)이 모두 갖추어져 나눌 수 없고 모을 수도 없다. 천하의 모인 무리를 이루는 것으로써는 나눌 수 없으며, 천하의 나눔을 들이는 것으로서는 모을 수 없다. 비록 그렇다 하더라도 사람이 도(道)에 공(功)을 들이는 것이라면 그 이미 그렇게 됨으로 끊어질지라도 그것을 더 잘 헤아려서 그 무궁(無窮)을 다할 것이며, 그것을 신기하게 여겨 밝히고 그것을 나누어 자르고 그것을 모으고 더한다면 오직 성인만이 그것을 드러낼 수 있고 신기하게 여길 것이다(《주역외전(周易外傳)》계사상전 제9장,《선산전서(船山全書)》제1책 1,016쪽)."

이의 뜻은 다음과 같다. 첫째, 태극은 최고의 실체이다. 그는 시간적으로 시작과 끝이 없고 공간적인 구역도 존재하지 않는다. 그는 시공을 초월한 절대적인 존재이다. 태극을 시공을 초월한 절대적인 존재라고 하는 것은 태극이 현실 이외에서 현실세계를 주재하는 "제일추동자"라는 말이 아니다. 태극은 세계 자체이다. 태극은 유이고 영원한 존재이며 너무 커서 끝을 알 수 없고 너무 작아서 속을 볼 수 없다. 시간, 공간적으로 태극을 형용하고 규범화할 수 없다. 태극의 내용은 만물의 총체이다. 이러한 "만물의 총체"는 세상의 만물을 관조의 대상으로 하여 얻어진 집합적인 개념이다. 그리하여 태극에 대해 범위를 확정할 때부터 무의 가능성을 배제하였다. 그리하여 태극의 '유'는 따로 생성된 유가 아닌 본체에 원래부터 존재하던 유이다.

본체론과 우주생성론은 사물을 관조하는 서로 다른 두 가지 방법이다. 본체론의 방법은 만물의 본질, 만물이 존재하는 근거, 만물사이의 논리적 관계를 탐구하는 것이다. 본체론은 유에 입론하여 유에 대해 사변적인 고찰을 진행하는 것이다. 우주발생론의 중점은 우주가 생성되고 변화한 역사과정과 우주가 어디서 오고 어디로 가는지에 대해 탐구한다. 그는 만유에 입론하여 역사적인 고찰을 진행한다. 중국철학에서는 본체론과 우주발생론에 대해 이미 오래전부터 고찰을 진행했다. 양자는 왕왕 서로를 구분할 수 없을 정도로 서로 뒤엉켜있다. 왕부지의 태극은 본체론의 개념이다. 그가 말하는 태극의 개념에서 체와 용, 동과 정, 변(變)과 상(常), 둘과 하나 등과 같이 존재를 나타내고 상태를 나타내는 범주는 서로 나뉠 수 없고 이것들은 동일한 물체의 두 가지 방면에 속한다.

왕부지의 철학계통에서 태극은 본체이고 구체적인 사물은 태극의 표현이며 양자는 모두 실재적인 존재이다. 태극은 만유의 총체이고 전체적인 실제 존재이다. 구체적인 사물은 개체적인 실제 존재이다. 왕부지는 세계의 실존에 대한 자신의 근본사상을 다음과 같은 한마디로 개괄했다. "천하(天下)의 용(用)은 모든 사람들이 가지고 있는 것이다. 나는 그 용을 좇아 그 체(體)가 있음을 알았으니, 어찌 의심을 기다리겠는가? 용이 있으면 공효(功效)로 여기고 체가 있으면 성정(性情)으로 여긴다. 체용(體用)이 서로 존재하고 서로 실질적으로 필요로 하기 때문에 그러므로 천하를 채우고 모두 좇을 도를 갖게 된다 《주역외전(周易外傳)·대유(大有)》,《선산전서(船山全書)》제1책 861쪽)."

태극의 총체는 사변의 산물이다. 태극의 작용, 구체적으로 볼 수 있는 사물은 눈과 귀로 파악할 수 있는 대상이다. 구체적인 사물의 존재는 사람이 직접 감지할 수 있는 결과이다. 태극의 존재는 구체적인 사물의 존재에서 추론하여 짐작할 수 있다. 즉, "나는 그 용에서 그 체의 존재를 알게 되었다." 왕부지는 실증론자가 아니다. 그는 눈과 귀를 통한 감지와 사변적인 구조 사이에 넘을 수 없는 격차를 만들어내지 않았다. 그는 사유의 구조를 통해 눈과 귀의 감지가 더 광활해지게 하였다. 현실적인 기능은 구체적인 존재에 대한 파악과 이용에 의해 산생된다. 그러나 구체적인 사물의 성질과 공용의 근원은 본체에 있다. 사물의 성질과 기능을 우주에 존재하는 만유의 한 부분으로 간주해야 하고 그 작용은 우주만물이라는 이 공동체에서만 발휘될 수 있다. 이게 바로 "용은 유를 효과로 하고 체는 유를 성정으로 한다"는 말이다.

둘째, 왕부지가 말하는 태극의 개념에서 태극의 체에서 표현되는 구체적인 사물의 활동은 눈과 귀와 같은 감각기관으로 파악할 수 있다. 구체적인 사물을 파악할 때에는 상과 수 두 개의 방면에서부터 착수할 수 있다. 상과 수는 역학에 나오는 개념이다. 역학의 내부에는 상수파와 의리파의 대립이 존재한다. 상수파의 내부에는 또 상을 중요시하는 학파와 수를 중요시하는 학파의 대립이 존재한다. 여기서 왕부지가 말하는 상수는 구체적인 사물의 형상과 수량에 대한 규정성이다. 역학에서 말할 때 역의 종합적인 성질과 규율은 괘효사(辭), 괘효상(象)과 괘효에서 체현되는 상수로 표현된다. 여기서 "상은 수로 측정할 수 있고", "수는 상에서 측정할 수 있다"는 왕부지의 말에는 역학과 현실사물의 두 가지 해석이 존재한다. 따라서 철학과 역학 두 가지의 언어로 표달할 수 있다. 철학적으로 말할 때 사물의 외부형상은 그의 규정성에 대한 분석을 통해 얻어질 수 있다. 사물의 수량은 사물의 형상을 분석하고 측정하는 것을 통해 얻어질 수 있다. 형상은 사람의 감각기관 앞에 나타나는 실제적인 재료이다. 형상은 부단히 변화하지만 여기에는 사람들이 파악하고 분석할 수 있는 상대적으로 정태적인 방면이 존재한다. 그리하여 "상은 이미 정해진 것을 보는 것으로서 정적인 속성에 속한다." 수량적인 속성은 사물의 수량과 공간의 관계에 대한 규정성이다. 그 존재는 자체를 근거로 한다. 그러나 수량은 형상에 대한 추상적인 획득이다. 수량의 관계는 사물의 운동과정에 끊임없이 변화하기 때문에 사물의 형상과 비교했을 때, 은폐성과 유동성이 더 크다. 그리하여 "수는 자유를 따르는 것으로서 동적인 속성에 속한다." 왕부지는 "상은 수를 측정할 수 있고, 수도 상을 측정할 수 있다." 그러나 양자의 방법과 결과는 같지 않다. "수로 상을 측정하는 하는 것"은 규율이 있는 어떠한 존재로 수량이 표현되고 주재하고 있는 형상의 공간적, 시간적인 분포상황을 예측하는 것이다. 그 결과는 대부분이 이 전제 안에 포함되어있다. 그러나 "상으로 수를 측정하는 것"에는 어떠한 실제적인 측량과 도량의 성질을 띠고 있다. 그리하여 "수로 상을 측정하는 것"은 추리적이고, "상으로 수를 측정하는 것"은 귀납적이다. 양자의 방법과 결과는 갖지 않다. 실제적인 기능도 같지 않은데 전자는 주로 예측에 사용되고 후자는 도량에 사용된다. 왕부지는 상과 수에 대해 "동"과 "정"을 구별하였고 "이미 정해진 것을 보는 것"과 "자유를 따르는 것"을 구별하였다. 사실 이렇게 한 것은 두 가지 측정방법이 성질과 결과가 다르다는 것을 암시하기 위해서다.

셋째, 태극은 가를 수도 없고 합할 수도 없다. 태극은 하나의 총체이다. 그러나 이러한 총체는 여러 개의 개체를 기계적으로 합한 것이 아니다. 만약 태극이 분열될 수 있다면 태극 속에 있는 사물들의 관계는 외재적이고 기계적일 수 있다. 그러나 왕부지는 태극과 구체적인 사물의 관계는 내재적이고 생명 전체의 관계이다. 태극은 한데 모일 수 없다. 왜냐하면 태극은 구체적인 사물에 개별적으로 체현되기 때문이다. 만약 태극이 한데 모일 수 있다면 그러함 모임은 수많은 개체들이 구체적인 사물의 태극에 기계적으로 쌓아지는 것을 말한다. 태극은 분열될 수 없기에 태극은 한데 모일 수도 없다. 왜냐하면 전체에서 한데 모인다는 것은 부분으로 나뉜 존재들이 겹쳐지고 쌓아지는 것을 뜻하기 때문이다.

태극의 이러한 성질로 인해 태극을 파악함에 있어 "분석과 종합"의 사유방법을 그대로 기계적으로 운용할 수 없다. 왕부지는 태극과 태극의 현상을 서로 다른 두 개의 방법으로 파악하였다. 현상에 대해서는 구체적이고 실증적이며 직접적인 방법을 사용했다. 태극에 대해서는 사변적이고 감각이 아닌 철학적 방법을 사용했다. 태극에 대해서는 실증적인 묘사를 진행할 수 없고 직감적으로 체험할 수밖에 없다. 태극의 현상에 대한 파악에는 현실적인 기능이 존재한다. 그러나 태극에 대한 파악은 공리적이지 않다. 태극은 우리에게 구체적인 지식이 아닌 경지와 흉금 그리고 식견과 도량을 부여해준다. 일반 사람들의 인식은 구체적인 사물에 대해 실증적인 파악을 진행하고 이것을 통해 더 높은 단계의 인식에 도달하는 것이다. 그러나 더 높은 단계의 인식은 실증지식 범위내의 것이다. 실증지식은 아주 많고 깊다. 그러나 이것을 태극의 본체를 직관적이고 가치적인 파악이라 할 수 없다. 그리하여 왕부지는 두 개의 다른 방법을 사용했다.

태극은 분열될 수도 없고 합해질 수도 없다는 왕부지의 관점에서 그가 주희의 "이일분수"의 영향을 받았다는 것을 알 수 있다. 태극이 합해질 수 없는 것은 그것이 "나누어진 세상에 들어왔기 때문이다." "나누어진 세상에 들어온 것"이란 바로 주희가 말한 "사물마다 하나의 태극이 있고 사람마다 하나의 태극이 있다"는 말이다. 주희의 본체론은 그의 철학적 체계를 형성함에 있어 결정적인 역할을 하였다. 그러나 주희의 본체론은 우주론과 한데 얽혀 구별하기 어려울 때가 있다. 그러나 왕부지는 이것을 아주 명확하게 구별하였다. 그는 모든 기초를 본체론에 세웠다. 그는 우주발생론을 본체론에 사용하는 것을 반대하였다. 그래서 그의 이론은 앞뒤가 일관되고 쉽게 오해가 생기지 않는다.

왕부지는 "역에는 태극이 있고 태극에서 양의가 생긴다"라는 말로 태극과 구체적인 사물의 관계, 태극 본체의 진실한 의미에 대해 명확하게 해석하였다. "생(生)"은 철학에서 정의를 내리고 해석하기가 매우 어려운 단어이다. 왜냐하면 생은 어미가 새끼를 낳는 것과 같은 시공적인 생과 구제적인 생이 될 수 있을 뿐만 아니라, 전제에서 결론이 생기는 논리적이고 사유적인 생이 될 수도 있다. 또한 본체와 현상과 같이 서로 포함되고 서로를 근거로 하는 "생"이 될 수도 있다. "역에는 태극이 있고 태극에서 양의가 생긴다"라는 말에서 "생"에는 能生(능생)과 소생(所生)이 서로 포함되고 서로를 근거로 한다. 왕부지는 이것을 다음과 같이 해석하였다. "역(易)에 태극(太極)이 있는데, 원래 이것을 가지고 있고 동시에 그것을 가지고 있다. 태극이 양의(兩儀)를 낳고 양의가 사상(四象)을 낳고 사상이 팔괘(八卦)를 낳는데, 원래 이것을 가지고 있으면 생겨나고 동시에 그것을 가지고 있으면 생을 구비하는 것이다. 그러므로 때문에 이를 '생(生)'이라 한다. 이를 생이라 함은 여기에 임하여 나왔으며, 저기에서 미는 것을 기다리지 아니하고 나왔다.(《주역외진(周易外傳)》 계사상전 제11장, 《선산전서(船山全書)》 제1책 1023~1024쪽)"

고유(固有)적이라는 말은 역과 태극은 원래부터 서로를 포함하고 있다는 뜻이다. 동시에 존재한다는 것은 역과 태극, 태극과 양의, 양의와 사상은 시간적인 선후관계가 없이 동시에 존재한다는 것이다. 고유적이기 때문에 반드시 서로 나타나고 서로 증명해줄 수 있다. 동시에 존재하기 때문에 모든 같은 순간에 존재한다. 왕부지가 말했다. "음양(陰陽)은 시작이 없는 존재이다. 태극(太極)은 음양의 위에 고립된 것이 아니다(《주역내전(周易內傳)·계사(繫辭)》, 《선산전서(船山全書)》 제1책 789쪽)." "생(生)이란 낳은 바가 아닌 자를 아들이라 하고 그를 낳은 사람을 아비라고 부른다. …… 생이란 위에서 발생한 것이고 사람의 얼굴과 같이 이목구비(耳目口鼻)가 생겨나 자연히 갖추어지며, 이를 나누어서 말하면 생(生)이라고 할 뿐이다.(《주역패소(周易稗疏)·계사(繫辭)》, 《선산전서(船山全書)》 제1책 789쪽)."

태극은 음양의 위에 존재하는 다른 한 물체가 아니다. 태극에서 양의가 생겨난다는 것은 태극에 본래부터 존재하던 양의가 태극에 발생하였다는 것이다. 여기에서는 어미가 새끼를 낳는 그런 관계가 아니다. 만약 성정과 체용의 관계로 설명한다면 "성(性)에서 정(情)이 나오고, 정은 성으로 채워진다. 시(始)는 종(終)의 시작이고 종은 시의 모임이다. 체는 용에 이르기 위한 것이고 용은 체를 위한 준비이다. ……이 여섯 가지는 다르지만 동시에 존재한다(《주역외전》 계사상전 제11장, 《선산전서》 제1권, 1,023쪽)."

왕부지는 여기서 아주 심각한 명제를 제기하였다. 그건 바로 "태극은 역에서 생기고, 태극에는 역이 있다"라는 것이다. "태극은 역에서 생겼다"는 말은 태극의 존재는 역, 즉 양의, 사상, 팔괘 등으로 증명된다는 뜻이다. 태극은 피동적으로 생겨난 존재이고 역은 생성시킨 존재이다. "태극에 역이 있다"는 것은 양의, 사상, 팔괘의 존재는 태극이 있기 때문이라는 뜻이다. 여기서 태극은 생성시킨 존재이고 역은 피동적으로 생성된 존재이다. "태극은 역에서 생기고, 태극에는 역이 있다"라는 말은 태극이 역을 갖고 있게 된 것은 그가 역에서 생겨났기 때문이고 태극과 역은 서로 포함되고 서로 의존하는 공생공유의 관계라는 뜻이다. 태극은 구체적인 사물이 탄생하는 근거이고 태극 자체가 구체적인 사물의 외부에 존재하는 것이 아니다. 태극은 구체적인 사물의 운행법칙이 생겨나는 곳이지만 태극 자체는 법칙을 갖고 있지 않다. 구체적인 사물로 구성된 유기적인 통일체가 바로 태극이다. 구체적인 사물의 법칙은 태극의 법칙이다.

2) 건과 곤을 동시에 건립해야 한다.

왕부지는 태극은 음양과 동시에 존재한다는 사상에 맞춰 "건곤병건(乾坤并建)"의 사상을 제기하였다. 건과 곤을 동시에 건립해야 한다는 것은 왕부지의 역학에서 아주 중요한 명제이다. 이 문제는 괘의 순서, 건곤이괘와 다른 괘의 관계 등에 대해 토론하였지만 사실 이는 왕부지 철학의 중요한 내용이다. 건곤병건을 통해 왕부지는 그의 기본철학론을 세웠다. 또한 음양의 기를 우주의 본체로 하고 세상은 음양의 기에 통일되며 그것을 따라 운동하면서 전개된다는 사상을 세우기도 했다. 왕부지는 《주역내전》에서 자신의 역학 종지는 "건곤병건을 종지로 한다"고 말했다. 《주역외전》에서는 이 사상을 논증하고 발휘시켜 태극과 음양은 동시에 존재한다는 그의 사상과 일치하게 했다.

건곤이괘는 왕부지의 역학철학에서 아주 중요한 위치를 차지한다. 《역전》에서는 "건은 태초의 시작을 주관하고, 곤은 만물의 완성을 이루는데, 건은 평이함으로써 스스로 해야 할 바를 알고, 곤은 간명함으로써 잘 이룬다"고 말했다. 건은 주로 만물의 생성과 발육을 주재한다. 곤의 작용은 건과 협력하여 만물의 완성을 이루는 것이다. 건은 사람의 정신과 물체의 운동에너지를 대표한다. 곤은 사람의 재능과 물체의 체질을 대표한다. 왕부지가 건과 곤을 동시에 건립한다는 관점은 시간적으로 선후관계가 없이 동시에 시작되고 길러지는 것을 강조한다. 기능적으로 볼 때 정신의 운동에너지와 재능의 체질은 모두 똑같이 중요하다. 왕부지가 말했다. "크도다 《주역(周易)》이여! 하늘과 땅이 나란히 창건되어[乾坤并建] 대시(大始)로 여기고 영성(永成)으로 여기며, 6자(六子, 8괘 중 건·곤을 제외한 육괘)를 통솔하여 56괘의 변화를 머금었다. 도(道)가 크고 공(功)이 높고 덕(德)이 성하여 무리와 함께 하였기에 그러므로 주역보다 성(盛)한 것이 없는 것이다(《주역외전(周易外傳)》 계사상전 제1장, 《선산전서(船山全書)》 제1책 989쪽)."

건은 태초의 시작이고, 곤은 만물의 완성이라는 말이 아니라 음양이 함께 태초의 시작을 이룬다는 말이다. 태초의 시작일 뿐만 아니라 건곤은 함께 만물의 완성을 이룬다. 건괘가 다른 괘를 통솔하는 것이 아니라 건곤이 함께 다른 육십이괘를 통솔한다는 뜻이다. "도가 높고 공이 큰 것"은 건곤이 함께 그 도를 이루고, "남보다 덕이 많은 것"은 건곤이 함께 덕을 이룬다. "하늘과 땅을 위에서 나란히 세울 때 시간상 앞뒤도 없고 권력상 주보(主輔)가 없어 오히려 숨을 내쉬고 들이 마시는 것과 같았고 천둥과 번개와 같았으며, 두 눈으로 보고 두 귀로 들으며, 보고 듣고 함께 깨닫는 것과 같았다. 그러므로 하늘이 있고 땅이 없는 경우가 없으며, 천지가 있고 사람이 없는 경우도 없다. 그리하여 '하늘은 자(子)에서 열렸고 땅은 축(丑)에서 열렸고 사람은 인(寅)에서 태어났다'고 말한 것은 그 설을 따랐다. 도가 있고 천지가 없는 경우는 없으니, '하나는 둘을 낳고 도는 천지를 낳는다'고 말한 것은 그 설을 따랐다. 하늘이 있고 땅이 없는 경우가 없는데, 하물며 땅이 있는데 하늘이 없을 수 있겠는가? 그런데 어찌 '간곤(艮坤)을 머리에 두었단 말인가? 도가 있고 천지가 없는 경우가 없다고 함은 누가 간곤을 세워서 앞서 열었단 말인가?(《주역외전(周易外傳)》 계사상전 제1장, 《선산전서(船山全書)》 제1책 989쪽)."

건곤병건에는 시간상의 선후나 기능상의 주차(主次)관계가 존재하지 않는다. 시간상의 선후관계가 아니기에 천지의 생성에도 선후관계가 존재한다는 주장은 자연히 성립되지 않게 된다. 건곤병건에서 건곤은 도이다. 그리하여 "도에서 일이 생기고 일에서 이가 생긴다"는 것과 같이 시간적, 공간적인 생, 어미가 새끼를 낳는 것과 같은 생은 다 성립되지 않는다. "건은 평이함으로써 스스로 해야 할 바를 알고, 곤은 간명함으로써 잘 이룬다"고 하는 것은 지와 행을 동시에 병행해야 한다는 것으로서 아는 것과 이루는 것이 동시에 진행된다. 먼저 알고 후에 이루거나, 먼저 이루고 후에 아는 것은 모두 도를 제대로 깨칠 수 없다. 왕부지는 건곤병건은 이단의 학문을 제거할 수 있는 유력한 도구라고 했다. 그는 일부 잘못된 견해가 생겨나는 것은 건과 곤을 병행하는 뜻을 이해하지 못했기 때문이라고 주장했다. 예를 들면 소옹의 가일배법의 잘못은 먼저 태극이 있고 태극이 둘로 나뉘어 양의가 생겨났으며 그렇게 끊임없이 나눠지는 과정에 천지만물이 형성되었다고 하는 주장에 있다. 태극은 곧 건곤이다. 태극은 건곤보다 먼저 존재할 수 없다. 건곤은 만물에서 가장 먼저이다.

왕부지의 건곤병건의 주장은 그의 역학철학에서 아주 중요한 위치를 차지한다. 그 중요성은 건곤이괘와 기타 육십이괘가 체용의 관계라는데 있다. 이러한 관계는 모든 역학체계에 응용될 수 있다. "전체 《역(易)》으로 말한다면, 건곤(乾坤)을 나란히 세워서 체(體)로 여기면 62괘는 모두 그 용(用)이 된다. 한 괘(卦)로 말한다면 단(彖)을 체로 여기면 6효(六爻)는 모두 그 용(用)이 되며, 용이라 함은 그 체를 사용하는 것이다. 그 전체(全體)에 의거하면 용(用)이 스스로 낳는 것을 알며, 그 발용(發用)을 요약하면 체가 끝까지 변하는 것을 알 것이다. 건곤을 버리면 역(易)이 없고 단(彖)을 버리면 효(爻)가 없으며, 6효가 상통하여 함께 일체(一體)를 이루면 시종일관 의(義)는 다를 수가 없다(《주역외전(周易外傳)》계사상전 제1장,《선산전서(船山全書)》제1책 989쪽)."

육십이괘는 건곤이괘의 전개와 발용(發用)이다. 건곤이괘에 대한 고찰을 통해 이괘에 기타 육십이괘가 논리적으로 포함되어 있음을 알 수 있다. 육십이괘에 대해 고찰해보면 그것들이 건곤이괘의 합리적인 전개와 발용이라는 것을 알 수 있다. 체에서 용으로 변하고 원래의 용에서 체를 알게 되었다. 이것은 왕부지의 역학의 방법론이자 그의 철학 전반의 방법론이다. 이것으로 우주만상을 관찰하면 만물이 천지를 본체로 하고 천지가 함께 태극을 이루었다는 것을 알 수 있다. 그리하여 만물과 태극의 관계는 체용의 관계이다.

3) 체용은 유를 기초로 한다

왕부지의 태극과 만물의 관계는 체와 용의 관계이다. 태극의 본체는 만유의 총체를 관조의 대상으로 해서 얻어낸 개념이다. 태극의 본체는 유이다. 태극과 태극에 포함된 구체적인 사물은 모두 유이다. 그리하여 '대유', "체용은 유를 기초로 한다"는 왕부지의 철학의 출발점이고 그가 모든 철학을 비판하는 이론적인 근거이기도 하다. 왕부지의 철학에서 모든 관념과 행동은 모두 유를 기초로 한다. 도, 기(器), 상, 수, 동, 정, 상(常), 변(變)은 모두 유이다. 유를 떠나서는 아무 것도 이야기할 수 없다. "도(道)는 물(物)의 가운데에서 체득하여 천하의 용(用)을 낳는 존재이다. 물이 생겨나면 상(象)이 있고 상이 이루어지면 수(數)가 있고 수가 움직임에 바탕을 두면 일어나서 행함이 있고 행하여서 도(道)에 이득이 있으면 덕(德)을 갖게 된다. 수로 인하여 상을 헤아려보면 도는 스스로 그렇게 된 것이다. 도가 스스로 그렇게 되어 사람에게 빌지 않고 이로운 용(用)을 타고 덕(德)을 보니, 덕은 불용이(不容已)인 것이다. 그 불용이에 이르러서 사람은 도를 도울 수 있다. 도가 사람에 빌지 않으면 사람과 사물은 모두 하늘의 유행(流行)을 기다리면서 살며, 사람이 도를 폐할 것이다. 사람이 도를 돕는다면 음양(陰陽)의 순수함을 택하여 천지의 경(經)을 훤히 알아 천하를 쉽게 통치한다. 그러므로 건(乾)은 용(用)의 덕을 취하지만 도(道)의 상(象)은 취하지 않으며, 성인이 사람을 돕는 까닭에 그 능력을 이룬다(《주역외전(周易外傳)·건(乾)》,《선산전서(船山全書)》제1책 821쪽)."

여기서 도와 물의 관계, 태극과 양의, 사상, 팔괘의 관계는 일치하다. 도는 구체적인 사물에 체현되고 구체적인 사물의 작용이 생겨나게 한다. 구체적인 사물의 작용은 구체

사물에서 발생된 것이지만 이것은 도가 그렇게 만들었기 때문이다. 만물은 고립적이고 개별적으로 작용을 발휘할 수 있다. 천하의 만물을 하나의 총체로 연계시켜야 도의 작용이 발휘될 수 있다. 이는 아주 훌륭한 생각이다. 여기서 왕부지는 실증론자도 아니고 기계론자도 아니라는 것을 알 수 있다. 그에게는 체와 용이 다 있고 부분과 전체가 다 있다. 그러나 종합적인 활동이든지 부분적인 활동이든지 모두 이것을 기초로 한다.

이 사상을 기초로 왕부지는 자신의 "천하는 오로지 기(器)다"라는 주장을 제기하였다. 천하는 오로지 기라는 관점은 태극의 본체와 만물의 관계에 대해 계속 논술하여 도에서 기가 생겨났다는 주장을 뒤엎었다. 그는 "형상(形象) 이전의 것을 도(道)라고 하고, 형상 이후의 것을 기(器)라고 한다"라는 것을 다음과 같이 발휘했다. "그것을 일컫는 사람은 그 일컬음을 좇아서 선 사람이다. 상하(上下)라는 것은 애초에 정해진 경계가 없는 것으로, 논의하는 입장에 따라 나누어 부르는 것이다. 그런즉 상하(上下)는 여러 경계가 없고 도기(道器)는 뒤바뀔 체(體)가 없다는 것이 분명하다. 천하는 오직 기(器)일 뿐이다. 도(道)라 함은 기(器)의 도이고 기(器)라 함은 도의 기(器)라고 말할 수 없다(《주역외전(周易外傳)》계사상전 제12장, 《선산전서(船山全書)》제1책 1,027쪽)."

형이상, 형이학은 모두 "형"을 입론의 근거로 하고 무형에는 형이상, 형이하의 구분이 없다. 형이상, 형이하의 구분에는 원래 한계가 없고 다른 입론각도에서 말했을 때 명칭이 다를 뿐이다. 우주에 실제로 존재하는 것은 구체적인 기물뿐이다. 도라고 하는 것은 구체적인 기물의 도이다. 그러나 구체적인 기물은 도의 기물이라고 말할 수 없다. 여기서 왕부지는 논술의 중점을 구체적인 사물에 두고 구체 사물의 지위와 근원의 지위에 대해 반복적으로 논증하였다. 그는 《역》은 형이상학의 도식적인 추론이 아니라 현실의 기물에 대한 모방이다. "그러므로 역(易)에는 상(象)이 있는데 상이란 기물(器物)을 본뜬 것이다. 괘(卦)에는 효(爻)가 있는데 효란 기물을 나타낸 것이다. 효에는 사(辭)가 있는데, 사란 기물을 구분하는 것이다. 그러므로 성인(聖人)이라 함은 기물을 잘 다스릴 뿐이다. 그 다스리는 것으로부터 말한다면 형이상의 이름이 세워졌다. 형이상의 이름이 세워지면 형이하의 이름도 역시 세워진다. 형이상하는 모두 이름이며, 가늠하고 헤아려서 구별할 수 있는 것은 아니다(《주역외전(周易外傳)》계사상전 제12장, 《선산전서(船山全書)》제1책 1,028쪽)."

여기서 "상(象)은 상(像)이고", "효(爻)는 효(效)다"라는 말은 한나라 유학자들이 경서를 해석한 방법을 빌린 것이다. 그는 괘효의 상은 구체 기물에 대한 모방이고 성인이 앙관부찰(仰官俯察)하기 위해 설정한 것이다. 그러나 성인들이 직접 종사한 것은 구체적인 기물의 제조활동이다. 형기는 형이상의 이름이 있기 때문에 형이하의 이름도 있게 되었다. 현실에 "형이상"과 "형이학"이 따로 있는 것이 아니다. "천지 사이를 가득 채운 것이 모두 기물이며, 기물 가운데는 겉에 있는 것도 있고 속에 있는 것도 있으며, 겉과 속이 각기 용(用)을 이루어 용을 합해서 이룸에 도달한다. 곧 천덕(天德)의 건(乾)과 지덕(地德)의 곤(坤)이 그곳에 축적된 것이 아닌가?《주역외전(周易外傳)》계사상전 제12장,《선산전서(船山全書)》제1책 1,026쪽)."

기의 겉면은 기물의 형상을 말한다. 기의 속은 기물의 성질을 말한다. 현실의 활동은 반드시 물체의 형상에 작용하고 그 성질을 따른다. 도는 기물의 총합이고 기물을 다스리는 것이 곧 도를 따르는 것이다. 그는 "옛 성인들은 기물을 다스릴 수는 있었지만 도를 다스리지 못했다. 그리하여 기물을 다스리는 사람은 그것을 도라고 했고 도를 얻으면 그것을 덕이라고 했다. 기물이 형성되는 것은 행이고 기를 넓게 사용하는 것은 변통이고 기의 효과가 현저하게 나타나는 것은 사업이다《주역외전》계상서전 제12장《선산전서》1권, 1,028쪽)." 현실 활동은 모두 구체적이다. 역전에서 말하는 변화의 도, 신명의 덕, "광대함을 천지에 맞추고, 변통은 사시에 맞추어야 한다"는 것은 모두 기물을 기초로 하고 모두 기물의 활동에 작용한다. 왕부지가 결론적으로 말한다. "그 도(道)가 없으면 그 기물도 없다고 사람들 가운데 그것을 말할 수 있는 사람이 많은데, 비록 그러하나 진실로 그런 기물이 있으니 어찌 도가 없음을 염려하겠는가? ……그 기물이 없으면 그 도(道)도 없다고 사람들 가운데 그것을 말할 수 있는 사람 적으나 진실로 그것은 옳은 것이다. 홍황(洪荒, 태고적)시대에는 읍양(揖讓)의 도(道)가 없었고 당우(唐虞)시대에는 조벌(弔伐)의 도가 없었고 한당(漢唐)시대에는 지금의 도가 없었으니, 지금은 다른 해의 도가 없는 것이 많다. 궁시(弓矢)가 있지 않을 때는 도를 쏜 적이 없고 거마(車馬)가 있지 않을 때는 도를 지나간 적이 없고 노례벽폐(牢醴璧幣), 종형관현(鐘磬管弦)이 있지 않을 때는 예악(禮樂)의 도가 없었다. 곧 자식이 있지 않으면 부도(父道)가 없고 아우가 있지 않으면 형도(兄道)가 없으니, 도는 있기도 하고 또 없기도 한 것이 많다. 그러므로 기물이 없으면 도(道)도 없다는 것은 옳은 말이다. 그러나 사람이 특별히 살피지 못할 뿐이다(《주역외전(周易外傳)》계사상전 제12장,《선산전서(船山全書)》제1책 1,028쪽)."

도는 기의 도이고 도는 유를 근거로 한다. 왕부지는 유를 구체적인 기물의 존재이고 무는 유를 규정으로 한다. 무는 유가 존재하지 않는 상태이고 유를 참조로 한다. 종래로 존재하지 않았던 물건은 무라고 할 수 없다. 그는 "무를 말하는 자는 유를 말하는 자를 제거하기 위해서다. 유를 말하는 자들은 있지만 없는 것은 유라고 했다. 천하에서 과연 누가 무를 이야기할 수 있을까? 거북이에 털이 없다는 것은 개를 말한 것이지 거북이를 말한 것이 아니다. 토끼에 뿔이 없다는 것은 사슴을 말한 것이지 토끼를 말한 것이 아니다. 그렇게 생각한 것이 있기에 그렇게 말한 것이다(《사문록》 내편, 《선산전서》 제12권, 411쪽)."

도기(道器)의 관점과 호응되게 왕부지는 사람의 정신과 육체도 서로 근거로 한다고 생각했다. "무리가 소유하고 있는 기물들은 모두 도(道)와 더불어 체(體)가 되는 것들이다. 그러므로 형체는 신(神)이 없으면 운행하지 못하고 신(神)은 형체가 없으면 기대지 못한다. 형체가 움직이는 바를 잃음은 죽은 사람이 귀와 눈은 있으나 보거나 듣지 못하는 까닭이다. 신이 기댈 바를 잃음은 요이(妖異, 요괴)가 그림자나 울림은 있으나 성정(性情)이 없는 까닭이다. …… 그러므로 천지의 정화(貞化)가 엉기어 모인 것은 혼백(魂魄)이 되고 충만(充滿)한 것은 성정(性情)이 된다. 날마다 그 성정을 주고 그 혼백을 충만하게 하는 것은 하늘의 일이다. 날마다 그 혼백을 다스리고 그 성정을 쌓는 것은 사람의 일이다. 그런 후에 그 마음 중에 쌓여진 것이니 무너질 수 없다.(《주역외전(周易外傳)·대유(大有)》, 《선산전서(船山全書)》 제1책 862쪽)" 여기서 성정은 사람의 정신활동이다. 혼백은 사람의 사상, 정서의 기관이다. 사람의 형신에서 신은 형의 주재이고 형은 신의 의거이다. 인류의 정신활동은 부단히 외계에서 자양(資養)을 얻어 그 내용을 충실하게 하고 증가하는 과정이다. 이것은 하늘이 부여한 것이다. 또한 사람의 활동을 통해 마음을 수정하고 정신활동을 보관하기도 한다. 다음 정신활동은 부단히 축적되고 마음의 기능도 따라서 커진다.

왕부지는 자신의 저서에서 석교와 도교를 여러 번 비판했다. 그가 비판한 중점은 바로 석교와 도교가 허공을 최고 개념으로 삼고 허무를 본체로 삼았다는 점이다. "도가(道家)에서는 이에 대해 어두워서 '도(道)는 허(虛)에 있고 허 역시 기(器)의 허'고 말하였다. 불가(佛家)도 이에 대해 어두워서 '도는 적(寂)에 있고 적 역시 기의 적이다'고 말하였다. 옳지 않은 말이 번지르르 하나 기를 벗어날 수는 없는 것이다. 그러나 또 스스로 신묘하다는 것으로써 기의 명성으로부터 벗어날 것을 표방하지만 장차 누구를 속이려 하는 가?(《주역외전(周易外傳)》 계사상전 제12장, 《선산전서(船山全書)》 제1책 1,029쪽)."

　왕부지는 석교와 도교의 잘못은 천하는 오로지 기이고 천하는 모두 실제적인 물체라는 이치를 모르고 허무를 우주의 본체로 삼은데 있다고 생각했다. 이 이론을 논증하기 위해 그는 수많은 해석을 진행했다. 사실 불교와 도교에서 말하는 도는 천지를 생성할 수 있는 본체이고 수많은 기 이외에 그리고 그 위에 존재하는 다른 물체이다. 그리하여 불교와 도교에서 말한 기의 허무는 사실 기의 허무이다. 불교와 도교에서는 도의 신묘와 허현을 표명하기 위해 그것을 기를 떠나 존재한다고 말했다. 불교와 도교는 도를 형이상의 존재로 보았는데 사실 기가 있은 뒤에 형이상이 있다는 것은 아주 명백한 이치이다. "도(道)란 천지 정수(精粹)의 작용이고 천지와 더불어 나란히 행하나 선후(先後)가 없는 것이다. 천지를 앞세워 태어나게 한다면 도(道)는 있으나 천지가 없는 날이 있게 된다. 저가 어떻게 머무를까? 그리고 누가 '이를 글자로 도(道)'라고 했는가?(《주역외전(周易外傳)》·건(乾), 《선산전서(船山全書)》 제1책 823쪽)."

　왕부지는 여기서 《주역》의 "하늘의 운행은 건실하고", "땅의 형세는 두텁다"라는 관점으로 노자의 "물건은 혼돈스럽게 이루어졌고 천지보다도 먼저 생겨났다"라는 관점을 비판했다. 왕부지는 도가 천지만물이고 도와 천지만물이 병행한다고 생각한다. 도에서 천지가 생긴다는 것은 천지만물이 한 개 통일체에서 공생한다는 뜻이다. 만물은 우주 전체에서 기타 성질과 위치를 얻게 된다. 만물보다 먼저인 도는 없다. 도가 나누어진다는 것은 단 한 개의 사물에 착안했을 때 각자가 다르다는 말이다. 도가 모아진다는 것은 천지만물 전체에서 착안했을 때 전체가 모두 형기이고 개체는 모두 전체에 그 정해진 자리가 있다는 말이다. 이것이 바로 "물건은 혼돈스럽게 이루어졌다"는 의미이다. 그는 위서(緯書)에서 태극과 만물의 체용의 관계를 결렬시키고 만유의 전에서 태극을 찾고 작고 형체가 없는 물질형태에서 선후를 나누고 순위를 매기는 것을 비판했다. 그는 "《건착도(乾鑿度)》에서 말하기를 '태역(太易), 태초(太初), 태시(太始), 태소(太素)가 있다'고 하면서 사극을 무형보다 먼저라고 했다. 그것은 태극에 습관이 되어 감지하지 못했기 때문이다(《주역외전》 계서상전 제11장, 《선산전서》 1권, 1,024쪽)." 《역위·건착도》에 나오는 태역, 태초 등은 우주물질의 구성단계에까지 거슬러 올라갔다. 왕부지는 사람이 매일 태극과 접촉하지만 태극이라고 주장했다. 태극은 기로서 우리는 매일 그것을 보고 듣는데 습관이 되어 전혀 느낄 수 없게 되었다. 작아서 보이지 않는 존재를 허무하고 보이지도 만져지지도 않는 곳에서 찾게 되었다. 또한 여기서 선후와 등급을 나누는 것 역시 불필요한 일이다. "태극은 역에서 생기고, 태극에는 역이 있다"는 것을 알면서 "어찌 층층이 올라가면서 그것을 찰을 필요가 있는가?"

불교의 잘못은 진공의 본체를 세우고 본체의 현상을 모두 공으로 보았다는데 있다. "석가의 말은 총상(總相), 별상(別相), 동상(同相), 이상(異相), 성상(成相), 괴상(壞相)의 여섯 가지 상을 녹였으며, 그것들로 하여금 서로 뒤섞이고 서로 융합하게 하니, '한 생각이 인연 따라 일어나지만 사실은 일어남이 없다[一念緣起無生]'고 하였다. 대개 성패와 득실을 일치시켜 가지런히 하려고 하여 진공(眞空)의 종(宗)을 세운다. 그러나 실패하는 것을 알지 못하는 사람은 그 이루는 것도 실패하며, 실(失)이란 그 얻은 것을 잃는 것이니, 실(失)과 패(敗)는 득(得)과 성(成)으로 인하여 나타나며, 사리(事理)가 이미 그러한데 있어 어두움을 포용하지 못함이 있는 것이다. 그러므로 성과 득을 도와서 천리 유행의 공효(功效)를 드러내어 패와 실을 아는 사람으로 하여금 모두 인정과 약하고 상함이 쌓이게 한 것이며, 본래 가지고 있는 바가 아니니 사리를 둘 다 없애고 윤물(倫物)을 버린 사설(邪說)은 세워질 수가 없다(《주역외전(周易外傳)·건(乾)》,《선산전서(船山全書)》제1책 826쪽)."

그는 여기서 불교의 근본교의는 세상의 모든 사물은 생각에서 생겨난 것으로서 모두 실제적인 존재가 아니라고 주장한다. 즉, "인연으로 생긴 법, 나는 이것을 공이라고 한다"는 말이다. 왕부지는 모든 현실적인 존재는 다 진실하다고 주장한다. 패는 이미 형성된 물건의 패이고 실은 이미 얻은 물건의 실이다. 실과 패는 형성과 획득의 후에 있다. 그리하여 반드시 성과 득을 장려해야 한다. 왜냐하면 그것들은 사물의 규율이 작용을 발생하는 근거이기 때문이다. 이 이치를 알게 되면 불교에서 말하는 모든 것을 제거하고 본체와 현상을 모두 잊어버리며 인륜물리를 버려야 한다는 이론은 성립될 수 없다.

왕부지는 석노의 잘못은 방법론에 있다고 했다. 그것을 한가지로 종합하면 바로 체와 용을 결렬시키고 만물의 전에 다른 "도"를 세우고 그 도를 본원이자 진실로 삼고 만유를 허무하고 진실적이지 않은 것으로 보았다는데 있다. "도(道) 말하기를 좋아하는 사람은 용(用)을 가지고서 체(體)를 얻는다. 도를 말하기를 좋아하지 않는 사람은 하나의 체를 망령스럽게 세우고 용을 소멸시키고서 그것을 따른다. 사람이 태어나서 고요한 이상 이미 저들이 볼 수 있는 바가 아니며, 우연히 그 총명(聰明)의 변화를 타고 공허(空虛)에 붉은 빛의 벽토(丹堊)를 칠하고 그것을 억지로 명하여 '체(體)'라 하였다. 총명함은 구하는 바를 공급해주고 만물을 헤아려 그 영향을 얻게 하며, 역시 그 용을 제거하여 남음이 없게 할 수 있으니, 그 사설(邪說)은 여기에서부터 왕성해졌다(《주역외전(周易外傳)·대유(大有)》,《선산전서(船山全書)》제1책 862쪽)."

"쓸데없는 본체를 세웠다"는 것은 도교의 "도"와 불교의 "진공", "열반"이다. "용을 버리고 그것을 따랐다"는 말은 노자의 "있음의 이로움은 없음의 쓰임이 있기 때문이다", "머리 속의 생각을 다 버리고 어린 아기의 상태로 돌아간다"는 주장, 장자의 "목석이나 쇠붙이로 만든 우상에는 마음이 없다"는 주장, 불교의 "색즉시공", "법에도 진실하지 못한 것이 있다"는 등의 관점이다. 총체적으로 불교와 도교에 대한 왕부지의 비판은 조금은 간단하다. 그러나 위에서 말한 것처럼 그는 자기의 생각을 그대로 표현한 것일 뿐 학리를 순수하게 그리고 세밀하게 검토하지 않았다. 그에게는 그가 직면한 시대적 문제가 존재한다. 그는 자신이 시대적인 문제를 해결해야 한다는 생각에서 출발해 자신이 병태(病態)적이고 박약하다고 생각되는 사상계통을 비판했다. 사실 그는 불교와 도교의 부(負的)의 철학적인 방법에 대해 알지 못했다. 그는 자신의 저서인《노자연》,《장자통》에서 불로에 대해 언급한 내용들에서 그의 이러한 생각을 엿볼 수 있다. 왕부지는 유를 존봉하고 찬미했다. 그리고 유를 제거하고 낮게 평가하는 모든 관점을 반대했다. 그의 근본목적은 다른 민족의 침입으로 인해 중국문화가 생사존망의 기로에 서있는 그러한 상황에서 중국문화 중에서 민족의 강성에 불리하게 작용하는 요소들에 대해 반성하고 건강하고 활기찬 새로운 사상을 창조해내려는데 있다. 민족위기와 문화위기에 대응하는 유력한 도구로서 이후의 문화건설에 기초를 마련해주었다.

왕부지의 사상은 유를 기초로 한다. 이것은 그가 명나라의 멸망에서 자극을 받고 중국고대철학을 종합한 뒤에 얻어낸 결론이다. 이것은 책에 파묻혀 살던 이론가가 일반적인 사상활동을 통해 얻어낸 결론이 아니다. 이것은 현실에서 정권의 암담한 통치를 직접 목격하고 다른 민족의 침입으로 인해 나라를 잃은 고통을 직접 겪고 전란 속에 백성들의 생활이 무너져가는 것을 직접 목격하면서 얻은 것들이다. 이러한 반응들은 그대로 유를 본체로 하는 철학적인 사상으로 복귀하지 않았다. 또한 서로 다른 학술관점에 대한 일반적인 비판으로 이어지지도 않았다. 그는 멸망한 나라를 다시 구하고 민족학술의 근본에 복귀하여 새로운 시작을 열며 민족문화에 존재하는 문제를 바로잡으려는 목적에서 자신의 철학주장을 펼쳐냈다. 그는 자신이 틀렸다고 생각하는 모든 이론을 비판했다. 여기서 그가 건강하고 바르며 지구력이 있는 새로운 민족학문을 세우려는 노력을 엿볼 수 있다.

2. 천지의 화(和)와 일신의 화(化)

만약 태극과 만물에 관한 왕부지의 이론을 형이상학으로 본다고 할 때, 기(氣)의 존재방식, 기의 성질, 기의 진화과정 등 방면에 관한 내용은 그의 자연철학이라고 할 수 있다. 왕부지의 형이상학은《주역》을 주요한 의거로 한다. 그의 자연철학은 주로 기에 관한 장재의 학설을 통해 표달되었다. 그는 장재의 사상을 계승하였고 또 거기에 형이상학의 관념을 첨가하여 자연학을 더 치밀하고 계통적으로 만들어놓았다.

1) 태허(太虛)와 태화(太和)

태허는 장재 철학의 근본 개념이다. "태허는 곧 기이다"라는 주장은 그의 철학의 근본적인 출발점이다. 그는 주요한 저서인《정몽(正蒙)》에서 태와 허, 태와 화, 동과 정, 일과 둘(兩), 신(神)과 화(化), 성(性)과 명(命) 등 방면에 대해 논증을 하였다. 왕부지는《정몽》에 대한 주석과 해석을 통해 자신의 자연철학에 대한 자신의 관점을 표달하였다.

우선, 왕부지는 기를 사물의 구성하는 기질로 보는 장재의 관점을 계승하였다. 왕부지는 "태허는 아무런 형체가 없으니, 그것이 기의 본래 모습이다"라는 관점에 대해 다음과 같이 해석했다. "태허(太虛)의 속에 갖추어져 있으나 아직 형태로 이루어지지 않고 기(氣) 스스로가 만족한다. 모이고 흩어지며 변화하니 그 본체는 그것 때문에 덜해지거나 더해지지는 않는다(《장자정몽주(張子正蒙注 태화(太和)편》,《선산전서(船山全書)》제12책 17쪽)." "모여서 형태를 이루고 흩어져서 태허로 돌아가니, 기(氣)는 오히려 기이다. 신(神)이란 기(氣)의 영(靈)이며, 기를 떠나지 않고 도와서 더불어 체(體)가 되니, 신은 오히려 신이다. 모이면 보일 수 있고 흩어지면 보이지 않을 뿐이니, 그 체가 어찌 따르지 아니하고 망령됨이 있는 것인가?(《장자정몽주(張子正蒙注)·태화(太和)편》,《선산전서(船山全書)》제12책 23쪽)." 태허는 곧 넓고 광활하며 끝이 없는 공간이다. 그 속에는 기가 가득 차있는데 기의 총량에는 증감이 없다. 기의 흩어짐과 모음에 대해 정이, 정호는 기에는 생성과 멸망이 없다는 장재의 이론을 반대한다. 정이와 정호는 장재가 지나간 기를 미래의 기로 생각했고 이렇게 하면 불교에서 말하는 윤회에 빠지게 된다고 지적했다. 그들은 천지의 기는 생생불식하기 때문에 지나간 기를 미래의 기라고 생각할 필요가 없다고 주장했다. 이 점에 있어 왕부지는 장재의 관점에 동의한다. 왕부지는 모였을 때 형체가 있고 흩어졌을 때 태허로 돌아가는 것에는 기 밖에 없다고 주장했다. 명나라철학은 기에 대해 그렇게 완벽한 토론을 전개하지 못했다. 명나라철학이 전대를 뛰어넘은 점은 심성론에 대한 토론에 있다. 이렇게 된 원인은 물질의 구성기질에 관한 새로운 설명양식을 찾기가 힘들고 이 문제에 대해 더 토론을 할 여지도 없었기 때문이다. 더 중요한 것은 명나라의 많은 철학자들은 기에 대한 토론은 실증문제에 속하기 때문에 심성의 체험처럼 개인의 독특적인 해석이 필요하지 않다고 생각했다. 왕부지는 이 문제에 대해 무한한 흥취를 갖고 있었다. 그는 자신의 '유'의 철학에 든든한 기초를 찾아주려고 했다.

다음, 왕부지는 '신'이라는 개념을 다시 해석하였다. 장재의 철학에서 신은 기의 신묘한 작용을 가리킨다. 또한 기의 자욱함이 퍼지는 상태를 말하기도 한다. 즉, "신(神)은 퍼지는 것이다." 왕부지의 철학에서 "신"은 기의 신묘한 작용을 가리킨다. 그는 다음과 같이 말했다. "신(神)은 깨끗하고 잘 통하며 형상으로 말할 수 없고 건순(健順, 음양)·오상(五常, 인·의·예·지·신)의 이치는 따르게 되고 천지의 경(經)은 꿰뚫게 되고 만사의 다스림은 다다르게 되며, 만물의 뜻은 모두 잠기게 된다. 존(存)이란 물욕(物欲)을 옮기는 바가 되지 아니하고 배워서 그것을 모으고 질문하여 그것을 구별하고 관용으로 그것을 머무르게 하고 인(仁)으로 그것을 지키고 태화(太和)·인온(絪縕)의 본체로 하여금 서로 합쳐서 틈이 없게 하면, 살아서는 사람의 도리를 다하고서 부족함이 없고 죽어서는 태허를 되돌려 누적됨이 없다. 그것을 온전하게 하여 살리고 그것을 온전하게 하여 귀속시키면 이것이 성인의 성덕(聖德)이다(《장자정몽주(張子正蒙注)·태화(太和)편》,《선산전서(船山全書)》제12책 20쪽)."

왕부지는 신은 태허의 기의 본성이라고 생각했다. 신이 잠재해있는 곳에는 기가 물체를 형성하고 물체가 규율적인 운동을 하게 하는 능력이 존재한다. 그리하여 사물의 이(理)는 사실 태허에 잠재되어있는 이를 따른 것이다. 천지의 법칙, 만사만물의 규율은 모두 '신'의 실현이과 확장이다. 하연 '존신'은 곧 만물의 규율, 우주의 법칙을 파악하여 태허의 본체에 포함된 신과 긴밀하게 결합되는 것이다. 이것은 성인의 극치이다. 왕부지는 장재의 이론에 신의 개념을 부여해줌으로써 더 실재적으로 인식할 수 있고 장악할 수 있는 성질로 그 속에 존재하는 신비감을 제거하였다. 왕부지가 말하는 신은 사실 태허의 단계에 처해있고 아직 물체로 진화하지 않은 기가 갖고 있는 잠재력이다.

그 다음, 왕부지는 이기의 관계에 대해서도 새로운 해석을 내놓았다. 그는 장재가 말하는 '허공(虛空)'이 곧 기이다(虛空卽氣)라고 주장했다. "허공(虛空)이란 기(氣)의 양(量)이며, 기가 널리 퍼지고 스며들어 끝이 없고 드물고 미세하여 형성되지 아니하니, 사람에게 허공은 보이나 기는 보이지 않는다. 무릇 허공은 모두 기이다. 모이면 나타나고 나타나면 사람이 그것을 유(有)라고 부른다. 흩어지면 숨고 숨으면 사람이 그것을 무(無)라고 부른다. 신화(神化)란 모이고 흩어짐이 헤아릴 수 없이 신묘하지만 그러나 성명(性命)에 보일 수 있는 흔적이라는 것이 있다. 기(氣)의 건순(健順)에는 일정한 이치가 있고 이치는 신화를 주지하고 신화 속에 거하여 흔적이 보일 수 없다. 만약 그것이 사실이라면 이치[理]는 그 가운데 있고 기는 이(理) 아닌 것이 없다. 기는 공중(空中)에 있는데 공(空)은 기가 아님이 없고 하나로 통하지 둘로 통하는 것이 없는 것이다. 그 모였다가 나가서 인물(人物)이 되면 형성되고 흩어졌다가 태허에 들어오면 형성되지 않으니, 또한 반드시 따라 온 것이 있다. 대개 음양(陰陽)이라 함은 기(氣)의 두 체(體)이고 동정(動靜)이라 함은 기의 두 기(幾)이며, 체는 같으나 용이 다르면 서로 감응하여 동하고 동하여 상(象)을 이루면 정해지며, 동정의 기(幾)는 모이고 흩어지거나 나가고 들어오거나 형성되고 형성되지 못하는 데서 따라 온 것이다(《장자정몽주(張子正蒙注)・태화(太和)편》,《선산전서(船山全書)》제12책 23쪽)."

허공은 기를 실체로 한다. 기는 모이고 흩어지는 것을 통해 그 모습을 감추고 드러낸다. 신은 기의 흩어지고 모이는 것을 통해 신묘한 작용을 발휘한다. 화(化)는 기의 유행의 변화과정을 가리킨다. 신화는 흔적이 존재한다. 성과 명은 기에 잠재되어있는 이(理)로서 신화의 방향과 과정을 주재한다. 성(性)은 본성을 가리킨다. 명(命)은 성이 그렇게 운동할 수밖에 없는 필연성을 가리킨다. 성명이 물체에 표현된 것이 바로 물체의 본성과 운동변화의 규율이다. 이러한 본성과 필연성은 모두 감각기관의 대상이 아니다. 이러한 것들은 사물이 운동하는 근거이고 현실과정에서 이성적인 사고를 통해 얻어진 것이기 때문에 보이지 않는다. 왕부지의 "이(理)는 기(氣)에 있다"는 말에는 세 가지 층차가 존재한다. 태허의 기에 잠재되어있는 법칙과 규율을 놓고 말할 때 "이는 기에 있다"고 할 수 있다. 이러한 이(理)는 현실에서 볼 수 있는 구체적인 사물의 주재자이고 조제자로서 구체적인 사물의 운동방향과 전개과정을 결정한다. 여기서 말할 때 "이는 기보다 먼저이지만 기속에 존재한다." 이가 구체적인 사물에 체현된 조리, 질서, 규칙이라는 점에서 말할 때, "이는 기의 위에 있다"고 말할 수 있다. 이러한 세 가지 의미에서의 이(理)는 기를 떠나 존재할 수 없다. 그리하여 "기 밖에 진실적이지 않고 고립적인 이는 존재하지 않는다." 이가 기속에 있고 이가 기보다 먼저라는 관점은 송명 이학의 근본적인 쟁점이었다. 이것은 '이'의 범주에 대한 확정이 다름에 따라 생겨난 논쟁이었다. 왕부지는 태허의 상태에서부터 시작해 기가 모아져서 만물을 구성하는 과정에서 이가 발휘하는 작용에 분별적으로 해석하였다.

왕부지가 장재의 이론에 대한 계승과 개조는 '태화'의 개념에 대한 해석에서도 체현된다. 장재가 말한 태화와 태허는 동일한 단계의 개념이다. 이 둘은 모두 본체의 기의 성질과 기능을 대표한다. 태허는 방위의 개념으로서 무한한 공간, 공간에 가득 차있는 희미한 기를 말한다. 그가 설명하려는 것은 기의 본연의 상태이다. 기의 운동과 그 조화로운 본성을 가장 뚜렷하게 보여줄 수 있는 것은 태화이다. 그리하여 태화는 《정몽》의 첫 장절 제목으로 선택되었다. 태화에 대한 왕부지의 해석의 중점은 태화의 '신'과 '이'의 기능 및 우주의 전체적인 조화로움에 있다.

"태화를 도라고 한다"는 관점에 대해 왕부지는 다음과 같이 해석하였다. "태화(太和)는 화(和)의 지극함이다. 도(道)란 천지의 사람과 사물의 통리(通理)로 곧, 이른바 태극(太極)이다. 음양(陰陽)이 서로 구별되나 그것이 태허(太虛) 가운데서 화합하고 합동해서 서로 폐해를 주지 않고 섞이어 간격이 없으니, 화의 지극함이다. 아직 형기(形器)가 이루어지기 전에는 본래 화(和)아닌 것이 없었으며, 이미 형기가 이루어진 이후에도 그 화는 잃지 않았으니, 그러므로 태화(太和)라 하였다(《장자정몽주(張子正蒙注)·태화(太和)편》, 《선산전서(船山全書)》 제12책 15쪽)."

태화는 최고의 화이자 제일 광대한 화이다. 태화에는 이가 있고 기도 있다. 이는 곧 도이고 기는 음양의 기이다. 음양의 기는 태허에 숨어있고 기와 대립하는 두 가지 세력이다. 이 두 가지 세력은 함께 사용될 수 있고 서로 방애하지 않으며 흩어졌을 때에는 그 끝을 볼 수 없다. 이게 바로 태화이다. 태화와 기는 시종 함께 한다. 음양이기가 형체가 있는 구체적인 사물을 형성하기 전에는 기의 조화로운 상태이다. 구체적인 사물을 형성한 뒤에도 사물은 각자 자신의 성질을 따라 운동하고 우주 전체는 여전히 조화롭다. 왕부지가 여기서 말한 도는 《주역외전》에서 도를 우주만물의 본체의 사용방법이라고 했던 것과 같지 않다. 여기서 말하는 도와 태극은 이를 가리킨다.

왕부지가 말하는 태화의 개념에는 음양의 화합을 포함하고 있을 뿐만 아니라, 기와 신의 화합도 포함하고 있다. 그는 다음과 같이 말했다. "태화의 속에는 기(氣)도 있고 신(神)도 있으며, 신이란 두 기(氣)가 맑게 통하는 이(理)이다. 상(象)이라 할 수 없는 것은 곧 상속에 있기 때문이다. 음과 양이 조화하고 기와 신이 조화하면 이를 태화라 부른다. 사람이 태어나서 사물에 교감하면 기는 사물을 쫓아가고 기를 부리면 신을 잃는다. 신이 부리게 되고 그 건순(健順)의 성(性)을 미혹하니, 그 생(生)의 본연이 아니다(《장자정몽주(張子正蒙注)·태화(太和)편》,《선산전서(船山全書)》제12책 16쪽)."

신은 장재와 왕부지의 철학에서 아주 중요한 개념이다. 신은 장재의 철학에서 태와의 기의 신묘한 본성을 나타낸다. 왕부지는 그것을 더 확대해서 잠재적이고, 기의 운동을 주재할 수 있는 뜻을 더 강화시켰다. 신은 감각기관으로 파악할 수 없고 사물의 운동을 통해 짐작할 수 있다. 태화에서 가장 근본적인 것은 음과 양의 화합이다. 기와 신의 화(和)라는 것은 형식적인 진술일 뿐 실재적인 의의를 갖고 있지 않다. 신은 기의 활동의 잠재적인 근거이고 활동과 그 근거는 동일하다. "사람은 태어날 때부터 물과 교감한다. 기는 물을 쫓는다. 기를 부리면 신을 잃게 된다"라는 말에서 기와 신은 가치적인 의미를 소유한 개념이다. 즉, 기는 육체적인 부분에 속하는 것으로서 탐욕스럽다. 신은 정신적인 부분에 속하는 것으로서 덕성의 근원이 된다. 신은 사용을 위해 건순(健順)한 성을 미혹시킨다는 것은 사람들이 탐욕에 빠지면 덕성에 대한 추구를 잊어버릴 수 있다는 말이다. 여기서 논한 사람의 신과 기 그리고 자연계의 신과 기는 모두 다른 층면에서 문제를 토론한 것이다. 중국철학은 그 범 이론적인 성질로 인해 종종 자연철학과 논리철학을 한데 섞어서 토론하곤 한다. 또한 논리철학은 자연철학을 남본(藍本)으로 하고 모방한다. 왕부지도 그렇게 했다. 그는 장재의 "야마(野馬)처럼 희미하지 않다면 그것을 태화라고 부를 수 없다"라는 말을 완전히 자연철학으로 해석하였다. 그는 이것을 완전히 윤리학의 내용에 포함시켰다. 사람 본연의 모습은 물체에 대한 감각이 일어나지 않고 희노애락이 미발일 때이다. 이럴 때에 사람은 본성이 충만하게 되어 태허와 하나를 이룬다. 그리하여 그는 "물체에 대한 감각이 일어나지 않았을 때에는 정(靜)에 이른다. 건순한 성은 하늘에서 생겨나기에 사라지지 않는다(《장자정몽주 · 태화편》,《선산전서》제12권, 18쪽)"고 말했다.

2) 둘(兩)과 일(一)

둘은 기의 서로 대립되는 두 개의 방면을 말한다. 하나는 이 두 개의 방면은 하나의 통일체에 포함된다는 말이다. 장재의 "일물양체는 기이다. 그리하여 하나의 신도 양화한다. 이것은 하늘의 참여가 있기 때문이다(《정몽 · 참양》)"라는 관점과 "둘이 서로 대립되지 않으면 하나의 통일체를 이룰 수 없다. 하나의 통일체를 이루지 못하면 둘이 작용을 발휘할 수 없다(《정몽 · 태화》)"라는 관점은 양과 일에 대한 가장 명확한 해석이다. 왕부지는 '양일'에 대한 해석을 통해 양일의 의의와 범주가 더 깊어지고 더 심각해지게 하였다. '양일'은 그에게 있어 "태화는 일기에 합일된다. 그러나 음양의 본체는 중에 존재한다(《장자정몽주 · 참양편》)." 일은 태화의 기를 가리키고 양은 음양이체를 가리킨다. 그는 양과 일의 관계를 다음과 같이 해석하였다. "태화일기(太和一氣)로부터 미루어보면, 음양의 변화는 여기에서부터 나누어지고 음 속에 양이 있고 양 속에 음이 있으며, 원래 태극 중의 하나에 근본을 두고 있으며, 음양이 떨어지는 것이 아니고 각기 스스로 그 동류를 낳는 것이다. 그러므로 독음(獨陰)은 이루어지지 않고 고양(孤陽)은 태어나지 않았으며, 이미 태어나고 이미 이루어졌으면 음양 또한 각각 근본을 달리했을 것이다. 그것이 사람에게 있으면 강유(剛柔)가 서로 건져주고 의리(義利)는 서로 제어하고 도기(道器)는 서로 공급하여서 수작만변(酬酢萬變)의 이치를 이루니, 모두 하나(一)로 모아진다(《장자정몽주(張子正蒙注) · 삼량(參兩)편》,《선산전서(船山全書)》제12책 47쪽)."

음양이체를 일기에 통합된다. 음양은 항상 서로를 포함하고 있고 함께 사물의 생화를 완성한다. 단순한 음 혹은 양에서는 아무 것도 생겨날 수 없고 반드시 음과 양이 함께 작용을 발휘해야 한다. 그러나 음양은 서로 섞이지 못한다. 사람과 물체의 관계도 이와 마찬가지이다. 예를 들면 정(情)의 강인함과 유연함은 서로 보충하고 사물의 근거, 법칙은 형체와 서로 의지한다. 이런 두 개의 방면이 함께 하나의 통일체를 이룬다.

양일의 개념은 사물운동의 근거를 집중적으로 표달했다. 그는 다음과 같이 말했다. "그 신(神)으로부터 말한다면 하나(一)이고 그 변화로부터 말한다면 둘(兩)이다. 신(神)

속에는 변화가 있고 변화는 신을 떠나지 않으니, 천(天)은 하나일 뿐이며 그것을 삼(參)이라고 말한다(《장자정몽주(張子正蒙注)·삼량(參兩)편》,《선산전서(船山全書)》제12책 47쪽).”

신은 통일체내의 신묘하고 겉으로 드러나지 않는 기능을 말한다. 화는 양단이 서로 추진하면서 변화, 발전하는 것을 말한다. 사물의 운동변화의 근원은 사물내부의 대립되는 양단에 있다. 이러한 양단이 서로 작용을 발생할 수 있는 것은 그들이 하나의 통일체내에 있기 때문이다. 변화발전의 근거는 그 내부에 포함되어있는 기능에 있다. 그러한 기능에는 원래 발전할 수 있는 잠재력이 존재한다. 하늘의 참여라는 것은 하나의 중(中)에서 두 개의 양단이 서로 침투하고 간섭하는 것을 말한다. 태화의 기는 양단이 대립하는 잠재력을 갖고 있다. 음양은 아직 나누어지지 않았을 때에도 이런 기능을 이미 갖고 있다. 그리하여 합해졌을 때는 일이라 하고 나뉘어졌을 때에는 둘이라고 한다. 그러나 둘은 원래 서로 침투하고 간섭할 수 있다.

장재와 왕부지는 모두 감(感)이라는 개념을 중요하게 생각한다. 감은 대립하는 세력들이 서로 작용하는 것을 말한다. 장재는 “하늘은 커서 끝이 없다. 느낄 수 있는 것은 태화가 음과 양으로 나뉘는 변화밖에 없다(《정몽·태화》)”고 말했다. 왕부지는 여기에 다음과 같이 주석을 달았다. “하늘과 땅의 기운이 합해질 때에 음과 양이 이미 존재하게 된다. 동시에 변화도 이미 존재하게 된다. 만물은 그 속에서 함께 자라나면서 각자의 모습을 형성한다. 모두 각자의 느낌을 따르지만 이 양단을 넘지 못한다.” 변화는 양단의 상호작용 때문에 만물이 우주 전체에서 끊임없이 변화하면서 각자의 성질을 띠게 되는 것이다. 만물은 모두 상감(相感)할 수 있다. 이런 상감의 근원은 대립하는 양단에 있다. 그는 다음과 같이 말했다. “음양(陰陽)은 태화(太和)에서 합쳐지므로 성정(性情)은 다르지 않을 수 없다. 오직 생감(生感)이 다르기 때문에 이미 느낀 것으로 서로 화합한 후에야 법상(法象)이 드러난다. 가령 음양(陰陽)·양본(兩本)·허실(虛實)·청탁(淸濁)의 실체가 없다고 한다면 그 감통(感通)을 허용한 바 없고 느끼지 못한 선초(先初)에 태화가 없었다고 말해도 역시 옳다. 지금 이미 두 근본이 각각 세워졌다면, 그에 따라 온 바를 거슬러 올라가니, 태화에 있던 하나의 실체가 드러났다. 하나(一)가 있지 아니하면 둘[兩]도 없다(《장자정몽주(張子正蒙注)·태화(太和)편》,《선산전서(船山全書)》제12책 36쪽).”

태화에서 음양의 대립은 사물의 운동과 변화의 근원이다. 변화는 음양의 상감에서 시작된다. 만약 음양의 대립이 없다면 음양이 통일되는 태화가 없게 되고 상감도 일어나지 않는다.

양과 일에 대한 왕부지의 생각방법은 현상에서 본체를 추측하는 것이다. 양단의 대립은 곳곳에서 볼 수 있다. 그러나 이 하나의 통일체의 양단은 대립한다. 그리하여 여기서 "일"의 개념을 추측해냈다. 양은 관찰을 통해 얻어진 것이고 일은 추측을 통해 얻어진 것이다. 이게 바로 왕부지가 말한 "그 근원을 따져보면 태화의 유는 일실(一實)이고 분명하다", "양단이 번갈아 가면서 대립의 대상을 이룬다. 그리하여 동과 정, 모여짐과 흩어짐, 허와 실, 맑음과 혼탁함은 태화와 인온(氤氳)의 실체에서 온 것이라는 것을 알 수 있다. 일의 체가 세워지면 둘의 작용이 행해진다(《장자정몽주 · 태화편》, 《선산전서》 제12권, 36쪽)."

양과 일이 서로 감지하고 서로 추진하면서 구성된 대화유행에서 장재와 왕부지가 중요하게 생각하는 부분이 서로 같지 않다. 그리하여 도에 대한 해석의 치중점도 같지 않다. 장재의 도는 기에서 만물이 형성되는 실제과정을 가리킨다. 그가 말하는 도는 강물처럼 끊임없이 흐르고 또 끝없이 회전한다. 그의 중점은 그 유동과정에 있다. 왕부지가 말하는 도는 기화의 근거와 기화과정에 체현되는 규율성을 가리킨다. 그의 중점은 만물에 근원과 차례가 있다는데 있다고 말했다. "성본(誠本) · 태허(太虛) · 지화(至和)의 실리(實理)에 이르기까지 인온(氤氳)과 더불어 아직 나누어지지 않은 도(道)는 하나는 둘이 아닌 것과 통하니, 이는 하늘이 하늘로 되는 까닭을 얻은 것이다. 그 존재하는 바의 신은 실천하지 않고 이르니, 태허와 더불어 신묘하게 응하여 인물의 양능(良能)을 생겨나게 하였으니, 하나(一)이다. 이와 같다면 태어나서 내 법도를 잃지 않고 죽어서도 내 몸을 제대로 적절하게 할 수 있으면 마침내 굴신(屈伸)은 있으나 신(神)에는 손익(損益)이 없다(《장자정몽주(張子正蒙注) · 태화(太和)편》, 《선산전서(船山全書)》 제12책 34쪽)." "음양은 태허와 인온 중에서 갖추어져 한 번 음하고 한 번 양하며, 때로는 동(動)하고 때로는 정(靜)하니 서로 부대끼며 질탕해져 그 시위(時位)를 타고서 그 공능(功能)을 드러낸다. 오행(五行)의 만물이 융합하기도 하고 흐르다가 머무르기도 하며, 날고 잠기는 동물과 식물들이 각자 스스로 그 조리(條理)를 이루고 망령되지 아니한다. 곧 사물에는 사물의 도(道)가 있고 귀신에도 귀신의 도가 있다. 그래서 이를 알면 반드시 밝게 되고 이곳에 처하는 것이 반드시 마땅하니, 모두 이것을 따르는 것을 당연한 법칙으로 여기고 이 말의 법칙을 도(道)라고 한다(《장자정몽주(張子正蒙注)·태화(太和)편》,《선산전서(船山全書)》 제12책 32쪽)."

위의 첫 문장에서 이(理)는 태화에 체현된 조리와 규율이다. 도는 인온(絪縕)이 채 나뉘지 않았을 때 잠재되어있는 기능이다. 두 번째 문장에서 도는 사물의 도와 사람들이 근거로 삼는 행동준칙으로서 기화와 유행 자체를 가리키지 않는다. 장재는 기화와 유행의 과정에 착안점을 두었다. 왕부지는 기로 구성된 구체적인 사물의 근거와 조리에 착안점을 두었다. 이런 차이점에서 왕부지가 정이, 정호, 주희의 학설을 확대발전시키려는 노력과 인간으로 하늘에 합치려는 의도를 엿볼 수 있다. 왕부지는 정이와 정호의 관점을 계승하였다. 그는 장재의 "마음을 다하고", "갖은 노력을 다한 흔적은 있지만 넓고 온후한 기세가 없는" 부족함을 미봉하기 위하여 곳곳에서 사람과 하늘을 통합시켰다. 그리하여 하늘을 순수한 학리의 탐구대상으로 보는 잘못을 피하였다. 여기서 왕부지가 왕학의 절대적인 위치를 차지하는 상황을 겪으면서 주자학을 널리 선전하려고 했음을 알 수 있다.

3) 동정(動靜)

동정도 왕부지의 철학에서 매우 중요한 내용이다. 왕부지의 동정에 관한 이론은 "양일"의 모식을 근거로 하는데 그는 주로 사물의 운동가운데서 동과 정이 발휘하는 기능, 동과 정의 발생 상태인 '기(幾)' 및 그의 동을 숭상하는 철학종지를 논술하였다.

왕부지는 동정은 사물운동의 두 가지 상태라고 주장한다. 동정은 각자 기능을 갖고 있다. 그는 다음과 같이 말했다. "허실(虛實)은 태허(太虛)의 양(量)이고 실(實)이란 기(氣)의 충주(充周)이며, 오르고 내리며 날아올라 간극이 없으니, 동(動)이 있는 것은 유행(流行)하고 정(靜)이 있는 것은 그친다. 이에 정(靜)하는 것은 음으로써 성(性)이 되며, 비록 양이 정하더라도 역시 음이다. 동(動)하는 것은 양으로써 성이 되고 비록 음이 동하더라도 역시 양이다. 음양이 상(象)을 구분하면 강유(剛柔)는 형체를 구분한다. 강(剛)이란 양의 질(質)이나 강 속에는 음이 없는 것이 아니다. 유(柔)란 음의 질이나 유 중에는 양이 없는 것이 아니다(《장자정몽주(張子正蒙注)·태화(太和)편》,《선산전서(船山全書)》제12책 27쪽)."

태허에는 기가 가득 차있고 기는 음양으로 나뉜다. 음양에서 동정이 생긴다. 동은 기의 유행이고 정은 기의 멈춤이다. 동은 양을 성(性)으로 하는데 비록 구체적인 물질의 상태로 정지해도 그 움직이는 성질을 잃지 않는다. 정은 음을 성으로 하는데 이것은 동의 상대적인 정지 상태이다. 물질의 상태에 진입하고 감각기관에 의해 식별될 수 있는 것은 모두 정이다. 동은 영원하고 정은 상대적이다. 세계상의 사물은 모두 기가 다른 형식으로 유전하는 과정이다. 정은 동이 머무르는 역려(逆旅)이고, 정은 구체적인 형식에 진입한 기가 상대적으로 안정적인 상태이다. 그는 다음과 같이 말했다. "음양의 생김은 하나의 태극이 동(動)하고 정(靜)했기 때문이다. 동(動)이란 영(靈)으로써 명(明)을 낳고 천하를 밝게 하고 막히지 않게 한다. 정(靜)이란 적절하게 중요한 곳에 처하여 천하를 멈추게 하여 움직이지 않게 한다. 곧 그것이 실(實)이 되고 이미 도(道)의 체(體)라 할 수 있다. 동이란 변화를 타는 것으로써 법도로 삼고 예리하게 먼저 처하기에 그러므로 하나로써 아홉을 얻는다. 정이란 편안하게 기거하면서 변화를 기다리고 열리면 받을 수 있는 것이기 때문에 그러므로 둘로써 열을 얻는다. 곧 그 수(數)로 이미 도(道)의 용(用)을 갖출 수 있었다(《주역외전(周易外傳)》 계사상전 제5장, 《선산전서(船山全書)》 제1책 1,004쪽)."

음양은 태극으로 인해 동정이 있게 된다. 동은 태허의 기가 다른 물질 속에서 유전하는 것을 말한다. "천하에 분명해진다"는 말은 물질을 통해 나타나고 다른 사물과 구별된다는 뜻이다. 막히지 않는다는 것은 한 가지 물체에 국한되지 않고 끊임없이 유전한다는 뜻이다. 정은 구체적인 사물을 형성하면서 생긴 형상과 질애(質礙)이다. 정은 태허의 기를 구체적인 사물의 형태에 고정시켜준다. 이게 멈추고 떠다니지 않는다는 말이다. 그 동과 정은 모두 실재적이다. 동정이 합해지는 것은 곧 도체이다. 동은 능동, 주동, 기수, 한 곳에 머무르지 않는다는 것을 뜻한다. 정은 한 곳에 머물러있고 동을 이용해 자신을 변화시킨다. 그리하여 정의 품격은 감당이고 우수를 뜻한다. 동정, 음양은 시종 태허의 기에 관통되어있다. 그리하여 왕부지는 "움직이는 것은 양의 성질이고, 정지해있는 것은 음의 성질이다(《장자정몽주·신화편》, 《선산전서》 제12권, 82쪽)"라고 말했다.

왕부지는 동은 영원하고 정은 상대적이며 정은 동의 다른 한 형식이라고 주장했다. 그는 다음과 같이 말했다. "멈추었으나 움직이는 것은 동(動)이 움직인 것이며, 움직이다가 멈춘 것은 정(靜) 역시 움직인 것이다. 하나이니, 동에는 동의 용(用)이 있고 정에는 정의 질(質)이 있으니 그 체(體)는 분(分)이다(《장자정몽주(張子正蒙注)·태화(太和)편》, 《선산전서(船山全書)》 제12책 36쪽)."

동정은 표현형식이 같지 않지만 사실은 모두 동이다. 예를 들면 정지해있던 물체가 움직이기 시작하는 것은 원래부터 존재하던 동의 연속이다. 움직이던 물체가 정지하는 것은 정지상태의 동에 진입한 것이다. 그리하여 동은 절대적이다. 그는 다음과 같이 말했다. "정(靜)과 동(動)은 다르나 신(神)이 쉬지 않는 것은 틈이 없다. 성능(聖能)이 신에 존재하니 동하나 정의 존재를 떠나지 아니하고 정하나 모두 그 동의 이치를 갖춘다. 돈독하고 성실함[敦誠]이 쉬지 않으니 변화도 헤아릴 수 없다(《장자정몽주(張子正蒙注)·성명(誠明)편》,《선산전서(船山全書)》제12책 114쪽)."

여기서 "신의 불식"이란 태허의 기에 내재되어있는 운동에너지를 말한다. 동정은 구체적인 사물의 동 혹은 정적인 상태를 말한다. 구체적인 운동의 근거는 운동에너지이기 때문에 동은 영원하다. 정에는 동의 근원이 포함되어있다.

왕부지는 영원한 동, 절대적인 동으로 주돈이의 《태극도설》을 해석하였다. "태극(太極)이 움직여 양(陽)을 나으니 동(動)이 움직인 것이며, 고요하여 음(陰)을 나으니 동이 고요한 것이다. 깡그리 잊어버리고 움직임 없이 고요하니, 음이 어찌 따라서 생겨나겠는가? 한 번 움직이고 한 번 고요하니, 닫히고 열림이라 한다. 닫힘이 있으면 열리고 열림이 있으면 닫히니, 모두가 동(動)이다. 깡그리 잊어버린 고요함이란 곧 쉬는 것이다. '지극한 정성은 쉬지 않는다'고 하였으니, 하물며 천지이겠는가? '하늘의 명령이, 아 그윽하고 그지없더라'고 하였으니, 어찌 고요함이 있겠는가!(《사문록(思問錄)》내편,《선산전서(船山全書)》제12책 402쪽)."

주돈이는 "태극은 본래 무극"이라고 했다. 태극은 정이고 절대적인 정에서 상대적인 동정이 생겨나고 다음 정으로 회복된다. 그리하여 그의 수양방법은 "욕망이 없으면 정해지고" 수양자는 정의 본체와 합일을 이루어야 한다. 그러나 왕부지는 이와 정반대다. 그는 구체적인 사물의 동정은 태극의 동의 두 가지 상대적인 상태이기 때문에 동정을 모두 동이라고 할 수 있다. 열리고 닫히는 것은 운동에너지를 가지고 있는 태허의 기가 구체적인 형식으로 들어가고 나가며 모이다가 흩어지는 것을 말한다. 동은 영원하다. 우주의 실체는 이러한 영원한 운동에너지가 끊임없이 실현되는 것이다. 유학자들이 말하는 '인', '생의'는 모두 이러한 영원한 동을 체험하고 찬미한 것이다.

왕부지는 동을 숭상하는 관점으로 노자, 장자, 불교, 도교의 허정, 무위한 사상을 비판했다. 이러한 비판은 그의 모든 저서에 체현되었고 그의 철학구성에서 없어서는 안 되는 중요한 연결고리였다. 그는 노자의 부드러움을 지키는 주정의 학설을 다음과 같이 비판했다. " 대인은 명분의 의(義)로 윤리를 다하고 곡사(曲士)는 남모르는 근심으로 물건을 기부하니, 옛날에 있었던 일이다. ……그 형체가 토목과 같고 그 마음이 재와 고목나무 같아서 멋대로 지껄이는 것이 깊고 넓으며, 거북이 꼬리를 끌고 희생시킬 제물을 숨기는 술책에 의탁하여 은거한 곳에서 음란을 즐기며 고난도 없이 스스로 서로 교감도 갖지 않는다고 자랑하니, 피의(被衣)와 교결(嚙缺)같은 사람이 성인으로 칭송받지 못하는 까닭이다(《주역외전(周易外傳) · 대유(大有)》, 《선산전서(船山全書)》 제1책 860쪽)."

'무교(無交)', '간(艱)'은 모두 대유괘(大有卦)의 효사에서 찾아볼 수 있다. 무교는 서로 교감하지 않는다는 말이다. 간은 역경에서 분발한다는 뜻이다. 피의(被衣), 교결(嚙缺)은 《장자》에 나오는 세상을 피해 사는 사람들이다. 왕부지는 유교의 군자들은 명분과 윤리의 임무를 다해야 한다고 생각하고 일곡지사들은 명분을 포기하고 세상을 피해 은거하기도 한다고 제기했다. 그들의 형상은 마치 나무로 만든 인형과도 같으며 마음은 말라서 죽은 나무와도 같다. 유가의 사군자들은 이런 행동을 제창하지 않는다. 왕부지는 "대유괘"로 유를 찬미하고 숭상하면서 소극적이고 세상을 멀리하는 행동을 반대했다. 그는 건괘의 괘의에 대해 다음과 같이 말했다. "노씨(노자)의 학문이 둔처(鈍處)에 거한 이후로부터 쓸데없는 물건이 변하여 그 쇠약함을 틈타고 역(易)을 말하는 사람은 미혹되어 이에 '양강(陽剛)은 사물을 앞세워서는 안된다'고 말하였다. 대저 우레가 분출해 나오면 꽃이 피고 기가 올라가면 회관(灰管, 십이율의 관)을 움직이니, 신룡(神龍)이 머리가 되지 아니하면 누가 머리가 되겠는가? 덕이 먼저 강하지 않으면 욕심을 버려도 깨끗하지 않으며, 다스림이 먼저 강하지 않으면 아첨하는 사람을 멀리하는데 빠르지 않다. 부인은 남편을 업신여기고 신하가 임금을 범하고 오랑캐는 하(夏, 중국)를 능멸하니, 모두 양(陽)이 물러나 음유(陰柔)의 해로움을 꾸짖는 것을 들었으니, 하물며 천덕(天德)을 말할 수 있겠는가!《주역외전(周易外傳) · 건(乾)》, 《선산전서(船山全書)》 제1책 830쪽)"

왕부지가 여기서 비판한 것은 노자의 관점으로 역학을 해석하면서 생긴 잘못들이다. 도가는 음유를 숭상한다. 그 영향 때문에 역학을 해석할 때 양강을 억압하고 음유를 역도의 근본원리로 삼게 된다. 왕부지는 자연현상 가운데서 경칩이 되면 초목들이 싹이 트고 회관(灰管)으로 기를 살필 때, 양기가 상승하면 회관이 움직이며 육십사괘에서 건룡이 첫 자리에 놓이고 용은 강건한 상징이라고 말했다. 여기서 양강, 건동은 자연과 사람의 관계에서의 근본원칙이라는 것을 알 수 있다. 양강에서 후퇴하여 음유의 명을 따르면 결국에는 화를 입을 수 있다. 왕부지는 정의 작용을 부인하지 않았다. 그러나 그는 정은 동의 정이고 정은 동의 한 가지 형태라고 생각했다. 그는 "거대한 것이 정으로 보는 것을 반대했다." 즉 "아무 생각 없이 우두커니 있는 모습은 그 짝을 잃은 것 같이 고요하니, 부지불식간의 고요함이다. 천지는 저절로 생겨났으나 나는 낳지 않은 것이 없다. 동(動)은 양을 낳을 수 없고 정(靜)은 음을 낳을 수 없어 그 몸과 마음이 시들어 마치 위엄이 있고 높은 산 속 큰 나무의 구멍같이 마음이 죽은 것이다. 사람은 마음의 죽음보다 슬픈 것이 없다(《사문록(思問錄)》 내편, 《선산전서(船山全書)》 제1책 860쪽)"고 장생(莊生, 장자)은 그 스스로 말했다

《정몽》에서 그는 장자를 다음과 같이 비판했다. "신이라는 신성화된 것이다. 그러나 장자는 청정하고 허무하며 구속을 받지 않는 상태에 도달하는 것을 신인이라고 했다. 이는 옳지 못하다(《장자정몽주·신화편》, 《선산전서》 제12권, 92쪽)." 이러한 비판은 완전히 세상에 태어나 세상을 위해 쓰이고, 윤리와 제도를 다하며, 굳세고 힘있고, 자강불식하는 입장에서 출발하였다.

4) 신화(神化)와 기(幾)

신화 역시 왕부지 철학의 중요한 범주이다. 동정은 사물의 운동상태를 말한 것이고 신화는 사물의 운동하는 근원과 발생과정을 말한다. 긴은 기(氣)의 운동이 멈추지 않는 신묘한 본성이다. 화는 "사시와 만물이 각자의 질서를 지키는 것"으로서 신의 실현이다. "기(氣)는 그 있는 바의 실체이다. 그 인온하고 건순(健順)의 성(性)을 품고서 오르내리고 굽히고 펴서 조리(條理)가 반드시 분명해지니, 신(神)이다. 신이 행한 바는 모아서 상(象)을 이루고 형체를 이루어서 만변(萬變)이 생겨나게 하는 것이니 변화이다. 그러므로 신은 기의 신이며, 화(化)는 기의 변화이다(《장자정몽주(張子正蒙注)·신화(神化)편》, 《선산전서(船山全書)》 제12책 76쪽)."

기(氣)에는 운동하고 변화하는 본성이 있기에 기(氣)는 올라가고 내려가며 굽혀졌다 펴졌다 하게 된다. 이게 바로 신이다. 신의 이러한 본성을 구체적인 사물의 변화로 실현시키는 것이 바로 화(化)이다. 이러한 실현은 신이 주동적으로 작용을 발휘한 과정으로서 기는 신의 지배를 받아 필연코 발생하게 된다.

왕부지는 사물이 여기서 저기로 운동하는 과정을 화(化)와 변(變) 두 개로 구분하였다. 장재 역시 화와 변을 구분하였다. "변에서 화가 일어난다. 즉, 조잡하던 것에서부터 정밀해진다. 화해서 재(裁)하는 것을 변이라고 이른다. 즉, 현저하던 것에서부터 미세해진다(《정몽·신화》)." 이것은 변화의 상태와 정도로 구분한 것이다. 변은 현저한 변화이고 화는 미세한 변화이다. "변에서 화가 일어난다"는 것은 현저한 변화를 거치면 하나의 새로운 사물이 확정된다는 것이다. 이 새로운 성질에서 미세한 변화가 시작된다. "화해서 재(裁)하는 것을 변이라고 이른다"는 것은 미세한 변화가 일정하게 축적되면 현저한 변화를 일으키고 새로운 사물과 새로운 성질이 생겨난다는 뜻이다. 변과 화에 대한 왕부지의 해석은 장재와 같지 않다. 왕부지는 주동과 피동으로 변과 화를 구분했다. 변은 변화 자신의 행위이고 어쩔 수 없는 변화이다. 화의 축적이 변화를 부추기고 변화 자체에는 화의 계속되는 축적을 용납할 공간이 없게 된다. 화는 미세한 변화의 점진적인 축적이다. 화는 계속되는 축적을 용납할 수 있다. 화를 자신과 다른 역량과 에너지가 자신의 신체 내에 축적되는 것이라고 할 수도 있다. 변과 비교했을 때 화는 다른 것으로 인한 화이다. 다른 것으로 인한 화는 미묘하고 잘 엿볼 수 없다. 이것이 한 개의 의미이다. 다른 한 개 의미는 왕부지가 '변'을 사물의 격렬하고 보이지 않은 변화로 해석하지 않고 시시각각 진행되고 있는 변역(變易)으로 해석했다는 점이다. 이것의 근원은 '신'에 있다. 그리하여 왕부지는 장재의 "화해서 재(裁)하는 것을 변이라고 이른다"는 관점에 동의하지 않았다. 그는 "화해서 재하는데서 변화가 보존된다"고 말했다. 그는 다음과 같이 말했다. "화(化)가 스스로 헤아린 바, 변역(變易)에 존재하여 헤아리지 못하며, 그 상도(常道)의 신(神)을 잃지 않았다. 화가 사물에 나타났으니 드러난 것이며, 이를 헤아린 것이 몸에 있지만 미소하다. 이는 또 하나의 의(義)다. …… 변(變)이란 화(化)의 체(體)이다. 화의 체는 신(神)이다. 정밀하고 자세함의 깊음은 신묘할 뿐이다(《장자정몽주(張子正蒙注)·신화(神化)편》,《선산전서(船山全書)》 제12책 83쪽)."

현저한 변과 미세한 화의 발생 근거는 모두 '변역'에 있다는 말이다. '변역'은 '신'을 근원으로 한다. 화는 미세하지만 여전히 사물에서 볼 수 있다. 그러나 "재(裁)하는 것"은 "'변역'의 축적이다. 여기에는 사실 세 가지 개념이 있다. 하나는 변역, 즉 변과 화의 근거이다. 둘째는 화, 즉 현저하지 않는 변화이다. 셋째는 변, 즉 현저한 변화이다. 장재는 이 세 번째 의미로 "화해서 재(裁)하는 것을 변이라고 이른다"라고 말했다. 또 왕부지는 첫 번째 의미에서 "화해서 재(裁)는데 변화가 보존된다"라고 말했다. 그리고 변역은 '신'의 직접적인 체현이고 화의 근거이다. 그리하여 "변은 화의 체이다. 화의 체는 신이다"라고 말하였다.

화와 변에 대한 왕부지의 논술은 장재보다 더 진보적이다. 장재는 변과 화의 관계에 대해 많이 이야기했고 변과 화가 공동적으로 가지고 있는 극히 미세한 근원인 '신'에 대해서는 많이 언급하지 않았다. 그러나 왕부지는 '신'이 화와 변 가운데서 일으키는 작용 및 그 표현형식에 대해 다방면적인 논술을 진행했다. 이러한 논술은 아주 전면적이고 심각하다. 왕부지는 장재와 왕정상을 기초로 한 단계 더 높은 성과를 이룩하였다.

신과 관련되는 다른 한 중요한 개념은 '기(幾)'이다. 주돈이는 "성신기(誠神幾)"를 성인의 표준으로 삼았다. 장재는 '역'과 《중용》을 근본으로 "지기기신(知幾其神)" 등 명제를 제기하였다. '기'에 대한 왕부지의 해석은 '신'에 대한 그의 관점과 연관이 있다. 왕부지는 다음과 같이 말했다. "지(知)란 사물의 소이연(所以然)을 꿰뚫어보고 형적을 본받지 않았으나 그 실체에 어둡지 않아 신(神)이 스스로 발현한 것이다. 의(義)란 일의 상황에 따라 적절한 조치를 취하는 것이며, 강유(剛柔)에는 순서가 있고 화(化)가 스스로 행하는 것이다. 지(知)로써 의(義)를 알고 의(義)로써 지(知)를 행하며 마음에 두고 미루어 사물에 행하니, 신화(神化)의 일이다(《장자정몽주(張子正蒙注)·신화(神化)편》, 《선산전서(船山全書)》제12책 80쪽)."

지자는 사물의 존재와 변화의 근거를 꿰뚫어볼 수 있는 존재—신을 가리킨다. 사물이 형성되기 전에 그 변화와 발전을 예측할 수 있는 것을 "궁신지화(窮神知化)"라고 한다. 궁신지화는 지이다. 인시제의(因事制宜)는 의(義)이다. 지와 의는 서로 제약하고 서로 보충한다. 이것이 "신화"의 극치이다. 궁신지화의 관건은 지기(知幾)이다. 왕부지는 여기에 두 가지 의미가 있다고 주장했다. 첫째, 기는 사물이 변화, 발전하는 징조와 관건이다. 기를 알면 사물의 변화에 관한 주동권을 장악할 수 있다. 둘째, 기는 사기(事幾)가 아니다. 기는 자신의 마음이 외부사물에 대해 일으키는 최초의 선악 반응이다.

첫 번째 의미에 대해 왕부지는 이렇게 말했다. "기는 미세한 동이다. 미세하지만 반드시 나타난다(《장자정몽주·신화편》, 《선산전서》 제12권, 89쪽)." 이러한 해석은 《역전》의 "기는 활동이 은미하나 길함이 먼저 드러나는 것이다"라는 관점을 계승한 것이다. 왕부지는 기를 성학에서 아주 중요한 내용으로 간주했다. 그는 "존신하여 기를 알면 덕이 생기고 또 성숙된다. 물체를 변화시키되 물체에 의해 변화되지 말아야 한다. 이것이 성인을 따르는 학문이다(《장자정몽주 · 신화편》, 《선산전서》 제12권, 89쪽)"라고 했다. 존신은 곧 위에서 말한 "궁신지화"이고 천도 신화의 깊은 뜻을 장악했다는 뜻이다. 지기(知幾)란 천도 신화가 구체적인 사물에서의 표현과 징조를 알게 된 것이다. 존신을 일반적인 것이고 지기는 개별적인 것이다. "존신하여 지기하다"는 것은 일반적인 원리를 운용하여 구체적인 사물의 세밀한 정도를 고찰하는 것으로서 이것은 정확한 행위의 전제이다. 그는 "사물이 그러한 이치를 관찰해야 한다. 그러한 변화가 일기 전에 기미를 느끼고 결단을 내려야 한다(《장자정몽주 · 신화편》, 《선산전서》 제12권, 89쪽)"고 말했다. 지기는 사물의 미세한 변화의 징조를 장악하여 대화운행에서의 각가지 세력과 작용과 함께 그 효과를 발생하는 것을 말한다. '기(機)'의 관건은 그의 시공성이다. '기'는 전광석화처럼 순식간에 사라진다. '기'는 또 미묘하기 때문에 찾기 힘들고 순식간에 변화한다. 그리하여 시공의 여러 가지 세력과 작용아래서 그 연결점을 찾아 대화유행에 융합시켜 유기성분의 일부분으로 만들어야 한다. '기'의 작용에 대한 왕부지의 해석은 아주 뛰어나다.

왕부지는 '기'의 시공성으로 육십사괘를 해석하였다. 그는 역의 육십사괘, 삼백팔십사효에서 묘사한 천도의 변화는 모두 신의 규범과 지도하에 '기'의 형식이 작용을 일으키는 것이라고 했다. "역(易)에는 64상(象)과 384변(變)이 있고 변화는 극(極)에 달하며, 오직 건(乾)의 6양(陽)과 곤(坤)의 6음(陰)만이 뒤섞여 오고 가니, 서로 부대끼며 질탕해져서 그 변화가 이루어졌을 뿐이다. 이는 신(神)이 행한 바이기 때문에 그러므로 쉽고 간단하여 천하의 험준하고 막힌 곳까지 행한다. 여기에서 신이 작용하는 것을 알고 순수함이 한결같고 쉬지 아니하니, 그 굴신(屈伸)과 소장(消長)에 따라 모두 변화를 이룬다. 성스러움은 알 수가 없지만, 오직 한결같이 곧은 천하의 움직임에 이르러서 때에 따라 중도에 처하며 운동(運動)의 사이에 존재할 뿐이다(《장자정몽주(張子正蒙注) · 신화(神化)편》, 《선산전서(船山全書)》 제12책 93쪽)."

육십사괘에는 천하의 변화가 포함되는데 이것을 건과 곤 두 가지 괘로 나눌 수 있다. 건과 곤은 곧 음양이다. 음양이 서로 부대끼고 서로 공격하고 빼앗는 것은 신의 작용이다. 음양은 끊임없이 작용을 발휘하기 때문에 신은 순수하고 불식하다. 성인이란 수시처중(隨時處中)할 수 있고 일반 사람으로 신화할 수 있는 사람들이다. 그 관건은 지기(知幾)에 있다. 왕부지는 천도는 신에 귀결되고 신의 작용은 구체적인 사물은 '기'를 통해 체현된다고 생각한다. 신은 기(幾)를 타고 자신의 잠재력, 세력과 작용을 외적인 형식으로 표현시키고 끝까지 이뤄지게 한다.

두 번째 방면에 대해 왕부지는 장재의 "기를 알면 의를 알 수 있다"는 관점을 해석할 때 이런 말을 하였다. "사물이 이미 이르면 나를 인도하여 하고자하는 것이 다양할 뿐만 아니라 또한 의(義)에 의탁할 수 있는 것이 한 가지가 아니다. 초심(初心)의 발현은 선(善)과 악(惡)의 양단(兩端)일 뿐이다. 여기에서 분석하여 구차하지가 않으면 의(義)는 밝아져서 의가 나아가는데 그릇되지는 않을 것이다(《장자정몽주(張子正蒙注)·신화(神化)편》,《선산전서(船山全書)》제12책 89쪽)."

여기서 '기(幾)'는 마음이 선악에 대한 마음의 첫 반응이고 의리의 최초의 분계(分界)이다. 이러한 의미에서의 '기'는 주돈이의 "성무위(誠無爲), 기선악(幾善惡)"의 영향을 받은 것이다. 기의 각도에서 말할 때 '기'는 마음이라는 이러한 기화된 사물의 은밀한 상태의 동이다. 왕부지는 "귀신은 소리도 형체도 없지만 반드시 물체에 뚜렷하게 나타난다. 형체가 없어도 보이고, 소리가 없어도 들린다. 선악은 저도 모르는 사이에 생겨난다. 그리고 기(氣)의 활동을 따라 뚜렷해진다(《장자정몽주·신화편》,《선산전서》제12권, 84쪽)"고 말했다. '기'는 사물의 선악에 대한 마음의 최초의 반응이다. 왕부지는 선악이 '기'를 파악하는 것이 아주 중요하다고 생각했다. 왜냐하면 이러한 생각은 아주 미약하고 아직 확정적인 생각이 되지 못했기 때문이다. 그 선악을 판단하지 않고 기(氣)를 따라 유행하면서 고정된 기세를 형성하면 극치하기가 매우 힘들다. "이미 형성되었다면 신이 필요 없이 눈과 귀로도 그것을 알아볼 수 있다. 이런 경우는 이미 늦어진 상황이다. 시간이 흘러 많은 것을 잃게 되었고 사물에 이미 변화가 일어난 뒤이다《장자정몽주·신화편》,《선산전서》제12권, 94쪽)." 사물이 형성되기 전에 그 선악을 판단하는 것이 바로 '지기'이다. 미약한 선을 파악하고 상황에 따라 유리하게 이끄는 것이 바로 "정의입신(精義入神)"이다. 왕부지는《정몽》에 나오는 한 장절인《신화》편을 매우 중시하였다. 그는 이것을 장재의 모든 학설의 주가 되는 취지로 보았다. 그는 다음과 같이 말했다. "장자(張子, 장재)의 말에 '신화(神化)가 다하였다'함은 요약하면 하나(一)로 귀결된다. 의를 받드는 것이 큰 정의를 행하는 경서가 되어서 사물을 꿰뚫는다면 또한 지극히 엄하고 지극히 간략하다. 대개 의가 스스로 세우는 바, 곧 건순동지(健順動止)는 음양의 필연적 법칙이다. 그 의를 바르게 하면 신의 이치에 적합하고 신을 깊이 생각하고 기를 오로지하여 내 마음의 의를 지키고, 여기에서 동존정양(動存靜養)을 한결같이 하면 존신(存神)으로 순화(順化)하여 모두 이를 실제로 지킬 수 있으니, 지기(知幾)가 신에 부합하면 변화가 따르지 않음이 없어, 이《정몽(正蒙)》의 요지는 왕성(往聖)과 합치하도록 한 것이지 현명함과 지혜로움이 넘치는 것이 아니다(《장자정몽주(張子正蒙注)·신화(神化)편》,《선산전서(船山全書)》제12책 93쪽)."

여기서 그는 신화의 신묘막측, 기변백출한 이 점만 주의해서는 안 된다고 이야기했다. 신화는 반드시 의(義)를 지키는 것과 서로 보완해야 한다. 신화의 내용은 의를 지켜야 한다는 것이다. "의의 자립은 강하고 순하고 동하고 그치는 것이고 그것은 음양의 규칙이다." 그리하여 그는 '지기'는 일과 선악의 기를 강조하는 것이라고 강조하면서 이것은 맹자 이래의 유가전통에서 벗어나 이단의 학문에 빠진 것이라고 말했다.

5) 변(變)과 상(常)

변과 상은 사물의 우연한 변화와 일반적인 법칙의 관계를 묘사한 것이다. 왕부지는 변과 상에 대해 깊은 견해를 갖고 있다. 그는 '대상(大常)'과 '정(貞)'이라는 독특한 개념을 제기하였다.

왕부지는 변과 상은 사물의 상과 수에 대한 관찰에서 기원하였다고 생각했다. 그는 다음과 같이 말했다. "상(象)이란 기(氣)의 시작이며 아직 일이 생기기 이전에 존재했고, 수(數)란 때의 만남으로 바야흐로 일이 있을 때 존재했다. 아직 일이 있기 전에 존재하였고 바야흐로 일이 있으면 움직였다. 그 상도(常道)로 인하여 존재하니 상(象)은 지극히 일정한 것이다. 변화로 인하여 움직이니 수는 지극히 변하는 것이다(《주역외전(周易外傳)》계사상전 제2장,《선산전서(船山全書)》제1책 994쪽)."

상은 구체적인 사물에 나타나는 모양이다. 수는 사물의 규칙이 구체적인 시공 조건하에서의 표현이다. 무(務)는 사물의 운동과 작용이다. 상은 사물이 자신의 외재적인 규정성을 유지하는 것으로서 사물에 현저한 변화가 발생하기 전에 나타난다. 수는 구체적인 시공조건하에 각가지 인연들이 함께 작용한 결과로서 사물의 움직임이 형성되기 전에 나타난다. 사물에 현저한 변동이 나타나기 전에 사물은 온정성을 유지한다. 사물의 온정성에는 일반적인 법칙과 규율이 나타난다. 사물의 현저한 변동은 특별한 시공조건하에 일반적인 규율의 변화를 불러일으킬 수 있다. 왕부지는 다음과 같이 말했다. "군자(君子)

가 일정한 바에 따라 일정하고, 변하는 바에 따라 변하면 지위가 안정된다. 변화를 다스려서 일정하게 되고 일정을 바르게 하여서 변화하면 공(功)이 일어난다. 상(象)이 지극히 일정하면 끝이 없고 수가 변화를 극진히 하게 되면 정함이 있게 된다. 무궁하기 때문에 변화는 다스릴 수 있고 정함이 있기 때문에 일정함이 곧을 수 있다(《주역외전(周易外傳)》 계사상전 제2장, 《선산전서(船山全書)》 제1책 994쪽)."

상해야 할 것을 상해야 한다는 것은 사물이 상대적으로 안정적일 때, 그 안정성을 유지해야 한다는 말이다. 변해야 할 때 변해야 한다는 것은 사물이 변화할 때, 그 변화를 따라 변화해야 한다는 말이다. 그러한 상과 그러한 변화는 모두 사물을 따라 안배하고, 물체를 따라 대처해야지 일부러 조작해서는 안 된다는 말이다. 이것은 소극적인 적응이다. 적극적인 적응은 상과 변의 법칙을 장악하고 작용을 발휘하게 하는 것이다. 이렇게 하려면 일반적인 규율을 파악하고 변화를 통제하여야 한다. 변화를 통해 일반적인 규율을 영활하게 운용하여야 한다. 그러나 운용함에 있어 항상 일반적인 규율의 안정성을 유지해야 한다. 안정적인 단계에서 사물의 모양은 대체적으로 일치하다. 사물의 규율은 다른 시공조건하에서 표현이 같지 않다. 그러나 그 규율은 안정적이고 변화 속에 안정성을 내포하고 있다. 이상의 이치와 반대되는 것은 바로 상은 안정적이고 변화가 없고, 수는 안정적이 못하고 항상 변화한다는 관점이다. 이 두 가지 관점은 모두 한쪽으로 치우쳤다. 상을 아는 동시에 상속에 변화가 있다는 것을 알아야 한다. 또한 변을 아는 동시에 변속에 안정성이 있다는 것을 알아야 한다. 이것은 사물을 장악하는 법칙이다.

왕부지는 변과 상을 동등하게 보지 않았다. 그는 여기에서 중요한 것과 중요하지 않은 것을 구분했다. 그는 다음과 같이 말했다. "천하 역시 변한다. 변하되 그 상도(일정함)를 고칠 수 없다면 반드시 그것을 위하여 주(主)가 있게 된다. 주가 없으면 더불어 시작하기에 부족하고 주가 없으면 더불어 계승하기에 부족한데, 어찌 오직 가문에만 종묘(宗廟)가, 나라에만 사직(社稷)이 있다고 하겠는가? 음양이 아직 교감하지 않았던 처음을 위주로 하는 것에 떨어져 별도로 어둠침침하고 아득한 황홀한 환영에 미혹되어 물외(物外)의 흩어진 선비들은 군주와 더불어 나라를 바르게 하기에는 부족하다. 음양이 미동(微動)할 때에 편승하여 주인을 가리고 아름답게 맞이하는 경중(輕重) · 정조(精躁)의 기틀과 소종(小宗)의 지자(支子)는 조상의 종묘를 이어받기에는 부족하다. 그러므로 천하 역시 변하며, 변하는 까닭 역시 일정하다. 서로 살고 서로 쉬니 모두가 그 상도이며, 서로 인도하고 서로 교대하니 변하지 않음이 없다(《주역외전(周易外傳)·진(震)》,《선산전서(船山全書)》제1책 946쪽)."

왕부지는 천하의 사물은 모두 변하지만 그 변화가 안정적이라고 생각했다. 변과 상에서 주된 것은 하나다. 주요한 것과 중요하지 않는 것, 주된 것과 부차적인 것은 사물이 산생하고 발전하는 필요적인 조건이다. 그럼 어느 것이 중요한 것일까? 사물의 가장 일반적인 성질과 규율이 주된 것이다. 변화과정에서 나타나는 일시적인 상태는 주된 것이 될 수 없다. 사물은 모두 변화한다. 그러나 이러한 변화는 일반적인 상태를 근거로 한다. 사물의 산생, 발전, 지속, 교체는 모두 변이다. 그러나 이런 것들은 상이고 한데 상속에서의 변이다. 왕부지의 이러한 사상은 안정적인 상태에서 변화를 관찰하는데 중점을 둔다. 그는 사물의 본질과 규율에 대한 관조 아래에서 그 변화를 고찰하였다.

왕부지는 상과 변화에서 상을 더 중요하게 생각한다. 그리하여 정도를 지키는 것과 임기응변에서 정도를 지키는 것을 더 중요하게 생각했다. 변과 상에 대해 그는 "변은 시(時)이고 상은 덕(德)이다"라고 말했다.(《주역외전》계사하전 제7장) 덕은 성질과 규율을 가리키고 시는 구체적인 시간과 공간적인 조건을 가리킨다. 그는 "안정적인 상태에서 변화를 다스리고, 변화에 안정된 상태가 존재한다"고 주장했다. 이것이 우환에 대한 그의 근본관점이다. 그는 다음과 같이 말했다. "때[時]에는 상변(常變)이 있고 수(數)에는 길흉(吉凶)이 있으며, 상도로 인하여 일정해지고 변으로 인하여 변화하며, 근심 걱정이 자리 잡은 자는 매번 때로 인한 것을 도(道)로 삼으니, '이 역(易)이 때와 더불어 허(虛)를 채우고 권력을 행사한다'고 말한 것이다. 대저 상(常)으로 인하여 일정해지고 기(氣)가 차면 거리낌이 없이 제멋대로 놀게 되며, 변(變)으로 인하여 변화하고 정(情)이 허(虛)해지면 속이고 따르니, 곧 상(常)은 반드시 변화를 부르나 변화는 상으로 돌아갈 수 없다. 대저 달은 차고 기욺이 있고 밝음의 때에 살기도 하고 죽기도 하며, 넋은 스스로 그 상도(常度)를 바르게 한다. ……그러므로 성인은 상도로 변화를 다스리니 변화에는 상도가 있어 대저 곧 때와 더불어 나란히 행하여서 우환을 대비한다.(《주역외전(周易外傳)》계사하전 제7장,《선산전서(船山全書)》제1책 1056쪽)"

왕부지는 사물은 끊임없이 변화하고 사물은 사물과 접촉하면서 길흉을 겪게 된다고 주장했다. 자주 변화하는 길흉에 우환의식을 가지고 있는 사람들은 구체적인 시공의 변화에 착안하여 시의 변화에 따라 임기응변을 한다. 그들은 "상 때문에 상하고, 변 때문에 변하는"상태에 빠질 수 있다. 상만 알고 변을 모르면 지나치게 충만하게 되어 사물의 발전과정에 우여곡절의 변화가 있다는 것을 모를 수 있다. 변만 알고 상을 모르면 수시로 변화하면서 거짓말을 일삼고 규정을 따르지 않으며 이욕에 유혹될 수 있다. 사물의 법칙은 "상은 반드시 변을 유발하고 변은 상을 회복할 수 없다"는 것이다. 이것은 달이 차는 것과 이지러지는 현상과 같다. 달은 반드시 차거나 이지러지고 여기에는 일정한 규칙이 존재하는데 이것이 바로 상이다. 왕부지는 상과 변의 이치로 《주역》과 《예》를 비교하였다. "역에는 상과 변화가 모두 들어있다. 예에는 상만 들어있다. 역도는 크지만 무참하고, 예수(禮數)는 속박을 받지만 정도를 지킨다. 그리하여 역은 변화하고 예는 안정적이다(《주역외전》 계사하전 제7장, 《선산전서》 제1권, 1057쪽)." 역은 상과 변을 모두 중시하고 예는 상을 더 중시한다. 그리하여 예에서 정도를 지키는 법을 배우고, 역에서 상과 변의 이치를 배워야 한다.

상과 변에 대한 이치를 알면 '대상(大常)'에 도달할 수 있다. 대상은 왕부지가 주장하는 또 다른 중요한 개념이다. 그는 다음과 같이 말했다. "때가 자주 변하지만 도(道)는 모두 일정하며, 변하지만 그 상도를 잃지 않고 후에 대상(大常)이 바르니, 영원히 하나로 모아진다(《주역외전(周易外傳)·잡괘(雜卦)전》, 《선산전서(船山全書)》 제1책 1112쪽)."

대상이란 안정적인 상태를 지키면서 변화를 일으키고, 변화하면서도 안정적인 상태를 잃지 않는 것이다. 이것은 만고불변의 법칙이다. 이러한 준칙을 지켜야만 성과 도, 만과 일, 동과 정, 취(取)와 여(子), 구(仇)와 해(解), 순과 잡과 같이 서로 대립되는 관계를 정확하게 이해하고 운용할 수 있다. 그는 또한 다음과 같이 말했다. "작게 변하면 맡겨진 곳으로 보내고 크게 변하면 공허한 곳으로 되돌린다. 성(性)이 고울 때 도를 행하고 때는 도를 보호함으로 인하여 성을 이룬다. 모두 그 구비할 것을 갖추어서 이름으로 그 실체를 가득차게 한다(《주역외전(周易外傳)·잡괘(雜卦)전》, 《선산전서(船山全書)》 제1책 1112쪽)."

대상(大常)에서 작은 변화는 모순이 작기 때문에 모체에 포함되고 선택된다. 큰 변화는 모순이 격렬하다. 그리하여 그것을 형성한 충격에 반작용을 일으킨다. 사물은 모두 시공 속에 존재하고 사물의 본질은 다른 시공 속에서 다른 방식으로 체현된다. 그러나 사물이 구체적인 시공 속에서 나타나는 다른 표현은 마침 그 사물의 근본적인 속성이기도 하다. 사물은 변화하지만 안정적이고 안정적이지만 변화하며 순수한 것과 순수하지 않는 것들을 모두 겸비하고 있다. 이러한 것들이 함께 오목불이한 천도를 형성한다. 이것은 우주의 실제적인 모습이다. 이것이 바로 왕부지가 말한 대상이다. 왕부지는 '대상'을 우주의 모습이고 마음에 대한 철저한 이해이며 수양의 경지라고 생각했다. 이러한 이해가 있어야 이러한 모습과 경지를 얻을 수 있다. 이러한 경지에 도달해야만 이러한 이해를 할 수 있고 이러한 모습을 볼 수 있다. 상과 변에 대한 왕부지의 관점에서 그가 사물의 일반과 개별의 관계를 깊이 이해하고 있다는 것을 알 수 있다.

3. 심(心)과 성(性)

왕부지의 심성론은 천도에 대한 그의 기본관점을 구체적으로 체현하였다. 이것은 그의 이상적 인격의 기본근거이기도 하다. 심성론은 왕부지의 전체 철학사상에서 아주 중요한 위치를 차지한다. 왕부지의 철학에 대한 선인들의 연구는 대부분이 본체론과 대화론에 집중되었다. 그러나 심성론에 대해서는 깊은 연구를 진행하지 못했는데, 이것은 왕부지가 말하는 마음을 완전히 이해하지 못했기 때문이다. 왕부지의 심성론은 이학의 기본 사고방향, 기본명제를 계승하였다. 그는 자신의 독특한 방법으로 이것들을 이해한 뒤 의미가 풍부한 심성이론을 창조해냈다.

1) 마음과 성

왕부지의 이론에서 마음은 의미가 아주 풍부한 개념이다. 여기에는 성이 존재하는 장소와 감각, 의지(意志), 이지(理智) 등의 주체가 포함된다. 왕부지는 말했다. "사람에게 성(性)이 있는데 이를 마음에 품고 사물을 느껴서 통하면 상(象)이 드러나고 수(數)가 늘어서고 이름을 세우고 의(義)를 일으키니, 그 옛것을 익히고 그것을 마음으로 깨우친다. 형(形)이랑 신(神)이랑 물(物)이랑 세 개가 서로 통하면 지각(知覺)이 마침내 발현한다. 그러므로 성으로 말미암아 지(知)를 낳고 지(知)로써 성을 알며, 서로 모은 것을 가라앉히면 가운데에 사이가 있고 한 마음으로 통괄하니, 이것으로 말미암아 말한다면 심(心)이라 말한다. 그것에 순응하여 말한다면 오직 하늘만이 도를 가지고 있어 도(道)로써 성(性)을 이루고 성은 지도(知道)를 발현한다. 역으로 그것을 추측해보면, 곧 심으로써 성을 다하고 성으로써 도를 합하고 도로써 하늘을 섬긴다. 오직 그 이(理)와 본(本)은 한 근원이기에 그러므로 인심은 곧 천이다(《장자정몽주(張子正蒙注)·태화(太和)편》,《선산전서(船山全書)》제12책 33쪽)."

이것은 장재의 "성과 지각(知覺)을 합하여 마음이라 부른다"는 관점을 발전시킨 것이다. "사람의 성은 마음에 포함된다"는 것은 사람의 마음은 성이 존재하는 곳이라는 뜻이다. 사람의 모든 활동은 모두 인성의 제약을 받는다. "물체를 느껴서 통하고" 등은 마음이 동시에 성에서 발생되는 감각, 지각의 기관이라는 뜻이다. 형(形)은 사람의 몸을 가리킨다. 신은 정신적 작용이다. 물은 사람의 밖에 존재하는 형상을 가지고 있는 물체이다. 물에 대한 마음의 지각에는 이러한 세 가지 조건이 구비되어야 한다. 여기서 말하는 것은 주로 마음의 인식기능이다. "성에서 지(知)가 생긴다"는 것에서 그가 마음이 성과 정을 거느린다는 관점과 "성체정용(性體情用)"에 관한 관점을 계승하였지만, 이것을 조금 발전시켰다는 것을 알 수 있다. 그는 마음의 지각활동을 인성의 작용으로 보았다. 즉, 성이 생겨난 마음의 감지기능에 명령을 내리는 것은 하늘이라는 것이다. 왕부지는 "성에서 지가 생겼다"고 했는데, 여기서 그가 넓은 범위에서의 성, 즉 도덕이성을 근본으로 했고 거기에 포함된 지식, 의지, 심미 등 기능의 통합체를 사람이 사람이 될 수 있는 본질로 했다는 것을 알 수 있다. 왕부지는 또한 말했다. "심(心)은 성정(性情)을 거느리는 것으로, 그 머금고 있는 근원으로부터 말한다면 이에 성의 머무름이다. 그 형체가 나타나면 몸이고 그것이 은밀히 감추어지면 마음이다. 이 마음이 비록 성을 거느린다 해도 그 스스로는 체(體)가 된다. 곧 성이 살아난 바, 오관백해(五官百骸)와 더불어 나란히 태어나서 그들을 위하여 군주(君主)가 된다. 상도는 사람의 가슴 속에 있고 행함이 있는 자는 곧 이를 근거로 하여 뜻으로 여긴다(《독사서대전설(讀四書大全說)》8쪽)."

마음이 성과 정을 거느린다는 것은 마음속에 포함된 본원에 대해 말한 것이다. 성은 본원이고 본체이다. 몸과 마음은 성이 자신이 존재할 수 있는 곳을 찾기 위해 만들어낸 것이다. 그리하여 마음은 성과 정을 거느리기는 하지만 사실은 성에 의해 생겨난 것이다. 이러한 것들에서 왕부지가 강조한 것은 인성이라는 것을 알 수 있다. 그는 인성의 우선적인 지위, 본체로서의 지위를 강조하였다. 사실 성에서 지가 생겨난다는 말에서 "생겨난다는 것"은 실질적인 것이 아니라 논리적이고 형식적인 것이다. 그리하여 양자는 마음에 통일된다. 왕부지는 마음과 성의 관계를 "순응하다"와 "거스르다"와 같은 두 가지로 표현했는데, 이것은《중용》과《맹자》의 관점을 계승한 것이다. "순응할 때에는 하늘의 유일한 도를 따라 성을 이룬다"라는 말은 곧 하늘의 도에서 성이 나온다는 말이다. 즉, 맹자가 말한 "하늘이 사람에 부여한 것을 성이라 한다"는 것이다. "거스를 때에는 마음으로 성을 다하고, 성을 도에 맞게 하며, 도로 하늘을 섬겨야 한다"는 말은 맹자가 말한 "마음을 다하면 하늘과 성을 알 수 있고, 마음을 보존하고 본성을 기르는 것으로 하늘을 섬겨야 한다"는 것이다. 그의 "이(理)와 사(事)는 일원(一原)이기에 사람의 마음이 곧 하늘이다"라는 관점은 도, 이, 성(性), 심, 지(知) 등 관계에 대한 총결이다. 여기서 왕부지가 마음과 성의 관계에 있어 여전히 가치론, 도덕론의 '성'으로 마음과 지(知)를 통령하고 관할하는 양식을 취했다는 것을 알 수 있다. 왕부지가 주장하는 "성에서 지가 생긴다"는 관점에서 그가 장재의 "성과 지각(知覺)을 합하여 마음이라 부른다"는 관점에 나오는 성과 지각 양자의 병렬관계를 생성과 피생(被生)의 관계로 바꾸어놓았다는 것을 알 수 있다. 여기서 왕학 특히 왕용계의 4무설에 대한 반성을 통해 주자학의 "하늘에서 명한 것을 성이라 하고", "성이 곧 이다"라는 전통을 회복하고 마음의 작용을 억제하여 그것을 성의 주재를 받는 존재로 만들려는 왕부지의 의도를 엿볼 수 있다.

성은 우주의 본질이고 마음은 성이 사람의 몸에서 체현되는 장소이다. 그리하여 성이 더 근본적이고 성은 논리적으로 마음을 산생(産生)시키고 마음을 포함한다. 왕부지는 맹자의 "마음의 기능은 생각하는 것이다"라는 관점을 해석할 때 다음과 같이 말했다. "지금 마침내 이 '사(思)'자가 곧 인의(仁義)의 마음[心]이라고 말한다면 진실로 그럴 수 있는 것이 아니다. 그러나 인의(仁義) 스스로는 성(性)이고 하늘의 일이며, 사(思)는 곧 심관(心官)이고 사람의 일이다. 하늘과 사람은 인의의 마음을 가지고 다만 심리적인 면에만 있을 뿐이다. 오직 거기에는 인의의 마음이 있어 이로써(이로 인해) 심(心)에는 그 사(思)의 능력이 있는데, 그렇지 않다면 다만 지각운동(知覺運動)으로만 해석할 뿐이다(필자주 : 개와 소도 이 네 마음을 가지고 있으나 다만 생각할 수는 없다). 이 인의(仁義)는 근본이 되어 사(思)를 낳았다. 대개 인의라 함은 음양(陰陽)에 있어서는 반드시 본받아야 할 양능(良能)이 되며, 변합(變合)에 있어서는 지선(至善)의 조리(條理)가 되며, 원래 문리(紋理)와 기아(機芽)가 있었다(필자주 : 문리는 조리이고 기아는 양능이다). 그러므로 곧 이러하니 사(思)에서 발생하였다. 껍질과 같이 반드시 터질 것이고 마디와 같이 반드시 싹이 날 것이며, 외로운 모양의 한 기(氣)가 아니고 뒤섞여서 무디게 되어 창문을 여는 바가 있을 수 없다. 그러므로 '하늘이 나와 함께 하는 바다'고 말했으며, 나와 인의(仁義)로써 함께 하였으니, 곧 나와 사(思)로써 함께 한 것이다. 이에 생초(生初)를 좇아서 말한 것이다(《독사서대전설(讀四書大全說)》700쪽)."

여기서 그는 맹자의 "마음의 기능은 생각하는 것이다"라는 말에서 '생각'이라는 단어를 직접 인의의 마음으로 해석할 수 없다고 명확하게 말했다. 인의는 성이고 사람이 하늘에서 얻은 것이다. 생각은 지각활동과 다르다. 생각은 사람이라는 이 고급동물만 갖고 있는 것이고 생각은 인의의 마음에서 생겨난다.

왕부지에게는 다른 한 관점도 있는데 그건 바로 "마음에서 성이 생겼다"는 것이다. 즉, 성의 실제적인 획득과 성의 잠재적이고 형식적인 측면에서부터 현실적이고 형하적인 층면에 이르는 방면에서 말할 때, 성은 반드시 마음을 거쳐야 한다. 마음은 사유와 의지의 욕구를 지각할 수 있다. 사람의 욕구를 모두 만족시켜야 할 필요는 없다. 그러나 때로는 얻으려고 하지 않았던 것을 "생각지도 못하게 얻는 경우도 있다." 유독 인의만이 "생각하면 얻어지고 생각하지 않으면 얻어지지 않는다." 여기서 현실에서의 인의는 완전히 자신의 생각을 통해서 얻어진 것이라는 것을 알 수 있다. 성의 완성을 놓고 볼 때 마음은 근본이고 마음에서 인의가 생겨난다고 할 수 있다. 왕부지가 말했다. "이에 마음[心]이 오직 그 생각[思]만을 가지고 있다면 인의(仁義)는 여기에서 얻었고 얻은 것 또한 반드시 인의이다. 대개 사람이 굶주리면 먹을 것을 생각하고 갈증이 나면 마실 것을 생각하고 소시절에는 색(色)을 생각하고 장성하여서는 경쟁을 생각하고 늙어서는 얻을 것을 생각하니, 일찍이 생각이라고 말할 수 없는 적이 없지만 그러나 생각이 반드시 얻어지지 못함은 곧 생각하지 않아도 역시 얻어지지 않은 적이 없다.(필자주 : 얻은 것에는 명이 있다). 그 생각에서 얻은 것과 얻지 못한 것의 한 요인은 오직 인의(仁義)뿐이다. 이 생각은 근본이 되고 인의를 발생시킨다. 이는 하늘이 나에게 생각을 주었으니, 곧 나에게 인의를 준 것이다. 이는 성성(成性)을 좇아 말한 것이다(《독사서대전설(讀四書大全說)》700쪽)."

전자는 본체론의 성은 하늘에서 부여한 것이라는 관점으로 성에서 생각할 수 있는 마음이 생겨난다는 것을 말했다. 후자는 공부론의 사람은 생각을 통해 인의를 얻는다는 관점으로 생각을 통해 인의가 생겨난다는 것을 말했다. 이 두 개의 방면은 어느 하나라도 빠져서는 안된다. 전자에서는 선의 근원을 말했다. 이것은 천지지성과 기질지성에 관한 그의 많은 이론의 기초가 된다. 후자에서는 선의 실질적인 획득에 대해 말했다. 이것은 "성은 날마다 낳고 날마다 이룬다"는 이론의 근거가 된다.

왕부지는 마음과 성의 관계에서 성에서 지가 생겨난다는 것을 강조하였다. 그는 성에서 지가 생겨나려면 반드시 하나의 중간과정을 거쳐야 하는데, 그것이 바로 "형(形)"이라고 했다. 즉, 사람의 형체의 실현이다. 왕부지는 말했다. "천리(天理)의 자연은 태화(太和)의 기(氣)를 위하여 체물(體物)을 남기지 않은 것을 성(性)이라 한다. 이를 사람들에게 머무르게 하고 형체 가운데에 품고 형체로 인하여 용을 발현하고 지능(知能)을 일으키는 것이 심(心)이 된다. 성(性)이란 천도(天道)이고 심(心)이란 인도(人道)이며, 천도는 숨고 인도는 드러났다. 드러났기에 그러므로 측은지심(惻隱之心)을 확충하니 인(仁)이 극진하였고 수오지심(羞惡之心)을 넓히니 의(義)가 극진하였다(《장자정몽주(張子正蒙注)·성명(誠明)편》,《선산전서(船山全書)》제12책 124쪽)."

이 해석은 '성즉리'를 출발점으로 한다. 천리가 기가 창조한 형체에 체현되는 것이 곧 성이다. 이것은 아주 보편적인 명제로서 사람만 가리키는 것이 아니다. 천리가 사람한테 체현되면 그것은 곧 사람의 성이다. 성은 구체적이고 미세한 하늘의 이치이다. 그리하여 "성은 천도"라고 말한다. 마음은 사람의 형체에 의거하여 작용을 발휘한다. 그리하여 마음은 사람의 이치라고 한다. 성은 겉으로 드러나지 않는 근거이다. 마음은 성의 체현으로서 "측은지심", "수오지심" 등 사단으로 표현된다. 마음의 사단을 확충시키면 인의의 성에 도달할 수 있다. 성은 자아완성은 반드시 마음을 통해야 하고 마음의 형체를 거쳐야 한다.

왕부지는 마음의 주요한 임무는 마음속에 원래부터 존재하던 성을 이끌어 취하는 것이라고 주장했다. 외부의 법상(法象)은 마음이 성을 취할 수 있게 도와준다. 그는 다음과 같이 말했다. "사물에는 상(象)이 있는데, 이(理)는 곧 이곳에 있다. 심(心)에도 그 이(理)가 있어 상을 취하고 이를 증명하니 통하지 않을 수 없다. 만약 심(心)이 깨우치지 아니한 바, 한결같이 상으로 말미암아 그것으로써 심을 알면 상의 일곡(一曲)을 좇아 심의 대전(大全)을 상실하게 된다. 그러므로 갓난아이가 우물로 들어가는 것을 갑자기 보고 측은지심(惻隱之心)을 알 수 있고 그러나 반드시 이 심이 좇은 심의 실체를 살펴서 안 뒤에야 인을 깨달을 수 있다(《장자정몽주(張子正蒙注)·대심(大心)편》,《선산전서(船山全書)》제12책 145쪽)."

외부의 물질에도 형상과 이(理)가 존재한다. 마음속에는 원래부터 만물의 이가 존재하지만 마음이 외부의 형상을 획득하는 것을 통해 그것을 활성화시키고 증명해야 한다. 만약 마음속에 이가 존재하지 않는다고 생각한다면 마음이 획득한 것은 외부 물질의 형상뿐이다. 그렇게 되면 마음의 본질을 이해할 수 없게 되고, 마음이 얻은 것 역시 완전한 지식이 아니기에 마음이 완전해질 수 없다. 왕부지는 이런 것을 형상만 쫓고 마음을 잃어버렸다고 질책했다. 여기서 우리는 왕부지는 주희의 사상을 받아들였다는 것을 알 수 있다. 즉, 마음에는 원래부터 성이 존재하였고 성은 마음속에서 잠재해있기에 격물을 통해 그것을 활성화시키고 이끌어내야 한다. 그래야 성이 마음에 체현될 수 있다. 격물치지는 사물의 이치를 추구하고 본성을 다하는 수단과 도경이다. 사물에 관한 지식을 얻는 데에만 치중하고 이러한 지식을 활성화시키는 작용을 하는 이(理)를 소홀히 한다면 결국에는 형상만 쫓고 마음을 잃어버리는 착오를 범하게 된다. 왕부지는 또한 말했다. "마음에 상(象)이 존재하고 이에 근거하여 지(知)가 되면 그것을 아는 것은 상(象)일 뿐이다. 상이 그 마음을 변화시키고 마음에 오직 상이 있으니, 이것을 내 마음의 지(知)라고 말할 수 없는 것이 명백하다. 보고 듣고 얻은 것은 상이라 하여, 그 기(器)를 알고 그 수(數)를 알고 그 이름을 알 뿐이다. 만약 내 마음이 그것을 제어하는 의(義)로써 한다면 어찌 자기가 빛내고 드러낼 수 있겠는가?(《장자정몽주(張子正蒙注)·대심(大心)편》,《선산전서(船山全書)》제12책 145쪽)."

그는 여기서도 마음의 가장 본질적인 내함은 도덕이성이라고 말했다. 형상을 마음에 보존하고 그것을 지식의 전부라고 생각하는 것은 마음의 가치를 제대로 이해하지 못한 것이다. 견문에서 얻은 기(器), 수(數), 명(名) 등의 뒤에는 시비를 가리는 마음이 존재한다. 이 마음은 비록 보이지 않지만 그것은 마음의 가장 본질적인 내용이다. 왕부지는《정몽·대심》에 주를 달 때 이 이치를 여러 번 언급하였다. 그는 마음의 진정한 내함을 제대로 이해해야 하고 성명(誠明)의 성을 마음의 가장 본질적인 위치에 놓아야 하며 지식을 획득하는 것으로 마음속의 성이 체현되게 도와야 한다고 강조했다. 성과 마음의 관계에 관한 그의 근본적인 취지는 다음 말에 뚜렷하게 체현되었다. "사람에게 있어서 성(誠)에는 그 성(性)이 있고 곧 성(性)에는 그 이(理)가 있으며, 성(誠)이 그것을 가지면서부터 스스로 그것을 깨닫기 때문에 그러므로 영(靈)이 밝게 발현하며, 귀와 눈으로 보고 듣는 것이 모두 발현한 일곡(一曲)이며, 그것을 온전히 마음에 품고서 응답의 진지(眞知)로 여긴다. 이를 안다면 보고 듣는 것이 그 마음을 쌓기에 부족하여 마침 마음을 얻는 도움이 된다. 광대하고 헤아릴 수 없는 신화(神化)는 도달하지 않는 곳이 없다. 이는 성품을 다하고 하늘을 아는 근본이다(《장자정몽주(張子正蒙注)·대심(大心)편》)."

사람은 원래부터 이성을 갖고 있다는 것은 왕부지의 심성이론의 기본점이다. 그러나 마음의 지각작용은 성리를 나타나게 하는 것이다. 그리하여 왕부지는 마음의 본실은 성리라고 강조하는 동시에 마음이 구체적인 지식을 획득하는 것이 성리의 체현에 도움이 된다고 주장했다. 결국 그는 양자는 서로 도움이 되기에 어느 하나라도 빠져서는 안 된다고 강조했다. "마음[心]으로 도(道)를 구하는 사람은 의(義)가 밖에 있음을 보고 능지(能知)의 마음을 깨달아서 마음으로 삼는다. 성이 심에서 품고 이(理)는 이곳에서 갖추어지니, 곧 심이 되어 그 양을 다하면 천지만물의 이(理)는 모두 내 마음의 양능(良能)에서 드러나니, 심이 미치지 못하는 바라면 도(道) 역시 존재하지 않는다(《장자정몽주(張子正蒙注)·중정(中正)편》,《선산전서(船山全書)》제12책 182쪽)."

"마음으로 도를 구한다"는 것은 도는 마음 밖에 존재한다고 생각하는 것으로서 마음을 지각의 영명으로, 마음과 성을 둘로 나누어 보는 관점이다. 왕부지는 성은 마음에 존재하는 것으로서 성이 곧 이라고 주장한다. 즉, 격물궁리를 통해 마음속에 원래부터 존재하던 성을 나타나게 할 수 있다. 격물궁리의 공부가 없다면 마음속의 성리가 나타날 수 없고 도는 사물 밖에 존재할 수밖에 없다. 이렇게 왕부지의 심성론에는 자연히 격물의 공부가 포함되게 되었다. 왕부지는 격물을 지식이성의 활동으로만 본 것이 아니라 정신활동 전반으로 보았다. 도덕이성과 지식이성은 서로 자극하고 서로 도움을 주면서 함께 더 높은 단계와 경지에로 상승한다.

왕부지는 마음의 지각운동은 성의 통합하에 성을 모방해야 하고 그것을 실천에 옮겨야 한다고 주장한다. "인의(仁義)는 선(善)이라는 것이고 성(性)의 덕(德)이다. 심이 덕을 품고 본받아 움직이기 때문에 그러므로 '인의(仁義)의 마음'이라고 말한다. 인의란 심의 실체이고 하늘이 음양(陰陽)을 가지고 있는 것과 같다. 지각운동(地殼運動)은 심의 조짐이고 음양이 변합(變合)을 가지고 있는 것과 같다. 만약 그 실체를 버리고, 다만 그 기(機)만을 말한다면 이 지각운동이 현명한 사람은 그것을 내치고 진실로 방벽사치(放辟邪侈)로 삼으니, 곧 이를 구하나 단지 호악공취(好惡攻取)의 용(用)을 다할 뿐이다. 점차 그것을 보존하게 한다면 역시 석가의 삼환주인(三喚主人)과 같은 데에 지나지 않을 뿐이다.

배우는 자(학자)들은 심(心)자를 얻어 간절히 인식해야만 하고 다른 영리하고 정명(精明)한 일에 점거되지 말고 도리어 그곳에 들어있는 실체를 잊어야 한다. ⋯⋯ 성(性)은 심에게 통괄한 바가 되고 심은 성의 낳은 바가 되니, 심과 성은 바로 나누어져 두 개가 될 수 없으므로 맹자(孟子)의 심을 말한 것과 성선(性善)을 말한 것을 구별하지 못한 것이다(《독사서대전설(讀四書大全說)》502쪽)."

"마음은 성을 포함하고 동을 따른다"는 것은 성리는 마음속에 존재하고 마음의 활동은 성리의 내용을 실현하기 위함이라는 뜻이다. 성은 본질로서 곧 "하늘의 음과 양이다." 마음은 기능으로서 곧 "음과 양의 변합(變合)이다." 마음의 사념과 망동은 마음에 본래부터 존재하던 성에서 벗어난 것이다. 왕부지는 "성은 마음의 통솔이고 마음은 성에서 생겨난다"고 강조했다. 그가 이렇게 한 것은 이론적으로 마음의 기능을 성리의 통할 범위 내에 포함시켜 도덕이성이 지식이성의 주재가 되게 하기 위함이다.

2) 성과 기질

심성과의 관계와 직접적으로 관련되는 것은 기질문제이다. 성과 기질은 송명이학에서 도심과 인심, 성고 정 등과 연계를 갖고 있다. 왕부지는 마음이 성과 정을 통솔한다는 관점을 더 발전시켜 마음, 성, 정 삼자의 관계를 더욱 깊고 명확하게 해석하였다. "심(心)은 성정(性情)을 통괄하는 것이다. 다만 심을 말하고 모두 성정을 통괄하면 인심(人心) 역시 성을 통괄하고 도심(道心) 역시 정(情)을 통괄한다. 인심이 성을 통괄하니, 기질의 성은 이에 자리잡고 천명의 성은 이에 기초를 둔다. 천명에 기초를 두었기에 그러므로 미세하지만 없어지지 아니한다. 기질에 자리를 잡았기에 그러므로 위험하여 편안하지 못하다. 도심은 성을 통괄하니, 천명의 성이 이에 드러나고 기질의 성이 이에 숨는다. 천명에 드러나니 '이를 계승하는 것이 선(善)하다'하고, 오직 총명과 성지(聖知)가 천덕(天德)에 도달하는 사람은 이를 안다. 기질에 숨으니 '이를 이루는 것이 성(性)이다.' 버리면 이를 잃는 것이니, 그것을 생각하지 않을 뿐이다. 인심은 정을 감독하고 정은 그 성이 아닌 것을 갖지 않는 것이니, '인심은 성을 통괄한다'고 말한다. 도심은 성에 숨었고 성도 역시 반드시 그 성을 가지고 있기에 그러므로 '도심은 정을 통괄한다'고 말한다. 성은 들을 수는 없으나 정은 증험할 수 있다(《상서인의(尚書引義)》22쪽)."

"마음이 성과 정을 통솔한다"는 관점은 원래 마음은 성의 성곽이고 마음은 성의 주둔

지이며, 성과 정은 체용의 관계이고 정은 성의 작용으로서 양자는 마음을 통해 나타난다는 것을 설명한다. 주희는 인심과 도심은 모두 형이하의 것이라고 말했다. 도심은 성리의 유행이고 인심은 기질의 용사(用事)이다. 왕부지는 인심과 도심은 모두 성정을 통솔한다고 말했다. 성리는 사람의 근본이다. 이러한 근본이 있기에 기질이 존재하고 성리는 기질에 존재하면서 기질을 통해 체현된다. 도심이 정을 통솔한다는 것은 성리와 기질에는 드러나는 것과 드러나지 않는 것이 있는데 드러나는 것은 마음의 주재적인 지위를 가리키고 드러나지 않는 것은 마음에 숨어있는 종속적인 지위를 가리킨다. 도심이 정을 통솔할 때 성리가 나타난다. 이런 성리는 형이상의 잠재적인 존재에서 형이하의 실제적인 존재로 상승한 것이다. 반대로 성리가 기질에 의해 가려질 때 사람은 수양공부를 통해 기질을 변화시켜 성리가 나타나게 해야 한다. 그러나 "성에는 반드시 그 정이 존재"한다. 그리하여 도심이 정을 통솔한다.

마음이 성과 정을 통솔한다는 관점과 도심, 인심에 대한 왕부지의 해석에서 그가 "천리와 인욕은 병렬되지 않고", "인심이 아니면 도심이다"라는 관점을 반대한다는 것을 알 수 있다. 그는 도심과 인심은 마음의 서로 엄격하게 구별되고 서로 혼합될 수 없다고 생각한다. 그러나 그는 양자는 모두 동일한 마음에 포함되고 동시에 작용을 발휘한다고 주장한다.

왕부지는 기질 자체는 악하지 않다고 생각한다. 기질에는 욕망이 있지만 이것은 천성이다. 사람의 의지가 기질의 욕망을 전승하지 못하고 그것에 의해 유혹되고 휘둘리면 선하지 못하게 된다. 왕부지는 말했다. "하늘이 이룬 사람으로 성(性)을 위하는 사람이라며 진실로 다만 원형이정(元亨利貞)으로 인의예지(仁義禮智)를 행함이 있을 뿐이나 사람에게 실마리를 보인 것은 오직 측은(惻隱)·수오(羞惡)·사양(辭讓)·시비(是非)의 마음이 있을 뿐이다. 형이상으로부터 형이하를 통해서 성(性) 아님이 없고 명(命) 아님이 없으니, 역시 천(天) 아닌 것이 없다. 다만 그 천이라는 것을 가지고 드러내면 선(善)하지 않음이 없으며, 사물의 교감이라는 것을 가지고서 그 움직임을 발흥한다면 선하지 않다. 그러므로 사물이 총괄할 수 없고 인도할 수 없다면 기품(氣稟)이 비록 치우친다 해도 치우친 것 역시 어찌 바르지 아니함이 없겠는가?(《독사서대전설(讀四書大全說)》 596쪽)."

그가 말하고자 하려는 뜻은 사람의 인성은 마음에서 체현되고 모두 선하다는 것이다. 선하지 않은 것은 사물과 교감할 때 사물에 기만되어 생겨난 것으로서 기질 자체와는 아무 연관이 없다. 성은 선하고 정은 악하다는 관점은 성과 정의 진짜 관계를 제대로 이해하지 못하고 양자를 완전히 다른 두 개 물체로 본 것으로서 맹자의 "형색천성(形色天性)", "성성천형(成性踐形)"의 가르침에 어긋난다. 왕부지는 형이상의 이와 형이하의 기(器)는 서로 관통되고 이들은 함께 천도를 형성한다고 생각한다. 악은 기질의 형색과 연관되지 않는다. 성은 선하고 정은 악하다는 관점은 성에 대한 정의 오염과 변화를 너무 과하게 강조하였고 성을 특질이 없고 성을 따라 변화하는 종속적인 존재로 본 것이다. 왕부지는 기품은 원래부터 선하지 않았던 것이 아니고 정 역시 처음부터 악한 것이 아니라고 말했다. 주체가 기품에 대한 주재자의 작용을 발휘하지 못하면 악이 생겨난다. 그는 다음과 같이 말했다. "저절로 안에서 생기는 것[內生]은 선하며, 안에서 생기는 것이란 하늘[天]이다. 하늘이 자기에게 있다고 하는 것은 군자가 가진 성(性)이다. 스스로 밖에서 생긴 것[外生]은 선하지 않으며, 밖에서 생긴 것이란 사물이 취하여 와서 나는 알지 못한다. 하늘이 소유한 무(無)란 자기의 소욕(所欲)을 행하는 것이 아니다. 그러므로 재화를 좋아하고 여색을 좋아한다 해도 선하지 않다고 여기기에는 부족하다. 재화와 여색이 앞으로 나아가고 눈은 음란하여 살피지 않고 그것을 추구하려고 하니, 이에 선하지 않다. 사물이 기(氣)를 흔들고 기가 곧 지(志)를 흔든다면 기는 중(中)을 지키지 못하고 지는 기를 유지하지 못할 것이다. 이는 기의 과실이 아니니, 기 또한 선하다. 그것이 선한 까닭에 기도 역시 하늘이다. 맹자(孟子)의 성선(性善)의 뜻은 여기에서 다한다(《독사서대전설(讀四書大全說)》596쪽)."

선은 원래부터 존재하던 성에서 생겨나고 악은 밖에서 생겨난다. 악은 기품이 외물의 영향을 받아 주재자의 작용을 잃게 된 것이다. 사실 기품은 원래부터 존재하였고 기품이 사물의 영향을 받는 것 역시 자연스러운 일이다. 그러나 사람의 의지가 기품을 통솔한다. 기(氣)가 물(物)의 영향을 받아 지(志)를 지키지 못하게 되면 지(志)가 물(物)에 통제되어 선하지 않은 것이 생겨나게 된다. 이것은 왕부지가 맹자의 "지(志)가 기(氣)를 통솔한다"는 관점에 대해 강조한 것이다.

왕부지는 객체에 대한 주체의 반응에 시공적으로 존재하는 잘못으로 악을 해석하였다. " 대저 사물도 역시 선하지 않음이 있겠는가?(필자주 : 만약 사람이 음란하지 않으면 미색이 그로 하여금 음란하게 할 수 없을 것이다) 사물을 취한 후에 그 폐(蔽)를 받는다. 이는 정자(程子, 정이)가 허물을 타고난 기질과 품성[氣稟]에 돌린 까닭이다. 비록 그렇다고 해도 타고난 기질과 품성 역시 어찌 선하지 않음이 있겠는가? 그러나 선이 좋아 온 바가 아니고 반드시 스스로 일어난 바가 있었으니, 타고난 기질과 성품이 사물과 서로 주고받는 교감이 있었다. 기품은 갈 수 있고 가도 선하지 않음이 없으며, 사물이 올 수 있고 와도 선하지 않음이 없다. 그러나 한 번 가고 한 번 오는 사이에 그에 합당한 장소가 있고 때가 있다. 화(化)의 상(相)과 왕래하는 것은 항상 그 때와 땅이 마땅할 수는 없으나 이에 부당한 사물이 있다. 사물이 부당하면 오고가는 사람이 발동하여도 미처 받아들이지 못하니, 불선(不善)이 생긴다(《독사서대전설(讀四書大全說)》570쪽)."

주체가 사물을 취한 시간과 지점이 잘못되었기 때문에 악이 생겨났다. 왕부지의 이 관점은 천도와 음양에 대한 관찰과《주역》의 괘효, 시위(時位)에 대한 연구에서 온 것이다. " 대저 음양(陰陽)의 자리는 정해져 있으나 변합(變合)의 기미는 정해져 있지 않으니, 어찌 하늘의 뜻이 아니겠는가? 오직 그 하늘만이 갑작스럽게 사람의 당위(當位)를 부여하지 않은 것이 공교롭게도 일치하니, 이로써 자리를 얻고 도에 치우치지 않는 사람은 드물다. …… 후천(後天)의 움직임은 위(位)를 얻기도 하고 위를 얻지 못하기도 하지만 역시 변화에 마음이 없으니 가지런함도 없다. 위를 얻으면 사물이 습관을 해치지 못하고 습관도 성을 해치지 못한다. 위를 얻지 못하면 사물은 습관을 악한 데로 옮기고 습관은 성을 불선에서 이룬다. 이는 나의 형체와 나의 색의 허물이 아니고 역시 물형(物形)과 물색(物色)의 허물도 아니니, 허물은 나의 형색과 사물의 형색이 왕래하고 서로 만나는 조짐에 있다(《독사서대전설(讀四書大全說)》571쪽)."

선이란 적당한 시공조건에서 사물에 대해 구도(矩度)에 알맞은 반응을 일으키는 것이다. 이것은 곧 '득위(得位)'이다. 반대로 하면 득위를 할 수 없다. 득위를 하지 못한 것을 외부물체와 자신의 형색의 잘못으로 돌려서는 안 된다. 득위를 못한 것은 주체가 적당하지 않은 시간과 공간에서 행동을 취했기 때문이다. 왕부지는 사물을 인식하고 파악하는 주체의 주동성과 중요성을 강조하였다. 그리고 천도의 필연성 앞에서 아무것도 하지 않는 자연주의를 비판했다. 이 점은 그의 본체론과 서로 대응된다.

3) 성은 날마다 생겨나고 날마다 형성된다.

왕부지의 성론에는 여러 가지가 있다. 어떤 것은 천지만물을 성을 말하고 어떤 것은 인성 한 가지만을 말한다. 인성을 말할 때에도 선천적인 근원에서 말하는 것도 있고 수

천수양에서 말하는 것도 있다. 그리하여 반드시 이런 것들을 종합적으로 보아야 왕부지가 주장하는 성론의 실제 내용을 정확하고 전면적으로 파악할 수 있다. 왕부지는 현실의 인성은 모두 기질의 성이고, 기질의 성이란 이성이 사람이라는 이 특수한 기질에서의 표현이라고 말했다. "이른바 '기질의 성'이란 오히려 기질 속의 성을 말하는 것과 같다. 질(質)은 사람의 형질(形質)이고 이 생리(生理)의 범위에 인에 있으며, 형질의 안에는 '기'가 가득 차 있다. 가득 찬 천지 사이에 사람의 몸이 안에도 있고 사람의 몸이 밖에도 있으니 '기'가 아닌 것이 없기에, 그러므로 역시 '이(理)' 아닌 것도 없다. '이(理)'는 '기' 속에서 행하고 기와 더불어 주지(主持)하고 가지런히 나누는 것이다. 그러므로 질은 기를 품고 '기'는 '이'를 품는다. 질이 기를 품기에 그러므로 한 사람은 한 사람의 생(生)를 가지고 있으며, 기가 이를 품기에 한 사람은 한 사람의 성(性)을 갖는다. 만약 그 품지 못할 때를 당한다면 또 이 천지의 이기(理氣)는 대개 사람에게 없는 것이 옳다. 이에 그 이미 질(質)로써 기에 거함이 있으면 기에는 반드시 이(理)가 있을 것이며, 사람 스스로가 이를 말하였다면 한 사람의 생이고 한 사람의 성이며, 그 하늘의 유행(流行)을 행하는 사람은 애초부터 사람의 도리가 막혀서가 아니라 하늘로 되돌리려는 사람이 있지 않았기 때문이다. 이 기질 속의 성은 전과 다름없이 한 본연의 성이다(《독사서대전설(讀四書大全說)》 456~466쪽)."

　왕부지는 성을 논할 때 그의 이기관을 근거로 했다. 그는 천지에 가득 차있는 것이 기(氣)이고 기의 운행을 주재하는 것은 이(理)라고 주장한다. 기는 모든 곳에 존재하고 이 역시 모든 곳에 존재한다. 사람의 육체는 기로 구성되었다. 사람의 형체를 구성한 기를 주재하는 이(理)는 인성이다. 왕부지가 말한 인성에는 세 가지 내용이 포함된다. 첫째, 사람의 생리. 생리는 생생불식의 이를 말하는데 이것은 생면 자체이다. 둘째, 본연의 성이다. 사람은 형질을 갖고 있다. 현실의 인성은 모두 기질에 들어있는 성이다. 기질에 들어있는 성은 본연의 성의 표현이다. 본연의 성은 곧 《중용》에서 말하는 "하늘에서 명한 성"이다. 왕부지는 "사람마다 하나의 태극을 갖고 있고 사물마다 하나의 태극을 갖고 있다"는 주희의 관점을 받아들였다. 그는 사람마다 본연의 성을 갖고 있다고 생각한다. 셋째, 기질에 들어있는 본연의 성은 곧 기질의 성이다. 본연의 성은 하나지만 그것은 반드시 저마다 기질이 동일하지 않은 수많은 사람들의 현실적인 성으로 구별되고 표현되어야 한다. 왕부지가 가장 많이 이야기한 것은 성의 이 방면에 대한 내용이다. 그가 《역전》의

"그것을 완성하는 것을 성이라고 한다"라는 관점을 강조한 것은 본연의 성은 동일하지만 개개인의 성은 다르다는 것을 설명하기 위해서다. 왕부지는 사람마다 똑같은 본연의 성을 명(命)이라고 하고 저마다 같지 않은 현실의 인성을 성이라고 했다. 그는 다음과 같이 말했다. "맹자가 성을 말하였는데, 명(命)에 가깝다. 성이 선하다는 것은 명도 선하니, 명이 선하지 않음이 없다. 명이 선하기에 그러므로 성도 선하다고 하면 명이 선으로 인하여 성이 선하다고 말해도 가능하다. 성에 대해서라면 질에 따라 나누어지고 엉기기도 한다. 한 가지 근본에 만 가지 다른 것[一本萬殊]이나, 만 가지 다른 것은 다시 한가지로 돌아갈 수 없다. 『역(易)』에 '이를 계승하는 사람이 선하다'고 말했으니, 명을 말한 것이며, 명(命)이란 하늘과 사람을 서로 잇는 것이다. '이를 이루는 것이 성(性)이다'고 하였는데, 질(質)을 말함이다. 이미 질을 형성하면 성은 이에 엉긴다. 질 가운데의 명을 성이라 하고(필자주 : 이 구절은 필요하고 실지에 맞음) 역시 명을 말하는 것으로 성을 말하는 것을 허용하지 않았다. 그러므로 오직 '성은 서로 가깝다'는 말은 크게 공평하고 지극히 바르다(《독사서대전설(讀四書大全說)》 470쪽)."

왕부지는 여기서 사람마다 똑 같은 추상적인 성과 사람마다 같지 않은 현실의 성을 명확하게 구분하였다. 그는 전자를 명이라고 하고 후자를 진정한 의미에서의 성이라고 불렀다. 왕부지는 여기서 본연의 성을 명이라고 하였는데 그것은 본연의 성은 하늘에 의해 명해진 것이고 사람마다 갖고 있음을 강조하기 위해서다. 왕부지의 이러한 견해는 기질의 성만 승인하고 본연의 성을 소홀히 하는 여러 사상가들보다 더 뛰어나다. 그는 사람들이 억만년 동안 동물에서 진화하면서 얻은 공성을 사람의 기본 규정성, 기본특징으로 삼았다. 또한 사람과 물체는 기가 같기 때문에 성도 같다는 간단한 사고방식의 구속에서도 벗어났다. 그는 분수의 성을 더 중요하게 생각했다. 분수의 성은 그의 성론의 중점이다. 《역》에서 나오는 "계지자선(繼之者善)"은 것은 왕부지가 말하는 만물의 근거가 되는 공공의 성이고 명이다. 이것은 명이기도 하다. "성지자성(成之者性)"은 개개인의 성이다. 명과 성, 이일의 명과 분수의 성을 혼돈해서는 안 된다.

왕부지는 이상 세 가지 순서는 모두 필요하다고 생각했다. 그는 《중용》과 《맹자》 이후에 진행된 성론의 전통을 지켜야 한다고 주장했다. 특히 송명의 여러 대유들이 반복적으로 논증을 거쳐 성론의 주류가 된 천명의 성과 기질의 성의 구분을 지켜야 한다고 주장했다. 그리하여 그는 본연의 성과 분수의 성의 구분을 이야기하였다. 송명이후에 기론철학의 발전에서 기 자체의 고유적인 가치 예를 들면 생생불식 등 역시 성의 중요한 내용이기에 왕부지는 이런 것들도 성의 내함에 포함시켰다.

이상에서 그는 이론적으로 성의 구성을 이야기하였다. 예를 들면 현실에서 성의 양성과정에는 아직도 더 풍부한 내용이 존재할 수 있다. 예를 들면 형질, 형질에 포함된 욕망, 욕망에서 양성되어 나온 습기 등이다. 왕부지는 성, 기, 질(質), 습(習)의 관계를 다음과 같이 설명하였다. "질(質)이란 성(性)의 부(府)이며, 성이란 기(氣)의 기(紀)이며, 기란 질(質)이 충만하여 습(習)이 거할 수 있는 것이다. 즉, 기는 습에서 본받아서 질에서 생화(生化)하고 성과 함께 근본이 된다. 그러므로 기질 중의 성이라고 말할 수 있으며, 본연의 성 이외의 것이 아니고 별도로 있는 하나의 기질의 성이다. 성이 기를 기(紀)하면 기와 더불어 체가 된다. 질은 기에서 생을 받고 기는 이(理)로써 질을 낳는다(《독사서대전설(讀四書大全說)》 469쪽)."

여기서 왕부지는 성(여기서는 주로 이(理)와 명(命)을 가리킴), 기, 질, 습을 서로 영향주고 서로 완성시키는 동태적인 관계에 놓고 관찰하였다. 형질은 성의 주재지이고 성은 기의 조리, 주재이다. 기는 형질의 구성성분, 기질이다. 기는 사람의 습관에 좌우지되는 대상이기도 하다. 기는 습관의 영향을 받고 사람의 형질을 부단히 변화시킨다. 사람의 생명과정은 기가 습관에 의해 좌우지되면서 형체에 영향주고 인성에 해를 끼치는 과정이다. 동시에 이 과정은 성리로 행위를 규범화하는 과정이기도 하다. 사람은 모순체로서 항상 성과 기의 투쟁이 존재한다. 이러한 투쟁에 대해 고금중외의 철학자들은 모두 자기만의 의견을 갖고 있다. 왕부지의 특징은 주재의 작용을 중시하는 동시에 사람의 존엄을 유지하며 습기의 합리적인 존재를 인정하고 정확한 이론과 실천을 통해 성과 습을 모두 합리적으로 만들려 했다는데 있다. 그의 성론은 이러한 동태평형의 계통에 대한 이론적인 설명이다. 성은 날마다 생겨나고 날마다 형성된다는 관점은 이러한 이론에 대한 집중적인 표현이다. "습관과 성이 이루어짐은 습관이 이루어지고 성은 더불어 이루어진다. 성으로 하여금 의롭지 않음이 없게 하면 불의(不義)를 받지 않으며, 불의를 받지 않으면 습관은 이루어지고 성은 끝내 이루어지지 않는다. 성으로 하여금 불의를 갖게 한다면 선(善)과 불선(不善)은 성이 모두 그것을 실제로 갖게 된다. 선과 불선이 있어 모든 성기(性氣)가 받드는 존재라 하더라도 천명의 무(無)라고 말할 수 없다. 기(氣)란 천기(天氣)이고 품(稟)이란 하늘에서 부여받은 것이다(《상서인의(尙書引義)》 54쪽)."

여기서 말하는 성은 본연의 성이 아리나 기질의 성이다. 즉 "질에 들어있는 명"이다. 이러한 성은 습과 떨어질 수 없고 습의 생장을 따라 생장한다. 여기서 말한 "성도 의리에 어긋날 때가 있다"는 것은 기질 때문에 생겨난 선하지 않은 것을 말한다. 성에는 원래 "명"이 존재한다. 그리하여 성에는 선과 선하지 않은 것이 모두 포함되었다. 질은 우주의 기에서 얻어진 것이다. 그러나 기는 끊임없이 유행하기 때문에 기로 구성된 질도 끊임없이 생장한다. 그리하여 사람의 현실적인 성은 일성불변할 수 없다. 왕부지는 《중용》의 "하늘이 명한 것을 성이라 한다"는 관점을 빌려 자신의 사상을 설명하였다. "대저 성(性)이란 생성의 이치이고 날마다 생겨나니 날마다 이루어진다. 그렇다면 대저 천명(天命)이란 어찌 단지 처음 태어날 때에 순간적으로 명한 것뿐이겠는가? 단지 처음 태어날 때에 순간적으로 명했을 뿐, 한 물건을 가지고 하루 만에 준 것으로 우리를 잘 지키게 하여 종신토록 굳게 지켜서 잃지 않도록 하고 하늘은 또한 급여에 힘쓰는 마음을 가지고 사람들이 이를 받고 한결같이 그 성형(成形)을 받으니 덜거나 더할 수 없었다. 대저 하늘이 만물을 생성함에 그 화(化)는 쉬지 않는다. 처음 태어났을 때의 순간에도 명한 바가 없지 않았다. 어찌하여 명한 바가 있었다는 것을 알겠는가? 명한 바가 없었다면 인의예지(仁義禮智)에는 뿌리가 없었을 것이다. 유년에서 소년으로, 소년에서 장년으로, 장년에서 노년으로도 역시 명한 바가 없지 않다(《상서인의(尙書引義)》54쪽)."

성과 기질은 나눌 수 없다. 성을 말하면 어쩔 수 없이 기질을 말하게 된다. 성은 부단히 생장하는 과정이다. 천명의 성이란 사람의 생명이 시작되고 형성될 때, 하늘이 사람에게 일회성으로 부여하고 그 뒤로 영원히 변화하지 않는 존재가 아니다. 성을 구체적인 존재로 보고 하늘이 사람에게 성을 부여한 것을 의지와 목적이 있는 행동으로 보았기 때문에 이런 생각을 가지게 되었다. 사실 하늘이 만물을 형성하는 과정은 기화의 과정에서 실현되는 것으로서 아무런 목적도 의지도 없다. 사람은 생명이 있게 되면서 인성이 있게 되었고 또 인성의 가장 기본적인 규정인 인의예지가 있게 되었다. 그러나 이러한 것들은 인성의 근원일 뿐이다. 현실에서 인성은 사람의 성장과정을 통해 변화한다. 이런 의미에서 우리는 성은 날마다 생겨나고 날마다 형성된다고 말한다. 왕부지는 말했다. "형화(形化)란 화순(化醇)이며 기화(氣化)란 화생(化生)이다. 두 기(氣)의 운행과 오행(五行)의 실행은 처음에는 잉태(孕胎)하고 뒤에 길러 양성하며, 정기를 취하여 사물을 활용하고 한결같이 천산(天産)·지산(地産)의 정영(精英)을 받으니, 다를 것이 없다. 형체는 날로 기르고 기(氣)는 날로 번식하고 이(理)는 날로 이루어진다. 바야흐로 태어나서 그것을 받고 하루 살면서 하루 그것을 받는다. 그것을 받은 사람은 스스로 주는 바가 있으니, 어찌 하늘이 아니겠는가? 그러므로 하늘은 날마다 사람에게 명을 내리고 사람은 매일 하늘에게 명을 받는다. 그러므로 성(性)이란 타고난 것이고 날마다 생겨나고 날마다 이루어진다 (《상서인의(尚書引義)》 55쪽)."

화순(化醇)은 같은 성질의 물체가 생장하는 것을 말한다. 화생(化生)은 성질이 같지 않은 물체가 산생되는 것을 말한다. 화순과 화생은 모두 이기오행(二氣五行)의 운동을 가리킨다. 사람과 만물은 성장할 때 모두 이기오행에서 정수를 골라서 사물에 사용하기 때문에 성은 날마다 생겨나고 날마다 형성된다고 말한다. 사람이 갓 태어나면 아직 지식이 없기 때문에 자연에 대한 취용은 피동적이다. 사람은 성장과정에 지식을 얻게 되고 자연에 대한 취용을 주동적으로 선택할 할 수 있게 되었다. 선택을 할 수 있게 되면서 경향성이 생겨나게 되는데 이것은 습관의 시작이다. 습관은 또 후천적인 선택의 근거이기도 하다. 그리하여 왕부지는 "천지에 의해 생겨났지만 왜 명이라 할 수 없는가? 하늘이 명한 것을 성이라고 하고 매일 자연계의 영향을 받기에 성도 매일 생겨난다. 눈으로 매일 보고 귀로 매일 들으며 마음으로 매일 생각한다. 형은 그렇게 기가 되고 기는 그렇게 충만하게 되어 이는 그렇게 덕이 된다. 많이 얻으면 더 많은 곳에 사용될 수 있고 순수한 것을 얻게 되면 선하게 사용될 수 있으며 순수하지 않은 것을 얻게 되면 악하게 사용될 수 있다(《상수인의》 56쪽)."

왕부지는 천성을 기르고 선을 택해야 한다고 강조했다. "오직 하늘의 명은 다함이 없으나 일정하지 않기 때문에 그러므로 성(性)은 자주 옮겨가며 달라진다. 헤아려보면, 오직 이(理)의 근본만은 바르고 고유의 흠이 없기 때문에 선(善)을 돌아오게 하는 데에는 어렵지 않다. 아직 이루지 못한 것은 이룰 수 있고 이미 이룬 것은 고칠 수 있다. 성(性)이란 것은 어찌 한 번 형성(形成)을 받았는데 손익(損益)을 받지 않겠는가? 그러므로 군자(君子)가 성을 함양함에 일이 없을 때 행하고 그 자연스러움을 따르지 아니한다. 이에 선(善)을 택하여서 반드시 정밀하게 하고 집중(執中)하여 반드시 견고하게 하며, 감히 빠르게 달려서 즐겁게 놀지 못하게 할 뿐이다(《상서인의(尚書引義)》 56쪽)."

이게 바로 "성은 날마다 생겨나고 날마다 형성된다"는 관점의 마지막 결론이다. 성은 사람의 생명과 시종 함께 하기 때문에 일성불변한 것이 아니다. 성을 이루는 것이 사람 자신이다. 그리하여 열심히 수양하고 선한 것을 선택해야 한다. 자포자기하고 운명을 하늘에 맡기는 것은 성은 날마다 생겨나고 날마다 형성된다는 관점에 위배된다.

왕부지는 일성불변을 주장하는 모든 성론을 반대한다. "성은 처음 생겨났을 때의 그 모습을 계속 유지한다고 생각하면서 '선은 모두 선하다', '선한 것도 있고 선하지 않은 것도 있다', '선할 수도 있고 선하지 않을 수도 있다'고 어림잡아 이야기 한 것은 옳지 못하다(《상서인의》 57쪽)." 이러한 성론의 잘못은 성을 이미 형성된 불변의 존재로 보았다는 점이다. 이렇게 하면 후천적인 노력의 의의가 대대적으로 삭감될 수밖에 없다. 왕부지는 성은 선한지 악한지에 대해서는 명확하게 말하지 않았다. 그러나 그의 이론을 살펴보면 그가 성선설을 반대하지 않았다는 것을 알 수 있다. 그러나 사람에게 인의예지라는 후천적인 노력의 기초가 생겨난 다음에야 그렇게 말할 수 있다. 그는 후천적으로 선단(善端)을 확충해야 한다는 것을 강조한다. 왕부지는 성을 선천적으로 선한 것으로 여기고 아무런 후천적인 행동을 취하지 않는 것을 반대한다. 성을 악하다고 생각하는 것 역시 "성이 생겨났을 때의 그 모습"을 말한 것으로서 왕부지는 이것도 반대한다. 왕부지가 《독사대전설》,《장자정몽주》 및 《상서인의》 등 저서에서 주로 비판한 것은 성의 무선무악설이다.

그는 우선 고자의 성무선무악설을 비판했다. 왜냐하면 이것은 이후에 불교와 유교에서 주장하는 성무선무악설의 근원이기 때문이다. "고자(告子)는 이미 온전히 성(性)을 알지 못하고 역시 기(氣)의 실체도 알지 못하였으나, 다만 기가 움직이는 것에 의거한 것을 성이라 생각하였다. 움직임에 같고 다른 것이 있다면 정(情)이 이것일 뿐이며, 움직임이 공격하여 취한 것이라면 재주가 이것일 뿐이다. 만약 대저 같고 다름이 있지 않았고 일찍이 공격하여 취하지 않았을 때 기(氣)의 체(體)가 있고 기의 이(理, 필자주 : 곧 性)가 있다면 고자는 안 적이 없다(《독사서대전설(讀四書大全說)》 661쪽)."

고자의 잘못은 기의 이가 곧 성이라는 점을 몰랐다는데 있다. 정(情)과 재(才)는 기의 기능을 표시하는 개념이기에 선과 악을 말할 수 없다. 그러나 그렇다고 해서 기의 이에 선악이 없다고 말할 수는 없다. 기가 정과 재의 작용으로 발휘되지 않을 때에는 그 자체에 이가 존재한다. 이러한 이는 곧 성이다. "고자(告子)의 부류는 이미 마음의 고유지성(固有之性)을 나타내기에는 부족하였으나, 다만 정(情)이 권세를 타고 재주를 부리고 사용하는 것을 나타낼 뿐, 가슴으로 이 몸의 주인이 되어 마침내 성의 이름이 정에 더하여

졌다. 맹자(孟子)를 해석하는 사람들은 또한 성이 정과 더불어 질(質)이 있는지 질이 없는지, 항(恒)이 있는지 항이 없는지, 절(節)이 있는지 절이 없는지의 다름을 살피지 않아 마침내 성선(性善)을 말하는 것으로 정선(情善)을 말했다(《독사서대전설(讀四書大全說)》 661쪽)."

성은 내 마음에 고유한 것이다. 고자는 그러한 성을 몰랐고 정을 성이라 했다. 성에는 질(인의예지)이 있고 정에는 질이 없다. 성은 영원하지만 정은 영원하지 않다. 성에는 주재와 절제가 있지만 정에는 주재와 절제가 없다. 양자는 선명하게 구분된다. 이(理)에 대한 정의는 더 명확하다. 왕부지는 주희의 관점을 계승하여 성은 기를 조절하고 규범화하는 작용이 있다고 주장했다. 그는 고자가 기의 작용만 알고 기의 본체를 소홀히 하였다고 비판하였다. 고자가 말한 "성유기류(性猶杞柳)"는 재(才)를 가리키고 "성유단수(性猶湍水)"는 정을 가리킨다. "생지위성(生之謂性)", "식색성야(食色性也)"는 모두 성이 아닌 정을 가리킨다. 고자는 인심만 알고 도심을 몰랐다. 도심은 성으로서 여울물에 비유할 수 있다. 인심은 성이고 정일 때에는 소용돌이를 치며 흐르고 동일 때에는 일정한 방향이 없이 흐르면서 무기탄(無忌憚)의 사람을 이룬다.

왕부지는 성무선무악은 불교에서 작용을 성으로 하는 것이라고 제기했다. "불교의 말씀에 "마음이 곧 부처다"라고 말하였고 또 "마음도 부처도 아니다"고 말하였으며, 또한 "일체의 중생은 모두 불성(佛性)을 가지고 있다"고 말하였다. 또 "삼계(三界, 욕계·색계·무색계의 세계)는 오직 마음이다"라고 하여 역시 사람의 마음을 말하고 있을 뿐이다. 어찌하여서 그런 것을 밝게 하였을까? 저들의 이른바 마음은 곧 "능지(能知)의 마음을 깨달은 것이며, 저들의 이른바 성(性)은 곧 작용의 성이다. 깨닫고 알고 작용하여 가고 머물고 앉고 눕는(이 네 가지 동작을 불교에서는 사위의(四威儀)라 함)사이에서 밝고 신령스러워 속임이 없는 것을 깨달은 것이 작용하여 일어난다(《상서인의(尙書引義)》 20쪽)."

불교의 "즉심즉불", "삼계유심(三界惟心)"의 마음은 모두 사람의 본질이 아닌 마음의 작용을 가리킨다. 작용의 마음은 기의 동정으로서 가치이성이 존재하지 않는다. 마음이라고 하는 것에는 소소영령한 작용은 있지만 인의예지의 실체가 없다. 왕부지는 불교의 심성은 지(知)와 식(識)이다. 이와 식을 성으로 하면 체와 용이 모두 위험해진다. 그는 다음과 같이 말했다. "깨닫고 알고 작용하여 착한 사람은 여기에 변함없고 악한 사람도 여기에 변함없으니, 저들의 이른바 식(識)이다. 깨달음은 깨닫지 않음이 없고 지(知)는 능하지 않음이 없고 작(作)은 견고하게 만들지 않으며, 용(用)은 안정되게 사용하지 않으며, 깨달을 수 있고 알 수 있고 작용할 수 있음은 모두 가지고 있으나 자성(自性)은 가지고 있지 않아 끝내는 선할 수도 있고 악할 수도 있는 것이 아니니, 저들의 이른바 지(智)이다. 여기에서 선하고 여기에서 악하지만 잠깐 보면 한번 흥하나 그칠 수가 없으니 용의 위험이다. 선할 수 없고 악할 수 없음은 텅 빈 듯이 고요하여 있는 것 같기도 하고 없는 것 같기도 하여 일체가 모두 같고, 만법이 동반하지 않는 것이니, 체의 위험이다. 그가 '부모가 아직 태어나기 전'이라고 말한 것은 이것이며, '자리 없는 참 사람'이라고 말한 것은 이것이며, '세 치 갈고리를 떠났다'는 것은 이것이다. 그 대종(大宗)을 탐구해보면 한 마디로 말한다면 '무(無)'라 한다(《상서인의(尙書引義)》 21쪽)."

불교에서 말한 식은 각지(覺知)의 작용이다. 각지의 작용은 거울에 비치는 식의 반응이다. 불교에서 말한 지(智)는 주체의 지각이 사물에 대한 요별(了別)이다. 이러한 요별을 통해 그것이 무엇인지 알 수 있지만 그것의 선악은 알 수 없다. 또한 그것의 기능과 작용은 알 수 있지만 그것의 윤리적 의미를 알 수 없다. 그러나 기능과 작용은 기의 일이다. 기에 이의 주재가 없고 인심에 도심의 주재가 없으면 쉽게 악에 휘둘릴 수 있다. 이것이 지식(智識)의 작용에 존재하는 위험성이다. 선악의 판단을 거치지 않고 그것을 그대로 따른다면 만법의 거짓 환상을 본체와 똑같은 현상으로 볼 수 있다. 이것이 지식의 본체에 존재하는 위험성이다. 불교에서 말하는 본체와 본래의 모습은 사실 모두 '무'라는 글자를 종주로 한다. 그러나 '무'는 성에 직접 작용한 결과이다.

왕부지는 유가학자들이 주장하는 "성무선무악설"을 비판하기도 했다. "유가(儒家)의 논박자 역시 '착함도 없고 악함도 없는 마음의 체(無善無惡心之體)'라고 말하였는데, 이것으로써 요약했을 뿐이다. 가진 자는 가진 것을 바꾸지 않고 없는 자는 가진 것으로 만족하며, 가진 자는 없는 것에 맞추고 없는 자는 있는 것에 맞춘다. 가진 자는 진실로 갖고 싶은 것은 가지나 없는 자는 바야흐로 있어야 할 듯한 것은 없고 바야흐로 없어야 될 듯한 것은 있게 되니, 좋은 것이 없으면 좋은 것으로써 만족하고 나쁜 것이 없으면 나쁜 것으로써 만족하며, 좋은 것에 맞추면 좋지 못한 것은 보존할 수 없고 나쁜 것에 맞추면 좋지 못한 것은 (보존하기가) 어렵지 않다. 만약 가진 것이 없다면 별안간의 묶임과 풀림이고, 만약 가진 것이 있다면 충색이 망령되이 흥한 것이다.(《상서인의(尙書引義)》 21쪽)."

여기서 왕부지는 명나라가 멸망한 교훈을 통해 도덕이성의 최고지위를 다시 한 번 확립하였다. 그는 맹자의 성선설이 유학자들의 입신과 행사에 일으키는 지도 작용을 강조하면서 퇴폐적인 기풍을 바로잡는 것을 출발점으로 했다. 그리하여 "무선무악이 마음의 본체"라는 관점에 대한 그의 비판은 사실 선의 가치이상을 잃고 도덕의 지조를 포기하였으며 일부러 악을 취하면서도 그 잘못을 기질에 돌리는 것과 같은 현상에 대한 비판이다. "유자불갱유(有者不更有)"는 마음속에 원래부터 존재하던 성선을 이멸시켜 무에 이르게 해야 한다는 말이다. "무자가이유(無者可以有)"는 악을 기질의 필연으로 삼고 그것을 그대로 따르는 것을 말한다. 선한 성을 원래부터 존재하지 않는 것이라고 생각하면 악한 성은 원래부터 존재하던 것이 된다. 그리하여 선한 성으로 악한 성을 제거할 수 있다. 만약 마음에 원래부터 선이 없다고 생각하면 선은 우연한 획득이 되고 그 선을 끝까지 견지할 수 없다. 악을 기질에 원래부터 존재하던 것으로 생각하면 쉽게 악으로 변할 수 있다. "무선무악을 마음의 본체"라고 생각하면 "정(靜)하지만 선을 보지 못하고 동(動)하지만 악에 흐르는 선한 기류를 알아보지 못할 수 있다(《사문록》 내편)." 왕부지가 여기서 비판한 대상은 주로 태주후학이다. 그들의 주장은 왕부지가 반복적으로 강조하는 성의와 신독, 택선고집(擇善固執)과 반대된다. 왕부지는 왕양명의 "무선무악이 마음의 본체"라는 사상은 명나라의 멸망을 초래한 화근이라고 생각했다. 그는 다음과 같이 말했다. "근세 왕씨의 양지(良知)의 설은 바르기가 이와 같으니, 한결같이 석가의 말로 도는 끊어지고 심행(心行)의 길도 단절되어 근(根, 눈·귀·코·혀·몸·뜻의 6근)과 진(塵, 빛·소리·냄새·맛·촉감의 5진)을 멀리 벗어났고 불립지견(不立知見)을 으뜸으로 삼았다. 왕씨의 학은 한 번 전해져 왕기(王畿)에 전달되었고 다시 전해져 이지(李贄)에게 전달되어 기탄없는 교령으로 세워졌으나, 염치(廉恥)가 상실되고 도적이 흥하여 중국은 쇠퇴하여 망하였다. 모두 오직 윤리를 밝히고 사물을 살피는 일을 게을리 하고 일획(逸獲)만을 구하였기 때문에 그러므로 군부(君父)는 구휼하지 않았고 이끼가 발생해도 돌아보지 않았다. 육자(陸子, 육상산)가 조용히 나타났으나 송나라는 망하였고 그 화가 미치는 것이 한결같았다.(《장자정몽주(張子正蒙注)·건칭(乾稱)편》,《선산전서(船山全書)》제12책 370쪽)" "아아! 대순(大舜)은 탄식함으로 서로 경계하였고 고자(告子)는 석가가 보물처럼 중요하게 여기는 것을 으뜸으로 여겼으며, 상산(象山, 육구연)·요강(姚江, 양명학도)은 제멋대로 날뛰며 유학으로 여겼고 왕기(王畿)·이지(李贄)는 몰래 의견을 부쳐 사악하게 여겼다. 그 성스러움은 높이 오르는 듯하였고 그 광포함은 붕괴되는 듯하였으니, 대체의 줄거리를 또한 엿볼 수 있다(《상서인의(尙書引義)》21쪽)."

이 책의 앞부분에서 왕양명의 "무선무악은 마음의 본체"라는 관점이 과연 정말 왕부지가 말한 것과 같은지, 왕기의 학설은 정말 아무 근거도 없는 학설인지, 왕학과 육학이 명나라의 멸망을 초래한 화근인지에 대해서 이미 자세히 설명하였다. 여기에 나온 내용은 주로 왕부지가 명나라의 멸망을 초래한 화근은 염치의 소멸과 명예와 절조의 몰락이라고 한 것에 대한 설명이다. 이론의 근원으로 볼 때, 이것은 선근(善根)을 승인하고 무선무악의 마음을 본체로 하며, 구체적인 인륜을 밝히고 물정을 엄밀하게 살피는 공부를 포기하고 도덕수양을 멸시하며 명교(名敎)를 속박으로 생각하는 것에 달렸다. 학풍이 이러하면 반드시 국가의 멸망을 초래하게 된다. 그는 이종가(李從珂)가 왕권을 강탈했을 때 풍도(馮道)가 했던 말을 예로 들어 무선무악, 명교불립의 해로운 점을 설명하였다. "현자(賢者)는 한결같이 참되고 실속 있도록 힘쓰나 고루하고 투박하며 하늘의 이치를 적대시하고 풍교(風敎)를 없앴다. 하물며 이 나라가 위급하고 군주가 괴로워할 때, 영화를 구하고 죽는 것을 두려워하여 군부(君父)의 사망을 구휼하지 아니하고 '이것이 진실이다'고 말하면서 일없이 그것을 위한 이름을 바꾸었다. …… 이 말이 나가자, 천하는 치수(錙銖, 아주 작은 무게)의 이익을 원하며, 일순간의 안위를 구하면서 복면을 하고 이성을 잃어 위로는 임금이 있음을 알지 못하고 안으로는 어버이가 있음도 알지 못하며 탐욕스럽고 무뢰하며 영리를 추구하고 지나치게 탐하는 욕심의 정(情)은 바로 천하에 알리나 이마에 땀이 나지 않으니, 기꺼이 자득함을 원하며 '나는 허명(虛名)을 위하여 잘못한 것이 아니다'고 말하였다. ……이에 이지(李贄)의 무리는 대신(大臣)들의 이름으로 추천하고 칭찬하여 세상에 살면서 얻은 교훈이 더욱 어지러워졌으니, 역시 참람하도다!(《독통감론(讀通鑑論)》910쪽)."

여기서 왕부지가 육학과 왕학을 비판한 진정한 의도를 엿볼 수 있다. 육학과 왕학은 종족 보존, 문화 보존을 위해 그가 선택한 비판의 과녁일 뿐이다. 그 과녁의 선택이 적당한지에 대해 그는 신경을 쓰지 않았다. 청나라가 막 세워지자 사람들은 서로 관망하면서 동태를 살폈고 새로 건립된 청정부를 위해 일을 하는 사람도 많았다. 왕부지가 강조한 염치, 명예와 절조는 이족의 침입을 받았을 때, 지식인들이 지조를 지키고 중국문화의 계속된 발전을 책임져야 한다는 뜻이다. 이것은 명나라의 유민(遺民)들의 고심했던 문제이기도 하다.

4. 지식론

왕부지의 철학에는 많은 내용이 포함된다. 존유론, 대화론, 심성론은 그의 철학 주간이다. 그는 사람과 외물의 관계, 사람이 만물을 인식하는 방식, 인식과 실천의 관계, 지식과 덕행의 관계, 지식을 획득하는 구체적인 과정 등을 매우 중시하였다. 이러한 것들은 그의 지식론의 내용이기도 하다.

1) 능(能)과 소(所)

능소의 범주는 불교에서 능동과 수동의 관계를 말한다. 인식에서 능은 능지(能知)를 말하는데 주체의 인식능력을 가리킨다. 소는 곧 소지(所知)를 말하는데 주체의 인식능력이 인식대상에 운용되어 얻어진 결과를 가리킨다. 왕부지는 능지의 범주에 대해 새로운 해석을 진행하였다. 그는 다음과 같이 말했다. "경(境)이 용(用)을 기다리는 것을 '소(所)'라 하고 용(用)이 경(境)에 더하여 공(功)이 있는 것을 '능(能)'이라고 말한다. 능과 소의 구분은 대저 진실로 있거니와 석가가 나누어 준 이름이 되니 역시 거짓이 아니다. 이에 사용(俟用, 용을 기다리다)이 소(所)가 되니, 곧 반드시 실(實)에는 본체가 있는 것이며, 용으로 용을 기다려 공을 세울 수 있는 것을 능이라 한다면 반드시 실(實)에는 용이 있을 것이다. 체(體)가 용(用)을 기다린다면 그것으로 인하여 능이 발현되는 까닭이 되며, 용이 체를 사용한다면 능은 반드시 그 소를 돕게 될 것이다. 체용(體用)은 한결같이 그 실(實)에 의지하여 그 옛 것을 등지지 않고 명확하게 각각 서로 칭찬한다(《상서인의(尙書引義)》 121쪽)."

여기서 주체와 객체가 인식을 구성함에 있어서의 작용과 기능에 대한 왕부지의 기본적인 견해를 알아볼 수 있다. 능과 소는 서로 대립되는 범주이다. 능소의 실제 의미에서 추론해보면 소에 실체가 있고 능에 진실한 기능이 있다. 소는 능의 작용을 기다리기 때문에 소는 능을 유발한다. 능의 작용은 소에 일어나기 때문에 능과 소는 반드시 서로 부합된다. 체와 용, 능과 소는 모두 현실적인 존재와 기능을 근거로 그 활동을 이어간다. "용은 체에 사용된다"는 말은 능은 주동적이고 자체의 본성에 의해 소에 작용을 일으킨다는 뜻이다. 그러나 "능은 소의 반영이다"는 말은 능이 소를 획득하는 것은 거울을 비추는 식의 직관적인 반영이라는 뜻이다. 능과 소가 만나면 소의 상태가 완전히 그리고 전부 능에 반영된다. 그리하여 "능은 소의 반영이다"라고 말한다. 만약 능의 주재를 받는 감각기관이 소의 모양과 상태를 그대로 능에 반영한 뒤에 능이라는 주재가 그것을 통합, 조립, 재현해낼 수 있다면 능에 표현된 소의 모습에 변화가 생길 수 있다. 왕부지가 강조한 것은 능소는 서로 작용하면서 함께 지식활동을 완성시킨다는 점이다. 그는 능이 소를 반영하는 구체적인 형식과 과정 등에 대해서는 상세하게 언급하지 않았다. 지식활동의 과정에 대한 왕부지의 연구는 불교처럼 깊고 세밀하지 않다. 왕부지가 강조한 "용은 경지에 유리한 작용을 일으킨다"는 것은 실제적인 인식활동을 가리킬 뿐만 아니라 인식활동 이후에 주체가 취하는 실천행위가 사람에게 유익한 결과를 일으킬 수 있다는 뜻이기도 하다. 이것은 "용을 체에 사용하는" 목적은 실제적인 결과에 있다는 말이다. 그러나 "용을 체에 사용하는" 방식은 기계적인 반응일 뿐이다. 소는 감각기관을 자극하여 지각의 반영을 이끌어내는 매개물일 뿐이다. 왕부지가 능소에 실체가 있다고 강조한 것은 그의 '대유'의 본체론과 일치하다. 또한 그가 강조한 능소의 상호 작용을 통해 발생한 결과는 그의 양일의 통일이란 대화론과 일치하다.

왕부지는 능소의 관계를 논술함에 있어 그 실유를 중점적으로 강조하였다. 이것은 그가 불교의 "이 세상의 온갖 현상은 모두 마음에서 일어나며, 모든 법은 오직 인식일 뿐이다"라는 관점을 반대하였기 때문이다. "마침내 석가는 환(幻)되는 것은 있었으나 실(實)되는 것은 없었다. '유심유식(唯心唯識)'의 설을 헤아려보면 스스로 공격하고 서기에 부족한 모순이 있으며 이에 그 사(詞)를 책망(꾸짖어)하여 말하기를 '공(空)은 내가 잡으나 능(能)이 없고 공은 법(法)이 잡으나 소(所)가 없다'고 하였다. 그러나 마음으로 도를 잡아 능도 있고 소도 있다면 또한 원래 그러하였지만 어두움을 허용하지 않을 것이다. 이런 까닭으로 그 설이 또한 세워지기에 부족하였으니, 능이 그 소가 되고 소가 그 능이 됨을 헤아려 소를 소멸해서 능이 들어오게 하고 능이 소가 되었다고 일러 그 설을 세우면 설은 이에 세워진다. 그러므로 석가의 세 번 변해서 능으로 소가되는 학설을 이루었다(《상서인의(尚書引義)》 121쪽)."

왕부지는 여기서 불교에서 능을 소라고 생각하게 된 논리적인 변화과정에 대해 알아보려고 했다. 그는 불교의 근본종지는 유를 환상으로 보고 무를 실제로 보는 것이라고 주장했다. 그러나 유식종의 "유심유식(唯心唯識)"의 관점에서는 마음과 식을 실제적인 존재로 보았다. 소는 공하지만 능은 공하지 못하다는 모순은 성립되기 어렵다. 그리하여 이 말을 "공(空)은 내가 잡으나 능(能)이 없고 공은 법(法)이 잡으나 소(所)가 없다"라고 바꾸어 말했다. 이것은 마음을 도와 합한 것이다. "마음을 도와 합했다면" 마음과 도, 능과 소가 있게 된다. 그러나 이러한 모순 역시 성립되기 어렵다. 그리하여 또 능이 소이고 소가 능이라고 바꿔 말했다. 그 마지막 결과는 소를 없애고 능에 합하여 능을 소라고 말했다. 여기서 왕부지가 불교의 발전 과정을 유종(有宗), 공종(空宗), 공유(空有)의 융합이라고 생각했다는 것을 알 수 있다. 공유의 융합은 왕부지의 "대유", "건곤병건"의 본체론과 근본적으로 모순된다. 지금 되돌아 볼 때, 불교의 이론학설에는 그 의리적인 근거가 있고 해결하고자 했던 인생문제와 추구했던 가지적인 이상이 있다. 왕부지는 불교에 대해 유교를 비판할 때와 마찬가지로 "옳은 것을 옳다 하고, 아닌 것을 아니라고 했다."

왕부지는 능소의 범위를 새롭게 확장시켰는데 그는 능소를 유교의 근본사상으로 삼았다. 그는 다음과 같이 말했다. "대저 능소(能所)가 그 이름이 다름은 석가가 이를 지었다고 하는데, 실제로 석가가 탐구(연구, 조사)한 것이 아니다. 이른바 능(能)이란 곧 용(用)이고 이른바 소(所)란 곧 근본인데, 한(漢)나라 유가(儒家)들이 이미 한 말이다. 이른바 능(能)이란 사(思)이며, 이른바 소(所)란 곧 위(位)인데, 크게 《역(易)》에서 이미 한 말인 것이다. 이른바 능이란 곧 기(氣)이고 이른바 소란 곧 물(物)인데, 《중용(中庸)》에서 이미 한 말인 것이다. 이른바 능이란 것은 사람의 홍도(弘道)이며, 이른바 소란 도(道)가 사람을 넓힐 수 없는 것이고 공자가 이미 말한 것이다. 실제로 정해진 이름을 취하나 바꿀 수 없는 것이다. 음양(陰陽)은 소이며, 변합(變合)은 능이다. 인지(仁知)는 능이며, 산수(山水)는 소이다. 중화(中和)는 능이며, 예악(禮樂)은 소이다《상서인의(尙書引義)》122쪽)."

여기서 왕부지는 능과 소의 관계를 체와 용, 사(思)와 위(位), 기(己)와 물(物) 등 관계에 응용시켰다. 그는 실제적인 존재를 숭상하는 기본 주장을 계상하였을 뿐만 아니라 능소의 범위를 윤리적인 가치에까지 확대시켰다. 그는 사람이 능동적으로 자신을 발전시키고 자신의 도덕적인 인격을 완성시키는 것을 능으로 보았다. 그리고 사람의 도덕인격의 완성에 유리한 존재를 모두 소로 보았다. 능과 소의 관계를 확대시켜 체용, 사위의 과정에 응용시킨 것에서 왕부지가 능소의 간단하고 기계적인 관계와 구체적인 인식활동의 제한에서 벗어나 자신만의 철학적인 성격을 형성하였다는 것을 알 수 있다.

2) 상(象)과 수(數)

왕부지의 저서에서 상과 수는 역학의 범주에 속할 뿐만 아니라 철학의 범주에도 속한다. 철학에서 상과 수는 본체론의 범주에 속할 뿐만 아니라 지속론의 범주에도 속한다. 상과 수는 만물의 속성이고 사람이 이러한 속성을 인식하는 시작점이기도 하다. 왕부지는 주로 상수의 성질, 상과 수의 관계 및 상, 수, 역, 도의 합일 문제에 대해 토론했다.

왕부지는 상수의 성질에 대해 제일 많이 토론했다. 왕부지는 상은 사람이 지식을 형성하는 최초의 근거라고 주장했다. 그는 다음과 같이 말했다. "지금 대저 상(象)은 현황순잡(玄黃純雜)하여 이로 인하여 문(文)을 얻으며, 장단종횡(長短縱橫)하여 이로 인하여 도(度)를 얻으며, 견궤동지(堅脆動止)하여 이로 인하여 질(質)을 얻으며, 대소동이(大小同異)하여 이로 인하여 정(情)을 얻으며, 일월성신(日月星辰)하여 이로 인하여 명(明)을 얻으며, 분식로양(墳埴壚壤)하여 이로 인하여 산(產)을 얻으며, 초목화실(草木花實)하여 이로 인하여 재물을 얻으며, 풍우산윤(風雨散潤)하여 이로 인하여 절(節)을 얻는다. 그 귀에 구멍이 열려서 총(聰)을 얻고 눈이 구슬을 머금어 명(明)을 얻으니, 이것들이 이르는 곳은 하나이다(《주역외전(周易外傳)》 계사하전 제3장, 《선산전서(船山全書)》 제1책 1,038쪽)."

상은 사물의 조리, 크기, 성질 등 외재적인 형태이다. 상을 인식하는 것은 인식활동의 첫 단계이다. 천하의 모든 형질을 갖고 있는 사물은 상을 갖고 있다. 상과 그것을 포함하고 있는 실체는 떨어질 수 없다. 그리하여 "천하에는 상 밖의 도가 존재하지 않는다"고 말한다. "천하에는 상(象) 밖의 도(道)가 없다. 왜일까? 밖에 있으면 상(相)은 더불어 둘이 되니 곧 아주 친함으로 역시 아버지의 자식과 같은 것이다. 밖에 없다면 상은 더불어 하나가 되어 비록 이름이 다름이 있지만 역시 귀와 눈이 총명(聰明)한 것과 같은 것이다. 아버지가 자식을 낳고 각각 그 형체가 있고 아버지가 죽으면 자식이 계승하는데, '도가 상(象)을 낳고 각각 스스로 체가 되며, 도가 사라지면 상이 남는다'고 말하지 않는다. 그런즉 상(象) 밖에는 도(道)가 없다. 도(道)를 상세하게 하고 상(象)을 간략하게 하려고 하는데, 어찌 가능하겠는가?(《주역외전(周易外傳)》 계사하전 제3장, 《선산전서(船山全書)》 제1책 1,038쪽)."

이는 그의 건과 곤을 병건(竝建)하고 체와 용이 모두 존재한다는 사상과 일치하다. "상 밖에 도가 존재하지 않는다"는 것을 역학과 일반적인 이치 두 개의 방면으로 이해할 수 있다. 《역》은 사람들이 천하의 상을 묘사하고 개괄하며 상징하기 위해 창조해낸 도구이다. 그리하여 《역》은 우선 괘상으로 귀결된다. 《역전》에서는 "이런 까닭에 역은 상이다. 상이라고 하는 것은 실제로 모이는 모습을 본 뜬 것이다"라고 말했다. 왕부지는 이 관점을 계승하여 《역》의 괘상을 만물의 상을 묘사하는 인식도구로 삼았다. "상(象)은 많은 것을 이기지 못하지만 《역(易)》에 사용된다. 《역(易)》은 상(象)을 기우(奇偶, 기수와 우수)에서 모으고 3과 5를 변화시켜 그 수를 이리저리 더하고 빼고 곱하고 나누는 왕래에서 흩어지게 하며, 서로 더불어 열었다 닫았다 하고 서로 더불어 기원하고 발전한다. 열고 닫음에는 정(情)이 있고 기원하고 발전함에는 이치가 있다. 그러므로 길흉회린(吉凶悔吝)하니 상(象)을 버리고 정벌할 곳이 없었다. …… 이를 미루어 말한다면 천하에는 상(象)이 있는데, 성인에게는 《역(易)》이 있기 때문에 그러므로 신물(神物)은 흥하고 백성은 이전 것을 사용한다. 천하를 가득 채운 것이 모두 상(象)이다. 《시(詩)》의 비흥(比興), 《서(書)》의 정사(政事), 《춘추(春秋)》의 명분(名分), 《예(禮)》의 의(儀), 《악(樂)》의 율(律)은 상(象)이 아닌 것이 없다. 그러나 《역(易)》은 그 이치를 통회(統會)한다(《주역외전(周易外傳)》 계사하전 제3장, 《선산전서(船山全書)》 제1책 1,039쪽)."

사람이 《역》이라는 인식도구를 발명해냈고 역은 음효, 양효의 다른 배열과 조합으로 이루어진 괘를 통해 사물을 상징한다. 역괘에는 만물의 이가 포함되었다. 육경에서 《시》, 《서》는 각자의 직책을 갖고 있다. 《역》은 육경의 이를 한데 집중시켰다.

왕부지는 역의 상수관계에서 볼 때 괘상과 그 설시(揲蓍)의 수는 서로 상생상의(相生相依)하기 때문에 상에 수가 있고 수에 상이 있다고 말했다. 상과 수의 관계에서 볼 때 만물의 형태는 그 수량과 성질과 상생상의한다. 그는 상과 수를 결렬시키는 것을 반대했다. 그는 양자의 통일을 주장한다. "상(象)이 있되 수(數)가 있지 않고 수가 있되 상이 있지 않으면 여기에 끼친 것이 있다. 기(器)와 시(時)는 이미 서로 마주치지 않으며, 또한 그것들로 하여금 명백하게 서로 가지런한 것이 없게 하였다. 상(象)이 그 생겨난 것을 닮고 수(數)가 그 일을 탄 것 같은 것은 길흉(吉凶) 밖에는 뉘우침과 부끄러움이 있고 밤낮의 가운데는 나아가고 물러감이 있으니, 복을 받아들이는 것은 매우 쉽다. …… 왜인가? 역(易)에는 상(象)이 있고 사(辭)가 있고 상으로 인하여 세워지는 것이며, 변(變)이 있고 점(占)이 있고 수(數)로 인하여 생겨나는 것이다. 상이란 것은 기의 시작이고 아직 일이 있기 전에 거(居)하였으며, 수(數)란 것은 기회의 때인데 바야흐로 일이 있을 때 거하였다. 그 아직 일이 생기기 않았을 때는 거하고 바야흐로 일이 있을 때는 움직인다. 그 상도에 거하였기 때문에 상은 지극히 일정한 것이다. 움직임은 변화로 말미암는데 수는 지극히 변화는 것이다. 군자는 그 일정한 바에 일정하고 그 변하는 바에 변하니, 지위가 안정하다. 상도는 변화를 다스리고 변화는 상도를 인정하면 공(功)은 일어난다(《주역외전(周易外傳)》 계사하전 제2장, 《선산전서(船山全書)》 제1책 993~994쪽)."

상과 수의 관계를 결렬시키면 사물의 외재적인 형태와 그 내적인 성질의 관련을 결렬시킨 것과 같다. 상과 수의 관계는 다음과 같다. 상은 사물의 상대적으로 안정적인 외부 형상을 대표한다. 수는 사물이 다른 시공에서 끊임없이 변화하는 관계를 대표한다. 그리하여 사물의 상에 근거하여 사물의 성질을 파악할 수 있고 그 수량이 달라지는데 근거하여 그 변화를 인식하고 예측할 수 있다. 사물이 상대적으로 안정적인 상태는 변화의 근거이다. 변화는 상대적으로 안정적인 상태에 있는 사물이 다른 시공 속에서 달라지는 것을 말한다. 사물의 원래 모습에 근거하여 그 성질과 변화를 파악할 수 있는데, 이것은 사물에 순응하는 것이다. 상(常)에서 그 변화를 사용하고 변화 속에서 그 상(常)을 잃지 말아야 한다. 이것이 사물을 운용하는 것이다.

왕부지는 상과 수의 관계로 사물의 필연성과 우연성을 설명하기도 했다. "음양이 신령과 혼백을 이끌어서 백성 앞에서 사용한 것은 상수(象數)로서 그 대사(大司)를 삼지 않음이 없었다. 대저 상수라는 것은 천리(天理)이고 도(道)와 더불어 체(體)가 되고 도가 이루어지면 볼 수 있는 것이다. 도는 정해진 법칙이 없지 않아서 사물에 의지하며, 성심(成心, 온전한 음, 하늘이 준 마음, 참된 마음)을 갖고 있지 않으면 사물에 기대게 된다. 사물과 함께 하는 데는 법칙이 있고 상수에는 우연함으로 인한 것이 아니며, 물건을 건네줌에 무심하면 상수 역시 그 필연성을 갖고 있지 않다. 우연적인 것은 귀신을 받들고 필연적인 것은 자연 그대로에 맡기는 것이니, 지(知)에는 길흉이 있으나 사람은 득실에 참여하여 모의할 수 없다(《주역외전(周易外傳)》 계사상전 제4장, 《선산전서(船山全書)》 제1책 998쪽)."

우주만물을 인식하고 파악하는 《주역》이라는 도구에서 상과 수는 아주 중요하다. 왜냐하면 상수는 천도에 의해 만들어졌고 천리의 구체적인 체현이며 우주변화의 법칙을 대표하기 때문이다. 우주의 변화에는 규칙이 존재하기 때문에, 구체적인 사물의 근거가 될 수 있다. 그러나 우주변화의 법칙에는 의지와 목적이 없다. 도는 구체적인 사물에 규율을 부여해주었다. 사물의 생김새와 수량의 관계에는 우연이 아닌 반드시 그러하게 되는 원인이 존재한다. 그러나 도가 상수를 사물에 부여해 준 데에는 아무런 의지도 존재하지 않는다. 구체적인 사물의 상수에는 반드시 그러해야 한다는 규정이 존재하지 않는다. 그리하여 그것은 우연한 것이다. 사물의 상과 수는 우연성과 필연성의 통일이다. '존귀(尊鬼)'는 우연성을 승인하고 중시하는 것이다. '임운(任運)'은 사물에 원래부터 존재하던 규율에 적응하는 것이다. 왕부지는 상과 수는 필연성과 우연성의 통일이라고 생각하기 때문에, 그는 우연성에 의지하는 점괘를 반대했다. 그는 우연성을 승인하지 않고 상수를 순수한 논리적인 추연(推演)이라고 생각하는 관점도 반대했다. 예를 들면 경방(京房)의 괘기설(卦氣說), 위백양(魏伯陽)의 《주역참동계(周易參同契)》, 양웅(揚雄)의 《태현》, 관랑(關朗)의 《원포(元包)》, 사마광의 《잠허》, 소옹의 《선천도》 등이다. 후자에 대한 비판이 특히 엄격했다. 그는 이것은 허망한 존재를 과학적으로 포장하는 것이라고 비판했다.

왕부지는 상과 수의 표현과 상과 수가 서로를 측량하는 것에 대해서도 토론하였다. "수를 추측하는 것에 대해서는 사람이 이미 가지고 있는 것으로 말미암아 후에 그것을 추측하여 보이는 것이다. 상(象)은 수(數)를 헤아릴 수 있고 수 역시 상을 헤아릴 수 있다. 상은 이미 그렇게 된 것으로 보이니, 고요함[靜]에 속하며, 수가 그 스스로 있는 것에 편승하니, 움직임[動]에 속한다. 그러므로 수 역시 상을 헤아릴 수 있는 것이다(《주역외전(周易外傳)》 계사하전 제9장, 《선산전서(船山全書)》 제1책 1,016쪽)."

이것은 역학과 철학 두 개의 방면에서 볼 수 있다. 《주역》에서 괘상은 이미 표현되었고 상대적으로 안정적인 상태를 가리키고, 효수(爻數)는 아직 나타나지 않은 변동적인 상태를 가리킨다. 효수의 변화에서 괘상을 예측할 수 있다. 괘상에서 효수의 변화를 알 수도 있다. 이것은 사물의 일반적인 이치로부터 말할 때, 사물의 형상에서 그가 소유하고 있는 수량적인 속성을 알 수 있다. 사물의 수량적인 속성에서 그가 어떤 상을 갖고 있는지 짐작할 수도 있다. 상과 수는 사람이 사물을 관찰하고 파악하는 중요한 착안점이다.

왕부지는 상과 수는 사물의 성질과 변화를 나타냄에 있어 서로 다른 작용을 일으킨다고 말했다. 이미 존재하는 사물을 관찰할 때에는 상에 의거해야 한다. 미래의 사물을 예측할 때에는 수에 의거해야 한다. 그는 다음과 같이 말했다. "상(象)은 위에서부터 빛나고 수(數)는 아래로 말미암아 쌓인다. 대저 상과 수는 하나로 이루어져 있고 모두 양 사이에 갖추어져 있으며, 상하는 때도 없고 빛나고 쌓임은 천천히 움직이는 것이 없다. 자연이란 이른바 순역(順逆)이 없다. 그러나 이연(이연)으로 인하여 자연을 관찰한다면 상에 있으며, 필연을 기대하여 자연과 일치(符)한다면 수에 존재한다(《주역외전(周易外傳)·설괘전(說卦傳)》,《선산전서(船山全書)》제1책 1,079쪽).”

왕부지는 상을 인식하는 방법은 직각적이고 뚜렷하며, 수를 인식하는 방법은 논리적이고 뚜렷하지 않다고 생각했다. 이미 형성된 사물은 모두 상과 수를 동시에 소유하고 있다. 또한 상수의 방법으로 인식할 수 있는 가능성도 갖고 있다. 상으로는 이미 존재하는 것을 알 수 있고 수로는 미래의 것을 알 수 있다는 데에 있다. 상과 수의 다른 사상방법으로 말할 때 “상의 합(合)은 분(分)을 듣기 위함이고 수의 분은 합을 듣기 위함이다(《주역외전·설괘전》).” 상은 주로 사물을 전체적으로 묘사한 것으로서 직관적이고 종합적이다. 그 가운데는 분(分)이 포함되어있다. 수는 주로 사물을 세부적으로 묘사한 것으로서 추리적이고 분석적이다.

왕부지는 상과 수가 대표하는 사상에 근거하여 《홍범》과 《주역》은 사유방법이 다름에 따라 사물을 인식하는 과정에서 서로 다른 역할을 담당한다고 생각했다. “《주(疇)》는 상(象)을 이루어서 수를 일으킨 것이고 《역(易)》은 수로 인하여 상을 얻는 것이다. 《주(疇)》는 사람의 일이며, 하늘의 자연에 근본을 두고 있다. 《역(易)》은 천도(天道)이며, 사람이 불용이(不容已)로 행한다(《주역외전(周易外傳)·설괘전(說卦傳)》,《선산전서(船山全書)》제1책 1,080쪽).”

《주(疇)》는 《홍범》의 구주(九疇)를 가리킨다. 이는 나라를 다스리는 정치 도덕을 오행, 오사, 팔정 등 아홉 가지 내용으로 나누어서 설명한 것이다. 그러나 이것은 천도를 근거로 한다. 그러나 《주역》에서는 효수가 쌓여서 괘상을 형성한다. 비록 그것으로 천도를 묘사할 수 있기는 하지만 그 자체는 사람이 만들어낸 부호일 뿐이다. 그리하여 그것은 “천도이지만 사람의 불용이에 행해진다”고 말한다. 그리하여 수에서 상을 얻을 수 있다.

상과 수의 관계에서 왕부지는 상과 수가 서로를 의거로 한다고 주장한다. 상은 수가 산생되는 근거이고 수는 상이 산생되는 근거이다. “천하에는 수(數) 밖의 상(象)이 없고 상 밖의 수가 없다. 이미 상이 있었으면 1이나 2 그리고 수를 얻었을 것이다. 이미 수가 있었다면 기수와 우수 그리고 상(像)을 얻었을 것이다. 이런 까닭으로 상과 수는 서로 의지한다. 상은 수를 낳고 수 역시 상을 낳는다. 상이 수를 낳음은 상이 있고 그것을 세어서 수가 되었으며, 수가 상을 낳음은 수가 있어 그것을 마침내 이루어서 상이 된다. 상이

수를 낳은 것은 하늘이 그것으로 하여금 이 체(體)가 있게 하여 사람이 그것을 기록할 수 있게 하였다(필자주 : 마치 눈이 본래부터 두 개로 상을 이룬 것 같이 사람이 그것을 계산하여 둘을 얻었으며, 본래부터 다섯 개로 상을 이루어 사람이 그것을 계산하여 5를 얻은 것을 가리킨다). 수가 상을 낳았다고 한 것은 사람이 그 수를 갖추어 체(體)가 마침내 이룬 것이다(《상서인의(尙書引義)》 88쪽)."**5)**

사물의 형상과 수량은 동시에 존재한다. 수는 상수의 수이고 상은 수의 상이다. 형상에서 그 수량을 얻을 수 있고 수량에서 그 형상을 얻을 수 있다. 그리하여 "상에서 수가 생기고 수 역시 상을 생성한다"고 말한다. 여기서 왕부지는 두 가지 형식을 통해 상과 수가 서로를 의거한다는 것을 파악하였다. 하나는 실제적인 측량이고 다른 하나는 추리이다. 상에서 수가 생긴다는 것은 사물의 형상에 대한 측정을 통해 알 수 있다. 수에서 상이 생긴다는 것은 사물의 수량과 성질이 사물의 외재적인 형상을 제약한다는 말이다. 실제적인 측량을 통해 상에서 수가 얻어진다. 측량은 감각기관을 통해서 이루어지고 이것은 경험적인 활동이다. 추리를 통해 수에서 상을 얻을 수 있다. 추리는 감각기관을 통한 것이 아니고 이것은 이성적인 활동이다. 왕부지의 상과 수는 서로를 의거로 한다는 주장은 사실 상과 수를 파악하는 두 가지 방법을 구분한 것으로서 경험과 추리는 서로 의지하고 서로를 산생(産生)한다는 뜻이 포함된다.

왕부지는 상수가 서로를 의지한다는 관점을 근거로 한층 더 상, 수, 이(理), 의(義)는 역에 통일된다는 주장을 내놓았다. 그는 장재의 《정몽 · 대역》의 "정결하고 고요하고 정미해서 그 행동에 폐가 되지 않으며 만족할 줄 알아 해롭지 않으면, 곧 역의 심오한 이치라 할 수 있다"라는 말을 다음과 같이 해석했다. "결정(潔靜)이란 사사로운 이익이나 더럽고 어지러운 것이 아니고 그 뜻이 깨끗하고 맑으며, 고요함으로 길흉(吉凶)이 올 것에 대비한다. 정미(精微)란 그 굴신(屈伸)과 소장(消長)의 이치를 살피고 의(義)의 마땅한 바를 연구한다. 그 형적이 더럽히지 않은 것은 수(數)로 인하여 상(象)을 알고 수가 상을 세우게 되고 수에 흐리지 않게 하며, 상으로 인하여 이(理)를 궁구하고 상이 이(理)를 세우게 하여 상에 잡히지 않게 하기 때문이다. 만족함을 알고 도적질을 하지 않는 사람은 의

---

5) 예컨대, 천자와 제후는 둘 다 등급을 아래로 낮추어 존비(尊卑)의 상(象)을 이루었다. 족서(族序)는 9로 하고 친소(親疎) · 등살(等殺, 줄이거나 깎아냄)의 상을 이루었다 – 필자 주

(義)가 옳은 곳에 머무르고 이익을 도모하거나 공(功)을 계산하지 않고 길(吉)의 선견(先見)으로 정명(正命)을 해치며 행복을 바란다. 이와 같이하여 역(易)을 배운다면 과오를 줄일 수 있으며, 점을 치는 것으로 한다면 두려움을 알고 재앙을 없앤다. 저들이 상수(象數)를 잡고 길흉에 뜻을 쓰는 것이라면 진실로 역(易)을 따르기가 부족하다(《장자정몽주(張子正蒙注)·대역(大易)편》,《선산전서(船山全書)》제12책 284쪽)."

사물에는 모두 이가 존재하고 그것을 대표하는 가치적인 이상도 있다. 또한 사물의 성질에 의해 제약되는 상과 수도 있다. 그들 사이의 관계는 다음과 같다. 수량의 관계는 상에 의해 제약되고 상은 이(理)에 의해 규정된다. 이(理)는 사물의 근본적인 속성이고 그 위에는 모종의 가치적인 이상을 대표하는 의(義)가 반영된다. 사물을 고찰하는 것은 사물에 존재하는 이를 탐구하는 동시에 의(義)의 적당함을 알아내는 것이다. 사물에서 그 형상을 알 수 있지만 그 형상에 얽매이지 말아야 한다. 형상에서 그 이를 알 수 있지만 그 형상에 집착하지 말아야 한다. 의의 적당함을 알아야 하지만 가치적인 이상에 손해를 입히지 말아야 한다. 이것이 바로 역을 배우는 정확한 방법이다. 정결하다는 것은 주체의 의지가 깨끗하다는 말이다. 정밀하다는 것은 상수와 이에 대한 파악이다. 해롭지 않다는 것은 의를 지키는 것이다. 역을 배우려면 어느 한 가지에 치우치지 말고 이 세 가지를 모두 얻어야 한다.

왕부지는 또 "언상의도(言象意道)" 통일의 관점을 제기하기도 했다. 이것은 그가 왕필의 "득의망상(得意忘象)"의 관점을 비판하는 과정에 제기한 것이다. "말은 잊을 수 있는 것이 아니며, 어찌 상(象)에 비유하며, 하물며 스스로 나온 말이겠는가? 체(體)와 기(氣)로 인하여, 동(動)과 심(心)으로 인하여, 물(物)과 이(理)로 인하며, 도(道)는 도리어 말로 인하여 나온 것이니, 곧 언(言)·상(象)·의(義)·도(道)는 굳게 합해져서 경계가 없으니 어찌 잊을 수 있겠는가?(《주역외전(周易外傳)》계사하전 제3장,《선산전서(船山全書)》제1책 1,040쪽)."

왕부지는 왕필의 "득상망언(得象忘言), 득의망상(得意忘象)"의 역학방법은 한나라의 유학자들이 상수에 집착하는 잘못을 제거하는데 일정한 작용을 하였지만 언상의도의 통일을 결렬시켰다고 주장했다. 언(괘효사), 상(괘효상), 의(괘의 의의)는 괘의 유기적인 구성부분이다. 삼자는 도체의 다른 방면을 의미한다. 괘사는 괘상의 원인이다. 괘사는 괘상에 대한 설명이고 괘상은 사물에 대한 묘사와 개괄이다. 사물은 도의 표현이다. 그리하여 근본적으로 말할 때 언상의도는 통일된다. 왕부지는 왕필이 언과 상을 의를 얻는 도구라고 한 것에 반대한다. 또한 왕필이 실재적인 물건(언상)을 버린 전제하에 실재적이지 않은 물건(의)을 강조하는 것도 반대한다. 그는 언상의도의 통일을 주장한다. 상과 수의 관계, 언상의도의 관계에 대한 왕부지의 관점은 그가 우주 전체와 구체적인 사물을 인식하는 방법을 대표한다. 이러한 방법들은 이성적이고 사변적이다. 이러한 방법들에서 그가 형이상학 학자의 안목을 갖고 있고 세밀하게 분석하는 사유 특징을 갖고 있다는 것을 알 수 있다.

3) 격물과 치지

왕부지의 지식론에서 어떻게 눈과 귀로 얻은 감성지식을 범위가 넓고 경험의 기초가 있으며 보편적이고 필연적인 지식으로 변화시키는가 하는 것은 아주 중요한 내용에 속한다. 이 방면에 대한 그의 논술은 주로 격물과 치지의 기능과 상호 관계에 집중되었다.

선인들은 격물과 치지의 본의 및 그 상호관계에 대해 많은 논술을 진행하였고 여기에는 많은 분기가 존재한다. 주희는 《대학장구(大學章句)》에서 격물을 물(至物)이고 치지는 궁리이며 격물치지는 사물의 이를 궁구하는 것이라고 말했다. 왕양명은 격물치지를 치지격물이라고 했는데 "치양지" 속에서 정확하지 않은 의념을 바로잡는다는 뜻이다. 이학의 두 가지 전형적인 해석에서는 모두 격물치지를 한 가지 일 혹은 한 가지 일의 두 가지 방면이라고 말했다. 왕부지는 격물과 치지를 하나로 보는 것을 반대했다. 그는 격물과 치지는 성질이 같지 않은 두 가지 일이라고 주장한다. "만약 이를 종합적으로 논한다면 격물(格物)에서부터 평천하(平天下)에 이르기까지 모두 한 일(事)에 머무른다. 만약 이를 나누어 말한다면 격물의 성공이 물격(物格)이 되고 '물격이 된 다음 지지(知至)'가 되니, 중간에는 삼전절(三轉折)이 있다. 만약 묶어서 하나로 만든다면 그 단계를 살피는 것이 분명하지 않게 되어서, 마침내 물을 격한다면 앎이 저절로 지극해진다고 말하게 될 것이니 결국 완성한다는 한 단계의 공부를 없애버리는 것이다(《독사서대전설(讀四書大全說)》 10쪽)."

여기서는 비록 통론(統論)과 분론(分論)을 나누었지만 사실 왕부지는 나누어서 말하는 것을 주장한다. 나누어서 말하면 격물은 외물의 이를 연구하는 것으로서 치지의 내용이 더 복잡해진다. 가치의 이성으로 말할 때 치지라는 개념에는 자기에게 원래부터 존재하던 도덕이성을 마음에 드러나게 한다는 뜻이 포함된다. 지식의 이성으로 말할 때 치지에는 외물의 이를 연구하는 것을 통해 사유, 분별, 추리 등 내성성(內省性) 지식활동을 이끌어낸다는 뜻이 포함된다. 격물의 초급 공부는 그의 목적과 기능으로 치지의 활동을 이끌어내는 것이다. 격물은 치지활동의 전제이고 근거이다 그러나 격물활동 이후의 치지가 더욱 중요하다. 왜냐하면 지에 대한 왕부지의 정의에는 도덕방면의 지천리(知天理)와 지식방변의 지물리(知物理)가 포함되었기 때문이다. 양자는 지의 다른 발생기제이다. 그리하여 치지는 한 방면으로는 격물에서 얻은 물리를 사람의 도덕수양과 연관 있는 천리로 변화시켜야 한다. 다른 한 방면으로는 분별, 추리 등 활동을 거친 뒤에 새로운 일반 지식을 얻어내야 한다. 왕부지의 "격물 이후의 지지(知至)에는 세 개 전환점이 존재한다"는 말에서 이 세 개 전환점은 물격, '치지'(이것은 통일되는 치지활동의 중간 절차로서, 인용부호를 사용해 구별시켰다), 지지이다. 물격은 격물활동의 완성을 표시하는데, 이 과정에서 외물의 이를 얻을 수 있다. 이것이 첫 단계이다. 얻어진 물리에 대해 상상, 유추, 분별, 추리 등 순수한 내성(內省)적인 활동을 진행해야 한다. 이것이 '치지'이다. '치지'는 통일되는 치지활동의 한 절차로서 활동과정의 합목적성을 나타낸다. 이것이 두 번째 단계이다. 지지의 '지(至)'에는 단계가 존재한다. 왜냐하면 '지지'는 최종적으로 획득한 지식을 말하는 것이 아니라 치지의 한 단계를 표시하고 구체적인 치지활동의 결과를 얻는 것을 뜻한다. 이것이 세 번째 단계이다. 왕부지는 격물 이후의 이 세 번째 단계를 특히 강조하였다. 왜냐하면 중요한 공부는 모두 이 세 번째 단계에 있기 때문이다. 왕부지는 격물과 치지를 하나의 일(事)로 보는 것을 반대했다. 또한 "격물치지"를 명확하게 말하지 않아 격물 이후의 세밀한 공부를 소홀히 하거나 말살시키는 것을 반대했다.

왕부지의 치지에는 도덕이성이 마음에 체현된다는 내용이 포함된다. 이러한 활동에서 격물은 유인이고 마음속에 원래부터 존재하던 성리는 근거이다. 형이상의 성리가 마음에 체현되는 것은 결과이다. "이런 까닭으로 효성스런 사람은 배우지 않아도 알고 염려하지 않아도 능하며, 자비로운 사람은 배우지 않아도 자녀를 양육하고 후에 결혼을 시킨다. 의(意)는 지(知)로 인한 것이 아니고 지는 사물로 인한 것이 아니니, 진실하다. 오직 대저 어버이를 섬기는 도(道)는 경(經)에 있는 것을 마땅하게 여기고 변(變)에 있는 것을 방편으로 여긴다. 혹 사사로운 뜻으로 스스로 이용한다면 신생(申生)과 광장(匡章)이 불효에 빠지는 것과 같이 되니, 격물을 빌어서 그 이(理)를 미루어 다하고 미세한 유사함도 없게 한 뒤에 그 성(誠)을 이용할 수 있다. 이렇다면 격치(格致)는 서로 관계가 있고 치지는 격물에 있는 것이며, 다만 이렇게 말할 뿐이다.《독사서대전설(讀四書大全說)》11쪽).”

왕부지는 본연의 지와 현실의 지가 있다고 생각한다. 본연의 지는 배우지 않아도 아는 것이고 염려하지 않아도 얻어지는 천부적인 도덕의식이다. 사람마다 천부적인 도덕의식을 갖고 있다. 그리하여 “물체 때문에 알게 된 것이 아니다.” 예를 들면 어버이에 대한 효도와 자식에 대한 사랑이 그러하다. 그러나 이러한 효도와 사랑이 행위를 통해 실현되면 그것은 현실적인 지이다. 이것은 사람의 격물활동을 통해 얻어진다. 현실의 지에는 어떤 것이 “재경지의(在經之宜)”이고 어떤 것이 “재변지권(在變之權)”인지가 포함된다. 이것은 현실적인 추리, 분별 등 지식활동이다. 그러나 이러한 지식활동의 최종목적은 사적인 자용을 제거하여 성의가 나타나게 하려는 데에 있다. 이게 바로 “격물을 빌려 그 이를 알아내어” 도덕이성이 지식활동에 체현되고 지식활동을 주재하게 만드는 것이다. 이게 바로 “격치상인(格致相因)”이다. 왕부지는 자신의 이러한 해석에《대학》의 “치지가 격물에 있다”는 관점의 모든 뜻이 포함되었다고 생각했다. “치지는 격물에 있다”는 말에서 격물은 유인이고, 치지는 목적과 결과이다.

순수한 지식활동에서도 왕부지는 치지를 강조하였다. 그는 격물을 통해 얻은 이(理)에 근거하여 자기 자신을 돌이켜 보는 것은 격물 자체보다 더 중요하다고 생각했다. “천하의 사물에는 끝이 없고 나의 파악[格]에는 끝이 있다. 내가 아는 바에서 양(量)이 있으나 그 치(致)에 미치면 다시 양에 구속되지 않는다. 안자(顔子)는 하나를 들으면 열을 알았으니, 하나를 파악하여 열을 이루었다. 자공(子貢)은 하나를 들으면 둘을 알았으니, 하나를 파악하여 둘을 이루었다. 반드시 천하의 사물에 모두 파악하기를 기다린 뒤에 만사의 이치를 모두 알았고 이미 얻을 수 없는 수를 이루어냈다. 이로써 보전(補傳)에 이르기를 “힘을 쓴지 오래 되자, 한꺼번에 활연관통(豁然貫通)하였다.” 애초에 그 파악하여 쌓은 것을 버리지 않았고 나의 지(知)는 이미 이르지 않음이 없었다. 지(知)가 지극하다는 것은 “내 마음의 온전한 본체와 큰 작용(全體大用)이 밝지 않음이 없다”는 것이다. 곧 치지(致知)란 역시 대저 내 마음의 온전한 본체와 큰 작용에서 다 구하니 다만 어찌 그것을 사물에서 구하리요? 맹자가 말하였다. “재장(梓匠, 목공)과 윤여(輪輿, 수레 만드는 장인)는 남에게 규구는 줄 수 있어도 남의 기술이 좋아지게 만들지는 못한다.” “규구(規矩)란 물건이며, 바로잡을 수 있는 것이다. 교(巧)란 물건이 아니고 아는 것이며 바로잡을 수 없는 것이다. 교란 진실로 규구의 가운데에 있기에 그러므로 말하였다. '치지는 격물에 있다.' 규구 가운데는 교가 없으니, 격물과 치지 역시 스스로 둘이 되니, 한쪽만을 버릴 수 없다(《독사서대전설(讀四書大全說)》 11쪽)."

여기서 감성지식과 이성지식, 이미 알고 있는 이와 미루어 짐작하는 이, 국부적인 지식과 활연관통 사이의 관계에 대한 견해를 알 수 있다.

이미 알고 있는 것과 아직 알지 못하는 것의 관계에 대해 그는 다음과 같이 말했다. 그는 개인이 접촉할 수 있는 사물은 제한되었지만 천하의 사물은 무한하다. 사람이 사물과의 접촉을 통해 얻을 수 있는 지식은 제한되었다. 그러나 사람이 소유할 수 있는 지식은 그가 경험한 지식의 제한을 받지 않는다. 안자(顔子)는 하나에서 열을 알았고 자공(子貢)은 하나에서 둘을 알았는데 그들이 소유한 지식은 견문보다 훨씬 많다. 그래서 천하의 모든 사물을 깊이 연구해야 할 필요가 없이 후에 천하의 이를 얻을 수 있다. 여기서 왕부지는 사람이 미지의 것을 얻는 능동성을 긍정하였다. 사람의 지식활동에는 직접 보고 듣고 하는 것이 포함될 뿐만 아니라 감성지식에서 이성지식을 획득하고 이미 알고 있는 이에서 아직 모르는 이를 미루어 짐작하는 것도 포함된다. 그리하여 지식활동을 눈과 귀와 같은 감각기관의 범위에 국한시키지 말아야 한다.

국부적인 지식과 활연관통 사이의 관계에 대해 왕부지는 이렇게 말했다. 사람은 마음의 능동적인 창조활동을 통해 국부적인 지식의 기초위에서 비약적인 발전을 이룰 수 있고 전체를 통철(洞徹)할 수 있다. 왕부지는 주희의 《보대학격물전》의 "용력지구(用力之久)"의 관점을 매우 높이 평가했다. 그는 용력지구는 이미 알고 있는 이를 축적하는 것이 아니라 질적인 비약적 발전을 이룩하는 것이라고 생각했다. "용력지구"에는 상상, 사변, 추리, 돈오(頓悟) 등 이지적이고 직관적인 과정이 포함된다. 이는 사실 지식의 각종 형식을 승인하는 것이다. 이성적 혹은 비이성적인 형식은 지식활동에 모두 필요하다.

지식활동의 목적에 대해 왕부지는 이렇게 말했다. 지식활동은 구제척이고 실용적인 지식을 얻는 것뿐이 아니다. 더 중요한 것은 사유능력을 단련시키는 것이다. 지식활동은 구체적이고 일반적이다. 지식활동에는 실용적인 목적이 있기도 하고 없기도 하다. 그의 동기는 구체적이고 국부적이지만 그 결과는 일반적이고 진국적(全局的)이다. 사람은 격물을 통해 구체적인 지식을 얻을 수 있다. 그러나 치지는 주체가 그 인식능력을 이용하여 적극적으로 지식을 추구하는 것이다. 여기서 종합적인 능력을 얻을 수 있다. 그러나 이러한 능력은 구체적인 지식활동에서 얻어질 수도 있고 얻어지지 못할 수도 있다. 그리하여 격물과 치지는 반드시 구별되어야 한다. 또한 능동적으로 치지하는 중요성도 강조해야 한다. 왕부지는 지식의 변증론자로서 그는 격물은 치지의 기초라는 것을 승인하였지만 격물의 기초에서 지식활동을 심층화시키는 것을 더 중요하게 생각했다.

격물과 치지는 구별과 상호 작용에 대해 왕부지는 구체적이고 특별한 논술을 진행했다. "대저 격물의 공부는 심관(心官)과 이목(耳目)이 균등하게 작용하며, 배우고 묻는 것이 위주가 되고 생각하고 분별하는 것은 보조가 되며, 생각하고 분별하는 것이 모두 배우고 묻는 일이다. 치지(致知)의 공부는 오직 심관에 있고 생각하고 분별하는 것이 위주가 되고 배우고 묻는 것이 보조가 되며, 배우고 묻는 것이 그 생각하고 분별하는 의심을 결정한다. '치지는 격물에 있다'는 것은 이목자심(耳目資心)의 용(用)으로 순환되는 바가 있도록 하며, 이목이 마음의 온전함을 전적으로 잡는 것이 아니라면 마음은 폐할 수 있다(《독사서대전설(讀四書大全說)》 12쪽)."

왕부지는 격물은 감성활동을 위주로 하고 사유활동을 보조로 한다. 격물의 단계에서 사유의 내용은 주로 감성재료들이다. 치지의 단계는 순수한 사유활동으로서 주로 상상, 사변, 추리 등의 활동이다. 감성인식활동은 보조이다. 치지에 사용되는 자료는 감각기관이 제공한 것들이지만 치지 활동 자체, 치지를 통해 얻은 결과는 감성재료의 범위를 훨씬 벗어났다. 격물은 치지에 사상적 재료를 제공해준다. 치지는 격물의 기초위에서 진행되는 순수한 사상활동이다. 치지의 결과는 격물에서 얻은 지식을 넓히고 정화시킨 것이다. 양자는 서로에게 도움이 된다.

왕부지는 지식활동에 대해 다음과 같이 논술했다. "무릇 지(知)의 방법에는 두 가지가 있는데, 두 가지는 서로 가지런하다. 그러나 도리어 각각 따르는 바가 있다. 인정받는 상수(象數)와 고금의 먼 증거들을 이(理)에게 구하기를 다하니, 이른바 격물(格物)이다. 허(虛)로서 그 밝음이 생기고 생각으로서 그 의심스런 문제를 궁구하니, 이른바 치지(致知)이다. 치지가 아니면 물건은 실을 곳이 없고 쓸데가 없는 물건을 가지고 놀다가 의지를 잃는다. 격물이 아니면 지(知)는 사용할 곳이 없고 지혜를 탕진하면 사악함이 들어온다. 두 가지는 서로 가지런하니, 각기 이르지 못함을 포용하지 못한다(《상서인의(尙書引義)》 66쪽)."

"상수를 박취(博取)하고 고금을 원증(遠證)하는 것"은 구체적인 고찰 대상이 있는 지식활동이다. "허심한 마음으로 그것을 명백하게 알아야 한다"는 것은 허령의 심지로 구체적인 견문을 종합하고 추상하여 새로운 일반성 지식을 얻는 것을 말한다. "보이지 않는 곳까지 알아내야 한다"는 것은 추리, 상상 등 논리적인 사유과정을 거쳐 보이지 않는 물건들을 나타나게 해야 한다는 말이다. 치지가 없다면 격물에서 얻은 구체적인 지식은 심층적이고 규율적인 인식으로 상승할 수 없다. 격물이 없다면 사상에 구체적인 재료와 실제적인 내용이 없게 된다. 그리하여 격물과 치지는 서로 도움이 되는 관계이다.

격물과 치지의 관계에 대한 왕부지의 설명에서 그의 지식론 상에서의 특징이 나타났다. 그것은 바로 중국에서 연습(沿襲)되어온 경험론의 전통을 중요시하는 것 외, 특히 이성사유가 감성재료에 대해 가공, 승화를 진행하는 과정에 논리적으로 포함된 내용을 매우 중요하게 생각했다. 여기서 그가 예전의 철학자들보다 더 자각적인 방법론적 의식을 갖고 있다는 것을 알 수 있다. 또한 그의 지식론은 사상 자체를 중요하게 생각하는 단계로 발전하였다. 구체와 추상, 감각과 추리, 국부와 전체, 경험과 이성 등 관계에 대한 인식에서 큰 발전을 가져왔는데 경지만 중요시하던 것에서부터 사유와 경지를 모두 중요시하고 도덕이성을 중요시하던 것에서부터 도덕이성과 지식이성의 결합을 중요시하게 되었다. 왕부지는 송명이학을 총결하는 인물이라 할 수 있다. 그는 명나라에서 청나라에 이르는 과정에 나타난 새로운 학술기풍의 창조자이기도 하다.

5. 역사관

역사는 왕부지가 아주 중요하게 생각하는 영역이다. 그의 모든 저서에서 사론은 극히 중요한 지위를 차지한다. 수십 년 간의 고찰을 거쳐 그는 역사의 본질, 치란흥망의 규율, 영웅인물이 역사과정에 일으키는 작용 등의 문제에 대해 자기만의 독특한 견해를 가지게 되었다. 이(理)와 세(勢), 하늘과 사람, 정(貞)과 난(亂) 및 사학의 방법론 등 방면에 대한 그의 관점은 이족의 통치를 받게 된 한 민족주의 지식인이 명나라 멸망의 교훈을 총정리하는 입장에서 출발하여 중국역사를 심각하게 반성하면서 얻어진 결과이다.

1) 이(理)와 세(勢)
이와 세는 왕부지의 역사철학에서 아주 중요한 개념들이다. 이는 역사발전과정에 나타나는 거부할 수 없는 모종의 강제성을 말한다. 이러한 강제성이 역사과정에 일으키는 작용은 의지에 의해 전이될 수 없다. 세는 한 시기의 역사과정에 나타나는 모종의 추세를 말한다. 이와 세의 관계에 대해 왕부지는 이와 세의 유무, 이와 세의 본질, 이와 세가 상호작용을 일으키는 방식 등에 대해 논증하였다. 이와 세에 대한 논술은 그의 이기론과 태극론과 일치한다. 그는 다음과 같이 말했다. "이세(理勢)를 말하는 것은 오히려 이(理)의 세(勢)를 말하는 것과 같다. 오히려 무릇 이기(理氣)를 말하는 것은 이(理)의 기(氣)를 이르는 것과 같다. 이는 본래 하나의 붙잡을 수 있는 사물을 이루는 것이 아니고 잡을 수 없어도 보이는 것이며, 기의 조서절문(條緒節文)은 곧 이가 볼 수 있는 것이다. 그러므로 처음 소유하는 이(理)는 곧 기(氣) 위에서 보는 이(理)이며, 이미 이를 얻은데 이르러서는 자연히 세를 이루었으며, 또한 세가 필연적인 곳에서 이를 보았다(《독사서대전설(讀四書大全說)》 601쪽)."

역사는 우주대화유행의 특수한 형식으로서 이러한 형식은 이기관계의 일반적인 원칙을 따른다. 자연사물을 놓고 말할 때, 기의 단서와 절문(節文)은 이(理)다. 이는 자연사물의 규율, 법칙, 질서로서 사물이 운행하는 방향과 과정을 규정짓는다. 역사를 놓고 말할 때 역사발전과정의 단서와 절문은 역사발전을 원리와 법칙, 역사발전에 나타나는 모종의 강제성 및 그 표현방식을 가리킨다. 왕부지는 이는 세에서 체현되는 모종의 필연성이고 세의 필연성은 이라고 말했다. 기의 운행은 자연스럽게 어떠한 추세를 형성하는데 이 추세가 바로 이다. 왕부지는 맹자의 말을 빌려 이와 세의 관계를 설명하였다. "'소덕(小德)은 대덕(大德)에게 부림을 당하고', 소현(小賢)은 대현(大賢)에게 부림을 당하는 것이 이(理)이다. 이(理)가 마땅히 그러하고 그러하다면 세를 이룬 것이다. '소(小)는 대(大)에게 부림당하고 약자는 강자에게 부림당하는 것'이 세이다. 세가 이미 그러하고 그렇지 않을 수 없다면 곧 이것은 이(理)가 된다(《독사서대전설(讀四書大全說)》 599쪽)."

첫 구절에 포함된 이에는 가치적인 의미가 들어있고, 두 번째 구절에 포함된 이에는 가치적인 의미가 들어있지 않다. 세는 자연범주에 속한다. "소덕이 대덕에게 사역을 당하고 소현이 대현에게 사역을 당한다"는 것 바로 이러하다. 이는 여기서 가치 관념이다. 이러한 관념은 "소덕이 대덕에게 사역을 당하는" 추세를 형성한다. "작은 것이 큰 것을 부리고 약한 것이 큰 것을 부리는 것"은 가치 관념이 아니라 그렇게 될 수밖에 없는 강제성이다. 이러한 필연을 어쩔 수 없이 따르면 당연함이 된다. 이러한 당연함은 곧 이다. 왕부지는 이와 세의 관계를 다음과 같은 두 가지 경우로 나누었다. 첫째, 이는 세의 기초이고 세는 축적을 통해 형성되었으며 이의 필연성을 따라야 한다. 둘째, 세는 이의 기초이고 세의 필연을 따르는 것이 이다. 전자에서 세의 형성은 이를 따른 결과이다. 후자에서는 추세가 이미 형성되었기에 반드시 그러한 형세를 따를 수밖에 없다. 만약 이러한 형세를 따르지 않고 역행한다면 마음이 이러한 추세에 의해 도태되고 말 것이다. 그리하여 세에 순응하는 것이 바로 이다.

여기서 왕부지가 말한 이와 세는 모두 자연의 추세, 규율과 규칙이다. 이의 가치적인 의미를 놓고 말할 때, 왕부지는 이가 세의 기초라는 것은 인정하지만 세가 이의 기초라는 것은 인정하지 않는다. 역사과정을 놓고 볼 때 가치가 있는 사물은 결국에는 좋은 발전적 추세로 전환된다. 그러나 나쁘고 가치가 없는 추세가 한창 강한 위치에 놓여있을 때에는 그것을 따를 수 없고 그것을 억제해야 한다. 그것을 억제하는 것이 이다.(가치가 있는 행동) 그 결과에는 두 가지가 있다. 하나는 억제하고자 했던 사람들의 실패로서 이는 비극적인 결과이다. 그리하여 왕부지는 "약소한 자들은 이치가 있는 이로 이치가 없는 이를 반대할 수 있다. 헌데 그것이 충분하지 못할 경우에는 멸망의 결과를 초래할 수도 있다"고 말했다.(《독사서대전설》 602쪽) 다른 한 가지는 억제하고자 했던 사람들의 승리로서 이것은 희극적인 결과이다. 전자는 "이가 원래 그렇기 때문에 그 추세를 돌려놓을 수 없고", 후자는 이와 세가 통일되고 동기(動機)와 효과가 통일되었다.

왕부지는 이는 자연적인 의미에서든지 가치적인 의미에서든지 모두 부정적인 의미가 없지만 세에는 긍정적인 가치가 있고 부정적인 결과가 있다고 생각했다. 왕부지는 세를 하나의 추세와 축적으로 보았다. 세는 기의 범주에 속한다. 왕부지는 말했다. "도(道)가 있거나 도가 없거나 기(氣) 아닌 것이 없다면[필자주 : 이는 기운((氣運)·풍기(風氣)의 기이다] 세(勢)를 이루지 못함이 없다. 기가 치(治)의 이(理)에서 이루어진 것에 도가 있다고 하고 어지러운 이에서 이루어진 것에 도가 없다고 하여 모두 그 이를 이루었다면 모두 세를 이룬 것이다. 그러므로 '이 두 가지는 하늘(天)이다'라고 말하였다(《독사서대전설(讀四書大全說)》 600쪽)."

가치가 있든 가치가 없든 사물은 모두 어떠한 추세를 형성하게 된다. 좋은 추세는 좋은 통치 결과를 얻을 수 있는데 이것은 유도(有道)이다. 나쁜 추세는 나쁜 통치 결과를 초래하는데 이것은 무도이다. 유도와 무도는 국가를 다스리는 가치적 표준이다. 유도와 무도의 형성원인에는 모두 근거가 있다. 그리하여 유도든 무도든 모두 하늘의 뜻이다. 즉, 자연적으로 그러한 것으로서 인위적인 영향을 받지 않는다. 그리하여 왕부지는 선인들의 "유도는 하늘의 유리(唯理)이고 무도는 하늘의 유세(唯勢)이다"라는 관점을 반대한다. 그는 이러한 관점은 사실 선은 성에서 나오고 악은 정에서 나왔으며 선은 이에서 나오고 악은 기에서 나왔다는 관점을 그대로 인용하였다고 생각했다. "이와 기는 떨어질 수 없고 세(勢)는 이(理)로 인하여 이루어지고 다만 기로 말미암지 않을 뿐이다. 기(氣)는 분란할 때에 도달하여 회오리바람이나 소나기 같이, 일어난 불이 모였다가 흩어지고 빙빙돌며 오고 가며 정해진 방향이 없으니 어찌 세를 얻을 수 있겠는가! 무릇 세를 말하는 사람은 모두 따르고 거역하지 않는 것을 말한다. 높은 곳을 따라 낮은 곳으로 나아가고 큰 것을 따라 작은 것을 포용하고 어기거나 막는 것을 허용하지 않는다는 말이다. 대저 그러하나, 또한 어디를 간들 이(理)가 아니겠는가?(《독사서대전설(讀四書大全說)》601쪽)."

이는 세가 이루어지는 근거이고 기는 세가 소승(所乘)하는 시기이다. 이와 기는 떨어질 수 없다. 세는 이기 때문에 형성된다. 양자는 어느 하나가 없어도 안 되는 관계이다. 세라고 하는 것은 어떠한 이치를 따르는 것이다. 세는 이 때문에 형성되고 이를 근거로 한다. 왕부지는 이와 세를 합일시켜야 한다고 주장하였다. 그는 이것을 나라를 다스리는 근본원리로 삼았다. "세(勢)란 일(事)이 따르는 것이고 사(事)란 세(勢)가 좇는 것이기 때문에 그러므로 사(事)를 떠난 이(理)가 없고 이(理)를 떠난 세(勢)가 없다. 세의 난이(難易)는 이의 순역(順逆)에서 이루어진다. 이가 순조로우면 이 세도 순조롭고 이가 거스르면 이 세도 거스르게 된다. 군신(君臣)의 직분은 상하(上下)·경중(輕重)·선후(先後)·완급(緩急)의 균형이며, 그 순조롭고 거스름이 바뀌지 않는 이치이다. 천하를 지킨다는 것은 상하를 분별하고 백성의 뜻을 정하고 멀리 이르러도 반드시 복종하고 오래되어도 반드시 신뢰하니, 이(理)의 순조로움은 곧 세(勢)의 편안함이다. 공격할 때는 이런 것으로 공격을 하고 수비할 때는 이런 것으로 수비할 것이니, 두 가지 이(理)도 없고 두 가지 세(勢)도 없다(《상서인의(尙書引義)》제86쪽)."

세는 구체적인 사물 때문에 생겨나고 반드시 구체적인 사물의 이를 근거로 성장한다. 세의 성장의 어려움과 쉬움은 이의 순역(順逆)에 의해 결정된다. 이의 순역에는 두 개의 방면이 포함된다. 하나는 한 세대 사람들의 공통의 가치관념에 부합되는가 하는 것이고, 다른 하나는 이러한 이를 봉행하는 시공조건이 적당한가 하는 것이다. 이 두 개의 방면에 모두 부합되면 세가 쉽게 성장할 수 있다. 이게 바로 "이가 순해지면 세가 편리해진다"는 말이다.

왕부지는 이와 세의 합일로 맹자가 말한 "하늘"을 해석하였다. "맹자(孟子)는 이에 세(勢)자의 정미(精微)함을 보고 이(理)자의 광대(廣大)함과 합쳐서 이를 이름하여 '하늘[天]'이라 말하였다. 나아가서는 왕을 일으킬 수 있고 물러나서는 나라를 지킬 수 있으니, 이(理)와 세(勢)를 묶어서 하나로 합한 설을 만들었다. 자세하게 분석해보면, 그 뜻을 벗어났다(《독사서대전설(讀四書大全說)》602쪽)."

여기서 정미, 광대라는 단어에는 깊은 뜻이 내포되어있다. 이는 가장 기본적인 것이다. 이는 모든 사물의 구성요소로서 그 운용범위가 가장 넓다. 세는 이를 기초로 하지만 유도의 세와 무도의 세가 있기 때문에 그것을 구별하기가 아주 힘들다. 세는 이를 따를 때 생기는 성장과 확충이다. 그러나 현실에서 세는 구체적인 시공에 존재하는 사물을 정확하게 파악하고 운용해야 하기에 정밀하고 알기가 어렵다. 대화유행이란 세가 이를 근거로 성장하고 이가 세를 타고 운용되는 것이다. 이게 만물을 형성하는 전반적인 과정이다. 역사사건의 발생과 진화 역시 그러하기 때문에 이와 세가 함께 하루를 이룬다.

이와 세에 관한 왕부지의 이론은 두 가지 심각한 철학문제와 연관된다. 첫째, 자연적인 범주에서 말할 때 역사사건에 대한 선악의 평가를 제외하고 그 형성원인만 토론한다면 역사의 배후의 필연성과 그 현실적인 추세는 어떤 관계일까? 둘째, 가치적인 범주에서 말할 때 유도와 무도의 근거는 어디에 있을까? 왕부지는 역사발전의 필연성과 그 현실적인 표현인 현실적인 발전추세 사이에는 서로 의존하는 관계가 존재한다고 생각했다. 그는 역사의 필연성은 반드시 어떠한 추세로 표현된다고 생각했다. 반드시 어느 한 시기의 역사의 필연성에서 그러한 추세가 형성된 원인을 탐구해야 한다. 왕부지는 전반 인류의 역사과정에 규율이 존재한다고 생각하지 않는다. 그러나 그는 일정한 시기의 역사에 어떠한 필연성이 존재한다는 것은 인정했다. 이러한 것들은 역사적 숙명에 얽매이지 않고 사람이 역사를 창조하는 주동성을 발휘하고 이러한 필연성을 파악하여 역사의 발전을 추진하여야 한다. 이러한 추세는 이미 바꿀 수 없는 상태가 되었기 때문에 이러한 추세에 주동적으로 순응하여 그것을 필연성으로 만들어 사람들이 그것을 이용해 유리한 결과를 얻게 해야 한다. 역사의 필연성을 무시하고 인위적으로 이러한 추세를 만들어내려고 한다면 사람의 행위가 틀린 방향으로 발전할 수 있다. 이와 세는 모두 어떠한 필연성을 가리킨다. 그러나 이는 사물에 원래부터 존재하던 본질과 필연성이다. 세는 어느 한 시간과 공간속에서 사람의 활동에 의해 형성된 필연성이다. 이는 세의 근거로서 매우 미세하여 보이지 않는다. 세는 이가 어떠한 특정된 시공환경 속에서의 표현이다. 세는 이를 떠날 수 없다. 그러나 세 자체는 또 새로운 이를 만들어 낼 수 있다. 이와 세는 함께 함께 역사사건의 생성과 변화 및 소멸을 완성한다. 이와 세를 합일시켜야 한다는 왕부지의 이러한 주장은 그가 명나라가 멸망한 교훈을 찾아내려는 목적에서 출발해 전반 중국역사를 총정리하면서 얻어낸 결론이다. 그의 이러한 결론은 청나라의 실증철학으로 넘어가는 특징을 갖고 있다.

2) 하늘과 사람

하늘과 사람도 왕부지의 역사철학에서 많이 토론된 문제이다. 하늘은 구체적인 역사사건의 전반적인 외부환경, 외재적인 요소를 가리킨다. 사람은 구체적인 역사사건에서의 주관적인 요소를 가리킨다. 왕부지에게 있어 하늘의 의미는 아주 풍부하다. 하늘은 이와 세가 함께 작용하여 이루어진 환경의 한 단면을 가리킨다. 또한 전반 인류활동에 의해 형성된 역사사건, 역사정신, 역사의미의 총화이기도 하다. 왕부지는 하늘의 두 번째 뜻을 매우 중요하게 생각했다. 왕부지는 "하늘은 고왕금래의 것을 합해서 만든 순수한 존재"라고 말했다.(《독통감론(讀通鑒論)》 60쪽) 하늘은 고왕금래의 것을 조합하여 함께 제련하고 배양하고 만들어낸 어떠한 역사정신, 역사의의, 역사관념의 총합이다. "고왕금래의 것을 합해서 만든 것"은 이러한 합력(合力)을 가리킨다. "순수한 존재"는 제련하고 배양해서 이루어진 것이다. 하늘과 사람의 관계에서 제련과 배양을 통해 얻어진 역사정신, 역사의의, 역사관념은 구체적인 역사사건의 결과에 큰 영향을 끼친다. 이러한 영향은 사람의 동기와 기대를 변화시키고 사건의 변화 과정과 결과를 예측할 수 없게 만든다. 하늘은 신비성, 강제정, 규율성과 같은 특징을 갖고 있다. "지금 대저 하늘은 고금을 통하여 하나이고 육합(六合, 천자와 사방)에 두루 미치니 하나이고 주야를 통하니 하나이다. 그 운행함이란 정밀하여 어지러운 모양의 변화는 없고 그 변화란 천천히 움직여 갑작스럽게 흥하는 것은 없으며, 느낌으로 조용하게 생각하여 밝은 모양으로 발현됨이 없이는 거둘 수 없다. 그런즉, 백성의 보고 듣는 것을 살피고 자신의 복종과 배반을 인정하는 것도 역시 여기에 준할 뿐이다(《상서인의(尙書引義)》 제81쪽)."

하늘의 본성인 필연성은 절대 변화되지 않는다. 하늘이 구체적인 사물에 심원한 영향을 끼친다. 그러나 그 영향은 보이지 않는다. 그리하여 "그 명령을 비밀스럽게 집행한다"고 말한다. 그리하여 "사시가 운행하고 만물을 낳아도 하늘이 무슨 말을 하더냐!"라고 한다. 구체적인 사물의 운행에도 일정한 규율이 존재한다. 사물의 운화는 점진적으로 진행된다. 사물이 갑자기 나타나거나 갑자기 사라지지 않는다. 이게 바로 자연의 하늘에 대한 왕부지의 해석이다.

역사는 정신과 관념의 일종으로서 이러한 특징 외에도 아주 뚜렷한 주동성을 갖고 있다. 주동적으로 사람과 어울리지만 자신의 성질을 잃지 않는다. 다시 말해서 하늘은 주동적으로 사람의 행위를 빌려 자신의 목적을 실현한다는 뜻이다. 왕부지는 장건(張騫)이 서역을 개척하고 진시황이 군현제도를 실시한 것을 실례로 자신의 이러한 관점을 설명하였다. "무제(武帝)가 처음 선마(善馬)의 소식을 듣고 먼 곳으로 구하러 보냈을 뿐인데, 장건(張騫)은 이로써 그의 욕망을 예측하였으나 역시 황벽한 땅이 내지에 있는 것을 생각하지 못하였다. 그래서 이로 인하여 귀축(貴築)·곤명(昆明)이 거의 지금에 미치어 예의를 잘 지키는 나라[冠帶之國])가 되었으니, 이 어찌 무제(武帝)와 장건(張騫)의 뜻이 미칠 것을 헤아렸겠는가? 그러므로 '하늘이 그들을 인도하였다'고 말하였다(《독통감론(讀通鑑論)》 61쪽)."

한무제가 서역을 개척한 목적은 좋은 말을 얻기 위해서다. 장건이 서역으로 간 것은 사실은 한무제의 이러한 욕망을 만족시키기 위해서였다. 그러나 생각 외로 그것을 계기로 황폐한 지역을 개척할 수 있게 되었고 서남 변강지역의 문명발전을 촉진할 수 있게 되었다. 하늘은 어느 한 구체적인 인물의 욕망을 통해 자신의 이상을 실현하기도 한다. 진시황이 군현제도를 실시한 것 역시 그러하다. "진(秦)나라가 천하를 사사롭게 하려는 마음을 가지고 제후를 파하고 수령을 두자, 하늘은 그 사사로움을 빌어 큰 공의를 행하였으니, 신묘함을 보존하는 것은 헤아릴 길 없어 이와 같은 것이 있다고 한다.(《독통감론(讀通鑑論)》 2쪽)"

진시황이 제후에게 토지를 나누어 주는 제도를 폐지하고 군현제도를 실시한 것은 자신의 가문의 이익을 고려해서였다. 그러나 하늘은 그의 이러한 사욕을 빌려 군현제도라는 이 행정관리 방식을 공고하게 해놓았다. 이러한 결과는 모두 행위자가 미처 예상치 못했던 것들이었다. 행위자의 행위는 어떠한 세용(勢用)을 만들어내는데 이러한 세용은 점차 확대되어 모종의 필연성을 형성한다. 이러한 필연성의 형성은 그전에 존재하던 형세를 변화시킨다. 하늘의 작용은 사람의 세용을 빌려 자신의 목적을 이루는 것이다.

왕부지는 하늘이 사람의 세용을 빌려 자신의 목적을 이루는 것은 그 당시에 이러한 세용에 대한 수요가 존재하기 때문이라고 지적했다. 이러한 세용은 이러한 수요를 확대시켜 하나의 현실적인 역량을 형성하는 효모(酵母)이다. 왕부지는 장건이 서역을 개척한 사실을 통해 자신의 이러한 관점을 설명하였다. "군신(君臣)과 부자(父子)의 윤리와 시서예악(詩書禮樂)의 교화로 성인(聖人)은 어찌 보천솔토(普天率土, 온 나라의 영토 안이란 뜻으로 온 천하를 이르는 말)를 깨끗이 씻으려하지 않았는가! 때가 아직 이르지 않았고 그것에 앞설 수 없었으나 그 기(氣)가 이미 움직임에 이르렀다면 착하지 않은 군신들로서 감당하기 어려운 백성을 부렸으나 곧 그 잃은 것을 덕(德)으로 여기고 곧 그 죄 지은 것으로 공(功)으로 여기니, 진실로 헤아릴 수 없는 것이 있다. 하늘이 연 것을 사람이 본받은 것이니, 사람의 능력이 아니다(《독통감론(讀通鑑論)》 2쪽)."

성왕에게는 문명을 개발하려는 이상은 있었지만 시기가 성숙되지 않았기에 이러한 이상을 실현할 수 없었다. 그러다가 사이(四夷)에 문명을 수출할 수 있는 시기가 성숙되었다. 이때 반드시 그것의 시작이 되는 어떠한 사건이 일어나야 할 필요가 있게 되었다. 장건이 서역에 가게 된 사건은 바로 서남변강지역의 관대지국이 될 수 있었던 계기였다. 서남지역이 관대지국이 되면 그 문명의 수요로 인해 문명국이 될 수 있는 조건을 구비하게 된다. 장건이 서역에 간 것은 이러한 수요에 적응한 것이라고 할 수 있다. 구체적인 역사사건은 하늘이 자신의 뜻을 실현하는 사다리다. "하늘이 열고자 하고 성인이 이루려고 하였지만, 성인이 일으키지 못한 것은 당시의 임금과 지력(智力)의 선비들의 손을 빌려 점차 계도하였다. 한 시대의 이해(利害)를 가지고 말한다면 천하를 병들게 하였고 고금을 통하여 이를 헤아린다면 대의를 이롭게 하고 성도(聖道)를 넓혔다(《독통감론(讀通鑑論)》 2쪽)."

여기서 하늘의 의지, 목적은 그 당시의 군주 및 지혜로운 인사들이 함께 방법을 찾아낸 뒤 형세에 맞추어 함께 실현된다. 그러나 그 당시에 이루어진 결과를 놓고 볼 때, 이러한 행동은 대부분 그 당시의 군주들의 사욕을 만족시키기는 것을 목적으로 하기 때문에 천하에 해를 입히게 된다. 그러나 역사의 기나긴 과정을 돌이켜 보면 이러한 행위의 결과는 천하에 유리하다. 여기서 왕부지가 말하는 하늘은 역사과정에서 작용을 한 여러 가지 역량의 총합이고 역사사건에 대한 총화에서 얻어진 역사정신, 역사관념이다. 이러한 하늘은 헤겔이 말한 절대정신과 비슷하다. 왕부지의 이러한 사상은 헤겔의 "이성적인 기교" 사상과 아주 비슷하다.

사람과 하늘의 관계에서 왕부지는 하늘과 사람 사이의 연동관계를 매우 중요하게 생각했다. 그는 "하늘이 보는 것은 우리 백성이 보는 것을 따르고, 하늘이 듣는 것은 우리 백성이 듣는 것을 따른다"는 고훈을 새롭게 해석하였다. "백성으로써 하늘을 영접하게 하고 하늘로써 백성을 살피게 한다. 이(理)가 살피는 바, 정(情)이 힘쓰는 바, 총명(聰明)으로 드러내고 좋아하고 싫어하는 것을 곧게 하며, 덕원(德怨)을 바로잡고 상벌(賞罰)로 제어하니, 백성은 화순하지 않음이 없고 하늘은 기뻐하지 않음이 없다. 법칙이 천하에 추진되고 이를 만세에 추진하니, 황폐됨이 없다(《상서인의(尙書引義)》제82쪽)."

왕부지는 "하늘이 보는 것은 우리 백성이 보는 것을 따르고, 하늘이 듣는 것은 우리 백성이 듣는 것을 따른다"는 고훈은 민심과 민의를 중요하게 생각하는 뜻이 체현되었지만 그래도 전면적이지 못하다고 생각했다. 그리하여 그는 여기에 "백성이 보고 듣는 것은 하늘이 보고 듣는 것을 따른다"는 관점을 섞어 넣어야 한다고 주장했다. 왕부지는 하늘과 사람의 관계는 연동관계로서 "하늘이 백성한테 체현되고 백성은 하늘에 근거하여 입명하고 하늘과 사람을 결합시켜 한 가지 이치를 이루어야 한다"고 주장했다.(《상서인의》79쪽) 하늘은 곧 이이고 하늘이 사람한테 체현되는 것이 바도 도덕준칙이다. 사람은 그러한 도덕준칙을 안신입명의 근거로 삼아야 한다. 왕부지는 하늘이 보고 듣는 것은 백성이 보고 듣는 것을 따르기 때문에 백성이 보고 듣는 것은 반드시 도의에 부합되어야 한다고 말했다. "민이아천(民以迓天)"은 민심을 중요시하는 것이고 "이천감민(以天鑒民)"은 민풍이 합리적인지 검열하는 것이다. 민심에 부합되어야 할 뿐만 아니라 이(理)에도 부합되어야 한다. 왕부지가 여기서 강조한 것은 천리를 따르는 것이 나라를 다스리는데 일으키는 중요한 작용이다. 민심과 천리에서 왕부지는 천리를 따르는 것을 더 중요하게 생각했다. 천리를 따르는 것은 민심을 따르는 근거이자 전제이다. 왕부지는 천리를 원칙으로 삼는 정사(貞士)는 민심과 민의의 골간이라고 생각했다. 그는 일반 백성들이 보고 들은 것을 그대로 완전히 믿을 수 없다고 주장했다.

하늘과 사람의 관계에 대한 논술에서 왕부지는 사론에 나오는 두 가지 중요한 문제를 언급했다. 하나는 역사과정에서 우연성과 필연성의 관계이고, 다른 하나는 영웅과 역사정신의 관계이다. 역사사건은 역사인물에 의해 완성된다. 이러한 역사인물은 역사의 기나긴 과정에 일어난 수많은 역사사건을 놓고 볼 때 아주 작은 존재에 불과하다. 또한 개별적이고 우연적이다. 그러나 이러한 우연한 사건들이 만약 그러한 역사시기의 수요에 들어맞게 되면 일정한 풍기를 이루게 된다. 이러한 풍기들이 다른 역량에 의해 필연성으로 발전하게 된다. 우연성이 필연성으로 전환하는데 필요한 가장 중요한 조건은 바로 어느 한 시기의 역사적 수요에 부합되어야 한다는 점이다. 이러한 수요는 바로 필연성이다. 이것은 대체가 불가능하고 없어서는 안 되는 중요한 성질이다. 역사의 발전과정에 수많은 우연성이 일어날 수 있다. 그러나 필연성의 원인이 될 수 있는 우연성은 극히 드물다. 역사는 일련의 서로 연관된 사건으로 이어진 사슬과도 같다. 그리하여 하나하나의 우연성은 모든 필연성의 발전에 참여한다. 그러나 이러한 참여자들이 맡은 역할은 같지 않다. 장건은 서역으로 가면서 서남변강지역의 문명시대를 열어놓은 인물이다. 장건이 서역으로 가게 된 사실은 이상의 결과를 얻게 된 관건적 행보일 뿐이다. 전체 결과의 실현은 다른 수많은 우연성에 의해 이루어졌다. 여기서 볼 때 뚜렷하지 않은 사건 역시 역사의 창조자이다. 필연은 수많은 우연이 서로 작용하고 영향을 주면서 함께 이뤄낸 결과이다. 그리하여 필연에는 사실 두 가지 뜻이 포함되어있다. 하나는 어느 한 역사시기의 특정된 수요이고 다른 하나는 한번 정해지면 쉽게 바뀌지 않는 추세이다. 왕부지가 말한 우연과 필연의 관계에는 이러한 두 개의 방면의 내용이 포함되었다.

영웅인물과 역사정신, 역사이성의 관계에서 영웅인물은 역사의 발전을 파악하는 관건으로서 특정된 역사시기의 수요를 만족시킬 수 있고 역사의 추세에 순응할 수 있는 인물이다. 영웅인물은 역사발전의 관건적인 시각에 역사발전에 부합되는 어떠한 발전추세의 조짐을 조류와 풍기로 전환시킬 수 있다. 영웅인물과 역사이성은 서로를 근거로 한다. 역사이성에 어떠한 징조가 나타나면 영웅인물은 그것을 확대시켜준다. 반대로 역사는 영웅인물이 자신의 재능을 뽐내는 장소이다. 영웅이 없는 역사는 무의미하다. 영웅은 역사의 기세와 규모를 웅장하게 해주고 그 내용을 다채롭게 해준다. 이 점으로부터 볼 때 영웅은 역사의 창조자이다. 그러나 역사는 수많은 역량들이 서로 격투를 벌리는 전장이고 낮은 곳에서부터 높은 곳으로 진화하는 과정이다. 그 어떤 영웅인물이든지 그저 역사의 지나가는 나그네일 뿐이고 이성이 자신의 목표를 실현하는 도구일 뿐이다. 역사는 영웅에 의거하여 자신의 목적을 이룬 뒤 역사적 사명을 다 한 영웅을 버린다. 이러한 역사관점은 역사의 형성과정에서 영웅이 일으키는 작용을 중요하게 생각하지만 영웅의 작용을 확대해석하는 영웅사관(英雄史觀)은 아니다. 또한 역사이성이 영웅의 형성에 일으키는 특수한 작용을 중요시하지만 역사이성이 모든 것을 결정짓는다는 관점과 영웅이 일으키는 작용을 말살시키지도 않았다. 왕부지의 역사철학은 역사의 내막을 철저히 알 수 있는 관찰방법으로서 역사에 대한 그의 탁월한 견해를 드러냈다.

3) 정(貞)과 난(亂)

정과 난 역시 왕부지의 역사철학에서 매우 중요한 개념이다. "정(貞)"은 왕부지의 저서에서 매우 보편적이다. 그 뜻은 "정(正)"이다. "정(正)"은 가치이성에 부합된다는 뜻이다. 난은 정의 반대이다.

왕부지는 역사에 관한 평론에서 역사인물을 정사(貞士)와 난인(亂人)으로 나누었다. "진섭(陳涉)·오광(吳廣)이 패배하여 죽은 후에 호해(胡亥)가 망하였으며, 유숭(劉崇)·적의(翟義)·유쾌(劉快)가 패배하여 죽은 후에 왕망(王莽)이 망하였으며, 양현감(楊玄感)이 패배하여 죽은 후에 양광(楊廣)이 망하였으며, 서수휘(徐壽輝)·한산동(韓山童)이 패배하여 죽은 후에 몽골이 망하였다. 천하의 요지를 침범하는 것으로 제일 먼저 난을 일으켰다가 스스로 먼저 패배하지 않는 자는 없었다. 난을 일으킨 사람들은 그 죽음과 망함을 구휼하지 않았고 곧은 선비들은 죽고 망하는 것을 알면서도 두려워하지 않았으며, 그 죽고 망할 때에 바로 폭군(暴君)과 찬주(簒主)는 서로 멸망시키려고 먼저 쳤으니, 먼저 죽고 그들을 따라 죽는 것은 옳은 일이다. 진승(陳勝)·오광·양현감·서수휘·한산동 모두는 요행의 마음을 가지고 그 뜻을 펼치기를 구했으나 범할 수 있는 것이 아니어서 죽음으로써 천하를 다투는 것이 어려웠으며, 하늘이 장차 진(秦)·수(隋)·몽골을 멸망시키려 할 때 그 움직이는 기운을 적시에 계승했다. 유숭과 유쾌 그리고 적의는 차마 나라를 원수로 여길 수 없어 분발하여 몸을 돌아보지 않고 역적들과 더불어 존망(存亡)의 명(命)을 다투며 하늘을 비난하였는데, 그 뜻이 그러하였다. 그런즉 진승·오광·양현감·한산동·서수휘 등은 하늘이 그들의 죽음을 바꾸어서 진나라와 수나라를 망하게 하였으며, 적의랑 유숭이랑 유쾌는 스스로 그들의 육체와 정신을 부수어서 하늘의 쇠망을 구하고 왕망의 죽음을 펼쳤다(《독통감론(讀通鑑論)》 119쪽)."

정사는 정의를 위해 목숨을 내놓은 사람이다. 난인은 자신의 이익을 위해 죽은 사람들이다. 난인과 정사는 모두 하늘이 자신의 의지와 목적을 이루기 위해 이용한 도구들이지만 난인은 피동적으로 하늘에 이용당했고 정사는 주동적으로 하늘의 동기를 담당하였고 기꺼이 하늘에 이용당했다. 난인과 정사는 모두 한 조대(朝代) 혹은 한 개 가문의 멸망을 일으킨 존재들이지만 그들이 일으킨 작용이 가지는 의미는 같지 않다. 난인은 자신의 몸으로 업적을 취득하려고 했고 죽음에 따라 모두 사라져버린다. 그러나 정사는 육체가 죽어가도 그 업적이 여전히 남아있다. 정사는 민족의 중추이고 이성의 버팀목이다.

왕부지가 말한 "하늘"은 "고금왕래의 것을 합해서 만든 순수한 존재"로서 고왕금래에 일어난 사건들이 남겨놓은 가치를 한데 모은 것이다. 왕부지의 역사관에서 가장 근본적인 것은 바로 "덕에 의지하는 사람은 번창하고 힘에 의지하는 사람은 망한다"는 도덕사관이다. 그는 《상서인의》에서 인의와 갑옷, 투구, 방패, 창의 관계를 설명할 때 이렇게 말했다. "대저 고유의 형체가 없는 갑옷과 투구(甲胄)는 음양이 적대시할 수 없고 사람의 일에도 매이지 않는 것이니, 사람들이 아직 밝히지 않았을 뿐이다. '건도(乾道)가 변화하면 각기 성명(性命)을 바르게 한다'는 것은 하늘의 갑주(甲胄)이다. '직방(直方)이 크고 익히지 않았는데도 이롭지 않음이 없다'는 것은 땅의 갑주이다. '스스로 반성해서 바르게 한다'는 것은 필부(匹夫)의 갑주이다. '믿음을 이행하고 따르는 것을 생각한다'는 것은 왕자(王者)의 갑주이다. 그러므로 말하였다. '충신(忠信)으로 갑주로 삼고 예의(禮義)로 간로(干櫓, 방패)로 삼으니, 갑주로 여기지 않아도 갑주의 작용은 존속한다'(《상서인의(尚書引義)》 제64쪽)."

"각정성명(各正性命)"은 만물이 각자의 성을 따르고 규칙을 준수한다는 말이다. "직대방(直大方)"은 정직하고 광대하다는 뜻이다. "자반이축(自反而縮)"은 수오의 마음이 있고 정의를 행동의 근거로 삼는다는 뜻이다. 왕자(王者)의 갑옷과 투구는 성의와 신용을 지키고 하늘을 따르면 백성을 보호하는 의미이다. 이것은 하늘, 땅, 사람 삼자의 "갑옷과 투구"로서 모든 적을 물리칠 수 있다. 그러나 부호와 도참을 하늘의 명을 받은 군주의 근거로 하고 옷과 보물을 하사하는 것을 사람의 마음을 휘어잡는 수단으로 삼으며 형벌을 호걸을 죽이는 도구로 삼는다면 결국에는 멸망을 초래하게 된다. 왕부지는 진정한 갑옷과 투구는 천도의 정의를 따르는 것이라고 말했다. "대저 하늘을 높이는 사람은 하늘의 법도를 폐하지 않고 반드시 걱정하는 바를 느슨하게 하며, 하늘의 변화를 엿보지 않고 알 수 없는 바를 방어하며, 벼슬을 간략하게 하고 작위를 신중히 하고 일마다 생각하고 움직이고 총애를 끊고 비리를 개혁하며, 제사를 다스리고 예를 단장하며, 덕현(德賢)에 힘쓰고 기강(紀綱)을 바르게 하며, 한쪽으로 치우쳐 외지고 멀지 않고 지천(地天, 십이천의 하나. 땅을 맡은 신)을 끊으며, 고금에 걸쳐 사유(四維, 예의염치)에 이르며, 그윽하고 고요함을 꿰뚫고 강하고 약함을 한결같이 하며, 성인은 이로써 하늘을 높이고 신하는 이로써 성인을 받들고 백성은 이로써 신하를 따르니, 오랫동안 편안하고 길게 다스려지는 도(道)이다. 그 행할 수 있는 바를 다하니, 오랑캐를 제어하는 도도 역시 바로 이런 것으로 존재하고 있는 것이다. 또 어느 갑주가 떳떳하기에 충분하며, 도리어 어느 갑주가 반드시 사라지겠는가!(《상서인의(尙書引義)》제65쪽)."

여기서 왕부지의 도덕사관이 선명하게 드러났다.

왕부지의 도덕정의는 나라를 다스리는 근본강령이다. 그는 정통, '혁명' 등 문제에 모두 이러한 사상을 관철시켰다. 그는 《독통감론》의 마지막 부분에서 특별히 정통문제에 대해 논술하였다. 그 속에서 다음과 같이 말했다. "천하의 삶은 한 번 다스려지면 한 번 어지러워진다. 다스려지는 시기에 즈음하여서는 바른 자들이 서로 방패가 되지 않음이 없으니, 어찌 바르지 않음이 있겠는가? 어지러운 시기에 즈음하여서는 이미 바르지 못하니 또 누가 바르겠는가? 떨어짐이 있고 단절됨이 있고 진실로 통합됨이 없으니, 또 어찌 바르지 않음을 바르게 하리요? 천하를 논하는 사람들은 반드시 천하의 공의를 따르고 있으니, 천하는 이적(夷狄)과 도적이 주관할 수 있는 것도 아니고 또한 한 성씨의 사적인 것도 아니다.(《독통감론(讀通鑑論)》950쪽)"

그는 역사는 한번 난세를 겪으면 한 번의 치세가 오는 과정이라고 말했다. 치세일 때에는 다스리는 자가 정(正)이기에 정(正)을 더 이야기할 필요가 없다. 난세일 때에는 혼란스러운 것이 비정(非正)이기에 역시 통(統)을 이야기할 필요가 없다. 통(統)이란 국가의 통일을 가리키는데 끊임없이 이어진다는 뜻이다. 나라가 분열되었거나 멸망했을 때에는 통일을 이야기할 수 없다. 천하에는 대공(大公)이 있는데 그건 바로 이적(夷狄)들은 절대 중국을 강점할 수 없고 중국은 어느 한 집안의 소유가 될 수 없다는 것이다. 천하를 논할 때에는 반드시 이것을 대공으로 해야 하고 천하를 다스릴 때에도 이 대공을 따라야 한다. 왕부지는 종합하여 말했다. "계승할 사람도 없고 한 갈래로 이어온 계통도 없으니, 바르거나 바르지 않음은 그런 사람에게만 존재할 뿐이다. 바르거나 바르지 않는 존재는 사람이다. 한 번 다스리고 한 번 어지럽게 하는 것은 하늘이다. 마치 날[日]에는 주야(晝夜)가 있듯이 달에는 삭현망회(朔弦望晦)가 있다. 그 신자(臣子, 신하)는 덕(德)의 순역(順逆)으로 천명의 거류(去留)를 정하는 것이 아니지만 이미 망하고 도(道)가 없는 나라를 위하여 수다를 떨며 사라져 없어질 운명을 연장키고 있으니, 어찌 된 것인가!(《독통감론(讀通鑑論)》950쪽)." 역사에는 조대(朝代)의 교체만 있을 뿐이다. 조대를 평가할 때에는 그 조대가 천도의 정의에 근거하여 나라를 다스렸는지 보아야 한다. 한번 난세를 겪으면 한 번의 치세가 오는 역사과정을 변화시킬 수 없다. 천명은 도가 있는 자를 중시하고 도가 없는 자를 멸시한다. 정통이란 사실 천하를 훔친 사람들이 도의에 어긋나는 자신들의 행동을 감추기 위해 그럴 듯하게 꾸며낸 말이다.

'혁명'은 정통의 문제와 연관이 있다. 왕부지는 《역·혁》의 "당왕과 무왕의 혁명은 하늘의 뜻에 순응하고, 사람의 요구에 호응하는 것"이라는 관점으로 자신의 '혁명'사상을 설명하였다. "혁명(革命)이라는 것은 하늘에 응하고 인심에 따라야 마침내 오랜 세월을 유지할 수 있다. 하늘이란 이름을 지을 수 없는 것이며, 백성이란 이름이 있다는 것을 알지 못해도 좋아하는 사람이다. 그러므로 하늘에 응하는 사람은 마음으로써 하고 인심을 따르는 사람은 일로써 한다. 마음에 부끄러워함이 없고 일에 부족함이 없으면 하늘과 사람이 모두 이에 응한다(《상서인의(尚書引義)》제82쪽)."

'혁명'은 조대의 교체이다. 도의와 민심에 부합되는 자만이 국조(國祚)가 오래 지속될 수 있다. 백성을 사랑하는 마음을 가지고 백성에 유리한 일을 하면 하늘과 사람 모두 그것을 따르기 마련이다. 이러한 '혁명'은 정당한 것이다. 그렇지 않으면 "폭력으로 폭력을 다스리는 것"일 뿐이다. '혁명'과 연관되는 것은 이하(夷夏)에 관한 문제이다. 왕부지는 정통설을 반대하지만 민족주의 입장에서 출발해 이하를 엄격하게 구분하였다. 그는 "이적(夷狄)들은 절대 중국을 강점할 수 없다"것을 천하대공의 중요한 상징으로 삼았다. 그는 소수민족들이 중원을 강점하였던 역사를 몹시 배척하였다. 예를 들면 그는 주원장이 명나라를 세운 공적은 높게 평가했지만 원나라에 몽골족이 중원에 진입하여 나라를 세운 역사에 대해서는 배척하는 반응을 나타냈다. 그는 다음과 같이 말했다. "몽골이 어질지 못하여 천하의 생령(生靈)을 해친 것은 역시 주(紂, 은나라 마지막 임금)와 같을 뿐이다. 천지의 대의(大義)를 헤아려볼 때 천하를 이끌면서 짐승같이 대하였으니, 옛날부터 이런 경우는 없었다. 홍무(洪武)의 치세를 실제로 논해보면, 정관(貞觀)·건륭(乾隆)의 치적에 비견될 수 없는 것은 아니다. 옛날부터 지금까지 뛰어난 바, 공적은 삼왕(三王, 하의 우왕, 은의 탕왕, 주의 문왕 혹은 무왕)보다 뛰어나고 도(道)는 백세(百世)에 융성하였으며, 사람을 짐승에게서 빼내어서 소생시켰으니, 명망이 이 보다 높은 것이 없다(《상서인의(尚書引義)》제84쪽)."

몽골족이 원나라를 세우면서 이적(夷狄)들이 중원을 차지하게 되었는데, 이것은 짐승들이 천하를 다스리는 것과 같다. 주원장의 공적은 정관, 건륭과 어깨를 견줄 수 없지만 이적을 물리치고 중화를 회복한 공적은 높이 평가받아야 한다. 이하(夷夏)에 대한 왕부지의 태도는 아주 엄격했다. 그는 원나라의 역사를 편집해준 유기(劉基)와 송염(宋濂)을 아주 경멸했다.

4) 역사에 대한 해석과 역사를 논하는 방법

왕부지는 사서는 자치(資治)의 작용이 있다고 생각했다. 그러나 사서의 차지작용은 사서를 읽은 사람의 마음을 통해 작용을 발휘한다. "그런즉 다스림의 밑천이 되는 것은 일심(一心)일 뿐이다. 마음으로 정사를 한다면 무릇 정사는 모두 백성을 화목하게 할 수 있으니, 다스림의 밑천이 아닌 것이 없으며, 밑천을 잘 취하는 사람은 변통(變通)하여 오래도록 성취할 수 있다. 옛날의 시세(時勢)를 자신에게 맞추어 자기가 몸소 만난 것으로 삼고 옛날의 모위(謀爲)를 궁구하고 생각하여 자신의 소임으로 삼는다. 옛사람의 종사(宗社)의 안위(安危)를 취하여 대신 그것을 우환으로 여겨 자기의 위험을 떨쳐버려 곧 편안한 것이 있게 하며, 오랜 옛날의 민정(民情)의 이병(利病)을 취하여 대신 그것을 짐작하게 하여 지금의 늘어난 이익으로 해를 제거하는 것이 있게 한다. 얻은 것이 밑천이라 할 수 있고 잃은 것도 역시 밑천이라 할 수 있으며, 같은 것도 밑천이라 할 수 있고 다른 것도 역시 밑천이라 할 수 있다. 그러므로 다스림의 밑천이 되는 것은 오직 일심(一心)에 있고 역사는 특별히 그 거울이다(《독통감론(讀通鑑論)》 956쪽)."

여기서 왕부지는 역사를 다스리고 논술하는 자신만의 방법을 설명하였는데, 그것은 바로 방법을 해석하는 것이다. 다시 말해 역사가 사람에게 제공한 것들을 그대로 받아 적은 것은 역사의 지나간 흔적일 뿐이다. 사서를 읽는 사람은 자신의 이해를 통해 이러한 흔적들을 되살아나게 해야 한다. 이렇게 되살아난 역사는 사서를 읽는 사람에게 두 가지 작용을 일으킨다. 하나는 여러 조대가 흥하고 망한 과정에 대해 알 수 있고, 다른 하나는 그러한 결과를 초래하게 된 교훈에 대해 연구할 수 있다. 읽는 자와 생각하는 자는 같지 않다. 읽는 자는 눈앞에 펼쳐진 생동한 화면과 인물만 본다. 생각할 수 있는 이치와 비교했을 때, 이러한 생동한 화면들은 기의 범주에 속한다. 이러한 것들은 생각하는 자들에게 더 많은 자료를 제공해줄 수 있다. 생각하는 자들이 이용할 수 있는 자료가 많아질 수록 그들이 찾아낸 성공과 실패의 교훈이 더 세밀하고 광대해진다. 지금 사람들은 고대 역사에 대한 이해를 통해 그 시기의 상황을 예측하곤 하는데, 이러한 예측은 대부분 정확할 수 없다. 왜냐하면 남겨진 역자사료 대부분이 사관이 그 당시의 상황을 묘사한 것으로서 여기에는 사관의 견해가 포함되어있다. 사서를 읽는 사람의 학문과 가치관념이 이중적으로 작용을 발휘함에 따라 사서에서 묘사한 역사 사실은 독자의 마음에서 새로운 모습을 나타내게 된다. 그리하여 역사를 그대로 완전하게 회복시킨다는 것은 불가능하다. 현대 사학자 진인각(陳寅恪)은 "단편적인 것들을 통해 그 전체 구조를 알려면 반드시 예술가들이 고대 회화나 조각 작품을 감상하는 안목과 정신을 갖추어야 한다"고 말했다(진유각: 풍우란의《중국철학사》에 대한 심사보고)." 왕부지는 사서를 읽고 역사를 논하는 사람들은 반드시 예술가와 같은 안목과 정신을 갖추어야 한다고 주장했다. 직접 역사를 체험하는 외에 직접 정사를 처리하는 능력을 키워야 한다. 왕부지는 사서를 읽는 것은 문학과 예술 작품을 감상하는 것과 같다고 말했다. 자신을 역사속의 인물이라고 생각하고 직접 그러한 일을 겪었다고 생각해야 한다. 역사에서 얻은 경험과 교훈을 오늘날에 사용하여 자신에게 해로운 것들을 모두 제거해야 한다. 이게 바로 사서를 읽어야 하는 가장 중요한 원인이다. 그는 다음과 같이 말했다. "역사는 책이 되어 행한 일들의 증거를 나타낸다. 그렇다면 반드시 이를 헤아려보면 행할 수 있는데, 전쟁하면 이기고 수비하면 견고하고 법을 행하면 백성을 편안하게 하고 간언을 드리면 임금이 좇아서 듣고 인(仁)과 같고 의(義)와 비슷한 뜬소문을 취함이 없고 다만 후회와 부끄러움에 이르러서는 이룸이 없는 것일 뿐이다. 그렇다면 지혜가 숭상되는 바가 있고 모의가 상세한 바 있고 인정(人情)이 반드시 가까운 바가 있고 시세(時勢)는 반드시 말미암은 바가 있어서 이룸과 얻음을 기약할 수 있으니, 패배와 실책을 경계로 삼으면 견고하게 된다(《독통감론(讀通鑑論)》953쪽)."

　모든 일에서 가치적인 의미와 나라의 정치를 안정되게 할 수 있는 실제적인 조치 모두를 찾아내야 한다. 이러한 역사사실만이 계속 전해져 내려갈 가치가 있고 평론할 가치가 있다. 그는 사서에는 역상에 대한 저자의 평론이 꼭 있어야 한다고 주장했다. 또한 그는 사서를 읽은 사람들이 역사를 방관하는 태도를 취해서는 안 된다고 주장했다. "지난 지 오래된 때의 다스림을 비교해 보고서 즐거워하고 지난 지 오래된 때의 어지러움을 보고서 근심하며, 태평의 정치가 되게 하는 것으로써 다스림이 있다는 것을 알면 그 아름다움을 칭찬하여 말하며, 그 어지러움을 초래하여 어지럽게 됨이 있다는 것을 안다면 그 잘못됨을 꾸짖는다. 말씀이 이미 끝나고 책은 이미 가려지고 좋아하고 싫어하는 정(情)이 이미 다하였고 풀 죽은 모습으로 잊은 듯하니, 일에 임하면 거듭 그 옛 마음을 이용하여 견문(見聞)이 비록 많고 변증(辨證)이 비록 상세하지만 역시 정자(程子)의 이른바 '완물상지(玩物喪志, 물건을 구경하다가 뜻한 바를 잃어버린다는 의미)'이다(《독통감론(讀通鑑論)》955쪽)."

역사서적은 역사학자가 자신의 재능을 뽐내는 도구가 아니다. 역사서적은 자치(資治)의 작용이 있기 때문에 반드시 가치적인 이상을 표명하고 치란의 이유를 명시해야 한다.

왕부지는 자신이 역사를 논하는 방법을 다음과 같이 설명했다.

첫째는 인신(引申)이다. 인신은 우선 역사 서적에서 미처 논술하지 못한 내용을 계속 논술하고, 다음으로 그것을 계기로 새로운 관점을 내놓는 것이다. 전자는 역사 서적에서 제공한 위치, 인물, 사건, 형세 등을 기초로 평론을 진행하는 것이다. 후자는 책에 나오는 사건과 말을 근거로 이러한 문제에 대한 자신의 견해를 피력하는 것이다. 《상서인의(尙書引義)》의 유육숭(劉毓崧)의 발문 중에서 다음과 같이 말했다. "이 책은 바로 《상서(尙書)》 매 편(篇)의 희(義)를 인용하여 펼치니, 그 체재(體裁)는 《한시외전(韓詩外傳)》·《춘추번로(春秋繁露)》에 가깝고 비록 경의(經義)와 더불어 비부(比附, 죄에 맞는 조례가 없을 때 비슷한 조문이나 전례에 따라 적용하던 일)를 다하지 못했다 하더라도 대부분 일을 밝게 하는 것과 관련이 있다. …… 그런즉 선산(船山, 왕부지)이 이 책을 보았다는 것은 의당 그 촉류방통(觸類旁通, 비슷한 것 끼리 엮어 옆에까지 통한다는 뜻)을 중요하게 여기고 가히 진선옥심(陳善沃心, 선을 베풀고 마음을 윤택하게 하는 법)의 도움으로 여긴 것이다(《선산전서(船山全書)》 제2책 439쪽)."

《사고전서총목존목(四庫全書總目存目)》 또한 《상서인의》의 인신(引申)의 특징을 제시하였다. "이는 다시 그 설(說)을 헤아려 명백히 하고 후세의 사건들을 대부분 취하여 경서(經書)의 뜻으로 살폈다. 예컨대, 《요전(堯典)》의 '흠명(欽明)'을 논할 때면 왕씨(왕양명)의 '양지(良知)'로 반박했고 《순전(舜典)》의 '현덕(玄德)'을 논할 때면 노씨(노자)의 '현지(玄旨)'로 반박했고 '의영화성(依永和聲, 성률을 말함)'을 논할 때면 송렴(宋濂)과 첨동(詹同) 등이 구궁(九宮)을 이용하여 교묘악장(郊廟樂章)을 따른 추함을 배척했다(《선산전서(船山全書)》 제2책 438쪽)."

이러한 평론은 옛날 것을 이용해 현재를 평론한 것으로서 대부분 원래의 책에 나오는 논술을 벗어났거나 그 뜻과 반대되는 의견이다. 왕부지의 역사저서에서 《독통감론》, 《송론》은 주로 전자에 속한다. 《상서인의》는 주로 후자에 속한다. 때로는 이 두 가지 방법을 병용하기도 했다. 왕부지는 인신에는 반드시 자신의 의견이 들어있어야 한다고 강조했다.

둘째는 준구(浚求)이다. 즉, 역사사실이 그렇게 발전하게 된 근거와 원인을 찾는 것이다. 준구와 인신은 서로 반대된다. 인신은 그 결과를 논하고 준구는 그 원인을 논한다. 왕부지는 역사는 원인과 결과 이루어진 끝이 없는 사슬과도 같다고 말했다. 그 중의 일부만 선택해도 거기에 원인과 결과가 존재한다. 역사평론가들은 응당 결과에서 그 원인을 탐구할 줄 알아야 한다. "그러므로 감(鑑)을 논하는 자는 그 얻음에는 반드시 그 얻은 원인을 헤아리고 잃음에는 반드시 그 잃은 원인을 헤아린다. 그 얻음에는 반드시 그 형적을 바꾸어 어찌하여 역시 얻을 수 있었는지를 생각하고 그 잃음에는 반드시 그 치우침을 좇아 어찌하여 잃음을 고칠 수 있었는지를 생각해야, 마침내 다스림을 위한 밑천이라 할 수 있다(《독통감론(讀通鑑論)》 956쪽)."

여기서는 결과에서 그 원인을 탐구하였을 뿐만 아니라, 사건을 통해 그 이를 탐구하기도 했다. 준구는 심각해야 하고 현상을 통해 본질을 파악할 수 있는 능력이 있어야 한다.

셋째는 증명이다. 즉, 많은 역사사실을 인용하여 그 이치를 증명해야 한다. 이것은 왕부지가 가장 많이 사용한 방법이기도 하다. 왕부지는 사서를 아주 많이 읽은 학자이다. 사서를 읽은 뒤에 깊은 연구를 통해, 어느 한 이치가 보편적이라고 생각되면 많은 사실을 찾아 그것을 증명하곤 했다. 이러한 방법을 사용하였기에 그는 역사안목이 특별히 뛰어났고 설복력이 있는 논술을 펼칠 수 있었다.

넷째는 개괄이다. 개괄은 많은 역사인물, 역사사실에서 어떠한 일반적인 결론을 총화해내는 것이다. 개괄은 증명과 반대된다. 증명은 개별적인 사건을 착안점으로 하지만 개괄은 전체를 착안점으로 한다. 왕부지는 역사는 사건들을 난잡하게 쌓아 놓은 것이 아니고 유기적이고 발전적인 체계라고 생각했다. 또한 역사는 우연적인 사건들이 돌발적으로 일어나는 것이 아니라 필연적인 발전과정을 거친다. 그리하여 역사사건을 총화하고 개괄할 때에는 일반적인 결론을 얻어내야 한다. 이것은 사서를 저술하거나 사서를 읽는 사람 모두에게 의미가 있는 작업이다. 왕부지는 《자치통감》의 '통(通)'을 다음과 같이 논술했다. "그가 말하였다. '통(通)'이란 무엇인가? 군도(郡道)가 여기에 있고 국시(國是)가 여기에 있고 민정(民情)이 여기에 있고 변방(邊防)이 여기에 있고 신의(臣誼)가 여기에 있고 신절(臣節)이 여기에 있고 선비의 몸가짐이나 행동에 욕됨이 없는 것도 여기에 있고 배움이 바름을 지키나 막지 못하는 것도 여기에 있다. 비록 곤궁하고 홀로 거처한다 해도 스스로 정숙할 수 있고 남을 가르칠 수 있고 도를 알 수 있어 즐거우니, 그러므로 '통(通)'이라 한다.(《독통감론(讀通鑑論)》956쪽)"

그는 《자치통감》의 '통'에는 세 가지 의미가 들어있다고 생각했다. 하나는 많은 것을 포함하였다는 의미이다. 이 책 하나로 세상과 나라를 다스리고 백성을 구제하는데 관한 내용을 모두 알 수 있다. 두 번째는 넓은 지식을 가질 수 있다. 왕부지의 사론에는 각 조대에서 경험과 교훈을 찾고 종합하는 것을 중요하게 생각했다. 특히 역사를 통해 사람들에게 어떤 계시를 주고 각 조대의 역사에서 지혜를 얻게 하는 것을 중요하게 생각했다. 셋째는 사서를 읽는 것을 통해 도를 깨칠 수 있다. 왕부지는 사서를 읽은 것을 통해 나라를 다스리는 방법을 알 수 있을 뿐만 아니라, 사람의 정신적인 경지를 높일 수도 있다고 주장했다. 역사에서 얻어진 지혜는 역사, 우주, 인생에 관한 근본적인 각해로서 이것을 통해 초탈하고 낙관적인 인생태도를 수립할 수 있다. 이것은 사서를 읽고 역사를 논하는 사람들이 도달할 수 있는 가장 높은 경지이다. 인신은 역사교훈에 중점을 두고 준구는 실제적인 역사사실을 근거로 하며, 증명은 광범위하고 믿음직한 결과를 얻는 것을 중요시한다. 개괄은 역사의 경험을 총결하는데 중점을 둔다.

6. 치학(治學)방법론

왕부지는 중국고대문학에 대해 깊은 연구를 진행하였다. 그의 연구는 경학, 사학, 철학, 문학 및 경제, 교육 등 여러 방면에 집중되었다. 그는 많은 저서를 남겼다. 그러나 그 당시에 정세가 불안정하여 그는 숨어서 저서를 집필해야 했다. 그리하여 그의 서적은 그 당시에 큰 반향을 불러일으키지 못했다. 200여년이 지나 증국전(曾國荃)에 의해 《선산유서》로 간행되면서 많은 사람들에게 알려졌다. 등현학(鄧顯鶴)은 《선산저술목록(船山著述目錄)》의 서론에서 이런 말을 하였다. "선생은 생전에 정혁(鼎革)을 당했을 때, 스스로 선대로서 명(明)의 세신(世臣)이 되어 존망을 함께 하였다. 갑신(1644년) 후에 영남으로 가는 험한 길에서 온갖 일을 다 겪다가 이윽고 지사(知事)직을 행할 수 없어 마침내 물러나 책을 저술하였다. 기영(祁永)의 연소산(漣邵山) 속에 숨어 유리하며 고생스럽게 보냈다. …… 이때에 해내(海內)의 석유(碩儒, 학식과 덕망이 높은 유학자)로는 북쪽에는 용성(容城)의 손기봉(孫奇逢)이 있었고 서쪽에는 주질(盩窒)의 이이곡(李二曲)이 있었으며, 동남쪽에는 곤산(崑山)의 고염무(顧炎武)와 여요(餘姚)의 황종희(黃宗羲)가 있었다. 선생의 매우 노고는 이곡(二曲)과 같았고 곧은 마음과 드러내지 않은 재능은 하봉(夏峰, 손기봉)보다 뛰어났으며, 다문박식(多聞博識)하고 지절(志節)이 결백하여 고염무와 황종희 두 선생에 손색이 없었다. 여러 군자들의 여유로운 은둔을 돌아보며 스스로 만족하였고 명성이 더욱 빛났다. 비록 은일지사(隱逸之士)로 천거되고 홍박(鴻博)에 징소되었으나 모두 죽을 각오로 거절하였다. 그러나 공경(公卿)이 이구동성으로 말하고 천자가 거동과 차림새(動容)하여 그 뜻이 하얗게 바뀌었고 그 책은 실행하기가 쉬웠다. 선생은 요동(猺峒, 중국 서남방 지역)에 몸을 숨기고 사람들과의 관계를 끊고 가시방석에 앉아 차를 마시며, 목소리와 자태가 숲속의 가시에 나타나지 않았고 문인들의 옛 친구들 또한 기력이 있는 자가 뒤에서 밀고 앞에서 끌었다. 돌아가신지 40년, 유서가 흩어져 없어진 후에 태어난 소자에게 이르러 그 명성을 거명할 수 있으니, 슬프다(《선산전서(船山全書)》제16책 411쪽)."

이 한 단락의 말은 왕부지의 만년 생활을 그대로 표현해냈다고 할 수 있다. 이것은 그와 그의 저서가 사람들의 관심을 받지 못한 원인에 대한 설명이기도 하다.

왕부지의 학술에는 아주 근본적인 특징이 있다. 그건 바로 "광대하고 정밀하다"는 것이다. 그가 책을 저술할 때 사용하였던 가장 기본적인 방법은 철학적인 사변과 실증에 대한 고찰을 결합시킨 방법이었다. 이 방법은 위대한 철학자로서의 사고능력과 걸출한 학자로서의 과학적인 정신의 결합이라 할 수 있다.

왕부지의 실증에 대한 고찰과 철학적인 사변이 결합된 방법은 경학에 대한 연구에서 가장 뚜렷하게 표현되었다. 왕부지의 저서에서 경학에 속하는 것은 총 22종, 155권에 달한다. 여기에는 《주역》, 《시경》, 《상서》, 《예기》, 《춘추》, 《사서》 등이 포함된다. 예를 들면 《주역》에 관한 책으로 《주역내전》, 《주역외전》, 《주역패소》, 《주역고이》, 《주역고찰》 등이 있다. 주역패소(周易稗疏)에서는 《주역》의 경전을 해석하였다. 《주역고이》에서는 문자의 같은 점과 다른 점에 대해 논술하였다. 이런 것들은 모두 실정적인 고찰에 속한다. 《주역내전》, 《주역외전》, 《주역대상해》 등은 철학적인 연구에 속한다. 그러나 그 연구의 정도와 깊이에 일정한 구별이 존재한다. 예를 들면 《주역내전》에서는 주로 《주역》 자체의 의리에 대해 연구를 진행하였다. 그러나 《주역내전》에서 그는 역리(易理)를 빌려 우주, 인생에 관한 그의 견해를 저술하였다. 《주역내전》에서 그는 역리가 《주역》의 원래의 뜻에 위배되지 않는다고 강조하였고, 임의로 《주역》을 해석해서는 안 된다고 강조했다. 그는 역리의 범위 내에서 역을 해석해야 하고 여기에는 일정한 규범이 존재한다고 말했다. 그러나 《역전내전》에 그는 격식에 얽매이지 않고 문장에 따라 자신의 견해를 피력했는데 형식이 많이 영활해진 것을 알 수 있다. 역리에 대해 말한 것은 다른 물체와 다른 이에 대해 말한 것과 같다. 그는 《주역》을 해석할 때에도 실증적인 연구와 사고방법을 병행하는 방법을 취하였다.

다른 많은 경서들도 모두 이것을 모방하였다. 예를 들면 《상서》의 글귀를 해석한 책이 《서경패소(書經稗疏)》이고 의리를 해석한 책이 《상서인의》이다. 《시경》의 글귀를 해석한 책이 《시경패소(詩經稗疏)》, 《시경고이(詩經考異)》이고 의리를 해석한 책이 《시광전》이다. 여기서 왕부지가 실증적인 연구와 사고방법을 결합시켰다는 것을 알 수 있다. "세상은 변하고 도(道)도 상실되었고 뒤집혀서 괴멸되어도 무(武)를 이어갔다. 문(文)을 지켰으나 거짓 도둑들이 유행하였고 기(幾)가 어두워 화(禍)를 앞세우게 되었다. 천하를 다스리는 사람은 사건을 만들고 백성을 흔들어서 저절로 피폐되게 하였고 천하를 취한 사람은 힘을 다하고 지혜를 다하여 그 백성을 피폐하게 만들었다. 노자의 기미를 헤아려 그것이 저절로 회복을 기다리게 하였으니, 차도가 있었다. 문제(文帝)와 경제(景帝)가 이어서 일어나 나라가 태평함에 이르자, 장자방(張子房, 장량)·손공화[孫公和, 원래는 중화(仲和), 교주(校注)에 의하여 공화(公和)로 고쳤으며, 공화는 진(晉) 손등(孫登)의 자]는 풍조를 달리하고 위험을 멀리하며, 이 물(物)을 사용하였다. 석씨(불가)의 거칠고 면 변방과 가혹한 면모와 비교하면 활짝피다 흩어지고 가시에 얽매이며, 한번 던져 물리(物理)를 가볍게 하고 단지 광채가 기이한 곳에서 즐거움을 얻으니, 어찌 현명하지 않은가? 사마천이 '노담(老聃)은 무위(無爲)로 스스로 변화하여 깨끗하고 고요함으로 스스로 올바르게 되도록 하였다'고 하였으니, 이것이 가깝다. '용과 같다[猶龍]'는 찬탄 같은 것은 공자의 무리들에게서 나왔다고 하니, 내 무엇을 취하겠는가?(《노자연(老子衍)》 자서(自序), 3쪽)."

왕부지의 "광대하고 심미한" 학술특징은 경학에 대한 반성과 종합에서 잘 표현되었다. 그는 이학으로 경학을 대체하는 명나라의 관습에서 벗어났을 뿐만 아니라, 한나라 유학자들의 경학을 연구하는 양식에서도 벗어났다. 그는 이학과 경학을 결합시켜 경학으로 이학을 연구하였다. 이러한 방법은 이학에 변화가 일어나기 시작했음을 뜻한다. 이는 또한 청나라 학술의 시작을 알리는 표징이기도 하다. 왕부지와 황종희를 비교했을 때, 황종희는 명나라 학술을 총정리한 자이고, 왕부지는 이학 전반을 총정리한 중국고대학술의 총결자이다. 왕부지는 자신에게 맡겨진 임무가 매우 중대하다고 생각했다. 또한 자신의 학술이 이후에 많은 사람들에 의해 이해될 것이라고 믿었다. 그는 자신의 저서와 그가 처한 시대의 특징을 제대로 파악해야 하고 그가 대표한 전반 시대의 학술특징을 심각하게 반성하고 총정리를 해야 한다고 말했다. 그는 《자제화상(自題畫像)》이라는 시에서 이렇게 말했다. "거북이는 죽은 뒤에 등껍질을 남겨 사람들이 점을 치는데 사용하게 한다. 꿈이 아직 채 이뤄지지 않았으니 섣불리 알아맞히려 하지 마라!"

제 32 장
사대 고승을 통해 알아본
명나라 불교의 추세

|제32장|
사대 고승을 통해 알아본 명나라 불교의 추세

불교는 중국에 전해지면서부터 본토문화와 융합을 꾀하였다. 이는 모든 외래문화가 중국처럼 심원한 문화전통을 갖고 있고 자급자족의 방식을 취하는 나라에 그 뿌리를 내려 발전을 도모하려고 할 때, 모두 취하는 방식이기도 하다. 중국의 불교는 격의(格義), 창교, 입종 단계를 거쳐 당대후기에 선교합일(禪敎合一), 유석도의 회통과 같은 특징을 드러냈다. 명나라에 이르러 교육과 과거제도의 영향으로 인해 유교가 중국사회에서 매우 중요한 위치를 차지하게 되었다. 도교는 유교의 보충으로서 시종 유교와 함께 공생하였다. 도교와 유교는 함께 불교의 발전에 큰 영향을 일으켰다.

명태조 주원장은 명나라를 세운 뒤, 이학을 숭상하면서 유가사상을 치국의 근본으로 삼았다. 주원장은 예전에 출가를 했다가 백련교에 가입하여 곽자흥(郭子興)의 부하가 되었다. 그는 황제가 된 후에도 불교에 깊은 애정을 가졌다. 그는 그 당시에 복잡하고 혼란스럽던 불교를 정돈하여 공제하여 불교로 하여금 유교의 보조적인 역할을 담당하게 하였다. 그는 사원을 선(禪), 강(講), 요(瑜) 세 개 유형으로 나누고 각 사원에 승려를 파견하라고 명을 내렸다. 그는 승려들이 제 마음대로 사찰을 짓는 것을 금지했다. 또한 규정에 따라 승려들에게 출가증명서를 발부하게 했다. 그는 승려들 가운데서 덕행이 우수한 사람을 뽑아 관직을 하사해주기도 했다. 명성조는 왕위에 오른 뒤 자신을 도와 "정난(靖難)의 변"을 일으킨 도연(道衍)을 태자소부(太子少師)에 임명하였다. 또한 그에게 속성(俗姓)을 쓰게 하고 광효(廣孝)라는 이름을 하사하였다. 명성조 직접 《법화경》에 서를 써주기도 했다. 그는 《신려전(神侶傳)》을 집필하였고 특히 서장의 라마교를 중요시했다. 그는 하리마(哈立麻)를 수도에 초대하여 그에게 대보법왕이라는 호를 하사하였다. 명무종은 특히 불교에 많은 애정을 갖고 있었는데 스스로를 대경법왕이라고 불렀고 많은 승려에게 도첩을 내주었다. 가경황제는 도교를 신봉하였기에 재초(齋醮)에 특별히 많은 신경을 쏟았다. 그래서 불교 세력이 많이 억제를 받았다. 명신종 시기에는 황태후 두 분이 모두 독실한 불교신자였기에 많은 사원을 건설하고 대장경을 많이 인쇄하여 각 사찰에 보내기도 했다. 명희종, 명회종 시기에 이런 기풍이 많이 줄어들었다. 총체적으로 명나라의 많은 황제들이 불교를 믿었고, 불교는 정치와 문화생활에서 중요한 작용을 하였다.

그러나 유교는 여전히 명나라의 지도사상이었다. 그리하여 불교의 존재방식은 유교의 영향을 많이 받아야 했다. 세속화의 영향을 받아 불교의 각 학파가 점점 쇠락해졌고 선종의 기봉방할(機鋒棒喝)의 방법 역시 점차 그 본래의 의미를 잃기 시작했다. 그리하여 일부 승려들은 수행을 통해 신앙을 강화해야 한다고 호소하였다. 그 외에 선종의 기봉방할, 불립문자 등 주장은 송나라에 흥기한 평창(評唱), 송고(頌古)에 의해 대체되었다. 그리하여 점차 문자화, 의리화가 되었다. 지해(知解)를 홀시하던 작풍이 명나라에 이르러 점차 변화를 가져오기 시작했고 불교와 도교의 거리가 점차 좁혀지기 시작했다. 명나라의 많은 고승들은 특정된 학파를 내세우지 않고 여러 학파의 학설을 골고루 받아들였는데, 여기서 융합의 특징이 뚜렷하게 드러났다. 본 장절에서는 명나라 후기의 4대 고승의 사상특징을 분석하는 것을 통해 전반 명나라에서 불교가 나타낸 이러한 융합의 추세에 대해 알아보려고 한다.

1. 자백진가(紫柏眞可)

진가(1543~1603)의 자는 달관이다. 만년에 호를 자백으로 하였다. 속성은 심씨이고 강서 오강 사람이다. 17살 때 우연히 소주에 왔다가 비를 만나 호구의 운암사에 머무르게 되었다. 저녁에 한 승려가 팔십팔불(八十八佛)의 명호(名號)를 외우는 것을 듣고 깊은 감동을 받았다. 그리하여 이튿날 곧장 출가하였다. 20살에 계구를 받았고 무당의 경덕사(景德寺)에서 3년간 폐관 수행하였다. 이후 전국을 떠돌았는데, 우연히 오대(五臺) 참일노숙(參一老宿)에게서 득오(得悟)했다. 이로부터 전국을 거침없이 다녀 사람들부터 경탄(敬憚)을 받았다. 범협본(梵夾本) 대장경(大藏經)이 읽기 불편하자 만력 17년(1589)

에 오대산(五臺山)에서 명나라 북장(北藏)을 기초로 그리하여 명나라 남장(南藏)과 비교
하여 방책대장경(方冊大藏經)을 판각했다. 후에 요서(妖書)가 나돌기 시작했는데 그 요
서를 작성한 사람으로 몰려 투옥되었다가 감옥에서 생을 마감했다. 그의 저서에는《자백
존자전집(紫栢尊者全集)》30여권이 있다.

진가는 일생동안 스승을 모시고 공부를 한 적이 없고 어느 한 종파에 속하지도 않았
다. 그는 불교와 유교를 융합시키고 불경을 열심히 연구해야 한다고 주장했다. 그는 후
학을 접인(接引) 할 때 "독수리가 토끼를 붙잡듯이 보면 곧바로 잡고 싶은 마음이 생긴
다"고 말했다. 덕청 스님은 그를 "임제(臨濟)와 대혜(大慧)의 높이 이르렀다"고 평가했
다.

1) 선종과 교종을 모두 수행해야 한다.

진가는 그 당시의 불교에 일곱 가지 잘못이 존재한다고 주장했다. 첫째, "부처님의 교
화를 받으면 도를 깨칠 수 있다고 생각하는 것"이다. 둘째, "이론만 알면 도를 깨칠 수
있다고 생각했는데 도는 눈과 귀를 통해 얻어지는 게 아니다(《법어》,《자백존자전집》3
권)." 사실 이 두 가지 잘못은 내용이 같다. 선종은 도를 깨치려면 반드시 법문에 들어서
야 하고 선학을 제외한 기타 종지는 모두 도를 깨치는데 장애가 되며 선은 마음속에 있
기에 문자가 필요 없다고 주장했다. 진가는 이러한 관점은 교종과 선종, 돈(頓)과 점(漸),
문자인연(文字因緣)과 말후대사(末後大事)의 관계를 결렬시켰다고 비판했다. 진가는 문
자가 도를 깨닫는 과정에 일으키는 작용을 매우 중요시하였다. "무릇 불제자(佛弟子)들
은 문자반야[文字般若, 부처가 설파한 경(經)·율(律)·논(論) 모두를 가리키는 것]를 통
하지 않으면 관조반야[觀照般若, 경·율·논의 문자반야를 통하여 진리를 알아내고 진리
에 의하여 수행하는 것]를 얻을 수 없고 관조반야를 통하지 않으면 반드시 실상반야[實
相般若, 부처가 체득한 진리 그 자체]에 부합할 수 없다. 실상반야는 곧 정인불성(正佛
因性, 중생이 선천적으로 갖추고 있는 진리)이며, 관조반야는 곧 요인불성(了因佛性, 진
리를 관조함으로써 드러나는 지혜)이며, 문자반야는 곧 연인불성(緣因佛性, 지혜를 일으
키는 데 도움이 되는 모든 선행)이다. 지금 천하에서 불교를 공부하는 사람은 반드시 문
자를 배제하고 한결같이 신속히 여래지(如來地)로 곧장 들어가고 뜻은 높게 가져야 하는
데, 나는 그림의 떡으로 굶주림을 채울 수 없을까 두렵다(《법어(法語)》,《자백존자전집

(紫柏尊者全集)》권1, 323쪽)."

　문자는 영원불변의 진리를 아는데 도움이 되고 지해(知解)는 이러한 불변의 진리에 도달하는데 반드시 필요한 과정이다. 언어와 문자가 없이 도를 깨닫고 불변의 진리를 얻을 수 없다. 문자는 불변의 진리를 깨닫는데서 아주 중요한 역할을 담당한다. 그가 문자의 작용을 강조한 목적은 선종이 도를 깨닫는 유일한 방법은 선에 있다고 주장하면서 다른 학파를 배척하는 잘못을 바로잡기 위해서다. 특히 그는 기봉방할(機鋒棒喝)의 풍기가 유행한 뒤에 승려들이 제 맘대로 기봉을 휘두르면서 실제로 학문을 닦고 도를 깨치려 않는 기풍을 바로 잡으려 했다.

　진가는 그 당시에 불교계에 존재하던 세 번째 잘못은 바로 정토를 유일한 법문으로 생각하고 참선(參禪)과 간경(看經)을 배척하는데 있다고 말했다. "염불(念佛)로 정토(淨土)에 태어나기를 구하는 것이 참선(參禪)과 간교(看敎 경전을 봄)와 비교하여 쉽고 어렵지 않게 여기니, 오직 이 방법이 가장 온당하다. 내가 또 너에게 묻기를, 정토(淨土)란 물든 마음의 인생인가? 깨끗한 마음의 인생인가? 반은 깨끗하고 반은 물든 인생인가? 온전히 깨끗한 마음의 인생인가? 만약 물든 마음의 사람이 정토에서 태어날 수 있다면 명실(名實)이 서로 어긋나고 인과(因果)가 서로 등지어 떨어질 것이다. …… 만약 온전히 깨끗한 마음을 가지고 태어난 사람이라면 마음이 이미 전체가 깨끗하여 어디를 간들 정토가 아니겠으며, 무엇을 하든 정토를 위해 사용하지 않겠는가? 이와 같이 염불이라는 하는 방법이 참선과 간교를 이길 수 있다고 여기니, 어찌 큰 착오가 아니겠는가?(《법어(法語)》, 《자백존자전집(紫柏尊者全集)》권3, 346쪽)."

　정토종은 염불을 하면서 왕생정토(往生淨土)를 비는 것은 가장 쉬운 법문이라고 말했다. 여기에는 참선과 간경(看經)이 필요 없다. 정토는 불호만 외우면 되기에 가장 간단하다. 또한 글을 알 필요도 없고 경서를 모르는 사람도 이러한 법문에 도달할 수 있다. 진가는 힐난과 비난을 통해 불교신자들이 가장 첨예하게 생각하는 문제를 제기하였다. 그것은 바로 정토는 심리적인 체험인지 아니면 실제로 그러한 곳이 존재하는가 하는 문제이다. 그는 사실 정토종이 말한 정토는 시공에 실제로 존재하지 않는다고 생각했다. 마음이 불변의 진리에 꼭 들어맞으면 모든 곳이 다 정토가 된다. 그리하여 왕생의 정토를 구할 필요가 없다. 그러나 마음과 불변의 진리의 합일은 염불을 하는 것을 통해 이룰 수 없다. 마음이 깨끗하면 정토를 말할 필요가 없다. 마음이 깨끗한 사람에게는 모든 곳이다 정토이다. 그리하여 정토는 사람의 마음속에 있다. 그러나 진가는 정토는 사람이 죽은 뒤의 귀속을 위해 세운 이상일 뿐이라고 생각했다. 사람이 살았을 때 추구하는 것은 깨우침의 경지이다. 깨우침은 반드시 참선과 간경을 통해서 이루어진다. 깨우침이 있어야 정토의 상태에 도달할 수 있다. 그리하여 그는 선과 정토의 합일을 이루려면 반드시 평상시에 참선과 간경을 많이 해야 한다고 주장했다. 죽을 때까지 염불만 해서는 절대 정토의 상태에 도달할 수 없다.

진가는 참선이 의지로 삼는 자력을 매우 중요하게 생각했다. 그는 정토가 의지로 삼는 외력을 여기에 도움을 주는 존재로 보았다. "천력(天力)·지력(地力)·불력(佛力)·법력(法力)·승력(僧力)은 모두 외력(外力)이다. 오직 자심(自心)의 힘만이 내력(內力)이다. 외력은 돕는 것이고 내력은 바른 것이다. 예컨대 정력(正力)이 용감하지 않으면 조력(助力)이 비록 많다고 하더라도 끝내는 흉(凶)을 변화시켜 길(吉)로 되게 할 수 없다. 그러므로 말하였다. '하늘보다 먼저 하여도 하늘은 어기지 않는다.' 또 말하였다. '자심의 힘은 천지를 뒤엎어서 거꾸로 할 수 있다.' 설사 이것을 믿는 데에 지나지 않는다 하더라도 별도로 외조(外助)를 찾으면 결단코 이러한 점이 없을 것이다(《여조건소(與趙乾所)》, 《자백존자전집(紫柏尊者全集)》권24, 526쪽)."

성불의 마지막 근거는 자신한테 그리고 마음에 있다. 불력, 법력을 포함한 외력은 모두 부차적인 요소들이다. 자력에 의거해야 한다는 말은 착실하게 수행공부를 해야 한다는 말이다. 그러나 정토종은 미타의 원력에 의거하야 왕생정토를 빌어야 한다고 했는데, 이러한 것은 타력이다. 여기에는 환상적, 신앙적인 요소가 더 많이 존재한다. "내가 또 자네에게 묻기를, '이들의 견식(見識)이 이해가 되고 실천이 되는가? 이해된다면 어떻게 움직이는 마음을 어그러지게 하며, 어떻게 생각하고 헤아리는 것[思量]을 병들게 하겠는가?'라고 하였는데, 옛 사람들에게 전해져 내려오는 '오두미의 밥이 익은 후에야 바야흐로 보답할 수 있다'는 이야기가 있는데, 역시 본체를 어그러지게 하지 않고 여러 대선로(大禪老)가 모두 거의 깨달은 것이다. 또 '생각하고 또 생각하면 귀신이 문득 그것을 통하게 해 준다'고 말하였는데, 귀신이 그것을 통하게 해 주는 것이 아니라 마음이 열려 밝게 된 것이다. 생각하고 헤아리는데 무슨 상처가 있겠는가? 관음(觀音)의 문(聞)·사(思)·수(修) 삼혜(三慧)에 모두 감동을 받았는데도 네가 사량(思量)에 치우쳐서 병이 생겼으니, 어찌 큰 착오가 아니겠는가?(《자백존자전집(紫柏尊者全集)》권3, 347쪽)."

해는 곧 지해이고 이해이다. 명언의 개념을 사용할 때에는 반드시 생각하고 고증을 거쳐야 한다. 선종의 기연어구(機緣語句)에서 재빨리 대답하고 언어가 생동적이며 종지를 개괄할 수 있고 상상을 자극할 수 있어야 한다고 요구했다. 그러나 그는 생각을 해서는 안 된다고 말하지는 않았다. 생각은 깨우침이 아니다. 그러나 깨우침은 반드시 생각에 의거해야 한다. 선종은 모든 것을 배제하고 냉회(冷灰) 속에서 콩을 볶아야 한다고 말했지만 어찌 모든 생각을 배제할 수 있겠는가? 모든 것을 배제한다면 콩을 어떻게 볶아야 한단 말인가? 냉회 속에서 콩을 볶아야 한다는 것은 사람으로 하여금 상규적인 사유방식에서 벗어나 아무것에도 구애받지 말고 자유롭게 생각하라는 뜻이다. 그리하여 생각을 절대 버려서는 안 된다.

진가는 선학을 배우는 사람들이 방갈(榜喝)을 도를 깨닫는 유일한 방법으로 생각하면서 문(聞), 사(思), 수(修) 세 가지 지혜는 필요가 없다고 말하는 것을 비판하기도 했다. 그는 돈오는 반드시 점수에 의거해야 하고 평상시에 문, 사, 수 세 가지 지혜를 끊임없이 개발해야 한다고 강조했다. 돈오는 비록 갑자기 나타나는 교묘한 지혜이기는 하나 여기에는 평상시의 착실히 갈고 닦은 노력이 필요하다. 선을 강조하면서 교를 폐지해야 한다는 주장은 옳지 못하다. 양자는 서로에게 도움이 되고 양자를 겸해야 더 좋은 결과를 얻을 수 있다.

진가의 선종과 교종을 모두 수행해야 한다는 관점 그리고 정토는 반드시 돈오에 의거해야 한다는 관점은 그 당시에 교종이 융통을 이룬 시대적인 표현이다. 진가와 명나라 고승들은 불교계에 존재하는 잘못을 바로잡을 수 있는 새로운 학풍을 만들어내려고 끊임없이 노력했다.

2) 삼교(三敎)는 원래 같기 때문에 유교로 불교를 해석할 수 있다.

진가는 유, 석, 도 삼교의 근본은 동일하다고 생각했다. 삼교가 같은 점은 마음에 있고 다른 점은 이름에 있다. 그리하여 불교의 의리로 유가의 서적을 해석하는 것도 실행 가능한 방법이다. "유교(儒敎)나 불교(佛敎)나 도교(道敎)는 모두 명칭일 뿐이며, 실제가 아니다. 실제란 마음이며, 마음이란 능유(能儒)·능불(能佛)·능로(能老)라는 것이다. 능유·능불·능로란 것을 과연 유교·불교·도교가 각기 가지고 있단 말인가? 모두 가지고 있단 말인가? 또 이발(已發)과 미발(未發), 연생(緣生)과 무생(無生), 유명(有名)과 무명(無名)이 같지 않단 말인가? 이를 안다면 마침내 삼가일도(三家一道)라고 말할 수 있을 것이다. 그러나 같지 않은 것이 있다면 명칭이지 마음이 아니다(《장송여퇴(長松茹退)》, 《자백존자전집(紫柏尊者全集)》 권9, 399쪽)."

그의 뜻은 유, 석, 도는 이름일 뿐 그 실제는 마음에 있다는 뜻이다. 형식적으로 말할 때 유, 석, 도는 모두 이론학설이다. 모든 학설은 사람의 마음이 만들어낸 것이다. 내용적으로 볼 때 유, 석, 도의 학설은 같지 않다. 그러나 그들의 근본목적은 사람을 교화시키려는데 있다. 세상을 살기 좋게 만들고 사람을 착하게 만들려는 목적은 같다. 이것은 전 인류의 공동적인 염원이기도 하다. 그리하여 유, 석, 도 삼교는 근본적으로 일치하다고 말할 수 있다. 그들은 교화방식과 각자의 이론특징이 다를 뿐이다. 진가는 마음은 본체이고 교화내용은 그 표현이라고 말했다. 마음은 유교를 해석할 수 있을 뿐만 아니라 석교도 해석할 수 있다. 마음은 인류의 정신적 창조와 물질적 창조의 본원이다. 유교와 석교는 이름일 뿐이다. 이러한 이름은 사람들이 삼교의 다른 특징에 근거하여 붙여준 부호일 뿐이다. 유, 석, 도 삼교는 근본이 같고 부분이 다르며, 마음이 같고 흔적이 다르다. 이 점을 알아야 삼교의 같은 점과 다른 점을 제대로 이해했다고 할 수 있다. 이것은 삼교의 관계에 대한 근본적인 이해이다.

이러한 견해의 지도하에 진가는 유교와 도교의 서적을 많이 읽고 지혜를 쌓아야 한다고 주장했다. 그는 《역》을 읽으면 불교의 의리에 대한 이해에 도움이 된다고 말했다. "《역(易)》은 도(道)를 드러내고 덕행(德行)을 신묘하게 한다. 도란 지극히 미세한 것이며, 덕행이란 지극히 조잡한 것이다. 만약 《역》에 능통한다면 지극히 미세한 것이라도 내가 드러낼 수 있고 지극히 조잡한 것이라도 내가 신묘하게 할 수 있다. 《역》을 어찌 읽지 않을 수 있겠는가? 《역》을 읽지 않으면 학문은 사방으로 통할 수 없게 된다(《자백존자전집(紫柏尊者全集)》 권4, 71쪽)."

《역》의 이치는 미묘하고 어렵다. 《역》의 괘효는 명백하게 알 수 있다. 《역》에 정통하면 미묘하고 알기 어렵던 이치를 명백하게 알 수 있다. 그리하여 《역》을 배우면 사람의 견해가 넓어진다. 그는 상(象)을 알면 의(意)를 얻어 마음에 혜해가 생긴다고 말했다. 혜해가 생기면 집착을 버리고 국한에서 벗어날 수 있다. 상을 알고 의(意)를 얻고 난 뒤에는 의(意)와 상(象)이 하나로 융합되어 서로 구분할 수 없는 그러한 경지에 도달하게 된다. 진가는 《역》을 통해 부처의 지혜를 얻을 수 있다고 말했다. 상은 의의 부호이고 의는 상의 내함이다. 의를 얻고 상을 잊어버리면 의만 보게 된다. 의를 가리고 상을 나타나게 하면 상만 보게 된다. 그러나 의를 얻고 상을 잃는 것과 의를 가리고 상을 나타나게 하는 것은 모두 마음의 전환이고 마음의 변현이다. 의를 얻고 상을 잃어버리는 것을 통해 본체를 인식할 수 있다. 이것은 예술적인 방법이다. 의를 얻고 상을 잃어버리는 것을 통해 마음 하나만 존재하는 무아, 무물의 경지에 도달할 수 있다. 이것은 불학의 관법이다. 유학을 배우는 사람들이 도달할 수 있는 최고의 경지는 불학을 배우는 것이다. 불학을 배우는 사람들이 도달할 수 있는 최고의 경지는 유학을 배우는 것이다. 삼교의 성인들의 마음은 모두 똑같다. 이러한 이치를 알면 삼교사이에 서로 공격을 가할 필요가 없다. 그는 말했다. "유교를 종지(宗旨)로 하는 사람은 불교와 도교를 병들게 하고 도교를 종지로 하는 사람은 유교와 불교를 병들게 하고 불교를 종지로 하는 사람은 공자와 노자를 병들게 한다. 이미 모두가 병들게 하였다고 말하였으므로 병이 있는 것을 알면서도 치료하지 않았으니, 어리석은 것이 아니고 망령된 것이다. 어떤 사람이 말하였다. "감히 치료의 방법을 묻습니다." 대답하였다. "유교를 배우면서 공자의 마음을 얻을 수 있고 불교를 배우면서 석가의 마음을 얻을 수 있고 도교를 배우면서 노자의 마음을 얻을 수 있으니, 병은 저절로 낫게 된다(《장송여퇴(長松茹退)》,《자백존자전집(紫柏尊者全集)》 권9, 399쪽)."

그는 유학을 배우다고 제대로 되지 않으면 포기하고 불학을 배우고, 불학을 배우다 제대로 되지 않으면 도학을 배우고, 도학을 배우다 제대로 되지 않으면 이단의 길로 빠지는 행동을 매우 싫어했다. 그는 유, 석, 도에서 어느 한 가지 학문만 제대로 장악하면 다른 두 가지 학문도 쉽게 깨칠 수 있다고 말했다. 그는 삼교는 서로 통하기 때문에 취지도 서로 같다고 말했다.

진가는 유, 석, 도 삼교를 융합시키는 데에는 근거가 있다고 제기했다. 이는 불교의 "사사무애(事事無礙)"의 교리에 부합된다. 유, 석, 도의 서적은 상호 해석이 가능하다. 그는 "사사무애이기 때문에 범어로 화언(華言)을 해석할 수 있고, 화언으로 범어를 해석할 수도 있다. 세상의 모든 세간시(世間書)로 출세간서(出世間書)를 해석할 수 있고 출세간서로 세간시를 해석할 수 있다"고 말했다(《의성비록(義井筆錄)》,《자백존자전집》 9권, 401쪽)." 불경을 번역할 때 일부 중요한 불교명사는 범어로 음역할 수도 있고 한어로 의역할 수도 있다는 말이다. 불경에 대한 이해를 놓고 말할 때 불교의 교리로 이해할 수도 있고 다른 책의 교리의 도움을 받을 수도 있다. 진가는 저서를 저술할 때 다른 책의 교리를 많이 이용해 불교의 경서를 해석하였다. 그리고 불교의 교리로 유교와 도교의 서적을 해석하기도 했다. 그는 《관윤자(關雲子)》의 일부 관점들은 불교의 교리로 해석이 가능하다고 말했다. "《문시(文始)》(즉 《관윤자(關尹子)》)로, 도교에서 《문시진경(文始眞經)》이라 칭하였으며, 그 가운데 불교의 말씀이 섞여있고 후세의 사람들은 대부분 위탁된 것으로 여기며, 이외에는 분별하지 못함)에는 비록 전식성지(轉識成智, 식을 전환시켜 지혜를 이룸)를 말하였지만, 그러나 전식성지의 소이연(所以然)은 말하지 못하였는데, 소이연은 밝혀지지 않아 명칭은 있지만 실재는 없는 것이다. 만약 석가의 유식(唯識)의 책을 탐구할 수 있다면? 만약 연인(緣因)·요인(了因)·정인(正因)의 뜻을 알 수 있다면? 만약 이를 가능하게 한다면 전식성지의 소이연은 곧 관윤자에게 있지, 《문시(文始)》에 있지 않다(《장송여퇴(長松茹退)》, 《자백존자전집(紫柏尊者全集)》 권9, 394쪽)."

그는 유식종의 팔식(八識)으로 설명하였다. 지식을 지혜로 바꾸는 데에는 팔식과 대응되는 사지(四智)가 있는데 그중에서 가장 관건적인 것은 제8식인 아뢰야식을 대원경지로 바꾸는 것이다. 이것은 분별사(分別事)에서 반야지(般若智)로 전변되는 과정이다. 비량(比量:논리적인 추리)으로부터 현량(現量:전체적인 직감)에 이르는 사공방식에 속한다. 진가는 이 두 가지 사고방식의 다른 점에 대해 다음과 같이 말했다. "이치를 합친 것을 비(比)라 하는데 유추하여 헤아려 아는 것을 말하며, 알고 나면 성경(聖經)에 그릇되지 않다. 합치되었기 때문에 그러므로 비량(比量)이라 하며, 합일되지 않으면 비량(非量)이다. 현량(現量)이란 애초에는 분별이 없고 거울에 비추어도 생각이 없으니, 이로써 전식성지(轉識成智, 인식을 전환시켜 지혜를 이룬다)에 뜻을 둔 것은 진실로 사물을 정밀하게 분별하는 인식이 아니므로, 전식성지의 소이연의 설은 끝내 밝지 않을 것이다(《장송여퇴(長松茹退)》, 《자백존자전집(紫柏尊者全集)》 권9, 395쪽)."

비량(比量)은 미지와 이지의 표준을 비교하여 미지를 추측해내는 것이다. 현량은 구분과 계탁(計度)이 없이 모든 것을 나타나게 하는 것이다. 여기서 진가는 불교의 인식방법에서의 현량과 비량으로 《관윤자》를 해석하였다. 그러나 그의 토론범위는 여전히 불교에 있다.

진가는 다른 책을 읽는 것은 불가서적의 해석에 도움이 된다고 말했다. "지감(智鑑, 송나라 때의 조동종 승려)이 '한 마음이 생겨나지 않으면 만법에 허물이 없다'고 말하였고 여산(廬山)이 '한 지극히 작은 생각을 가지고 움직이는 세계를 걸어 다니면 무너질 듯한 산세(山勢)를 이루리'라고 말하였는데, 내가 두 노인의 말씀을 들은 지가 오래되었지만, 그러나 끝내 크게 명백하게 이해하지 못하였다. 《역(易)》을 읽고 점괘(漸卦)에 이르러서야 비로소 두 노인의 말씀에 조금도 의심할 것이 없었다(《해역(解易)》, 《자백존자전집(紫柏尊者全集)》 권22, 510쪽)."

그는 괘의 작용은 어느 한 유형의 사물의 성질을 규정짓고 표명하는 것이라고 말했다. 그리하여 "괘는 성을 뜻한다." 효의 작용은 괘에서의 위치변화를 통해 사물의 변화를 그대로 반영해내는 것이다. 그리하여 "효는 정을 뜻한다." 성은 불교에서 사물이 자신에게 변화가 일어나지 않게 스스로를 보호하는 것을 말한다. 정은 사물이 활동할 수 있는 외부표현으로서 정은 부단히 변동한다. 구체적인 사람을 놓고 말할 때 성은 정욕이 생겨나지 않은 본래의 상태이다. 정은 감정적인 욕망을 말한다. "한 마음이 나지 않으면 만법이 허물없다"는 말은 생각이 생겨나지 않으면 만법이 있든 없든 상관이 없다는 뜻이다. "한 털끝만큼의 번뇌라도 유, 무로 움직이는 세계를 걸으면 무너질 듯이 큰 산만큼의 번뇌를 이룬다"는 말은 생각이 생겨나면 움직이지 않는 성에서 움직이는 정으로 변화하게 되는데 이때 길흉이 생겨나게 된다는 뜻이다.

진가는 불리로 이학에 나오는 마음이 성과 정을 통솔한다는 관점을 해석하였다. "효(爻)는 곧 허위(虛位)이고 갑자기 길(吉)하다가 갑자기 흉(凶)하는 것은 모두가 정(情)의 소치(所致)이기 때문에 그러므로 '길흉(吉凶)은 정(情)이 이동하는 것'이다. 설령 한 마음이 생겨나지 않고 천지와 사방[六虛]를 주유하지 못한다 하더라도 사물에 감응되면 연루되는데, 연루됨이 없는 것이라면 온전하다. 온전하면 이를 괘(卦)라 하고 괘라면 무아(無我)상태가 되어 신령스러운 것이 머무르게 되며, 효(爻)라면 유아(有我)상태가 되어 어두운 것이 머무르게 된다. 마음이라면 또 괘와 효 사이에 머무르기 때문에 그러므로 성정(性情)을 통섭한다 할 수 있다. 통(統)은 통(通)이다. 대개 그 마음을 잘 활용하면 정이 통한다고 하여 있는 것도 아니고 성이 통한다고 하여 없는 것도 아니다(《해역(解易)》, 《자백존자전집(紫柏尊者全集)》 권22, 510쪽)."

여기서 말하는 "마음이 성과 정을 통솔한다는 것"은 이학에서 말하는 "마음에 성과 정이 포함된다" 뜻이 아니다. 여기서는 주로 '통(通)'을 강조한다. '통'은 사실 선종이 말한 "앞생각이 미혹하면 부처가 중생이 되고, 뒷생각이 깨어나면 중생이 부처가 된다"는 것이다. 미와 오, 성과 정은 마음속에서 변화한다. 정이 우둔할 때, '통'은 성이다. 성이 영민할 때, 매는 정이다. 그리하여 "마음이 성과 정을 통솔한다"고 말한다. 그는 서합괘(噬嗑卦)를 이용해 성과 정의 관계를 설명하기도 했다. "내가 《역(易)》에서 서합괘(噬嗑卦, 64괘 중 21번째 괘명)를 보고 마침내 사람의 정(情)이 물과 불 같음을 알았다. ……오직 군자만이 상(象)을 감상하여 의(意)를 얻고 뜻을 얻고서 계(戒)를 알며, 이(理)를 가지고서 정(情)을 꺾고 정이 꺾이면 이가 충만하고 이가 충만하면 날로 무아(無我)의 지경이 조성된다. 그러므로 뛰어넘게 되면 포용할 수 있고 포용하게 되면 크게 되고 크게 되면 밖이 없고 밖이 없으면 천지만물이 모두 그것을 범위로 한다(《해역(解易)》, 《자백존자전집(紫柏尊者全集)》권22, 510쪽)."

상을 관찰하는 목적은 "의(意)를 얻고", "이치를 지니기" 위해서다. 그렇게 하는 목적은 경계할 줄 알고 정을 끊기 위해서다. "이를 충만시킨" 결과는 "내가 없는 경계에 도달하게 된다." 진가가 유교서적에서 얻은 깨우침은 여전히 종교수양방면의 내용들이다.

진가는 일생 동안 유교와 도교의 서적은 많이 읽었다. 그의 독서필기인 《의정비록》과 《장송여퇴(長松茹退)》에는 유교와 도교의 서적에 대한 평가가 많이 등장한다. 그는 다른 책으로 불리를 해석하였고 불리로 다른 책을 해석하기도 했다.

3) 성정선악(性情善惡)

진가는 성정론에서 유교와 불교를 융합시켰다. 특히 성정과 불교의 고락의 관점을 한데 섞어놓았기 그의 성정론은 이론적 층면에 국한되지 않고 수행과 실천과 긴밀히 연관되게 되었다. "성(性)에는 성의 체(體)가 있고 성에는 성의 용(用)이 있고 성에는 성의 상(相)이 있다. 어찌 체(體)라 하는가? 용이 생성하여 낸 것이다. 어찌 용이라 하는가? 상이 생성하여 낸 것이다. 어찌 상이라 하는가? 이치에 밝아서 접촉할 수 있는 것이기 때문이다. 선악(善惡)·고락(苦樂)같은 것이 상(相)이다. 고락의 정이 접촉하지 않고 신령스러운 모습이 어둡지 않은 것이라면 이것이 용이다. 외상(外相, 겉모양)과 용(用), 밝은 모습과 신령스러운 모습이란 모두 저절로 된 것이 없으니, 이것이 체(體)이다(《법어(法語)》, 《자백존자전집(紫柏尊者全集)》권6, 369쪽)."

성의 상(相)이란 현실에서 볼 수 있는 사람이 의지, 행위, 정감 등 표현을 가리킨다. 성의 용이란 의지, 행위, 정감을 일으킬 수 있는 잠재된 능력을 가리킨다. 상(相)은 잠재능력이 작용을 일으키는 현실적인 표현이다. 성은 이 두 가지의 종합이다. 성이 없으면 성의 작용도 없다. 성의 작용이 없으면 성의 상도 없다. 성은 논리적인 존재이기 때문에 추론을 거쳐 그것을 알 수 있다. 그리하여 그 자체에는 선과 악이 없다. 이것을 알게 되면 성정의 선악에 대한 선인들의 논쟁을 불식시킬 수 있다. "옛날 사람들은 성(性)에는 선악(善惡)이 없고 정(情)에는 선악이 있다고 하였는데, 특별히 성에는 성이 없다고 하여 선악의 용(用)을 갖추었고 용에는 성이 없다고 하여 선악의 상(相)을 드러냈다는 것을 알지 못하였다. 마치 어린아이가 우물에 떨어지려고 할 때 차마 어찌하지 못하는 마음(不忍之心)이 생긴 것 같이 이것은 선한 정이다. 이 정이 장차 생기고 아직 생기지 않은 사이에서 길흉(吉凶)이 아니면 비슷하게 될 수 없는 것이다. 이에 그 마음 됨을 알지 못하고 마침내 심을 성이라 인식함은 이에 성명(性命)의 학이 어두워 밝지 못했기 때문이다(《법어(法語)》,《자백존자전집(紫柏尊者全集)》 권6, 369쪽)."

성의 체는 정이 생겨날 것 같지만 아직 생겨나지 않은 그러한 상태로서 선악과 같은 형이하의 표현은 그에게 있어 전혀 무의미하다. 성에는 성의 용이 있다. 이러한 성의 용에는 선악이 잠재되어있다. 이러한 선악은 현실적인 것이 아니다. 어린 아이가 우물에 빠지는 것을 보면 측은지심이 생겨난다. 이러한 측은지심에서 선한 정을 볼 수 있다. 정은 잠재적이고 그 현실적인 표현은 상이다. 이것을 마음이라고도 한다. 진가는 유교와 불교의 성정론을 한데 종합시켰다. 이렇게 하였기 때문에 그는 전통 성정론에서 성을 한 개 물체로 보면서 성은 선하고 정은 악하다고 생각하는 잘못을 범하지 않게 되었다. 그의 성정론은 승려와 백성들이 모두 쉽게 이해할 수 있는 특징을 갖고 있다.

진가의 성론은 불리로 《역》을 해석한 산물이기도 하다. 그는 자신의 성정론을 《주역》에 비교하기도 했다. "대저 심(心)과 정(情), 역(易)의 도는 여기에서 궁구하였다. 그런데 심 앞에 이른바 성(性)이라는 것이 있다면 괘효(卦爻)가 아니면 비슷하게 될 수 없는 것이다. 그러나 괘효를 떠나서 이를 구한다면 또한 물결을 떠나서 물을 구하는 것이다. 그러나 이를 어떻게 할 것인가? 말하였다. '내가 알 바가 아니다. 이를 아는 사람은 이를 아는 것이 아니다.' 이 어찌된 까닭인가? 진실로 성으로서는 성을 알지 못하는데, 마치 눈이 눈을 보지 못하는 것과 같은 이유이다(《법어(法語)》,《자백존자전집(紫柏尊者全集)》 권6, 369쪽)."

괘와 효는 역의 도를 표현한다. 괘효를 떠나 역도를 얻을 수 없다. 마음과 정은 성의 표현이다. 그리하여 마음과 정을 떠나 성을 얻을 수 있다. 성 자체는 직접 인식할 수 없고 직접 인식할 수 있는 것은 마음과 정이다.

진가가 이러한 성정론을 내놓은 목적은 불성은 현성하다는 관점을 반박하기 위해서다. 그는 불성은 잠재적인 존재이고 현실의 불성은 수행을 거쳐야 얻어진다고 주장했다. 반드시 독실한 수행을 거쳐야만 불성을 얻을 수 있다. 불교의 경전은 불성을 수행하는 매개물이다. 그는 여기서 명나라의 승려들이 맹목적으로 선종의 기봉방할(機鋒棒喝)을 따르는 기풍에 반대하였다. 그는 간경, 예참, 지계, 좌선과 같은 독실한 공부를 제창했다. 이것은 선종과 교종을 합일시켜야 한다는 그의 관점과 일치한다.

진가는 불교의 제일의인 불가설의 사고방식에서 출발해 '성'은 언어로 평가할 수 없다고 주장했다. 그는 성에 관한 많은 관점은 모두 한쪽에 치우치는 경향이 있다고 말했다. 맹자는 성은 선하다고 말하고 순자는 성은 악하다고 말한다. 이것은 하나의 성을 두 개로 나누어 말한 것이다. 양웅(揚雄)은 성은 선악의 혼합이라고 말했다. 그는 성에 존재하는 구별을 보지 못하였다. 성은 나누어서 말해도 안 되고 한데 병합시켜 말해도 안된다. 진가에게는 삼교를 병합시키려는 생각이 있었지만 삼교 가운데서 불교의 위치가 가장 높다. 불교는 유교와 도교를 용납할 수 있다. 그는 말했다. "천하의 도술(道術)을 끝낸 사람이 석가(釋迦)인가? 육합(六合, 천·지·동·서·남·북 곧 천하)의 밖을 옛날 사람은 살피기만 하고 논의하지 않았으며, 육합의 안은 논의는 했지만 변별하지는 않았다. 논의할 수 없는 것이 아니라 육합의 안을 어지럽게 될까 두려워했기 때문이며, 변별할 수 없는 것은 오상(五常)의 의(義)가 어그러질까 두려워했기 때문이다. 지금 석가는 멀리는 육합의 밖을 궁구하여 명백하게 돌아가고 있고 가까이는 육합의 안을 꿰뚫어 명확하게 구별되어 섞이지 않았다. 높고 밝은 사람으로 하여금 세속에 얽매이지 않는 초연한 거동을 갖게 하고 편안하게 일상을 보내는 사람으로 하여금 분에 넘치는 욕망의 싸움이 없게 한다. 이런 까닭으로 삼계(三界, 중생이 사는 세 가지 세계인 욕계, 색계, 무색계)를 나누어 구지(九地, 욕계오취지·이생희락지·정생희락지·이희묘락지·사념청정지·공무변처지·식무변처지·무소유처지·비상비비상처지)로 삼고 사성(四聖, 복희씨·문왕·주공·공자의 네 성인)을 이해하여 일승(一乘)으로 삼았다. 비유컨대 쟁반에 있는 불꽃같이 완연히 돌며 비추다가 솟구쳐 부딪치며 스스로 존재하니, 빈 마음으로 생각하고 헤아린다(《장송여퇴(長松茹退)》, 《자백존자전집(紫柏尊者全集)》 권9, 395쪽)."

불교는 도교와 불교를 모두 융합시킬 수 있다는 말이다. 그러나 각자의 작용에는 영향을 끼치지 않는다. 불교는 유교와 도교가 총합의 과정에서 각자의 위치와 각자의 특징을 잃지 않게 해준다. 불교에 대한 진가의 이러한 관점은 그가 "공자와 노자의 울타리를 두루 넘나들었지만 결국에는 불교를 자신의 안식처로 삼았다"는 근거이다. 이것은 승려로서 불교를 진심으로 존경하고 받들었기 때문이기도 하다.

2. 운서주굉(雲棲袾宏)

주굉(1535~1615), 자(字)는 불혜(佛慧), 호는 연지(蓮池)이다. 속성은 심씨이고 항주사람이다. 32살 때 출가하였다. 그리고 여러 지역을 돌면서 생활했다. 만년에 항주의 운서사에 머물렀기에 그를 운서대사라고 부른다. 그가 제창하는 정토염불법은 후세에 큰 영향을 끼쳤다. 그리하여 그를 연종제팔조(蓮宗第八祖)라고 높이 부르기도 한다. 주굉은 젊은 시절에 유학을 배웠기에 그는 유학과 불학을 융합시키려는 경향이 아주 뚜렷하다. 그는 그 당시에 선종에 존재하는 유폐에 매우 큰 불만을 나타냈다. 그는 선승들은 반드시 경서를 공부해야 한다고 주장했다. 그는 그 당시에 일어난 법성종(法性宗)과 법상종(法相宗)의 논쟁에 대해 성과 상은 본래부터 통한다고 주장하면서 양자를 융합시키려 했다. 그는 불교를 수호하기 위해 그 당시에 광범하게 유전되고 있던 천주교를 비난하기도 했다. 그는 많은 저서를 남겼다. 그중《아미타경(阿彌陀經)》의 영향력이 가장 크다.《선관책진(禪關策進)》은 많은 유명한 승려들이 불교에 입문할 때 배운 책이다. 그의 제자들은 그의 독서찰기, 서신 등을 한데 묶어《운서법회(雲棲法匯)》를 만들었다.

1) 정토염불과 선정(禪淨)합일

정토종은 중국불교 종파의 하나에 속한다. 정토종은 아미타불을 신앙하고 불호를 입으로 외우면 미타의 원력을 빌어 죽은 뒤에 극락정토에 갈 수 있다고 말했다. 그 수행방법이 간단하기 때문에 당대 중기 이후에 널리 유전되었다. 특히 백성들이 많이 믿었다. 주굉은 명나라에서 불교의 교리를 외워야 한다고 가장 많이 제창한 사람이다. "도(道)에 들어가는 문은 많으나 곧장 들어갈 수 있는 간편하고 중요한 지름길에는 염불(念佛)만한 것이 없다. 염불일문(念佛一門)은 위로는 가장 낮고 영리한 자질을 헤아리고 아래로는 매우 어리석고 둔한 데에 이르니, 대개 처음부터 끝까지 철저한 도(道)이어서 세속적으로 흔들림이나 미혹됨을 보이지 않고 있다. …… 옛사람들이 '염불하는 사람은 참선을 하고자 하였다'고 하였는데, 모름지기 별도의 화두를 든 것이 아니고 이 뜻을 바르게 하였다. 몇 마디의 염불소리는 반사되는 자신을 돌아보며 염불하는 사람이 누구인지 스스로 본다. 이와 같이 마음 씀은 잊지도 않고 조장하지도 않고 오랫동안 마땅히 스스로 돌아봄이 있다. 혹여 그렇게 할 수 없다면 있는 그대로 염(念)만해도 역시 좋다. 그 염은 부처와 떨어지지 않게 하고 부처는 염과 떨어지지 않게 하며, 염은 지극하고 마음은 공(空)하며, 감응하여 도를 교감하며 바로 눈앞에서 부처를 보니 이치는 필연적이다(《유고2(遺稿二)》, 《연지대사전집(蓮池大師全集)》 4,614쪽)." "지명염불(持名念佛, 부처의 명호를 집지하는 염불)의 공덕이 가장 왕생정토(往生淨土)하게 되는 요건이다(《유고3(遺稿三)·보시지명염불삼매(普示持名念佛三昧)》, 《연지대사전집(蓮池大師全集)》 4,614쪽)."

주굉은 지명염불(持名念佛)에 두 개의 작용이 있다고 생각했다. 하나는 입으로 불호를 외우면 미타의 염원이 생겨나 다음 생에 정토에 도달할 수 있다는 것이다. 이런 공부는 사람마다 할 수 있다. 이것은 "철상철하의 도"이다. 둘째는 불호를 외울 때 마음속으로 부처를 관상(觀想)하기 때문에 입으로 외우는 것과 마음속으로 생각하는 것이 같아지면서 한 곳에 집중할 수 있다. 그렇게 되면 "염극심공(念極心空)"하여 부처를 만날 수 있다. 그리하여 주굉은 염불을 외우는데 계정혜(戒定慧) 3학이 포함된다고 말했다. "곧 백천만억 권의 경(經)을 염(念)하는 것이 이것으로, 역시 이 계(戒)·정(定)·혜(慧)를 다시 알게 되는 것이 곧 염불법문(念佛法門)이다. 계(戒)는 곧 그릇됨을 막아서 의롭게 하며, 만약 한 마음으로 염불하면 모든 악이 감히 들어오지 못하니, 곧 경계한 것이다. 정(定)은 곧 산란한 마음 제거하는 것을 의롭게 여겨 만일 한 마음으로 염불하면 마음에 다른 인연이 없으니, 곧 선정이다. 혜(慧)는 곧 밝게 비추는 것을 의롭게 여겨 만약 부처의 소리[佛聲]를 자세히 들어보면 한 마디 한 마디가 분명하니, 역시 능념(能念)이나 소념(所念)을 보면 모두 얻을 수 없는 것이니, 곧 혜(慧)이다. 이와 같이 염불하면 곧 경계하고 선정하고 지혜롭게 된다(《유고3(遺稿三)·시열장요어(示閱藏要語)》, 《연지대사전집(蓮池大師全集)》 4776쪽)."

입으로 불호를 외우며 마음속으로 부처를 관상하면 악을 생각할 겨를 없기 때문에 지계하지 않아도 자연히 계율을 지키게 된다. 염불을 외울 때에는 마음이 한곳에 집중되기 때문에 마음이 자연스럽게 안정된다. 그리하여 염불을 외우는 것이 가장 중요하다. 염불을 외우는 것으로 경전을 읽는 것을 대체할 수 있다.

정토종은 유행되면서부터 다른 유파들과 융합되는 추세를 나타냈다. 명나라에 이르러 불교와 기타 종파는 세력이 많이 약해졌지만 유독 정토종과 선종만이 강력한 영향력을 과시했다. 명나라의 많은 고승들은 선과 정토의 합일을 이루어야 한다고 제창했다. 그들은 박산원현(博山元賢), 감산덕청(憨山德清), 우익지욱(蕅益智旭) 등이다. 주굉이 제창한 지명염불은 당대로부터 시작된 정토종의 기본방법이다. 특별한 점은 그가 이론적으로 선과 정토의 합일에 대해 설명을 하였다는 것이다. 우선, 그는 정토종과 선종은 모두 부처의 가르침을 이야기했고 그 본질은 동일하다고 생각했다. "어떤 사람이 물었다. "정토(淨土)의 설은 대개 표법(表法)일 뿐인데 지혜로운 사람은 의당 선종(禪宗)을 바로 깨닫습니다. 그러나 지금 단지 정토를 밝히는 설에만 관여하고 장차 사상(事相)에 집착하지 않는다면 이성(理性)을 밝히지 못합니까?" 대답하였다. "본성으로 돌아가는 데는 둘이 아니며, 방편에는 많은 문이 있지만 이 뜻을 깨달을 수 있다면 선종과 정토는 길은 달라도 돌아가는 곳은 같으니, 마땅히 얼음이 녹아내리는 것이다(《정토의변(淨土疑辨)》,《연지대사전집(蓮池大師全集)》 1,583쪽)." "지금 선(禪)에 의지하며 정토(淨土)를 비방하는 사람들은 도리어 일찍이 진실하게 참선하여 연구[參究]를 하지 않았으며, 정토에 의지하며 선을 비방하는 사람들도 역시 일찍이 진실하게 염불을 하지 않았다. 만약 각기 공부하여 철저하게 궁원(窮源)이란 곳에 도달하면 두 조문(條門)의 길은 원래 털끝만큼의 차이도 없다는 것을 알게 될 것이다(《유고3(遺稿三)·잡답(雜答)》,《연지대사전집(蓮池大師全集)》 4,696쪽)."

그는 중봉명본(中峰明本)의 "선은 정토의 선이고, 정토는 선의 정토"라는 관점을 빌려 양자의 관계를 설명하였다. 그는 선은 사람을 미해(迷海)에서 구해낼 수 없고 죄악을 씻어낼 수 없기 때문에 생사의 윤회를 벗어날 수 없다. 그리하여 반드시 선과 정토를 함께 수행해야 한다. 부처님이 말하신 최후구경(最後究竟)에 도달하려면 반드시 다음 생에 정토에 이르는 것으로 만족해야 한다. 그리하여 선은 다음 생에 성토에 이르는 준비이고 왕생정토는 참선과 오도의 목적이다. 참선과 정토법문의 수행은 두 개 공부 같지만 사실은 수행공부의 두 가지 단계이다. 선은 오(悟)의 공부이고 오는 반드시 정토에 이르러야 한다. 참선은 목적이 아니다. 목적은 왕생정토이다. 목적과 공부가 결렬되어서는 안 된다. 그리하여 선과 정토는 반드시 융합되어야 한다.

선과 정토를 융합시키는 과정에 이런 문제에 부딪칠 수 있다. 그건 바로 정토종이 말한 극락정토는 염불하는 사람의 마음속에 있는지 아니면 실제적으로 그러한 장소가 존재하는가 하는 문제이다. 선종의 말에 의하면 정심(淨心)은 곧 정토이다. 《단경(壇經)》에는 이런 말이 있다. "어리석은 사람은 염불하여 서방정토에 태어나려 하지만 지혜로운 사람은 스스로 자신의 마음을 청정하게 한다. 그런 까닭에 부처님은 그 마음의 청정함을 따르면 그것이 곧 불국토를 청정하게 하는 것이라고 하셨다(법해본 《단경》 35단락)." 선종은 "앞생각이 미혹하면 부처가 중생이 되고, 뒷생각이 깨어나면 중생이 부처가 된다"고 말했다. 마음에 깨우침이 있으면 자신이 부처가 될 수 있고 정토를 말할 필요도 없다는 뜻이다. 정토의 개념에 의하면 마음이 곧 정토이다. 이것은 사실 정토종이 말한 서방 극락정토를 부인하는 것이다. 《정토결(淨土訣)》에서는 "태어남은 곧 태어남을 결정하고, 감은 진실로 가지 않는다.(生則決定生, 去則實不去)"고 했다. 주굉은 여기에 대해 두 가지 해답을 제시하였다. 하나는 선종과 정토종의 교의를 융합하여 심정을 정토로 해야 한다는 것이다. 마음은 본체이고 이(理)다. 정토는 마음의 드러남이고 사(事)이다. 정토는 마음 밖에 존재하지 않는다. 다른 한 가지는 정토종의 교의를 근거로 극락정토는 실제로 존재한다고 주장했다. 그는 사람이 살아있을 때에는 인간세상에 있고 죽은 뒤에는 과보(果報)의 선악에 근거하여 같지 않은 곳으로 왕생하는데 선행을 한 사람은 서방으로 왕생할 수 있다고 말했다. 주굉은 정토세계가 실제로 존재하고 있다고 주장했다. 정토세계는 인간세계와 아주 멀리 떨어져 있는데 정토공덕이 원만한 사람은 신력에 의거하여 정토세계에 도달할 수 있다. 여기의 신앙색채는 아주 강하다.

2) 성상상융(性相相融)

주굉은 성상을 융통시켜야 한다고 주장했다. 성은 곧 법성종으로서 성종이라고 약칭한다. 상(相)은 법상종으로서 상종이라고 약칭한다. 법상종은 아뢰야식을 모든 염정(染淨)과 인과의 근본으로 삼는다. 법상종의 착안점은 만법 이외의 상에 있다. 그 대표작으로는 《해심밀경(解深密經)》, 《성유식론(成唯識論)》 등이 있다. 법성종은 법상종이 말한 만법을 파괴하고 모든 법은 본각진심에 의해 만들어졌다고 말한다. 이러한 본각진심은 영원하고 맑고 깨끗하다. 본각진심은 만법의 진성으로서 이러한 마음을 불성 혹은 여래장이라고 부른다. 법성종의 대표작에는 《대승기신론(大乘起信論)》 등이 있다. 각 조대에서 성과 상의 관계에 대한 논쟁이 끊인 적이 없다. 명나라에 이르러 종밀(宗密)과 같은 사람들이 성과 상을 융합시켜야 한다고 주장했다. 명나라의 이러한 형세에 근거해 주굉도 성과 상을 융합시켜야 한다고 명확하게 제기했다. "서로 전하다가 부처께서 입적하신 후에 성(性)·상(相) 두 종(宗)의 학자들은 제각기 소견에 집착하여 강을 나누어 물을 마실 지경에까지 이르렀다. 그들의 다툼이 이와 같았으나 과연 누가 옳고 누가 그르단 말인가? 말하였다. '다만 이에 집착하면 모두 그릇되고 집착하지 않으면 모두 옳다.' 성이란 무엇인가? 상의 성이다. 상이란 무엇인가? 성의 상이어서 확연히 둘로 나뉜 것이 아니다. 비유하면 하나의 몸과 같아서, 몸이 주인이면서 귀·눈·입·코·장부(臟賦)·백해(百骸)를 가지고 있는데 모두 몸이다. 이 몸은 귀·눈 등의 몸이며, 귀·눈 등은 몸의 귀나 눈이다. 비유하면 한 채의 집과 같아서, 집이 주인이면서 대들보·서까래·기둥·담장·벽·창문 등을 가지고 있는데 모두 집이다. 이 집이란 대들보 등의 집이며, 대들보 등은 이 집의 대들보 등이다. 어찌 확연히 둘로 나누어 생각하랴. 오직 마땅히 다투어서는 안 될 뿐 아니라 역시 다툴 필요도 없다. …… 성은 본(本)이고 상은 말(末)이어서 그러므로 '다만 본을 얻을 뿐 말은 근심하지 않는다'고 말한 것이지, '말 따위는 없애버려야 한다'고 말한 적은 없다. 이런 까닭으로 성에 치우쳐서 말하는 것은 옳지 않으며, 상에 치우쳐서 말하는 것은 더욱 옳지 않다. 성에 치우쳐서 말한 것은 본은 급히 하면서 말은 완만하게 한 것이므로 오히려 옳지 않는 중에서도 옳다고 하겠거니와 지엽을 힘쓰면서 근원을 잃어버린다면 옳지 않는 중에서도 옳지 않다 할 것이다.(《죽창삼필(竹窓三筆)·성상(性相)》,《연지대사전집(蓮池大師全集)》 4,044쪽)"

　여기서 주굉은 성과 상에 모두 집착해서는 안 된다고 주장했다. 어느 하나에만 집착하면 본말과 체용을 결렬시키는 결과를 초래할 수 있다. 예로부터 성과 상에 대한 논쟁에서 학자들은 저마다 한쪽만 고집하였다. 성은 상의 성이고 상은 성의 상으로서 성은 본체이고 상은 표현이다. 그들의 관계는 몸과 귀, 눈, 코, 입, 장부(臟腑), 백해(百骸)의 관계와 같다. 여기서 주굉은 성종과 상종의 근본에 근거하여 양자를 융합시켜야 한다는 주장을 내놓았다. 그러나 성종과 상종은 각자 이론적인 근거를 갖고 있다. 이러한 구별을 알지 못하면 불교의 각 종파사이에 존재하는 특징을 말살하고 불교의 풍부하고 복잡한 성질을 민멸(泯滅)시킬 수 있다. 각 종파는 논쟁 속에서 앞으로 발전해나간다. 주굉은 일생동안 어느 한 종파에 귀속되지 않았다. 그의 가장 큰 업적은 지명염불을 주장한 것이다. 이 점으로부터 볼 때 그를 정토종의 사람이라고 할 수 있다. 그는 성과 상을 융합시키는 것으로 이론상의 불일치를 소멸해야 한다고 주장했다. 수행실천에서 정토종이 주장하는 일심전념 역시 이론상의 불일치를 제거하는데 도움이 된다. 그리하여 주굉이 주장하는 성과 상의 융합은 그의 정토법문을 위한 것이기도 하다.

명나라에서 성과 상의 융합을 주장한 고승은 주굉 뿐이 아니다. 진가도 성과 상을 융합시켜야 한다는 주장을 제기하였다. 그러나 진가는 선과 교종을 융합시키는 관점에서 출발해 성종과 상종은 선종의 이론적인 준비이기 때문에 나중에 대사(大事)를 요달(了達)하면 반드시 다시 선을 수행해야 한다고 주장했다. 진정으로 불교를 수행하는 자는 반드시 성종과 상종을 모두 알아야 한다. 진가는 성종과 상종 각자의 장점과 쉽게 범할 수 있는 잘못에 대해 설명하기도 했다. "성종(性宗)은 줄곧 넓고 넓은데다 신령스럽고 맑으며, 세속에 있는 사람은 점점 물결 위를 떠다니다가 마음에 품은 생각이 문득 깨달을 때 뛰어나니, 《장자(莊子)》를 읽는 것과 같아서 사람의 마음과 혼으로 하여금 혼탁한 세태의 표적을 드러내게 한다. 이 넓고 넓은 쾌활한 곳에 수용하여 만약 극칙(極則)으로 여긴다면 영원히 발전을 추구하지 못하며, 무릇 선지식을 보고 깨닫게 되고 처리함이 익숙해지면 삼의 일로 여긴다. 이 병이 사라지지 않으면 결국 천연외도(天然外道)를 이루게 된다. …… 진단국(震旦國, 중국) 가운데 옛날 이래로부터 매번 불경(佛經)이 모두《장자(莊子)》·《노자(老子)》·《육경(六經)》를 자세하게 해석하여 스스로 일가(一家)를 이루었다고 생각한 적이 있다. 이 같은 부류의 사람들이 만약 그들로 하여금 상종(相宗) 중에서 뚜렷하게 밝을 것을 찾게 한다면, 어찌 이 같이 실언하게 되어 후세 사람들의 조소를 받겠는가?《자백존자전집(紫柏尊者全集)》권7, 379쪽)."

진가는 여기서 성종의 성실함과 세밀함으로 성종의 명확한 근거가 없는 결점을 미봉해야 한다고 주장했다. 성종은 만법은 원래 공하기 때문에 집착을 버리고 진짜를 보아야 하고 범인(凡人)의 감정을 초월해야 한다고 주장했다. 그러나 성종은 정밀하게 분석하고 세심하게 연구해야 한다고 주장한다.

3) 유교와 석교의 상호보충

주굉은 명문가에서 태어났고 17살부터 32살에 출가 할 때까지 계속 유학을 배웠다.

그리하여 그의 사상은 유교의 영향을 많이 받았다. 출가한 뒤에도 그는 계속 유교서적을 읽었다. 그는 유교서적을 읽으면 불교서적을 이해하는데 도움이 되고 유교로 몸을 다스리면 계행에 유리하다고 말했다. 그의 저서를 읽어보면 그가 유교와 석교를 융합시키려는 사상을 갖고 있다는 것을 알 수 있다.

우선, 그는 유, 석, 도 삼교의 이론은 같지 않지만 그 근본목적이 일치하다고 주장했다. 그는 유교와 도교의 성인인 고자와 노자는 모두 불제자의 화신이라고 말했다. 부처님의 제자들이 유교와 도교 교주의 모습으로 변화했을 때에는 반드시 세속의 시간과 공간에 적응해야 하고 세인들의 형상과 모양을 갖추어야 한다. 공자의 전신은 유동보살(儒童菩薩)이고 노자의 전신은 가섭(迦葉)이다. 공자는 창평에 태어났고 은행나무 단에서 제자를 가르쳤다. 노자는 이씨 가문에 태어났고 나중에 함곡관(函谷關)을 통해서 서방으로 갔다. 이러한 것들은 허구가 아니라 역사적인 근거가 있는 내용들이다. 부처님이 공자와 노자로 화신한 원인은 다른 이론과 방법으로 사람을 교화시키기 위해서다. 주굉은 공자가 천축(天竺)에 태어났다면 반드시 불법을 선양하여 중생들을 고난에서 구해냈을 것이고 석가모니가 노나라에 태어났다면 유학으로 세인을 교화했을 것이라고 말했다. "환경이 바뀌어도 성인은 여전히 마찬가지이다"라고 하는 관점은 전인들이 했던 이야기다. 주굉이 이 말을 한 목적은 유교와 불교의 성인들의 목적은 사람을 교화시키는데 있다는 것을 강조하기 위해서다. 그리하여 유교와 석교는 서로를 공격하지 말고 서로를 이용해 자신을 발전시켜야 한다. 그는 유교와 불교가 서로를 공격하고 비판하는 것을 반대했다. 그는 불교가 중국에 전해진 뒤에 믿는 사람들이 점점 많아지자 유교학자들이 걱정스러워 일어나 불교를 반대하기 시작했는데 여기에 큰 잘못은 없다. 비난을 받게 되자 불교도 나서서 반격을 가한 것 역시 당연한 일이다. 그러나 부혁(傅奕)과 한유가 불교를 반대하는 의견을 내놓은 뒤에 후인들이 불교를 대대적으로 반대하기 시작했다. 이것은 지나친 행동이다. 옛 승려들은 불교를 보호하기 위해 유교를 공격하기 시작했고 후인들도 그것을 모방하기 시작하면서 사태가 점점 심각하게 변해버렸다.

다음, 주굉은 유교와 불교는 서로에게 도움이 된다고 말했다. "사실대로 논한다면 유교와 불교가 서로 헐뜯을 것이 아니라 서로 도와야 한다. 그 대략을 들어 보면, 무릇 사람이 악한 일을 저질렀을 경우에 생전에는 법망을 피할 수 있으나 죽은 후에 지옥에 떨어질까 두려워 마침내 악한 마음을 버리고 선행을 하게 된다. 이는 임금의 교화로는 미치지 못하는 바를 음으로 돕는 것이니, 불교인 것이다. 스님들 중에 청규(淸規)로서는 단속하지 못하는 자가 형벌을 두려워하여 감히 방자하게 굴지 못한다면 이는 불법(佛法)으로서는 미치지 못할 일을 드러내어 돕고 있는 것이니, 유교다. 요즘 스님들은 오직 불법이 융성하지 않는 것만을 염려하고 불법이 지나치게 융성하는 것은 알지 못하고 있는데, 스님들에게 복될 일이 아니다. 다소 제재하고 억제할 필요도 있는 것으로, 불법이 오랫동안 세상에 남아있게 되는 것은 바로 이것(유교)이 있기 때문이다. 이런 것을 안다면 서로 비방하는 것은 마땅하지 않으며, 서로 칭찬하는 것이 마땅하다(《죽창이필(竹窓二筆)·성상(性相)》,《연지대사전집(蓮池大師全集)》3818쪽)."

여기서 주굉은 사람을 법률적으로 제한하는 것은 종교적인 신앙보다 효과가 약하다고 말했다. 불교는 사람들의 마음에 직접 작용을 일으키고 법률을 검속과 도덕의 교화에 은밀한 도움을 준다. 유교와 석교는 서로 공격할 것이 아니라 서로 도움을 주어야 한다. 주굉은《유불배합(儒佛配合)》이라는 수필을 쓴 적이 있다. 그는 입세와 출세가 상호 보완한다는 관점으로 유교와 석교 각자의 작용에 대해 설명하였다. "유교와 불교 두 교의 성인은 사람을 교화시키는 말씀이 각기 위주로 하는 바가 있었으므로 굳이 따로 둘로 나누어 생각할 것도 아니겠지만 역시 반드시 억지로 합치시킬 것도 아니다. 왜일까? 유교는 세상을 다스리는 일을 위주로 하였고 불교는 출세(出世)의 일을 주장하였기 때문이다. 세상을 다스리는 것으로 말하면 스스로《대학》의 격물(格物)·치지(致知)·성의(誠意)·정심(正心)·수신(修身)·제가(齊家)·치국(治國)·평천하(平天下) 같은 것에 응하면 충분하거니와 지나치게 높고 깊으면 삼강(三綱)·오상(五常)의 윤리가 안전하게 성립되지 못하는 것이다. 또 출세의 일은 높고 깊은 이치를 궁구하고 극진히 해야만 비로소 해탈할 수 있으니, 따라서 가정과 나라와 천하의 일에 대해서는 조금 소홀한 점이 없지 않다. 대개 이치의 형세가 자연스러우므로 결코 이상하게 생각할 것은 아니다. 만약 굳이 유교가 바로 불교라고 한다면《육경(六經)》이나《논어》·《맹자》등 모든 전적이 어엿이 갖추어져 있는데 어찌 석가의 강탄(降誕)과 달마의 서래(西來)를 기다릴 필요가 있었겠는가? 불교가 바로 유교라고 한다면 어찌《능엄경(楞嚴經)》아니《법화경(法華經)》으로 천하를 다스리지 않고 복희(伏犧)·신농(神農)·요순(堯舜)이 위에서 처음 제도를 만들었고 공자·맹자 등의 제현이 아래에서 도리를 밝힐 필요가 있었겠는가? 그러므로 둘로 나누거나 하나로 합치시키는 것은 모두 잘못된 견해이다. 비록 이렇다고는 하지만 특출한 사람에게는 둘로 나누어도 역시 얻는 것이 있고 합치시키는 것도 역시 얻는 것이 있으니 아무 거리낌이 없다는 것도 또한 알지 않으면 안 된다(《죽창이필(竹窓二筆)》, 《연지대사전집(蓮池大師全集)》 3877쪽)."

유교와 석교는 서로 아무 관계가 없다고 말할 수 없다. 그러나 이 둘을 하나로 합일 시킬 수도 없다. 유교에서는 치세를 말하고 불교에서는 출세를 말한다. 이 둘은 각자의 작용이 있고 다른 사회적 수요를 만족시키면서 전체적인 평형을 이루고 상호 보충한다. 유교와 불교를 모두 통달한 학자들은 유교와 불교의 이론이 사회에 일으키는 작용을 잘 알고 있다. 둘을 합하고 보면 그들을 반드시 분리시켜야 한다고 생각되고, 둘을 분리시키고 보면 또 둘이 반드시 합해져야 한다고 생각된다.

주굉은 총체적으로 유교와 석교를 융합시켜야 한다는 입장을 주장한다. 또한 그는 유교의 서적으로 불교의 서적을 해석할 수 있다고 생각한다. 그러나 그가 말하는 유교와 석교의 융합은 주로 유교와 석교가 서로 보충하고 서로 협력한다는데 중점을 둔다. 구체적인 의리에 있어 그는 견해가 얕은 사람들이 내놓은 불교와 유교에 명확한 경계가 없다는 관점을 반대한다. 그의 수필과 찰기에서 이러한 관점을 알 수 있다. 예를 들면 그는 《중용》의 중요한 관점인 "미발"과 불교의 관념인 "공겁이전(空劫以前)의 자기"와 명확하게 구별해야 한다고 강조했다. "내가 처음 출가했을 때, 자사(子思)가 희로애락이 아직 일어나기 전을 중(中)이라고 한 것을 기억하는데, 이 중이라는 것이 공겁(空劫)이전의 자기일 것이라고 생각하였다. 얼마 지나지 않아서 《능엄경(楞嚴經)》을 보니, '설령 모든 견문각지(見聞覺知)를 없애고 안으로 고요함[幽閑]을 지키더라도 여전히 법진(法塵)의 분별영사(分別影事)다'라고 하였다. 견문각지가 없어지면 희로애락이 나타나기 이전의 상태인 것 같은데, 법진의 분별이라고 한 것은 무슨 까닭일까? 의(意)는 근(根)이요 법은 진(塵)이다. 근과 진이 상대하여 순경(順境)에 닿으면 희와 낙이 일어나고 역경(逆境)에 닿으면 노와 애가 일어나니, 이것은 의근(意根)이 법진(法塵)을 분별한 것이다. 아직 일어나지 않았다는 것은 진이 밖에서 교섭하지 않고 근이 안에서 일어나지 않은 것으로서 아주 고요한듯하여 응당 본체인 것 같으나 예전에는 동경(動境)에서 연유하였고 지금은 정경(靜境)에서 연유했으며, 예전 것은 법진의 조분별(粗分別)이고 지금 것도 역시 법진의 세분별(細分別)이니, 모두 그림자와 같고 진실한 것이 아니다. 이것이 유한(幽閑)이라고 하였으니, 특별히 유(幽)가 현(顯)보다 낫고 한(閑)이 요(鬧)보다 낫다는 것일 뿐이다.

공겁(空劫) 이전의 자기와는 오히려 거리가 더 멀리 떨어져 있다할 것이다. 이 자리에서 다시 자세히 점검하고 살펴서 연구하고 또 연구하고 궁구하고 또 궁구하여 허술하게 해서는 안 될 것이다《죽창이필(竹窓二筆)·희로애락(喜怒愛樂)》,《연지대사전집(蓮池大師全集)》3840쪽)."

불교에 갓 입문했을 때에는 능력에 제한되었기 때문에 익숙한 유교의리로 불교서적에 나오는 개념을 해석하는 것은 아주 자연스러운 일이다. 그러나 불학의 수양이 높아짐에 따라 유교에 대한 의지를 점점 줄여야 한다. 미발지중은 유교의리에서 구체적인 정감, 사유가 미처 발생하기 전의 공적한 상태를 말한다. 이런 경우에 성은 구체적인 의념의 간섭을 받지 않기 때문에 직접 마음에 닿을 수 있다. 그리하여 이것을 중(中)이라고 한다. 그러나 불교의 이론에 근거하면 이런 경우에 외부환경에 대한 의근(意根)의 판단이 생겨나지 않았을 뿐이지 의근 자체는 이미 동하였다.《중용》의 미발은 불교에서 말하는 미발이 아니다.《중용》의 미발은 불교의 이발이고 '영사(影事)'이다. 다만 특별히 세밀할 뿐이다. "공겁이전의 자기"라는 '미발'과 많이 차이가 난다. 주굉의 이러한 해석을 통해 그가 불교의 이론의 세밀한 곳까지 착실하게 연구했다는 것을 알 수 있다. 불교이론의 세밀한 부분으로 유가 서적에 나오는 일부 개념을 해석하는 것은 불교와 유교 각자의 의리를 정확하게 이해하는 방법이기도 하다.

주굉은 불교의 이론으로 유교의 중요한 개념을 해석할 때, 양자의 구별에 특별히 주의했다. 예를 들면 주굉은 적감이라는 단어를 불교의 본체와 현상의 관계로 해석하였다. "중니(仲尼, 공자)가 또 말하였다. '생각함도 의도적인 행위도 없어서 적연히 동하지 않으나 감응함에 마침내 천하의 일에 통한다'고 하였다. 대저 생각함을 없애고 고요함에 들어갔다는 것은 방향을 알 수 없다는 뜻으로, 최후의 귀절(감응함에 마침내 천하의 일에 통한다)이 없었다면 단멸(斷滅)을 이루었을 것이다. 단멸했다면 곧 무지(無知)다. '천하의 일에 통한다' 하였으나 위의 세 구절(생각함도 의도적인 행위도 없어서 적연히 동하지 않으나)이 없었다면 난상(亂想)을 이루었을 것이다. 난상했다면 곧 망지(妄知)다. 고요하면서 통해야만 이를 진지(眞知)라 하는 것이다《죽창일필(竹窓一筆)·적감(寂感)》,《연지대사전집(蓮池大師全集)》3676쪽)."

명나라 사람들 대부분은《역전》을 공자의 작품이라고 생각한다. 따라서 여기서 이에 대해 더 설명하지 않겠다. 주굉은 적과 감은 체와 용, 진리와 진제(眞諦)와 속제(俗諦)의 관계라고 말했다. 무사무위, 적연부동은 체이고, 감이수통은 용이다. 무감하지만 수통할 수 있는 것을 불교에서는 완공(頑空), 단멸공(斷滅空)이라 한다. 무사무위, 적연부동이 없으면 감이수통은 난상(亂想)과 망지(妄知)가 된다. 주굉은 적과 감의 이러한 관계는 불교의 근본강령이고 사람 마음의 진실적인 상황이라고 말했다. 불교서적에서 말한 것도 이러한 이치이다. 그러나 공자는 그것으로 역도를 설명하였는데 불교의 근본이치는 그가 우연하게 맞춘 것뿐이다. 여기서 주굉은 유교와 석교를 융합시키려는 경향이 있지만 불교의 의리는 유교와 도교보다 더 높은 위치에 있고 불교에 유교와 도교의 의리가 포함된다고 생각했다는 것을 알 수 있다.

여기에 근거하여 그는 정이가 말한 "《화엄경》을 읽는 것보다 간괘를 보는 것이 더 낫다"고 한 말에 반박의견을 내놓았다. "대저 '그 등에 그쳐서 그 몸을 얻지 못하고'는 다만 아상(我相)이 없는 것뿐이며, '그 뜰에 가서 그 사람을 보지 못함이니'는 다만 인상(人相)일 뿐이다. 또한 중생상(衆生相)과 수자상(壽者相)이 있었더라면 금강(金剛)이 간배사언(艮背四言)을 갖추고 간배는 금강반게(半偈, 제석이 석가에게 설교한 사구의 반으로서 이것을 반게라 하는데 사람은 죽은 뒤에 진실한 낙을 얻는다는 뜻)를 얻는다는 것을 알았을 것이다. 옛날 사람들은 한 부의《화엄경(華嚴經)》을 보고 하나의 간괘(艮卦)만 같이 못하다고 말했는데, 실언(失言)했다고 말할 수 있다. 대저 화엄(華嚴)은 무량문(無量門)을 갖추고 있으며, 금강반야(金剛般若)는 비록 지극히 정밀하고 지극히 신묘하다고 하더라도 오히려 화엄무량법문(華嚴無量法門) 가운데 하나의 법문(法門)일 뿐이다. 화엄은 천자(天子)와 같고 금강반야란 많은 문무관직 가운데 하나의 관직이다. 그러나 간괘는 반야(般若)를 다하지 못하였고 이에 화엄을 이기려고 하였으나 오히려 소신(小臣)이 경상(卿相)의 반열에 참여하지 못하였으며 천자를 초월했다고 말하니 그 실책이 말을 이길 수 있으랴!《답군백습계여공(答郡伯襲溪餘公)》, 《연지대사전집(蓮池大師全集)》 4660쪽)."

정이는 간(艮)은 곧 지(止)이고 간괘의 중심의미는 유지(有止)라고 말했다. 소위 "동할 때도 마음이 정(定)하고, 징(定)할 때도 마음이 정(定)한다"는 말은 지(止)에 대한 가장 좋은 개괄이다. 《화엄경》이 말하고자 한 것은 바로 이러한 뜻이다. 주굉은 화엄경은 의리가 깊기 때문에 간괘나 다른 불교경전으로 그것을 대체할 수 없다고 말했다. 간괘의 네 구절로는 인아상(人我相)을 알 수 있다. 그러나 《금강반야경》으로는 인아상을 포함한 모든 상을 알 수 있다. 간괘는 《금강반야경》의 절반 밖에 안 된다. 《금강반야경》에서 말한 의리는 화엄경의 일부분일 뿐이다. 불교의 삼장십이부경(三藏十二部經)에서 화엄경의 위치가 가장 높다. 주굉은 《선관책진(禪關策進)》, 《치문숭행록(緇門崇行錄)》 등 저서를 저술하였는데 그는 여기서 주로 선문에 존재하는 잘못을 바로잡고 비판하였다. 이 두 서적에는 유가의 충군효친(忠君孝親) 사상이 많이 반영되었다. 이는 그가 총림(叢林)을 정돈하고 계율을 엄격하게 하려는 염원에 부합된다. 그의 사상에는 명나라 중후기 불교의 특징과 경향이 선명하게 반영되었다.

3. 감산덕청(憨山德淸)

덕청(1546~1623), 자는 징인(澄印), 호는 감산이다. 어렸을 때 남경 보은사(報恩寺)에서 글을 배웠는데 《사서》, 《역경》을 숙독하였다. 그는 특히 노자와 장자를 좋아했다. 그는 노자의 《도덕경》과 장자 내칠편(內七篇)에 주를 달았다. 그는 노자와 장자의 종지를 불교에 융합시켰다. 그는 삼교가 일치하다고 강력하게 주장했다.

1) 삼교의 근원은 일치하다.

덕청은 불교와 유교, 도교는 같다고 주장했다. 이것들은 모두 세제(世諦)이다. 불교는 세속의 일에 위배되지 않는다. 《화엄경》에서 말했듯이 불교의 성인들은 세상에서 중생들을 제도했기에 경서, 의술에 모두 능통하였다. 송나라의 유명한 승려인 찬녕(贊寧)은 《면통외학(勉通外學)》을 저술하였는데 그는 훌륭한 승려가 되려면 유교와 도교의 서적을 읽어야 한다고 주장했다. 불교의 《사위타원(四韋陀院)》에는 불교와 관련이 없는 많은 서적이 모아져있는데 불자들은 이런 책들을 마음껏 읽을 수 있다. 불법은 유교, 도교의 세속적인 진리를 한데 융합시킨 학문이다. 세속의 학문이 아니면 중생을 교화시킬 수 없다. "불법(佛法)에는 어찌 절대로 세제(世諦)가 없는가? 세제는 어찌 다 불법(佛法)이 아닌가? 사람이 대도(大道)의 미묘함을 깨닫지 못함으로 말미암아 스스로 안팎의 차이를 그릴 뿐이다. 도(道)는 어찌 그러한가? 가만히 고금의 절도번리(節度藩籬)를 관찰하는 자가 여기에 있다면 저것은 밖의 도(道)일 뿐이라고 말하며, 저기에 있다면 이것은 이단(異

端)일 뿐이라고 말한다. 이를 크게 보면 오히려 귀하고 천한 인형과 같고 경계(經界)는 태허(太虛)이니, 이는 해와 달의 빛이 아니다. 이 모두는 자신의 마음이 미묘하다는 것을 깨닫는 것이 아니고 말장난을 늘릴 뿐이다《관노장영향론(觀老莊影響論)》, 《감산노인몽유집(憨山老人夢游集)》권45,《속장경(續藏經)》제2편 제32套, 409쪽)."

불법과 세제(世諦)는 상호 포함된다. 그 깊은 뜻을 알게 되는 것은 마음에 달렸다.

덕청은 공자와 노자의 학술종지로 불교에서 유교와 도교가 차지하는 위치를 설명하기도 했다. 그는 공자는 세상 사람들이 짐승과 같은 행위를 할까 걱정되어 인의예지로 사람을 가르쳤다. 공자의 교육방법은 인정에 가깝기 때문에 쉽게 실행할 수 있다. 그러나 공자가 살던 그 시대의 사람들은 저마다 강한 욕망을 가지고 있었기에 공자의 가르침을 실행하기가 어려웠다. 이것은 불교에 말하는 세상과 백성을 구하려는 마음과 일치한 것이다. 그리하여 불교에서는 공자를 유동(儒童)이라고 부른다. 공자의 가르침이 실행될 수 없고 세상 사람들의 욕심이 점점 과해져 생명을 해치는 지경에까지 이르자 노자는 세상 사람들의 고통을 가엽게 생각하여 성덕을 끊고 지혜를 버려야 한다는 관점을 제기했다. 노자의 가르침은 세상 사람들의 탐욕을 징벌하고 마음을 안정시키는데 목적을 둔다. 이것은 천지의 법칙에 부합되지만 세상 사람들을 훈계할 수 없다. 그리하여 장자는 우언(寓言)이 열에 일곱이고 중언(重言)이 열에 아홉이라고 말했다. 그는 사람의 탐욕을 제거하려고 했다. 장자는 사람들의 인지상정을 완곡하게 표현해냈다고 할 수 있다. 덕청은 장자를 다음과 같이 평가했다. "군웅들이 영토를 병탄하는 어려운 시기에 당면하여 온 세상이 어둠에 빠지고 물욕에서 멸망이 생겨나 불길처럼 치달려도 돌이키지 않는 자가 많았다. 만약 이 늙은이(장자)가 우뚝 일어나 그 사이에 팔을 걷어 부치지 않았다면 후세에 설령 고결한 선비라 하더라도 장차 관직이 질곡이 됨을 역시 알지 못할 것이다. 똑같이 세상을 구제한 공적이니, 또한 어떠한가?《관노장영향론(觀老莊影響論)》, 《감산노인몽유집(憨山老人夢游集)》권45, 411쪽)."

후인들은 일곡지심으로 장자를 논하고 어지러운 마음을 가지고 장자의 책을 읽었기 때문에 장자의 뜻을 제대로 이해하지 못했다. 부처만이 장자의 마음을 제대로 이해하였다. 부처는 장자와 뜻을 같이 하였다.

그러나 덕청은 유교와 도교는 얕은 범위 내에서만 불교와 서로 통한다고 주장했다. 그는 생사에 관한 일과 마음에 관한 일은 그래도 불교를 통해야 제대로 깨우칠 수 있다고 말했다. "노자는 인간 세상에 태어나 부처가 없는 세상에 나왔지만 조화의 근원을 궁구할 수 있었다. 이렇게 깊은 관조를 하였으니 곧 그가 정진한 공부는 진실로 쉬운 것이 아니었다. 다만 아직 생사의 소굴을 타파하지 못하였을 뿐이다. 예전에 살았던 덕이 높은 스님이 일찍이 말하였다. '공자는 계(戒)에 유익하다'고 한 것은 몸을 다스리는데 엄격하기 때문이며, '노자는 정(定)에 유익하다'고 한 것은 나를 잊는데 아주 좋기 때문이다. 두 성인의 학문은 부처와 더불어 서로 필요하여 이용되었으니, 어찌 쓸데없는 것이겠는가? 실상에 의거해 말하면 공자를 붙들고 있는 자는 인연에 걸려있고 노자를 붙들고 있는 자는 자연에 떨어져 있으니, 요컨대 모두가 식성(識性)을 벗어나지 못하였으니, 궁극의 한 마음을 이루지 못하였기 때문이다(《관노장영향론(觀老莊影響論)》, 《감산노인몽유집(憨山老人夢游集)》 권45, 413쪽)."

불교의 계정혜를 놓고 말할 때 유교의 도덕자율은 수행자의 계행에 유리하고 도가의 덕을 끊고 지혜를 버려야 한다는 관점은 수행자의 입정(入定)에 도움이 된다. 불교는 유교의 세속적인 잡무와 도교의 자연에 방애가 되지 않는다. 불교는 직접 생사의 심원(心源)에 영향을 준다. 이것이 바로 부처님의 지혜이다. 불교가 이승(二乘)을 초아패종(焦芽敗種)이라고 질책한 것은 더 높은 목표에 이르기 위해서다. 불교는 도교가 생사대사에 대한 연구를 진행하지 않고 유정(遺情)에만 집착했다고 비판했다. 이것이 바로 "큰 것을 보면 세밀한 것을 다 볼 수 없고, 세말한 것을 보면 큰 것을 제대로 보지 못한다"는 말이다. "원래 일심(一心)을 거슬러 올라가면 십계(十界, 깨달음의 정도에 따라 나누는 열 가지 경지. 지옥계, 아귀계, 축생계, 수라계, 인간계, 천상계, 성문계, 연각계, 보살계, 불계)의 상(象)을 드러냈으니, 이는 곧 사성육범(四聖六凡, 사성은 지옥계, 아귀계, 축생계, 수라계, 인간계, 천상계. 육범은 성문계, 연각계, 보살계, 불계)으로 모두가 일심(一心)의 영향을 받은 것이다. 이로 말미암아 볼 때, 인도(人道)를 버리고서 불법(佛法)을 세울 수 없고 불법(佛法)이 아닌 것으로 일심을 다할 수 없다. 이는 곧 불법은 인도(人道)를 농기구[鎡基]로 삼고 인도는 불법을 궁경(窮竟)으로 삼는다(《관노장영향론(觀老莊影響論)》, 《감산노인몽유집(憨山老人夢游集)》 권45, 412쪽)."

사람은 반드시 자기 마음을 알아야 한다는 말이다. 사람의 마지막 귀취(歸趣)는 불법에 있다. 불법은 사람으로 하여금 자신의 마음에 대해 알 수 있게 해준다.

2) 불교의 의리로 《장자》에 주를 달다.

옛날부터 수많은 사람들이 《장자》에 주를 달았다. 덕청은 불교의 관점으로 《장자》에 주를 달았다.

덕청은 《장자》의 내칠편(內七篇)에 주를 달았다. 그는 내칠편에 《장자》라는 책의 종지가 포함되었다고 생각했다. 외잡편(外雜篇)은 내편에 대한 해석일 뿐이다. 이 내칠편만 제대로 이해하면 된다. 그는 《장자》에 주를 달 때 곳곳에 불교의 의리를 적용시켰다. 아래에 몇 가지 예를 들어보겠다.

첫째, 무애해탈(無礙解脫)로 《소요유》를 해석하였다. 덕청은 《장자》의 내칠편에서 《소요유》를 가장 중요하게 생각했다. 왜냐하면 《소요유》는 불교의 무애해탈과 가장 비슷하기 때문이다. "소요(逍遙)란 광대하고 자유자재하다는 뜻이며, 곧 불경에 있는 무애해탈(無碍解脫)과 같다. 부처는 번뇌를 모두 끊어 낸 것을 해탈(解脫)로 여겼고 장자(莊子)는 사람의 몸과 몸을 이룬 뼈[形骸]를 초탈(超脫)하고 지교(知巧)의 자취를 아주 없애고 살아있는 사람 한 몸의 공명(功名)을 쌓지 않는 것을 해탈로 여겼다. 대개 텅 비고 아무것도 없는 자연[虛無自然]을 가리켜 큰 도의 고을[大道之鄕]이라 하고, 소요하는 곳[逍遙之境]이라 한다(《장자내편주(莊子內篇注)》 권1, 《중화대장경(中華大藏經)》 제106책, 620쪽)."

장자의 소요에서 겉으로는 "무대(無待)"하고 속으로는 "무아"한 경지에 이르러야 한다고 했는데 이것은 구애받지 않고 자유로운 것을 추구하는 도교의 이상을 대표한다. 곽상(郭象)의 해석은 장자의 생각과 다르다. 곽상은 명교(名敎)와 자연의 모순을 해결하려 했다. 그는 명교는 곧 자연이고 세속에서 각자의 본분을 지키고 각자의 성을 만족시키는 것은 곧 소요라고 했다. 덕청이 말하는 소요는 이와 다르다. 덕청은 소요는 무애자재(無礙自在)라고 생각한다. 무애자재는 출세적인 것으로서 번뇌를 제거하는 것이고 열반이다. 소요의 전제는 지혜와 기교를 버리고 사람의 형체를 뛰어넘는 것이다. 이 점에 있어 장자와 불교는 서로 통한다. 장자의 "심재(心齋)", "좌망(坐忘)"은 불교의 선정(禪定), 지관(止觀)과 비슷하다. 그러나 덕청은 장자가 말하는 소요의 경지는 불교의 열반과 완전히 같다고 말할 수 없다고 강조했다. 그러나 《장자》의 "기를 내세우지 아니하며, 신의 경지에 이른 사람은 공을 내세우지 아니하고, 성인은 자기 이름 그 자체가 없다"는 관점은 불교의 집착을 버려야 한다는 관점과 일치하다. 집착을 버리면 도교의 진인(眞人)이 될 수 있고 불교의 성인이 될 수 있다.

둘째, 불교에서 물체는 허황한 가상이다. "모든 법은 진실이 아닌 거짓 호칭이다." 각 가지 명언, 색상은 모두 경화수월과도 같다. 진실하고 불변하는 자성(自性)은 없다. 덕청은 이러한 견해에 도달하려면 반드시 자신을 잊어버려야 한다고 말했다. 나를 잊음으로써 나의 집착을 버리고 법의 진실을 깨우쳐야 한다. 그래야만 진정한 대도를 깨우칠 수 있다.

덕청은 장자의 "천조(天釣)"로 불교의 집착을 버려야 한다는 관점을 해석했다. "지금은 제물(齊物, 사물을 한결같이 똑같은 것으로 본다는 뜻)을 중요하게 여기는데 반드시 먼저 나를 잊어야[忘我] 하니, 이것이 주의(主意)이다. 다만 사람에게는 소지(小知)와 대지(大知)가 같이 않음이 있을 뿐이어서 각기 자기의 견해를 고집하며 반드시 옳다고 여긴다. 대개 사람들의 미혹으로 말미암아 천진(天眞)의 주재(主宰)를 물리치고 다만 혈육의 몸을 나(我)로 여기는 것만 알기 때문에 나의 견해를 고집하고 시비(是非)의 억지 변론을 일으키게 되는 것이다. 시비는 반드시 억지로 하나가 되게 하는 것이 아니니, 다만 천균(天釣, 하늘의 균등)에서 쉬게만 한다면 수고하지 않아도 스스로 똑같이 가지런하게 된다(《장자내편주(莊子內篇注)》 권2, 639쪽)."

덕청은 《장자》의 중심관점은 집착을 버리고 나를 잊는 것이라고 생각했다. 불교의 근본적인 사상은 집착을 버리는 것이다. 도교의 망세(忘世)와 불교의 출세는 근본적으로 구별되지 않고 그 깊이에만 차이가 있을 뿐이다.

셋째, 덕청은 불교의 기본교의에서 출발해 사람의 몸뚱이는 귀하지 않기에 양생(養生)의 중점은 양성(養性)에 있다고 말했다. 그가 말한 성은 정신을 가리킨다. 정신은 생(生)의 주체이다. 「양생주(養生主)」편에서는 사람들에게 본성을 배양하여 생명을 온전히 하는 것[養性全生]을 가르치는데, 본성이 곧 생명의 주인이라는 것이다. 따라서 그는 '세상 사람들은 한 몸의 입과 몸 등이 도모하여 이를 위해 공명(功名)과 이록(利祿)을 쫓는 것으로 양생의 방책을 삼으니, 생명을 해치고 본성을 손상시키며 죽을 때까지 부림을 받지만 그만둘 줄을 모른다. 곧 이른바 진재(眞宰)를 잃고 사물과 더불어 서로 베고 쓰러뜨리며 그 육신이 다하도록 달려가듯 하면서 돌아올 줄을 알지 못한다고 하였으니, 크게 슬프다고 말하지 않을 수 있겠는가? 그러므로 사람들에게 시운에 따라 안심하고 변화에 순응하며[安時處順], 반드시 육신의 건강증진[養形]을 탐내거나 구해서는 안 되며, 다만 맑고 깨끗하게 하여 욕심을 버리고 본성만을 길러야 할 뿐이니, 이는 도에 들어가는 공부를 보여주는 것이다(《장자내편주(莊子內篇注)》권3, 643쪽)."

도교는 원래부터 양성을 중요하게 생각한다. 그러나 도교는 신선가(神仙家)와 융합하면서 신선이 되는 것을 강조하면서 그리하여 장생불로의 기술을 연마하기 시작했다. 장자는 양성을 중요시한다. 그는《양생주(養生主)》,《덕충부(德充符)》에서 사지가 불완전하지만 고상한 도덕을 갖고 있는 사람을 예로 들어 성을 키우는 것이 몸을 키우는 것보다 더 중요하다는 근본취지를 설명하였다. 세상사들은 이러한 이치를 모르기 때문에 명성과 이익을 중요하게 생각한다. 장자는 사람들에게 욕망을 버리고 현재에 순응하면서 살아야 한다고 가르쳤다. 이것은 불교에서 탐욕의 속박에서 벗어나야 한다는 주장과 일치하다. 덕청은《장자》에 주를 달 때 불교의 종지로 도교를 통합시키려 했다.

4. 우익지욱(藕益智旭)

지욱(1599~1655), 호는 우익, 별호는 팔불도인(八不道人)이다. 속성은 종씨이다. 강서 오현(吳縣) 사람이다. 어릴 때 유교서적을 읽으면서 불교와 도교를 멸하는 것을 자기 임무라고 생각했다. 그는 글을 써서 불교를 비판했다. 후에 주굉의《자지록(自知錄)》과《죽창수필(竹窓隨筆)》를 읽은 뒤 더는 불교를 공격하지 않았다. 또한 불교를 비판하기 위해 지었던 글들을 불태워버렸다. 아버지가 세상을 뜬 뒤《본원경》을 읽고 출가하려는 생각을 가지게 되었다. 22살 때 모든 정력을 염불에 집중했다. 다음해에《대불정경(大佛頂經)》을 들은 뒤, 마음에 의문이 생겼고 출가하려는 결심을 내렸다. 24살 때 덕청의 제자인 설령(雪嶺)을 따라 출가했다. 법명을 지욱이라고 했다. 27살부터 대장경을 읽기 시작했다. 30살 때 종남산(終南山)에 있으면서 율학을 배웠다. 31살 때 금릉(金陵)에 가서 선종의 악습을 직접 보게 되었다. 그리하여 율학을 널리 선전하려는 결심을 하게 되었다. 32살부터 천태학을 연구하기 시작했다. 후에 사원에서 지내면서 저서를 저술하는데 힘을 쏟았다. 그는 총 200여권에 달하는 저서를 남겼는데 천태, 유식, 선종, 정토, 율종 등 여러 방면의 내용이 포함된다. 그는 불교의 의리로《주역선해(周易禪解)》,《사서우익해(四書智旭解)》을 저술하기도 했다. 그는 유교와 불교를 융합시켜야 한다고 주장한다.

그는 어느 한 종파에 귀속되지 않는다. 지욱은 천태종의 성구실상(性具實相)을 근본으로 한다. 그는 유식종, 선종 등 학파의 관점을 골고루 받아들였다. 그리하여 그의 학문은 조화와 절중의 색채가 아주 분명하다. 그의 저서를 한데 묶은 책이 《영봉종론(靈峰宗論)》이다.

1) 일념심성(一念心性)

지욱의 이론 기초는 천태종의 "일심삼관"학설이다. 유식종의 명상분석은 일심삼관에 대한 보충이다. 일심삼관은 일심(一心)에 모든 것이 갖추어져 있다는 것을 세 가지 측면에서 관찰하는 관법(觀法)이다. 여기서 공, 가, 중 삼제(三諦)가 얻어진다. 삼제는 일심이고 일심에서 삼천대천세계(三千大天世界)를 얻을 수 있다. 지욱은 일심을 자신의 이론근거로 삼았다. "불법(佛法)은 정밀함을 중요하게 여기고 많은 양을 중요하게 여기지 않으며, 정밀함은 많은 양을 꿰뚫고 많으면 전념할 수 없기 때문에 그러므로 요점을 간명하게 제시하는 도를 신속히 익히지 않을 수 없다. 강령(綱領)이란 앞에 나타나 있는 한 생각과 심성[現前一念心性]일 뿐이다. 심성(心性)은 안이나 밖이나 중간에 있는 것이 아니고 과거와 현재 그리고 미래에도 속하는 것이 아니며, 색성향미촉법(色聲香味觸法, 눈으로 보는 색경(色境), 귀로 듣는 것은 성경(聲境), 코로 냄새를 맡는 향경(香境), 입으로 맛을 아는 미경(味境), 몸으로 느끼는 촉경(觸境), 마음으로 아는 법경(法境) 곧 6경을 말함)을 구하는 것도 아니며, 양쪽을 다 살리거나 양쪽을 다 버릴지[雙亦雙非]의 유무를 선택할 수도 없다. 심성이 이미 이러하니, 일체의 법성(法性)도 역시 이와 같다. 그러므로 '인연(因緣)이 낳은 법은 곧 공(空)이요 곧 가(假)요 곧 중(中)이다'고 말한다(《시민육비이칙(示閔六飛二則)》,《영봉종론(靈峰宗論)》141쪽)."

세계의 만법은 모두 주체의 일념의 반영이다. 마음은 체이고 만법은 용이다. 마음에는 방소가 없고 형태가 없다. 마음은 공, 가, 중 세 개 삼관을 갖고 있고 삼제가 융합을 이루었다. 모두 마음을 벗어나지 않는다. 불교의 모든 이론은 모두 그러한 마음에 관한 해석이다. 그는 일념을 이렇게 해석했다. "부처의 지견(知見)은 다른 것이 아니라 곧 제법실상(諸法實相, 우주의 모든 사물이 있는 그대로의 모습, 진실한 자태로 있는 일) 이것이다. 제법실상은 다른 것이 아니라 앞에 나타나 있는 한 생각과 심성(現前一念心性)이 이것이다. 앞에 나타나 있는 미미한 한 생각은 스스로 생겨나지 않고(不自生) 다른 것으로부터 생겨나지 않고(不他生) 스스로와 다른 것으로부터 생겨나지 않고(不共生) 스스로와 다른 것으로부터 말미암지 않고 생겨날 수 없는 것(不無因生)으로, 아직 생겨나지 않아 숨을 곳도 없고 생겨나고자 하여도 오라하는 곳도 없고 바로 태어나도 살 곳이 없고 생이 이미 다하여도 갈 곳이 없다. 마음에 마음의 상(心相)이 없으면 그 성은 생겨나지 못한다. 생겨나지 못하므로 머무를 곳도 없고 달라지는 것도 없고 소멸되는 것도 없으니, 생겨나고 머무르고 달라지고 소멸되는 것이 없다함은 곧 진정한 법성(法性)이다. 시방 삼제(十方三際)에 두루두루 끝이 없음은 불가사의다. 만약 이 무상묘심(無相妙心)한 상 태에서 망령되어 심상(心相)을 얻을 수 있다고 말한다면 부처의 지견(知見)은 곧 중생들의 지견을 이룰 것이다. 만약 망상환심(妄相幻心)을 가까이하며, 그 본래의 상(相)이 없는 상태에 도달한다면 중생들의 지견은 곧 부처의 지견을 이룰 것이다. 그러나 이 한 생각과 심성은 이미 몸 전체의 공(空)을 떠받들고 역시 즉가(卽假)·적중(卽中)을 회복하였다. 삼제(三諦)가 완연하였던 까닭에 그러므로 삼관(三觀)도 역시 스스로의 법이(法爾, 사물이 타고난 본래의 모습)었을 뿐이다. 법이의 삼관으로써 완연히 삼제를 비추면 능이 둘이 아닌 바, 경(境)과 지(智)가 서로 융합한다《시가제관주(示迦提關主)》, 영봉종론(靈峰宗論)》79쪽)."

마음의 본체는 절대적이다. 생주이멸과 같이 현상을 묘사하는 개념으로 그것을 묘사할 수 없다. 이 마음은 사람마다 가지고 있다. 중생의 마음과 부처의 마음의 구별은 각(覺)과 불각(不覺)에 있다. 각은 일심삼관의 이치를 아는 것이다. 만약 만법을 마음이라고 하면 마음을 구체적인 방법으로 하는 것이다. 만법을 마음이 아니라고 하면 집법(執法)은 실유(實有)가 된다. 종극적인 경지는 심법이 일여를 이루고 능과 소의 소멸이다. 그는 자신의 이론을 다음과 같이 총결했다. "무법(無法)은 심조(心造)를 따르지 아니하고 무법은 곧 심구(心具)가 아니다. 식(識)이 스스로의 마음을 취하면 불조(佛祖)의 도는 다한다. 심조(心造)란 곧 이(理)의 늘 있는 일[恒事]이다. 심구(心具)란 곧 일의 늘 있는 이치(恒理)이다. 이(理)에 따라 일하는 것을 백법(百法)이라 하고 일에 따라 처리하는 것을 대승(大乘)이라 한다《시오경문(示吳景文)》,《영봉종론(靈峰宗論)》144쪽)."

심조(心造)는 만법의 본질로부터 말한 것이다. 만법은 모든 마음의 체현으로서 마음 밖에 법이 존재하지 않는다. 심구(心具)는 만법의 존재 상태로부터 말한 것이다. 만법은 서로 의지하고 서로 삼투하여 하나의 일체를 이룬다. 만법과 마음은 동시에 존재하기 때문에 시간적으로 생과 피생의 관계가 아니다. 심조는 마음은 반드시 만법으로 표현된다는 말이다. 심구는 만법이 모두 마음이라는 뜻이다. 이게 바로 지욱의 이론핵심이다. 그의 다른 관점은 모두 여기에서 나온 것들이다. 그리하여 그의 제자들은 그를 천태종의 종파에 귀속시켰다.

2) 각 종파의 화회(和會)

지욱은 천태종의 사상을 위주로 하면서 유식종, 선종, 정토종, 율종의 사상을 융합시켜 영봉파(靈峰派)를 형성하였다. 영봉파의 특징은 조화와 융합이다.

지욱은 이론적으로 유식종의 관점을 많이 받아들였다. 그는 천태종의 일심삼관은 반드시 유식종의 "만법유식"을 근거로 해야 한다고 주장했다. 천태종의 "사(事)는 곧 영원한 이(理)이고, 이(理)는 곧 영원한 사(事)이다"라고 한 말에서 앞에 것은 본체를 말한 것이고 뒤에 것은 현상을 말한 것이다. 본체에 있어서는 천태종이 한수 위이고 현상에 있어서는 유식종이 한수 위이다. 천태종의 "일념삼천"에서 말한 백계천여는 일심이 만든 것이지만 사실은 유식종이 말한 법(法)이다. 유식종은 만법유식을 근본종지로 하지만 그는 명상을 분석하는 것을 통해 입문한다. 명상은 구체적인 법이다. 유식종은 식과 정을 여러 가지로 나누고 그것들을 정밀하게 분석하여 유식무경하다는 결론을 내렸다. 유식무경의 이치를 이해하지 못하면 천태종의 일심삼관의 현묘한 종지를 깨달을 수 없다. 유식종이 말한 삼성설을 천태종의 삼제로 해석하면 쉽게 이해할 수 있다. 천태는 근본이고 총강(總綱)으로서 유식종의 이론을 융합시킬 수 있다.

지욱은 여기에 근거하여 성과 상을 융합시켜야 한다는 주장을 제기했다. "성(性)은 상(相)을 따라 움직이니, 어떤 성이라도 상이 아니겠는가? 설령 상(相)에 두루 도달하지 않아 헤아릴 수 없는 차별이 있다 해도 어찌 묘성(妙性)이 이와 같이 염정공능(染淨功能)을 갖추고 있다는 것을 알겠는가? 상(相)은 본래 성을 화합한 것인데 무슨 상이 성이 아니겠는가? 설령 한 성의 원만(圓頓, 원만히 갖추어서 신속하게 깨닫는 일)한 만족을 깊이 알지 못한다고 하더라도 어찌 일마다 걸리지 않는 법계가 아님이 없는 것을 알겠는가? 그러므로 태종(台宗)은 실상(實相)을 많이 이야기하며, 반드시 백계천여(百界千如)를 따른다(《중각(重刻) 〈성유식론자고록(成唯識論自考錄)〉 서(序) 》, 《영봉종론(靈峰宗論)》 381쪽)."

성과 상은 공생하기에 어떤 상이든지 모두 상으로 표현될 수 있다. 성종이 말한 여래 장은 자성이 청정한 마음은 반드시 만법으로 표현된다. 상종의 이론으로 만법의 무량과 차별을 확실하게 이해하지 못하면 성종이 말한 일심개이문(一心開二門)을 알 수 없다. 따라서 만약 여래장의 자성이 청정한 마음 자체가 원만하고 충분하다는 것을 모른다면 여래장이 말한 심생멸문에 만법이 서로 의지하고 서로 융합된다는 것을 알 수 없다. 천 태종의 일념삼천 역시 이러한 사유모식이다. 일념심을 성종의 자성이 청정한 마음으로 볼 수 있고 삼천대천세계를 유식종의 만법으로 볼 수 있다. 천태종과 유식종은 상호 발 휘할 수 있다. 그는 성과 상의 관계에서 성이 본체이기 때문에 반드시 상을 빌려 성을 나 타내야 한다고 말했다. 상은 표현이기 때문에 성은 반드시 상으로 표현된다. 지욱은 천 태종의 산가파(山家派)가 유식종의 이론을 받아들인 산외파(山外派)를 이단에 포함시킨 것을 반대했다. 그는 유식종을 믿는 사람들이 다른 종파의 이론을 받아들이지 않는 협애 한 관점을 비판하기도 했다. 그는 천태종 제2대 조사인 혜사가 저술한《대승지관법문(大 乘止觀法門)》(혜사가 이 책을 저술한 것이 아니라는 의혹을 제기한 학자도 있다. 이 점에 대해서 여기서 더 설명하지 않겠다)은 유식정의 경전이 번역되기 전에 천태종의 관점으 로《대승기신론》의 아뢰야식과 염정이법(染淨二法)을 융합시켜 성상이종의 종지를 설명 한 공로가 있다고 평가했다. 동시에 그는 유식종의 학설을 성종의 교전에 포함시키면 성 종이론의 해석과 논증에 도움이 된다고 말했다.

지욱은 일체유심(一切唯心)의 학설로 유식종이 신역한 진여(眞如)를 개조하여 진여에 새로운 성질을 만들어주었다. "불법(佛法)은 유심(唯心)·진여(眞如) 두 관(觀)에서 나온 것이 아니고 대개 일체의 색심(色心)·의정(依正, 의보와 정보)·가실(假實) 등의 여러 법에서 장인탁연(杖因托緣)으로 생겨난 것이 아닌 것이 없으니, 모두 다른 인연에 의하 여 생긴 성품[依他起性]이다. 다른 인연에 의하여 깨닫지 못하면 실아(實我, 자기의 존재 를 인정하는 실재로서의 자아)·실법(實法, 영원히 변치 않는 실체적인 존재)을 망령되 이 헤아리게 되어 곧 두루 계산하고 집착하는 성품[遍計執性]이라 이름한다. 모든 일의 실체가 없음이 환영과 같음[如幻]을 깨달으면 소유하는 것은 곧 소유하지 않는 것이고 몸[體]은 오직 일심(一心)일 뿐이어서 곧 원만히 성취한 진실의 본성[圓成實性]이라 이름 한다. 지금 유심식관(唯心識觀)은 다른 것에 의하여 편계본공(遍計本空)에 도달하고 진 여실관(眞如實觀)은 단지 두 공(空)이 드러난 이성(理性)일 뿐이다(《시가생(示可生)》,《영봉종론(靈峰宗論)》97쪽)."

　외재적인 사물에 대한 관법에는 두 가지가 있다. 하나는 유심관이고 다른 하나는 진여관이다. 유심관은 불교의 공법(共法)인데, 특히 《대승기신론》과 천태종의 일심삼관에 의해 많이 강조되었다. 유식종은 팔식과 삼성설을 그 중요한 강령으로 삼고 세상의 모든 법은 인연에 의해 생겨나고 자성이 없다고 주장했다. 그리하여 모든 법은 의타기(依他起)다. 이 점을 모르면 내가 실법이고 실법이 나라고 망계(妄計)할 수 있는데, 이게 곧 변계소집(遍計所執)이다. 의타기와 변계소집을 알면 나와 법이 원래 허황하다는 것을 알 수 있다. 이게 곧 원성실성이다. 유식의 신역에서는 의타기(본공)와 변계소집을 간파하여 진여가 나타나게 했다. 진여는 이공에서 나타나는 실체이다. 이러한 실체는 마음이 아닌 '이성'일 뿐이다. 지욱은 유일한 본체는 마음이라고 주장한다. 그는 일부 유식자들이 원성실성과 마음의 관계를 결렬시켰다고 비판하기도 했다. 그는 원성실성이 삼성을 통솔하는 것으로 변계소집과 의타기성에 원래 자체(自體)가 없고 체는 원성실성이라는 것을 나타낼 수 있다고 말했다. 이렇게 하면 삼성이 원성실성에 통일 된다는 것을 나타낼 수 있다. 그러나 원성실성의 성질을 나타낼 수 없다. 천태종의 모든 법은 마음으로 느낄 수 있고, 모든 법의 본질은 마음이라는 관점에 의거해야 마지막 진실을 알 수 있다. 여기서 지욱은 천태종의 일념심성으로 유식종의 진여(이성)를 개조하려고 했다. 지욱은 유식종을 천태종의 교의를 논증하는 도구로, 천태종의 교리에 의해 개조되는 대상으로 보았다.

　지욱의 사상은 정토종의 영향을 많이 받았다. 그는 일생동안 해행(解行)을 병중의 관점을 주장했다. 그는 불교의 근본목적은 성불에 있다고 생각했다. 성불에는 각오와 수행 두 개 방면이 필요하다. "진리(眞理)를 연구(研究)하여 이를 실천(實踐)해야 한다. 이치를 깨우치지 못하면 도를 알 수 없고 수행이 없으면 도를 증명할 수 없다."(《시진학(示真學)》, 《영봉종론》 66쪽) 주로 각 종파의 교리를 통해 이치를 깨우치고 정토에 의거해 수행해야 한다. 교리를 깨우치는 것과 정토 수행을 결합해야 원만하다고 할 수 있다. "오직 대철대오(大徹大悟, 큰 깨달음)한 사람만이 비로소 염불삼매(念佛三昧)를 함께 이야기할 수 있고 그렇지 않으면 백성들은 지(知)와 능(能)으로 할 수 있을 텐데, 오히려 인자(仁者)가 이를 보고 인(仁)이라 하고 지자(智者)가 이를 보고 지(智)라 하는 것보다 훨씬 낫다. 달마(達磨)가 서쪽에서 오자 예사롭지 않은 일이 일어나 큰 이익이 있으면 반드시 큰 손해가 있었다. 아! 선배들은 다행히 큰 이익을 얻었지만 지금은 다만 큰 손해만 있을 뿐이다. 누가 도를 깨달아서 맨 앞장에 설 것인지, 염불로 뒤에서 따라 가며 전진할 것인지, 최상의 깨달음에 이르는 길로 편안하게 나갈 사람이겠는가?(《서방합론서(西方合論序)》, 《영봉종론(靈峰宗論)》 393쪽)."

여기서 염불수행은 깨우침 이후의 일이다. 깨우침이 없이 염불하는 것은 "구두삼매"이다. 깨우침과 염불 어느 한쪽에 치우쳐도 안 된다. 그러나 명나라 후기의 사회상황과 불교계의 상황을 살펴보면 염불법문을 더 중요하게 생각했다는 것을 알 수 있다. 그 당시 다른 종파는 점차 쇠락해졌지만 유독 선종만 계속 활기를 띠었다. 그러나 불관(不觀)의 교리에 빠져 기봉을 마음대로 휘두르는 실속이 없는 수행방법을 사용하는 문제점들이 존재했다. 이렇게 도를 깨우치는 것은 염불을 하는 것보다 못하다. 그는 "도를 깨우치는 일이 우선이고 염불은 나중의 일"이라고 말했다. 이것은 그가 불교계에 존재하는 문제점을 바로잡기 위해 교종, 선종, 정토종의 합일을 제창하면서 내놓은 주장이다.

지욱은 불교의 각 종파를 융합시키고 정토종에 귀결시켜야 한다고 주장했다. "지금 일체의 법문(法門)을 두루 통달하려고 한다면, 비록 삼장십이부(三藏十二部)를 한마디 한마디 서로 편안하게 융합할지라도 그러나 반드시 그 중요한 실마리를 얻어야 바야흐로 기세가 대나무를 깨뜨리는 것과 같이 될 수 있다. 성현된 사람들은 육경(六經)을 모범으로 하여 육경을 통달하고 반드시 주소(注疏)를 빌어 관월(關鑰)을 열어야 한다. 불조(佛祖)된 자는 《화엄경(華嚴經)》·《법화경(法華經)》·《능엄경(楞嚴經)》·《유식경(唯識經)을 나남(司南, 중국 고대의 나침판)으로 삼고 여러 전서(典書)들을 통달하고 또 천태(天台)·현수(賢首)·자은(慈恩)을 빌어 준승(準繩)으로 삼아야 한다. …… 그런 뒤에 종경(宗鏡)에 들어가 융합하고 변하여 여러 종(宗)에 이르고 아울러 정토(淨土)로 회귀(會歸)한다. 이로써 도리를 이해하니, 곧 이로써 성행(成行)하였다. 교상(敎相)과 관심(觀心)을 가지런히 드러내고 선(禪)과 정토(淨土)를 하나로 일치시키고[禪淨一致] 외골[擔板]의 나쁜 버릇을 멀리하면 일생동안 기쁘고 즐겁게 지내니 천고에 탁월한 것이라 할 수 있다(《시진학(示眞學)》, 《영봉종론(靈峰宗論)》 66쪽)."

지욱은 불교의 각 종파는 서로 융합될 수 있다고 주장했다. 그는 당말오대(唐末五代) 때의 승려인 연수(延壽)를 매우 존중했다. 그는 연수의 《종경록(宗鏡錄)》으로 각 종파를 융합시키려 했다. 지욱과 연수는 모두 선종과 교종을 병합시키고 성과 상을 융합시켜 마지막에 정토에 귀결시켜야 한다고 주장한다. 그는 천태종의 교리를 각 종파에 융합시켜 모든 것에 적용되는 종지를 얻어내면 각 종파가 이러한 전체 속에서 각자의 위치를 얻을 수 있고 각자의 역할을 담당하면서 서로의 관점을 이용할 수 있다고 말했다. 그리하여 그는 사람들에게 천태종의 《마하지관(摩訶止觀)》, 화엄종의 《잡화엄경》, 법상의 《성유식론》을 읽은 다음에 각 종파의 관점을 융합시킨 《종경록》을 읽어야 한다고 가르쳤다. 그는 《법해관람자서(法海觀瀾自敍)》에서 이렇게 말했다. "수증법문(修證法門)을 통괄하여 말하면 분량이 먼지와 모래같이 헤아릴 수 없고 팔만사천에 그칠 뿐만이 아니지만 그러나 오문(五門)이 그것을 거두어들였으나 전부 다 되지 아니함이 없었다. 왜일까? 불해(佛海, 불교의 세계를 바다에 비유)를 헤엄치려면 먼저 계항(戒航)을 발판으로 하였다. 계율이 깨끗하면 지혜와 수행[解行]을 준수할 수 있고 행원(行圓)하면 비밀리에 깨달아지고 깨달아 들어가면 결과에 의해 스스로 엄격해진다. 그러므로 율종(律宗)을 으뜸으로 여기고 수행을 알리는 시작을 밝혀야 한다. 다음으로 여러 교(敎)에 대해서는 깨달아 아는 길을 밝혀야 한다. 다음으로 선관(禪觀, 좌선하여 진리를 주시함)에 대해서는 실천의 행위를 밝혀야 한다. 이어서 밀종(密宗)에 대해서는 응감(應感)의 미(微)를 밝혀야 한다. 마지막으로 정토에 대해서는 자신과 다른 사람이 함께 돌아갈 곳을 밝혀야 한다(《영봉종론(靈峰宗論)》 407쪽)."

지욱은 오문에서 율종을 첫 자리에 놓았다. 왜냐하면 계율은 수행의 시작이고 모든 종파가 계율을 지키기 때문이다. 둘째는 교종이다. 이것은 천태, 화엄, 유식 등을 가리킨다. 불교에 입문하면 세 번째는 선관(禪觀)이다. 여기서 선관은 주로 좌선입정(坐禪入定)하여 불교의 진리를 관상(觀想)하는 것을 말한다. 선관은 교종단계에서 배운 이론을 "몸과 마음으로 체험"하여 지해에서 체험으로 변화시키는 것을 말한다. 네 번째는 밀종(密宗)이다. 밀종은 중요한 종파이기에 반드시 "교해(敎海)"에 포함되어야 한다. 그러나 현교를 수행하는 사람은 밀교를 수행할 필요가 없다. "감응의 세밀함을 알아야 한다는 것"은 마음(수인), 입(주문), 마음(관상) 세 가지가 함께 작용하는 방식이다. 다섯 번째는 정토이다. 이것은 불교의 모든 종파와 모든 수행이 마지막 귀속이다. 정토는 오행의 중앙토(中央土)인 "왕사시(王四時)"이다. 모든 불교의 법문은 서로 융합하면서 마지막에 정토에 귀결된다. 이게 바로 그가 말한 "정토는 삼덕의 비밀이고 상락아정(常樂我淨), 구경안온(究竟安穩)이다(《법해관람자서》, 《영봉종론》 408쪽)."

지욱이 말한 정토는 그의 마음에 있다. 이것은 송나라의 유심정토의 관점을 발전시킨 것이라 할 수 있다. 또한 천태종과 정토종을 합일시킨 필연적인 결론이기도 하다. "반야(般若)는 다른 것이 아니고 앞에 나타나 있는 한 생각과 심성(心性)뿐이다. 이 이치가 이미 밝아졌고 일체의 종교가 모두 내 마음의 주각(注脚)이니, 다른 설(說)로 현혹할 수 있겠는가? 이 원만한 이해로써 시작이 없는 망령된 의혹을 깨끗이 제거해야 한다. 그러므로 말하였다. '그 마음을 따라 깨끗해지면 불토(佛土)도 깨끗해진다. 마땅히 화장장엄(華藏莊嚴, 우주법계), 무변찰해(無邊剎海)를 알아야 하는 것이니, 모두 내가 마음을 깨끗이 하여 느끼는 의보(依報, 몸과 마음을 의탁한 세계)이며 모두 제팔식(第八識)에서 나타나 서로 구분된 것이다. 어찌 별도의 마음 밖의 토(土)가 있겠으며, 어찌 별도로 토(土) 밖의 마음이 있겠는가?'(《시민육비이칙(示閔六飛二則)》,《영봉종론(靈峰宗論)》141~143쪽)."

그는 마음을 만법의 본체이고 불교 각 종파의 이론은 모두 마음에 대한 해석이라고 주장했다. 정토란 정심(淨心)에서 생겨난 영상(影相)이다. 이러한 상은 유식종이 말한 견분(見分)에서 산생된 상분(相分)이다. 그 본질은 관상이다. 여기서 지욱이 천태종과 정토종의 합일, 성과 상의 융합을 제창한 목적은 마음을 본체로 하고 진리의 연구와 수행이 하나를 이룬 불교의 원래 모습으로 되돌아가기 위해서다. 그는 이것을 통해 각 종파가 이론상의 분쟁 때문에 불교의 근본종지를 소홀히 하는 것을 바로잡으려고 했다. 또한 승려들이 자기 종파의 의견만 고집하면서 승려로서의 진정한 사명을 소홀히 하는 행동을 바로잡으려고 했다.

3) 유교와 불교의 같은 점과 다른 점

지욱은 마음은 불교의 모든 종파의 이론적인 근거라고 생각했다. 그는 유교와 도교의 근본종지도 마음에 있다고 말했다. 유, 석, 도 삼교는 각자의 다른 입장에 근거하여 마음이라는 본체를 해석했을 따름이다. "마음은 삼교의 근원이고 삼교는 모두 그 마음에서 시작된다"는 것은 그 유교와 석교의 학문을 해석하는 근본강령이다. 그는 만년에《주역선해》,《사서우익해》를 저술했는데, 이 역시《역경》과 사서를 빌려 이러한 강령을 발전시킨 것이다. 지욱은《주역선해자서》에서 그가 선학으로《주역》을 해석한 목적은 유교와 불교의 종지를 회통시키기 위해서라고 말했다. 그는 불교의 사실단으로 비유했다. "사실단(四悉檀)"이란 부처가 중생을 교화시키는 네 가지 방식이다. 지욱은 선학으로 해석한 《주역》은 역이기도 하고 선이기도 하다고 말했다. 그리하여 이것을 선이자 역으로 보아도 되며, 선도 아니고 역도 아닌 것이 된다. 역으로 보면 사실단의 세계실단(世界悉檀)이 된다. 즉, 중생들이 좋아하는 방식으로 중생을 교화시키는 것이다. 역으로 보면 위인실단(爲人悉檀)이 된다. 즉, 중생의 근기에 맞춰 그에 적당히 교화시켜 신심을 가지게 하는 것이다. 선이자 역으로 보는 것은 대치실단(對治悉檀)이다. 즉, 상대의 결점에 근거하여 방법을 제시해주는 것이다. 역도 선도 아닌 것으로 보는 것은 제일의실단(第一義悉檀)이다. 즉, 제일의(第一義)라는 것은 바로 부처님이 깨닫고 계신 것이므로 그 제일의를 깨닫게 하는 방법, 즉 진리를 바로 세워 중생을 깨달음에 들게 하는 방법이다. 지욱은 사람들이 이 책을 읽은 뒤에 불교를 믿지 않는 사람들은 불교를 믿게 되고 불교신자들은 유교를 이해하게 되길 바랐다. 이 책의 전반에 관철된 중심사상은 마음이 만법의 본체이고 마음은 유교와 불교의 근원이라는 점이다. 그리하여 그는 유교, 도교, 불교 그리고 불교의 선종, 율종, 정토종은 모두 이러한 이치를 설명하는 도구일 뿐이라고 생각했다. 이것은 그가 반평생 동안 유교와 불교를 배우면서 얻어낸 결론이다. "유(儒)랑 현(玄)이랑 선(禪)이랑 율(律)이랑 교(敎)라는 것은 양엽(陽葉, 빛을 충분히 받고 자란 잎)과 공권(空拳, 맨 주먹)이 아닌 것이 없어 갓난아이가 하고 싶어하는 바에 따라 그를 인도하는 것이다. 그 합당한 곳으로 인도한다면 아아(啞啞)하면서 웃을 것이며, 그 합당한 것을 얻지 못한다면 고고(呱呱)하면서 울 것이다. 울고 웃는 것은 스스로 갓난아이에게 달려 있으며, 부모에게 어찌 더하고 덜함이 있겠는가? 불조(佛祖, 석가모니)와 성현(聖賢)들은 모두 사람을 매는 실법(實法, 진실한 법문)이 없고 다만 사람들을 위하여 속박을 풀어줄 뿐이다. 지금도 역시 문설주를 이용하거나 문설주를 지탱하는 데 지나지 않으며, 성현들의 인증된 경지를 도와 드러낼 뿐이다(《사서우익해자서(四書藕益解自序)》, 《영봉종론(靈峰宗論)》 685쪽)."

　시상의 모든 이론은 사람을 미혹시키고 속박하는 것들을 제거하기 위해서 만들어졌다. 이러한 이론들은 마음이 본체라는 사실을 설명해준다. 그리하여 그는 유교의 도통설과 불교의 의발 계승을 반대했다. 그는 이러한 것들은 분란을 조성하는 원인이라고 지적했다. 그는 《유석종전절의(儒釋宗傳竊議)》에서 유, 석, 도는 근본이 되는 대도(大道)의 다른 표현이라고 말했다. "대도(大道)는 인심(人心)에 있고 예나 지금이나 오직 하나의 이(理)일 뿐이니, 불조(佛祖, 석가모니)와 성현(聖賢)들이 얻은 사사로운 것이 아니다. 지극히 다른 것을 통괄하고 지극히 같은 것을 모은 것이니, 유가·불가·도가가 굽힐 수 있는 것이 아니다. 능히 사실대로 이를 논한다면 도는 세간(世間)에 있는 것이 아니고 세간을 벗어난 것도 아니다. 그러나 도가 진리에 들어간다면 출세(出世)라 이름하고 도가 속세에 들어간다면 세간이라 이름한다. 진리와 속세가 모두 행적이다. 행적은 도를 떠나지 아니하나 행적에 집착하여서 도를 말한다면 도는 숨어버린다. …… 도(道)에는 삼(三)이 없는데, 어찌 삼교(三敎)를 나누어서 도를 구하는가? 특히 진리와 속세의 행적으로써 잠시 망령되이 헤아린다. 곧 유가와 도가는 모두 진리를 타고 속세를 거느니, 속세로 하여금 진리를 거스르지 못하도록 한 것이다. 불가에서는 곧 속세에서 진리를 밝히고 진리는 속세에 섞이지 않는 것이다. 그러므로 유가와 도가는 치세(治世)에 중점을 두어 은밀히 세계(世階)를 벗어났으며, 불가는 출세에 중점을 두어 밝게 세간의 도움이 되었다(《영봉종론(靈峰宗論)》 330쪽)."

대도는 이로서 마음속에 존재한다. 모든 소동이(小同異)는 대도에 포함된다. 유교와 도교는 세상에 관한 이치이고 불교는 출세에 관한 이치이다. 유교, 도교와 불교는 서로 보충할 수 있다.

송나라 이학의 중요한 개념인 치지격물에 대한 지욱의 해석에도 이러한 상호보충의 관점이 체현되었다. 그는 불교의리에 근거하여 "치지격물" 네 글자에 명확한 정의를 내렸다. " 지(知)란 명덕(明德)의 본체이고 중도제일제(中道第一諦)의 신묘한 마음이며, 공(空)도 아니고 가(假)도 아니고 실제로 일체의 상(相)을 갈라놓은 것으로 곧 일체의 법(法)이라는 것이다. 치(致)란 일심삼관(一心三觀, 마음속의 공관·가관·중관을 말함)으로 일제(一諦)에서 삼제(三諦)에 도달하는 것이다. 물(物)이란 이 지체(知體)를 미혹하여 현재의 몸·마음·가정·국가·천하를 변화시키는 것으로, 마치 물이 얼음이 어는 것과 같다. 격(格)이란 이 몸·마음·가정·국가·천하를 미루어 궁구하는 것으로 모두 환영(幻影)과 같아 실아(實我)·실법(實法)이 아니니, 마치 따뜻한 기운이 단단한 얼음을 녹이는 것과 같다(《치지격물해(致知格物解)》,《영봉종론(靈峰宗論)》 275쪽)."

이러한 정의를 통해 지욱이 유교의 개념으로 불교의 의리를 해석했다는 것을 알 수 있다. 이것은 그가 유교와 도교를 융합시키는 중요한 방법이다. 그가 말한 물은 소관(所觀)의 경지이고, 격은 능관(能觀)의 지식이다. 격물은 치지로서 일심삼관의 이를 소관의 경지에 사용하는 것이다. 그 결과는 삼제원융이다. 이러한 결과는 곧 격물이고 치지이다.

치지를 알아야만 격물할 수 있다. 그에게 있어 "격물치지"는 가명(假名)으로서 진실한 상이 없다. 그리하여 유교와 석교는 서로의 내용을 보충해줄 수 있다.

그는 《법화경》의 경의로 《중용》의 "하늘이 명한 바를 성이라 하고 성을 따르는 것을 도라 하고 도를 닦는 것을 교라고 한다"라는 관점을 해석했다. 그는 하늘이 명한 바를 성이라고 한다는 관점에서 하늘은 제일의천을 말하고 명은 아뢰야식이 색신을 공제하여 끊임없이 이어지는 미망의 감정을 말한다. "하늘이 명한 바를 성이라고 한다"는 것은 아뢰야식이라는 이러한 유생(有生)의 성에 깨끗한 성(하늘)과 미망의 감정(명)이 포함된다는 말이다. "성을 따르는 것을 도라고 한다"에서 악에 물든 종자를 따르는 것은 소인의 이치이고 이것을 역수(逆修)라고 한다. 선한 종자를 따르는 것은 군자의 이치이고 이것을 순수(順修)라고 한다. "도를 닦는 것을 교라고 하는 것"은 수행을 거쳐 소인의 이치를 제거하고 군자의 이치를 발양해야 한다는 말이다.(《성학개몽문답》, 《영봉종론》 198쪽) 이러한 해석에 관해 지욱은 이렇게 말했다. "세 마디를 합해놓으면 앞과 뒤가 모두 올바르고 내용 하나하나가 다 올바른 이치이다. 그는 이러한 해석은 공자가 생각하는 《중용》이 아니라고 말하기도 했다." "십육자심전"에 대한 그의 해석도 모두 이런 유형에 속한다. 이것은 지욱이 유교와 석교를 융합시키는 중요한 방법이었다. 그의 근거는 유, 석, 도는 근본이 되는 대도의 표현으로서 그 교의가 모두 "권법(權法)"이라는데 있다. "지금 세 성인이 교(敎)를 세운 본뜻을 요약하면 진실로 같다고 할 수 있으며, 실제로 권리를 시행한 적이 없지 않았던 까닭이다. 삼교의 시설문정(施設門庭)을 요약하면 진실로 다르다고 할 수 있는데, 유가와 도가로서는 단지 권리(權理)만을 말할 수 있고 또한 임금에게 굽히지만 부처가 말한 권(權)과 실(實)은 모두 세상을 벗어났기 때문이다. 권(權)을 요약하면 공부하는 것은 같으나 가(家)에 도달하는 것이 다르니, 역시 같다고 하기도 하고 역시 다르다고도 할 수 있다. 대략 실(實)이란 근본은 형적을 무너뜨리지 않고 형적은 근본을 가리지 않아서 같지도 않고 다르지도 않다고 할 수 있다(《성학개몽답문(性學開蒙答問)》, 《영봉종론(靈峰宗論)》 199쪽)."

유, 석, 도 삼교는 선류(善類)를 교화시킬 때에는 근본 의리를 근거로 하였다. 이 점에 있어 삼교는 일치하다. 그러나 각자 의거로 삼은 관점은 같지 않다. 삼교가 사용한 방법의 공통점을 놓고 말할 때 삼교는 공부가 같다고 할 수 있다. 삼교가 마지막에 취득한 다른 성과를 놓고 말할 때 삼교의 귀착점이 같지 않다. 그리하여 삼교를 같다고 할 수도 있고 같지 않다고 할 수도 있다. 불교는 출세의 이치를 말했지만 그것을 유교의 입세의 방식으로 말할 수도 있다. 그리하여 삼교는 같다고 할 수도 없고 다르다고 할 수도 없다. 지욱은 불교의 "네 구절을 떠나서 백 가지의 잘못을 끊는다"는 사고방법으로 유, 석, 도 삼교의 관계를 말하는 것이 가장 적당하다고 주장했다.

　지욱보다 좀 먼저 또 한분의 유명한 승려가 있었는데 그가 바로 원현(元賢)이다. 그도 유, 석, 도 삼교를 융합시켜야 한다고 주장했다. 그는 삼교를 융합시키기 위해《예언(囈言)》과《속예언(續囈言)》을 저술하였다. 아래 내용은 삼교에 관한 지욱의 관점과 아주 비슷하다. "선각자들 대부분은 삼교일리(三敎一理)를 말하는데, 그렇지 않습니까? 말하였다. '교(敎)는 이미 세 파로 나누어져 있는데, 이를 억지로 같다고 하는 사람은 망령되다. 이(理)는 실제로 오직 하나인데, 이를 억지로 다르다고 하는 사람은 혼미하다. 그러므로 다르다고 한 것으로 말한다면 오직 삼교는 같지 않을 뿐만이 아니니, 곧 같은 불교이나 크고 작음이 같지 않으며, 곧 같은 대승(大乘)이나 권법은 실제로 같지 않은 것이다. 대개 기(機)는 이미 만 갈래로 나누어졌기 때문에 그러므로 교(敎)는 한 가지가 아니다. 만약 같다고 한 것으로 말한다면 오직 삼교는 하나일 뿐만이 아니니, 곧 모든 악마와 외도(外道) 및 자생업(資生業) 등이 모두 정법(正法)에 따른다. 대개 이(理) 밖에는 교(敎)가 없기 때문에 그러므로 교는 반드시 이(理)로 돌아간다. 이와 같이 바야흐로 유교(儒敎)는 곧 이 가운데 있는 중생(衆生)이니, 형체는 생겨나고 정신이 드러나 나날이 하려고 하는 방향으로 나아가는데 따르기만 하고 막지 않으니, 어찌 멈추겠는가? 그러므로 성인이 당시의 일로 인하여 인정(人情)을 살피고 그것을 위하여 인의(仁義)를 말하고 기강을 세웠다. 이를 변화시키는 데는 예악(禮樂)으로 하고 이를 단속하는 데는 형벌로 하여 혼란스럽지 않게 하였다. 곧 부처 밖의 진단국(震旦國, 중국을 말함)으로 하여금 경세법(經世法)을 설법하게 하였지만 또 어찌 주공(周公) · 공자(孔子)를 뛰어 넘겠는가? 그러나 중생들은 이미 유전(儒典)에 묶여 명상(名相)에 집착하지만 명상의 지경은 질고(桎梏)의 땅으로 뒤덮어졌으니, 어찌 유가(儒家) 성인의 뜻이겠는가? 이로 말미암아 노자와 장자가 나와서 허무자연(虛無自然)의 도를 말하였고, 듣는 자들로 하여금 묵고 있는 넓은 땅을 초월하여 세상사의 번거로움이 되지 않게 하여 거의 입도(入道)하는 방편으로 삼았다. 우리 불교에서 말한 바에 이르면 사람과 하늘을 초원한 실법(實法)이요 이치를 궁구하고 성을 다한 실학(實學)이다. 이렇게 이(理)가 하나라는 것을 알면서도 교(敎)는 나누지 않을 수 없고 교가 나누어지면 이는 하나가 아닌 적이 없다. 저렇게 다른 것을 잡고 같은 것을 잡는 것이 모두 논쟁이다'(《예언(呪言)》, 《중국선종대전(中國禪宗大全)》1,424쪽)."

원현은 근본적인 이치는 하나이고 다만 다른 가르침으로 표현되었을 뿐이라고 말했다. 각가지 학설, 종파 심지어 사마외도까지 모두 이러한 근본적인 이치의 한 부분에 대한 설명이다. 유교에서 말하는 경세의 관점에서 볼 때 인의예악, 강기와 형벌은 다 경세의 도구로서 꼭 필요한 것들이다. 그러나 경세의 법에 집착하게 되면 경세의 법의 속박을 받을 수 있다. 도교는 유교의 이러한 집착을 바로잡기 위해 허무자연의 관점을 제기하였다. 그러나 도교 역시 세정을 벗어나지 못했다. 그리하여 불교가 세법(世法)을 만들어냈다. 궁리와 진성은 다 마음의 근본적인 이치를 깨우치는 것을 목적으로 한다. 원현의 이러한 관점은 지욱의 관점과 비슷하다.

명나라의 4대 고승의 사상에 대한 간략한 논술을 통해 명나라, 특히 명나라 말기의 불교계에서 유, 석, 도 삼교를 융합시키려는 추세가 아주 강하게 나타났다는 것을 알 수 있다. 여기서 유학, 특히 이학이 사회에서 절대적인 통치지위를 차지하고 있다는 것을 알 수 있다. 불교는 예전의 광휘를 잃어버렸고 목숨을 유지해나가기 위해서는 어쩔 수 없이 현학에 빌붙어야 했고 유교와 조화로운 관계를 유지할 수 있는 방법을 강구해내야 했다. 중국불교는 천 여 년의 발전과정을 거쳐 이미 완전히 성숙된 단계에 이르렀다. 불교이론의 차이점에 대해 잘 알고 있기 때문에 내부적으로 여기에 관한 논쟁에 다들 흥취를 느끼지 못했다. 통치자의 지지를 얻기 위해 각 종파사이에서 끊임없이 진행되던 논쟁도 불교에 대한 명조의 정돈과 제한 정책에 의해 대대적으로 줄어들게 되었다. 당말 오대부터 선종과 정토종, 천태종과 정토종, 선종과 교종, 성과 상을 융합시키려는 추세가 나타나기 시작했는데, 유교의 독존 지위가 강해짐에 따라 점차 그 추세가 강해졌다. 생산의 발전에 따라 사회의 근세화 정도가 점점 높아졌다. 특히 명나라 중후기에 세민계층이 점차 발전하면서 승려들의 세속화 추세가 심해졌다. 따라서 승려들이 나태해지는 상황이 나타났다. 그리하여 명나라 불교계에는 경계, 잠규, 훈회의 글귀가 아주 많다. 전반적인 쇠락으로 인해 불교는 생기를 잃어가게 되었다. 그리하여 유교, 도교와 융합하는 방법을 선택할 수밖에 없었다. 4대 고승의 이론과 실천에서 명나라, 특히 명나라 중후기에 나타난 융합과 회통의 시대적 추세가 잘 반영되었다.

제 33 장
명의 도교철학

제33장
명의 도교철학

　　주원장은 명나라를 건립한 뒤 유학을 주도(主導)로 하면서 승려와 도사를 이용하는 한편 통제하는 정책을 실시하였다. 홍무(洪武) 원년에 현교원(玄教院)을 설립하고 홍무 15년에 도록사(道錄司)로 바꾸어 전국의 도교업무를 관리하였다. 도록사의 도사 관원들은 급별에 따라 국가에서 봉미(俸米)를 지급하였다. 승려와 도사의 수량을 제한하기 위해 도록사에서 도사의 인원수를 규정하였다. 또한 승려를 관리하는 방법을 본떠 도사와 여관(女冠)에게 도첩(度牒)을 발부하기도 했다. 도첩을 받으려면 반드시 국가에서 주관하는 시험을 치러야 한다. 사사로이 도관을 짓는 것을 금지하였다. 이러한 조치들을 통해 도사의 활동을 통제하였다. 비록 이러한 조치들은 승려와 도사들을 관리하는 것에 어느 정도 도움이 되었다.

　　명나라 초기에 정일파(正一派)는 도교에서 영향력이 가장 강했다. 홍무 원년에 주원장이 황위에 오르자 정일파의 대사(大師)인 장정상(張正常)은 조정에 나가 그에게 하례를 하였다. 주원장은 그에게 대진인(大真人)이라는 호를 하사했다. 장정상이 죽은 뒤에 주원장은 그의 아들인 장우초(張宇初)에게 천사의 자리를 물려주고 역시 대진인이라는 호를 하사했다. 성조(成祖)는 주원장의 관리방법을 그대로 계승하였다. 영종(英宗)은 도교를 숭상했다. 그는 명을 내려《도장(道藏)》을 다시 수정하게 하였고 그것을 인쇄하여 정통 12년에 각 도관에 하사하였다. 헌종(憲宗)은 도사의 방술을 믿었다. 이자성(李孜省), 등상은(鄧常恩)은 기양술(祈禳術)로 관직을 얻은 뒤 환관과 결탁하여 조정에 간섭하였다. 무종은 전대의 잘못된 정책을 바로잡으려고 했다. 그는 일부 사람들의 국사, 진인의 명호를 빼앗고 도인들의 궁궐출입을 금지시켰다. 관직을 맡은 도인의 수량은 승려들보다 적었지만 그래도 일정한 규모에 달했다. 세종 가정황제 시기는 명나라에서 도교를 가장 많이 숭상하던 시기다. 그는 궁에서 재초(齋醮)를 거행하고 도사 소원절(邵元節)을 궁에 불러들여 제사를 지내는 일을 담당하게 했다. 가정황제가 병에 걸리거나 태자가 수두에 걸렸을 때 도사 도중문(陶仲文)이 제사를 지내 병이 낫게 되었다. 그리하여 가정황제는 그를 각별히 신임하였고 예부상서의 자리를 내주었다. 재초를 거행할 때 축문을 읽어야 하는데 이것을 청사(靑詞)라고 한다. 대신들은 황제의 환심을 사기 위해 서로 청사를 하려고 다투었다. 가정황제는 점을 치는 것을 좋아했다. 그리하여 도사 람도행(藍道行) 등을 궁에 불러들여 점을 치게 했다. 그는 또 방약을 맹신하기도 했다. 그는 도사를 불러 궁중에서 단약을 제련하게 했다. 가정황제는 결국 단약을 먹고 목숨을 잃고 말았다. 가정황제는 명나라 초기부터 실행되어온 도교에 대한 관리방법을 대부분 폐지해버렸다. 목종(穆宗)황제는 가정황제가 도교를 맹신한 교훈을 참고로 도교 억제정책을 실시하였다. 만력(萬曆)황제는 장국상(張國祥)에게 정일진인 칭호를 회복시켜주고《속도장(續道藏)》을 편집하고 인쇄하라는 명령을 내렸다. 그리고 은 삼만 냥을 하사해 용호산의 상청궁(上淸宮)을 수리하게 하였다. 장국상은 죽은 뒤에 태자소보로 추증되었다. 만력황제 이후의 황제들은 위급해진 국가상황 때문에는 도교에 신경을 쓸 겨를이 없었다. 도교에 대한 조정의 관심이 적어졌지만 도교는 민간에서 여전히 큰 발전을 했다.

도교는 명나라 초기에 정일(正一)과 전진(全眞) 두 개 파벌로 나뉘었다. 정일파의 도사들은 재초를 거행하거나 제사를 올리는 일을 하였다. 전진파는 홀로 학문을 닦는데 집중했다. 주원장은《대명현교입성재초의(大明玄敎立成齋醮儀)》에 써준 서문에 정일파를 불교의 교종에 비유하고 전진파를 선종에 비유했다. 명나라에서 정일도는 시종 전진도보다 높은 지위에 놓여있었다. 정일파의 천사(天師)는 전국의 각 도교학파의 수령이었다. 정일도는 지위가 전진도보다 높지만 그들은 재초의식과 같은 외재적인 형식에 집중하였기에 도교의 교의를 발전시키는데 큰 영향을 일으키지 못했다. 도교의 교의를 발전시키고 실제적인 수련을 실행한 사람들은 주로 전진교의 도사들이었다.

유, 석, 도 삼교가 융합되는 추세에 따라 도사들은 유교서적과 불교서적을 읽고 선리(禪理)와 심성수양을 강조하기 시작했다. 도사들마다 저서에서 충효와 절의를 토론했다. 많은 사람들이 유교와 불교의 관념으로 도교의 교리를 해석했다. 당대 중기부터 송나라, 원나라를 거쳐 명나라에 이르는 기간에 유, 석, 도 삼교는 같은 문화배경아래에서 함께 공생하였다. 그리하여 그 기본이론, 수양방법 등에서 어느 것이 유가의 것이고 어느 것이 불교와 석교의 것인지 구분하기 힘들게 되었다. 본 장절에서는 명나라 초기의 장우초, 명나라 중기의 유명한 도교서적인《성명규지(性命圭旨)》및 유명한 도사인 육서성(陸西星)의 사상에 대한 설명을 통해 명나라 도교철학의 상황에 대해 알아보려고 한다. 명나라 중후기에 복건 및 강절 일대에서 활동한 삼일교(三一敎)는 도교의 한 학파가 아니다. 그러나 도교는 삼일교에 중요한 영향을 일으켰다. 삼일교에 대한 토론을 통해 명나라에 삼교가 융합된 추세를 더 잘 이해할 있을 것이다.

1. 장우초(張宇初)

장우초(1361~1410)는 명나라 초기의 유명한 도사이다. 그는 정일도의 제 43대 천사이다. 저서에는《도문십규(道門十規)》1권,《현천집(峴泉集)》12권,《도인경통의(道人經通義)》4권이 있다. 장우초는 명초 도단(道團)의 생활이 세속화 되고 계율이 느슨해지며 수행에 게으름을 피우며 도교 이론과 무술(巫術)을 한데 섞어놓는 것과 같은 현상을 바로잡기 위해 도교를 정리하고 교의와 교리를 다시 확정해야 한다는 주장을 내세웠다. 장우초는 도교의 위치를 높이기 위해 도교의 창시자에는 황제(黃帝)가 가서 도(道)를 물은 적이 있다고 하는 광성자(廣成子), 은대 말기 주대 초기의 노자가 포함된다고 주장했다. 노자는 문왕시기에 주하사(柱下史), 무왕시기에는 장실사(藏室史)를 했었다. 노자는《도덕경》을 저술했고 그의 제자에는 문자, 장자, 열자, 항창자(亢倉子) 등이 있다. 도교의 근원에 관한 이러한 관점은 정확하지 못하다. 장우초의 목적도 도교 계승의 족보를 알리려는 것이 아니다. 그는 도교에서 가장 중요한 경전인《노자》에는 수제치평, 부국강병, 경세와 출세에 관한 관점이 있다고 말했다. 그리하여 도교가 처음부터 수신과 양성에 관한 일만 했던 것이 아니라고 주장했다. 그는 도교에서도 나라를 다스리고 백성을 다스리는 학문을 연구하고 이러한 학문은 유교와 서로 배척하지 않으며 이는 후세사람들이 도교에 포함시킨 무술과 축도(祝禱) 등의 내용과 절대 같지 않다고 말했다. "진한(秦漢)이래로 방사(方士)가 마침내 출현하였다. 문제·성제·무제가 쇠·돌·풀·나무로써 이롭게 하여 다만 몸을 죽여서 화를 당하는 마침내 세칭 방술(方術)이라 하였다. 외부적으로 이를 시행하면 기도하고 푸닥거리하며 제사지내고 비는 일이 있었다. 구(寇)·두(杜)·갈(葛)·육(陸)의 무리들로부터 그 학설이 융성하였고 뒤의 사장(師匠)들이 많아지거나 적어짐, 지나친 행동과 거짓말로 말미암아 명성과 이익을 앞 다투어 세상에서는 이단이라 하였다. 그러나 두 부류는 태상(太上) 초에는 아직 널리 드러나지 않았고, 뒤에 그 근본을 궁구하지 않고 그 근원을 탐구하지 않는 사람들이 흘러내려가는 것을 돌이키는 것을 잊고, 다른 것을 현혹하고 같은 것을 잃어버리고 태상(太上)의 가르침 세우는 근본을 제거하니, 허무청정(虛無淸靜)하고 무위불언(無爲不言)하는 신묘한 날은 멀어졌다. 무릇 우리 도를 익히는 사람들은 반드시 경서에 근거하여 원류(源流)를 탐색하여 정도로 돌리는 데 힘쓰니, 사설(邪說)과 음사(淫辭)가 어지럽히도록 하지 말라(《도문십규(道門十規)》)."

허무청정, 무위(無爲)와 불언(不言)은 도교의 근본이다. 장생불로, 무축(巫祝)과 같은 방술은 모두 도사들이 명성과 이익을 얻기 위해 보기 좋게 꾸미고 증가한 내용들이다. 《도문십규》에서 그는 제일 먼저 "도교의 시작"에 대해 이야기했다. 그렇게 한 목적은 도를 배우는 사람들에게 도교에 처음부터 존재하던 학문은 어떤 것들이고 후에 또 어떠한 내용들이 첨가되었는지 알게 하기 위해서다. 또한 어떤 것들은 계속 발양해나가야 하고 어떤 것들은 버려야 하는지 알리기 위해서다. 이것은 도교를 정돈하는 가장 중요한 임무이다.

도교의 경전에 대해 장우초는 자신의 선택표준을 제시했다. 그는 도교경전은 마장(魔障)을 제거하고 도의 근원을 확대시켜야 한다고 말했다. 그는 "원시천존(元始天尊), 영보천존(靈寶天尊), 태상도덕천존(太上道德天尊)의 가르침을 따라야 한다"고 말했다. 수행할 때에는 심신을 깨끗이 하고 정신을 집중해서 묵송(默誦)해야 한다. 그는 경전을 비방하고 정성을 다해 염송(念誦)하지 않는 행동을 비판했다.

몸의 처신과 기의 단련에 관해 장우초는 고요히 앉아 마음을 들여다보아야 한다고 말했다. 그는 도교는 허황한 생명에서 벗어나 생사의 정리를 깨우치는 것을 중요한 임무로 한다고 생각했다. 도교의 수련목적은 '진인'이 되는 것이다. "진인은 덕을 쌓고 착하게 행동하며 세속적인 욕망과 위험을 극복하여 영원불멸을 이룩한 사람이라고 말했다(《도문십규》)." 장우초는 원나라 전진도의 수행방법을 받아들여 '성명쌍수'를 제창했다.

도는 명종(命宗)을 말하고, 명은 육체를 가리키는데, 도교는 기를 단련하고 육체를 길러 장수하는 것을 근본적인 목표로 한다. 전진도의 성명쌍수는 마음을 깨끗하게 하고 걱정을 없애주며 신체를 튼튼하게 해주고 병을 없애 장수하게 해준다는 것이다. 이를 위해서 그가 가장 중요하게 생각한 것은 정정(靜定)이었다. 그는 도교의 정수는 정정에 있다고 보았던 것이다.

고요히 앉아 마음을 들여다보는 것은 불교에서 말하는 좌선과 비슷하지만 선정(禪定)할 때의 관상을 말하지는 않는다. 도교에서는 잡념을 버려 노자가 말한 "완전히 비우고 고요함을 돈독히 지키는 상태"로 되돌아 갈 것을 요구한다. 그리하여 도를 수련하는 사람들은 경전을 배우는 기초위에서 산 좋고 물이 맑은 곳에 암자를 세우고 은거하면서 조용히 수련해야 하는 것이다.

장우초는 재초, 부적 등 의식, 도인들이 갖추어야 할 품덕, 도사들의 행동규범 등에 대해서도 설명하였다. 그의 《도문십규》는 이후의 도교 발전, 특히 천사도의 수행방향 및 각 가지 의식과 규정을 규범화하는데 중요한 작용을 했다. 또한 도교의 세속화로 인해 생겨난 갖가지 문제점을 해결하는 것에도 일정한 도움을 제공했다.

정일도의 천사에서 장우초처럼 자기만의 철학적 사상을 가진 사람은 많지 않다. 그의 사상은 주로 도(道), 본(本), 현(玄) 세 가지 개념을 기초로 했다.

1) 도 – 허와 실의 통일

명나라의 도교철학에서 도라는 개념은 만물 및 만물이 존재하고 운동하는 총체적인 과정으로 간주되었다. 도는 곧 본체의 유행이다. 명나라의 유학자, 특히 왕문후학의 중점은 이학에서 심학으로 변화하였다. 그는 도의 내함에 대한 연구에 흥취를 잃었다. 그러나 장우초는 도교학자로서 이 문제를 회피할 수가 없었다. "지극히 허(虛)한 가운데는 한없이 넓어 끝이 없고 만유에 존재하는 것이 그것을 실(實)하게 한다. 실(實)은 허(虛)의 가운데에 있으면서 끝없이 아득하여 일기(一氣)로 허하도록 하였다. 허가 아니면 만물은 두루 다니며 변화할 수가 없으며, 신령함으로 그 기(機)를 수용할 수 없는 것 같이 되어 실이란 것은 굴신(屈伸)하고 취산(聚散)하면서 존재한다. 또한 실이 아니면 기의 어울림과 열고 닫음은 간직한 것으로 그 활용이 왕성하지 못한 것 같이 되어 허라는 것은 오르내리고 사라지고 자라남으로 이어간다. 대저 큰 천지는 태허를 본체로 삼고 만물은 천지와 태허 사이에서 생생화화(生生化化)하며 쉼이 없는 것이니, 하나의 음과 하나의 양,

동과 정의 왕래일 뿐이다. 무릇 추위와 더위의 변화와 밤낮의 다름, 하늘의 운행함이 쉬지 않는다는 것은 빛을 내서 해와 별이 되고 위엄이 있어 우레와 번개가 되고 상서로움이 있어 바람·비·서리·이슬이 된다. 땅의 운행함이 쉬지 않는다는 것은 우뚝 솟아 크고 작은 산이 되고 물이 흘러 강과 바다가 되며, 번식하여 풀과 나무, 새와 짐승이 되니, 굵은 것이나 가는 것이나 높이 있는 것이나 낮은 데 있는 것들의 무리와 쇠했다가 다시 돋고 꾸물꾸물하며 움직이는 미물은 한결같이 모두 지극히 허(虛)의 가운데에 모여 있어 그 그윽하고 미묘하고 신묘(神妙)한 것을 헤아릴 수 없는 것이어서 이른바 도(道)이고 이(理)이다(《충도(沖道)》,《현천집(峴泉集)》권1)."

여기서 말하는 '허'는 태허의 기의 맨 처음의 상태를 말한다. 실은 형형색색의 실제적인 존재를 말한다. 도는 곧 만물이 끊임없이 변화하는 과정이다. '허'는 구체적인 사물의 변화하고 운동하는 장소이다. '실'은 일기(一氣)의 굴신왕래(屈伸往來)이다. 태허의 기가 오르고 내리는 것, 소멸하고 생장하는 것이다. 만물이 태허 속에서 운동하고 변화하는 것이 바로 도이다. 도는 그 존재와 운동변화의 의미가 크고 이(理)는 진실하고 실유의 의미가 크다.

장우초는 마음이 태극이라고 생각했다. 그는 도의 광대함과 정미함을 높이 평가한 뒤에 마음을 논하였다. "그러므로 도(道)를 안다는 것은 사물로 보지 않고 마음[心]으로 본다. 대개 마음은 성정(性情)을 통괄하고 이(理)는 마음에서 갖추어지고 기(氣)는 형체에서 모여들며, 모두가 천명(天命)이 유행(流行)하여 부여된 것으로 허령(虛靈)이라 하고 태극(太極)이라 하고 중(中)이라 하고 하나(一)라고 말하기도 하니, 모두가 마음의 본연(本然)이다(《충도(沖道)》,《현천집(峴泉集)》권1)."

마음은 태극이라고 생각한 것은 소옹의 영향을 크게 받았다. 물체를 보지 말고 마음을 봐야 한다는 것은 외물에 대한 연구를 마음에 대한 연구로 바꾸어야 한다는 말이다. 장우초는 도에 대한 묘사를 '태극', '중(中)', '일(一)' 등 가치 개념에 귀결시켰다. 이러한 개념은 마음에도 존재하는 것으로서 도와 마음은 서로 대응된다. 도의 존재 상태는 마음의 존재 상태이다. 도와 허의 실제적인 합일은 마음이 성과 정을 통솔하는 것이다.

도에 대한 장우초의 해석은 그의 종교적인 수행의 근거가 된다. 그는 만물의 존재형태에 대해 설명한 뒤에 마음이 어떻게 태허속의 만물에 반응하는지를 설명했다. "모든 사물의 형색(形色)은 뒤섞이고 목소리는 낭랑하니, 모두 섞이고 융화되어 가지런하지 않음이 없으니, 형체를 갖춘 모든 물건이 유행하는 것은 특별한 기(氣)의 찌꺼기나 타고 남은 재다. 사람과 만물은 허(虛)에서 함께 살고 있는 존재인데, 그러나 방촌지미(方寸之微)로써 넓은 우주공간과 모든 만물을 채울 수 있고 천지와 병행하여 어긋남이 없는 것이어서 마음이 허할 때, 만물이 비로소 여기에서 갖추어지는 것이니, 어찌하여 희노흔척애락득상(喜怒欣戚哀樂得喪)이 나의 허(虛)를 막으며 나의 통(通)을 막을 수 있겠는가? 허를 가까이하면 힘쓰지 않고도 활용할 수 있다(《충도(沖道)》, 《현천집(峴泉集)》 권1)."

우주의 본연의 상태는 곧 태허와 구체적인 사물이 복잡하게 뒤섞여 있지만 자연스럽게 통하고 사물에 의해 막히지 않는다. 마음의 본연의 상태는 허령불매이고 만물의 형태와 모습에 반응한다. 만물의 형태와 모습이 마음속에 반영되면, 주체는 그것이 일으킨 희노애락이 아니다. 마음의 작용은 끊임없이 발휘된다. 이것이 바로 도는 텅 비어있지만 그 쓰임은 늘 가득 차고 넘치지 않는다는 말이다. 도가 텅 빈 상태에서 마음의 고요한 상태를 유지할 수 있고 마음이 거울처럼 맑아질 수 있다. 이것이 바로 맹자가 말한 귀근복명(歸根復命) 포일수중(抱一守中)이다.

장우초가 말한 도의 빈 상태는 그가 묘사한 우주의 본체와 마음의 본체이다. 본체는 본연한 존재이고 자연적인 것으로 가치적인 이상에 제일 잘 부합된다. 이러한 이상에는 사실 유교의 수양방법이 포함되었다. 만물의 운행은 자연스럽고 막힘이 없다. 만물은 우주 속에서 각자의 역할을 담당하고 있다. 이게 바로 유가에서 말하는 "오목불이"이다. 이것은 실이기도 하고 허이기도 하다. 실하기도 허한 성질은 마음으로 표현되면 방촌의 작은 공간에 큰 천지가 포함되는 것이다. 도에 대한 장우초의 해석은 사실 도교의 견해이기도 하고 유학의 견해이기도 하다.

2) 본(本) - 유교와 불교의 통일

장우초의 학문에서 가장 중요한 개념은 '본'이다. 이것은 유교와 도교를 융합시킨 산물이다. 그가 말한 '본'은 '안신입명'의 방향이다. 장우초는 유교의 경세와 도교의 출세를 결합시킨 것이 '본'이라고 말했다. "학문에는 반드시 근본이 있는데, 세상을 다스리는 일[經世]과 세상을 벗어나는 일[出世])이 그것이다. 그러므로 학문에 마땅히 힘쓰지 않으면 뜻을 얻을 수 없다. 그 마땅히 힘써야 될 것은 경세의 학문이니, 곧 성현(聖賢)의 도이다. …… 반드시 대저 출세의 도를 구해야 하는데, 내 노장(老莊)의 설명이 이것이다(《충도

(沖道)》,《현천집(峴泉集)》권1)."

장우초가 생각하는 유교의 경세지학에는 두 가지 내용이 포함된다. 하나는 유교학문의 핵심적인 내용인 도덕, 성명, 인의이다. 다른 하나는 육경이다. 이 두 가지 방면의 내용에 대해 그는 모두 논하였다.

장우초는 유교학자들이 선양하는 상고시대의 도덕이 순수하고 완비하며 정치가 청명한 상태를 찬양했다. "삼대의 초기에 도는 당우(唐虞)에 있었는데, 후세 유학자들 가운데 도를 말하는 사람은 반드시 옳다고 말하였다. 대개 도를 밝힌 사람은 삼황(三皇)이고 덕을 드러낸 사람은 오제(五帝)이며, 법을 갖춘 사람은 삼왕(三王)이다. 요(堯)·순(舜)·우(禹)·탕(湯)·문(文)·무(武)가 군주가 되어 군주의 도리를 다하였고 고요(皐陶)·이윤(伊尹)·부열(傅說)·주공(周公)·소공(召公)이 신하가 되어 신하의 도리를 다하였으며, 공자(孔子)·안자(顏子)·증자(曾子)·자사(子思)·맹자(孟子)가 스승이 되어 스승의 도리를 다하였다. 천만세 동안 모범으로 삼은 것이니, 아직 고친 적이 없다(《신본(慎本)》,《현천집(峴泉集)》권1)."

삼대지치(三代之治)는 유가에서 수립한 이상이다. 후세의 유학자들은 그 당시의 암흑한 정치와 비열한 도덕상황 반대하기 위해 이 관점을 제기했다. 장우초는 삼대는 도의 체현이라고 말했다. 그는 도통설을 믿는다. 또한 주돈이, 정이, 정호, 장재, 주희와 같은 이학자들이 이러한 도통을 이어나갔다고 생각한다. 그는 도는 "감춰져 있으면 덕행이고 나타나면 문장이기 때문에" 여기에 근거하여 '천지에 마음을 세우고 백성에 생명을 세워야 한다. 또한 여기에 근거하여 마음을 다스리고 기를 단련해야 한다.

장우초는 유가의 선비는 뜻을 이루었을 때에는 천하를 구하고, 곤궁할 때는 홀로 선을 행하면서 자신을 수양한다고 말했다. 유교에서 말하는 은일지사(隱逸之士)는 바로 도교이다. 도교를 배우는 사람들은 대부분이 먼저 입세한 뒤에 출세한 것이라고 말할 수도 있다. 도교의 기원을 알아보면 유가와 일치하다는 것을 알 수 있다. "도(道)가 행해지지 않으면 물러나 오직 선을 행하며, 온전히 쓰일 때와 버려질 때의 사이에서 나아가고 물러날 뿐이다. 그러므로 지위가 높고 멀리 물러난 선비가 장차 환화(幻化, 우주 만물이 환상과 같이 변화하는 일)를 초탈하고 재앙과 수치를 뛰어 넘으려고 한다면 반드시 대저 출세(出世)의 도를 구해야만 하니, 나의 노장의 설명이 이것이다(《신본(慎本)》,《현천집(峴泉集)》권1)."

노자는 주왕조의 사관을 담당한 적이 있다. 그가 《도덕경》을 저술한 목적은 내성외왕(內聖外王)의 이치를 천명하기 위해서다. 죽자(鬻子), 관윤(關尹), 장자, 열자(列子)는 모두 작은 관리였었고 모두 뜻을 이루지 못해 도교에 귀의했다. 그리하여 유교와 도교는 근본이 일치하다. 내성외왕은 유교와 도교의 공통의 이상이다.

장우초는 유교 경전에 매우 능통하다. 그는 유교의 학설은 육경에 집중적으로 표현된다고 말했다. 그는 예전 유학자들의 관점을 빌려 육경의 작용을 해석하였다. "성인과 현인은 멀어졌지만 그 도를 갖추고 있는 것은 육경(六經)이다. 대저 《역(易)》은 음양(陰陽)을 드러내어 조화의 변통(變通)을 추진했다. 《시(詩)》는 성정(性情)을 말하면서 풍아(風雅)의 정변(正變)을 구별하였다. 《서(書)》는 정사(政事)를 기록하여 호령(號令)의 인혁(因革)을 서술하였다. 《춘추(春秋)》는 상벌(賞罰)을 보여서 왕을 높이고 패자(霸者)를 누르는 전통을 밝혔다. 《예(禮)》는 절문(節文)을 삼가고 상하등역(上下等役)의 구분을 밝혔다. 《악(樂)》은 기운(氣運)에 이르러 천지의 조화에 도달하였다. 무릇 성현들이 마음을 전하고 도를 준 요체가 여기에서 갖추어졌으니, 덧붙일 것이 없도다!(《신본(愼本)》, 《현천집(峴泉集)》 권1)."

그는 육경은 도덕적 가치가 있는 책으로서 유교만의 소유가 아니라고 말했다. 유교와 도교는 이치(道)의 다른 표현이다. 유교의 육경은 경세의 이치를 설명했고 도교의 경전 삼동사보(三洞四輔)는 출세의 이치를 설명했다. 육경과 도교의 서적은 근본적으로 일치한다. 역사적으로 도교로 나라를 다스려 좋은 효과를 얻은 실례를 많이 볼 수 있다. 예를 들면 조참(曹參)은 개공(蓋公)의 "정치는 청정함을 으뜸으로 해야 한다"는 관점을 받아들였다. 유교가 외우고 읽은 학문으로 전락하고 도교가 권력을 도모하는 학문으로 전락된 것은 참으로 불행한 일이다. 장우초는 도교는 뜻을 이루든지 곤궁하던지 그 특립독행의 지조를 버리지 않는다고 말했다. 그리하여 유교와 비교했을 때 도교는 더 자연스럽고 꾸밈이 없는 특징을 갖고 있다고 말했다.

장우초는 '본'을 논할 때, 유교와 도교를 합일시켰다. 그는 자기 학파내의 사람들이 유교서적을 읽는 것을 반대하지 않았다. 그 자신도 유교의 경전을 많이 읽었다. 그는 하도락서, 맹자, 순자, 한유가 말한 성, 소옹이 말한 관물(觀物)사상, 장재와 정이, 정호의 귀신론 등에 대해 토론한 적이 있다. 이러한 토론에서 그가 세상의 일에 깊은 관심을 갖고 있다는 것을 알 수 있다.

3) '현(玄)' – 수련의 원칙

장우초는 '도'를 논할 때, 만물이 운화하는 총 과정에 중점을 두었다. 그러나 현에 대한 논술에서 그는 도교의 허무한 자연원칙을 많이 설명했다. "어떤 사람이 물었다. '도교를 믿고 그 도를 닦는 사람들은 현(玄)이란 것을 말하는데 무엇입니까?' 대답하였다. '현(玄)은 하늘이다. 곧 도(道)의 큰 근원은 하늘에서 나왔다.' 물었다. '그것이 노자(老子)에서 시작하였고 '신묘하고 또 신묘하다'는 말입니까? 대답하였다. '그렇다'《현문(玄問), 《현천집(峴泉集)》 권1)."

"도의 큰 근원은 하늘에서 왔다"는 말은 동중서의 천인3책(天人三策)에 나오는 말이다. 장우초는 하늘은 우주원칙이라고 생각했다. "도의 큰 근원은 하늘에서 왔다"는 말은 우주의 모든 사물의 존재 및 그 규율은 모두 우주의 원칙에 의해 결정된다는 말이다. 현도 우주의 원칙이다. 장우초는 사마담의 《논육가요지(論六家要旨)》를 인용해 자신이 생각하는 우주의 원칙을 설명했다. "내가 사씨(史氏)에게 들은 것을 말한다. '도교를 믿고 그 도를 닦는 사람들은 사람들로 하여금 정신을 오로지 한 곳에만 쏟게 하고 행동은 무형(無形)에 부합하도록 하며 만물을 풍요롭게 만들도록 한다. 그들의 학설은 음양의 큰 순응법칙을 따라 유가와 묵가의 좋은 점들을 선택하고 명가와 법가의 요점을 취합하여 시대의 변천에 부합하고 사물의 변화에 적응하면서 풍속을 세우고 일들을 실천함에 적절하지 않는 것이 없다. 그 요지를 간략하고 쉽게 파악할 수 있어 적은 노력을 들여 많은 성과를 거둘 수 있다. 대도(大道)의 요점에 이르러서는 교만함과 탐심을 제거하고 총명함을 버린다. 이를 해석하여 책략으로 쓴다면 취할 것이 없을 것이다'《현문(玄問), 《현천집(峴泉集)》 권1)."

장우초는 도교의 정신은 곧 우주원칙이라고 말했다. 우주원칙을 "허무위본(虛無文本), 인순위용(因循為用)"으로 개괄할 수 있다. 도교의 수양방법은 이러한 원칙과의 합일을 이루는 것이다. 구체적으로 말하면 "속을 수양하여 포일수중(抱一守中)고 외적인 실행에서는 불쟁무위(不爭無為)해야 한다(《현문》, 《현천집》 1권)." 포일수중이란 우주원칙을 굳건히 지켜야 한다는 말이다. 포일수중의 운용이 바로 "불쟁무위"이다. "인순위용(因循為用)"에 대해 장우초는 이렇게 설명했다. "오직 큰 순응법칙에 처하고 움직임이 자연에 부합하여 안으로는 신중하고 겉으로는 살피며 순수하여 섞이지 않고 고요함이 한결같이 변하지 않고 안존함이 끝이 없고 움직임이 하늘의 뜻을 실천하면, 마침내 천덕(天德)에 부합하는 것이다. 비록 세상에 운용하여 자비하고 검소하고 겸손하고 절약하는 것으로 운용한다 하더라도 굳게 지키면서 물러나 자취를 감추고 사물과 어긋나게 되지 않는 것에 지나지 않으며, 한결같이 허무(虛無)와 평이(平易)로 돌이켜서 청정(淸靜)하고 무위(無爲)하며 유약(柔弱)하고 소박(素朴)하다(《현문(玄問)》,《현천집(峴泉集)》권1)."

장우초는 도교의 주요한 목적은 만물이 원래의 모습으로 되돌아오게 하려는 것이라고 말했다. 노자는 그 당시의 정치상황이 복잡하고 백성들이 고통스러운 생활을 하는 것을 보고 자애, 절약, 겸손, 신중을 주장했다. 이러한 주장은 우주의 근본원칙에 대한 총결로서 "육합 밖의 것과 천지보다 먼저인 것을 보았다." 현이란 그 표현형식으로 말할 때, 소리를 들을 수도 없고 상수를 통해 구할 수도 없는 모호한 존재이다. 그러나 후세사람들이 현리를 조작해냈기 때문에 우주정신을 파악할 수 없게 되었다.

장우초는 현을 단약을 만드는 지도사상으로 삼기도 했다. 그는 단약을 만든다는 것은 호행의 정화를 섭취하여 《주역》의 괘기설의 시수(時數)에 근거하여 역괘의 음양감리(陰陽坎離)의 흐름에 따라 불의 세기를 높이고 낮추는 것이라고 말했다. "음양의 최고의 이를 구하고 조화의 최고의 신을 훔쳐야 한다." 단도(丹道)의 이치는 여기에 있다. 그는 술사(術士)들이 주장하는 기괴하고 허황된 학설과 사술(邪術)로 신분상승을 꾀하는 것을 비판했다. "어떤 사람이 '갓난아기와 미녀, 금루(金樓)와 강궁(絳宮, 붉은 색의 문), 푸른 교룡과 흰 호랑이, 보배로운 솥과 발갛게 달아오른 화로, 주문을 외는 토우(土偶) 등이 있다'고 말하였는데, 노자 시대에는 없었다. 어떤 사람이 문자라고 여겼다고 말한 것이 이것이다. 근원을 버리고 지류를 구하였고 세상에 뽐내고 세상을 현혹하였으니, 모두 점술이고 괴이한 허풍의 말들이다. …… 《포박자(抱樸子)》의 황백변화(黃白變化)의 일과 같은 유형으로, 좌도(左道)로써 무리를 미혹하는데 힘쓰고 한 시대 동안 행복하기를 바랐다. 방자하고 망령되어 악행이 쌓이니 어찌 패망(敗亡)이 아닌 것이 있겠는가!(《현문(玄問)》,《현천집(峴泉集)》권1)."

그는 정확한 수련방법은 "보지도 듣지도 말고 정신을 다잡아 마음을 고요하게 해야 하는 것이고 형(形)을 잊어버리는 것은 기를 기르기 위해서이고 기(氣)를 잊어버리는 것은 신을 기르기 위해서이며 신(神)을 잊어버리는 것은 허를 기르기 위해서다(《현문》,《현천집》1권)."라고 말했다. 이것은 계속 현을 지도원칙으로 삼는 것이다. 형, 기, 신을 차례로 잊어버리고 포신수일을 시작으로 마지막에 허무에 도달해야 한다.

이것은 장우초 철학사상의 요점이다. 여기서 그의 수행실천은 그의 철학사상을 지도사상으로 한다는 것을 알 수 있다. 그는 전통 도교이론의 전하고 계승하는 것을 자신의 임무라 생각했다. 그는 선진(先秦)시기의 도교사상을 과의(科儀)와 재초 등의 근거로 삼았다. 그는 도교의 허무자연(虛無自然)을 단도의 이론원칙으로 삼았다.

2. 《성명규지(性命圭旨)》

《성명규지》는 명나라의 유명한 내단학(內丹學)의 저서이다. 만력 43년에 처음으로 간행되었다. 누가 저술자인지는 명시하지 않았다. 책의 내용을 살펴보면 윤진인(尹真人) 종파의 계승자일 것으로 짐작된다. 이 책은 양이 길지는 않지만 도교의 내단양생(內丹養生)의 근거, 즉 도 및 만물의 존재와 성질에 대해 해석하였다. 특히 성명쌍수에 대해 상세하게 논술하였다.

1) 도론

《성명규지》에서 말한 도는 불생불멸하고 영원한 물질성 본원인 기(炁)다. 기(炁)는 도교에서 아주 중요한 개념이다. 기(炁)는 기(氣)이지만 천지가 갈라진 후의 음양이기가 아니다. 또한 구체적인 사물을 구성하는 형식과 대응되는 질료도 아니다. 특히 《관자(管子)》의 정기와 구별된다. 기(炁)는 세계의 본원이다. 만물은 여기서 생겨난다. 기(炁)는 천지만물의 본원으로서 모든 곳에 존재하고 여기에는 시작도 끝도 없다. "대저 도(道)라 함은 하늘과 땅을 제자리에 있게 하고 만물을 기르는 것이라고 말하기도 하고 해와 달을 걸려있게 하고 오행(五行)을 생성하는 것이라고 말하기도 하며, 갠지스강[恒河, Ganges River]의 모래알보다 더 많은 것이라 하고 하나의 짝도 없이 홀로 외로운 것이라고 하며, 우주의 거대한 기운 속으로 곧바로 들어가는가 하면 티끌 먼지에로 되돌아가기도 하는 것이라고 말하기도 한다. 우주의 운행 변화를 훌륭하게 잘 모아 놓고 성스럽다 평범하다 하는 것을 훌쩍 뛰어넘어 있는 것이라 하는가 하면 …… 도란 과연 무엇을 말하는가? 한 마디로 이를 정리한다면 기(氣)라 한다(《성명규지(性命圭旨)·대도설(大道說)》)."

도교의 우주발생론은 여러 개의 단계로 나뉜다. 이것은 모두 기(炁)에 대한 다른 묘사이다. 마치 하늘과 땅이 나뉘기 전에 일기(一炁)가 흩어지고 심원하고 끝이 없는 상태를 태을(太乙)이라고 한다. 태을은 천지가 나뉘기 전의 시작단계로서 이것을 무시(無始)라고도 한다. 기에 두 개의 대립되는 경향이 서로 작용하면서 "자웅이 서로를 느끼고, 흑백이 한데 엉키며, 유무가 서로 영향을 주는" 그러한 단계가 나타나는 이것을 태역이라 한다. 태역은 기의 교감에 의해 생겨나기에 원시(原始)라고 부른다. 기(炁)에서 서로 대립되는 세력은 끊임없이 운동하면서 세력의 작용범위를 확대하고 음과 양이 갈라진다. 이 단계를 "태극"이라 한다. 음양이 갈라진 후 천지의 위치가 정해지고 만물이 그 속에서 발아하기 시작한다. 이 시기를 혼원(混元)이라고 한다. 그다음은 이기(二氣)의 교감이다. 해와 별이 배열되고 바다와 강에 물이 흐르며 바람이 불고 우레가 울면서 만물이 각자 생장하기 시작한다. 이것을 육합이라고 한다. 노자가 천지가 생성한 단계를 설명한 "도생일, 일생이, 이생삼, 삼생만물(道生一, 一生二, 二生三, 三生萬物)"로 설명하면 태을은 도이고 태역은 도생일이고 태극은 일생이, 혼원은 이생삼, 육합은 삼생만물이다.

《성명규지》는 단약을 제련하고 양생하는 것을 목표로 천지만물의 본원에 대해 탐구했다. 사람이 생장하고 발육하는 여러 단계, 각 단계에서의 사람의 심리적, 생리적 특징은 수련과 양생의 중요한 참고이다. 이것은 성명을 토론하는 중요한 의거이기도 하다. 그리하여 《성명규지》는 "인도(人道)"에 대해 논술하기도 했다. "사람은 하늘과 땅을 이루는 기운을 받아서 태어나고 자라서 16세에 이르면 세 효가 모두 양으로 되어 바로 순수하게 된다. 이때는 어찌 더할 나위 없는 덕을 지닌 어른이 아니겠는가? 그 뒤로 그 훌륭한 덕을 가려버리고자 하는 소식이 어느 날 아침에 문득 이르게 되고 날마다 한 구멍씩 파 내려가니 세 효의 양(陽)이 우르르 몰려들어 달려 나가게 되어 둘째 효가 음으로 된다. 이로 말미암아 건괘(乾卦)가 순수함을 지키지 못하고 깨어져서 이괘(離卦)가 되는가 하면 곤괘(坤卦)에 품어져서 그 가운데를 채우고 감괘(坎卦)가 된다(《성명규지(性命圭旨)·대도설(大道說)》)."

이팔지년(二八之年)은 16세를 가리킨다. 《성명규지》에 의하면 16세 이전에 사람의 신체발전은 상승추세를 나타낸다고 한다. 이 시기에 사람의 양기는 순수하고 완전하고 아직 정욕의 해를 받지 않았다. 《성명규지》에서는 《주역》의 괘상으로 사람의 생장발육의 단계를 표시하였는데, 이 시기는 '건(乾)'의 단계이다. 건은 양기가 순수하고 완전하다는 것을 뜻한다. 건의 괘상은 세 개의 양효이다. 그리하여 이 시기에 "구삼(九三)의 양은 순수함"이라고 말한다. 이 시기에 성명을 수련하면 가장 쉽게 성과를 얻을 수 있다. "혼돈의 덕에 보답할 방법을 찾는 것"은 16세 이후에 견문이 늘고 정욕이 많아지면서 정욕의 해를 입고 순수함이 사라지기 시작한다는 말이다. 건괘에서 양효가 음효로 변하면서 이 괘(離卦)가 형성된다. 건의 대립면인 곤이 생장하기 시작한다. 중간의 음효가 양효로 변하여 감괘(坎卦)를 형성한다. 《성명규지》의 이러한 이론은 순수하고 완전한 양의 상태를 회복하려면 반드시 간(坎)을 선택하고 이(離)를 떠나야 한다는 것을 설명하기 위해서다.

2) 삼교의 합일과 성명쌍수

《성명규지》에서는 유, 석, 도 삼교의 정수는 성명의 이론에 있다고 말했다. 삼교의 창립목적은 모두 성명의 학설로 중생을 교화하기 위해서다. "세 종교의 성인들께서 본성과 생명에 대한 가르침으로써 사람마다 알아들을 수 있는 문을 열어 배우고 익히게 하여 태어남과 죽음의 문제를 벗어나게 하였던 것이다. 유가의 가르침은 사람으로 하여금 본성과 생명에 그대로 따르면서 우주 자연의 운행 변화에로 되돌아가도록 하는 것인데, 그 도(道)가 공공적이다. 선종의 가르침은 사람으로 하여금 본성과 생명을 헛것이라고 봄으로써 큰 깨달음을 초월하는 것인데, 그 뜻이 높다. 도가의 가르침은 사람으로 하여금 본성과 생명을 닦아서 오래 살 수 있도록 하는 것인데, 그 뜻이 실제적이다. 가르침은 비록 셋으로 나뉘어 있지만 그 도는 하나이다(《성명규지(性命圭旨)·대도설(大道說)》)."

유교에서는 "하늘이 명한 것을 성"이라고 하는 성명학(性命學)을 강령으로 삼는다. 천명은 성이자 이이다. 유교의 저서인 《서(書)》에서 말한 "안여지(安汝止)", 《시(詩)》에서 말한 "집희경지(緝熙敬止)", 《역》에서 말한 "간기지(艮其止)", 《대학》에서 말한 "재지지선(在止至善)" 등은 모두 성명의 학문이다. 유교 수양방법은 조화가 사람에게 부여해준 명, 성, 이에 되돌아가야 한다고 가르치고 있다. 이게 바로 "성명을 따라 조화에 되돌아가야 한다"는 말이다.

불교는 생명을 허황한 존재로 생각한다. 삼장십이부경진(三藏十二部經典)은 가짜를 알아차리고 진공(眞空)을 인식해야 하며 생사윤회를 뛰어넘어 불승(佛乘)을 이루어야 한다고 가르치고 있다. 불교의 모든 수행은 사람을 깨우치게 하기 위해서다. 불교내의 각 종파는 교법과 의리, 수행방법이 같지 않지만 그 근본적인 목적은 일치한다. 경(經)은 불언(佛言)이고 율(律)은 불계(佛戒)이며 논(論)은 불의(佛意)이다. 이런 것을 통해 사람들은 불교의 근본취지를 깨우칠 수 있다. 생사윤회를 뛰어넘어 불도를 이루는 것은 세속에서 부와 명예를 얻는 것보다 더 위대하다.

도교는 세속적인 추구를 경시하고 불교에서 말하는 대로 마음을 닦는 기초위에서 성명을 수련한다. 장생에 대해 도교의 각 학파는 서로 견해가 일치하지 않는다. 또한 도교를 믿는 모든 사람들이 진신(真身)이 썩지 않는 것, 온 가족을 이끌고 신선의 세계로 들어가는 것과 같은 내용을 믿는 것이 아니다. 그러나 내와 외의 단공(丹功)을 통해 자연적인 생명을 뛰어넘어 이상적인 심신상태를 추구하는 것은 도교의 기본교의이다. 현빈지문(玄牝之門), 호흡지근(呼吸之根), 금단지모(金丹之母), 현관지규(玄關之竅) 등은 모두 성명의 수련을 위한 것들이다. 이러한 것들을 통해 외적인 속박에서 벗어나 생명의 가장 이상적인 경지에 도달할 수 있다. 여기서 《성명규지》는 심성은 세계의 본체이자 사람의 본체라는 결론을 얻어냈다. " 유가에서는 '마음을 보존하고 본성을 기르라'고 말하고, 도가에서는 '마음을 닦고 본성을 불리라'고 말하며, 불가에서는 '마음을 밝히고 본성을 보라'고 말한다. 마음이니 본성이니 하는 것은 본체(本體)를 가리키는 말이다. 유가의 '중(中)을 잡으라'는 것은 이 본체의 중심을 잡으라는 것이고 도가의 '중을 지켜라'는 것은 이 본체의 중심을 지키라는 것이며, 불가의 '공(空)이니 중(中)이니' 하는 것은 본체의 중심이 본래 환하게 비었다는 것이다. 도가의 '하나를 얻으라'는 것은 이 본체의 하나임을 얻으라는 것이고 불가의 '하나로 돌아가라'는 것은 이 본체의 하나임으로 돌아가라는 것이며, 유가의 '하나로 꿰라'는 것은 이 본체가 하나로써 꿰어져 있다는 것이다(《성명규지(性命圭旨)·대도설(大道說)》)."

여기서 말하는 본체에는 "본래의 진실"의 뜻이 있을 뿐만 아니라, "최고 강령"의 뜻도 있다. 심성론에 대해 유, 석, 도 삼교의 견해는 일치하지 않는다. 그러나 《성명규지》는 이러한 차별을 생략하고 이상인격을 형성하는 과정에서 심성론이 담당하는 역할, 삼교의 의리가 심성의 학문을 기초로 한다는 관점을 근거로 삼았다. 사실 유교는 심성론의 도덕성, 가치성을 강조한다. 도교에서는 심성론의 생리적인 속성을 강조한다. 불교에서는 심성론의 심리적인 속성을 강조한다. 그리하여 존심양성과 수심연성(修心煉性), 명심견성은 아주 명확하게 구별된다.

《성명규지》의 성명관은 원명 이후의 성명쌍수의 전통을 계승한 것이다. 우선, 《성명규지》에서는 성명의 정의 및 성과 명의 관계에 대해 논증하였다. "대저 학문의 광대함은 본성과 생명보다 광대한 것이 없다. 본성과 생명의 학설은 세상에 밝혀지지 않은 지 역시 오래되었다. 무엇을 본성이라 하는가? 가장 근원이 되는 시초부터 우주만유의 보편적 본체로서 어떤 신령함이 빛나는 것이 바로 이것이다. 무엇을 생명이라 하는가? 태어나기 전부터 있어온 지극한 정(精)이요 만물에 가득 차 있는 한 기운이 바로 이것이다. 그런데 본성이 있으면 곧 생명이 있게 되고 생명이 있으면 곧 본성이 있게 되어 본성과 생명은 본래 나눌 수 없다. …… 본성은 생명이 없이 존재할 수 없고 생명은 본성이 없이 또한 보존될 수 없어서 본성과 생명의 이치는 혼연히 합일되어 있는 것이다(《성명규지(性命圭旨)·성명설(性命說)》)."

여기서 '진여'라는 단어는 불교에서 온 것이다. "원시진여(原始真如), 일령형형(一靈炯炯)"은 성이 정신적 범주에 속한다는 것을 뜻한다. 하늘을 놓고 말할 때, 성은 천지의 모든 사물이 표현해내는 생기이다. 사람을 놓고 말할 때, 성은 사람이 태어날 때부터 갖고 있는 영명(靈明)이다. 영명이라는 단어에는 이지, 정감, 의지 등 사람이 소유하고 있는 근본적인 속성이 포함된다.

명은 물질성을 나타내는 범주에 속한다. "그러므로 하늘과 땅 사이에 가득 찬 것이 모두 태어나는 기운이고 자리를 나란히 하기도 하고 옆에서 돕기도 하면서 만물을 변화시키고 기르는 것은 그 생명이 흘러가면서 그침이 없는 것이다. 대개 태어남의 이치는 생명 속에 갖추어져 있는 것이다. 하늘과 땅에 가득 찬 것은 모두 신령한 깨달음을 지닌 밝은 빛으로, 위 아래로 비추고 있으니 해와 달은 본성이 밝게 빛나서 …… 본성이 시작되기 전에 이미 나의 본성으로 하여금 본성이게 하는 것은 본성의 비롯함이요, 생명이 시작되기 전에 이미 나의 생명으로 하여금 생명이게 하는 것은 생명의 시초이다(《성명규지(性命圭旨)·성명설(性命說)》)."

명은 모든 사물을 구성하는 기초이다. 사람을 놓고 말할 때 명은 자연계에서 얻은 정기이다. 그리하여 수련과 양생의 각도에서 말할 때, 성명은 정신적인 존재와 물질적인 존재를 가리킨다. 성과 명은 원래 떨어질 수 없다. "성이 없으면 명이 성립되지 않고, 명이 없으면 성이 존재하지 않는다." 사람의 생명에서 정신과 육체는 결렬될 수 없는 두 가지 요소이다. 《성명규지》에서 성과 명의 혼연일체에 대해 이야기한 것은 유교와 불교 사이에 성과 명을 수련하는데 대해 의견차이가 존재하기 때문이다. "노자의 가르침을 따르는 집안에서는 오로지 기를 명이라 하고 명을 닦는 것을 최고로 여겨서 수부(水府)에 해당되는 곳에서 이궁(離宮, 진리의 길로 들어가는 문)을 찾는 것만으로 교를 세웠다. 그러므로 성은 자세하게 말하지만 명은 대충대충 넘어가게 되니, 이는 명을 알고자 하지 않는 일이고 결국은 성조차도 모르게 된다(《성명규지(性命圭旨)·성명설(性命說)》)."

수부(水府)는 구덩이를 말한다. 수는 양에 속한다. 이궁(離宮)은 불을 가리킨다. 불은 양에 속한다. 도교의 관점에 의하면 신은 양에 속하고, 기는 음에 속하며, 성은 양에 속하고, 명은 음에 속한다. 도교에서는 속으로는 기를 다스리고 몸을 단련시키며 겉으로는 단약을 복용한다. 주로 몸에 대한 수련을 강조하고 정신적인 수련은 생략한다. 불교는 육신을 가볍게 본다. 불교에서는 몸이 정신을 수양하는데 방애된다고 생각한다. 《성명규지》에서는 이 두 가지 견해는 모두 성명이 합일된다는 관점에 어긋난다고 말했다. 《성명규지》에서는 성명쌍수를 제창한다. "성(性)과 명(命)은 본래 서로 떨어질 수 없으며, 도교와 불교도 두 목적지가 없다. 신(神)과 기(氣)는 비록 각기 두 쓰임이 있다고는 하지만 성과 명은 마땅히 둘 다 닦아야 한다(《성명규지(性命圭旨)·성명설(性命說)》)."

성명쌍수는 정신적인 수양과 육체적인 단련을 겸해야만 도과(道果)를 얻을 수 있다는 뜻이다. 성명의 수련은 마음과 몸이 함께 작용을 발휘한다. 성명쌍수는 몸을 단련하는 것과 마음을 수련하는 것을 모두 해야 한다는 말이다. "성(性)이 발현되고 변화되어 나감은 마음에 달려있고 명(命)이 발현되고 변화되어 나감은 몸에 달려있다. 견해나 지식은 마음에서 나오고 주의 깊은 생각은 마음이 성을 부리는 것이다. 거동과 주거니 받거니 하는 것은 몸에서 나오고 말과 묵묵히 있는 것과 보고 듣는 것은 몸이 명에 누를 끼치는 것이다. 명에 몸의 누끼침이 있게 되면 태어남과 죽음이 있게 되고 성이 마음의 부림을 받으면 가고 옴이 있게 된다. 태어나고 죽음이 있게 되면 명을 지극히 할 수 없고 가고 옴이 있게 되면 성을 다할 수 없다(《성명규지(性命圭旨)·성명설(性命說)》)."

《성명규지》에 의하면 성은 반드시 마음으로 표현되고 마음의 활동은 반대로 성을 이용할 수 있다. 명은 반드시 몸의 활동으로 표현되고 몸의 활동은 반대로 명에 해를 끼칠 수 있다. 몸이 명에 해를 끼치기 때문에 장생할 수 없다. 성은 마음에 이용되기 때문에 안정을 취할 수 없다. 그리하여 "성(性)을 다하여 명(命)에 이르는" 이상적인 상태에 도달할 수 없다. 《성명규지》는 송명이학의 심성론의 영향을 많이 받았다. 성이 본래부터 갖고 있는 것이 아니라면 성은 반드시 정으로 표현될 것이며 미망(迷妄)된 감정을 버려야 성이 본래의 모습으로 회복할 수 있다. 《성명규지》는 이학의 천명의 성과 기질의 성의 관점으로 자신의 수양방법을 해석하기도 했다. "본성에는 기질지성(氣質之性)이 있고 천부지성(天賦之性)이 있으며, 명에는 분정지명(分定之命)이 있고 형기지명(形氣之命)이 있다. 군자는 천부지성을 닦고 기질지성을 극복하며, 형기지명을 닦고 분정지명을 부여한다. 이를 나누어서 말하면 둘이지만 이를 합해서 말하면 하나이다(《성명규지(性命圭旨)·성명설(性命說)》)."

"천부의 성을 수련해야 한다"는 것은 《중용》에서 말하는 "성을 따르는 것을 도라 한다"는 것이다. "기질의 성을 극복해야 한다"는 것은 장재가 말한 "변화기질"이다. "형기(形氣)의 명을 수련하고 각각의 사물에는 천명을 부여해야 한다"는 것은 자기 할 일을 다 하고 하늘의 명을 따르는 것이다. 《성명규지》는 성명쌍수는 마지막에 우주 성명의 본체와 합일을 이루는 것이라고 강조했다. "이로써 신은 기에서 떨어져 나가지 않고 기는 신에서 떨어져 나가지 않아서 우리 몸의 신과 기가 합쳐진 뒤에는 우리 몸의 성(性)과 명(命)이 나타나는데 다시 성은 명으로부터 떨어져 있지 않고 명은 성으로부터 떨어져 있지 않아서 우리 몸의 성과 명이 합쳐진 뒤에는 이 몸의 성이 비롯되기 이전의 성과 이 몸의 명이 시작되기 이전의 명이 곧 우리의 참 성이요 명이다. 나의 참 성과 참 명은 곧 하늘과 땅의 참 성이요 참 명이며, 역시 텅 빈 우주 공간의 참 성이요 참 명이기도 하다(《성명규지(性命圭旨)·성명설(性命說)》)."

신(神)은 기를 떠날 수 없고 기도 신을 떠날 수 없다는 것은 성명쌍수의 출발점이다. 신과 기가 합해지는 것은 수련의 결과이다. 내 몸의 기와 신이 합해지고 내 몸의 성과 명이 합해진다. 내 몸의 성과 명이 합해지면 성명의 이상적인 상태에 도달할 수 있다. 이러한 상태에 도달하는 것은 우주본체의 화합이 내 몸속에서 실현되었음을 뜻한다. 진성명(真性命)은 수양의 극치이다.

3) 생과 사

도교는 장생을 추구하는 것을 기본교의로 한다. 생사문제는 도교에서 아주 중요하다. 그러나 많은 도교저서는 신앙을 기초로 하고 육신이 신선이 되는 것을 당연한 전제로 생각하며 생사문제를 많이 언급하지 않았다. 《성명규지》에서는 생사문제를 깊이가 있게 토론했다. 이 토론의 뚜렷한 특징은 바로 유교와 불교를 도교에 융합시켰다는 점이다.

우선, 생사문제가 인생에서 가지는 의미에 대해 해석하였다. "사람들은 살아있음을 좋아하고 죽음을 싫어하는 것은 죽음과 태어남에 대해서 아는 것이 없기 때문이다. 태어남이라는 것이 어디로부터 오고 죽음이라는 것이 어디로 가는 것인지? 그저 목숨 앞에서 어지러이 뛰어다니고 꾀를 써서 일을 꾸미느라 생명의 길을 크게 허물어뜨리게 되어 느긋하게 걸어갈 수 없게 된다. 그러므로 죽은 뒤에 아득한 어디론가로 굴러 떨어져 죽음의 문을 깨뜨려 내지는 못하고 끝내 윤회의 굴레에 떨어지게 된다. 이 때문에 신선과 부처가 세상에 나와서 서둘러 하나의 큰 인연을 일으켜 사람들로 하여금 오고 가는 곳을 알게 하여 태어남과 죽음이라는 괴로운 바다로부터 천천히 이끌어 내었던 것이다. 《역경계사전》에는 '시초의 근원을 캐고 종말을 따져서 밝혀내므로 죽음과 태어남에 대한 설명을 알게 된다'고 하였다. 대개 시작이 없는 시초를 억지로 이름 붙여 건원(乾元)이라 부르니, 곧 본래부터의 묘한 깨달음이라는 것이다. 끝남이 없는 종말을 억지로 이름 붙여 진리의 언덕(道)이라 부르니, 곧 남김이 없는 열반이라는 것이다(《성명규지(性命圭旨)·사생설(死生說)》)."

사람이 죽은 뒤에 윤회에 빠진다는 것은 불교의 교의이다. 도교는 장생을 추구하기 때문에 생사를 고해라고 생각할 수 없다. 그러나 《성명규지》에서는 사람을 생사의 고해에서 벗어나게 인도해주는 것은 도교와 불교의 공동 책임이라고 말했다. "시작 없는 시작"이란 우주에 생사가 없는 허무하고 적멸한 단계를 말한다. "끝이 없는 끝"은 사람이 죽은 뒤에 허무하고 적멸한 상태로 되돌아오는 단계를 말한다. 《성명규지》에서는 유, 석, 도 삼교의 명사를 이용해 이것을 해석하였다. 《성명규지》에서는 생사의 문제에 있어 유, 석, 도 삼교는 특히 도교와 불교는 서로 상통하는 부분이 아주 많다고 주장했다. "태어나고 또 태어나는데, 그 태어나게 되는 까닭이 진실로 여기에 있고 죽고 또 죽게 되는데 그 죽지 않는 까닭도 여기에 있다. 이를 모른다면 태어남을 따라 존재하다가 죽음을 따라 없어져서 윤회의 나쁜 길에 빠졌을 때 나왔다 사라지곤 하지 않을 사람이 없을 것이다(《성명규지(性命圭旨)·사생설(死生說)》)."

사람의 생과 사람의 사를 지배하는 것은 동일한 존재이다. 이러한 존재는 사람의 생사를 따라 소멸하지 않는다. 이것을 불교에서는 아뢰야식이라고 한다. "태어나는 것은 여덟 번째 의식의 신인 아뢰야(阿賴耶)가 주장하고 죽음도 역시 여덟 번째 의식의 신인 아뢰야가 주장한다. 어머니의 태에 들어갈 때에는 이 아뢰야식이 먼저 오고 몸을 버리고 떠날 때는 이 여덟 번째 의식이 뒤에 떠난다. 그러므로 '갈 때는 뒤에 가고 올 때는 먼저

와서 주인어른 노릇을 한다'는 말이 있다(《성명규지(性命圭旨)·사생설(死生說)》)."

생은 아뢰야식이 육체와 합해지는 것이다. 사는 아뢰야식이 육체와 떨어지는 것이다. 새로운 생명의 형성은 아뢰야식이 이미 죽은 몸을 떠나 그와 인연이 있는 다른 곳으로 이동해가는 과정이다. "신이 먼저 몸을 떠나 버린다. 다만 온 세상이 산수화를 그리기 위하여 화선지에 먹물을 뿌려놓은 듯하여 동인지 서인지 알아차릴 수 없고 위아래를 알지 못하게 될 뿐이다. 밝음을 보면 색이 나오게 되고 밝음이 나타나면 생각을 이루니 애욕의 흐름은 씨앗이 되고 받아들이고자 하는 생각은 태가 되어 어머니의 몸 가슴에 있는 곳으로 들어가서 기를 받고 바탕이 되는 재료를 얻게 된다. 기를 받으면 네 가지 요소를 갖추게 되어 차차로 몸의 기관들을 이루어가게 된다. 마음은 즉시 마음을 이루는 네 가지 요소를 갖추게 되어 차차로 여러 의식을 이루어가게 된다(《성명규지(性命圭旨)·사생설(死生說)》)."

이것은 생명이 형성되는 완전한 과정이다. 사람이 죽어 환생하면 품기(지수화풍(地水火風)으로 이루어진 사대(四大)이다)가 몸을 형성하고 사온(四蘊)이 합해지면서 잠재적인 인식과 감수 능력을 형성한다. 《성명규지》는 생명의 과정에 대한 묘사로서 유교와 도교의 과정, 민간의 속설을 받아들였다.

《성명규지》는 도, 성명, 생사에 대해 모두 논증을 펼쳤지만 그의 마지막 귀착점은 유, 석, 도의 합일이다. 이러한 합일은 "무상지존(無上至尊)의 도"이고 "최상일승(最上一乘)의 법"이다. 《성명규지》에는 명나라후기에 나타난 유, 도, 석의 합일 사상이 뚜렷하게 반영되었다.

3. 육서성(陸西星)

육서성(1520-1601)의 자는 장경(長庚), 호는 잠허자(潛虛子)이다. 양주 흥화(興化) 사람이다. 그는 어릴 때 유학을 배웠다. 여러 번 과거시험을 보았지만 계속 합격하지 못했다. 그는 자신이 여동빈(呂洞賓)을 만나서 오랫동안 이야기를 나누었고 단결(丹訣)을 전수받았다고 주장한다. 그 담화내용을 적은 것이 바로 "잠장진전(三藏真詮)"이다. 육서성은 많은 저서를 남겼다. 《남화부묵(南華副墨)》, 《음부경주(陰符經注)》, 《도덕경현람

(道德經玄覽)》,《금단취정편(金丹就正篇)》,《현부론(玄膚論)》 등이 《방호외사(方壺外史)》
에 수록되었다. 만년에 그는 《능엄경설약(楞嚴經說約)》을 저술하였다. 《장외도서》에 그
의 일부 저서가 수록되었다.

　　육서성은 명나라의 유명한 도사이다. 내단학에 관한 그의 저서는 체계가 완정하고 개
념이 뚜렷하다. 그리하여 명나라 후기와 청나라 초기의 도교에 비교적 큰 영향을 끼쳤
다. 본 책에서는 주로 육서성의 단학의 기초로 삼았던 음양학설, 인성설 및 삼교의 관계
에 관한 그의 논술 등에 이야기하겠다.

1) 음양의 화합을 통해 단약을 만들다.

　　도교에서는 우주의 본원은 음양이 화합을 이룬 기라고 말한다. 사람도 음양의 기로 구
성되었다. 수련을 통해 몸의 기가 화합되게 하고 우주의 본체에 알맞게 해야 한다. 육서
성은 《노자》에 주를 달 때에도 이것을 근거로 하였다. 그는 《노자》의 "만물은 음을 지고
양을 안고 있고, 기가 충발해서 조화를 이룬다"는 말을 해석할 때, 사람의 몸에 있는 기
는 곧 천지의 기이고 그것은 올라갔다 내려갔다, 열렸다 닫혔다하면서 천지의 기와 서로
통한다고 말했다. 단약을 만드는 것은 우주의 기와 자신의 몸의 기를 배합시키는 것이
다. 육서성의 천원(天元), 지원(地元), 인원(人原)에 관한 주장이 있는데, 그 가운데서 인
원은 곧 "대단(大丹)"이다. "대단(大丹)이란 밖에서 노정(爐鼎)에 만들고 안에서 약(藥)을
고은 것인데, 취감전리(取坎塡離)·도기역용(盜機逆用)이라고 한다(《현부론(玄膚論)·삼
원론(三元論)》,《장외도서(藏外道書)》 제5책, 361쪽)."

　　"창정우외(創鼎于外)"는 외단이다. 약물과 연홍(鉛汞)으로 금단을 만드는 것이다. 단약
을 몸으로 만드는 것이 내단(內丹)인데 몸을 노정(爐鼎)으로 하고 수련을 통해 외부의 기
가 내부의 정수를 보충해주게 한다. 취감전리(取坎塡離)에서 감은 물이고 리는 불이다.
이것은 곧 외부의 기로 내부의 기를 보충해준다는 말이다. '도기(盜機)'는 당말 오대의 도
사였던 담초(譚峭)의 《화서(化書)》에서 온 것이다. 도기를 반대로 사용하면 기의 기능이
신묘해지기 때문에 채취를 잘해야 한다. 예를 들면 물체를 도취(盜取)할 때, 자신의 몸과
반대되는 존재를 선택하야 단약을 만들어야 한다. 육서성이 말하는 '대단'은 주로 내단을
말한다. 그가 말했다. "세상에서 외약(外藥)을 말하는 사람은 대략 그 뜻을 이해하지 못
한 경우가 많아서 소경이 소경을 이끄는 격이니, 특히 애통할만하다. 대저 도(道)는 내

몸에 있는데, 내련(內煉)이 진실로 이것이니, 어찌 밖에서 노정에 만들겠는가! 노정에서 만드는 것[創鼎]이란 성인이 하는 수 없이 그것을 행하는 일이며, 노성(老聖)이 이를 모방하여 군대를 부렸다(《현부론(玄膚論)·내외약론(內外藥論)》, 《장외도서(藏外道書)》 제5책, 361쪽)."

육서성은 내단의 3요소는 신(神), 기(氣), 정(精)이라고 주장했다. 이 세 가지는 원래부터 사람의 몸에 존재하던 것들이다. 그리하여 적자(赤子)는 곧 성태(聖胎)라고 말한다. 그러나 사람이 자라면서 정욕이 사람의 혼돈을 파괴하여 후천의 음기를 형성한다. 그리하여 반드시 선천의 양기로 이것을 보충해야 한다. 호흡토납(呼吸吐納), 남녀쌍수(男女雙修) 등은 모두 이것을 이론적인 근거로 한다.

육서성은 사람에게는 원정(元精), 원기(元氣), 원신(元神)이 있다고 주장했다. 그는 외단과 화롯불, 연홍으로 원기와 원정을 표시했다. 그리고 성을 원신으로 했다. 그는 "원신은 성이고 정기의 주체이다. 이 둘은 존재하지만 예측할 수 없다. 그리하여 이것을 신(神)이라 명했다(《현부론·원정원기원신론》, 《장외도서》 제5권 362쪽)"고 말했다. "둘은 존재하지만 예측할 수 없다"는 말은 장재의 "일물양체(一物兩體)"에서 온 것이다. 육서성이 말하는 원신은 기(氣)가 맞지만 이것은 정(精)과 기(氣)를 통솔하는 본원의 기(氣)이다. "이른바 원신(元神)이란 마음속으로 분별할 수 없는 신을 말한다. 신(神)은 무극(無極)에 통하고 부모가 아직 태어나기 전의 영진(靈眞)이다. 대저 사람은 하나의 태극(太極)이며, 정(精)·기(氣)는 곧 태극의 음양이다. 신은 곧 태극의 무극이다(《현부론(玄膚論)·원정원기원신론(元精元氣元神論)》, 《장외도서(藏外道書)》 제5책, 362쪽)."

그는 정과 기는 비교적 조잡한 기라고 생각했다. 정(精)은 양기이고 기는 음기이다. 신은 음양이 나뉘지 않은 화기(和氣)이다. 신은 직접 생각과 같은 정신적 작용으로 표현되지 않는다. 그러나 신은 사람의 정감과 생각 등 정신적인 활동을 통제한다. 신은 몸의 통솔자로서 한 나라의 통수와도 같다. 그리하여 수련과 양생은 주로 정신의 수련을 말한다.

2) 성명과 내단

도교의 양생은 성명론과 기론과 긴밀하게 연관된다. 육서성의 기론의 착안점은 《성명규지》와 같지 않다. 그는 명과 성 및 성명의 관계를 다음과 같이 규정지었다. "무엇이 성

(性)인가? 무엇인 명(命)인가? 말하였다. "성이란 만물의 한 근원이고 명이란 자신이 스스로 선 것이다. 성은 명이 아니면 드러나지 못하고 명은 성이 아니면 신령스럽지 못하다. 성은 명의 주인이 되고 명은 성이 편승한 바다. 지금 논하는 사람들은 성명분종(性命分宗)으로 비교하여 도기(道器)가 상승(相乘)하는 것과 서로 관련이 있고 없고를 알지 못하고 허실(虛實)은 상생하니, 가를 수가 없어 두 가지가 있다(《현부론(玄膚論) · 성명론(性命論)》,《장외도서(藏外道書)》제5책, 362쪽)."

성이란 이기가 나뉘지 않았을 때의 청정한 맨 처음의 기를 말한다. 이러한 기는 장재가 말했던 "태허는 아무런 형체가 없으니, 그것이 기의 본래 모습이다"라는 것과 비슷하다. 명이란 우주본체가 개체의 기로 분화된 것으로서 형형색색의 만물이기도 하다. 명은 성의 주재이고 명은 성의 근거이다. 명과 성은 도(道)와 기(氣)의 관계와 같다. 그래서 둘은 절대 떨어질 수 없다. 그리하여 육서성은 도교에서 성종과 명종을 구분하는 것을 반대했다. 그는 불교를 성종으로 도교를 명종으로 보는 관점에도 동의하지 않는다. "혹 불가에서는 성(性)을 깨닫고 도가에서는 명(命)을 깨달았다고 말하기도 하지만 공통된 이론은 아니다. 대저 불가에서는 아상(我相)을 없애고 만족할 줄 모르고 사물에 집착하는 견해를 깨뜨렸다. 도가에서는 만물의 모태인 도리를 지킨다고 말하며, 이름을 붙일 수 없는 시작을 귀하게 여겼다. 성을 알지 못하는데 어찌 명을 알겠는가? 이미 명을 알았으니 성을 버릴 수 있겠는가? 그러므로 성을 논하고 공(空)에 빠져들지 않으니, 명은 그 중에 있다. 만물의 모태인 도리를 지키고 다시 소박함으로 돌아가니 성은 그 가운데 있다. 이는 명을 깨달음이 성에 관련이 있음을 말함이고 이는 형신(形神)이 함께 신묘하다는 말이며, 도와 더불어 진(眞)에 부합된다(《현부론(玄膚論) · 성명론(性命論)》,《장외도서(藏外道書)》제5책, 363쪽)."

그의 의미는 부처는 무아상(無我相)을 나타내고 무아상은 곧 성이라는 것이다. 탐욕의 생각을 버려야 하는데 탐욕의 생각은 곧 명이다. 도에는 수모(守母)를 말하고 귀는 무명(無名)의 시작으로서 모든 것은 유를 떠나지 않는다. 귀는 무명의 시작이기에 귀에는 무명의 소박함이 없다. 불교의 진공은 가유불이(假有不二)하고, 도교의 수모는 귀박불이(歸樸不二)로서 이것은 모두 성명쌍수의 학문이다. 성명을 쌍수해야만 도와 합일될 수 있다.

육서성은 성을 구체적인 사물로 생각하는 것을 반대했다. 그는 성은 보이지 않는 본체라고 반복적으로 강조했다. 견성하려면 반드시 형상이 있는 사물을 통해야 한다. 본체는 원래 말할 수 없는 것으로서 "어떠한 물체라고 해도 맞지 않다." 말할 수 없는 것을 강제로 말하면 진실과 점점 멀어지게 된다. "성(性)은 볼 수가 없으며, 보려고 하는 것이 성(性)이다. 볼 수가 없는 것이기에 보려고 구한다면 성은 더욱 멀어진다. 왜일까? 성이 사물 됨은 무심(無心)으로 볼 수 있으나 유심(有心)으로는 구할 수 없다(《현부론(玄膚論)·성명론(性命論)》, 《장외도서(藏外道書)》 제5책, 363쪽)." 성은 구체적인 사물이 아니다. 때문에 구체적인 사물을 인식하는 방법과 도구로 성을 인식할 수 없다. 성은 형이상의 존재이고 체험과 환상의 대상이다. 성은 경지를 표시하고 이지적인 방식으로 획득할 수 없다.

육서성은 성을 본성과 질성(質性) 두 개로 나누었다. 본성은 우주의 본체이고 질성은 사람이 품기가 다름에 따라 가지게 되는 특별한 기질이다. "대저 성(性)은 하나일 뿐이며, 어찌하여서 본성(本性)과 질성(質性)의 다름이 있는가? 말하였다. '본성은 천성적으로 말하면 맑고 깨끗하고 두루 밝히며, 섞여서 이루어지고 충분히 갖추었으며, 성스러워 풍부함과 어리석음을 더하지 않고 조금도 인색하지 않는 것이다. 질성이란 후천적으로 말하면 형기(形氣)의 사사로움에서 나왔으며, 이에 일찍부터 청탁(淸濁)·후박(厚薄)의 다름이 있었던 것이다'(《현부론(玄膚論)·질성론(質性論)》, 《장외도서(藏外道書)》 제5책, 363쪽)."

여기서 성을 본성과 질성으로 구분한 것은 송명이학에서 성을 본연의 성과 기질의 성으로 나누는 관점을 따른 것이다. 질성은 곧 기질의 성이다. 본성은 곧 본연의 성인데 천지의 성, 의리의 성이라고도 부른다. 그러나 육서성이 말한 본성은 이학에서 말하는 본연의 성과 같지 않다. 이학에서 말하는 본연의 성의 내용은 천리(天理)이다. 그러나 육서성이 말하는 본연의 성은 우주 간에 존재하는 선천적이고 맑고 깨끗하며 혼연일체를 이룬 기를 가리킨다. 이렇게 '본성'을 규정하게 된 것은 그가 도교의 기본 교의를 신봉하였기 때문이다.

육서성은 주돈이의 《태극도설》에 나오는 "무극의 진리와 음양오행의 정수가 묘하게 합하여 응결된 것"이라는 관점으로 성명을 해석하기도 했다. "사람이 생명체인 까닭은 무극의 참됨과 음양오행의 정기가 신묘하게 합쳐져서 엉겨 있기 때문이다. 이른바 성(性)이란 곧 무극이며, 이른바 명(命)이란 곧 음양오행의 정기이다. 음양이 신묘하게 합쳐져서 사람이 비로소 태어났다. 사람이 태어나기 전에는 이른바 무극이라는 것이 혼돈(混沌)하여 무엇이 상(相)이고 무엇이 이름인지, 무엇이 소리이고 무엇이 실마리인지, 무엇이 냄새이고 무엇이 소리인지 갈라지지 않았다. 음양오행이 이미 엉기게 되어 하나를 얻어서 신령스럽게 되자, 무엇을 생각하고 무엇을 행하고 무엇을 근심하고 무엇을 경영하게 되는데, 이것이 성의 본체이다. 대저 정식(情識)이 열리면서부터 본체도 뚫린다(《현부론(玄膚論)·성명론(性命論)》,《장외도서(藏外道書)》제5책, 363쪽)."

사람은 태어날 때부터 성과 명을 갖게 되었다. 성은 사람의 정신을 주관하고 명은 사람의 정기를 주관한다. 태어나기 전의 사람은 기의 본체와 같은 상태를 이루고 있고 태어난 뒤부터 혈육의 몸을 가질 수 있다. 성은 명의 영(靈)이고 명은 영을 담당하는 체이다. 성은 사람의 진짜 상태이고 명은 사람의 감각과 지식으로 표현된다. 명의 감각과 지식이 성의 진짜 상태를 파괴한다. 그는 장재의 "형성된 후에 기질지성이 있고 선이 그것에 반하면 천지지성이 존재하게 된다"는 관점을 빌려 정을 극복하고 성을 회복해야 한다는 관점을 표달했다. "수도(修道)의 요지는 연성(煉性)보다 앞서지 못하고 성이 안정되면 기질이란 것이 맬 수가 없으니, 본성이 나타남이다. 내 스승의 시에서 말씀하셨다. '미혹되지 않으면 성이 저절로 머무르고 성이 머무르면 기는 저절로 돌아온다. 기가 돌아오면 단(丹)이 저절로 결성되니, 호리병 속에 감리(坎離)가 저절로 배합된다.' 이 후천(後天)이 선천(先天)을 얻으니 그 작용이 신묘하다(《현부론(玄膚論)·성명론(性命論)》,《장외도서(藏外道書)》제5책, 363쪽)."

성을 단련하는 것은 몸속의 기를 청정하고 밝은 원래의 상태로 회복시켜야 한다는 말이다. 본체로 되돌아가는 것은 곧 선단을 만드는 것이다. "불미"는 정욕이 성에 일으키는 해를 제거하다는 말이다. 즉, 정을 없애고 성을 보존하는 것이다. 기질이 청정하고 밝은 상태로 회복하면 후천의 명이 선천의 성으로 회복된다. 이때 선단을 이룰 수 있다.

기가 청정하고 밝은 상태로 회복되게 하는 공부 요령은 정신을 맑게 하는 것이다. 정신을 맑게 하면 욕망을 깨끗하게 제거할 수 있다. "마음을 깨끗하게 하는 것[洗心]은 곧 정신을 맑게 하는 것[澄心]을 말한다. 주자(周子, 주돈이)가 '욕심이 없기 때문에 고요하다'고 말하였는데, 이른바 무극(無極)이며 곧 그들로 하여금 욕심을 다 버리게 하는 것이다. 대저 인신(人神, 살아 있는 존재로서 사람들로부터 신격화되어 추앙을 받는 인물)은 맑은 것을 좋아하나 마음이 이를 어지럽히고 인심(人心)은 고요한 것을 좋아하나 욕심이 이를 끌어당긴다. 이른바 마음[心]이란 두 종류가 있는데, 신(神)을 어지럽히는 마음은 곧 망령된 마음[妄心]이고 고요함을 좋아하는 마음은 곧 참 마음[眞心]이다. 이미 망령된 마음이 있으면 곧 정신을 놀라게 하니, 그 정신이 맑음을 얻을 수 있겠는가? …… 그러므로 정신을 맑게 하는 요지는 욕심을 버리는 것보다 앞서지 못한다(《현부론(玄膚論)·징신론(澄神論)》,《장외도서(藏外道書)》제5책, 364쪽)." 정신을 맑게 하는 것은 마음을 고요하게 하는 것이다. 이것은 기를 모아 단약을 만드는 준비단계이다. 정신을 맑게 하는 것은 내단공(內丹功)에서 가장 중요한 과정이다. 그리하여 육서성은 "정신을 집중하는 것은 입현(入玄)의 요지이고 단가(丹家)의 제일의이다(《현부론·응신론》,《장외도서》 5권 365쪽)"라고 말했다. 정신을 집중하는 것은 청정하고 밝은 기가 기혈에 들어오게 하는 것이다. 기혈이란 도교에서 말하는 사람의 품기가 제일 먼저 생겨나는 곳이다. 이것을 기해(氣海), 관원(關元), 영곡(靈谷), 천근(天根), 명체(命蔕)라고 한다. 구체적인 방법은 호흡을 가다듬는 것을 통해 정신이 호흡을 따라 천천히 본혈(本穴)속에 들어가게 하는 것이다. 육서성은 신은 항상 기식을 따르는 것이 아니라고 말했다. 만약 맹자가 말한 "물망물조"의 경지에 도달할 수 있다면 신이 기에 의거하여 집중될 수 있다. 마지막에 신이 기를 통솔하여 정신이 집중되어 기가 안정되는 상태에 이른다. 몸이 노정(爐鼎)이고 호흡이 탁약(槖龠)이며 기가 약이고 신이 불이다. 이러한 방법은 천지의 도를 한데 합한 것이다. 도는 일음일양이고 단약을 만드는 과정에서 양은 정이고 음은 기다. 신이 이 두 가지를 통솔한다. 단약을 만드는 것은 사실 우주변화의 법칙이 사람의 몸에 다시 체현되는 과정이다.

육서성의 전반 이론은 정기신에서 시작되어 정신을 맑게 하고 기를 한데 모아 마지막에 단약을 만들어 합일을 이루는 것으로 끝난다. 그의 이론은《주역참동계(周易參同契)》,《오진편(悟真篇)》의 이론을 계승한 것이다. 그는 여기에 이학의 수양방법을 더 보충해 넣었다. 전체 수련과정에 도의 법칙을 준수하는 것은 도가 단법(丹法)에서의 체현이다. 육서성은 도의 법칙으로 마음과 몸을 수련하는 것은 도교의 가장 순수하고 정직한 방법이라고 생각했다. 그는《현부론》의 서문에서 자신의 단법이 의거하는 이론에 대해 설명하였다. "음양오행의 조화, 만물의 창조는 상형(象形)이 비록 다르지만 몸은 본래 둘이 아니며, 음양의 자리를 정하고 진일(眞一)의 정기를 이루고 가르침을 베풀어 인도하는 이치에 따르면서 성명(性命)의 기초를 세웠다. 그러므로 말하기를 '천지의 기운이 왕성하니 만물이 변화가 순일하고 남자와 여자의 정기가 합해지니 만물이 변화하고 생성된 다'고 하였다. 이와 같이 논한다면 본말(本末)이 겸하여 갖추어져 있고 상하(上下)가 모두 갖추어진 것이라고 말할 수 있다. 그러므로 천하가 변하면 도(道)는 변하지 않고 도가 변 하지 않으면 체(體)가 도라는 것 역시 변하지 않게 할 수 있으니, 오래 사는 도(道)의 단 서가 여기에 있다(《장외도서(藏外道書)》제5책, 364쪽)."

여기서 육서성은 자신의 전반 이론을 도의 체현으로 보았다. 그는 도교의 장생구시를 자연의 법칙에 순응한 것으로 보고 단약을 만드는 것을 "순화(順化)의 이(理)를 실현하는 것"으로 보았다. 그는 이러한 것들을 공자가 저술한 책이라고 믿고 있는 《역전》과 통일 시켰다. 이것은 삼교의 근원이 일치하다는 그의 사상에 부합된다. 육서성은 방술사들의 황백술(黃白術)을 반대했다. 그는 그들의 점석성금의 생각은 재부를 얻는 것을 목적으로 한다고 지적했다. 또한 단약을 먹는 것을 통해 장생불로 할 수 있다는 생각은 사람의 원 정, 원기, 원신을 단련시키는 것을 통해 수명을 늘이고 병을 물리친다는 자연원칙에 위 배된다. 단약을 제조하여 복용하는 것은 반드시 기로 도를 논하는 올바른 방법에 부합되 어야 한다. 그는 《금단대지도서(金丹大旨圖序)》에서 단약을 만드는데 대한 자신의 원칙 을 설명하였다. "옛날 선단법(仙丹法)이 실려 있는 단경(丹經)은 천 권 이상 있는데, 이를 읽으면 읽을수록 더욱 번잡하고 어려우며, 이를 깨달으면 깨달을수록 간단하고 쉽다. 대 략적인 요지는 하늘의 도를 살피고 하늘의 운행을 잡으면 두 가지가 그것을 다 포함하는 것이다. 하나의 음과 하나의 양이 배합되어서 둘이 된 것이니, 하늘의 도이다(《장외도서 (藏外道書)》제5책, 371쪽)."

하늘의 이치는 일음일양(一陰一陽)이다. 하늘의 운행은 《역전》에서 말하는 "천지의 음 양이 크게 화합하여 만물이 순화하고, 남녀의 정기를 합하여 만물이 변화 생성한다"는 것이다. 이 이치를 따르지 않는 것은 모두 사술이다. 육서성은 《금단대지도》에서 그림과 간단한 문자설명을 통해 자신의 내단이론을 설명하였다. 육서성의 내단이론은 기로 시작 해 기로 끝난다. 동시기에 존재했던 여러 도교종파와 비교했을 때, 신비하고 허망한 요 소가 비교적 적다.

육서성은 어릴 때 유학을 배웠고 유교와 불교의 서적을 많이 읽었다. 그는 도교를 믿 기 시작한 뒤에 삼교이론을 자신의 내단이론에 융합시킬 수 있다고 생각하게 되었다. 예 를 들면 욕심을 버리고 고요함을 유지하는 수양방법을 유가에서는 "마음을 씻고 물러나 은밀한 곳에 숨는다"고 말하고, 도교에서는 "항상 무욕이면 그 묘함을 볼 수 있다"고 말하고, 불교에서는 "지극한 고요함을 유지하면 그 고요함으로 인해 열반에 들어갈 수 있다"라고 말한다. 노자의 "문밖을 나가지 않아도 천하를 안다"는 말은 곧 유교에서 말하는 "적연부동 속에 만물의 형상이 다 갖추어져 있다"는 것이다. 《노자》의 '부쟁(不爭)'은 곧 불교에서 말하는 무쟁삼미(無諍三昧)이다. 그는 《장자》를 중국의 불경이라고 비유하기도 했다. 그는 "삼교의 성인은 종지가 동일하지만 그 작용이 같지 않다(《금강대지도》, 《장외도서》 5권 371쪽)"고 말했다.

육서성의 이러한 관점들은 명나라 후기에 전반 사상계에서 일어난 삼교합일의 추세가 도교 이론과 수행 방법에 표현된 것이라 할 수 있다. 이러한 추세는 삼일교에 더 뚜렷하게 나타났다.

4. 삼일교(三一教)의 회삼귀일(會三歸一)

복건 포전(莆田)사람인 임조은(林兆恩)이 삼일교(三一教)를 창립하였다.

임조은(1517~1598)의 자는 무훈(懋勛), 호는 용강(龍江)이며 도호는 자곡자(子穀子), 심은자(心隱子), 상명(常明)선생 등이다. 도교제자들은 그를 삼교선생, 삼일교주라 존칭한다. 그는 세세대대 유학을 공부하는 관료집안에서 태어났다. 그는 과거시험을 여러 번 보았지만 계속 떨어졌다. 그러자 스승을 찾아다니면서 학문을 배웠다. 그는 "우연히 현명한 스승을 만나 학문의 비결을 전수받았다"고 말했다. 그는 35살 때 삼일교를 창립하였다. 그는 왜구의 침략을 받은 현성을 지켜달라고 조정에 간청을 올렸고 제자들을 거느리고 왜구에 의해 목숨을 잃은 백성을 묻어주었다. 또한 역병에 걸려 목숨을 잃은 백성들에게 관을 마련해주기 위해 땅을 팔기도 했다. 중년에 이르러 삼일교의 교의를 선전하기 시작했다. 그는 많은 저서를 저술했는데 그의 제자가 이것들을 묶어 《삼교정종통론(三教正宗統論)》을 편찬하였다.

삼일교는 처음에 엄격한 의미에서의 종교가 아니라 임조은을 따라 학문을 배우는 사람들로 이루어진 조직이었다. 가경 말기에 임조은의 영향이 점점 커짐에 따라 점차 그에 대한 신도들의 숭배를 허락했다. 각지에서 삼일교의 사당을 짓기 시작했다. 임조은이 죽은 뒤에 그의 제자들이 삼일교의 종교적인 성질을 더 확대시키고 발전시켰다. 삼일교의 계승자를 확정하고 성직자들의 등급을 나누기 시작했다. 글공부를 하는 사람에만 국한되지 않고 사회의 각 계층의 사람들을 제자로 받아들이기 시작했다. 규범도 점점 더 엄해지기 시작했다. 삼일교는 점차 진짜 종교의 모습을 드러내기 시작했다. 청나라에 이르러 삼일교는 강희, 건륭 때 두 번이나 탄압을 받았다. 그러나 포전, 선유(仙遊) 일대에서 계속 암암리에 유전되었다. 후에 절강, 안휘, 강서, 북경 일대에까지 확대되었다. 근대에 이르러서까지 일정한 영향을 일으켰다.

삼일교의 중지는 삼교의 합일이다. 임조은 일생동안 삼교의 합일을 널리 선전하는 것을 자신의 임무로 생각했다. "사계(沙界)의 화려함과 용천(龍天)의 여름에 유교를 위하는 사람은 '우리는 유가(儒家)다'고 말하고 도교를 위하는 사람은 '우리는 도가(道家)다'고 말하며, 불교를 위하는 사람은 '우리는 불가(佛家)다'고 말한다. 교(敎)는 이미 나누어져 셋이 되었다. 나의 뜻은 이들을 모아서 귀결시켜 공자·노자·석가의 도를 다시 합쳐 하나로 만들고자 한다. 대저 교는 분명히 셋인데, 만약 공자·노자·석가의 도가 셋인 까닭을 알지 못한다면 그 하나 됨을 알 수 없으므로 도가 지극하게 된다. 도가 혼연하여 하나인데, 만약 공자·노자·석가의 도가 하나인 까닭을 알지 못한다면 그 셋을 통합할 수 없어 교가 크게 된다. 이미 그 하나 됨을 알고 다시 그 셋을 통합하였으며, 분명히 셋이 아니고 혼연히 하나가 아니니, 크도다! 지극하도다! 이 유교·불교·도교는 같은 것으로 공자·노자·석가가 일을 마칠 수 있다(《삼교정종통론(三敎正宗統論)·삼교합일대지(三敎合一大旨)》)."

삼일교는 유, 석, 도 삼교를 합일시켰다. 그들은 이것이 삼교의 원래 모습이라고 주장했다. 하나로 합해지던지 세 개로 나누어지던지 모두 각자의 이론적인 근거가 있다. 그래야 하나의 대도(大道)로 삼교를 통일시키고 삼교가 하나의 대도라는 이치를 알 수 있다.

임조은이 삼교를 합일시킨 이론적은 근거는 "도일교삼(道一敎三)"이다. "어떤 사람이 교(敎)가 셋인 까닭을 묻자 임자(林子, 임조은)이 말하였다. "비유하면 군주를 대신하여 정사를 다스리는데 각각 담당 관리가 존재하는 것과 같이, 이것이 그 교가 셋이 되는 까닭이다. 그러므로 공자의 가르침은 오직 인간의 도덕과 삶의 현장에만 있으니, 이른바 세간법(世間法)이 이것이다. 황제(黃帝)와 노자의 가르침은 오직 극(極)을 세우고 하늘을 여는 데만 있으니, 이른바 출세간법(出世間法)이라는 것이다. 하물며 석가의 출세란 또 공허본체(空虛本體) 무위무작(無爲無作)에 달려있겠는가? 대저 도는 하나일 뿐이나 교는 셋이 있다. 그러므로 공자의 가르침은 성교(聖敎)이고 노자의 가르침은 현교(玄敎)이고 석가의 가르침은 선교(禪敎)이다(《삼교정종통론(三敎正宗統論)·도일교삼(道一敎三)》)."

임조은은 삼교가 나타나기 전에 혼일(混一)의 대도가 존재했다고 믿었다. 큰 나무의 큰 가지가 여러 개의 작은 가지로 분할되듯 대도가 유, 석, 도로 나뉘어졌다. 그의 삼교 합일은 삼교사이의 분쟁을 없애고 삼교가 나뉘기 전의 그 혼일한 상태로 되돌아가는 것이다. 이러한 혼일의 대도가 바로 본체이다. "우리의 본체는 아마도 태허(太虛)이고 태공 (太空)일 것이다! 오직 태허이고 태공만이기 때문에 그러므로 허공(虛空)을 운행할 수 있다. 우리의 본체는 아마도 선천(先天)하고 선지(先地)일 것이다! 오직 그 선천하고 선지하기 때문에 천지를 살릴 수 있다. 우리의 본체는 아마 그 여름에 큰 사람일 것이다. 오직 그 여름에 큰 사람이기 때문에 그러므로 유학에 능하니 성(聖)이라 하고 도에 능하니 현(玄)이라 하고 불가에 능하니 선(禪)이라 하였다(《삼교정종통론(三敎正宗統論)·본체 (本體)》)."

이러한 도는 "무극이 태극"이다. 태극은 유이고 무극은 무이다. 도는 유무에 국한되지 않지만 유도 있고 무도 있다. 이러한 도를 중(中)이라고 한다. 중은 적연부동과 감이수통을 통일시킨다. 그러나 이러한 도와 중은 모두 유, 석, 도가 존재하는 근거이다.

임조은은 이러한 본체를 마음이라고 했다. "삼가(三家)란 마음을 근본으로 삼는 것으로 황제(黃帝)·석가·노자·공자가 외부에 있는 것이 아니라 다만 나의 마음에 있을 뿐이다. …… 마음이 같을 뿐이며, 마음이 같고 도(道)가 같은데 교가 세 개가 있다는 것은 비유하건대 지류(支流)의 물이 진실로 다르지만 원천은 산 아래에서 나오는 것과 같이 같은 것이다(《삼교정종통론(三敎正宗統論)·삼교이심위종(三敎以心爲宗)》)."

임조은은 마음에 대해 상세한 논증을 진행했다. 이러한 논증의 중심취지는 사물은 마음을 떠나면 아무런 의미가 없다는 것이다. 모든 사물은 물이고 마음이다. "사람의 한 마음을 생각해보면, 지극한 이치가 모두 갖추어져 있어 유가가 되고 싶으면 유가가 되고 도가가 되고 싶으면 도가가 되고 불가(佛家)가 되고 싶으면 불가가 되니, 내 마음에 달려 있을 뿐이지 외부에 있는 것이 아니다.(《삼교정종통론(三敎正宗統論)·삼교합일대지(三敎合一大旨)》)"

이러한 지리(至理)가 곧바로 대도이다. 도의 각도에서 삼교를 보면 삼교가 하나이다. 마음이 사물을 구별하는 것으로 말할 때 삼교에는 차이가 존재한다. 사물의 모든 각도는 마음에 달렸다. 그리하여 만물은 모두 사물을 보는 사람의 각도가 다르기 때문에 생긴 결과이다. "나라는 존재는 천지 안에 있는 것인가 천지 밖에 있는 것인가? 그리고 천지라는 존재는 내 안에 있는 걸까 내 밖에 있는 걸까? 그러므로 해와 달이내리 비치는 곳은 천지이고 나이니 하는 수 없이 둘이며, 산과 내가 흐르고 우뚝 솟은 곳은 천지이고 나이니, 하는 수 없이 둘이다(《삼교정종통론(三敎正宗統論)·삼교합일대지(三敎合一大旨)》)."

나는 천지 속에 있을 뿐만 아니라 천지 밖에 있다. 천지는 내 속에 있을 뿐만 아니라 내 밖에도 있다. 임조은의 본체론철학에 관심이 있는 게 아니다. 그가 하늘과 사람은 하나라는 것을 논증한 목적은 삼교의 합일에 본체론의 근거를 제공하기 위해서다. 임조은의 삼일교는 다른 종교처럼 신비로운 색채가 짙지 않다. 그는 신에 대해 언급하지 않았다. 그는 이론과 인격적인 매력으로 제자들을 불러 모았다. 그리하여 삼일교는 실제수행을 중요하게 생각하는 지식인 단체와도 같다.

삼일교의 제자들은 평상시에 수행할 때 간배(艮背)를 공부의 요지로 삼는다. '간배'는 《주역》의 간괘에 나오는 "간기배(艮其背), 불획기신(不獲其身)"에서 온 것이다. '간배'는 마음속의 생각을 등에 집중시킨다는 말이다. 왜 등에 집중시켜야 하는가? 이에 대한 임조은의 해석은 다음과 같다. 등이라는 글자는 북(北)과 육(肉) 두 글자로 이루어졌다. 방위와 오행에 근거하면 북은 물에 속한다. 그리하여 남방의 마음은 불이다. 북방의 물로 남방의 심화를 끄는 것은 《역전》에서 말하는 "마음을 씻고 은밀한 곳에 물러나 은거"하는 것이다. 삼일교의 간배의 내용은 유교의 '간배'를 위주로 하고 형식은 도교와 불교의 입정(入定)방법을 따른다. 이 역시 삼교의 합일의 특징을 나타낸다.

삼일교는 삼교의 합일을 주장하지만 삼교에서 유교를 귀종(歸宗)으로 한다. 이것은 임조은이 반복적으로 강조하였던 것이다. 그는 교의를 강의할 때마다 이 점을 강조하였다. "이른바 내가 삼교합일이라고 하는 것은 도교와 불교의 지류들을 모아 유교화하여 유교의 가르침을 확대하고자 하는 것이다. 그러나 삼교합일에는 두 가지 의미가 있다. 만약 삼교의 근본과 시작이, 합하여 하나가 되는 것을 기다릴 필요가 없다고 말한다면, 이는 내가 말하는 삼교합일의 궁극적인 의미가 아니다. 도교와 불교의 지류들을 합하여 삼강(三綱)으로 바로잡고 인간이 지켜야 할 일정한 도리를 밝혀서 하나로 하는 것이다. 도교와 불교의 지류들을 합하여 사농공상(四民)으로 바로잡고 각자의 바뀔 수 없는 일정한 본업(常業)을 확정하여 하나로 하는 것이다. 이렇게 되면 천하의 사람들에게 다른 도가 없고 다른 백성이 없게 될 것이며, 천하의 사람들도 역시 '우리 유교다'라고 말함이 없을 것이고 역시 '우리 도교다'라고 말함이 없을 것이며, 역시 '우리 불교다'라고 말하지 않을 것이다. 이것이 당우삼대(唐虞三代)의 성스러움이어서 유교·도교·불교라는 다른 이름이 존재할 수 없을 것이니, 그러므로 '하나'라고 말한다. 이들을 하나로 하면 바른 데로 귀결된다(《장외도서(藏外道書)》 제5책, 364쪽)."

삼교합일은 두 가지 의미를 가진다. 첫째는 본래의 합일이고, 둘째는 인위적인 합일이다. 삼대의 성인에게는 유, 석, 도가 차이가 없었다. 이것이 본래의 합일이다. 인위적인 삼교합일은 유가의 종지로 도교와 불교를 융합시키는 것이다. 임조은은 도교와 불교의 교의를 좋아하지 않았다. 또한 불교와 도교의 출가수행에도 동의하지 않았다. 그는 도교에서 말하는 내외단(內外丹)을 미망(迷妄)이라고 질책했다. 그는 유교의 사상으로 도교의 내외단을 해석하였다. "오직 도(道)와 덕(德)만이 본성을 단련하고 마음을 닦고 찌끼를 씻고 사특한 것을 없애서 누가 되지 않게 하려고 하였다. 비유하건대 금과 같이 정순(精純)하고 순수하고 아름답고 불선(不善)의 생각이 그 사이에서 섞이지 않았으니, 내단(內丹)이다. 많은 사람들이 영재를 얻어 교육하니 색다른 풍속이 교화되었고, 평온하고 화목한 모습으로 무위이치(無爲而治, 하게 하거나 하지 못하게 막는 일이 없이 백성들을 자유롭게 놓아주는 정치)하니, 비록 황백(黃白)의 술(術)에 섞이지 않는다 하더라도 제왕(帝王)의 외단(外丹)은 이루어진다(《삼교정종통론(三敎正宗統論)·파미(破迷)》)."

그는 도교의 우화등선과 장생불로의 관점을 비판했다. 그는 유교의 심신수양으로 이것을 대체하였다. "하늘은 명할 것을 생각하고 나는 온전하게 할 것을 생각하며, 아침에 조심하고 저녁에는 두려워하지만 편치 않은 것이 바뀌지 않고 거의 혹 몸이 죽을 때에야 가능하니, 마치 황제(黃帝)의 선거(仙去)와 제요(帝堯)의 조락(殂落)과 같다. 한 점의 맑은 영(靈)은 하늘에서 어둡지 않으니, 이는 곧 임조은이 하늘을 높이 날아오르려는 지극한 구함이다(《삼교정종통론(三敎正宗統論)·파미(破迷)》)."

그는 불교의 윤회에 동의하지 않았다. 그는 윤회를 다르게 해석하였다. "사람이 태어나서 모이면 형체를 이루고 흩어지면 기를 이루고 모이면 다시 흩어지고 흩어지면 다시 모이니, 윤회(輪回)의 뜻이다(《삼교정종통론(三敎正宗統論) · 파미(破迷)》)."

유교의 최고지위를 회복하는 것이 그의 목표였다. 그러나 이러한 최고의 지위는 동중서와같이 백가를 내치고 유가 사상만을 존숭해야 한다는 말이 아니다. 그는 유교로 불교와 도교를 융합시켜야 한다고 주장한다. 그는 삼교의 합일은 어쩔 수 없이 그렇게 하는 것이라고 말했다. 이것은 구경법(究竟法)이 아니다. 구경법은 대도와 합일을 이루는 것이다. 삼교의 합일은 세 개를 합쳐서 하나를 이룬다는 말이 아니다. "내가 세 씨의 교(敎)를 합해서 하나로 한 까닭은 다른 것이 아니라 삼강사업(三綱四業)이 교의 처음이 되고 견성입문(見性入門)이 교의 중간이 되며, 허공본체(虛空本體)로 교의 끝이 되기 때문이다. 처음과 중간과 끝을 합하여 이를 크게 하고 말은 하지만 짓지는 않아 변하고 통해서 한 사람의 건립자에게서 나온 바와 같이 유가가 있음을 알지 못하고 도가가 있음을 알지 못하고 불가가 있음을 알지 못하여 교가 하나가 되었다. 지금도 아니고 옛날도 아니며, 옳음도 아니고 그름도 아니니, 이 나머지는 삼교합일(三敎合一)의 본지(本旨)이다.(《삼교정종통론(三敎正宗統論) · 도일교삼(道一敎三)》)"

임조은은 유학을 시작으로 하고 아무 것도 없는 허공으로 끝을 마쳤다. 사실 그는 하나의 둥근 원을 이룬 것이나 마찬가지다. 그러나 이 원의 시작과 끝이 같지 않다. 그것은 그의 시작단계는 형적이 있지만 종결단계에서는 형적을 초월하였기 때문이다. 시작단계는 형체가 있는 삼교를 통합하였고 종결단계에서는 형체가 없는 삼교를 통합하였다. 형체가 없는 삼교는 유교의 "천하언재(天何言哉)", 도교의 무명무형(無名無形), 석교의 무주무체(無住無滯)를 합일시킨 것이다. 황종희의 다음 말은 임조은의 사상궤적에 대한 총정리라 할 수 있을 것이다. "임조은의 삼일교는 유교를 근본으로 하고 도교로 입문방법으로 하며 석교를 최고준칙으로 한다(《임삼교전(林三敎傳)》, 《황종희전집》 10권 545쪽)."

제 34 장

명말 중국에 전래된
천주교와 중국문화의 충돌

명말 중국에 전래된 천주교와 중국문화의 충돌

명나라 말기에 천주교가 중국에 전해져 들어오게 된 것은 아주 대규모적인 문화수입이었다. 전도사들(주로 예수회의 전도사들)이 종교를 이용해 점차 정치, 윤리, 문화, 생활 습관과 풍속 등에까지 영향을 끼쳤다. 나중에 그 영향력이 전반 중국에 까지 미치게 되었고 결국에는 이에 관한 대규모 문화논쟁이 일어나기도 했다. 이번 문화논쟁은 겉으로 보기에는 종교신앙에 관한 내용 같지만, 사실 그 배후에는 중국과 유럽 두 개의 문화가 서로 모르는 상태에서 진행된 대격돌이었다. 이번 문화논쟁에 대한 연구는 중국과 서방 문화시스템이 각자 가지고 있는 특징, 두 문화의 시스템이 이질문화를 받아들이는 포용력 및 그것을 문화 관념에 반응시키는 사유방법 등에 대한 상세한 분석이라고 할 수 있다. 이것은 중국과 서방 문화의 특징을 인식하고 파악하고 다른 문화를 서로 융합시키는 데에 도움이 된다.

이번의 문화충돌은 철학운동이기도 하다. 왜냐하면 처음에는 평화적인 방식과 교의로 이교도들을 감화시켜 그들을 귀화시키는 것을 목적으로 했기 때문이다. 전도사들의 첫 귀화대상은 사대부들이었다. 중국은 실천이성이 강한 나라이기 때문에 형상적인 실체에 대한 숭배가 그렇게 심하지 않다. 이런 나라에 계시와 진리로 신도의 마음을 얻는 것은 현실적이지 못하다. 중국 사대부들은 계시나 신령과 같은 것으로 사람을 매혹시키는 종교를 싫어한다. 그들의 마음을 얻으려면 이치로 설복하는 방법 밖에 없다. 그리하여 전도사들은 천주, 영혼과 같은 교의를 철학적으로 논증하는 방법을 선택했다. 이번 문화전파를 통해 중국 사대부와 불교, 도교 승려들은 자신들이 잘 아는 이론이 아닌 전대미문의 이질문화를 접하게 되었다. 자신들이 익숙하지 않은 이론을 반박하려면 자신이 잘 알고 굳게 믿는 이론을 다시 되돌아 볼 필요가 있다. 중국의 불교와 도교 신자들은 천주교를 깊이 이해하지 못했고 천주교에 대한 공격은 자신의 종교를 보호하는 것을 목적으로 한다. 총체적으로 볼 때, 이번 문화 수입은 철학적인 색채가 비교적 짙다. 이번 문화, 철학 논쟁은 명나라 말기에 삼교를 합일시키려는 추세가 비교적 강한 배경아래에서 진행되었다. 전도사들도 이런 추세에 민감하게 반응했다. 그들은 기독교와 유교의 교의를 융합시키는 방법을 선택했다. 전도사들이 불교와 도교를 배척한 원인은 불교와 도교 신자들이 천주교를 우상을 숭배하는 종교로 보았기 때문이다. 또한 불교와 도교는 본토 종교로서 천주교와 신도를 쟁탈하는 주요한 적수이기도 하였다. 불교에 대한 천주교의 공격은 불교신자들로 하여금 처음부터 천주교와 불교를 융합시키려는 생각을 버리게 만들었다. 불교신자들은 본교의 교의를 이용하여 천주교의 핵심내용을 비판했다. 쌍방이 근거로 한 이론은 모두 직접적인 것들이었다. 또한 쌍방이 변론을 벌인 내용은 모두 근본적인 것들이었다. 그리하여 이번 문화 충돌을 철학운동으로 볼 수 있다. 이는 청나라 이후의 철학 발전을 억제하고 제한하였다. 이러한 작용은 청나라 중후기에 사상계에 일어난 중서문화에 관한 논쟁에서 뚜렷하게 표현된다.

1. 천주(天主)

천주는 천주교의 핵심이다. 천주를 믿는 것은 천주교를 믿는 시작이다. 전도사들은 중국에 천주교의 천주와 같은 개념이 없다는 것을 알고 있었다. 중국 사람들이 천주를 믿게 하려면 우선 천주를 중국고서에 나오는 천, 제(帝)와 같은 개념으로 해석하여 그들로 하여금 천주는 실재적인 존재이고 천주는 중국 고유의 관념이며 중국 경서에서 그 기록을 찾아 볼 수 있다고 느끼도록 해야 한다.

이탈리아 예수회의 마테오 리치는 중국에 가장 일찍 온 전도사는 아니지만, 그는 중국을 찾은 예수회 중에서 전도사의 아버지라고 불릴 자격이 충분하다. 1589년 9월, 중국의 조경(肇慶)에 도착했다. 그 후 그는 일본에서 전도하였던 경험을 그대로 살려 승복을 입고 다니면서 자신을 승려라고 소개했다. 중국 사람들도 그를 승려라고 생각했다. 얼마 뒤, 그는 중국에서 승려의 지위가 일본처럼 높지 못하다는 것을 알게 되었다. 그리하여 그는 유학자들처럼 장포(長袍)를 입고 다니기 시작했다. 그리고 문인과 학사들의 구미에 맞는 글을 쓰기도 했다. 중국 사람들은 마테오 리치를 서방에서 온 파란 눈을 가진 유학자라고 생각했다.

《천주실의(天主實義)》는 마테오 리치의 가장 중요한 저서이다. 이 저서에서 그는 중국 사람과 서양사람이 문답을 주고받는 형식으로 천주교에 대한 마테오 리치의 이해를 설명하였다. 이 책은 그 당시 예수교 전도사들의 주류사상을 대표한다. 서방의 근본 철학사상, 정신적인 경향 등 핵심적인 문제에 대한 종교적인 해석을 통해 중국과 서방의 근본적인 차이점에 대해 알 수 있다.

1) 천주교의 본질

《천주실의》의 시작에서 천주는 어떠한 존재인가 하는 문제가 제기되었다. 마테오 리치는 천주의 가장 중요한 기능은 "천지만물을 만들고 편안히 쉴 수 있게 해주는 것"이라고 말했다.(《천주실의》 상권) 여기서 가장 중요한 것은 천주의 존재를 증명하는 것이다. 마테오 리치는 여러 증거를 통해 천주의 존재를 증명하였다. 첫째, 천하의 각 나라는 풍속과 인정이 다 다르지만 모두 지고지상의 주재가 존재한다고 믿는다. 그러니 언젠가 천주가 사람 마음의 주재가 될 것이다. 둘째, 천지의 만물에는 각자의 방식이 있고 각자의 위치가 있으며 그 운행에 큰 차이가 없다. 그러니 언젠가 천주가 만물의 지배자가 될 수 있다. 셋째, 새와 짐승은 영성(靈性)이 없다. 하지만 그들의 행동은 매우 지혜롭다. 예를 들면 그들이 자신을 보호하고 후대를 번식할 수 있다. 마치 어떠한 영적인 존재가 그들을 묵묵히 교화시키고 있는 것 같다. 넷째, 사물은 스스로 형성될 수 없고 반드시 그들을 형성하는 존재가 있다. 다섯째, 천지만물은 조화로운 총체이다. 만물은 이러한 총체 속에서 각자의 위치가 있다. 여섯째, 만물은 각자 늘어나고 많아지는 방식이 있다. 그리하여 사물은 물종에서 시작되었다고 추측할 수 있다. 그러나 생물종의 시작은 어느 한 물종에 속하지 않는다. 이게 만물로 화생한 천주이다. 이 여섯 가지 증명은 사실 주로 두 가지 내용을 말한 것이다. 하나는 천주교가 인종, 나라, 문화전통이 갖지 않은 사람들에 의해 숭배되고 있고 반드시 지고지상의 한 존재가 신자 마음속에 이성의 빛을 밝혀놓았다는 뜻이다. 다음은 물종의 기원, 우주의 화합, 동식물의 기묘한 본능 등과 같이 사람이 이해할 수 없고 해석할 수 없는 것들에서 하나님의 존재를 감지할 수 있다는 뜻이다. 마테오 리치의 이러한 주장은 기독교의 전통 교의를 벗어나지 않았다. 중국 사인들은 첫 번째 내용에 대해 의문을 제기하지 않았다. 그것은 아마 서방에 가보지 못한 중국 사인들이 기독교가 서방 각국에서 전파되고 있는 상황을 잘 알 수 없었기 때문이었을 것이다. 중국 사인들의 힐난은 주로 두 번째에 집중되었다. 만물에 신이라는 주재자가 존재한다고 말할 수는 있다. 그러나 그 신이 어떻게 천주한테서 온 것이라고 단정할 수 있는가? 천주가 만물을 만들었다면 천주는 누가 만들었단 말인가? 마테오 리치는 집과 도구와 같이 사람이 만들어낸 것처럼 자연물은 모두 만들어진 것이라고 말했다. 자연물을 만들고 제조한 사람이 바로 천주이다. 만물은 각자의 '초종(初宗)'에 의해 만들어졌고 만물의 '초종'은 천주가 만들어낸 것이다. "반드시 첫 생명의 원인자를 가진 다음에야 다른 사물을 생겨나게 할 수 있다. 과연 어디로부터 태어났는가? 그렇다면 반드시 부류마다 원시조에까지 밀고 나가야 하는데, 모두 그 본래의 부류에서는 생겨날 수 있는 것이 아니어서 반드시 만류(萬類)를 조화하여 생성한 원초의 특이한 부류가 있는데, 곧 우리들이 말하는 천주가 이런 분입니다(《천주실의(天主實義)》 상권, 《마테오리치중문저역집[利瑪竇中文著譯集]》 11~12쪽)."

누가 천주를 만들어냈는가? 마테오 리치는 천주라는 명칭에는 그가 만물의 창조자라는 뜻이 포함되어있다고 말했다. 만약 천주가 누구에 의해 만들어진 것이라면 그를 천주라고 부를 수 없다. 구체적인 사물에는 시작과 끝이 있지만 천주에는 시작과 끝이 없다.

마테오 리치가 중국 사인들과의 벌린 논쟁은 사실은 중국과 서방 종교사이에 존재하는 근본적인 차이점과 관련이 있다. 그것은 일신교와 다신교의 차이, 유신론과 무신론의 차이이다.

천주교는 일신교이다. 천주교의 기본계율인 십계의 첫 번째가 바로 "다른 신을 숭배해서는 안 된다"이다. 마테오 리치는 일신숭배를 강조했다. "사물들의 개별적인 뿌리와 근원은 진실로 하나가 아닙니다. 사물들의 보편적인 본래의 주인이라면 둘일 수는 없습니다. 왜 그럴까요? 사물들의 보편적인 본래의 주인이라면 곧 만물이 따라 나온 곳이요, 만물의 덕성들을 갖추고 있어야 합니다. 덕성은 충만하고 초연하여 더 이상 높일 수가 없는 것입니다. 만약 천지간에 만물의 본래 주인으로 두 지존자가 있다고 가상해 본다면, 이 둘이라고 말한 것이 서로 같은 것인지 아닌지를 알지 못합니다. 만약 서로 같지 않다면, 반드시 하나는 미약함이 있을 것입니다. 그 미약한 것은 스스로 보편적인 지존자라 말할 수 없습니다. 보편적인 지존자는 대덕을 온전하게 이루었기에, 보탤 것이 없습니다(《천주실의(天主實義)》상권, 《마테오리치중문저역집[利瑪竇中文著譯集]》13쪽)."

　여기서 그는 스콜라 철학의 논증방법으로 천주교의 유일성을 증명하였다. 천주교의 유일성은 하늘이 천주교에 부여해준 여러 가지 성질에 존재한다. 이것은 진리의 계시이고 추론의 전제이다. 여기에 근거하여 추론해야 한다. 천주의 유일성은 "천주"라는 호칭에 존재한다. 천주의 작용은 악단의 지휘자와도 같다. "천하의 사물은 지극히 많고 지극히 번성한데, 진실로 하나의 지존자의 조절하고 보호함이 없다면 흩어지고 괴멸됨을 면할 수 없습니다. 예를 들어 대규모의 음악을 연주할 경우, 진실로 여러 작은 화음들을 모아 올 수 있는 음악가가 없다고 한다면, 완벽한 소리는 역시 거의 울려 나오지 못할 것입니다(《천주실의(天主實義)》상권, 《마테오 리치중문저역집[利瑪竇中文著譯集]》13쪽)."

　마테오 리치는 천주만 숭배하는 이치는 세속의 생활에서도 찾아 볼 수 있다고 말했다. 나라에는 군주가 하나이고 집에는 가장이 한명이다. 건곤 속에는 천주가 하나 밖에 없다. 천주는 유일한 숭배대상이다. 이러한 숭배대상은 초월적이다. 경험속의 사물을 묘사하는 언어와 비유로 천주를 형상화할 수 없다. "사물이 부류로 배열되는 것에서 우리들은 그 부류로 인하여 같고 다른 점을 생각해본다면, 그 본성을 알게 됩니다. 모습과 소리가 있는 것은 우리가 그의 용모와 색깔을 보고 그 소리를 들어 보면 그의 정서를 알게 됩니다. 제한된 것을 가진 것은 우리가 이 경계에서 저 경계에까지 길이를 재어 보고 분량을 재어 보면, 그 형체의 크기를 알 수 있습니다. 만약 천주란 이런 부류에 속하지 않고 모든 부류를 초월한다면 천주를 어느 부류에 비교해 볼 수 있겠습니까? 이미 모습도 소리도 없다면, 어찌 들어가 이해될 만한 흔적이 있을 수 있겠습니까? 그 형상의 크기가 무궁하다면, 6합(六合, 동·서·남·북과 상·하)으로 경계 지을 수 없으니, 천주의 높으심과 위대함의 끝을 헤아릴 수 있겠습니까? 겨우 천주의 실제 모습이나 특성을 드러내자면 '아니다'와 '없다'로써 드러내는 도리밖에 없습니다. 만약 '이다'와 '가진다'로 한다면 더욱더 멀어질 것입니다(《천주실의(天主實義)》상권, 《마테오 리치중문저역집[利瑪竇中文著譯集]》14쪽)."

　천주의 형상은 묘사할 수 없지만 천주의 작용은 매우 크다. 그는 만물의 근원이고 끝과 시작이 없다. 우리는 이러한 지고지상한 신의 전부를 알 수 없다. 그리하여 천주는 마테오 리치는 다음과 같은 글로 하나님의 지고지상, 진선진미하다는 것을 설명하였다.

"지금 내가 천주가 무엇이냐를 규정해 보려고 할 때, 하늘도 아니고 땅도 아니지만 천주의 높고 밝고 넓고 두터움은 하늘과 땅과 비교하여 오히려 더하다고 말합니다. 귀신은 아니지만 그 신령함은 귀신 정도에 그치는 것이 아닙니다. 인간이 아니지만 성인의 지혜를 훨씬 초월해 있습니다. 이른바 도덕도 아니며, 도덕의 근원입니다. 저는 실로 과거도 없고 미래도 없습니다. 그러나 우리가 천주를 과거의 측면에서 말하려면 단지 '시작이 없음'이라 말하고, 그것의 미래의 측면에서 말하려면 단지 '나중이 없음'이라 말합니다. 또한 그 형체의 크기를 미루어 생각해 보자면 천주를 수용하고 실을 만한 공간은 없으나, 가득 채워 주지 않는 장소는 없습니다. 움직이지 않으면서도 모든 운동의 최초의 원인입니다. 손도 없고 입도 없지만, 만물들을 조화하여 만들어 냈으며 모든 생물들을 가르치고 깨우칩니다. 천주의 능력은 망가짐도 쇠함도 없으며, 없는 것을 있는 것으로 만들 수 있습니다. 천주의 지능은 몽매함도 없고 오류도 없어서, 만세 이전의 과거나 만세 이후의 미래의 일이라도 그의 앎에서 벗어날 수 없어서, 마치 바로 눈앞에 보고 있는 것과 같습니다. 천주의 선은 순수하여 찌꺼기가 없으니 모든 선의 귀결점입니다. 불선(不善)한 것이 비록 미미할지라도 천주에게 누가 되게 할 수 없습니다. 천주의 은혜는 광대하여 제한도 없고 막힘도 없으니, 개체나 부류에 미치지 않는 곳이 없습니다(《천주실의(天主實義)》 상권, 《마테오 리치중문저역집[利瑪竇中文著譯集]》 15쪽)."

만약 이러한 문자로 도(道)가 세계의 본원이라고 말하면 중국의 사인들은 쉽게 받아들일 수 있을 것이다. 노자가 말한 도는 분명하지 않고 어렴풋하다. 왕필이 말한 도에는 속세의 번뇌에서 벗어나야 한다는 가르침이 들어있다. 천주교에서는 인격을 가지고 있는 신인 "천주"를 말한다. 마테오 리치는 천주를 인격을 가진 전지전능한 신이라고 말했다. 그러나 중국 사람들은 전지전능한 신이라는 존재를 받아들이지 못한다. 사실 이것은 일신교와 다신교, 유신론과 무신론의 모순이기도 하다.

중국은 다신교를 신봉하고 무신론을 믿는다. 다신론과 무신론은 모순되는 것 같지만, 사실은 모순되지 않는다. 중국 사람들은 옛날부터 다신교를 신봉했다. 중국 사람들은 산에는 산신이 있고 강에는 하신이 있으며 산마다 그 산을 관할하는 신이 존재한다고 믿었다. 이러한 신은 사람의 영혼을 감독하는 존재가 아니라, 사람의 정신적인 기탁물로서 사람들에게 비를 내려주고 복을 하사해주는 존재이다. 이러한 신의 역할은 아주 구체적이다. 이러한 신들에게 제사를 올리는 의식은 민속활동의 중요한 내용이기도 하다. 일반적으로 사대부들은 이것을 정신적인 부탁이 아닌 민간의 풍속으로 생각한다. 중국 사람들이 믿는 신들은 마테오 리치가 말한 "천주"와 같지 않다. 이러한 문화적 배경 하에 중국 사람들이 서방 천주교의 유일한 최고의 신인 천주의 존재를 의심하는 것은 당연한 일이다.

전도사들이 천주는 무에서 생겨난 최초의 유라는 관점도 그 당시의 중국 사람들의 생각과 많이 다르다. 중국 사람들은 천지는 최초의 존재이고 천지를 구성하는 원소는 기라고 생각한다. 기의 운행에서 체현되는 조리 혹은 기의 운동의 근거는 이(理)다. 현실적인 존재물은 기 밖에 없다. 이는 기의 존재와 운동에 의해 생겨난 개념이다. 선진시기에 황제와 노자가 말한 정기, 한나라의 원기, 송나라 유학자들이 말한 "태허가 기"라는 관점에는 이러한 사상이 체현되었다. 이런 관념의 핵심은 기는 최초의 존재이고 기는 모든 존재의 근거이며 기는 확실히 존재하고 경험을 통해 그 존재를 증명할 수 있다는 것이다. 주희는 이와 기의 선후문제에 대해 "천지에 이과 이가 있다"고 설명했다. 그의 이러한 관점은 제자들의 추궁에 의해 어쩔 수 없이 내놓은 해답이다. 그리하여 유는 가장 기본적인 것이다. 중국철학에 토론한 '무'는 대부분 경계어(境界語)로서 세속에 구애되지 않고 외물에 집착하지 않는다는 뜻이다. 노자의 "유는 무에서 생겨났다"는 관점에서 무는 곧 도이다. 중국 사람들은 소박한 유물론자들로서 천주는 무에서 생겨난 최초의 유라는 관점을 의심하고 배척하는 것은 당연한 일이다.

2) 태극과 만물은 일체이다.

마테오 리치가 말한 하나님은 현실이란 시공에 존재하지 않는다. 그리하여 중국 사람들은 이것을 불교와 도교에 나오는 공과 무와 연결시키곤 했다. 중국의 사인들은 "공무(空無)한 것은 사람도 신도 아니며 심성, 지각, 영적인 재능, 인의가 없다. 이러한 것을 만물의 근본이라고 하니 참으로 이해가 안 된다(《천주실의》)"고 말했다. 여기에 대해 마테오 리치는 이렇게 해석했다. 천주도 성, 재능, 덕을 갖고 있다. 천주의 재덕은 일반사람의 만 배 이상이다. 천주는 오상지덕(五常之德)의 근원이다. 천주의 이러한 성질에서 우리는 태극을 연상하게 된다. 그러나 천주는 태극이 아니다. 마테로 리치는 중국과 서방에는 모두 만물의 주재자라는 개념이 있다고 말했다. 중국 사람들은 태극을 만물의 주재자로 본다. 마테오 리치가 주희의 관점에 근거 하에 수정한 《태극도설》에서는 태극을 기우(奇偶) 두 관념의 형상화, 도식화(圖示化)라고 해석했다. 그는 태극을 천지만물이 생겨난 근원으로 해석하는데, 동의하지 않았다. 그는 서방의 중세철학에서 제일성의 질(第一性的質)과 제이성의 질(第二性的質)을 구분하는 사상을 이용하여 이 이치를 설명하였다. 그는 제일성의 질은 자립자이고 제이성의 질은 의존자이다. 자립자는 "다른 물체에 의거하지 않고 자기 스스로 성립되는 것"으로서 천지, 귀신, 사람, 초목 등과 같은 것들이다. 의존자는 "스스로 성립되지 못하고 다른 물체에 의거해서 구체적인 사물을 형성할 수 있는 것"들로서 소리, 색깔, 냄새, 사람의 정감 등과 같은 것들이다. 양자에서 자립자는 시간적으로 앞이고 지위가 의존자보다 높다. 사람의 몸은 자립자이고 외모, 감정 및 인륜도덕은 모두 의존자이다. 송나라 유학자들의 해석에 의하면 태극은 이다. 이는 사람에 의지한다. 그 외에 송나라 유학자들의 관점에 의하면 이는 사람의 마음속에 있던지 사물에 있던지 모두 사람의 마음과 사물보다 뒤에 있다. 뒤에 있는 존재는 앞에 있는 존재의 근원이 될 수 없다. "사물이 존재하면 사물의 이(理)가 있게 되고 이 사물의 실체가 없으면 곧 이(理)의 실체가 없게 됩니다. 만약 허리(虛理)를 만물의 근원으로 삼는다면 부처나 노자의 설과 다름이 없는데, 이런 것을 가지고 부처나 노자의 말을 공격하는 것은 연(燕)나라로 연나라를 정벌하고 어지러운 정치를 어지러운 정치로 바꾸려는 것입니다(《천주실의(天主實義)》 상권, 《마테오 리치중문저역집[利瑪竇中文著譯集]》 19쪽)."

마테오 리치의 이 말에는 다음과 같은 뜻이 내포되어 있다. 천주는 허무에서 만물의 최초의 모습을 만들어낸다. 만물의 변화는 모두 만물 자체에 달렸다. 먼저 만물이 생겨나고 그 뒤에 만물의 이가 생겨났다. 마테오 리치가 여기서 이해한 이는 사람과 사물의 운동 규칙이다. 그러나 중국 사인들은 그 당시의 통행하던 유교의 관점에 근거하여 이를 해석한다. 즉, 이가 없으면 그 물체도 없고 이는 사물의 존재하는 원인이기 때문에 이는 논리적으로 물체보다 앞이다. 양자가 말한 이는 사실 같은 존재가 아니다.

마테오 리치가 태극은 만물의 근원이라는 관점에 동의하지 않는 데에는 또 다른 이유가 있다. 그것은 바로 형체가 없는 이가 어떻게 형체가 있는 만물을 만들어낼 수 있는가 하는 것이다. 이에 대한 유교의 이해에 근거하면 이(理)에는 의식, 정감, 영각(靈覺)이 없고 이는 만물을 창조할 수 있는 능력이 없다. 그는 사람과 동식물에 영각을 부여해줄 수 없다. 영각이 있는 생물은 영각이 있는 생물에 의해 창조된다. 중국 사인들은 형체가 없는 천주가 형체가 있는 만물을 만들어낼 수 있기 때문에 영각이 없는 태극도 영각이 있는 생물을 만들어 낼 수 있다고 반박했다. 중국 사인들의 이러한 추론은 너무 간단하다. 태극에서 만물이 생성된다는 것은 천주교에서 말하는 만물을 형성하는 것과 같지 않다. 태극 혹은 이는 기에서 만물이 생겨난다는 근거이고 논리적인 전제일 뿐이다. 태극 혹은 이는 만물을 생성할 수 없다. 중국 사인들이 "태극이 움직이면 양이 생겨나고 정지하면 음이 생겨난다"는 관점을 어머니가 자식을 낳고 천주가 만물을 형성하는 것으로 이해한 것은 옳지 못하다. 마테오 리치와 그가 비난했던 대상들은 모두 중국철학에서 말하는 '생(生)'의 개념을 제대로 이해하지 못했다.

태극과 관련되는 것은 "만물일체"이다. 만물일체는 송명 이학의 중요한 관점이다. 마테오 리치는 "만물일체"의 관점을 반대하였다. 그는 천주만이 만물과 일체를 이룰 수 있다고 주장했다. 그는 사물은 모두 그 존재의 근거가 있는데, 이러한 근거는 내적인 것과 외적인 것으로 나뉜다. 그는 이것을 '내분(內分)'와 '외분(外分)'이라고 불렀다. 내분은 곧 사물을 구성하고 사물 자체로 설명할 수 있는 근거이다. 예를 들면 사물을 구성하는 음양이기와 같은 것들이다. 외분은 사물을 구성하는 외적인 근거이다. 예를 들면 사인(四因)에서 말한 "동력인"이다. 최고의 외분은 곧 천주이다. 왜냐하면 천주는 만물의 최고 그리고 최후의 동력인(動力因)이기 때문이다. 천주는 만물을 창조하였고 만물에 존재한다. "천주는 만물과 떨어질 수 없고 천주는 형체가 없으나 존재하지 않는 곳이 없으니, 딱 끊어서 분리되어 별도로 있을 수가 없습니다. 그러므로 '모든 장소들에 온전하게 존재하고 계신다'고 하면 옳을 것이며, '각각의 부분들에 온전하게 존재하고 계신다'고 말해도 역시 옳을 것입니다(《천주실의(天主實義)》 상권, 《마테오 리치중문저역집[利瑪竇中文著譯集]》 44쪽)."

만물은 천주의 표현이다. 그리하여 "만물과 일체를 이룰 수 있는" 존재는 없다. 그리하여 중국 사인이 "사람과 만물이 일체를 이룰 수 있는가"고 물었을 때, 마테오 리치는 "사람을 천주와 똑같이 보는 것은 사람을 너무 높이 본다고 생각된다. 사람과 만물이 일체를 이룬다고 말하는 것은 사람을 돌과 같은 존재로 보는 것으로서 사람을 너무 비천하게 취급한다고 생각된다(《천주실의》 상권)"라고 말했다. 이 말은 사람을 만물과 동등한 총체로 보아도 안 되고 구체적인 사물로 보아도 안 된다는 말이다. 마테오 리치가 여기서 강조한 것은 천주는 만물에 군림하고 만물을 지배하며 만물의 유일성으로 표현된다는 점이다. 사람은 하나님보다 묘소(渺少)하기 때문에 이러한 중임을 맡을 수 없다.

자신의 관점을 더 강조하기 위해 마테오 리치는 '동체(同體)'의 '동'의 다른 방식에 대해 분석하였다. 그는 동체의 동은 같은 종류라는 뜻으로서 "사지와 몸이 동일한 신체에 속한다"는 것과 같다. 이러한 의미에서 만물일체는 만물의 근원이 같다는 뜻을 나타낼 뿐이다. 중국 사인들은 "군자는 천하의 만물과 일체를 이룬다. 형해(形骸)의 차이로 너와 나를 구분하는 사람들은 소인이다. 군자는 만물과 일체를 이룬다. 이것은 일부러 그렇게 하는 것이 아니나, 내 마음의 인체가 원래부터 그러하기 때문이다. 소인은 그렇게 하고 싶어도 할 수가 없다"라는 관점으로 만물일체의 뜻을 설명하였다. 마테오 리치는 이러한 일체지인(一體之仁)은 인도(仁道)를 설명하고 있지만 오히려 인의지도를 해치는 결과를 초래하게 된다고 지적했다. 유교의 관점에 의하면 인의를 베푸는 것은 가까운 곳에서부터 먼 곳으로 그리고 자기의 처지로부터 남의 처지를 유추해 내는 것이다. 인의를 베풀기 전에 먼저 상대방이 나와 다르다고 가정해야 한다. 만약 나와 같다면 인의를 베풀 필요가 없다. 그 외에 사물이 다르다는 점에서부터 천주가 만물의 크기와 거리에 상관없이 똑같이 관심을 갖고 사랑한다는 것을 증명할 수 있다. 이는 또한 천주가 만들어낸 사물의 다양성을 증명할 수도 있다. 유학자들이 말하는 "만물일체"는 "상과 벌을 혼합하고 구별을 없애며 인의를 소멸하는" 결과를 초래하게 된다.

태극과 만물일체에 관해 마테오 리치가 중국사대부와 치열한 논쟁을 벌였다. 그의 종교적인 언어를 통해, 우리는 그 속에 포함되어있는 철학적인 문제와 근본적인 관념에 존재하는 중국과 서방의 차이점을 알 수 있다. 예를 들면 태극에 관한 문제에서 태극은 우주의 이(理)라는 것이 중국 사람들의 기본관점이다. 태극은 구체적인 사물의 이와 같지 않다. 태극의 이에는 두 가지 기본적인 의의가 포함되는데 그것은 가치적인 근원과 존재의 근거이다. 중국 사람들은 이 둘을 하나의 통일체로 보는 경향이 있다. 그러나 물리의 위에 존재하는 논리는 투사(投射)의 일종으로서 체험자가 우주만물에 대한 자신의 각해, 생각, 기대와 감정을 물리위에 투사하는 것을 말한다. 태극이라는 개념에는 윤리원칙은 후천적으로 생겨난 것이 아니라 원래부터 있던 것이기 때문에 신성한 존재라는 의미가 들어있다. 중국 사람들이 강조한 것은 정신적인 존재이고, 이러한 정신적인 존재는 모든 사물에 체현된다. 그러나 천주교의 핵심은 초월적이고 신성한 존재이다. 천주교는 항상 보이고 느낄 수 있는 물건의 뒤에 존재하는 주재자를 강조한다. 이러한 초월적이고 신성한 존재는 만물의 궁극적인 원인이다. 천주교는 친절해 보이지만 사실은 요원하고 찾기 어렵다. 만약 주재자의 신성을 제거한다면, 이러한 궁극적인 존재를 이성적이고 논리적인 방식으로 논증할 수 있다. 중국 사람이 자신들의 본체세계인 논리성을 가진 이(理)에 대한 파악은 상징적이고 시(詩)적이다. 그리하여 중국 사람들은 무신론을 주장한다고 할 수 있다. 그리스 사람들도 원래는 무신론자들이었다. 그러나 그들은 세상의 모든 것들은 현실세계 밖의 존재에 대한 모방이라고 주장했다. 이러한 경향 때문에 그들은 하나님의 관념을 쉽게 받아들일 수 있었다. 그리하여 마테로 리치가 이성적인 방식으로 증명하려고 했던 것인 신앙의 대상이었다. 심지어 그들이 증명해야 할 대상은 증명활동이 시작되기 전부터 그들이 명백히 알고 있던 것들이라 할 수 있다. 중국 사인들은 그 증명과정에 대해 많이 반박하지 않았다. 그들은 그 증명을 통해 얻은 결론에 많은 의혹을 제기했다. 이것은 명나라 말기에 천주교가 중국에 전해지는 과정에 나타난 현상이다. 이 점은 중국 사람들이 서양에서 들여온 자명종과 삼능경(三菱鏡)은 아주 좋아하지만 서양에서 전해져 온 천주교를 싫어하는 현상과 일치하다.

　"만물일체"에 대한 비난은 이론과 종교, 개별과 일반적인 것에 대한 중서방의 착안점이 같지 않기 때문에 나타나게 되었다. 사실 만물일체에 대한 중국 사람들의 관념은 이론적이고 예술적인 개념에 속한다. 만물일체는 주체의 경지─예술과 이론의 경지를 표시한다. 주체와 객체의 합일은 주체의 정신과 생각이 객체에 반영되는 것이다. 객체는 주체의 뜻을 기탁하는 가치물로 변했다. 주체의 생명의식이 대대적으로 확대되었고 우주만물은 주체와 긴밀한 연관을 가지게 되었다. 가치가 자연으로 변하고 자연이 가치로 변했다. 생명의 시야는 자신의 속박에서 벗어나 우주만상과 긴밀한 연관을 가지게 되었다. 이것은 논리적이고 예술적인 정회(情懷)이다. 이런 관조(觀照)하에 엄격한 율령(律令)은 생명의식과 가원(家圓)의식의 안정적으로 대체되었다. 자연주의자가 보기에 중국 사인들의 시적인 묘사는 그저 상징에 불과하다. 자연계의 만물의 조화로움 하나님이 만들어낸 '시작'이 논리에 알맞게 발전한 것일 뿐이다. 자연속의 사물들은 이중성질을 갖고 있다. 그들은 하나님의 체현일 뿐만 아니라 자연의 직접적인 체현이기도 하다. 이러한 체현은 만물의 특징을 따른다. 그러나 만물이 일체라고 생각하게 되면 사물사이에 존재하는 차별을 생략해버리게 된다. 혹은 이러한 차별들은 만물일체라는 주장의 내함을 더 강화시킬 수도 있다. 만물일체의 착안점은 일반에 있다. 마테오 리치가 말하는 자연성의 착안점은 개별에 있다. 전도사들도 정신적인 수양을 추구하지만 그들이 강조하는 것은 우주만물과 하나가 된다는 것이 아니라, 지고지상의 존재인 천주와 하나가 되는 것이다. 그리하여 기독교를 믿는 학자들은 "내적인 초월"이라는 단어와 이 단어가 대표하는 수양방법을 반대한다. 이것은 마테오 리치가 살았던 그 시대로부터 시작되었다.

2. 영혼

영혼은 천주교에서 매우 중요한 개념이다. 영혼은 선악의 행위, 구속, 천당과 지옥 등 기본교의 및 각종 현실적인 정신활동과 관련이 있다. 서광계(徐光啟)가 기록하고 전도사 필방제(畢方濟)가 구술한 《영언려작(靈言蠡勺)》에서 전도사들이 얼마나 영혼문제를 중요시하는지 알 수 있다. 《영언려작》은 주로 "아니마"(라틴어로 anima, 영혼이라는 뜻이다)에 대해 이야기했다. "아니마(亞尼瑪)의 학은 비록소비아(費祿蘇非亞, 필자주 : 번역하면 격물궁리의 학, 곧 철학) 중에 최익(最益), 최존(最尊)하다. 옛날에는 대학(大學)이 있어 그 당(堂)에 방(傍)을 붙여 '인기(認己)'라고 하였다. 인기라 함은 세상 사람들이 백천만 종의 학문 근종(根宗)으로 사람마다 마땅히 먼저 힘쓸 바다. …… 그러므로 격물궁리의 군자(君子)이며, 그 미묘한 것이 현저하게 드러난 까닭이 이것 때문이며, 미루어 보면 제가치국평천하(齊家治國平天下)이다. 무릇 사람의 스승과 목자된 자들은 더욱이 이 아니마의 학을 의당 익혔으며, 이 이치를 빌려서 제치평균(齊治平均)의 술(術)로 여겼다(《천주초함(天主初函)》, 《영언려작(靈言蠡勺)》 상권 1쪽)."

전도사들은 영혼의 학문을 서방의 모든 학문의 근본이라고 생각했다.

중국 사람들은 영혼에 대해 많이 토론하지 않았다. 중국 사람들에게는 피안, 영혼구원, 천당과 지옥과 세계 같은 종교적인 관념이 없었다. 또한 영혼에 대한 관념이 없었기 때문에 영혼과 관련되는 기억, 표상, 추리 등에 대한 연구도 없었다. 중국 사람들은 이러한 능력을 하늘이 부여하였고 증명할 필요가 없는 존재로 간주했다. 《묵경》에는 감각적인 추리에 관한 내용이 조금 기록되어있다. 이것은 토론을 위해 개념을 분명하게 한 것이었다. 이것을 영혼의 성질과 규칙에 대한 연구라고 할 수 없다. 중국의 경전에 나오는 혼백에 관한 토론은 내용이 매우 간단하다. 서방사람들은 종교에 대한 열정과 지식을 추구하는 순수한 마음으로 영혼을 깊고 광범하게 연구하였지만 중국 사람들은 그렇게 하지 못했다. 불교의 유식종은 인식과 관련되는 문제를 세밀하게 구분하고 설명한 적이 있다. 그러나 유식종에게도 천주교와 같은 영혼의 개념이 없었다. 전도사들은 사람의 본질, 사람과 동물의 구별, 천당과 지옥 등과 같은 문제를 토론할 때마다 영혼을 언급하곤 한다. 그리하여 이 문제에 있어 불가피하게 중국 사람들과 충돌을 겪게 되었다.

1) 영혼은 불멸한다.

《천주실의(天主實義)》는 영혼문제를 토론할 때 현세는 사람이 잠시 거주하는 곳이고 사람의 진짜 거주지는 금세가 아닌 후세에 있다고 말했다. 중국 사람들은 불교의 윤회사상으로 여기에 반박했다. 전도사는 천주교에서 말하는 영혼과 불교에서 말하는 윤회는 같지 않다고 주장했다. 마테오 리치는 우선 영혼이라는 개념에 대해 상세히 설명했다. "저세상의 혼에는 세 가지의 품격이 있습니다. 하품(下品)의 이름은 생혼이니, 곧 초목의 혼이 이것입니다. 이 혼(魂)은 초목을 도와 생겨나고 자라게 하며, 초목이 말라비틀어지면 혼도 역시 소멸합니다. 중품(中品)의 이름은 각혼(覺魂)이니, 곧 짐승의 혼입니다. 이는 짐승에 붙어 있어서 성장과 발육을 돕고, 또한 짐승들로 하여금 눈으로 보고 귀로 듣게 하고, 입으로 맛보고 코로 냄새 맡게 하며, 사지와 몸체로 사물의 실정을 지각하게 합니다. 다만 도리(道理)를 추론할 수는 없고 죽음에 이르게 되면 혼도 역시 소멸할 뿐입니다. 상품(上品)의 이름은 영혼이니, 곧 사람의 혼입니다. 이는 생혼과 각혼을 함께 가지고 있으며, 사람의 성장과 발육을 돕고 사람으로 하여금 사물의 실정을 지각하게 하며, 또한 사람들로 하여금 사물들을 추론하게 하여 의리(義理)를 명백하게 분별하게 합니다. 사람은 몸이 비록 죽는다 하더라도 혼은 죽지 않습니다. 대개 영원히 존재하며 소멸되지 않습니다(《천주실의(天主實義)》상권,《마테오리치중문저역집[利瑪竇中文著譯集]》26쪽)."

삼품(三品)에서 영혼이 최고이다. 영혼에 초목의 생혼(生魂)과 동물들의 각혼(覺魂)이 포함된다. 생혼과 각혼은 초목과 동물의 몸에 존재하고 초목과 동물이 사라지면 따라서 사라진다. 그러나 영혼은 사람이 사라져도 사라지지 않는다. 영혼은 "신(神)"으로서 독립성이 매우 강하다. 중국사인들은 어떻게 사람의 영혼은 신에 속하지만 동물의 영혼은 신에 속하지 않는다고 말할 수 있는가는 의문을 제기했다. 마테오 리치는 사람의 영혼은 몸의 지배자이지만 동물은 본능적으로 행동하고 그 영혼의 지배를 받지 않는다고 해석했다. 사람의 영혼은 몸의 지배자로서 사람의 생각과 행동은 의지의 지도를 받는다. 사람에게는 욕망이 있지만 그것을 다스릴 수 있다. 그리하여 사람의 영혼은 마음의 "신"을 지휘할 수 있다. 마테오 리치는 사람이 물체의 모양을 기억하고 식별할 수 있다는 것을 실례로 들어 사람의 영혼의 신성을 설명했다. 사람은 물체의 색깔, 소리, 냄새, 맛 등에 근거하여 그 물체가 무엇인지 알 수 있다. 황소를 보면 누런 색깔과 울음소리에 근거하여 그것이 소라는 것을 알 수 있다. 이것은 신의 고유한 능력이다. 그 외에 사람은 의지와 인지능력을 갖고 있다. 의지는 윤리범주에 속하고 인식은 지식범주에 속한다. 의지와 인식 능력에는 모두 형태가 없다. 그리하여 이 두 가지를 주관하는 능력인 "신" 역시 형태가 없다.

마테오 리치가 여기서 말한 신은 독립적이고 시작과 끝이 없으며 형태가 없지만 사람의 의지와 욕망을 주재할 수 있는 존재이다. 《영언려작》에서는 영혼의 이러한 특징을 묘사한 외에 또 신앙적인 내용도 소개하였다. "아니마(亞尼瑪)란 자립의 본체이고 근본적으로 스스로 존재하는 것이며, 신의 부류이고 죽을 수 없는 것이며, 천주로 말미암아 조성된 것이며, 무물(無物)을 따라 존재하는 것이며, 나의 생명을 부여하는 곳에서 나의 생명을 부여할 때 생성된 것이다. 이는 나의 틀[體模]을 이름이며, 마침내 액납제아(額拉濟亞, Gratia, 의역하면 聖寵)를 힘입고 사람의 선행을 힘입는 것이다(《영언려작(靈言蠡勺)》"

영혼은 사라지지 않고 사물에 의거해 존재하지 않는다. 영혼은 천주가 만들어낸 것이다. 영혼은 생명이 나타나는 구체적인 시공속에서 하나님에 의해 부여받은 것이다. 영혼은 사람을 사람이라 할 수 있는 근거로서 사람의 형상인(形相因)이다. 그 지위는 사람을 구성하는 질료인(質料因)보다 높다.

마테오 리치와 《영언려작》의 영혼은 사라지지 않는다는 관점은 신앙적인 색채가 비교적 짙다. 그들이 말하는 "신"은 중국 사람들이 말하는 귀신의 신과 완전히 다르다. 그러나 설교를 목적으로 설교하는 다른 전도사들과 비교했을 때, 마테오 리치의 행동은 매우 이성적이었다. 마테오 리치는 이성적인 논증 방법을 통해 중국 사람들에게 신앙에 속하는 것들을 가르치려고 했다. 그가 말하는 영혼의 작용은 두 개의 부분으로 구성되었다. 하나는 감각, 표상(表象), 기억, 인지, 의지 등 심리활동이다. 다른 하나는 세상 사람들이 하나님이 자신들한테 내려준 선물에 보답하고 하나님의 지령을 따르는 것과 같은 신앙 활동이다. 첫 번째 부분은 사람의 심리활동에 대한 관찰과 체험에 대한 총결이다. 두 번째 부분은 계시에 속하는 내용이다. 마테오 리치는 복음을 선전하는 과정에 중세기 때 서방에서 진행된 정신활동에서 얻어진 연구 성과를 함께 선전하였다. 이 부분의 내용들은 정신과 심리활동에 대한 연구를 소홀히 하던 중국 사람들에게 매우 큰 영향을 끼쳤다. 이 부분의 내용은 실제로 있었던 사실로 증명할 수 있다. 전해지는 바에 의하면 마테오 리치는 로마학원에 배운 암기방법을 이용해 육경의 어느 한 장절의 내용을 거침없이 외워냈다고 한다. 스스로 박학다식하다고 자부하던 중국 사인들은 그 광경에 그만 할 말을 잃고 말았다. 그리하여 많은 사람들은 그에게 돈을 주겠으니 그 방법을 가르쳐달라고 애원했다고 한다. "서국(西國)에는 기함(記含, 기억)의 법이 있는데, 습관을 이룬 사람은 한 편의 책을 마음속으로 한두 번 지나면 바로 외게 된다. 머리에서 꼬리에 이르기까지, 또 꼬리에서 머리에 이르기까지 또 중간에 임의로 한 글자를 지명하여 그 뒤의 것을 순차적으로 외고 그 앞의 것을 거슬러서 외면, 혹시라도 다시 수자(數字)를 가리고 한 글자를 왼다 해도 못 외울 것이 없다. 또 백이서니국왕(伯爾西尼國王) 제록(濟祿)의 경우, 병사 40만 명 모두 그들의 이름을 알고 있었다. 반다국왕(般多國王) 미적리달(米的利達)은 22국의 방언을 말했다. 이는 모두 원래의 근본과 타고난 천성 역시 학습으로 말미암은 것이었다. 그러나 기억을 정복할 수 있으려면 사람의 기이하고 신묘한데 있는 것이지 방법이 없다(《영언려작(靈言蠡勺)》 상권 18쪽)."

《영언려작》에서는 "사람이 백가지 일을 기억할 수 있어도 하늘의 은혜를 기억하지 못하면 그것은 아무것도 기억하지 못하는 것과 마찬가지이다. 천주를 기억하고 다른 것은 아무것도 기억하지 못하는 것은 많은 것을 기억하는 것과 마찬가지이다(《영언려작》 상권 18쪽)"라고 말했다. 《영언려작》과 같이 종교를 선양하는 서적에서도 기억, 인지, 이해 등에 관한 과학적인 방법을 많이 소개하였다. 예를 들면 《영언려작》에서는 아니마를 기함(기억), 명오(이해), 애욕(의지) 등으로 분류하였다. 그리고는 스콜라 철학에서 세밀하게 분석하고 논증하는 방법으로 심리활동의 기능, 기제, 범주 등에 대해 대대적인 논증을 진행하였다. 이러한 논증은 그 당시의 지식계, 특히 천주교에 귀의하였거나 전도사들과 긴밀한 관계를 유지하였던 사대부들에게 새로운 사유방법과 논증방법을 제시해주었다.

2) 물류(物類)의 유래

《천주실의》에서 마테오 리치는 만물이 천차만별인 이유에 대해 설명하기도 했다. 그는 만물이 서로 다 다른 것은 물체 각자의 "혼"에 의해 결정된 것이라고 말했다. "모든 사물들은 다만 모양으로만 본성을 정할 수 없을 것이고 오직 혼만을 가지고 정하는 것입니다. 처음에 본래의 혼이 있은 다음에 본성이 있게 되고 이 본성이 있은 다음에 이런 부류가 정해집니다. 이미 이런 부류가 정해진 다음에 이런 모습이 생겨나는 것입니다. 그러므로 본성의 같고 다름은 혼의 같고 다름에 말미암은 것이다. 부류의 같고 다름은 본성의 같고 다름에 말미암은 것이며, 모습의 같고 다름은 부류의 같고 다름에 말미암은 것입니다(《천주실의(天主實義)》 하권, 《마테오·리치중문저역집[利瑪竇中文著譯集]》 50쪽)."

어떤 혼이 있으면 어떤 성질이 있다는 뜻이다. 그 성질이 만물이 어느 유형에 속하는지를 결정짓는다. 어떤 유형에 속하면 어떤 모양과 형상이 있게 된다. 성질은 혼에 의해 결정되고 유형은 성에 의해 결정된다. 물체의 형상은 유형에 의해 결정된다. 혼은 물체의 이론적인 차이점이 아니라 구체적인 실재성이다. 혼이 있어야 물체 유형의 특수성이 제대로 나타나게 된다. 이런 의미에서 볼 때 한 물체 유형의 성질이 혼에 의해 결정된다는 말을 이해할 수 있다. 혼은 하나님이 만물을 창조했다는 관점과 모순되지 않는다. 마테오 리치는 하나님이 만물을 창조할 때, 그 혼과 본질을 함께 창조하였다고 믿는다.

물류(物類)의 유래는 사람을 괴롭혀온 어려운 문제에 속한다. 《성경》에서는 물류는 하나님이 시간에 근거하여 창조한 것이라고 말한다. 중국 고대 서적을 살펴볼 때 물류의 시작에 관해 가장 유행하는 관점은 바로 품기(稟氣)이다. 사람과 사물의 차별은 품기에 의해 결정된다고 말한다. 이학자들은 여기에 관해 많이 이야기했다. 주희의 중요한 개념을 통속적으로 해석한 진순(陳淳)의 《북계자의(北溪字義)》에 나오는 관점이 비교적 대표적이다. " 사람과 사물의 탄생은 음양의 기에서 나온 것이 아니다. 근본은 단지 하나의 기(氣)일 뿐이며, 나누어져 음양이 생겼고 음양은 또 나누어져 오행(五行)이 되었다. 음양과 오행은 나뉘고 합하고 운행하는 것을 관장하는데, 곧 들쭉날쭉 고르지 않음이 있어 맑고 흐리고 두텁고 엷음이 있게 된다. 또 사람과 사물을 합한 것으로 논한다면 같은 것은 하나의 기(氣)이니, 다만 사람만이 기(氣)의 바름을 얻고 사물은 기의 치우침을 얻었으며, 사람은 기의 통함을 얻었고 사물은 기의 막힘을 얻었다(《북계자의(北溪字義)》·명

(命)》."

어떻게 서로 다른 품기가 있게 되었을까? 그 원인은 기의 유행과정에 나타나는 우연성 즉 '명(命)'이다. "하늘은 말씀으로 지어진 것이 없는데, 어떤 명(命)이었는가? 단지 대화 (大化)의 유행(流行)뿐이며, 기(氣)가 이 사물에 도달하면 곧 이 사물이 탄생하고 기가 이 사물이 도달하면 또 이 사물을 낳으니, 곧 그에게 분부하고 명령한 것이 한 가지이다(《북계자의(北溪字義)·명(命)》)."

중국 사람들은 사물이 서로 다른 근거는 기에 있다고 생각한다. 그러나 서방사람들은 그 근거는 하나님과 영혼에 있다고 생각한다. 중국 사람들은 물체가 있기 전의 순수한 기의 상태에서부터 시작해 해석한다. 서방사람들은 사람과 물체가 이미 형성된 이후부터 거꾸로 해석한다. 중국 사람은 사물 자체에 대해 말하지만 서방사람들은 사물 밖에 있는 존재(하나님, 영혼)에 대해 말한다. 중국 사람들은 사물 자체에 입론하기 때문에 그 주장이 믿음직스럽지만 명확하지 않은 결점이 있다. 서방사람들은 사물 밖에 있는 존재에 입론하기 때문에 그 주장에 신앙적인 요소가 많이 들어있기는 하지만 그 생에 깊이가 있다. 물종의 기원에 관해 중국과 서방 사람들은 각자의 이론이 다름에 따라 추리에도 차이를 나타내게 되었다. 마테오 리치가 물종의 기원에 관해 토론한 목적은 종교적인 목표 때문이다. 그가 사람의 혼과 짐승의 혼이 같지 않다고 말한 것은 사람과 짐승은 서로 다른 유형에 속하기 때문에 윤회과정에서 서로 전환될 수 없다는 것을 설명하기 위해서다. "처음부터 사람 몸의 생김새가 짐승과는 다르다는 것을 알았다면 사람의 혼 또한 어찌 짐승과 서로 같을 수 있겠습니까? 그러므로 석가모니가 '사람의 영혼이 혹시 다른 사람의 몸에 가탁해 있거나 혹은 짐승의 몸에 들어가 현세에로 환생한다'는 말은 진실로 허튼 소리라는 것을 알았습니다. 대저 사람의 자기 혼은 다만 자기의 몸과 합할 뿐이지, 어찌 자기의 혼으로 남의 몸과 합해질 수 있겠습니까? 또한 하물며 다른 부류의 몸이겠습니까!(《천주실의(天主實義)》하권, 《마테오 리치중문저역집[利瑪竇中文著譯集]》51쪽)."

물류에 관한 마테오 리치의 관점에는 합리적인 요소가 많이 존재한다. 《천주실의》에는 《물종류도(物種類圖)》가 있는데 이 그림은 사물의 분류방법에 대해 체계적으로 해석하였다. 예를 들면, '사물'을 자립자와 의존자로 나누고 자립자를 또 형체가 있는 것과 형체가 없는 것으로 나누었다. 이 그림은 하나님이 마물을 만들었다는 전제하에 사물을 분류한 것이다.

마테오 리치보다 약 백년 가까이 늦게 나타난 천주교 신도 샤바냑(沙守信)은 《진도자증(眞道自證)》이라는 책을 저술하였다. 이 책에서 만물을 분류한 방법은 마테오 리치와 아주 비슷하다. 그는 만물을 세 가지 유형으로 분류했다. 첫째는 순수한 신적인 존재, 둘째는 순수하게 형태만 가고 있는 존재, 셋째는 신과 형태를 모두 가지고 있는 존재이다. "오늘날 만유(萬有)를 논함에 그 종류는 진실로 많고 같지 않지만, 그러나 대개 세 부류로 나눌 수 있다. 첫째는 순신(純神)이고 둘째는 순형(純形)이고 셋째는 신(神)과 형(形)을 겸유한 것[兼有神形]이다. 순신이란 천신(天神)과 마귀(魔鬼)와 같은 것이 이것이다. 단지 이 이른바 신(神)이란 이기(二氣)의 양능(良能)이 아니고 조화(造化)의 형적, 음양의 굴신(屈伸), 인사(人死)의 정기(正氣)를 말하며, 이에 형상이 없이 실체(實體)로 스스로 세워진 신(神)이다. 순형이란 하늘과 땅과 같은 덩어리 모양의 물체가 이것이다. 기질(氣質)이 있고 기하(幾何)가 있고 경중(輕重)이 있고 방원(方圓)이 있고 강유(剛柔)가 있고 동정(動靜)이 있다. 그 성(性)은 이기사행(二氣四行, 음양과 목화금수)의 조화로운 변화에 속한다. …… 초목과 금수를 논함에 이르러 비록 생혼(生魂)과 각혼(覺魂)의 설이 있지만 그러나 그 혼을 궁구해 보면 실제로는 질(質)에 속한다. 그러므로 질에 따라 생성되고 질에 따라 움직이고 질에 따라 소멸되는 것이다. 신형을 겸유한 것이란 곧 사람이 이것이다. 그 본래의 품격은 신(神)과 형(形) 사이에 끼여 있고 가운데에 세워지고 상하에서 합쳐졌다. 신(神)에게 같아진 것에는 영명(靈明)의 본체가 있으니, 신혼(神魂)이다. 물체에 같아지는 것에는 형상의 몸이 있으니, 육신(肉身)이다. 신혼은 …… 비록 육체를 구하여 합쳐져서 사람이 되지만 그러나 자립하여 오랫동안 존재하며 죽지 않는 신체(身體)이다. 이에 사람의 본업(本業)은 고금을 통해서 무릇 성스러우며, 두 이치가 없다(《진도자증(眞道自證)》 권1, 9~10쪽)."

이 단락의 말을 통해 마테오 리치의 《물종류도》를 더 잘 이해할 수 있다. 《물종류도》는 그 당시 중국 사람들에게는 아주 생소한 학문이었다. 《순자》에서 "물과 불은 기가 있지만 생기가 없고, 초목은 생기가 있지만 생각이 없고, 동물은 생각이 있지만 그 생각에 의미가 없다. 사람은 기가 있고 생기가 있으며 생각이 있고 또 그 생각에 의미가 있다. 그리하여 사람은 천하에서 가장 귀한 존재이다(《순자 · 왕제(荀子 · 王製)》)"라고 말했다. 이것은 아마 사람을 초목, 동물의 구별에 대한 최초의 언급일 것이다. 중국 사람들은 "만물일체"라는 관념의 영향과 "천하는 하나의 기로 통한다"는 본원론의 속박 때문에 사물의 분류법에 대해 활발한 연구를 진행하지 못했다. 마테오 리치의《물종도류》에서 하나님이 세상을 만들었다는 전제와 기타 종교적인 언어들만 제외한 기타 내용에는 과학적인 색채가 아주 다분하다. 그는 중세기 'philosophia(철학)'의 영향과 아리스토텔레스 자연철학의 영향을 많이 받았다. 이러한 것들은 윤리철학과 정치철학을 중요하게 생각하는 중국의 관념을 바로 잡는데 도움이 된다.

3) 덕행의 낙과 영혼의 만족

영혼을 만족시키는 것이 제일 어렵다. 영혼의 만족은 최고의 만족이다. 영혼의 만족은 사람의 '신성(形性)'과 '형성(形性)'의 투쟁에 있다. 이것은 영혼에 대한 마테오 리치의 해석이다. "한 사물의 생명체는 오직 하나의 마음만을 갖고 사람이라면 두 마음을 겸하고 있는데 짐승의 마음과 사람의 마음이 이것입니다. 그렇다면 역시 두 가지의 성(性)을 가지고 있는데, 하나는 곧 물질성[形性]이고 다른 하나는 정신성[神性]입니다. 그러므로 무릇 서로 모순되는 감정이 일어나는 것은 역시 발현된 본성이 서로 모순됨에서 말미암은 것입니다. 사람이 한 가지 일을 당했을 때에, 또한 동시에 두 가지 생각이 함께 일어나기도 하는데 둘이 반대됨을 자주 느낍니다. 마치 우리들이 술이나 여색에 혹시 미혹되게 되면 이미 미련을 보이고 따르고자 하지만 또한 그 도리가 아님을 다시 생각하게 됩니다. 전자를 따르는 것을 짐승 같은 마음(獸心)이라 하니 짐승들과 구별되지 않습니다. 후자를 따르는 것을 사람의 마음(人心)이라 하니 천신(天神)과 서로 같습니다. 같은 마음으로 같은 시간에 같은 일에 대해서 사람은 두 가지 정(情)이 서로 모순되면 함께 존립시킬 수 없습니다(《천주실의(天主實義)》상권,《마테오 리치중문저역집[利瑪竇中文著譯集]》26쪽)."

기독교에서는 인심(人心), 수심(獸心), 신성(形性), 형성(形性)이 모두 한 몸에 존재한다고 주장한다. 사람이 태어날 때부터 갖게 된 숙명은 바로 영혼과 육체의 투쟁이다. 이러한 투쟁은 사람과 평생 함께 한다. 사람들은 성결한 생활을 추구하기 때문에 하나님의 의지와 합일될 것을 요구한다. 또한 사람의 감각기관을 만족시켜줄 것을 요구한다. 이 두 개의 요구는 모두 매우 강렬하다. 하나 이 둘은 서로 공존할 수 없고 반드시 어느 한쪽이 다른 한쪽을 이기려고 한다. 그러나 천주교에서는 덕성의 만족을 더 중요하게 생각한다. "대저 덕을 행하는 일이 사람들의 본업입니다. 덕의 설명을 듣고서, 기뻐하며 급히 그것을 실천하지 않으려는 사람은 없습니다. 다만 사욕이 발현된 사람은 먼저 이미 사람의 마음을 빼앗아 그것을 멋대로 주재하려 하며, 반목하여 서로 억누르며 어렵게 만들어서는 흥분하여 서로 치고 받고 합니다. 대저 평생에 행할 일이란 모두 사역을 제공한 것뿐입니다. 이로써 무릇 해 놓은 일이란 정의가 시키는 것에 말미암은 것이 아니고 오직 욕심이 즐거워하는 것에 말미암은 것뿐입니다. 그들의 얼굴을 보면 사람인데, 그들의 행동을 보면 짐승들과 무슨 다른 점이 있습니까? 대개 사욕의 즐거움이란 바로 의로움의 적이며, 지능과 사려를 막고 이성의 작용을 덮으니 덕과 교감하지 않습니다. 세상의 질병 중에 이것보다 흉측한 것은 없습니다. 다른 병들의 해는 몸이나 살갗에 그치나, 욕심의 독약은 우리들 마음의 골수에 통하여 본성(元性)을 크게 해칩니다."

덕을 추구하는 것은 사람의 본업이다. 사람 몸의 욕구를 반드시 만족시켜야 한다. 그것은 몸을 보양하는 것은 덕을 추구하는 선결조건이기 때문이다. 욕망을 만족하는 목표와 방법으로 군자와 소인을 구별할 수 있다. "군자(君子)들이 먹고 마시고자하는 것은 다만 생명을 보전하려는 일 때문이나 소인들이 생명을 보전하려는 것은 다만 먹고 마시고자 하는 일 때문입니다. 대저 진실로 도(道)에 뜻을 두고 있다면, 이 육신을 도적이나 원수처럼 노엽게 보아야 하지만 그러나 하는 수 없이 잠시 그것을 기르고 있는 것입니다. 또한 왜 '하는 수 없이 그만둘 수 없다'라는 말을 해야 합니까? 우리들이 비록 원래는 육신을 위하여 태어난 것은 아니지만 다만 육신이 없으면 또한 살 수가 없으니, 식사는 배의 허기를 위한 약이고 물을 마심은 입의 갈증을 위한 약일뿐입니다. 누가 약을 복용하는데, 오직 자기의 병에 소요되는 것만을 분량으로 삼지 않겠습니까?(《천주실의(天主實義)》하권, 《마테오 리치중문저역집[利瑪竇中文著譯集]》55쪽)."

몸을 원수로 생각하는 관점에는 기독교의 금욕주의가 반영되었다. 기독교에서 육체를 낮게 보는 것은 사람의 영혼을 높게 보기 위해서다. 영혼과 육체의 투쟁이 치열할수록 영혼이 육체를 전승하는 행위가 더 고상해지고 그 의미가 더 커진다. 사람이 성결할수록 사람에 대한 천주의 요구를 더 잘 만족시킬 수 있다. 사람의 고상함과 성결함은 사람의 신성과 덕성에 의해 결정된다. 그리하여 육체는 영혼의 휴식처이다.

기독교의 금욕생활을 잘 지키기 위해, 마테오 리치는 재소(齋素)와 정지(正志)의 방법을 주장했다. 재소란 육식을 피하고 채소만 먹으면서 색욕을 다스리는 방법이다. 정지는 몸을 성실하게 하고 도를 수행하는 것을 목표로 한다. "군자(君子)는 언제나 스스로 자기 마음을 잘 배워서 도덕(道德)의 일로써 쾌락을 느끼고 근심과 답답함을 마음속에 품어서 밖으로 마음을 쓰게 하지 않습니다. 또한 때로 육체적 쾌락을 간략하게 하며, 이것들이 마음에까지 침투하여서 마음 본래의 즐거움을 빼앗아 가지 않을까 두려워하고 있습니다. 대저 덕을 실천하는 즐거움은 바로 영혼 본래의 즐거움이며, 우리들은 이것으로써 하늘의 천사들과 같아지는 것입니다. 먹고 마시는 즐거움은 바로 육신이 몰래 훔치는 것으로, 우리들은 이것으로써 짐승들과 같아지는 것입니다. 우리들이 마음에 덕행의 즐거움을 보태면 보탤수록 더욱 더 하늘의 천사들에 가까이에 이르게 되며, 육신에 먹고 마시는 쾌락을 줄이면 줄일수록 짐승들과는 더욱 더 멀어지게 됩니다. 아! 삼가지 않을 수 있겠습니까?(《천주실의(天主實義)》하권, 《마테오 리치중문저역집[利瑪竇中文著譯集]》56쪽)."

도덕행위는 사람에게 기쁨을 선사해준다. 이러한 기쁨을 향수하는 자는 사람의 영혼이다. 감각기관으로 느끼는 기쁨을 향수하는 자는 사람의 몸이다. 사람의 몸은 잠시적인 기쁨만 느낄 수 있다. 영혼이 느낄 수 있는 기쁨은 길고 오래다. 덕행의 기쁨은 도덕행위를 통해 얻어지는 자연스러운 결과이다. 도덕적인 일을 하면 마음속으로 기쁨을 느낄 수 있다. 마음속으로 느끼는 기쁨이 빨리 그리고 잘 드러나게 하려면 반드시 감각기관이 느끼는 기쁨을 절제해야 한다.

덕행은 사람에게 기쁨을 선사할 수 있다. 이러한 기쁨은 육체의 감각기관으로 느끼는 기쁨과 다르다. 이 점에 관해 중국유학자들과 서방학자들은 견해가 일치하다. 맹자는 "만물의 이치가 나에게 구비되어 있다. 나 자신을 되돌아봄에 성실하라. 그보다 더 큰 즐거움은 없다"고 말했다. 이 말에서 맹자는 덕행을 통해 기쁨을 얻을 수 있다고 말했다. 중국과 서방의 학자들은 그러나 덕행의 기쁨에 대해 조금 다른 견해를 가지고 있다. 그것은 서방사람들이 영혼과 육체의 투쟁 가운데서 기쁨을 실현해야 한다고 생각하기 때문이다. 그러나 중국 유교에서 말하는 본심(本心)의 기쁨은 기쁨의 본래 의의를 더 많이 강조한다. 전자의 배경은 "죄감문화(罪感文化)"로서 기쁨은 원죄(原罪)를 제거한 뒤에 얻게 되는 감정적인 보상이다. 후자의 배경은 "낙감문화(樂感文化)"로서 기쁨은 마음의 본래 상태에 대한 회답이다. 예를 들어 사욕의 방해가 없다면 기쁨은 직접 마음에 항상 체현될 수 있는데 이것은 선한 의지에 동반되는 즐거움이다. 이러한 기쁨은 '칠정'의 낙과 같지 않다. 이것은 외감에 의해 생겨나는 심리적인 반응이 아니라 원래부터 존재하고 체험할 수 있는 화락(和樂)이다.

3. 윤리

윤리는 문화의 직접적이고 집중적인 표현이다. 윤리는 한 민족의 가치관념과 생활 습관과 가장 긴밀하게 연관된다. 성질과 취향이 전혀 같지 않은 두 개 문화가 접촉했을 때 가장 먼저 충격을 받게 되는 게 바로 윤리관념 및 그 구체적인 표현—생활방식이다. 전교사들이 처음 중국 땅을 밟은 뒤에 사대부들의 환영을 받고 중국 땅에 뿌리를 내리는 데 도움을 준 것은 기독교의 교의가 아니라 그들의 윤리서적과 수학지식이었다. 마테오 리치는 자신이 중국에서 크나큰 영예를 얻게 된 것은 그가 서방의 윤리적인 격언을 한데 모은 《교우론(交友論)》이라는 책을 저술하였기 때문이라고 말했다. 《천주실의》가 좋은 평가를 얻는데 가장 많은 영향을 준 것은 세속적인 생활을 경멸하는 내용이었다. 사실 《교우론》과 같은 책은 화미(華美)한 언어로 모호하고 무의미한 내용을 담아냈다.

1) 인성

인성은 여러 가지로 해석이 가능한 개념이다. 《천주실의》에서는 "사람이 짐승과 구별 되는 원인"이라고 해석했다. "무릇 사람이 짐승들과 구별되는 까닭 중에 이성 능력[靈才] 보다 큰 것이 없습니다. 이성 능력은 옳고 그름을 분별하고 진짜와 가짜를 구별할 수 있 어서 이치가 없으면 이성을 속이기가 어려운 것입니다. 어리석은 금수가 비록 지각이 있 고 움직일 수가 있어서 인간과 거의 같을지라도 선후와 내외라는 이치를 분명하게 통달 할 수가 없습니다. 이런 연유로 금수의 마음은 다만 마시고 먹고 제 때에 짝을 찾아 자기 부류를 번식시키려 할 뿐입니다. 인간은 세상 모든 만물들보다 뛰어나니 안으로는 정신 적 영혼[神靈]을 받고 태어났으며, 밖으로는 사물의 이치를 볼 수 있습니다. 일의 나타난 끝[末]을 관찰하여 그 근본을 알 수 있으며, 그 원래부터 그렇게 된 것을 보면서 그렇게 된 까닭을 알 수 있습니다(《천주실의(天主實義)》 상권, 《마테오 리치중문저역집[利瑪竇 中文著譯集]》 9쪽)."

동물은 본능을 따라 행동하고 먹는 것과 짝을 짓는데 대한 수요 밖에 없다. 사람이 특 별한 것은 바로 사람에게 '영재(靈才)'가 있기 때문이다. 이 영재의 본질적인 표현은 추리 를 할 수 있다는 것이다. 그리하여 사람은 동물보다 더 많은 것을 알 수 있고 얻을 수 있 다. 마테오 리치는 《물종류도》에서 사람을 "생각이 있고", "윤리를 아는 존재"라고 말했다. 마테오 리치는 물체를 구별하는 근거는 유일성에 있다고 강조했다. 이러한 유일성은 다른 사물에 없고 그 사물에만 존재하는 것이어야 한다. 여기에 근거하여 마테오 리치는 추리를 할 수 있는 것은 인성의 근본이고 사람이 다른 물체와 구분되는 표징이라고 말했다. "사람은 이전의 것을 미루어서 이후의 것을 이해하며, 그 드러난 것으로써 그 숨겨져 있는 것을 증명하며, 이미 깨달은 것으로써 아직 깨닫지 못한 것에까지 미칩니다. 그러므로 이치를 추론할 수 있는 것이 인간을 본래의 부류로 세우고 그 본체를 다른 사물들과 구별해 주니, 바로 이른바 인간의 본성입니다(《천주실의(天主實義)》하권, 《마테오 리치중문저역집[利瑪竇中文著譯集]》73쪽)."

《영언려작》은 아니마의 작용에 대해 논증할 때 추리를 통해 알 수 있는 능력을 사람의 특성이라고 말했다. "무릇 추리를 통과하여 아는 사람은 유독 모든 사람들이 그러하지만, 짐승은 추리를 통과하여 알 수 없다. 천신(天神, 하늘의 천사)이 지극히 신령스럽고 온 세상은 여러 가지 사물이 모두 온전히 통하여 극진한데 이를 수 있어 시각을 기다리지 않고 선후를 갖지 않으니, 모두 막힘이 없이 바로 통하는데[直通] 속한다. 사람이라면 이것으로 저것을 추진하고 점차 이르게 된다. 사람이 추리하여 아는 것은 여러 날 동안 떼 지어 모일 때와 같이 앞뒤로 차례대로 이른다. 천신(天神)의 진지(眞知)는 무궁(無窮)의 때와 같이 시작도 없고 끝도 없다. 그러므로 천신을 신령스런 존재로 칭하고 사람을 신령스러움을 추리하는 존재로 칭한다(《영언려작(靈言蠡勺)》상권, 17쪽)."

신과 천주는 만물에 대해 모르는 것이 없고 보는 즉시 만물을 느끼고 알 수 있다. 여기에는 공간적인 제한이 없다. 그러나 사람은 추리를 통해서야 만물을 알 수 있다. 즉, 이것을 통해서야 저것을 알 수 있다는 말이다. 여기에는 공간적인 제한이 있다. 마테오 리치는 사람은 자유로운 의지가 있기 때문에 사람이라고 불린다고 말했다. "부류를 잘 아는 사람은 각 부류의 행동을 보며, 그 본래의 실정을 충분하게 살펴보고서, 그 뜻이 미치는 바를 알게 됩니다. 그렇게 되면 새나 짐승들은 귀신들이 그것을 몰래 유인하고 이끌어서 행동한 것임을 알게 됩니다. 하느님의 명령은 그렇게 하지 않을 수 없음에서 나온 것이나 그것들이 그렇게 행동한 것을 아는 것은 없으며, 스스로를 주재해 나가는 의지도 가지고 있지 않습니다. 우리 인간의 부류라면 스스로 주장을 세워서 일을 실행할 때는 모두 자기가 본래 가지고 있는 이성적인 의지[靈志]를 사용할 수 있습니다(《천주실의(天主實義)》상권, 《마테오리치중문저역집[利瑪竇中文著譯集]》39쪽)."

동물들에게는 의지가 없고 본능과 욕망만 있다. 동물의 행위는 모두 본능에 의거한다. 그러나 사람의 행위는 의지의 지배를 따른다. 사람의 자유로운 의지는 모든 행위의 전제이다. 사람의 행위에 도덕적인 가치가 있는 것은 사람들이 행위의 근거로 삼는 의지가 자유롭기 때문이다. "무릇 세상의 사물이 일단 자기의 의지를 가지고 있고, 또한 그 의지를 따를 수도 그만 둘 수도 있어야 그런 다음에 덕도 부덕도, 선도 악도 있게 됩니다. 의지[意]란 마음이 발현한 것이다. 쇠·돌·풀·나무에 마음이 없으니 의지도 없다. …… 오직 사람만은 그와 같지 않아서 밖으로 일을 거행하고 안으로는 마음을 다스려서 옳은지 그른지 합당한지 아니한지를 지각할 수도 있으며, 아울러 따를 수도 그만 둘 수도 있습니다. 비록 짐승에게 마음의 욕심이 있다 해도 마음을 다스릴 수 있는 주재가 된다면 짐승의 마음이 이 어찌 우리들이 주도하는 마음의 명령을 어길 수가 있겠습니까? 그러므로 우리가 도리에 따라서 의지를 발현하면 곧 덕을 행하게 됩니다(《천주실의(天主實義)》 하권, 《마테오리치중문저역집[利瑪竇中文著譯集]》 59~60쪽)."

여기에는 사실 두 가지 뜻이 포함된다. 하나는 의념이고 다른 하나는 의지이다. 의념은 행위의 지향을 나타낸다. 의지는 그 지향을 통제하여 행위가 이미 지정된 규칙을 준수하도록 한다. 의념과 의지를 모두 갖고 있어야 선악이 발생할 수 있다. 오직 사람만이 의지와 의념을 모두 가질 수 있다.

성의 선악에 관한 문제는 마테오 리치가 중국 사인들과 많이 논쟁을 벌였던 문제이다. 그는 성을 다음과 같이 정의했다. "성은 다른 것이 아니라 여러 물류의 본체이다."(《천주실의》 하권) 그는 선악을 다음과 같이 정의했다. "좋아하고 욕심낼 수 있는 것이 선이다. 미워하고 버려야 할 것이 악이다(《천주실의》 하권)." 그는 본체란 다른 사물에 존재하거나 다른 사물에 의지하는 것이 아닌 자기가 직접 가지고 있는 것이라고 말했다. 이 점에 근거하여 마테오 리치는 중국 사람들이 숭배하는 인, 의, 예, 지를 인성이라 할 수 없다고 주장했다. 그 이유는 다음과 같다. 사람이 태어날 때부터 갖고 있는 것에는 기억, 추리, 사랑과 같은 능력 밖에 없다. 추리 능력이 있는 마음은 흰 백지장과도 같고 인, 의, 예, 지는 모두 추리를 거쳐 얻어진 것들이다. 그 외에 자립자와 의존자의 구분으로 볼 때 인, 의, 예, 지는 모두 이(理)이고 이(理)는 의존자에 속한다. 그리하여 인, 의, 예, 지는 본체가 아니고 본체가 아닌 존재를 성이라고 말할 수 없다.

마테오 리치는 성은 선하다고 주장한다. 그는 "본성은 원래 선하다. 그리하여 우리는 성 역시 선하다고 말할 수 있다(《천주실의》 하권)." 중국 사인들은 의지와 행위의 도덕적인 내함에 근거하여 성의 선악을 판단한다. 즉, 의지와 행위의 동기가 선한지 악한지를 근거로 한다. "좋아하고 욕심낼 수 있는 것이 선이다. 미워하고 버려야 할 것이 악이다"라는 서방사람들의 관점은 너무 주관적이다. 좋아하는 것은 감정적인 애호로서 그러한 애호가 모두 선하다고 말할 수 없다. 선량한 의지에서 생겨난 것만이 선이라고 할 수 있다. 선하지 않은 의지에서 생겨난 것은 악이다.

마테오 리치는 사람의 추리할 수 있는 능력을 성이라고 말한다. 하늘이 부여해준 이러한 능력을 선이라고 하면 악은 어디에서 온 것인가? 마테오 리치는 성은 추리할 수 있는 능력으로서 중성이기 때문에 선한 일을 할 수도 있고 악한 일을 할 수도 있다고 해석했다. 악은 실제 존재가 아니라 선이 없다는 것을 일컫는 말일 뿐이다. 이러한 관점은 악에 대한 선의 통솔능력, 선한 행동의 주동성과 필요성을 강조하였다. 그러나 이 관점은 무선무악이 존재할 수 있는 가능성을 완전히 배제해버렸고 선과 악의 대립을 지나치게 강조하였다. 또한 인성은 추리능력만 갖고 있을 뿐 그 자체에는 선악이 존재하지 않는다고 강조하게 된 셈이다. 이것은 유교에서 주장하는 "성본선(性本善)"과 같지 않다. 선은 행위의 결과이다. 마테오 리치는 선은 "착한 일을 이루는 것"이라고 말한다. "진실로 세상 사람들이 태어나면서 선을 행하지 않을 수 없다고 한다면 무엇에 근거하여 선을 이룬다고 말할 수 있겠습니까? 천하에는 선을 행하려는 의지가 없었는데도 선을 실천할 수 있는 법은 없습니다. 내가 억지로 자신에게 선을 행하라고 하지 않아도 스스로 가서 그것을 행할 수 있으면 비로소 선을 행하는 군자라고 말할 수 있습니다(《천주실의(天主實義)》 하권, 《마테오리치중문저역집[利瑪竇中文著譯集]》 74쪽)."

성은 반드시 자유롭고 주동적이며 선한 동기에서 생겨난 행위여야 한다. 선을 행한 뒤에는 반드시 이루어져야 한다. 중국 사람들이 의문을 가진 것은 전도사들이 주장하는 성체에는 인, 의, 예, 지가 없다는 내용이다. "성에는 원래 덕이 있다. 덕이 없이 어찌 선을 말할 수 있겠는가? 군자는 처음에 선한 상태로 되돌아가는 것이다(《천주실의》 하권)." 마테오 리치는 만약 사람이 태어날 때부터 성이 선하다고 하면 "사람은 태어날 때부터 성인"이라는 결론을 얻게 된다고 해석했다. 또한 사람이 태어날 때부터 선하면 후천적으로 선을 행하는 의미가 약해지게 된다. 성과 덕은 반드시 구별되어야 한다. 성은 천부적인 존재이고, 덕은 배워서 이루어지는 것이다. 그리하여 하나는 성선이고 다른 하나는 덕선

(德善)이다. "진실로 두 종류의 선을 반드시 인정해야 합니다. 본성의 선은 양선(良善)이고 덕행의 선은 습선(習善)입니다. 대저 양선이란 천주께서 원래 창생한 본성과 생명의 덕성이니, 우리들은 그것에 대한 공로가 없습니다. 제가 말씀드리려던 공로란 다만 스스로 배워서 덕을 쌓아올리는 선(善)에 있을 뿐입니다. 어린아이가 부모를 사랑한다면 새와 짐승들도 역시 그들을 사랑합니다. 보통 사람이면 어질든 어질지 않던지 논할 것도 없이 졸지에 어린애가 막 우물에 빠지려는 것을 보았다면 곧 모두 두려워서 마음을 조아리게 됩니다. 이것이 모두 양선일 뿐입니다. 새와 짐승들이나 어질지 못한 이들이 어떻게 공덕이 있겠습니까? 의(義)로 보면 곧 실천하는 것이 바로 덕행일 뿐입니다(《천주실의(天主實義)》하권,《마테오 리치중문저역집[利瑪竇中文著譯集]》74쪽)."

마테오 리치가 말하는 성선은 사람이 천성적으로 가지고 있는 추리능력을 말한다. 그가 말하는 덕선은 사람이 후천적인 배움을 통해 얻어지는 것이다. 그는 후천적인 노력을 통해 선을 이루어야 한다고 강조한다. 그는 성에는 원래부터 인, 의, 예, 지가 존재한다는 송나라이학의 관점에 동의하지 않는다. 또한 왕양명이 말한 "길거리에 가득한 사람이 모두 성인"이라는 관점에도 동의하지 않는다. 그는 사람마다 태어날 때부터 인, 의, 예, 지를 갖고 있다는 것을 승인하게 되면, 사람의 원죄가 사라지게 되고 예수가 사람 대신 속죄해야 할 필요가 없게 된다고 주장했다.

사람의 본성과 본질에 관한 문제에 대해 전도사와 중국 사람들은 견해가 일치하지 않다. 전도사가 강조한 것은 이상인격의 완성에 대한 사람의 이성, 사람의 자유로운 의지, 후천적인 도덕행위 등의 중요성이다. 그러나 중국 사람들이 강조한 것은 사람이 태어날 때부터 갖고 있던 도덕의식으로서 이상인격의 완성은 반드시 천부적인 도덕의식의 기초 위에서 회복하고 확충되어야 한다는 것이다. 전도사들의 이론원천은 아리스토텔레스가 말한 인성설이다. 사람은 이성을 갖고 있는 동물이고 인류의 이성과 영혼이 가장 중요하다. 그러나 중국 사람들은 송명이학의 '성즉리'를 근거로 하기 때문에 사람의 천부적인 도덕의식은 사람이 기타 물질과 구분되는 본질적인 특징이라고 생각한다. 중국 사람들은 사람의 도덕이성을 중요하게 생각하기 때문에 선천을 강조한다. 서방사람들은 사람의 자연성(이성)을 중요하게 생각하기 때문에 후천을 강조한다. 중국 사람은 도덕행위의 자아완성을 중요하게 생각하고 도덕의 목표는 사람 자신을 완벽하게 하는데 있다고 생각한다. 전도사들은 하나님이 사람의 도덕 인격이 완성되는 과정에서 일으키는 결정적인 작용을 중요하게 생각하고 사람의 도덕행위는 하나님에 대한 의무를 다하는데 그 의의가 있다고 주장한다. 이러한 차이점이 생기게 된 것은 중국과 서방의 사상문화의 근원이 같지 않기 때문이다.

2) 윤상(倫常)

중국은 윤상을 아주 중요하게 생각하는 나라이다. 중국의 학술사상에서 정치철학과 윤리철학에 관한 내용이 가장 풍부하다. 천주교는 종교적인 윤상관계를 윤리적인 윤상관계보다 더 중요하다고 생각한다.

윤상에 관한 의견충돌은 우선 효에 대한 해석에 표현되었다. "저는 지금 선비님을 위해 효라는 말을 정의해 보았습니다. 효라는 말을 정의하기 위해서 먼저 부자(父子)라는 말을 정의하겠습니다. 무릇 사람은 세상 안에서 세 아버지를 가지고 있습니다. 첫째는 천주를 말하고, 둘째는 나라의 임금을 말하며, 셋째는 가장을 말합니다. 세 아버지의 뜻을 거스르는 사람은 불효한 자식이 됩니다. 천하에 도리가 있으면 세 아버지의 뜻은 서로 어긋나지 않으니, 대개 낮은 아버지 자기 자식에게 높은 아버지를 받들어 섬기라고 명령합니다. 자식된 사람이 한 분에 순명하게 되면 곧 세 분 모두에게 효도를 한 셈입니다. 천하에 도리가 없으면 세 아버지의 명령은 서로가 어긋나니, 낮은 아버지가 자기 위의 아버지에게 불순하고 자식을 사유물로 취급하여 자신을 받들게 하고 자기 위의 아버지를 돌보지 않습니다. 그 자식된 사람이 자기보다 높은 이의 명령을 듣게 되면 비록 자기보다 낮은 이에게 잘못을 범하더라도 그가 효도를 하는 데에 지장이 없습니다. 만약 낮은 이를 따르는 사람이 높은 이를 거역하게 되면 진실로 크게 불효하는 사람이 됩니다. 나라의 임금과 제 자신은 서로 임금과 신하가 됩니다. 집안의 가장과 제 자신은 서로 아버지와 자식이 됩니다. 나라의 임금과 제 자신은 서로 임금과 신하가 됩니다. 집안의 가장과 제 자신은 서로 아버지와 자식이 되니, 만일 하느님이 만인의 아버지[公父]인 점에 비견되면 세상 사람들은 비록 임금과 신하, 아버지와 아들이지만 평등하게 형제가 될 뿐입니다. 이러한 윤리는 존중하지 않을 수 없습니다(《천주실의(天主實義)》하권, 《마테오 리치중문저역집[利瑪竇中文著譯集]》91쪽)."

삼부(三父)는 사실 하나다. 그건 바로 천주이다. 천주에 대한 효도가 가장 중요한 효도이다. 천주 앞에서 사람은 모두 평등하다. 세속의 모든 윤상은 "상부(上父)에 효도해야 한다는" 이 대륜에 복종해야 한다.

전도사들의 이러한 최고원칙은 중국의 윤리 관념에 어긋난다. 중국 사람들은 맹자의 "불효유삼 무후위대"로 전도사들의 주장을 반박했다. 마테오 리치는 "불효유삼 무후위대"이라는 관점은 상고시대에 생육을 격려하기 위해 제정한 준칙으로서 지금의 현실생활에 맞지 않다고 주장했다. 그는 공자의 《논어》에 이 관점이 없는 걸로 보아 이것은 맹자의 실수로 인해 생겨난 말이거나 순(舜)이 부모에게 알리지 않고 아내를 맞이한 잘못을 덮기 위해 만들어낸 구실일 수도 있다고 분석했다. 공자가 존경하는 백이(伯夷), 숙제(叔齊) 그리고 "세명의 어진 사람"으로 불리는 비간(比干)은 모두 자식이 없다. 맹자의 이 주장은 공자와 다르다. 만약 자식이 없는 것이 가장 큰 불효라면 자식을 보는 것이 급선무이다. 이렇게 하면 "사람들이 쉽게 색에 빠질 수 있다." 마테오 리치의 이 말은 사실 전도사들이 평생 결혼을 하지 않은 원인에 대한 설명이기도 하다.

중국 사인들은 효의 한 가지 표현은 바로 자손 번성이라고 주장했다. 이 관점은 한집안의 명맥이 끊임없이 이어져나가야 한다는 세속적인 관념에 부합되고 우주만물이 끊임없는 생기를 이어나간다는 관념에도 부합된다. 중국 사람들은 생생(生生)은 천도의 본질이라고 생각한다. 그리하여 전도사들이 결혼하지 않는 행동은 만물은 생생불식하다는 이치에 어긋난다고 생각했다. 마테오 리치는 생생(生生)은 곧 사사(死死)라고 하면서 생사는 동일한 사물의 두 개 방면이라고 해석했다. 하늘은 생생한 존재이기도 하고 사사한 존재이기도 하다. "산 것들을 살게 만드는 분이 하느님이라면, 죽는 것들을 죽게 만드는 분은 누구입니까? 이 둘은 근본적으로 하나이지 두 개의 마음에서 말미암은 것이 아닙니다. 천지가 개벽되지 않은 천만세 이전에, 하느님이 하나의 생명조차도 낳은 적이 없다면, 생명을 낳는 본성이란 어디에 있습니까? 사람의 마음은 하찮고 어두워서 존귀하고 지극한 마음을 추측하지 못하는데, 하물며 나무랄 수 있습니까? 또한 사람들이 하느님의 마음을 마음으로 여긴다면 다만 자기의 생명을 전하는 일만을 의로운 것으로 보아야 할 뿐만 아니라, 또한 생명에 틈을 내는 도리도 인정해야 합니다(《천주실의(天主實義)》하권, 《마테오 리치중문저역집[利瑪竇中文著譯集]》 87쪽)."

마테로 리치는 유교에서 말하는 천지의 큰 덕은 생(生)이라는 원칙에 동의하지 않는다. 그는 천지를 천주가 만들어낸 자연계로 보았다. 자연계는 생과 사의 통일이다. 중국 사인들에게 있어 하늘은 정신적인 경지와 생각의 상징물이다. 그러나 전도사들은 하늘을 자연적인 존재로 보았다. 사람이 하늘에 부여한 정신적인 의미는 모두 후에 가해진 것으로서 원래부터 존재하던 것이 아니다.

　전도사들은 결혼하지 않은 행동은 세속에서 말하는 효에 부합되지 않지만, 한마음 한 뜻으로 천주를 섬기는 대효에 부합된다고 생각했다. 이러한 대효에 부합되어야 진짜 현명한 사람이라 할 수 있다. "세상을 구원하는데 뜻이 있는 사람이 세상 사정을 깊이 슬퍼하여 수도회의 규칙을 제정하였습니다. 색욕을 끊고 결혼하지 않도록 하였으며, 자식 낳는 일을 늦추고 도리를 살리기는 것을 급히 서둘러서 이 세상의 타락에 빠져있는 사람을 구원하는 것으로써 뜻을 삼았으니, 이 뜻이 더욱 공의롭지 않습니까?(《천주실의(天主實義)》하권, 《마테오 리치중문저역집[利瑪竇中文著譯集]》87쪽)" "도리를 배운 선비는 평생 타향을 멀리 돌아다니며 임금을 보필하여 나라를 바로잡고 많은 백성을 교화하며 충성과 신의를 지키면서 자식 낳는 일을 돌아보지 않습니다. 이것은 앞에서 논한 것을 따르면 바로 큰 불효입니다. 그러나 나라와 억조창생에게는 큰 공이 있는 것이며, 그래서 여론은 그를 큰 현인이라고 칭찬합니다(《천주실의(天主實義)》하권, 《마테오 리치중문저역집[利瑪竇中文著譯集]》91쪽)."

　중국 사람들은 전도사들이 천주를 섬기는 행동을 마땅치 않게 여겼다. 그 당시의 유명한 승려인 주굉은 종시성(鐘始聲)이라는 이름으로 《천학초정(天學初征)》과 《천학재정(天學再征)》을 저술하여 《천주실의》의 주장을 조목조목 반박하였다. "사람이 태어남은 하늘이 덮어주고 땅이 실어주고 해와 달이 내리 비친 것이며, 아버지를 낳고 어머니 기르고 나라의 임금은 통치하고 귀신은 일의 형편을 밝게 비추어 보호한다. 돌아보면 그 은덕을 알고 느끼지 못했지만 오직 보지도 듣지도 못한 천주께서 베풀어주신 은혜만으로 그 분을 큰 아버지 큰 임금[大父大君]이라 한다. 이미 큰 아버지 큰 임금이라고 한다면 반드시 우리 아버지 우리 임금을 작은 아버지 작은 임금[小父小君]으로 여길 것이니, 어찌 지극히 효성스럽지 못하고 지극히 충성스럽지 못함이 없겠는가?(《천학초징(天學初徵)》, 《천주교동전문헌속편(天主教東傳文獻續編)》79쪽)."

　효의 대상에는 두 가지가 있다. 하나는 사회생활에서의 군주와 부모님이고 다른 하나는 자연계의 천지, 일월, 귀신이다. 초월적이고 모든 것을 포함하며 만물에 군림하는 신이란 존재하지 않는다.

　진후광(陳侯光) 역시 그 당시에 천주교를 반대했다. 그의 관점은 종시성과 비슷하다.

"이 참된 도(道)는 가까이에 있지만 먼 곳에서 구한 것이다. 아버지 나를 낳으시고 어머니 나를 기르시니 효는 오직 우리 어버이를 사랑할 뿐이다. '오직 임금만이 복을 내릴 수 있으며, 오직 임금만이 위세를 부릴 수 있다'고 하였으니, 충성으로 오직 나의 임금을 공경할 뿐이다. '어버이를 사랑함이 인(仁)이요 어른을 공경함이 의(義)다'고 하였으니, 천성(天性)이 스스로 나타난 것이니, 어찌 아득히 먼 곳에서 구하였겠는가? 지금 마두(瑪竇)가 홀로 천주를 높여 세상 사람들의 대부(大父)로, 우주의 공군(公君)으로 삼고 반드시 아침저녁으로 그를 흠모하고 공경하니, 이로써 어버이를 작게 여겨 사랑하기에 부족하고 임금을 사사롭게 여겨 공경하기에 부족하다. 천하를 따르지만 충성스럽지 못하고 효성스럽지 못하게 됨은 반드시 이와 같은 말에서 비롯되었다.(《서학변(西學辯)》, 《파사집(破邪集)》 권5, 3쪽)"

여기서 그는 두 가지 문제점을 제기했다. 첫째, 천주를 대부로 모시면서 그를 최고의 위치에 올려놓게 되면 군주와 부모님에 대한 존경심이 없어지게 된다. 이것은 중국 사람들의 최고 원칙으로 생각하는 삼강과 모순된다. 둘째, 유교에서 말하는 성선론은 부모님과 윗사람을 공손하게 대해야 하고 자기 마음에 비추어 다른 사람의 마음을 헤아릴 줄 알아야 한다고 가르친다. 그러나 기독교에서 섬겨야 할 대부는 형체가 없고 너무 묘망하여 찾기 힘들다.

'인'과 '애'의 형식과 대상에 관한 문제도 이와 관련된다. 전도사들은 덕에서 가장 중요한 것은 인(仁)이라고 주장한다. 인의 가장 중요한 임무는 천주를 사랑하고 천주를 위하는 것이다. "인(仁)이란 바로 두 마디로 그 뜻을 요약해 말할 수 있습니다. '천주를 사랑하라, 천주를 사랑하는 것보다 높은 것은 없다! 천주를 사랑하는 사람은 남을 자신처럼 사랑하라!' 이 두 가지를 실천할 수 있으면 모든 행동이 다 이루어지는 것입니다. 그러나 둘이지만 역시 하나일 뿐이며, 한 사람을 독실하게 사랑한다면 그 사랑하는 것으로 천주와 남을 겸하여 사랑하는 것입니다(《천주실의(天主實義)》 하권, 《마테오 리치중문저역집[利瑪竇中文著譯集]》 79쪽)."

마테오 리치는 사랑은 사람의 본능이고 사람마다 사랑을 갖고 있다고 주장한다. 그러나 대부분 사람의 사랑은 재물, 색, 출세에 관한 것이다. 응당 이러한 사랑을 천주를 사랑하는 것으로 바꿔야 한다. 천주를 사랑하는 것은 세상 사람을 사랑하는 것이다. 사람을 사랑하지 않으면 천주를 사랑할 수 없다. 그리하여 인은 세상을 천주를 사랑하는 전제하에 모든 사람을 사랑하는 것이다. 그러나 중국 사인들은 선한 사람을 사랑하고 악한 사람을 사랑하지 말아야 한다고 주장한다. 오륜의 관계 속에 있는 사람은 악해도 사랑할 수 있는데, 여기에는 큰 문제가 없다. 그러나 일반 사람의 악을 사랑하는 것은 잘못이다. 마테오 리치는 사랑에는 조건과 목적이 없고 사랑이 귀한 원인은 사랑 자체가 미덕이기 때문이라고 말한다. 오륜의 관계 속에 있는 사람은 악해도 사랑해야 한다는 중국 사인들의 주장은 지식이 부족하여 사리를 통달하지 못한 표현이다.

중국 사인들의 이러한 생각은 세속적인 관점일 뿐이다. 사실 정통 유학학설에서 천지만물일체의 사랑은 인의 기본적인 내함이다. 이학에서는 마음속에 원래부터 존재하던 인리(仁理)가 사랑으로 발전한다고 자기 가족을 사랑하던 것에서부터 점차 모든 사람, 더 나아가 천지만물을 사랑하는 것으로 발전한다고 주장한다. 사랑에도 차이가 존재하는데 이러한 차이는 마음속에 원래부터 존재하던 도덕정감에 의해 결정된다. 기독교에서 말하는 인은 박애다. 이런 사랑의 근거는 하나님의 사랑이다. 하나님은 모든 사람을 평등하게 사랑한다. 그리하여 박애에는 차이가 존재하지 않는다.

이와 연관되는 또 다른 내용은 살생에 관한 토론이다. 중국 사인들은 살생을 금하는 것이 인(仁)이라고 생각한다. 그들은 인자(仁慈)를 강조하는 천주교에서 살생을 금하지 않는 것은 모순된다고 주장한다. 마테오 리치는 사람은 천지만물을 모두 사용할 수 있다고 해석했다. 예를 들면 일월성신은 만물을 비춰주고 오색, 오음, 오미는 사람의 감각기관의 욕구를 충족시켜주며 약재로 사람의 질병을 고칠 수 있다. 그리하여 만물을 사용하면서 천주에게 감사한 마음을 가지는 것이 정확한 태도이다. 만물을 사용하지 않는 것은 천주의 호의를 거절하는 것과 같다. 이에 중국 사인들은 천주가 만들어낸 만물은 모두 사람에게 유리한 것이 아니라고 반박했다. 예를 들면 독충, 맹수는 사람에게 해가 될 수 있다. 이에 마테오 리치는 천주가 만물을 만든 목적은 사람이 이것들을 사용할 수 있게 해주기 위해서라고 해석했다. 그리하여 짐승을 죽이고 초목을 해치는 것은 모두 하나님의 뜻을 따르는 것이다. 천주가 사람의 신체에 해로운 독충과 맹수를 만들어낸 것은 사람에게 천주의 뜻을 경외해야 한다고 경고하기 위해서다. 마테오 리치는 살생을 금하는 것은 오히려 짐승에 불리하다는 이론을 제기하기도 했다. 짐승들이 사람에게 이용가치가 있어야 사람들이 짐승을 더 많이 사양하게 된다. 그렇지 않으면 짐승들이 멸종할 수도 있다.

불교에서는 종교적인 입장에서 출발해 살생을 금한다. 우순희(虞淳熙)는 살생을 허용하게 되면 약육강식을 초래할 수 있는데 이는 천주의 인자와 공정한 성질에 맞지 않다고 제기했다. "당신이 '하늘이 육식과 해물을 내서 사람을 기른다'고 하니, 장차 '하늘이 사람을 내서 독충과 맹수를 기른다고 말할 수 있습니까?' 저들이 사람이 아니어서 배부르지 않음은 사람이 사물이 아니어서 배부르지 않은 것과 같습니다. 또한 장차 '하늘이 약자의 고기를 내서 마음대로 강자에게 먹게 하고 서로 씹어 먹게 한다고 말할 수 있습니까?' 설령 강하고 사나워서 약자를 기만하고 비겁하게 한다할지라도 천주의 마음은 응당 이와 같지 않을 것입니다(《천주실의살생변(天主實義殺生辯)》,《파사집(破邪集)》권5, 13쪽)."

살생에 관한 변론과 생명논리학은 사실 매우 재미있는 문제이다. 그러나 변론 쌍방이 각자 종교적인 입장에서 출발하는 바람에 문제에 대한 토론의 범위가 제한을 받게 되었다. 변론 쌍방은 모두 살생을 정확하게 정의하지 못했다. 그리하여 논쟁은 매우 혼란스럽고 명확하지 않는 영역에서 진행될 수밖에 없었다. 오늘날 야생동물의 보호에 관한 일부 주장들은 전도사와 중국 사인들의 토론에서 이미 언급되었던 것들이다. 그들의 일부 관점은 우리가 이 문제를 토론하고 연구하는데 일정하게 도움이 된다.

3) 생사

생사는 사람에게 매우 중요한 문제이다. 생사에 관한 사람의 수요를 만족시키기 위해 종교가 산생되었다. 전도사들은 중국 사람들에게 교의를 설명할 때 생사문제를 언급하였다. 양수명(梁漱溟)은 중국, 서방, 인도 사람들의 생활태도를 비교한 뒤, 중국 사람은 현세를 중요하게 생각하고 서방사람은 미래를 중요하게 생각하며 인도사람은 과거를 중요하게 생각한다는 관점을 제기하였다. 현세에 관한 전도사들의 태도는 비관적이다. "아! 선비께서는 지금이 태평한 세상이라고 여기십니까? 착각이십니다! 지혜로운 사람은 현시대의 재난은 요임금 시대의 재난에 비하여 너욱 크다고 여깁니다. 세상 사람들의 무리는 눈이 멀고 귀가 먹어 그것을 볼 수 없으니 그들의 병 증세가 또한 심각하지 않습니까? 옛날에는 이른바 상서롭지 않은 것들이 밖으로부터 오기에, 사람들이 오히려 쉽게 발견하고 빠르게 대비하였습니다. 그 손해를 입은 것들도 재물이나 혹은 피부에 상처를 입는 정도를 넘지 않았습니다. 오늘날의 환란은 안에서부터 돌연히 발생하였으니 명철한 사람이 그것을 깨달아도 피하기가 어려운데, 하물며 평범한 사람들이랴! 그러므로 그 피해는 너무나 심합니다(《천주실의(天主實義)》하권, 《마테오 리치중문저역집[利瑪竇中文著譯集]》 92쪽).”

그들은 현세사람들이 고통을 느끼는 것은 세속의 욕망에 미련을 가지기 때문이라고 말한다. “세상에는 온통 거짓이다. 그리하여 진심을 얻을 수 없다.” 배가 바다에 빠진 것처럼 세상 사람들은 저마다 고난에 처했기 때문에 남을 생각할 겨를이 없다. 마테오 리치가 다음과 같은 나라를 허구해냈다. “어느 집에서 아이를 낳았다고 하면 친인들이 몰려와 울면서 위로를 건넨다. 그 위로는 고난으로 가득 찬 세상에 태어난 그 불쌍한 아이를 위한 것이다. 어느 집에 사람이 죽었다만 친인들이 몰려와 웃으면서 축하해준다. 그 축하는 고난의 세상에서 벗어난 그 망자를 위한 것이다. 이 나라에서는 생을 흉으로 죽음을 길한 것으로 본다.” 그는 사람은 이 세상에 잠깐 거주하는 것뿐이라고 말했다. 사람의 집은 금세가 아닌 후세에 있고, 인간세상이 아닌 하늘에 있다.

마테오 리치가 이런 판단을 내린 목적은 사람들에게 현세를 포기하고 후세를 향하고, 죄고(罪苦)를 포기하고 천당을 찾아야 한다는 이치를 가르치기 위해서다. 그렇게 해야 천주가 사람을 구제하는 작용 그리고 천당지옥과 영혼불멸의 관점이 필요한 존재가 될 수 있다. 《천당실의》의 첫 시작에서 중국 사람이 마테오 리치에게 한 첫 질문은 생사에 관한 문제였다. “세상의 사람들이 다니는 길은 목적지가 있어서 멈춥니다. 그런 길을 닦는 까닭은 그 길을 위해서가 아니라 바로 그 길의 목적지에 이르러 멈추고자 하기 때문입니다. 우리들이 자신을 닦아 나아가는 길은 장차 어디에서 끝날 것입니까? 이 현세의 일은 비록 대략 안다고 하다라도 사후(死後)의 일은 어떠한지 알지 못합니다. 선생께서는 천하를 두루 다니시면서 천주의 근본 뜻을 전수하며 사람들을 착한 데로 이끄신다고 들었으니, 큰 가르침을 받고자 합니다(《천주실의(天主實義)》 상권, 《마테오리치중문저역집[利瑪竇中文著譯集]》 8쪽).”

여기서 중국 사람은 천주교를 생사문제를 해결하기 위해 만들어진 종교라고 말한다. 마테오 리치는 전도사들이 결혼을 안 하는 이유에 대해 설명하면서 생사에 관한 자신의 관점을 표현했다. “우리들이 이 세상에서 하느님을 섬기고 받들며, 그리고 만세 뒤에라도 오히려 유구하게 언제나 하느님을 받들어 섬긴다면 어찌 후대가 없음을 염려하겠습니까? 우리들이 죽어도 신명(神明)은 온전히 존재하며 마땅히 더욱 선명하고 빛날 것입니다. 그러나 남겨놓은 허무한 몸뚱이는 자식들이 장례를 치러 준다고 해도 역시 썩을 것이고 친구들이 장례를 치러 준다고 해도 역시 썩을 것이니, 어느 것을 선택하시겠습니까?(《천주실의(天主實義)》 하권, 《마테오 리치중문저역집[利瑪竇中文著譯集]》 92쪽)."

사람이 죽어도 영혼은 사라지지 않는다. 영혼은 가장 고귀한 존재이다. 육체는 영혼이 기거하는 껍데기일 뿐이다. 하나님을 모시는 사람들은 영혼이 다른 육체에 전이하여 다시 순수하고 활발한 형식으로 표현될 것이다. 마테오 리치의 독서찰기를 살펴보면 전도사들이 죽음이 아주 평온하게 묘사되었다는 것을 발견할 수 있다. 그들은 마치 오래전부터 갈망하던 곳으로 떠난 듯 평온하다.

죽음에 대한 중국 사람들의 생각은 이것과 많이 다르다. 유교에서는 "삶의 이치도 모르는데 어찌 죽음을 안다고 할 수 있겠는가", "인간으로서 해야 할 일을 다 하고 나서 하늘의 뜻을 따라야 한다"고 말한다. 마테오 리치는 "눈앞의 오늘 일에 집착하지 말아야 한다"고 했지만 중국 사람들은 죽은 뒤의 일을 걱정하는 것은 미련한 짓이라고 반박했다. 마테오 리치는 "죽은 뒤의 일은 곧 힐조(詰朝)의 일이다"고 말한다. 중국 사람들이 결혼하고 자식을 낳는 목적은 죽은 뒤에 상을 치르고 제사를 지내기 위해서다. 이것은 모두 죽은 다음의 일을 생각하는 것이다. 사람은 죽은 뒤에 두 가지를 남긴다. 하나는 정신이고 다른 하나는 몸뚱이다. 정신은 불후하지만 몸뚱이는 곧 부패된다. 인간세상에서 사람들은 저마다 연극을 하듯이 살고 있다. 각자 맡은 역할은 허황하고 진실하지 못하다. 사람의 진짜 생명은 후세에 있다. "우리들이 이 세상에 있는 것이 비록 백 년 동안이라고 할지라도 내세에서의 만 년의 무궁함과 비교한다면 어찌 겨울철의 하루에라도 해당될 수 있겠습니까? 얻은 재물은 빌려서 쓴 것이니 우리가 그것들의 진정한 주인이 아닙니다. 어찌 다만 늘어난다고 기뻐만하고 줄어든다고 해서 슬퍼만 해야 합니까? 군자나 소인을 막론하고 모두 알몸과 빈손으로 왔다가 알몸과 빈손으로 돌아갑니다. 임종하여 떠날 때에는 비록 남은 황금 천 상자가 창고 안에 쌓여 있다고 해도 터럭만큼도 가지고 갈 수가 없는데, 어찌 반드시 이런 것들에 마음을 두려고 하십니까? 이 세상의 가짜 일들이 일단 끝나게 되면 곧 내세의 진짜 실상이 시작될 것이니, 그런 뒤에 바로 각기 자기에게 합당한 귀함과 천함을 얻게 될 것입니다(《천주실의(天主實義)》 하권, 《마테오 리치중문저역집[利瑪竇中文著譯集]》 64쪽)."

마테오 리치는 사람은 "빈 몸으로 이 세상에 오기 때문에 아무 미련도 없다"고 말한다.

재부는 "이 세상에 올 때 가지고 온 것이 아니고 이 세상을 떠날 때 가지고 갈 수 없는 것들이다." 때문에 생사와 재부에 대한 미련을 버려야 한다. 이 관점은 인생에 관한 불교의 관점과 일치하다.

그러나 천주교 사람들은 마테오 리치의 이러한 관점에 동의하지 않았다. 마테오 리치와 같은 시기에 활동했던 예수교회의 전도사들은 그의 《천주실의》에서 말하는 내용은 너무 세속화되었고 삼위일체, 예수의 수난 등의 내용이 빠졌다고 비판했다. 사실 마테오 리치는 천주교를 선교할 때 중국 사람들의 수요에 주의를 기울였다. 그리하여 신앙적인 내용을 많이 생략하고 이야기하지 않았다. 그는 《천주실의》에서 중국 사람과 대화를 시작할 때 다음과 같은 요구를 제기했다. "오늘 당신과 천주교에 대해 이야기하려고 한다. 내가 말하는 이치에 대해 혹시 다른 의견이 있으면 우리 함께 분석해서 해결보록 하자."(《천주실의》 상권) 그는 토론은 응당 이성과 논리를 근거로 해야 한다고 강조했다. 중국 사람들은 줄곧 시종 무신론을 주장해왔다. 중국 사람들은 보이지 않은 신을 믿는 기독교에 전혀 흥취를 느끼지 못했다. 그러다보니 마테오 리치의 선교내용은 대부분이 계시에 관한 것들이었다.

마테오 리치는 만년에 저술한 《기인십편(畸人十篇)》에서 생사에 관한 문제를 더욱 강조했다. 예를 들면 그는 중국 사람들은 죽음에 대해 자주 생각해볼 필요가 있다고 말했다. " 제가 서태사(徐太史, 서광계)에게 물어보았습니다. '중국의 사대부와 백성들은 모두 죽음의 때를 꺼려하는데, 이야기를 하면서 그것을 꺼려하고 싫어하는 것은 무슨 의미입니까?'라고 대답하였습니다. '멍청하고 어리석기 때문이며, 지혜로운 사람만은 그렇지 않습니다. 당신의 나라는 어떠합니까?' 제가 말하였습니다. '대저 죽을 때라는 것은 여러 엄숙한 것 가운데 지극히 엄숙합니다. 삶의 마지막이며, 사람의 마지막 경계선을 긋는 것이어서 저절로 두려워할만 합니다. 다만 시골마을의 배움에 뜻을 둔 사람들만은 죽음이 우리가 있는 곳으로 다가오는데도 우리가 대비하지 않는 것을 항상 두려워하였습니다. 그러므로 항상 그 죽을 때를 생각하고 항상 그것을 배우고 익히며 토론하며, 아직 죽음에 이르지 않아도 미리 대치해서 죽음에 이르게 되면 이를 편안하게 받아들입니다'(《기인십편(畸人十篇)》,《마테오 리치중문저역집[利瑪竇中文著譯集]》449쪽)."

중국 사람들은 죽음에 대해 많이 토론하려 하지 않는다. 그들은 죽음을 자꾸 언급하면 자신에게 해를 끼칠 수 있고 현세의 생활에 영향 줄 수 있다고 생각한다. 그리하여 공자는 "삶의 이치도 모르는데 어찌 죽음을 안다고 할 수 있겠는가"라고 말했다. 그는 현세를 중시하고 생사문제를 고려하지 말라고 가르친다. 송명이학에는 "살아서 제대로 살고, 죽어서는 편안하리라"라는 관점이 있는데 달관한 태도로 죽음을 대해야 한다고 가르친다. 중국 사람도 죽음을 이야기하긴 한다. 그러나 중국 사람들이 죽음을 이야기하는 목적은 생의 의의를 더 잘 이해하기 위해서다.

마테오 리치는 《기인십편(畸人十篇)》에서 자주 죽음을 생각하면 다음과 같은 다섯 가지 좋은 점이 있다고 말했다. 첫째, 죽은 뒤에 지옥에 떨어지지 않기 위해 살아있을 때 자신을 엄격히 단속할 수 있다. 둘째, 다음 생에 불행하지 않기 위해 살아있을 때 덕을 많이 쌓을 수 있다. 셋째, 죽을 때 재물을 갖고 갈 수 없다는 것을 알게 되면 살아있을 때 재물을 탐하지 않을 수 있다. 넷째, 미덕과 지혜 같은 것도 죽음을 따라 사라지기 때문에 살아있을 때 자만하지 말아야 한다. 다섯째, 생사를 생각하는 것은 천주의 명령이기 때문에 죽음을 두려워할 필요가 없다. 죽음은 삶의 거울로서 생자(生者)의 잘못과 결점을 그대로 비춰준다. 죽음을 생각하는 것은 삶을 더 완벽하게 만들기 위해서다.

천주교를 가장 많이 비판한 사람들은 불교신자들이었다. 이것은 마테오 리치와 같은 예수교회 전도사들이 불교를 배척하는 정책을 실시한 결과이다. 그들은 사람들에게 익숙한 유교학설을 근거로 하였다. 예를 들어 황정(黃貞)은 천주교의 생사관을 격렬히 비판하였다. "열여섯 글자가 마음으로 전해져온 이래 중국의 유문(儒門)에는 다른 학문이 없고 오직 인의(仁義)만 있을 뿐이다. 그러므로 살고 죽는 것은 모두 그 바름을 잃지 않았다. 요망한 오랑캐들이 진체(眞體)의 소재를 알지 못하고 마음은 오직 천주만을 쫓으며 이런 삶(生)을 다하면서 혐오하지 않고 그를 찬미하니, 삶(또한 망상(妄想)을 품게 되어 헛된 삶이다. 뜻은 오직 천당(天堂)만이라고 현혹하며 목숨 버리는 것을 어렵게 여기지 않고 그것을 구하고 있으니, 죽음 또한 망상을 품게 되어 죽음이 헛된 죽음이다. 삶과 죽음을 모두 바라고 있다. …… 이와 같다면 성인은 살아도 산 적이 없고 죽어도 죽은 적이 없다고 볼 수 있으니, 이른바 삶과 죽음은 서로 관련이 없고 이른바 삶과 죽음을 가지런히 하고 삶과 죽음을 초월하며, 이른바 무의(毋意, 자기 멋대로 생각함)가 반드시 나를 지켜주는 것이니, 성현들은 이를 살려서 진정한 즐거움으로 받아들인다. 이와 같다면 교활한 오랑캐의 이른바 영혼이라는 것은 살아있는 동안 감옥 안에 갇힌 것과 같고 이미 죽어서는 어두운 감옥에서 나오는 것과 같으니, 사람들에게 고달픈 삶과 즐거운 죽음을 가르치지만 조금도 서로 관련이 있는 것은 아니다(《성조좌벽(聖朝佐辟)》,《파사집(破邪集)》권3, 15~16쪽)."

천주교의 생사는 모두 욕망이다. 유교에서는 "인의가 있어야 생사가 바르게 된다"고 말한다. 천주교에서는 살았을 때 힘들면 죽어서 편안하다고 가르친다. 그러나 유교에서는 "존덕성"을 강조하면서 살아있을 때의 정신적인 향수를 낙으로 삼아야 하고 생사에 관한 생각에서 벗어나야 한다고 말한다.

허대수(許大受)는 유교의 생사관을 더 직접적으로 개괄했다. "나의 유학의 손과 눈은 단지 인체(人體)로 하여금 눈 앞 있는 것만 인식하도록 할 뿐, 절대로 사람들이 앞을 생각하고 뒤를 생각하는 것을 허락하지 않는다. 그런 까닭에 전세와 후세는 모두 잡고 일으킬 수 없어서 사람이 복을 구하고 재앙을 면하는 사사로운 싹을 자르고 대부분 인륜물리에 정성을 다한다. 만약 유학의 이치를 정밀하게 연구한다면 스스로 충분하다고 믿을 것이며, 불교와 도교도 역시 옳다고 말하지 않을 것이다(《성조좌벽(聖朝佐辟)》,《파사집(破邪集)》권4, 8쪽)."

불교신자들이 천주교를 반대하는데 이용한 이론적 근거는 유교의 생사관이다. 그들은 불교의 입장에서 천주교를 비판했다. 그러나 그들은 유교사상의 권위를 이용해 천주교에 타격을 주려고 했다. 그렇게 한 목적은 마테오 리치가 주장하는 "유교는 이용하고 불교는 배척"하는 연합작전을 파괴하기 위해서다.

여기서 주의해야 할 것은 중국 사람들이 보게 된 것은 전도사들이 선전했던 기독교의 윤리관일 뿐이다. 그 당시에 기독교는 서방에서 통치적인 지위에 놓여있던 사상이었다. 그러나 이 시기에 기독교의 속박에서 벗어나야 한다는 사람들의 요구가 나날이 거세어졌다. 중국 사람들과 전도사들 사이에 진행된 변론은 사실 낡은 종교와 세속 사이의 변론이었다. 그리하여 변론의 실제적인 의의와 학술적 가치가 많이 약화되었다. 천주교 옹호자와 불교신자 사이에 진행된 변론은 그 범위가 더 제한되었다.

4. 과학과 사유방법

　　서방 전도사들은 한손에 《성경》을 들고 다른 한손에는 지구의, 삼릉경과 자명종을 든 모습으로 중국 사람들 앞에 나타났다. 이때 중국 사람들은 그들 손에 쥐여진 신기한 물건에 마음을 빼앗기고 말았다. 사실 우리는 전도사들이 종교가 아닌 서방의 과학기술로 중국 사람들의 마음을 움직였다고 말할 수 있다. 전도사들도 이 점을 승인한다. 1595년 11월 4일, 마테오 리치는 로마 예수교회 총회에 보내는 편지에서 중국 사람들이 자신을 좋아하는 원인에는 다음과 같은 몇 가지가 있다고 말했다. 첫째는 마테오 리치의 뛰어난 기억력이다. 둘째는 마테오 리치의 수학재능이다. 셋째는 그가 중국에 가져온 삼릉경, 지구의 같은 물건 때문이다. 그러나 중국 사람들은 그가 가져온 신기한 물건들을 보물이나 골동품처럼 감상만 했을 뿐 그것들이 가지고 있는 과학적인 원리와 실용가치에 대해서는 별로 신경쓰지 않았다. 중국 사람들이 마테오 리치가 가지고 온 세계지도를 가장 좋아했다. 우물 안의 개구리와도 같았던 중국 사대부들은 세계지도를 통해 중국은 크나큰 세계의 일부분일 뿐이라는 사실을 깨닫게 되었다. 마테오 리치는 서방사람들에게 중국은 윤리를 중요시하고 과학을 홀시하는 나라라고 소개했다. "중국인들 중에는 덕망이 높고 무거운 선비들의 저서와 입설(立說)이 있는데, 다만 대부분이 윤리방면의 것이고 비과학적인 저술이며, 사서(四書) 중의 명언을 근거로 발췌하여 설명한 것일 뿐이다. 눈앞의 이 저서들은 더욱이 유학자들의 중시를 받아 낮밤 가리지 않고 손에서 서책이 떨어지지 않았다. 해당 책의 부피는 매우 크지 않아서 키케로[西塞羅, Cicero, Marcus Tullius]의 서신집(書信集)과 비교하면 오히려 적은 편이지만, 그것을 주석한 서적이 도리어 매우 많다(《마테오리치전집[利瑪竇全集]》제3책, 244쪽)."

　그는 중국의 과학기술에 대해 찬양을 한 적도 있다. 1584년 9월(마테오 리치가 중국에 온지 2년이 되던 해), 그는 친구에게 보내는 편지에서 이렇게 말했다. "중국인의 지혜는 그들의 발명으로 말미암아 알 수 있었다. 그들의 문자를 말하자면 한결같이 모든 것에는 대표적인 글자가 있으며, 또한 얽은 짜임새는 매우 정교하고 그런 까닭에 세계상에 여러 어구(語句)가 있지만 바로 각기 서로 다른 문자를 가지고 대표해 왔으며, 그들은 모두 다른 학회를 매우 분명하게 아울러 인식했다. 그들 또한 다르게 만든 각종학문을 이용하였으니, 예컨대 의약·일반물리학·수학과 천문학 등은 진실로 총명하고 박식하다.

그들이 계산하여 나온 일식과 월식은 매우 분명하고 정확하며 이용하는 방법은 도리어 우리들과는 다르다. 오히려 산학(算學)상에 있어서와 일체의 예술과 기계학 상에서는 진실로 사람들로 하여금 놀라며 신기하게 한다. 이러한 사람들은 전에 유럽과 교류를 거치지 않았는데도 도리어 오로지 자기들의 경험으로 말미암아 이러한 성취를 획득했으며, 우리들과 전세계의와 교류를 가진 성적은 우열을 가릴 수 없다(《마테오 리치전집[利瑪竇全集]》제3책, 52쪽)."

사실 전도사들은 중국의 천문학을 매우 낮게 평가한다. 숭정황제시기에 중국의 관원들은 일식과 월식의 날짜를 제대로 계산해내지 못했었다. 서광계는 역법을 수정할 때, 전도사들을 청해 의견을 듣기도 했다. 마테오 리치는 1599년에 친구에게 보내는 편지에서 이런 말을 한 적이 있다. "내가 번역한 과학서적들은 모두 그들이 그전에 한 번도 본적이 없는 내용들이다. 어떤 사람들은 나한테 수학을 가르쳐 달라고 하고 어떤 사람들은 윤리와 과학에 특별히 흥취를 느꼈다. 그것은 그들에게는 이 두 가지 학술 밖에 없기 때문이다(《마테오리치전집》4권, 258쪽)."

객관적으로 말해 중국 학술에 대한 전도사들의 평가는 매우 정확하다고 할 수 있다. 과거제도 때문에 형성된 문(文)이나 문관을 중시하고 무(武)나 무관을 경시하는 전통으로 중국의 사대부들은 문장의 창작 기교에 특별히 유난히 관심을 많이 가졌다. 과학기술은 특히 순수한 과학기술은 사람들의 관심을 끌지 못했다. 이와 같은 시기에 서방의 교육정책에서 가장 중요한 지위를 차지하고 있는 것은 여전히 "애지(愛智)"라는 전통이었다. 교회세력이 점점 강대해지고 철학이 신학의 시녀로 전락된 상황에서도 그들은 여전히 순수한 학술에 대한 탐구를 멈추지 않았다. 수학, 천문학 등 학문은 교회에서 진행하는 교육의 기초과정이었다. 서광계는 중국과 서방의 천문학을 비교하는 과정에 이런 말을 한 적이 있다. "아득히 먼 요(堯)와 순(舜)이 통치하던 당우(唐虞)시대에도 공손하고 경건히 역서를 반포했는데, 학사 대부들 가운데 그것을 언급하는 사람은 거의 없었다. 유홍(劉洪), 강급(姜岌), 하승천(何承天, 370~447), 조충지(祖沖之, 429~500) 등은 100년이나 혹은 200~300년에 한 명 나올 수 있는 사람들이다. 하지만 희중(羲仲)·희숙(羲叔)·화중(和仲)·화숙(和叔) 등이 최고의 학문으로 적극적으로 논의한 사람은 없었기 때문에, 그러므로 이 일은 3,000년이 지난 후 불확실한 상태로 되돌아왔던 것이다. 이 분야에서 곽수경이 정교하고 뛰어났다고 추존할 수 있는데, 변화의 뜻은 거의 파악했지만 그러한 까닭을 말하게 된 것은 결단코 서태자(西泰子, 이마두에 대한 존칭)가 중국에 오면서부터 시작되었다. 이마두 선생이 예전에 나에게 이런 말을 한 적이 있다. '서방의 사인(士人)들이 역법에 정교하고 별다른 오류가 없는 것은 수천 수백 명의 사람들이 무리를 지어 전수하고 탐구한 지가 3,000년이나 되었기 때문입니다. 그리하여 전수해 주는 스승보다 배우는 제자가 뛰어난 경우가 때때로 나타나게 되었습니다. 그리하여 이치를 설명하는 것도 더욱 세밀해지고 분명하게 되었으며, 규칙을 확정짓는 것도 더욱 치밀하면서도 간명하게 되었습니다.' 나는 그이 말을 듣고 탄식했다. 저 수많은 사람들이 무리를 지어 지식을 전수하고 배우며 탐구한 지가 3,000년이나 되었다고 한다. 내가 100년이나 혹은 200~300년 만에 한 명 나올 수 있는 사람이라고 한들 그들과 어떻게 우열을 비교해 논할 수 있겠는가?(《간평의설서(簡平儀說序)》, 《서광계집(徐光啓集)》 73쪽)."

서광계의 이 관점은 매우 정확하다. 역산의 학문은 중국에서 비교적 많은 관심을 받았다. 그러나 역산은 중국에서 소수 전문가들에게만 속하는 학문이었다. 그러나 서방은 이와 달랐다. 서방에서는 역산을 배우는 사람이 아주 많았고 수천 년 동안 그 전통이 끊이지 않고 이어져왔다. 그리하여 역산의 학문은 서방에서 점점 더 정밀하게 발전하였다. 다른 학과도 마찬가지였다.

서광계는 중국은 고대로부터 실학의 전통을 매우 중요하게 생각하였고 과학기술의 학문이 끊임없이 이어져왔다고 주장한다. 다만 이학이 흥기하면서 그 세력이 많이 쇠약해졌을 뿐이다. 예를 들어 주공(周公)은 수학재능으로 벼슬이 되었고 공자는 수학을 육예(六藝)에 포함시켰다. 진시황의 분서갱유 이후에 한나라의 대유들은 익혀왔던 학문에는 수학도 포함되었다. "총체적으로 수학에 대한 관심이 약해지기 시작한 것은 불과 몇 백 년 전부터였다." 서광계는 수학이 흥기하지 못한 원인을 다음과 같이 분석했다. "첫째는 명분과 이치를 중시하는 유가가 천하의 실용적인 학문을 천시했기 때문이다. 둘째는 요망한 학술로 여겨 수(數)에는 신묘한 이치가 있어 미래를 분명히 예측할 수 있으며, 그대로 이루어지지 않는 것이 없다고 거짓으로 말했기 때문이다. 결국 신묘한 것들은 하나도 성취되지 않았고 실용적인 것들은 하나도 남아있지 않게 되었다. 옛 성인이 세상 사람들이 이용할 수 있는 위대한 원리를 만들어 낸 것을 사대부들 사이에서 배우지 않게 되면서 학술과 정치적인 업적도 태고시대에 훨씬 못 미치게 되었다(《각동문산지서(刻同文算

指序)》,《서광계집(徐光啓集)》80쪽)."

서광계의 분석은 매우 정확하다고 할 수 있다. 이학이 흥기하기 시작하면서 수신치국평천하를 기초로 하는 유학전통이 다시 회복되었고 격물치지와 성의정심을 병중해야 한다는 관점이 제기되었다. 사실 격물궁리는 성의정심을 이루는 수단으로 전락되고 말았다. 과학기술로서의 격물궁리는 점차 소멸되었다. 순수한 이론과학기술학과들은 도덕의 부장품으로 전락되지 않기 위해서는 주류학술과 일정한 거리를 유지해야만 했다. 서광계가 서방의 수학서적을 많이 번역한 목적은 서방의 학문을 빌려 중국의 낡은 학문을 과학적으로 그리고 실용적으로 개조하려는데 있다. 그가 역법을 수정한 것도 이러한 원인 때문이다. 그는 서방의 역법계산방법과 수치를 중국역법의 계산에 이용했고 서방의 역법계산방법과 원리에 대해 깊은 연구를 진행하기도 했다. "신 등은 여러 해 전에 일찍이 서양의 마테오 릿치(이마두)를 만나 그와 더불어 천지의 근원과 시초, 칠정(七政, 일월오성)의 운행 및 그 형체의 대소와 원근, 그리고 대저 도수(度數)의 순역(順逆)과 지질(遲疾)을 강론하며 일일이 그 소이연처를 따라 확실히 바뀌지 않는 이치를 가리켜보였습니다. 우리 중국의 옛날 서적과 비교하면 대부분 들어보지 못한 것입니다. 신 등은 이후로부터 매번 일식(日食)과 월식(月食)이 일어나는 현상을 들을 때마다 즉시 그 방법으로 체험하여 그것과 더불어 미루어 생각한 바, 다르거나 같은 것이 없지 않으나 대개 하늘과 서로 합일됩니다. 그러므로 신 등은 생각하기에 올해 개수(改修)할 것은 반드시 서법(西法)을 섞어서 사용할 것이며, 저들의 조관(條款)으로 우리의 명의(名義)를 이룰 것입니다. 역법(曆法)의 큰 근본과 큰 근원을 따라 드러내어 밝혀서 분명하게 한 후에 고쳤다고 말할 수 있을 뿐입니다(《서광계집(徐光啓集)》343쪽)."

이런 방법은 대명제국의 존엄을 지켜주었을 뿐만 아니라 역법의 정확성도 보장하였다. 구체적인 실시과정에는 구체적인 수자의 계산, 역(曆)을 제정하는 원리와 방법이 포함된다. 서광계의 이러한 사상은 그 당시의 과학과 정치의 수요에 부합되었다.

완원(阮元)은 서광계가 역법에서 획득한 성과를 다음과 같이 평가했다. "마테오 리치[利瑪竇]가 동쪽으로 온 이래 천문(天文)·수학(數學)의 전수자로서는 서광계가 가장 심오했다. 신법을 감수하는데 미쳐서는 그의 심사(心思)와 재력(才力)을 다하였으며, 상을 드리우고 도설(圖說)을 번역하고 방대한 수천만의 말씀들을 반복하여 문고리를 당기며 그 법과 그 이치로 하여금 힘쓰게 하고 사람마다 환하게 깨달아서 만족하게 한 후에 그만두었다. 술사(術士)가 그 기함(機緘, 알 수 없는 기밀)을 신비롭게 보고서는 같은 날 말할 수 없었다. 지금에 이르기까지 서학을 분명하게 밝힌 사람을 말하면 반드시 서광계라고 하며, 대개 기하(幾何)에 정통하여 그가 얻은 것을 근본으로 하였다(《주인전(疇人傳)》)."

완원은 여기서 서광계가 이런 성과를 취득하게 된 원인은 그의 기하학에 있다고 말했다.

서광계는 마테오 리치와 함께 《기하원리》라는 책을 번역하였었는데, 이 책은 그의 역작 가운데서 시간과 정력을 가장 많이 들인 저서라 할 수 있다. 서광계는 서언에서 이 책을 번역하게 된 계기를 다음과 같이 해석했다. "《기하원본(幾何原本)》은 수학의 근본으로 네모, 원, 평면, 직선의 형태를 모두 다루고 있어서 그림쇠, 곱자, 수준기, 먹줄과 같이 준칙으로 활용될 수 있다. 이마두 선생은 어렸을 때부터 도를 논하는 여가에 예학(藝學)에 관심을 가졌다. 또한 이 학문은 서양인들에게 이른바 스승이 전수하는 것을 제자들이 학습하는 방식으로 이루어졌다. 이마두 선생의 스승인 정씨(丁氏, Christopher Clavius)는 당대 최고의 유명한 학자였기에 그는 그들의 학설에 매우 정통할 수 있었다. 그는 나와 오랫동안 교유하면서 도리를 논하는 여가 시간에 수시로 수학에 관한 이야기도 나누었다. 그래서 그들의 수학에 관한 서적들을 청해 그것을 한문으로 번역했다. 홀로 이 책도 다 번역하지 못하였으니 다른 책들은 말할 것도 없다. 결국 두 사람이 함께 그 핵심적인 부분을 번역했는데, 대략 여섯 권 정도이다. 이미 번역작업을 마치고 나서는 다시 반복해서 보았으며, 이 책은 드러나는 현상으로부터 미세한 데까지 파고들어 의심스러운 점들에 대해 확신을 얻도록 해준다. 쓸모가 없어 보이는 것을 쓸모가 있게 만들고 각종 용도의 기초가 되니, 정말로 모든 현상과 관련이 있는 만물의 정원과도 같고 모든 학술과 연관이 있는 깊은 바다와 같다고 할 수 있다. 비록 사실 그 책을 다 번역한 것은 아니지만 다른 책에 견주어 논의할 만 하다고 본다(《각기하원본서(刻幾何原本序)》, 《서광계집(徐光啓集)》 80쪽)."

서광계는 모든 학과의 기초는 기하학이라고 생각했다. 기하학의 가장 큰 작용은 사람으로 하여금 공리(公理)에서 결론을 추리하게 하여 의혹을 확신으로 바꾸어 주는 것이다. 기하학은 구체적인 사물을 연구하지 않는다. 그러나 모든 사물은 그의 작용을 떠날 수 없다. 기하를 알아야 다른 학과를 토론할 수 있다.

서광계는 일반 사람들이 문제를 사고할 때 존재하는 문제점들을 관찰하고 분석하여 이러한 결론을 얻어냈다. 일반 사람들은 문제를 사고할 때, 데면데면하고 경솔하다. 그리하여 전체와 각 부분 사이의 논리적인 관계를 정확하게 알아내지 못한다. 또한 각 부분의 공간적, 시간적인 순서에도 주의를 돌리지 못한다. 기하는 세밀하게 논증하고 엄격한 절차와 순서를 따른다. 그리하여 기하학을 배우면 사람들의 부족한 부분을 채워줄 수 있다. "기하(幾何)의 학은 치지(致知)에 매우 이로운 것이 있다. 이를 밝힌다면 조작을 헤아리는 곳을 향하여 스스로 속이며 공교(工巧)한 것은 모두 그릇돼다는 것임을 알 수 있으니, 첫째이다. 이를 밝힌다면 내가 이미 아는 것을 알고 내가 아직 알지 못하는 많은 것만 같이 못하여 계산할 수 없는 것이 두 번째이다. 이를 밝힌다면 상상의 이치를 향하여 많이 허황되어 헤아릴 수 없음을 아는데, 세 번째이다(《기하원본잡의(幾何原本雜議)》, 《서광계집(徐光啓集)》 77~78쪽)."

기하학은 아주 정교한 학문이다. 무릇 정교하지 않은 것들은 기하학의 원리에 다 부합되지 않는다. 기하학의 특성은 거일반삼(擧一反三)이다. 기하학은 사물의 공간관계를 통해 이미 알고 있는 부분으로부터 미지의 부분을 추리해낼 수 있다. 기하학은 근거 없는 상상을 억제한다.

서광계는 기하학을 배우면 정확한 사상방법을 배양할 수 있다고 주장했다. 그는 "성격이 급한 사람, 세심하지 못한 사람, 질투심이 많은 사람, 생각이 많은 사람은 이 학문을 배울 수 없다. 이 학문을 배우면 지식을 넓힐 수 있을 뿐만 아니라 덕을 쌓을 수도 있다"고 말했다.(《기하원본잡의(幾何原本雜議)》) 이 말은 사람이 지식을 얻는 과정에서 사상방법은 사람의 총명한 재질보다 더 중요한 작용을 발휘한다는 뜻이다. 서광계의 이 관점은 아주 훌륭하다. 그는 중국 사람들의 사유방식의 특징에 근거하여 이러한 결론을 얻어냈다.

인종과 민족이 다른 사람들은 문화전통, 지리환경, 생활습성 등이 다름에 따라 사유의 취향, 사상 습관이 모두 같지 않다. 중국 사람들은 장기간의 역사발전과정을 거쳐 점차 실천을 중시하고 이론을 소홀히 하며, 기능을 중시하고 윤리와 과학을 소홀히 하는 사유방법을 형성하게 되었다. 마테오 리치는 중국의 학문과 과거제도에 대해 설명할 때, 중국 사람들의 이러한 사유방법에 대해 언급하였다. "학리(學理)방면에 있어서 그들은 윤리학(倫理學)에 대해서 가장 깊이 이해하였다. 다만 그들은 어떠한 변증법칙(辨證法則)

을 가지고 있지 않았기 때문에, 배우고 혹은 쓰는 시기는 말할 것도 없고 모두 과학방법도 살피지 않고 직각능력(直覺能力)이 미치는 바를 생각하고 조금도 조리가 있게 말하지 못하고 하나의 격언(格言)과 논술을 나타내었다(《이마두전집(利瑪竇全集)》제1책, 제23쪽)."

  이것은 중국에서 20여년을 지낸 한 외국인의 생각이다. 이 관점은 대체적으로 정확하다고 할 수 있다. 중국은 한나라 이후부터 과학과 인문학이 완전히 갈라지면서 문사(文辭)를 중시하고 논리를 소홀히 하며, 형식상의 화려함을 추구하고 이론상의 정확성을 멸시하는 추세가 나타나게 되었다. 미학이론에서는 생기발랄한 기상을 중시하고 실제적인 묘사를 소홀히 하였다. 사상방법에서는 체험을 중시하고 생각을 소홀히 하였다. 그리하여 중국의 학풍은 전반적으로 시적이고 예술적이었다. 세밀하게 분석하고 정확하게 묘사하여 전체와 각 부분 사이의 정확한 수량관계를 알아내는 것을 강조하지 않았다. 서방의 사상교육과 학술훈련을 받은 사람은 이러한 성격과 사상을 바꿔야 한다고 강력하게 제기하였다. 서광계와 이지조(李之藻)는 이러한 사상방법이 과학과 실증성 학문의 발전에 매우 불리하다고 말했다. 사실 그 시기에 서방사람들도 자신의 문화전통에 대해 반성하고 있었다. 그들은 도구적인 이성이 지나치게 팽창하여 가치적인 이성이 억제되면서 사회에 각가지 문제가 발생하게 되었다는 것을 알고 있었다. 그러나 그 당시에 중국은 실증과학의 발전수준이 유난히 낮았기 때문에 서방사람들의 사상방법을 무턱대고 배척할 수 없었다.

  서광계와 같은 시기의 이지조, 이천경(李天經) 등 실증과학을 중시하였던 사상가들은 서방학술사상의 장점을 적극적으로 선전하였다. 이지조는 《동문산지(同文算指)》의 서문에서 이렇게 말했다. "예(藝)에 있는 수리(數)는 오행에 있는 토(土)와 같고 머무를 곳도 없고 거할 곳도 없다. 귀와 눈이 엇갈리는 이미 그러한 자취는 수리가 아니면 기록할 수 없다. 듣고 보는 것이 미치지 못한 바는 천지와 사방[六合] 밖과 천만세 전후의 반드시 그러한 증험들로 수리가 아니면 그렇게 될 수 없다. 이미 그렇게 되었고 반드시 그렇게 되어 곱셈과 나눗셈, 손실과 이익은 속이고 거짓말을 해도 가릴 수 없고 마음대로 하는 일을 기만할 수 없다(《천학초함(天學初函)》 2,782쪽)."

  수학은 보편성이 가장 뛰어난 과학이다. 수량적인 규정성은 모든 이미 존재하는 사물과 곧 존재하게 되는 사물의 필연적인 속성이다. 이미 존재하고 있고 감각기관을 통해 파악할 수 있는 사물은 그 수량관계를 측량하는 것을 통해 그 존재와 운동을 묘사할 수 있다. 이미 존재하지만 아직 감각기관을 통해 파악할 수 없는 사물은 그 사물과 다른 사물의 수량관계를 통해 추정할 수 있다. 잠재적이고 아직 실현되지 않은 사물은 그 성질을 통해 수량관계를 추정할 수 있다. 이지조는 과거제도를 중심으로 경서와 사기를 중시하고 과학을 소홀히 하는 풍기를 비판하면서 서방에서 전해져온 학문을 이용하여 중국의 과학사업을 발전시켜야 한다고 주장했다. "오늘날에 있어서 선비들은 한 경서를 자세히 보며 종횡(縱橫)의 산수를 부끄럽게 움켜잡고 있으며, 재주가 뛰어나고 문장이 뛰어나도(才高七步) 율도(律度)의 종(宗)에는 익숙하지 않다. 하거(河渠)와 역상(歷象)은 논할 것도 없이 그 방도가 현저하게 달라 관리들의 치리와 백성들의 삶을 깊이 생각하며 속으로 그 폐단을 받아들였다. 아! 개탄스러울 뿐이다. …… 만약 임금의 어질고 밝은 지혜로 용서해 주신다면, 먼 지방의 문헌을 전부 수용하여서 같은 문장을 9번이라도 번역하여 융성함을 빛낼 것인데, 어찌 싫어하겠는가? 하물며 실학(實學)을 돕는 이전 백성들이 이와 같이 사용한 것이랴!(《동문산지서(同文算指序)》, 《천학초함(天學初函)》 2,782쪽)."

이지조는 이 모든 것은 다 수학이 발달하지 못해 생긴 일이라고 침통하게 말했다. 수학이 발달하지 못하다보니 농전수리, 천문역학과 같은 실용학과에 영향을 주게 되었다. 서방에서 전해져온 학문을 받아들이면 중국의 학술발전과 민생에 아주 유익할 수 있다.

이지조는 세상의 모든 사물은 같은 법칙을 갖고 있고 사람의 이성은 작용과 규칙이 모두 같기 때문에 서방학문을 받아들여도 문제가 없다고 주장했다. 전도사들은 중국의 하락과 상수를 배울 수 있고 중국 사람은 전도사들의 기하학과 논리학을 배울 수 있다. "서방의 멀리 있는 사람들이 어찌 용마구주(龍馬九疇)의 신비함과 예수(隷首, 산수를 처음 발명한 황제 때 사관)·상고(商高, 주나라 초기 수학자)의 업적을 살펴서 그 작용을 19부(符)로 하고 글쓰기와 셈하기는 그 근본을 같이하며 정밀함은 미세한데까지 들어가 있고 높은 수준은 생각 밖을 뛰어 넘는단 말인가! 백성들도 역시 마음을 같이하고 이치도 같이하니 천지의 그러함과 수(數)도 같으리라!(《동문산지서(同文算指序)》, 《천학초함(天學初函)》 2,783쪽)." "세상에는 진실로 기문(奇文)과 묘리(妙理)가 가까운 곳과 들리는 곳의 밖에서 발현되는 것이니, 만일 우리들이 국내와의 관계를 가로막는다면 어찌 이른바 기인을 보고 칭찬을 하겠는가? 내가 서태(西泰, 마테오 리치의 자)의 책에서 처음으로 기이함을 익히고 나아가서 이를 구하였고, 마침내 천지간에 미리 이 이치가 있다는 것을 알았고, 서양의 학자들이 이를 발견하고 동양의 선비들이 이를 보았으며, 서양 학자들에게는 새롭거나 기이한 것이 아니었지만, 우리 동양의 선비들에게는 마음으로 궁구한 적이 없었다(《천문략소서(天問學小序)》, 《천학초함(天學初函)》 2622쪽)."

그 당시 서방문화에 대한 사람들의 이해정도를 볼 때 이지조의 관점은 매우 뛰어나다고 할 수 있다. 그들은 "과학에는 국경이 없고" 천지간의 사물은 규칙이 같으며 동방과 서방 사람들은 같은 이성을 갖고 있다고 생각했다. 이것은 사람은 이질문화의 모든 내용을 연구할 수 있고 다른 민족, 다른 인종의 과학연구의 성과를 대담하게 이용할 수 있다는 말이었다.

일반 백성들이 파란 눈의 전도사들에게 성상(聖像)과 십자가의 의미에 대해 묻고 있을 때 일부 날카로운 안목을 가진 과학자들은 주의력을 서방사람들이 물리를 인식하는 방법에 돌리기 시작했다. 이지조와 같은 사상가들은 서방에서 이미 얻어진 과학성과를 중요시하는 한편 이러한 과학성과가 얻어지게 된 사상기초에 대해서도 관심을 돌리기 시작했다. 서광계는 기하학을 중요시하기 시작했고, 이지조는 논리학을 중요시하기 시작했다. 서광계는 기하학의 기초적인 작용을 다음과 같이 설명하였다. "옛날 사람들이 이르기를, '원앙 자수는 보여주되, 금바늘은 남에게 주지 말라'고 하였다. 우리들이 말하는 기하(幾何)학은 바로 이것과 다르다. 이것으로 인하여 그 말을 반대로 하면 '금바늘은 사용하게 하되 원앙 자수는 남에게 주지 말라'가 된다. 이와 같은 글이라면 또한 금바늘을 주는데 그칠 뿐 아니라 바로 사람들에게 야철(冶鐵) 기술을 개발하게 하여 실을 추출하고 바늘 만드는 것을 가르치며, 또 사람들에 뽕나무를 심어 누에를 기르게 하고 실을 다루고 실을 물들이도록 가르친다. 이런 일을 할 수 있는 것이라면 그 원앙을 수놓을 수 있게 되어 바로 자질구레한 일은 등한시한다. 그렇다면 무슨 까닭으로 수놓은 원앙을 주지 말라고 했단 말인가? 말하였다. '금바늘을 만들 수 있는 사람은 원앙을 수놓을 수 있지만 바야흐로 원앙을 얻은 자 가운데 누가 금바늘을 만들 수 있겠는가? 또한 아마도 금바늘 만드는 것을 알지 못하는 사람은 넝쿨풀의 가시로 마음에 부족하나마 그대로 원앙을 만들 것이다!' 이 요지는 사람들로 하여금 진실로 원앙을 수놓을 수 있도록 하려고 할 뿐이다(《기하원본잡의(幾何原本雜議)》, 《서광계집(徐光啓集)》 78쪽)."

"이쁘게 수놓아진 원앙의 그림"은 구체적인 기술을 말하고 "금바늘"은 기술을 얻는 방법과 기초를 말한다. 기하학은 금바늘로 예쁘게 수놓아진 원앙의 그림이다. 기하학은 사람에게 실용적인 이익과 근본적인 과학방법을 선사해준다. 서광계가 《기하원본》을 번역한 목적은 사람들에게 이러한 방법을 얻는 방법을 가르치기 위해서다. 구체적인 기술을 그대로 가져다 쓸 것이 아니라 그러한 기술의 구체적인 사상방법을 배워야 한다. 그래야만 금바늘을 얻을 수 있고 또 원앙그림을 이쁘게 수놓을 수 있다.

이천경은 전도사 바뇨네와 이지조가 번역한 《명리탐(名理探)》의 서문에서 이렇게 말했다. "이치[理]를 연구하는 것이란 설령 헤아리고 논의하는 방법이 아니라고 하더라도 오류를 되돌릴 수 있는 것이 아니겠는가! 추론(推論)의 법이 명리탐(名理探) 이것이다. 명리탐을 버리고 따로 추론을 하는 것은 진실을 구하고 오류를 면하는 일을 반드시 달성할 수 없다. 이로써 옛 사람들은 명리탐을 태양에 비유하기도 하였다. 태양은 그 빛을 달과 별에 전달하여 모든 빛이 생명(生明)에 의뢰한다. 명리탐은 많은 학문 중에서 역시 그 광조(光照)를 베풀어 어그러지거나 미혹됨이 없게 하고 많은 학문이 여기에 힘입어서 진실로 돌아간다. 이 작용함이 진실로 중요하고 또한 큰 것이 아니겠는가?(《명리탐(名理探)》 5쪽)."

논리학은 사유형식을 연구하는 과학이다. 논리의 규칙에 부합되어야 생각의 정확성을 보장할 수 있다. 논리는 개념, 판단, 추리의 방법과 규칙을 주요 연구대상으로 한다. 그러나 개념, 판단, 추리는 모든 과학을 연구하는데 필요한 기본적인 사유요소이다. 이런 의미에서 말할 때 논리학은 달과 해에 빛을 제공하는 태양과도 같다. 논리학은 사유의 길을 밝게 비추어준다. 그리하여 논리학은 "모든 학문의 시조"라고 할 수 있다.

이지조의 아들 이차반(李次彪)은 《명리참》의 서에서 논리학의 특징과 작용에 대해 해석하였다. "《환유전(寰有銓)》에서의 양론(洋論)·사행(四行)·천체(天體)·제의(諸義)는 모두 형체와 소리로 분명하게 할 수 있고, 그 중국과 서양의 글말에 조금 융합되기 쉬웠기 때문에 그러므로 특별히 그것을 먼저 토해내려고 하는 까닭을 후련하게 하였다. 그러나 이러한 명리(名理)를 추론하면 이끌어주는 사람은 명오(明悟)를 개통하고 시비와 허실을 분명히 깨닫고, 그런 다음에 성(性)으로 말미암아 대저 초자연[超性]에 도달한다. 무릇 여러 학문과 여러 예술에 종사하는 사람들은 반드시 사닥다리가 효시가 되어 그 끝을 열었기 때문에. 이에 그것을 명하여 명리탐(名理探)이라고 말하였다고 한다(《명리탐(名理探)》 5~6쪽)."

논리학은 사상 형식 자체의 규율을 연구하는 학과로서 그 목적은 사상을 명확하게 하고 사상형식 자체에 나타난 잘못을 찾아내는 것이다.

여기서 주의해야 할 점은 마테오 리치가 중국에 온 진짜 목적은 중국에 서방의 과학기술성과를 전파하기 위해서가 아니라, 복음을 전파하여 더 많은 사람들이 천주교에 귀의하게 하기 위해서다. 과학기술은 그들이 중국의 대문을 두드리고 더 많은 신도들을 끌어모으는 중요한 수단이었다. 서광계는 마테오 리치의 학문을 소개할 때 이 문제에 대해 언급한 적이 있다. "돌이켜 선생의 학문을 생각해보면 대략 세 가지가 있다. 제일 중요한 것은 자신을 수양하고 하늘을 섬기는 것이다. 부차적인 것으로는 사물의 이치를 추구하는 학문이 있다. 그리고 사물의 이치를 따지는 별도의 한 분야로 상수학(象數學)이 있다. 이들 각각 모두 정밀하고 실제적이고 규범적이고 본질적이었으며, 확실해서 의심할만한 점이 없다. 이들 학문의 해석과 분석은 역시 사람들로 하여금 의혹을 없애줄 수 있다. 나는 바로 그들의 학문 가운데 작은 분야를 서둘러 전하고 쉽게 믿을 수 있는 학문을 빨리 알리고 싶었으며, 사람들로 하여금 그들의 글을 번역하도록 해 그 뜻과 이치를 짐작해 알도록 하고 선생의 학문이 믿을 만하고 의심스러운 점이 없음을 알리고 싶었다(《각기하원본서(刻幾何原本序)》,《서광계집(徐光啓集)》 75쪽)."

여기서 서광계는 마테오 리치의 학문에 나오는 격물궁리를 작은 것(小者)이라고 명확하게 말했다. 또한 그는 자신이 《기하원본》을 번역한 원인은 마테오 리치가 많은 사람들의 신임을 얻고 그의 학문이 더 잘 알려지게 하기 위해서라고 말했다. 그러나 그 당시에 중국 사람들이 마테오 리치의 학문에서 배우게 된 것은 과학기술과 그 속에 포함된 서방의 사유방법이었다. 그 당시에 세례를 받은 관리나 문인은 사실 많지 않았다.

전도사들은 자신들의 사명을 잊지 않았다. 그들은 중국 땅에 두발을 단단히 붙인 뒤부터 자신들이 중국에 온 진짜 목적을 실현하기 시작했다. 마테오 리치의 뒤를 이어 중국 예수교의 수령을 맡은 롱고바르디는 이런 말을 한 적이 있다. "내 친구의 본업은 천주학을 선교하는 일이다. 그는 천주학을 배우면서 시간이 날 때 역학과 수학 공부를 조금 했을 뿐이다(《표도설서(表度說序)》,《천학초함(天學初函)》 2536쪽)." 천주와 과학의기에 관한 중국 사람들의 질문을 대하는 전도사들의 태도에서도 그들이 무엇을 근본목적으로 하는지 알 수 있었다. 그들은 중국 사람들이 천주에 관한 질문을 하면 매우 기뻐했지만 다른 질문에는 대답하기 싫어했다. 서광계의 《태서수법서(泰西水法序)》에는 이런 내용이 기록되어있다. " 내가 상복을 입는 기간이 끝나 조정에 나갔을 때, 이마두 선생은 이미 세상을 떠난 뒤였다. 그간 웅 선생(웅삼발 지칭)에게 가르침을 청했는데 허락한 지가 오래되었다. 그의 마음과 정신을 살펴보니, 거의 인색한 기색은 없고 돌아보니 부끄러워하는 기색이 있었다. 내가 혼자 추측해 보건대 인색한 기색이 없었던 것은 여러 군자들이 학문을 강학하고 도를 논함에 추구하는 것이 나라를 복되게 하고 백성들을 보호하고자 하지 않는 것이 없었기 때문이며, 더군다나 흙이나 풀 같은 것도 사람처럼 소중하게 여기니 어찌 다 떨어진 신처럼 무시하겠는가? 부끄러워하는 기색이 있었던 것은 이 방법이 널리 전해져 후세에 세상 사람들이 그들을 공수반(公輸般)이나 묵적(墨翟)과 같이 생각할까봐 심히 우려했기 때문일 것이다. 그것은 그들이 수만 리 동쪽으로 와서 자신을 희생하고 위험과 고난을 무릅쓰면서 세상을 일깨우고 선을 행하려 했던 의도가 아니었다 (《서광계집(徐光啓集)》 67쪽)."

"유세겸선(牖世兼善)"은 선교를 말한다. 이것이 본업이다. 공수(公輸), 묵적(墨翟)은 다른 일이다. 전도사들은 항상 본업이 다른 일에 의해 방애를 받지 않도록 주의했다.

마테오 리치는 전도사들 가운데서 중국문화를 가장 잘 이해하고 잘 이용한 사람이었다. 그는 가장 많은 역작을 남긴 전도사이기도 하다. 전도사들은 구만리에 달하는 바다를 건너고 삼년이라는 시간을 거쳐서 중국에 도착했다. 그들은 이렇게 할 수 있었던 것은 천주에 대한 강렬한 사랑과 전도사업에 대한 무한한 열정이 있었기 때문이다. 중국의 상층사회에 속하는 관리와 학자들은 그들이 갖고 온 과학기술을 받아들였고 하층사회에 속하는 노동자들은 천주교를 받아들였다. 관리와 학자들 가운데서도 천주교를 믿는 사람이 있는 했지만 그 수가 많지 않았다. 서광계, 이지조, 양정균(楊廷筠) 등 학자들은 천주교내에서 큰 영향력을 가진 인물들이었다. 그들이 후대에게 남긴 진정한 유산은 그들이 변역한 서방의 과학서적들이다. 이후에 과학기술을 소개한 관한 책은 모두 《사고전서(四庫全書)》에 수록되었지만 천주교의 교리를 소개한 책은 모두 배제되었다. 서방의 학문에 대한 중국의 태도는 "그 기술은 받아들이되 학술은 모두 금지"하는 것이었다. 번역된 과학서적들 특히 천문, 수학 등에 관한 책들은 청나라 초기의 황석산, 매문정 등 그 당시의 일류에 속하는 과학자들에게 큰 영향을 끼쳤다. 청나라말기 민국초기에 이르러 서학을 소개하는 바람이 끊임없이 일어났다. 이러한 것들은 중국과학기술의 발전에 촉진 작용을 일으켰다.

명나라 후기에 중국에서 일어난 선교활동은 중서방간에 진행된 첫 번째 문화교류였다. 이로 인해 폐쇄적이던 내륙국가가 처음으로 서방문화를 접촉할 수 있게 되었다. 이것은 불교가 중국에 전해졌던 경우와 다르다. 불교는 중국이 주동적으로 이질문화를 중국에 받아들인 것이다. 처음에는 경서만 중국에 들어왔다. 후에 승려들은 중국에 오긴 했지만 그들은 경서를 번역하는 전문가들로서 그들에게는 중국의 종교 신앙을 바꾸려는 염원이 없었다. 서방천주교의 전도사들은 주동적으로 중국에 왔고 그들은 중국 사람들을 귀의시키는 것을 목적으로 했다. 불교와 함께 중국에 전해져온 음운(音韻), 인명(因明)과 같은 인도문화는 모두 불교를 위해 봉사한다. 그러나 서방전도사들과 함께 중국에 전해져온 과학기술은 그들이 중국의 문을 여는 방법이었다. 원래 전도를 하기 위해 선택한 도구가 오히려 가장 큰 영향을 일으켰다. 중국에서 불교의 가장 큰 적수는 도교였다. 불교와 도교가 벌린 논쟁의 실질은 그 당시에 주도적인 지위를 차지하고 있던 유교와 융합하는 권리를 쟁탈하기 위해서다. 이 둘의 논쟁은 중국문화의 주체에 큰 영향을 일으키지 않았다. 그러나 중국에서 서방 전도사들의 주요한 적수는 방대한 세력을 자랑하는 중국의 주류문화였다. 불교가 중국의 주류문화와 충돌이 일어나게 된 원인은 문화가 아닌 다른 데에 있다. 예를 들면 북주(北周)의 무제(武帝), 당무종(唐武宗)은 모두 경제적인 원인 때문에 멸불(滅佛)정책을 실시하였다. 그러나 천주교와 중국주류문화간의 충돌은 정치적인 충돌이었다. 다만 명나라 말기에 이런 충돌은 잠복상태에 있다가 강희, 옹정 황제에 이르러서야 나타나게 되었다. 불교는 중국에 들어온 뒤에 중화문명을 공경하였다. 서방의 전도사들도 중국의 물산(物産), 정치체제 및 예악 등을 존경하였다. 그러나 교의에 존재하는 쇼비니즘으로 인해 중국문화를 배척하는 전교사들이 아주 많았다. 그 당시 중국 사람들은 "중국을 세계의 중심"이라고 생각하였고 폐쇄정책을 실시하였기 때문에 다른 문화 사이에 일어난 충돌에 대처하는 경험이 없었다. 그리하여 모순을 더 심화시키게 하였다. 이러한 차이점으로 인해 천주교와 중국문화는 잠재적인 충돌관계에 처하게 되었다. 일단 적당한 시기가 되면 그 충돌이 공개화 된다. 명나라 말기의 전도사들의 선교활동은 그 범위가 크지 않았다. 명 정부는 그들의 활동을 엄밀히 주시하였다. 총체적으로 명정부와 천주교는 서로 큰 충돌 없이 평화로운 관계를 유지했다. 그리하여 전도사들이 수많은 역작을 남길 수 있었다. 그러나 선교활동이 본격적으로 개시되면서 중국본토문화와의 충돌이 점점 더 격렬해졌다. 그리하여 평화롭던 둘의 관계도 막을 내리게 되었다.